2026 특별개정판

PASSCODE ver 8.0

한국사
능력검정시험

심화 1·2·3급

+ 무료 동영상 강의

기출 **최다 수록** + 빅데이터 50가지 테마 **미니북**

# 기출문제집
# 800제
16회분(76~61회)

시대에듀

— 시대에듀 —

공기업 취업 을 위한 NCS
직업기초능력평가 시리즈!

NCS부터 전공까지 완벽 학습 "통합서" 시리즈

  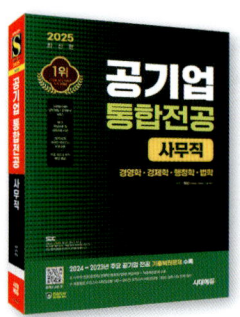 

공기업 취업의 기초부터 차근차근! 취업의 문을 여는 **Master Key!**

NCS 영역 및 유형별 체계적 학습 "집중학습" 시리즈

영역별 이론부터 유형별 모의고사까지! 단계별 학습을 통한 **Only Way!**

01 구석기 시대 — 정답 ⑤

정답 분석

정답이 보이는 핵심 키워드
#연천 전곡리 #주먹도끼 #찍개 #찌르개

길잡이 | 구석기 시대의 생활 모습을 살펴봅니다.

구석기 시대에는 **주먹도끼, 찍개, 슴베찌르개** 등의 뗀석기를 사용해 사냥하였다. 이중 주먹도끼는 돌의 양쪽 면을 모두 쳐서 만든 도구로, 진화된 고인류의 발달 정도를 나타낸다. 1970년대까지 **모비우스의 학설**에 따라 동아시아는 주먹도끼가 아닌 찍개만 사용한 찍개 문화권으로 구분되었으나, 미군 병사 그렉 보원에 의해 **연천 전곡리**에서 아슐리안형 주먹도끼가 발견되면서 기존 학설을 뒤집게 되었다.

⑤ 구석기 시대 사람들은 주로 **동굴이나 강가**에 막집을 짓고 거주하였으며, 계절에 따라 **이동 생활**을 하였다.

한 번 더 체크하러 가기 ▶ 미니북 04쪽

선택지 풀이

① 민무늬 토기에 식량을 저장하였다.
　청동기 시대에는 민무늬 토기에 식량을 저장하였으며, 토기 안의 흙에서 탄화된 쌀·보리·수수 등 곡물이 발견되기도 하였다.

② 가락바퀴를 이용하여 실을 만들었다.
　신석기 시대에는 가락바퀴로 실을 뽑아 뼈바늘로 옷을 만들어 입기 시작하였다.

③ 명도전, 반량전 등 화폐를 사용하였다.
　철기 시대에는 중국과의 교류가 활발하여 중국 화폐인 명도전, 반량전 등의 화폐를 사용하였다.

④ 철제 농기구를 사용하여 농사를 지었다.
　철기 시대에는 호미, 쇠스랑 등의 철제 농기구를 사용하면서 농업 생산량이 늘어났다.

02 고구려 — 정답 ②

정답 분석

정답이 보이는 핵심 키워드
#5부 중 계루부 #상가, 대로, 패자 #서옥

길잡이 | 연맹 왕국 시기의 고구려에 대해 공부합니다.

고구려는 5부(소노부, 계루부, 절노부, 순노부, 관노부) 중 하나인 **계루부**에서 왕이 나왔으며, 왕 아래 **상가, 대로, 패자**, 고추가 등의 관직을 두었다. 또한, 혼인을 하면 신랑이 신부 집 뒤에 서옥이라는 집을 짓고 생활하다가 자식을 낳아 장성하면 신랑 집으로 돌아가는 **서옥제**라는 혼인 풍습이 있었다.

② 고구려는 매년 10월에 추수감사제인 **동맹**이라는 제천 행사를 열었다.

한 번 더 체크하러 가기 ▶ 미니북 21쪽

선택지 풀이

① 신성 구역인 소도가 존재하였다.
　삼한은 제정 분리 사회였으며, 신성 지역인 소도를 따로 두어 제사장인 천군이 관리하도록 하였다.

③ 읍락 간의 경계를 중시하는 책화가 있었다.
　동예는 읍락 간의 경계를 중시하였으며, 다른 부족의 영역을 침범하는 경우 노비와 소, 말로 변상하게 하는 책화가 있었다.

④ 사회 질서 유지를 위해 범금 8조를 두었다.
　고조선은 사회 질서를 유지하기 위해 범금 8조를 두었으나 현재는 3개의 조항만 전해진다.

⑤ 화백 회의에서 국가의 중대사를 결정하였다.
　신라는 귀족 합의체인 화백 회의를 만장일치제로 운영하며 국가의 중대사를 결정하였다.

03 삼국의 경쟁 — 정답 ③

정답 분석

정답이 보이는 핵심 키워드
#고구려왕 거련 #백제가 고구려에 함락됨 #백제왕이 평양성을 공격 #고구려왕 사유가 화살에 맞아 죽음 #백제왕 명농이 관산성을 공격 #신라 고간 도도가 백제왕을 죽임

길잡이 | 치열하게 전개되었던 삼국의 경쟁 상황을 학습합니다.

(나) **평양성 전투**(371): 4세기 중반 백제의 전성기를 이끌었던 **근초고왕**이 고구려의 평양성을 공격하여 **고국원왕**(사유)을 전사시켰다.

(가) **장수왕의 한성 함락**(475): 고구려 장수왕(거련)이 **남진 정책** 하에 수도를 **평양**으로 옮겼다. 이에 위기감을 느낀 백제 비유왕은 신라 눌지왕과 **나제 동맹**을 체결하였다. 이후 장수왕이 백제의 수도인 **한성을 침략**하자, **백제 개로왕**(경)은 동생 문주를 보내 신라에 구원을 요청하였으나 신라 구원병이 도착하기도 전에 개로왕이 전사하였고, 수도 한성이 함락되었다.

(다) **관산성 전투**(554): 백제 성왕은 **신라 진흥왕**과 함께 고구려를 공격하여 한강 유역을 차지하였다. 이후 진흥왕이 나제 동맹을 깨고 백제가 차지한 지역을 점령하자, 이에 분노한 성왕이 신라를 공격하였으나 **관산성 전투**에서 전사하였다.

한 번 더 체크하러 가기 ▶ 미니북 06쪽

04 백제의 문화유산 — 정답 ①

정답 분석

정답이 보이는 핵심 키워드
#금동 대향로 #부여 능산리

길잡이 | 불교와 도교 요소가 복합적으로 표현된 백제의 문화유산을 알아봅니다.

금동 대향로는 **충남 부여 능산리** 절터에서 출토된 향로이다. 불교를 상징하는 연꽃으로 조각된 몸체와 도교 속 신선이 사는 삼신산을 형상화한 뚜껑 그리고 꼭대기에 있는 봉황을 통해 **불교와 도교 사상이 복합적으로 반영**되어 있음을 알 수 있다.
① 산수무늬 벽돌(산수문전)은 부여 규암면 외리에 있는 옛 절터에서 출토된 벽돌로, 도교의 이상향을 표현하였다.

선택지 풀이

② 천마총 금관
신라의 대표적인 돌무지덧널무덤인 경주 천마총에서 발견된 금관으로, 신라 금관의 화려함을 잘 표현하였다.

③ 호우총 청동 그릇
신라의 무덤인 경주 호우총에서 출토된 고구려의 청동 그릇으로, 고구려와 신라가 긴밀한 관계였음을 알려 준다.

④ 철제 판갑옷
가야의 발달된 철기 문화를 잘 보여 주는 대표적인 유물이다.

⑤ 이불 병좌상
발해 동경 용원부에서 출토되었으며, 날카로운 광배와 연꽃 표현 등을 통해 고구려 불상 조각 양식을 계승하였음을 알 수 있다.

05 통일 신라의 경제 상황 — 정답 ④

정답 분석

정답이 보이는 핵심 키워드
#일본 도다이사 쇼소인에서 발견 #촌락 문서 #서원경 부근 4개 촌락의 정보

길잡이 | 촌락 문서를 작성하였던 통일 신라의 경제 상황을 살펴봅니다.

신라 촌락 문서(민정 문서)는 **일본의 도다이사 쇼소인에서 발견된 통일 신라** 촌락에 대한 기록 문서로, **조세 수취와 노동력 동원**을 목적으로 작성되었다. 이 문서에는 755년경 서원경 부근 4개 촌락에 대한 인구 현황, 토지의 종류와 면적, 가축과 종류별 나무의 수 등을 조사한 내용이 담겨 있으며, 촌주는 3년마다 이를 작성하였다.

④ 통일 신라 **장보고**는 완도에 **청해진**을 설치하여 해적을 소탕하고 **해상 무역권을 장악**하면서 당, 신라, 일본을 잇는 국제 무역을 주도하였다.

한 번 더 체크하러 가기 ▶ 미니북 22쪽

선택지 풀이

① 경성과 경원에 무역소를 두었다.
조선 태종 때 여진에 대한 회유책으로 경성과 경원에 무역소를 두어 국경 무역을 할 수 있도록 하였다.

② 솔빈부의 말을 특산품으로 수출하였다.
솔빈부는 발해의 지방 행정 구역인 15부 중 하나로, 당시 발해는 솔빈부의 말이 특산품으로 유명하여 주변 국가에 수출하였다.

③ 서적점, 다점 등의 관영 상점을 운영하였다.
고려 시대 개경, 서경 등의 대도시에는 서적점, 다점, 주점 등의 관영 상점이 운영되었다.

⑤ 특수 행정 구역인 소에서 여러 물품을 생산하였다.
고려에는 특수 행정 구역인 향·부곡·소가 존재하였으며, 소의 주민들은 수공업이나 광업에 종사하며 지방의 특산품을 생산하였다.

06 통일 신라 신문왕 — 정답 ②

정답 분석

정답이 보이는 핵심 키워드
#국학 설치 #전국을 9주로 나눔 #고구려·백제·말갈인을 포함한 군대를 만듦

길잡이 | 통일 신라 신문왕을 탐구합니다.

통일 신라 신문왕은 **국학을 설치**하여 유학을 보급하고 인재를 양성하였으며, 확대된 영토를 효율적으로 통치하기 위해 전국을 9개의 구역으로 나누어 **9주를 설치**하였다. 또한, 신라인뿐만 아니라 고구려인·백제인·말갈인을 포함한 중앙 군사 제도로 **9서당**을 완성하였다.
② 통일 신라 신문왕은 귀족 세력을 약화시키기 위해 **관료전을 지급**하고 **녹읍을 폐지**하였다.

한 번 더 체크하러 가기 ▶ 미니북 07쪽

선택지 풀이

① 병부를 설치하고 율령을 반포하였다.
신라 법흥왕은 중앙 행정 관청인 13부 중 군사 업무를 총괄하는 부서로 병부를 처음으로 설치하였으며, 율령을 반포하여 국가 체제를 완성하였다.

③ 화랑도를 국가적인 조직으로 개편하였다.
신라 진흥왕은 국가 발전에 일조할 인재를 양성할 목적으로 화랑도를 국가적인 조직으로 개편하였다.

④ 관리 선발을 위해 독서삼품과를 시행하였다.
통일 신라 원성왕은 국학의 학생들을 대상으로 독서삼품과를 시행하여 유교 경전의 이해 수준에 따라 관리로 선발하였다.

⑤ 국호를 마진으로 바꾸고 도읍을 철원으로 옮겼다.
신라 왕족 출신 궁예는 후고구려 건국 후 국호를 마진으로 바꾸었고, 영토를 확장하여 철원으로 도읍을 옮긴 후 국호를 다시 태봉으로 변경하였다.

07 의상 정답 ④

정답 분석

정답이 보이는 핵심 키워드
#진골 출신의 신라 승려 #당으로 건너가 불법을 구하고자 함 #낙산사 창건 #부석사 창건

길잡이 | 신라 승려 의상에 대해 공부합니다.

④ **신라 승려 의상**은 당에 건너가 지엄으로부터 **화엄**에 대한 가르침을 받았다. 귀국 후에는 낙산사로 가 관세음보살을 뵙고자 하는 마음에서 「백화도량발원문」을 지어 기도드리고 이후 낙산사를 창건하였다. 또한, **부석사**를 창건하고 이를 중심으로 수많은 제자들을 양성하였으며, 『화엄일승법계도』를 지어 화엄 사상을 정리하고 화엄 교단을 세웠다.

한 번 더 체크하러 가기 ▶ 미니북 19쪽

선택지 풀이

① 보현십원가를 지었다.
고려 승려 균여는 사람들이 따라 부르기 쉬운 노래를 이용하여 「보현십원가」라는 향가를 지어 대중에게 어려운 불교의 교리를 전파하였다.

② 세속 5계를 제시하였다.
신라 승려 원광은 진평왕 때 화랑도의 규범으로 사군이충(事君以忠)·사친이효(事親以孝)·교우이신(交友以信)·임전무퇴(臨戰無退)·살생유택(殺生有擇)의 내용이 담긴 세속 5계를 제시하였다.

③ 대승기신론소를 저술하였다.
신라 승려 원효는 불교의 사상적 이해 기준을 확립한 『대승기신론소』를 저술하였다.

⑤ 신편제종교장총록을 편찬하였다.
고려 승려 의천은 흥왕사에 교장도감을 설치하고, 이곳에서 고려 및 송·거란·일본 등 동아시아 각지의 불교 서적을 수집·정리하여 『신편제종교장총록』을 편찬하였다.

08 발해 정답 ③

정답 분석

정답이 보이는 핵심 키워드
#최치원 #왕자 대봉예 #자리를 신라 위에 있게 해 달라고 청함

길잡이 | 최치원이 표문을 통해 언급한 발해를 탐구합니다.

발해의 왕자 **대봉예**가 당에게 통일 신라의 사신보다 발해의 사신이 윗자리에 앉을 것을 요구하였으나 거절당하였다. 이 소식을 들은 **통일 신라**의 **최치원**은 표문 「사불허북국거상표(謝不許北國居上表)」를 지어 당에게 감사의 말을 전하는 동시에 발해를 비난하였다.

③ 발해 **선왕**은 영토를 크게 확장하여 **5경 15부 62주**의 지방 행정 제도를 갖추었다.

한 번 더 체크하러 가기 ▶ 미니북 07쪽

선택지 풀이

① 역사서인 유기와 신집을 편찬하였다.
고구려 영양왕 때 태학박사 이문진이 고구려의 역사서 『유기』를 간추려 『신집』 5권으로 편찬하였다.

② 내신좌평, 내두좌평 등 6좌평이 있었다.
백제 고이왕은 6좌평제와 16관등제를 정비하여 중앙 집권 국가의 기틀을 마련하였다.

④ 도병마사에서 변경의 군사 문제 등을 논의하였다.
고려의 도병마사는 재신(중서문하성의 2품 이상)과 추밀(중추원의 2품 이상)이 국방 및 군사 문제를 논의하는 임시적 회의 기구였다.

⑤ 골품에 따라 관등 승진, 일상생활 등을 엄격히 제한하였다.
신라는 골품제라는 특수한 신분 제도를 운영하여 골품에 따라 관등 승진, 가옥의 규모 등 일상생활을 엄격히 제한하였다.

09 통일 신라 말의 사회 모습 정답 ②

정답 분석

정답이 보이는 핵심 키워드
#김지정 등이 일으킨 반란 #시해된 혜공 #사벌주 농민 #원종

길잡이 | 반란이 일어났던 통일 신라 말의 사회 모습을 탐구합니다.

- 김지정의 난(780): 통일 신라 말 혜공왕은 어린 나이로 즉위하여 수많은 진골 귀족의 반란을 겪고, **이찬 김지정의 반란군**에 의해 피살되었다. 혜공왕 사후에는 왕권이 크게 약화되어 왕위 쟁탈전이 더욱 심화되었다.
- 원종과 애노의 난(889): 통일 신라 말 **진성 여왕** 때 왕권이 약화되고 귀족들의 반란이 빈번하였다. 이때 **사벌주**에서 **원종과 애노**가 중앙 정권의 **무분별한 조세 징수에 반발**하여 농민 봉기를 일으켰다.

② 통일 신라 헌덕왕 때 **김주원**이 왕위 쟁탈전에서 패배하여 왕이 되지 못하자, 그의 아들인 **웅천주 도독 김헌창**이 이에 불만을 품고 **반란**을 일으켰다가 관군에 진압되어 실패하였다(822).

한 번 더 체크하러 가기 ▶ 미니북 07, 22쪽

✅ 선택지 풀이

① 비담과 염종의 난이 진압되었다.
김유신은 신라 선덕 여왕 때 비담과 염종이 왕위를 노리고 반란을 일으키자 이를 진압하였다(647).

③ 연개소문이 정변을 일으켜 권력을 잡았다.
연개소문은 정변 일으켜 영류왕을 몰아내고 보장왕을 왕위에 세운 뒤 스스로 대막리지가 되어 정권을 장악하였다(642).

④ 만적을 비롯한 노비들이 반란을 모의하였다.
고려 무신 정권 시기에 최충헌의 사노비인 만적을 비롯한 노비들이 신분 차별에 항거하여 개경에서 반란을 모의하였으나 사전에 발각되어 실패하였다(1198).

⑤ 김춘추가 당으로 건너가 군사적 지원을 요청하였다.
신라 김춘추는 고구려와의 동맹에 실패하자 당으로 건너가 당 태종으로부터 군사적 지원을 약속받는 데 성공하여 나당 동맹을 체결하고 나당 연합군을 결성하였다(648).

10 후삼국 통일   정답 ②

✅ 정답 분석

정답이 보이는 **핵심 키워드**
#견훤 #금산사 #금성으로 달아나 #유금필, 왕만세를 보내 그를 맞아오도록 함

길잡이 | 견훤의 고려 투항에 이은 삼국 통일에 대해 알아봅니다.

후백제 견훤이 넷째 아들인 금강을 후계자로 삼으려 하자, 이에 반발한 맏아들 신검이 금강을 죽이고 견훤을 **금산사에 유폐**시켰다. 견훤은 유폐된 지 석달 후 금산사를 탈출하고 **고려 왕건에게 투항**하며 고려에 귀순하였다(935).
② 견훤에 이어 신라 경순왕도 고려에 투항한 이후 **신검**의 **후백제군**과 **왕건**의 **고려군**이 일리천 일대에서 전투를 벌였다. 이때 고려군의 대승으로 **후백제가 멸망**하면서 고려는 **후삼국을 통일**하였다(일리천 전투, 936).

한 번 더 체크하러 가기 ▶ 미니북 22쪽

✅ 선택지 풀이

① 신숭겸이 공산 전투에서 전사하였다.
견훤의 후백제군이 신라의 금성을 급습하여 고려가 신라에 군사를 보내 도왔으나 공산 전투에서 패배하였다. 이때 고려 장수 신숭겸이 후백제군에 포위된 고려 왕건을 구출하고 전사하였다(927).

③ 궁예가 군대를 보내 나주 일대를 점령하였다.
후고구려 궁예는 후백제를 견제하기 위해 왕건에게 수군을 지휘하게 하여 나주 일대를 점령하였다(903).

④ 김선평, 권행 등이 고창 전투에서 활약하였다.
김선평, 권행 등으로 구성된 고려군이 고창 전투에서 후백제군에 크게 승리하여 경상도 일대에서 견훤 세력을 몰아내고 후삼국 통일의 기반을 마련하였다(930).

⑤ 경애왕이 후백제군의 왕경 습격으로 사망하였다.
후백제 견훤이 신라의 왕경 금성(경주)을 습격하여 경애왕을 사망하게 하고 경순왕을 즉위시켰다(927).

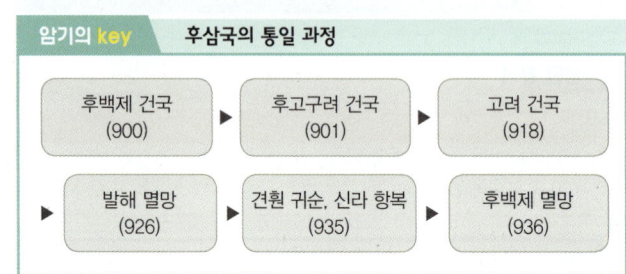

암기의 key — 후삼국의 통일 과정

후백제 건국(900) → 후고구려 건국(901) → 고려 건국(918) → 발해 멸망(926) → 견훤 귀순, 신라 항복(935) → 후백제 멸망(936)

11 고려 예종   정답 ①

✅ 정답 분석

정답이 보이는 **핵심 키워드**
#유학 #청연각과 보문각 설립 #양현고

길잡이 | 관학 진흥책을 펼친 고려 예종을 학습합니다.

① **고려 중기** 최충의 문헌공도를 대표로 하는 사학 12도의 발전으로 관학이 위축되자 **예종**은 **관학을 진흥**시키기 위해 궁중에 **청연각**과 **보문각**을 두어 학문 연구를 장려하였다. 또한, **국자감**을 재정비하여 문무 양학의 과목을 독립 강좌로 설치하는 **7재**를 개설하고 장학 재단인 **양현고**를 설치하였다.

한 번 더 체크하러 가기 ▶ 미니북 08, 24쪽

✅ 선택지 풀이

② 지방 12목에 경학박사를 처음 파견하였다.
성종은 중앙에 최고 교육 기관인 국자감을 설치하고 지방 12목에 경학박사와 의학박사를 파견하여 유학 교육을 활성화하고자 하였다.

③ 서적포를 설치하여 출판을 담당하게 하였다.
숙종은 관학 진흥책의 일환으로 국자감에 서적포를 설치하여 모든 책판을 옮기고 인쇄와 출판을 담당하게 하였다.

④ 대도에 만권당을 세워 중국 학자와 교유하였다.
충선왕은 왕위에서 물러난 뒤 원의 연경에 만권당을 세웠다. 만권당에서 성리학자 이제현은 조맹부, 요수 등 중국 학자와 교유하였다.

⑤ 외국어 교육과 통역을 관장하는 통문관을 설치하였다.
충렬왕 때 번역어 교육과 통역에 관한 업무를 관장하는 관서로 통문관을 설치하였다.

12 최우   정답 ③

✓ 정답 분석

정답이 보이는 핵심 키워드
#무신 정권 #야별초를 좌·우별초로 나누어 편성함

길잡이 | 최씨 무신 정권 시기 최충헌의 뒤를 이어 집권한 최우를 살펴봅니다.

최씨 **무신 정권** 시기 **최우**는 **치안 유지**를 위해 **야별초**를 설치하였다. 이것이 확대되어 **좌별초**와 **우별초**로 나뉘고, 몽골의 포로가 되었다가 탈출한 **신의군**이 합쳐져 **삼별초**가 구성되었다.
③ 최씨 무신 정권 시기 최우는 자신의 집에 **정방**을 **설치**하고 인사 행정을 담당하는 기관으로 삼아 **인사권**을 완전히 **장악**하였다.

한 번 더 체크하러 가기 ▶ 미니북 08쪽

✓ 선택지 풀이

① 원종을 폐위하고 안경공 창을 즉위시켰다.
무신 정권 권력자 임연이 몽골과의 강화를 주도한 원종을 폐위하고 원종의 동생 안경공 창을 즉위시켰다.

② 9재 학당을 설립하여 유교 교육에 힘썼다.
문종 때 최충이 9재 학당을 설립하여 유학 교육과 후진 양성에 힘썼으며, 최충의 사후 그의 시호를 바탕으로 문헌공도라 칭하였다.

④ 전민변정도감의 책임자로서 개혁을 이끌었다.
신돈은 고려 공민왕 때 전민변정도감의 책임자로서 권문세족이 빼앗은 토지를 돌려주고 노비가 된 자를 풀어 주는 등의 개혁을 이끌었다.

⑤ 오월에 사신을 보내고 검교태보의 직을 받았다.
후백제를 건국한 견훤은 중국의 오월과 외교 관계를 맺으며 사신을 보내고 검교태보의 직을 받았다.

13 고려의 경제 상황   정답 ⑤

✓ 정답 분석

정답이 보이는 핵심 키워드
#황비창천 명 거울 #무역선 #송, 일본, 동남아시아, 아라비아 상인들과 교역

길잡이 | 고려의 경제 상황을 탐구합니다.

고려 시대 예성강 하구에 위치한 **벽란도**는 **국제 무역항**으로 번성하였으며, 이곳을 통해 송, 일본뿐만 아니라 동남아시아, 아라비아 상인들과도 교역을 전개하였다.
⑤ 고려 숙종 때 **승려 의천**의 건의에 따라 화폐 주조를 담당하는 **주전도감**을 설치하여 삼한통보, **해동통보**, 해동중보 등의 동전과 활구(은병)를 **발행·유통**하였다.

한 번 더 체크하러 가기 ▶ 미니북 24쪽

✓ 선택지 풀이

① 초량 왜관을 통해 일본과 무역하였다.
조선 숙종 때 일본과의 교류를 위해 부산 초량에 왜관을 설치하였으며, 초량 왜관은 조선 후기 대일 무역과 외교의 중심지가 되었다.

② 덕대가 광산을 전문적으로 경영하였다.
조선 후기에 광산 개발이 활성화되면서 물주로부터 자금을 지원받아 전문적으로 광산을 경영하는 덕대가 활동하였다.

③ 당항성, 영암이 국제 무역항으로 번성하였다.
통일 신라 때 한강 하류의 당항성을 중심으로 당의 산둥반도와 이어지는 해상 무역이 발전하였다. 당항성뿐만 아니라 전남 영암을 통해 학자나 승려가 당으로 유학을 가면서 영암도 국제 무역항으로 번성하였다.

④ 거란도, 영주도를 통해 주변국과 교역하였다.
발해는 거란도, 영주도, 신라도, 일본도 등 상인과 사신이 이동하는 교통로를 통해 거란, 당, 신라, 일본 등 주변국과 교역하였다.

14 고려 초~중기의 정치적 혼란   정답 ④

✓ 정답 분석

정답이 보이는 핵심 키워드
#이자겸과 척준경이 궁궐을 침범하고 불태움 #왕규 #광주원군을 [왕으로] 세우고자 함 #강조는 왕을 폐위시킴 #태후 #김치양

길잡이 | 고려 초~중기에 일어난 정치적 사건을 학습합니다.

(나) **왕규의 난**(945): **왕규**는 두 딸을 고려 태조의 비로 들여 왕실의 외척으로서 권력을 행사하였다. 왕규는 태조가 죽고 혜종이 왕위에 오르자 외손자 광주원군을 왕위에 세우기 위하여 반란을 도모하였으나 왕식렴의 군대에 의해 실패하였다.
(다) **강조의 정변**(1009): 고려 **목종** 때 강조는 천추태후와 그의 정부 김치양으로 인한 국가의 혼란을 바로잡기 위해 **정변**을 일으켜 **목종을 폐위시키고 현종을 즉위시켰다**.
(가) **이자겸의 난**(1126): 고려 중기 문벌 귀족인 **이자겸**은 자신의 딸들을 예종과 인종의 왕비로 삼아 외척 세력으로서 막강한 권력을 행사하였다. 그러자 위협을 느낀 **인종**이 **이자겸을 제거**하려 하였지만 실패하였고, 이에 이자겸이 **반발**하면서 무신 **척준경**과 함께 난을 일으켰다.

한 번 더 체크하러 가기 ▶ 미니북 08쪽

15 지역사 – 개성 정답 ③

정답 분석

정답이 보이는 핵심 키워드
#고려 왕조의 궁궐터였던 만월대 #국자감을 계승한 성균관 #태조 왕건과 신혜 왕후가 함께 안장된 현릉 #거란이 보낸 낙타가 굶어 죽었다는 만부교 #정몽주

길잡이 | 개성 지역의 역사를 알아봅니다.

- **만월대**: 개성 송악산 구릉지에 위치한 **고려의 궁궐터**이다. 2007년 남북 역사학자들이 공동으로 발굴하여 고려의 수막새, 청자기와, 금속 활자 등이 출토되었다.
- **성균관**: 고려 시대 개경에 설치된 **최고 국립 교육 기관**이다. 고려 성종 때 성균관의 전신인 국자감을 설치하였으며, 충선왕과 공민왕을 거치면서 성균관으로 명칭이 바뀌었다.
- **현릉**: 개성 만수산 남록에 위치한 고려 **태조 왕건과 신혜 왕후 유씨의 합장릉**으로, 북한의 국보급 유적이다.
- **만부교**: 고려 시대 개경의 보정문 안에 있었던 다리로, 고려 태조 때, 발해를 멸망시킨 **거란이 낙타 50필**을 보내오자 낙타를 이 다리 아래에 묶어 놓고 **굶어 죽게** 하였다.
- **숭양 서원**: 개성의 선죽교 부근에 세워진 서원으로, **정몽주**와 서경덕의 충절과 덕행을 추모하기 위해 세워졌다. 흥선 대원군이 서원 철폐령을 내렸을 때도 훼손되지 않았다.
- ③ 세 차례에 걸쳐 **거란의 침입**을 받은 고려는 이후의 또 다른 침입을 대비하고자 **현종** 때 **강감찬**의 건의를 받아들여 **나성**을 쌓아 개성(개경)을 방비하고자 하였다.

한 번 더 체크하러 가기 ▶ 미니북 52쪽

선택지 풀이

① 몽골의 사신 저고여가 피살된 곳을 조사한다.
고종 때 몽골 사신 저고여가 본국으로 돌아가던 중 압록강 강가에서 암살당한 사건이 발생하자, 몽골은 피살 사건을 구실로 고려와 국교를 단절하고 6차례에 걸쳐 고려를 침입하였다.

② 서희가 외교 담판을 통해 획득한 곳을 찾아본다.
성종 때 거란이 침략하자 서희가 소손녕과의 외교 담판을 통해 강동 6주를 획득하였다.

④ 김보당이 무신 정권에 저항하여 봉기한 곳을 파악한다.
동북면 병마사로 있던 고려의 문신 김보당은 무신 정변 이후 정권을 잡은 정중부·이의방 등을 토벌하고 폐위된 의종을 복위시키겠다며 동계에서 봉기를 일으켰으나 실패하였다.

⑤ 최무선이 화포를 이용하여 왜구를 물리친 곳을 알아본다.
진포에 왜선 500여 척이 나타나자 최무선은 나세, 심덕부 등과 함께 화통, 화포를 갖추고 왜구를 물리쳤다.

16 몽골의 침입과 고려의 대응 정답 ①

정답 분석

정답이 보이는 핵심 키워드
#방호별감 #김윤후 #충주산성 #군인과 백성이 결사 항전 #1253

길잡이 | 몽골의 침입에 대한 고려의 대응을 살펴봅니다.

몽골의 고려 5차 침입 때 **충주산성**의 방호별감이었던 **김윤후**는 전투에서 승리하면 신분의 고하를 막론하고 모두 관작을 주겠다고 독려하였다. 그 결과, 군인과 백성, 관노들이 다함께 몽골군에 **항전**하며 승리하였다.

① 무신 정권 시기에 **몽골이 침입**하자, 고려 고종과 당시 실권자였던 최우는 **강화도**로 도읍을 옮겨 몽골에 대한 **장기 항전**을 준비하였다.

한 번 더 체크하러 가기 ▶ 미니북 08, 23쪽

선택지 풀이

② 광군을 조직하여 침입에 대비하였다.
고려 정종 때 최광윤의 의견을 받아들여 거란의 침입에 대비하기 위한 군사 조직으로 광군을 조직하고, 지방에 있는 광군을 관리하도록 수도 개경에 광군사를 설치하였다.

③ 삼수병으로 구성된 훈련도감을 신설하였다.
임진왜란 중 유성룡이 조선 선조에게 건의하여 포수, 사수, 살수의 삼수병으로 구성된 훈련도감을 신설하였다.

④ 별무반을 편성하고 동북 9성을 축조하였다.
고려 숙종 때 여진에게 대항하기 위해 윤관이 별무반을 조직하였으며, 이후 예종 때 윤관의 별무반이 여진을 물리치고 동북 9성을 축조하였다.

⑤ 철령위 설치에 반발하여 요동 정벌을 추진하였다.
고려 우왕 때 명이 원의 쌍성총관부가 있던 철령 이북의 땅에 철령위를 설치하겠다며 반환을 요구하였다. 이에 고려가 반발하면서 최영을 중심으로 요동 정벌을 추진하였다.

암기의 key 　몽골과의 항쟁

1차 침입 (1231)	• 배경: 몽골 사신 저고여가 피살됨 • 전개: 몽골 장수 살리타의 침입 → 박서의 귀주성 전투
2차 침입 (1232)	• 배경: 최우의 강화 천도 • 전개: 김윤후의 처인성 전투 → 살리타 사살
3~6차 침입 (1235 ~ 1259)	• 3차 침입: 팔만대장경 조판 시작, 황룡사 구층 목탑 소실 • 5차 침입: 김윤후의 충주성 전투 • 6차 침입: 충주 다인철소 주민들의 항전

17 고려 상형자기   정답 ①

정답 분석

정답이 보이는 핵심 키워드
#고려 상형자기 #비색 #고려 시대 공예

길잡이 | 비색을 띠는 고려의 상형자기를 학습합니다.

고려 상형자기는 사람이나 동식물 등 여러 형상을 본떠 만든 자기로, 아름다운 **비색**을 띠며 빼어난 조형성을 갖추고 있어 고려 시대 공예의 높은 수준을 보여 준다.
① **청자 어룡모양 주전자**는 고려 상형자기로 만든 주전자이며, 연꽃 위에 앉아 있는 어룡(魚龍)을 표현하였다.

한 번 더 체크하러 가기 ▶ 미니북 24쪽

선택지 풀이

② 청화 백자 이형 연적
　조선 시대 청화 백자로 만든 연적(벼루에 먹을 갈 때 쓰는, 물을 담아 두는 그릇)이며, 출세의 의미를 상징하는 잉어 모양으로 조각되었다.

③ 분청사기 철화 모란당초문 자라병
　조선 시대 분청사기로 만든 병이며, 술이나 물을 담을 때 사용하였다. 자라와 모양이 비슷하여 자라병이라 불린다.

④ 가야 수레바퀴모양 토기
　가야의 토기로, 일상생활에서 사용하였던 것이 아닌 죽은 사람을 부장하기 위해 사용된 제기였던 것으로 추정된다.

⑤ 분청사기 희준
　조선 시대 분청사기로 만든 코끼리 모양의 제기이며, 표면에 거북무늬와 사선무늬가 있다.

18 고려 원 간섭기의 상황   정답 ③

정답 분석

정답이 보이는 핵심 키워드
#원의 황녀와 혼인하신 국왕 #고려 #변발 #겁령구

길잡이 | 고려 원 간섭기의 상황을 공부합니다.

원 간섭기 때 고려는 원의 **부마국**으로서 원 황실과 통혼하였으며, 지배층을 중심으로 몽골의 풍습인 **변발**과 **호복** 등이 유행하였다. 당시 원의 황녀를 따라 고려에 온 사속인인 **겁령구**는 황녀의 위세에 힘입어 고려에서 세력을 키우며 백성들의 토지와 재물을 약탈하기도 하였다.

③ 원 간섭기 때 고려는 원에 **조공품**을 보내기 위해 **매**의 사냥과 사육을 위한 **응방**이라는 관청을 두었다. 이에 따라 매 사육, 몽골어 구사 등 원에 실용성 있는 능력을 가진 이들이 부원파가 되어 세력을 키웠다.

한 번 더 체크하러 가기 ▶ 미니북 23쪽

선택지 풀이

① 쌍기의 건의로 과거제가 도입되었다.
　고려 광종은 후주 출신 쌍기의 건의를 받아들여 과거제를 시행함으로써 신진 세력을 등용하였다.

② 빈민 구제를 위해 흑창이 설립되었다.
　고려 태조 왕건은 조세 제도를 합리적으로 조정하여 세율을 1/10로 경감하고, 빈민을 구제하기 위해 흑창을 설립하였다.

④ 의천이 국청사를 중심으로 천태종을 개창하였다.
　고려 승려 의천은 교관겸수를 바탕으로 교종과 선종의 불교 통합 운동을 전개하고, 국청사를 중심으로 천태종을 개창하였다.

⑤ 망이·망소이가 가혹한 수탈에 저항하여 봉기하였다.
　고려 무신 정권 시기에 공주 명학소에서 하층민인 망이·망소이가 가혹한 수탈과 소 주민에 대한 차별 대우에 저항하여 농민 봉기를 일으켰다.

19 조선 세종   정답 ④

정답 분석

정답이 보이는 핵심 키워드
#박연이 만든 편경 #아악을 정비

길잡이 | 조선의 아악을 정비한 세종을 탐구합니다.

조선 전기의 아악은 악보와 악기 모두 미흡하였다. **박연**은 **세종**의 명을 받고 이를 보완하기 위해 돌로 만든 타악기인 **편경**을 다시 제작하여 정확한 음을 내도록 하였다. 또한, 아악의 율조를 조사하고 악기의 그림을 실어 악서를 저술하는 등 조선 전기 음악을 정비하는 데 많은 기여를 하였다.
④ 세종 때 군신·부자·부부 **삼강에 모범**이 될 만한 충신, 효자, 열녀의 행실을 모아 글과 그림으로 설명한 윤리서인 『**삼강행실도**』를 편찬하였다(1434).

한 번 더 체크하러 가기 ▶ 미니북 09쪽

선택지 풀이

① 훈련 교범인 무예도보통지가 간행되었다.
　정조 때 왕명에 따라 이덕무, 박제가, 백동수 등이 장용영의 훈련 교재인 『무예도보통지』를 간행하였다(1790).

② 전통 한의학을 정리한 동의보감이 저술되었다.
선조의 명을 받아 허준이 저술하기 시작한 『동의보감』은 각종 의학 지식과 치료법에 관한 의서로, 광해군 때 완성되었다(1610).

③ 음악 이론 등을 집대성한 악학궤범이 완성되었다.
성종 때 성현 등이 왕명에 따라 의궤와 음악 이론 등을 집대성한 『악학궤범』을 완성하였다(1493).

⑤ 군정, 재정의 내용을 정리한 만기요람이 만들어졌다.
순조 때 서영보·심상규 등이 왕명에 의해 정부의 군정, 재정의 내용을 정리해 『만기요람』을 만들었다(1808).

④ 위훈 삭제를 주장한 조광조 일파가 축출되었다.
중종 때 등용된 조광조는 위훈 삭제, 현량과 실시, 소격서 폐지 등의 급진적인 개혁을 실시하였다. 이에 반발한 훈구 세력이 주초위왕 사건을 일으켜 기묘사화가 발생하면서 조광조를 비롯한 사림들이 피해를 입었다(1519).

20 조선 연산군 정답 ⑤

정답 분석

정답이 보이는 핵심 키워드
#교동도로 유배 #폐비 윤씨 사사 사건 #폭정을 자행 #반정으로 폐위

길잡이 | 중종반정으로 폐위된 조선 연산군을 알아봅니다.

⑤ 조선 연산군 때 유자광, 이극돈 등의 **훈구 세력**은 **사림 세력**인 김일손이 스승 **김종직**의 **조의제문**을 사초에 포함시켰다는 사실을 연산군에게 알렸다. 사림 세력에게 불만을 가지고 있던 연산군은 이를 문제 삼아 탄압하였다(**무오사화**, 1498). 이후 연산군이 생모인 **폐비 윤씨 사사 사건**의 전말을 알게 되면서 김굉필 등 당시 폐비 윤씨 사사 사건에 관련된 인물들과 무오사화 때 피해를 면하였던 사람들까지 큰 화를 입었다(**갑자사화**, 1504). 이후 연산군의 폭정에 대한 반발로 **중종반정**이 일어나 연산군은 폐위되어 교동도로 유배되었다(1506).

한 번 더 체크하러 가기 ▶ 미니북 09, 42쪽

선택지 풀이

① 유자광의 고변으로 남이가 처형되었다.
예종 때 유자광이 남이가 역모를 꾀하려 한다고 왕에게 고변하여 남이를 비롯한 관련자들이 역모의 죄로 처형되었다(1468).

② 기사환국으로 송시열이 죽임을 당하였다.
숙종 때 희빈 장씨의 소생에 대한 원자 책봉 문제로 기사환국이 발생하여 서인이 물러나고 남인이 집권하였다. 이때 서인 세력의 영수인 송시열이 죽임을 당하였다(1689).

③ 외척 간의 권력 다툼으로 윤임이 제거되었다.
인종의 뒤를 이어 명종이 어린 나이로 즉위하자 명종의 어머니 문정왕후가 수렴청정을 하였다. 이후 인종의 외척인 윤임을 중심으로 한 대윤 세력과 명종의 외척인 윤원형을 중심으로 한 소윤 세력의 대립이 일어나 을사사화가 발생하였고, 이때 윤임을 비롯한 대윤 세력과 사림들이 큰 피해를 입었다(1545).

21 임진왜란 정답 ①

정답 분석

정답이 보이는 핵심 키워드
#전라 절제사 권율 #전라도의 곡창 지대와 조선 수군의 배후를 지키는 데 기여

길잡이 | 권율과 황진이 적군에 타격을 입혔던 임진왜란을 학습합니다.

조선 선조 때 **왜군**이 침입하여 **임진왜란**이 발발하였다. 이때 왜군은 금산을 통해 전주로 진격하고자 하였다. 이에 권율과 황진이 왜군에 맞서 싸워 진격을 저지시키며 **곡창 지대**와 병력의 공급원이 될 전라도 지역의 안전을 지켜냈다(이치 전투, 1592.7.).

① 정문부는 임진왜란 당시 **함경도 길주**에서 **의병**을 조직하여 **북관대첩**을 승리로 이끌며 경성과 길주 일대를 회복하였다(1592.9.~1593.2.).

한 번 더 체크하러 가기 ▶ 미니북 32쪽

선택지 풀이

② 정봉수가 용골산성에서 항쟁하였다.
후금이 조선을 침략하여 의주를 함락시킨 뒤 평산까지 남진하자 인조는 강화도로 피란하였고, 정봉수와 이립은 용골산성에서 의병을 이끌며 후금에 맞서 싸웠다. 후금은 조선에 강화를 제의하였고, 결국 형제의 맹약을 맺게 되었다(정묘호란, 1627).

③ 최윤덕이 이만주 부대를 정벌하였다.
세종 때 최윤덕은 왕의 명을 받아 올라산성에서 여진의 무리인 이만주 부대를 정벌하고(1433) 압록강 상류 지역에 4군을 설치하였다(1443).

④ 강홍립이 사르후 전투에 참전하였다.
광해군은 명의 요청으로 후금과의 사르후 전투에 강홍립 부대를 파견하였으나, 중립 외교 정책에 따라 강홍립에게 무모한 싸움을 계속하지 않고 후금에 투항하도록 명령하였다(1619).

⑤ 김준룡이 광교산 전투에서 항전하였다.
조선의 무신 김준룡은 병자호란이 발생하자 근왕병을 이끌고 청에게 포위당한 남한산성으로 진군하였다. 그리고 곳곳의 군사를 모아 병력을 보강한 뒤 용인의 광교산을 거점으로 적장을 사살하며 청과의 전투에서 승리하였다(1637).

22 홍문관 정답 ②

정답 분석

정답이 보이는 핵심 키워드
#옥당 #궁중의 도서 관리 #문한(文翰)과 왕의 자문 담당

길잡이 | 왕의 자문 역할을 담당하였던 홍문관을 학습합니다.

② **홍문관**은 조선 성종 때 집현전을 계승하여 설치되었으며, **옥당, 옥서** 등의 별칭으로 불리기도 하였다. **왕의 자문 역할**과 **경연**, 경서, 사적 관리 등의 업무를 담당하였고, 대표적인 언론 기관인 사헌부, 사간원과 함께 **3사**로 불렸다.

한 번 더 체크하러 가기 ▶ 미니북 35쪽

선택지 풀이

① 수도의 행정과 치안을 담당하였다.
한성부는 수도 한성의 치안과 행정을 담당하던 기관이었다.

③ 대사성, 좨주, 직강 등의 관직이 있었다.
성균관은 조선 시대 최고의 국립 교육 기관으로, 정3품의 당상관직인 대사성을 수장으로 하였으며, 그 밑으로 좨주, 직강 등의 관직이 있었다.

④ 왕명 출납을 맡은 왕의 비서 기관이었다.
승정원은 왕명 출납을 맡고 모든 기밀을 취급하던 조선 시대 왕의 비서 기관이었다.

⑤ 사초와 시정기를 바탕으로 실록을 편찬하였다.
춘추관은 조선 시대에 역사서를 보관·관리하던 관청이다. 국왕의 사후 춘추관 내에 임시로 실록청을 설치하고 사관이 기록한 사초, 시정기를 정리하여 『조선왕조실록』을 편찬하였다.

23 대동법 정답 ⑤

정답 분석

정답이 보이는 핵심 키워드
#공물을 방납 #김육 #호서(湖西)에 먼저 행하기로 정함

길잡이 | 방납의 폐단을 해결하기 위해 시행된 대동법을 탐구합니다.

조선 광해군 때 **방납의 폐단**으로 국가 재정이 악화되고 농민의 부담이 커지자 대동법을 실시하여 **토지의 결 수**에 따라 **쌀**로 공납을 납부하게 하고 삼베, 무명, 동전 등으로 공납을 대신 징수하게 하였다. 처음에는 지주들의 반발이 심하여 경기도에서만 시행되다가, **효종 때 김육의 건의**로 전라·충청 지역까지 확대되었고, **숙종** 때 이르러 평안도와 함경도를 제외하고 **전국적**으로 실시되었다.

⑤ 조선 후기 대동법의 시행으로 국가에서 필요한 물품을 관청에 직접 조달하는 **공인**이 등장하게 되었다.

한 번 더 체크하러 가기 ▶ 미니북 10, 43쪽

선택지 풀이

① 전시과에서 전지 지급 기준의 변화를 찾아본다.
고려 경종 때 처음 시행된 시정 전시과는 인품과 관등에 따라 전지와 시지를 지급하였다. 이후 목종이 실시한 개정 전시과는 인품에 관계없이 관등을 기준으로 지급하였다.

② 일부 상류층에게 선무군관포를 거둔 목적을 알아본다.
조선 영조는 군역으로 인한 농민의 부담을 줄이기 위해 균역법을 제정하여 기존 1년에 2필이었던 군포를 1필만 부담하게 하였다. 이로 인해 부족해진 재정을 보충하고자 일부 부유한 양민에게 선무군관이라는 칭호를 주고 군포 1필을 납부하게 하였다.

③ 과전 지급 대상을 현직 관리로 제한한 까닭을 검색한다.
조선 시대의 과전법은 전·현직 관리에게 토지를 지급하고, 수신전과 휼양전의 명목으로 세습까지 가능하였다. 이로 인해 지급할 토지가 부족해지자 세조 때 수신전과 휼양전을 없애 과전법을 폐지하고 직전법을 실시하여 현직 관리에게만 토지의 수조권을 지급하였다.

④ 풍흉에 관계없이 전세 부담액을 고정한 이유를 분석한다.
조선 인조는 개간을 권장하여 경작지를 확충하고, 농민의 부담을 줄이기 위해 영정법을 실시하여 풍흉에 관계없이 토지 1결당 쌀 4~6두로 전세를 고정하였다.

암기의 key | 조선 전·후기 수취 제도

구분	전기	후기
전세	공법 (연분 9등법, 전분 6등법)	영정법 (토지 1결당 쌀 4~6두)
군역	양인 개병제 → 방군수포제, 군적수포제 폐단 발생	균역법 (1년에 군포 2필 → 1필)
공납	가호별 수취	대동법 (토지 1결당 쌀 12두)

24 이익 정답 ④

정답 분석

정답이 보이는 핵심 키워드
#『곽우록』 #영업전 설정 #매매 금지 #한전론

길잡이 | 조선 후기 실학자 이익을 알아봅니다.

④ **이익**은 **조선 후기 중농학파 실학자**이며, 『**성호사설**』을 저술하여 나라를 망치는 여섯 가지 좀(노비제, 과거제, 양반 문벌제, 사치와 미신, 승려, 게으름)을 제시하였다. 또한, 『성호사설』을 다시 체계적으로 정리한 『**곽우록**』에서 가정의 생활을 유지하는 데 필요한 규모의 토지를 **영업전**으로 설정하고, 영업전의 매매를 금지하는 **한전론**을 주장하였다.

한 번 더 체크하러 가기 ▶ 미니북 16쪽

선택지 풀이

① 의산문답에서 무한 우주론을 주장하였다.
　조선 후기 중상학파 실학자인 홍대용은 『의산문답』을 집필하여 지전설 및 무한 우주론의 주장과 함께 중국 중심의 성리학적 세계관을 비판하였다.

② 북학의에서 절약보다 적절한 소비를 권장하였다.
　조선 후기 중상학파 실학자 박제가는 서얼 출신으로 정조 때 규장각 검서관에 등용되었고, 절약보다는 적절한 소비를 통해 생산을 발전시켜야 한다고 주장하였다.

③ 열하일기에서 수레와 선박의 필요성을 서술하였다.
　조선 후기 실학자 중상학파 박지원은 연행사를 따라 청에 다녀온 뒤 『열하일기』를 저술하여 상공업 진흥을 주장하였으며, 수레와 선박의 사용을 강조하였다.

⑤ 우서에서 사농공상의 직업적 평등과 전문화를 강조하였다.
　조선 후기 중상학파 실학자 유수원은 『우서』를 저술하여 사농공상의 직업적 평등과 전문화를 주장하고, 상공업의 진흥과 기술의 혁신을 강조하였다.

암기의 key — 조선 후기 대표 실학자와 저서

중농학파	유형원	『반계수록』
	이익	『성호사설』, 『곽우록』
	정약용	『목민심서』, 『경세유표』, 『흠흠신서』
중상학파	유수원	『우서』
	홍대용	『의산문답』, 『임하경륜』, 『연기』
	박지원	『열하일기』, 『과농소초』, 「양반전」, 「허생전」
	박제가	『북학의』

25 조선 영조 　　정답 ②

정답 분석

정답이 보이는 핵심 키워드
#준천사(濬川司) #신문고

길잡이 | 조선 영조의 정책을 살펴봅니다.

조선 영조는 장마로 인한 홍수에 대비하기 위해 도성 안에 하수도 역할을 할 **개천**(현재 청계천)을 **준설**하고, **준천사**라는 관청을 설치하여 개천의 관리를 책임지도록 하였다. 또한, 연산군 때 폐지되었던 **신문고를 부활**시켜 백성들이 억울함을 알릴 수 있도록 하였다.
② 영조는 국가 운영에 대한 법을 새로 규정하기 위해 『경국대전』을 바탕으로 새롭게 변화된 법전 조항을 담은 **『속대전』**을 편찬하였다.

한 번 더 체크하러 가기 ▶ 미니북 10쪽

선택지 풀이

① 나선 정벌에 조총 부대를 파견하였다.
　효종 때 러시아가 만주 지역까지 침략해 오자 청은 조선에 원병을 요청하였고, 조선은 두 차례에 걸쳐 조총 부대를 파견하여 나선 정벌을 단행하였다.

③ 청과 국경을 정한 백두산정계비를 건립하였다.
　숙종 때 간도 지역을 두고 청과 국경 분쟁이 발생하자 두 나라 대표가 백두산 일대를 답사하고 국경을 정하여 백두산정계비를 건립하였다.

④ 문신을 재교육하기 위한 초계문신제를 시행하였다.
　정조는 인재 양성을 위해 새롭게 관직에 오르거나 기존 관리들 중 능력 있는 문신들을 규장각에서 재교육시키는 초계문신제를 실시하였다.

⑤ 한성 방어를 위하여 총융청과 수어청을 창설하였다.
　인조는 이괄의 난을 겪으며 수도 외곽 방비의 허점을 파악하여 한양 도성을 방어하고 국방력을 강화하기 위해 총융청, 수어청을 창설하였다.

26 조선 후기의 사회·경제 상황 　정답 ③

정답 분석

정답이 보이는 핵심 키워드
#대왕대비께서 사학(邪學)에 대한 단속 강화 #이승훈이 잡혀감
#정약종도 죄인으로 몰림 #교인들에 대한 탄압

길잡이 | 조선 후기의 사회·경제 상황을 알아봅니다.

조선 후기에 **순조**가 어린 나이로 즉위하고 **정순 왕후**의 수렴청정이 시작된 후 사학과 서학을 근절하라는 금압령이 내려졌다. 이에 **천주교도에 대한 탄압**이 심화되어 천주교 전파에 앞장섰던 실학자들과 많은 천주교 신자들이 피해를 입는 **신유박해**가 발생하였다. 이때 **이승훈**과 **정약종**을 비롯한 천주교 신교자들이 처형당하였다.
③ 태종 때 왕명으로 주자소를 설치하여 금속 활자인 계미자를 주조하였다.

한 번 더 체크하러 가기 ▶ 미니북 10, 24쪽

선택지 풀이

① 상평통보로 물건을 거래하는 객주
　조선 후기 대외 무역 규모가 커지면서 포구에는 물품의 매매를 중개하는 객주와 여각이 발달하였다. 또한, 금속 화폐인 상평통보가 발행되어 전국적으로 사용되었다.

② 인삼 무역으로 크게 수익을 본 송상
　조선 후기 상업의 발달로 전국 각지에 사상이 등장하였고, 그중 개성의 송상은 청과의 인삼 무역 활동으로 부를 축적하였다.

④ 고추, 담배 등의 상품 작물을 재배하는 농민
　조선 후기 장시가 증가하고 상품 유통 경제가 발달하면서 농민들이 고추, 담배, 인삼, 목화 등 상품 작물을 활발하게 재배하였다.

⑤ 저잣거리에서 한글 소설을 읽어 주는 전기수
조선 후기 서민 문화의 발달로 민화와 판소리, 탈춤이 유행하였고, 『홍길동전』과 『춘향전』 등 한글 소설이 널리 읽혔다. 이에 따라 소설이 대중화되어 소설책을 빌려주는 세책가와 직업적으로 소설을 읽어 주는 이야기꾼인 전기수가 등장하였다.

27 신윤복   정답 ③

✅ 정답 분석

정답이 보이는 핵심 키워드
#조선 후기 대표적인 풍속 화가 #혜원

길잡이 | 조선 후기 대표 풍속 화가인 혜원 신윤복의 작품을 살펴봅니다.

조선 후기 도화서 출신의 **풍속 화가 혜원 신윤복**은 주로 **양반과 부녀자의 생활과 유흥, 남녀의 애정** 등을 감각적이고 해학적으로 묘사하였다. 그는 작품 「연소답청」에서 양반과 기생이 함께 봄날에 자연을 즐기러 나들이하는 모습을 묘사하였다.
③ 「월하정인도」는 신윤복이 눈썹 같은 달 아래 남녀가 몰래 만나는 장면을 그린 풍속화이다.

한 번 더 체크하러 가기 ▶ 미니북 47쪽

✅ 선택지 풀이

① 「파적도」 – 김득신
조선 후기 화가 김득신의 풍속화이다.

② 「신부 신랑 초례하고」 – 김준근
조선 후기 화가 김준근의 풍속화이다.

④ 「벼타작」 – 김홍도
조선 후기 화가 김홍도의 풍속화이다.

⑤ 「고사관수도」 – 강희안
조선 전기 화가 강희안의 산수인물화이다.

28 「지부복궐척화의소」   정답 ②

✅ 정답 분석

정답이 보이는 핵심 키워드
#최익현 #척화 #강화할 수 없음 #왜인들이 양적들의 앞잡이가 됨

길잡이 | 최익현이 「지부복궐척화의소」를 올린 시기를 공부합니다.

② **1860년대** 병인양요, 오페르트 도굴 사건 등 외세의 침략과 **통상 요구**에 반발하여 **이항로와 기정진** 등이 **척화주전론**을 내세우며 **위정척사 운동**을 전개하였다. 이후 일본이 강화도 조약 체결을 요구하자, **최익현**은 위정척사 운동을 전개하여 **왜양일체론**에 입각한 「**지부복궐척화의소**」(도끼를 가지고 궐 앞에 엎드려 화친에 반대하는 상소)를 올리며 일본과의 강화도 조약 체결을 반대하였다(1876).
이외의 사건들인 고종 즉위는 1897년, 신미양요는 1871년, 갑신정변은 1884년, 을미사변은 1895년, 러일 전쟁 발발은 1904년, 국권 피탈은 1910년에 일어났다.

한 번 더 체크하러 가기 ▶ 미니북 17쪽

29 흥선 대원군   정답 ⑤

✅ 정답 분석

정답이 보이는 핵심 키워드
#경복궁 중건 #중건에 필요한 비용을 마련하기 위해 원납전을 내게 함 #원망하며 납부하는 돈

길잡이 | 흥선 대원군이 왕권 강화를 위해 경복궁 중건을 꾀하였던 시기에 있었던 일을 알아봅니다.

조선 고종이 어린 나이에 왕위에 오르면서 정치적 실권을 잡은 **흥선 대원군**은 세도 정치로 혼란에 빠진 국가 체제를 복구하기 위해 각종 **개혁 정책**을 실행하였다. 개혁 정책의 일환으로 왕실의 권위 회복을 위해 **임진왜란 때 불탔던 경복궁을 중건**하였는데, 이 과정에서 여러 차례 백성들에게서 **원납전**을 기부금 명목으로 **강제 징수**하고 공사비로 충당하였다(1865~1868).
⑤ 병인박해를 빌미로 **프랑스 군대**가 **강화도**를 침략하면서 **병인양요**가 발생하였다. 당시 **문수산성**에서 **한성근**이 프랑스에 맞서 항전하였으나 무기와 병력의 열세로 후퇴하였다(1866).

한 번 더 체크하러 가기 ▶ 미니북 11, 33쪽

✅ 선택지 풀이

① 청일 전쟁이 발발하였다.
일본이 경복궁을 점령한 후 풍도 앞바다에 있는 청군 함대를 습격하면서 청일 전쟁이 발발하였다(1894).

② 삼정이정청이 설치되었다.
철종 때 임술 농민 봉기의 수습을 위해 파견된 안핵사 박규수는 봉기의 원인이 삼정의 문란에 있다고 보고 삼정이정청을 설치하였다(1862).

③ 영국이 거문도를 불법으로 점령하였다.
영국은 조선에 대한 러시아의 세력 확장을 저지하기 위해 거문도를 불법으로 점령하였다(1885).

④ 김기수가 수신사로 일본에 파견되었다.

조선은 강화도 조약 체결을 계기로 문호를 개방한 뒤 개화 정책을 추진하였다. 이에 일본에 1차 수신사로 파견된 김기수는 신식 기관과 각종 근대 시설을 시찰하고 돌아와 일본의 발전을 고종에게 보고하였다 (1876).

⑤ 외국인을 재정 고문으로 두도록 하는 조항을 담고 있다.

제1차 한일 협약을 통해 스티븐스가 외교 고문, 메가타가 재정 고문으로 임명되었다. 이후 메가타는 대한 제국의 경제권을 장악하기 위해 화폐 정리 사업을 실시하였다.

암기의 key | 흥선 대원군 집권 시기의 역사적 사건

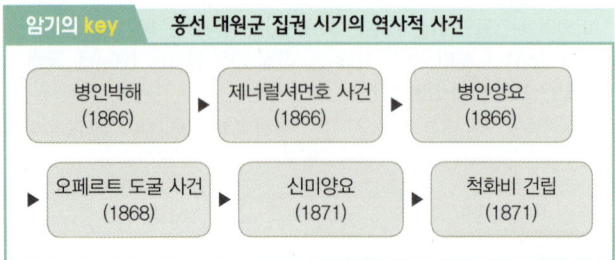

암기의 key | 열강과 체결한 조약 및 주요 내용

국가	조약	주요 내용
일본	강화도 조약 (조일 수호 조규, 1876)	• 청의 종주권 부인 • 치외 법권, 해안 측량권 • 부산, 원산, 인천 개항
미국	조미 수호 통상 조약 (1882)	• 서양과 맺은 최초의 조약 • 치외 법권, 최혜국 대우 • 거중 조정
청	조청 상민 수륙 무역 장정(1882)	• 치외 법권, 최혜국 대우 • 청 상인에 대한 통상 특권
러시아	조러 수호 통상 조약 (1884)	최혜국 대우
프랑스	조불 수호 통상 조약 (1886)	• 천주교 신앙의 자유 • 포교 허용

30 조청 상민 수륙 무역 장정   정답 ①

정답 분석

정답이 보이는 핵심 키워드
#청 상인이 양화진과 한성에 점포를 열 수 있게 됨 #조선의 상권을 둘러싸고 청과 일본 상인의 경쟁이 치열해짐

길잡이 | 조선과 청이 맺은 조청 상민 수륙 무역 장정을 파악합니다.

① 신식 군대인 **별기군**에 비해 **차별 대우**를 받던 구식 군대가 **임오군란**을 일으켰으나 **청의 군대에 의해 진압**되었다. 이를 계기로 조선에 대한 청의 내정 간섭이 심화되었고, 청과 **조청 상민 수륙 무역 장정**을 체결하게 되었다. 이 조약을 통해 청은 **치외법권**과 함께 **양화진 점포 개설권**, 외국 상인의 내지 통상권을 인정받았다. 이후 **조일 통상 장정**으로 **최혜국 대우**를 인정받은 일본도 내지 통상이 가능해졌고, 그 결과 조선의 상권을 둘러싸고 **청과 일본 상인의 경쟁**이 치열하게 전개되었다.

한 번 더 체크하러 가기 ▶ 미니북 11, 37쪽

선택지 풀이

② 거중 조정의 조항을 포함하였다.

조선이 미국과 체결한 조미 수호 통상 조약에는 국가 간의 분쟁을 제3국이 해결하는 거중 조정의 조항이 포함되어 있었다. 이외에도 조미 수호 통상 조약은 치외 법권, 최혜국 대우를 인정한 불평등 조약이었다.

③ 방곡령을 선포할 수 있는 조건을 명시하였다.

조선은 무역에 대한 관세권을 회복하기 위해 일본과 조일 통상 장정을 체결하였다. 조일 통상 장정에는 천재·변란 등에 의한 식량 부족의 우려가 있을 때 방곡령을 선포할 수 있는 조건을 명시하였다.

④ 부산항과 원산항이 개항되는 결과를 가져왔다.

조선은 일본과 강화도 조약(조일 수호 조규)을 맺어 부산, 원산, 인천 3개의 항구를 개항하였으며, 일본에게 해안 측량권과 치외 법권을 인정해 주었다.

31 동학 농민 운동   정답 ③

정답 분석

정답이 보이는 핵심 키워드
#부패한 지배층과 외세의 침략에 맞서 봉기 #『전봉준 공초』#『갑오군정실기』#「사발통문」

길잡이 | 반봉건, 반외세를 기치로 내세웠던 동학 농민 운동을 학습합니다.

전라도 고부 군수 조병갑이 **만석보**를 쌓는다는 명분으로 농민을 동원하고 수세를 강제로 징수하였다. 이를 참다 못한 동학교도 **전봉준**은 「**사발통문**」을 돌려 봉기 계획을 알리며 사람을 모아 고부 관아를 습격하고, **만석보를 파괴**하였다(고부 농민 봉기). 고부 농민 봉기를 시작으로 농민은 죽창과 농기구를 들고 **봉건적인 사회와 외세에 반발**하였다(**동학 농민 운동**). 전봉준이 법정 심문에 답한 것을 기록한 『**전봉준 공초**』, 동학 농민군 토벌을 위해 설치된 양호도순무영 관련 공문서를 모아 작성한 『갑오군정실기』, 동학 농민 운동 참여자의 이름을 적은 「사발통문」 및 185건의 기록물이 동학 농민 혁명 기록물이라는 이름으로 유네스코 세계 기록 유산으로 등재되었다.

③ 동학 농민 운동 당시 농민군은 **황토현·황룡촌 전투**에서 관군에 승리하고 전주성을 점령하여 **전라도 일대를 장악**하였다. 이후 정부와 **전주 화약**을 맺고 자치 개혁 기구인 **집강소**를 중심으로 **폐정 개혁안**을 실천하였다.

한 번 더 체크하러 가기 ▶ 미니북 11, 41쪽

선택지 풀이

① 일본의 황무지 개간권 요구를 저지하였다.
　대한 제국 때 일본은 한일 의정서를 체결하고 군사 전략상 필요한 지역을 차지하기 위해 황무지 개간권을 요구하였다. 이에 보안회는 전국에 통문을 돌리며 황무지 개간권 요구 반대 운동을 전개하여 저지에 성공하였다.

② 조선 총독부의 방해와 탄압으로 중단되었다.
　조선 총독부는 동학 농민 운동이 완료된 이후인 1910년 체결된 한일 병합 조약 이후에 설치되었다.

④ 이른바 남한 대토벌 작전으로 큰 피해를 입었다.
　정미의병을 기점으로 의병 투쟁이 더욱 가열되자 일제는 1909년 9월부터 약 2개월간 대규모 병력을 동원하여 의병 부대와 한국인을 학살한 이른바 남한 대토벌 작전을 전개하였다.

⑤ 상황 수습을 위해 박규수가 안핵사로 파견되었다.
　조선 철종 때 임술 농민 봉기의 수습을 위해 파견된 안핵사 박규수는 봉기의 원인이 삼정의 문란에 있다고 보고 삼정이정청을 설치하였다.

32 독립 협회　　　　정답 ④

정답 분석

정답이 보이는 핵심 키워드
#독립관 #토론회 #조선의 급선무는 인민의 교육 #정부 고위 인사들도 참석 #위원 이상재

길잡이 | 근대 교육을 강조하였던 독립 협회를 알아봅니다.

갑신정변 이후 미국으로 건너갔다 돌아온 **서재필**은 남궁억, 이상재, 윤치호 등과 함께 **독립 협회**를 창립하였다. 독립 협회는 1897년부터 1898년까지 매주 일요일 독립 협회 회원, 정부 관료, 시민들과 함께 **토론회**를 개최하여 독립 협회의 사상 확립 발전과 계몽 활동을 추진하였다.
④ 독립 협회는 **관민 공동회**에서 **중추원 개편**을 통한 의회 설립 방안이 담긴 **헌의 6조**를 결의하여 **고종**에게 건의하였고, 고종이 이를 채택하였다.

　　　　　　　　　　　　　한 번 더 체크하러 가기 ▶ 미니북 49쪽

선택지 풀이

① 고종 강제 퇴위 반대 운동을 주도하였다.
　대한 자강회는 교육과 산업 활동을 바탕으로 한 국권 회복을 목표로 활동하였고, 고종 강제 퇴위 반대 운동을 전개하다가 일제의 탄압으로 해산되었다.

② 만세보를 발행하여 민족의식을 고취하였다.
　손병희를 중심으로 한 천도교는 국한문 혼용체 기관지인 만세보를 발행하여 민족의식을 고취하였다.

③ 파리 강화 회의에 독립 청원서를 제출하였다.
　중국 상하이에서 결성된 신한 청년당은 파리 강화 회의에 김규식을 대표로 파견하여 독립 청원서를 제출하였다.

⑤ 계몽 서적을 보급하기 위해 태극 서관을 운영하였다.
　신민회는 평양에 태극 서관을 운영하여 계몽 서적이나 유인물을 출판·보급하고 회원들이 연락하는 장소로서 기능하도록 하였다.

33 광무개혁　　　　정답 ④

정답 분석

정답이 보이는 핵심 키워드
#구본신참 #원수부 설치 #상공 학교와 회사, 공장 설립 #자주 독립과 근대화에 필요한 문물 적극 도입 #체제 변화를 부르지 않음

길잡이 | 대한 제국의 황제 고종이 펼쳤던 광무개혁의 내용을 살펴봅니다.

대한 제국 선포 직후 **고종**은 '옛 법을 근본으로 삼고 새로운 것을 첨가한다'는 의미의 **구본신참**을 기본 정신으로 하여 **광무개혁**을 실시하였다. 이에 따라 상공업 진흥을 추진하여 **관립 상공 학교**와 같은 실업·교육 기관을 설립하고, 황제 직속의 **원수부**를 설치하여 대원수로서 모든 군대를 통솔하고자 하였다. 광무개혁은 자주 독립과 근대화를 지향하며 국방력 강화 및 교육과 상공업 진흥을 추진하였으나, 전제 황권을 강화하는 등 체제를 변화하지 않았다는 한계점을 갖는다.
④ 대한 제국은 광무개혁 때 **양지아문**을 통해 **양전 사업**을 실시하고, **지계아문**을 설치하여 **토지 소유 문서인 지계**를 발급하면서 근대적 토지 소유권을 확립하고자 하였다.

　　　　　　　　　　　　한 번 더 체크하러 가기 ▶ 미니북 11, 49쪽

선택지 풀이

① 개혁을 추진하기 위해 군국기무처를 두었다.
② 행정 기구를 6조에서 8아문으로 개편하였다.
　김홍집을 중심으로 구성된 군국기무처를 통해 제1차 갑오개혁이 실시되었다. 이에 따라 행정 기구를 기존 6조에서 8아문으로 개편하였으며, 과거제를 폐지하였다. 사회적으로는 공사 노비법을 혁파하여 신분제를 법적으로 폐지하였고, 과부의 재가를 허용하고 연좌제와 조혼을 금지하는 등 악습을 혁파하였다.

③ 근대식 무기 제조 공장인 기기창을 설립하였다.
　고종은 중국 톈진에 김윤식과 유학생들을 영선사로 파견하여 근대 무기 제조 기술과 군사 훈련법을 배우도록 하였다. 이를 계기로 국내에 근대식 무기 제조 공장인 기기창이 설립되었다.

⑤ 개혁의 방향을 제시한 홍범 14조를 반포하였다.
　제2차 갑오개혁 때 김홍집 내각이 홍범 14조를 반포하고 개혁의 기본 방향을 제시하였다.

34 근대 문물   정답 ③

정답 분석

정답이 보이는 핵심 키워드
#개항 이후 도입된 근대 문물 #배재 학당 #광혜원 #한성 전기 회사 #원각사

길잡이 | 개항 이후 도입된 근대 문물을 알아봅니다.

ㄴ. 광혜원은 **우리나라 최초의 서양식 병원**이며, 개항 이후 미국인 선교사이자 조선 왕실의 의사였던 **알렌의 건의**로 세워졌다. 훗날 이름이 제중원으로 바뀌었다.

ㄷ. **한성 전기 회사**는 대한 제국 황실과 미국인의 합작으로 세워진 회사로, 한양에 발전소를 세우고 **서대문과 청량리 사이를 오가는 전차를 가설 및 운영**하였다.

한 번 더 체크하러 가기 ▶ 미니북 38쪽

선택지 풀이

ㄱ. (가) - 교육 입국 조서에 근거하여 설립되었어요.
제2차 갑오개혁 때 고종은 교육 입국 조서를 발표하고 교육의 중요성을 강조하면서 교사 양성을 위한 한성 사범 학교를 세웠다. 배재 학당은 미국인 개신교 선교사 아펜젤러가 세운 근대적 사립 학교로, 신학문 보급에 기여하였다.

ㄹ. (라) - 나운규가 제작한 영화 아리랑을 상영하였어요.
한국 최초의 상설 영화관 단성사에서 나운규가 제작과 감독, 주연을 맡은 영화 「아리랑」이 상영되었다. 원각사는 한국 최초의 근대식 국립 극장으로, 「은세계」, 「치악산」 등의 신극이 공연되었다.

35 근대 시기의 국권 수호 노력   정답 ⑤

정답 분석

정답이 보이는 핵심 키워드
#대한 제국의 외교권 강탈 #통감부 설치 #신돌석 #의병장 #나철 #오적 처단 #자신회 조직 #이재명 #명동 성당 #이완용을 습격

길잡이 | 을사늑약 체결 직후에 일어났던 국권 수호 노력을 파악합니다.

러일 전쟁에서 승리하며 사실상 열강들로부터 한국에 대한 지배를 인정받은 일본은 한국을 식민지화하기 위한 계획을 수립하였다. 이에 고종의 거부에도 을사오적의 서명을 받아 **을사늑약**을 강제로 체결하여 **대한 제국의 외교권을 강탈**하고 **통감부**를 설치하였다. 을사늑약 체결에 반발하여 유생 출신의 민종식, 최익현과 **평민 의병장 출신의 신돌석** 등이 **을사의병**을 주도하였으며, **나철**은 을사늑약 체결에 협력한 을사오적(박제순, 이지용, 이근택, 이완용, 권중현)을 암살하기 위해 **자신회**를 조직하였다. 또한, **이재명**은 **명동 성당** 앞에서 **이완용을 습격**하여 중상을 입혔다.

⑤ **이상설**은 **이준, 이위종**과 함께 고종의 명을 받아 **네덜란드 헤이그**에서 열린 **만국 평화 회의**에 **특사**로 파견되어 **을사늑약의 무효**를 알리고자 하였다.

한 번 더 체크하러 가기 ▶ 미니북 11, 39쪽

선택지 풀이

① 김홍집, 조선책략을 가져오다
1880년대 일본에 제2차 수신사로 파견된 김홍집은 청의 황준헌이 쓴 『조선책략』을 국내에 처음 가져왔다. 『조선책략』에 러시아의 남하 정책에 대비하기 위한 동양 3국의 외교 정책 방향을 제시한 내용이 서술되어 있어, 미국과 외교 관계를 맺어야 한다는 여론이 형성되는 계기가 만들어졌다.

② 김옥균, 개화당 정부를 수립하다
급진 개화파인 김옥균은 근대화 추진과 민씨 세력 제거를 위해 일본의 군사적 지원을 받아 우정총국 개국 축하연 자리에서 갑신정변을 일으켰다. 이후 개화당(독립당) 정부를 수립하고 14개조 개혁 정강을 발표하여 입헌 군주제, 청과의 사대 관계 폐지, 능력에 따른 인재 등용 등의 개혁을 추진하고자 하였다.

③ 김윤식, 영선사로 청에 다녀오다
김윤식은 고종의 명으로 유학생들과 함께 청에 영선사로 파견되어 텐진 일대에서 근대 무기 제조 기술과 군사 훈련법을 배웠다.

④ 유길준, 조선 중립화론을 건의하다
영국이 러시아의 남하를 저지하기 위해 거문도를 점령하는 등 한반도를 둘러싼 국제 분쟁의 조짐이 보이자, 유길준은 조선 중립화론을 주장하며 조선의 안전을 보장받고자 하였다.

36 1910년대 무단 통치기 정답 ②

정답 분석

정답이 보이는 핵심 키워드
#태 십오 #조선 태형령 #헌병 경찰이 재판 없이 조선인에게만 태형을 가할 수 있음 #공포심 조성

길잡이 | 1910년대 무단 통치기의 모습을 공부합니다.

일제는 **1910년대 무단 통치기**에 식민 지배 질서를 강제하기 위해 **범죄 즉결례**를 제정하여, 정식 재판 없이 조선인을 체포·구금하고 벌금을 물리거나 태형에 처할 수 있도록 하였다(1910). 이후 범죄 즉결례에 있는 태형 규정을 삭제하고 **조선 태형령**을 제정하여 곳곳에 배치된 **헌병 경찰**이 조선인에 한해 태형을 통한 형벌을 가할 수 있도록 하였다(1912).
② 1910년대 무단 통치기에 일제는 강압적 통치를 목적으로 학교 교원에게 **제복과 칼**을 착용하도록 하였다.

한 번 더 체크하러 가기 ▶ 미니북 12쪽

선택지 풀이

① 암태도 소작 쟁의에 참여하는 농민
⑤ 경성 고무 여자 직공 조합의 파업을 취재하는 기자
　3·1 운동 이후 사회주의 사상이 유입되면서 노동·농민 운동 등 사회 운동이 활성화되었다. 이때 전남 신안군 암태도에서는 한국인 지주 문재철의 횡포와 이를 비호하는 일본 경찰에 맞서 일제 강점기 최대 규모의 암태도 소작 쟁의가 발생하였다. 또한, 경성의 4개 고무 공장에서 여성 노동자들에 대한 임금 삭감을 통지하자, 이에 반발하며 노동 조합을 결성한 뒤 아사 동맹을 맺어 파업하였다(1923).

③ 잡지 어린이에 실을 원고를 작성하는 작가
　방정환, 김기전 등이 주축이 된 천도교 소년회는 1922년 어린이날을 제정하고, 1923년 잡지 『어린이』를 간행하는 등 소년 운동을 주도하였다.

④ 토월회에서 연극 공연을 준비하고 있는 배우
　일제 강점기 도쿄 유학생들을 중심으로 결성된 신극 운동 단체 토월회는 기존의 신파극에서 벗어난 근대극 형식을 정착시키기 위해 노력하였다(1923).

37 제2차 조선 교육령 정답 ⑤

정답 분석

정답이 보이는 핵심 키워드
#내선공통(內鮮共通) #입학 자격과 학교 운영 등에서 여전히 차별적인 요소를 담고 있음 #보통학교의 수업 연한은 6년

길잡이 | 제2차 조선 교육령이 발표되었던 1920년대 문화 통치기의 사건을 파악합니다.

제2차 조선 교육령은 일제가 **문화 통치**를 표방하며 일본인과 조선인을 동등하게 대한다는 **내선공통(內鮮共通)**의 미명하에 발표되었다(1922). 이에 **조선어를 필수 과목**으로 지정하고 보통학교의 **수업 연한**을 일본인이 다니는 소학교와 동등하게 **6년으로 연장**하였다. 그러나 실제로는 학교 입학 조건과 진학 제도를 새로 규정하면서 교장 및 경찰서가 입학을 원하는 가정의 정치적 동향과 재산증명서를 평정하도록 하였다. 또한, 조선어 과목 수업 시에는 일본어 쓰기를 병행하면서 조선어를 일본어 교육을 위한 수단으로 전락시켰다.
⑤ 일제는 제2차 조선 교육령을 발표하여 사범학교 설립 및 대학에 관한 규정을 마련하였다. 이에 이상재, 윤치호 등은 조선인 본위의 교육을 위해 **조선 민립 대학 기성회**를 창립하고 **민립 대학 설립 운동**을 전개하였다(1923). 일제는 이를 저지하고자 경성 제국 대학령을 발의하여 **경성 제국 대학**을 설립하였고(1924), 민립 대학 설립 운동은 실패하였다.

한 번 더 체크하러 가기 ▶ 미니북 12, 27쪽

선택지 풀이

① 국권 회복을 위해 해조신문이 창간되었다.
　연해주로 이주한 동포들은 순 한글 신문 해조신문을 창간하여 독립 의식을 고취하고 국권 회복을 위해 힘썼다(1908).

② 평양 숭의 여학교에서 송죽회가 결성되었다.
　평양 숭의 여학교 교사 김경희와 황에스더, 졸업생 안정석의 주도로 항일 비밀 여성 단체인 송죽회가 결성되었다(1913). 송죽회는 교회를 통하여 여성 계몽 운동을 진행하고, 독립 자금을 모아 독립운동가를 후원하였다.

③ 메가타의 주도로 화폐 정리 사업이 실시되었다.
　제1차 한일 협약을 통해 재정 고문으로 임명된 메가타는 조선의 경제권을 장악하기 위해 화폐 정리 사업을 실시하여 백동화를 제일 은행권으로 교환하였다(1905).

④ 회사 설립을 허가제로 하는 회사령이 공포되었다.
　일제는 민족 기업과 민족 자본의 성장을 억제하기 위해 회사 설립 시 총독의 허가를 받도록 하는 회사령을 공포하였다(1910).

암기의 key — 일제 강점기 조선 교육령

조약	주요 내용
제1차 조선 교육령 (1911)	보통 교육의 수업 연한을 4년으로 단축
제2차 조선 교육령 (1922)	• 보통 교육의 수업 연한을 6년으로 연장 • 조선어를 필수 과목으로 지정 • 한국인의 대학 입학 허용 → 민립 대학 설립 운동 탄압 → 경성 제국 대학 설립
제3차 조선 교육령 (1938)	• 중일 전쟁 발발로 황국 신민화 정책 강화 • 조선어를 선택 과목화 • 학교명을 일본인 학교와 동일하게 변경
제4차 조선 교육령 (1943)	전시 교육 체제 하에 조선어·역사 과목 폐지

38 의열단   정답 ④

✅ 정답 분석

정답이 보이는 핵심 키워드
#김원봉 #1919년 #일제 식민 통치 기관 파괴와 요인 처단 등을 목표로 조직함

> **길잡이** | 1919년 김원봉이 중국 지린성에서 조직한 의열단을 학습합니다.

헝가리 폭탄기술자 마자르는 제1차 세계 대전 참전 이후 몽골에서 의열단원 이태준을 만나 한국의 독립운동에 참여하게 되었다. 그는 이태준의 부탁으로 **의열단장 김원봉**을 만난 뒤, 의열단의 무장 투쟁에 필요한 고성능 폭탄을 제조하고 폭탄 밀반입에 도움을 주었다. ④ **의열단**은 **신채호가 작성한 조선 혁명 선언**을 기본 행동 강령으로 하여 직접적인 투쟁 방법인 암살, 파괴, 테러 등을 통해 독립운동을 전개하였다.

한 번 더 체크하러 가기 ▶ 미니북 28쪽

✅ 선택지 풀이

① 신흥 강습소를 세워 독립군을 양성하였다.
   국외 독립운동 기지를 건설하고자 서간도(남만주) 삼원보 지역으로 이주한 신민회원 이상룡, 이회영 등은 최신식의 군사 기술을 가르쳐 독립군을 양성하는 신흥 강습소(훗날 신흥 무관 학교)를 설립하였다.

② 구미 위원부를 설치하여 외교 활동을 전개하였다.
   대한민국 임시 정부는 대미 외교 업무를 전개하기 위해 미국에 구미 위원부를 설치하였다.

③ 단원인 이봉창이 일왕 행렬에 폭탄을 투척하였다.
   한인 애국단원 이봉창은 일왕 암살을 계획하여 도쿄에서 일왕이 탄 마차의 행렬에 폭탄을 투척하였다.

⑤ 조선 총독부에 국권 반환 요구서를 제출하고자 하였다.
   임병찬은 고종의 밀지를 받아 독립 의군부를 조직하여 조선 총독부에 국권 반환 요구서 제출을 시도하였다.

39 물산 장려 운동   정답 ③

✅ 정답 분석

정답이 보이는 핵심 키워드
#평양에서 조만식 등의 주도로 시작 #내 살림 내 것으로 #자본가의 이익만을 추구한다는 비판

> **길잡이** | 일제 강점기 경제 자립 운동인 물산 장려 운동을 살펴봅니다.

③ 1920년대 회사령 폐지 이후 일본의 경제적 침탈이 더욱 심화되었고, 일본과 조선 사이에 체결된 **관세령도 폐지**되었다. 그 결과, 일본산 완제품이 조선으로 유입되면서 조선의 경제권이 일본에 예속되었다. 이에 **조만식**은 민족 기업을 통해 경제 자립을 이루고자 평양에서 조선 물산 장려회를 조직하고, '**내 살림 내 것으로**', '**조선 사람 조선 것**'이라는 구호를 내세웠다. 이후 서울에서 연희전문학교 학생 염태진 등 50여 명이 **자작회**를 설립하고, 조선 물산 장려회가 창립되면서 **물산 장려 운동**이 전국적으로 확산되었다. 또한, 서울 중상층 이상의 부인 50명이 모여 **토산 애용 부인회**를 설립하면서 여성들의 참여를 이끌어 내기도 하였다. 그러나 물산 장려 운동은 일제의 탄압을 받고, **사회주의 계열**에서 **자본가의 이익만을 추구하는 운동이라고 비판**하는 등 운동의 성격과 한계에 논란이 일면서 침체되었다.

한 번 더 체크하러 가기 ▶ 미니북 12, 27쪽

✅ 선택지 풀이

① 대한매일신보의 후원을 받아 확산되었다.
   대한매일신보는 1904년 양기탁과 영국인 베델을 중심으로 창간된 신문으로, 국채 보상 운동을 지원하였다.

② 순종의 인산일을 기회로 삼아 추진하였다.
   사회주의 세력과 천도교를 중심으로 한 민족주의 세력이 연대하여 학생들과 함께 순종의 인산일에 맞추어 만세 운동을 계획하였다. 그러나 사회주의자들이 사전에 일본에 발각되면서 학생들을 중심으로 서울 시내에서 만세 시위가 전개되었다(6·10 만세 운동).

④ 신간회가 진상 조사단을 파견하여 지원하였다.
   한국인 학생과 일본인 학생 간의 충돌로 광주 학생 항일 운동이 발생하자 신간회 중앙 본부가 진상 조사단을 파견하여 지원하였다.

⑤ 강주룡이 을밀대 지붕에서 고공 농성을 벌였다.
   평양 평원 고무 공장의 노동자 강주룡은 을밀대 지붕에서 고공 농성을 벌이며 일제의 노동 착취를 규탄하고 노동 조건 개선을 주장하였다.

40 근우회   정답 ③

✅ 정답 분석

정답이 보이는 핵심 키워드
#1927년에 결성된 여성 운동 단체 #조선 여성의 공고한 단결과 정치·경제·사회 등 전반적인 이익 옹호

> **길잡이** | 신간회의 자매단체인 근우회를 알아봅니다.

③ **민족 유일당 운동**의 결과 **신간회**가 조직되면서 여성계에서도 여성 운동의 통합론이 일어났다. 이에 민족주의 계열과 사회주의 계열이 통합하여 **신간회의 자매단체**로 근우회를 결성하였다. 근우회는 **여성의 공고한 단결**과 정치·경제·사회에서의 지위 향상을 강령으로 삼아 활동하다가, **신간회가 해소됨**에 따라 해체되었다.

한 번 더 체크하러 가기 ▶ 미니북 27쪽

선택지 풀이

① 개벽, 신여성 등의 잡지를 발행하였다.
천도교는 『개벽』, 『신여성』 등의 잡지를 발행하여 민족의식을 높였다.

② 여성 교육을 위해 이화 학당을 설립하였다.
미국의 선교사 스크랜턴 부인은 최초의 여성 교육 기관인 이화 학당을 설립하여 근대적 여성 교육을 실시하였다.

④ 조선학 운동을 전개하여 여유당전서를 간행하였다.
정인보는 안재홍 등과 함께 조선학 운동을 전개하여 정약용의 저술을 모은 『여유당전서』를 간행하였다.

⑤ 최초의 여성 권리 선언문인 여권통문을 발표하였다.
서울 북촌의 양반 여성들이 황성신문과 독립신문을 통해 한국 최초의 여성 인권 선언문인 여권통문을 발표하였다. 이를 통해 여성이 정치에 참여할 권리, 남성과 평등하게 직업을 가질 권리, 교육을 받을 권리 등을 주장하였다.

④ 육군 주만 참의부를 편성하여 무장 투쟁을 펼쳤다.
대한민국 임시 정부는 만주 지역의 독립군을 재통합하기 위해 직할 무장 독립군 단체로 육군 주만 참의부를 편성하였다.

⑤ 임시 사료 편찬회를 두어 한일 관계 사료집을 간행하였다.
대한민국 임시 정부는 임시 사료 편찬회를 두고 국제 연맹에 우리 민족의 독립을 요청하기 위한 자료로 『한일 관계 사료집』을 간행하였다.

41 대한민국 임시 정부 정답 ①

정답 분석

정답이 보이는 핵심 키워드
#이상정 #권기옥 #한국 광복군 #외무부 외교 연구 위원 #충칭

길잡이 | 한국 광복군을 직할 부대로 두었던 대한민국 임시 정부를 파악합니다.

독립운동가 이상정은 중국 망명 이듬해에 권기옥과 결혼하고, 중국에서 활동하면서 한중 연대에 주력하였다. 그는 **대한민국 임시 정부의 직할 부대인 한국 광복군** 창설에 기여하면서 중국과의 외교를 담당하였고, **외무부 외교 연구 위원**과 임시 의정원에 선출되면서 임시 정부 요인으로 활동하였다. **권기옥**은 대한민국 임시 정부의 추천으로 운남 항공 학교에 입학하여 **조선 여성 최초의 비행사**가 되어 중국 국민당 공군에 소속으로 비행하였다. 이후 대한민국 임시 정부가 **충칭**에 자리를 잡자 한국 광복군 비행대 설립을 계획하였으며, 재조직된 대한민국 애국 부인회에서 사교부장을 맡아 여성 독립운동가들의 구심점이 되었다.

① 신민회는 남만주 삼원보에서 한인 자치 기구인 경학사를 조직하고 독립군 양성 학교인 신흥 무관 학교를 세웠다.

한 번 더 체크하러 가기 ▶ 미니북 26쪽

선택지 풀이

② 자금 마련을 위해 독립 공채를 발행하였다.
대한민국 임시 정부는 국외 거주 동포들에게 독립 공채를 발행하여 독립운동 자금을 마련하였다.

③ 삼균주의를 기초로 하는 건국 강령을 발표하였다.
대한민국 임시 정부는 조소앙의 삼균주의를 기초로 건국 강령을 발표하여 독립운동의 방향과 독립 후의 건국 과정을 명시하였다.

42 1930년대 이후 민족 말살 통치기 정답 ④

정답 분석

정답이 보이는 핵심 키워드
#중·일은 전쟁을 하게 됨 #총독 미나미 지로 #황국 신민의 서사 #학생에게 암송하도록 함

길잡이 | 일제가 황국 신민을 양성하기 위해 민족 말살 정책을 펼쳤던 1930년대 이후 상황을 살펴봅니다.

④ 1937년 일제는 **중일 전쟁**을 일으킨 후 **국가 총동원법**을 제정하여 전쟁에 한국인을 동원하고자 하였다. 일제는 한국인의 민족성을 말살하고 전쟁 동원을 더욱 원활히 진행하기 위해 **황국 신민의 서사 암송(1937), 창씨 개명(1939), 신사 참배** 등을 강요하였다. 또한, **여자 정신 근로령**을 공포하여(1944) 젊은 여성들을 군수 공장 등에서 **강제 노동**시키거나 전선으로 끌고 가 **일본군 '위안부'**로 삼는 만행을 저질렀다.

한 번 더 체크하러 가기 ▶ 미니북 12쪽

선택지 풀이

① 미쓰야 협정이 체결되었다.
1920년대 만주 지역에서 항일 무장 투쟁이 활발하게 전개되자 조선 총독부 경무 국장 미쓰야와 만주 군벌 장쭤린은 독립군을 체포하여 넘기면 일본이 그 대가로 상금을 지불하도록 하는 미쓰야 협정을 체결하였다(1925).

② 치안 유지법이 제정되었다.
1920년대 사회주의가 확산되자 일제는 치안 유지법을 제정하여 식민지 지배에 저항하는 민족 해방 운동과 사회주의 및 독립운동을 탄압하였다(1925).

③ 조선사 편수회가 조직되었다.
일제는 식민 지배를 위해 한국사 왜곡을 목적으로 조선사 편수회를 조직하고 『조선사』를 편찬·보급하였다(1925).

⑤ 동양 척식 주식회사가 설립되었다.
일제 통감부는 대한 제국의 식산흥업을 장려한다는 명목으로 한일합자 회사인 동양 척식 주식회사를 설립하였다(1908).

43 일제 강점기 사회 상황   정답 ④

✓ 정답 분석

정답이 보이는 핵심 키워드
#일제 강점기 #백화점 #끽다점 #문화 주택

길잡이 | 일제 강점기 사회·문화의 변화를 파악합니다.

일제 강점기에 일본의 자본이 조선에 침투하면서 일본에서 발달한 **백화점**이 근대적 상점으로 조선에도 진출하게 되었다. 이에 명동에 미쓰코시 백화점 경성 지점의 영업이 시작되었다. 또한, 도시에 '**끽다점**'이라는 차를 마실 수 있는 다방이 생겨나면서 문인이나 예술가를 위한 소통의 장이 마련되었다. 서구식 생활 양식이 조선에 소개됨에 따라 **문화 주택**도 생겨났다. 문화 주택은 1920년대부터 조선에 공급되어, 한인 지식인과 일본인 일부만 향유하다가 1930년대 전통 주택의 개량을 통해 서울에 대량으로 공급되었다.

④ 박정희 정부 때인 1970년대에 상대적으로 낙후된 농어촌을 근대화시켜 균형 있는 발전을 이루기 위해 새마을 운동을 추진하였다.

✓ 선택지 풀이

① 몸뻬, 전시 체제의 의생활
1940년대 일제는 전시 체제하에 조선인 노동력을 강제 동원하였으며, 여성들에게 노동복인 몸뻬 바지를 보급하였다. 몸뻬 바지를 입지 않은 경우에는 관공서, 식당 등의 출입이 막히고 버스와 전차의 승차가 거부되는 등 일상이 통제되었다.

② 라디오 방송, 연예 오락의 유행
일제는 라디오 방송국인 경성 방송국을 설치한 후 연예 오락, 교양 교육, 스포츠 중계 방송을 편성하였다. 그러나 우리말 방송의 모든 내용을 조선 총독부가 엄격하게 검열하여 송출하면서 일본의 정신과 문화가 한반도에 침투하도록 강요되었다.

③ 경평 축구 대회, 스포츠의 대중화
경평 축구 대회는 조선의 양대 도시 경성과 평양의 축구 대항전으로, 많은 관중을 모으며 스포츠의 대중화를 열었다. 이 대회는 단순히 도시 대항전 성격을 넘어 일제 강점기 민족의 단합을 이끌어 내기도 하였다.

⑤ 모던 걸, 전통적 여성상을 탈피한 신여성의 등장
1920년대부터 자본주의 문화와 생활 양식이 조선에 확산되면서 근대 문화가 나타나게 되었다. 당시 전통적인 생활 양식에서 벗어나 서양식 의복과 머리 스타일을 한 이들을 모던 걸, 모던 보이라고 불렀다.

44 조선 건국 준비 위원회   정답 ⑤

✓ 정답 분석

정답이 보이는 핵심 키워드
#수반인 여운형 #조선 민족 해방의 날 #어제 15일 #엔도 조선 총독부 정무총감의 초청

길잡이 | 광복 직후 여운형이 조직한 조선 건국 준비 위원회를 공부합니다.

⑤ 일본이 **태평양 전쟁**에서 패배할 조짐이 보이자, **조선 총독부**는 조선에 거주하던 일본인의 안전한 귀국을 보장하는 조건으로 **여운형**에게 행정권의 일부를 이양하였다. 일본의 항복 선언 이후, 여운형은 안재홍과 함께 **조선 건국 준비 위원회**를 결성하고, 휘문 중학교 교정에서 엔도 조선 총독부 정무총감과의 회담 경과 및 보고 연설회를 개최하며 독립 국가 건설을 준비하였다. 이후 미군이 민주주의 국가 건설을 돕겠다며 한반도의 38선 이남에 진주할 움직임을 보이자, 조선 건국 준비 위원회는 독립국가 건설을 선언하며 **조선 인민 공화국** 수립을 선포한 후 해산하였다.

✓ 선택지 풀이

① 신한 공사를 설립하였다.
광복 직후 미군정은 일제 강점기 때 동양 척식 주식회사와 일본인·일본 회사의 소유였던 토지 및 귀속 재산을 관할·처리하기 위하여 신한 공사를 설립하였다.

② 좌우 합작 7원칙을 제시하였다.
광복 이후 좌우 대립이 격화되면서 분단의 위기를 느낀 중도파 세력들이 여운형과 김규식을 중심으로 좌우 합작 위원회를 수립하고 좌우 합작 7원칙을 제시하였다.

③ 한인 국방 경위대를 창설하였다.
한인 국방 경위대는 태평양 전쟁 시기 미국 로스엔젤레스에서 한인들로 구성된 군사 조직으로, 미주 한인의 대일 전선 동참과 미군 후원을 목적으로 창설되었다.

④ 남북 협상 공동 성명서를 발표하였다.
유엔 총회에서 결의한 전체 한반도 내 선거가 무산되자 유엔 소총회에서 가능한 지역에서만 선거를 실시하라는 결정이 내려졌다. 이에 남북 분단을 우려한 김구, 김규식이 북한에서 김일성을 만나 남북 협상에 참여한 뒤, 남북 협상 공동 성명서를 발표하였다.

45 제주 4·3 사건 정답 ⑤

정답 분석

정답이 보이는 핵심 키워드
#『순이삼촌』 #제주에서는 남한만의 단독 선거에 반대하는 세력을 진압 #토벌대에 의해 수많은 주민들이 희생당함

길잡이 | 제주 4·3 사건을 살펴봅니다.

⑤ **제주 4·3 사건**은 1948년 남한만의 단독 선거에 반대하며 일어난 남로당 무장대의 무장 봉기와 이에 대한 미군정 및 경찰 토벌대의 강경 진압이 원인이 되어 발생하였다. 진압 과정에서 법적 절차를 거치지 않고 총기 등을 사용하여 민간인을 학살하면서 **제주도민들이 큰 피해**를 입었다. 이후 1978년 현기영은 반공 정권하에 왜곡되고 은폐되었던 제주 4·3 사건을 배경으로 한 소설 『**순이삼촌**』을 발표하였다. 2000년에는 **제주 4·3 사건 진상 규명과 희생자 명예 회복에 관한 특별법**이 제정되면서 제주 4·3 사건에 대한 정부 차원의 진상 조사가 착수되었다.

한 번 더 체크하러 가기 ▶ 미니북 29쪽

선택지 풀이

① 향토 예비군 창설의 계기가 되었다.
박정희 정부 시기 북한이 무장 공비를 남파하여 청와대 습격을 시도하였고(1·21 사태) 미 해군의 정찰함을 납치하는 등 무력 행위가 지속되었다. 이후 북한의 도발에 효과적으로 대비하고자 향토 예비군을 창설하였다.

② 조봉암이 간첩 혐의를 받아 사형되었다.
이승만 정권 시기 조봉암은 제3대 대통령 선거에 출마하였으나 낙선하였다. 이후 진보당을 창당하고 평화 통일론을 주장하다가 국가 변란, 간첩 혐의로 체포되어 사형되었다.

③ 유엔군이 한반도에 파병되는 원인이 되었다.
6·25 전쟁 초기 북한이 침략을 멈추지 않자, 미국은 유엔 안보리(안전보장이사회)를 소집하여 '북한군의 침략 중지 및 38선 이북으로의 철수'를 요구하는 결의안을 제출하였다. 이 결의안이 통과됨에 따라 유엔군이 한반도에 파병되었다.

④ 허정 과도 정부가 구성되는 결과를 가져왔다.
4·19 혁명의 결과로 이승만이 대통령직에서 하야하고 임시적으로 허정 과도 정부가 구성되었다. 허정 과도 정부는 의원 내각제를 기본으로 양원제 국회를 구성하는 제3차 개헌을 단행하였다.

46 지역사 – 예산 정답 ⑤

정답 분석

정답이 보이는 핵심 키워드
#내포 지역 #남연군 묘 #윤봉길 생가 #수덕사 #임존성 #추사 고택

길잡이 | 충남 예산 지역의 역사를 탐구합니다.

⑤ 추사 고택은 조선 후기 학자 김정희가 살던 집으로, 예산에 위치해 있다. 김정희는 금석학을 연구하여 북한산비가 진흥왕 순수비인 것을 밝혀냈고, 추사체를 창안하였다. 이황과 사단칠정 논쟁을 한 인물은 조선 중기 유학자 기대승이다.

선택지 풀이

① (가) – 오페르트 도굴 미수 사건에 대해 찾아본다.
오페르트를 비롯한 서양인들이 충남 예산군 덕산면에 위치한 흥선 대원군의 아버지 남연군 묘를 도굴하려다가 실패하였다.

② (나) – 한인 애국단의 활동을 조사한다.
한인 애국단은 김구가 일제 요인 제거 및 주요 기관 파괴를 목적으로 상하이에서 조직한 단체이다. 단원인 윤봉길은 상하이 훙커우 공원에서 열린 일본군 전승 축하 기념식장에서 폭탄을 던지는 의거를 일으켰다.

③ (다) – 고려 시대 건축물의 공포 양식을 알아본다.
예산 수덕사 대웅전은 충남 예산군 수덕사에 위치한 고려 시대 건축물로, 지붕 처마를 받치기 위한 구조인 공포를 기둥 위에만 짜 올린 주심포 양식으로 지어졌으며, 지붕의 형태는 맞배지붕이다.

④ (라) – 백제 부흥 운동에 대해 파악한다.
백제의 멸망 이후 백제 장군 흑치상지는 임존성에서 백제 부흥 운동을 일으켜 소정방이 이끄는 당군을 격퇴하였다.

47 대한민국 헌법 개정의 역사 정답 ①

정답 분석

정답이 보이는 핵심 키워드
#중임 횟수를 개헌 당시 대통령에게만 적용하지 않는다는 부칙 #통일 주체 국민 회의 #국회의원 정수의 3분의 1을 추천 #대통령의 임기는 5년 #중임할 수 없도록 함

길잡이 | 우리나라 헌법 개정의 역사를 살펴봅니다.

(가) **제2차 개헌(사사오입 개헌, 1954): 이승만**은 자신의 대통령 3선을 위해 **초대 대통령에 한해 중임 제한을 철폐**한다는 내용으로 헌법 개정안을 발표하였으나, 국회에서 의결 정족 수의 3분의 2를 채우지 못하여 부결되었다. 그러나 1인 이하의 소수점 자리는 계산하지 않는다는 **사사오입** 논리로 제2차 개헌안을 통과시켜 장기 집권 체제를 강화하였다.

정답 및 해설 21

(나) **제7차 개헌**(유신 헌법, 1972): **박정희 대통령**은 평화적 통일 지향 등의 목적을 표방하며 유신 헌법을 선포하였다. 이후 통일 정책에 관한 국민의 주권적 수임기관으로서 **통일 주체 국민 회의**를 설치하고, 회의의 장이 되었다. 통일 주체 국민 회의는 통일 문제에 관한 중요 정책 결정뿐 아니라 대통령 간접 선거를 시행하고 **국회의원 3분의 1**을 선출하는 등 막강한 권한을 지님으로써 박정희의 장기 집권에 기여하였다.

(다) **제9차 개헌**(1987): **전두환 정부** 때 전개되었던 **6월 민주 항쟁**의 결과, 6·29 민주화 선언을 발표하고 **5년 단임의 대통령 직선제**를 골자로 하는 제9차 개헌을 단행하였다.

한 번 더 체크하러 가기 ▶ 미니북 13쪽

암기의 key — 대한민국 헌법 개정

개정 회차	시기	개정 내용
제헌 헌법	1948	• 대통령 간선제 • 단원제 국회 • 대통령 임기 4년, 1회에 한해 중임 가능
제1차 개헌 (발췌 개헌)	1952	• 대통령, 부통령 직선제 → 이승만 재선 목적(6·25 전쟁 중) • 민의원·참의원의 양원제 국회 • 국회의 국무위원 불신임 제도
제2차 개헌 (사사오입 개헌)	1954	초대 대통령에 한해 중임 제한 철폐 → 이승만 3선 목적
제3차 개헌	1960.6.	• 국회에서 대통령 선출 • 의원 내각제, 양원제(장면 내각) • 국회의 국무위원 불신임 제도
제4차 개헌	1960.11.	• 3·15 부정 선거 관련자 처벌 • 특별 재판소, 검찰부 설치
제5차 개헌	1962	• 대통령 직선제 • 단원제 국회 • 5·16 군사 정변 → 공화당 정권 수립
제6차 개헌 (3선 개헌)	1969	• 대통령 직선제, 대통령 3선 허용 • 국회의원의 국무위원 겸직 허용
제7차 개헌 (유신 헌법)	1972	• 대통령 간선제(통일 주체 국민 회의) • 대통령 임기 6년, 중임 및 연임 제한 철폐 • 대통령 권한 강화, 국회 권한 축소 • 대통령의 국회의원 3분의 1 추천권
제8차 개헌	1980	• 7년 단임의 대통령 간선제(선거인단) • 12·12 사태로 비상계엄 발령
제9차 개헌	1987	• 5년 단임의 대통령 직선제 • 국회 권한 강화 • 6월 민주 항쟁의 결과로 여야의 합의 개헌

48 박정희 정부   정답 ①

✅ 정답 분석

정답이 보이는 핵심 키워드
#서울에 최초로 설정된 개발 제한 구역 #경부 고속 국도 #경제 발전에 힘씀

> **길잡이** ┃ 박정희 정부 시기의 모습을 알아봅니다.

박정희 대통령은 대한민국 경제 개발에 힘써 **제2차 경제 개발 5개년 계획** 당시 **경부 고속 국도**를 준공하였다(1970). 또한, 도시의 무질서한 확산을 방지하고 도시 주변의 자연환경을 보전하기 위해 도시 바깥에 벨트 형태로 개발 제한 구역을 설정하였다(1971).

① 박정희 대통령 때 서울의 심각한 교통난을 해소하기 위해 서울역과 청량리역을 잇는 **서울 지하철 1호선**을 개통하였다(1974).

한 번 더 체크하러 가기 ▶ 미니북 20쪽

✅ 선택지 풀이

② 반민족 행위 처벌법을 통과시키는 국회의원
제헌 국회는 일제의 잔재를 청산하고 민족정기를 바로 잡기 위해 반민족 행위 처벌법을 제정하였고, 이에 따라 반민족 행위 특별 조사 위원회가 구성되어 활동하였다(1948).

③ 한·중 자유 무역 협정(FTA)에 서명하는 장관
박근혜 정부 때 한·중 자유 무역 협정(FTA)을 체결하였다(2015).

④ 금융 실명제 실시로 신분증을 요구하는 은행 직원
김영삼 정부 때 부정부패와 탈세를 뿌리 뽑기 위해 대통령 긴급 명령으로 금융 실명제를 실시하여 경제 개혁을 추진하였다(1993).

⑤ 외환 위기 극복을 위한 금 모으기 운동에 동참하는 시민
김영삼 정부 말 외환 위기로 인해 국제 통화 기금(IMF)으로부터 구제 금융 지원을 받게 되었다. 김대중 정부 때 이를 극복하기 위해 국민들이 자발적으로 금 모으기 운동에 동참하였다(1998).

49 노태우 정부 정답 ②

정답 분석

정답이 보이는 핵심 키워드
#하계 올림픽을 성공적으로 마침 #한국 국가 원수로서 처음으로 헝가리를 방문 #7·7 선언

길잡이 | 북방 외교 정책을 추진한 노태우 정부 시기의 통일 노력을 살펴봅니다.

노태우 정부는 **북방 정책**하에 **민족 자존과 통일 번영을 위한 7·7 선언**을 발표하며 남북한 동포 간의 상호 교류, 문호 개방, **사회주의 국가와의 수교** 등을 제시하였다. 이 선언의 성과로 자본주의 국가와 공산주의 국가가 함께 **제24회 서울 올림픽**에 참여하였고, 동유럽 사회주의 국가로는 처음으로 **헝가리와 공식 수교**를 맺었다.
② 노태우 정부 때 적극적인 북방 정책을 전개하여 **남북한의 유엔 동시 가입**이 이루어졌으며, 남북한 화해 및 불가침, 교류·협력 등에 관한 공동 합의서인 **남북 기본 합의서**를 교환하였다(1991).

한 번 더 체크하러 가기 ▶ 미니북 20쪽

선택지 풀이

① 남북 조절 위원회가 구성되었다.
박정희 정부 시기 서울과 평양에서 7·4 남북 공동 성명을 발표하고 남북 조절 위원회를 구성하였다(1972).

③ 금강산 해로 관광 사업이 시작되었다.
김대중 정부는 햇볕 정책을 실시하여 화해와 협력을 통한 평화 통일을 추구하였으며, 이러한 정책의 일환으로 금강산 해로 관광 사업을 시작하였다(1998).

④ 개성에 남북 경제 협력 협의 사무소가 설치되었다.
노무현 정부 시기 남북 간의 경제 협력 사업을 추진하기 위해 개성에 남북 경제 협력 협의 사무소를 설치하였다(2005).

⑤ 최초로 남북 이산가족 고향 방문단 교환이 이루어졌다.
전두환 정부 시기 분단 이후 최초로 남북 이산가족 고향 방문단 및 예술 공연단 등 총 151명이 서울과 평양을 동시에 방문하였다(1985).

50 우리나라 역대 왕의 연호 정답 ⑤

정답 분석

정답이 보이는 핵심 키워드
#고구려 #영락 #신라 #건원 #발해 #인안 #고려 #광덕·준풍 #조선 #융희

길잡이 | 우리나라 역대 왕의 연호를 탐구합니다.

⑤ 고종은 대한 제국을 국호로 선포하고 연호를 '광무'로 하여 황제로 즉위하였으며, 이후 대한국 국제를 반포하여 전제 황권을 강화하였다. '융희'를 연호로 사용한 왕은 대한 제국의 마지막 황제 순종이다.

선택지 풀이

① (가) - 군대를 보내 신라에 침입한 왜를 격퇴하였다.
백제가 가야·왜와 연합하여 신라에 침입하자 신라는 왜를 격퇴하기 위해 고구려에 군사를 청하였다. 이에 고구려 광개토 대왕(영락)은 보병과 기병 5만 명을 신라에 보내 백제·가야·왜 연합군을 낙동강 유역까지 추격하여 격퇴하였다.

② (나) - 금관가야를 복속하여 영토를 확대하였다.
신라 법흥왕(건원)은 금관가야를 복속하면서 신라의 영토를 확대시켰고, 이를 발판 삼아 가야의 여러 나라를 정복하였다.

③ (다) - 장문휴를 보내 당의 산둥반도를 공격하였다.
발해 무왕(인안)은 장문휴의 수군을 보내 당의 산둥반도(등주)를 선제 공격하여 당군을 격파하였다.

④ (라) - 노비안검법을 시행하여 호족 세력을 견제하였다.
고려 광종(광덕·준풍)은 공신과 호족의 세력을 약화시키고 왕권을 강화하고자 억울하게 노비가 된 사람을 양인으로 풀어 주는 노비안검법을 시행하였다.

제75회 한국사능력검정시험 정답 및 해설

STEP 1 정답 확인 문제 p.014

01	02	03	04	05	06	07	08	09	10	11	12	13	14	15	16	17	18	19	20	21	22	23	24	25
④	①	⑤	①	②	④	④	②	③	①	⑤	⑤	③	③	⑤	⑤	④	③	①	⑤	②	②	②	③	①

26	27	28	29	30	31	32	33	34	35	36	37	38	39	40	41	42	43	44	45	46	47	48	49	50
①	④	⑤	①	②	③	②	③	⑤	②	⑤	①	③	④	③	④	①	②	②	④	②	⑤	③	⑤	④

STEP 2 난이도 확인

| 제75회 합격률 | 62% | 최근 1년 평균 합격률 | 53% |

STEP 3 시대별 분석

시대	선사	고대	고려	조선 전기	조선 후기	근대	일제 강점기	현대	복합사
틀린 개수/문항 수	/2	/8	/8	/5	/4	/6	/10	/5	/2
출제비율	4%	16%	16%	10%	8%	12%	20%	10%	4%

STEP 4 문제별 주제 분석

01	선사	청동기 시대	26	조선 후기	조선 후기의 경제 모습
02	선사	고조선	27	조선 후기	조선 순조
03	고대	신라의 문화유산	28	근대	갑신정변
04	고대	대가야	29	근대	동학
05	고대	고구려의 경제 상황	30	근대	러일 전쟁
06	고대	통일 신라 말의 사회 상황	31	근대	최익현
07	고대	고구려 연개소문의 정변	32	근대	이준
08	고대	발해	33	근대	안중근
09	고대	지역사 – 부여	34	일제 강점기	1910년대 무단 통치기
10	고대	후백제	35	일제 강점기	1920년대 문화 통치기
11	고려	고려 성종	36	일제 강점기	3·1 운동
12	고려	고려와 몽골의 대외 관계	37	일제 강점기	대한 광복회
13	고려	최충	38	복합사	시대별 헌정 문서
14	고려	묘청의 서경 천도 운동	39	일제 강점기	멕시코 지역의 민족 독립운동
15	고려	고려 말의 상황	40	일제 강점기	암태도 소작 쟁의
16	고려	고려의 경제 모습	41	일제 강점기	조선어 학회
17	고려	고려의 과학 기술	42	일제 강점기	일제 강점기 근대 문화
18	고려	고려의 문화유산	43	일제 강점기	한국 광복군
19	조선 전기	제1차 왕자의 난	44	일제 강점기	1930년대 이후 민족 말살 통치기
20	조선 전기	사헌부	45	현대	광복 이후 정부 수립
21	조선 전기	조선과 여진의 대외 관계	46	현대	이승만 정부
22	조선 전기	을사사화	47	현대	박정희 정부
23	조선 전기	병자호란	48	현대	6월 민주 항쟁
24	조선 후기	조선 영조	49	현대	김영삼 정부
25	조선 후기	조선 후기의 사회 모습	50	복합사	지역사 – 제주도

01 청동기 시대   정답 ④

정답 분석

정답이 보이는 핵심 키워드
#사유 재산과 계급 발생 #부여 송국리 유적 #송국리형 토기 #비파형 동검

길잡이 | 청동기 시대의 생활 모습을 살펴봅니다.

부여 송국리 유적은 대표적인 **청동기 시대** 유적지로, 취락을 지키기 위해 설치한 **환호와 목책**의 흔적과 **민무늬 토기, 송국리형 토기, 비파형 동검**을 찾아볼 수 있다. 또한, 청동기 시대에 **사유 재산**이 발생하여 **계급이 분화**됨에 따라 정치권력과 경제력을 가진 지배자인 **군장**이 등장하였음을 잘 보여 준다.
④ 청동기 시대에는 지배층의 무덤으로 **고인돌**을 축조하였다. 고인돌의 규모를 통해 많은 인력을 동원하여 무덤을 축조하였던 당시 지배층의 권력을 짐작할 수 있다.

한 번 더 체크하러 가기 ▶ 미니북 04쪽

선택지 풀이

① 주먹도끼 등 뗀석기를 처음 제작하였다.
구석기 시대에는 주먹도끼, 찍개, 긁개 등 뗀석기를 처음 제작하여 사용하였다.

② 소를 이용한 깊이갈이가 널리 보급되었다.
신라 지증왕 때 소를 이용한 우경이 시행되면서 깊이갈이가 가능해져 농업 생산량이 증대되었다. 이후 소를 이용한 깊이갈이(심경법)가 고려 시대에 이르러 널리 보급되었다.

③ 주로 강가의 동굴이나 막집에 거주하였다.
구석기 시대 사람들은 주로 동굴이나 강가의 막집에 거주하였으며, 계절에 따라 이동 생활을 하였다.

⑤ 가락바퀴를 이용하여 실을 뽑기 시작하였다.
신석기 시대에는 가락바퀴로 실을 뽑아 뼈바늘로 옷을 지어 입었다.

02 고조선   정답 ①

정답 분석

정답이 보이는 핵심 키워드
#준왕에게 망명 #왕검성 #우거왕

길잡이 | 위만의 왕위 찬탈 전후 상황을 공부합니다.

(가) **위만의 망명**(기원전 2세기 초): 중국 진나라가 멸망하고 한나라가 성립되기까지의 기간인 **진한 교체기** 때 중원 내에서 정치·군사적 격변이 일어났다. 이 과정에서 혼란이 심해지자 대규모의 이주민 집단이 고조선으로 이주해 왔고, 그중 **위만**은 연의 망명자 1,000여 명을 이끌고 패수를 건너 **고조선으로 망명**하였다.

(나) **한의 왕검성 포위**(기원전 109~108년): **고조선 우거왕** 때 한이 좌장군과 누선장군을 통해 수개월 이상 **왕검성을 포위**하였지만 함락시키지 못하였다. 그러나 고조선 내부의 분열로 인해 왕검성이 함락되면서 고조선은 **멸망**하였다.
① 고조선으로의 망명 이후, 위만은 **준왕의 신임**을 받아 서쪽 변경을 수비하는 임무를 맡으면서 세력을 키워 준왕을 몰아내고 **고조선의 왕**이 되었다(기원전 194년).

한 번 더 체크하러 가기 ▶ 미니북 05쪽

선택지 풀이

② 이사부가 우산국을 복속시켰다.
신라 지증왕 때 이사부를 보내 우산국(울릉도)과 우산도(독도)를 복속시키고 실직주의 군주로 삼았다(512).

③ 온조가 위례성에 도읍을 정하였다.
백제의 시조 온조는 지금의 한강 유역인 위례성(한성)을 도읍으로 하여 나라를 세웠다(기원전 18년).

④ 관구검이 환도성을 침략하여 함락하였다.
고구려 동천왕은 요동 진출로를 놓고 위(魏)를 선제공격하였으나 위가 유주 자사 관구검을 보내 고구려의 환도성을 함락하였다(246).

⑤ 미천왕이 서안평을 공격하여 영토를 넓혔다.
고구려 미천왕은 서안평을 공격하여 영토를 넓혔으며(311), 낙랑군과 대방군 등 한 군현을 한반도 지역에서 몰아냈다(313, 314).

03 신라의 문화유산   정답 ⑤

정답 분석

정답이 보이는 핵심 키워드
#경주 #금관총 금관 #황남대총 금관

길잡이 | 신라의 문화유산을 학습합니다.

금관은 왕과 왕비를 비롯한 왕족과 귀족들이 머리에 쓰던 금으로 만든 관모로, **신라 지역인 경북 경주**에서 총 6점의 금관이 발견되었다. 이중 **금관총 금관**은 경주 금관총에서 발견되었으며, 원형 머리띠 정면의 3단으로 된 '출(出)' 모양의 장식 3개와 뒤쪽 좌우에 2개의 사슴뿔 모양 장식으로 이루어져 있다.
⑤ **천마도**는 신라의 대표적인 돌무지덧널무덤인 경주 **천마총** 내부에서 발견된 회화 유물로, 말의 안장 양쪽에 달아 늘어뜨리는 부속품인 장니에 말(천마)이 그려져 있다.

선택지 풀이

① 백제 금동 대향로
충남 부여 능산리 절터에서 출토된 향로이다. 불교를 상징하는 연꽃으로 조각된 몸체와 도교 속 신선이 사는 삼신산을 형상화한 뚜껑을 통해 불교와 도교 사상이 복합적으로 반영되어 있음을 알 수 있다.

② 금동 연가 7년명 여래 입상
경남 의령에서 발견된 고구려의 불상이다. 광배 뒷면에 남아 있는 글에 따르면 평양의 승려들이 세상에 널리 퍼뜨리고자 만든 불상 중 29번째 것이며, 6세기 후반 고구려의 대표적인 불상이다.

③ 가야 철제 판갑옷
철제 판갑옷은 가야의 발달된 철기 문화를 잘 보여 주는 대표적인 유물이다.

④ 발해 석등
발해 상경 용천부의 절터에서 발견된 석등으로, 고구려 문화를 계승하면서도 통일 신라 석등 양식의 영향을 받아 제작되었다.

암기의 key — 가야 연맹의 특징

구분	내용
정치	• 2~3세기경: 금관가야(김해) 주축 → 5세기경 고구려의 진출로 타격 • 5세기 이후: 대가야(고령)로 중심지 이동 • 6세기: 신라에 병합(금관가야 – 법흥왕, 대가야 – 진흥왕)
경제	낙랑·왜 등에 철 수출, 중계 무역 장악
문화	• 철기 문화 발달(금동관, 철제 무기, 갑옷 등) • 토기: 수레 토기 → 일본 스에키 토기에 영향

04 대가야 정답 ①

정답 분석

정답이 보이는 핵심 키워드
#고령 #궁성지 #지산동 고분군 #주산성

길잡이 | 고령 지역에서 피어났던 대가야의 역사를 알아봅니다.

전기 가야 연맹의 중심지였던 금관가야가 고구려 광개토 대왕의 진출로 쇠퇴하자, **경북 고령** 지역의 **대가야**가 5세기 이후 **후기 가야 연맹의 중심지**가 되었다. 고령은 대가야의 정치와 문화의 중심지로서 경북 경주, 충남 부여, 충남 공주, 전북 익산에 이어 다섯 번째 고도(古都)가 되었다.
① **신라 진흥왕**은 이사부와 사다함을 보내 **대가야를 공격**하여 복속시켰다.

한 번 더 체크하러 가기 ▶ 미니북 06쪽

선택지 풀이

② 광평성 등의 정치 기구를 마련하였다.
후고구려는 광평성을 중심으로 중앙 정치 기구를 마련하여 장관인 광치나와 서사, 외서 등의 관원을 두었다.

③ 화백 회의를 통해 국정을 운영하였다.
신라는 귀족 합의체인 화백 회의에서 국가의 중대사를 만장일치로 결정하여 국정을 운영하였다.

④ 대가들이 사자, 조의, 선인을 거느렸다.
고구려는 5부족 연맹체 국가로 왕 아래 상가, 고추가 등의 대가들이 사자, 조의, 선인 등의 관리를 거느렸다.

⑤ 박, 석, 김의 3성이 교대로 왕위를 계승하였다.
초기 신라는 박, 석, 김의 3성이 교대로 왕위를 계승하였다.

05 고구려의 경제 상황 정답 ②

정답 분석

정답이 보이는 핵심 키워드
#대대로 #녹살(욕살) #도독 #처려근지

길잡이 | 고구려의 경제 상황을 살펴봅니다.

고구려는 10여 관등을 두고 통치하였는데 그중 제1관등인 **대대로**(토졸)는 고구려의 수상직으로, 국정을 총괄하는 임무를 맡았다. 5세기에는 왕권이 강력하여 대대로가 왕을 보좌하는 역할을 하였으나, 6세기 중반 왕권이 약화되고 귀족 연립 정권이 수립되면서 정치적 실권이 크게 강화되었다. 또한, 고구려는 지방을 대성, 중성, 소성 3단계로 나누어 통치하고, 대성에는 당의 도독에 비견되는 **녹살(욕살)**을, 중성에는 당의 자사에 해당하는 **처려근지**를 장관으로 두었다.
② 고구려는 집집마다 **부경**이라는 **작은 창고**를 만들어 곡식, 찬거리, 소금 등을 저장하였다.

한 번 더 체크하러 가기 ▶ 미니북 21쪽

선택지 풀이

① 수도에 동시전이 설치되었다.
신라 지증왕은 수도 경주에 시장을 설치하고 이를 관리·감독하는 관청으로 동시전을 설치하였다.

③ 금속 화폐인 건원중보가 주조되었다.
고려 시대에는 상업 활동이 활발해지면서 화폐를 발행하였고, 성종 때 우리나라 최초의 금속 화폐인 건원중보가 주조되었다.

④ 솔빈부의 말이 특산품으로 수출되었다.
솔빈부는 발해의 지방 행정 구역인 15부 중 하나이며, 당시 발해는 목축과 수렵이 발달하여 솔빈부의 말을 주변 국가에 특산품으로 수출하였다.

⑤ 곡물을 대여하고 이자를 받은 내용을 좌관대식기에 남겼다.
「자관대식기」는 충남 부여 쌍북리 저습지에서 출토된 백제 시대 목간으로, 백성들에게 곡물과 식량을 대여하고 이자를 받은 내용이 기록되어 있다.

암기의 key — 고대 국가의 지방 행정 제도

국가	행정 구역	특수 구역
고구려	5부(욕살)	3경 (국내성, 평양성, 한성)
백제	5방	22담로
신라	5주	2(3)소경
통일 신라	9주	5소경
발해	15부 62주	5경

06 통일 신라 말의 사회 상황   정답 ④

정답 분석

정답이 보이는 핵심 키워드
#혜공왕 피살 #무열왕계 직계 자손의 왕위 계승이 끊김 #진골 귀족들의 왕위 다툼이 전개 #호족 세력 성장

길잡이 | 통일 신라 말의 사회 상황을 탐구합니다.

7세기 이후 **통일 신라**는 귀족 간의 권력 다툼으로 **왕권이 심하게 약화**되었다. 어린 나이로 왕위에 오른 **혜공왕이 피살**되면서 통일 이후 지속되던 무열왕계 직계 자손의 왕위 세습이 끊어지고 내물왕계 출신인 선덕왕이 즉위하였다. 이후 귀족들 간의 권력 다툼이 왕위 다툼으로 심화되어 155년간 20명의 왕이 교체되는 등 혼란이 계속되었다. **중앙 정권의 혼란**으로 지방에 대한 통제력이 약화되자 **호족**이라는 반독립적인 세력이 성장하였는데, 이들은 스스로를 **성주 또는 장군**이라 칭하며 **지방의 실질적인 지배자**로 세력을 구축하였다.
④ 통일 신라 **헌덕왕** 때 웅천주 도독 **김헌창**은 아버지인 **김주원이 왕위 쟁탈전에서 패배**하여 왕이 되지 못한 것에 불만을 품고 **반란**을 일으켰다가 관군에 진압되었다(822).

한 번 더 체크하러 가기 ▶ 미니북 07, 22쪽

선택지 풀이

① 김흠돌의 난이 진압되었어요.
  통일 신라 신문왕은 장인이었던 김흠돌이 일으킨 난을 진압한 뒤 진골 귀족 세력을 숙청하여 왕권을 강화하였다(681).

② 만적이 개경에서 봉기를 도모하였어요.
  고려 무신 정권 시기에 최충헌의 사노비인 만적이 신분 차별에 항거하여 개경에서 봉기를 도모하였으나 사전에 발각되어 실패하였다(1198).

③ 관료전이 지급되고 녹읍이 폐지되었어요.
  통일 신라 신문왕은 귀족 세력 약화를 위해 관료전을 지급하고(687), 녹읍을 폐지하였다(689).

⑤ 이차돈의 순교를 계기로 불교가 공인되었어요.
  신라 법흥왕은 이차돈의 순교를 계기로 불교를 국교로 공인하였다(527).

07 고구려 연개소문의 정변   정답 ④

정답 분석

정답이 보이는 핵심 키워드
#당(唐)이 고구려가 세운 경관을 허묾 #동북의 부여성에서 동남의 바다에 이르기까지 천 리 남짓에 걸쳐 장성을 쌓음

길잡이 | 천리장성 공사의 최고 감독자 연개소문이 일으킨 정변을 공부합니다.

고구려 영류왕 때 당 태종의 명령을 받은 사신 장손사가 고구려를 방문하여 고구려가 수와의 전쟁에서 승리한 것을 기념하기 위해 세운 무덤인 경관을 허물었다(631). 이에 당의 침략이 있을 것이라고 예상한 고구려는 동북의 부여성에서 발해만의 비사성에 이르는 **천리장성**을 축조하였다(631~647).
④ **천리장성 공사의 감독**을 맡았던 **연개소문**은 점점 세력을 키워 **정변**을 통해 영류왕을 몰아내고, 보장왕을 왕위에 세운 뒤 스스로 대막리지에 올라 국정 및 군사권까지 장악하였다(642).

한 번 더 체크하러 가기 ▶ 미니북 06쪽

선택지 풀이

① 을지문덕이 살수에서 대승을 거두었다.
  고구려 영양왕 때 수 양제가 우중문의 30만 별동대로 평양성을 공격하였으나, 을지문덕이 살수에서 2,700여 명을 제외한 수군을 전멸시키며 대승을 거두었다(612).

② 고구려가 신라에 침입한 왜를 물리쳤다.
  고구려 광개토 대왕은 신라의 원군 요청을 받고 군대를 보내 신라에 침입한 왜를 물리쳤다(400).

③ 김무력이 관산성에서 백제군을 격파하였다.
  신라 진흥왕은 백제 성왕과 힘을 합쳐 고구려를 공격하여 한강 유역을 차지하였으나, 백제와의 동맹을 깨고 백제가 차지한 지역을 점령하였다. 이에 성왕이 분노하여 신라의 관산성을 공격하였으나 김무력이 이끈 군대가 관산성에서 백제군을 격파하고, 성왕을 전사시켰다(554).

⑤ 백제가 평양성을 공격하여 고구려 왕이 전사하였다.
  4세기 중반 백제의 최전성기를 이끌었던 근초고왕은 고구려의 평양성을 공격하여 고국원왕을 전사시켰다(371).

08 발해   정답 ②

정답 분석

정답이 보이는 핵심 키워드
#조영 #고왕 #무예 #인안(仁安) #무왕 #흠무 #대흥(大興) #인수 #건흥(建興)

길잡이 | 대조영이 건국한 발해의 중앙 제도를 탐구합니다.

대조영(고왕)이 고구려 유민을 이끌고 동모산 기슭에 발해를 건국하였다. 이후 무왕(대무예, 인안)은 동북방의 여러 세력을 복속하여 영토를 확장하고, 장문휴의 수군을 보내 당의 등주를 공격하였다. 문왕(대흠무, 대흥) 때는 당과 친선 관계를 맺고 당의 문물을 받아들여 견당 유학생을 파견하고 중앙 관제를 3성 6부로 정비하였으며, 선왕(대인수, 건흥)은 영토를 크게 확장하여 지방 행정 체제를 5경 15부 62주로 정비하였다. 이때 발해는 최고의 전성기를 이루면서 주변국들로부터 해동성국이라 불렸다.
② 발해는 중앙에 최고 교육 기관인 주자감을 설치하여 유학 교육을 실시하고, 인재를 양성하였다.

한 번 더 체크하러 가기 ▶ 미니북 07쪽

선택지 풀이

① 골품에 따라 관등 승진을 제한하였다.
신라는 골품제라는 특수한 신분 제도를 운영하여 골품에 따라 관등 승진을 제한하였다.

③ 내신 좌평 등 6좌평의 관제를 정비하였다.
백제 고이왕은 6좌평제와 16관등제를 정비하여 중앙 집권 국가의 토대를 마련하였다.

④ 국경 지역인 양계에 병마사를 파견하였다.
고려는 북계와 동계의 양계로 설정한 국경 지역에 병마사를 파견하고 주진군을 설치하여 외적의 침입에 대비하였다.

⑤ 상수리 제도를 통해 지방 세력을 견제하였다.
통일 신라는 지방 세력을 견제하기 위해 지방 호족의 자제 1명을 뽑아 중앙에서 머물게 하는 상수리 제도를 시행하였다.

암기의 key | 발해 주요 국왕의 업적

고왕 (대조영)	• 동모산 기슭에 발해 건국 • 고구려 계승 의식
무왕 (대무예)	• 독자적 연호 인안 사용 • 당의 등주(산둥반도) 공격(장문휴) • 돌궐, 일본과 연결하는 외교 관계 수립
문왕 (대흠무)	• 독자적 연호 대흥 사용 • 당과 친선, 신라와 교류(신라도) • 천도(중경 → 상경)
선왕 (대인수)	• 독자적 연호 건흥 사용 • 말갈족 복속, 요동 진출(고구려의 옛 땅 대부분 회복) • 발해의 전성기 → 해동성국

09 지역사 - 부여   정답 ③

정답 분석

정답이 보이는 핵심 키워드
#백제 역사 유적 지구 #웅진 천도 이후 #관북리 유적 및 부소산성 #정림사지 #능산리 고분군 #나성

길잡이 | 백제 역사 유적 지구 중 한 곳인 부여를 알아봅니다.

유네스코 세계 유산에 등재된 **백제 역사 유적 지구**는 충남 공주의 공산성, 송산리 고분군(무령왕릉과 왕릉원), 충남 부여의 관북리 유적 및 부소산성, 정림사지, 능산리 고분군, 나성, 전북 익산의 왕궁리 유적, 미륵사지 등 총 8개의 유적지로 구성되어 있다.
③ 백제 성왕은 웅진에서 **사비**(충남 부여)로 도읍을 옮기고 국호를 **남부여**로 고쳐 새롭게 중흥을 도모하였다.

한 번 더 체크하러 가기 ▶ 미니북 06, 53쪽

선택지 풀이

① 정약전이 자산어보를 저술한 곳을 알아본다.
조선 순조 때 정약전은 흑산도(전남 신안)에서 유배 중에 인근 바다의 수산생물 종류와 분포, 습성 등을 기록한 『자산어보』를 저술하였다.

② 비담과 염종이 반란을 일으킨 곳을 찾아본다.
신라 시대 상대등 비담은 염종 등과 함께 선덕 여왕에서 진덕 여왕으로의 왕위 계승에 반감을 갖고 명활성(경북 경주)에서 반란을 일으켰다.

④ 윤충이 의자왕의 명을 받아 함락시킨 곳을 확인한다.
윤충은 백제 의자왕의 명을 받고 신라의 대야성(경남 합천)을 비롯한 40여 개의 성을 함락시켰다.

⑤ 신립이 배수의 진을 치고 왜군과 맞선 곳을 답사한다.
조선 선조 때 신립은 임진왜란이 발발하자 탄금대(충북 충주)에서 배수의 진을 치고 왜군에 맞섰으나 크게 패하였다.

10 후백제   정답 ①

정답 분석

정답이 보이는 핵심 키워드
#견훤이 신라 왕을 자결하게 함 #고창군을 포위 #유금필

길잡이 | 견훤이 건국한 후백제를 탐구합니다.

(가) **견훤의 경애왕 피살**(927): 후백제 견훤은 **신라의 수도 금성**(경북 경주)을 공격하여 **경애왕**을 자결하게 하고, **경순왕**을 즉위시켰다.
(나) **고창 전투**(930): **공산 전투에서 승리**한 견훤은 교통의 요충지였던 **고창**(경북 안동)을 포위하여 공격하였으나 8,000여 명의 사상자를 내며 유금필이 이끄는 고려의 선봉대와 **왕건**에게 크게 패하였다. 그 결과, 왕건은 경상도 일대에서 견훤 세력을 몰아내고 **후삼국 통일의 기반**을 마련하였다.

① **견훤의 후백제군**이 신라의 금성을 급습하자 고려가 신라에 군사를 보내 도왔으나 **공산 전투**에서 패배하였다. 이때 **신숭겸**은 후백제군에 포위된 태조 왕건을 구출하고 전사하였다(공산 전투, 927).

한 번 더 체크하러 가기 ▶ 미니북 22쪽

✅ 선택지 풀이

② 안승이 보덕국의 왕으로 책봉되었다.
신라 문무왕은 당 세력을 몰아내기 위해 신라로 망명한 고구려 보장왕의 아들 안승을 보덕국의 왕으로 책봉하고 금마저에 땅을 주어 고구려 부흥 운동을 지원하였다(674).

③ 흑치상지가 임존성에서 군사를 일으켰다.
백제의 멸망 이후 백제 장군 흑치상지는 임존성에서 백제 부흥 운동을 일으켜 소정방이 이끄는 당군을 격퇴하였다(660).

④ 최치원이 왕에게 시무 10여 조를 건의하였다.
통일 신라 말 최치원은 신라 정부의 개혁을 위해 진성 여왕에게 시무 10여 조를 건의하였으나 받아들여지지 않았다(894).

⑤ 왕건이 일리천 전투에서 신검에게 승리하였다.
후백제 견훤의 고려 귀순 이후 왕건이 이끄는 고려군은 신검의 후백제군을 상대로 일리천 일대에서 전투를 벌여 크게 승리하였다(936).

---

11 고려 성종   정답 ⑤

✅ 정답 분석

> **정답이 보이는 핵심 키워드**
> #나주목 #경학박사 #『고려사』 #12목 설치 #지방관 파견

> **길잡이** | 고려의 중앙 제도를 정비한 성종을 학습합니다.

⑤ **고려 성종**은 **최승로의 시무 28조**를 받아들여 중앙의 통치 체제를 개편하고 다양한 제도를 시행하였다. 전국의 주요 지역에 **12목**을 설치하고 **지방관을 파견**하여 지방 세력을 견제하였다. 또한, 지방에 **경학박사와 의학박사**를 파견하여 유학 교육을 활성화하고자 하였다.

한 번 더 체크하러 가기 ▶ 미니북 08쪽

✅ 선택지 풀이

① 광덕, 준풍 등의 독자적 연호를 사용하였다.
광종은 공신과 호족의 세력을 약화시키고 왕권을 강화하고자 국왕을 황제라 칭하고 광덕, 준풍 등의 독자적 연호를 사용하였다.

② 신돈을 중심으로 전민변정 사업을 추진하였다.
공민왕은 신돈을 등용하고 전민변정도감을 설치하여 전민변정 사업을 추진하였다. 이에 권문세족이 부당하게 빼앗은 토지를 본래 주인에게 돌려 주고 억울하게 노비가 된 사람들을 양민으로 해방시켜 주었다.

③ 청연각과 보문각을 두어 학문 연구를 장려하였다.
예종은 관학을 진흥시키기 위해 궁중에 청연각과 보문각을 두어 학문 연구를 장려하였다.

④ 정계와 계백료서를 지어 관리의 규범을 제시하였다.
태조 왕건은 고려를 건국한 뒤 『정계』와 『계백료서』를 지어 관리가 지켜야 할 규범을 제시하였다.

---

12 고려와 몽골의 대외 관계   정답 ⑤

✅ 정답 분석

> **정답이 보이는 핵심 키워드**
> #진도 용장성 유적 #고려 정부의 강화에 반발한 삼별초 #승화후 온을 왕으로 삼고 항쟁

> **길잡이** | 삼별초의 항쟁을 통해 고려와 몽골의 대외 관계를 살펴봅니다.

고려 무신 정권 시기에 임시 수도 **강화도**에 있던 고려 조정이 **개경으로 환도**하면서 몽골과의 강화가 성립되었다. 이에 무신 정권의 군사적 기반이었던 **삼별초**가 반발하면서 **승화후 온**을 왕으로 옹립하고, **진도에 용장성**을 쌓으면서 **항쟁**을 계속 이어갔다.
⑤ 고려 고종 때 몽골이 침입하자 부처의 힘으로 물리치고자 대장도감을 설치하고 16년에 걸쳐 **팔만대장경**을 간행하였다.

한 번 더 체크하러 가기 ▶ 미니북 08, 23쪽

✅ 선택지 풀이

① 윤관을 보내 동북 9성을 개척하였다.
고려 예종 때 윤관의 별무반이 여진을 물리치고, 동북 9성을 개척하였다.

② 상비군으로 구성된 훈련도감을 설치하였다.
조선 선조 때 일본과 치른 임진왜란 중 유성룡의 건의로 포수, 사수, 살수의 삼수병으로 편제된 훈련도감을 설치하였다. 이곳의 소속 군인들은 급료를 받는 상비군으로 의무병이 아닌 직업 군인의 성격을 가졌다.

③ 박위로 하여금 쓰시마섬을 정벌하게 하였다.
고려 말 창왕 때 박위로 하여금 왜구의 본거지인 쓰시마섬을 정벌하게 하였다.

④ 서희를 파견하여 소손녕과 외교 담판을 벌였다.
고려 성종 때 거란이 침략하자 서희가 소손녕과의 외교 담판을 통해 강동 6주를 획득하였다.

13 최충   정답 ③

정답 분석

정답이 보이는 핵심 키워드
#고려의 학자 문헌공 최충 #해동공자 #유학 보급 #인재 양성

길잡이 | 고려의 유학자 최충을 탐구합니다.

③ **고려의 유학자 문헌공 최충**은 목종 때 장원으로 급제하면서 정계에 입문하였다. 현종 재임 시기 거란의 침입으로 궁궐이 불타면서 서적과 기록이 소실되자, 국사수찬관으로 임명되어 고려 태조부터 목종까지의 역사를 기록한 『**칠대실록**』의 편찬에 참여하였다. 이후에는 학문적 역량이 최고 수준에 이른 사람만 임명될 수 있는 **지공거**가 되어 과거를 주관하였다. 벼슬에서 물러난 이후에는 사학인 **9재 학당(문헌공도)**을 설립하였는데, 9재 학당은 12개의 사학 중 가장 번성하여 많은 후진을 양성하는 데 기여하였다. 최충은 그 영향력을 인정받아 **해동공자**라는 별칭을 얻었다.

> 한 번 더 체크하러 가기 ▶ 미니북 24쪽

선택지 풀이

① 불씨잡변을 지어 불교를 비판하였습니다.
    이성계와 함께 조선 건국을 주도한 정도전은 『불씨잡변』을 지어 성리학적 관점에서 불교의 교리를 비판하였고, 유교적 이념에 따라 통치할 것을 강조하였다.

② 만권당에서 원의 학자들과 교유하였습니다.
    고려 말 성리학자 이제현은 충선왕이 왕위에서 물러난 뒤 연경에 세운 만권당에서 원의 학자들과 교유하였으며, 성리학의 보급과 발전에 기여하였다.

④ 입학도설을 저술하여 성리학의 기본 원리를 해설하였습니다.
    고려 공양왕 때 권근은 초학자들을 위해 성리학의 기본 원리를 쉽게 해설한 성리학 입문서 『입학도설』을 저술하였다.

⑤ 성균관의 대사성이 되어 정몽주 등을 학관으로 천거하였습니다.
    고려 말 성리학자인 이색은 공민왕 때 성균관의 대사성이 되어 정몽주 등을 학관으로 천거하여 성균관의 중흥을 도모하였다.

14 묘청의 서경 천도 운동   정답 ③

정답 분석

정답이 보이는 핵심 키워드
#서경 반란군 #도참의 비설을 고찰하시어 대화궁을 창건 #천제(天帝)의 도읍을 본떠 만드신 것

길잡이 | 묘청이 서경 천도 운동을 전개하였던 시기를 학습합니다.

③ **이자겸의 난**과 금의 사대 요구 수용으로 왕실의 권위는 크게 떨어졌다. 이때 서경 출신 승려 **묘청**과 문신 **정지상**이 이러한 고려의 위기는 개경의 지덕이 쇠약한 탓이라며 풍수지리설을 근거로 **서경 천도**를 건의하였다. 이들의 건의를 받아들인 인종은 서경의 명당인 임원역에 **대화궁**을 창건하고 수시로 서경을 순행하였다. 그러나 서경에 잇따른 기상이변으로 묘청 일파를 배척하는 목소리가 커지자 서경 천도 계획을 중단하였다. 이에 묘청은 지역 차별에 불만을 품고 있던 서경 및 서북 지역 주민들과 함께 반란을 일으켰으나, **김부식이 이끄는 관군**에 의해 진압되었다(**묘청의 서경 천도 운동**, 1135).

> 한 번 더 체크하러 가기 ▶ 미니북 08쪽

15 고려 말의 상황   정답 ⑤

정답 분석

정답이 보이는 핵심 키워드
#「이생규장전」 #홍건적이 개경을 점거 #왕이 복주로 피란

길잡이 | 홍건적의 난으로 혼란을 빚었던 고려 말의 상황을 알아봅니다.

중국 원나라 말기에 한족 반란군인 **홍건적**이 일어나 요동을 점령하였다. 원 조정이 이에 맞서 홍건적을 토벌할 군대를 조직하고 전투를 벌이자, 홍건적은 방향을 남쪽으로 틀어 **고려를 침입**하였다. 이들은 압록강을 건너 서경까지 점령하였으나, 고려군에 의해 압록강 이북으로 쫓겨났다. 이후 홍건적은 **2차 침입**을 단행하여 수도 개경을 점거하였고, 위협을 느낀 **공민왕은 복주(경북 안동)로 피란**하였다(1361). 「이생규장전」은 홍건적의 난 이후 가족을 잃은 '이생'이라는 인물을 그려 낸 작품이다.
⑤ **고려 우왕** 때 **최영**을 중심으로 **요동 정벌**이 추진되자 **이성계**는 **4불가론**을 제시하며 반대하였으나 왕명에 의해 출병하게 되었다. 이후 의주 부근의 **위화도에서 개경으로 회군**하여 최영을 제거하고 우왕을 폐위하며 정권을 장악하였다(1388).

> 한 번 더 체크하러 가기 ▶ 미니북 08, 23쪽

선택지 풀이

① 김사미가 운문을 거점으로 봉기하였어요.
    고려 무신 정권 시기에는 과도한 수탈과 차별에 항거하는 하층민의 반란이 빈번하였다. 그 예로 이의민이 집권하던 명종 때 운문과 초전에서 김사미와 효심이 난을 일으켰다(1193).

② 강감찬이 흥화진 전투에서 승리하였어요.
    고려 현종 때 거란이 3차 침입을 단행하자 강감찬은 군사를 이끌고 흥화진으로 출동하여 거란군을 기습 공격하며 크게 승리하였다(1018).

③ 후주 출신 쌍기가 과거제 도입을 건의하였어요.
    후주 출신 귀화인 쌍기는 광종에게 과거제 도입을 건의하여 고려 내에 신분적 특권보다 학문적 소양을 중시하는 문화가 형성되는 데 큰 도움을 주었다(958).

④ 최충헌이 교정도감을 두어 국정을 총괄하였어요.
최씨 무신 정권의 최고 권력자였던 최충헌은 국정을 총괄하는 중심 기구로서 교정도감을 설치하고, 스스로 기구의 최고 관직인 교정별감이 되어 인사 및 재정 등을 장악하였다(1209).

16 고려의 경제 모습   정답 ⑤

정답 분석

정답이 보이는 핵심 키워드
#여러 소에서 별공으로 바치는 물건 #너무 과중하게 징수 #처음으로 화폐를 주조하는 법 제정 #해동통보

길잡이 | 고려의 경제 모습을 살펴봅니다.

- **고려의 특수 행정 구역**: 고려에는 일반 행정 구역인 주·부·군·현과 구분되는 지방 특수 행정 구역인 **향·부곡·소**가 있었다. 그중 소에는 **광업이나 수공업**에 종사하여 왕실 및 관아에서 필요로 하는 공물을 생산하는 백성들이 살았다. 이들은 일반 군현민에 비해 사회적으로 차별 대우를 받고 과중한 세금을 부담하였다.
- **고려 숙종의 해동통보 발행**: 고려 시대에는 상업 활동이 활발해지면서 국가 재정 관리의 효율성을 위해 화폐 발행의 필요성이 대두되었다. 이에 따라 **숙종** 때 화폐 주조를 전담하는 관서인 **주전도감**을 설치하고 삼한통보, **해동통보**, 해동중보 등의 동전과 **활구(은병)**를 만들어 통용을 추진하였다.
⑤ 고려 시대 예성강 하구에 위치한 **벽란도**는 **국제 무역항**으로 번성하였으며, 이곳을 통해 **송·아라비아 상인들과 교역**을 전개하였다.

한 번 더 체크하러 가기 ▶ 미니북 08, 24쪽

선택지 풀이

① 청해진을 설치하여 해상 무역을 전개하였다.
통일 신라 장보고는 완도에 청해진을 설치하여 해적을 소탕하고 해상 무역권을 장악하면서 당, 신라, 일본을 잇는 국제 해상 무역을 주도하였다.

② 재정 문제를 해결하기 위한 당백전이 발행되었다.
조선 고종 때 흥선 대원군은 경복궁 중건에 필요한 비용을 마련하기 위해 상평통보의 100배 가치를 지닌 당백전을 발행하였다. 이로 인해 화폐량이 증가하면서 인플레이션이 발생하기도 하였다.

③ 계해약조가 체결되어 세견선의 입항이 허가되었다.
조선 세종 때 대마도주의 요구를 받아들여 부산포, 제포, 염포의 3포를 개방하였다. 이후 대마도주와 교섭하여 입항할 수 있는 세견선의 숫자를 정하고, 제한된 범위 내에서 무역을 허락하는 계해약조를 체결하였다.

④ 육의전을 제외한 시전 상인의 금난전권이 폐지되었다.
조선 정조는 체제공의 건의를 받아들여 육의전을 제외한 시전 상인의 금난전권을 폐지하는 신해통공을 실시하였다.

17 고려의 과학 기술   정답 ④

정답 분석

정답이 보이는 핵심 키워드
#수시력 #화통도감 #고려청자 #상감 기법

길잡이 | 고려의 과학 기술을 학습합니다.

- **수시력**: 원나라에 머물며 원의 선진 학문과 문물에 깊은 관심을 가졌던 **고려 충선왕**은 원의 천문학자 곽수경이 만든 역법인 **수시력**을 고려에 도입하고자 하였다. 이에 **최성지**를 원에 파견하여 수시력을 배우고 돌아와 고려에 전수하도록 하였고, 도입된 수시력은 고려 역법에 일부 사용되었다.
- **화통도감**: 고려 우왕 때 **최무선**은 중국인 이원에게 배운 염초 제조 기술을 바탕으로 **화통도감** 설치를 건의하여 **화약과 화포**를 제작하였다. 이후 왜구가 고려를 침입하자 **최무선**은 나세, 심덕부 등과 함께 병선과 화통·화포를 갖추고 **진포 대첩**에서 왜구를 격퇴하였다.
- **고려청자**: 고려 초기에 삼국 시대 때부터 전해진 중국의 자기 기술을 받아들여 **고려청자**가 만들어졌다. 이후 기술이 발달함에 따라 12세기 중엽 무렵에는 표면에 무늬를 파내고 백토와 자토(붉은 흙)를 메워 유약을 발라 구워내는 고려만의 상감 기법을 활용한 **상감청자**가 만들어져 유행하였다.
④ 『**직지심체요절**』은 고려 우왕 때 **청주 흥덕사**에서 인쇄된 **세계 최고(最古)의 금속 활자본**으로, 동양 인쇄사에 엄청난 영향을 끼친 공로를 인정받아 2001년에 **유네스코 세계 기록 유산**에 등재되었다.

한 번 더 체크하러 가기 ▶ 미니북 23, 24, 53쪽

선택지 풀이

① 의약학의 발전과 향약집성방의 편찬
조선 세종은 우리나라 사람의 질병을 치료하기 위해 우리나라 약재(향약)를 사용하는 것이 효과적일 것이라고 여겼다. 이에 의학자 유효통 등을 시켜 우리 풍토에 맞는 약재와 치료 방법을 개발하여 의학서 『향약집성방』을 편찬하였다.

② 100리 척의 사용과 동국지도의 제작
조선 후기 지리학자 정상기는 최초로 100리 척을 사용하여 전국 8도를 나타낸 『동국지도』를 제작하였다.

③ 기하학적 원리와 경주 석굴암의 조성
신라 경덕왕 때 김대성은 기하학적 원리를 사용한 건축 기법으로 경주 석굴암을 조성하였다. 특히, 천장을 둥근 돔 형태로 무너지지 않도록 정교하게 만들었으며, 굴 내부에 습기가 차지 않도록 공기의 흐름을 이용하여 설계하였다.

⑤ 농업 기술의 발달과 임원경제지의 저술
조선 후기의 실학자 서유구는 농업과 임업, 의식주를 포함한 일상 문화를 집대성하여 당시 농업 정책과 경제론에 대한 내용을 백과사전 형식으로 기술한 『임원경제지』를 저술하였다.

18 고려의 문화유산   정답 ③

✓ 정답 분석

정답이 보이는 핵심 키워드
#은진 미륵 #거대한 불상 #논산 관촉사

길잡이 | 대형 불상이 유행한 고려 시대의 문화유산을 공부합니다.

'**은진 미륵**'이라고도 불리는 **논산 관촉사 석조 미륵보살 입상**은 **고려 광종의 명**으로 제작된 우리나라 최대 규모의 석불이다. 본래 보물로 지정되어 관리되다가, 고려 시대 신앙과 불교 조각사에서 갖는 위상을 재평가받아 국보로 승격되었다.
③ **개성 경천사지 십층 석탑**은 원의 석탑 양식에 영향을 받아 대리석으로 만들어진 **고려 원 간섭기의 석탑**이다. 이는 조선 세조 때 대리석으로 제작된 **서울 원각사지 십층 석탑**에 영향을 주었다.

한 번 더 체크하러 가기 ▶ 미니북 44쪽

✓ 선택지 풀이

① 익산 미륵사지 석탑
백제 무왕 때 건립된 목탑 형태의 석탑이다. 석탑 해체 복원 과정에서 금제 사리봉영(안)기가 발견되어 석탑의 건립 연도가 명확하게 밝혀졌다.

② 경주 불국사 삼층 석탑
통일 신라 경덕왕 때 불국사를 창건하면서 조성된 탑이다. 석탑의 해체·보수 과정에서 세계 최고(最古)의 목판 인쇄물인 『무구정광대다라니경』이 발견되었다.

④ 발해 영광탑
중국 지린성에 있는 발해의 전탑으로 당의 영향을 받았다.

⑤ 경주 분황사 모전 석탑
신라 선덕 여왕 때 제작된 현존하는 신라 석탑 중 가장 오래된 석탑이다. 이 탑은 석재를 벽돌 모양으로 다듬어 쌓았으며 현재는 3층까지만 남아 있다.

19 제1차 왕자의 난   정답 ①

✓ 정답 분석

정답이 보이는 핵심 키워드
#공신 배극렴·조준·정도전이 세자를 세울 것을 청함 #이방석을 왕세자로 삼음

길잡이 | 조선 건국 초에 발생한 제1차 왕자의 난을 탐구합니다.

① 조선 건국 이후 **왕위 계승권**을 둘러싸고 **태조 이성계의 아들** 사이에 두 차례 **왕자의 난**이 일어났다. 배극렴, 조준, 정도전 등의 주장으로 태조의 막내 아들인 **이방석**이 세자로 책봉되자 이에 반발한 **이방원**이 세자 이방석과 정도전 등을 제거하여 정치적 실권을 잡았다(제1차 왕자의 난). 이후 이방원은 이방간과의 제2차 왕자의 난에서도 승리하며 태종으로 즉위하였다.

한 번 더 체크하러 가기 ▶ 미니북 09쪽

✓ 선택지 풀이

② 수양 대군이 정권을 장악하는 과정을 조사한다.
세조는 수양 대군 시절 계유정난을 일으켜 황보인, 김종서 등을 제거하고 권력을 장악한 뒤 단종을 몰아내고 왕으로 즉위하였다.

③ 사림이 동인과 서인으로 나뉘게 된 계기를 파악한다.
선조 때 사림 세력은 이조 전랑 임명권을 놓고 김효원을 중심으로 한 동인과 심의겸을 중심으로 한 서인으로 분화되었고, 이를 계기로 붕당 정치가 시작되었다.

④ 폐모살제 등을 구실로 반정을 일으킨 세력을 검색한다.
광해군 때 북인이 집권하여 정계에서 밀려나 있던 서인 세력이 광해군의 중립 외교 정책과 폐모살제 등을 구실로 인조반정을 일으켜 광해군이 폐위되고 인조가 왕위에 올랐다.

⑤ 허적과 윤휴 등 남인이 대거 축출되는 사건을 알아본다.
숙종 때 남인의 영수 허적이 궁중의 천막을 허락 없이 사용한 사건을 계기로 남인이 대거 축출당하고 서인이 집권하게 된 경신환국이 발생하였다.

20 사헌부   정답 ⑤

✓ 정답 분석

정답이 보이는 핵심 키워드
#감찰 #상대 #백관에 대한 규찰과 탄핵 등을 관장

길잡이 | 조선 시대의 대표적인 언론 기관인 사헌부를 알아봅니다.

상대는 **사헌부**의 별칭이며, 「이십삼상대회도」는 사헌부에서 벼슬을 지낸 김종한 등 23인에 달하는 **감찰관원**들의 계회를 기념하여 그 일을 기록하고 그린 그림이다. 상단에는 전서로 쓴 표제, 계회하는 장면, 찬시가 있으며, 하단에는 감찰 23인의 품계와 성명 그리고 김종한 부친의 관직 및 이름 등을 기록한 좌목이 있다.
⑤ 사헌부는 **조선 시대에 언론 활동, 풍속 교정, 백관에 대한 규찰과 탄핵** 등을 관장하던 관청으로, **대사헌**을 수장으로 집의, 장령, 지평, 감찰 등의 관직을 두었다. 또한, **사간원과 함께 양사 또는 대간**이라 불리면서 5품 이하 관리의 임명과 관련된 **서경권**을 행사하였다.

한 번 더 체크하러 가기 ▶ 미니북 35쪽

선택지 풀이

① 수도의 행정과 치안을 담당하였다.
조선의 한성부는 수도 한성의 치안과 행정을 담당하였다.

② 을묘왜변을 계기로 상설 기구화되었다.
중종 때 외적의 침입에 대비하기 위한 임시 기구로 비변사가 설치되었고, 명종 때 을묘왜변을 계기로 상설 기구화되었다.

③ 서얼 출신 학자들이 검서관에 등용되었다.
조선의 규장각은 정조 때 창덕궁 후원에 설치된 왕실 도서관이자 학문 연구 기관이다. 정조는 서얼 차별 완화를 위해 서얼 출신인 유득공, 이덕무, 박제가 등을 규장각 검서관에 등용하였다.

④ 역사서를 편찬하고 사고에 보관하는 일을 맡았다.
조선의 춘추관은 역사서를 보관·관리하기 위해 설치된 관청으로, 이곳에 설치된 실록청에서 실록 편찬을 담당하였다.

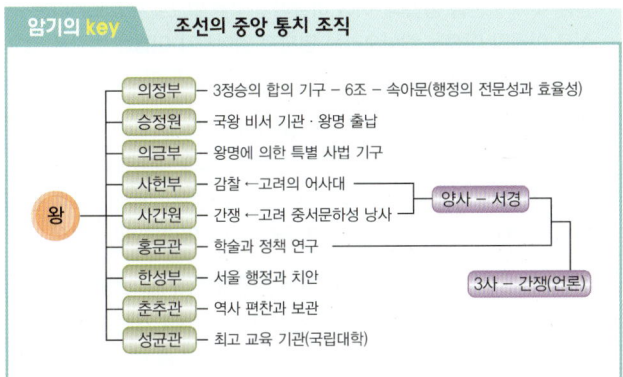

암기의 key 조선의 중앙 통치 조직

---

21 조선과 여진의 대외 관계 정답 ②

정답 분석

정답이 보이는 핵심 키워드
#북병사 #변경을 침범 #경성과 경원에 무역소 설치

길잡이 | 여진에 대한 조선의 회유책과 강경책을 학습합니다.

② 조선 초기에는 북방 영토의 확보와 국경 지방의 안정을 꾀하고자 한반도 북부 지역에 자리잡은 여진에 대한 회유책을 전개하였다. 이에 조선 초 여진족의 귀순을 장려하기 위해 관직·토지를 지급하고, 경성과 경원에 무역소를 설치하여 국경 무역을 할 수 있도록 하였다. 이러한 회유책에도 불구하고 여진족이 자주 변경을 침범하자, 세종은 최윤덕과 김종서에게 여진을 정벌하게 하여 압록강 상류 지역에는 4군, 두만강 유역에는 6진을 설치하였다.

한 번 더 체크하러 가기 ▶ 미니북 09쪽

선택지 풀이

① 사신 접대를 위해 한성에 동평관을 두었다.
조선 태종 때 한성의 남산 북쪽에 일본 사신이 머무는 숙소인 동평관을 두어 일본과 외교 및 무역을 실시하였다.

③ 강화도로 도읍을 옮겨 장기 항전을 준비하였다.
고려 최씨 무신 정권 시기 최우는 몽골의 침입에 대항하기 위해 강화도로 도읍을 옮겨 장기 항쟁을 준비하였다.

④ 철령위 설치에 반발하여 요동 정벌을 추진하였다.
고려 우왕 때 명이 원의 쌍성총관부가 있던 철령 이북의 땅에 철령위를 설치하겠다며 반환을 요구하자, 이에 반발한 고려는 최영을 중심으로 요동 정벌을 추진하였다.

⑤ 신기군, 신보군, 항마군 등으로 구성된 별무반을 조직하였다.
고려 숙종 때 부족을 통일한 여진이 고려의 국경을 자주 침입하였다. 이에 윤관은 왕에게 건의하여 신기군, 신보군, 항마군 등으로 구성된 별무반을 조직하였다.

---

22 을사사화 정답 ②

정답 분석

정답이 보이는 핵심 키워드
#조광조 등의 일은 마음속에서 잊지 않음 #현량과도 회복 #양재역
#벽에 써 붙인 주서(朱書) #반역의 잔당 #대왕대비를 가리킴

길잡이 | 조선 명종 때 발생한 을사사화를 탐구합니다.

(가) **조광조 복권 및 현량과 회복 명령(1545.6.)**: 조광조는 훈구파를 견제하고자 하였던 조선 중종에 의해 정계에 진출하였던 사림이다. 그는 천거제의 일종인 현량과 실시를 건의하여 사림이 대거 등용될 수 있는 발판을 마련하였고 반정 공신의 위훈 삭제도 함께 주장하였다. 그러나 위훈 삭제에 대한 훈구 세력의 반발로 발생한 기묘사화로 인해 사사(賜死)되었다. 이후 조광조의 누명을 벗겨 주고자 하는 논의가 거듭되어 인종 대에 이르러 조광조를 복권하고 현량과를 회복하라는 명령을 내렸고, 선조 대에 비로소 이루어졌다.

(나) **양재역 벽서 사건(1547)**: 조선 명종 때 문정 왕후의 수렴청정을 비판한 양재역 벽서 사건으로 정미사화가 발생하였다. 이때 이언적, 권벌 등이 유배되는 등 많은 사림 세력들이 화를 입었다.

② 인종의 뒤를 이어 명종이 어린 나이로 즉위하자 명종의 어머니 문정 왕후가 수렴청정을 하였다. 이후 인종의 외척인 윤임을 중심으로 한 대윤 세력과 명종의 외척인 윤원형을 중심으로 한 소윤 세력의 대립으로 을사사화가 발생하였고, 그 결과 윤임을 비롯한 대윤 세력과 사림들이 큰 피해를 입었다(1545.8.).

한 번 더 체크하러 가기 ▶ 미니북 09, 42쪽

선택지 풀이

① **자의 대비의 복상 문제로 예송이 일어났다.**
현종 때 효종과 효종비의 국상 당시 인조의 계비인 자의 대비의 복상 문제를 놓고 효종의 왕위 계승에 대한 정통성과 관련하여 서인과 남인 사이에 두 차례 예송이 전개되었다. 기해예송에서는 서인의 주장이, 갑인예송에서는 남인의 주장이 받아들여졌다(1659, 1674).

③ **세자 책봉 문제를 계기로 정철이 유배되었다.**
선조 때 서인 정철이 광해군을 세자로 책봉할 것을 청하였다가 신성군을 책봉하려던 선조의 노여움을 사 파직된 후 유배되었다(1591).

④ **희빈 장씨 소생의 원자 책봉 문제로 환국이 발생하였다.**
숙종은 인현 왕후가 아들을 낳지 못하자 총애하던 희빈 장씨의 소생을 원자로 책봉하였다. 송시열이 이를 반대하자, 숙종은 송시열의 관작을 삭탈하고 제주도로 유배시켜 사사하였다. 이로써 서인이 대거 축출되고 남인이 집권하게 된 기사환국이 발생하였다(1689).

⑤ **폐비 윤씨 사사 사건의 전말이 알려져 김굉필 등이 처형되었다.**
연산군이 생모인 폐비 윤씨 사사 사건의 전말을 알게 되면서 갑자사화가 발생하였다. 이로 인해 김굉필 등 당시 폐비 윤씨 사건에 관련된 인물들과 무오사화 때 피해를 면하였던 사림들까지 큰 화를 입었다(1504).

23 병자호란 정답 ②

정답 분석

정답이 보이는 핵심 키워드
#남한산성 무너진 날 #송시열이 펴낸 『삼학사전』 #척화론 주장 #인조의 뒤를 이어 즉위한 효종이 치욕을 씻기 위해 북벌 추진

길잡이 | 삼학사가 척화론을 주장하였던 병자호란 시기에 일어난 일을 학습합니다.

후금이 **청**으로 국호를 바꾸고 조선에게 **군신 관계**를 요구하였으나 거부당하자 **병자호란**을 일으켰다(1636). **인조**는 이를 피해 세자와 신하들을 이끌고 **남한산성**으로 피란하였다. 청군이 남한산성을 포위하자 **김상헌 등의 척화파**는 청과의 화의에 반대하였으며, **최명길 등의 주화파**는 화의를 주장하였다. 논쟁이 거듭된 끝에 조선 조정은 청에 항복을 청하였고, 이와 동시에 척화파인 홍익한, 윤집, 오달제는 청으로 압송되었다. 이들은 청의 수도 심양으로 끌려가 모진 고문과 회유를 당하였으나, 척화의 뜻을 굽히지 않고 모두 죽임을 당하였다. 이후 인조는 홍익한, 윤집, 오달제의 가족들에게 식량을 매달 지급하도록 하며 예를 표하였고, 인조의 뒤를 이은 효종은 이들의 관직을 추증하고, 후손을 등용하도록 하였다. 또한, **효종**은 청에게 당한 수모를 되갚아 주고자 **북벌**을 계획하였는데, 이때 **송시열**이 「**기축봉사**」를 지으면서 북벌의 당위성을 제기하였다(1649). 이후 송시열은 『삼학사전』을 펴내어 홍익한, 윤집, 오달제를 '삼학사'로 칭하고, 이들의 절개와 비극적 최후를 부각하며 북벌에 대한 의지를 표현하였다.

② **조선의 무신 김준룡**은 병자호란이 발생하자 근왕병을 이끌고 청에게 포위당한 남한산성으로 진군하였다. 그리고 곳곳의 군사를 모아 병력을 보강한 뒤 용인의 **광교산**을 거점으로 적장을 사살하며 청과의 전투에서 승리하였다(1637).

한 번 더 체크하러 가기 ▶ 미니북 10, 32쪽

선택지 풀이

① **송상현이 동래성에서 항전하였다.**
선조 때 왜군이 침입하여 임진왜란이 발발하였고, 곧바로 부산진성을 함락시킨 왜군은 동래성을 침공하였다. 이때 동래부사 송상현은 왜적에 맞서 싸웠으나 패배하여 동래성이 함락되고 송상현은 전사하였다(1592).

③ **이괄의 반란 세력이 도성을 장악하였다.**
인조반정 때 큰 공을 세웠던 이괄은 공신 책봉 과정에서 2등 공신을 받은 것에 불만을 품었다. 이에 이괄이 반역을 일으킬지도 모른다는 구실로 아들인 이전을 잡아오라는 명까지 떨어지자 이괄은 반란을 일으켜 도성을 장악하였다(1624).

④ **강홍립 부대가 사르후 전투에 참전하였다.**
광해군은 명의 요청으로 후금과의 사르후 전투에 강홍립 부대가 참전하도록 하였으나 중립 외교 정책을 추진하여 강홍립에게 사르후 전투에서 무모한 싸움을 계속하지 않고 투항하도록 명령하였다(1619).

⑤ **신류가 조총 부대를 이끌고 흑룡강에서 전투를 벌였다.**
효종 때 러시아가 만주 지역까지 침략해 오자 청은 조선에 원병을 요청하였다. 이에 신류는 흑룡강 방면에 파견되어 조총 부대를 이끌고 나선 정벌에 나섰다(1658).

암기의 key	인조반정 이후 조선과 청의 관계
인조반정	• 배경: 광해군의 중립 외교(실리 외교), 폐모살제에 대한 서인들의 반발 • 전개: 광해군 폐위, 인조 즉위
인조의 친명배금 정책	• 서인 정권 중심 • 명에 대한 의리를 지킬 것을 주장, 금 배척
정묘호란	• 배경: 인조의 친명배금 정책, 이괄의 난 • 전개: 후금의 침입, 정봉수·이립의 활약 • 후금과 화의 체결(형제 관계)
병자호란	• 배경: 후금이 국호를 청으로 바꾼 뒤 조선에 사대 요구 → 조선 내부에서 주화파와 척화파로 나뉘어 대립 → 사대 요구 거부 • 전개: 청의 침입 → 인조의 남한산성 항전 → 조선 항복(삼전도의 굴욕) → 소현 세자, 봉림 대군 등이 청에 볼모로 압송

북벌론 대두	• 배경: 귀국한 봉림 대군이 효종으로 즉위하여 북벌 준비 → 성곽 보수, 무기 정비, 군대 양성 • 나선 정벌: 청의 요청으로 조총 부대 출병 • 효종의 죽음으로 좌절
북학론 대두	• 중상학파 실학자 중심 • 18세기 이후 청의 선진 문화를 받아들여야 한다는 주장 대두

암기의 key 조선 영조의 정책

영조	• 완론 탕평: 서원 대폭 정리, 삼사의 관리 추천제 폐지 • 균역법 실시: 군역 부담 경감 목적, 군포를 2필에서 1필로 경감 → 재정 보충책(결작, 선무군관포) • 신문고 부활: 백성의 억울함 해소 • 청계천 준설 사업(준천사) • 극형 폐지, 사형수에 대한 삼심제 시행 • 『동국문헌비고』, 『속대전』 편찬

24 조선 영조   정답 ③

✓ 정답 분석

정답이 보이는 핵심 키워드
#이인좌의 난 평정 #원인을 붕당에서 찾고 있음

길잡이 | 이인좌의 난을 평정한 조선 영조를 알아봅니다.

조선 영조 때 **이인좌**, 정희량 등 정권에서 소외된 소론 세력이 남인 일부와 연합하여 **경종의 죽음과 영조의 정통성에 대해 의문**을 제기하면서 반란을 일으켰으나 진압되었다. 이후 영조는 송인명, 박사수에게 명을 내려 이인좌의 난의 전말에 관한 자료를 모은 『감란록』을 편찬하도록 하였다.

③ 영조는 즉위 직후 탕평 교서를 반포하며 탕평에 대한 의지를 밝혔다. 이후 **붕당 정치의 폐해**를 막고 능력에 따른 인재를 등용하기 위해 **탕평책**을 실시하고, 성균관에 **탕평비**를 건립하였다.

한 번 더 체크하러 가기 ▶ 미니북 10쪽

✓ 선택지 풀이

① 경기도에 한하여 대동법을 시행하였다.
  광해군 때 방납의 폐단으로 국가 재정이 악화되고 농민의 부담이 커지자 이를 해결하기 위해 대동법을 시행하였다. 이에 토산물 대신 토지의 결수에 따라 쌀을 공납으로 납부하게 하고 산간 지역은 쌀 대신 동전, 삼베, 무명 등을 징수하였다. 대동법은 초반에 경기 지역에 한하여 시행되었다가 효종 때 전라·충청 지역까지 확대되었다.

② 수도 방어를 위하여 금위영을 창설하였다.
  숙종은 금위영을 창설하여 5군영 체제를 확립하고 국왕 수비와 수도 방어를 강화하였다.

④ 문신을 재교육하기 위한 초계문신제를 실시하였다.
  정조는 인재 양성을 위하여 새롭게 관직에 오르거나 기존 관리들 중 능력 있는 문신들을 규장각에서 재교육시키는 초계문신제를 실시하였다.

⑤ 통치 체제를 정비하기 위해 대전회통을 편찬하였다.
  흥선 대원군은 정조 때 편찬된 『대전통편』을 보완하고 각종 조례를 정리한 법전인 『대전회통』을 편찬하여 통치 체제를 정비하였다.

25 조선 후기의 사회 모습   정답 ①

✓ 정답 분석

정답이 보이는 핵심 키워드
#장용영이 존재하던 시기 #겸재 정선

길잡이 | 조선 후기의 사회 모습을 살펴봅니다.

장용영은 **조선 정조**가 왕권을 뒷받침하는 군사적 기반을 갖추기 위해 설치한 **국왕 친위 부대**로, 서울 도성에는 **내영**, 수원 화성에는 **외영**을 두었다. 장용영은 정조의 지속적인 지원을 바탕으로, 병력이나 재정 규모가 크게 증가하여 5군영과 대등한 위치까지 성장하였으나 순조 때 혁파되었다. 장용영의 위치가 표시된 「도성도」는 한양 도성 일대를 그린 지도로, **겸재 정선**의 화풍인 **진경산수화법**의 영향을 받아 제작되었다. 또한, 왕이 수도 한양을 바라보는 시점으로 그려져 지도 상단이 남쪽으로 되어 있는데, 이를 통해 「도성도」가 어람용으로 제작되었을 것으로 추정한다.

① **조선 후기**에 서민 문화가 발달하면서 **판소리, 한글 소설, 민화, 탈춤**이 유행하였다. 또한, 소설이 대중화되면서 소설책을 빌려주는 **세책가**도 등장하였다.

한 번 더 체크하러 가기 ▶ 미니북 10, 24쪽

✓ 선택지 풀이

② 동국정운을 편찬하는 집현전의 학자
  조선 전기 세종 때 집현전 학자 신숙주, 최항 등이 우리나라의 표준 한자음을 제정하기 위해 『동국정운』을 편찬하였다.

③ 주자소에서 계미자를 제작하는 장인
  조선 전기 태종 때 주자소를 설치하고 계미자를 제작하여 조선의 금속 활자 인쇄술이 한층 더 발전하였다.

④ 형평사 창립 대회 개최를 취재하는 기자
  갑오개혁 이후 공사 노비법이 혁파되어 법적으로는 신분제가 폐지되었으나 일제 강점기 때 백정에 대한 사회적 차별은 더욱 심해졌다. 백정들은 이러한 차별을 철폐하기 위해 진주에서 조선 형평사 창립 대회를 개최하고 형평 운동을 전개하였다.

⑤ 시전의 상행위를 감독하는 경시서의 관리
  고려와 조선 초기의 경시서는 시전의 상행위를 감독하고 물가를 조절하였다. 이후 세조 때 평시서로 개칭되었다.

26 조선 후기의 경제 모습 정답 ①

정답 분석

정답이 보이는 핵심 키워드
#흉년이 들었을 때 기근을 구제 #고구마 #모내기

길잡이 | 조선 후기의 경제 모습을 알아봅니다.

고려 말 일부 남부 지방에 도입되었으나 조선 전기까지 금지되었던 **모내기법이 조선 후기에 전국적으로 확산**되었다. 또한, 이 시기 **구황 작물로 감자, 고구마** 등이 전래되기 시작하였다.
① 조선 전기 세종 때 대마도주의 요청에 따라 부산포와 제포에 이어 염포를 개항하고, 개항장에 왜관을 설치하여 교역 및 외교를 하였다.

한 번 더 체크하러 가기 ▶ 미니북 24쪽

선택지 풀이

② 상평통보를 발행하여 화폐로 사용하였다.
   조선 후기 상공업이 발달함에 따라 금속 화폐인 상평통보가 발행되어 전국적으로 사용되었다.

③ 관청에 물품을 조달하는 공인이 활동하였다.
   조선 후기 대동법의 시행으로 국가에서 필요한 물품을 관청에 직접 조달하는 공인이 활동하였다.

④ 송상, 만상이 대청 무역으로 부를 축적하였다.
   조선 후기 상업의 발달로 전국 각지에 사상이 등장하였고, 그중 개성의 송상과 의주의 만상이 대청 무역으로 부를 축적하였다.

⑤ 덕대가 물주에게 자금을 받아 광산을 경영하였다.
   조선 후기 광산 개발이 활성화되면서 물주에게 자금을 받아 전문적으로 광산을 경영하는 덕대가 활동하였다.

27 조선 순조 정답 ④

정답 분석

정답이 보이는 핵심 키워드
#세도 정치 #장인인 김조순 #세도가였던 안동 김씨

길잡이 | 세도 정치가 전개되었던 조선 순조의 재위 시기에 있었던 사실을 살펴봅니다.

조선 후기 안동 김씨의 핵심 인물인 **김조순**은 자신의 딸을 **순조**의 비로 들이면서 **왕의 장인**의 지위를 얻었다. 그후 김조순은 국정의 주도권을 잡고 **세도 정치**를 펼치며 권력을 장악하였다.

④ 순조 때 세도 정치로 인한 **삼정의 문란**과 **서북 지역에 대한 차별 대우**에 불만을 품은 평안도 지방 사람들이 몰락 양반 출신 **홍경래**를 중심으로 **봉기**를 일으켰다. 이들은 평안북도 가산에서 우군칙 등과 함께 **정주성을 점령**하고 청천강 이북 지역을 차지하기도 하였으나 관군에게 진압되었다(1811).

한 번 더 체크하러 가기 ▶ 미니북 10, 36쪽

선택지 풀이

① 오페르트가 남연군 묘 도굴을 시도하였다.
   오페르트를 비롯한 서양인들이 충남 예산군 덕산면에 위치한 흥선 대원군의 아버지 남연군의 묘를 도굴하려다가 실패하였다(1868).

② 이만손이 주도하여 영남 만인소를 올렸다.
   김홍집이 『조선책략』을 들여온 이후 미국과 외교 관계를 맺어야 한다는 여론이 형성되자, 이만손은 이에 반대하며 영남 유생들과 함께 영남 만인소를 올렸다(1881).

③ 이시애가 길주를 근거지로 난을 일으켰다.
   세조의 중앙 집권적 정책으로 인해 북방민의 등용이 억제되자 이시애가 함길도민을 규합하여 길주를 근거지로 난을 일으켰다(1467).

⑤ 곽재우, 고경명 등이 의병장으로 활약하였다.
   선조 때 왜군이 침입하여 임진왜란이 발발하였다(1592). 이에 농민, 전직 관리, 사림, 승려 등이 자발적으로 의병을 조직하여 왜군에 맞섰는데 경상도에서는 곽재우가, 전라도에서는 고경명이 의병장으로 활약하였다.

28 갑신정변 정답 ⑤

정답 분석

정답이 보이는 핵심 키워드
#김옥균 #청이 우리 자주권을 침해 #일본 공사와 일으킴 #일본당

길잡이 | 김옥균을 중심으로 일어난 갑신정변을 확인합니다.

김옥균을 비롯한 홍영식 등의 **급진 개화파**는 청이 조선의 자주권을 침해하는 것에 분노하여, 일본 공사의 군사적 지원을 약속받아 우정총국 개국 축하연 자리에서 **갑신정변**을 일으켰다. **일본당**으로 지목되기도 하였던 이들은 14개조 개혁 정강을 발표하여 청과의 사대 관계 청산, 입헌 군주제, 능력에 따른 인재 등용 등의 개혁을 추진하였으나, 조선 정부의 요청으로 들어온 **청군**에 의해 **진압**되어 **3일 만에 실패**하였다.
⑤ 청과 일본은 갑신정변 이후 **톈진 조약**을 체결하였다. 톈진 조약에서 청일은 향후 **조선에 군대를 파견할 때 상호 통보**를 약속하고 한쪽이라도 조선에 군대를 파견하면 다른 쪽도 바로 군대를 파견할 수 있도록 규정하였다.

한 번 더 체크하러 가기 ▶ 미니북 11, 37쪽

선택지 풀이

① **개혁 추진 기구로 교정청이 설치되었다.**
조선 정부는 동학 농민군과 전주 화약을 체결한 후 자주적인 내정 개혁 추진을 위해 교정청을 설치하였다. 그러나 일본군이 경복궁을 포위하고 내정 개혁 기구로 군국기무처를 설치하며 교정청이 폐지되었다.

② **전개 과정에서 홍범 14조가 반포되었다.**
제2차 갑오개혁의 전개 과정에서 김홍집 내각이 홍범 14조를 반포하고 개혁의 기본방향을 제시하였다.

③ **통리기무아문이 신설되는 배경이 되었다.**
고종은 강화도 조약 이후 변화하는 국내외 정세에 대응하고자 개화 정책을 실시하였다. 이에 따라 국내외의 군국 기무와 개화 정책을 총괄하는 관청인 통리기무아문을 설치하였다.

④ **김기수가 수신사로 파견되는 결과를 가져왔다.**
강화도 조약 체결 후 일본이 조선 정부에 사절 파견을 요청하였다. 이에 조선 정부는 일본과의 관계를 회복하고 일본 국정을 시찰하기 위해 김기수를 1차 수신사로 파견하였다.

29 동학 정답 ①

정답 분석

정답이 보이는 핵심 키워드
#제2대 교주 최시형 #교조 신원 운동 #1894년 전봉준, 김개남 등이 이끈 농민군과 합세 #농민 수탈로 고부 봉기를 촉발시켰던 조병갑

길잡이 | 최시형이 제2대 교주였던 동학을 학습합니다.

동학은 유·불·선을 바탕으로 민간 신앙까지 포함하여 창시된 종교이다. **제2대 교주**에 오른 **최시형**은 교세를 확장하면서 제1대 교주 최제우의 신원을 요구하는 삼례·보은 집회를 전개하며 **교조 신원 운동을 주도**하였다. 이후 **고부 군수 조병갑**의 학정으로 동학교도 **전봉준**이 **고부 민란**을 일으키면서 **동학 농민 운동**이 시작되자, 최시형은 이를 적극적으로 도왔으나 이후 체포되어 사형을 선고받았다.
① 동학은 교도들을 관리하기 위해 **포접제**라는 조직을 만들어 **교세를 확장**하였다. 동학 농민 운동 당시 포접제를 통해 농민군이 조직적 기반을 갖추어 동학 농민 운동을 더욱 확대해 나갈 수 있었다.

한 번 더 체크하러 가기 ▶ 미니북 11, 17, 41쪽

선택지 풀이

② **배재 학당을 세워 신학문 보급에 앞장섰다.**
배재 학당은 미국인 개신교 선교사 아펜젤러가 세운 근대적 사립 학교로, 신학문 보급에 앞장섰다.

③ **박중빈을 중심으로 새생활 운동을 추진하였다.**
박중빈이 창시한 원불교는 새생활 운동을 추진하여 허례허식 폐지, 근검절약, 금주, 단연 등을 추구하고, 개간 및 간척 사업과 저축 운동을 적극적으로 장려하였다.

④ **일제의 통제에 맞서 사찰령 폐지 운동을 벌였다.**
한용운 등이 조직한 조선 불교 유신회는 일제가 시행한 사찰령의 폐지를 주장하며 민족 불교의 자주성을 지키고자 하였다.

⑤ **의민단을 조직하여 항일 무장 투쟁을 전개하였다.**
만주 지역에서 천주교도가 중심이 되어 독립운동 단체인 의민단을 조직하여 항일 무장 투쟁을 전개하였다.

30 러일 전쟁 정답 ②

정답 분석

정답이 보이는 핵심 키워드
#한반도를 둘러싼 대한 제국과 일본, 러시아 간의 암투 #포츠머스 조약 #대한 제국의 외교권을 박탈하려는 당시 상황

길잡이 | 한반도 지배권을 둘러싸고 일어난 러일 전쟁을 공부합니다.

일본이 청일 전쟁에서 승리하면서 청과 맺은 **시모노세키 조약**에 의해 요동 반도를 할양받자, **러시아**는 **삼국 간섭**을 주도하여 일본이 청에 **요동 반도**를 반환하도록 하였다(1895). 이후 **한반도 지배권**을 두고 **러시아와 일본**이 대립하면서 **러일 전쟁이 발발**하였다(1904). 러일 전쟁에서 패배한 러시아는 **포츠머스 조약**을 체결하여 **한국에 대한 일본의 독점적인 지배권**을 국제적으로 인정하게 되었다. 이에 일본은 조선에 **을사늑약**을 체결을 강압하여 외교권을 박탈하고 통감부를 설치하였다(1905).
② 일본은 **러일 전쟁** 중 불법으로 **독도**를 **일본 영토로 편입**시켰으며(1905), 현재는 다케시마(竹島)라는 이름으로 시마네현 행정구역에 포함시켰다.

한 번 더 체크하러 가기 ▶ 미니북 11쪽

선택지 풀이

① **고종이 아관 파천을 단행하였다.**
개항 이후 민씨 세력이 러시아를 통해 일본을 견제하려 하자 일본은 자객을 보내 경복궁 내 건청궁을 습격하여 명성 황후를 시해하였고(을미사변, 1895), 고종은 신변을 보호하기 위해 러시아 공사관으로 이동하는 아관 파천을 단행하였다(1896).

③ **러시아가 절영도 조차를 요구하였다.**
러시아는 함대의 연료 보급을 위한 저탄소 저장소 설치를 위해 절영도 조차를 요구하였으나, 독립 협회의 이권 수호 운동과 국내의 반대 여론으로 저지되었다(1898).

④ **조청 상민 수륙 무역 장정을 체결하였다.**
신식 군대인 별기군에 비해 차별 대우를 받던 구식 군대가 임오군란을 일으켰으나 청의 군대에 의해 진압되었다. 이를 계기로 조선에 대한 청의 내정 간섭이 심화되었고, 청과 조청 상민 수륙 무역 장정을 체결하게 되었다(1882).

⑤ 평양 관민이 대동강에 침입한 제너럴셔먼호를 불태웠다.
흥선 대원군 때 미국의 상선 제너럴셔먼호가 평양의 대동강까지 들어와 교역을 요구하자 당시 평안 감사였던 박규수는 공격 명령을 내리고 평양 관민과 함께 제너럴셔먼호를 불태웠다(1866).

31 최익현 정답 ③

정답 분석

정답이 보이는 핵심 키워드
#「지부복궐척화의소」 #위정척사 운동 #강화도 조약 체결에 반대
#화이론적 세계관 #왜양일체론

길잡이 | 일본과 서양을 동일하게 보며 개항을 반대하였던 최익현을 파악합니다.

최익현은 **위정척사 운동**을 전개하여 일본이 서양의 앞잡이로서 금수와도 다름없는 서양과 같다고 주장하며 일본과의 화친을 경계하였다. 이러한 **왜양일체론**에 입각하여 최익현은 「**지부복궐척화의소**」(도끼를 가지고 궐 앞에 엎드려 화친에 반대하는 상소)를 올리며 일본과의 **강화도 조약 체결을 반대**하였다.
③ **을사늑약**이 체결되자 최익현은 유생 **임병찬** 등과 **태인**에서 을사늑약에 반대하는 **을사의병**을 일으켰다.

한 번 더 체크하러 가기 ▶ 미니북 17, 39쪽

선택지 풀이

① 고종의 밀지를 받아 독립 의군부를 조직하였다.
임병찬은 고종의 밀지를 받아 독립 의군부를 조직하여 조선 총독부에 국권 반환 요구서 제출을 시도하였다.

② 도쿄에서 일왕이 탄 마차를 향해 폭탄을 던졌다.
한인 애국단의 이봉창은 일왕 암살을 계획하여 도쿄에서 일왕이 탄 마차를 향해 폭탄을 던졌다.

④ 명동 성당 앞에서 이완용을 습격하여 중상을 입혔다.
이재명은 명동 성당 앞에서 을사오적 중 한 명인 이완용을 습격하여 중상을 입혔다.

⑤ 13도 창의군을 지휘하여 서울 진공 작전을 전개하였다.
한일 신협약으로 대한 제국의 군대가 해산되자 해산 군인들이 정미의병을 일으켰다. 이후 양주에 집결한 의병들은 이인영을 총대장으로 추대하고 13도 창의군을 결성하여 서울 진공 작전을 전개하였다.

암기의 key 위정척사 운동의 전개 과정

시기	배경	주장	중심인물
1860년대	서양 열강의 통상 요구	통상 반대 운동 → 척화주전론	이항로, 기정진
1870년대	강화도 조약 체결	개항 반대 운동 → 왜양일체론	최익현, 유인석
1880년대	『조선책략』 유입, 개화 정책 추진	개화 반대 운동 → 영남 만인소 (상소 운동)	이만손, 홍재학

32 이준 정답 ②

정답 분석

정답이 보이는 핵심 키워드
#이준 #독립 협회 #보안회 #헌정 연구회 #대한 자강회 #신민회
#네덜란드 헤이그 만국 평화 회의 특사

길잡이 | 이준이 활동하였던 단체들을 알아봅니다.

법관 양성소를 졸업한 **이준**은 아관 파천 이후 일본으로 망명하여 법률 공부를 이어 나갔다. 국내로 귀국한 후에는 **독립 협회**에서 활동하며 조선의 이권을 가져가려는 러시아를 비판하고 의회 설립 운동을 전개하였다. 또한, **일제의 황무지 개간권 요구**에 반대하기 위해 이상설·송수만 등과 함께 **보안회**를 조직하였다. 이후 일제에 의해 보안회가 해체되자 공진회를 조직하였으나, 공진회가 반정부 단체로 내몰리면서 유배를 가게 되었다. 유배에서 풀려난 후 이준은 **헌정 연구회**를 설립하여 일진회의 친일 행각에 맞섰고, **대한 자강회** 평의원으로 활동을 재개하면서 국채 보상 운동에도 적극 참여하였다. 국권 회복을 위해 결성된 단체인 **신민회**에도 가입하여 활동하였으며, 고종의 신임을 받아 **네덜란드 헤이그**에서 열린 **만국 평화 회의**에 특사로 파견되었다.
② 대한 제국 때 일본은 **한일 의정서**를 체결하고 군사 전략상 필요한 지역을 차지하기 위해 황무지 개간권을 요구하였다. 이에 보안회는 일본의 황무지 개간권 요구를 반대하는 운동을 전개하여 요구를 저지시키는 데 성공하였다.

한 번 더 체크하러 가기 ▶ 미니북 39쪽

선택지 풀이

① ㉠ - 고종 강제 퇴위 반대 운동을 전개하였다.
대한 자강회는 교육과 산업 활동을 바탕으로 한 국권 회복을 목표로 활동하였고, 고종의 강제 퇴위 반대 운동을 전개하다가 일제의 탄압으로 해산되었다. 독립 협회는 대한 제국의 입헌 군주제의 실현과 자주 독립의 유지를 위해 서재필 등이 창립한 단체이다.

③ ㉢ - 일제가 조작한 105인 사건으로 와해되었다.
신민회는 조선 총독부가 데라우치 총독 암살 미수 사건을 조작하여 많은 민족 운동가들을 체포한 105인 사건으로 와해되었다. 헌정 연구회는 민족의 정치의식 고취와 입헌 군주제 수립을 위해 설립된 단체이다.

④ ㉣ – 대성 학교를 설립하여 민족 교육을 실시하였다.
안창호와 양기탁 등이 결성한 신민회는 민족의 실력 양성을 위해 대성 학교를 설립하여 민족 교육을 실시하였다.

⑤ ㉤ – 조소앙의 삼균주의를 기초로 건국 강령을 발표하였다.
대한민국 임시 정부는 조소앙의 삼균주의를 기초로 건국 강령을 발표하여 독립운동의 방향과 독립 후의 건국 과정을 명시하였다.

암기의 key │ 애국 계몽 운동의 주요 단체

보안회 (1904)	일제의 황무지 개간권 요구 반대 운동 → 저지 성공, 일제의 압력으로 해산
헌정 연구회 (1905)	입헌 군주제 수립을 통한 민권 확대 주장, 친일 세력인 일진회의 반민족적 행위 규탄
대한 자강회 (1906)	• 교육 활동과 산업 진흥 주장, 전국에 지회 설치, 『대한 자강회 월보』 간행, 연설회 개최 • 고종 강제 퇴위 반대 투쟁 전개 → 일제의 탄압으로 해산(1907)
신민회 (1907)	• 안창호, 양기탁 등이 조직한 항일 비밀 결사 • 최초로 공화 정체 지향 • 실력 양성 운동(태극 서관, 평양 자기 회사, 대성 학교, 오산 학교, 경학사) • 군사력 양성(신흥 무관 학교) → 105인 사건으로 해산

33 안중근 정답 ③

정답 분석

정답이 보이는 핵심 키워드
#동양 평화 #한국 독립 #청국 #일본 #의로운 싸움을 하얼빈에서 시작 #옳고 그름을 가리는 자리는 뤼순으로 정함

길잡이 │ 동양 삼국의 협력을 주장하였던 안중근을 살펴봅니다.

③ 1909년 **안중근**은 을사늑약 체결을 주도하고 초대 통감을 지낸 **이토 히로부미**를 만주 **하얼빈** 역에서 **사살**하였고, 현장에서 체포되어 재판을 받은 후 **뤼순 감옥**에 수감되었다. 안중근은 뤼순 감옥에서 한국, 일본, 청 동양 3국이 협력하여 서양 세력의 침략을 방어하고 **동양 평화**를 실현해야 한다는 사상을 담은 『**동양 평화론**』을 집필하였으나, 일제가 사형을 앞당겨 집행하면서 이는 미완성으로 남게 되었다.

한 번 더 체크하러 가기 ▶ 미니북 15쪽

선택지 풀이

① 샌프란시스코에서 흥사단을 창립하였다.
안창호는 미국 샌프란시스코에서 국권 회복 및 민족의식 고양을 위해 민족 운동 단체인 흥사단을 창립하였다.

② 황준헌이 쓴 조선책략을 국내에 들여왔다.
1880년대에 일본에 제2차 수신사로 파견된 김홍집은 청의 황준헌이 쓴 『조선책략』을 국내에 처음 들여왔다. 『조선책략』에 러시아의 남하 정책에 대비하기 위한 동양 3국의 외교 정책 방향을 제시한 내용이 서술되어 있어, 미국과 외교 관계를 맺어야 한다는 여론이 형성되는 계기가 만들어졌다.

④ 유만수 등과 함께 부민관 폭파 의거를 일으켰다.
유만수, 조문기 등 대한 애국 청년당원들이 친일 단체 대의당이 개최한 아세아 민족 분격 대회가 열리던 부민관을 폭파하였다.

⑤ 국권 피탈 과정을 정리한 한국통사를 저술하였다.
박은식은 독립을 위해 국혼(國魂)을 강조하였으며, 고종 즉위 다음 해부터 국권 피탈 직후까지의 과정을 정리한 『한국통사』를 저술하였다.

34 1910년대 무단 통치기 정답 ⑤

정답 분석

정답이 보이는 핵심 키워드
#헌병이 일반 경찰 업무를 담당 #범죄 즉결례 #조선 태형령 #조선인에게만 적용

길잡이 │ 1910년대 무단 통치기에 있었던 사실을 확인합니다.

일제는 1910년대 무단 통치기에 강압 통치를 목적으로 **범죄 즉결례**를 제정하여, **정식 재판 없이 조선인을 체포·구금**하고 벌금을 물리거나 태형에 처할 수 있도록 하였다(1910). 이후 범죄 즉결례에 있는 태형 규정을 삭제하고 **조선 태형령을 제정**하여 곳곳에 배치된 **헌병 경찰**이 **조선인**에 한해 태형을 통한 형벌을 가하도록 하였다(1912).
⑤ 일제는 조선의 민족 기업과 민족 자본의 성장을 억제하기 위해 **회사 설립 시 총독의 허가**를 받도록 하는 **회사령**을 시행하였다(1910).

한 번 더 체크하러 가기 ▶ 미니북 12쪽

선택지 풀이

① 미쓰야 협정이 체결되었다.
일본은 만주 지역에서 활동하는 독립군을 색출하기 위해 만주 군벌과 미쓰야 협정을 체결하였다(1925).

② 조선 사상범 예방 구금령이 제정되었다.
1930년대 이후 민족 말살 통치기에 일제는 조선 사상범 예방 구금령을 제정하여 사상 및 행동을 관찰한다는 명목으로 조선인들의 독립운동을 탄압하였다(1941).

③ 박문국이 설치되어 한성순보를 발행하였다.
고종은 개화 정책의 일환으로 박문국을 설치하고, 정부의 개화 정책을 홍보하는 기관지로써 한성순보를 발행하였다(1883).

④ 황국 중앙 총상회가 상권 수호 운동을 주도하였다.
조청 상민 수륙 무역 장정이 체결되어 조선에 들어오는 외국 상인들이 늘어나 서울 도성의 시전 상인들이 어려움에 처하게 되었다. 이에 서울 상인들은 보다 조직적인 움직임을 위해 황국 중앙 총상회를 설립하여 상권 수호 운동을 주도하였다(1898).

35 1920년대 문화 통치기   정답 ②

정답 분석

정답이 보이는 핵심 키워드
#경부선 #총독부 #재작년 일본에서 관동 대지진이 일어났을 때 조선인들이 박해를 받음 #일본인 거류민

길잡이 ┃ 을축년 대홍수가 일어났던 1920년대 문화 통치기의 사회 모습을 살펴봅니다.

1925년 여름, 한반도에 큰 규모의 **홍수**가 여러 차례 일어났다. 그중 '**을축년 대홍수**'는 최소 4만여 명의 이재민을 냈던 한강 일대의 홍수를 말한다. 당시 **조선 총독부**는 일본인 거주지 보호를 목적으로는 제방을 만들었으나, 조선인이 요구한 제방 축조 요구에는 예산 부족 이유로 시행을 미루는 등 차별적인 재해 대책을 세워 조선인들의 비난을 받았다.
② 일제는 **조선 민립 대학 설립 운동을 저지**하고 여론을 무마하기 위해 **경성 제국 대학을 설립**하였다(1924).

한 번 더 체크하러 가기 ▶ 미니북 12, 27쪽

선택지 풀이

① 영선사 일행으로 청에 가는 생도
고종은 중국 톈진에 김윤식과 유학생을 영선사로 파견하여 근대 무기 제조 기술과 군사 훈련법을 배우도록 하였다. 이를 계기로 국내에 근대식 무기 제조 공장인 기기창이 설립되었다(1883).

③ 국채 보상 운동의 모금에 참여하는 상인
김광제, 서상돈 등이 일본에서 도입한 차관 1,300만 원을 갚아 주권을 회복하고자 국채 보상 운동을 전개하였으나, 통감부의 방해와 탄압으로 중단되었다(1907~1908).

④ 육영 공원에서 영어를 가르치는 미국인 교사
최초의 근대식 공립 학교인 육영 공원은 헐버트, 길모어 등의 외국인 교사를 초빙하여 상류층 자제에게 근대 교육을 실시하였다(1886).

⑤ 전차 개통식에 참여하는 한성 전기 회사 직원
대한 제국 황실과 미국인의 합작으로 한성 전기 회사가 세워졌다(1898). 한성 전기 회사는 발전소를 세우고 서울에 전차를 가설하면서 전차 개통식을 시행하였다(1899).

36 3·1 운동   정답 ⑤

정답 분석

정답이 보이는 핵심 키워드
#파리 강화 회의 #일제 강점기 최대 규모의 독립운동 #일본 당국의 가혹한 탄압

길잡이 ┃ 3·1 운동을 살펴봅니다.

⑤ 1919년 미국 대통령 **윌슨**이 **민족 자결주의를 제창**하고 고종의 독살설이 돌면서 항일 의식이 고조되었다. 이에 고종의 인산일을 계기로 **민족 대표 33인**이 태화관에서 **독립 선언식**을 거행하고, **탑골 공원**에서 **학생과 시민**들이 독립 선언서를 낭독하면서 전국적인 만세 운동인 **3·1 운동**이 전개되었다. 당시 미국, 영국 등의 언론에서 3·1 운동 소식을 보도하여 그 실상이 전 세계에 알려졌고, 프랑스 일간지에서는 3·1 운동에 대해 '**혁명**'이라고 표현하였다.

한 번 더 체크하러 가기 ▶ 미니북 12, 26쪽

선택지 풀이

① 간도 참변으로 민간인이 학살되었다.
일본군은 봉오동 전투와 청산리 전투의 패배에 대한 보복으로 독립군의 근거지를 소탕하기 위해 간도 지역의 수많은 민간인을 학살하는 만행을 저질렀다(1920).

② 민영익을 대표로 한 보빙사가 파견되었다.
민영익, 홍영식, 서광범, 유길준 등은 보빙사로 미국에 파견되어 40여 일간 체류하면서 미국 대통령을 만나 선진 문물을 시찰하였다(1883).

③ 대한 제국의 마지막 황제 순종이 서거하였다.
사회주의 세력과 천도교를 중심으로 한 민족주의 세력이 연대하여 학생들과 함께 순종의 인산일에 맞추어 만세 운동을 계획하였다. 그러나 사회주의자들이 사전에 일본에 발각되면서 학생들을 중심으로 서울 시내에서 만세 시위를 전개하였다(6·10 만세 운동, 1926).

④ 언론사의 주도로 브나로드 운동이 전개되었다.
1930년대 초 언론사의 주도로 농촌 계몽 운동이 전개되었고 동아일보는 문맹 퇴치 운동인 브나로드 운동을 전개하였다.

37 대한 광복회   정답 ①

정답 분석

정답이 보이는 핵심 키워드
#대구에서 박상진 등이 국권 회복을 위해 조직 #군자금 모금 #친일 관리 처단

길잡이 ┃ 대한 광복회의 활동을 알아봅니다.

① 김한종이 충청도 지부장으로 있었던 **대한 광복회**는 대구에서 **박상진**에 의해 조직된 비밀 결사 단체로, **공화 정체**에 바탕을 둔 근대 국가 수립을 목표로 하였다. 또한, 박상진이 총사령, 김좌진이 부사령으로 구성되는 등 **군대식 조직**을 갖추었으며 군자금 조달과 친일파 처단 활동도 전개하였다.

한 번 더 체크하러 가기 ▶ 미니북 40쪽

선택지 풀이

② 정우회 선언의 영향으로 결성되었다.
6·10 만세 운동의 준비 과정에서 사회주의 세력과 비타협적 민족주의 세력이 연대하여 민족 유일당을 결성할 수 있다는 공감대가 형성되었다. 이에 따라 국내의 민족 해방 운동 진영은 정우회 선언을 발표하였고, 이후 좌우 합작 조직인 신간회의 결성에도 영향을 주었다.

③ 조선 혁명 선언을 활동 지침으로 삼았다.
의열단은 신채호가 작성한 조선 혁명 선언을 활동 지침으로 삼아 독립운동을 전개하였다.

④ 중국군과 함께 영릉가 전투에서 큰 전과를 올렸다.
남만주 지역에서 양세봉이 이끈 조선 혁명군은 중국 의용군과 연합하여 흥경성, 영릉가 전투에서 큰 전과를 올렸다.

⑤ 만민 공동회를 열어 열강의 이권 침탈을 비판하였다.
독립 협회는 만민 공동회를 열고 이권 수호 운동을 전개하여 러시아의 절영도 조차 요구를 비판 및 저지하였다.

38 시대별 헌정 문서 정답 ③

정답 분석

정답이 보이는 **핵심 키워드**
#대한 제국 #전제 정치 #무한한 군권 #중추원 #의관의 절반 #투표해서 선거 #대한민국 #의원의 임기는 국회 개회일로부터 2년 #융희 황제 #황제권이 소멸한 시점은 즉 민권이 발생한 시점

길잡이 ┃ 우리나라 헌정사와 관련된 문서들을 공부합니다.

(나) **중추원 관제**(1898): **독립 협회**가 **근대적 입헌 군주제**를 추진하고자 중추원의 의회 개편을 제안하였다. 이에 박정양 내각과 협의하여 정부 대신들을 합석시킨 관민 공동회를 개최하고 헌의 6조라는 건의문을 채택하였다. 고종은 이를 받아들여 **중추원 관제**를 제정·공포하였고, 이에 따라 국왕 자문 기구인 중추원을 근대적인 상원 형태로 개편하게 되었다.
(가) **대한국 국제**(1899): **대한 제국**을 선포한 고종은 **대한국 국제**를 제정한 후, **군 통수권 장악**을 위해 원수부를 설치하여 대원수로서 모든 군대를 통솔하고자 하였다.

(라) **대동단결 선언**(1917): 신규식 등 해외에 거주하던 독립운동가 14명은 국내외 여러 독립운동 단체를 하나의 통합된 조직으로 결성하고 민족 대회를 전개하기 위해 상하이에서 **대동단결 선언**을 발표하였다. 이 선언에서 1910년 **융희 황제(순종)의 주권 포기**는 국민에 대한 주권 양여일 뿐 일본이 강탈할 수 없다는 내용의 **주권 재민 사상**을 천명하였다.
(다) **제헌 헌법**(1948): 5·10 총선거를 통해 구성된 **제헌 국회**가 **제헌 헌법**을 제정하였다. 제헌 헌법 제1조에는 대한민국이 민주 공화국임을, 제2조에는 주권 재민의 원칙을 천명하였다. 한편, 제헌 헌법에서 규정한 국회의원 임기는 4년이지만(제33조), 헌법 제정 등 **특수한 목적**을 수행하기 위해 선출된 제헌 국회의 **의원**에 한해 그 **임기를 2년으로 제한**하였다(부칙 제102조).

한 번 더 체크하러 가기 ▶ 미니북 11, 13, 49쪽

39 멕시코 지역의 민족 독립운동 정답 ④

정답 분석

정답이 보이는 **핵심 키워드**
#이주한 한인 노동자 #1905년 #유카탄 반도 #에네켄 농장 #독립운동 자금을 모금 #국권 회복

길잡이 ┃ 멕시코 지역에서 있었던 독립운동을 알아봅니다.

1905년 **멕시코 유카탄 반도**의 메리다 지역으로 이주한 한인들은 생계를 잇기 위해 **에네켄(애니깽) 농장**에서 일하였다. 이들은 반노예적인 노동 조건과 착취 속에서도 **독립운동 자금을 지원**하고, 한인들의 권익을 보호하며 민족 의식을 고취시키는 등 **국권 회복**을 위해 노력하였다.
④ 멕시코 메리다 지역에서 이근영 등은 **독립군 양성 학교**인 **숭무 학교**를 설립하여 무장 투쟁을 준비하였다.

선택지 풀이

① 한인 자치 기구인 경학사를 조직하였다.
신민회는 남만주 삼원보에서 한인 자치 기구인 경학사를 조직하고 독립군 양성 학교인 신흥 무관 학교를 세웠다.

② 권업회를 조직하고 권업신문을 발간하였다.
연해주에서 조직된 독립운동 단체인 권업회는 러시아의 공인을 얻어 활동하였다. 권업회는 기관지로 권업신문을 발간하여 민족 의식을 고취하고 교민의 권익 향상을 꾀하였다.

③ 중광단을 결성하여 항일 투쟁을 전개하였다.
대종교는 항일 독립운동 단체로, 북로 군정서의 모체가 된 중광단을 결성하여 만주 지역에서 항일 투쟁을 전개하였다.

⑤ 유학생들이 중심이 되어 2·8 독립 선언서를 발표하였다.
일본 도쿄에서 유학생들이 중심이 되어 조선 청년 독립단이 결성되었고, 이들은 대표 11인을 중심으로 도쿄에서 2·8 독립 선언서를 발표하였다.

40. 암태도 소작 쟁의 — 정답 ③

정답 분석

정답이 보이는 핵심 키워드
#전라남도 신안군의 한 섬 #소작인 #지주 문재철 #고율의 소작료를 징수하는 지주 #저항하여 소작료를 낮춤

길잡이 | 1920년대 암태도 소작 쟁의가 일어난 이후의 사실을 학습합니다.

일제 강점기 전남 신안군 암태도에서는 한국인 **지주 문재철의 횡포**와 이를 비호하는 일본 경찰에 맞서 당시 최대 규모의 소작 쟁의인 **암태도 소작 쟁의가 발생**하였다(1923). 이때 전국 각지의 사회단체가 암태도 소작 쟁의를 지원하였으며, 동아일보는 이를 보도하여 전국적으로 관심을 집중시키는 데 기여하였다.

③ 3·1 운동 이후 사회주의 사상이 유입되면서 노동·농민 운동 등 **사회 운동**이 활성화되었다. 이에 암태도 소작 쟁의와 같은 소작 쟁의가 다수 발생하였고, 통일된 조직의 필요성을 느껴 **조선 노농 총동맹**을 결성하였다(1924). 그러나 조선 노농 총동맹은 이후 일제가 모든 집회를 금지하는 등 탄압을 하고 내부에서는 분열이 생기면서 결국, **조선 노동 총동맹**과 **조선 농민 총동맹**으로 분리되었다(1927).

한 번 더 체크하러 가기 ▶ 미니북 12, 27쪽

선택지 풀이

① 양전 사업이 실시되어 지계가 발급되었어요.
대한 제국은 광무개혁 때 양지아문을 통해 양전 사업을 실시하고, 지계아문을 설치하여 토지 소유 문서인 지계를 발급하면서 근대적 토지 소유권을 확립하고자 하였다(1901).

② 함경도와 황해도에서 방곡령이 선포되었어요.
강화도 조약으로 개항한 이후 일본으로 수출되는 미곡의 양이 증가하면서 곡물 가격의 상승과 품귀 현상이 나타났으며, 흉작까지 겹치자 황해도와 함경도의 지방관은 미곡의 유출을 방지하고자 방곡령을 실시하였다(1889, 1890).

④ 일본의 토지 침탈에 맞서 농광 회사가 설립되었어요.
일제가 조선의 토지를 개간한다는 구실로 조선 땅을 침탈하려 하자 이에 맞서 개간 사업을 목적으로 한 농광 회사를 설립하였다(1904).

⑤ 기한 내에 소유지를 신고하게 하는 토지 조사령을 제정하였어요.
조선 총독부는 토지 조사국을 설치하고 토지 조사령을 제정하여 일정 기한 내에 소유지를 신고하도록 하는 토지 조사 사업을 실시하였다(1912).

41. 조선어 학회 — 정답 ④

정답 분석

정답이 보이는 핵심 키워드
#잡지 『한글』 #한글 맞춤법 통일안 #한글날을 창제일에 맞춰 10월 9일로 지정

길잡이 | 한글 맞춤법 통일안을 발표한 조선어 학회를 살펴봅니다.

조선의 말과 글을 연구·정리하고자 설립된 **조선어 학회**는 1933년 『**한글 맞춤법 통일안**』을 완성하여 초판 발행하였으며, 이후 여러 차례 수정을 거치며 개정판을 발매하였다. 또한, 1940년에 발견된 『**훈민정음 해례본**』에 창제의 완성일이 '1446년 구월 상순'이라고 나온 것에 따라 9월 상순의 마지막 날인 9월 10일을 반포일로 여기고, 기존의 음력 **한글날**을 양력 날짜인 **10월 9일**로 지정하였다.

④ 조선어 학회는 『**조선말(우리말) 큰사전**』의 편찬 사업을 추진하였으나, **일제의 탄압**으로 조선어 학회가 강제 해산되면서 편찬 사업을 중단하였다. **해방 이후** 석방된 조선어 학회 회원들이 학회를 재건하여 사전의 편찬을 **완성**하였다.

선택지 풀이

① 최초로 한글에 띄어쓰기를 도입하였다.
스코틀랜드 출신 선교사 존 로스는 외국인들이 한글을 배울 수 있도록 최초로 한글에 띄어쓰기를 도입해 한국어 교재 『조선어 첫걸음』을 만들었다. 이후 순한글판 신문인 독립신문이 간행물로는 최초로 한글에 띄어쓰기를 적용하였다.

② 국어 문법서인 대한문전을 편찬하였다.
『대한문전』은 유길준이 국어의 문법 및 특징을 기술하여 우리말의 체계를 종합적으로 정리한 책으로, 우리나라 최초의 국어 문법서이다.

③ 태극 서관을 설립하여 서적을 보급하였다.
신민회는 평양에 태극 서관을 설립하여 계몽 서적이나 유인물을 출판·보급하고 회원들이 연락하는 장소로서 기능하도록 하였다.

⑤ 국문 연구소를 두어 한글을 체계적으로 연구하였다.
학부대신 이재곤의 건의로 학부 안에 설치된 국문 연구소는 지석영과 주시경을 중심으로 한글의 정리와 국어의 이해 체계 확립에 힘썼다.

42. 일제 강점기 근대 문화 — 정답 ①

정답 분석

정답이 보이는 핵심 키워드
#잡지 『별건곤』 #모던 걸 #모던 보이 #근대 문화 #일제 강점기 #백화점

길잡이 | 일제 강점기에 나타난 근대 문화를 탐구합니다.

1920년대부터 **자본주의 문화**와 **생활 양식**이 조선에 확산되면서 **근대 문화**가 나타나게 되었다. 당시 전통적인 생활 양식에서 벗어나 서양식 의복과 머리 스타일을 한 이들을 **모던 걸**, **모던 보이**라고 불렀다. 또한, 일본의 자본이 조선 경제에 침투하면서 **자본주의적 소비 문화**가 이식되어 일본에서 발달한 **백화점**이 조선에도 진출하였다.
① 「아리랑」은 1926년 극장 **단성사**에서 개봉된 영화로, **나운규**가 감독과 주연을 맡아 제작하였다.

선택지 풀이

② 한글 신문인 제국신문이 간행되었습니다.
제국신문은 민중 계몽과 독립 의식을 고취하기 위해 이종일이 1898년 간행한 한글 신문으로, 주로 서민층과 부녀자들을 대상으로 하였다.

③ 정비석의 소설 자유부인이 출판되었습니다.
『자유부인』은 정비석이 1954년 발표한 소설로, 6·25 전쟁 이후 혼란스러운 한국 사회의 모습을 반영한 작품이다.

④ 잡지 사상계가 높은 판매 부수를 기록하였습니다.
『사상계』는 장준하가 1953년 창간한 월간지로, 분단 국가 한국, 국민의 민주 사상 함양 등에 대해 다루었으며 당대 지식인과 학생들에게 인기를 끌었다.

⑤ 아침 이슬 등의 곡이 금지곡으로 지정되었습니다.
1970년 발표된 아침 이슬은 김민기가 작사·작곡하고, 양희은이 가창한 대중가요이다. 이 가요는 가사 속 몇몇 단어로 인해 민주화 운동이 떠오른다는 이유로 박정희 정부 때 금지곡으로 지정되었다.

43 한국 광복군 정답 ②

정답 분석

정답이 보이는 핵심 키워드
#여성 독립운동사 #민족 해방 운동 #지복영 #지청천을 총사령으로 함 #대원 모집, 선전 활동

길잡이 | 지복영이 참여하였던 한국 광복군을 확인합니다.

지복영은 **한국 광복군**에 참여하며 **독립운동**에는 남녀의 차이가 있을 수 없다는 생각을 가지고 남성과 똑같은 훈련과 교육을 받고 임무에 임하였다. 처음 지복영이 맡은 일은 한국 광복군의 기관지 『**광복**』의 편집부원이었으며, 「대시대는 왔다 한국 여동지야 활약하자!」라는 제목의 글을 직접 실어 **여성 광복군의 참여를 촉구**하기도 하였다. 이외에도 정보 수집, 선전 활동 등을 이어 나갔다.
② 대한민국 임시 정부의 직할 부대인 **한국 광복군**은 영국군의 요청을 받아 **인도, 미얀마 전선**에 파견되었으며, **미국과 연계**하여 **국내 진공 작전을 준비**하였다.

한 번 더 체크하러 가기 ▶ 미니북 26쪽

선택지 풀이

① 청산리에서 일본군에 맞서 승리를 거두었다.
김좌진이 이끄는 북로 군정서는 홍범도가 이끄는 대한 독립군과 연합하여 청산리 전투에서 일본군에 맞서 승리를 거두었다.

③ 동북 항일 연군으로 개편되어 유격전을 전개하였다.
중국 공산당은 1933년 항일 세력의 규합과 노동자의 주도권 강화를 강조하면서 만주에서 활동하고 있는 조선인과 중국인의 유격대를 통합하여 동북 인민 혁명군을 편성하였다. 이후 이들은 동북 항일 연군으로 개편되어 유격전을 전개하였다.

④ 쌍성보, 대전자령 전투 등에서 일본군에 승리하였다.
지청천을 총사령관으로 하여 북만주에서 결성된 한국 독립군은 중국 호로군과 연합하여 쌍성보 전투, 대전자령 전투, 사도하자 전투 등에서 일본군에 승리하였다.

⑤ 중국 관내(關內)에서 결성된 최초의 한인 무장 부대였다.
조선 의용대는 김원봉이 주도하여 중국 국민당의 지원을 받아 중국 관내에서 결성된 최초의 한인 무장 부대로, 조선 민족 전선 연맹 산하에 있었다.

44 1930년대 이후 민족 말살 통치기 정답 ②

정답 분석

정답이 보이는 핵심 키워드
#일제 #놋그릇과 생활용품들을 공출 #금속류 회수령 #중일 전쟁 #침략 전쟁을 확대 #군수 물자 생산

길잡이 | 1930년대 이후 민족 말살 통치기 일제의 정책을 공부합니다.

② 1930년대 이후 일제는 **대륙 침략**을 위해 **한반도를 병참 기지화**하고 **중일 전쟁**을 일으키면서 **전시 동원 체제**를 수립하였다. 이에 **국가 총동원령**을 시행하고 애국반을 조직하여 우리의 인적·물적 자원의 수탈을 강화하고 일상생활을 감시하며 통제하였다(1938). 또한, 우리 민족을 **전쟁에 강제 동원**하였으며, **금속류 회수령 실시**를 통해 관공서, 직장, 가정 등에 있는 금속류를 모두 회수하여 무기를 만드는 데 사용하였다(1941).

한 번 더 체크하러 가기 ▶ 미니북 12쪽

선택지 풀이

① 언론을 통제하기 위하여 신문지법을 제정하였다.
일제 통감부는 반일 보도를 통제하고자 신문에 대한 사전 검열을 시도하는 신문지법을 제정하여 민족 언론을 탄압하였다(1907).

③ 경복궁에서 최초로 조선 물산 공진회를 개최하였다.
일제는 조선을 근대화시킨다는 명분으로 경복궁에서 최초의 공식 박람회인 조선 물산 공진회를 개최하였다(1915).

④ 재정 고문 메가타의 주도 아래 화폐 정리 사업을 실시하였다.
제1차 한일 협약을 통해 스티븐스가 외교 고문, 메가타가 재정 고문으로 임명되었다(1904). 이후 메가타는 대한 제국의 경제권을 장악하기 위해 탁지부를 중심으로 화폐 정리 사업을 실시하였다(1905).

⑤ 보통학교의 수업 연한을 4년으로 규정한 제1차 조선 교육령을 시행하였다.
일제는 우리나라 국민들을 일본 제국 신민의 명령을 잘 따르는 실용적인 인간으로 개조시키기를 원하였다. 이에 따라 식민지 교육 방침을 제정한 제1차 조선 교육령을 발표하여 보통 교육, 실업 교육, 전문 교육으로 교육을 구분하였다. 또한, 일본어 학습을 강요하고 보통 교육의 수업 연한을 4년으로 규정하였다(1911).

45 광복 이후 정부 수립 정답 ④

정답 분석

정답이 보이는 핵심 키워드
#통일된 조국, 독립된 조국의 달성을 위하여 공동 분투 #38선 #단독 정부를 세우는 데는 협력하지 아니 하겠다

길잡이 ┃ 광복 이후 정부 수립의 과정을 학습합니다.

④ 유엔 총회에서 남북한 총선거를 결의하여(1947) 한반도에 유엔 한국 임시 위원단을 파견하였지만, 소련은 임시 위원단의 북한 입국을 거부하였다(1948.1.). 이로 인해 남한만의 단독 정부 수립의 가능성이 점점 커졌고, 통일된 조국을 염원하였던 김구는 단독 정부 수립에 반대하는 성명서 '삼천만 동포에게 읍고함'을 발표하였다(1948.2.). 하지만 이후 유엔 소총회에서 가능한 지역에서만 선거를 실시하도록 결정을 내리면서 남한에서 우리나라 최초의 보통 선거인 5 · 10 총선거가 실시되었다(1948.5.).

한 번 더 체크하러 가기 ▶ 미니북 13, 29쪽

선택지 풀이

① 모스크바 3국 외상 회의가 개최되었다.
세계 대전 전후 문제 처리를 위해 개최된 모스크바 3국 외상 회의에서 한반도 미소 공동 위원회 설치와 최대 5년간의 신탁 통치 협정이 결정되었다(1945).

② 송진우, 김성수 등이 한국 민주당을 창당하였다.
광복 직후 송진우, 김성수 등은 한국 민주당을 창당하였다(1945). 한국 민주당은 조선 인민 공화국을 부정하고 충칭에 있는 대한민국 임시 정부를 지지하는 것을 방침으로 하였으나, 이후 이승만의 정읍 발언에 동조하며 보수 정당의 역할을 하였다.

③ 좌우 합작 위원회에서 좌우 합작 7원칙을 발표하였다.
광복 이후 좌우 대립이 격화되면서 분단의 위기를 느낀 중도파 세력들이 여운형과 김규식을 중심으로 좌우 합작 위원회를 수립하고 좌우 합작 7원칙을 발표하였다(1946).

⑤ 여운형이 중심이 되어 조선 건국 준비 위원회를 조직하였다.
일본이 태평양 전쟁에서 패배할 조짐이 보이자, 조선 총독부는 조선에 거주하던 일본인의 안전한 귀국을 보장하는 조건으로 여운형에게 행정권의 일부를 이양하였으며, 일본의 항복 선언 후, 여운형은 안재홍과 함께 조선 건국 준비 위원회를 조직하였다(1945).

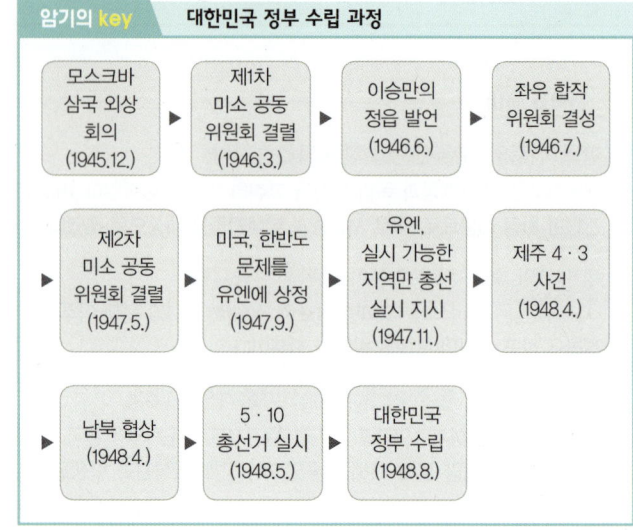

암기의 key 대한민국 정부 수립 과정

46 이승만 정부 정답 ②

정답 분석

정답이 보이는 핵심 키워드
#6 · 25 전쟁 중 #부산 임시 국회 #개헌안 표결 #부산 일대에 계엄을 선포 #야당 의원들이 탄 버스를 강제로 연행

길잡이 ┃ 발췌 개헌안을 통과시켰던 이승만 정부를 탐구합니다.

이승만이 6 · 25 전쟁 중에 대통령 재선을 위해 제출한 대통령 직선제 개헌안을 국회에서 부결시키자 정부는 임시 수도 부산을 중심으로 계엄을 선포하고 일부 국회의원을 구속하였다. 이러한 여야의 대립 속에서 이승만 정부는 대통령 직선제와 내각 책임제를 발췌 · 혼합한 새로운 개헌안을 토론 없이 기립 표결로 통과시켰다(1952).

② 이승만 정부는 6 · 25 전쟁의 휴전 이후 한미 상호 방위 조약을 체결하여 미국과 군사적 동맹을 맺었다(1953).

한 번 더 체크하러 가기 ▶ 미니북 13, 30쪽

선택지 풀이

① 경부 고속 도로가 개통되었다.
박정희 정부 시기인 1968년 2월 1일에 착공된 경부 고속 도로는 단군 이래 최대의 토목 공사로 불렸으며, 1970년 7월 7일에 개통되었다.

③ 함평 고구마 피해 보상 운동이 전개되었다.
　함평 고구마 피해 보상 운동은 박정희 정부 때 발생한 고구마 보상 문제 사건이다. 농협이 전남 함평 농민들에게 고구마를 전량 구입하겠다고 약속한 후 이를 지키지 않았다. 이로 인해 고구마를 썩히거나 헐값으로 출하하는 등 큰 손해를 입은 농민들이 천주교 단체를 중심으로 규탄 대회를 열었다(1976~1978).

④ 대통령 긴급 명령으로 금융 실명제가 실시되었다.
　김영삼 정부 때 대통령 긴급 재정 경제 명령으로 금융 실명제를 실시하여 모든 금융 거래를 실제의 명의로 하도록 조치하였다(1993).

⑤ 사회 정화를 명분으로 삼청 교육대가 설치되었다.
　민주화 운동을 진압하고 무력으로 정권을 잡은 전두환 정부는 전국 각지 군부대 내에 삼청 교육대를 설치하여 사회 정화책이라는 명분하에 가혹 행위와 인권 유린을 행하였다(1980).

③ 최저 임금 결정을 위한 최저 임금 위원회가 설치되었다.
　전두환 정부 때 최저 임금법을 제정하고(1986), 최저 임금 심의 위원회를 설치하였다(1987).

④ 자치 단체장까지 선출하는 지방 자치제가 전면 시행되었다.
　김영삼 정부는 지방 자치 단체장까지 선거로 직접 선출하는 지방 자치제를 전면 시행하였다(1995).

48　6월 민주 항쟁　　　정답 ③

✓ 정답 분석

정답이 보이는 핵심 키워드
#최루탄에 피격된 이한열 #호헌 철폐 #독재 타도 #민주화 운동

길잡이 | 전국적으로 확산된 6월 민주화 운동을 탐구합니다.

③ 박종철 고문치사 사건과 4·13 호헌 조치가 원인이 되어 발생한 **6월 민주화 운동**은 시위 도중 대학생 이한열이 경찰이 쏜 최루탄에 맞아 희생되면서 전국적으로 확산되었다. 시민들은 **호헌 철폐**와 **독재 타도** 등의 구호를 내세워 민주적인 헌법 개정을 요구하였다. 이 결과 전두환 정부는 **6·29 민주화 선언**을 발표하고 **5년 단임의 대통령 직선제**를 골자로 하는 **제9차 개헌**을 단행하였다.

한 번 더 체크하러 가기 ▶ 미니북 13, 30쪽

47　박정희 정부　　　정답 ⑤

✓ 정답 분석

정답이 보이는 핵심 키워드
#여성 노동 운동 #동일방직 #임금 체불과 직장 폐쇄에 항의 #신민당사에서 농성 #YH 무역

길잡이 | 여성 노동 운동이 일어났던 박정희 정부를 살펴봅니다.

1970년대 열악한 노동 환경과 저임금을 겪고 있던 노동자들이 여러 **민주노조운동**을 일으켰다. 당시 **동일방직주식회사**의 노동자 1,300여 명 중 **여성 노동자** 1,000여 명이 노동조합을 만들자 회사는 이들에게 출근 정지, 부당 해고 등을 일삼았다. 1976년 2월의 대의원 선거에서는 회사측 어용 남성 노동자들이 여성 노동자들에게 폭행, 감금 등을 하며 더욱 심한 **탄압을 자행**하였다. 이후 1979년 또 다른 회사 **YH 무역**이 **임금을 체불**하고 **직장을 폐쇄**하자 이에 맞서 여성 노동자들은 항의하며 **신민당사 앞에서 농성**을 일으켰다. 하지만 **박정희 정부**가 경찰력을 투입하면서 노동자들을 **진압**하였고, 신민당 총재 김영삼을 국회의원직에서 제명하였다.
⑤ 김대중, 함석헌 등의 정치인과 기독교 목사, 대학 교수 등은 **박정희의 장기 독재를 비판**하며 **긴급 조치 철폐** 등을 요구하는 **3·1 민주 구국 선언**을 서울 명동 성당에서 발표하였다(1976).

한 번 더 체크하러 가기 ▶ 미니북 13, 30쪽

✓ 선택지 풀이

① 부천 경찰서 성 고문 사건이 발생하였다.
　전두환 정부 시기에 노동 현장 위장 취업 혐의로 연행된 여학생에게 부천 경찰서 경장이 성 고문을 가하였다. 정부는 이를 축소, 은폐하기 위해 각 언론사에 기사 보도용 가이드라인인 보도 지침을 내려 언론의 보도 방향을 통제하였다(1986).

② 정부에 비판적인 경향신문이 폐간되었다.
　이승만 정권은 여당에 비판적인 보도를 하였던 경향신문을 폐간시키며 언론 탄압을 자행하였다(1959).

✓ 선택지 풀이

① 유신 체제 붕괴의 배경이 되었다.
　YH 무역 노동자들의 폐업 항의 농성이 신민당사 앞에서 일어나자 박정희 정부는 야당 총재 김영삼을 국회의원직에서 제명하였다. 이로 인해 김영삼의 정치적 근거지인 부산, 마산에서 유신 정권에 반대하는 부마 민주 항쟁이 전개되었다. 집권층 내에서 부마 민주 항쟁 진압 문제를 두고 대립하던 도중 박정희 대통령이 피살되는 10·26 사태가 일어나면서 유신 체제가 붕괴되었다.

② 당시 대통령이 하야하는 결과를 가져왔다.
　이승만 대통령이 장기 집권을 위해 3·15 부정 선거를 자행하자 이에 반발하며 4·19 혁명이 일어났다. 4·19 혁명이 전국적으로 확산되며 결국, 이승만 대통령이 하야하는 결과를 가져왔다.

④ 시위 과정에서 시민군이 자발적으로 조직되었다.
　전두환을 비롯한 신군부 세력의 12·12 쿠데타에 저항하여 '서울의 봄'이라는 대규모 민주화 운동이 일어나자, 5월 17일 신군부는 비상계엄 조치를 전국적으로 확대하였다. 5월 18일, 비상계엄 해제와 신군부 퇴진, 김대중 석방 등을 요구하는 광주 시민들의 항거가 이어지자 신군부는 공수 부대를 동원한 무력 진압을 강행하였다. 이에 학생과 시민들이 시민군을 자발적으로 조직하여 대항하면서 5·18 민주화 운동이 전개되었다.

⑤ 굴욕적인 한일 국교 정상화에 반대하여 일어났다.
박정희 정부가 한일 회담 진행 과정에서 추진한 한일 국교 정상화의 협정 내용이 공개되자 학생과 야당을 주축으로 굴욕적인 한일 국교 정상화에 반대하는 6·3 시위가 일어났다.

49 김영삼 정부 정답 ⑤

정답 분석

정답이 보이는 핵심 키워드
#군대 내 사조직 '하나회' 청산 #문민정부

길잡이 | 문민정부인 김영삼 정부를 학습합니다.

김영삼 정부는 1993년 대한민국 첫 **문민정부**로 출범하여 '공직선거 및 선거부정방지법'을 개정함으로써 뿌리 깊은 선거부정을 차단하였으며, 12·12 사건과 관련된 **군대 내 사조직인 하나회를 해체**시켰다.
⑤ 6·25 전쟁 중인 1951년 2월 **거창군 신원면**에서 빨치산의 공격을 받는 사건이 일어나자 **국군은 무고한 마을 주민들을 집단 학살**하였다. 이후 김영삼 정부 때인 **1996년** 피해자의 명예회복을 위해 **'거창 사건 등 관련자의 명예 회복에 관한 특별 조치법'**이 제정되었다.

선택지 풀이

① 칠레와의 자유 무역 협정(FTA)이 체결되었다.
노무현 정부 때 한·칠레 자유 무역 협정(FTA)을 체결하였다(2004).

② 처음으로 연간 수출액 100억 달러가 달성되었다.
1970년대 박정희 정부 때 수출의 증대로 인해 처음으로 연간 수출액 100억 달러를 달성하였다(1977).

③ 서울과 평양에서 7·4 남북 공동 성명이 발표되었다.
박정희 정부 때 서울과 평양에서 7·4 남북 공동 성명을 발표하고, 남북 조절 위원회를 설치하였다(1972).

④ 북방 외교를 추진하여 사회주의 국가인 소련과 수교하였다.
노태우 정부 때 적극적인 북방 외교 정책의 추진으로 사회주의 국가인 소련과 수교를 맺어 외교 관계를 수립하였다(1990).

50 지역사 - 제주도 정답 ④

정답 분석

정답이 보이는 핵심 키워드
#4·3 기념관 #일제 군국주의 #알뜨르 비행장 #태평양 전쟁

길잡이 | 제주도의 지역사를 알아봅니다.

- **너븐숭이 4·3 기념관**: 제주 4·3 사건 당시 토벌대로부터 **가장 많은 인명 피해를 입은** 마을인 제주 **북촌리**에 있는 기념관이다. '너븐숭이'라는 이름은 북촌 주민들이 밭일을 하고서 쉬어 가던 곳을 부르던 명칭에서 유래되었으며, 현재 이곳에는 4·3 기념관과 함께 위령탑이 세워져 있다.
- **알뜨르 비행장**: 알뜨르라는 이름은 낮은 벌판(아래 들)이라는 뜻의 제주어 지명이다. 벌판 위에는 **일제 강점기 당시 일본이 중일 전쟁을 위해 만든** 일본 전투기들을 숨겨 놓은 격납고 등이 남아 있어 일본이 **군사 기지**로 사용하였다는 것을 알 수 있다.
- ④ 조선 후기의 상인 **김만덕**은 상업을 통해 모은 재산을 모두 기부하여 **흉년**에 굶주린 **제주도민을 구제**하였다.

한 번 더 체크하러 가기 ▶ 미니북 29쪽

선택지 풀이

① 원종과 애노가 봉기한 곳을 검색한다.
통일 신라 말 진성 여왕 때 원종과 애노가 사벌주(경북 상주)에서 중앙 정권의 무분별한 조세 징수에 반발하여 봉기를 일으켰다.

② 외규장각 도서의 약탈 과정을 조사한다.
병인박해를 구실로 로즈 제독이 이끄는 프랑스 군대가 강화도 양화진을 공격하여 병인양요가 발생하였다. 이때 프랑스 군대는 외규장각을 불태우고 의궤 등 외규장각 도서를 약탈하였다.

③ 강주룡이 고공 시위를 전개한 장소를 알아본다.
평양 평원 고무 공장의 노동자 강주룡은 을밀대 지붕에서 고공 시위를 전개하며 일제의 노동 착취를 규탄하고 노동 조건 개선을 주장하였다.

⑤ 러시아의 남하를 견제한다는 구실로 영국군이 점령한 지역을 찾아본다.
갑신정변 이후 서구 열강들이 경합하던 당시, 조선에 대한 러시아의 세력 확장에 불안을 느낀 영국은 러시아의 남하를 견제한다는 구실로 거문도(전남 여수)를 불법으로 점령하였다.

제74회 한국사능력검정시험 정답 및 해설

STEP 1 정답 확인   문제 p.026

01	02	03	04	05	06	07	08	09	10	11	12	13	14	15	16	17	18	19	20	21	22	23	24	25
③	⑤	②	②	⑤	⑤	⑤	②	②	④	②	③	①	①	④	②	①	④	①	①	③	④	④	③	⑤

26	27	28	29	30	31	32	33	34	35	36	37	38	39	40	41	42	43	44	45	46	47	48	49	50
②	②	④	③	①	③	④	⑤	①	④	④	④	③	②	⑤	③	⑤	④	⑤	①	③	③	⑤	⑤	⑤

STEP 2 난이도 확인

| 제74회 합격률 | 40.1% | 최근 1년 평균 합격률 | 52.7% |

STEP 3 시대별 분석

시대	선사	고대	고려	조선 전기	조선 후기	근대	일제 강점기	현대	복합사
틀린 개수/문항 수	/2	/7	/9	/4	/5	/7	/8	/6	/2
출제비율	4%	14%	18%	8%	10%	14%	16%	12%	4%

STEP 4 문제별 주제 분석

01	선사	신석기 시대
02	선사	고조선
03	고대	고구려
04	고대	진흥왕의 대가야 복속
05	고대	백제의 사회 모습
06	고대	신라 문무왕
07	고대	발해의 사회 모습
08	고대	선종 불교
09	고대	장보고
10	고려	고려의 후삼국 통일 과정
11	고려	고려 광종
12	고려	거란의 1차 침입
13	고려	고려의 문화유산
14	고려	무신 정권 시기
15	고려	고려의 사회 모습
16	고려	지눌
17	고려	고려 원 간섭기
18	고려	고려의 중앙 제도
19	조선 전기	종묘
20	조선 전기	조선 세조
21	조선 전기	임진왜란
22	조선 후기	기사환국
23	조선 전기	퇴계 이황
24	조선 후기	조선 정조
25	조선 후기	신유박해
26	조선 후기	조선 후기 사회 모습
27	조선 후기	조선 후기의 경제 상황
28	근대	조미 수호 통상 조약
29	근대	개항 전후 인물
30	근대	광무개혁
31	근대	동학 농민 운동
32	근대	정미 7조약 체결 이후 상황
33	복합사	지역사 – 미주 지역
34	근대	근대 시기의 모습
35	근대	용암포 사건
36	일제 강점기	3·1 운동
37	일제 강점기	대한민국 임시 정부
38	일제 강점기	의열단
39	일제 강점기	백남운
40	일제 강점기	일제 강점기 사회 상황
41	일제 강점기	일제 강점기 국외 상황
42	일제 강점기	한국 독립군
43	일제 강점기	1930년대 이후 민족 말살 통치
44	현대	제주 4·3 사건
45	현대	6·25 전쟁
46	현대	4·19 혁명
47	현대	박정희 정부
48	현대	김대중 정부 시기 경제 상황
49	현대	노무현 정부 시기 통일 노력
50	복합사	시대별 관리 선발 방식

01 신석기 시대 — 정답 ③

정답 분석

정답이 보이는 핵심 키워드
#서울 암사동 유적 #빗살무늬 토기 #갈돌 #갈판

길잡이 | 신석기 시대의 생활 모습을 살펴봅니다.

서울 암사동 유적은 우리나라에서 밝혀진 **신석기 시대**의 최대 집단 취락지이다. 이곳은 1925년 을축년 한강 유역에서 일어난 대홍수로 인해 존재가 드러났으며, 발굴 과정에서 **빗살무늬 토기, 갈돌과 갈판** 등이 출토되었다.
③ 신석기 시대에는 **농경과 목축을 시작**하였으며, 조·피 등을 재배하며 식량을 생산하였다.

한 번 더 체크하러 가기 ▶ 미니북 04쪽

선택지 풀이

① 목책과 환호 등 방어 시설을 갖추었다.
청동기 시대에는 취락을 보호하기 위해 목책과 환호 등 방어 시설을 갖추었다.

② 소를 이용한 깊이갈이가 일반화되었다.
신라 지증왕 때 소를 이용한 우경이 시행되면서 깊이갈이가 가능해져 농업 생산량이 증대되었고, 고려 시대에 이르러 일반화되었다.

④ 지배층의 무덤으로 고인돌을 축조하였다.
청동기 시대에는 지배층의 무덤으로 고인돌을 축조하였으며, 고인돌의 규모를 통해 당시 지배층의 권력을 짐작할 수 있다.

⑤ 거푸집을 이용하여 세형 동검을 제작하였다.
후기 청동기 시대와 초기 철기 시대에는 거푸집을 이용하여 세형 동검을 제작하면서 독자적인 청동기 문화를 발달시켰다.

02 고조선 — 정답 ⑤

정답 분석

정답이 보이는 핵심 키워드
#강화 참성단 #단군왕검 #우리 역사상 최초의 국가 #개천절

길잡이 | 우리 역사상 최초의 국가인 고조선을 학습합니다.

강화 참성단은 우리나라 최초의 국가인 **고조선**을 세운 **단군왕검**이 제사를 지내던 곳으로 전해진다. 고려·조선 시대에는 이곳에서 단군왕검이 나라를 다스린 공을 기리는 국가 제사가 행해지기도 하였다. 이 의식은 1955년 전국 체전의 성화 채화를 계기로 부활하여 '개천대제'라는 이름으로 매년 양력 10월 3일 **개천절**에 거행되고 있다.
⑤ 고조선은 기원전 3세기경 왕위 세습이 이루어졌으며, **왕 아래 상, 대부, 장군 등의 관직**을 두었다.

한 번 더 체크하러 가기 ▶ 미니북 05쪽

선택지 풀이

① 여러 가(加)들이 사출도를 다스렸다.
부여에는 왕 아래 가축의 이름을 딴 마가, 우가, 저가, 구가의 가(加)들이 있었으며, 이들은 행정 구역인 사출도를 다스렸다.

② 동맹이라는 제천 행사를 개최하였다.
고구려는 매년 10월에 추수감사제인 동맹이라는 제천 행사를 개최하였다.

③ 민며느리제라는 혼인 풍습이 있었다.
옥저에는 여자가 어렸을 때 혼인할 남자의 집에서 생활하다가 성인이 된 후에 혼인하는 민며느리제가 있었다.

④ 읍락 간의 경계를 중시하는 책화가 있었다.
동예에는 각 부족의 영역을 중요시하여 다른 부족의 영역을 침범하는 경우 노비와 소, 말로 변상하게 하는 책화 제도가 있었다.

03 고구려 — 정답 ②

정답 분석

정답이 보이는 핵심 키워드
#장군총 #돌을 계단처럼 쌓아 만든 무덤

길잡이 | 돌무지무덤인 장군총을 만든 고구려를 알아봅니다.

장군총은 중국 지린성 지안시에 위치한 **고구려** 시대의 계단식 **돌무지무덤**으로, 고구려 돌무지무덤의 가장 발전된 형태로 알려져 있다. 이 무덤의 주인은 고구려 왕일 것으로 추정된다.
② 고구려 **장수왕**은 지방에 **경당**을 설치하여 **평민 자제들에게 학문과 무술**을 가르쳤다.

한 번 더 체크하러 가기 ▶ 미니북 06쪽

선택지 풀이

① 녹과전을 지급받는 관리
녹과전은 고려 원종 때 시행되었으며, 관리들의 녹봉이 부족한 상황을 해결하기 위해 관리에게 나누어 주었던 토지이다.

③ 팔만대장경판을 만드는 장인
합천 해인사에는 고려 시대 부처의 힘으로 몽골군을 물리치길 기원하며 제작한 팔만대장경판과 이를 보관하고 있는 장경판전이 있다.

④ 지방의 22담로에 파견되는 왕족
백제 무령왕은 지방에 22담로를 두고 왕족을 파견하여 지방에 대한 통제를 강화하였다.

⑤ 황룡사 구층 목탑의 축조를 건의하는 승려
신라 선덕 여왕 때 승려 자장이 주변 9개 민족의 침략을 부처의 힘으로 막고자 목탑의 축조를 건의하여 황룡사 구층 목탑이 세워졌다.

04 진흥왕의 대가야 복속   정답 ②

정답 분석

정답이 보이는 핵심 키워드
#백제왕 명농 #관산성을 공격 #[신라의] 군주(軍主)인 각간 우덕
#고간 도도가 백제왕을 죽임 #윤충 #신라 대야성을 공격

길잡이 | 대가야를 복속한 진흥왕을 탐구합니다.

- (가) **관산성 전투**(554): **백제 성왕**(명농)이 **한강 하류 지역을 신라 진흥왕**에게 빼앗긴 후, 가야, 왜와 연합하여 **관산성**에서 신라를 공격하였다. 하지만 성왕은 끝내 신라의 고간 도도에 의해 전사하였다.
- (나) **대야성 전투**(642): **백제 의자왕**은 윤충에게 1만의 병력을 주어 **신라의 대야성**을 비롯한 40여 개의 성을 **함락**시켰다.
- ② 신라 진흥왕은 이사부와 사다함을 보내 대가야를 공격하여 복속시켰다(562).

한 번 더 체크하러 가기 ▶ 미니북 06쪽

선택지 풀이

① 백제가 국호를 남부여로 고쳤다.
　백제 성왕은 웅진(공주)에서 사비(부여)로 도읍을 옮기고 국호를 남부여로 고쳐 새롭게 중흥을 도모하였다(538).

③ 계백이 이끈 결사대가 황산벌에서 패배하였다.
　계백이 이끈 결사대가 황산벌에서 김유신이 이끄는 신라군에 맞서 항전하였으나 패배하였다(660).

④ 김춘추가 당으로 건너가 군사 동맹을 체결하였다.
　신라 김춘추는 고구려와의 동맹에 실패하자 당으로 건너가 당 태종으로부터 군사적 지원을 약속받는 데 성공하여 군사 동맹을 체결하고 나당 연합군을 결성하였다(648).

⑤ 신라가 한강 하류를 차지하여 신주를 설치하였다.
　신라 진흥왕은 백제가 점령한 한강 하류를 차지한 후 새로운 땅이라는 뜻의 신주를 설치하였다(553).

05 백제의 사회 모습   정답 ⑤

정답 분석

정답이 보이는 핵심 키워드
#능산리 고분군 #사신도 #송산리 6호분

길잡이 | 백제의 사회 모습을 학습합니다.

부여 능산리 고분군의 무덤 7기 중 1호분인 **동하총**은 백제의 **굴식돌방무덤**으로, 석실 내부에서 벽화가 발견되었다. 무덤 방에 있는 4개의 벽에는 청룡, 백호, 주작, 현무가 각각 동서남북에 위치한 **사신도**, 천장에는 **연꽃**과 **구름 무늬 벽화**가 그려져 있다. 동하총 벽화는 고구려 고분 벽화의 영향을 받은 것으로 보인다.
⑤ **백제의 지배층**은 왕족인 **부여씨**와 8성의 귀족으로 이루어졌다.

선택지 풀이

① 일길찬, 사찬 등의 관등이 있었다.
　신라는 골품제의 원리에 따라 17관등으로 주요 관직을 구분하였고, 개인의 타고난 신분에 의해 승진의 상한선을 정하였다. 17관등 중 일길찬은 제7관등, 사찬은 제8관등으로 진골과 6두품 모두에게 주어지는 관등이었다.

② 지방 장관으로 욕살, 처려근지 등이 있었다.
　고구려는 지방을 대성, 중성, 소성 3단계로 나누어 통치하였으며, 대성에는 욕살을, 중성에는 처려근지를 장관으로 두었다.

③ 특산물로 단궁, 과하마, 반어피가 유명하였다.
　동예에서 생산되는 특산물로 단궁, 과하마, 반어피 등이 유명하였다.

④ 사회 질서를 유지하기 위해 범금 8조를 두었다.
　고조선은 사회 질서를 유지하기 위해 범금 8조를 만들었으나 현재는 3개의 조항만 전해진다.

06 신라 문무왕   정답 ⑤

정답 분석

정답이 보이는 핵심 키워드
#감은사 #삼국 통일의 위업을 달성 #아들 신문왕 #대왕암

길잡이 | 삼국 통일의 위업을 달성한 신라 문무왕을 살펴봅니다.

『삼국사기』에 따르면, **삼국을 통일한 문무왕**은 부처의 힘을 빌어 왜구의 침입을 막고자 하였다. 이에 해변에 절을 지을 것을 지시하였으나 완공 전에 위독하게 되었다. 문무왕은 승하 전 "죽은 후 나라를 지키는 용이 되어 불법을 받들고 나라를 지킬 것."이라는 유언을 남겼고, **아들 신문왕**은 부왕의 뜻을 받들어 문무왕을 동해 **대왕암**에 안장하고, 절을 완공하여 **감은사**라 이름 붙였다.
⑤ 통일 신라 문무왕은 삼국 통일 이후 **왕권을 강화**하고 지방관을 감찰하기 위해 **외사정을 파견**하였다.

한 번 더 체크하러 가기 ▶ 미니북 06, 25쪽

선택지 풀이

① 이사부를 보내 우산국을 복속하였다.
　신라 지증왕 때 이사부를 보내 우산국(울릉도)과 우산도(독도)를 복속시키고 실직주의 군주로 삼았다.

② 건원이라는 독자적 연호를 사용하였다.
신라 법흥왕은 건원이라는 독자적 연호를 사용하였다.

③ 관료전을 지급하고 녹읍을 폐지하였다.
통일 신라 신문왕은 귀족 세력을 약화시키기 위해 관료전을 지급하고 녹읍을 폐지하였다.

④ 거칠부에게 명하여 국사를 편찬하였다.
신라 진흥왕은 거칠부에게 명하여 역사서인 『국사』를 편찬하였다.

07 발해의 사회 모습   정답 ⑤

정답 분석

정답이 보이는 핵심 키워드
#교역 #교통로 #거란도 #영주도 #조공도 #신라도 #일본도

길잡이 | 발해의 사회 모습을 알아봅니다.

발해는 **목축과 수렵, 수공업**이 발달하여 말, 모피, 인삼, 불상 등이 유명하였다. 이는 **영주도, 조공도, 일본도, 거란도** 등 교통로를 통해 **당, 일본, 거란으로 수출**되었다. 러시아 연해주 일대에서는 청동 낙타상이 발견되었는데, 이는 발해가 서역과도 교류하였음을 알려 준다.
⑤ 발해는 **문적원**을 두어 **책과 문서 등을 관리**하고 **외교 문서 등을 작성**하는 업무를 담당하도록 하였다.

선택지 풀이

① 왜에 칠지도를 만들어 보냈다.
일본에서 발견된 칠지도는 명문의 해석을 토대로 백제 근초고왕이 왜에 하사하였다고 알려져 있다.

② 9서당 10정의 군사 조직을 운영하였다.
통일 신라 신문왕은 중앙군을 9서당, 지방군을 10정으로 편성하여 군사 조직을 운영하였다.

③ 광평성을 비롯한 각종 정치 기구를 마련하였다.
궁예는 후고구려를 건국하고 광평성을 중심으로 한 정치 기구를 마련하여 장관인 광치나와 서사, 외서 등의 관원을 두었다.

④ 제사장인 천군과 신성 지역인 소도가 존재하였다.
삼한은 제정 분리 사회였으며, 소도라는 신성 지역을 따로 두어 제사장인 천군이 이곳을 관리하도록 하였다.

08 선종 불교   정답 ②

정답 분석

정답이 보이는 핵심 키워드
#9산문 중 가지산문 #철조비로자나불좌상 #헌안왕 #무주 #철불 #승탑 #9세기부터 크게 유행함

길잡이 | 통일 신라 말에 유행한 선종 불교를 알아봅니다.

통일 신라 말 선종 불교는 지방에서 권력을 장악한 **호족**과 개혁 성향의 귀족들의 지지를 받아 새로운 정치 세력의 기반으로 성장하였다. 9세기 중반에는 특정 사찰을 중심으로 한 선종 집단인 **9산 선문**이 형성되었고, 이때 도의의 선법을 계승한 체징이 전남 가지산의 보림사에서 가지산문을 개창하였다. 철조비로자나불상은 보림사에 있는 **철불**로, 9세기 후반 **승탑**과 더불어 유행하였던 철로 만든 불상의 특징을 잘 보여준다.
② **통일 신라 말** 선종 불교가 전래되면서 교종 불교에서 강조해 온 경전 수행과 달리 **참선**이라는 새로운 수행법이 등장하였다.

한 번 더 체크하러 가기 ▶ 미니북 22쪽

선택지 풀이

① 하늘에 제사 지내는 초제를 거행하였다.
초제는 도교에서 국가의 안녕과 왕실의 번영을 기원하기 위해 거행한 제례 의식이다.

③ 시경, 서경, 역경 등을 주요 경전으로 삼았다.
유교의 주요 경전에는 『시경』, 『서경』, 『역경(주역)』, 『예기』, 『춘추』의 오경(五經)과 『논어』, 『맹자』, 『중용』, 『대학』의 사서(四書)가 있다.

④ 신선 사상을 기반으로 불로장생을 추구하였다.
도교는 신선 사상을 기반으로 노장 사상, 유교, 불교 및 여러 신앙 요소들을 받아들여 형성된 종교로, 불로장생을 추구하였다.

⑤ 인내천 사상을 내세워 인간 평등을 주장하였다.
조선 후기 세도 정치 시기인 철종 때 최제우는 천주교의 확산에 대항하여 동학을 창시하고, 마음속에 한울님을 모시는 시천주와 사람이 곧 하늘이라는 인내천 사상을 내세워 인간 평등을 주장하였다.

암기의 key   교종과 선종

교종	선종
• 불경 · 교리 중시 → 5교 • 중앙 귀족 중심으로 성행 • 중앙 집권 강화 • 조형 미술 발달	• 참선 · 수행 중시 → 9산 • 지방 호족, 개혁 성향의 귀족 세력 중심으로 성행 • 조형 미술 쇠퇴, 승탑 · 탑비 발달

09 장보고 　　　정답 ②

정답 분석

정답이 보이는 핵심 키워드
#신라인 #당으로 건너감 #청해진을 설치 #동아시아 무역을 주도 #왕위 쟁탈전에 휘말려 암살당함

길잡이 | 동아시아의 무역을 주도한 장보고를 알아봅니다.

장보고는 당으로 건너가 무령군 소장이 되었으나, 신라에서 잡혀와 노비가 된 사람들을 보고 분노하여 다시 신라로 돌아갔다. 이후 왕에게 건의하여 완도에 **청해진**을 설치하고 해적을 소탕하면서 당, 신라, 일본 간 **해상 무역권**을 장악하였다.
② 장보고는 신라인의 왕래가 빈번한 당의 산둥반도 적산촌에 **법화원**을 세웠다.

한 번 더 체크하러 가기 ▶ 미니북 22쪽

선택지 풀이

① 화왕계를 지어 국왕에게 바치다
　통일 신라 6두품 출신 유학자인 설총은 임금과 충신, 간신을 꽃에 빗대어 우화로 표현한 「화왕계(花王戒)」를 지어 신문왕에게 바쳤다.

③ 외교 문서인 청방인문표를 작성하다
　신라의 유학자인 강수는 고구려, 백제, 당에 보내는 외교 문서 작성을 전담하였다. 특히, 문무왕 때 당에 인질로 잡혀 있던 문무왕의 동생 김인문을 석방해 줄 것을 요구한 「청방인문표」를 작성하여 풀려나도록 하였다.

④ 격황소서를 지어 세상에 이름을 떨치다
　「격황소서」는 최치원이 당에 있을 때의 작품을 간추린 문집인 『계원필경』 중 제11권 첫머리에 수록된 격문이다. 이는 당에서 황소의 난이 발생하였을 때 황소에게 항복을 권유하기 위한 격문을 대필한 것으로, 문체와 형식이 뛰어나 후세의 한학자들에게 많은 영향을 끼쳤다.

⑤ 구법순례기인 왕오천축국전을 저술하다
　통일 신라의 승려 혜초는 인도와 중앙아시아를 순례하고 『왕오천축국전』을 저술하였다.

고려 태조 때 **신라 경순왕 김부**가 스스로 고려에 **투항**하면서 신라가 멸망하였다. 태조는 김부에게 **경주**를 **식읍**으로 하사하고, 김부를 경주의 **사심관**으로 임명하였다(935).
④ 후백제 견훤에 이어 신라 경순왕도 고려에 투항한 이후 **신검**의 **후백제군**과 왕건의 **고려군**이 **일리천** 일대에서 전투를 벌였다. 그 결과, 고려군이 크게 승리하면서 **후백제가 멸망**하고 고려는 **후삼국을 통일**하였다(일리천 전투, 936).

한 번 더 체크하러 가기 ▶ 미니북 22쪽

선택지 풀이

① 안승이 보덕국왕으로 임명되었다.
　신라 문무왕은 당 세력을 몰아내기 위해 신라로 망명한 고구려 보장왕의 아들 안승을 보덕국왕으로 임명하고 금마저에 땅을 주어 고구려 부흥 운동을 지원하였다(674).

② 신숭겸이 공산 전투에서 전사하였다.
　견훤의 후백제군이 신라의 금성을 급습하여 고려가 신라에 군사를 보내 도왔으나 공산 전투에서 패배하였다. 이때 신숭겸은 후백제군에 포위된 태조 왕건을 구출하고 전사하였다(공산 전투, 927).

③ 원종과 애노가 사벌주에서 반란을 일으켰다.
　통일 신라 말 진성 여왕 때 원종과 애노가 사벌주에서 중앙 정권의 무분별한 조세 징수에 반발하여 반란을 일으켰다(889).

⑤ 견훤이 고창 전투에서 고려군에게 패배하였다.
　공산 전투에서 승리한 견훤은 교통의 요충지였던 고창(안동)을 포위하여 공격하였으나 8,000여 명의 사상자를 내며 고려군에게 크게 패하였다(930).

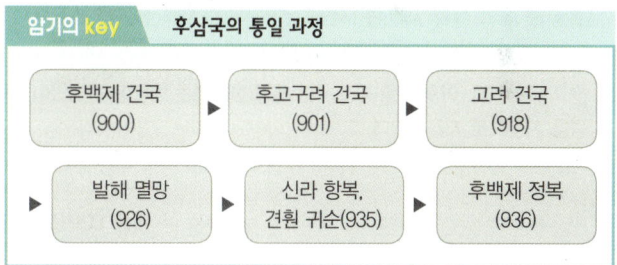

암기의 key 　후삼국의 통일 과정

후백제 건국(900) ▶ 후고구려 건국(901) ▶ 고려 건국(918) ▶ 발해 멸망(926) ▶ 신라 항복, 견훤 귀순(935) ▶ 후백제 정복(936)

---

10 고려의 후삼국 통일 과정 　　　정답 ④

정답 분석

정답이 보이는 핵심 키워드
#신라 왕 김부 #고려에 항복 #경주 #식읍을 하사함

길잡이 | 고려의 후삼국 통일 과정을 탐구합니다.

11 고려 광종 　　　정답 ②

정답 분석

정답이 보이는 핵심 키워드
#호족 세력을 숙청 #왕권을 강화 #노비안검법을 실시 #후주와의 사신 왕래 #제위보를 설치

길잡이 | 왕권 강화책을 꾀하였던 고려 광종을 학습합니다.

고려 광종은 공신과 호족의 세력을 약화시키고 왕권을 강화하고자 억울하게 노비가 된 사람을 양인으로 풀어 주는 **노비안검법**을 실시하였다. 또한, 중국의 선진 제도를 수용하여 개혁 정치를 펼치고자 하였다. 이를 위해 중국에서 귀화한 사람들을 우대하였는데, **후주** 출신의 **쌍기**가 대표적인 귀화인이다. 특히, 쌍기는 광종에게 과거제를 건의하여 고려 내에 신분적 특권보다 학문적 소양을 중시하는 문화가 형성되는 데 큰 도움을 주었다. 광종은 기금을 모아 백성에게 빌려 주고 그 이자로 **빈민을 구휼**하도록 하는 **제위보**를 운영하기도 하였다.

② 광종은 국왕을 **황제**라 칭하고 **광덕, 준풍** 등의 **독자적 연호**를 사용하였다.

한 번 더 체크하러 가기 ▶ 미니북 08쪽

선택지 풀이

① 폐정 개혁을 목표로 정치도감을 설치하였다.
  고려 원 간섭기에 충목왕은 고려의 폐정 개혁을 위해 정치도감을 설치하였으나, 정동행성 이문소의 방해로 개혁이 제대로 이루어지지 못하였다.

③ 예의상정소에서 상정고금예문을 편찬하였다.
  예종 때 관학이 발달하여 예제를 관장할 관청으로 예의상정소를 설치하였다. 이후 인종 때 유교적 예제를 정비하기 위해 최윤의가 『상정고금예문』을 편찬하였으며, 현존하지는 않지만 고종 때 금속 활자로 인쇄(1234)하였다는 기록이 남아 있는 것을 통해 현존하는 세계 최고(最古) 금속활자본 직지(1377)보다 앞선 것을 알 수 있다.

④ 전국에 12목을 설치하고 지방관을 파견하였다.
  성종은 최승로의 시무 28조를 받아들여 12목을 설치하고 지방 관리를 파견하였다.

⑤ 관리에게 등급에 따라 전지와 시지를 지급하였다.
  경종 때 처음 시행된 시정 전시과는 인품과 관등에 따라 전지와 시지를 지급하였다. 이후 목종이 실시한 개정 전시과는 인품에 관계없이 관등을 기준으로 지급하였다.

12 거란의 1차 침입   정답 ③

정답 분석

정답이 보이는 핵심 키워드
#거란에서 사신을 파견 #낙타를 보냄 #발해를 멸망시킴 #만부교 #왕이 나주로 들어감 #거란 군사들이 이르렀음

길잡이 | 고려와 거란의 대외 관계를 알아봅니다.

(가) **만부교 사건**(942): **거란**이 고려에 사신을 파견하며 **낙타** 50필을 보냈으나 **고려 태조**는 거란이 **발해를 멸망**시켰기 때문에 친선 관계를 맺을 수 없다며 거란에서 보낸 낙타를 **만부교**에 묶어 굶어 죽게 하였다.

(나) **거란의 2차 침입**(1010): **고려 현종** 때 거란이 **강조의 정변**을 구실로 압록강을 건너 고려의 흥화진을 공격하였다. **양규**가 흥화진 전투에서 **항전**하였으나, 이를 우회한 거란군에 의해 **수도 개경**이 함락되면서 현종은 **나주로 피란**하였다.

③ **성종** 때 거란이 침략하자 **서희**가 **소손녕**과의 **외교 담판**을 통해 **강동 6주**를 획득하였다(**거란의 1차 침입**, 993).

한 번 더 체크하러 가기 ▶ 미니북 08, 23쪽

선택지 풀이

① 묘청이 칭제 건원을 주장하였다.
  묘청, 정지상을 중심으로 한 서경 세력이 서경 천도와 칭제 건원, 금 정벌을 주장하였으나 받아들여지지 않았다. 이에 묘청 등은 반란을 일으켰으나, 김부식의 관군에 의해 진압되었다(1135).

② 강감찬이 흥화진 전투에서 승리하였다.
  거란이 고려에 3차 침입을 하자 강감찬은 군사를 이끌고 흥화진으로 출동하여 거란군을 기습 공격하며 크게 승리하였다(1018).

④ 최우가 강화도로 도읍을 옮겨 항전하였다.
  고려 최씨 무신 정권 시기 최우는 몽골의 침입에 대항하기 위해 강화도로 도읍을 옮겨 항전하였다(1232).

⑤ 윤관이 별무반을 이끌고 동북 9성을 개척하였다.
  예종 때 윤관의 별무반이 여진을 물리치고, 동북 9성을 개척하였다(1107).

13 고려의 문화유산   정답 ①

정답 분석

정답이 보이는 핵심 키워드
#영주 부석사 소조여래좌상 #청자 모자원숭이모양 연적 #청자 상감운학문 매병

길잡이 | 고려의 문화유산을 파악합니다.

- **청자 모자원숭이모양 연적**: 고려 시대 때 만들어진 원숭이 모양 청자 연적으로, 청자 연적 중 유일하게 어미 원숭이와 새끼 원숭이의 모습을 표현하였다.
- **청자 상감운학문 매병**: 고려 시대 때 제작된 매병(술이나 물을 담는 그릇)으로, 상감기법이 사용되었다. 몸통 전면에 위아래로 솟는 학과 구름무늬가 새겨져 있는 것이 특징이며, 이 작품을 통해 고려 도자기의 우수함과 세련미를 볼 수 있다.
- **부석사 소조여래 좌상**: 영주 부석사 무량수전에서 모시고 있는 소조 불상으로, 우리나라 소조 불상 가운데 가장 크고 오래된 작품이다.

① 신라 기마인물형 토기는 신라인의 생활상을 알려 주는 유물로, 주인과 하인으로 보이는 인물이 각각 말을 탄 모습을 하고 있다.

한 번 더 체크하러 가기 ▶ 미니북 44쪽

선택지 풀이

② 청자 투각 칠보문 뚜껑 향로
대표적인 고려청자로 향이 빠져나가는 뚜껑, 향을 피우는 몸통, 뚜껑과 몸통을 지탱하는 받침으로 이루어져 있다. 음각, 양각, 투각, 상감 등 다양한 기법이 사용된 것이 특징이다.

③ 청동 은입사 포류수금문 정병
청동 바탕에 문양 부분을 파낸 뒤 은을 박아 장식한 은입사 기법을 사용한 고려의 정병으로, 고려 시대의 대표적인 금속 공예품 중 하나이다.

④ 나전 국화 넝쿨무늬 합
고려의 전형적인 나전칠기 제작 기법이 반영된 유물로, 손끝으로 잡기 어려울 정도로 매우 작은 나전의 조각들을 빈틈없이 배치하여 고려의 뛰어난 예술성을 보여 준다.

⑤ 평창 월정사 팔각 구층 석탑
신라의 승려 자장이 창건한 월정사 경내에 있는 고려 시대 석탑으로, 지붕돌 위에 있는 금동 머리 장식이 특징적이다.

14 무신 정권 시기   정답 ①

정답 분석

정답이 보이는 핵심 키워드
#김보당 #정중부·이의방을 토벌 #의종 #최충헌 #봉사를 올림 #열 가지 사항 #왕과 세자가 몽골에서 개경으로 돌아옴 #삼별초가 반란 #진도에 웅거

길잡이 | 고려 무신 정권 시기의 사건을 파악합니다.

(가) **김보당의 난**(1173): 동북면 병마사로 있던 **고려의 문신 김보당**은 **무신 정변** 이후 정권을 잡은 **정중부·이의방** 등을 토벌하고 **폐위된 의종**을 복위시키겠다며 난을 일으켰으나 실패하였다.

(나) **최충헌의 봉사 10조**(1196): **고려 무신 정권 시기 최충헌**은 사회 개혁안인 **봉사 10조**를 명종에게 올렸다. 봉사 10조는 국가의 발전이나 민생 안정보다는 최충헌의 **권력 유지**에 목적을 두고 있어 큰 성과를 거두지는 못하였다.

(다) **삼별초의 대몽 항쟁**(1270): 몽골의 고려 침입으로 인해 **임시 수도 강화도**에 있던 **고려 조정**이 **개경으로 환도**하면서 몽골과의 강화가 성립되었다. **삼별초**는 이에 반발하면서 **진도**로 근거지를 옮겨 용장성을 쌓고 몽골에 **항전**하였다.

한 번 더 체크하러 가기 ▶ 미니북 08, 23쪽

15 고려의 사회 모습   정답 ④

정답 분석

정답이 보이는 핵심 키워드
#7재 #무학은 강예재 #무학이 점차 번성 #무학재의 호칭은 모두 혁파

길잡이 | 고려의 사회 모습을 살펴봅니다.

고려 중기 예종은 관학 진흥을 위해 **국자감을 재정비**하여 문무 양학의 과목을 독립 강좌로 설치하는 **7재**를 세웠다. 이때 여진과의 대립으로 무학에 대한 관심이 높아져 무술을 전문적으로 교육하는 기관인 **무학재(강예재)**가 7재 안에 설치되기도 하였다. 그러나 무학재 출신들이 상대적으로 급제하기가 쉬워 문신의 견제를 받게 되면서 고려 **인종** 때 무학재가 **폐지**되었다.
④ 고려 **예종** 때 **혜민국**을 설치하여 서민의 질병 치료를 위한 의약을 관리하였다.

한 번 더 체크하러 가기 ▶ 미니북 24쪽

선택지 풀이

① 서얼이 통청 운동을 전개하였다.
조선 후기 서얼들은 신분 상승 운동인 통청 운동을 전개하면서 청요직으로 진출하는 것을 허용해 달라는 상소를 올렸다.

② 사창절목에 따라 사창제가 시행되었다.
사창제는 조선 시대에 각 고을의 곡식을 저장해 둔 뒤 백성들에게 대여해 주던 제도이다. 흥선 대원군은 일시적으로 시행되었던 사창제를 부활시켜 「사창절목」에 따라 경기·삼남·해서 등 5도에 실시하였다.

③ 왕조 교체를 예언하는 정감록이 유포되었다.
조선 후기에는 『정감록』과 같은 예언 사상이 유행하였고, 말세의 도래, 왕조 교체 등의 낭설로 민심이 혼란스러웠다.

⑤ 국산 약재와 치료 방법을 정리한 향약집성방이 간행되었다.
조선 세종 때 우리 풍토에 맞는 약재와 치료 방법을 개발하여 정리한 의학서인 『향약집성방』이 간행되었다.

암기의 key 고려의 교육 제도

사학	최충의 문헌공도(9재 학당) 등 사학 12도 융성

관학	• 중앙 – 국자감, 지방 – 향교
	• 관학 진흥책
	  – 숙종: 서적포(도서 출판)
	  – 예종: 국학(국자감)에 7재(전문 강좌) 설치, 양현고 (장학 재단)
	  – 인종: 경사 6학(개경)
	  – 충렬왕: 섬학전(장학 기금), 국학에 대성전(공자의 사당) 설립

16 지눌 — 정답 ②

정답 분석

정답이 보이는 핵심 키워드
#불일보조국사 #송광사 보조국사비 #정혜결사 #「권수정혜결사문」 #수선사(修禪社)

길잡이 | 고려의 불교 개혁을 위해 노력한 승려 지눌을 파악합니다.

② 고려 승려 **지눌**은 **불교 개혁**을 위해 승려들이 참선과 지혜를 함께 닦을 것을 호소하는 **정혜결사 운동**을 전개하였다. 이에 「**권수정혜결사문**」을 작성하고 승려들에게 불도에 전념할 것과 **정혜쌍수**를 사상적 바탕으로 하여 철저한 수행을 강조하였으며, 내가 곧 부처라는 깨달음을 위한 노력과 함께 꾸준한 수행으로 이를 확인하는 **돈오점수**를 강조하였다. 또한, 타락한 고려의 불교를 바로잡고자 **송광사**를 중심으로 **수선사 결사**를 조직하였다.

한 번 더 체크하러 가기 ▶ 미니북 19쪽

선택지 풀이

① 법화 신앙에 중점을 둔 백련 결사를 이끌었다.
   고려 승려 요세는 강진 만덕사(백련사)에서 자신의 행동을 참회하는 법화 신앙에 중점을 두고 백련 결사를 이끌었다.

③ 승려들의 전기를 기록한 해동고승전을 저술하였다.
   고려 승려 각훈은 왕명을 받아 『해동고승전』을 저술하였다. 이는 삼국 시대 이래 승려들의 전기를 기록한 것이며, 현재는 일부만 남아있다.

④ 선문염송집을 편찬하고 유불 일치설을 주장하였다.
   고려 승려 혜심은 역대 선사들의 어록을 모은 공안집인 『선문염송집』을 편찬하고, 유불 일치설을 주장하여 성리학을 수용할 수 있는 사상적 토대를 마련하였다.

⑤ 성상융회를 제창하여 교종 내 대립을 해소하고자 하였다.
   고려 승려 균여는 성상융회를 제창하여 화엄사상 속에 법상종을 융합하고 교종 내 대립을 해소하고자 하였다.

17 고려 원 간섭기 — 정답 ①

정답 분석

정답이 보이는 핵심 키워드
#권문세족 #도평의사사 장악 #대농장을 경영 #공녀 #변발과 호복이 유행

길잡이 | 고려 원 간섭기의 모습을 학습합니다.

고려의 **도병마사**는 국방 및 군사 문제를 논의하는 고려의 독자적인 기구였으나 **원 간섭기 충렬왕** 때 **도평의사사**로 명칭이 바뀌면서 최고 정무 기구로서 국사 전반에 관여하게 되었다. 원 간섭기에 새롭게 등장한 세력인 **권문세족**은 도평의사사를 장악하면서 정치권력을 행사하였으며, 백성들의 토지를 빼앗아 산천을 경계로 하여 **대농장**을 확대하고 **경영**하였다. 또한, 이 시기에는 지배층을 중심으로 몽골의 풍습인 **변발**과 **호복** 등이 유행하였으며, 고려의 처녀들을 **공녀**로 원에 데려갔다.

① 고려 후기 **이암**은 목화 재배와 양잠 등 중국 화북 지방의 농법을 정리한 『**농상집요**』를 국내에 소개하였다.

한 번 더 체크하러 가기 ▶ 미니북 08, 23, 35쪽

선택지 풀이

② 흑창에서 곡식을 빌리는 농민
   고려 태조 때 실시한 흑창은 춘궁기에 곡식을 대여해 주고 추수 후에 회수하던 빈민 구휼 제도이다.

③ 사섬서에서 저화를 발행하는 장인
   사섬서는 지폐인 저화를 주조하고 외거노비의 공포에 관한 일을 담당하던 관청으로 조선 태종 때 설치되었다.

④ 선혜청에서 공가(貢價)를 받는 상인
   조선 후기 대동법의 시행으로 공인이 등장하여 공가를 받고 선혜청에게 공물을 직접 조달하였다.

⑤ 상평통보로 물건을 거래하는 보부상
   조선 후기 상공업이 발달함에 따라 금속 화폐인 상평통보가 전국적으로 유통되었다.

18 고려의 중앙 제도 — 정답 ④

정답 분석

정답이 보이는 핵심 키워드
#고려의 중앙 관제 #2성 6부 #어사대 #중추원 #삼사 #도병마사 #식목도감

길잡이 | 고려의 중앙 제도를 살펴봅니다.

ㄴ. **고려의 중추원**은 비서 기구로 **군사 기밀**(추밀)과 **왕명 출납**(승선)을 담당하였다.

ㄹ. **도병마사**는 재신(중서문하성의 2품 이상)과 추밀(중추원의 2품 이상)이 **국방 및 군사 문제를 논의**하는 임시적인 회의 기구였다.

한 번 더 체크하러 가기 ▶ 미니북 35쪽

선택지 풀이

ㄱ. ㉠ - 좌·우사정이 6부를 나누어 관할하였다.
고려의 2성은 중서문하성과 상서성으로 이루어져 있으며, 상서성이 6부를 관할하였다. 좌·우사정은 발해의 중앙 관제 정당성 하위에 있는 관원이다.

ㄷ. ㉢ - 5품 이하의 관원에 대한 서경권을 행사하였다.
고려의 삼사는 화폐·곡식의 출납과 회계를 담당하였으나, 조선의 삼사는 서경, 간쟁, 봉박 등의 권한을 가지고 있었다.

암기의 key — 고려의 중앙 정치 기구

2성 6부	• 중서문하성(국정 총괄)과 상서성(6부 관리) → 수상은 문하시중 • 당의 제도를 모방하여 2성 6부로 이루어진 중앙 관제 구성
중추원	• 왕의 비서 기구, 군사 기밀(추밀)과 왕명 출납(승선) 담당 • 송의 제도 모방
도병마사	국방 문제 논의
식목도감	법률·제도 제정
	귀족 합의체: 재신(중서문하성)과 추밀(중추원)의 합의
어사대	감찰 기구, 풍속 교정
삼사	화폐·곡식의 출납, 회계
대간	어사대의 관원 + 중서문하성의 낭사 → 간쟁, 봉박, 서경권

19 종묘 정답 ①

정답 분석

정답이 보이는 핵심 키워드
#조선 왕실의 신위 #환안제 #임시 봉안되었던 조선 왕과 왕비

길잡이 | 조선 왕실의 신위를 모신 종묘를 파악합니다.

① 조선의 **태조**는 한양을 새로운 도읍으로 설계하면서 **종묘와 사직**을 만들었다. 종묘는 **역대 조선 시대 왕과 왕후의 신주를 모신 사당**으로, 매해 계절마다 조상의 이름을 쓴 나무 조각(위패, 신주)을 모시고 제사를 지냈다. 또한, 왕비를 간택하거나 세자를 책봉하는 등 왕실의 중대한 일이 생겼을 경우에도 종묘를 찾아가 행운을 기원하였다.

한 번 더 체크하러 가기 ▶ 미니북 53쪽

선택지 풀이

② 경복궁 향원정
경복궁 북쪽에 만든 연못 가운데에 있는 육각형 정자로, 고종 때 건립되었으며, 왕과 그 가족들이 휴식을 취하는 공간이다.

③ 덕수궁 정관헌
대한 제국 시기 고종이 휴식을 취할 목적으로 건립한 회랑 건물이다. 덕수궁 내에 위치한 가장 오래된 서양식 건물로, 동양과 서양의 건축 양식이 절충된 독특한 형식을 지니고 있다.

④ 창덕궁 주합루
정조가 창덕궁 후원에 건립한 2층 누각 건물로, 1층은 규장각, 2층이 주합루라고 불린다. 규장각은 왕실 도서관이자 다양한 인재들이 학문 및 국가 정책을 연구하던 곳이었으며, 국왕 직속 기구로도 사용되었다.

⑤ 환구단 황궁우
환구단(원구단)은 하늘에 제사를 지내던 곳으로, 고종이 아관 파천 이후 환구단에서 황제 즉위식을 거행하였다. 그러나 환구단은 일제 강점기 때 철거되었고, 현재는 환구단 북쪽에 신위를 모시기 위해 부속 건물로 지었던 삼층 팔각 석조물인 황궁우만 남아 있다.

20 조선 세조 정답 ①

정답 분석

정답이 보이는 핵심 키워드
#호패법을 재실시 #지방 세력 통제를 강화 #함길도 #이시애가 일으킨 난을 평정

길잡이 | 왕권을 강화하고자 하였던 조선 세조를 알아봅니다.

계유정난으로 왕위에 오른 **조선 세조**는 왕권을 강화하기 위해 중앙 집권 정책을 펼쳤다. 이에 **호패법**을 재실시하고 **보법**을 시행하여 정확한 호를 기준으로 세금과 군역을 부과하도록 하였으나, 이러한 정책은 지방 세력에게 부담을 주게 되었다. 이때 정부가 **함길도**에 본토 출신 수령을 줄이고 남쪽 출신의 수령을 파견하자 함길도민들의 **불만**이 극대화되었다. 이에 함길도 호족 출신 **이시애**가 함길도민을 규합하여 길주에서 **반란**을 일으켰으나 세조에 의해 진압되었다(이시애의 난, 1467).

① 세조 때 **불교 경전**을 간행하기 위해 **간경도감**을 설치하였다 (1461).

한 번 더 체크하러 가기 ▶ 미니북 09쪽

선택지 풀이

② 조선경국전이 편찬되었다.
조선의 개국공신인 정도전은 조선의 유교 이념을 성문화하여 조선의 현실에 맞는 통치 체제를 정비한 『조선경국전』을 편찬하였다(1394).

③ 국조오례의가 완성되었다.
성종 때 국가 의례 정비 사업의 일환으로 오례(五禮)의 예법과 절차 등을 그림과 함께 정리하여 『국조오례의』를 편찬하였다(1474).

④ 부민고소금지법이 제정되었다.
부민고소금지법은 세종 때 제정된 법으로, 하급 관원이 상급 관원을 고소하거나 백성들이 관찰사나 수령을 고소하는 것을 금지하였다(1420).

⑤ 혼일강리역대국도지도가 제작되었다.
태종 때 김사형, 이무, 이회 등이 우리나라 최초의 세계 지도이자 현존하는 최고(最古)의 지도인 혼일강리역대국도지도를 제작하였다(1402).

21 임진왜란 정답 ③

정답 분석

정답이 보이는 핵심 키워드
#강화 교섭 결렬 #일본의 재침 #일본군을 격퇴 #삼도수군통제사 이순신

길잡이 | 임진왜란 이후에 있었던 일을 학습합니다.

임진왜란 중 **일본과의 강화 교섭이 결렬**되면서 일본이 조선을 재침입하였다(**정유재란**, 1597~1598). 정유재란 당시 일본군이 흥양 지역을 세 차례 침입하였으나, 흥양현감 최희량이 이순신의 휘하에서 일본군을 격퇴하면서 공을 세웠다(1598).
③ 조선 **선조**는 임진왜란 이후 단절되었던 일본과의 관계를 회복하기 위해 승려 유정 등을 **회답 겸 쇄환사**로 파견하였고(1604), 이들은 전쟁 중 잡혀간 포로 3,000여 명을 데리고 귀국하였다.

한 번 더 체크하러 가기 ▶ 미니북 09, 32쪽

선택지 풀이

① 신숙주가 일본에 다녀와 해동제국기를 저술하였다.
신숙주는 조선 세종 때 통신사로 일본에 다녀온 후 성종 때 일본의 지리와 국정, 외교 관계 등을 기록한 『해동제국기』를 저술하였다(1471).

② 나세 등이 화포를 사용하여 진포에서 왜구를 격퇴하였다.
진포에 왜선 500여 척이 나타나자 고려 우왕은 나세, 심덕부, 최무선 등의 장군들로 하여금 최무선이 설계한 우리나라 최초의 화약 병기인 화통, 화포로 왜구를 격퇴하게 하였다(1380).

④ 조선 정부의 교역 제한에 반발하여 사량진 왜변이 일어났다.
삼포왜란 이후 임신약조를 통해 조선 정부가 왜구의 교역을 제한하자 왜구가 반발하며 사량진을 약탈하였다. 이에 조선은 일본과의 국교를 단절하였다(1544).

⑤ 국방 문제를 논의하기 위한 임시 기구로 비변사가 설치되었다.
조선 중종 때 변방의 국방 문제를 논의하고 외적의 침입에 대비하고자 비변사를 임시 기구로 설치하였고, 을묘왜변을 계기로 상설 기구화하였다(1555).

22 기사환국 정답 ④

정답 분석

정답이 보이는 핵심 키워드
#부왕께서 승하하신 기해년 #경국대전에 따라 기년복으로 정함
#오늘의 대공복 #성상을 시해하려는 자가 있다는 목호룡의 고변
#연잉군과 노론

길잡이 | 갑인예송과 신임사화 사이에 발생한 기사환국을 탐구합니다.

• **갑인예송**(2차 예송 논쟁, 1674): 조선 현종 때 **효종과 효종비의 국상** 당시 두 번의 예송 논쟁이 발생하여 **서인과 남인 간의 대립**이 심화되었다. 처음 **효종의 국상(기해예송)** 당시 인조의 계비인 자의대비의 복상 문제를 놓고 서인들은 효종이 장자가 아니기 때문에 **1년**을 입어야 한다고 주장하였고, 남인들은 왕권을 강조하여 일반 사대부와 다른 장자의 예가 적용되어야 한다며 **3년**을 주장하였다. **기해예송**에서는 **서인들이 승리**하였으나, 이후 **효종비 국상 때(갑인예송)** 같은 문제가 제기되어 서인 측은 **9개월(대공복)**, 남인 측은 **1년(기년복)**을 주장하였고, **남인의 주장**이 받아들여졌다.

• **신임사화**(1721~1722): 조선 경종 때 **목호룡**은 **연잉군(영조)**을 지지하는 **노론**이 경종을 시해하려는 역모를 꾸몄다며 고변하였다. **목호룡의 고변**으로 인해 노론이 축출되는 **신임사화**가 발생하였다.
④ **숙종** 때 희빈 장씨의 소생에 대한 원자 책봉 문제로 **기사환국**이 발생하여 서인이 물러나고 **남인이 집권**하였다. 이때 서인 세력의 영수인 **송시열**이 사사되고 중전이었던 **인현 왕후가 폐위**되었다(1689).

한 번 더 체크하러 가기 ▶ 미니북 10, 48쪽

선택지 풀이

① 인조반정으로 북인 세력이 몰락하였다.
서인 세력은 광해군의 중립 외교 정책과 영창대군 사사 사건, 인목 대비 유폐 문제를 빌미로 인조반정을 일으켰다. 이에 광해군이 폐위되고 인조가 왕위에 올랐으며, 북인 세력인 이이첨, 정인홍 등은 처형되었다(1623).

② 기축옥사로 이발 등 동인 세력이 축출되었다.
선조 때 서인은 정권을 장악하기 위해 정여립 모반 사건을 빌미로 기축옥사를 일으켰고, 이를 통해 이발 등 수많은 동인 세력이 축출되었다(1589).

③ 양재역 벽서 사건으로 이언적 등이 화를 입었다.
명종 때 문정 왕후의 수렴청정을 비판한 양재역 벽서 사건으로 정미사화가 발생하였다. 이때 이언적, 권벌 등이 유배되는 등 많은 사림 세력들이 화를 입었다(1547).

⑤ 붕당의 폐해를 경계하기 위해 탕평비가 건립되었다.
영조는 붕당 정치의 폐해를 막고 능력에 따른 인재를 등용하기 위해 탕평책을 실시하고, 성균관에 탕평비를 건립하였다(1742).

23 퇴계 이황   정답 ④

✓ 정답 분석

정답이 보이는 핵심 키워드
#도산 서원 #『성학십도』 #기대승과 사단칠정 논쟁

길잡이 | 조선 중기 대표 유학자 퇴계 이황을 파악합니다.

조선 중기의 대표적인 유학자 **퇴계 이황**은 군주의 도를 도식으로 설명한 **『성학십도』**를 지었다. 또한, **기대승**과 유학의 수양론 중 사단과 칠정의 개념에 대해 논쟁을 벌이기도 하였다. 이황이 죽은 뒤 그의 학문과 덕행을 기리고 추모하기 위해 문인과 유생들이 **안동**에 **도산 서원**을 건립하였으며, 이후 도산 서원은 사액 서원이 되면서 영남 지방 사림의 중심지가 되었다.

④ 이황은 **향촌 사회의 교화**를 위해 향약의 4대 덕목 가운데 '과실상규'를 강조하는 **예안 향약**을 만들었다.

한 번 더 체크하러 가기 ▶ 미니북 14쪽

✓ 선택지 풀이

① 최초의 서원인 백운동 서원을 건립하였다.
   중종 때 풍기 군수였던 주세붕은 고려 말 성리학자인 안향을 기리기 위해 최초의 서원인 백운동 서원을 건립하였다. 백운동 서원은 명종 때 이황의 건의로 사액을 받아 최초의 사액 서원이 되었다.

② 명에 대한 의리를 내세운 기축봉사를 올렸다.
   송시열은 노론의 영수로, 명에 대한 의리를 지키고 청에게 당한 수모를 갚자는 북벌론을 주장하며 효종에게 「기축봉사」를 올려 북벌 계획의 핵심 인물이 되었다.

③ 동호문답을 통해 다양한 개혁 방안을 제시하였다.
   조선 중기의 성리학자 율곡 이이는 왕도 정치의 이상을 문답식으로 저술한 『동호문답』을 통해 다양한 개혁 방안을 제시하였다.

⑤ 예학을 조선의 현실에 맞게 정리한 가례집람을 저술하였다.
   선조 때 유학자 김장생은 『주자가례』의 본문을 기본으로 조선의 현실에 맞는 예악(禮樂)을 정리한 『가례집람』을 저술하였다.

24 조선 정조   정답 ③

✓ 정답 분석

정답이 보이는 핵심 키워드
#장용영 #채제공 #친위 부대 #서울에 내영 #수원 화성에 외영 #규장각 #왕권 강화

길잡이 | 왕권 강화를 위해 장용영을 조직한 조선 정조를 알아봅니다.

조선 정조는 왕권을 뒷받침하는 군사적 기반을 갖추기 위해 국왕의 친위 부대인 **장용영**을 창설하였으며, 서울 도성에는 내영, 수원 화성에는 외영을 두었다.

③ 정조는 인재 양성을 위해 새롭게 관직에 오르거나 기존 관리들 중 능력 있는 문신들을 **규장각**에서 재교육시키는 **초계문신제**를 실시하였다.

한 번 더 체크하러 가기 ▶ 미니북 10쪽

✓ 선택지 풀이

① 나선 정벌에 조총 부대를 파견하였다.
   효종 때 러시아가 만주 지역까지 침략해 오자 청은 조선에 원병을 요청하였고, 조선에서는 두 차례에 걸쳐 조총 부대를 파견하여 나선 정벌을 단행하였다.

② 호포제를 시행하여 양반에게도 군포를 징수하였다.
   흥선 대원군은 군정의 문란을 해결하기 위해 호포제를 실시하여 양반에게도 군포를 징수하였다.

④ 삼정의 문란을 시정하고자 삼정이정청을 설치하였다.
   철종 때 임술 농민 봉기의 수습을 위해 파견된 안핵사 박규수는 원인이 삼정의 문란에 있다고 보고 삼정이정청을 설치하였다.

⑤ 각 궁방과 중앙 관서의 공노비 6만여 명을 해방하였다.
   순조 때 법적으로 각 궁방과 중앙 관청의 공노비 6만여 명을 해방시켜 양민으로 삼았다.

암기의 key — 조선 정조의 개혁 정책

탕평책	적극적인 탕평책(준론 탕평): 붕당과 신분을 가리지 않고 인재 등용
왕권 강화 정책	• 초계문신제 시행: 새로운 관리 및 하급 관리 중 유능한 인재들의 재교육 목적 • 규장각 설치 및 육성: 인재 양성, 정책 연구 기능, 왕실 도서관이자 왕을 보좌하는 업무 담당 • 장용영 설치: 왕의 친위 부대, 왕권의 군사적 기반 강화 • 수원 화성 건립: 정치적·군사적 기능 부여, 상업 활동 육성
문물제도 정비	• 서얼 차별 완화: 서얼 출신을 규장각 검서관에 등용 (이덕무, 박제가, 유득공 등) • 신해통공: 육의전을 제외한 시전 상인의 금난전권 폐지 • 편찬: 『대전통편』, 『동문휘고』, 『무예도보통지』 등

25 신유박해 — 정답 ⑤

정답 분석

정답이 보이는 핵심 키워드
#제천 배론성지 #순조 1년 #정부의 탄압을 피한 천주교 교인 #황사영 #백서

길잡이 | 조선 순조 때 일어난 신유박해를 살펴봅니다.

조선 후기 천주교 박해가 시행되자 천주교인들은 **배론**으로 숨었고, 이에 따라 천주교 신자촌인 교우촌이 형성되었다. **황사영**은 **순조** 때 발생한 **신유박해** 당시, 배론의 토굴로 들어가 베이징에 있는 주교에게 천주교 박해를 멈추기 위해 조선으로 군대를 보내 달라는 내용의 **백서**를 집필하기도 하였다.

⑤ 조선 후기에 순조가 어린 나이로 즉위하자 **정순 왕후의 수렴청정**이 시작되고 사교와 서교를 근절하라는 금압령이 내려졌다. 이에 천주교도에 대한 탄압이 심화되어 천주교 전파에 앞장섰던 실학자들과 많은 천주교 신자들이 피해를 입는 신유박해가 발생하였다. 이때 한국인 최초로 세례를 받은 **이승훈은 처형**당하였고, 이승훈과 접촉하며 천주교에 관심을 가졌던 **정약용은 유배**당하였다.

한 번 더 체크하러 가기 ▶ 미니북 10쪽

암기의 key — 조선 후기 천주교 박해

신해박해 (1791)	진산 사건: 천주교 의식으로 모친상을 치름, 신주 소각 → 윤지충, 권상연 처형
신유박해 (1801)	• 본격적인 천주교 탄압: 노론 벽파가 남인 시파 제거 • 주문모(중국인 신부), 이승훈, 정약종 처형 • 정약용, 정약전 유배 • 황사영 백서 사건: 천주교 탄압
기해박해 (1839)	• 벽파인 풍양 조씨가 시파인 안동 김씨 공격 • 프랑스 선교사 3명 처형
병오박해 (1846)	최초의 한국인 신부 김대건 순교
병인박해 (1866)	• 배경: 흥선 대원군이 러시아 견제를 위해 프랑스와 접촉 → 실패, 천주교 반대 여론 확산 → 천주교 신자, 프랑스 신부 처형 • 결과: 로즈 제독이 이끄는 프랑스 군함이 강화도 침공(병인양요, 1866)

선택지 풀이

① 한성 조약이 체결되는 결과를 가져왔다.
갑신정변의 영향으로 일본은 당시 사망한 일본인에 대한 배상과 일본 공사관 신축 부지 제공 및 신축비 지불을 요구하면서 조선과 한성 조약을 체결하였다.

② 정부의 요청으로 출병한 청군이 진압하였다.
신식 군대인 별기군에 비해 차별 대우를 받던 구식 군대가 임오군란을 일으키자 조선 정부가 청에 군사 지원을 요청하면서 청군이 이를 진압하였다. 이후 김옥균, 박영효, 서광범 등을 중심으로 한 급진 개화파가 개혁을 추진하고자 갑신정변을 일으켰을 당시에도 조선 정부의 요청으로 청군이 이를 진압하였다.

③ 사태의 수습을 위해 박규수가 안핵사로 파견되었다.
철종 때 일어난 임술 농민 봉기의 수습을 위해 박규수를 안핵사로 파견했지만 근본적인 문제를 해결하지는 못하였다.

④ 이필제가 영해 지역에서 난을 일으키는 계기가 되었다.
고종 때 동학교도 이필제는 교주 최제우가 억울하게 처형되고, 농민 생활이 도탄에 빠지자 동학 제2대 교주인 최시형과 함께 영해 지역을 중심으로 교조 신원 운동과 반봉건 투쟁을 일으켰다.

26 조선 후기 사회 모습 — 정답 ②

정답 분석

정답이 보이는 핵심 키워드
#탈춤 #상품 화폐 경제 발달 #서당 교육 확대 #해학과 풍자 #서민들의 삶과 애환

길잡이 | 조선 후기의 사회 모습을 탈춤과 함께 알아봅니다.

조선 후기에는 농업 생산력의 증가로 **상품 화폐 경제가 발달**하고, **서민층의 경제적 여유**도 확대되었다. 이에 따라 자녀 교육에 대한 수요가 증가하면서 **서당 교육**이 확대되었고, **서민의 의식 수준**도 향상되었다. 이러한 변화는 **서민 문화의 발달**을 이끌며, 서민을 문화의 주체이자 향유층으로 자리 잡게 하였다. 특히, 이 시기 **탈춤**은 양반의 위선과 무능, 신분제 사회 등을 **풍자**하는 내용을 담으면서 전국적으로 대중화되었다.

② 태종 때 왕명으로 주자소를 설치하여 금속 활자인 계미자를 주조하였다.

한 번 더 체크하러 가기 ▶ 미니북 24쪽

선택지 풀이

① 판소리 흥보가를 구경하는 농민
④ 세책가에서 춘향전을 빌리는 부녀자
⑤ 호랑이를 소재로 민화를 그리는 화가
조선 후기에 서민 문화가 발달하면서 판소리, 한글 소설, 민화, 탈춤이 유행하였다. 또한, 소설이 대중화되면서 소설책을 빌려주는 세책가도 등장하였다.

③ 옥계 시사에서 시를 낭송하는 중인

조선 후기에는 중인층과 서민층의 문학 창작 활동이 활발해지면서 시사(詩社)를 조직하기도 하였다. 옥계 시사는 정조 때 천수경을 비롯한 13명의 위항 시인들이 옥류동 옥계에서 결성한 시사이다.

27 조선 후기의 경제 상황 정답 ②

정답 분석

정답이 보이는 핵심 키워드
#한양 #시전 #종로 #이현, 칠패와 같은 난전 #시장이 도성 밖으로 확대 #난전과 시전 사이의 갈등 #시전들 간의 다툼

길잡이 | 난전과 시전 사이에 갈등이 일어난 조선 후기 경제 상황을 살펴봅니다.

조선 초기 **시전**은 도성 안에 설치되어 관청이 요구하는 관수 물자를 조달하였다. 이러한 의무를 행한 대가로 시전은 자신이 판매하는 물건의 종류에 대한 **독점적인 매매권**을 부여받았다. **조선 후기**에 이르러 **상품 화폐 경제가 발달**하면서 정부의 공식적인 허가를 받지 않은 **난전**이 늘어났다. 이에 정부는 본래 육의전에게만 허용하던 **금난전권**을 일반 시전 상인에게도 부여하면서, 시전 상인이 직접 난전 상인을 단속할 수 있도록 하였다. 하지만 난전 상인은 계속해서 늘어났고, 시전 상인이 금난전권을 남용하자 시전과 난전 간에 갈등이 벌어졌다. 이에 **정조**가 육의전을 제외한 시전 상인의 **금난전권을 폐지**하는 **신해통공**을 실시하면서 상인들이 자유로운 상행위를 할 수 있게 하였다(1791). 그 결과 이현(동대문 안), 칠패(남대문 밖) 등이 새로운 시장(난전)으로 번창하면서 도성 밖으로도 시전이 확대되었다.
② **조선 숙종** 때 **일본**과의 교류를 위해 **부산 초량**에 **왜관**을 설치하였고, 이는 조선 후기 **대일 무역**과 외교의 중심지가 되었다(1678).

한 번 더 체크하러 가기 ▶ 미니북 24쪽

선택지 풀이

① 백성에게 정전이 지급되었다.
통일 신라 성덕왕 때 백성에게 정전을 지급하였다(722).

③ 주전도감에서 해동통보가 발행되었다.
고려 숙종 때 승려 의천의 건의에 따라 화폐 주조를 담당하는 주전도감을 설치하고 삼한통보, 해동통보, 해동중보 등의 동전과 활구(은병)를 발행·유통하였다.

④ 벽란도가 국제 무역항으로 번성하였다.
고려 시대 예성강 하구에 위치한 벽란도는 국제 무역항으로 번성하였으며, 이곳을 통해 송·아라비아 상인들과 교역을 전개하였다.

⑤ 시장을 관리하기 위한 동시전이 설치되었다.
신라 지증왕은 경주에 시장을 설치하고 이를 관리하기 위한 기구인 동시전을 설치하였다(509).

28 조미 수호 통상 조약 정답 ④

정답 분석

정답이 보이는 핵심 키워드
#조선 정부 #인천 해관 #통리교섭통상사무아문 협판 묄렌도르프 #관세 부과 업무를 시작

길잡이 | 인천 해관 창설에 영향을 끼친 조미 수호 통상 조약을 학습합니다.

④ 조선은 일본과 **조일 수호 조규(강화도 조약)**를 맺어 **인천, 원산, 부산** 3개의 항구를 개항하였으며, 일본에게 **해안측량권**과 **치외법권**을 인정해 주었다. 하지만 관세에 대해서는 규정하지 않아 1870년대에 조일 간에는 **무관세 무역**이 전개되었다. 이후 무관세 무역에 부당함을 느낀 조선 정부는 일본과의 관세 교섭에 나섰고, 미국과 체결한 **조미 수호 통상 조약**에는 **관세 규정**을 포함하면서 관세 행정을 담당할 기구가 필요하게 되었다. 이에 조선은 청의 이홍장의 추천을 받아 묄렌도르프에게 해관 창설의 업무를 맡기면서, 관세 행정 기구로 인천 해관을 창설하였다.

한 번 더 체크하러 가기 ▶ 미니북 11쪽

선택지 풀이

① 한일 의정서의 체결 과정을 파악한다.
대한 제국은 대외 중립을 선언하였으나 일본은 이를 무시하고 러일 전쟁 직후 대한 제국과 한일 의정서를 체결하여 한반도 내 군사 거점을 확보하였다.

② 미쓰야 협정이 끼친 영향을 조사한다.
일본은 만주 지역에서 활동하는 독립군을 색출하기 위해 만주 군벌과 미쓰야 협정을 체결하였다. 이로 인해 만주 지역의 독립운동이 큰 제약을 받게 되었다.

③ 강화도 조약이 체결된 계기를 알아본다.
일본이 운요호 사건을 구실로 조선에 통상 조약 체결을 요구하여 우리나라 최초의 근대적 조약이자 불평등 조약인 강화도 조약이 체결되었다.

⑤ 헤이그 특사가 파견되는 원인을 살펴본다.
고종은 을사늑약의 부당성을 알리기 위해 이상설, 이준, 이위종을 헤이그에서 열린 만국 평화 회의에 특사로 파견하였다.

29 개항 전후 인물 — 정답 ③

정답 분석

정답이 보이는 핵심 키워드
#박규수 #이만손 #김홍집 #유길준 #박성춘

길잡이 | 개항 전후 격변하는 시대 상황을 맞이한 인물들의 삶을 확인합니다.

③ 민영익, 홍영식, 서광범, 유길준은 보빙사로 40여 일간 미국에 체류하면서 미국 대통령을 만나 선진 문물을 시찰하였다. 이후 홍영식과 서광범은 개화당 정부를 만들어 개화 정책을 추진하였다.

한 번 더 체크하러 가기 ▶ 미니북 17쪽

선택지 풀이

① (가) - 북학 사상을 바탕으로 통상 개화론을 주장하다
박규수는 북학파의 거두 박지원의 손자로, 할아버지의 영향을 받아 실학을 배웠다. 그는 개화 사상에도 관심을 가져 외국에 문호를 개방하고 서양 기술을 도입 및 보급해야 한다는 통상 개화론을 주장하였다.

② (나) - 영남 만인소를 주도해 개항과 통상에 반대하다
김홍집이 『조선책략』을 들여온 이후 미국과 외교 관계를 맺어야 한다는 여론이 형성되자, 이만손은 영남 유생들과 함께 만인소를 올려 이에 반대하였다.

④ (라) - 서유견문을 집필하여 서양 근대 문명을 소개하다
유길준은 미국 유학을 다녀온 뒤 서양 각국의 지리, 역사, 정치, 교육 등을 다룬 『서유견문』을 집필하여 서양 근대 문명을 소개하였다.

⑤ (마) - 백정 출신으로 관민 공동회에서 연설하다
박성춘은 조선 시대 가장 천대받던 계층인 백정 출신으로, 독립협회가 개최한 관민 공동회에서 '충군애국'을 주제로 연설하였다.

30 광무개혁 — 정답 ①

정답 분석

정답이 보이는 핵심 키워드
#고종 황제 #구본신참을 내세움

길잡이 | 구본신참을 기치로 한 광무개혁을 공부합니다.

대한 제국 선포 직후 **고종**은 '옛 법을 근본으로 삼고 새로운 것을 첨가한다'는 의미의 **구본신참**을 기본 정신으로 하여 **광무개혁**을 실시하였다(1897). 이때 대한 제국은 파리 만국 박람회에 전시관을 세워 참가하면서, 대한 제국의 권위와 위상을 세계에 알리고 선진화된 서구 문물을 받아들이고자 하였다.

① 고종은 광무개혁의 일환으로 **양전 사업**을 실시하여(1899) **지계아문**을 통해 토지 소유 문서인 **지계**를 발급하고 **근대적 토지 소유권**을 확립하고자 하였다(1901).

한 번 더 체크하러 가기 ▶ 미니북 11, 49쪽

선택지 풀이

② 건양이라는 독자적인 연호를 채택하였다.
고종은 을미개혁 때 건양이라는 독자적인 연호를 채택하였다(1895).

③ 박문국을 설치하고 한성순보를 발행하였다.
고종은 개화 정책의 일환으로 박문국을 설치하고, 정부의 개화 정책을 홍보하는 기관지로써 한성순보를 발행하였다(1883).

④ 근대식 무기 제조 공장인 기기창을 설립하였다.
고종은 중국 톈진에 김윤식과 유학생을 영선사로 파견하여 근대 무기 제조 기술과 군사 훈련법을 배우도록 하였다. 이를 계기로 국내에 근대식 무기 제조 공장인 기기창이 설립되었다(1883).

⑤ 개혁의 방향을 제시한 홍범 14조를 반포하였다.
제2차 갑오개혁 때 김홍집 내각이 홍범 14조를 반포하고 개혁의 기본 방향을 제시하였다(1895).

암기의 key | 대한 제국 수립과 광무개혁

대한 제국 수립	• 자주 국가임을 국내외에 선포(1897) • 국호 '대한 제국', 연호 '광무' 사용
광무개혁	• 방향: 구본신참, 복고주의적 • 정치 개혁: 대한국 국제 반포(1899) → 전제 군주제, 황제 직속 원수부 설치 • 경제 개혁: 양전 사업 후 지계 발급(근대적 토지 소유권 확립), 상공업·교육 진흥책

31 동학 농민 운동 — 정답 ③

정답 분석

정답이 보이는 핵심 키워드
#농민의 얼굴 #죽창 #정읍시 고부면 #전봉준 #고부 군수 조병갑의 횡포 #사발통문 #고부 농민 봉기

길잡이 | 동학 농민 운동을 학습합니다.

전라도 고부 군수 조병갑이 만석보를 쌓는다는 명분으로 농민을 동원하고 수세를 강제로 징수하였다. 이를 참다 못한 동학교도 **전봉준**은 **사발통문**을 돌려 봉기 계획을 알리며 사람을 모아 **고부 관아**를 습격하고, 만석보를 파괴하였다(고부 농민 봉기, 1894.1.). 고부 농민 봉기를 시작으로 농민은 **죽창**과 농기구를 들고 봉건적인 사회와 외세에 반발하였다(**동학 농민 운동**, 1894.3.~1894.12.).

③ **동학 농민군**이 **전주성**을 **점령**하고 전라도 일대를 장악하자 정부는 농민군을 진압하기 위해 청에 군대를 요청하였고, **톈진 조약**으로 인해 일본도 군대를 파견하였다. 청과 일본의 군대 개입을 우려한 농민군은 정부와 **전주 화약**을 체결하고 **집강소**를 설치하여 **폐정 개혁**을 실시하였다.

한 번 더 체크하러 가기 ▶ 미니북 11, 41쪽

선택지 풀이

① 삼국 간섭의 결과를 알아본다.
청일 전쟁에서 승리한 일본은 청과 시모노세키 조약을 체결하여 요동반도(랴오둥반도)와 타이완을 장악하였으나, 러시아·프랑스·독일의 삼국 간섭으로 이를 반환하게 되었다. 삼국 간섭 이후 일본의 세력이 위축되자 민씨 세력이 러시아를 통해 일본을 견제하려 하면서 친러 내각이 수립되었고, 일본은 경복궁에 난입하여 을미사변을 일으켰다.

② 척화비가 건립된 계기를 조사한다.
병인양요와 신미양요를 겪은 흥선 대원군은 외세의 침입을 경계하고 서양과의 통상 수교 반대 의지를 알리기 위해 전국 각지에 척화비를 건립하였다.

④ 영국이 거문도를 점령한 목적을 분석한다.
갑신정변 이후 서구 열강들이 경합하던 당시, 조선에 대한 러시아의 세력 확장에 불안을 느낀 영국은 러시아의 남하를 막는다는 구실로 거문도를 불법으로 점령하였다.

⑤ 외규장각 도서가 약탈된 배경을 찾아본다.
병인박해를 구실로 로즈 제독이 이끄는 프랑스 군대가 양화진을 공격하여 병인양요가 발생하였다. 이때 프랑스 군대는 외규장각을 불태우고 의궤 등을 약탈하였다.

32 정미 7조약 체결 이후 상황   정답 ④

정답 분석

정답이 보이는 핵심 키워드
#한성에서 시위대 부대원들과 일본군 사이에 시가전 #군대 해산 명령 #대대장 박승환 자결

길잡이 | 한일 신협약(정미 7조약)이 체결된 이후의 상황을 알아봅니다.

일제는 **을사늑약** 체결 이후 고종의 **헤이그 특사 파견 사건**을 구실로 **한일 신협약(정미 7조약)**을 체결하여 **대한 제국의 군대를 강제 해산**시키고 내정을 완전히 장악하고자 하였다(1907.7.). 이와 같은 조치에 반발하며 대한 제국 시위대 대대장 **박승환**이 자결하자, 박승환이 이끌던 시위대 제1연대 제1대대 장병들은 군대 해산을 거부하면서 일본군과 남대문에서 시가전을 전개하였다(1907.8.).
④ 한일 신협약으로 대한 제국 군대가 해산되자 이에 반발하여 **정미의병**이 전국적으로 전개되었고, **해산 군인**들이 의병 활동에 가담하며 의병 부대가 조직되었다. 이후 이인영을 총대장으로 한 **13도 창의군**이 결성되어 **서울 진공 작전**을 전개하였다(1908).

한 번 더 체크하러 가기 ▶ 미니북 11, 39쪽

선택지 풀이

① 최익현이 태인에서 의병을 일으켰다.
최익현은 유생 임병찬 등과 태인에서 을사늑약에 반대하는 을사의병을 일으켰다(1906).

② 일본이 독도를 불법적으로 편입하였다.
일본은 러일 전쟁 중 불법으로 독도를 일본 영토로 편입시켰으며(1905), 현재는 다케시마(竹島)라는 이름으로 시마네현 행정구역에 포함시켰다.

③ 스티븐스가 외교 고문으로 부임하였다.
제1차 한일 협약을 통해 스티븐스가 외교 고문, 메가타가 재정 고문으로 임명되었다(1904).

⑤ 유인석이 이끄는 부대가 충주성을 점령하였다.
을미사변에 반발하여 유인석을 중심으로 제천 일대의 유생들이 의병을 일으켰다. 유인석이 이끄는 부대는 충주성을 점령하기도 하였으나 관군과 일본군의 반격으로 패배하였다(1895).

33 지역사 – 미주 지역   정답 ⑤

정답 분석

정답이 보이는 핵심 키워드
#첫 공식 이민 #사탕수수 농장 #노동 이민

길잡이 | 미주 지역에서 있었던 민족 운동을 살펴봅니다.

대한 제국 당시 미국 공사였던 알렌의 주선으로 **최초의 한국인 공식 이민자들**이 제물포에서 갤릭호를 타고 출항하여 **하와이**에 **사탕수수 농장 노동자**로 이주하였다. 한인 노동자들은 백인 감독의 노예와 같은 대우를 견디며 하루 16시간 이상의 노동을 하였다. 하와이 사탕수수 농장에서 계약 기간이 끝난 한인 노동자들은 본토 샌프란시스코로 이동하여 정착하면서 자연스럽게 한인 집단을 형성하고 항일 운동을 전개하기도 하였다.
⑤ **박용만**은 하와이에 **대조선 국민 군단**을 결성하여 독립군 사관 양성을 바탕으로 한 무장 투쟁을 준비하였다.

한 번 더 체크하러 가기 ▶ 미니북 40쪽

선택지 풀이

① 한인 자치 기구인 경학사를 설립하였다.
남만주 삼원보는 국외 독립 운동 기지를 건설하기 위해 신민회원이 이주한 곳이다. 이곳에서 신민회는 한인 자치 기구인 경학사를 설립하고 독립군 양성 학교인 신흥 무관 학교를 세웠다.

② 권업신문을 발간하여 민족 의식을 고취하였다.
연해주에서 결성된 독립운동 단체인 권업회는 러시아의 공인을 얻어 활동하였다. 권업회는 기관지로 권업신문을 발간하여, 민족 의식을 고취하고 교민의 권익향상을 꾀하였다.

③ 유학생을 중심으로 2·8 독립 선언을 발표하였다.
일본 도쿄에서 유학생들이 중심이 되어 조선 청년 독립단이 결성되었다. 이 단체는 대표 11인을 중심으로 도쿄에서 2·8 독립 선언을 발표하였다.

④ 신한 청년당이 파리 강화 회의에 대표를 파견하였다.
중국 상하이에서 결성된 신한 청년당은 파리 강화 회의에 김규식을 대표로 파견하여 독립 청원서를 제출하였다.

암기의 key — 국외 이주 동포의 독립운동

지역	이주 배경	활동	시련
간도 (만주)	생계 유지 → 항일 운동 목적	• 독립 전쟁 기지 (남만주 삼원보) • 신흥 무관 학교	간도 참변, 만보산 사건
연해주	러시아 변방 개혁을 위해 조선인 이주 허용, 한인촌 형성	• 13도 창의군 • 대한 광복군 정부 • 대한 국민 의회 • 권업회, 권업신문	자유시 참변, 중앙아시아 강제 이주
일본	유학생 → 산업 노동자, 징용	2·8 독립 선언	관동 대학살
미주	하와이 사탕수수 농장 노동자	• 대한인 국민회 • 대조선 국민 군단 • 구미 위원부 • 흥사단	애니깽

③ 원각사에서 은세계 공연을 보는 여성
최초의 서양식 극장인 원각사에서 「은세계」, 「치악산」 등의 신극이 공연되었다(1908).

④ 통리기무아문에서 개화 정책을 논의하는 관리
강화도 조약 이후 고종은 국내외의 군국 기무와 개화 정책을 총괄하는 기구로서 통리기무아문을 설치하고 그 아래 12사(司)를 두어 행정 업무를 맡게 하였다(1880).

⑤ 어린이날 기념 행사에 참여하는 천도교 소년회 회원
방정환 등을 중심으로 한 천도교 소년회는 매년 5월 1일을 어린이날로 정하고, 잡지 『어린이』를 간행하며 소년 운동을 주도하였다(1923).

35 용암포 사건 — 정답 ④

정답 분석

정답이 보이는 핵심 키워드
#러시아 공사 #용암포 #황성신문 #일본, 영국, 미국의 각 공사가 의주의 개방을 권고

길잡이 | 러일 전쟁 발발에 영향을 끼친 용암포 사건을 살펴봅니다.

④ 1896년 9월 러시아 블라디보스토크의 상인 브리너가 두만강 유역·압록강 유역·울릉도의 삼림 채벌권을 획득하였으나, 당시 한반도를 일본에게 양보하는 정책을 펼치고 있던 러시아는 삼림 이권을 활용하지 않았다. 이후 정책을 변경하여 한반도에도 영향력을 펼치기로 한 러시아는 **삼림 채벌**을 명목으로 압록강 하류에 위치한 **용암포에 진출**하여 조선 정부의 동의 없이 군대를 상륙시켰다. 또한, 전선 및 방호 시설을 설치하였으며 대한 제국에 조차를 요구하였다(**용암포 사건, 1903**). **러시아의 남하를 경계한 일본**은 영국과 연합하여 러시아뿐만 아니라 모든 나라가 용암포를 비롯한 의주를 균점할 수 있도록 개항장을 개설하라고 조선에 요구하였다. 이러한 **조선을 둘러싼 러시아와 일본의 첨예한 대립**은 이후 **러일 전쟁**이 발발(1904)하는 요인이 되었다.

이외의 사건들인 신미양요는 1871년, 갑신정변은 1884년, 청일 전쟁은 1894년, 아관 파천은 1896년, 국권 피탈은 1910년에 일어났다.

34 근대 시기의 모습 — 정답 ①

정답 분석

정답이 보이는 핵심 키워드
#경부선 #한성 – 부산 – 도쿄로 연결되는 교통망

길잡이 | 경부선이 개통된 근대 시기의 모습을 확인합니다.

일본인 회사가 부설권을 획득한 **경부선**은 **서울과 부산을 연결**한 철도로, 우리나라 최초의 철도인 경인선에 이어 두 번째로 개통되었다(1905.1.). 같은 해 9월에는 부산과 일본의 시모노세키를 연결하는 부관연락선 '잇키마루'의 운항이 시작되면서 경부철도와 일본철도를 연결하는 연대 운수가 개시되었다.

① **대한매일신보**는 1904년 양기탁과 영국인 베델을 중심으로 창간된 신문으로, **국채 보상 운동을 지원**하기도 하였다(1907).

한 번 더 체크하러 가기 ▶ 미니북 38쪽

선택지 풀이

② 경성 제국 대학에 입학하는 학생
일제는 조선 민립 대학 설립 운동을 저지하고 여론을 무마하기 위해 경성 제국 대학을 설립하였다(1924).

36 3·1 운동 — 정답 ④

정답 분석

정답이 보이는 핵심 키워드
#독립운동 #독립 선언서 #탑골 공원과 종로 인근에 배포 #조선은 독립국 #독립 만세

길잡이 | 3·1 운동을 살펴봅니다.

1919년 윌슨이 민족 자결주의를 주창하고, 고종의 독살설이 돌면서 항일 의식이 고조되었다. 이에 고종의 인산일을 계기로 **민족 대표 33인**이 **태화관**에서 **독립 선언식**을 거행하고, **탑골 공원**에서 학생과 시민들이 **독립 선언서**를 낭독하면서 전국적인 만세 운동인 **3·1 운동**이 전개되었다. 서울 보성고등보통학교 4학년이었던 장채극은 3·1 운동 당시 국민 대회 사건을 일으켜 징역 2년 형을 선고받기도 하였다.

④ 일제는 3·1 운동이 일어났던 **수원(화성) 제암리**에서 주민들을 학살하고 교회당과 민가를 방화하는 만행을 저질렀다.

한 번 더 체크하러 가기 ▶ 미니북 12, 26쪽

✅ 선택지 풀이

① 정우회 선언의 영향을 받았다.

6·10 만세 운동의 준비 과정에서 사회주의 세력과 비타협적 민족주의 세력이 연대하여 민족 유일당을 결성할 수 있다는 공감대가 형성되었다. 이에 따라 국내의 민족 해방 운동 진영은 정우회 선언을 발표하고, 좌우 합작 조직인 신간회를 결성하였다. 정우회 선언은 경제 투쟁에서 정치 투쟁으로 전환해야 함을 제시하면서, 사회주의 경향의 운동과 문학 활동에 영향을 주었다.

② 통감부의 탄압과 방해로 중단되었다.

김광제, 서상돈 등이 일본에서 도입한 차관 1,300만 원을 갚아 주권을 회복하고자 국채 보상 운동을 전개하였으나, 통감부의 방해와 탄압으로 중단되었다.

③ 순종의 인산일을 기회로 삼아 추진되었다.

1920년대 사회주의가 유입되기 시작하였고 사회주의자와 학생들이 함께 순종의 인산일에 맞추어 만세 운동을 계획하였다. 그러나 사회주의자들이 사전에 일본에 발각되면서 학생들을 중심으로 순종의 국장일인 1926년 6월 10일 서울 시내에서 만세 시위가 전개되었다.

⑤ 성진회와 각 학교 독서회에 의해 전국적으로 확산되었다.

일제 강점기에 한국인 학생과 일본인 학생 간의 충돌 사건을 계기로 한국인 학생에 대한 차별과 식민지 교육에 저항하면서 광주 학생 항일 운동이 발생하였다. 이후 일제의 식민지 차별 교육에 반발하여 광주에서 조직된 항일 학생 비밀 결사인 성진회와 각 학교 독서회에 의해 광주 학생 항일 운동이 전국으로 확산되었다.

37 대한민국 임시 정부   정답 ④

✅ 정답 분석

정답이 보이는 핵심 키워드
#백산 상회 #안희제 #연통제 조직 #독립운동 자금 조달 #독립신문 보급

길잡이 | 대한민국 임시 정부의 활동을 알아봅니다.

독립운동가 안희제는 독립운동을 위해 경제 문제가 해결되어야 함을 깨닫고, 독립운동 자금 지원을 목적으로 부산에 **백산 상회**를 세웠다. 백산 상회는 이후 백산 무역 주식회사로 확대·개편되어 **대한민국 임시 정부**의 연통제 조직을 통해 독립운동가의 연락을 돕고 자금을 조달하였으며, 독립신문 보급 등의 독립운동도 담당하였다.

④ 대한민국 임시 정부는 국외 거주 동포들에게 **독립 공채**를 발행하여 독립운동 자금을 마련하였다.

한 번 더 체크하러 가기 ▶ 미니북 26쪽

✅ 선택지 풀이

① 고종 강제 퇴위 반대 운동을 전개하였다.

대한 자강회는 교육과 산업 활동을 바탕으로 한 국권 회복을 목표로 활동하였고, 고종의 강제 퇴위 반대 운동을 전개하다가 일제의 탄압으로 해산되었다.

② 일제의 황무지 개간권 요구를 저지하였다.

보안회는 일본의 황무지 개간권 요구를 반대하는 운동을 전개하여 요구를 저지시키는 데 성공하였다.

③ 영은문이 있던 자리 부근에 독립문을 건립하였다.

서재필이 창립한 독립 협회는 청의 사신을 맞던 영은문을 헐어 그 자리 부근에 독립문을 건립하였다.

⑤ 조선 총독부에 국권 반환 요구서를 제출하려 하였다.

임병찬이 고종의 밀명을 받아 조직한 독립 의군부는 조선 총독부에 국권 반환 요구서 제출을 시도하였다.

38 의열단   정답 ③

✅ 정답 분석

정답이 보이는 핵심 키워드
#박재혁 #김원봉이 조직 #부산 경찰서에 폭탄을 터뜨림

길잡이 | 박재혁이 활동한 의열단을 공부합니다.

의열단원 박재혁은 **부산 경찰서장** 하시모토가 중국 고서를 좋아한다는 정보를 입수하고 고서상으로 위장하였다. 이에 하시모토를 대면하는 것에 성공한 박재혁은 하시모토를 향해 폭탄을 터뜨려 중상을 입혔고, 현장에서 체포된 후 대구 형무소에 수감되어 옥사하였다.

③ **김원봉**을 중심으로 만주 지역에서 결성된 **의열단**은 직접적인 투쟁 방법인 암살, 파괴, 테러 등을 통해 독립운동을 전개하였다. 의열단원인 **김익상**은 조선 총독부, **김상옥**은 종로 경찰서에 폭탄을 투척하였다.

한 번 더 체크하러 가기 ▶ 미니북 28쪽

선택지 풀이

① 원산 노동자 총파업을 지원하였다.
영국인이 경영하는 회사에서 일본인 감독이 조선인 노동자를 구타하는 사건이 발생하자 원산의 전 노동자가 파업을 단행하여 원산 노동자 총파업 사건이 발생하였다. 신간회를 비롯하여 전국 각지의 노동 조합·청년 단체·농민 단체 등이 원산 노동자 총파업을 지원하였고, 일본, 프랑스 등지의 노동 단체가 격려 전문을 보내기도 하였다.

② 신흥 강습소를 세워 독립군을 양성하였다.
일제의 탄압으로 신민회가 해체되는 중에도 이상룡, 이회영 등 신민회 원들은 서간도 삼원보 지역에 독립군 양성 학교인 신흥 강습소(신흥 무관 학교)를 세워 독립군을 양성하였다.

④ 상덕태상회를 통하여 군자금을 모집하였다.
박상진이 공화 정체의 근대 국민 국가의 수립을 지향하면서 조직한 대한 광복회는 비밀 연락 거점지로서 상덕태상회를 설립하고 이를 통하여 군자금을 모집하였다.

⑤ 도쿄에서 일어난 이봉창 의거를 계획하였다.
한인 애국단은 일왕 암살을 계획하여 이봉창이 도쿄에서 일왕이 탄 마차 행렬에 폭탄을 투척하도록 하였다.

암기의 key — 국외 이주 동포의 독립운동

인물	활동
박재혁	부산 경찰서에 폭탄 투척(1920)
최수봉	밀양 경찰서에 폭탄 투척(1920)
김익상	조선 총독부에 폭탄 투척(1921)
김상옥	종로 경찰서에 폭탄 투척, 일경과 교전·처단(1923)
김지섭	일본 도쿄 왕궁에 폭탄 투척(1924)
나석주	동양 척식 주식회사와 조선 식산 은행에 폭탄 투척(1926)

39 백남운 정답 ②

정답 분석

정답이 보이는 핵심 키워드
#조선사 연구 #『조선사회경제사』 #한국사가 세계사의 보편적인 발전 법칙에 따라 발전

길잡이 『조선사회경제사』를 저술한 백남운을 알아봅니다.

② 백남운은 『조선사회경제사』와 『조선봉건사회경제사』를 통해 사적 유물론의 원리를 적용하여 주체적으로 역사를 해석하였다. 이를 통해 한국사가 **세계사의 보편적인 발전 법칙에 맞게 발전**하였음을 강조하면서 **식민 사학의 정체성론을 반박**하였다.

▶ 한 번 더 체크하러 가기 ▶ 미니북 18쪽

선택지 풀이

① 조선불교유신론을 주장하였다.
한용운은 불교의 부흥을 위해 개혁을 단행해야 한다고 주장하며 『조선불교유신론』을 저술하였다.

③ 조선사 편수회에 들어가 조선사 편찬에 참여하였다.
이병도, 신석호 등은 일제가 식민 지배를 위해 한국사 왜곡을 목적으로 설치한 조선사 편수회에 들어가 『조선사』 편찬에 참여하였다.

④ 진단 학회를 설립하여 실증주의 사학을 발전시켰다.
이병도, 손진태는 한국 및 지역 문화를 연구하기 위해 진단 학회를 설립하여 실증주의 사학을 발전시켰다.

⑤ 민족을 역사 서술의 중심에 둔 독사신론을 집필하였다.
신채호는 『독사신론』을 집필하여 민족을 역사 서술의 중심에 두었으며, 민족주의 사학의 기반을 마련하였다.

40 일제 강점기 사회 상황 정답 ⑤

정답 분석

정답이 보이는 핵심 키워드
#단성사 #영화 「아리랑」 #몸뻬

길잡이 일제 강점기 당시 식민지 조선의 사회 상황을 학습합니다.

- 「아리랑」: 1926년 극장 **단성사**에서 개봉한 영화로, **나운규**가 감독과 주연을 맡아 제작하였다. 이 영화는 일본의 식민지 정책이 확립되던 시기에 우리 민족의 항일 정신을 반영한 작품으로, 조국을 잃은 백성의 울분과 설움이 표현되어 있다.
- 몸뻬: 1940년대 일제 강점기 전시 체제하에 **노동력 동원**을 위해 일제가 여성들에게 강제로 보급한 일상복이다. 몸뻬 바지를 입지 않은 경우에는 관공서, 식당 등의 출입이 막히고 버스와 전차의 승차가 거부되는 등 일상이 통제되었다.
- 「목포의 눈물」: 1935년 조선일보에서 향토 노래 현상 모집을 실시한 결과 당선된 노래이다. 「목포의 눈물」은 일본의 검열을 피하기 위해 몇가지 단어를 변경하였는데, 가사 속 '삼백 년 원안풍은'은 본래 '삼백 년 원한 품은'으로 임진왜란이 끝난 시점부터 우리나라가 일본에 원한을 품은 것을 뜻한다.
⑤ 박정희 정부 때 1970년대에 상대적으로 낙후된 농어촌을 근대화시켜 균형 있는 발전을 이루기 위해 새마을 운동을 추진하였다.

선택지 풀이

① 잡지 신여성, 여권 신장을 주장하다
『신여성』은 일제 강점기에 천도교가 근대교육을 받은 신여성을 대상으로 창간한 잡지로, 여성의 사회 진출과 여권 신장 등을 목표로 하였다.

② 조선 형평사, 사회적 차별 철폐를 외치다
갑오개혁 이후 신분제가 폐지되었음에도 일제 강점기 때 백정에 대한 사회적 차별은 더욱 심해졌다. 백정들은 이러한 차별을 철폐하기 위해 진주에서 조선 형평사를 창립하고 형평 운동을 전개하였다.

③ 소설 상록수, 브나로드 운동을 널리 알리다
일제 강점기의 저항 시인이자 소설가 심훈은 브나로드 운동을 소재로 농촌 사업의 휴머니즘과 저항 의식을 고취시키는 장편 소설 『상록수』를 동아일보에 연재하였다.

④ 경성 방직 주식회사, 광목 태극성을 광고하다
경성 방직 주식회사는 일제 강점기에 설립된 조선인 기업으로, '태극성'이라는 상표를 내세워 광목을 판매하였다. 이 기업의 광목은 일본 기업에서 판매하는 것에 비해 품질이 낮았기 때문에, 이를 만회하기 위해 '우리 손으로 만든 광목', '조선 사람 조선 광목'과 같은 문구를 사용하였다. 또한, 태극 문양을 적극 활용하는 등 민족 감정에 호소하는 홍보 방식을 취하면서 경성 방직 주식회사는 물산 장려 운동을 통해 크게 성장하였다.

41 일제 강점기 국외 상황 정답 ③

정답 분석

정답이 보이는 핵심 키워드
#일제 강점기 국외 동포 #만주 #일본 #연해주 #중앙아시아 #미국

길잡이 | 일제 강점기 국외 동포들의 삶을 살펴봅니다.

③ 멕시코 메리다 지역으로 이주한 한인들은 생계를 잇기 위해 에네켄(애니깽) 농장에서 일하며, 반노예적인 노동 조건과 착취를 견뎠다.

선택지 풀이

① (가) - 일본군의 보복으로 간도 참변이 일어나다
일본군은 봉오동 전투와 청산리 전투의 패배에 대한 보복으로 독립군의 근거지를 소탕하기 위해 간도 지역(만주 동남부의 두만강 북쪽 지역)의 수많은 한인을 학살하는 만행을 저질렀다.

② (나) - 관동 대지진 당시 자경단에게 학살당하다
일본 도쿄와 관동 일대에서 진도 7.9의 강진이 발생하였다. 이때 조선인이 우물에 독을 퍼뜨렸다는 유언비어가 유포되었고, 이를 믿은 일본 민중은 자경단을 조직하여 조선인을 향한 대학살을 자행하였다.

④ (라) - 소련 당국에 의해 강제로 이주되어 오다
일제 강점기 연해주에 한인들이 많이 이주하기 시작하면서 한인 집단 거주지인 신한촌이 형성되었다. 그러나 소련의 스탈린은 만주 지역이 일본의 침략을 받기 시작하자 극동 지방의 안보를 우려하여, 국경 지방에 거주하는 한인을 강제로 중앙아시아로 이주시키는 정책을 실시하였다.

⑤ (마) - 교민들을 중심으로 흥사단이 창립되다
미국 샌프란시스코에서 안창호 등이 국권 회복을 위해 민족 운동 단체인 흥사단을 창립하였다.

42 한국 독립군 정답 ⑤

정답 분석

정답이 보이는 핵심 키워드
#총사령관 지청천 #중국군과 연합 #대전자령에서 일본군을 상대로 대승을 거둠

길잡이 | 한국 독립군의 활동을 공부합니다.

⑤ 북만주에서 결성된 **한국 독립당** 산하의 군사 조직인 **한국 독립군**은 **중국 호로군**과 연합하여 **한중 연합군**을 조직하였다. 이후 중국 의용군이 분화하면서 길림구국군과 함께 **대전자령 전투**를 전개하였는데, 이때 한국 독립당 의용군 중대장이었던 오광선은 **지청천**과 함께 활약하여 전투를 승리로 이끌었다.

한 번 더 체크하러 가기 ▶ 미니북 28쪽

선택지 풀이

① 봉오동 전투에서 일본군을 크게 격파하였다.
홍범도의 대한 독립군은 대한 국민회군, 군무도독부 등의 독립군과 연합하여 봉오동 전투에서 일본군을 상대로 큰 승리를 거두었다.

② 미국과 연계하여 국내 진공 작전을 계획하였다.
대한민국 임시 정부의 직할 부대인 한국 광복군은 영국군의 요청을 받아 인도, 미얀마 전선에 파견되었으며, 미국의 협조를 받아 국내 진공 작전을 계획하였다.

③ 중국 의용군과 연합하여 영릉가 전투에서 승리하였다.
남만주 지역에서 양세봉이 이끈 조선 혁명군은 중국 의용군과 연합하여 흥경성, 영릉가 전투에서 승리하였다.

④ 조선 민족 전선 연맹 산하의 군사 조직으로 결성되었다.
조선 의용대는 중국 관내에서 창설한 최초의 한인 군사 조직으로 조선 민족 전선 연맹 산하에 있었다.

43 1930년대 이후 민족 말살 통치 정답 ④

정답 분석

정답이 보이는 핵심 키워드
#조선어 학회 #『조선말 사전』#국가 총동원법 시행 #한글 연구 #치안 유지법 위반 혐의로 투옥함

길잡이 | 조선어 학회가 해산되었던 1930년대 이후 민족 말살 통치기의 사건을 확인합니다.

조선어 학회는 한글 맞춤법 통일안과 외국어 표기법 통일안을 제정하고 우리말의 체계화를 위해 노력하였다. 이에 『**조선말 큰사전(우리말 큰사전)**』의 편찬을 시작하였으나 일제는 조선어 학회를 독립운동 단체로 간주하여 관련 인사를 체포한 후 학회를 강제 해산시켰다(**조선어 학회 사건**, 1942).

④ 1930년대 이후 일제는 대륙 침략을 위해 **한반도를 병참 기지화**한 후 **국가 총동원법**을 시행하여, **조선의 인적·물적 자원을 수탈**하였다. 일제는 조선인을 일본이 일으킨 전쟁에 투입시키기 위해 우리 **민족의 정체성을 말살**하고자 하였다. 이에 **황국 신민 서사 암송, 창씨 개명, 신사 참배** 등을 강요하였다.

한 번 더 체크하러 가기 ▶ 미니북 12쪽

선택지 풀이

① 조선 태형령이 반포되었다.
일제는 무단 통치기에 조선 태형령을 제정하였고, 이에 따라 곳곳에 배치된 헌병 경찰들이 조선인들에게 태형을 통한 형벌을 가하였다(1912).

② 조선 노농 총동맹이 결성되었다.
3·1 운동 이후 사회주의 사상이 유입되면서 노동·농민 운동 등 사회 운동이 활성화되었다. 이에 소작 쟁의가 다수 발생하였고 통일된 조직의 필요성을 느껴 조선 노농 총동맹이 조직되었다(1924).

③ 임시 토지 조사국이 설립되었다.
조선 총독부는 식민 지배를 위해 안정적으로 조세를 확보하고자 토지 조사 사업을 시행하였다(1910~1918). 이에 일제는 임시 토지 조사국을 설립하고 토지 조사령을 발표하여 일정 기간 내 토지를 신고하도록 하였으며, 신고하지 않은 토지는 총독부에서 몰수하여 일본인에게 헐값으로 불하하였다.

⑤ 조선 민립 대학 기성회가 창립되었다.
1920년대에 일제가 문화 통치를 표방하자 민족 운동가들은 한국인을 위한 고등 교육 기관으로서 민립 대학을 설립하기 위해 민립 대학 설립 운동을 전개하였다. 이상재, 이승훈, 윤치호 등은 조선 민립 대학 기성회를 창립하고(1923) 대학 설립을 위한 모금 활동도 전개하였다.

44 제주 4·3 사건 정답 ⑤

정답 분석

정답이 보이는 핵심 키워드
#유네스코 세계 기록 유산 #남한만의 단독 선거에 반대하는 무장대 #진압하는 토벌대 간의 무력 충돌 #수많은 제주도민이 희생된 비극 #국가 폭력

길잡이 | 제주에서 일어난 비극인 제주 4·3 사건을 공부합니다.

⑤ **제주 4·3 사건**은 1948년 **남한만의 단독 선거에 반대**하며 일어난 남로당 무장대의 무장 봉기와 이에 대한 미군정 및 경찰 토벌대의 강경 진압이 원인이 되어 발생하였다. 진압 과정에서 법적 절차를 거치지 않고 총기 등을 사용하여 **민간인을 학살**하면서 **제주도민들이 큰 피해**를 입었다. 이에 2000년에 제주 4·3 사건 진상 규명 및 희생자 명예 회복에 관한 특별법이 제정되면서 제주 4·3 사건에 대한 정부 차원의 진상 조사가 착수되었다. 이후 2021년 제주 4·3 사건 수형인 명예 회복과 희생자 및 유족에 대한 위자료 지급, 추가 진상 조사 등을 위한 특별법이 제정되었으며, 2025년 4월에는 군법회의 수형인 명부와 희생자 유족 증언, 진상 조사 등의 기록물이 **유네스코 세계 기록 유산**으로 등재되었다.

한 번 더 체크하러 가기 ▶ 미니북 29쪽

선택지 풀이

① 대통령이 하야하는 결과를 이끌어냈다.
이승만 대통령이 장기 집권을 위해 3·15 부정 선거를 자행하자 이에 반발하며 4·19 혁명이 전국적으로 일어났다. 4·19 혁명의 결과 이승만 대통령이 하야하였다.

② 호헌 철폐와 독재 타도 등의 구호를 내세웠다.
전두환 정부의 4·13 호헌 조치가 발표되고 박종철 고문치사 사건이 발생하자 이에 반발한 시민들은 호헌 철폐와 독재 타도 등의 구호를 내세우면서 6월 민주 항쟁을 일으켰다.

③ 통일 주체 국민 회의가 구성되는 배경이 되었다.
1972년 10월, 박정희 대통령이 제정한 유신 헌법 하에 통일 주체 국민 회의라는 헌법 최고 기구가 구성되었다.

④ 6·3 시위의 전개와 비상계엄이 선포되는 계기가 되었다.
박정희 정부가 한일 회담 진행 과정에서 추진한 한일 국교 정상화의 협정 내용이 공개되자, 학생과 야당을 주축으로 굴욕적인 대일 외교에 반대하는 6·3 시위가 전개되었다. 시위가 경무대 인근까지 확산되는 것을 본 박정희 정부는 비상계엄을 선포하였다.

45 6·25 전쟁 정답 ①

정답 분석

정답이 보이는 핵심 키워드
#임시 수도 부산 #서울을 비롯한 각지의 학교가 피란해 옴

길잡이 | 임시 수도 부산으로 피란하였던 6·25 전쟁 중의 사건을 학습합니다.

북한의 남침으로 **6·25 전쟁**이 발발하자 학교와 학생이 한반도 남쪽인 부산으로 피란왔다. 당시 부산 지역의 학교 건물은 대부분 군대나 병원으로 사용되었기 때문에, 상당수의 피란학교가 산간이나 노천에 천막을 치거나 가건물을 지어 수업을 진행하였다.

① 이승만이 6·25 전쟁 중에 대통령 재선을 위해 제출한 대통령 직선제 개헌안을 국회에서 부결시키자 정부는 **임시 수도 부산**을 중심으로 계엄을 선포하고 일부 국회의원을 구속하였다. 이러한 여야의 대립 속에서 이승만 정부는 **대통령 직선제와 내각 책임제를 발췌·혼합한 새로운 개헌안**을 토론 없이 기립 표결로 통과시켰다(1952).

한 번 더 체크하러 가기 ▶ 미니북 13쪽

선택지 풀이

② 삼청 교육대가 설치되었다.
민주화 운동을 진압하고 무력으로 정권을 잡은 전두환 정부는 전국 각지 군부대 내에 삼청 교육대를 설치하여 사회 정화책이라는 명분하에 가혹 행위와 인권 유린을 행하였다(1980).

③ 한미 상호 방위 조약이 체결되었다.
이승만 정부는 6·25 전쟁 휴전 이후 한미 상호 방위 조약을 체결하여 미국과 군사적 동맹을 맺었다(1953).

④ 여수·순천 10·19 사건이 일어났다.
전남 여수에 주둔하던 국방 경비대 제14연대 소속의 일부 군인들이 남한 단독 정부 수립에 반대하여 일어난 제주 4·3 사건의 진압을 거부하며 여수와 순천 지역 일대를 장악하였다(1948).

⑤ 국가 보위 비상 대책 위원회가 구성되었다.
신군부는 5·18 민주화 운동을 무력으로 진압한 후 국가 주요 조직을 장악하고, 정치권력을 사유화하기 위해 대통령을 보좌하는 임시 행정 기구인 국가 보위 비상 대책 위원회를 구성하였다(1980).

46 4·19 혁명   정답 ③

정답 분석

정답이 보이는 핵심 키워드
#2·28 민주 운동 #이승만 독재 정권 #대구 지역 고등학생들이 시위 #대전의 3·8 민주 의거 #마산의 3·15 의거

길잡이 ┃ 4·19 혁명을 탐구합니다.

이승만 정권이 1960년 2월 28일에 예정된 민주당 부통령 후보 장면의 연설에 학생들이 참여할 것을 우려하여 대구의 8개 공립 고등학교에 **일요일 등교 지시**를 내렸다. 대구 지역의 고등학생들은 이러한 조치의 부당함을 지적하고 일요일 등교 지시에 대한 철회를 요구하였으나 받아들여지지 않자 **2·28 민주 운동**을 전개하였다. 2·28 민주 운동과 더불어 대전의 **3·8 민주 의거**, **3·15 부정 선거**에 반발한 **마산의 3·15 의거**가 도화선이 되어 4·19 혁명이 발발하였다. ③ 4·19 혁명의 결과로 **이승만이 대통령직에서 하야**하고 내각 책임제를 기본으로 하는 **허정 과도 정부**가 출범하였다.

한 번 더 체크하러 가기 ▶ 미니북 13, 30쪽

선택지 풀이

① 시위 도중 대학생 이한열이 희생되었다.
④ 5년 단임의 대통령 직선제 개헌을 이끌어 냈다.
박종철 고문치사 사건과 4·13 호헌 조치가 원인이 되어 발생한 6월 민주 항쟁은 시위 도중 대학생 이한열이 경찰이 쏜 최루탄에 맞아 희생되면서 전국적으로 확산되었다. 시민들은 호헌 철폐와 독재 타도 등의 구호를 내세워 민주적인 헌법 개정을 요구하였다. 이 결과 정부는 5년 단임의 대통령 직선제를 골자로 하는 6·29 민주화 선언을 발표하였다.

② 시민군이 조직되어 계엄군에 저항하였다.
신군부의 비상계엄 확대에 항거하여 광주에서 일어난 5·18 민주화 운동은 신군부가 공수 부대를 동원하여 무력 진압에 나서자 학생과 시민들이 시민군을 조직하여 계엄군에 저항하면서 격화되었다.

⑤ 야당 총재의 국회의원직 제명으로 촉발되었다.
YH 무역 노동자들이 폐업에 항의하여 일으킨 농성이 신민당사 앞에서 일어나자 박정희 정부는 신민당 총재 김영삼을 국회의원직에서 제명하였다. 이로 인해 김영삼의 정치적 근거지인 부산, 마산에서 유신 정권에 반대하는 부마 민주 항쟁이 전개되었다.

47 박정희 정부   정답 ③

정답 분석

정답이 보이는 핵심 키워드
#종교계와 재야 인사들 #명동 성당 #독재 정권을 비판 #3·1 민주 구국 선언 #긴급 조치를 철폐 #유신 헌법

길잡이 ┃ 3·1 민주 구국 선언이 발표된 박정희 정부 시기 사건을 살펴봅니다.

김대중, 함석헌 등의 정치인과 기독교 목사, 대학 교수 등은 **박정희의 장기 독재를 비판**하며 **긴급 조치 철폐** 등을 요구하는 **3·1 민주 구국 선언을 서울 명동 성당**에서 발표하였다(1976). ③ 서울에 위치한 신민당사 앞에서 **YH 무역 노동자**들이 부당한 폐업 공고에 항의하여 회사 정상화와 노동자의 생존권 보장을 요구하며 농성을 벌였다(1979).

한 번 더 체크하러 가기 ▶ 미니북 30쪽

선택지 풀이

① 국회 별관에서 3선 개헌안이 통과되었습니다.
1967년에 재당선된 박정희는 대통령의 3선 연임을 허용하는 3선 개헌안을 발표하고 민주 공화당 소속 의원만 모인 국회에서 변칙적으로 통과시켰다(1969).

② 정부에 비판적인 경향신문이 폐간되었습니다.
이승만 정권은 여당에 비판적인 보도를 하였던 경향신문을 폐간시키며 언론 탄압을 자행하였다(1959).

④ 최고 통치 기구인 국가 재건 최고 회의가 구성되었습니다.
5·16 군사 정변으로 정권을 장악한 박정희와 군부 세력은 국회를 해산하고 최고 통치 기구로 국가 재건 최고 회의를 구성하여 군사 정권을 수립하였다(1961).

⑤ 평화통일론을 주장한 진보당의 조봉암이 처형되었습니다.
이승만 정권 시기 조봉암은 제3대 대통령 선거에 출마하였으나 낙선하였다. 이후 진보당을 창당하고 평화 통일론을 주장하다가 국가 변란, 간첩죄 혐의로 체포되어 처형되었다(1859).

암기의 key — 현대 정부와 민주화 운동

4·19 혁명(1960)
- 배경: 이승만의 장기 독재(사사오입 개헌 등), 3·15 부정 선거
- 결과: 이승만 하야

유신 반대 운동(1970년대)
- 배경: 박정희 정부의 유신 체제 → 대통령에 초헌법적 권한 부여, 대통령 간선제 등 규정
- 과정: 유신 반대 100만인 서명 운동, 3·1 민주 구국 선언, 부마 민주 항쟁

5·18 민주화 운동(1980)
- 배경: 신군부 세력의 비상계엄령 선포
- 과정 및 결과: 광주 시민들의 저항, 1980년대 이후 민주화 운동 확산에 영향

6월 민주 항쟁(1987)
- 배경: 4·13 호헌 조치, 박종철 고문치사 사건
- 결과: 6·29 민주화 선언 → 5년 단임 대통령 직선제

48 김대중 정부 시기 경제 상황 정답 ⑤

정답 분석

정답이 보이는 핵심 키워드
#IMF 구제 금융 조기 상환 #외환 위기

길잡이 | IMF 구제 금융을 조기 상환하였던 김대중 정부 시기 경제 상황을 탐구합니다.

⑤ 김영삼 정부 말 **외환 위기**가 발생하여 국제 통화 기금(IMF)에 유동성 조절 자금 지원을 요청하였고, 구제 금융 지원을 받게 되었다. 이러한 과제를 안고 출범한 **김대중 정부**는 대통령 직속 자문 기구인 노사정 위원회를 설치하고 기업의 **구조 조정**을 실시하였으며, 국민들은 자발적으로 **금 모으기 운동**을 전개하였다. 이와 같은 노력을 통해 IMF 구제 금융을 조기 상환할 수 있었다.

한 번 더 체크하러 가기 ▶ 미니북 20쪽

선택지 풀이

① 경제기획원이 발족하였다.
박정희 정부는 국가 경제 및 사회 발전을 중앙에서 종합적으로 계획하고 조정하기 위해 경제기획원을 발족하였다. 경제기획원은 경제 개발 5개년 계획의 수립 및 수행을 주도하였으며, 그 외에도 예산 편성, 통계 작성, 대외 경제 협력 등 경제 관련 핵심 기능을 수행하였다.

② 제4차 경제 개발 5개년 계획이 추진되었다.
박정희 정부는 경제 개발의 부작용을 최소화하고 국민 생활의 안정을 꾀하기 위한 사회 개발을 강조하면서 중화학 공업을 중심으로 제4차 경제 개발 5개년 계획을 추진하였다. 이때 대한민국은 수출 100억 달러를 돌파하는 성과를 얻었다.

③ 미국과 자유 무역 협정(FTA)을 체결하였다.
노무현 정부 때 한미 자유 무역 협정(FTA)이 체결되었다.

④ 저유가·저금리·저달러의 3저 호황이 있었다.
전두환 정부 때 저금리·저유가·저달러의 3저 호황으로 물가가 안정되고 수출이 증가하여 높은 경제 성장률을 기록하였다.

암기의 key — 현대 정부별 경제 상황

이승만 정부	• 전후 복구: 국민과 정부의 노력, 미국의 원조(면직물, 밀가루, 설탕 등 소비재 산업의 원료) → 삼백 산업 발달 • 미국 경제 원조의 영향: 식량 문제 해결에 기여, 농업 기반 파괴
5·16 군정	제1차 경제 개발 5개년 계획 발표
박정희 정부	• 제1·2차 경제 개발 5개년 계획(경공업 중심, 수출 주도형) • 제3·4차 경제 개발 5개년 계획(중화학 공업 중심)
전두환 정부	3저 호황(저유가·저달러·저금리)
김영삼 정부	• 경제 협력 개발 기구(OECD) 가입 • 무역 적자, 금융 기관 부실 • 외환 위기
김대중 정부	신자유주의 정책을 바탕으로 구조 조정 → 외환 위기 극복
노무현 정부	• 한·칠레 자유 무역 협정(FTA) 체결 • 한·미 자유 무역 협정(FTA) 체결

49 노무현 정부 시기 통일 노력 정답 ⑤

✓ 정답 분석

정답이 보이는 핵심 키워드
#참여 정부 #햇볕 정책과 6·15 정신을 계승 #평화 번영 정책

길잡이 | 10·4 남북 공동 선언을 발표한 노무현 정부 시기의 통일 노력을 확인합니다.

노무현 정부는 제2차 남북 정상 회담을 개최하여, 김대중 정부의 햇볕 정책과 6·15 남북 공동 선언의 정신을 계승한 **10·4 남북 정상 선언**(남북 관계 발전과 평화 번영을 위한 선언)을 채택하였다.
⑤ 김대중 정부 시기에 제1차 남북 정상 회담이 이루어져 개성 공단 건설 운영에 관한 합의서를 체결하였으나, **노무현 정부** 때 비로소 **개성 공단 착공식이 진행**되었다.

한 번 더 체크하러 가기 ▶ 미니북 20쪽

✓ 선택지 풀이

① 판문점에서 남북 정상 회담을 개최하였다.
문재인 정부는 판문점에서 남북 정상 회담을 개최하고, 한반도의 평화와 번영, 통일을 위한 4·27 판문점 선언을 발표하였다.

② 남북한이 국제 연합(UN)에 동시 가입하였다.
노태우 정부 시기 적극적인 북방 외교 정책을 추진하여 남북한의 국제 연합(UN) 동시 가입이 이루어졌다.

③ 남북 이산가족의 고향 방문을 최초로 성사시켰다.
전두환 정부 시기에 분단 이후 최초로 남북 이산가족 고향 방문단 및 예술 공연단 등 총 151명이 서울과 평양을 동시에 방문하였다.

④ 평화 통일 외교 정책에 관한 6·23 특별 성명을 발표하였다.
박정희 정부는 남북 국제 연합(UN) 동시 가입 제안, 공산권 국가와의 외교 관계 확대 등의 내용이 담긴 6·23 특별 성명을 발표하였다.

50 시대별 관리 선발 방식 정답 ⑤

✓ 정답 분석

정답이 보이는 핵심 키워드
#신라 #국학 학생 대상 #관리로 선발 #독서삼품과 #고려 시대 #시험을 통해 인재를 등용 #과거 #조선 시대 #문과 #현량과 #훈구 세력의 부정과 비리를 비판 #개항기 #군국기무처 #과거를 폐지

길잡이 | 시대별 관리 선발 방식을 공부합니다.

⑤ 제1차 갑오개혁 때 군국기무처의 주도로 문벌을 폐지하고 재능에 따라 인재를 등용하기 위해 과거제를 폐지하였다. 이후 근대적인 관료 선발 제도인 선거조례를 제정하여 각부아문의 대신이 소속 주임관과 판임관 후보자를 추천하면 실무 능력을 평가할 수 있는 시험을 실시하여, 근대식 교육을 받은 신진 관료 세력을 등용할 수 있게 하였다.

한 번 더 체크하러 가기 ▶ 미니북 07, 08, 42, 50쪽

✓ 선택지 풀이

① ㉠ – 원성왕 재위 시기에 시행되었다.
통일 신라 원성왕은 국학의 학생들을 대상으로 독서삼품과를 실시하여 유교 경전의 이해 수준에 따라 관리로 채용하였다.

② ㉡ – 쌍기의 건의를 수용하여 실시하였다.
고려 광종은 후주 출신 쌍기의 건의를 받아들여 과거제를 시행함으로써 신진 세력을 등용하였다.

③ ㉢ – 식년시, 알성시, 증광시 등으로 운영되었다.
문과는 조선 시대에 문반 관리를 선발하기 위해 시행한 시험으로, 3년마다 실시하는 식년시, 국왕이 성균관 유생을 대상으로 제술 시험을 치르게 하는 알성시, 나라에 경사가 있을 때 치르는 증광시 등으로 운영되었다.

④ ㉣ – 중종 때 조광조를 비롯한 사림들이 실시를 주장하였다.
조선 중종 때 조광조를 비롯한 사림들은 천거제의 일종인 현량과 실시를 주장하여, 사림이 대거 등용될 수 있는 발판을 마련하고자 하였다.

암기의 key	시대별 관리 선발 제도
고대	• 통일 신라: 국학(신문왕), 독서삼품과(원성왕)
고려	• 과거제: 광종 때 쌍기의 건의로 실시, 제술과, 명경과, 잡과, 승과로 구성 • 음서: 문무 5품 이상 고위 관리의 자손이 시험 없이 관직에 진출
조선	• 과거제: 문과(소과, 대과), 무과, 잡과 • 기타: 음서, 천거, 취재
근대	• 제1차 갑오개혁 때 과거제 폐지 • 선거조례 실시

제73회 한국사능력검정시험 정답 및 해설

STEP 1 정답 확인   문제 p.038

01	02	03	04	05	06	07	08	09	10	11	12	13	14	15	16	17	18	19	20	21	22	23	24	25
②	④	①	③	④	⑤	②	⑤	⑤	④	⑤	①	④	②	②	③	②	③	⑤	①	③	②	⑤	④	④

26	27	28	29	30	31	32	33	34	35	36	37	38	39	40	41	42	43	44	45	46	47	48	49	50
①	⑤	②	①	①	④	③	①	④	⑤	①	③	④	⑤	④	①	③	④	③	③	②	②	②	①	⑤

STEP 2 난이도 확인

| 제73회 합격률 | 66.2% | 최근 1년 평균 합격률 | 54% |

STEP 3 시대별 분석

시대	선사	고대	고려	조선 전기	조선 후기	근대	일제 강점기	현대	복합사
틀린 개수/문항 수	/ 2	/ 8	/ 8	/ 4	/ 4	/ 6	/ 10	/ 5	/ 3
출제비율	4%	16%	16%	8%	8%	12%	20%	10%	6%

STEP 4 문제별 주제 분석

01	선사	청동기 시대	26	조선 후기	겸재 정선
02	고대	고구려의 멸망과 부흥 운동	27	조선 후기	조선 철종
03	고대	대가야	28	조선 후기	선무군관포
04	선사	옥저, 삼한	29	근대	갑신정변
05	고대	백제 근초고왕	30	조선 후기	조선 후기의 사회 모습
06	고대	고구려의 문화유산	31	근대	동학 농민 운동
07	고대	통일 신라 말의 정치 상황	32	근대	황국 중앙 총상회의 상권 수호 운동
08	고대	발해	33	근대	국채 보상 운동
09	고대	신라의 사회 제도	34	근대	을사늑약
10	고대	궁예	35	근대	근대 문물의 수용
11	고려	고려 태조	36	일제 강점기	지역사 – 서간도(남만주)
12	고려	고려의 경제 상황	37	일제 강점기	1910년대 무단 통치
13	고려	고려 인종	38	일제 강점기	천도교 소년회
14	고려	망이·망소이의난	39	일제 강점기	1930년대 이후 민족 말살 통치
15	고려	삼별초	40	일제 강점기	광주 학생 항일 운동
16	고려	『제왕운기』	41	일제 강점기	일제 강점기 대중문화
17	고려	고려 공민왕	42	일제 강점기	한인 애국단
18	고려	고려와 일본의 대외 관계	43	일제 강점기	조선 의용대
19	복합사	한국의 세계 기록 유산	44	일제 강점기	물산 장려 운동
20	조선 전기	정도전	45	일제 강점기	일제의 전시 동원 체제
21	조선 전기	조선 세종	46	현대	좌우 합작 운동
22	복합사	조선과 명의 대외 관계	47	현대	제헌 헌법
23	조선 전기	조선 연산군	48	현대	5·18 민주화 운동
24	복합사	우리나라 성곽의 역사	49	현대	박정희 정부
25	조선 전기	경재소	50	현대	문재인 정부 시기의 통일 정책

01 청동기 시대 정답 ②

정답 분석

정답이 보이는 핵심 키워드
#부여 송국리 #사유 재산과 계급 발생 #비파형 동검 #민무늬 토기

길잡이 | 청동기 시대의 생활 모습을 살펴봅니다.

부여 송국리 유적은 대표적인 **청동기** 시대 유적지로, 당시 사람들의 생활 모습을 보여 주는 **비파형 동검**, **민무늬 토기**와 같은 유물들이 출토되었다. 청동기 시대에는 **사유 재산**이 발생하여 **계급이 분화**됨에 따라 정치권력과 경제력을 가진 지배자인 군장이 등장하였다.
② 청동기 시대에는 조, 보리, 콩 등의 밭농사와 함께 **벼농사**도 짓기 시작하였으며 **반달 돌칼**을 사용하여 곡물을 수확하였다.

한 번 더 체크하러 가기 ▶ 미니북 04쪽

선택지 풀이

① 소를 이용한 깊이갈이가 일반화되었다.
　신라 지증왕 때 소를 이용한 우경이 시행되면서 깊이갈이가 가능해져 농업 생산량이 증대되었고, 고려 시대에 이르러 일반화되었다.

③ 주로 동굴이나 강가의 막집에서 살았다.
　구석기 시대 사람들은 주로 동굴이나 강가에 막집을 짓고 살았으며, 계절에 따라 이동 생활을 하였다.

④ 주먹도끼, 찍개 등의 뗀석기를 처음 제작하였다.
　구석기 시대에는 주먹도끼, 찍개, 긁개 등의 뗀석기를 처음 제작하여 사용하였다.

⑤ 가락바퀴와 뼈바늘을 이용하여 옷을 만들기 시작하였다.
　신석기 시대에는 가락바퀴로 실을 뽑아 뼈바늘로 옷을 만들어 입기 시작하였다.

02 고구려의 멸망과 부흥 운동 정답 ④

정답 분석

정답이 보이는 핵심 키워드
#연개소문 #막리지 #검모잠 #안승을 알현 #한성으로 모셔와 임금으로 받듦

길잡이 | 삼국 통일 과정을 학습합니다.

(가) **연개소문의 정변**(642): 연개소문은 정변을 통해 영류왕을 몰아내고 **보장왕**을 왕위에 세운 뒤 스스로 **대막리지**가 되어 정권을 장악하였다.

(나) **고구려 부흥 운동**(668~673): 연개소문이 죽은 뒤 그의 아들들 사이에 내분이 발생하였다. 이로 인해 세력이 약해진 고구려는 **나당 연합군**의 공격으로 **평양성이 함락**되면서 결국 멸망하였다. 고구려가 멸망하자 **검모잠**, 고연무 등이 고구려 대신 연정토의 아들 **안승을 왕으로 추대**하고(670), 한성(황해도 재령)과 오골성을 근거지로 **고구려 부흥 운동**을 전개하였다.

④ **신라 김춘추**는 고구려와의 동맹에 실패하자 당으로 건너가 당 태종으로부터 군사적 지원을 약속받는 데 성공하여 **당과 군사 동맹을 체결**하고 **나당 연합군을 결성**하였다(648).

한 번 더 체크하러 가기 ▶ 미니북 25쪽

선택지 풀이

① 을지문덕이 살수에서 대승을 거두었다.
　고구려 영양왕 때 수 양제가 우중문의 30만 별동대로 평양성을 공격하였으나 을지문덕이 살수에서 2,700여 명을 제외한 수군을 전멸시키며 대승을 거두었다(612).

② 사찬 시득이 기벌포에서 당군을 격파하였다.
　신라 문무왕 때 사찬 시득이 기벌포 전투에서 설인귀가 이끄는 당군을 격파하여 당의 세력을 한반도에서 몰아내면서 삼국이 통일되었다(676).

③ 관구검이 이끄는 군대가 환도성을 함락하였다.
　고구려 동천왕은 요동 진출로를 놓고 위(魏)를 선제공격하였으나 위가 유주 자사 관구검을 보내 고구려의 환도성을 함락하였다(244).

⑤ 장문휴가 자사 위준이 관할하는 당의 등주를 공격하였다.
　발해 무왕은 장문휴를 보내 당의 등주를 선제공격하여 당을 격파하고 등주를 관할하는 자사 위준을 죽였다(732).

03 대가야 정답 ①

정답 분석

정답이 보이는 핵심 키워드
#시조인 이진아시왕 #수로왕과 형제 #고령 일대를 중심으로 나라를 세움

길잡이 | 고령 일대에 나라를 세운 대가야를 알아봅니다.

수로왕이 세운 금관가야가 고구려 광개토 대왕의 진출로 쇠퇴하기 시작하면서 5세기 이후 **고령 지역**의 **대가야**가 **후기 가야 연맹**을 주도하게 되었다.
① **신라 진흥왕**은 이사부와 사다함을 보내 **대가야를 복속**하여 영토를 확장하였다.

한 번 더 체크하러 가기 ▶ 미니북 06쪽

선택지 풀이

② 집사부를 비롯한 14부를 설치하였다.
　통일 신라는 중앙 행정 기구인 집사부, 위화부를 비롯한 14부를 설치하여 행정 업무를 분담하였다.

③ 지방 장관으로 욕살, 처려근지 등을 두었다.
　고구려는 지방을 대성, 중성, 소성 3단계로 나누어 통치하였으며, 대성에는 욕살, 중성에는 처려근지를 지방 장관으로 두었다.

④ 여러 가(加)들이 별도로 사출도를 주관하였다.
　부여에는 왕 아래 가축의 이름을 딴 마가, 우가, 저가, 구가의 가(加)들이 있었으며, 이들은 행정 구역인 사출도를 주관하였다.

⑤ 왕족인 부여씨와 8성의 귀족이 지배층을 이루었다.
　백제의 지배층은 왕족인 부여씨와 8성의 귀족으로 이루어졌다.

---

04 옥저, 삼한 　　　정답 ③

정답 분석

정답이 보이는 핵심 키워드
#삼로 #소금, 해산물이 풍부 #가족 공동 목곽 #신지, 읍차 #철 생산 #벼농사 발달 #5월, 10월 제사를 지냄

길잡이 | 옥저와 삼한을 탐구합니다.

(가) **옥저**: 왕이 없고 **읍군, 삼로**라는 **군장**들이 각 부족을 다스렸으며, 함경도 및 강원도 북부의 **동해안에 위치**하여 **소금, 해산물이 풍부**하였다. 또한, 가족이 죽으면 가매장하였다가 나중에 큰 **목곽**에 함께 안치하는 **가족 공동 묘**의 풍습이 있었다.

(나) **삼한**: **마한, 진한, 변한**으로 구성된 연맹 왕국이며, **신지, 읍차**와 같은 **정치적 지배자**가 있었다. **벼농사가 발달**하여 해마다 씨를 뿌리고 난 뒤인 **5월**과 농사를 마친 **10월**에는 **계절제**를 열어 하늘에 제사를 지냈다. 또한, 삼한 중 **변한**은 특히 **철이 풍부**하게 생산되어 낙랑과 왜에 수출하였다.

③ 삼한은 **제정 분리 사회**로, 정치적 지배자와는 별도로 **천군**이라고 불리는 **제사장**을 두었고, 천군이 신성 지역인 **소도**를 관리하도록 하였다.

한 번 더 체크하러 가기 ▶ 미니북 21쪽

선택지 풀이

① (가) – 영고라는 제천 행사를 열었다.
　부여는 매년 12월에 풍성한 수확제이자 감사제의 성격을 지닌 영고라는 제천 행사를 열었다.

② (가) – 사회 질서를 유지하기 위해 범금 8조를 만들었다.
　고조선은 사회 질서를 유지하기 위해 범금 8조를 만들었으나 현재는 3개의 조항만 전해진다.

④ (나) – 제가 회의에서 나라의 중대사를 결정하였다.
　고구려는 귀족 회의인 제가 회의에서 나라의 중대사를 결정하였다.

⑤ (가), (나) – 도둑질한 자에게 12배로 배상하게 하였다.
　부여에는 남의 물건을 도둑질한 자에게 12배로 배상하게 하는 1책 12법이라는 엄격한 법률이 있었다.

---

05 백제 근초고왕 　　　정답 ④

정답 분석

정답이 보이는 핵심 키워드
#고구려 군사가 패배 #백제 #박사 고흥 #『서기』

길잡이 | 백제의 근초고왕을 학습합니다.

④ **백제 근초고왕**은 **고구려**가 백제에 쳐들어오자 패하(예성강)가에 군사를 매복시켰다가 급습하여 승리를 거두었고, 고구려 **평양성**까지 공격하면서 고구려의 **고국원왕**을 **전사**시켰다. 또한, **고흥**으로 하여금 역사서인 『**서기**』를 편찬하게 하였다.

한 번 더 체크하러 가기 ▶ 미니북 06쪽

선택지 풀이

① 금마저에 미륵사를 창건하였다.
　백제 무왕은 금마저(익산)에 미륵사를 창건하였다.

② 윤충을 보내 대야성을 함락하였다.
　백제 의자왕은 윤충에게 1만여 명의 병력을 주어 신라의 대야성을 비롯한 40여 개의 성을 함락하도록 하였다.

③ 사비로 천도하고 국호를 남부여로 고쳤다.
　백제 성왕은 웅진(공주)에서 사비(부여)로 도읍을 옮기고 국호를 남부여로 고쳐 새롭게 중흥을 도모하였다.

⑤ 동진에서 온 마라난타를 통해 불교를 수용하였다.
　백제 침류왕은 동진을 거쳐 백제로 건너 온 인도의 승려 마라난타를 통해 불교를 수용하였다.

---

06 고구려의 문화유산 　　　정답 ⑤

정답 분석

정답이 보이는 핵심 키워드
#고구려 #영락 #왕의 능비 #시호가 새겨진 문화유산

길잡이 | 고구려의 문화유산을 파악합니다.

고구려의 수도였던 **국내성 옛터**에 위치한 **광개토 대왕릉비**는 아들 장수왕이 광개토 대왕이 죽은 지 2년째 되는 해에 세웠다. 비문에는 광개토 대왕의 연호 '**영락**'과 정복활동 등에 대한 내용이 기록되어 있다.

⑤ **호우총 청동 그릇**은 **신라**의 수도인 **경주 호우총**에서 출토된 **고구려**의 청동 그릇이며, 그릇 바닥에는 광개토 대왕의 **시호**인 '國罡上廣開土地好太王(국강상광개토지호태왕)'이 쓰여 있다. 이를 통해 고구려와 신라가 교류를 하였으며 정치적으로 긴밀한 관계였다는 것을 알 수 있다.

✓ 선택지 풀이

① 포항 중성리 신라비
현존하는 가장 오래된 신라비이며, 비문에는 관등제, 지방통치 등 신라의 정치·경제·문화적 상황을 알려 주는 내용이 기록되어 있다.

② 무령왕릉 석수
백제 무령왕의 무덤인 무령왕릉에서 발견되었으며, 무덤을 수호하는 진묘수 역할로 만들어진 유물이다.

③ 철제 판갑옷
철제 판갑옷은 가야의 발달된 철기 문화를 잘 보여 주는 대표적인 유물이다.

④ 농경문 청동기
농경문 청동기에는 따비로 밭을 일구는 남자와 괭이를 든 인물, 그리고 나무에 앉아 있는 새가 그려져 있어 농경과 관련된 제사를 지낼 때 사용되었던 도구로 여겨진다.

07 통일 신라 말의 정치 상황   정답 ②

✓ 정답 분석

정답이 보이는 핵심 키워드
#진성 여왕 #최치원이 비문 작성 #혜공왕 피살 #왕위 쟁탈전 #9산 선문 #낭혜화상

길잡이 | 통일 신라 말의 정치 상황을 알아봅니다.

통일 신라 말 혜공왕 피살 이후 왕권이 크게 약화되어 **왕위 쟁탈전**이 **심화**되었던 당시, 지방 호족 세력의 지원을 바탕으로 **선종 불교**가 성행하였다. 9세기 중반에는 특정 사찰을 중심으로 한 선종 집단인 **9산 선문**이 형성되었고, 그중 하나인 '**성주산문**'은 낭혜화상이 충남 보령 성주산의 성주사에서 개창한 것이다.
② 통일 신라 헌덕왕 때 김주원이 왕위 쟁탈전에서 패배하자 아들인 웅천주 도독 **김헌창**이 이에 불만을 품고 **반란**을 일으켰다가 관군에 진압되어 실패하였다(822).

한 번 더 체크하러 가기 ▶ 미니북 22쪽

✓ 선택지 풀이

① 김흠돌 등 진골 세력이 숙청되었다.
통일 신라 신문왕은 장인이었던 김흠돌이 반란을 도모하자, 이를 진압한 후 진골 세력을 숙청하여 왕권을 강화하였다(681).

③ 거칠부가 왕명에 의해 국사를 편찬하였다.
신라 진흥왕의 왕명에 의해 거칠부가 역사서인 『국사』를 편찬하였다(545).

④ 복신과 도침이 부여풍을 왕으로 추대하였다.
백제가 멸망한 이후 복신과 도침 등이 부여풍을 왕으로 추대하여 주류성을 중심으로 백제 부흥 운동을 전개하였으나 나당 연합군에 의해 실패하였다(663).

⑤ 자장의 건의로 황룡사 구층 목탑이 건립되었다.
신라 선덕 여왕 때 승려 자장이 주변 9개 민족의 침략을 부처의 힘으로 막고자 목탑 건립을 건의하여 황룡사 구층 목탑이 건립되었다(645).

암기의 key — 통일 신라 말 사회 모습

왕권 약화	경덕왕 사후 어린 혜공왕 즉위 → 진골 귀족들의 왕위 쟁탈전 심화
지방 세력의 반란	웅진(웅천주) 도독 김헌창의 난(822), 장보고의 난(846)
농민 봉기	원종과 애노의 난(889)
새로운 세력 등장	• 6두품 세력: 골품제 비판, 새로운 정치 이념과 사회상 제시(최치원의 시무책 10여 조 등) • 호족 세력: 중앙 정부의 통제에서 벗어나 성주·장군 자처, 지방의 행정권과 군사권 장악
새로운 사상 유행	선종, 풍수지리설, 유교

08 발해   정답 ⑤

✓ 정답 분석

정답이 보이는 핵심 키워드
#상경 용천부 #영광탑 #정효 공주 묘 #동경 용원부 #이불 병좌상

길잡이 | 발해의 불교 문화를 학습합니다.

발해는 왕실부터 일반 백성까지 불교를 믿는 불교 국가였다. 이러한 이유로 발해의 **5경**(상경, 중경, 동경, 서경, 남경)에서는 절터·불탑·불상·석등 등의 **불교 문화**가 발전하였다. 그중 **영광탑**은 벽돌을 쌓아 만든 **전탑**으로, **당의 영향**을 받아 만들어졌다. 탑 아래에 있는 지하 공간은 발해의 왕실 또는 귀족이 탑에 승려의 사리를 안치하는 불교 문화를 모방하여 자신들의 시신을 묻기 위해 마련했을 것이라고 보기도 한다. **발해 동경 용원부**에서 출토된 **이불 병좌상**은 『묘법연화경』의 내용 중 석가불이 다보불과 함께 보탑 안에 나란히 앉아있는 모습을 형상화한 것이다. 불상 양식 면에서 날카로운 광배와 연꽃 표현 등을 통해 **고구려 불상 조각 양식을 계승**하였음을 알 수 있다.
⑤ 백제 고이왕은 6좌평제와 16관등제를 정비하여 중앙 집권 기틀을 마련하였다.

한 번 더 체크하러 가기 ▶ 미니북 44, 46쪽

선택지 풀이

① 교육 기관으로 주자감을 설립하였다.
발해는 중앙에 최고 교육 기관인 주자감을 설립하여 유학 교육을 실시하였다.

② 감찰 업무를 담당하는 중정대가 있었다.
발해에는 관리의 비리를 감찰하는 관청으로 중정대가 있었으며, 당의 어사대와 유사한 성격을 지녔다.

③ 인안, 대흥 등 독자적인 연호를 사용하였다.
발해 제2대 무왕은 인안(仁安), 제3대 문왕은 대흥(大興)이라는 독자적인 연호를 사용하였다.

④ 거란도, 영주도 등을 통해 주변국과 교역하였다.
발해는 거란도, 영주도, 신라도, 일본도 등 상인과 사신이 이동하는 교통로를 통해 거란, 당, 신라, 일본 등 주변국과 교역하였다.

09 신라의 사회 제도 정답 ⑤

정답 분석

정답이 보이는 핵심 키워드
#귀인과 양가의 자제 중에서 얼굴이 아름답고 덕행이 있는 자를 선발 #국선(國仙) #설원랑

길잡이 | 신라의 사회 제도를 알아봅니다.

신라는 미모와 행실을 통해 청소년 단체를 이끌 여자 단장을 뽑는 **원화(源花) 제도**를 실시하였다. 그러나 원화로 뽑힌 이들 사이에 시기·질투가 발생하여 살인까지 저지르는 사건이 발생하자, 귀족 출신의 외양이 잘생기고 덕행이 있는 남자를 화랑으로 뽑아 **화랑도**를 이끌게 하였다. 이후 화랑도는 **진흥왕** 때 국가 발전에 일조할 인재를 양성할 목적으로 정비되면서 **국가적 조직**으로 재탄생되었다.
⑤ 신라는 골품제라는 특수한 신분 제도를 운영하여 골품에 따라 관등 승진, 일상생활 등을 엄격히 제한하였다.

선택지 풀이

① 태학과 경당을 두어 인재를 양성하였다.
고구려 소수림왕은 중앙에 교육 기관인 태학을 설립하여 인재를 양성하였고, 장수왕은 지방에 경당을 설치하여 평민 자제들에게 학문과 무술을 가르쳤다.

② 유랑민을 구휼하는 활인서를 설치하였다.
고려 시대에 빈민 구제를 위해 설치한 동서대비원을 계승하여 조선 시대에 도성 내 병든 빈민들의 치료와 사망자의 매장을 위해 활인서를 설치하였다. 동활인서와 서활인서를 합쳐 동서활인서라 불렀다.

③ 정사암 회의에서 국가 중대사를 결정하였다.
백제의 귀족들은 정사암이라는 바위에서 회의를 통해 재상을 선출하고 국가 중대사를 결정하였다.

④ 도병마사에서 변경의 군사 문제 등을 논의하였다.
고려의 도병마사는 재신(중서문하성 2품 이상)과 추밀(중추원의 2품 이상)이 국방 및 군사 문제를 논의하는 임시적인 회의 기구였다.

10 궁예 정답 ④

정답 분석

정답이 보이는 핵심 키워드
#대모산성 #태봉 #신라 왕족 출신 #정개

길잡이 | 궁예를 탐구합니다.

신라 왕족 출신인 **궁예**는 송악을 도읍으로 **후고구려**를 건국하였다. 건국 초기에는 국호를 마진으로 하였다가 영토를 확장하여 철원으로 수도를 옮긴 후, **태봉**으로 바꾸었다.
④ 궁예는 후고구려를 건국하고 **광평성**을 중심으로 **각종 정치 기구를 마련**하여 장관인 광치나와 서사, 외서 등의 관원을 두었다.

한 번 더 체크하러 가기 ▶ 미니북 22쪽

선택지 풀이

① 경주의 사심관으로 임명되었다.
고려 태조 때 신라 경순왕 김부가 스스로 고려에 투항하면서 신라가 멸망하였다. 태조는 김부에게 경주를 식읍으로 하사하고, 김부를 경주의 사심관으로 임명하였다.

② 12목에 지방관을 처음으로 파견하였다.
고려 성종은 최승로의 시무 28조를 받아들여 12목을 설치하고 지방관을 파견하였다.

③ 폐정 개혁을 목표로 정치도감을 설치하였다.
고려 원 간섭기에 충목왕은 고려의 폐정 개혁을 위해 정치도감을 설치하였으나, 정동행성 이문소의 방해로 개혁이 제대로 이루어지지 못하였다.

⑤ 오월(吳越)에 사신을 보내고 검교태보의 직을 받았다.
후백제를 건국한 견훤은 중국의 오월과 외교 관계를 맺으며 사신을 보내고 검교태보의 관직을 책봉받았다.

암기의 key 후백제와 후고구려

후백제	후고구려
• 견훤이 완산주(전주)에 도읍을 정함 • 충청도와 전라도 지역의 우세한 경제력을 토대로 군사적 우위 확보 • 신라에 적대적, 지나친 조세 수취, 호족 포섭 실패	• 신라 왕족의 후예인 궁예가 송악(개성)을 근거지로 건국 • 철원으로 천도(국호: 마진, 태봉), 관제 개혁 및 새로운 신분 제도 모색 • 지나친 조세 수취, 미륵 신앙을 이용한 전제 정치로 궁예 축출

11 고려 태조   정답 ⑤

정답 분석

정답이 보이는 핵심 키워드
#안동 태사묘 #고창 전투 #견훤을 물리치는 데 공을 세움

길잡이 | 고창 전투에서 승리한 고려 태조를 학습합니다.

고려 태조는 **고창(안동)**을 포위하여 공격해 오는 **후백제군**에 크게 승리하여 경상도 일대에서 **견훤** 세력을 몰아내고 **후삼국 통일의 기반**을 마련하였다. 고창 전투에서 공을 세운 안동 김씨의 시조 김선평, 안동 권씨의 시조 권행, 안동 장씨의 시조 장길(장정필)이 후삼국 통일에 기여한 공로를 인정받아 태사의 칭호를 받았으며, 안동 태사묘에서 이들을 제향하고 있다.

⑤ **태조**는 『정계』와 『계백료서』를 통해 관리가 지켜야 할 규범을 제시하였다.

한 번 더 체크하러 가기 ▶ 미니북 08, 22쪽

선택지 풀이

① 한양을 남경으로 승격시켰다.
  문종 때 한양(경기도 양주)을 남경으로 승격시키면서 서경·동경·남경의 3경 체제가 완성되었다.

② 주전도감을 설치하여 해동통보를 발행하였다.
  숙종은 승려 의천의 건의에 따라 화폐 주조를 전담하는 주전도감을 설치하고, 해동통보·삼한통보 등의 동전과 활구(은병)를 발행하였다.

③ 쌍기의 건의를 받아들여 과거제를 실시하였다.
  광종은 후주 출신 쌍기의 건의를 받아들여 과거제를 실시하였다.

④ 청연각과 보문각을 두어 학문 연구를 장려하였다.
  예종은 관학을 진흥시키기 위해 궁중에 청연각과 보문각을 두어 학문 연구를 장려하였다.

12 고려의 경제 상황   정답 ①

정답 분석

정답이 보이는 핵심 키워드
#작황 #촌전이 수령에게 보고 #호부 #삼사 #안찰사 #조세

길잡이 | 고려의 경제 상황을 알아봅니다.

고려는 농사의 작황을 직접 조사하여 **작황의 등급**에 따라 **전세를 감면**해 주는 수취 제도를 시행하였다. 이때 촌락마다 **수령의 지시**를 받아 촌락의 각종 행정 업무를 처리하는 **촌전**이 있었으며, 촌전이 수령에게 작황에 대해 아뢰면 수령이 직접 나가 조사한 후 국가의 재정을 담당하는 **호부**에게 보고하였다. 이후 호부는 작황 상황을 **삼사**에게, 삼사는 해당 지역을 관할하는 **안찰사**에게 전달하여 조사할 인원을 파견하도록 한 후 흉년이 들면 그 지역의 조세를 감면하도록 하였다.

① 고려 시대 예성강 하구에 위치한 **벽란도**는 **국제 무역항**으로 번성하였으며, 이곳을 통해 송·아라비아 상인들과 **교역**을 전개하였다.

한 번 더 체크하러 가기 ▶ 미니북 24쪽

선택지 풀이

② 고추, 담배 등이 상품 작물로 재배되었다.
  조선 후기에는 장시가 증가하고 상품 유통 경제가 발달하면서 농민들이 고추, 담배 등 상품 작물을 활발하게 재배하였다.

③ 시장을 감독하는 관청인 동시전이 설치되었다.
  신라 지증왕은 경주에 시장을 설치하고 이를 감독하기 위한 기구인 동시전을 설치하였다.

④ 광산을 전문적으로 경영하는 덕대가 활동하였다.
  조선 후기에 광산 개발이 활성화되면서 물주로부터 자금을 지원받아 전문적으로 광산을 경영하는 덕대가 활동하였다.

⑤ 삼남 지방의 농법을 소개한 농사직설이 보급되었다.
  조선 세종은 정초, 변효문 등을 시켜 우리 풍토에 맞는 농법을 소개한 『농사직설』을 간행 및 보급하였다.

13 고려 인종   정답 ④

정답 분석

정답이 보이는 핵심 키워드
#고려사 #이자겸 #척준경 #금에 충성을 맹세 #김부식 『삼국사기』

길잡이 | 고려 인종이 재위하던 시기에 대해 파악합니다.

④ 고려 중기 문벌 귀족인 **이자겸**은 자신의 딸들을 예종과 인종의 왕비로 삼고 **외척** 세력으로서 막강한 권력을 행사하였다. 그러자 위협을 느낀 인종이 이자겸을 제거하려 하였지만 실패하였고, 이에 이자겸이 반발하면서 무신 **척준경**과 함께 난을 일으켰다(**이자겸의 난**, 1126). 이때 이자겸은 인종을 감금하면서 **금**에서 보내온 **사대 요구**를 수용하였다. 이후 이자겸과 척준경이 제거되면서 이자겸의 난은 마무리되었으나, 금이 북송을 멸망시켰다는 소식을 전해와 고려는 금에 충성을 맹세하는 표문을 올려야 했다. 이처럼 고려의 정치가 혼란을 겪는 상황에서 **묘청**은 수도를 **서경**으로 옮기면, 금이 스스로 항복할 것이라는 주장을 펼쳤다. 조정에서 묘청은 자신의 의견이 받아들여지지 않자 반란을 일으켰으나, **김부식의 관군**에 의해 진압되었다(**묘청의 서경 천도 운동**, 1135). 연이은 **문벌귀족 사회의 모순**과 금의 군사적 압력을 받은 인종은 고려 건국의 정통성을 내세우며 약화된 왕권을 강화시키고자 하였다. 이에 인종의 명을 받은 **김부식**이 삼국 시대의 역사서인 **『삼국사기』**를 편찬하였다(1145).

한 번 더 체크하러 가기 ▶ 미니북 08, 23쪽

선택지 풀이

① 최충헌이 봉사 10조를 올렸다.
고려 무신 정권 시기 최충헌이 시정 개혁안인 봉사 10조를 명종에게 올렸으나 국가의 발전이나 민생 안정보다는 권력 유지에 목적을 두고 있어 큰 성과를 거두지는 못하였다(1196).

② 동북 9성이 여진에 반환되었다.
예종 때 윤관의 별무반이 여진을 물리치고, 동북 9성을 설치하였다(1107). 이후 여진이 고려에 조공을 약속하며 동북 9성 반환을 요청하자 고려는 이를 수락하고 동북 9성을 되돌려 주었다(1109).

③ 국자감이 성균관으로 개칭되었다.
고려 초 설치되었던 국자감이 충선왕과 공민왕을 거치며 성균관으로 개칭되었다. 공민왕은 반원 정책의 일환으로 성균관을 순수 유교 교육 기관으로 개편하고 유학 교육을 장려하였다.

⑤ 광덕, 준풍 등의 독자적 연호가 사용되었다.
광종은 공신과 호족의 세력을 약화시키고 왕권을 강화하고자 국왕을 황제라 칭하고 광덕, 준풍 등의 독자적 연호를 사용하였다.

14 망이·망소이의 난　　정답 ②

정답 분석

정답이 보이는 핵심 키워드
#망이 #고을을 현으로 승격 #다시 군대를 내어 토벌 #개경

길잡이 | 고려 무신 정권 시기에 일어난 망이·망소이의 난을 파악합니다.

고려 무신 정권 시기에 과도한 부역과 소 주민에 대한 차별 대우에 항의하기 위하여 공주 명학소에서 망이·망소이가 농민 반란을 일으켰다. 이에 정부가 명학소를 충순현으로 승격시키고 현령과 현위를 파견하였으나 봉기가 진정된 후 조정에서 주종자의 가족을 다시 잡아들였다. 이에 망이·망소이가 한 번 더 봉기를 일으켰지만 1년 반 만에 진압되어 충순현은 다시 명학소로 강등되었다.
② 고려에는 지방 특수 행정 구역인 향·부곡·소가 있었다. 향과 부곡에는 농민이 거주하였으며, 소에는 국가가 지정한 특정 물품을 생산하여 공급하였던 백성들이 살았다. 소의 주민들은 국자감 입학이나 과거 응시가 금지되는 등 일반 군현민에 비해 사회적으로 차별 대우를 받았고, 과중한 세금을 부담하였다.

한 번 더 체크하러 가기 ▶ 미니북 08쪽

선택지 풀이

① 안동도호부가 설치된 경위를 알아본다.
나당 연합군에 의해 고구려의 평양성이 함락된 후 고구려가 멸망하였다. 당은 고구려의 옛 땅을 다스리기 위해 평양에 안동 도호부를 설치하고 당에서 파견된 관리와 당에 협조적인 고구려인으로 하여금 다스리게 하였다.

③ 신라 말 호족 세력이 성장하게 된 계기를 살펴본다.
호족은 통일 신라 말 사회의 폐단이 심각해지는 상황에서 성장한 지방 세력으로, 스스로를 성주나 장군이라 칭하면서 지방의 정치·군사·경제적 지배권을 행사하였다. 또한, 6두품과 당 유학생 및 선종 승려와 연합하여 새로운 사회를 만들고자 노력하였다.

④ 통청 운동을 통해 청요직으로 진출한 인물을 검색한다.
조선 후기 서얼들은 신분 상승 운동인 통청 운동을 전개하면서 청요직으로 진출하는 것을 허용해 달라는 상소를 올렸다.

⑤ 경기에 한하여 설치된 과전이 농민에게 미친 영향을 파악한다.
고려 말 전시과 체제가 무너지고 권문세족들이 대토지 소유를 위해 농장을 형성하면서 일반 농민들의 토지를 빼앗았다. 이러한 문제를 해결하기 위해 공양왕은 토지 제도를 개혁하여 경기 지역에 한해 과전법을 시행하였다.

15 삼별초　　정답 ②

정답 분석

정답이 보이는 핵심 키워드
#항파두리성 #개경 환도 결정에 반발 #강화도에서 봉기 #진도를 거쳐 제주도로 옮겨와 항쟁

길잡이 | 몽골에 맞서 항쟁하였던 삼별초를 살펴봅니다.

고려 조정이 몽골과 강화를 맺고 개경으로 환도하자 배중손은 이에 반발하여 삼별초를 이끌고 진도 용장산성에서 항전하였다. 고려 무신 김방경이 진도의 삼별초를 진압하였으나, 일부 삼별초는 김통정의 지휘 아래 탐라(제주도)로 들어와 성을 쌓고 대몽 항쟁을 이어 나갔다. 항파두리성은 제주시 애월읍에 위치한 성곽으로, 삼별초가 최후로 항쟁하였던 곳이다.
② 고려 무신 정권 시기에 최충헌의 뒤를 이어 집권한 최우는 치안 유지를 위해 야별초를 설치하였다. 이것이 확대되어 좌별초와 우별초로 나뉘고, 몽골의 포로가 되었다가 탈출한 신의군이 합쳐져 삼별초가 구성되었다.

한 번 더 체크하러 가기 ▶ 미니북 08, 23쪽

선택지 풀이

① 거란의 침입에 대비하여 설치되었다.
정종 때 최광윤의 의견을 받아들여 거란의 침입에 대비하기 위한 군사 조직으로 광군을 조직하고, 광군사를 설치하여 이를 관장하게 하였다.

③ 원의 요청으로 일본 원정에 참여하였다.
원 간섭기인 충렬왕 때 김방경은 원의 요청으로 일본 원정에 동원되어 도원수로서 고려군 8천여 명을 이끌고 참전하였다. 초기에는 대마도에서 전과를 올렸으나 일본의 강한 저항과 태풍 등의 자연재해로 인해 결국 실패하였다.

④ 신기군, 신보군, 항마군으로 편성되었다.
숙종 때 부족을 통일한 여진이 고려의 국경을 자주 침입하자 윤관이 왕에게 건의하여 신기군, 신보군, 항마군으로 구성된 별무반을 조직하였다.

⑤ 최영의 지휘 아래 홍산에서 왜구를 격퇴하였다.
고려 말 최영은 충남 내륙 지역까지 올라온 왜구를 홍산에서 격퇴시키며 크게 승리하였다.

16 『제왕운기』 정답 ③

정답 분석

정답이 보이는 핵심 키워드
#고려 후기 #이승휴 #중국과 우리의 역사를 칠언시와 오언시의 운문으로 엮음 #중국과 구별되는 역사 인식

길잡이 | 이승휴가 엮은 『제왕운기』를 파악합니다.

③ **고려 충렬왕** 때 **이승휴**가 저술한 『**제왕운기**』는 서사시로 쓰여진 역사서로, 단군의 고조선 건국 이야기부터 고려 충렬왕까지의 역사를 다루고 있다. 이 책은 중국과 우리나라의 역사를 병렬적으로 서술하면서 고려가 **자주적**이고 **독자적**인 국가임을 강조하고 있다. 또한, **발해**를 고구려의 계승국으로 인정하여 최초로 발해를 한국 역사에 포함시킨 점이 특징이다.

선택지 풀이

① 남북국이라는 용어가 처음 사용되었다.
조선 정조 때 서얼 출신 유득공이 역사서인 『발해고』를 저술하면서 발해를 우리의 역사로 인식하고 남북국이라는 용어를 처음 사용하였다.

② 불교사를 중심으로 민간 설화를 담았다.
고려 원 간섭기인 충렬왕 때 승려 일연이 고조선부터 후삼국까지의 전래 기록을 모아 『삼국유사』를 저술하였다. 왕력(王歷)편, 기이(紀異)편 등 총 9편목으로 구성되어 있으며 불교 사료, 신화, 설화 등을 수록하였다.

④ 왕명에 의해 고승들의 전기가 기록되었다.
고려 승려 각훈은 왕명을 받아 『해동고승전』을 편찬하여, 삼국 시대 이래 고승(덕이 높은 승려)들의 전기를 기록하였는데, 현재는 일부만 남아있다.

⑤ 본기, 열전 등으로 구성된 기전체 형식으로 서술되었다.
고려 인종의 명을 받아 김부식이 편찬한 『삼국사기』는 현존하는 우리나라 최고(最古)의 역사서이다. 유교적 사관을 바탕으로 본기, 연표, 지, 열전 등으로 구성되며, 기전체 형식으로 서술되었다.

17 고려 공민왕 정답 ②

정답 분석

정답이 보이는 핵심 키워드
#이인임 #원과의 관계 회복 #기철 세력 숙청 #쌍성총관부 수복

길잡이 | 고려 공민왕의 정책을 살펴봅니다.

고려 공민왕은 대외적으로는 **반원 자주 정책**을, 대내적으로는 **왕권 강화 정책**을 추진하였다. 이에 유인우, 이자춘, 이인임 등에게 동계 지역의 **쌍성총관부**를 공격하도록 명령하여 원에 빼앗긴 **철령 이북의 땅**을 **수복**하였다(1356). 또한, 기철 등의 친원 세력을 숙청하면서 개혁을 단행하였다. 그러나 공민왕이 피살된 후 **이인임**은 어린 우왕을 즉위시켰고 **친원 정책**을 펼치려 하였다.

② 공민왕은 **신돈**을 등용하고 전민변정도감을 설치하여 **전민변정 사업**을 추진하였다. 이에 권문세족이 부당하게 빼앗은 토지를 본래 주인에게 돌려 주고 억울하게 노비가 된 사람들을 양민으로 해방시켜 주었다(1366).

한 번 더 체크하러 가기 ▶ 미니북 08쪽

선택지 풀이

① 대각국사 의천이 천태종을 개창하였다.
고려의 승려 의천은 교종과 선종의 불교 통합 운동을 전개하였으며, 국청사를 창건하고 해동 천태종을 개창하였다(1097).

③ 만적이 개경에서 노비를 모아 반란을 모의하였다.
고려 무신 정권 시기에 최충헌의 사노비인 만적이 신분 차별에 항거하여 개경에서 반란을 모의하였으나 사전에 발각되어 실패하였다(1198).

④ 최충이 문헌공도를 설립하여 유학 교육에 힘썼다.
문종 때 최충이 9재 학당을 설립하여 유학 교육과 후진 양성에 힘썼으며(1068), 최충의 사후 그의 시호를 바탕으로 문헌공도라 칭하였다.

⑤ 이규보가 고구려 계승 의식을 강조한 동명왕편을 지었다.
고려 무신 정권 시기 이규보가 저술한 『동국이상국집』의 권3에 수록된 「동명왕편」은 한국 문학 최초의 서사시로, 고구려를 건국한 동명왕의 업적을 칭송하며 고려의 고구려 계승 의식을 강조하였다(1193).

암기의 key	고려 후기의 정치적 격변

원의 내정 간섭	
• 일본 원정에 동원	• 영토 상실
• 관제 격하	• 내정 간섭
• 경제 수탈	• 풍속 변화

↓

공민왕의 개혁 정책	
• 친원 세력 숙청	• 관제 복구
• 정동행성 이문소 폐지	• 쌍성총관부 수복
• 요동 지방 공략	• 몽골풍 금지
• 정방 폐지	• 전민변정도감 설치

18 고려와 일본의 대외 관계 정답 ③

정답 분석

정답이 보이는 핵심 키워드
#최무선 #화포 #진포 대첩 #나세 #심덕부

길잡이 | 고려와 일본의 대외 관계를 학습합니다.

고려 우왕 때 **최무선**이 **화통도감**의 설치를 건의하고 **화약**과 **화포**를 제작하여 군사력을 증강하였다. 이후 **진포**에 **왜선** 5000여 척이 나타나자 최무선은 나세, 심덕부 등과 함께 자신이 설계한 80여 척의 병선과 우리나라 최초의 화약 병기인 화통, 화포로 왜구를 격퇴하였다(**진포 대첩**).
③ 고려 **창왕** 때 **왜구**의 본거지인 **쓰시마섬**에 **박위**를 파견하여 토벌하였다.

한 번 더 체크하러 가기 ▶ 미니북 23쪽

선택지 풀이

① 광군을 조직하여 침입에 대비하였다.
고려 정종 때 최광윤의 의견을 받아들여 거란의 침입에 대비하기 위한 군사 조직으로 광군을 조직하고, 지방에 있는 광군들을 관리하도록 수도 개경에 광군사를 설치하였다.

② 경성과 경원에 무역소를 설치하였다.
조선 태종 때 여진에 대한 회유책으로 경성과 경원에 무역소를 설치하여 국경 무역을 할 수 있도록 하였다.

④ 어영청을 중심으로 북벌을 추진하였다.
조선 인조 때 후금과의 관계가 악화되자 국방력 강화를 위해 어영청을 창설하여 국왕을 호위하게 하였다. 이후 효종이 어영청을 중심으로 북벌을 추진하였다.

⑤ 대장도감을 설치하여 팔만대장경을 간행하였다.
고려 고종 때 몽골이 침입하자 부처의 힘으로 몽골군을 물리치기 위해 대장도감을 설치하여 16년에 걸쳐 팔만대장경을 간행하였다.

19 한국의 세계 기록 유산 정답 ⑤

정답 분석

정답이 보이는 핵심 키워드
#유네스코 #한국의 세계 기록 유산 #『조선왕조실록』 #『직지심체요절』 #『조선왕조의궤』 #『동의보감』 #『일성록』

길잡이 | 한국의 세계 기록 유산을 살펴봅니다.

(가) 『**조선왕조실록**』: 조선 제1대 왕 태조부터 제25대 왕 철종까지 472년의 역사를 편년체로 기록한 역사서로, 총 1,893권 888책으로 구성되어 있다. 『조선왕조실록』은 국왕이 승하한 뒤에 다음 왕이 즉위하면 춘추관에 **실록청**을 설치하여 **사초와 시정기** 등을 근거로 작성 및 편찬되었다. 사관 이외에는 사초를 보지 못하게 하는 등 그 내용의 **신빙성**이 높기에 이러한 가치를 인정받아 1997년에 유네스코 세계 기록 유산으로 등재되었다.

(나) 『**직지심체요절**』: 고려 우왕 때 **청주 흥덕사**에서 금속 활자로 인쇄된 **세계 최고(最古)**의 **금속 활자본**으로, 병인양요 때 프랑스 공사에 의해 유출된 후 1967년 프랑스 국립 도서관 연구원에서 일하던 박병선이 발견하였다. 『직지심체요절』은 동양 인쇄사에 엄청난 영향을 끼친 공로를 인정받아 2001년에 유네스코 세계 기록 유산에 등재되었다.

(다) 『**조선왕조의궤**』: 조선 시대 왕실이나 **국가 행사**의 전 과정을 그림과 글로 담은 **기록물**로, 병인양요 당시 프랑스군이 **외규장각**을 불태운 뒤 **약탈**하였다. 『조선왕조의궤』 안에는 후대 사람들이 행사를 진행할 때 참고할 수 있도록 의례의 전말을 자세히 기록하였으며, 2007년에는 이러한 가치를 인정받아 유네스코 세계 기록 유산에 등재되었다.

(라) 『**동의보감**』: 조선 선조의 명을 받아 **허준**이 편찬하였으며, **광해군** 때 **완성**하여 간행하였다. 각종 의학 지식과 치료법에 관한 백과사전식 **의학서**로, 동아시아 의학을 체계적으로 집대성하였으며 일반 백성의 건강을 위한 편찬 사업이었다는 점을 인정받아 2009년에 유네스코 세계 기록 유산에 등재되었다.

(마) 『**일성록**』: 조선 **정조**가 왕위에 오르기 전부터 자신의 일상과 학문의 진전에 관해 성찰하며 쓴 **일기**에서 유래하였으며, 왕위에 오른 후에는 **규장각** 신하들로 하여금 국사에 대한 일지를 쓰게 하면서 국정에 참고할 수 있는 **국가 공식 기록**이 되었다.

⑤ 조선 국왕의 비서 기관인 승정원에서는 이곳에서 처리하는 모든 일을 『승정원일기』로 기록하였다. 현재 조선 전기의 기록이 소실되기는 했지만, 조선 후기의 정국 운영에 대한 기록은 전해지고 있어 2001년에 유네스코 세계 기록 유산에 등재되었다.

한 번 더 체크하러 가기 ▶ 미니북 53쪽

20 정도전 정답 ①

정답 분석

정답이 보이는 핵심 키워드
#이성계를 도와 조선 건국 주도 #『조선경국전』 #국가 운영을 위한 종합적인 통치 규범 제시 #재상의 역할 강조

길잡이 | 조선 건국을 주도하였던 정도전을 알아봅니다.

고려 말 급진 개혁파를 이끌었던 **정도전**은 신흥 무인 세력인 이성계와 연합하여 **조선 건국을 주도**하였다. 정도전은 조선 건국 이후 한양으로 도읍을 옮긴 뒤 도성을 쌓고 왕조의 기틀을 마련하는 데 공헌하였다. 또한, 조선의 유교 이념을 성문화하여 조선의 현실에 맞는 통치 규범을 제시한 『**조선경국전**』을 저술하였다. 정도전은 『조선경국전』을 통해 **권력의 중심이 재상**에게 있어야 함을 강조하며 왕에게 권력이 집중되는 것은 바람직하지 않다고 주장하였다.

① 정도전은 『불씨잡변』을 지어 유학의 입장에서 불교의 진리를 비판하며 불교 배척을 주장하였다.

한 번 더 체크하러 가기 ▶ 미니북 14쪽

선택지 풀이

② 계유정난을 계기로 정계에서 축출되었다.
세조가 수양 대군 시절 일으킨 계유정난 당시 영의정 황보인, 좌의정 김종서 등 단종을 모시던 반대파들이 정계에서 축출되었다.

③ 최초의 서원인 백운동 서원을 건립하였다.
중종 때 풍기 군수 주세붕은 고려 말 성리학을 전래시킨 안향을 기리고 사림 및 자제들을 교육하기 위해 최초의 서원인 백운동 서원을 건립하였다. 이후 명종 때 백운동 서원은 이황의 요청에 따라 최초의 사액 서원인 소수 서원으로 사액되었다.

④ 일본에 다녀와서 해동제국기를 편찬하였다.
신숙주는 세종 때 통신사로 일본에 다녀온 후 성종 때 일본의 지리와 국정, 외교 관계 등을 기록한 『해동제국기』를 편찬하였다.

⑤ 성리학의 개념을 도식으로 설명한 성학십도를 지었다.
조선 중기의 성리학자 퇴계 이황은 조선의 성리학이 발전하는 데 크게 기여하였으며, 군주의 도를 도식으로 설명한 『성학십도』를 지었다.

21 조선 세종 정답 ③

정답 분석

정답이 보이는 핵심 키워드
#「월인천강지곡」 #훈민정음 #아들 수양 대군에게 「석보상절」을 편찬하도록 명함

길잡이 | 조선 세종의 업적을 학습합니다.

조선 세종은 세상을 떠난 소헌 왕후의 명복을 빌기 위해 아들 수양 대군에게 산문 형태의 『석보상절』을 편찬하도록 하였다. 세종은 『석보상절』을 토대로 한글로 노랫말을 써 「월인천강지곡」을 지었다.
③ 세종 때 중국의 수시력과 아라비아의 회회력을 참고하여 내편(內篇)과 외편(外篇)으로 이루어진 역법서 『칠정산』을 간행하였다. 이때 최초로 한양을 기준으로 천체 운동을 계산하였다.

한 번 더 체크하러 가기 ▶ 미니북 09쪽

선택지 풀이

① 수도 방어를 위해 금위영을 설치하였다.
숙종은 금위영을 설치하여 5군영 체제를 확립하고 국왕 수비와 수도 방어를 강화하였다.

② 음악 이론 등을 집대성한 악학궤범을 완성하였다.
성종 때 성현 등이 왕명에 따라 장악원에 있던 오래된 의궤와 악보를 정리하여 『악학궤범』을 완성하였고, 이를 통해 궁중 음악이 집대성되었다.

④ 역대 문물제도를 정리한 동국문헌비고를 편찬하였다.
영조 때 각종 제도의 연혁과 내용을 정리한 『동국문헌비고』를 편찬하여 문물제도를 정리하였다.

⑤ 현직 관리에게만 수조지를 지급하는 직전법을 실시하였다.
세조는 과전의 세습화가 초래하였던 토지 부족 등의 폐단을 바로잡기 위해 과전법을 혁파하고 현직 관리에게만 수조지를 지급하는 직전법을 실시하였다.

22 조선과 명의 대외 관계 정답 ②

정답 분석

정답이 보이는 핵심 키워드
#대보단 #임진왜란 때 조선에 원군을 보냄

길잡이 | 임진왜란 때 조선을 도운 명과의 대외 관계를 탐구합니다.

일본이 조선에 쳐들어왔던 임진왜란 때 명이 조선의 구원 요청을 받아들여 조선에 원군을 보냈다. 숙종 때 이러한 명의 은덕을 기린다는 의미로 창덕궁에 명 황제 신종을 모시는 대보단을 건립하여 명에 대한 의리를 지키고자 하였다.
② 조선은 명에 정기적으로 하정사(정월), 성절사(명 황제·황후의 생일), 천추사(명 황태자 생일), 동지사(동지) 등의 사절을 파견하였다.

선택지 풀이

① 나선 정벌에 조총 부대를 파견하였다.
조선 효종 때 러시아가 만주 지역까지 침략해 오자 청은 조선에 원병을 요청하였고, 조선에서는 두 차례에 걸쳐 조총 부대를 파견하여 나선 정벌을 단행하였다.

③ 백두산정계비를 세워 국경을 획정하였다.
조선 숙종 때 간도 지역을 두고 청과 국경 분쟁이 발생하자 두 나라 대표가 백두산 일대를 답사하고 국경을 획정하여 백두산정계비를 세웠다.

④ 한성에 동평관을 두어 무역을 허용하였다.
조선 태종 때 한성의 남산 북쪽에 일본 사신이 머무는 숙소인 동평관을 두어 일본과 외교 및 무역을 실시하였다.

⑤ 공녀를 보내기 위해 결혼도감을 설치하였다.
고려 원 간섭기 때 원은 수탈의 일환으로 고려에 공녀를 요구하였다. 이에 고려는 결혼도감을 설치하여 약 80여 년간 50여 차례에 걸쳐 원에 공녀를 보냈다.

23 조선 연산군 정답 ⑤

✓ 정답 분석

정답이 보이는 핵심 키워드
#폭정을 일삼다가 폐위됨 #선왕 대에 성장한 삼사와 대립 #조의제문을 구실로 사림을 탄압 #반정

길잡이 | 조선 연산군 때 일어난 정치적 혼란을 파악합니다.

⑤ **조선 연산군**은 신하들이 자신의 잘못을 지적하는 것을 참지 못하여 왕권 견제 기구인 **삼사와 대립**하였고, 선왕인 성종 대에 성장하였던 **사림에 불만**을 가지고 있었다. 유자광, 이극돈 등의 훈구 세력은 사림 세력인 김일손이 스승인 김종직의 조의제문을 사초에 포함시켰다는 사실을 연산군에게 알렸고, 연산군은 이를 문제 삼아 사림 세력을 탄압하였다(**무오사화**). 또한, 연산군이 생모인 폐비 윤씨 사사 사건의 전말을 알게 되면서 김굉필 등 당시 폐비 윤씨 사사 사건에 관련된 인물들과 무오사화 때 피해를 면하였던 사림들까지 큰 화를 입었다(**갑자사화**). 이후 연산군의 **폭정**에 반발하여 **중종반정**이 일어나 연산군은 폐위되었다.

한 번 더 체크하러 가기 ▶ 미니북 09, 42쪽

✓ 선택지 풀이

① 이괄의 난이 일어나 공주로 피란하다
인조반정 때 큰 공을 세웠던 이괄이 공신 책봉 과정에서 2등 공신을 받은 것에 불만을 품고 반란을 일으켜 도성을 장악하였다. 이에 서울이 함락되고 인조와 대신들은 서울을 떠나 공주(공산성)로 피란하였다.

② 단종의 복위를 꾀한 성삼문 등을 처형하다
수양 대군 시절 계유정난을 일으켜 권력을 장악한 세조는 단종을 몰아내고 왕으로 즉위하였다. 이후 성삼문, 박팽년 등의 사육신(死六臣)들이 상왕인 단종의 복위를 꾀하다가 발각되어 처형당하였다(계유정난).

③ 영창 대군을 죽이고 인목 대비를 유폐하다
광해군은 왕위를 위협할 요소를 제거하기 위해 형인 임해군과 동생인 영창 대군을 죽이고, 선조의 아내인 인목 대비를 경운궁에 유폐하였다.

④ 위훈 삭제를 주장한 조광조 일파를 제거하다
중종 때 등용된 조광조는 반정 공신들의 위훈 삭제를 주장하며 개혁을 이루고자 하였다. 그러나 이에 반발한 훈구 세력들이 주초위왕 사건을 일으켜 기묘사화가 발생하면서 조광조를 비롯한 사림들이 피해를 입었다.

암기의 key | 조선 시대의 사화

무오사화 (1498)	• 배경: 김일손이 스승 김종직의 조의제문을 사초에 기록한 사건 • 훈구파(유자광, 이극돈)와 사림파(김일손)의 대립
갑자사화 (1504)	• 배경: 폐비 윤씨 사사 사건 • 무오사화 때 피해를 면한 사림과 일부 훈구 세력까지 피해
기묘사화 (1519)	• 배경: 조광조의 개혁 정치 • 위훈 삭제로 인한 훈구 공신 세력의 반발 → 주초위왕 사건
을사사화 (1545)	• 배경: 인종의 외척 윤임(대윤)과 명종의 외척 윤원형(소윤) 간 대립 심화 • 명종의 즉위로 문정 왕후 수렴청정 → 집권한 소윤이 대윤 공격

24 우리나라 성곽의 역사 정답 ④

✓ 정답 분석

정답이 보이는 핵심 키워드
#우리나라 성곽 #강화산성 #북한산성 #서울 한양도성 #남한산성 #수원 화성

길잡이 | 우리나라 성곽의 역사를 알아봅니다.

(가) **강화산성**: 몽골이 고려를 **침입**하였을 때 **최우**가 강화도로 수도를 옮기며 쌓은 산성으로, 몽골군이 바다를 건너 공격하지 못하게 하였던 중요한 방어 시설이었다.

(나) **북한산성**: 백제가 수도를 위례성으로 정하였을 때 **도성을 지키던 성**이었으며, 고구려, 백제, 신라 삼국이 서로 차지하려 하였던 곳이다. **조선** 시대에도 도성을 지키는 역할을 하였다.

(다) **서울 한양도성**: 조선 건국 이후 **수도 한양을 방어**하기 위해 쌓은 **성곽**이다. 4대문과 4소문으로 이루어져 있으며, 현존하는 세계의 도성 중 가장 오랫동안 도성의 기능을 수행하였다.

(라) **남한산성**: 북한산성과 함께 **조선의 수도 한양**을 지키던 산성이며, 험준한 산세를 잘 이용한 **방어** 시설로써 전쟁 시 임금과 조정이 **대피**하는 용도로도 사용되었다.

(마) **수원 화성**: **조선 정조**가 축조하였으며, 사도세자의 묘를 옮기고 국왕 친위 부대인 장용영의 외영을 설치하는 등 화성에 **정치적·군사적 기능**을 부여하였다. 축성의 모든 과정은 『**화성성역의궤**』에 기록되어 훼손된 화성을 수리·보수하는 데 중요한 자료가 되었다.

④ **청**이 **조선**에게 **군신 관계**를 요구하였지만 거부당하자 **병자호란**을 일으켰다. **인조**는 **남한산성**으로 **피란**하여 항전하였지만 결국 삼전도에서 굴욕적인 항복을 하였다.

한 번 더 체크하러 가기 ▶ 미니북 32쪽

✓ 선택지 풀이

① (가) - 정봉수가 후금의 침입에 맞서 싸웠다.
후금이 조선을 침략하여 의주를 함락시킨 뒤 평산까지 남진하자 인조는 강화도로 피란하였고, 정봉수와 이립은 용골산성에서 의병을 이끌며 후금에 맞서 싸웠다. 후금은 조선에 강화를 제의하였고, 결국 형제의 맹약을 맺게 되었다(정묘호란).

② (나) - 김준룡이 근왕병을 이끌고 적장을 사살하였다.
  조선의 무신 김준룡은 병자호란이 발생하자 근왕병을 이끌고 청에게 포위당한 남한산성으로 진군하였다. 그리고 곳곳의 군사를 모아 병력을 보강한 뒤 용인의 광교산을 거점으로 적장을 사살하며 청과의 전투에서 승리하였다.

③ (다) - 신립이 배수의 진을 치고 전투를 벌였다.
  임진왜란이 발발하자 신립은 충주 탄금대에서 배수의 진을 치고 일본군과 전투를 벌였으나 크게 패하여 강물에 몸을 던져 자결하였다.

⑤ (마) - 임진왜란 때 권율이 일본군을 크게 물리쳤다.
  임진왜란 때 조명 연합군의 공격으로 후퇴하던 왜군이 행주산성을 공격하였다. 이에 권율을 중심으로 한 조선 군대와 백성들이 일본군을 크게 물리쳐 승리를 거두었다.

25 경재소   정답 ④

정답 분석

정답이 보이는 핵심 키워드
#서울에 살면서 벼슬하는 자들의 모임 #간사한 향리의 범법 행위를 살펴서 지방의 풍속 유지 #각 고을을 담당 #향리를 침학

길잡이 | 중앙의 지방 통치 강화를 위해 설치한 경재소를 살펴봅니다.

④ **경재소**는 조선 전기 **중앙의 지방 통치 체제 강화**를 위해 설치된 기구이다. 중앙의 고위 관리에게 출신 지역의 경재소를 관장하게 하고 그 지역의 **유향소 품관을 임명·감독**하게 하였다. 그러나 경재소를 맡은 관리가 **향리의 권한을 침범**하고 수령을 매도하여 백성의 땅을 탈취하는 등 사적으로 경제적 기반을 확대하는 **폐단**이 발생하였다. 이에 임진왜란 이후에는 수령권을 강화하고, 유향소의 지휘를 약화시켜 이를 관장하던 경재소를 폐지하였다.

선택지 풀이

① 사헌부, 사간원과 함께 3사로 불렸다.
  홍문관은 성종 때 집현전을 계승하여 설치되었으며, 대표적인 언론 기관인 사헌부, 사간원과 함께 3사로 불렸다.

② 소속 관원을 은대 학사라고도 칭하였다.
  승정원은 왕명의 출납을 담당하고 모든 기밀을 취급하던 조선 시대 국왕의 비서 기관으로, 은대, 후원 등으로 불렸고, 도승지를 비롯한 승정원 소속 관원인 6명의 승지는 은대 학사라고도 불렸다.

③ 서얼 출신 학자들이 검서관에 등용되었다.
  정조 때 탕평 정치와 고른 인재 등용을 위해 서얼 출신 학자인 유득공, 이덕무, 박제가 등이 규장각 검서관에 등용되었다.

⑤ 대사성 이하 좨주, 직강 등의 관직을 두었다.
  성균관은 조선 시대 최고의 국립 교육 기관으로, 정3품의 당상관직인 대사성을 수장으로 하였으며, 그 밑으로 좨주, 직강 등의 관직을 두었다.

26 겸재 정선   정답 ①

정답 분석

정답이 보이는 핵심 키워드
#겸재 #우리 산천의 아름다움을 사실적으로 표현 #진경산수화

길잡이 | 새로운 진경산수화를 탄생시킨 겸재 정선을 탐구합니다.

조선 후기 겸재 정선은 옛 작품을 모방하던 전통적인 산수화와는 달리 **진경산수화**라는 화풍을 개척하여 우리나라의 빼어난 명승지를 보고 느낀 감정을 그림으로 표현하였다. 『해악전신첩』은 정선이 금강산을 여행하며 그 일대를 그린 진경산수화 시화첩으로, 철원 삼부연 폭포를 그린 「삼부연」 등이 수록되어 있다.

① 정선의 「**금강내산**」은 『해악전신첩』에 실린 그림 중 한 폭으로, 내금강 전경을 담아낸 **진경산수화**이다.

한 번 더 체크하러 가기 ▶ 미니북 47쪽

선택지 풀이

② 김홍도의 「산수인물도」
  조선 후기 화가 김홍도가 거대한 절벽과 폭포 배경으로 배를 타고 있는 어부들을 그린 산수인물화이다.

③ 신윤복의 「월하정인」
  조선 후기 화가 신윤복이 눈썹 같은 달 아래 남녀가 몰래 만나는 장면을 그린 풍속화이다.

④ 강세황의 「영통동구도」
  조선 후기 화가 강세황이 송도(지금의 개성)를 여행하면서 그린 진경산수화이다.

⑤ 안견의 「몽유도원도」
  조선 전기 화가 안견이 그린 산수화로, 안평대군이 박팽년과 함께 복사꽃밭을 거니는 꿈의 내용을 담았다.

27 조선 철종   정답 ⑤

정답 분석

정답이 보이는 핵심 키워드
#조선 시대 #강화도령 #안동 김씨 순원 왕후 #임술 농민 봉기

길잡이 | 조선 후기 철종의 재위 시기에 일어난 일을 알아봅니다.

조선 제25대 왕 철종은 가족과 함께 강화도에 유배되어 농사를 짓던 중 헌종이 후사가 없이 죽자 **순원 왕후**의 명으로 왕위에 올랐다(1849). 어린 나이에 즉위한 철종을 대신하여 순원 왕후가 **수렴청정**을 하였는데, 이는 당시 집권하던 **안동 김씨의 세도 정치**를 강화시킨 원인이 되었다. 세도 정치로 인한 폐단으로 **임술 농민 봉기**를 비롯한 민란이 발생하여 이를 바로잡고자 하였으나, 실패하였고 33세의 나이로 승하하였다.

⑤ 철종 때 임술 농민 봉기의 수습을 위해 파견된 **안핵사 박규수**는 봉기의 원인이 **삼정의 문란**에 있다고 보고 **삼정이정청**을 설치하였다(1862).

한 번 더 체크하러 가기 ▶ 미니북 10, 36쪽

선택지 풀이

① 윤지충 등이 처형된 신해박해가 일어났다.
정조 때 진산의 윤지충은 모친의 신주를 모시는 대신 천주교 의식으로 상을 치렀으며 권상연이 이를 옹호하자 모두 사형에 처해졌다(1791).

② 오페르트가 남연군 묘 도굴을 시도하였다.
오페르트를 비롯한 서양인들이 충남 예산군 덕산면에 위치한 흥선 대원군의 아버지 남연군의 묘를 도굴하려다가 실패하였다(1868).

③ 국왕의 친위 부대인 장용영이 창설되었다.
정조는 왕권을 뒷받침하는 군사적 기반을 갖추기 위해 친위 부대인 장용영을 창설하였다(1793).

④ 경신환국 등 여러 차례 환국이 발생하였다.
숙종 때 남인 허견의 역모 사건으로 허적을 비롯한 남인이 몰락하고 서인이 집권하게 되는 경신환국이 발생하였다(1680). 이후에도 숙종은 서인과 남인 사이에서 기사환국과 갑술환국을 주도하면서 왕권을 강화하였다(1689, 1694).

28 선무군관포   정답 ②

정답 분석

정답이 보이는 핵심 키워드
#선무군관 #벼슬이 없는 자들 중 선정 #사족이 아니거나 음서를 받지 않는 자들을 대상으로 함 #베 1필을 받음

길잡이 | 균역법 보충 제도인 선무군관포를 파악합니다.

② 조선 후기 **군역**으로 인해 농민들의 부담이 가중되자 **영조**는 **균역법**을 제정하여 기존 1년에 2필이었던 **군포를 1필만 부담**하게 하였다. 이로 인해 부족해진 재정을 보충하고자 일부 부유한 양민에게 **선무군관**이라는 칭호를 주고 군포 1필을 납부하게 하였다.

한 번 더 체크하러 가기 ▶ 미니북 10, 43쪽

선택지 풀이

① 토산물을 쌀, 동전 등으로 납부하게 한 원인
광해군 때 방납의 폐단으로 국가 재정이 악화되고 농민의 부담이 커지자 이를 해결하기 위해 대동법을 실시하였다. 이에 토산물 대신 토지의 결수에 따라 쌀을 공납으로 납부하게 하고 산간 지역은 쌀 대신 동전, 삼베, 무명 등을 징수하였다.

③ 시전 상인의 특권을 축소한 신해통공 단행 배경
조선 후기에 사상(私商)들이 점차 확대되면서 시전의 상권을 장악하자 시전 상인들은 난전을 단속할 수 있는 특권인 금난전권을 행사하여 사상의 활동을 억압하였다. 그러나 정조 때 채제공의 건의에 따라 신해통공을 단행하여 육의전을 제외한 시전 상인들의 금난전권을 폐지하였다.

④ 전세를 풍흉에 따라 9등급으로 차등 부과한 이유
조선 초기에는 수취 제도로서 답험손실법을 실시하여 해당 연도의 작황에 따라 생산량의 1/10을 세금으로 징수하였다. 그러나 농민에 대한 수탈이 과중해지자 세종 때 공법을 제정하여 토지의 풍흉과 비옥도에 따라 세금을 차등 부과하는 연분 9등법과 전분 6등법을 시행하였다.

⑤ 설점수세제를 시행하여 민간의 광산 개발을 허용한 목적
조선 전기에는 정부 주도로 광산을 개발하며 농민을 사역하거나 공납으로 광물을 바치게 하였으나, 채굴 과정이 힘들어 백성들이 요역을 기피하였다. 이에 조선 후기 효종 때 설점수세제를 시행하여 민간의 광산 개발을 허용하고 세금을 징수하였다.

29 갑신정변   정답 ①

정답 분석

정답이 보이는 핵심 키워드
#김옥균 #홍영식 #연회를 베풂 #일본 사람들을 끼고 재상들을 모두 죽임 #장상(將相)의 중직을 잠깐 동안에 차지

길잡이 | 3일 천하로 막을 내린 갑신정변을 살펴봅니다.

① **김옥균**, **홍영식**, 박영효, 서광범 등을 중심으로 한 **급진 개화파**는 일본의 군사적 지원을 약속받고 **우정총국 개국 축하연** 자리에서 **갑신정변**을 일으켰다. 이들은 국왕과 왕후를 경우궁으로 옮기고 수구파 고관들을 살해하여 정권을 장악하였다. 이후 **14개조 개혁 정강**을 발표하여 청과의 사대 관계 청산, 입헌 군주제, 능력에 따른 인재 등용 등의 개혁을 추진하였다. 그러나 조선 정부의 요청으로 청군이 이를 진압하기 위해 개입하였고, 일본의 군사 지원이 약속대로 이행되지 않아 **3일 만에 실패**하였다.

한 번 더 체크하러 가기 ▶ 미니북 11, 37쪽

선택지 풀이

② 전개 과정에서 홍범 14조가 반포되었다.
김홍집 내각은 제2차 갑오개혁 때 근대적 개혁의 기본 방향을 제시한 홍범 14조를 반포하였다.

③ 통리기무아문이 설치되는 계기가 되었다.
고종은 강화도 조약 이후 변화하는 국내외 정세에 대응하고자 개화 정책을 실시하였고, 이에 따라 국내외의 군국 기무와 개화 정책을 총괄하는 관청인 통리기무아문을 설치하였다.

④ 조일 통상 장정이 체결되는 결과를 초래하였다.
조선은 일본과의 무역에 대한 관세권을 회복하기 위해 조일 통상 장정을 체결하였다. 조항 중에는 일본에 대한 최혜국 대우 규정과 천재ㆍ변란 등에 의한 식량 부족의 우려가 있을 때 방곡령을 선포하는 조항이 포함되어 있었다.

⑤ 구식 군인에 대한 차별 대우가 발단이 되어 일어났다.
신식 군대인 별기군에 비해 차별 대우를 받던 구식 군대가 선혜청을 습격하면서 임오군란이 일어났다.

30 조선 후기의 사회 모습   정답 ①

정답 분석

정답이 보이는 핵심 키워드
#사노비였던 그는 노력 끝에 면천됨 #신분 질서가 크게 동요 #구향과 신향 간의 향전이 발생

길잡이 | 신분 질서가 크게 동요한 조선 후기의 사회 모습을 확인합니다.

조선 정부는 임진왜란 이후 궁핍해진 재정을 해결하기 위해 **납속책**과 **공명첩**을 시행하여 신분을 돈으로 구매할 수 있도록 하였다. 이에 재력이 있는 노비는 일정량의 곡식을 납부함으로써 양인으로 면천되었다. 또한, 돈으로 양반 신분을 획득한 **신향**이 종래의 양반이었던 **구향**에게 도전하면서 **향전**이 발생되기도 하는 등 **신분 질서가 크게 동요**하였다.
① 고려 광종 때 제위보를 운영하여 기금을 모아 백성에게 빌려주고 그 이자로 빈민을 구휼하도록 하였다.

한 번 더 체크하러 가기 ▶ 미니북 24쪽

선택지 풀이

② 시사(詩社)에서 시를 낭송하는 중인
조선 후기에는 중인층과 서민층의 문학 창작 활동이 활발해지면서 시사(詩社)를 조직하였다.

③ 상평통보로 물건을 거래하는 보부상
조선 후기 상업의 발달로 전국 각지에서 장시가 활성화되면서 보부상은 장날에 따라 이동하며 각 장시들을 연계한 하나의 유통망을 형성하였다. 이때 보부상은 금속 화폐인 상평통보를 통해 물건을 거래하였다.

④ 세책가에서 홍길동전을 빌리는 부녀자
조선 후기에는 서민 문화가 발달함에 따라 『홍길동전』과 『춘향전』 등 한글 소설이 널리 읽혔으며, 책을 빌려주는 책방인 세책가가 성행하였다.

⑤ 송파장에서 산대놀이 공연을 하는 광대
송파장은 전국의 온갖 산물이 모이는 중심지로 일찍부터 상설 점포가 형성된 조선 후기 15대 장터 중 하나였으며, 장시에서 발달한 탈놀이 중 하나인 '송파 산대놀이'는 현실 폭로와 사회 풍자 등의 내용을 바탕으로 하였다.

31 동학 농민 운동   정답 ④

정답 분석

정답이 보이는 핵심 키워드
#통문 #군수 조병갑 #동학 도당 #전주성이 삽시간에 함락

길잡이 | 동학 농민 운동의 전개 과정을 학습합니다.

(가) **고부 농민 봉기**(1894.1.): **전라도 고부 군수 조병갑**이 만석보를 쌓는다는 명분으로 농민을 동원하고 수세를 강제로 징수하였다. 이를 참다 못한 농민들은 **동학교도 전봉준**을 중심으로 고부 농민 봉기를 일으키고 만석보를 파괴하였다.
(나) **동학 농민군의 전주성 점령**(1894.4.27.): 동학 농민군은 전라감사의 집무실인 선화당을 접수하면서 전주성을 점령하고, 전라도 일대를 장악하였다.
④ 동학 농민군은 **장성 황룡촌**의 지리를 잘 알고 있는 점을 이용하여 **홍계훈이 이끄는 관군**에 승리하였다(1894.4.23.).

한 번 더 체크하러 가기 ▶ 미니북 11, 41쪽

선택지 풀이

① 남접과 북접이 논산에서 연합하였다.
③ 일본이 군대를 동원하여 경복궁을 점령하였다.
⑤ 우금치에서 농민군이 관군과 일본군에 맞서 싸웠다.
조선 정부가 동학 농민 운동을 진압하기 위해 청에게 군대를 요청하자 일본군은 텐진 조약에 의거하여 청군과 함께 조선에 상륙하였다. 동학 농민군과 정부가 전주 화약을 맺는 등 사건이 일단락되었음에도 일본군은 조선에 계속 주둔하였다. 이후 일본은 경복궁을 점령하여 친일적인 정부를 세우면서 조선의 내정에 간섭하였다(1894.6.). 이에 동학 농민군의 남접과 북접이 논산에서 연합하여 다시 봉기하였다(2차 봉기, 1894.9.). 그러나 우금치 전투에서 농민군이 관군과 일본군에게 패하였고(1894.11.), 전봉준이 서울로 압송되면서 농민군은 해산되었다.

② 최제우가 혹세무민의 죄로 처형되었다.
세도 정치 시기인 철종 때 최제우는 천주교의 확산에 대항하여 동학을 창시하고 마음속에 한울님을 모시는 시천주와 사람이 곧 하늘이라는 인내천 사상을 강조하였다. 이후 동학이 일반 백성들로부터 큰 지지를 받고 교세가 확장되자 이를 경계한 정부는 최제우를 체포하여 세상을 어지럽히고 백성을 속인다는 혹세무민의 죄로 처형하였다(1864).

32 황국 중앙 총상회의 상권 수호 운동   정답 ③

정답 분석

정답이 보이는 핵심 키워드
#시전 상인 #외국 상인의 한성 침투로 인해 입는 피해가 큼

길잡이 | 황국 중앙 총상회가 상권 수호 운동을 전개한 배경을 확인합니다.

정답 및 해설 **83**

조청 상민 수륙 무역 장정이 체결되어 들어온 외국 상인들로 인해 **한성(서울)의 시전 상인**들이 어려움에 처하게 되었다. 이에 상인들은 **황국 중앙 총상회**를 조직하여 상권 수호 운동을 전개하였다(1898).
③ 임오군란 이후 조선과 청이 체결한 조청 상민 수륙 무역 장정에서 최초로 **외국 상인의 내지 통상권**을 규정하였다(1882).

한 번 더 체크하러 가기 ▶ 미니북 11, 37쪽

선택지 풀이

① 동양 척식 주식회사가 설립되었다.
일제 통감부는 대한 제국의 식산흥업을 장려한다는 명목으로 한일합자 회사인 동양 척식 주식회사를 설립하였다(1908).

② 일제가 황무지 개간권을 요구하였다.
대한 제국 때 일본은 한일 의정서를 체결하고 군사 전략상 필요한 지역을 차지하기 위해 황무지 개간권을 요구하였다. 이에 보안회는 전국에 통문을 돌리며 황무지 개간권 요구 반대 운동을 전개하여 저지에 성공하였다(1904).

④ 메가타의 주도로 화폐 정리 사업이 시행되었다.
제1차 한일 협약을 통해 스티븐스가 외교 고문, 메가타가 재정 고문으로 임명되었다(1904). 이후 메가타는 대한 제국의 경제권을 장악하기 위해 탁지부를 중심으로 화폐 정리 사업을 시행하였다(1905).

⑤ 회사 설립을 허가제로 하는 회사령이 공포되었다.
일제는 민족 기업과 민족 자본의 성장을 억제하기 위해 회사 설립시 총독의 허가를 받도록 하는 회사령을 공포하였다(1910).

암기의 key	경제적 구국 운동
방곡령 시행	• 함경도·황해도 지방관들이 곡물 유출을 막기 위해 시행 • 일본이 조일 통상 장정 조항을 근거로 철회 요구 → 철회, 일본 상인에 배상금 지불
서울 상인들의 상권 수호 운동	• 배경: 외국 상인의 상권 침탈 심화 • 황국 중앙 총상회 조직
독립 협회의 이권 수호 운동	• 러시아의 절영도 조차 요구를 좌절시킴 • 러시아의 한러은행 폐쇄
황무지 개간권 요구 반대 운동	• 보안회: 일제의 개간권 요구를 저지시킴 • 농광 회사를 건립하여 직접 황무지 개간 노력
국채 보상 운동	• 1907년 대구에서 서상돈 등을 중심으로 일본에서 도입한 차관을 갚아 주권을 회복하고자 함 • 통감부의 탄압으로 실패

33 국채 보상 운동   정답 ①

정답 분석

정답이 보이는 핵심 키워드
#양기탁 #일본에서 들여온 차관을 갚기 위해 일어남 #의연금을 횡령하였다는 이유로 기소

길잡이 | 일본에게 진 빚을 갚기 위해 전개된 국채 보상 운동을 살펴봅니다.

① **국채 보상 운동**은 김광제, 서상돈 등의 제안으로 대구에서 시작된 경제적 주권 수호 운동으로, 일본에서 도입한 **차관 1,300만 원**을 갚아 주권을 회복하고자 전개되었다. **대한매일신보**는 국채 보상 운동을 지원하여 보도뿐만 아니라 국채 보상 의연금을 수령하고 접수된 의연금의 액수와 성명을 매일 신문에 실어 발표하였다. 이에 국채 보상 운동이 전국으로 확산되자 일제는 대한매일신보의 총무 **양기탁**을 국채 보상 의연금 횡령이라는 누명을 씌우고 구속하였다. 그러나 대한매일신보의 사장 베델이 공소 사실의 허위 조작에 대한 증거를 제시하자 양기탁은 무죄를 선고받고 출감하였다.

한 번 더 체크하러 가기 ▶ 미니북 11, 38쪽

선택지 풀이

② 조선 총독부의 탄압과 방해로 실패하였다.
국채 보상 운동은 통감부의 방해와 탄압으로 인해 중단되었다. 조선 총독부는 국채 보상 운동이 전개된 이후 체결된 한일 병합 조약 이후에 설치되었다.

③ 백정에 대한 사회적 차별 철폐를 요구하였다.
갑오개혁 이후 신분제가 폐지되었음에도 일제 강점기 때 백정에 대한 사회적 차별은 더욱 심해졌다. 백정들은 이러한 차별을 철폐하기 위해 진주에서 조선 형평사를 창립하고 형평 운동을 전개하였다.

④ 조선 민립 대학 기성회에서 모금 활동을 주도하였다.
1920년대에 일제가 문화 통치를 표방하자 민족 운동가들은 한국인을 위한 고등 교육 기관으로서 민립 대학을 설립하기 위해 민립 대학 설립 운동을 전개하였다. 이때 이상재, 이승훈, 윤치호 등은 조선 민립 대학 기성회를 조직하고 대학 설립을 위한 모금 활동을 주도하였다.

⑤ 일본, 프랑스 등의 노동 단체로부터 격려 전문을 받았다.
원산 노동자 총파업은 영국인이 경영하는 회사에서 일본인 감독이 조선인 노동자를 구타한 사건을 계기로 시작되었다. 파업 후 회사가 요구 조건을 이행하지 않자 원산 노동 연합회를 중심으로 총파업에 돌입하였으며, 전국 각지의 노동조합, 청년 단체, 농민 단체 등의 후원과 일본·프랑스·중국·소련의 노동 단체로부터 격려 전문을 받기도 하였다.

34 을사늑약   정답 ④

✓ 정답 분석

정답이 보이는 핵심 키워드
#주미대한제국공사관 #외교권을 박탈당함

길잡이 | 일본과 맺은 을사늑약을 학습합니다.

④ **러일 전쟁**에서 승리한 일본이 사실상 열강들로부터 **대한 제국에 대한 지배를 인정**받았다. 이에 일본은 **을사늑약(제2차 한일 협약)**을 체결하여 대한 제국의 **외교권을 박탈**하고 **통감부를 설치**하면서 대한 제국을 식민지로 만드려는 계획을 진행하였다.

한 번 더 체크하러 가기 ▶ 미니북 11쪽

✓ 선택지 풀이

① 러일 전쟁 중에 체결되었다.
러일 전쟁 중 일본은 한반도의 군사적 요충지를 점령하기 위해 한일 의정서를 체결하였다.

② 최혜국 대우를 최초로 규정하였다.
조선은 미국과 체결한 조미 수호 통상 조약에서 최혜국 대우를 최초로 규정하였다. 조미 수호 통상 조약은 치외 법권, 국가 간의 분쟁을 제3국이 해결하는 거중 조정 조항 등이 포함된 불평등조약이었다.

③ 천주교 포교 허용의 근거가 되었다.
조선과 프랑스가 조불 수호 통상 조약을 체결하면서 천주교 포교가 허용되었다.

⑤ 스티븐스가 외교 고문으로 파견되는 배경이 되었다.
일본과 맺은 제1차 한일 협약을 통해 대한 제국은 외국인 고문을 고용하게 되었다. 이 조약에 따라 스티븐스는 외교 고문, 메가타는 재정 고문으로 임명되어 대한 제국의 내정에 간섭하였다.

암기의 key   일제의 국권 침탈 과정

조약	주요 내용
한일 의정서 (1904.2.)	• 러일 전쟁 발발 직후 체결 • 대한 제국의 군사적 요충지 점령
제1차 한일 협약 (1904.8.)	고문 정치: 외교 고문 스티븐스, 재정 고문 메가타
을사늑약 (제2차 한일 협약, 1905)	• 외교권 박탈 • 통감부 설치: 초대 통감 이토 히로부미
한일 신협약 (정미 7조약, 1907)	• 차관 정치: 일본인 차관, 통감부의 내정 간섭 심화 • 대한 제국 군대 해산
기유각서 (1909)	사법권 박탈
한일 병합 조약 (1910)	• 대한 제국 국권 상실 • 조선 총독부 설치: 초대 총독 데라우치

35 근대 문물의 수용   정답 ⑤

✓ 정답 분석

정답이 보이는 핵심 키워드
#한성 전기 회사 #전차

길잡이 | 한성 전기 회사가 개통한 전차가 운행되던 시기를 파악합니다.

대한 제국 시기 황실과 미국인의 합작으로 **한성 전기 회사**가 세워졌다(1898). 이후 한성 전기 회사는 **전등, 전화** 등의 시설 운영권을 부여받았으며, 발전소를 세우고 서울 서대문에서 청량리 구간을 운행하는 **전차**를 개통하였다(1899).
⑤ 일본인 회사가 부설권을 획득한 **경부선**은 서울과 부산을 연결한 철도로, 우리나라 최초의 철도인 경인선에 이어 두 번째로 개통되었다(1905).

한 번 더 체크하러 가기 ▶ 미니북 38쪽

✓ 선택지 풀이

① 척화비를 세우기 위해 돌을 다듬는 석공
병인양요와 신미양요 등 외세의 침략을 겪은 흥선 대원군은 서양과의 통상 수교 반대 의지를 알리기 위해 종로를 비롯한 전국 각지에 척화비를 세웠다(1871).

② 거문도를 불법 점령하고 있는 영국 군인
영국은 조선에 대한 러시아의 세력 확장을 저지하기 위해 거문도를 불법으로 점령하였다(1885).

③ 연무당에서 일본과 조약을 체결하는 관리
일본이 운요호 사건을 구실로 조선에 통상 조약 체결을 요구하여 강화도 연무당에서 우리나라 최초의 근대적 조약이자 불평등 조약인 조일 수호 조규(강화도 조약)가 체결되었다(1876).

④ 보빙사의 일원으로 미국에 파견되는 역관
조미 수호 통상 조약이 체결된 후 조선 주재 미국 공사가 파견되자 조선 정부는 답례로 미국에 보빙사를 파견하였다. 민영익, 홍영식, 서광범을 중심으로 한 보빙사는 서양 국가에 파견된 최초의 사절단으로 40여 일간 미국 대통령을 만나고 다양한 기관들을 시찰하였다(1883).

36 지역사 - 서간도(남만주)   정답 ①

✓ 정답 분석

정답이 보이는 핵심 키워드
#신흥 강습소 #신흥 무관 학교 #독립운동

길잡이 | 서간도 지역에서 있었던 민족 운동을 알아봅니다.

국외 독립운동 기지를 건설하고자 **서간도(남만주) 삼원보** 지역으로 이주한 **신민회원** 이상룡, 이회영 등은 최신식의 군사 기술을 가르쳐 독립군을 양성하는 **신흥 강습소(훗날 신흥 무관 학교)** 를 설립하였다.
① 신민회는 서간도(남만주) 삼원보에 한인 자치 기구인 **경학사**를 조직하였다.

한 번 더 체크하러 가기 ▶ 미니북 39, 40쪽

선택지 풀이

② 유학생을 중심으로 2·8 독립 선언서를 발표하였다.
도쿄 유학생들은 조선 청년 독립단을 만들고, 대표 11인을 중심으로 2·8 독립 선언서를 발표하였다.

③ 대조선 국민 군단을 조직하여 군사 훈련을 실시하였다.
하와이에서 박용만은 독립군 사관 양성을 위한 군사 조직으로 대조선 국민 군단을 조직하였다.

④ 대한 광복군 정부를 수립하여 무장 투쟁을 준비하였다.
연해주 블라디보스토크에서 이상철 등이 중심이 되어 공화정을 목표로 하는 대한 광복군 정부를 수립하여 무장 투쟁을 준비하였다.

⑤ 독립군 비행사 양성을 위해 한인 비행 학교를 설립하였다.
미국 캘리포니아에서 독립운동가 김종림과 노백린은 독립군 비행사 양성을 위해 한인 비행 학교를 설립하였다.

37　1910년대 무단 통치　　정답 ③

정답 분석

정답이 보이는 핵심 키워드
#교원이 제복을 입고 칼을 차고 수업 #헌병이 일반 경찰 업무를 맡음 #재판 없이 체포 #태형

길잡이 ┃ 1910년대 일제가 펼쳤던 무단 통치 정책을 학습합니다.

일제는 **1910년대 무단 통치기**에 강압적 통치를 목적으로 교원이 **제복·칼**을 착용하도록 하였으며, **범죄 즉결령**을 통해 정식 법 절차나 재판을 거치지 않고 조선인을 체포·감금할 수 있도록 하였다(1910). 또한, 조선 태형령을 제정하여 곳곳에 배치된 **헌병 경찰**들이 조선인들에게 **태형**을 통한 형벌을 가하도록 하였다(1912).
③ 일제는 근대적 토지 소유 제도를 확립한다는 명분으로 토지 조사국을 설치하고 토지 조사령을 발표하면서 **토지 조사 사업**을 시행하였다(1910~1918).

한 번 더 체크하러 가기 ▶ 미니북 12쪽

선택지 풀이

① 국가 총동원법을 공포하였다.
④ 황국 신민 서사의 암송을 강요하였다.
1930년대 이후 일제는 대륙 침략을 위해 한반도를 병참 기지화하고 국가 총동원법을 공포하여 인적·물적 자원을 수탈하였다(1938). 또한, 우리 민족의 정체성을 말살하기 위해 황국 신민화 정책을 시행하여 내선일체의 구호를 내세우고 황국 신민 서사 암송(1937)과 창씨 개명(1939), 신사 참배 등을 강요하였다.

② 산미 증식 계획을 시행하였다.
1920년대 일본에서 쌀값이 폭등하며 식량 부족 문제가 발생하자 일본은 자국의 부족한 쌀을 조선에서 수탈하기 위해 산미 증식 계획을 시행하였다(1920).

⑤ 조선 사상범 예방 구금령을 제정하였다.
1930년대 이후 민족 말살 통치기에 일제는 조선 사상범 예방 구금령을 제정하여 사상 및 행동을 관찰한다는 명목으로 조선인들의 독립운동을 탄압하였다(1941).

38　천도교 소년회　　정답 ④

정답 분석

정답이 보이는 핵심 키워드
#5월 1일 #어린이의 날 #조선 소년 운동

길잡이 ┃ 소년 운동에 힘쓴 천도교 소년회의 활동을 살펴봅니다.

④ 김기전, **방정환** 등은 어린이의 인격 옹호, 정서 함양 등을 목적으로 **천도교 소년회**를 조직하였다. 천도교 소년회는 창립 1주년을 맞아 5월 1일을 **어린이날**로 제정하고, 전국적으로 기념식을 거행하였다.

한 번 더 체크하러 가기 ▶ 미니북 27쪽

선택지 풀이

① 한글 맞춤법 통일안을 제정하였다.
조선어 학회는 한글 맞춤법 통일안과 외국어 표기법 통일안을 제정하여 우리말의 체계화를 위해 노력하였다.

② 기관지로 진단 학보를 발행하였다.
이병도, 손진태 등은 한국 및 지역 문화를 연구하기 위해 진단 학회를 창립하여 실증주의 사학을 발달시켰고, 기관지 진단 학보를 발행하였다.

③ 오산 학교를 설립하여 인재를 양성하였다.
안창호와 양기탁 등이 결성한 신민회는 민족의 실력 양성을 위해 대성 학교와 오산 학교를 설립하여 민족 교육을 실시하였다.

⑤ 여성 교육의 중요성을 강조한 여권통문을 발표하였다.
서울 북촌의 양반 여성들이 황성신문과 독립신문을 통해 한국 최초의 여성 인권 선언문인 여권통문을 발표하였다. 이를 통해 여성이 정치에 참여할 권리, 남성과 평등하게 직업을 가질 권리, 교육을 받을 권리 등을 주장하였다.

39 1930년대 이후 민족 말살 통치 정답 ⑤

정답 분석

정답이 보이는 핵심 키워드
#면양 장려 사업 #대공황 이후 일제가 농촌 진흥 운동을 추진 #일본 기업에 공업 원료를 공급 #남면북양 정책

길잡이 | 1930년대 이후 일제의 경제 침탈 정책을 파악합니다.

1930년대 이후 일제는 침략 전쟁을 수행하기 위한 **병참 기지**가 필요하였다. 이에 한반도를 공업 원료 공급지로 삼아 남부 지방에는 면화, 북부 지방에는 양 사육을 강요하는 **남면북양(南綿北羊) 정책**을 펼쳤다.

⑤ 1929년에 발생한 **대공황**의 영향으로 1930년대에 **조선의 농촌 경제가 피폐**해지고 **소작 쟁의**가 확산되었다. 이 시기를 틈타 사회주의 계열이 **혁명적 농민 조합 운동**을 전개하기도 하는 등 농촌 사회가 위기에 봉착하였다. 이에 일제는 **농촌 진흥 운동**을 추진하여 조선 농촌의 구조를 개선하려 하였으나, 실제 의도는 조선의 농촌 사회를 통제하고 식민지 지배 체제를 안정시키기 위함이었다.

한 번 더 체크하러 가기 ▶ 미니북 12쪽

선택지 풀이

① 근우회 창립총회에 참여하는 학생
  신간회의 자매단체로 조직된 근우회는 강연회 개최 등 여성 계몽 활동과 여성 지위 향상 운동을 전개하며 여성의 권익을 옹호하였다(1927).

② 경성 제국 대학 설립을 추진하는 관리
  이상재, 이승훈, 윤치호 등을 중심으로 한국인을 위한 고등 교육 기관인 민립 대학 설립 운동이 전개되자 일제는 이를 방해하기 위해 경성 제국 대학을 설립하였다(1924).

③ 원각사에서 연극 은세계를 공연하는 배우
  한국 최초의 서양식 극장인 원각사에서 연극 「은세계」가 공연되었다(1908).

④ 서울 진공 작전에 참여하는 13도 창의군 의병
  한일 신협약으로 대한 제국 군인들이 해산되자 이에 반발하여 정미의병이 전국적으로 전개되었고, 해산 군인들이 의병 활동에 가담하며 의병 부대가 조직화되었다. 이후 이인영을 총대장으로 추대하고 13도 창의군을 결성하여 서울 진공 작전을 전개하였다(1908).

40 광주 학생 항일 운동 정답 ④

정답 분석

정답이 보이는 핵심 키워드
#신간회 #전남 광주 #고등보통학교 학생 대 중학생의 충돌 사건
#긴급 조사를 지시 #최고 간부를 광주까지 특파

길잡이 | 신간회가 진상 조사단을 파견하여 지원하였던 광주 학생 항일 운동을 학습합니다.

④ 광주 – 나주 통학 열차에서 일본인 학생이 한국인 학생을 희롱하자 한일 학생 간에 우발적 충돌 사건이 발생하였다. 이를 일본 경찰이 편파적으로 수사하자 한국인 학생들이 **동맹 휴학**과 시위를 전개하면서 **광주 학생 항일 운동**이 일어났다. 이때 일제에 의해 학생들이 검거 및 구속되자 **신간회**가 **진상 조사단**을 파견하며 전국적인 항일 운동으로 발전시켰다.

한 번 더 체크하러 가기 ▶ 미니북 12, 27쪽

선택지 풀이

① 순종의 인산일을 기회로 삼아 일어났다.
  1920년대에 사회주의자 세력과 민족주의 세력이 연대하여 학생들과 함께 순종의 인산일에 맞추어 만세 운동을 계획하였다. 그러나 사회주의자들이 사전에 일본에 발각되면서 학생들을 중심으로 순종의 인산일인 6월 10일에 만세 운동을 전개하였다.

② 조선어 학회가 해산되는 결과를 가져왔다.
  일제는 우리말과 우리글을 연구하는 기관인 조선어 학회를 독립운동 단체로 간주하고 치안 유지법 위반으로 관련 인사를 체포하였고(조선어 학회 사건), 이로 인해 조선어 학회가 강제 해산되었다.

③ 정우회 선언을 발표하는 데 영향을 주었다.
  6·10 만세 운동의 준비 과정에서 사회주의 세력과 비타협적 민족주의 세력이 연대하여 민족 유일당을 결성할 수 있다는 공감대가 형성되었다. 이에 따라 국내의 민족 해방 운동 진영은 정우회 선언을 발표하고, 좌우 합작 조직인 신간회를 결성하였다.

⑤ 일제가 이른바 문화 통치를 실시하는 계기가 되었다.
  일제는 3·1 운동이 일어난 이후 무단 통치의 한계를 인식하여 1920년대에 들어 문화 통치로 통치 방식을 전환하였다.

암기의 key 일제 강점기 학생 운동

구분	6·10 만세 운동(1926)	광주 학생 항일 운동(1929)
배경	• 일제의 수탈과 식민지 교육 정책에 대한 반발 • 순종의 죽음을 계기로 민족 감정의 고조	6·10 만세 운동 이후 동맹 휴학의 활성화
전개	• 사회주의 계열, 민족주의 계열, 학생 단체가 연합하여 만세 시위를 계획 • 순종의 인산일에 맞추어 학생 단체가 만세 시위 전개	• 한일 학생 간의 충돌을 일본 경찰이 편파적으로 수사 • 광주 지역 학생들이 대규모 시위, 동맹 휴학 • 신간회의 진상 조사단 파견
의의	민족 유일당 운동의 계기, 신간회 결성에 영향	3·1 운동 이후 최대 규모의 민족 운동

41 일제 강점기 대중문화 — 정답 ①

정답 분석

정답이 보이는 핵심 키워드
#일제 강점기 대중문화 #식민지 조선인의 일상에 영향을 미침 #선전 도구

길잡이 일제 강점기 대중문화를 탐구합니다.

① 아침 이슬은 김민기가 작사·작곡하고, 양희은이 가창한 대중가요이다. 이 가요는 가사 속 몇몇 단어로 인해 민주화 운동이 떠오른다는 이유로 박정희 정부 때 금지곡으로 지정되었다.

선택지 풀이

② (나) - 병정님, 조선인에 대한 징병제 실시를 미화하다
일제는 군국주의를 선전하여 조선인에 대한 징병제 실시를 미화하기 위해 「병정님」을 제작하였다. 이 영화는 세 명의 조선인이 소집 통지서를 받고, '황군의 병사'로서 명예롭게 전장으로 나가는 모습을 그리고 있다.

③ (다) - 경성 방송국, 우리말 방송을 검열하여 송출하다
일제는 한반도 통치를 위해 경성 방송국을 설치한 후 연예오락, 교양교육, 스포츠중계 등을 내용으로 방송을 편성하였다. 그러나 우리말 방송의 모든 내용을 조선 총독부가 엄격하게 검열하여 송출하면서 일본의 정신과 문화가 한반도에 침투되도록 하였다.

④ (라) - 미쓰코시 백화점, 자본주의적 소비문화가 이식되다
일제 강점기에 일본의 자본이 조선에 침투하면서 일본에서 발달한 백화점이 근대적 상점으로 조선에도 진출하게 되었다. 이에 명동에 미쓰코시 백화점 경성 지점의 영업이 시작되었다.

⑤ (마) - 신여성, 여권 신장 등의 내용으로 여성을 계몽하다
『신여성』은 천도교에서 여성의 사회 진출, 여권 신장 등의 여성계몽을 목표로 발행한 잡지이다.

42 한인 애국단 — 정답 ③

정답 분석

정답이 보이는 핵심 키워드
#김구가 일제의 요인 제거 및 주요 기관 파괴를 목적으로 상하이에서 조직

길잡이 한인 애국단의 의거 활동을 살펴봅니다.

김구는 대한민국 임시 정부의 곤경을 타개하고 침체된 독립운동의 새로운 활로를 모색하기 위해 상하이에서 한인 애국단을 결성하여 적극적인 투쟁 활동을 전개하였다. 한인 애국단원 유진만은 이덕주와 함께 조선 총독 우가키 가즈시게 암살을 거행하고자 국내에 잠입하였으나, 사전에 발각되어 6년간 옥고를 치렀다.

③ 한인 애국단원 윤봉길은 상하이 훙커우 공원에서 열린 일본군 전승축하 기념식장에서 폭탄을 던졌다.

한 번 더 체크하러 가기 ▶ 미니북 28쪽

선택지 풀이

① 일제가 조작한 105인 사건으로 와해되었다.
신민회는 조선 총독부가 데라우치 총독 암살 미수 사건을 조작하여 많은 민족 운동가들을 체포한 105인 사건으로 인해 와해되었다.

② 파리 강화 회의에 독립 청원서를 제출하였다.
대한민국 임시 정부의 모체인 신한 청년당은 파리 강화 회의에 김규식을 파견하여 독립 청원서를 제출하도록 하였다.

④ 신채호가 작성한 조선 혁명 선언을 지침으로 삼았다.
의열단은 신채호가 작성한 조선 혁명 선언을 지침으로 삼아 독립운동을 전개하였다.

⑤ 군사 훈련을 위해 조선 혁명 간부 학교를 설립하였다.
김원봉은 난징에서 의열단 지도부와 함께 조선 혁명 간부 학교를 설립하여 무장 항일 투쟁을 위한 군사력을 강화하였다.

43 조선 의용대 — 정답 ④

정답 분석

정답이 보이는 핵심 키워드
#한국 광복군 제1지대로 개편 #1938년 우한(武漢)에서 성립 #김원봉 대장

길잡이 일부 대원이 한국 광복군에 합류하였던 조선 의용대를 학습합니다.

④ 조선 의용대는 김원봉이 주도하여 중국 국민당의 지원을 받아 중국 관내에서 결성된 최초의 한인 무장 부대로, 조선 민족 전선 연맹 산하에 있었다. 태평양 전쟁 발발 이후 조선 의용대의 일부 대원은 충칭에 창설된 대한민국 임시 정부의 직할 부대인 한국 광복군 제1지대로 편입되어 항일 전선에 참여하였다.

한 번 더 체크하러 가기 ▶ 미니북 28쪽

선택지 풀이

① 동북 항일 연군으로 개편되어 유격전을 전개하였다.
중국 공산당은 1933년 항일 세력의 규합과 노동자의 주도권 강화를 강조하면서 만주에서 활동하고 있는 조선인과 중국인의 유격대를 통합하여 동북 인민 혁명군을 편성하였다. 이후 이들은 동북 항일 연군으로 개편되어 유격전을 전개하였다.

② 간도 참변 이후 조직을 정비하고 자유시로 이동하였다.
대한 독립 군단은 간도 참변으로 인해 조직을 정비하고 러시아 자유시로 근거지를 옮겼으나 군 지휘권을 둘러싼 분쟁에 휘말려 자유시 참변을 겪으면서 세력이 약화되었다.

③ 쌍성보, 대전자령 전투 등에서 일본군을 크게 물리쳤다.
지청천을 총사령관으로 하여 북만주에서 결성된 한국 독립군은 중국 호로군과 연합하여 쌍성보 전투, 대전자령 전투, 사도하자 전투 등에서 일본군을 크게 물리쳤다.

⑤ 홍범도 부대와 연합하여 청산리에서 일본군과 교전하였다.
김좌진이 이끄는 북로 군정서는 홍범도가 이끄는 대한 독립군과 연합하여 청산리 전투에서 일본군과 교전한 끝에 대승을 거두었다.

암기의 key	일제 강점기 군대 조직
대한 독립군	• 조직: 1919년 북간도 • 총사령관: 홍범도 • 활동: 봉오동 전투
북로 군정서	• 조직: 1919년 북간도 • 총사령관: 김좌진 • 활동: 청산리 전투
조선 혁명군	• 조직: 1929년 남만주 • 총사령관: 양세봉 • 활동: 중국 의용군과 연합 작전, 영릉가 · 흥경성 전투
한국 독립군	• 조직: 1931년 북만주 • 총사령관: 지청천 • 활동: 중국 호로군과 연합 작전, 쌍성보 · 사도하자 · 대전자령 전투
조선 의용대	• 조직: 1938년 한커우 • 창설: 김원봉 • 특징: 중국 관내에서 결성된 최초의 한인 무장 부대, 일부 세력은 한국 광복군에 합류
한국 광복군	• 조직: 1940년 충칭 • 총사령관: 지청천 • 특징: 대한민국 임시 정부 직할 부대 • 활동: 인도 · 미얀마에서 연합 작전, 미국 전략 정보국의 지원으로 국내 진공 작전 준비
조선 의용군	• 조직: 1942년 타이항산 • 총사령관: 무정 • 활동: 중국 팔로군과 함께 항일 전선에 참여

44 물산 장려 운동 정답 ③

정답 분석

정답이 보이는 핵심 키워드
#조선 사람 조선 것 #조선 물산의 생산과 소비를 장려하는 운동

길잡이 | 국산품을 애용하고자 전개하였던 물산 장려 운동을 파악합니다.

③ 1920년대 회사령 폐지 이후 일본의 경제적 침탈이 더욱 심화되었고, 일본과 조선 사이에 체결된 관세령도 폐지되었다. 이로 인해 일본산 완제품이 조선으로 유입되면서 조선의 경제권이 일본에 예속되었다. 이에 **조만식**은 민족 기업을 통해 경제 자립을 이루고자 평양 물산 장려회를 조직하였고, 이를 중심으로 '**조선 사람 조선 것**'이라는 구호를 내세우며 국산품을 장려하는 **물산 장려 운동**을 전개하였다. 물산 장려 운동은 서울에서 조선 물산 장려회가 조직되면서 전국적으로 확산되었다.

한 번 더 체크하러 가기 ▶ 미니북 12, 27쪽

선택지 풀이

① 조선 노동 총동맹을 중심으로 전개되었다.
조선 노농 총동맹이 1927년 조선 노동 총동맹과 조선 농민 총동맹으로 분리되었고, 조선 노동 총동맹의 주도로 노동 운동이 추진되었다.

② 보국안민, 제폭구민 등이 구호로 사용되었다.
동학 농민군은 보국안민, 제폭구민을 구호로 사용하며 동학 농민 운동을 전개하였다.

④ 황국 중앙 총상회가 설립되는 결과를 가져왔다.
조청 상민 수륙 무역 장정이 체결되어 들어온 외국 상인들로 인해 서울 도성의 시전 상인들이 어려움에 처하게 되었다. 이에 서울 상인들은 상권 수호 운동을 전개하면서 보다 조직적인 움직임을 위해 황국 중앙 총상회를 설립하였다.

⑤ 일본 제일 은행권 화폐가 유통되는 계기가 되었다.
제1차 한일 협약을 통해 재정 고문으로 임명된 메가타는 대한 제국의 경제권을 장악하기 위해 탁지부를 중심으로 화폐 정리 사업을 시작하였다. 이에 백동화를 갑 · 을 · 병종으로 구분하여 일본 제일 은행권으로 교환하였다(1905).

45 일제의 전시 동원 체제 정답 ③

정답 분석

정답이 보이는 핵심 키워드
#일본군 방어 시설 #아시아 · 태평양 전쟁 말기 연합군의 상륙을 저지

길잡이 | 일제가 아시아 · 태평양 전쟁을 수행할 당시 발동한 전시 동원 체제를 확인합니다.

일제는 중 · 일 전쟁(1937) 이후 우리나라를 병참기지화하였다. 또한, **아시아 · 태평양 전쟁**을 수행하면서 우리나라를 **인적 · 물적 수탈의 장소**로 이용하기 위해 **전시 동원 체제**를 수립하였다. 이에 부산, 진해, 여수, 목포에 대규모 군사 방어 시설을 설치해 연합군의 상륙에 대비하였다(1940).

③ 일제는 전시 동원 체제하에 젊은 여성들을 전선에 끌고 가 **일본군 '위안부'**로 삼고 **여자 정신 근로령**(1944)을 공포하여 젊은 여성들을 군수 공장 등에서 강제 노동시키는 만행을 저질렀다.

한 번 더 체크하러 가기 ▶ 미니북 12쪽

선택지 풀이

① 고종의 밀지를 받아 독립 의군부가 결성되었어요.
임병찬은 고종의 밀지를 받아 독립 의군부를 조직하였다(1912). 이후 조선 총독부에 국권 반환 요구서 제출을 시도하고, 복벽주의를 내세워 의병 전쟁을 준비하였다.

② 만주 군벌과 일제가 미쓰야 협정을 체결하였어요.
일본은 만주 지역에서 활동하는 독립군을 색출하기 위해 만주 군벌과 미쓰야 협정을 체결하였다(1925).

④ 상하이에서 주권 재민을 천명한 대동단결 선언이 발표되었어요.
신규식 등 해외에 거주하던 독립운동가 14명은 국내외 여러 독립운동 단체를 하나의 통합된 조직으로 결성하고 민족 대회를 개시하기 위해 상하이에서 대동단결 선언을 발표하였다. 이 선언에서 1910년 순종(융희 황제)의 주권 포기는 국민에 대한 주권 양여일 뿐 일본이 강탈할 수 없다는 내용의 주권 재민 사상을 천명하였다(1917).

⑤ 독립운동의 방략을 논의하고자 국민 대표 회의가 개최되었어요.
독립운동 단체 대표들이 침체된 임시 정부의 방략을 논의하기 위해 상하이에 모여 국민 대표 회의를 개최하였으나 개조파와 창조파로 분열되면서 눈에 띄는 성과를 거두지는 못하였다(1923).

46 좌우 합작 운동   정답 ②

정답 분석

정답이 보이는 핵심 키워드
#미소 공동 위원회를 속개시킴으로써 조선 민주주의 임시 정부 수립을 촉진 #좌우 합작 운동 #김규식 #여운형

길잡이 | 한반도에 통일 정부를 수립하고자 진행하였던 좌우 합작 운동을 탐구합니다.

② 광복 이후 한반도 내 임시 정부 수립을 놓고 전개된 **제1차 미소 공동 위원회**가 결렬된 후 **이승만**이 **남한 단독 정부 수립**을 주장하였다. 분단의 위기감을 느낀 **여운형**과 **김규식**은 미군정의 지원을 받으면서 **좌우 합작 위원회**를 결성하고 **좌우 합작 7원칙**을 발표하여 **좌우 합작 운동**을 전개하였다(1946~1947).
이외의 사건들인 8·15 광복은 1945년 8월, 모스크바 3국 외상 회의는 1945년 12월, 5·10 총선거는 1948년 5월, 대한민국 정부 수립은 1948년 8월, 한미 상호 방위 조약 체결은 1953년이다.

한 번 더 체크하러 가기 ▶ 미니북 29쪽

47 제헌 헌법   정답 ②

정답 분석

정답이 보이는 핵심 키워드
#제헌 헌법 #3·1 운동의 정신을 담음 #주권 재민의 원칙을 다시 천명 #경자유전의 실현을 추구

길잡이 | 제헌 국회가 제정한 제헌 헌법을 학습합니다.

5·10 총선거를 통해 구성된 **제헌 국회**는 민주 공화국 체제의 **제헌 헌법**을 제정하였다. 헌법 전문에는 대한민국이 **3·1 운동의 정신**을 담아 건립되었음을 명시하고 있으며, 제2조에는 대한민국의 주권은 국민에게 있고, 모든 권력은 국민으로부터 나온다는 **주권 재민의 원칙**을 천명하였다. 또한, 농민에게 농지를 분배하며 그 내용을 법률로써 정한다고 언급하였는데, 이에 의거하여 경자유전의 원칙으로 **농지 개혁법**이 제정되었다.
② 제헌 헌법에는 악질적인 친일파를 처벌하기 위한 특별법을 제정할 수 있는 조항이 명시되어 있다. 이를 바탕으로 제헌 국회는 **반민족 행위 처벌법**을 제정하고 **반민족 행위 특별 조사 위원회**를 설치하였다.

한 번 더 체크하러 가기 ▶ 미니북 13쪽

선택지 풀이

① 양원제 국회와 내각 책임제 정부를 구성하다
4·19 혁명의 결과 이승만 대통령이 하야하고, 임시적으로 허정 과도 정부가 수립되었다. 이때 이루어진 제3차 개헌을 통해 민의원과 참의원으로 구성된 양원제 국회와 내각 책임제 정부를 구성하였다.

③ 국민의 직접 선거로 5년 단임제 대통령을 선출하다
6월 민주 항쟁의 결과, 전두환 정부는 여야 합의를 통해 5년 단임의 대통령 직선제를 골자로 하는 제9차 개헌안을 제정하였다. 이후 개헌안에 따라 국민의 직접 선거로 치러진 제13대 대통령 선거에서 노태우 후보가 당선되었다.

④ 초대 대통령의 중임 제한 철폐, 장기 집권 체제를 강화하다
이승만은 자신의 대통령 3선을 위해 초대 대통령에 한해 중임 제한을 철폐한다는 내용의 헌법 개정안을 발표하였으나, 국회에서 의결 정족수의 3분의 2를 채우지 못하여 부결되었다. 그러나 1인 이하의 소수점 자리는 계산하지 않는다는 사사오입 논리로 제2차 개헌안을 통과시켜 장기 집권 체제를 강화하였다.

⑤ 긴급 조치, 대통령이 국민의 기본권을 제한할 수 있게 하다
박정희 정부는 장기 집권을 위해 유신 헌법(제7차 개헌)을 선포하고 대통령에게 긴급 조치권 등 강력한 권한을 부여하여 국민의 기본권을 제한할 수 있도록 하였다.

48 5·18 민주화 운동   정답 ②

정답 분석

정답이 보이는 핵심 키워드
#계엄 당국 #공수부대 #시내 곳곳에서 학생, 젊은이들에게 무차별 살상을 자행 #발포 명령 #민주 시민

길잡이 | 5·18 민주화 운동을 확인합니다.

② **전두환**을 비롯한 **신군부 세력**의 정권 장악과 12·12 쿠데타에 저항하여 '**서울의 봄**'이라는 대규모 민주화 운동이 일어나자, 신군부는 **비상계엄** 조치를 전국적으로 확대하였다. 1980년 5월 18일, 비상계엄 해제와 신군부 퇴진, 김대중 석방 등을 요구하는 **광주 시민들의 항거**가 이어지자 신군부는 **공수 부대**를 동원한 무력 진압을 강행하였다. 이에 학생과 시민들이 **시민군**을 자발적으로 조직하여 대항하면서 **5·18 민주화 운동**이 전개되었다.

한 번 더 체크하러 가기 ▶ 미니북 30쪽

선택지 풀이

① 4·13 호헌 조치 철폐를 요구하였다.
④ 직선제 개헌을 약속한 6·29 민주화 선언을 이끌어 냈다.
5·18 민주화 운동을 진압하고 집권한 전두환 정권은 국민들의 직선제 개헌 요구를 무시하며 4·13 호헌 조치를 발표하였다. 이때 서울대 재학생 박종철의 고문치사 사건이 벌어지자 시민들은 대통령 직선제 개헌과 민주 헌법 제정을 요구하며 6월 민주 항쟁을 전개하였다. 그 결과, 정부는 5년 단임의 대통령 직선제 개헌을 약속한 6·29 민주화 선언을 발표하였다.

③ 시위 도중 김주열이 최루탄을 맞고 사망하였다.
⑤ 국민의 요구에 굴복하여 대통령이 하야하는 결과를 가져왔다.
이승만의 장기 집권과 자유당 정권의 3·15 부정 선거에 저항하여 4·19 혁명이 발발하였다. 이때 마산에서 시위를 하던 학생 김주열의 시신이 최루탄을 맞은 채로 마산 해변가에서 발견되었다. 이를 계기로 4·19 혁명이 전국적으로 전개되었으며, 그 결과 이승만 대통령이 하야하였다.

49 박정희 정부   정답 ①

정답 분석

정답이 보이는 핵심 키워드
#통일 주체 국민 회의에서 대통령을 선출 #헌법을 개정 #평화 통일

길잡이 | 유신 헌법을 선포하였던 박정희 정부 시기 모습을 탐구합니다.

박정희 대통령은 평화적 통일 지향 등의 목적을 표방하며 **유신 헌법**을 선포하였으며, 통일 정책에 관한 국민의 주권적 수임기관으로서 **통일 주체 국민 회의**를 설치하였다. 통일 주체 국민 회의는 통일 문제에 관한 중요 정책 결정뿐 아니라 **대통령 간접 선거**를 시행하고 국회의원 3분의 1을 선출하는 등의 막강한 권한을 지님으로써 박정희의 장기 집권에 기여하였다(1972).
① 1960~1970년대에 자유의 상징으로 여겨졌던 **미니스커트**와 **장발**은 박정희 정부 시기 유신 체제하에 퇴폐적인 풍조로 규정되어 엄중한 **단속**의 대상이 되었다.

한 번 더 체크하러 가기 ▶ 미니북 13쪽

선택지 풀이

② 교복 자율화 조치로 사복을 입고 등교하는 학생
전두환 정부는 국민 유화 정책으로 중고생 두발 및 교복 자율화를 실시하였다(1983).

③ 금융 실명제에 따라 신분증 제시를 요구하는 은행원
김영삼 정부는 대통령 긴급 재정 경제 명령을 통해 금융 실명제를 실시하여 모든 금융 거래를 실제의 명의로 하도록 조치하였다(1993).

④ 칠레와의 자유 무역 협정(FTA) 비준을 보도하는 기자
노무현 정부 때 한·칠레 자유 무역 협정(FTA)을 체결하였다(2004).

⑤ 전국 민주 노동조합 총연맹 창립 대회에 참가하는 노동자
김영삼 정부 때 전국의 진보 계열 노동조합이 모여 전국 민주 노동조합 총연맹을 창립하였다(1995).

50 문재인 정부 시기의 통일 정책   정답 ⑤

정답 분석

정답이 보이는 핵심 키워드
#6·15 공동 선언을 고수 #10·4 남북 정상 선언 #공동 번영과 자주 통일 #한반도의 평화와 번영, 통일을 위한 판문점 선언

길잡이 | 문재인 정부 시기의 통일 정책을 알아봅니다.

(가) **10·4 남북 정상 선언**(2007): 노무현 정부는 제2차 남북 정상 회담을 진행하여 6·15 남북 공동 선언을 계승한 10·4 남북 공동 선언을 발표하였다.
(나) **한반도의 평화와 번영, 통일을 위한 판문점 선언**(4·27 판문점 선언, 2018.4.): **문재인 정부**는 판문점에서 4·27 남북 정상 회담을 개최하고 한반도의 평화와 번영, 통일을 위한 판문점 선언을 발표하였다.
⑤ 문재인 정부는 대한민국 최초의 동계 올림픽인 제23회 **2018 평창 동계 올림픽**을 개최하였다. 이때 **남북 선수단**은 개막식에서 한반도기를 흔들며 **공동 입장**하였다(2018.2.).

한 번 더 체크하러 가기 ▶ 미니북 20쪽

✓ 선택지 풀이

① 7·4 남북 공동 성명이 발표되었다.
  박정희 정부 때 서울과 평양에서 7·4 남북 공동 성명을 발표하고, 남북 조절 위원회를 설치하였다(1972).

② 개성 공업 지구 조성이 합의되었다.
  김대중 정부 때 평양에서 최초로 남북 정상 회담이 이루어져 6·15 남북 공동 선언이 발표되었고, 이에 대한 영향으로 개성 공업 지구 건설 운영에 관한 합의서가 체결되었다(2000).

③ 남북한이 국제 연합(UN)에 동시 가입하였다.
  노태우 정부 때 적극적인 북방 외교 정책을 추진하여 남북한이 국제 연합(UN)에 동시 가입하였다(1991).

④ 남북 이산가족 고향 방문단의 교환이 최초로 실현되었다.
  전두환 정부 때 분단 이후 최초로 남북 이산가족 고향 방문단 및 예술 공연단 등 총 151명이 서울과 평양을 동시에 방문하였다(1985).

제72회 한국사능력검정시험 정답 및 해설

기출 해설 강의 보기 ▶

한능검의 PASSCODE는 기출문제!
역잘알 시대에듀와 함께 출제 경향 완벽 분석, **단번에 합격!**

STEP 1 정답 확인   문제 p.050

01	02	03	04	05	06	07	08	09	10	11	12	13	14	15	16	17	18	19	20	21	22	23	24	25
②	③	②	④	①	⑤	②	③	④	⑤	⑤	③	②	④	①	③	③	②	④	②	④	⑤	④	③	⑤
26	27	28	29	30	31	32	33	34	35	36	37	38	39	40	41	42	43	44	45	46	47	48	49	50
①	①	④	①	④	⑤	④	⑤	④	⑤	④	②	⑤	②	①	①	⑤	①	⑤	④	①	⑤	①	②	③

STEP 2 난이도 확인

| 제72회 합격률 | **55.2%** | 최근 1년 평균 합격률 | **53%** |

STEP 3 시대별 분석

시대	선사	고대	고려	조선 전기	조선 후기	근대	일제 강점기	현대	복합사
틀린 개수/문항 수	/ 2	/ 8	/ 7	/ 6	/ 4	/ 8	/ 4	/ 5	/ 6
출제비율	4%	16%	14%	12%	8%	16%	8%	10%	12%

STEP 4 문제별 주제 분석

01	선사	청동기 시대	26	조선 후기	송시열
02	선사	고조선	27	조선 후기	조선 후기 경제 상황
03	고대	고구려 장수왕의 평양 천도	28	조선 후기	조선 정조
04	고대	백제의 도읍지	29	근대	근대 언론 기관
05	고대	고구려	30	근대	조미 수호 통상 조약
06	고대	통일 신라의 경제	31	근대	제너럴셔먼호 사건
07	고대	발해	32	근대	제2차 갑오개혁
08	고대	통일 신라 말의 정치 상황	33	근대	동학 농민 운동
09	고대	견훤	34	근대	정미의병
10	고대	신라의 탑	35	근대	광무개혁
11	고려	고려 성종	36	근대	3 · 1 운동
12	고려	고려와 거란의 대외 관계	37	일제 강점기	북로 군정서
13	고려	김부식	38	복합사	지역사 – 연해주
14	고려	무신 정권 시기	39	일제 강점기	심훈
15	고려	원 간섭기	40	일제 강점기	식민지 근대 도시의 이중성
16	고려	고려의 경제 상황	41	일제 강점기	1930년대 이후 민족 말살 통치
17	고려	개성 경천사지 십층 석탑	42	복합사	신채호
18	조선 전기	조선 태종	43	현대	제주 4 · 3 사건
19	조선 전기	집현전	44	현대	이승만 정부
20	조선 전기	조선 성종	45	현대	유신 헌법
21	조선 전기	을사사화	46	현대	6월 민주 항쟁
22	복합사	통신사	47	복합사	시대별 토지 제도
23	조선 전기	「고사관수도」	48	복합사	신라 신문왕, 조선 세조
24	조선 전기	병자호란	49	현대	전두환 정부
25	조선 후기	대동법	50	복합사	지역사 – 창녕

01 청동기 시대   정답 ②

정답 분석

정답이 보이는 핵심 키워드
#여주 흔암리 선사 유적 #사유 재산과 계급이 발생 #탄화된 쌀 #벼농사 #민무늬 토기 #반달 돌칼

길잡이 | 청동기 시대의 생활 모습을 알아봅니다.

여주 흔암리 선사 유적은 **청동기** 시대의 집터로, **민무늬 토기**, **반달 돌칼**을 비롯하여 토기 안의 흙에서 **탄화된 쌀**·보리·수수 등 곡물이 발견되었다. 이를 통해 한반도에서 청동기 시대에 벼농사가 이루어졌음을 알 수 있다.
② 청동기 시대에는 **지배층의 무덤**으로 **고인돌**을 축조하였으며, 고인돌의 규모를 통해 당시 지배층의 권력을 짐작할 수 있다.

한 번 더 체크하러 가기 ▶ 미니북 4쪽

선택지 풀이

① 주로 동굴이나 강가의 막집에서 살았다.
구석기 시대 사람들은 동굴이나 강가에 막집을 짓고 살았으며, 계절에 따라 이동 생활을 하였다.

③ 농경과 목축을 시작하여 식량을 생산하였다.
신석기 시대에는 농경과 목축을 시작하여 조·피 등을 재배하였으며 빗살무늬 토기를 이용하여 곡식을 저장하였다.

④ 호미, 쇠스랑 등의 철제 농기구를 제작하였다.
철기 시대에는 호미, 쇠스랑 등의 철제 농기구를 제작하면서 농업 생산량이 늘어났다.

⑤ 주먹도끼, 찍개 등의 뗀석기를 처음 제작하였다.
구석기 시대에는 주먹도끼, 찍개, 긁개 등의 뗀석기를 처음 제작하여 사용하였다.

02 고조선   정답 ③

정답 분석

정답이 보이는 핵심 키워드
#한 무제의 침략에 맞서 싸움 #상, 대부, 장군 #중계 무역 #범금 8조

길잡이 | 한 무제의 침략에 맞서 싸운 고조선을 학습합니다.

고조선은 왕 아래 **상, 대부, 장군** 등의 관직을 두었으며, 사회 질서를 유지하기 위해 **범금 8조**를 만들었으나 현재는 3개의 조항만 전해진다. 또한, 중국 한과 진국 사이에서의 **중계 무역**을 통해 경제적으로 이익을 얻었다. 고조선이 중계 무역으로 강해지자 이를 경계한 **한 무제**가 위만의 손자인 우거왕 때 고조선을 침략하였다. 고조선은 1차전인 패수 전투에서 승리하였으나 지배층에 내분이 일어나 우거왕이 암살당하고 왕검성이 함락되면서 멸망하였다.
③ 고조선은 수도 **왕검성**을 중심으로 독자적인 문화를 이룩하면서 발전하였다.

한 번 더 체크하러 가기 ▶ 미니북 5쪽

선택지 풀이

① 임신서기석의 내용을 분석한다.
신라 중대에 세워진 것으로 추정되는 임신서기석에는 국학의 과목으로 습득해야 하는 유교 경전들의 이름과 유교 도덕에 대한 실천을 맹세하는 내용이 새겨져 있다.

② 칠지도에 새겨진 명문을 해석한다.
일본에서 발견된 칠지도는 명문의 해석을 토대로 백제 근초고왕이 왜에 하사하였다고 알려져 있다. 이를 통해 백제가 왜와 교류하면서 다양한 선진 문물을 제공하였다는 것을 확인할 수 있다.

④ 10월에 지냈던 제천 행사인 동맹을 살펴본다.
고구려는 매년 10월에 대규모 제천 행사로 국중 대회인 동맹을 열었다. 이때 왕과 신하들이 국동대혈에 모여 제사를 지내기도 하였다.

⑤ 국가의 중대사를 논의한 화백 회의에 대해 조사한다.
신라는 귀족 합의체인 화백 회의를 만장일치제로 운영하여 국가의 중대사를 논의하였다.

03 고구려 장수왕의 평양 천도   정답 ②

정답 분석

정답이 보이는 핵심 키워드
#백제왕이 평양성을 공격 #고구려왕 사유가 화살을 맞고 죽음 #도살성 #금현성 #신라 왕이 두 성을 빼앗아 증축

길잡이 | 평양성 전투와 도살성·금현성 전투 사이에 벌어진 고구려 장수왕의 평양 천도에 대해 살펴봅니다.

(가) **평양성 전투**(371): 4세기 중반 백제의 전성기를 이끌었던 **근초고왕**은 고구려의 **평양성**을 공격하여 고국원왕을 전사시켰다.
(나) **도살성·금현성 전투**(550): 백제 성왕이 고구려의 **도살성**을 점령하자, **고구려 양원왕**이 반격에 나서 백제의 **금현성**을 침공하였다. 이때 **신라 진흥왕**이 두 나라가 전투로 피로해진 틈을 타 이찬 이사부에게 명하여 도살성과 금현성을 빼앗아 **증축**하여 방어를 강화하게 하였다.
② 고구려 **장수왕**은 도읍을 국내성에서 **평양**으로 옮기며 남진 정책을 추진하였다(427).

한 번 더 체크하러 가기 ▶ 미니북 6쪽

선택지 풀이

① 신라가 기벌포에서 당군을 격파하였다.
　신라 문무왕 때 사찬 시득이 기벌포 전투에서 설인귀가 이끄는 당군을 격파하여 당의 세력을 한반도에서 몰아내면서 삼국이 통일되었다(676).

③ 계백이 이끈 결사대가 황산벌에서 패배하였다.
　계백이 이끈 결사대가 황산벌에서 김유신이 이끄는 신라군에 맞서 항전하였으나 패배하였다(660).

④ 연개소문이 정변을 일으켜 권력을 장악하였다.
　연개소문이 정변을 일으켜 영류왕을 몰아내고 보장왕을 왕위에 세운 뒤 스스로 대막리지가 되어 권력을 장악하였다(642).

⑤ 김춘추가 당으로 건너가 군사 동맹을 체결하였다.
　신라 김춘추는 고구려와의 동맹에 실패하자 당으로 건너가 당 태종으로부터 군사적 지원을 약속받는 데 성공하여 나당 동맹을 성사시키고 나당 연합군을 결성하였다(648).

04 백제의 도읍지 　　정답 ④

정답 분석

정답이 보이는 핵심 키워드
#풍납동 토성 #석촌동 고분군 #공산성 #무령왕릉 #부소산성 #왕릉원(능산리 고분군)

길잡이 | 백제의 문화유산을 통해 백제 도읍지의 역사를 탐구합니다.

(가)는 서울 (나)는 공주 (다)는 부여이다. 백제는 **한성**(서울)을 도읍으로 하여 건국되었으나 개로왕 때 고구려 장수왕에 의해 한성을 함락당한 뒤, 다음 왕인 문주왕 때 수도를 **웅진**(공주)으로 **천도**하였다. 이후 성왕이 **사비**(부여)로 천도하면서 백제의 중흥을 도모하였다.
④ 익산 왕궁리 오층 석탑은 기단과 사리 장치에 백제와 신라의 석탑 양식이 어우러진 석탑으로, 고려 전기에 지어진 것으로 추정된다.

한 번 더 체크하러 가기 ▶ 미니북 6쪽

선택지 풀이

① (가) - 고구려에서 남하한 온조가 도읍으로 삼았다.
　백제의 시조 온조는 고구려에서 남하하여 한성(서울)을 도읍으로 삼고 나라를 세웠다.

② (나) - 문주왕 때 천도한 곳이다.
　한성이 함락당하며 위기를 맞은 백제는 문주왕 때 수도를 공주(웅진)로 천도하였다.

③ (나) - 중국 남조의 영향을 받은 벽돌 무덤이 있다.
　웅진 시기에 재위하였던 무령왕의 무덤인 무령왕릉은 널길과 널방을 벽돌로 쌓은 벽돌무덤으로, 중국 남조 양나라의 고분 양식에 영향을 받았다.

⑤ (다) - 백제 금동 대향로가 출토되었다.
　백제 금동 대향로는 부여 능산리 절터에서 출토되었으며, 불교와 도교 사상이 복합적으로 반영되어 있는 백제의 유물이다.

05 고구려 　　정답 ①

정답 분석

정답이 보이는 핵심 키워드
#쌍영총 #개마 무사 #안악 3호분

길잡이 | 안악 3호분을 통해 고구려를 학습합니다.

쌍영총과 안악 3호분은 **고구려**의 무덤이다. 고구려의 고분들 중에는 **철갑옷**을 입고 있는 **개마 무사의 벽화**가 그려져 있는 고분들이 있으며, 개마 무사 벽화를 통해 고구려의 군사, 무기 등의 모습을 알 수 있다.
① 고구려 **소수림왕**은 중앙에 교육 기관인 **태학**을 설립하여 인재를 양성하였고, **장수왕**은 지방에 **경당**을 설치하여 평민 자제들에게 학문과 무술을 가르쳤다.

한 번 더 체크하러 가기 ▶ 미니북 6쪽

선택지 풀이

② 골품에 따라 관등 승진에 제한이 있었다.
　신라는 골품제라는 특수한 신분 제도를 운영하여 골품에 따라 관등 승진에 제한을 두었다.

③ 국경 지역인 양계에 병마사를 파견하였다.
　고려는 북계와 동계의 양계로 설정한 국경 지역에 병마사를 파견하고 주진군을 설치하여 외적의 침입에 대비하였다.

④ 정사암에서 국가의 중대한 일을 결정하였다.
　백제의 귀족들은 정사암이라는 바위에서 회의를 통해 재상을 선출하고 국가의 중대한 일을 결정하였다.

⑤ 여러 가(加)들이 별도로 사출도를 주관하였다.
　부여에는 왕 아래 가축의 이름을 딴 마가, 우가, 저가, 구가의 가(加)들이 있었으며, 이들은 행정 구역인 사출도를 주관하였다.

06 통일 신라의 경제 　　정답 ⑤

정답 분석

정답이 보이는 핵심 키워드
#통일 신라의 경제 #촌락 문서 #서시와 남시 설치

길잡이 | 통일 신라의 경제를 살펴봅니다.

정답 및 해설 **95**

민정 문서라고도 불리는 촌락 문서는 **통일 신라 촌락에 대한 기록** 문서이다. 이 문서에는 755년경 서원경 인근 4개 마을에 대한 인구, 토지, 마전, 가축 등을 조사한 내용이 담겨 있으며, 촌주가 3년마다 이를 작성하였다. 또한, 통일 신라는 상업이 발달하면서 기존의 동시에 더하여 **서시**와 **남시**를 설치하여 시장을 확대하였다.
⑤ 통일 신라는 **울산항**을 통해 아라비아 상인들과 교류하며 **국제 무역**을 전개하였다.

선택지 풀이

① 상평창과 물가 조절
고려 성종 때 물가 조절을 통한 민생 안정을 위해 개경과 서경 및 12목에 상평창을 설치하였다.

② 은병이 화폐 유통에 미친 영향
고려 시대에는 상업 활동이 활발해지면서 성종 때 건원중보, 숙종 때 해동통보, 삼한통보, 해동중보 등의 동전과 활구(은병)가 발행되었으나, 결과적으로 널리 유통되지는 못하였다.

③ 진대법으로 알아보는 빈민 구제
고구려 고국천왕은 국상 을파소의 건의에 따라 빈민을 구제하기 위해 먹을거리가 부족한 봄에 곡식을 빌려주고 겨울에 갚게 하는 진대법을 시행하였다.

④ 덩이쇠 수출을 통해 본 낙랑과의 교역
금관가야는 철이 풍부하고 해상 교통이 발전하여 낙랑과 왜의 규슈 지방을 연결하는 중계 무역이 번성하였고, 화폐처럼 사용된 덩이쇠가 수출되어 여러 철기의 소재로 활용되었다.

07 발해   정답 ②

정답 분석

정답이 보이는 핵심 키워드
#정혜 공주 무덤 #모줄임 천장 #굴식 돌방 무덤 #고구려 양식을 계승 #'황상'

길잡이 | 고구려를 계승하고 자주성을 나타내고자 하였던 발해를 알아봅니다.

발해 문왕의 둘째 딸인 **정혜 공주 무덤**의 모줄임 천장 구조와 굴식 돌방 무덤 양식을 통해 발해가 **고구려를 계승**하고 있음을 알 수 있다. 정혜 공주 묘지석에는 '황상'이라는 칭호가 새겨져 있는데, 이는 발해에서 황제라는 칭호를 사용하면서 대외적으로 **자주성**과 **독립성**을 나타내고자 하였음을 알려준다.
② 발해는 당의 영향으로 중앙 관제를 3성 6부제로 구성하였으나 실제 운영 방식은 독자적인 성격을 가지고 있었다. 당과 달리 **정당성**에 실제 권력이 집중되어 **정당성**의 장관인 **대내상**이 국정을 총괄하였다.

선택지 풀이

① 서경을 북진 정책의 기지로 삼았다.
서경(평양)은 고구려의 옛 수도이자 고려 태조 때부터 북진 정책의 기지로 여겨져 중시되었다.

③ 영락이라는 독자적인 연호를 사용하였다.
고구려 광개토 대왕은 영락이라는 독자적인 연호를 사용하였다.

④ 군사 조직으로 9서당 10정을 편성하였다.
통일 신라 신문왕은 중앙군을 9서당, 지방군을 10정으로 편성하여 군사 조직을 정비하였다.

⑤ 관리 선발을 위해 독서삼품과를 시행하였다.
통일 신라 원성왕은 국학의 학생들을 대상으로 독서삼품과를 실시하여 유교 경전의 이해 수준에 따라 관리로 선발하였다.

08 통일 신라 말의 정치 상황   정답 ③

정답 분석

정답이 보이는 핵심 키워드
#진성 여왕 #『삼국유사』 #위홍 등 간신들

길잡이 | 진성 여왕 당시 혼란스러운 통일 신라 말의 정치 상황을 학습합니다.

통일 신라 말 진성 여왕 때 귀족 간의 권력 다툼이 심화되어 왕권이 약화되고 귀족들의 반란이 빈번하였다. 『삼국유사』에 의하면, 당시에 **혼란스러운 정치**를 비판하는 글이 조정의 길목에 붙여졌으며, 글의 내용은 나라가 망해가는 것의 책임을 진성 여왕과 **위홍 등의 간신들**에게 돌리는 것이었다.
③ 통일 신라 말 진성 여왕 때 **원종과 애노**가 **사벌주**에서 중앙 정권의 무분별한 조세 징수에 반발하여 **농민 봉기**를 일으켰다.

한 번 더 체크하러 가기 ▶ 미니북 07, 22쪽

선택지 풀이

① 김흠돌이 반란을 도모하였어요.
통일 신라 신문왕은 장인이었던 김흠돌이 반란을 도모하자, 이를 진압한 후 진골 귀족 세력을 숙청하여 왕권을 강화하였다.

② 김사미와 효심이 난을 일으켰어요.
고려 무신 정권 시기에는 과도한 수탈과 차별에 항거하는 하층민의 반란이 빈번하였다. 그 예로 이의민이 집권하던 명종 때 운문과 초전(울산)에서 김사미와 효심이 난을 일으켰다.

④ 김유신이 비담과 염종의 난을 진압하였어요.
김유신은 신라 선덕 여왕 때 비담과 염종이 왕위를 노리고 반란을 일으키자 이를 진압하였다.

⑤ 복신과 도침이 주류성에서 군사를 일으켰어요.
백제 멸망 이후 복신과 도침은 주류성, 흑치상지는 임존성을 근거지로 백제 부흥 운동을 전개하였다.

09 견훤 정답 ④

정답 분석

정답이 보이는 핵심 키워드
#경주 포석정지 #경애왕 #공산 전투 #고려군에 대승을 거둠

길잡이 | 후백제를 건국하였던 견훤을 알아봅니다.

후백제 **견훤**은 신라의 수도 금성(경주)을 공격하여 **경애왕을 죽이고** 경순왕을 즉위시켰다. 이에 고려가 군사를 보내 신라를 도왔으나, **공산 전투**에서 후백제가 **승리**하면서 세력을 발전시켰다.
④ 통일 신라 말 상주의 군인 출신인 견훤은 세력을 키워 **완산주**(전주)에 도읍을 정하고 후백제를 건국하였다.

한 번 더 체크하러 가기 ▶ 미니북 22쪽

선택지 풀이

① 훈요 10조를 남겼다.
고려 태조는 후대 왕들이 지켜야 할 정책 방향을 제시한 훈요 10조를 남기고, 『정계』와 『계백료서』를 통해 관리가 지켜야 할 규범을 제시하였다.

② 경주의 사심관으로 임명되었다.
고려 태조 때 신라 경순왕 김부가 스스로 고려에 투항하면서 신라가 멸망하였다. 태조는 김부에게 경주를 식읍으로 하사하고, 김부를 경주의 사심관으로 임명하였다.

③ 금마저에 미륵사를 창건하였다.
백제 무왕은 금마저(익산)에 미륵사를 창건하였다.

⑤ 광평성을 비롯한 정치 기구를 마련하였다.
궁예는 후고구려를 건국하고 광평성을 중심으로 각종 정치 기구를 마련하여 장관인 광치나와 서사, 외서 등의 관원을 두었다.

10 신라의 탑 정답 ⑤

정답 분석

정답이 보이는 핵심 키워드
#신라의 탑 #경주 분황사 모전 석탑 #경주 감은사지 동 삼층 석탑
#화순 쌍봉사 철감선사탑

길잡이 | 신라의 탑을 살펴봅니다.

(가) **경주 분황사 모전 석탑**: 신라 선덕 여왕 때인 634년에 제작되었으며, 현존하는 신라 석탑 중 가장 오래된 석탑이다. 이 탑은 **석재를 벽돌 모양으로 다듬어 쌓았으며** 현재는 3층까지만 남아 있다.
(나) **경주 감은사지 동 삼층 석탑**: 통일 신라 시대의 석탑이며, **동서의 쌍탑**이 서로 마주보도록 조성되어 있다.
(다) **화순 쌍봉사 철감선사탑**: 통일 신라 시대의 승탑으로, **팔각원당형**의 형태에 **다양한 문양**으로 탑 전체가 화려하게 꾸며져 균형미와 조형미가 뛰어나다.
⑤ 통일 신라 말 지방 호족 세력의 지원을 바탕으로 **선종** 불교가 성행하였으며, 선종의 영향으로 승려의 사리를 보관하는 승탑이 유행하였다. 화순 쌍봉사 철감선사탑은 당시 형성된 선종 집단인 9산 선문 중 하나인 사자산문의 기틀을 마련한 철감선사 **도윤**의 승탑이다.

한 번 더 체크하러 가기 ▶ 미니북 46쪽

선택지 풀이

① (가) - 내부에서 무구정광대다라니경이 발견되었다.
무구정광대다라니경은 경주 불국사 삼층 석탑의 해체 보수 과정에서 발견된 세계 최고(最古)의 목판 인쇄물이다.

② (가) - 1층 탑신에 당의 장수 소정방의 명으로 새긴 글이 있다.
부여 정림사지 오층 석탑은 목탑의 구조와 비슷하지만 돌의 특성을 잘 살린 백제의 석탑이며, 1층 탑신에 660년 신라군과 연합하여 백제를 멸망시킨 당의 장수 소정방이 백제를 평정한 공을 기리는 글이 새겨져 있다.

③ (나) - 자장의 건의로 건립되었다.
신라 선덕 여왕 때 승려 자장이 주변 9개 민족의 침략을 부처의 힘으로 막고자 목탑 건립을 건의하여 황룡사 구층 목탑이 세워졌다.

④ (나) - 돌을 벽돌 모양으로 다듬어 쌓았다.
경주 분황사 모전 석탑은 신라 선덕 여왕 때 제작되었으며, 돌을 벽돌 모양으로 다듬어 쌓은 것이 특징이다.

암기의 key 교종과 선종

교종	선종
• 불경 · 교리 중시 → 5교 • 중앙 귀족 중심으로 성행 • 중앙 집권 강화 • 조형 미술 발달	• 참선 · 수행 중시 → 9산 • 지방 호족, 개혁 성향의 귀족 세력 중심으로 성행 • 조형 미술 쇠퇴, 승탑 · 탑비 발달

11 고려 성종   정답 ⑤

정답 분석

정답이 보이는 핵심 키워드
#고려사 #12목을 설치 #의창 #노비를 환천 #국자감

길잡이 | 고려 성종의 재위 기간에 있었던 사실을 탐구합니다.

고려 성종은 **최승로의 시무 28조**를 받아들여 **12목**을 설치하고 지방 관리를 파견하였으며, 고려 태조 때 빈민 구제를 위해 실시하였던 흑창을 보완하기 위해 쌀 1만 석을 보충하면서 명칭을 **의창**으로 고쳤다. 또한, 노비안검법으로 면천된 노비들 중 주인을 욕하는 자는 다시 노비로 환천하게 하는 **노비환천법**을 시행하였고, 개경에 최고 교육 기관인 **국자감**을 두었다.
⑤ 성종은 최승로의 시무 28조를 받아들여 당 제도를 모방한 **2성 6부**로 이루어진 중앙 관제를 구성하고, 전국 주요 지역에 **12목**을 설치하였다.

한 번 더 체크하러 가기 ▶ 미니북 8쪽

선택지 풀이

① 관학을 진흥하고자 양현고를 설치하였다.
고려 중기 최충의 문헌공도를 대표로 하는 사학 12도의 발전으로 관학이 위축되었다. 이에 예종은 국자감을 재정비하여 7재를 세우고 양현고를 설치하여 관학을 진흥하고자 하였다.

② 광덕, 준풍 등의 독자적 연호를 사용하였다.
광종은 공신과 호족의 세력을 약화시키고 왕권을 강화하고자 국왕을 황제라 칭하고 광덕, 준풍 등의 독자적 연호를 사용하였다.

③ 주전도감을 설치하여 해동통보를 발행하였다.
숙종은 승려 의천의 건의에 따라 화폐 주조를 전담하는 주전도감을 설치하고, 해동통보·삼한통보·해동중보 등의 동전과 활구(은병)를 발행·유통하였다.

④ 정계와 계백료서를 지어 관리의 규범을 제시하였다.
태조는 『정계』와 『계백료서』를 통해 관리가 지켜야 할 규범을 제시하였다.

12 고려와 거란의 대외 관계   정답 ③

정답 분석

정답이 보이는 핵심 키워드
#초조대장경 #현종이 피란을 감 #개경이 함락됨 #부처의 힘

길잡이 | 거란에 대한 고려의 대응을 알아봅니다.

고려 현종 때 강조의 정변을 구실로 **거란이 2차 침입**을 단행하여 **개경이 함락**되고 현종은 **나주로 피란**을 갔다. 이후 현종은 거란의 침입을 부처의 힘으로 물리치고자 우리나라 최초의 대장경인 **초조대장경**을 제작하기 시작하였다.
③ **정종** 때 최광윤의 의견을 받아들여 거란의 침입에 대비하기 위한 군사 조직으로 **광군**을 조직하고, 광군사를 설치하여 이를 관장하게 하였다.

한 번 더 체크하러 가기 ▶ 미니북 8, 23쪽

선택지 풀이

① 윤관을 보내 동북 9성을 개척하였다.
예종 때 윤관의 별무반이 여진을 물리치고, 동북 9성을 개척하였다.

② 화통도감을 두어 화포를 제작하였다.
우왕 때 최무선은 화통도감에서 화약과 화포를 제작하였고, 이를 활용하여 진포 대첩에서 왜구를 격퇴하였다.

④ 박위를 파견하여 근거지를 토벌하였다.
고려 말 창왕 때 박위를 파견하여 왜구의 본거지인 쓰시마섬을 정벌하였다.

⑤ 철령위 설치에 반발해 요동 정벌을 추진하였다.
우왕 때 명이 원의 쌍성총관부가 있던 철령 이북의 땅에 철령위를 설치하겠다며 반환을 요구하였다. 이에 고려가 반발하면서 최영을 중심으로 요동 정벌을 추진하였다.

13 김부식   정답 ②

정답 분석

정답이 보이는 핵심 키워드
#고려 유학자 #『삼국사기』의 편찬을 총괄

길잡이 | 『삼국사기』를 편찬한 김부식을 학습합니다.

김부식은 **고려 인종**의 명을 받아 삼국 시대의 역사서인 **『삼국사기』**를 편찬하였다. 『삼국사기』는 유교 사관을 바탕으로 편찬되었으며, 기전체 형식으로 고구려, 백제, 신라의 역사를 서술하였다.
② 묘청, 정지상을 중심으로 한 **서경 세력**이 서경 천도와 칭제 건원, 금 정벌을 주장하였으나 받아들여지지 않았다. 이에 묘청 등은 **반란을 일으켰으나**, 김부식의 관군에 의해 **진압**되었다.

한 번 더 체크하러 가기 ▶ 미니북 8, 14쪽

선택지 풀이

① 봉사 10조를 국왕에게 올렸습니다.
고려 무신 정권 시기 최충헌은 사회 개혁안인 봉사 10조를 명종에게 올렸다. 봉사 10조는 국가의 발전이나 민생 안정보다는 최충헌의 권력 유지에 목적을 두고 있어 큰 성과를 거두지는 못하였다.

③ 만권당에서 원의 유학자들과 교유하였습니다.
　고려 말 성리학자 이제현은 충선왕이 왕위에서 물러난 뒤 연경에 세운 만권당에서 원의 학자들과 교유하였으며, 성리학의 보급과 발전에 기여하였다.

④ 불씨잡변을 저술하여 불교를 비판하였습니다.
　조선의 건국과 왕조의 기틀을 마련하는 데 공헌한 정도전은 『불씨잡변』을 저술하여 유학의 입장에서 불교의 진리를 논파하며 불교의 배척을 주장하였다.

⑤ 9재 학당을 설립하여 유학 교육에 힘썼습니다.
　고려 문종 때 사학이 크게 발전하였으며, 그중 가장 번성한 최충의 9재 학당은 유학 교육을 실시하며 후진을 양성하였다.

암기의 key　서경 세력과 개경 세력

구분	서경 세력	개경 세력
주요 인물	묘청, 정지상 등	김부식 등
배경	지방 출신	문벌 귀족
사상	풍수지리, 불교	유교
성격	자주적	사대적, 보수적
외교 정책	북진 정책(금 정벌)	사대 정책
역사의식	고구려 계승 의식	신라 계승 의식
주장	서경 천도, 금 정벌, 칭제건원	서경 천도 반대, 금에 대한 사대 관계 인정

14 무신 정권 시기　정답 ④

정답 분석

정답이 보이는 **핵심 키워드**
#개경으로 환도 #임유무 #조위총 #이의방 #이의민 #최우 #정방

길잡이 ｜ 고려 무신 정권 시기에 일어났던 일을 파악합니다.

- (나) **조위총의 난**(1174): **고려 무신 정권 시기** 서경유수 조위총이 군사를 일으켜 정중부 등의 무신 집권자들을 제거하려 하였으나 무신 **이의민**이 장군들을 거느리고 가서 난을 진압하였다.
- (다) **최우의 정방 설치**(1225): 최씨 무신 정권 시기 최충헌의 뒤를 이어 집권한 최우는 자신의 집에 **정방**을 설치하고 인사 행정을 담당하는 기관으로 삼아 **인사권을 완전히 장악**하였다.
- (가) **개경 환도**(1270): 몽골과의 전쟁 중 강화도로 천도하였던 고려 조정은 몽골과 강화를 맺어 개경으로 환도하고자 하였으나 당시 무신 정권의 권력자였던 임유무가 이에 반대하였다. 이후 임유무가 살해당하며 무신 정권이 붕괴하고 고려 조정은 개경으로 환도하였다.

한 번 더 체크하러 가기 ▶ 미니북 8, 23쪽

15 원 간섭기　정답 ①

정답 분석

정답이 보이는 **핵심 키워드**
#공민왕 #노국 대장 공주 #충렬왕부터 공민왕에 이르는 시기 #원의 공주들과 결혼

길잡이 ｜ 원 간섭기 고려의 상황을 살펴봅니다.

원 간섭기 고려는 원의 **부마국**으로서 원 황실과 통혼을 하였다. 이에 **충렬왕**은 원의 **제국 대장 공주**, 공민왕은 **노국 대장 공주**와 혼인하였다.
① 고려의 도병마사는 재신(중서문하성의 2품 이상)과 추밀(중추원의 2품 이상)이 국방 및 군사 문제를 논의하는 임시적인 회의 기구였다. 그러나 원 간섭기인 충렬왕 때 **도평의사사**로 명칭이 바뀌면서 최고 정무 기구로서 국사 전반에 관여하게 되었으며 **권문세족**이 이를 장악하였다.

한 번 더 체크하러 가기 ▶ 미니북 35쪽

선택지 풀이

② 왕조 교체를 예언하는 정감록이 유포되었다.
　조선 후기에는 『정감록』과 같은 예언 사상이 유행하였고, 말세의 도래, 왕조 교체 등의 낭설로 민심이 혼란스러웠다.

③ 강조가 정변을 일으켜 김치양을 제거하였다.
　고려 목종 때 강조는 국가의 혼란을 바로잡고자 정변을 일으켜 김치양을 제거하고 목종을 폐위시킨 후 현종을 즉위시켰다(1009).

④ 김보당이 의종 복위를 주장하며 난을 일으켰다.
　동북면 병마사로 있던 고려의 문신 김보당은 무신 정변 이후 정권을 잡은 정중부, 이의방 등을 토벌하고 폐위된 의종을 복위시키겠다며 난을 일으켰으나 실패하였다(1173).

⑤ 국정을 총괄하는 기구로 교정도감이 설치되었다.
　최씨 무신 정권 시기 최충헌은 국정을 총괄하는 중심 기구로서 교정도감을 설치하고, 스스로 기구의 최고 관직인 교정별감이 되어 인사 및 재정 등을 장악하였다.

16 고려의 경제 상황　정답 ③

정답 분석

정답이 보이는 **핵심 키워드**
#송 사절 #서긍 #예성항을 통해 개경으로 들어옴

길잡이 ｜ 고려의 경제 상황을 파악합니다.

『고려도경』은 송 사절로 고려에 왔던 **서긍**이 고려에서 보고 들은 것을 그림과 글로 기록한 책이다. **고려의 사회·경제·정치사는 물론 고려의 풍속까지 소개**되어 있다.

정답 및 해설　99

③ 고려 시대 개경, 서경 등의 대도시에는 서적점, 다점, 주점 등의 **관영 상점**이 운영되었다.

한 번 더 체크하러 가기 ▶ 미니북 24쪽

✅ 선택지 풀이

① 솔빈부의 말이 특산품으로 유명하였다.
　솔빈부는 발해의 지방 행정 구역인 15부 중 하나로, 당시 발해는 솔빈부의 말이 특산품으로 유명하여 주변 국가에 수출하였다.

② 송상이 전국 각지에 송방을 설치하였다.
　조선 후기 상업의 발전으로 사상이 전국 각지에서 활발한 상업 활동을 전개하였다. 이중 개성의 송상은 전국에 송방이라는 지점을 설치하고 청과 일본 사이의 중계 무역으로 많은 부를 축적하였다.

④ 집집마다 부경이라고 불리는 창고가 있었다.
　고구려는 집집마다 부경이라는 작은 창고를 만들어 곡식, 찬거리, 소금 등을 저장하였다.

⑤ 광산을 전문적으로 경영하는 덕대가 나타났다.
　조선 후기에 광산 개발이 활성화되면서 채굴 노동자를 고용하고 물주로부터 자금을 지원받아 전문적으로 광산을 경영하는 덕대가 나타났다.

17 개성 경천사지 십층 석탑　　정답 ③

✅ 정답 분석

정답이 보이는 핵심 키워드
#원래 개성에 있었음 #국립 중앙 박물관으로 옮겨짐 #원각사지 십층 석탑에 영향을 줌

길잡이 ┃ 개성 경천사지 십층 석탑을 살펴봅니다.

개성 경천사지 십층 석탑은 **개성**에 세워진 **원 간섭기 고려**의 석탑으로 원의 석탑 양식에 영향을 받아 축조되었으며, 이후 서울 원각사지 십층 석탑이 만들어지는 데 영향을 주었다. 현재는 국립 중앙 박물관에 있다.
③ **평창 월정사 팔각 구층 석탑**은 고려 전기의 대표적인 **석탑**으로 강원도 오대산 월정사 경내에 위치해 있다.

한 번 더 체크하러 가기 ▶ 미니북 46쪽

✅ 선택지 풀이

① 경주 불국사 삼층 석탑
　통일 신라 경덕왕 때 불국사를 창건하면서 조성된 탑이다. 석탑의 해체 보수 과정에서 세계 최고(最古)의 목판 인쇄물인 무구정광대다라니경이 발견되었다.

② 부여 정림사지 오층 석탑
　목탑의 구조와 비슷하지만 돌의 특성을 잘 살린 석탑으로, 익산 미륵사지 석탑과 함께 백제를 대표하는 탑이다.

④ 구례 화엄사 사사자 삼층 석탑
　통일 신라 때 제작된 것으로 추정되며, 기단의 사자 조각이 탑 구성의 한 역할을 하는 우리나라의 대표적인 이형(異形) 석탑이다.

⑤ 익산 미륵사지 석탑
　백제 무왕 때 건립된 목탑 형태의 석탑이다. 석탑 해체 복원 과정에서 금제 사리봉영(안)기가 발견되어 석탑의 건립 연도가 명확하게 밝혀졌다.

18 조선 태종　　정답 ②

✅ 정답 분석

정답이 보이는 핵심 키워드
#임금께서 정도전을 숙청

길잡이 ┃ 조선의 개국공신 정도전을 숙청한 태종을 학습합니다.

조선 태종은 자신과 갈등을 겪었던 개국공신 **정도전을 숙청**하였고, 이때 태종의 왕비 원경 왕후의 동생인 **민무구**와 **민무질** 형제가 공을 세웠다. 그러나 외척 세력을 제압할 필요가 생긴 태종은 민무구와 민무질에게 어린 세자를 통해 권세를 잡으려 했다는 죄를 물어 **귀양**을 보냈다.
② 조선 태종 때 왕명으로 **주자소**를 설치하여 금속 활자인 **계미자**를 주조하였다.

한 번 더 체크하러 가기 ▶ 미니북 9쪽

✅ 선택지 풀이

① 공신들에게 역분전을 지급하였다.
　고려 태조는 후삼국 통일에 공을 세운 공신들에게 관등에 관계없이 공로, 인품 등을 기준으로 차등을 두어 역분전을 지급하였다.

③ 정치도감을 설치하여 개혁을 추진하였다.
　고려 원 간섭기에 충목왕은 고려의 개혁을 위해 정치도감을 설치하였으나, 정동행성 이문소의 방해로 개혁이 제대로 이루어지지 못하였다.

④ 구황촬요를 간행하여 기근에 대비하였다.
　조선 명종 때 흉년으로 기근이 극심해지자 이로 인해 발생한 각종 문제를 대비하는 방법을 정리한 『구황촬요』를 간행하였다.

⑤ 유자광의 고변을 계기로 남이를 처형하였다.
　유자광이 조선 예종에게 남이가 역모를 꾀하려 한다고 알려 남이를 비롯한 관련된 자들이 역모의 죄로 처형당하였다.

19 집현전   정답 ④

정답 분석

정답이 보이는 핵심 키워드
#만리재로 #조선의 문신 최만리 #세종이 학문 연구, 편찬 사업 등을 수행하도록 설치

길잡이 | 조선 세종 때 설치된 집현전을 살펴봅니다.

조선 세종은 **집현전**을 설치하고 학문 연구와 경연, 서연을 담당하게 하여 유교 정치의 활성화를 꾀하였다. **최만리**는 집현전의 장관인 **부제학**에까지 올라 활약하였으나, **훈민정음 창제**에 대한 **반대 상소**를 올려 세종이 직접 중죄를 신문하고 옥에 가두라는 명까지 내리며 세종과 갈등을 빚었다.

④ 조선 **세조**는 수양 대군 시절 계유정난을 일으켜 단종을 몰아내고 왕으로 즉위하였다. 이후 성삼문, 박팽년 등 이른바 사육신(死六臣)이 **단종 복위**를 계획하다가 **발각**되자 세조는 관련 신하들을 모두 사형에 처하였으며, **집현전을 폐지**하고 경연을 정지시켰다.

한 번 더 체크하러 가기 ▶ 미니북 9쪽

선택지 풀이

① 은대(銀臺)라고도 불렸다.
승정원은 왕명의 출납을 담당하고 모든 기밀을 취급하던 조선 시대 국왕의 비서 기관으로, 은대(銀臺), 후원(喉院), 정원(政院), 대언사(代言司) 등으로 불리기도 하였다.

② 전문 강좌인 7재를 운영하였다.
고려 중기에 최충의 문헌공도를 대표로 하는 사학 12도의 발전으로 관학이 위축되자 예종 때 국자감을 재정비하여 전문 강좌인 7재를 운영하였다.

③ 고려의 삼사와 같은 기능을 수행하였다.
고려 시대의 삼사는 화폐·곡식의 출납과 회계를 담당하였으며, 고려의 삼사와 같은 기능을 수행한 조선의 행정 기관으로는 호조가 있다.

⑤ 대사성을 수장으로 좨주, 직강 등의 관직을 두었다.
성균관은 조선 시대 최고의 국립 교육 기관으로, 정3품의 당상관직인 대사성을 수장으로 하였으며, 그 밑으로 좨주, 직강 등의 관직을 두었다.

20 조선 성종   정답 ②

정답 분석

정답이 보이는 핵심 키워드
#예악(禮樂) #장악원 소장의 의궤와 악보 #성현 등에게 명하여 다시 교정 #『악학궤범』

길잡이 | 『악학궤범』의 편찬을 명하였던 조선 성종을 알아봅니다.

조선 성종 때 성현 등이 왕명에 따라 장악원에 있던 오래된 의궤와 악보를 정리하여 『**악학궤범**』을 편찬하였고, 이를 통해 궁중 음악이 집대성되었다.

② 『**경국대전**』은 조선의 기본 법전으로, **세조** 때 편찬하기 시작하여 **성종 때 완성**되어 반포되었다.

한 번 더 체크하러 가기 ▶ 미니북 9쪽

선택지 풀이

① 예악을 정리한 가례집람이 저술되었다.
선조 때 유학자 김장생은 『주자가례』의 본문을 기본으로 조선의 현실에 맞는 예악(禮樂)을 정리한 『가례집람』을 저술하였다.

③ 외교 문서를 집대성한 동문휘고가 편찬되었다.
정조는 인조 이후의 청과 일본에 대한 외교 관계 문서를 집대성하여 『동문휘고』를 편찬하였다.

④ 붕당의 폐해를 경계하기 위한 탕평비가 건립되었다.
영조는 붕당 정치의 폐해를 막고 능력에 따른 인재를 등용하기 위해 탕평책을 실시하고, 성균관에 탕평비를 건립하였다.

⑤ 이조 전랑 임명을 둘러싸고 김효원과 심의겸이 대립하였다.
선조 때 사림 세력은 이조 전랑 임명권을 둘러싸고 대립하여 김효원을 중심으로 한 동인과 심의겸을 중심으로 한 서인으로 분화되었다.

21 을사사화   정답 ④

정답 분석

정답이 보이는 핵심 키워드
#효릉 #인종의 죽음 #윤원형, 윤임 등 외척 간의 권력 다툼 #사림이 피해를 입음

길잡이 | 대윤과 소윤의 갈등으로 발생한 을사사화를 학습합니다.

④ 조선 인종의 뒤를 이어 **명종**이 어린 나이로 즉위하자 명종의 어머니 **문정 왕후**가 **수렴청정**을 하였다. 이후 인종의 외척인 **윤임**을 중심으로 한 **대윤 세력**과 명종의 외척인 **윤원형**을 중심으로 한 **소윤 세력**의 대립이 일어나 **을사사화**가 발생하였고, 이때 윤임을 비롯한 대윤 세력과 사림들이 큰 피해를 입었다(1545).
이외의 사건들인 이시애의 난은 1467년, 연산군 즉위는 1494년, 중종반정은 1506년, 기묘사화는 1519년, 선조 즉위는 1567년, 이괄의 난은 1624년이다.

한 번 더 체크하러 가기 ▶ 미니북 42쪽

22 통신사   정답 ⑤

정답 분석

정답이 보이는 핵심 키워드
#조선 사절단 #에도 막부의 요청 #조선이 일본에 파견

길잡이 | 조선이 일본에 파견한 외교 사절인 통신사를 탐구합니다.

통신사는 **조선** 시대에 국왕의 명령으로 **일본**에 공식적으로 **파견된** 외교 사절이다. 조선 태종 때 통신사라는 명칭이 처음 나타났지만, 일본에 파견되며 사용된 것은 세종 때이다. 임진왜란 이후 일본 에도 막부는 꾸준히 조선에 국교 재개와 사절 파견을 요청하였다. 이에 조선은 1607년부터 1811년까지 12회에 걸쳐 일본에 통신사를 파견하면서 조선의 선진 문물을 전파하였다.

⑤ 1607년부터 1811년까지 조선이 일본에 파견한 **조선 통신사 관련 기록물**이 2017년 **유네스코 세계 기록 유산**으로 등재되었으며, 기록물로는 외교 문서, 기행문, 일기, 서화 등이 있다.

한 번 더 체크하러 가기 ▶ 미니북 53쪽

선택지 풀이

① 연행사라는 이름으로 보내졌다.
연행사는 조선 후기에 청에 보낸 사절단으로, 이들을 통해 다양한 천문서, 지도, 과학 기술 등이 조선으로 들어왔다.

② 암행어사의 형태로 비밀리에 파견되었다.
고종은 개화 반대 여론을 의식해 암행어사 형태로 비밀리에 조사 시찰단을 일본에 파견하였다.

③ 민영익, 홍영식, 서광범 등이 참여하였다.
조미 수호 통상 조약이 체결된 후 조선 주재 미국 공사 푸트가 파견되자 조선 정부는 답례로 미국에 보빙사를 파견하였으며, 민영익, 홍영식, 서광범 등이 보빙사로 참여하였다.

④ 사행을 다녀온 여정을 조천록으로 남겼다.
조천록은 명나라와의 외교를 통해 사행을 다녀온 여정에 대한 기록을 말하며, 명나라 천자에게 조회하고 온다는 의미로 이름이 붙여졌다.

23 「고사관수도」   정답 ④

정답 분석

정답이 보이는 핵심 키워드
#인재(仁齋) 강희안 #조선 전기 #간결하고 과감한 필치

길잡이 | 조선 전기 화가 강희안을 파악합니다.

④ 조선 전기의 화가 **강희안**은 시와 글씨, 그림에 모두 뛰어나 안견·최경과 함께 삼절(三絕)이라 불렸다. 「**고사관수도**」는 강희안이 그린 산수인물화로, 화가만의 독특한 화풍을 보이고 있다.

한 번 더 체크하러 가기 ▶ 미니북 47쪽

선택지 풀이

① 전기의 「매화초옥도」
조선 후기 화가 전기가 그린 산수화로 만발한 매화꽃과 함께 화가 자신과 친구의 모습을 그린 그림이다.

② 신윤복의 「월하정인」
조선 후기 화가 신윤복의 대표적인 풍속화로, 눈썹 같은 달 아래 남녀가 몰래 만나는 장면을 그린 그림이다.

③ 김홍도의 「송석원시사야연도」
조선 후기 화가 김홍도가 중인들의 시사 광경을 그린 그림이다.

⑤ 정선의 「금강전도」
조선 후기 화가 겸재 정선의 대표적인 진경산수화이다.

암기의 key   조선의 회화 작품

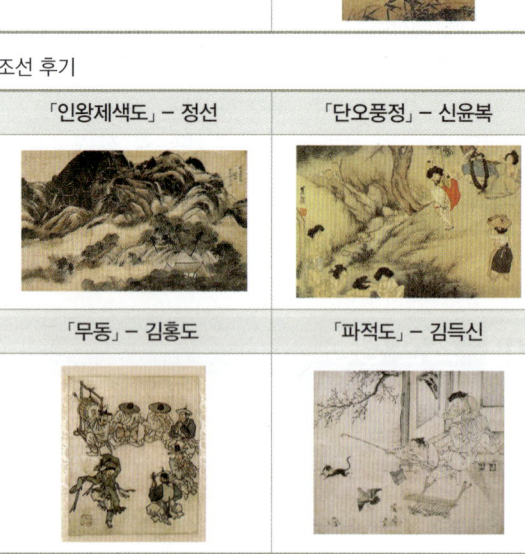

24 병자호란 정답 ③

정답 분석

정답이 보이는 핵심 키워드
#삼전도에서의 굴욕적인 항복 #청 섭정왕

길잡이 | 병자호란 중 있었던 사실에 대해 알아봅니다.

후금이 **청**으로 국호를 바꾸고 조선에게 군신 관계를 요구하였지만 거부당하자 **병자호란**을 일으켰다(1636). 남한산성으로 피란을 떠나 항전하던 인조는 삼전도에서 굴욕적인 항복을 하였다(1637.1.30.). 이후 청 섭정왕은 조선의 공주를 부인으로 삼겠다는 요구를 하였고, 왕족 금림군 개윤의 딸인 의순 공주가 공주로 봉해져 청나라에 시집을 갔다.

③ 조선 중기의 무신 **김준룡**은 병자호란이 발생하자 휘하의 군사들을 이끌고 적에게 포위당한 남한산성으로 진군하면서 곳곳의 군사를 모아 병력을 보강한 뒤 용인의 **광교산**을 거점으로 청과의 전투에서 **승리**하였다(1637.1.4.).

한 번 더 체크하러 가기 ▶ 미니북 10, 32쪽

선택지 풀이

① 이종무가 대마도를 정벌하였다.
세종은 왜구의 침입이 빈번하자 이종무를 보내 왜구의 근거지인 대마도를 정벌하였다(1419).

② 강홍립이 사르후 전투에 참전하였다.
광해군은 명의 요청으로 후금과의 사르후 전투에 강홍립 부대를 파견하였으나 중립 외교 정책에 따라 강홍립에게 무모한 싸움을 계속하지 않고 후금에 투항하도록 명령하였다(1916).

④ 조헌이 금산에서 의병을 이끌고 활약하였다.
선조 때 발발한 임진왜란 당시 충청 지방의 조헌은 의병을 모아 청주성을 수복하고 금산 전투에서 활약하였다(1592.7.).

⑤ 신립이 탄금대에서 배수의 진을 치고 전투를 벌였다.
임진왜란이 발발하자 신립은 충주 탄금대에서 배수의 진을 치고 맞서 싸웠으나 왜군에 크게 패하여 강물에 몸을 던져 자결하였다(1592.4.).

25 대동법 정답 ⑤

정답 분석

정답이 보이는 핵심 키워드
#이원익 #방납의 폐단을 없애고자 함 #선혜청 #이이 #유성룡 #김육

길잡이 | 방납의 폐단을 개혁하고자 실시하였던 대동법에 대해 살펴봅니다.

조선 선조 때 **공납의 폐단**을 해결하기 위해 **이이**와 **류성룡** 등이 공물을 쌀로 내는 **대공수미법**을 제기하였으나 실현되지 못하였다. 이후 광해군 때 **이원익**의 건의로 **대동법**이 **경기 지역**에 한하여 시행되었으며, 효종 때 김육의 주장으로 대동법이 **전라·충청 지역**까지 확대되었다.

⑤ 조선 후기 대동법의 시행으로 국가에서 필요한 물품을 관청에 직접 조달하는 **공인**이 등장하게 되었다.

한 번 더 체크하러 가기 ▶ 미니북 10, 43쪽

선택지 풀이

① 양반에게도 군포를 거두었다.
흥선 대원군은 군정의 문란을 해결하기 위해 호포제를 실시하여 양반에게도 군포를 거두었다.

② 토지 1결당 쌀 2두의 결작을 부과하였다.
④ 부족한 재정 보충을 위해 선무군관포를 징수하였다.
영조는 균역법의 시행으로 부족해진 재정을 보충하기 위해 지주들에게 결작이라 하여 토지 1결당 쌀 2두를 부과하였으며, 일부 부유한 양민에게 선무군관포를 징수하고, 어염세·선박세 등의 세금을 거두었다.

③ 전세를 풍흉에 따라 9등급으로 차등 과세하였다.
세종은 풍흉에 따라 전세를 차등 부과하는 연분 9등법을 시행하였다.

암기의 key 조선 전·후기 수취 제도

구분	전기	후기
전세	공법 (연분 9등법, 전분 6등법)	영정법 (토지 1결당 쌀 4~6두)
군역	양인 개병제 → 방군수포제, 군적수포제 폐단 발생	균역법 (1년에 군포 2필 → 1필)
공납	가호별 수취	대동법 (토지 1결당 쌀 12두)

26 송시열 정답 ①

정답 분석

정답이 보이는 핵심 키워드
#기축봉사 #희빈 장씨의 소생을 원자로 정한 데에 반대

길잡이 | 서인의 영수였던 송시열을 학습합니다.

송시열은 **서인의 영수**로, 명에 대한 의리를 지키고 청에게 당한 수모를 갚자는 **북벌론**을 주장하며 조선 효종에게 **기축봉사**를 올려 북벌 계획의 핵심 인물이 되었다. 이후 **숙종** 때 인현 왕후가 아들을 낳지 못하여 숙종이 총애하던 **희빈 장씨의 소생을 원자로** 책봉하자, 송시열은 후궁의 소생을 원자로 정하는 것의 부당함을 주장하며 반대하였다. 숙종의 명으로 송시열은 관작이 삭탈되고 제주도로 유배되어 사사(賜死)되었다.

① 효종의 국상 당시 인조의 계비인 자의 대비의 복상 문제를 놓고 효종의 왕위 계승에 대한 정통성과 관련하여 서인과 남인 사이에 **기해예송**이 발생하였다. 송시열 등 서인은 자의 대비의 복상 기간에 대해 **1년(기년)**, 남인은 3년으로 주장하였고, 서인의 주장이 받아들여졌다.

한 번 더 체크하러 가기 ▶ 미니북 10, 48쪽

선택지 풀이

② 지전설을 주장한 의산문답을 집필하였다.
조선 후기 중상학파 실학자인 홍대용은 『의산문답』을 집필하여 지전설 및 무한 우주론의 주장과 함께 중국 중심의 성리학적 세계관을 비판하였다.

③ 양명학을 연구하여 강화 학파를 형성하였다.
조선 후기 정제두는 지행합일을 중요시하는 양명학을 체계적으로 연구하였고, 강화도에서 후진 양성에 힘을 기울여 강화 학파를 형성하였다.

④ 역대 명필을 연구하여 추사체를 창안하였다.
김정희는 금석학과 함께 문자의 서예적 가치를 연구하였고, 왕희지, 구양순체 등 역대 명필을 연구하여 추사체를 창안하였다.

⑤ 양반의 허례와 무능을 풍자한 양반전을 지었다.
박지원은 「양반전」, 「허생전」, 「호질」 등을 통해 양반의 허례와 무능을 풍자하고 비판하였다.

27 조선 후기 경제 상황　　　정답 ①

정답 분석

정답이 보이는 핵심 키워드
#시전의 병폐 #도고(都庫) #시중 시세를 조종하여 홀로 이익을 취함

길잡이 | 도고가 성행하였던 조선 후기의 경제 상황을 확인합니다.

조선 후기 시전 상인과 **공인**은 국가에서 필요한 물품을 조달하는 대신 난전을 단속할 수 있는 **금난전권**과 특정 물품에 대한 **독점 판매권**을 부여받으며 **도고**를 행하였다. 18세기 중엽 이후에는 시전 상인뿐만 아니라 자본력이 있는 **난전 상인**의 도고 활동도 성행하면서, 매점매석을 일삼는 도고의 폐단으로 상품 공급이 부족해지고 물가가 상승하는 현상이 나타났다.
① 고려 시대에는 상업 활동이 활발해지면서 화폐를 발행하였고, 성종 때 우리나라 최초의 주화인 건원중보가 주조되었다.

한 번 더 체크하러 가기 ▶ 미니북 24쪽

선택지 풀이

② 담배와 면화 등의 상품 작물이 재배되었다.
조선 후기에는 장시가 증가하고 상품 유통 경제가 발달하면서 농민들이 담배, 면화, 인삼, 고추 등 상품 작물을 활발하게 재배하였다.

③ 보부상이 장시를 돌아다니며 상업 활동을 하였다.
조선 후기 상업의 발달로 전국 각지에서 장시가 활성화되면서 보부상들은 장날에 따라 이동하며 각 장시들을 연계한 하나의 유통망을 형성하였다.

④ 모내기법의 확대로 벼와 보리의 이모작이 성행하였다.
조선 후기에 모내기법이 확대되면서 벼와 보리의 이모작이 확산되어 농업 생산량이 증가하였다.

⑤ 설점수세제의 시행으로 민간의 광산 개발이 허용되었다.
조선 후기 효종 때 설점수세제를 시행하여 민간의 광산 개발을 허용하고 세금을 징수하였다. 이때 전문적으로 광산을 경영하는 덕대가 등장하였다.

28 조선 정조　　　정답 ④

정답 분석

정답이 보이는 핵심 키워드
#『무예도보통지』 #이덕무, 박제가, 백동수 #장용영

길잡이 | 군사 무예 훈련을 위해 『무예도보통지』를 편찬한 조선 정조의 정책을 파악합니다.

이덕무, 박제가, 백동수 등은 **조선 정조**의 명으로 장용영의 훈련 교재인 『**무예도보통지**』를 편찬하였다. 『무예도보통지』는 선조 때 간행한 『무예제보』와 영조 때 간행된 『무예신보』의 내용에 마상 무예(말을 타고 하는 무예)라는 새로운 훈련법을 더하여 총 24가지의 무술을 수록하였다.
④ 정조는 **탕평 정치**와 고른 인재 등용을 위해 **서얼 출신 학자인 유득공, 이덕무, 박제가** 등을 **규장각 검서관**으로 기용하였다.

한 번 더 체크하러 가기 ▶ 미니북 10쪽

선택지 풀이

① 백두산정계비를 세워 청과의 국경을 정하였다.
숙종 때 간도 지역을 두고 청과 국경 분쟁이 발생하자 두 나라 대표가 백두산 일대를 답사하고 국경을 확정하여 백두산정계비를 세웠다.

② 삼군부를 부활시켜 군사 업무를 담당하게 하였다.
고종 즉위 이후 정치적 실권을 잡은 흥선 대원군은 비변사를 폐지하여 의정부의 권한을 강화하였으며, 삼군부를 부활시켜 군사 및 국방 업무를 담당하게 하였다.

③ 통치 체제를 정비하기 위해 속대전을 편찬하였다.
영조는 국가 운영에 대한 법을 새로 규정하기 위해 『경국대전』을 바탕으로 새롭게 변화된 법전 조항을 담아 『속대전』을 편찬하였다.

⑤ 한양을 기준으로 역법을 정리한 칠정산 내편을 제작하였다.
세종 때 중국의 수시력과 아라비아의 회회력을 참고하여 내편(內篇)과 외편(外篇)으로 이루어진 역법서 『칠정산』을 편찬하였다. 이때 최초로 한양을 기준으로 천체 운동을 계산하였다.

29 근대 언론 기관 정답 ①

✓ 정답 분석

정답이 보이는 핵심 키워드
#개항기 신문 #한성순보 #독립신문 #황성신문 #대한매일신보

길잡이 | 근대 언론 기관을 학습합니다.

ㄱ. **한성순보**는 개화 정책의 일환으로 정부가 **박문국**에서 발행한 최초의 개항기 신문이다. 한글이 섞이지 않은 한자로만 글이 구성된 **순 한문 신문**이었으며, 정부의 개화 정책을 홍보하는 기관지 역할을 하였다.

ㄴ. 갑신정변 이후 미국에서 돌아온 **서재필**은 1896년 정부의 지원을 받아 우리나라 최초의 민간 신문인 **독립신문**을 창간하였다. 독립신문은 **최초의 한글 신문**으로 외국인을 위한 영문판도 제작되었다.

한 번 더 체크하러 가기 ▶ 미니북 38쪽

✓ 선택지 풀이

ㄷ. (다) - 일장기를 삭제한 손기정 사진이 실렸어요.
동아일보는 베를린 올림픽 마라톤 대회에서 우승한 손기정 선수의 가슴에 있는 일장기를 삭제한 채 보도하여 무기 정간 등 일제의 탄압을 받았다. 황성신문은 대한매일신보와 함께 국채 보상 운동을 지원하였다.

ㄹ. (라) - 상업 광고가 처음으로 게재되었어요.
한성주보는 일주일에 한 번 발간되었던 우리나라 최초의 주간 신문으로, 최초로 상업 광고를 게재하였다. 대한매일신보는 양기탁과 영국인 베델을 중심으로 창간되었으며, 항일 민족 운동을 적극적으로 지원하였다.

30 조미 수호 통상 조약 정답 ①

✓ 정답 분석

정답이 보이는 핵심 키워드
#항세를 납부하지 않음 #쌀 수출을 금지하려고 할 때에는 1개월 전에 지방관이 일본 영사관에게 통지

길잡이 | 조일 무역 규칙과 조일 통상 장정 사이에 체결된 조미 수호 통상 조약을 확인합니다.

(가) **조일 무역 규칙**(1876): 강화도 조약(조일 수호 조규) 체결 이후 조선이 일본과 맺은 조약이다. 일본에 양미와 잡곡의 무제한 유출을 허용하였으며, 일본 상선에 대한 **무항세**와 일본 상품에 대한 **무관세** 조항을 포함하였다.

(나) **조일 통상 장정**(1883): 조선이 일본과의 무역에 대한 관세권을 회복하기 위해 체결한 조약으로, 천재·변란 등에 의한 식량 부족의 우려가 있을 때 **방곡령**을 선포하는 규정을 포함하였다.

① **조미 수호 통상 조약**은 조선이 서양 국가(미국)와 맺은 최초의 조약으로, 관세 자주권을 최초로 확보하였다. 그러나 **최혜국 대우**를 처음으로 규정하고, **치외 법권**, 국가 간의 분쟁을 제3국이 해결하는 **거중 조정 조항** 등이 포함된 불평등 조약이었다.

한 번 더 체크하러 가기 ▶ 미니북 11쪽

✓ 선택지 풀이

② 러시아가 용암포 조차를 요구하였다.
만주에 주둔하고 있던 러시아군이 군사 기지 확보를 위해 용암포를 강제 점령하고 대한 제국에 조차를 요구하였다(용암포 사건, 1903).

③ 영국이 거문도를 불법적으로 점령하였다.
영국은 조선에 대한 러시아의 세력 확장을 저지하기 위해 거문도를 불법적으로 점령하였다(1885).

④ 일본 군함 운요호가 영종도를 공격하였다.
일본 군함인 운요호가 강화도 초지진에 침입해 공격한 후 영종도에 상륙해 조선인들을 죽이거나 약탈하는 등의 만행을 저질렀다(1875).

⑤ 청과 대등한 입장에서 한청 통상 조약이 맺어졌다.
1882년에 청과 체결한 조청 상민 수륙 무역 장정에서는 조선이 청의 속국(속방)임을 명기하였다. 그러나 고종이 대한 제국을 선포한 이후에는 자주 독립국임을 선포하면서 만국 공법하에 청과 대등한 입장에서 한청 통상 조약을 맺었다(1899).

31 제너럴셔먼호 사건 정답 ④

✓ 정답 분석

정답이 보이는 핵심 키워드
#평양의 대동강에서 좌초한 미국 상선 #배가 불살라졌음

길잡이 | 제너럴셔먼호 사건을 구실로 발생한 신미양요를 파악합니다.

흥선 대원군 때 **미국의 상선 제너럴셔먼호**가 평양의 **대동강**까지 들어와 교역을 요구하자 당시 평안 감사였던 **박규수**는 공격 명령을 내리고 백성들과 함께 제너럴셔먼호를 불태웠다(1866).
④ **제너럴셔먼호 사건을 구실로 미국의 로저스 제독**이 함대를 이끌고 **강화도를 공격**하여 **신미양요**가 발생하였다(1871). 미군은 **덕진진**을 점거한 후 광성보로 진격하였고, 이에 **어재연**이 맞서 싸우다가 전사하는 등 조선군은 수많은 사상자를 내며 패배하였다.

한 번 더 체크하러 가기 ▶ 미니북 11, 33쪽

✓ 선택지 풀이

① 홍경래가 난을 일으켰다.
순조 때 세도 정치로 인한 삼정의 문란과 서북 지역 차별 대우에 불만을 품은 평안도 지방 사람들이 몰락 양반 홍경래를 중심으로 봉기를 일으켰다. 평안북도 가산에서 우군칙 등과 함께 정주성을 점령하고 청천강 이북 지역을 차지하기도 하였으나 관군에게 진압되었다(1811).

② 임술 농민 봉기가 일어났다.
철종 때 삼정의 문란과 경상 우병사 백낙신의 가혹한 수탈에 견디다 못한 진주 지역의 농민들이 몰락 양반 유계춘을 중심으로 임술 농민 봉기를 일으켰다(1862).

③ 황사영 백서 사건이 발생하였다.
순조 때 천주교 전파에 앞장섰던 실학자들과 많은 천주교 신자들이 신유박해로 피해를 입게 되었다. 이후 황사영은 베이징에 있는 주교에게 조선으로 외국 군대의 출병을 요청하는 백서를 보내려다 발각되어 더욱 큰 탄압을 받았다(1801).

⑤ 청의 요청으로 나선 정벌에 조총 부대를 파견하였다.
효종 때 러시아가 만주 지역까지 침략해오자 청은 조선에 원병을 요청하였고, 조선에서는 두 차례에 걸쳐 조총 부대를 파견하여 나선 정벌을 단행하였다(1654, 1658).

④ 5군영이 2영으로 통합되었다.
고종이 설치한 개화 기구인 통리기무아문은 기존 5군영을 무위영과 장어영의 2영으로 통합하였다(1881).

32 제2차 갑오개혁   정답 ⑤

정답 분석

정답이 보이는 핵심 키워드
#일본으로 망명했던 박영효 #총리대신 김홍집 #단발령 #반대 상소

길잡이 | 제2차 갑오개혁 때 반포된 교육 입국 조서를 학습합니다.

- **박영효의 귀국**(1894.7.): 박영효는 개화당으로서 김옥균 등과 함께 **갑신정변**을 일으켰으나 개혁이 실패하자 **일본으로 망명**하였다. 이후 일본 정부의 주선으로 10년 만에 조선으로 귀국하고, **김홍집과 함께 연립 내각을 구성**하여 **제2차 갑오개혁**을 실시하였다.
- **을미개혁**(1895.11.): 명성 황후가 시해되는 **을미사변**이 발생하고, 을미개혁으로 **단발령**이 공포되었다. 이에 전국 각지의 **유생**들이 반발하며 **상소**를 올렸고, 유생과 농민이 합심하여 **을미의병**을 전개하였다.
- ⑤ **제2차 갑오개혁** 때 고종은 **교육 입국 조서**를 발표하고 교육의 중요성을 강조하면서 교사 양성을 위한 **한성 사범 학교**를 세웠다(1895.2.).

한 번 더 체크하러 가기 ▶ 미니북 11, 50쪽

선택지 풀이

① 과거제가 폐지되었다.
제1차 갑오개혁 때 재능을 기준으로 인재를 등용하기 위해 문벌과 과거제를 폐지하였다(1894).

② 호포제가 실시되었다.
흥선 대원군은 군정의 문란을 해결하기 위해 호포제를 실시하여 양반에게도 군포를 부과하였다(1871).

③ 교정청이 설치되었다.
조선 정부는 동학 농민군과 전주 화약을 체결한 후 교정청을 설치하여 자주적인 내정 개혁을 시도하였다(1894.6.). 그러나 일본군이 경복궁을 포위하고 고종을 협박하여 내정 개혁 기구로 군국기무처를 설치하며, 교정청이 폐지되었다.

33 동학 농민 운동   정답 ③

정답 분석

정답이 보이는 핵심 키워드
#동학 농민군 #백산 #4대 강령 #황룡 전적 #우금치 전적

길잡이 | 부안, 장성, 공주 등 동학 농민군의 발자취를 따라 동학 농민 운동을 공부합니다.

③ 전라도 고부 군수 **조병갑의 탐학**에 견디다 못한 농민들이 **동학교도 전봉준을 중심**으로 **고부에서 봉기**를 일으켜 고부 관아를 점령하였다. 이를 해결하기 위해 파견된 안핵사 이용태 역시 이들을 탄압하자 농민군은 보국안민, 제폭구민을 기치로 내걸고 부안 **백산에서 봉기**하여 **4대 강령**을 발표하며 **동학 농민 운동**을 전개하였다(1894.3). 이후 농민군은 정읍 **황토현**과 장성 **황룡촌**에서 전개된 **전투**에서 홍계훈이 이끄는 관군에 승리하고 전주성을 점령하여 전라도 일대를 장악하였다. 정부는 농민군을 진압하기 위해 청에 군대를 요청하였고, 톈진 조약으로 인해 일본도 군대를 파견하였다. 청과 일본의 군대 개입을 우려한 농민군은 정부와 **전주 화약**을 맺었으나(1894.5.), 청일 전쟁 발발로 일본의 내정 간섭이 심해지자 **외세를 몰아내기 위해 다시 봉기**하였다. 그러나 공주 **우금치 전투**에서 관군과 일본군에게 패하면서 동학 농민군이 해산하였다(1894.11).

한 번 더 체크하러 가기 ▶ 미니북 11, 41쪽

선택지 풀이

① 농민군이 정부와 화약을 맺었다.
동학 농민군은 황토현·황룡촌 전투에서 관군에 승리하고 전주성을 점령하여 전라도 일대를 장악하였다. 이후 정부와 전주 화약을 맺어 자치 개혁 기구인 집강소를 설치하고 폐정 개혁을 실시하였다(1894.5.).

② 최제우가 혹세무민의 죄로 처형되었다.
세도 정치 시기인 철종 때 최제우는 천주교의 확산에 대항하여 동학을 창시하고 마음속에 한울님을 모시는 시천주와 사람이 곧 하늘이라는 인내천 사상을 강조하였다. 이후 일반 백성들로부터 큰 지지를 받고 교세가 확장되자 이를 경계한 정부는 최제우를 체포하여 세상을 어지럽히고 백성을 속인다는 혹세무민의 죄로 처형하였다(1864).

④ 피신해 있던 농민군의 지도자 전봉준이 체포되었다.
일본의 내정 간섭으로 인해 반외세를 내걸고 재봉기한 농민군은 우금치 전투에서 일본군에게 패하였다(1894.11.). 이후 순천, 강원도 등지에서 일부 동학 농민군이 봉기하였으나 모두 진압되었고, 순창에 피신해 있던 전봉준이 전직 부하의 밀고로 체포되었다(1894.12.).

⑤ 농민들이 조병갑의 탐학에 맞서 만석보를 파괴하였다.
전라도 고부 군수 조병갑이 만석보를 쌓는다는 명분으로 농민을 동원

하고 수세를 강제로 징수하였다. 이에 견디다 못한 농민들은 동학교도 전봉준을 중심으로 고부 농민 봉기를 일으키고 만석보를 파괴하였다(1894.1.).

암기의 key | 동학 농민 운동의 전개 과정

삼례·보은 집회(교조 신원 운동) → 전봉준 중심으로 고부 관아 점령 → 황토현 전투 승리 → 황토현·황룡촌 전투 승리 → 전주성 점령 → 청군·일본군 조선 상륙 → 전주 화약 체결 → 집강소 설치 → 청일 전쟁 발생 → 전봉준·김개남 2차 봉기 → 우금치 전투 패배 → 전봉준 체포

34 정미의병   정답 ①

✓ 정답 분석

정답이 보이는 핵심 키워드
#고종의 강제 퇴위와 군대의 강제 해산 #의병 활동이 고조

길잡이 | 해산 군인들이 합세해 전투력이 최고조였던 정미의병을 확인합니다.

1907년 고종이 강제 퇴위되고 **한일 신협약(정미 7조약)**으로 인해 **대한 제국의 군대가 해산**되자 해산 군인들이 의병을 일으켰다(**정미의병**). 이때 호남 의병의 선구자로 불리는 고광순이 지리산 연곡사에서 장기 항전을 준비하였으나, 호남 의병을 대대적으로 토벌하고자 한 일제에 의해 순국하였다(1907).
① 군사장 허위와 총대장 이인영은 양주에서 **13도 창의군**을 결성하고(1907) **서울 진공 작전**을 전개하였으나 실패하였다.

한 번 더 체크하러 가기 ▶ 미니북 39쪽

✓ 선택지 풀이

② 한중 연합 전선을 형성하였다.
   양세봉이 남만주 지역에서 이끄는 조선 혁명군은 중국 의용군과 연합 작전을 전개하여 영릉가·흥경성 전투에서 일본군에 맞섰다(1932, 1933). 또한, 지청천이 북만주 지역에서 이끄는 한국 독립군은 중국 호로군과 연합하여 쌍성보·사도하자 전투 등에서 일본군에 승리하였다(1933).

③ 최익현이 태인에서 궐기하였다.
   최익현은 유생 임병찬 등과 태인에서 을사늑약에 반대하는 을사의병을 주도하였다(1905).

④ 고경명 등이 의병장으로 활약하였다.
   고경명은 임진왜란이 일어나자, 아들 둘과 함께 담양에서 의병을 일으켰다(1592).

⑤ 봉오동 전투에서 일본군을 격퇴하였다.
   대한 독립군은 의병장 출신 홍범도를 총사령관으로 하여 대한 국민회군, 군무도독부 등의 독립군과 연합 작전을 전개하며 봉오동 전투에서 일본군을 격퇴하였다(1920).

35 광무개혁   정답 ⑤

✓ 정답 분석

정답이 보이는 핵심 키워드
#고종이 황제로 즉위 #구본신참을 바탕으로 개혁을 추진

길잡이 | 고종이 대한 제국을 선포하며 시행하였던 광무개혁을 알아봅니다.

고종은 아관 파천 이후 경운궁(덕수궁)으로 환궁하여 **대한 제국**을 수립하고 **환구단**에서 황제 즉위식을 거행하였다. '옛 법을 근본으로 삼고 새로운 것을 첨가한다'라는 의미의 **구본신참**을 기본 정신으로 **광무개혁**을 실시하였으며(1897~1904), 이 시기 덕수궁 내에 전통식 지붕에 서양식 기둥이 접목된 독특한 건축 양식의 정관헌을 건립하였다. 또한, **상공업 진흥**을 추진하여 관립 상공 학교와 같은 실업·교육 기관을 설립하기도 하였다.
⑤ 대한 제국은 광무개혁 때 **양지아문**을 통해 **양전 사업**을 실시하고, **지계아문**을 설치하여 토지 소유 문서인 **지계**를 발급하면서 근대적 토지 소유권을 확립하고자 하였다(1901).

한 번 더 체크하러 가기 ▶ 미니북 11, 49쪽

✓ 선택지 풀이

① 홍범 14조를 반포하였다.
   고종은 홍범 14조를 반포하여 제1차 갑오개혁의 내용을 재확인하고 제2차 갑오개혁의 기본 방향을 제시하였다(1895).

② 공사 노비법을 혁파하였다.
   군국기무처를 주도로 제1차 갑오개혁이 진행되면서 공사 노비법을 혁파하여 신분제가 법적으로 폐지되었다(1894).

③ 신식 군대인 별기군을 창설하였다.
   고종은 개화 정책의 일환으로 기존 5군영을 무위영과 장어영의 2영으로 개편하고 신식 군대인 별기군을 창설하였다(1881).

④ 근대 교육 기관인 육영 공원을 설립하였다.
   최초의 근대식 공립 학교인 육영 공원은 헐버트, 길모어 등의 외국인 교사를 초빙하여 상류층 자제에게 근대 교육을 실시하였다(1886).

암기의 key | 대한 제국 수립과 광무개혁

대한 제국 수립	• 자주 국가임을 국내외에 선포(1897) • 국호 '대한 제국', 연호 '광무' 사용
광무개혁	• 방향: 구본신참, 복고주의적 • 정치 개혁: 대한국 국제 반포(1899) → 전제 군주제, 황제 직속 원수부 설치 • 경제 개혁: 양전 사업 후 지계 발급(근대적 토지 소유권 확립), 상공업·교육 진흥책

36 3·1 운동   정답 ④

정답 분석

정답이 보이는 핵심 키워드
#3월 1일 #독립 선언 기념을 경축 #1920년 4월 20일자에 실린 기사 #민족 최대의 독립운동 #만세 운동

길잡이 | 1919년 일제 강점기에 일어난 민족 최대의 독립운동 3·1 운동을 파악합니다.

1919년에 윌슨의 민족 자결주의 주창, 고종의 독살설 등이 돌면서 항일 의식이 고조되었다. 이에 **민족 대표 33인**이 태화관에서 **독립 선언서**를 낭독하고, **탑골 공원**에서 학생과 시민들이 독립 선언서를 거행하면서 **전국적인 만세 운동**인 **3·1 운동**이 전개되었다. 1920년 3월 1일 3·1 운동 1주년을 기념하여 배화 여학교 학생 40명이 새벽에 학교 동산 필운대에 올라 만세 운동을 전개하다가 투옥되기도 하였다.

④ 국내외 독립운동가들은 **3·1 운동**을 계기로 민족의 주체성을 확인하고 조직적인 독립운동을 전개하기 위해 중국 상하이에 모여 **대한민국 임시 정부를 수립**하였다.

한 번 더 체크하러 가기 ▶ 미니북 12, 26쪽

선택지 풀이

① 통감부의 방해와 탄압으로 중단되었다.
   통감부는 1906년부터 조선 총독부가 설치되는 1910년까지 조선의 국정 전반을 장악하였던 통치 기구이다. 국채 보상 운동이 통감부의 방해와 탄압으로 중단되었다.

② 러시아의 절영도 조차 요구를 저지하였다.
   러시아는 함대의 연료 보급을 위한 저탄소 저장소 설치를 위해 절영도(영도) 조차를 요구하였으나 독립 협회의 이권 수호 운동과 국내의 반대 여론으로 저지되었다.

③ 순종의 인산일을 기회로 삼아 추진되었다.
   1920년대 사회주의가 유입되기 시작하였고 사회주의자와 학생들이 함께 순종의 인산일에 맞추어 만세 운동을 계획하였다. 그러나 사회주의자들이 사전에 일본에 발각되면서 학생들을 중심으로 순종의 국장일인 1926년 6월 10일 서울 시내에서 만세 시위를 전개하였다.

⑤ 성진회와 각 학교 독서회에 의해 전국적으로 확산되었다.
   일제 강점기에 한국인 학생과 일본인 학생 간의 충돌 사건을 계기로 한국인 학생에 대한 차별과 식민지 교육에 저항하면서 광주 학생 항일 운동이 발생하였다. 이후 일제의 식민지 차별 교육에 반발하여 광주에서 조직된 항일 학생 비밀 결사인 성진회와 각 학교 독서회에 의해 광주 학생 항일 운동이 전국으로 확산되었다.

37 북로 군정서   정답 ⑤

정답 분석

정답이 보이는 핵심 키워드
#청산리 전투 #김좌진

길잡이 | 노은 김규식이 활약하였던 북로 군정서를 알아봅니다.

노은 김규식은 대한 제국 장교였으나, 한일 신협약(정미 7조약)으로 군대가 해산당하자 정미의병에 참여하였다. 이후 **김좌진, 이범석**과 함께 **북로 군정서**의 지도부로 활약하여 **청산리 전투**에 참여하였다. 군사 지도자로서 능력을 인정받은 그는 대한 독립 군단, 고려 혁명군 등에서 총사령으로서 활동하는 것은 물론 교육에도 힘썼으나, 머물고 있던 곳이 습격당하여 순국하였다.

⑤ **북간도**에서 서일 등의 **대종교인**을 중심으로 설립된 무장투쟁 단체인 **중광단**을 모체로 하여 **북로 군정서**가 조직되었다. 북로 군정서는 사관 훈련소를 설립하고 군사 훈련을 실시하여 독립군을 양성하였으며, **청산리 전투** 등 항일 독립 전쟁에 참여하였다.

한 번 더 체크하러 가기 ▶ 미니북 28, 40쪽

선택지 풀이

① 영릉가에서 일본군에 승리를 거두었다.
   남만주 지역 조선 혁명당 산하의 군사 조직인 조선 혁명군은 양세봉의 주도로 중국 의용군과 연합하여 영릉가 전투에서 일본군에 승리를 거두었다.

② 미국과 연계하여 국내 진공 작전을 계획하였다.
   충칭에서 대한민국 임시 정부의 직할 부대로 창설된 한국 광복군은 미군과 연계하여 국내 진공 작전을 계획하였다.

③ 중국 팔로군과 함께 호가장 전투에서 활약하였다.
   조선 의용대 일부 세력은 중국 화북 지역으로 이동하여 조선 의용대 화북 지대를 조직하고, 중국 팔로군과 함께 호가장 전투에서 일본군을 상대로 승리하였다.

④ 동북 항일 연군으로 개편되어 유격전을 전개하였다.
   중국 공산당은 항일 세력의 규합과 노동자의 주도권 강화를 강조하면서 만주에서 활동하고 있는 조선인과 중국인의 유격대를 통합하여 동북 인민 혁명군을 편성하였다. 이후 동북 인민 혁명군은 동북 항일 연군으로 개편되어 유격전을 전개하였다.

38 지역사 – 연해주   정답 ②

정답 분석

정답이 보이는 핵심 키워드
#신한촌 등 한인 집단 거주지 #중앙아시아로 강제 이주

> **길잡이** | 일제 강점기 우리 민족이 독립운동을 위해 이주하였던 연해주를 학습합니다.

② 일제 강점기 우리 민족은 러시아 **연해주**의 블라디보스토크로 이주하여 한인 집단 거주지인 **신한촌**을 형성하였다. 그러나 1937년 일본과의 전쟁을 앞두고 한인이 일제와 협력할 것을 우려한 스탈린이 **강제 이주 정책**을 시행하였고, 한인들은 **중앙아시아 지역**으로 강제 이주당하였다.

한 번 더 체크하러 가기 ▶ 미니북 40쪽

선택지 풀이

① (가)
남만주 삼원보는 국외 독립 운동 기지를 건설하기 위해 신민회원이 이주한 곳이다. 이곳에서 신민회는 한인 자치 기관인 경학사를 설립하고 독립군 양성 학교인 신흥 무관 학교를 세웠다.

③ (다)
일제 강점기 일본으로 건너간 유학생들은 독립운동을 전개하기도 하였다. 1919년 도쿄 유학생들은 조선 청년 독립단을 만들고, 대표 11인을 중심으로 2·8 독립 선언서를 발표하였다.

④ (라)
하와이에서 박용만은 대조선 국민 군단을 조직하여 독립군 사관 양성을 바탕으로 한 무장 투쟁을 준비하였다.

⑤ (마)
멕시코 메리다 지역에서 이근영 등은 독립군 양성 학교인 숭무 학교를 설립하여 무장 투쟁을 준비하였다.

39 심훈 정답 ⑤

정답 분석

정답이 보이는 **핵심 키워드**
#일제 강점기 #심훈

> **길잡이** | 심훈의 『상록수』를 통해 일제 강점기 문화를 알아봅니다.

심훈은 일본에서 영화를 공부하고 돌아와 「**먼동이 틀 때**」를 원작·각색·감독하였다. 「먼동이 틀 때」는 먼동이 틀 무렵처럼 어두운 현실에서 사랑과 이상이 있는 세계를 향해 길을 떠나는 두 젊은 남녀의 모습을 그리고 있다. 이 작품은 나운규의 「아리랑」과 함께 한국 영화를 개척하였다는 평가를 받는다.
⑤ 심훈은 1935년에는 **브나로드 운동**을 소재로 하여 농촌 사회의 휴머니즘과 저항 의식을 고취시키는 장편 소설 **『상록수』**를 동아일보에 연재하였다.

선택지 풀이

① 별 헤는 밤, 참회록 등의 시를 남겼다.
윤동주는 일제 강점기의 암울한 시대상을 담은 시를 주로 집필하였으며, 대표 작품으로 「서시」, 「별 헤는 밤」, 「참회록」, 「쉽게 쓰여진 시」 등을 남겼다. 그의 사후, 자필 유작 3부를 비롯한 작품들을 모은 유고 시집 『하늘과 바람과 별과 시』가 발간되었다.

② 국문 연구소의 연구위원으로 활동하였다.
주시경은 국문 연구소의 연구위원으로 활동하며 한글의 정리와 국어의 이해 체계 확립에 힘썼다.

③ 근대극 형식을 도입한 토월회를 조직하였다.
일제 강점기 도쿄 유학생이었던 박승희, 김복진, 김기진 등은 신극 운동 단체인 토월회를 조직하여 기존의 신파극에서 벗어난 근대극 형식을 정착시키고자 하였다.

④ 실천적인 유교 정신을 강조하는 유교 구신론을 저술하였다.
박은식은 서우학회를 조직하고 『유교 구신론』을 저술하여 실천적인 유교 정신의 회복을 강조하는 등 애국 계몽 운동을 적극 전개하였다.

40 식민지 근대 도시의 이중성 정답 ②

정답 분석

정답이 보이는 **핵심 키워드**
#미쓰코시 백화점 경성 지점 #『별건곤』 #토막집과 토막민 #경성부

> **길잡이** | 미쓰코시 백화점과 토막집을 통해 식민지 근대 도시의 이중성을 파악합니다.

② **일제 강점기**에 일본의 자본이 조선에 침투하면서 일본에서 발달한 백화점이 근대적 상점으로 조선에도 진출하게 되었다. 이에 명동에 **미쓰코시 백화점 경성 지점**의 영업이 시작되었다. 또한, 서구식 생활 양식이 조선에 소개되면서 **문화 주택**이 생겨났다. 이는 1920년대부터 조선에 공급되어, 한인 지식인과 일본인 일부만 향유하다가 1930년대 전통 주택의 개량을 통해 서울에 대량으로 공급되었다. 반면, 열강의 경제적 침탈 등으로 인해 고율의 소작료를 견디지 못하고 농촌에서 도시의 구릉 지역으로 이주하여 **토막집**이라는 움집 형태의 집에서 거주하는 현상도 나타났다.

선택지 풀이

① 개화 정책의 추진과 한계
개항 이후 조선은 근대 문물을 적극적으로 받아들이면서 개화 정책을 추진하였다. 이에 따라 개화 정책 총괄 기구인 통리기무아문을 설치하고 군제를 개혁하였으며, 사절단을 보내 외국의 문물과 기술을 배우려 하였다. 하지만 이와 같은 개화 정책은 지배층에 의한 것이고, 서양 열강의 접근은 인지하지 못하였다는 한계를 가지고 있다.

③ 형평 운동의 전개 과정과 반발
갑오개혁 이후 신분제가 폐지되었음에도 일제 강점기 때 백정에 대한 사회적 차별은 더욱 심해졌다. 백정들은 이러한 차별을 철폐하기 위해

진주에서 조선 형평사를 창립하고 형평 운동을 전개하였다. 사회의 오랜 전통과 관습으로 백정의 신분 해방 운동에 반대하는 반형평 운동이 일어나 백정과 평민 사이에 충돌이 발생하기도 하였다.

④ 경제 개발 5개년 계획의 시행 결과
박정희 정부는 경제 개발 5개년 계획을 시행하여 수출을 증대하고자 하였다. 제1·2차 때는 경공업을 중심으로 경제 자립을 추진하였으며, 제3·4차 때는 중공업을 중심으로 실시하여 수출 100억 달러 달성이라는 결과를 얻었다.

⑤ 상품 화폐 경제의 발달과 신분제의 동요
조선 후기 상품 화폐 경제의 발달에 따라 상업 자본가와 독립 수공업자 등 새로운 계층이 나타나면서 신분제가 동요하였다.

41 1930년대 이후 민족 말살 통치 정답 ①

✓ 정답 분석

정답이 보이는 핵심 키워드
#중일 전쟁 이후 #일제가 국가 총동원법을 시행 #군국주의 문화

길잡이 ┃ 중일 전쟁 이후 침략 전쟁을 확대한 일제가 펼친 민족 말살 통치를 공부합니다.

1930년대 이후 **일제**는 만주를 침략하면서 전쟁을 국가의 제일 목표로 삼는 **군국주의**를 표방하였다. 이에 **한반도를 병참 기지화**하고 **중일 전쟁**과 태평양 전쟁을 일으켰으며, 조선에 **국가 총동원법**을 시행하여 인적·물적 자원을 수탈하였다.
① 1940년대 일제 강점기 전시 체제하에 노동력 동원을 위해 일제는 여성들에게 노동복인 **몸뻬 바지**를 강제로 보급하였다. 몸뻬 바지를 입지 않은 경우에는 관공서, 식당 등의 출입이 막히고 버스와 전차의 승차가 거부되는 등 일상이 통제되었다.

한 번 더 체크하러 가기 ▶ 미니북 12쪽

✓ 선택지 풀이

② 경성 제국 대학 설립을 추진하는 관리
일제는 한국의 민립 대학 설립 운동을 저지하고 여론을 무마하기 위해 경성 제국 대학을 설립하였다(1924).

③ 헌병 경찰에게 끌려가 태형을 당하는 농민
일제는 무단 통치기에 조선 태형령을 제정하였고, 이에 따라 곳곳에 배치된 헌병 경찰들이 조선인들에게 태형을 통한 형벌을 가하였다(1912).

④ 원산 총파업에 연대 지원금을 보내는 외국 노동자
영국인이 경영하는 회사에서 일본인 감독이 조선인 노동자를 구타하자 파업이 시작되었다. 파업 후 노동자의 요구를 들어주기로 한 회사에서 약속을 이행하지 않자 노동자들은 원산 노동 연합회를 중심으로 총파업에 들어갔다(1929). 이때 일본, 프랑스 등지의 노동 단체가 격려 전문과 연대 지원금을 보내기도 하였다.

⑤ 안창남의 고국 방문 비행을 환영하기 위해 상경하는 청년
안창남은 우리나라 최초의 비행사로, 고국 방문 비행에서 1인승 비행기를 타고 서울 상공을 비행하였다(1922).

암기의 key · 일제 강점기 식민 통치 정책 변화

구분 시기	통치 내용	경제 침탈
무단 통치 (1910년대)	· 조선 총독부 설치 · 헌병 경찰제 · 조선 태형령	· 토지 조사 사업 · 회사령 실시(허가제)
문화 통치 (1920년대)	· 3·1 운동 이후 통치 체제 변화 · 보통 경찰제 · 치안 유지법: 독립운동가 탄압	· 산미 증식 계획: 일본 본토로 식량 반출 · 회사령 폐지: 신고제 전환 → 일본 자본 유입
민족 말살 통치 (1930년대 이후)	· 황국 신민화 정책(황국 신민 서사 암송, 신사 참배·창씨개명 강요) · 조선어·역사 과목 폐지	· 일제의 대륙 침략을 위한 한반도 병참 기지화 정책 · 국가 총동원령: 조선에서 인적·물적 자원 수탈

42 신채호 정답 ①

✓ 정답 분석

정답이 보이는 핵심 키워드
#신민회 #대한매일신보 필진 #조선 혁명 선언 #『조선상고사』

길잡이 ┃ 단재 신채호의 활동을 학습합니다.

민족주의 사학자이자 독립운동가인 **신채호**는 **신민회** 활동에 참여하여 논설을 통해 국채 보상 운동을 적극 지원하였다. 또한, **대한매일신보**의 필진으로 근무하면서 「독사신론」을 발표하여 민족을 역사 서술의 중심에 두었다. 이후 일제 강점기 때는 중국 상하이로 가서 대한민국 임시 정부 수립에 참여하여 임시 의정원의 의원으로 활동하였으며, **김원봉**의 요청으로 **의열단**의 행동 지침으로서 **조선 혁명 선언**을 작성하여 **폭력에 의한 민중 직접 혁명**을 주장하였다. 이후 타이완에서 무정부주의 동방 연맹 창립 대회에 참여하면서 자유·평등·폭력 혁명을 외치는 무정부주의의 길을 걷게 되었다. 그는 본격적인 국사 연구에도 돌입하여 단군부터 백제의 멸망과 부흥 운동까지 서술한 『조선상고사』를 연재하였다. 타이완에서 외국 위체 위조 사건에 휘말려 체포된 후 뤼순 감옥에서 복역하다가 뇌일혈로 순국하였다.
① 한국인 학생과 일본인 학생 간의 충돌로 광주 학생 항일 운동이 발생하자 신간회 중앙 본부가 진상 조사단을 파견하여 지원하였다.

한 번 더 체크하러 가기 ▶ 미니북 26, 27, 28쪽

선택지 풀이

② ⓒ - 이륭양행에 교통국을 설치하여 국내와 연락을 취하였다.
대한민국 임시 정부는 중국 안동에 설립된 무역 선박 회사인 이륭양행에 교통국을 설치하여 국내와의 연락망을 확보하였다.

③ ⓒ - 의열단이 활동 지침으로 삼았다.
조선 혁명 선언은 김원봉의 요청을 받아 신채호가 작성한 의열단의 활동 지침이다.

④ ⓔ - 역사를 아와 비아의 투쟁으로 정의하였다.
신채호는 『조선상고사』를 통해 '역사는 아(我)와 비아(非我)의 투쟁'이라고 정의하였다. 이때 아(我)는 주관적 입장, 비아(非我)는 대립적 입장으로 보았다.

⑤ ⓜ - 안중근 의사가 순국한 곳이다.
이토 히로부미를 만주 하얼빈 역에서 사살한 안중근은 뤼순 감옥에 수감되어 그곳에서 순국하였다.

43 제주 4·3 사건 정답 ⑤

정답 분석

정답이 보이는 핵심 키워드
#제주도 #남한만의 단독 선거에 반대하는 무장대와 이를 진압하는 토벌대 간의 무력 충돌 #수많은 제주도민이 희생

길잡이 | 제주도에서 이념 충돌로 인해 발생한 제주 4·3 사건을 확인합니다.

⑤ 제주 4·3 사건은 남한만의 단독 선거에 반대하며 일어난 남로당 무장대의 무장 봉기와 이에 대한 미군정 및 경찰 토벌대의 강경 진압이 원인이 되어 발생하였다. 진압 과정에서 법적 절차를 거치지 않고 총기 등을 사용하여 민간인을 학살하면서 제주도민들이 큰 피해를 입었다. 이에 **2000년에 제주 4·3 사건 진상규명 및 희생자 명예회복에 관한 특별법**이 제정되면서 제주 4·3 사건에 대한 정부 차원의 진상 조사가 착수되었다. 이후 2003년 「**제주 4·3 사건 진상조사 보고서**」가 발표되어 당시 대통령이었던 노무현 대통령이 4·3 사건에 대하여 공식적으로 사과하였다.

한 번 더 체크하러 가기 ▶ 미니북 29쪽

선택지 풀이

① 허정 과도 정부가 구성되는 결과를 가져왔다.
4·19 혁명의 결과로 이승만이 대통령직에서 하야하여 미국으로 망명하게 되었다. 이후 내각 책임제를 기본으로 하는 허정 과도 정부가 구성되었다.

② 국가 보위 비상 대책 위원회가 설치되는 배경이 되었다.
신군부는 5·18 민주화 운동을 무력으로 진압한 후 국가 주요 조직을 장악하고, 정치권력을 사유화하기 위해 대통령을 보좌하는 임시 행정 기구인 국가 보위 비상 대책 위원회를 설치하였다.

③ 장기 독재를 비판하는 3·1 민주 구국 선언을 발표하였다.
김대중, 함석헌 등의 정치인과 기독교 목사, 대학 교수 등은 박정희의 장기 독재에 비판하며 긴급 조치 철폐 등을 요구하는 3·1 민주 구국 선언을 발표하였다.

④ 민주화를 위한 개헌 청원 100만인 서명 운동을 전개하였다.
박정희 정부가 유신 헌법을 제정하자 장준하 각계 인사들과 함께 유신 헌법 철폐를 주장하는 개헌 청원 100만인 서명 운동을 전개하였다.

44 이승만 정부 정답 ①

정답 분석

정답이 보이는 핵심 키워드
#4·19 혁명으로 하야 #대통령으로 재임

길잡이 | 4·19 혁명으로 대통령직에서 물러난 이승만 정부에 대해 알아봅니다.

1948년부터 1960년까지 대한민국 대통령으로 재임한 **이승만 대통령**은 장기 집권을 위해 **3·15 부정 선거**를 자행하였다. 자유당 정부의 3·15 부정 선거를 규탄하는 시위가 전국에서 발생하였고, 이때 마산에서 시위를 하던 학생 **김주열**의 시신이 최루탄을 맞은 채로 마산 해변가에서 발견되었다. 이를 계기로 **4·19 혁명**이 전국적으로 전개되었으며, 그 결과 이승만 대통령이 **하야**하였다.

① 박정희 정부가 실시한 제2차 경제 개발 5개년 계획 중에 서울과 부산을 잇는 경부 고속 도로가 개통되었다.

한 번 더 체크하러 가기 ▶ 미니북 13, 30쪽

선택지 풀이

② 한미 상호 방위 조약이 체결되었어요.
이승만 정부는 6·25 전쟁 휴전 이후 한미 상호 방위 조약을 체결하여 미국과 군사적 동맹을 맺었다.

③ 진보당의 당수였던 조봉암이 처형되었어요.
이승만 정권 시기 조봉암은 제3대 대통령 선거에 출마하였으나 낙선하였다. 이후 진보당을 창당하고 평화 통일론을 주장하다가 국가 변란, 간첩죄 혐의로 체포되어 처형되었다.

④ 반민족 행위 특별 조사 위원회가 해체되었어요.
제헌 국회는 일제의 잔재를 청산하고 민족정기를 바로잡기 위해 반민족 행위 처벌법을 제정하여 반민족 행위 특별 조사 위원회를 조직하였다. 그러나 친일 경찰의 습격과 이승만 정부의 소극적 태도로 친일파 처벌이 제대로 이루어지지 못한 채 해체되었다.

⑤ 유상 매수, 유상 분배 원칙의 농지 개혁법이 제정되었어요.
이승만 정부 시기 제헌 국회는 유상 매수, 유상 분배 원칙의 농지 개혁법을 제정하였다.

45 유신 헌법 — 정답 ⑤

정답 분석

정답이 보이는 핵심 키워드
#박대통령 #헌법의 유지 여부를 묻는 국민 투표 #긴급 조치 제9호

길잡이 | 유신 헌법을 제정하고 독재 정치를 펼쳤던 박정희 정부 시기에 일어난 사실을 탐구합니다.

박정희 대통령은 1972년 10월 17일 **장기 독재**를 위해 대통령의 임기를 6년으로 늘리고 중임 제한 조항을 삭제하였다. 또한, 국민의 자유와 권리에 무제한적인 제약을 가할 수 있는 **긴급 조치권**, 대통령이 국회를 해산할 수 있는 **국회 해산권**을 부여하며 대통령이 **초헌법적인 권한**을 갖게 하였다. 이와 같은 **유신 헌법**은 11월 21일 국민 투표를 통해 확정되었다.

⑤ 박정희 정부의 유신 헌법 하에 **통일 주체 국민 회의**라는 헌법 최고 기구가 창설되었다. **간선제**로 실시된 제8대 대통령 선거는 통일 주체 국민 회의의 대의원이 투표에 참여하였으며, 박정희 대통령이 선출되었다(1972.12.23.).

한 번 더 체크하러 가기 ▶ 미니북 13쪽

선택지 풀이

① 국민 방위군에 소집되는 청년
6·25 전쟁 당시 중국군의 투입으로 많은 병력이 필요해지자 한국 정부는 국민 방위군을 설치하여 만 17세 이상 40세 미만의 남자들을 소집하였다(1950).

② 개성 공단 착공식에 참석하는 기업인
김대중 정부 시기에 남북 정상 회담이 이루어져 개성 공단 건설 운영에 관한 합의서를 체결하였으나(2000), 노무현 정부 때 비로소 개성 공단 착공식이 진행되었다(2003).

③ 미소 공동 위원회의 재개를 요구하는 시민
모스크바 3국 외상 회의 결과에 따라 개최된 제1차 미소 공동 위원회가 미국과 소련의 입장 차이로 결렬되었다(1946).

④ 남북 기본 합의서 채택 소식을 보도하는 기자
노태우 정부 때 남북한 화해 및 불가침, 교류·협력 등에 관한 공동 합의서인 남북 기본 합의서를 채택하였다(1991).

46 6월 민주 항쟁 — 정답 ②

정답 분석

정답이 보이는 핵심 키워드
#호헌 철폐 #전두환 #독재 국가 #민주 헌법 쟁취 국민 운동 본부 #'동장에서 대통령까지 내 손으로'

길잡이 | 전두환 정부의 4·13 호헌 조치에 대항하여 호헌 철폐를 외쳤던 6월 민주 항쟁을 공부합니다.

광주에서 일어난 **5·18 민주화 운동**을 진압하고 즉위한 **전두환 대통령**은 국민들의 직선제 개헌 열망을 무시하며 **4·13 호헌 조치**를 발표하였다. 또한, 서울대 재학생 **박종철의 고문치사 사건**이 벌어지자 시민들은 **대통령 직선제 개헌과 민주 헌법 제정**을 요구하며 **6월 민주 항쟁**을 전개하였다. 이때 야당과 종교계, 학생 운동 조직이 연합하여 민주 헌법 쟁취 국민 운동 본부를 만들었고, **호헌 철폐와 직선제 개헌**을 위해 시위하였다.

② 6월 민주 항쟁의 결과, 정부는 **5년 단임의 대통령 직선제 개헌**을 골자로 하는 **6·29 민주화** 선언을 발표하였다.

한 번 더 체크하러 가기 ▶ 미니북 13, 30쪽

선택지 풀이

① 굴욕적인 한일 국교 정상화에 반대하였다.
박정희 정부가 한일 회담 진행 과정에서 추진한 한일 국교 정상화의 협정 내용이 공개되자 학생과 야당을 주축으로 굴욕적인 한일 국교 정상화에 반대하는 6·3 시위가 전개되었다.

③ 시위 과정에서 시민군이 자발적으로 조직되었다.
전두환을 비롯한 신군부 세력의 12·12 쿠데타에 저항하여 '서울의 봄'이라는 대규모 민주화 운동이 일어나자, 5월 17일 신군부는 비상계엄 조치를 전국적으로 확대하였다. 5월 18일, 비상계엄 해제와 신군부 퇴진, 김대중 석방 등을 요구하는 광주 시민들의 항거가 이어지자 신군부는 공수 부대를 동원한 무력 진압을 강행하였다. 이에 학생과 시민들이 시민군을 자발적으로 조직하여 대항하면서 5·18 민주화 운동이 전개되었다.

④ 3선 개헌 반대 범국민 투쟁 위원회를 결성하였다.
1967년 재집권한 박정희는 대통령 3선 연임을 허용하는 헌법 개정을 추진하였다. 이에 야당인 신민당 의원들은 재야 인사들과 함께 3선 개헌 반대 범국민 투쟁 위원회를 결성하고 반대 투쟁을 전개하였으나 여당 민주 공화당 소속 의원 122명이 국회 별관에 모여 변칙적으로 개헌안을 통과시켰다.

⑤ 대통령 중심제에서 의원 내각제로 바뀌는 계기가 되었다.
제4대 대통령 선거에서 이승만과 자유당 정권이 장기 독재를 위해 4할 사전 투표와 공개 투표 등의 방식으로 3·15 부정 선거를 자행하였고, 이에 저항하는 시위가 확산되어 4·19 혁명이 발발하였다. 그 결과 이승만이 하야하고 과도 정부가 수립되었으며, 의원 내각제 개헌을 통해 장면 내각이 출범하였다.

암기의 key	현대 정부의 민주화 운동
4·19 혁명 (1960)	• 배경: 이승만의 장기 독재(사사오입 개헌 등), 3·15 부정 선거 • 결과: 이승만 하야
유신 반대 운동 (1970년대)	• 배경: 박정희 정부의 유신 헌법 → 대통령에 초헌법적 권한 부여, 대통령 간선제 규정 등 • 유신 반대 백만인 서명 운동, 3·1 민주 구국 선언, 부마 민주 항쟁 등
5·18 민주화 운동 (1980)	• 배경: 전두환 신군부의 비상계엄 선포 • 결과: 광주 시민들의 저항, 1980년대 이후 민주화 운동에 영향
6월 민주 항쟁 (1987)	• 배경: 4·13 호헌 조치, 박종철 고문치사 사건 • 결과: 6·29 민주화 선언(5년 단임 대통령 직선제)

47 시대별 토지 제도   정답 ①

정답 분석

정답이 보이는 핵심 키워드
#녹읍을 폐지 #직관(職官)·산관(散官)의 각 품의 전시과를 제정 #도평의사사 #과전 #경기는 사방의 근본 #직전(職田)

길잡이 ㅣ 시대별로 시행되었던 토지 제도를 학습합니다.

(가) **관료전 지급, 녹읍 폐지**(687, 689): **통일 신라 신문왕**은 귀족 세력을 약화시키고자 하였다. 이에 수조권은 지급되지만 노동력 수취권은 주어지지 않는 관료전을 지급하고, 수조권과 노동력 수취권의 두 권리가 부여되는 녹읍을 폐지하였다.

(나) **시정 전시과**(976): **고려 경종**은 **관등과 인품을 기준**으로 한 전시과 제도를 처음 마련하여 관리에게 관직 복무와 직역의 대가로 토지를 지급하였다.

(다) **과전법**(1391): **고려 말 공양왕** 때 신진 사대부 조준 등의 건의로 토지 개혁법인 과전법이 시행되었다. 전·현직 관리에게 **경기 지역**에 한하여 토지를 지급하였으며, 수신전과 휼양전의 명목으로 세습까지 가능하였다.

(라) **직전법**(1466): **조선 세조**는 과전의 세습화가 초래하였던 토지 부족 등의 폐단을 바로잡기 위해 직전법을 시행하였다. 이에 과전의 지급 대상을 **현직 관리로 제한**하고, 관리의 유가족에게 지급하던 **수신전과 휼양전을 폐지**하였다.

한 번 더 체크하러 가기 ▶ 미니북 7, 9, 43쪽

48 통일 신라 신문왕, 조선 세조   정답 ③

정답 분석

정답이 보이는 핵심 키워드
#녹읍을 폐지 #수신전 #휼양전 #왕께서 이를 없앰 #현직 관리에게 주어 직전(職田)이라 함

길잡이 ㅣ 통일 신라 신문왕과 조선 세조가 시행하였던 토지 제도를 알아봅니다.

㉠은 통일 신라 신문왕, ㉡은 조선 세조이다.
ㄴ. **통일 신라 신문왕**은 삼국 통일로 확장된 영토를 **9주**로 나누고 수도 경주의 편재성을 보완하기 위해 주요 도시에 **5소경**을 설치하여 지방 행정 체제를 정비하였다.
ㄷ. **조선 세조**는 왕권을 강화하기 위해 세종 때 폐지된 **6조 직계제**를 실시하고 이는 6조에서 의정부를 거치지 않고 국왕이 바로 재가를 내리게 하여 의정부의 권한이 약화되었다.

한 번 더 체크하러 가기 ▶ 미니북 7, 9쪽

선택지 풀이

ㄱ. ㉠ - 병부를 처음으로 설치하였다.
   신라 법흥왕은 중앙 행정 관청인 13부 중 군사 업무를 총괄하는 부서로 병부를 처음으로 설치하였다.

ㄹ. ㉡ - 초계문신제를 실시하였다.
   조선 정조는 인재 양성을 위하여 새롭게 관직에 오르거나 기존 관리들 중 능력 있는 문신들을 규장각에서 재교육시키는 초계문신제를 실시하였다.

49 전두환 정부   정답 ②

정답 분석

정답이 보이는 핵심 키워드
#중고등학생의 교복과 두발을 자율화 #야간 통행 금지 해제

길잡이 ㅣ 유화 정책과 강압 정책을 골고루 펼쳤던 전두환 정부 시기의 사실을 파악합니다.

전두환 정부는 일제 강점기 때 **중·고등학생의 교복과 두발**이 획일화되었던 것을 개정하여 **자율적**으로 간편한 복장과 머리를 할 수 있게 하였다(1983). 또한, 이승만 정부 때 사회 공공질서 유지 및 사상 통제, 국가 안보 수호를 위해 법제화되었던 **야간 통행 금지를 해제**하였다(1982).
② 민주화 운동을 진압하고 무력으로 정권을 잡은 전두환 정부는 언론을 규제하기 위해 **언론 통폐합**을 단행하고(1980), 각 언론사에 기사 보도용 가이드라인인 **보도 지침**을 전달하여 언론을 통제하였다.

✅ 선택지 풀이

① 서울 올림픽 대회가 개최되었다.
   노태우 정부는 자본주의 국가와 공산주의 국가가 함께 참여한 서울 올림픽 대회를 성공적으로 개최하였다(1988).

③ 삼풍 백화점 붕괴 사고가 일어났다.
   김영삼 대통령 때 서울 서초동에 있는 삼풍 백화점이 부실 공사 등의 원인으로 붕괴되어 1천여 명 이상의 사상자가 발생하였다(1995).

④ 양성평등의 실현을 위해 호주제가 폐지되었다.
   노무현 정부 때 양성평등을 실현하고자 호주제 폐지를 결정하였다(2005).

⑤ 사회 통합을 위한 다문화 가족 지원법이 시행되었다.
   이명박 정부 때 다문화 가족의 비율이 높아짐에 따라 이들의 안정적인 정착과 사회 통합을 위해 다문화 가족 지원법을 시행하였다(2008).

50 지역사 – 창녕   정답 ③

✅ 정답 분석

정답이 보이는 핵심 키워드
#우포늪 #화왕산성 #신라 진흥왕 척경비 #술정리 동 삼층 석탑

길잡이 | 자연경관과 문화유산이 어우러져 있는 창녕의 역사를 학습합니다.

③ **경남 창녕**은 고대에 가야가 위치하였던 지역으로, 교동과 송현동 일대에 **가야 고분군**이 분포되어 있다. 신라 진흥왕 때는 한강 유역을 차지하고 창녕 지역을 점령한 뒤 대가야 정복 의지를 다지며 **신라 진흥왕 척경비**를 세웠다. 통일 신라 시대 송림사 절터에 세워진 창녕 술정리 동 삼층 석탑은 신라의 탑 건축이 경주를 벗어나 외곽으로 퍼져나가는 과정을 잘 보여주어 사료적 가치가 있다.

제71회 한국사능력검정시험 정답 및 해설

STEP 1 정답 확인 문제 p.062

01	02	03	04	05	06	07	08	09	10	11	12	13	14	15	16	17	18	19	20	21	22	23	24	25
①	④	①	④	⑤	③	⑤	①	②	④	②	④	①	④	①	⑤	⑤	①	④	②	③	⑤	③	④	②

26	27	28	29	30	31	32	33	34	35	36	37	38	39	40	41	42	43	44	45	46	47	48	49	50
②	⑤	③	④	①	③	④	④	③	⑤	①	②	⑤	②	③	④	③	④	③	②	⑤	②	②	①	③

STEP 2 난이도 확인

| 제71회 합격률 | **46.8%** | 최근 1년 평균 합격률 | **53.4%** |

STEP 3 시대별 분석

시대	선사	고대	고려	조선 전기	조선 후기	근대	일제 강점기	현대	복합사
틀린 개수/문항 수	/2	/8	/7	/3	/5	/8	/8	/5	/4
출제비율	4%	16%	14%	6%	10%	16%	16%	10%	8%

STEP 4 문제별 주제 분석

01	선사	구석기 시대
02	선사	부여
03	고대	금관가야
04	고대	원광
05	고대	백제의 성장과 발전
06	고대	신라 지증왕
07	고대	경주 불국사 삼층 석탑
08	고대	고구려의 멸망
09	고대	통일 신라와 발해의 대립
10	고려	고려의 경제 상황
11	고려	고려의 과거제
12	고대	궁예
13	고려	고려의 관학 진흥책
14	고려	무신 정권 시기
15	고려	고려와 몽골의 대외 관계
16	고려	고려의 국가유산
17	고려	이제현
18	복합사	지역사 – 안동
19	조선 전기	조선 태조
20	복합사	비변사
21	조선 전기	을사사화
22	조선 전기	병자호란
23	조선 후기	신해통공
24	조선 후기	조선 숙종
25	조선 후기	김정희
26	조선 후기	조선 후기 사회·경제 모습
27	조선 후기	세도 정치 시기
28	근대	신미양요
29	근대	조청 상민 수륙 무역 장정
30	복합사	처용무
31	근대	을미개혁
32	근대	통리기무아문
33	근대	대한매일신보
34	근대	독립 협회
35	근대	화폐 정리 사업
36	일제 강점기	지역사-연해주
37	근대	안중근
38	일제 강점기	1910년대 일제 강점기 사회 모습
39	일제 강점기	1920~30년대 일제의 경제 침탈
40	일제 강점기	민립 대학 설립 운동
41	일제 강점기	원산 총파업
42	일제 강점기	일제 강점기 사회·문화의 변화
43	일제 강점기	한국 광복군
44	일제 강점기	1930년대 이후 민족 말살 통치
45	복합사	지역사 – 공주
46	현대	6·25 전쟁
47	현대	5·10 총선거
48	현대	노태우 정부
49	현대	부마 민주 항쟁
50	현대	김대중 정부 시기의 통일 정책

01 구석기 시대   정답 ①

✅ 정답 분석

정답이 보이는 핵심 키워드
#뗀석기 #주먹도끼 #연천 전곡리 유적

길잡이 | 구석기 시대의 생활 모습을 알아봅니다.

구석기 시대에는 **주먹도끼, 슴베 찌르개** 등 **뗀석기**가 처음 사용되었으며, **불**을 사용하기 시작하여 음식을 조리할 수 있게 되었다. 구석기 시대의 대표적인 유적지로는 **연천 전곡리 유적**, 공주 석장리 유적, 단양 수양개 유적이 있다.

① 구석기 시대 사람들은 주로 **동굴이나 강가**에 막집을 짓고 거주하였으며, 계절에 따라 **이동 생활**을 하였다.

한 번 더 체크하러 가기 ▶ 미니북 4쪽

✅ 선택지 풀이

② 청동 방울 등을 의례 도구로 사용하였다.
    청동기 시대에는 의례를 주관할 때 청동 방울을 제작하여 사용하였다.

③ 따비와 괭이로 땅을 갈아 농사를 지었다.
    청동기 시대에는 벼농사가 시작되었으며, 농기구인 따비와 괭이를 사용하였다.

④ 거푸집을 이용하여 세형 동검을 제작하였다.
    후기 청동기 시대와 초기 철기 시대에는 거푸집을 이용하여 세형 동검을 제작하면서 독자적인 청동기 문화를 발달시켰다.

⑤ 빗살무늬 토기를 만들어 식량을 저장하였다.
    신석기 시대에는 농경과 목축이 시작되어 조·피 등을 재배하였으며, 빗살무늬 토기를 만들어 곡식 등 식량을 저장하였다.

암기의 key — 선사 시대의 생활상

구석기 시대	• 동굴이나 강가의 막집에서 생활 • 주먹도끼, 찍개 등의 뗀석기 사용
신석기 시대	• 강가나 바닷가에 움집을 지어 정착 생활 • 뼈낚시, 그물, 돌창, 돌화살을 사용하여 채집·수렵 • 조·피 등을 재배하는 농경 시작, 목축 생활 • 빗살무늬 토기를 이용하여 음식을 조리하거나 저장 • 가락바퀴로 실을 뽑아 뼈바늘로 옷을 지어 입기도 함
청동기 및 초기 철기 시대	• 밭농사 중심, 벼농사 시작, 반달 돌칼 사용 • 움집의 지상 가옥화, 배산임수의 취락 형성 • 가축 사육 시작, 농업 생산력 향상 • 사유 재산과 계급 발생, 선민사상, 족장 출현 • 비파형 동검, 세형 동검 제작

02 부여   정답 ④

✅ 정답 분석

정답이 보이는 핵심 키워드
#남쪽은 고구려가 있음 #[도둑질한 물건의] 12배를 변상케 함 #소를 잡아서 그 발굽을 보아 길흉을 점침

길잡이 | 연맹 왕국 부여에 대해 학습합니다.

부여는 만주 송화강 유역에 위치하였던 **연맹 왕국**으로, 남쪽으로 고구려와 접해 있었다. 『삼국지』 「위서」 동이전에 따르면, 부여는 형벌이 매우 엄격하여 살인죄를 사형으로 다스렸고, 절도죄에는 훔친 물건의 12배를 갚도록 하는 **1책 12법**을 적용하였다. 또한, 소를 죽인 후 그 발굽 모양을 통해 점을 치는 **우제점법**으로 국가 중대사를 예견하였다.

④ 부여에는 왕 아래 가축의 이름을 딴 마가, 우가, 저가, 구가의 **가(加)**들이 있었다. 이들은 행정 구역인 **사출도**를 다스렸으며, 왕이 통치하는 중앙과 합쳐 **5부**를 구성하였다.

한 번 더 체크하러 가기 ▶ 미니북 21쪽

✅ 선택지 풀이

① 신성 지역인 소도가 있었다.
    삼한은 제정 분리 사회였으며, 소도라는 신성 지역을 따로 두어 제사장인 천군이 이곳을 관리하도록 하였다.

② 혼인 풍습으로 민며느리제가 있었다.
    옥저에는 여자가 어렸을 때 혼인할 남자의 집에서 생활하다가 성인이 된 후에 혼인하는 민며느리제가 있었다.

③ 읍락 간의 경계를 중시하는 책화가 있었다.
    동예는 각 부족의 영역을 중요시하여 다른 부족의 영역을 침범하는 경우 노비와 소, 말로 변상하게 하는 책화 제도를 두었다.

⑤ 사회 질서를 유지하기 위해 범금 8조를 만들었다.
    고조선은 사회 질서를 유지하기 위해 범금 8조를 만들었으나 현재는 3개의 조항만 전해진다.

03 금관가야   정답 ①

✅ 정답 분석

정답이 보이는 핵심 키워드
#수로왕이 건국 #금동 허리띠 #왜와 교류 #북방과 교류

길잡이 | 철기 문화가 발달하였던 금관가야를 살펴봅니다.

수로왕이 건국한 **금관가야**는 **김해** 지역의 **전기 가야 연맹**을 주도하였다. 또한, **철**이 풍부하게 생산되어 철을 화폐처럼 사용하였으며, **중국의 낙랑과 대방, 왜**에 **철을 수출**하기도 하였다. 금관가야의 대표적인 무덤군인 **김해 대성동 고분군**에는 중국에서 수입한 금동 허리띠, 왜와의 교류를 보여 주는 청동 방패 꾸미개인 바람개비 모양 동기, 북방 유목 민족에게 들여온 청동 솥 등이 출토되었다.

① **신라 법흥왕** 때 금관가야를 **정복**하여 구해왕과 그 자손들이 신라 진골에 편입되었다.

선택지 풀이

② 서옥제라는 혼인 풍습이 있었다.
고구려에는 혼인을 하면 신랑이 신부 집 뒤에 서옥이라는 집을 짓고 생활하다가 자식을 낳아 장성하면 신랑 집으로 돌아가는 서옥제라는 혼인 풍습이 있었다.

③ 6좌평이 중요한 국사를 논의하였다.
백제 고이왕은 6좌평제를 마련하여 재상의 성격을 가진 좌평들이 중요한 국사를 논의하는 등의 행정 업무를 효과적으로 수행할 수 있도록 하였다.

④ 만장일치제로 운영된 화백 회의가 있었다.
신라는 귀족 합의체인 화백 회의를 만장일치제로 운영하여 국가의 중대사를 결정하였다.

⑤ 지방에 22담로를 두어 왕족을 파견하였다.
백제 무령왕은 지방에 22담로를 두고 왕족을 파견하여 지방에 대한 통제를 강화하였다.

04 원광 정답 ④

정답 분석

정답이 보이는 핵심 키워드
#고구려가 자주 국경을 침략 #수에 군사를 요청 #걸사표 #승려

길잡이 | 신라의 승려 원광을 탐구합니다.

신라 진평왕 때 **승려 원광**은 **고구려**가 자주 국경을 침략하자 **수에 도움**을 청하는 **걸사표**를 작성하였다. 이에 수나라에서 100만여 대군을 보내어 고구려를 침략하였다.

④ 원광은 진평왕 때 화랑도의 규범으로 사군이충(事君以忠)·사친이효(事親以孝)·교우이신(交友以信)·임전무퇴(臨戰無退)·살생유택(殺生有擇)의 내용이 담긴 **세속 5계**를 제시하였다.

한 번 더 체크하러 가기 ▶ 미니북 19쪽

선택지 풀이

① 구법 순례기인 왕오천축국전을 남겼다.
통일 신라의 승려 혜초는 인도와 중앙아시아를 순례하고 『왕오천축국전』을 남겼다.

② 황룡사 구층 목탑의 건립을 건의하였다.
신라 선덕 여왕 때 승려 자장이 주변 9개 민족의 침략을 부처의 힘으로 막고자 목탑 건립을 건의하여 황룡사 구층 목탑이 세워졌다.

③ 무애가를 지어 불교 대중화에 기여하였다.
신라의 승려 원효는 불교 대중화를 위해 불교의 교리를 쉬운 노래로 표현한 「무애가」를 지었다.

⑤ 풍수지리 사상이 반영된 송악명당기를 저술하였다.
통일 신라 말 승려 도선은 풍수지리 사상이 반영된 『송악명당기』를 저술하여 개성(송악)이 명당이라는 주장을 펼쳤다.

암기의 key — 신라의 주요 승려

원효	• 불교의 사상적 이해 기준 확립: 『금강삼매경론』, 『대승기신론소』 • 종파 간 사상적 대립 극복·조화: 『십문화쟁론』 • 불교의 대중화: 나무아미타불, 「무애가」 • 정토종, 법성종 창시
의상	• 화엄 사상 정립: 『화엄일승법계도』 • 관음 신앙(현세의 고난 구제) • 부석사 건립, 불교 문화의 폭 확대
혜초	인도·중앙아시아 순례기 『왕오천축국전』 저술
자장	선덕 여왕에게 황룡사 구층 목탑 건립 건의

05 백제의 성장과 발전 정답 ⑤

정답 분석

정답이 보이는 핵심 키워드
#백제 #도읍을 사비로 옮김 #국호를 남부여로 함 #동진에서 온 마라난타 #불교를 수용 #고구려의 평양성을 공격

길잡이 | 백제가 성장과 발전을 이룬 시기를 학습합니다.

(다) **근초고왕의 평양성 전투**(371): 4세기 중반 백제의 최전성기를 이끈 근초고왕은 정예군 3만 명을 거느리고 **고구려 평양성**을 공격하여 **고국원왕**을 전사시켰다. 이를 시작으로 근초고왕은 황해도 일부 지역을 포함한 북방으로 진출하였다.

(나) **침류왕의 불교 수용**(384): **침류왕**은 **동진**을 거쳐 백제로 건너 온 인도의 승려 **마라난타**를 통해 불교를 수용하였다.

(가) **성왕의 사비 천도**(538): 성왕은 웅진(공주)에서 **사비(부여)**로 도읍을 옮기고 국호를 **남부여**로 고쳐 새롭게 중흥을 도모하였다.

한 번 더 체크하러 가기 ▶ 미니북 6쪽

06 신라 지증왕 정답 ③

정답 분석

정답이 보이는 핵심 키워드
#국호를 신라로 #임금의 호칭을 신라 국왕으로 하자고 건의 #순장을 금지

길잡이 | 신라의 통치 체제를 정비한 지증왕을 살펴봅니다.

신라 지증왕은 당시 사로국이었던 국호를 신라(新羅)로 확정하고 임금의 호칭을 마립간 대신 국왕으로 변경하였다. 또한, 순장을 금지하고 소를 이용한 우경을 장려하여 농업 생산력을 높이고자 하였다.
③ **신라 지증왕** 때 **이사부**를 보내 **우산국**(울릉도)과 우산도(독도)를 복속시키고 실직주의 군주로 삼았다.

한 번 더 체크하러 가기 ▶ 미니북 6쪽

선택지 풀이

① 병부와 상대등을 설치하였다.
  신라 법흥왕은 병부와 상대등을 설치하고 관등을 정비하여 중앙 집권적 국가 체제를 갖추었다.
② 백제 비유왕과 동맹을 체결하였다.
  고구려 장수왕이 남진 정책을 펼치자 신라 눌지왕은 백제 비유왕과 나제 동맹을 체결하여 이에 대항하였다.
④ 매소성 전투에서 당의 군대를 격파하였다.
  신라 문무왕은 매소성 전투와 기벌포 전투에서 승리하여 당의 군대를 한반도에서 몰아내고 삼국을 통일하였다.
⑤ 김흠돌의 난을 진압하고 귀족들을 숙청하였다.
  통일 신라 신문왕은 장인이었던 김흠돌이 반란을 도모하자 이를 진압하고 귀족들을 숙청하여 왕권을 강화하였다.

07 경주 불국사 삼층 석탑 정답 ⑤

정답 분석

정답이 보이는 핵심 키워드
#경주시 #무영탑 #8세기 경에 제작 #불국사 대웅전 #2층의 기단 #「무구정광대다라니경」

길잡이 | 우리나라 대표 석탑인 경주 불국사 삼층 석탑을 알아봅니다.

⑤ **경주 불국사 삼층 석탑(석가탑)**은 경주 불국사 대웅전 앞뜰 서쪽에 세워진 석탑이며, **통일 신라 경덕왕** 때 제작된 것으로 추정된다. 기단과 탑신이 각각 2층, 3층으로 구성되어 있으며, 기단의 높이와 탑신이 서로 조화를 이루면서 안정된 느낌을 준다. 해체·수리 과정에서 사리장엄구와 **현존하는 세계에서 가장 오래된 목판 인쇄물**인 『**무구정광대다라니경**』이 발견되었다.

한 번 더 체크하러 가기 ▶ 미니북 46쪽

선택지 풀이

① 구례 화엄사 사사자 삼층 석탑
  통일 신라 때 제작된 것으로 추정되며, 우리나라의 대표적인 이형(異形) 석탑이다.
② 부여 정림사지 오층 석탑
  목탑의 구조와 비슷하지만 돌의 특성을 잘 살린 백제를 대표하는 석탑이다.
③ 경주 분황사 모전 석탑
  현존하는 신라 석탑 중 가장 오래된 석탑으로 석재를 벽돌 모양으로 다듬어 쌓은 모전 석탑이다.
④ 발해 영광탑
  중국 지린성에 있는 발해의 전탑으로 당의 영향을 받았다.

암기의 key 고대의 주요 석탑

익산 미륵사지 석탑 (백제)	경주 분황사 모전 석탑 (신라)	경주 감은사지 삼층 석탑 (통일 신라)
경주 불국사 삼층 석탑 (통일 신라)	경주 불국사 다보탑 (통일 신라)	영광탑 (발해)

08 고구려의 멸망 정답 ①

정답 분석

정답이 보이는 핵심 키워드
#평양에 안동도호부를 둠

길잡이 | 고구려가 멸망한 이후의 상황을 학습합니다.

나당 연합군에 의해 평양성이 함락된 후 고구려가 멸망하였다(668). 당은 보장왕과 천남산(연남산), 천남건(연남건) 등 고구려 지배 계층을 포로로 끌고 가 고구려 멸망에 공로가 많은 일부는 당의 관계를 부여하고, 끝까지 당에 저항한 일부는 유배에 처하였다. 또한, 고구려의 옛 땅을 다스리기 위해 평양에 **안동 도호부**를 설치하고 당에서 파견된 관리와 당에 협조적인 고구려인으로 하여금 다스리게 하였다.

① **신라 문무왕**은 당 세력을 몰아내기 위해 신라로 망명한 고구려 보장왕의 아들 **안승**을 보덕국왕으로 임명하고 금마저에 땅을 주어 고구려 부흥 운동을 지원하였다(674).

한 번 더 체크하러 가기 ▶ 미니북 25쪽

✓ 선택지 풀이

② 을지문덕이 살수에서 대승을 거두었다.
고구려 영양왕 때 수 양제가 우중문의 30만 별동대로 평양성을 공격하였으나 을지문덕이 살수에서 2,700여 명을 제외한 수군을 전멸시키며 대승을 거두었다(612).

③ 김춘추가 당과의 군사 동맹을 성사시켰다.
신라 김춘추는 고구려와의 동맹에 실패하자 당으로 건너가 당 태종으로부터 군사적 지원을 약속받는 데 성공하여 나당 동맹을 성사시키고 나당 연합군을 결성하였다(648).

④ 의자왕이 윤충을 보내 대야성을 함락하였다.
백제 의자왕은 윤충에게 1만여 명의 병력을 주어 신라의 대야성을 비롯한 40여 개의 성을 함락하였다(642).

⑤ 연개소문이 정변을 일으켜 영류왕을 시해하였다.
연개소문은 정변을 일으켜 영류왕을 시해하고 보장왕을 왕위에 세운 뒤 스스로 대막리지가 되어 정권을 장악하였다(642).

09 통일 신라와 발해의 대립   정답 ②

✓ 정답 분석

정답이 보이는 핵심 키워드
#발해 #등주(登州)를 습격 #당 #신라로 하여금 발해를 공격하도록 함

길잡이 | 당의 요청으로 통일 신라가 발해를 공격한 사건을 알아봅니다.

② **발해** 제2대 국왕인 **무왕**은 동생 대문예를 보내 흑수말갈을 정벌하게 하였지만 대문예가 이를 거부하고 당에 망명하여 양국 관계가 악화되었다. 이에 무왕은 **장문휴의 수군**으로 **당의 등주**를 공격하였고(732), **통일 신라 성덕왕**은 당의 협조 요청을 받아 김사란을 시켜 **발해를 공격**하였으나 마침 큰 눈이 내려 추위로 실패하였다(733).
이외의 사건들인 발해 건국은 698년, 무왕 즉위는 719년, 문왕 상경 천도는 755년, 선왕 즉위는 810년, 고려 건국은 918년, 발해 멸망은 926년이다.

10 고려의 경제 상황   정답 ④

✓ 정답 분석

정답이 보이는 핵심 키워드
#전화(錢貨) #화폐를 주조하는 법 #동전 #해동통보

길잡이 | 고려의 경제 상황을 탐구합니다.

고려 시대에는 상업 활동이 활발해지면서 국가 재정 관리의 효율성을 위해 **화폐 발행·유통의 필요성**이 대두되었다. 또한, **승려 의천**이 당시 상업의 발전으로 화폐가 널리 유통되고 있는 송에 다녀온 후 운반의 편리 등을 주장하며 **화폐 유통을 건의**하였다. 이에 **숙종**은 **주전도감**을 설치하고 **해동통보**, 삼한통보와 같은 동전과 **활구(은병)**를 주조하였다.

④ 고려 시대 **예성강 하구**에 위치한 **벽란도**는 **국제 무역항**으로 번성하였으며, 이곳을 통해 송·아라비아 상인들과 교역을 전개하였다.

한 번 더 체크하러 가기 ▶ 미니북 24쪽

✓ 선택지 풀이

① 송상이 전국 각지에 송방을 두었다.
조선 후기 상업의 발전으로 사상이 전국 각지에서 활발한 상업 활동을 전개하였다. 이중 개성의 송상은 전국 각지에 송방이라는 지점을 두고 청과 일본 사이의 중계 무역으로 많은 부를 축적하였다.

② 감자, 고구마 등의 구황 작물이 재배되었다.
조선 후기에 감자와 고구마가 전래되어 구황 작물이 널리 재배되었다.

③ 시장을 감독하는 관청인 동시전이 설치되었다.
신라 지증왕은 경주에 시장을 설치하고 이를 감독하기 위한 기구인 동시전을 설치하였다.

⑤ 설점수세제의 시행으로 민간의 광산 개발이 허용되었다.
조선 전기에는 민간에서 광산을 개발하는 것을 금지하였으나 조선 후기 효종 때 설점수세제를 시행하여 민간의 광산 개발을 허용하고 세금을 징수하였다.

암기의 key   고려의 경제 상황

농업	• 소를 이용한 깊이갈이 일반화 • 시비법 발달 • 문익점의 목화씨 전래 • 농서: 원의 농법을 소개한 『농상집요』(이암)
상업	• 개경에 시전·경시서 설치, 대도시에 관영 상점 운영 • 국제 무역 번성 → 벽란도(예성강 하구에 위치) • 화폐: 건원중보, 삼한통보, 해동통보, 은병(활구) → 유통 부진

정답 및 해설 **119**

11 고려의 과거제   정답 ②

✓ 정답 분석

정답이 보이는 핵심 키워드
#역분전 #관계(官階)는 논하지 않음 #공로가 크고 작음을 참작하여 차등 있게 줌 #전시과 #전지 #시지

길잡이 | 고려 광종이 과거제를 시행한 시기를 살펴봅니다.

(가) **역분전 실시**(940): 고려 **태조**는 후삼국 통일에 공을 세운 공신들에게 **관등과 관계없이 공로, 인품** 등을 기준으로 차등을 두어 역분전을 지급하였다.

(나) **개정 전시과 실시**(976): 고려 경종 때 관등과 인품에 따라 지급한 시정 전시과가 처음 시행되었다. 목종 때는 이를 개정한 **개정 전시과**를 시행하여 **인품에 관계없이 18관등**을 기준으로 지급하였다.

② **광종**은 다양한 개혁을 통해 공신과 호족의 세력을 약화시키고 왕권을 강화하고자 하였다. 이에 후주 출신 **쌍기**의 건의로 **과거제**를 시행하여 신진 세력을 등용하였다(958).

한 번 더 체크하러 가기 ▶ 미니북 43쪽

✓ 선택지 풀이

① 경기에 한하여 과전법이 실시되었다.
고려 말 공양왕 때 신진 사대부 조준 등의 건의로 토지 개혁법인 과전법이 시행되었으며, 원칙적으로 경기 지역에 한하여 토지를 지급하였다(1391).

③ 신돈이 전민변정도감의 책임자가 되었다.
신돈은 고려 공민왕 때 전민변정도감의 책임자로 임명되어 권문세족이 빼앗은 토지를 돌려주고 노비가 된 자를 풀어주는 등의 개혁을 단행하였다(1366).

④ 만적이 개경에서 노비를 모아 반란을 모의하였다.
고려 무신 정권 시기에 최충헌의 사노비인 만적이 신분 차별에 항거하여 개경에서 반란을 모의하였으나 사전에 발각되어 실패하였다(1198).

⑤ 최충헌이 봉사 10조를 올려 시정 개혁을 건의하였다.
고려 무신 정권 시기 최충헌이 시정 개혁안인 봉사 10조를 명종에게 제시하였으나 국가의 발전이나 민생 안정보다는 권력 유지에 목적을 두고 있어 큰 성과를 거두지는 못하였다(1196).

12 궁예   정답 ④

✓ 정답 분석

정답이 보이는 핵심 키워드
#북원의 양길 #태조 #금성군을 고쳐서 나주라 함

길잡이 | 후고구려를 다스렸던 궁예의 활동을 알아봅니다.

신라 왕족 출신인 **궁예**는 북원 양길의 휘하로 들어가 세력을 키웠다. 강원도 · 경기도 · 황해도 지역까지 세력을 확장한 궁예는 양길의 군대를 패배시키면서 송악을 도읍으로 **후고구려**를 건국하였다. 송악의 호족 출신인 **왕건**은 궁예의 신임을 받아 후백제의 금성군(지금의 나주)을 공격하여 큰 승리를 거두었다. 궁예가 **미륵 신앙**을 바탕으로 **전제 정치**를 펼치며 백성과 신하들의 원성을 사자 왕건은 궁예를 축출하고 고려를 건국하였다.

④ 궁예는 후고구려를 건국하고 **광평성**을 중심으로 한 정치 기구를 마련하여 장관인 광치나와 서사, 외서 등의 관원을 두었다.

한 번 더 체크하러 가기 ▶ 미니북 22쪽

✓ 선택지 풀이

① 일리천 전투에서 신검의 군대를 물리쳤다.
후백제 견훤의 고려 귀순 이후 왕건이 이끄는 고려군은 신검의 군대를 상대로 일리천 일대에서 전투를 벌여 크게 승리하였다.

② 9산 선문 중 하나인 가지산문을 개창하였다.
통일 신라 말 지방 호족 세력의 지원을 바탕으로 선종 불교가 성행하였다. 9세기 중반에는 특정 사찰을 중심으로 한 선종 집단인 9산 선문이 형성되었고, 그중 하나로 당에서 귀국한 승려 체징이 전남 가지산의 보림사에서 가지산문을 개창하였다.

③ 문무관료전을 지급하고 녹읍을 폐지하였다.
통일 신라 신문왕은 귀족 세력을 약화시키기 위해 문무관료전을 지급하고 녹읍을 폐지하였다.

⑤ 정계와 계백료서를 지어 관리의 규범을 제시하였다.
태조 왕건은 후대 왕들이 지켜야 할 정책 방향을 제시한 훈요 10조를 남기고, 『정계』와 『계백료서』를 지어 관리가 지켜야 할 규범을 제시하였다.

13 고려의 관학 진흥책   정답 ①

✓ 정답 분석

정답이 보이는 핵심 키워드
#문헌공도 #사학의 발달로 관학이 위축 #관학 진흥 #서적포

길잡이 | 고려의 관학 진흥책을 학습합니다.

① 고려 중기 **최충의 문헌공도** 등 사학 12도의 발전으로 과거 응시를 희망하는 사람들이 대부분 사학으로 모여들자 **관학이 위축**되었다. 이에 **숙종** 때 **관학 진흥책**의 일환으로 최고 국립 교육 기관인 **국자감**에 **서적포**를 설치하여 모든 책판을 옮기고 인쇄와 출판을 담당하게 하였다. 예종 때는 국자감을 재정비하여 **전문 강좌인 7재**를 개설하고, **양현고**와 **청연각 · 보문각**을 궁중에 설치하여 학문 연구를 장려하였다.

한 번 더 체크하러 가기 ▶ 미니북 24쪽

선택지 풀이

② 사액 서원에 서적과 노비 등을 지급하였어.
　조선 시대에는 국가의 공식 승인을 받은 사액 서원에 서적과 노비, 토지를 지급하고 면세와 면역의 특권을 부여하였다.

③ 독서삼품과를 실시하여 인재를 등용하였어.
　통일 신라 원성왕은 국학의 학생을 대상으로 독서삼품과를 실시하여 유교 경전의 이해 수준에 따라 인재를 등용하였다.

④ 초계문신제를 시행하여 문신을 재교육하였어.
　조선 후기 정조는 새롭게 관직에 오른 자 또는 기존 관리들 중 능력 있는 문신들을 규장각에서 재교육시키는 초계문신제를 시행하였다.

⑤ 흥왕사에 교장도감을 두고 속장경을 편찬하였어.
　고려 승려 의천은 흥왕사에 교장도감을 두고, 고려 및 송·거란·일본 등 동아시아 각지의 불교 서적을 수집·정리하여 속장경을 편찬하였다.

14 무신 정권 시기　　정답 ④

정답 분석

정답이 보이는 핵심 키워드
#이의방 #이고가 난을 모의 #서경유수 조위총이 반란을 일으킴 #최우 #정방(政房)을 자기 집에 설치

길잡이 | 고려 무신 정권 시기에 일어났던 일을 파악합니다.

- **이의방의 이고 살해**: 이의방은 정중부, 이고와 함께 **무신 정변**을 일으켜 정권을 장악하였다. 이후 이고가 난을 일으켜 정치를 독단하려 하자 이의방은 그를 살해하였다.
- **조위총의 난**: 고려 무신 정권 시기 서경유수 조위총은 군사를 일으켜 정중부 등의 무신 집권자들을 제거하려 하였으나 실패하였다.
- **최우의 정방 설치**: 고려 최씨 무신 정권 시기 최충헌의 뒤를 이어 집권한 최우는 자신의 집에 정방을 설치하고 인사 행정을 담당하는 기관으로 삼아 **인사권을 완전히 장악**하였다.
- ④ 고려 무신 정권 시기에 **공주 명학소**에서 하층민인 **망이·망소이**가 과도한 부역과 **소 주민에 대한 차별 대우에 항의**하여 농민 봉기를 일으켰다.

한 번 더 체크하러 가기 ▶ 미니북 8쪽

선택지 풀이

① 서얼이 통청 운동을 전개하였다.
　조선 후기 서얼들은 신분 상승 운동인 통청 운동을 전개하면서 청요직으로 진출하는 것을 허용해 달라는 상소를 올렸다.

② 청해진을 거점으로 국제 무역이 이루어졌다.
　통일 신라 장보고는 완도에 청해진을 설치하여 해적을 소탕하고 해상 무역권을 장악하면서 당, 신라, 일본을 잇는 국제 무역을 주도하였다.

③ 왕조 교체를 예언하는 정감록 등이 유포되었다.
　조선 후기에 비기, 도참 등을 이용한 예언 사상이 유행하였다. 이에 따라 이씨 왕조가 멸망하고 정씨 왕조가 새로운 왕조를 세운다는 내용을 담은 『정감록』 등이 유포되었다.

⑤ 역관들이 시사(詩社)에 참여해 위항 문학 활동을 하였다.
　조선 후기에 중인층(역관)과 서민층의 문학 창작 활동이 활발해지면서 시인 모임인 시사(詩社)를 조직하여 위항 문학 활동을 하였다.

15 고려와 몽골의 대외 관계　　정답 ①

정답 분석

정답이 보이는 핵심 키워드
#박서 #김중온 #김경손 #별초 #송문주 #죽주성

길잡이 | 고려와 몽골의 대외 관계를 살펴봅니다.

고려 고종 때 **몽골**은 사신 **저고여의 피살 사건**을 계기로 고려와 국교를 단절하고 6차례에 걸쳐 **고려를 침입**하였다. 몽골의 1차 침입 때 서북면 병마사 **박서**는 몽골군이 **귀주성**을 포위하여 30여 일 동안 공격하자 김중온, 김경손과 함께 항전하여 물리쳤다. 이후 귀주성에서 몽골군의 공격을 물리치는 데 공을 세운 **송문주**는 1236년에 몽골군이 3차 침입을 단행하여 중부 내륙의 길목인 **죽주성**을 침략하자 귀주성에서의 경험을 바탕으로 이를 물리쳤다.
① **최씨 무신 정권 시기 최우**는 **몽골의 침입**에 대항하기 위해 **강화도로 도읍을 옮겨** 장기 항전을 준비하였다.

한 번 더 체크하러 가기 ▶ 미니북 23쪽

선택지 풀이

② 광군을 창설하여 침입에 대비하였다.
　정종 때 최광윤의 의견을 받아들여 거란의 침입에 대비하기 위한 광군을 창설하였다.

③ 화통도감을 설치하여 군사력을 증강하였다.
　최무선은 화통도감의 설치를 건의하여 화약과 화포를 제작하는 등 군사력을 증강하였다. 이후 화포를 활용하여 진포 대첩에서 왜구를 격퇴하였다.

④ 철령위 설치에 반발하여 요동 정벌을 추진하였다.
　우왕 때 명이 원의 쌍성총관부가 있던 철령 이북의 땅에 철령위를 설치하겠다며 반환을 요구하였다. 이에 고려가 반발하면서 최영을 중심으로 요동 정벌이 추진되었다.

⑤ 신기군, 신보군, 항마군으로 구성된 별무반을 창설하였다.
　숙종 때 부족을 통일한 여진이 고려의 국경을 자주 침입하자 윤관이 왕에게 건의하여 신기군, 신보군, 항마군으로 구성된 별무반을 창설하였다.

16 고려의 국가유산 정답 ⑤

정답 분석

정답이 보이는 핵심 키워드
#상감 청자 #청자 상감 모란무늬 항아리

길잡이 | 고려의 국가유산을 파악합니다.

고려 시대에는 그릇 표면에 무늬를 파내고 백토와 자토(붉은 흙)를 메워 유약을 발라 구워내는 **상감 기법**으로 만들어진 **상감 청자**가 유행하였다. 특히, 전남 강진은 상감 청자의 중심 생산지로, 국보로 지정된 청자 상감 모란무늬 항아리가 생산되었다.
⑤ 김득신의 「파적도」는 조선 후기의 풍속화이다.

한 번 더 체크하러 가기 ▶ 미니북 24쪽

선택지 풀이

① 논산 관촉사 석조 미륵보살 입상
  대형 철불이 유행하였던 고려 시대의 불상으로, 충남 논산에 위치해 있다.

② 고려 나전 국화 넝쿨무늬 합
  자개를 무늬대로 잘라 목심이나 칠면에 박아 넣거나 붙이는 나전 기법으로 만들어진 고려의 국가유산으로, 화장용 상자의 일부로 추정된다.

③ 「수월관음도」
  고려 후기에 제작된 불화로 『화엄경(華嚴經)』「입법계품(入法界品)」에 나오는 관음보살의 거처와 형상을 묘사한 그림이다.

④ 개성 경천사지 십층 석탑
  원의 석탑 양식에 영향을 받아 대리석으로 만들어진 고려 원 간섭기의 석탑이다. 이는 조선 세조 때 대리석으로 제작된 서울 원각사지 십층 석탑에 영향을 주었다.

17 이제현 정답 ⑤

정답 분석

정답이 보이는 핵심 키워드
#『역옹패설』 #원의 사신과 몽골말로 직접 대화 #역관

길잡이 | 『역옹패설』을 저술한 이제현에 대해 살펴봅니다.

원 간섭기 고려의 성리학자 이제현은 시화집이자 역사서인 『**역옹패설**』을 저술하였다. 『역옹패설』에는 고려의 역사적 사건이나 제도, 고려 역대 관료의 언행 및 인물에 대한 풍자와 해학을 담은 골계담(滑稽談), 당대 정치에 대한 이제현의 의견 등이 기록되어 있다.
⑤ **고려 충선왕**은 왕위에서 물러난 뒤 **원의 연경에 만권당**을 세웠다. 이제현은 만권당에서 조맹부, 요수 등 원의 문인들과 교유하였다.

한 번 더 체크하러 가기 ▶ 미니북 8쪽

선택지 풀이

① 불씨잡변을 지어 불교를 비판하였다.
  이성계와 함께 조선 건국을 주도한 정도전은 『불씨잡변』을 지어 성리학적 관점에서 불교의 교리를 비판하였고, 유교적 이념에 따라 통치할 것을 강조하였다.

② 정혜결사를 통해 불교 개혁에 앞장섰다.
  고려의 보조국사 지눌은 불교 개혁을 위해 승려들이 참선과 지혜를 함께 닦을 것을 호소하는 정혜결사 운동을 전개하였다. 이에 『권수정혜결사문』을 작성하고 정혜쌍수와 돈오점수를 강조하였다.

③ 청방인문표를 지어 인질의 석방을 요구하였다.
  신라의 유학자인 강수는 고구려, 백제, 당에 보내는 외교 문서 작성을 전담하였다. 특히, 문무왕 때 당에 인질로 잡혀 있던 문무왕의 동생 김인문을 석방해 줄 것을 요구한 「청방인문표」를 지어 풀려나도록 하였다.

④ 고구려 계승 의식을 강조한 동명왕편을 지었다.
  고려 무신 정권 시기의 문인 이규보는 『동국이상국집』을 저술하였다. 권3의 「동명왕편」은 한국 문학 최초의 서사시로, 고구려를 건국한 동명왕의 업적을 칭송하고 고려가 고구려를 계승하였다는 고려인의 자부심을 표현하였다.

18 지역사 – 안동 정답 ①

정답 분석

정답이 보이는 핵심 키워드
#유네스코 세계 유산 #홍건적의 침입 #공민왕과 노국 공주가 피란 #하회마을 #봉정사 #도산 서원

길잡이 | 경북 안동의 역사를 학습합니다.

• **하회마을**: 하회마을은 우리나라의 대표적인 씨족 마을로 기와집, 초가집 등 한국의 전통을 잘 보존하고 있어 2010년 유네스코 세계 문화 유산으로 등재되었다. 하회마을의 전통 놀이인 **하회별신굿탈놀이**는 우리나라의 탈춤 중에 가장 오래된 것으로, 10년에 한 번 섣달 보름날 또는 특별한 일이 있을 때 서낭신에게 제사 지내는 별신굿과 함께 진행하였다. 2022년에는 한국의 탈춤이라는 이름으로 유네스코 인류 무형 문화 유산에 등재되었다.

• **봉정사 극락전**: 안동 봉정사에 위치한 **고려 시대 건축물로, 우리나라에서 현존하는 가장 오래된 목조 건물**이다. 지붕 처마를 받치기 위한 구조인 공포를 기둥 위에만 배열하는 **주심포 양식**으로 지어졌으며, 지붕의 형태는 **맞배지붕**이다. 2018년에는 한사, 한국의 산지 승원이라는 이름으로 유네스코 세계 문화 유산에 등재되었다.

• **도산 서원**: 조선의 성리학자 **퇴계 이황**이 죽은 뒤 이황의 학문과 덕행을 기리고 추모하기 문인과 유생들이 **안동**에 도산 서원을 건립하였으며, 이후 도산 서원은 **사액 서원**이 되면서 영남 지방 사림의 중심지가 되었다. 2019년에는 전국 8개의 서원과 함께 '한국의 서원'이라는 이름으로 유네스코 세계 문화 유산에 등재되었다.

① 고려 왕건이 고창(안동) 전투에서 견훤의 후백제군에 크게 승리하여 경상도 일대에서 견훤 세력을 몰아내고 후삼국 통일의 기반을 마련하였다.

한 번 더 체크하러 가기 ▶ 미니북 22, 45, 53쪽

선택지 풀이

② 묘청이 반란을 일으키고 국호를 대위라 하였다.
고려 인종 때 묘청 등의 서경 세력은 서경 천도와 칭제 건원, 금 정벌을 주장하였으나 받아들여지지 않았다. 이에 묘청이 국호를 대위, 연호를 천개로 하여 서경에서 반란을 일으켰으나, 김부식의 관군에 의해 진압되었다.

③ 흥덕사에서 금속 활자본인 직지심체요절이 간행되었다.
고려 때 청주 흥덕사에서 현존 세계 최고(最古) 금속 활자본인 『직지심체요절』이 간행되었다.

④ 정중부를 비롯한 무신들이 보현원에서 정변을 일으켰다.
고려 의종 때 현재 파주에 위치한 보현원에서 수박희를 하다가 대장군 이소응이 문신 한뢰에게 뺨을 맞는 사건이 발생하였다. 이를 계기로 분노가 폭발한 정중부를 비롯한 무신들은 정변을 일으켰다.

⑤ 이성계를 중심으로 한 고려군이 황산에서 왜구를 격퇴하였다.
고려 우왕 때 경남 함양군과 전북 남원의 경계인 황산에서 이성계 등의 고려군이 왜구에 맞서 전투를 벌였다.

19 조선 태조   정답 ④

정답 분석

정답이 보이는 핵심 키워드
#송도의 지덕이 이미 쇠했음 #한양으로 도읍을 옮기자고 함

길잡이 | 조선 태조 때 발생한 사건을 확인합니다.

고려 말 역성혁명을 일으키며 조선을 건국한 이성계는 새로운 도읍지를 물색하였다. 이에 계룡산, 무악, 한양이 언급되었고, 풍수지리학적 관점에 따라 한양으로 도읍을 옮겼다(1394).
④ 조선 건국 이후 왕위 계승권을 둘러싸고 태조 이성계의 아들 사이에서 두 차례 왕자의 난이 일어났다. 제1차 왕자의 난에서 이방원은 이방석의 세자 책봉을 주장한 정도전 등을 제거하였다(1398). 이후 이방원과 이방간 사이에 벌어진 제2차 왕자의 난에서 이방원이 권력을 잡으면서 태종으로 즉위하였다(1400).

한 번 더 체크하러 가기 ▶ 미니북 9쪽

선택지 풀이

① 독창적 문자인 훈민정음이 반포되었다.
세종은 백성들의 생활을 편리하게 하기 위해 우리나라의 독창적 문자인 훈민정음을 창제하여(1443) 반포하였다(1446).

② 수도 방어를 위하여 금위영이 창설되었다.
숙종은 금위영을 창설하여 5군영 체제를 확립하고 국왕 수비와 수도 방어를 강화하였다(1682).

③ 조선의 기본 법전인 경국대전이 완성되었다.
세조 때 편찬되기 시작한 『경국대전』은 조선의 기본 법전으로, 성종 때 완성되어 반포되었다(1485).

⑤ 성삼문 등이 상왕의 복위를 꾀하다가 처형되었다.
세조는 수양 대군 시절 계유정난을 일으켜 권력을 장악하였으며, 단종을 몰아내고 왕으로 즉위하였다. 이후 성삼문, 박팽년 등의 사육신(死六臣)들이 상왕인 단종의 복위를 꾀하다가 발각되자 처형되었다(계유정난, 1456).

20 비변사   정답 ②

정답 분석

정답이 보이는 핵심 키워드
#비국 또는 주사 #상설 기관으로 자리잡기 이전 #변방의 국방 문제에 대해 논의 #임시 기구이던 시기

길잡이 | 을묘왜변을 계기로 상설 기구화된 비변사를 살펴봅니다.

비국 또는 주사라고도 불린 비변사는 조선 중종 때 변방의 국방 문제를 논의하고 대비하고자 임시 기구로 설치되었다가 을묘왜변을 계기로 상설 기구화되었다. 임진왜란을 거치면서 비변사는 조직과 기능이 확대되어 중앙 기구로 자리 잡았고, 의정부를 대신하여 국정 전반을 총괄하는 실질적인 최고의 관청으로 성장하였다.
② 조선 후기 세도 정치 시기 세도 가문들이 비변사의 권한을 강화하며 권력을 독점하자, 흥선 대원군은 비변사를 혁파하고 의정부의 권한을 강화하였으며, 삼군부를 부활시켜 군사 및 국방 문제를 전담하게 하였다.

한 번 더 체크하러 가기 ▶ 미니북 9, 33, 36쪽

선택지 풀이

① 수도의 행정과 치안을 담당하였다.
조선의 한성부는 수도 한성의 행정과 치안을 담당하였다.

③ 국왕 직속 사법 기구로 반역죄 등을 다루었다.
조선의 국왕 직속 사법 기구인 의금부는 반역죄, 강상죄 등을 저지른 중죄인을 다루어 왕권 확립에 기여하였다.

④ 5품 이하의 관리 임명에 대한 서경권을 행사하였다.
조선의 사헌부·사간원은 양사 또는 대간이라 하며 5품 이하 관리의 임명에 대한 서경권을 행사하였다.

⑤ 도승지를 수장으로 좌승지, 우승지 등의 관직을 두었다.
승정원은 조선 시대 왕의 비서 기관으로서 왕명의 출납을 관장하였으며, 수석 승지인 도승지 밑에 좌승지, 우승지 등의 관직 5명을 두었다.

21 을사사화 정답 ③

정답 분석

정답이 보이는 핵심 키워드
#이언적 #대윤과 소윤 #윤임 등 대윤 세력이 탄압받음 #양재역 벽서 사건

길잡이 | 대윤과 소윤의 갈등으로 발생한 을사사화를 학습합니다.

③ 조선 인종의 뒤를 이어 **명종**이 어린 나이로 즉위하자 명종의 어머니 **문정 왕후**가 **수렴청정**을 하였다. 이후 인종의 외척인 **윤임**을 중심으로 한 **대윤 세력**과 명종의 외척인 윤원형을 중심으로 한 **소윤 세력**의 대립이 일어나 **을사사화**가 발생하였고, 이때 윤임을 비롯한 대윤 세력과 사림들이 큰 피해를 입었다(1545). **이언적**은 을사사화 당시 관련자들을 심문하는 관직에 임명되었지만 스스로 관직에서 물러났으며, 이후 문정 왕후의 수렴청정을 비판한 **양재역 벽서 사건**에 연루되어 유배되었다.

한 번 더 체크하러 가기 ▶ 미니북 42쪽

선택지 풀이

① 김종직의 조의제문이 발단이 되었다.
연산군 때 김일손은 스승인 김종직의 조의제문을 사초에 포함시켰다. 유자광, 이극돈 등의 훈구 세력이 이를 사림 세력에 불만을 가지고 있던 연산군에게 알리면서 무오사화가 발생하였다.

② 폐비 윤씨 사사 사건이 원인이 되었다.
연산군이 생모인 폐비 윤씨 사사 사건의 전말을 알게 되면서 갑자사화가 발생하였다. 이로 인해 김굉필 등 당시 폐비 윤씨 사사 사건에 관련된 인물들과 무오사화 때 피해를 면하였던 사림들까지 큰 화를 입었다.

④ 진성 대군이 왕으로 즉위하는 결과를 가져왔다.
연산군의 폭정을 계기로 성희안, 박원종, 유순정 등에 의해 반정이 일어나 연산군이 폐위되고 진성 대군이 중종으로 즉위하였다.

⑤ 조광조 등이 반정 공신의 위훈 삭제를 주장하였다.
조광조는 천거제의 일종인 현량과 실시를 건의하여 사림이 대거 등용될 수 있는 발판을 마련하였고 반정 공신의 위훈 삭제를 주장하였다. 그러나 위훈 삭제에 대한 훈구 세력의 반발로 발생한 기묘사화로 인해 사사되었다.

암기의 key — 조선 시대의 사화

무오사화 (1498)	• 배경: 김일손이 스승 김종직의 조의제문을 사초에 기록한 사건 • 훈구파(유자광, 이극돈)와 사림파(김일손)의 대립
갑자사화 (1504)	• 배경: 폐비 윤씨 사사 사건 • 무오사화 때 피해를 면한 사림과 일부 훈구 세력까지 피해
기묘사화 (1519)	• 배경: 조광조의 개혁 정치 • 위훈 삭제로 인한 훈구 공신 세력의 반발 → 주초위왕 사건
을사사화 (1545)	• 배경: 인종의 외척 윤임(대윤)과 명종의 외척 윤원형(소윤) 간 대립 심화 • 명종의 즉위로 문정 왕후 수렴청정 → 집권한 소윤이 대윤 공격

22 병자호란 정답 ⑤

정답 분석

정답이 보이는 핵심 키워드
#이괄이 군사를 일으킴 #심양 #소현 세자 #용골대

길잡이 | 이괄의 난과 소현 세자의 청 압송 사이에 발생한 병자호란에 대해 탐구합니다.

(가) **이괄의 난**(1624): **인조반정** 때 큰 공을 세웠던 **이괄**은 공신 책봉 과정에서 2등 공신을 받은 것에 불만을 품었다. 게다가 이괄이 반역을 일으킬지도 모른다는 구실로 아들인 이전을 잡아오라는 명까지 떨어지자 이괄은 반란을 일으켜 도성을 장악하였다. 이에 서울이 함락되고 인조와 대신들은 서울을 떠나 공산성(공주)으로 피란하였다.

(나) **소현 세자의 청 압송**(1637): 병자호란 때 인조가 삼전도에서 굴욕적인 항복을 하였고, 소현 세자와 봉림 대군 등이 청에 인질로 압송되었다. 소현 세자는 청에 포로로 끌려온 조선 백성을 속환하는 데 힘썼으며, 심양관의 재정을 스스로 마련하기 위해 조선 백성과 함께 농사를 지었다.

⑤ **청군**이 **남한산성**을 포위하자 **김상헌** 등의 **주전파**는 청과의 화의에 반대하였으며, **최명길** 등의 **주화파**는 화의를 주장하였다. 논쟁이 거듭된 끝에 조선 조정은 **청에 항복**을 청하였다(1637).

한 번 더 체크하러 가기 ▶ 미니북 10, 32쪽

선택지 풀이

① 정문부가 길주에서 의병을 이끌었다.
정문부는 임진왜란 당시 함경도 길주에서 의병을 조직하여 북관대첩을 승리로 이끌며 경성과 길주 일대를 회복하였다(1592.9.~1593.2.).

② 삼수병으로 구성된 훈련도감이 설치되었다.
임진왜란 중 유성룡이 선조에게 건의하여 포수, 사수, 살수의 삼수병으로 구성된 훈련도감을 설치하였다(1593).

③ 영창 대군이 사사되고 인목 대비가 유폐되었다.
광해군은 왕위를 위협할 요소를 제거하기 위해 형인 임해군과 동생인 영창 대군을 살해하고(1614), 선조의 아내인 인목 대비를 경운궁에 유폐시켰다(1618).

④ 이덕형이 구원병 요청을 위해 명에 청원사로 파견되었다.
임진왜란 중 이덕형은 명나라에 구원병을 요청하기 위해 청원사로 파견되어 파병을 성사시켰다(1592).

23 신해통공   정답 ③

정답 분석

정답이 보이는 핵심 키워드
#채제공 #난전(亂廛)으로 몰아서 결박함 #물건 값이 날마다 치솟음

길잡이 | 조선 정조 때 채제공의 건의로 시행된 신해통공을 파악합니다.

③ **조선 후기 시전 상인들은 난전을 단속할 수 있는 권리인 금난전권을 행사할 수 있었다. 정조는 채제공**의 건의에 따라 **신해통공**을 시행하여 육의전을 제외한 시전 상인들의 **금난전권을 폐지**하고 일반 상인들의 자유로운 상업 활동을 도모하였다.

한 번 더 체크하러 가기 ▶ 미니북 10, 24쪽

선택지 풀이

① 계해약조의 체결 과정을 확인한다.
세종은 대마도주의 요구를 받아들여 부산포, 제포, 염포의 3포를 개방하였고, 이후 제한된 범위 내에서 일본과의 무역을 허용하는 계해약조를 체결하였다.

② 오가작통법의 실시 목적을 파악한다.
오가작통법은 5가구를 1통으로 편성한 조선 시대 행정 제도로, 연대 책임을 통해 거주지 이탈, 절도 등을 방지하였다.

④ 토지 소유자에게 결작을 부과한 이유를 살펴본다.
조선 후기 군역으로 인해 농민들의 부담이 가중되자 영조는 균역법을 제정하였다. 균역법으로 인해 감소된 재정을 보충하기 위해 지주에게 결작을 부과하였다.

⑤ 풍흉에 따라 전세를 차등 부과하는 기준을 알아본다.
세종은 농사의 풍흉을 9등급으로 나누고, 최고 20두(상상년)~최하 4두(하하년)의 전세를 차등 부과하는 연분 9등법을 시행하였다.

24 조선 숙종   정답 ④

정답 분석

정답이 보이는 핵심 키워드
#조선과 청 사이의 경계를 나타내고자 세운 비석 #서쪽은 압록강, 동쪽은 토문강을 경계로 함

길잡이 | 백두산정계비를 건립하였던 조선 숙종 재위 시기에 발생한 사건을 알아봅니다.

조선 숙종 때 간도 지역을 두고 **청과 국경 분쟁**이 발생하였다. 이에 조선과 청은 각각 박권과 목극등을 파견하여 백두산 일대를 답사하고 **서쪽은 압록강, 동쪽은 토문강**을 경계로 **국경을 확정**하여 **백두산정계비를 세웠다**(1712).

④ 숙종 때 남인의 영수 **허적**이 궁중의 천막을 허락 없이 사용한 사건을 계기로 **남인**이 **축출**당하고 **서인**이 **집권**하게 된 **경신환국**이 발생하였다(1680). 뒤이어 **희빈 장씨** 아들의 원자 책봉 문제로 발생한 **기사환국**(1689), **인현 왕후** 복위 문제를 계기로 발생한 **갑술환국**(1694)까지 총 3차례에 걸쳐 환국이 발생하였다.

한 번 더 체크하러 가기 ▶ 미니북 10, 48쪽

선택지 풀이

① 최제우가 혹세무민의 죄로 처형되었다.
철종 때 최제우가 유·불·선을 바탕으로 민간 신앙까지 포함하여 동학을 창시하였으나, 세상을 어지럽히고 백성을 속인다는 혹세무민의 죄로 처형되었다(1864).

② 변급, 신류 등이 나선 정벌에 참여하였다.
효종 때 러시아가 만주 지역까지 침략해오자 청은 조선에 원병을 요청하였다. 이에 조선은 1654년에는 변급, 1658년에는 신류를 중심으로 두 차례에 걸쳐 나선 정벌을 위한 조총 부대를 출병시켰다.

③ 국왕의 친위 부대인 장용영이 창설되었다.
정조는 왕권을 뒷받침하는 군사적 기반을 갖추기 위해 국왕의 친위 부대인 장용영을 창설하였으며, 서울 도성에는 내영, 수원 화성에는 외영을 두었다(1793).

⑤ 정여립 모반 사건을 빌미로 기축옥사가 일어났다.
선조 때 발생한 정여립 모반 사건 당시 서인은 정권을 장악하기 위해 모반 사건을 확대하였고, 이를 통해 수많은 동인 인사들이 큰 타격을 입었다(기축옥사, 1589).

25 김정희   정답 ②

정답 분석

정답이 보이는 핵심 키워드
#제주도 유배지 #독창적인 서체 #「세한도」

길잡이 | 추사체를 완성하고 「세한도」를 그렸던 김정희를 살펴봅니다.

조선 후기 문신이자 실학자 추사 김정희는 제주도에서 유배 생활을 하면서 여러 필법을 연구하여 **추사체**라는 독창적인 서체를 창안하였다. 또한, 제자 이상적이 북경에서 귀한 책들을 구해다 주자 답례로 그의 인품을 소나무와 잣나무에 비유한 「**세한도**」를 그려주었다.

② 김정희는 **금석학 연구**를 통해 저술한 『**금석과안록**』에서 북한산비가 **진흥왕 순수비**임을 고증하였다.

선택지 풀이

① 기대승과 사단칠정 논쟁을 전개하였다.
조선 중기의 대표적인 유학자 이황과 기대승은 유학의 수양론 중 사단과 칠정의 개념에 대해 논쟁을 전개하였다. 이황은 '사단은 이가 발하고 기가 따르는 것, 칠정은 기가 발하고 이가 따르는 것'이라고 주장하

였으나 기대승은 '칠정이 사단을 내포한 것'이라고 주장하였다.

③ 양명학을 연구하여 강화 학파를 형성하였다.
조선 후기 정제두는 지행합일을 중요시하는 양명학을 체계적으로 연구하였고, 강화도에서 후진 양성에 힘을 기울여 강화 학파를 형성하였다.

④ 청으로부터 시헌력을 도입하자고 건의하였다.
인조 때 김육은 청으로부터 태음력에 태양력의 원리를 적용하여 24절기의 시각과 하루의 시각을 정밀하게 계산하여 만든 역법인 시헌력의 도입을 건의하였다.

⑤ 열하일기에서 수레와 선박의 사용을 강조하였다.
조선 후기 실학자 박지원은 연행사를 따라 청에 다녀온 뒤 『열하일기』를 저술하여 상공업 진흥을 주장하였으며, 수레와 선박의 사용을 강조하였다.

⑤ 송파장에서 산대놀이 공연을 벌이는 광대
송파장은 전국의 온갖 산물이 모이는 중심지로 일찍부터 상설 점포가 형성된 조선 후기 15대 장터 중 하나였으며, 장시에서 발달한 탈놀이 중 하나인 '송파 산대놀이'는 현실 폭로와 사회 풍자 등의 내용을 바탕으로 하였다.

암기의 key — 조선 후기의 경제 상황

농업의 발달	이앙법(모내기법)과 이모작의 확대 → 광작 증가
상품 화폐 경제의 발달	• 상품 작물(목화, 담배, 인삼, 고추)과 구황 작물(감자, 고구마)의 재배 • 대동법의 실시 → 공인의 등장 • 장시의 활성화 → 보부상의 활동 • 사상(만상, 내상, 송상, 경강상인 등)의 활동 • 대외 무역의 발달: 개시·후시 무역 전개

26 조선 후기 사회·경제 모습   정답 ②

✓ 정답 분석

정답이 보이는 핵심 키워드
#각 궁방과 중앙 관청에 소속된 노비를 모두 양민으로 삼음 #노비 문서를 거두어 불태우라고 명함 #선왕께서 노비추쇄관을 혁파

길잡이 | 공노비가 해방된 조선 후기의 사회·경제 모습에 대해 살펴봅니다.

조선 시대의 계층인 천민 중 **노비**는 재산으로 취급되어 매매·상속·증여의 대상이었다. 조선 후기에는 정조 때 도망간 노비를 찾아내어 본 고장으로 돌려 보내는 일을 하는 **추쇄관**을 **혁파**하여 노비들이 자신의 생활을 이루어 갈 수 있도록 하였으며, 순조 때는 법적으로 각 궁방과 중앙 관청의 **공노비 6만여 명**을 **해방**시켜 **양민**으로 삼았다.

② 조선 세종 때 삼포(염포·제포·부산포)의 개항으로 염포 왜관이 설치되었으나, 중종 때 발생한 삼포왜란으로 인해 삼포가 폐쇄되었다. 이후 임신약조로 제포(나중에 부산포로 옮김)만 개항하게 되었고, 숙종 때 동래(부산)에 초량 왜관이 설치되었다.

한 번 더 체크하러 가기 ▶ 미니북 10, 24쪽

✓ 선택지 풀이

① 담배 농사를 짓는 농민
조선 후기에는 장시가 증가하고 상품 유통 경제가 발달하면서 농민들이 담배, 인삼, 목화, 고추 등 상품 작물을 활발하게 재배하였다.

③ 세책가에서 춘향전을 빌리는 부녀자
조선 후기에는 서민 문화가 발달함에 따라 『홍길동전』과 『춘향전』 등 한글 소설이 널리 읽혔으며, 책을 빌려주는 책방인 세책가가 성행하였다.

④ 관청에 필요한 물품을 납품하는 공인
조선 후기 대동법의 시행으로 인해 국가에서 필요한 물품을 관청에 직접 납품하는 공인이 등장하게 되었다.

27 세도 정치 시기   정답 ⑤

✓ 정답 분석

정답이 보이는 핵심 키워드
#안동 김씨 #외척 세력이 60여 년 동안 권력을 잡음 #국왕의 실권이 위축

길잡이 | 조선 후기 소수 가문이 권력을 장악하였던 세도 정치 시기를 학습합니다.

조선 정조 이후부터 순조·헌종·철종 3대에 걸친 시기는 **세도 정치 시기**로, 안동 김씨, 풍양 조씨 등의 **소수 가문**이 **권력**을 **장악**하였다. 세도 정치 시기에는 세도 가문이 부정부패를 일삼으며 왕권이 약화되었고, 뇌물로 벼슬을 사고파는 매관매직이 유행하였다. 탐관오리의 수탈에 견디다 못한 농민들은 **농민 봉기**를 일으켜 이에 대항하기도 하였다.

⑤ 철종 때 **임술 농민 봉기**의 수습을 위해 파견된 안핵사 박규수는 원인이 **삼정의 문란**에 있다고 보고 **삼정이정청**을 설치하였다 (1862).

한 번 더 체크하러 가기 ▶ 미니북 10, 36쪽

✓ 선택지 풀이

① 어영청을 중심으로 북벌이 추진되었다.
인조 때 후금과의 관계가 악화되자 국방력 강화를 위해 어영청을 창설하여 국왕을 호위하게 하였다(1623). 이후 효종은 어영청을 중심으로 북벌을 추진하였다.

② 윤지충 등이 처형된 신해박해가 일어났다.
정조 때 진산의 양반 윤지충이 신주를 모시는 대신 천주교 의식으로 모친상을 치르자 비난을 받았다(진산 사건). 이로 인해 윤지충과 그를 옹호한 천주교인 권상연이 처형된 신해박해가 일어났다(1791).

③ 이필제가 영해 지역을 중심으로 난을 일으켰다.
고종 때 동학교도 이필제는 동학 제2대 교주인 최시형과 함께 영해 지역을 중심으로 교조 신원 운동과 반봉건 투쟁을 일으켰다(1871).
④ 경복궁 중건 비용 마련을 위해 당백전이 발행되었다.
고종 때 흥선 대원군은 경복궁 중건에 필요한 비용을 마련하기 위해 상평통보의 100배 가치를 지닌 당백전을 발행하였다. 이로 인해 화폐량이 증가하면서 인플레이션이 발생하기도 하였다(1866).

28 신미양요   정답 ③

정답 분석

정답이 보이는 핵심 키워드
#어재연 장군의 수자기 #미군이 강화도를 침략 #광성보에서 항전

길잡이 | 어재연 장군이 미군에 대항하여 광성보에서 항전하였던 신미양요에 대해 알아봅니다.

제너럴셔먼호 사건을 구실로 **미국의 로저스** 제독이 함대를 이끌고 **강화도**를 공격하여 **신미양요**가 발생하였다. 미군은 강화도 덕진진을 점거한 후 **광성보**로 진격하였고, 이에 **어재연**이 맞서 싸우다가 전사하였으며 조선군은 수많은 사상자를 내며 패배하였다. 이때 승리한 미국은 어재연의 **수자기**를 전리품으로 **탈취**하기도 하였다. 미국은 조선에 개항을 요구하였으나 흥선 대원군의 강력한 통상 수교 거부 정책으로 인해 함대를 철수하였다(**신미양요**, 1871).
③ 병인양요와 신미양요 등 외세의 침략을 극복한 **흥선 대원군은 서양과의 통상 수교 반대 의지**를 알리기 위해 종로를 비롯한 전국 각지에 **척화비**를 건립하였다(1871).

한 번 더 체크하러 가기 ▶ 미니북 11, 33쪽

선택지 풀이

① 의궤를 비롯한 외규장각 도서가 약탈당하였다.
병인박해를 구실로 강화도를 공격한 프랑스 군대는 병인양요를 일으켜 외규장각을 불태우고 의궤를 비롯한 외규장각 도서들을 약탈해 갔다(1866).
② 홍경래 등이 난을 일으켜 정주성을 점령하였다.
순조 때 세도 정치로 인한 삼정의 문란과 서북 지역 차별 대우에 불만을 품은 평안도 지방 사람들이 몰락 양반 출신 홍경래를 중심으로 봉기를 일으켰다. 평안북도 가산에서 우군칙 등과 함께 정주성을 점령하고 청천강 이북 지역을 차지하기도 하였으나 관군에게 진압되었다(1811).
④ 제너럴셔먼호가 대동강 유역에서 통상을 요구하였다.
흥선 대원군 때 미국의 상선 제너럴셔먼호가 평양 대동강 유역까지 들어와 통상을 요구하자 당시 평양 감사였던 박규수는 공격 명령을 내리고 백성들과 함께 제너럴셔먼호를 불태웠다(1866).
⑤ 황사영이 외국 군대의 출병을 요청하는 백서를 작성하였다.
순조 때 천주교 전파에 앞장섰던 실학자들과 많은 천주교 신자들이 신유박해로 피해를 입게 되었다. 이후 황사영은 베이징에 있는 주교에게 조선으로 외국 군대의 출병을 요청하는 백서를 보내려다 발각되어 더욱 큰 탄압을 받았다(1801).

29 조청 상민 수륙 무역 장정   정답 ④

정답 분석

정답이 보이는 핵심 키워드
#부산항 #일본국 인민이 통행할 수 있는 도로 이정은 10리 #영국 인민은 여행증명서 없이 마음대로 돌아다닐 수 있음

길잡이 | 강화도 조약과 조영 수호 통상 조약 사이에 체결된 조청 상민 수륙 무역 장정을 파악합니다.

(가) **조일 수호 조규 부록**(1876): 강화도 조약(조일 수호 조규)에 의거하여 체결된 조약으로, **일본 외교관의 국내 여행 자유, 거류지 설정**(일본인의 개항장 활동 범위 10리로 제한), 개항장 내 일본 화폐 유통 허용의 내용이 담겨 있다.
(나) **조영 수호 통상 조약**(1883): 1882년 조선과 미국의 수호 통상 조약이 체결되자 영국이 청나라에 적극적인 알선을 요청하면서 조선과 영국이 통상 조약을 맺게 되었다. 최혜국 대우 인정과 치외 법권 그리고 **영국인은 일정 구역**에서는 **여행증명서 없이** 조선 국내를 자유로이 **여행**할 수 있다는 내용이 담겨 있다.
④ 신식 군대인 별기군에 비해 차별 대우를 받던 구식 군대가 **임오군란**을 일으켰으나 청의 군대에 의해 진압되었다. 이를 계기로 조선에 대한 **청의 내정 간섭**이 심화되었고, 청과 **조청 상민 수륙 무역 장정**을 체결하게 되었다(1882). 이 조약을 통해 청은 치외법권과 함께 양화진 점포 개설권, 내륙 통상권, 연안 무역권을 인정받았다.

한 번 더 체크하러 가기 ▶ 미니북 11, 37쪽

선택지 풀이

① 거문도를 불법으로 점거하는 영국 군인
영국은 조선에 대한 러시아의 세력 확장을 저지하기 위해 거문도를 불법으로 점거하였다(1885).
② 남연군 묘의 도굴을 시도하는 독일 상인
독일 상인 오페르트는 충남 예산군 덕산면에 위치한 흥선 대원군의 아버지 남연군의 묘를 도굴하려다가 실패하였다(1868).
③ 부산 절영도의 조차를 요구하는 러시아 공사
러시아 공사가 저탄소 저장소 설치를 위해 부산 절영도(영도)의 조차를 요구하였으나(1897), 독립 협회가 만민 공동회를 개최하고 이권 수호 운동을 전개하여 러시아의 절영도 조차 요구를 저지하였다(1898).
⑤ 톈진 조약에 따라 조선에서 철수하는 일본 군인
청과 일본은 갑신정변 이후 톈진 조약을 체결하며 조선에서 두 나라의 군대를 철수하고, 향후 조선에 군대를 파견할 때 상호 통보를 약속하고 한쪽이라도 조선에 군대를 파견하면 다른 쪽도 바로 군대를 파견할 수 있도록 규정하였다(1885). 이에 일본이 조선에서 군대를 철수하였지만 이후 조선에 다시 군대를 파병할 수 있는 권한을 얻게 된 계기가 되었다.

암기의 key — 열강과 체결한 조약 및 주요 내용

국가	조약	주요 내용
일본	강화도 조약 (조일 수호 조규, 1876)	• 청의 종주권 부인 • 치외 법권, 해안 측량권 • 부산, 원산, 인천 개항
미국	조미 수호 통상 조약 (1882)	• 서양과 맺은 최초의 조약 • 치외 법권, 최혜국 대우 • 거중 조정
청	조청 상민 수륙 무역 장정(1882)	• 치외 법권, 최혜국 대우 • 청 상인에 대한 통상 특권
러시아	조러 수호 통상 조약 (1884)	최혜국 대우
프랑스	조불 수호 통상 조약 (1886)	• 천주교 신앙의 자유 • 포교 허용

30 처용무   정답 ①

정답 분석

정답이 보이는 핵심 키워드
#궁중 무용 #사람 형상의 가면을 쓰고 추는 춤 #동서남북을 상징하는 5가지 색깔의 옷 #가면의 팥죽색은 벽사의 의미 #유네스코 무형 문화 유산

길잡이 ┃ 처용 설화를 바탕으로 한 가면무인 처용무를 확인합니다.

① **처용무**는 고려와 조선 시대의 **궁중 무용**으로, 신라 헌강왕 때 처용이 노래를 부르고 춤을 추어 천연두를 옮기는 역신으로부터 아내를 구해 냈다는 처용 설화를 바탕으로 하였다. 청(동)·홍(남)·황(중앙)·흑(북)·백(서)의 오방색의 의상을 입은 5명의 남자들이 **처용의 가면**을 쓰고 춤을 추면서 **악귀를 몰아내고 평온을 기원**하는 무용이며, 2009년에 유네스코 인류 무형 문화 유산에 등재되었다.

선택지 풀이

② 종묘에서 행하는 제향 의식이다.
조선 시대 왕과 왕후의 신주를 보관하고 제사를 지냈던 사당인 종묘에서 행하는 제향(제사) 의식을 종묘제례라고 한다. 대제(大祭)라고도 하며, 대사, 중사, 소사로 나뉘는 나라의 제사 중 사직과 함께 제일 격이 높은 대사에 속한다. 종묘제례는 2001년 유네스코 인류 무형 문화 유산으로 등재되었다.

③ 부처의 영취산 설법 모습을 재현하였다.
영산재는 사람이 죽은 지 49일째 되는 날에 지내는 제사로, 영혼이 불교를 믿음으로써 극락왕생에 이르게 하는 불교 의식이다. 영산재는 2009년 유네스코 인류 무형 문화 유산으로 지정되었다.

④ 창과 아니리, 너름새 등으로 구성되었다.
판소리는 소리꾼이 북을 치는 고수의 장단에 맞춰 소리(창), 아니리(말), 너름새(몸짓) 등으로 이야기를 엮어가는 전통 예술이다. 조선 후기에 서민 문화가 발달하면서 「춘향가」, 「흥보가」 등의 판소리가 유행하였으며, 가치를 인정받아 2008년 유네스코 인류 무형 문화 유산으로 지정되었다.

⑤ 양반, 파계승 등을 풍자하는 내용이 담겨 있다.
탈춤은 얼굴에 탈을 쓰고 춤을 추면서 대사하는 가면극이다. 양반의 위선과 무능, 파계승(계율을 깨뜨린 승려), 신분제 등을 풍자하는 내용을 담았으며, 조선 후기에 지방의 정기 시장인 장시에서 공연되었다. 2022년에는 유네스코 인류 무형 문화 유산으로 등재되었다.

31 을미개혁   정답 ③

정답 분석

정답이 보이는 핵심 키워드
#국모 시해 사건 #김홍집 내각에서 추진한 개혁 #태양력을 시행 #새로운 연호는 건양

길잡이 ┃ 을미사변 이후 시행된 을미개혁에 대해 알아봅니다.

③ 개항 이후 민씨 세력은 러시아를 통해 일본을 견제하려 하였다. 그러자 일본이 자객을 보내 경복궁 내 건천궁을 습격하여 명성 황후를 시해하는 을미사변이 발생하였다. 을미사변 직후 성립된 **김홍집 내각**에 의해 **을미개혁**이 추진되어 **건양**이라는 독자적인 연호를 제정하고 **태양력**을 사용하게 되었다. 또한, **단발령**을 시행하고 군제를 개편하여 **친위대와 진위대**를 설치하였다.

한 번 더 체크하러 가기 ▶ 미니북 11, 50쪽

선택지 풀이

① 양전 사업을 실시하여 지계를 발급하였다.
대한 제국은 광무개혁 때 양지아문을 설치하여 양전 사업을 실시하고, 지계아문을 통해 토지 소유 문서인 지계를 발급하여 근대적 토지 소유권을 확립하고자 하였다.

② 지방 행정 구역을 8도에서 23부로 개편하였다.
제2차 갑오개혁 때 홍범 14조를 반포하여 개혁의 기본 방향을 제시하였고, 지방 행정 구역을 8도에서 23부로 개편하였다.

④ 공사 노비법을 혁파하고 과부의 재가를 허용하였다.
제1차 갑오개혁 때 공사 노비법을 혁파하여 신분제가 법적으로 폐지되었으며, 과부의 재가를 허용하고 연좌제와 조혼을 금지하는 등 악습을 혁파하였다.

⑤ 교육의 기본 방향을 제시한 교육 입국 조서를 반포하였다.
제2차 갑오개혁으로 고종은 교육 입국 조서를 발표하고 교육의 중요성을 강조하면서 교사 양성을 위해 한성 사범 학교를 세웠다.

암기의 key	갑오개혁과 을미개혁의 주요 내용
제1차 갑오개혁 (1894)	• 개국 기원 사용, 과거제 폐지, 6조를 8아문으로 개편 • 재정 일원화, 은 본위제, 도량형 통일, 조세 금납제 • 공사 노비법 혁파, 고문·연좌제 폐지, 조혼 금지, 과부 재가 허용
제2차 갑오개혁 (1895)	• 8도를 23부로 개편, 재판소 설치(사법권 독립) • 한성 사범 학교 설립, 관제 공포
을미개혁 (1895)	• 건양 연호 사용, 친위대·진위대 설치 • 단발령 실시, 태양력 사용, 종두법 실시, 소학교 설치, 우편 사무 실시

32 통리기무아문　　　　　정답 ①

정답 분석

정답이 보이는 핵심 키워드
#강화도 조약 체결 이후 #개화 정책을 총괄하기 위한 기구

길잡이 | 고종이 개화를 위해 설치한 통리기무아문에 대해 학습합니다.

① 강화도 조약 이후 **고종**은 국내외의 **군국 기무**와 **개화 정책**을 총괄하는 기구로서 **통리기무아문**을 설치하고 그 아래 12사(司)를 두어 행정 업무를 맡게 하였다. 통리기무아문은 5군영을 무위영과 장어영의 2영으로 통합하고, 신식 군대인 **별기군**을 **창설**하였다. 또한, 청에 **영선사**를 파견하여 **근대 무기 제조법**을 배워올 수 있도록 하였으며, 이들이 조선으로 돌아와 근대 무기 공장인 **기기창**을 설치하였다.

한 번 더 체크하러 가기 ▶ 미니북 11쪽

선택지 풀이

② 원수부를 설치하였다.
　대한 제국을 선포한 고종은 대한국 국제를 제정한 후, 군 통수권 장악을 위해 원수부를 설치하여 대원수로서 모든 군대를 통솔하고자 하였다.

③ 대전통편을 편찬하였다.
　정조는 『경국대전』과 『속대전』 등 다른 여러 규정들을 하나로 통합하여 『대전통편』을 편찬하였다. 『경국대전』의 내용에는 원(原), 『속대전』의 내용에는 속(續), 새롭게 추가된 내용에는 증(增)을 붙여 『대전통편』의 내용을 구분하였다.

④ 신문지법을 공포하였다.
　일제 통감부는 반일 보도를 통제하고자 신문에 대한 사전 검열을 시도하는 신문지법을 공포하면서 민족 언론을 탄압하였다.

⑤ 서당 규칙을 제정하였다.
　조선총독부는 사립학교 규칙과 서당 규칙을 제정하여 조선인 민족 교육기관인 사립학교와 서당을 통제하며 민족 운동을 탄압하였다.

33 대한매일신보　　　　　정답 ④

정답 분석

정답이 보이는 핵심 키워드
#근대 신문 #배설(Ernest T. Bethell) #박은식과 양기탁 등이 발간에 참여

길잡이 | 베델과 양기탁을 중심으로 창간된 대한매일신보를 탐구합니다.

④ **대한매일신보**는 양기탁과 영국인 **베델(배설)**을 중심으로 창간되었으며, **박은식이 주필로 참여**하였다. 일본에서 도입한 차관을 갚기 위해 전개된 **국채 보상 운동**을 지원하여 국채 보상 운동에 대한 보도뿐만 아니라 국채 보상 의연금을 수령하고 접수된 의연금의 액수와 성명을 매일 신문에 실어 발표하며 국채 보상 운동이 전국적으로 확산될 수 있도록 하였다.

한 번 더 체크하러 가기 ▶ 미니북 38쪽

선택지 풀이

① 박문국에서 발행하였다.
　개항 이후 개화 정책의 일환으로 출판 기관인 박문국이 설치되었고 이곳에서 최초의 근대적 신문인 한성순보가 발행되었다.

② 브나로드 운동을 주도하였다.
　언론사를 중심으로 농촌 계몽 운동이 전개되어 동아일보는 문맹 퇴치 운동인 브나로드 운동을 전개하였고, 조선일보는 한글 교재의 보급과 순회 강연을 통한 문자 보급 운동을 전개하였다.

③ 여권통문을 처음 게재하였다.
　서울 북촌의 양반 여성들이 황성신문과 독립신문을 통해 한국 최초의 여성 인권 선언문인 여권통문을 게재하였다. 이를 통해 여성이 정치에 참여할 권리, 남성과 평등하게 직업을 가질 권리, 교육을 받을 권리 등을 주장하였다.

⑤ 순한글판으로 발행된 최초의 신문이었다.
　독립신문은 순한글판으로 발행된 우리나라 최초의 민간 신문이자 최초로 한글 띄어쓰기가 사용되었다. 또한, 외국인을 위한 영문판으로도 제작되었다.

암기의 key	개항 이후 근대 신문
구분	특징
한성순보 (1883)	• 순 한문, 10일마다 발간 • 최초의 근대적 신문, 개화 정책의 취지 설명(관보 역할), 국내외 정세 소개
한성주보 (1886)	• 한성순보 계승, 국한문 혼용, 주간 신문 • 최초로 상업 광고 게재
독립신문 (1896)	• 한글판과 영문판 발행, 일간지 • 최초의 민간 신문, 국민 계몽

황성신문 (1898)	• 국한문 혼용 • 일제의 침략 정책과 매국노 규탄, 보안회 지원, 을사늑약에 대한 항일 논설 「시일야방성대곡」 게재
제국신문 (1898)	• 순 한글, 일반 서민층과 부녀자 대상 • 민중 계몽, 자주 독립 의식 고취
대한매일신보 (1904)	• 순 한글, 국한문, 영문판 발행 • 발행인: 영국인 베델, 양기탁 • 항일 운동 적극 지원, 국채 보상 운동 주도(황성신문, 제국신문 동참)
만세보 (1906)	• 국한문 혼용 • 천도교 기관지, 민중 계몽, 여성 교육

⑤ 독립운동 자금 마련을 위해 독립 공채를 발행하였다.
대한민국 임시 정부는 국외 거주 동포들에게 독립 공채를 발행하여 독립운동 자금을 마련하였다.

암기의 key 독립 협회의 활동

구분	활동
국권	• 독립문 건립, 독립신문 발간 • 고종의 환궁 요구(1897.2.) • 자주 독립 수호 • 러시아의 절영도 조차 요구 저지 • 러시아의 군사 교련단과 재정 고문단을 철수시킴, 한·러 은행 폐쇄
민권	• 신체·재산권 보호 운동(1898.3.) • 언론·집회의 자유권 쟁취 운동 전개(1898.10.)
자강 개혁	• 헌의 6조 채택(관민 공동회, 국권 수호, 민권 보장, 국정 개혁) • 박정양 진보 내각 설립(의회 설립 운동) → 중추원 관제(관선 25명, 민선 25명) 반포

34 독립 협회   정답 ③

정답 분석

정답이 보이는 핵심 키워드
#독립문 #독립문 세우는 데 돈을 보조하는 사람들

길잡이 | 대한 제국이 자주 독립을 유지하기 바랐던 독립 협회의 활동을 알아봅니다.

아관 파천 이후 열강들의 이권 침탈이 심화되고 조선 내에서 친러 내각에 대한 반감이 고조되자 서재필은 남궁억, 이상재, 정교 등과 함께 **독립 협회**를 창립하였다. 독립 협회는 대한 제국이 **입헌 군주제**를 실현하고 **자주 독립**을 유지하는 나라가 되기를 바랐다. 이에 모금 활동을 전개하여 청의 사신을 맞던 영은문을 헐고 **독립문**을 건립하였으며, 만민 공동회와 관민 공동회를 개최하여 **국권·민권 신장 운동**을 전개하였다.
③ 독립 협회는 관민 공동회를 개최하여 **중추원 개편**을 통한 **의회 설립** 방안이 담긴 **헌의 6조**를 고종에게 건의하였고, 고종이 이를 채택하였다.

한 번 더 체크하러 가기 ▶ 미니북 49쪽

35 화폐 정리 사업   정답 ⑤

정답 분석

정답이 보이는 핵심 키워드
#재정 고문으로 임명된 메가타 다네타로 #전환국을 폐지 #백동화와 엽전을 일본 제일 은행권으로 교환

길잡이 | 대한 제국의 경제권 장악을 위해 일제가 시행한 화폐 정리 사업을 학습합니다.

⑤ **제1차 한일 협약 체결**을 통해 **재정 고문**으로 임명된 **메가타**는 대한 제국의 경제권을 장악하기 위해 탁지부를 중심으로 **화폐 정리 사업**을 시작하였다. **백동화**를 품질에 따라 갑·을·병종으로 구분하고 제일 은행권으로 **교환 및 회수**하였다. 이로 인해 국내 경제가 악화되고 많은 기업이 일제의 소유가 되었다.

한 번 더 체크하러 가기 ▶ 미니북 11쪽

선택지 풀이

① 고종 강제 퇴위 반대 운동을 전개하였다.
대한 자강회는 교육과 산업 활동을 바탕으로 한 국권 회복을 목표로 활동하였고, 고종의 강제 퇴위 반대 운동을 전개하다가 일제의 탄압으로 해산되었다.

② 일제의 황무지 개간권 요구를 저지시켰다.
보안회는 일본의 황무지 개간권 요구를 반대하는 운동을 전개하여 요구를 저지시키는 데 성공하였다.

④ 대성 학교를 설립하여 민족 교육을 실시하였다.
안창호와 양기탁 등이 결성한 신민회는 민족의 실력 양성을 위해 대성 학교와 오산 학교를 설립하여 민족 교육을 실시하였다.

선택지 풀이

① 군국기무처의 활동을 조사한다.
김홍집을 중심으로 한 군국기무처를 통해 제1차 갑오개혁이 실시되었다. 이에 따라 탁지아문이 재정 사무를 관장하게 하고 은 본위 화폐 제도와 조세 금납제를 시행하였다. 또한, 공사 노비법을 혁파하여 신분제를 법적으로 폐지하였으며, 과부의 재가를 허용하고 연좌제와 조혼을 금지하는 등 악습을 혁파하였다.

② 당오전이 발행된 배경을 파악한다.
당오전은 재정난을 겪는 고종 정부에서 국가 재정을 충당하기 위해 주조한 화폐이다. 당오전은 상평통보의 5배의 가치를 지녔다는 의미를

가지고 있지만 실제로는 2배에 불과했고, 조선의 물가가 폭등되는 결과를 가져왔다.

③ 삼국 간섭이 발생한 원인을 분석한다.
청일 전쟁에서 승리한 일본은 청과 시모노세키 조약을 체결하여 요동 반도와 타이완을 장악하였으나, 러시아, 독일, 프랑스의 삼국 간섭으로 요동 반도를 반환하게 되었다.

④ 대한 광복회가 결성된 목적을 살펴본다.
대한 광복회는 박상진에 의해 대한 제국의 국권을 회복하고 공화 정체의 근대 국민 국가를 세우고자 비밀 결사 운동 단체로 결성되었다. 대한 광복회는 박상진이 총사령, 김좌진이 부사령으로 구성되는 등 군대식 조직을 갖추었으며 군자금 조달과 친일파 처단 활동도 전개하였다.

36 지역사-연해주   정답 ①

정답 분석

정답이 보이는 핵심 키워드
#일제에 협력하는 것을 방지 #한인들을 중앙아시아로 강제 이주 #소련 스탈린이 승인

길잡이 | 일제 강점기 연해주 지역의 민족 운동에 대해 알아봅니다.

일제 강점기 우리 민족은 러시아의 **연해주** 지역에서 거주하며 독립 운동을 수행하고자 하였다. 그러나 1937년 **스탈린**은 일본과의 전쟁을 앞두고 한인이 일제와 협력할 것을 우려하여 **강제 이주** 정책을 시행하였고, 한인들은 **중앙아시아** 지역으로 **강제 이주**당하였다.
① 연해주 신한촌에서 최재형은 한인 자치 단체인 **권업회**를 조직하고 이상설은 기관지인 권업신문을 발행하였다. 이후 블라디보스토크에 공화정을 목표로 하는 **대한 광복군 정부**가 설립되고, 정통령 이상설, 부통령 이동휘를 중심으로 독립운동이 전개되었다.

한 번 더 체크하러 가기 ▶ 미니북 40쪽

선택지 풀이

② 한인 자치 기구인 경학사를 설립하였다.
신민회는 서간도(남만주) 삼원보에 한인 자치 기관인 경학사를 설립하였다.

③ 유학생을 중심으로 2·8 독립 선언서를 발표하였다.
일본 도쿄 유학생들이 중심이 되어 결성한 조선 청년 독립단은 대표 11인을 중심으로 도쿄에서 2·8 독립 선언서를 발표하였다.

④ 독립군 양성을 위해 대조선 국민 군단을 결성하였다.
하와이 지역에서 박용만은 대조선 국민 군단을 조직하여 독립군 사관 양성을 바탕으로 한 무장 투쟁을 준비하였다.

⑤ 서전서숙과 명동 학교를 설립하여 민족 교육을 실시하였다.
북간도 지역에는 19세기 후반부터 조선인이 많이 이주하여 한인 집단촌이 형성되었다. 애국지사들은 용정촌 등 한인 집단촌을 중심으로 독립군을 양성하였으며 이상설은 서전서숙, 김약연은 명동 학교를 세워 민족 교육을 실시하였다.

37 안중근   정답 ②

정답 분석

정답이 보이는 핵심 키워드
#『동양 평화론』 #뤼순 감옥에서 사형 집행을 눈앞에 둠

길잡이 | 이토 히로부미를 암살한 안중근에 대해 알아봅니다.

② 1909년 **안중근**은 **을사늑약** 체결을 주도하고 초대 통감을 지낸 **이토 히로부미를 만주 하얼빈 역**에서 **사살**하였다. 현장에서 체포된 안중근은 재판을 받고 **뤼순 감옥**에 수감되었다. 안중근은 뤼순 감옥에서 한국, 일본, 청의 동양 삼국이 협력하여 서양 세력의 침략을 방어하고 **동양 평화**를 실현해야 한다는 사상을 담은 『**동양 평화론**』을 집필하였으나 일제가 사형을 앞당겨 집행하면서 미완성으로 남게 되었다.

한 번 더 체크하러 가기 ▶ 미니북 15쪽

선택지 풀이

① 명동 성당 앞에서 이완용을 습격하였다.
이재명은 명동 성당 앞에서 을사오적 중 한 명인 이완용을 습격하여 중상을 입혔다.

③ 타이중에서 일본 육군 대장을 저격하였다.
조명하는 타이완의 타이중에서 일본 육군 대장 구니노미야 구니히코를 저격한 후 체포되어 사형되었지만 이로 인해 식민지 조선의 항일 의지를 아시아 전역에 알리게 되었다.

④ 샌프란시스코에서 D.W.스티븐스를 처단하였다.
장인환과 전명운은 미국 샌프란시스코에서 대한 제국의 외교 고문이었던 친일파 D.W.스티븐스를 처단하였다.

⑤ 서울역에서 신임 총독의 마차에 폭탄을 투척하였다.
강우규는 서울역에서 신임 총독 사이토 마코토가 마차에 올라타는 순간 마차에 폭탄을 투척하였다. 폭탄이 사이토 총독을 빗겨 갔지만 65세 고령의 나이에 강력한 독립 의지를 보여주었다.

38 1910년대 일제 강점기 사회 모습   정답 ⑤

정답 분석

정답이 보이는 핵심 키워드
#일제 #조선 태형령

길잡이 | 1910년대 일제 강점기의 사회 모습을 파악합니다.

일제는 **1910년대** 무단 통치기에 **조선 태형령**을 시행하였고, 이에 따라 곳곳에 배치된 헌병 경찰들이 조선인들에게 태형을 통한 형벌을 가하였다(1912).

⑤ 일제는 조선을 근대화시킨다는 명분으로 **경복궁**에서 최초의 공식 박람회인 **조선 물산 공진회**를 개최하였다(1915).

한 번 더 체크하러 가기 ▶ 미니북 12쪽

✅ 선택지 풀이

① 육영 공원에서 외국인 교사를 초빙하였다.
고종은 헐버트, 길모어 등의 미국인 교사를 초빙하여 최초의 근대식 공립 학교인 육영 공원을 설립하였다(1886).

② 애국반이 편성되어 일상생활이 통제되었다.
일제는 대륙 침략을 위해 한반도를 병참 기지화하고 중일 전쟁을 일으키면서 전시 동원 체제를 수립하였다. 이에 국가 총동원령을 시행하고 애국반(국민 정신 총동원 조선 연맹 산하)을 편성하여 우리의 인적·물적 수탈을 강화하고 일상생활을 감시하며 통제하였다(1938).

③ 조선 형평사가 창립되어 형평 운동을 전개하였다.
갑오개혁 이후 공사 노비법이 혁파되어 법적으로는 신분제가 폐지되었으나 일제 강점기 때 백정에 대한 사회적 차별은 더욱 심해졌다. 백정들은 이러한 차별을 철폐하기 위해 진주에서 조선 형평사를 창립하고 형평 운동을 전개하였다(1923).

④ 나운규가 제작한 아리랑이 단성사에서 개봉되었다.
「아리랑」은 1926년 극장 단성사에서 개봉한 영화로, 나운규가 감독과 주연을 맡아 제작하였다. 이 영화는 일본의 식민지 정책이 확립되던 시기에 우리 민족의 항일 정신을 반영한 작품으로, 조국을 잃은 백성의 울분과 설움이 표현되어 있다.

② 1920년대 일제의 **경제 침탈**이 심화되면서 조선의 경제권이 일본에 예속되었다. 이에 조만식은 민족 기업을 통해 **경제 자립**을 이루고자 **평양**에서 **조선 물산 장려회**를 창립하여 **국산품을 장려**하는 물산 장려 운동을 전개하였다. 물산 장려 운동은 서울에서 조선 물산 장려회가 조직되면서 전국적으로 확산되었다(1923).

한 번 더 체크하러 가기 ▶ 미니북 12쪽

✅ 선택지 풀이

① 함경도에서 방곡령이 선포되었다.
함경도 관찰사 조병식은 흉년으로 곡물이 부족해지자 조일 통상 장정의 조항에 따라 일본으로 곡물이 유출되는 것을 막기 위해 방곡령을 선포하였다(1889). 그러나 일본이 시행 1개월 전에 일본 공사에 미리 알려야 한다는 조항 내용을 근거로 방곡령 철회를 요구하였고, 결국 조선은 방곡령을 철회하고 일본 상인에 배상금까지 지불하게 되었다.

③ 황국 중앙 총상회의 상권 수호 운동이 전개되었다.
조청 상민 수륙 무역 장정이 체결되어 들어온 외국 상인들로 인해 서울 도성의 시전 상인들이 어려움에 처하게 되었다. 이에 서울 상인들은 황국 중앙 총상회를 조직하여 상권 수호 운동을 전개하였다(1898).

④ 유상 매수, 유상 분배를 규정한 농지 개혁법이 제정되었다.
이승만 정부의 제헌 국회에서 유상 매수, 유상 분배를 규정한 농지 개혁법을 제정하였다(1949).

⑤ 국가 총동원법을 제정하여 인력과 물자를 강제 동원하였다.
1930년대 이후 일제는 대륙 침략을 위해 한반도를 병참 기지화하고 국가 총동원법을 제정하여 인력과 물자를 강제 동원하였다(1938).

39 1920~30년대 일제의 경제 침탈 — 정답 ②

✅ 정답 분석

정답이 보이는 핵심 키워드
#회사령 폐지 #조선 총독부 농촌 진흥 위원회

길잡이 | 1920~30년대 일제 강점기에 있었던 사실에 대해 살펴봅니다.

- **(가) 회사령 폐지**(1920): 1920년대 일제는 회사령을 폐지하면서 회사를 설립할 경우 기존의 허가제에서 신고제로 변경하였으며, 이후 일본의 자본이 유입되면서 일본의 경제 침탈이 더욱 심화되었다.
- **(나) 조선 총독부 농촌 진흥 위원회 규정 발표**(1932): 1930년대에 조선의 농업 경제가 악화되면서 농민운동과 소작쟁의가 일어나 일제는 식민 통치에 어려움을 느꼈다. 이에 일제는 조선농촌진흥운동을 진행하고 조선 총독부 농촌 진흥 위원회를 설치하였으며, 농촌 경제 문제 해결을 빌미로 농촌을 더욱 통제하며 식민 통치를 이어 나갔다.

40 민립 대학 설립 운동 — 정답 ③

✅ 정답 분석

정답이 보이는 핵심 키워드
#대학을 세운다는 일 #조선 사람의 대학 #민립 대학 #이상재, 이승훈 #민립 대학 기성 준비회

길잡이 | 조선인을 위한 대학을 설립하고자 했던 민립 대학 설립 운동을 알아봅니다.

- **3·1 운동**(1919): 일제는 3·1 운동이 일어난 이후 국제 여론 악화와 무단 통치의 한계를 인식하여 1920년대에 들어 문화 통치로 통치 방식을 전환하고, 제2차 조선 교육령을 발표하였다.
- **경성 제국 대학 개교**(1924): 일제는 조선의 민립 대학 설립 운동을 저지하고 여론을 무마하기 위해 경성 제국 대학을 설립하였다(1924).
- ③ 1920년대에 일제가 문화 통치를 표방하고 제2차 조선 교육령을 발표하여 사범학교 설립 및 대학에 관한 규정을 마련하였다. 이에 **이상재, 윤치호** 등은 조선인 본위의 교육을 위해 **조선 민립 대학 설립 기성회**를 조직하고(1923) 대학 설립을 위한 모금 활동도 하면서 **민립 대학 설립 운동**을 전개하였다.

한 번 더 체크하러 가기 ▶ 미니북 27쪽

41 원산 총파업   정답 ②

✓ 정답 분석

> **정답이 보이는 핵심 키워드**
> #라이징 선 석유 주식회사 #일본인 감독이 조선인 노동자를 구타
> #일제 강점기 최대 규모의 노동 운동 #중국 지역의 여러 노동 단체
> 도 격려와 후원

> **길잡이** ┃ 일제의 지배에 대항하여 일어난 노동 운동인 원산 총파업을 알아봅니다.

영국인이 경영하는 **라이징 선 석유 주식회사**에서 **일본인 감독**이 **한국인 노동자를 구타**한 사건을 계기로 파업이 일어났다. 이후에도 회사가 요구 조건을 이행하지 않자 원산 노동 연합회를 중심으로 **원산 총파업**에 들어갔다. 당시 중국, 프랑스 등 세계 각국의 노동자들이 격려와 후원을 하였다(1929).
② 평양 평원 고무 공장의 노동자 **강주룡**은 을밀대 지붕에서 고공 농성을 벌이며 **일제의 노동 착취를 규탄**하고 노동 조건 개선을 주장하였다(1931).

                                        한 번 더 체크하러 가기 ▶ 미니북 27쪽

✓ 선택지 풀이

① 동양 척식 주식회사가 설립되었다.
    일제 통감부는 대한 제국의 식산흥업을 장려한다는 명목으로 한일합자 회사인 동양 척식 주식회사를 설립하였다(1908).

③ 황실의 지원을 받아 대한 천일 은행이 창립되었다.
    대한 제국 선포 직후 고종은 '옛 법을 근본으로 삼고 새로운 것을 첨가한다'는 의미의 구본신참을 기본 정신으로 하여 광무개혁을 실시하였다(1897). 이에 따라 황실의 지원을 받아 근대적 금융 기관인 대한 천일 은행이 설립되었다(1899).

④ 전국 단위의 조직인 조선 노농 총동맹이 조직되었다.
    3·1 운동 이후 사회주의 사상이 유입되면서 노동·농민 운동 등 사회 운동이 활성화되었다. 이에 소작 쟁의가 다수 발생하였고 통일된 조직의 필요성을 느껴 조선 노농 총동맹이 조직되었다(1924).

⑤ 고율의 소작료에 반발하여 암태도 소작 쟁의가 발생하였다.
    전남 신안군 암태도에서는 한국인 지주 문재철의 횡포와 이를 비호하는 일본 경찰에 맞서 일제 강점기 최대 규모의 암태도 소작 쟁의가 발생하였다. 이에 전국 각지 사회단체가 지원하였으며, 동아일보는 암태도 소작 쟁의를 보도하여 전국적으로 관심을 집중시키는 데 기여하였다(1923).

42 일제 강점기 사회·문화의 변화   정답 ③

✓ 정답 분석

> **정답이 보이는 핵심 키워드**
> #백화점의 탄생 #식민지 근대 관광 #문화 주택 #토막집

> **길잡이** ┃ 일제 강점기에 변화한 조선의 사회·문화에 대해 파악합니다.

일제 강점기에 일본의 자본이 조선에 침투하면서 일본에서 발달한 **백화점**이 **근대적 상점**으로 조선에도 진출하게 되었으며, **서구식 생활 양식**이 조선에 소개되면서 **문화 주택**이 생겨났다. 이는 1920년대부터 조선에 공급되었고, 한인 지식인과 일본인 일부에게만 공급되다가 1930년대 전통 주택의 개량을 통해 서울에 대량으로 공급되었다. 반면, 열강의 경제적 침탈 등으로 인해 **고율의 소작료**를 견디지 못하고 농촌에서 **도시의 구릉 지역**으로 이주하여 **토막집**이라는 움집 형태의 집에서 거주하는 현상도 나타났다.
③ 1940년대 일제 강점기 **전시 체제**하에 노동력 동원을 위해 일제는 여성들에게 **노동복**인 **몸뻬** 바지를 강제로 보급하였다. 몸뻬 바지를 입지 않은 경우에는 관공서, 식당 등의 출입이 막히고 버스와 전차의 승차가 거부되어 일상이 통제되었다.

✓ 선택지 풀이

① 서양식 의료의 수용, 광혜원
    개항 이후 미국인 선교사이자 조선 왕실의 의사였던 알렌의 건의로 1885년 우리나라 최초의 근대식 병원인 광혜원이 설립되었고, 설립 직후 명칭이 제중원으로 바뀌었다.

② 근대적 우편 제도의 시작, 우정총국
    우정총국은 우편 업무를 담당하기 위해 1884년에 설치된 기관으로, 설치된 해에 갑신정변이 일어나 잠시 폐쇄되었다.

④ 근면, 자조, 협동을 기치로 내세운 새마을 운동
    1970년대 박정희 정부 때 공업화로 인해 상대적으로 낙후된 농어촌의 근대화를 목표로 새마을 운동이 추진되었다.

⑤ 상품 광고의 새로운 장을 연 컬러텔레비전 방송
    1970년대에 일본과의 합작으로 처음 컬러텔레비전이 만들어졌지만, 우리나라에 컬러텔레비전 방송이 시작된 것은 1980년 12월부터이다. 컬러텔레비전을 통해 방송된 상품 광고는 사람들의 소비에도 영향을 주었다.

43 한국 광복군　　　　　정답 ④

정답 분석

정답이 보이는 핵심 키워드
#충칭 #대한민국 임시 정부 #주석 김구 #총사령관 지청천 #광복 조국 #영국군의 요청으로 인도, 미얀마 전선에서 작전을 펼침

길잡이 | 대한민국 임시 정부의 직할 부대인 한국 광복군의 활약을 확인합니다.

④ **한국 광복군**은 **충칭**에서 창설되었던 **대한민국 임시 정부의 직할 부대**이다. 지청천을 총사령, 이범석을 참모장으로 두었으며, 태평양 전쟁이 발발한 이후 김원봉이 주도하던 조선 의용대가 한국 광복군으로 편입되었다. 또한, 한국 광복군은 **영국군의 요청**을 받아 **인도, 미얀마 전선에 파견**되어 활동하였으며, **미국과 연계하여 국내 진공 작전**을 준비하고자 국내 정진군을 편성하였으나 일본의 무조건 항복으로 인해 실현하지 못하였다.

한 번 더 체크하러 가기 ▶ 미니북 26, 28쪽

선택지 풀이

① 자유시 참변으로 세력이 약화되었다.
　대한 독립 군단은 간도 참변으로 인해 러시아 자유시로 근거지를 옮겼으나 군 지휘권을 둘러싼 분쟁에 휘말려 자유시 참변을 겪으면서 세력이 약화되었다.

② 영릉가에서 일본군에 승리를 거두었다.
　남만주 지역의 조선 혁명당 산하 군사 조직인 조선 혁명군은 양세봉의 주도로 중국 의용군과 연합하여 영릉가 전투에서 일본군에 승리하였다.

③ 봉오동 전투에서 일본군을 크게 물리쳤다.
　대한 독립군은 의병장 출신 홍범도를 총사령관으로 하여 대한 국민회군, 군무도독부 등의 독립군과 연합 작전을 전개하며 봉오동 전투에서 일본군을 상대로 큰 승리를 거두었다.

⑤ 쌍성보 전투에서 한중 연합 작전을 전개하였다.
　지청천을 중심으로 북만주에서 결성된 한국 독립군은 중국 호로군과 연합하여 쌍성보 전투, 사도하자 전투, 대전자령 전투에서 일본군에 승리하였다.

44 1930년대 이후 민족 말살 통치　　정답 ③

정답 분석

정답이 보이는 핵심 키워드
#창행기 #지원병 형식으로 끌려가는 청년 #국민 총력 조선 연맹 지부 #일제가 중일 전쟁을 일으키고 침략을 확대하던 시기 #창씨개명

길잡이 | 1930년대 이후 민족 말살 통치에 대해 탐구합니다.

1930년대 일제는 대륙 침략을 위해 한반도를 **병참 기지화**하고 중일 전쟁을 일으키면서 **전시 동원 체제**를 수립하였다. 이에 **국가 총동원령**을 시행하여 우리 민족을 **전쟁에 강제 동원**하고, **국민 징용령**으로 한국인의 인력을 착취하였다. 태평양 전쟁을 일으킨 후에는 **학도 지원병 제도**와 **징병 제도** 등을 실시하여 젊은이들을 전쟁터로 강제 징집하였다.

③ 1908년 한국 최초의 서양식 극장인 원각사에서 「은세계」가 공연되었다.

한 번 더 체크하러 가기 ▶ 미니북 12쪽

선택지 풀이

① 국방헌금 모금에 적극 협력하는 부호
⑤ 국민 징용령에 의해 강제로 동원되는 노동자
　1930년대 일본은 조선을 병참 기지화한 후 부족한 전쟁 자금을 충당하기 위해 국방 헌납 운동이라는 모금 운동을 전개하였다. 또한, 한국인의 노동력을 착취하기 위해 국민 징용령을 실시하였다(1939).

② 황국 신민 서사 암송을 강요받는 학생
④ 내선일체에 협력하자는 논설을 쓰는 언론인
　일제는 우리 민족의 정체성을 말살하기 위해 황국 신민화 정책을 시행하여 내선일체의 구호를 내세우고 황국 신민 서사 암송(1937)과 창씨개명(1939, 1940), 신사 참배 등을 강요하였다.

45 지역사 – 공주　　　　정답 ②

정답 분석

정답이 보이는 핵심 키워드
#금강 중류에 위치 #남한에서 최초로 발굴된 구석기 유적 #백제의 수도 #백제 고분 #동학 농민군이 관군과 일본군에 맞서 전투를 전개

길잡이 | 공주와 관련된 역사적 사실을 살펴봅니다.

충남 **공주** 금강가에 있는 **석장리 유적**은 남한 최초로 발견된 **구석기 유적**이며, 주먹도끼, 찍개 등의 뗀석기 유물이 출토되었다. 백제 개로왕 때는 고구려 장수왕에 의해 한성을 함락당한 뒤, 문주왕 때 **수도를 공주(웅진)로 천도**하였다. 백제 웅진기에는 무령왕이 백제 중흥의 기틀을 마련하였다. 근대에는 **공주 우금치 전투**에서 **동학 농민군**이 관군과 일본군에 맞서 치열한 전투를 펼치기도 하였다.

② 백제 무령왕과 왕비의 무덤인 **무령왕릉**은 **공주 송산리 고분군**에 위치해 있다. 무령왕릉은 **중국의 고분 양식인 벽돌무덤** 양식으로 만들어졌으며, 관은 **일본산 금송**으로 제작되었다. 이를 통해 백제가 **중국 남조, 왜 등과 활발하게 교류**하였음을 알 수 있다.

한 번 더 체크하러 가기 ▶ 미니북 52쪽

선택지 풀이

① 갑 – 수양개 유적을 조사하여 우리 고장에 살던 구석기인들이 다양한 기법으로 석기를 제작했음을 알 수 있었습니다.

충북 단양 수양개 유적은 구석기 시대 유적으로 주먹도끼, 찍개, 슴베찌르개 등의 다양한 석기들이 출토되었으며 구석기 시대의 생활 문화에 대해 살펴볼 수 있다.

③ 병 – 만인의총을 조사하여 정유재란 당시 우리 고장의 백성들이 조명 연합군과 함께 결사 항전했음을 알 수 있었습니다.

전북 남원 만인의총은 정유재란 당시 남원성 전투에서 왜적과 싸우다 순절한 사람들을 묻은 합동 묘이다.

④ 정 – 만석보 유지비를 조사하여 우리 고장 농민들이 군수 조병갑의 수탈에 저항하여 봉기했음을 알 수 있었습니다.

전라도 고부 군수 조병갑의 횡포에 견디다 못한 농민들이 동학교도 전봉준을 중심으로 고부에서 봉기를 일으켰고, 이를 수습하기 위해 안핵사 이용태가 파견되었다.

⑤ 무 – 아우내 3·1 운동 독립 사적지를 조사하여 유관순이 우리 고장에서 만세 시위를 주도했음을 알 수 있었습니다.

충남 천안의 아우내 3·1 운동 독립 사적지는 유관순이 고향 천안으로 내려와 독립 선언서를 낭독하며 독립 만세 운동을 전개하였던 아우내 장터와 추모각 지역이다.

선택지 풀이

① 애치슨 라인이 발표되었다.

애치슨 라인은 미 국무 장관인 애치슨이 한국을 미국의 극동 방위선에서 제외한다는 내용을 포함하여 발표한 것으로, 6·25 전쟁 발발의 원인을 제공하였다(1950.01.).

② 한일 기본 조약이 체결되었다.

박정희 정부는 경제 개발 계획에 필요한 자본 확보를 위해 일본과의 국교 정상화를 추진하여 한일 기본 조약(한일 협정)을 체결하였다(1965).

③ 국가 보위 비상 대책 위원회가 설치되었다.

신군부는 5·18 민주화 운동을 무력으로 진압한 후 국가 주요 조직을 장악하고, 정치권력을 사유화하기 위해 대통령을 보좌하는 임시 행정 기구인 국가 보위 비상 대책 위원회를 설치하였다(1980).

④ 김구, 김규식 등이 남북 협상에 참여하였다.

유엔 총회에서 결의한 전체 한반도 내 선거가 무산되자 유엔 소총회에서 가능한 지역에서만 선거를 실시하라는 결정이 내려졌다. 이에 남북 분단을 우려한 김구, 김규식은 북한에서 김일성을 만나 남북 협상에 참여하였으나 큰 성과를 거두지는 못하였다(1948).

46 6·25 전쟁   정답 ⑤

정답 분석

정답이 보이는 핵심 키워드
#부산 #재한 유엔 기념 공원 #유엔군 전몰장병 추모명비

길잡이 | 유엔군이 참전하였던 6·25 전쟁 중에 있었던 사실에 대해 살펴봅니다.

1950년 6월 25일 **북한의 남침**으로 전쟁이 시작되어 서울이 점령당하고 **이승만 정부**는 전쟁에 제대로 대응하지 못한 채 후퇴하다가 **부산을 임시 수도**로 정하였다. 북한이 침략을 멈추지 않자 유엔 안보리는 **남한**에 군사적 지원을 결의하였으며, 미국은 유엔 결의에 따라 한국전에 참전하였다. **유엔군 파병** 이후 국군은 낙동강을 사이에 두고 공산군과 치열한 공방전을 벌인 끝에 인천 상륙 작전이 성공하면서 전세를 역전하여 서울을 수복하고 압록강까지 진격하였다. 그러나 중국군의 개입으로 국군의 전세가 불리해져 1·4 후퇴로 인해 서울이 재함락되었다가 재탈환하는 등 전쟁이 교착 상태에 빠졌다. 이에 유엔군과 중국군은 판문점에서 정전 협정을 체결하였다(1953.07.27).

⑤ 6·25 전쟁 중 이승만 정부와 자유당은 임시 수도인 부산에 **비상 계엄**을 선포하고 대통령 직선제와 내각 책임제를 포함한 개헌안을 국회에 제출하여 토론 없이 기립 표결로 **발췌 개헌안 통과**를 **단행**하였다(1952).

한 번 더 체크하러 가기 ▶ 미니북 34쪽

47 5·10 총선거   정답 ②

정답 분석

정답이 보이는 핵심 키워드
#유엔 한국 임시 위원단 감시 #우리나라 최초로 실시된 총선거 #장면 후보자

길잡이 | 우리나라 최초로 실시된 5·10 총선거에 대해 확인합니다.

② 유엔 총회에서 결의한 남북한 총선거가 무산되자 유엔 소총회에서 **가능한 지역에서만 선거를 실시**하라는 결정이 내려졌다. 남북 분단을 우려한 김구와 김규식은 남북 협상을 추진하였고, 남북 지도자 회담(남북 연석 회담)에 참여하여 북한에서 김일성을 만나 협상을 개최하였으나 큰 성과를 거두지는 못하였다. 김구와 김규식이 남북 협상을 위해 북한에 가 있는 동안 남한에서는 우리나라 역사상 처음으로 국회의원 **총선거**가 치러졌다. 5·10 총선거를 통해 구성된 **제헌 국회**는 제헌 헌법을 제정하였으며, 이를 바탕으로 이승만이 국회에서 대통령으로 선출되어 제1공화국이 출범하였다.

한 번 더 체크하러 가기 ▶ 미니북 13, 29쪽

선택지 풀이

① 5·16 군사 정변 이후에 실시되었다.

5·16 군사 정변으로 정권을 장악한 박정희와 군부 세력은 국회를 해산하고 국가 재건 최고 회의를 조직하여 군사 정권을 수립하였다. 이후 국민투표를 통해 의원내각제를 대통령 책임제로 개정하고, 제6대 국회의원을 선출하는 총선거를 실시하였다.

③ 통일 주체 국민 회의 대의원이 투표에 참여하였다.
1972년 10월, 유신 헌법 하에 통일 주체 국민 회의라는 헌법 최고 기구가 창설되었다. 간선제로 실시된 제8대 대통령 선거는 통일 주체 국민 회의의 대의원이 투표에 참여하였으며, 박정희 대통령이 선출되었다.

④ 민의원, 참의원으로 구성된 양원제 국회가 탄생하였다.
4·19 혁명의 결과 이승만 대통령이 하야하고, 임시적으로 허정 과도 정부가 수립되었다. 제3차 개헌에서는 내각 책임제와 국회를 민의원과 참의원으로 구성하는 양원제를 채택하였으며, 이후 치러진 제5대 국회의원 총선거로 구성된 양원제 국회를 통해 윤보선이 대통령으로 선출되고 장면이 국무총리로 지명되어 장면 내각이 성립되었다.

⑤ 신한 민주당이 창당 한 달 만에 제1야당이 되는 결과를 가져왔다.
전두환 정권 당시 군사 독재 타도와 대통령 직선제를 원했던 국민들의 열망으로 제12대 총선에서 직선제 개헌을 주장하던 신한 민주당이 67석을 얻으면서 창당 한 달 만에 제1야당이 되었다.

48 노태우 정부   정답 ②

정답 분석

정답이 보이는 핵심 키워드
#제24회 서울 올림픽 #잠실 올림픽 주경기장 #동서 양 진영이 함께 모인 이번 대회

길잡이 | 제24회 서울 올림픽을 개최했던 노태우 정부에 대해 학습합니다.

② 노태우 정부 시기에 자본주의 국가와 공산주의 국가가 함께 참여한 제24회 서울 올림픽이 성공적으로 개최되었다. 또한, 여당과 야당이 통합되는 **3당 합당**이 이루어지면서 민주정의당과 통일민주당, 신민주공화당이 합당된 **민주 자유당**이 창당되었다.

선택지 풀이

① 국민 교육 헌장이 발표되었다.
박정희 정부는 국민 교육 헌장을 제정하여 우리나라 교육이 지향해야 할 이념과 근본 목표를 세우고자 하였다.

③ 군 내부의 사조직인 하나회가 해체되었다.
김영삼 정부는 대한민국 첫 문민정부로 출범하여 '공직선거 및 선거부정방지법'을 개정함으로써 뿌리 깊은 선거부정을 차단하였으며, 12·12 사건에 관련된 군의 사조직인 하나회를 해체시켰다.

④ 사회 정화를 명분으로 삼청 교육대가 설치되었다.
민주화 운동을 진압하고 무력으로 정권을 잡은 전두환 정부는 전국 각지 군부대 내에 삼청 교육대를 설치하여 사회 정화책이라는 명분하에 가혹 행위와 인권 유린을 행하였다.

⑤ 외환 위기 극복을 위한 금 모으기 운동이 전개되었다.
김영삼 정부 말 외환 위기로 인해 국제 통화 기금(IMF)으로부터 구제 금융 지원을 받게 되었다. 김대중 정부 때 이를 극복하기 위해 국민들이 자발적으로 금 모으기 운동을 전개하였다.

49 부마 민주 항쟁   정답 ①

정답 분석

정답이 보이는 핵심 키워드
#부산과 마산 #시민과 학생들이 일으킴 #YH 무역 사건 #야당 총재의 국회의원직 제명

길잡이 | 부마 민주 항쟁을 파악합니다.

YH 무역 노동자들이 폐업에 항의하여 일으킨 **농성**이 신민당사 앞에서 일어나자 **박정희 정부**는 신민당 총재 **김영삼**을 국회의원직에서 **제명**하였다. 이로 인해 김영삼의 정치적 근거지인 **부산, 마산**에서 **유신 정권**에 반대하는 부마 민주 항쟁이 전개되었다.

① 집권층 내에서 부마 민주 항쟁 진압 문제를 두고 대립하던 도중 박정희 대통령이 피살되는 **10·26 사태**가 일어나면서 **유신 체제**가 **붕괴**되었다.

한 번 더 체크하러 가기 ▶ 미니북 30쪽

선택지 풀이

② 시민군을 조직하여 계엄군에 대항하였다.
전두환을 비롯한 신군부 세력의 12·12 쿠데타에 저항하여 '서울의 봄'이라는 대규모 민주화 운동이 일어나자 신군부는 비상계엄 조치를 전국적으로 확대하였다. 비상계엄 해제와 신군부 퇴진, 김대중 석방 등을 요구하는 광주 시민들의 항거가 이어지자 신군부는 계엄군을 동원하면서 무력 진압을 강행하였다. 이에 학생과 시민들이 자발적으로 시민군을 조직하여 전남 도청을 본거지로 계엄군에 대항하면서 5·18 민주화 운동이 전개되었다.

③ 시위 도중 김주열이 최루탄을 맞고 사망하였다.
이승만 대통령의 장기 집권이 계속되고 자유당 정권이 3·15 부정 선거를 자행하자 이를 규탄하는 시위가 전국에서 발생하였다. 이때 마산에서 시위를 하던 학생 김주열의 시신이 최루탄을 맞은 채로 마산 해변가에서 발견되었고, 이를 계기로 4·19 혁명이 전국적으로 전개되었다.

④ 직선제 개헌을 약속한 6·29 선언을 이끌어냈다.
전두환 대통령의 4·13 호헌 조치 발표와 박종철 고문치사 사건으로 일어난 6월 민주 항쟁의 결과 6·29 민주화 선언이 발표되어 5년 단임의 대통령 직선제를 골자로 하는 제9차 개헌안이 제정되었다.

⑤ 대통령이 하야하여 미국으로 망명하는 결과를 가져왔다.
4·19 혁명의 결과로 이승만이 대통령직에서 하야하여 미국으로 망명하게 되었다. 이후 내각 책임제를 기본으로 하는 허정 과도 정부가 출범하였다.

50 김대중 정부 시기의 통일 정책 정답 ③

✓ 정답 분석

정답이 보이는 핵심 키워드
#노벨 위원회가 긍정적으로 평가 #북한의 김정일 국방위원장 #남북 정상 회담 #햇볕 정책

길잡이 ┃ 김대중 정부의 통일 정책에 대해 살펴봅니다.

③ **김대중 정부** 시기 대북 정책으로 **햇볕 정책**을 펼쳐 평양에서 최초로 남북 정상 회담을 개최하고 **6·15 남북 공동 선언**을 발표하였다. 김대중 대통령은 이러한 공로를 인정받아 2000년에 노벨 평화상을 수상하였다.

한 번 더 체크하러 가기 ▶ 미니북 20쪽

✓ 선택지 풀이

① 남북 기본 합의서를 교환하였다.
노태우 정부 때 적극적인 북방 외교 정책을 전개하여 남북한의 유엔 동시 가입이 이루어졌으며, 남북한 화해 및 불가침, 교류·협력 등에 관한 공동 합의서인 남북 기본 합의서를 교환하였다.

② 7·4 남북 공동 성명을 발표하였다.
박정희 정부 때 서울과 평양에서 7·4 남북 공동 성명을 발표하고, 남북 조절 위원회를 설치하였다.

④ 한반도 비핵화 공동 선언에 합의하였다.
노태우 정부 때 핵전쟁 위협을 제거하고 평화 통일에 유리한 조건을 조성하기 위한 한반도 비핵화 공동 선언이 채택되었다.

⑤ 남북 이산가족 고향 방문단의 교환을 최초로 실현하였다.
전두환 정부 때 분단 이후 최초로 남북 이산가족 고향 방문단 및 예술 공연단 등 총 151명이 서울과 평양을 동시에 방문하였다.

제70회 한국사능력검정시험 정답 및 해설

기출 해설 강의 보기 ▶

한능검의 PASSCODE는 기출문제!
역잘알 시대에듀와 함께 출제 경향 완벽 분석, **단번에 합격!**

STEP 1 정답 확인   문제 p.074

01	02	03	04	05	06	07	08	09	10	11	12	13	14	15	16	17	18	19	20	21	22	23	24	25
③	③	②	①	②	③	④	②	④	③	④	③	①	④	④	③	④	①	③	③	①	⑤	②	②	②
26	**27**	**28**	**29**	**30**	**31**	**32**	**33**	**34**	**35**	**36**	**37**	**38**	**39**	**40**	**41**	**42**	**43**	**44**	**45**	**46**	**47**	**48**	**49**	**50**
④	①	②	①	③	①	⑤	⑤	①	③	③	⑤	①	⑤	⑤	⑤	⑤	③	②	②	④	④	⑤	②	②

STEP 2 난이도 확인

| 제70회 합격률 | **46.7%** | 최근 1년 평균 합격률 | **53.6%** |

STEP 3 시대별 분석

시대	선사	고대	고려	조선 전기	조선 후기	근대	일제 강점기	현대	복합사
틀린 개수/문항 수	/ 2	/ 7	/ 7	/ 5	/ 5	/ 5	/ 8	/ 7	/ 4
출제비율	4%	14%	14%	10%	10%	10%	16%	14%	8%

STEP 4 문제별 주제 분석

01	선사	청동기 시대	26	조선 후기	박지원
02	선사	동예	27	조선 후기	김홍도
03	고대	고구려 장수왕의 한성 함락	28	근대	오페르트 도굴 사건
04	고대	고구려 소수림왕	29	근대	조미 수호 통상 조약
05	고대	도교	30	근대	갑신정변
06	고대	원효	31	복합사	덕수궁
07	고대	발해	32	근대	정미의병
08	고대	최치원	33	근대	근대 문물의 수용
09	고대	김주원의 왕위 계승전 실패	34	일제 강점기	지역사 – 서간도(남만주)
10	고려	고려의 후삼국 통일	35	일제 강점기	3·1 운동
11	고려	고려의 경제 상황	36	일제 강점기	1910년대 무단 통치
12	고려	고려 불교사	37	일제 강점기	대종교
13	고려	고려 숙종	38	일제 강점기	1920년대 국외 민족 운동의 시련
14	고려	무신 정변	39	일제 강점기	1920년대 일제 강점기 사회 모습
15	고려	대몽 항쟁	40	일제 강점기	1930년대 이후 민족 말살 통치
16	고려	원 간섭기 사회 모습	41	일제 강점기	조소앙
17	조선 전기	조선 태종	42	현대	남북 협상
18	조선 전기	김종서	43	현대	노태우 정부의 통일 노력
19	조선 전기	조선 성종	44	현대	한미 상호 방위 조약
20	조선 전기	조광조의 개혁 정치	45	현대	제7차 개헌(유신 헌법), 제8차 개헌
21	조선 전기	임진왜란	46	현대	김영삼 정부
22	복합사	불교 문화유산	47	현대	노무현 정부
23	조선 후기	대동법	48	복합사	시대별 사회 보장 제도
24	조선 후기	조선 정조	49	현대	김대중 정부
25	조선 후기	조선 후기 경제 상황	50	복합사	지역사 – 대구, 광주

01 청동기 시대 정답 ③

정답 분석

정답이 보이는 핵심 키워드
#사유 재산 #계급 발생

길잡이 | 청동기 시대의 생활 모습을 알아봅니다.

청동기 시대에는 **사유 재산**이 발생하고 계급이 발생하면서 정치권력과 경제력을 가진 **군장**이 등장하였다. 청동기 시대의 대표적인 유물로는 **비파형 동검**과 **민무늬 토기**, **거친무늬 거울** 등이 있다.
③ 청동기 시대 무덤인 **고인돌**의 거대한 규모를 통해 당시 많은 인력이 고인돌 축조에 동원되었다는 것과 무덤의 주인이 **지배층**이라는 것을 알 수 있다.

한 번 더 체크하러 가기 ▶ 미니북 04쪽

선택지 풀이

① 철제 무기로 정복 활동을 벌였다.
철기 시대에는 철제 무기의 발전으로 정복 활동이 활발하였으며, 철제 농기구도 등장하여 농업 생산력이 증가하였다.

② 오수전, 화천 등의 중국 화폐로 교역하였다.
철기 시대에는 중국과의 교역이 활발하여 중국 화폐인 오수전, 화천 등이 사용되었다.

④ 주로 동굴이나 강가에 막집을 짓고 거주하였다.
구석기 시대 사람들은 주로 동굴이나 강가에 막집을 짓고 거주하였으며, 계절에 따라 이동 생활을 하였다.

⑤ 가락바퀴와 뼈바늘을 사용하여 옷을 만들기 시작하였다.
신석기 시대에는 가락바퀴로 실을 뽑아 뼈바늘로 옷을 지어 입었다.

02 동예 정답 ③

정답 분석

정답이 보이는 핵심 키워드
#철기 문화 #단궁 #과하마 #반어피

길잡이 | 철기 문화를 바탕으로 등장한 동예에 대해 확인합니다.

동예는 **철기 문화**를 바탕으로 함경남도와 강원도의 해안 지역에 등장한 국가로, **읍군**이나 **삼로**라는 군장들이 부족을 다스렸다. **삼베 · 명주**를 생산하였으며, 특산물로 **단궁, 과하마, 반어피** 등이 유명하였다.
③ 동예는 매년 **10월 무천**이라는 제천 행사를 열어 하늘에 제사를 지내고 밤낮으로 춤과 노래를 즐겼다.

한 번 더 체크하러 가기 ▶ 미니북 21쪽

선택지 풀이

① 신지, 읍차 등의 지배자가 있었다.
삼한에는 신지, 읍차 등의 정치적 지배자가 있었다.

② 혼인 풍습으로 민며느리제가 있었다.
옥저에는 여자가 어렸을 때 혼인할 남자의 집에서 생활하다가 성인이 된 후에 혼인하는 민며느리제가 있었다.

④ 여러 가(加)들이 각각 사출도를 주관하였다.
부여는 왕 아래 마가, 우가, 저가, 구가의 가(加)들이 각자의 행정 구역인 사출도를 다스렸다.

⑤ 제가 회의에서 나라의 중대사를 결정하였다.
고구려는 귀족 회의인 제가 회의에서 나라의 중대사를 결정하였다.

암기의 key 여러 연맹 왕국의 특징

부여	• 사출도(마가, 우가, 저가, 구가) • 풍습: 순장, 1책 12법, 우제점법, 형사취수제 • 제천 행사: 영고(12월)
고구려	• 5부족 연맹체, 제가 회의, 약탈 경제(부경) • 풍습: 서옥제, 형사취수제 • 제천 행사: 동맹(10월)
옥저	• 군장: 읍군, 삼로 • 소금, 해산물 풍부 → 고구려에 공물 바침 • 풍습: 민며느리제, 가족 공동묘
동예	• 군장: 읍군, 삼로 • 특산물: 명주, 삼베, 단궁, 과하마, 반어피 등 • 풍습: 족외혼, 책화 • 제천 행사: 무천(10월)
삼한	• 제정 분리 사회: 정치적 지배자인 신지 · 읍차, 제사장인 천군(소도 주관) • 벼농사(저수지 축조), 철 생산 풍부(낙랑 · 왜에 수출, 화폐로 이용) • 제천 행사: 수릿날(5월), 계절제(10월)

03 고구려 장수왕의 한성 함락 정답 ②

정답 분석

정답이 보이는 핵심 키워드
#문주 #도림 #고구려 #아차성

길잡이 | 고구려 장수왕의 한성 함락이 삼국에 끼친 영향에 대해 알아봅니다.

『삼국사기』에 따르면 **백제 개로왕**은 **고구려 장수왕**이 밀사로 파견한 **승려 도림**의 계략을 듣고 대대적인 토목 공사를 단행하였다. 이에 백제의 국력이 약화되어 장수왕이 **남진 정책**하에 백제를 침공하였고, **아차산성** 아래에서 **개로왕을 살해**하고 도성인 **한성을 함락**하였다(475).

② 백제 문주왕의 웅진 천도 이후 즉위한 **백제 동성왕**은 고구려 장수왕의 남진 정책에 맞서기 위해 **신라 소지왕**과 결혼 동맹을 맺어 백제 비유왕 때 이루어졌던 기존의 **나제 동맹을 더욱 강화**하였다(493).

한 번 더 체크하러 가기 ▶ 미니북 06쪽

선택지 풀이

① 고구려가 평양으로 천도하였다.
고구려 장수왕은 도읍을 국내성에서 평양으로 옮기며 남진 정책을 추진하였다(427).

③ 고국원왕이 근초고왕의 공격을 받아 전사하였다.
4세기 중반 백제의 전성기를 이끈 근초고왕은 고구려 평양성을 공격하여 고구려 고국원왕을 전사시켰다(371).

④ 백제가 고구려를 견제하고자 북위에 국서를 보냈다.
백제 개로왕은 북위에 사신을 보내 함께 고구려를 공격할 것을 요청하는 국서를 전하였다(472).

⑤ 신라가 왜를 격퇴하기 위해 고구려에 군사를 청하였다.
백제가 가야·왜와 연합하여 신라를 침입하자 신라는 왜를 격퇴하기 위해 고구려에 군사를 청하였다(399). 이에 고구려 광개토대왕은 보병과 기병 5만 명을 신라에 보내 백제·가야·왜 연합군을 낙동강 유역까지 추격하여 격퇴하였다(400).

04 고구려 소수림왕   정답 ①

정답 분석

정답이 보이는 핵심 키워드
#고구려 제17대 왕 #율령 반포 #전진과 교류 #태학 설립

길잡이 | 고구려의 통치 체제를 정비한 소수림왕 시기에 있었던 사실에 대해 살펴봅니다.

삼국 시대 각 국가에서는 통치 체제를 정비하고 왕권을 강화하였다. 그중 **고구려 소수림왕**은 **율령**을 반포하여 국가 조직을 정비하였고, 교육 기관인 **태학**을 설립하여 인재를 양성하였다.
① 고구려 소수림왕은 중국 전진의 승려 **순도**를 통해 **불교**를 수용하여 왕실의 권위를 높이고자 하였다.

한 번 더 체크하러 가기 ▶ 미니북 06쪽

선택지 풀이

② 낙랑군을 축출하여 영토를 확장하였다.
고구려 미천왕은 서안평을 공격하여 영토를 확장하였으며, 낙랑군과 대방군 등 한 군현을 한반도 지역에서 몰아냈다.

③ 영락이라는 독자적인 연호를 사용하였다.
고구려 광개토 대왕은 영락이라는 독자적 연호를 사용하고, 정복 활동을 통해 영토를 크게 확장하였다.

④ 을지문덕이 살수에서 수의 군대를 물리쳤다.
고구려 영양왕 때 수 양제가 우중문의 30만 별동대로 평양성을 공격하였으나 을지문덕이 살수에서 2,700여 명을 제외한 수의 군대를 전멸시키며 크게 승리하였다.

⑤ 이문진이 유기를 간추린 신집 5권을 편찬하였다.
고구려 영양왕 때 태학박사 이문진이 고구려의 역사서 『유기』를 간추려 『신집』 5권으로 편찬하였다.

05 도교   정답 ②

정답 분석

정답이 보이는 핵심 키워드
#고구려의 사신도 #백제 산수무늬 벽돌 #신선 사상 #불로장생

길잡이 | 삼국 시대 문화유산을 통해 도교에 대해 학습합니다.

도교는 **신선 사상**을 기반으로 노장 사상·유교·불교 및 여러 신앙 요소들을 받아들여 형성된 종교로, 불로장생을 추구하였다. 우리나라에서는 삼국 시대 때 전래되어 발전하였으며, 사후 세계를 수호하기 위한 방위신을 그려낸 **고구려의 사신도**와 산과 신선을 벽돌에 표현한 **백제의 산수무늬 벽돌**을 통해 살펴볼 수 있다.
② **고구려 연개소문**은 당 태종에게 **도사 파견**을 요청하여 숙달(叔達) 등 도사 8인과 『도덕경』을 얻었다. 또한, 왕실과 귀족을 배척하기 위해 도교를 국가의 종교로 삼아 불교보다 우위를 차지하게 하면서 왕실과 연결된 **불교를 억압하는 정책**을 펼쳤다.

선택지 풀이

① 간경도감에서 경전이 간행되었습니다.
조선 세조 때 불교 경전을 간행하기 위해 간경도감을 설치하였다.

③ 과거 시험의 교재로 사서집주가 채택되었습니다.
『사서집주』는 『논어』·『맹자』·『대학』·『중용』 등에 주석을 담아 편찬한 성리학의 기본 경전으로, 과거 시험의 교재로 채택되었다.

④ 범일이 9산 선문 중 하나인 사굴산문을 개창하였습니다.
통일 신라 말 지방 호족 세력의 지원을 바탕으로 선종 불교가 성행하였다. 9세기 중반에는 특정 사찰을 중심으로 한 선종 집단인 9산 선문이 형성되었고, 그중 사굴산문은 승려 범일이 개창하였다.

⑤ 주요 경전의 이름이 새겨진 임신서기석이 만들어졌습니다.
신라 중대에 세워진 것으로 추정되는 임신서기석에는 국학의 과목으로 습득해야 하는 유교 경전들의 이름과 유교 도덕에 대한 실천을 맹세하는 내용이 새겨져 있다.

06 원효 — 정답 ③

정답 분석

정답이 보이는 핵심 키워드
#일체유심조 #불교 #승려 #『금강삼매경론』#『대승기신론소』#일심 사상 #화쟁 사상

길잡이 | 불교 종파를 화합하고자 했던 신라 승려 원효에 대해 알아봅니다.

③ 신라의 **승려 원효**는 불교 종파의 대립과 분열을 종식시키고 화합을 이루기 위해 **일심 사상**과 **화쟁 사상**을 주장하였다. 또한, 불교의 대중화를 위해 불교의 교리를 쉬운 노래로 표현한 『무애가』를 지었으며, 불교의 사상적 이해 기준을 확립한 『금강삼매경론』, 『대승기신론소』 등을 저술하였다.

한 번 더 체크하러 가기 ▶ 미니북 19쪽

선택지 풀이

① 구법 순례기인 왕오천축국전을 남겼다.
  통일 신라의 승려 혜초는 인도와 중앙아시아를 순례하고 『왕오천축국전』을 저술하였다.

② 황룡사 구층 목탑의 건립을 건의하였다.
  신라 선덕 여왕 때 승려 자장이 주변 9개 민족의 침략을 부처의 힘으로 막고자 목탑 건립을 건의하여 황룡사 구층 목탑이 세워졌다.

④ 화랑도의 규범으로 세속 5계를 제시하였다.
  원광은 신라 진평왕 때 화랑도의 규범으로 사군이충(事君以忠)·사친이효(事親以孝)·교우이신(交友以信)·임전무퇴(臨戰無退)·살생유택(殺生有擇)의 내용이 담긴 세속 5계를 제시하였다.

⑤ 화엄일승법계도를 지어 화엄 사상을 정리하였다.
  신라의 승려 의상은 부석사를 중심으로 수많은 제자들을 양성하였으며, 『화엄일승법계도』를 지어 화엄 사상을 정리하고 화엄 교단을 세웠다.

07 발해 — 정답 ④

정답 분석

정답이 보이는 핵심 키워드
#고(구)려의 옛 장수 조영의 성은 대씨(大氏) #태백산 남쪽에서 나라를 세움

길잡이 | 대조영이 고구려를 계승하며 세운 발해에 대해 살펴봅니다.

발해는 **대조영**(고왕)이 고구려 유민들을 이끌고 동모산 기슭에 건국한 국가로, **고구려 계승의식**을 지니고 있었다.

④ 발해의 선왕은 영토를 크게 확장하여 지방 행정 제도를 5경 15부 62주로 마련하였다. 이때 발해는 최고의 전성기를 이루면서 주변 국들로부터 **해동성국**이라 불렸다.

한 번 더 체크하러 가기 ▶ 미니북 07쪽

선택지 풀이

① 군사 조직으로 9서당 10정을 편성하였다.
  통일 신라 신문왕은 중앙군을 9서당, 지방군을 10정으로 편성하여 군사 조직을 정비하였다.

② 정사암에 모여 국가 중대사를 논의하였다.
  백제의 귀족들은 정사암이라는 바위에 모여 회의를 통해 재상을 선출하고 국가의 중대사를 논의하였다.

③ 광평성을 비롯한 각종 정치 기구를 갖추었다.
  궁예는 후고구려를 건국하고 광평성을 중심으로 각종 정치 기구를 갖추어 장관인 광치나와 서사, 외서 등의 관원을 두었다.

⑤ 상수리 제도를 시행하여 지방 세력을 견제하였다.
  통일 신라는 지방 세력을 견제하기 위해 지방 호족의 자제 1명을 뽑아 중앙에서 머물게 하는 상수리 제도를 시행하였다.

암기의 key — 발해의 통치 체제

3성 6부제	• 당의 3성 6부제 수용, 명칭과 운영 방식은 독자적 • 정당성의 장관 대내상이 국정 총괄 • 6부의 명칭에 유교 이념 반영
주자감	최고 교육 기관, 유교 교육 실시
중정대	관리 감찰 담당
지방 체제	5경 15부 62주, 주현에 지방관 파견

08 최치원 — 정답 ③

정답 분석

정답이 보이는 핵심 키워드
#도당 유학생 #6두품 #시무책 10여 조

길잡이 | 통일 신라 6두품 출신 유학자 최치원에 대해 학습합니다.

최치원은 통일 신라 **6두품** 출신 유학자로, 당의 빈공과에 합격하여 관리 생활을 하였다. 통일 신라 말 **진성 여왕** 즉위 당시 귀족 간의 권력 다툼이 심화되어 왕권이 약화되었다. 이에 최치원은 **신라 정부의 개혁**을 위해 진성 여왕에게 **시무책 10여 조**를 올렸으나 받아들여지지 않았다.

③ '격황소서'는 최치원이 당에 있을 때의 작품을 간추린 문집인 『계원필경』 중 제11권 첫머리에 수록된 격문이다. 당에서 황소의 난이 발생하였을 때 황소에게 항복을 권유하기 위한 격문을 대필한 것으로, **문제와 형식이 뛰어나** 후세의 한학자들에게 많은 영향을 끼쳤다.

한 번 더 체크하러 가기 ▶ 미니북 22쪽

✅ 선택지 풀이

① 향가 모음집인 삼대목을 편찬하였다.
  통일 신라의 진성 여왕은 각간 위홍과 대구화상에게 향가 모음집인 『삼대목』을 편찬하게 하였다.

② 외교 문서인 청방인문표를 작성하였다.
  신라의 유학자인 강수는 고구려, 백제, 당에 보내는 외교 문서 작성을 전담하였다. 특히, 문무왕 때 당에 억류되어 있던 문무왕의 동생 김인문을 석방해 줄 것을 청한 「청방인문표」를 작성하여 풀려나도록 하였다.

④ 유식의 교의를 담은 해심밀경소를 저술하였다.
  신라의 승려 원측은 유식 사상을 주장하였으며, 『해심밀경』을 풀이한 주석서인 『해심밀경소』를 저술하였다.

⑤ 국왕에게 조언하는 내용의 화왕계를 저술하였다.
  통일 신라 6두품 출신 유학자인 설총은 임금과 충신, 간신을 꽃에 빗대어 우화로 표현한 「화왕계(花王戒)」를 지어 신문왕에게 바쳤다.

09 김주원의 왕위 계승전 실패   정답 ④

✅ 정답 분석

정답이 보이는 핵심 키워드
#김경신 #선덕왕이 죽음 #김주원

길잡이 | 김주원의 왕위 계승전 실패 사건을 통해 통일 신라 말의 상황을 탐구합니다.

④ **통일 신라 말 혜공왕**은 어린 나이로 즉위하여 수많은 **진골 귀족의 반란**을 겪었으며 이찬 김지정의 반란군에 의해 피살되었다(**혜공왕 피살**, 780). 혜공왕 사후, **김경신**과 **김주원**의 추대로 왕위에 오른 선덕왕이 후사가 없이 죽자 왕위 계승을 놓고 갈등이 발생하였다. 신하들이 논의한 결과 선덕왕의 조카였던 무열왕계 인물 김주원을 왕으로 세우기로 결정하였으나, 갑자기 큰 비가 내려 냇물이 불어나 김주원이 건너오지 못하였다. 이에 폭우가 내린 것은 하늘의 뜻이라는 의견이 나오면서 **김경신**(원성왕)이 **왕위를 계승**하게 되었다(785).

10 고려의 후삼국 통일   정답 ③

✅ 정답 분석

정답이 보이는 핵심 키워드
#고려의 후삼국 통일 #신숭겸 #공산 전투 #왕건 #고창 전투 #후백제군 #견훤 #고려에 귀순 #일리천 #신검

길잡이 | 고려의 후삼국 통일 과정을 살펴봅니다.

견훤의 후백제군이 신라의 금성을 급습하여 고려가 신라에 군사를 보내 도왔으나 공산 전투에서 패배하였다. 이때 **신숭겸**은 후백제군에 포위된 태조 왕건을 구출하고 전사하였다(**공산 전투**, 927). 공산 전투에서 승리한 견훤은 고창(안동)을 포위하여 공격하였으나 **왕건**에게 크게 패하였다(**고창 전투**, 930). 이후 후백제의 견훤이 넷째 아들인 금강을 후계자로 삼으려 하자 맏아들 신검이 금강을 죽이고 **견훤을 금산사에 유폐**시켰다. 견훤은 탈출하여 고려 왕건에게 투항하며 고려에 귀순하였고(**견훤의 고려 귀순**, 935), 견훤의 귀순 이후 신라의 경순왕도 고려에 투항하였다. 이후 신검의 후백제군과 왕건의 고려군이 일리천 일대에서 전투를 벌여 고려군이 크게 승리하면서 **후백제가 멸망**하고 고려는 **후삼국을 통일**하였다(**일리천 전투**, 936).

③ 고려 태조 때 신라 **경순왕** 김부가 스스로 고려에 투항하면서 신라가 멸망하였다. 태조는 김부에게 경주를 식읍으로 하사하고, 김부를 **경주의 사심관**으로 임명하였다(935).

한 번 더 체크하러 가기 ▶ 미니북 22쪽

✅ 선택지 풀이

① 안승, 보덕국왕으로 책봉되다
  신라 문무왕은 당 세력을 몰아내기 위해 신라로 망명한 고구려 보장왕의 아들 안승을 보덕국왕으로 책봉하고 금마저에 땅을 주어 고구려 부흥 운동을 지원하였다(674).

② 궁예, 국호를 태봉으로 바꾸다
  신라 왕족 출신인 궁예는 후고구려를 건국하였다(901). 건국 초기에는 국호를 마진으로 하였다가(904) 영토를 확장하여 철원으로 천도 후, 태봉으로 바꾸었다(911).

④ 윤충, 대야성을 공격하여 함락시키다
  백제 의자왕은 윤충에게 1만여 명의 병력을 주어 신라의 대야성을 비롯한 40여 개의 성을 함락시켰다(642).

⑤ 흑치상지, 임존성에서 부흥군을 이끌다
  백제의 멸망 이후 백제 장군 흑치상지는 임존성에서 백제 부흥 운동을 일으켜 소정방이 이끄는 당군을 격퇴하였다(660).

11 고려의 경제 상황 정답 ④

정답 분석

정답이 보이는 핵심 키워드
#다인철소 #특수 행정 구역 #소 #특정 물품 생산·공급 #일반 군현민에 비해 차별받음 #공주 명학소

길잡이 | 특수 행정 구역인 향·부곡·소가 있었던 고려 시대의 경제 상황에 대해 알아봅니다.

고려에는 일반 행정 구역인 주·부·군·현과는 구분되는 지방 **특수 행정 구역**인 **향·부곡·소**가 있었다. 향과 부곡에는 농민이 거주하였으며, 소에는 국가가 지정한 특정 물품을 생산하여 공급하였던 백성들이 살았다. 소의 주민들은 국자감 입학이나 과거 응시가 금지되는 등 일반 군현민에 비해 사회적으로 차별 대우를 받았고, 과중한 세금을 부담하였다.
④ 고려 문종 때 **경시서**를 설치하여 관리들이 수도 개경 시전의 상행위를 감독하도록 하였다.

한 번 더 체크하러 가기 ▶ 미니북 24쪽

선택지 풀이

① 특산품으로 솔빈부의 말이 유명하였다.
솔빈부는 발해의 지방 행정 구역인 15부 중 하나로, 당시 발해는 목축과 수렵이 발달하여 솔빈부의 말을 주변 국가에 특산품으로 수출하였다.

② 풍흉에 따라 9등급으로 전세를 거두었다.
조선 세종 때 풍흉의 정도에 따라 전세를 차등 부과하는 연분 9등법을 시행하였다.

③ 감자, 고구마 등의 작물이 널리 재배되었다.
조선 후기에 감자와 고구마가 전래되어 구황 작물로 재배되었다.

⑤ 설점수세제를 시행하여 민간의 광산 개발을 허용하였다.
조선 후기 효종 때 설점수세제를 시행하여 민간의 광산 개발을 허용하였다.

12 고려 불교사 정답 ③

정답 분석

정답이 보이는 핵심 키워드
#고려 불교사 #균여 #의천 #지눌 #요세 #혜심

길잡이 | 고려 승려들의 활동을 통해 고려 불교사의 흐름을 살펴봅니다.

• **균여**: 승려 균여는 사람들이 따라 부르기 쉬운 노래를 이용하여 『**보현십원가**』라는 향가를 지어 대중에게 어려운 불교의 교리를 전파하였다.

• **의천**: 승려 의천은 문종의 아들로, 이론의 연마와 수행을 강조하는 **교관겸수**를 바탕으로 교종과 선종의 불교 통합 운동을 전개하였다. 또한, 국청사를 중심으로 해동 천태종을 개창하였다.

• **요세**: 승려 요세는 강진 만덕사(백련사)에서 자신의 행동을 참회하는 **법화 신앙**에 중점을 두고 **백련 결사**를 제창하였다.

• **혜심**: 승려 혜심은 심성의 도야를 강조한 **유불 일치설**을 주장하여 성리학을 수용할 수 있는 사상적 토대를 마련하였다.

③ 보조국사 **지눌**은 승려들이 참선과 지혜를 함께 닦을 것을 호소하면서 『**권수정혜결사문**』을 작성하여 **정혜쌍수**와 **돈오점수**를 강조하였다.

한 번 더 체크하러 가기 ▶ 미니북 19쪽

암기의 key 고려의 대표적 승려

의천	• 교단 통합 운동: 해동 천태종 창시 • 교관겸수·내외겸전 주장: 이론 연마와 실천 강조
지눌	• 수선사 결사 운동(송광사): 독경과 선 수행, 노동에 힘쓰자는 운동 • 돈오점수·정혜쌍수 제창: 참선(선종)과 지혜(교종)를 함께 수행
요세	백련 결사 제창: 자신의 행동을 진정으로 참회하는 법화 신앙 강조
혜심	유불 일치설 주장: 심성의 도야를 강조하여 장차 성리학 수용의 사상적 토대 마련
균여	• 화엄종, 화엄사상 정비 • 향가 「보현십원가」 저술

13 고려 숙종 정답 ①

정답 분석

정답이 보이는 핵심 키워드
#남경에 궁궐을 지음 #주전도감 #해동통보

길잡이 | 왕권 강화를 꾀하였던 고려 숙종에 대해 학습합니다.

고려 숙종 때 남경이 설치되면서 남경의 궁궐이 완성되었다. 또한, 승려 의천의 건의에 따라 화폐 주조를 전담하는 주전도감을 설치하고, 해동통보·삼한통보·해동중보 등의 동전과 활구(은병)를 발행·유통하였다.
① 고려 **숙종** 때 부족을 통일한 여진이 고려의 국경을 자주 침입하자 **윤관**이 왕에게 건의하여 **신기군, 신보군, 항마군**으로 구성된 **별무반**을 창설하였다.

한 번 더 체크하러 가기 ▶ 미니북 08쪽

선택지 풀이

② 전국에 12목을 설치하고 관리를 파견하였다.
　성종은 최승로의 시무 28조를 받아들여 12목을 설치하고 지방 관리를 파견하였다.

③ 광덕, 준풍 등의 독자적인 연호를 사용하였다.
　광종은 공신과 호족의 세력을 약화시키고 왕권을 강화하고자 국왕을 황제라 칭하고 광덕, 준풍 등의 독자적인 연호를 사용하였다.

④ 거란의 침입에 대비하여 개경에 나성을 축조하였다.
　세 차례에 걸쳐 거란의 침입을 받은 고려는 이를 대비하고자 현종 때 강감찬의 건의를 받아들여 나성을 쌓아 개경을 방비하였다.

⑤ 정계와 계백료서를 지어 관리의 규범을 제시하였다.
　태조 왕건은 후대 왕들이 지켜야 할 정책 방향을 제시한 훈요 10조를 남기고, 『정계』와 『계백료서』를 통해 관리가 지켜야 할 규범을 제시하였다.

14 무신 정변 　　정답 ④

정답 분석

정답이 보이는 핵심 키워드
#거제 둔덕기성 #정중부 #폐위된 의종 #김보당

길잡이 | 고려 무신 정변에 대해 탐구합니다.

고려 의종이 무신들을 천대하고 향락에 빠져 실정을 일삼자 무신들의 불만이 쌓여갔다. 그러던 중 보현원에서 수박희를 하다가 대장군 이소응이 문신 한뢰에게 뺨을 맞는 사건이 발생하였고, 이를 계기로 분노가 폭발한 **무신**들이 **정변**을 일으켰다. **정중부**와 이의방을 중심으로 조정을 장악한 무신들은 의종을 폐위하여 거제도로 추방한 뒤 명종을 즉위시켰다. 동북면 병마사로 있던 고려의 **문신 김보당**은 무신 정변으로 정권을 잡은 정중부, 이의방 등을 토벌하고 **폐위된 의종을 다시 세우고자** 난을 일으켰으나 실패하였다.
④ 고려 무신 정권 시기 서경유수 **조위총**은 군사를 일으켜 정중부 등의 무신 집권자들을 제거하려 하였으나 실패하였다.

선택지 풀이

① 정동행성이 설치되는 배경을 살펴본다.
　충렬왕 때 원은 고려를 일본 원정에 동원하기 위해 정동행성을 설치하고 여몽 연합군을 구성하였다.

② 철령위 설치에 대한 최영의 대응을 검색한다.
　우왕 때 명이 원의 쌍성총관부가 있던 철령 이북의 땅에 철령위를 설치하겠다며 반환을 요구하였다. 이에 고려가 반발하면서 최영을 중심으로 요동 정벌이 추진되었다.

③ 칭제 건원과 금국 정벌을 주장한 인물을 찾아본다.
　대표적인 서경파인 묘청과 정지상은 서경 천도와 칭제 건원, 금국 정벌 등을 주장하였다.

⑤ 이성계 등 신흥 무인 세력이 성장하는 과정을 조사한다.
　고려 말 홍건적과 왜구의 침입으로 어수선한 상황에서 고려를 위해 싸운 무인 세력들이 중요한 정치 세력으로 성장하였다.

15 대몽 항쟁 　　정답 ④

정답 분석

정답이 보이는 핵심 키워드
#최우 #강화도 #김방경 #진도를 토벌 #김통정 #탐라

길잡이 | 고려의 대몽 항쟁에 대해 학습합니다.

(가) **최우의 강화 천도**(1232): 최씨 무신 정권 시기에 **몽골**이 침입하자, 고려 고종과 당시 실권자였던 최우는 강화도로 천도하여 몽골에 대한 **장기 항전을 준비**하였다.
(나) **삼별초의 대몽 항쟁**(1270~1273): 고려 정부가 강화도에서 **개경**으로 환도하면서 몽골과 강화를 성립하자, **배중손**은 이에 반발하며 **삼별초**를 이끌고 **진도** 용장산성에서 항전하였다. 이에 고려 무신 **김방경**이 진도의 삼별초를 진압하였으나, 일부 삼별초는 **김통정**의 지휘 아래 **탐라**(제주도)로 들어가 성을 쌓고 **대몽 항쟁**을 이어 나갔다.
④ 몽골의 2차 침입 때 승장 **김윤후**가 이끄는 민병과 승군이 **처인성**에서 몽골군에 대항하여 적장 **살리타를 사살**하면서 승리를 거두었다(1232).

한 번 더 체크하러 가기 ▶ 미니북 23쪽

선택지 풀이

① 양규가 곽주성을 급습하여 탈환하였다.
　강조의 정변을 구실로 2차 침입한 거란군이 곽주에 막강한 병력을 주둔시키면서 고려의 성들이 고립되는 위기에 처하였다. 이에 양규는 흥화진에서 일부 군사들을 이끌고 곽주성을 급습하여 거란군을 물리쳐 탈환하였다(1010).

② 최무선이 진포에서 왜구를 격퇴하였다.
　우왕 때 진포에 왜선 500여 척이 나타나자 최무선은 자신이 설계한 80여 척의 병선과 우리나라 최초의 화약 병기인 화통, 화포로 왜구를 격퇴하였다(1380).

③ 강조가 정변을 일으켜 국왕을 폐위하였다.
　고려 무신 강조는 천추태후와 그의 정부 김치양으로 인한 국가의 혼란을 바로잡고자 정변을 일으켜 목종을 폐위시키고 현종을 옹립하였다(1009).

⑤ 이자겸과 척준경이 반란을 일으켜 궁궐을 불태웠다.
　인종 때 문벌 귀족 이자겸이 왕의 외척으로서 최고 권력을 누리며 왕의 자리까지 넘보자 인종은 이자겸을 제거하려 하였으나 실패하였다. 이에 이자겸은 척준경과 함께 난을 일으켰다(1126).

16 원 간섭기 사회 모습   정답 ③

✓ 정답 분석

정답이 보이는 핵심 키워드
#응방 #겁령구 #공주가 장차 입조 #양가의 자녀들을 선발 #원망하며 우는 소리

길잡이 | 고려 원 간섭기의 사회 모습을 탐구합니다.

고려 원 간섭기에는 원에게 조공품을 보내기 위해 매의 사냥과 사육을 위한 **응방**이라는 관청을 두었다. 따라서 매 사육, 몽골어 구사 등 원에게 실용성 있는 능력을 가진 이들이 부원파가 되어 세력을 키웠다. 또한, 원의 공주를 따라온 사속인인 **겁령구**가 공주의 위세에 힘입어 고려에서 세력을 키우며 백성들의 토지와 재물을 약탈하기도 하였다. 충렬왕 때에는 원의 공주이자 충렬왕의 비인 제국 대장 공주가 입조하여 원 황제를 뵙고자 고려의 처녀들을 **공녀**로 원에 데려가 고려에는 원망하며 우는 소리가 가득하였다.
③ 고려 원 간섭기 때 지배층을 중심으로 몽골의 풍습인 **변발**과 **호복** 등이 유행하였다.

한 번 더 체크하러 가기 ▶ 미니북 23쪽

✓ 선택지 풀이

① 최충이 9재 학당을 설립하였다.
   고려 문종 때 최충이 설립한 9재 학당은 사학 12도 중 가장 번성하여 많은 후진을 양성하였으며(1068), 최충의 사후 그의 시호를 바탕으로 문헌공도라 칭하였다.

② 만적이 개경에서 반란을 모의하였다.
   고려 무신 정권 시기에 최충헌의 사노비인 만적이 신분 차별에 항거하여 개경에서 반란을 모의하였으나 사전에 발각되어 실패하였다(1198).

④ 국난 극복을 기원하며 초조대장경이 조판되었다.
   고려 현종 때 거란의 침입을 불력으로 물리치고자 우리나라 최초의 대장경인 초조대장경을 제작하기 시작하였다(1011).

⑤ 기근에 대비하기 위하여 구황촬요가 간행되었다.
   조선 명종 때 흉년으로 기근이 극심해지자 이로 인해 발생한 각종 문제를 대비하는 방법을 정리한 『구황촬요』를 간행하였다(1554).

17 조선 태종   정답 ④

✓ 정답 분석

정답이 보이는 핵심 키워드
#삼공신회맹문 #왕자의 난 #개국공신 #정사공신 #좌명공신

길잡이 | 왕자의 난을 일으킨 조선 태종에 대해 알아봅니다.

조선 건국 이후 왕위 계승권을 둘러싸고 태조 이성계의 아들 사이에서 **두 차례 왕자의 난**이 일어났다. 제1차 왕자의 난에서 **이방원**은 이방석의 세자 책봉을 주장한 정도전 등을 제거하였다. 이후 이방원과 이방간 사이에 벌어진 제2차 왕자의 난에서 이방원이 권력을 잡으면서 **태종**으로 즉위하였다.
④ 조선 태종은 문하부 산하의 **낭사**를 **사간원**으로 따로 **독립**시켜 신하들을 견제하는 기능을 하도록 하였다.

한 번 더 체크하러 가기 ▶ 미니북 09쪽

✓ 선택지 풀이

① 경국대전을 완성하여 통치 체제를 정비하였다.
   세조 때 편찬되기 시작한 『경국대전』은 조선의 기본 법전으로, 성종 때 완성되어 반포되었다.

② 초계문신제를 시행하여 문신들을 재교육하였다.
   정조는 인재 양성을 위하여 새롭게 관직에 오르거나 기존 관리들 중 능력 있는 문신들을 규장각에서 재교육시키는 초계문신제를 실시하였다.

③ 길주를 근거지로 일어난 이시애의 난을 진압하였다.
   세조는 함길도 호족 출신 이시애가 함길도민을 규합하여 함길도 길주에서 일으킨 반란을 진압하였다.

⑤ 붕당의 폐해를 경계하기 위한 탕평비를 건립하였다.
   영조는 붕당 정치의 폐해를 막고 능력에 따른 인재를 등용하기 위해 탕평책을 실시하고, 성균관에 탕평비를 건립하였다.

18 김종서   정답 ①

✓ 정답 분석

정답이 보이는 핵심 키워드
#함길도 #『야연사준도』 #병마도절제사 #문종 #『고려사절요』 편찬 총괄 #계유정난 때 살해됨

길잡이 | 조선의 문신 김종서의 업적에 대해 파악합니다.

조선의 문신 **김종서**는 문종 때 고려의 역사를 서술한 편년체 형식의 **『고려사절요』**를 편찬하였다. 단종의 즉위년에는 좌의정으로서 단종을 모시다가 세조가 일으킨 **계유정난**에 의해 살해되었다.
① 함길도 병마도절제사였던 김종서는 세종의 명으로 두만강 하류 지역에 **6진**을 개척하여 조선의 국경선을 확장하였다.

한 번 더 체크하러 가기 ▶ 미니북 09쪽

✓ 선택지 풀이

② 탄금대에서 배수의 진을 치고 싸웠다.
   임진왜란이 발발하자 신립은 충주 탄금대에서 배수의 진을 치고 맞서 싸웠으나 왜군에 크게 패하여 강물에 몸을 던져 자결하였다.

③ 조총 부대를 이끌고 나선 정벌에 나섰다.
조선 효종 때 러시아가 만주 지역까지 침략해오자 청은 조선에 원병을 요청하였고, 조선에서는 두 차례에 걸쳐 조총 부대를 출병시켜 나선 정벌을 단행하였다.

④ 왜구의 근거지인 쓰시마섬을 정벌하였다.
조선 세종은 왜구의 침입이 빈번하자 이종무를 보내 왜구의 근거지인 쓰시마섬을 정벌하였다.

⑤ 외교 담판을 통해 강동 6주를 획득하였다.
고려 성종 때 거란이 침략하자 서희가 소손녕과의 외교 담판을 통해 강동 6주를 획득하였다.

19 조선 성종 정답 ③

정답 분석

정답이 보이는 핵심 키워드
#예문관 #옛 집현전의 직제 분리 #홍문관으로 이관 #경연

길잡이 ┃ 조선 성종의 재위 시기에 있었던 사실에 대해 탐구합니다.

조선 성종은 세조 때 폐지한 집현전을 계승하여 **홍문관**을 설치하였다. 홍문관은 옥당·옥서 등의 별칭으로 불리기도 하였으며, 왕의 자문 역할과 **경연, 경서, 사적 관리** 등의 업무를 담당하였다.
③ 조선 성종 때 국가 의례 정비 사업의 일환으로 오례(五禮)의 예법과 절차 등을 그림과 함께 정리하여 **『국조오례의』**를 편찬하였다.

한 번 더 체크하러 가기 ▶ 미니북 09쪽

선택지 풀이

① 국왕의 친위 부대인 장용영이 설치되었다.
정조는 국왕 친위 부대인 장용영을 설치하여 왕권을 강화하였다.

② 백운동 서원이 사액을 받아 소수 서원이 되었다.
중종 때 풍기 군수 주세붕이 세운 최초의 서원인 백운동 서원은 명종 때 이황의 건의로 사액을 받아 최초의 사액 서원이 되었다.

④ 통치 체제를 정비하기 위해 속대전이 편찬되었다.
영조는 『경국대전』 편찬 이후에 시행된 법령을 통합한 『속대전』을 편찬하여 통치 체제를 정비하였다.

⑤ 수조권이 세습되던 수신전과 휼양전이 폐지되었다.
세조 때 관리의 유가족에게 세습되었던 수신전과 휼양전을 폐지하고 직전법을 실시하여 현직 관리에게만 토지의 수조권을 지급하였다.

20 조광조의 개혁 정치 정답 ③

정답 분석

정답이 보이는 핵심 키워드
#조광조 #소격서가 요사하고 허탄함 #천거로 인재를 뽑는 일 #현량과

길잡이 ┃ 사림 세력인 조광조의 개혁 정치에 대해 살펴봅니다.

③ **조선 중종** 때 등용된 **조광조**를 비롯한 사림 세력은 도교를 이단으로 배척하였다. 이에 따라 궁중 도교 행사인 초제를 주관하는 **소격서의 폐지**를 주장하여 이를 혁파하였다. 또한, **현량과 실시, 반정 공신의 위훈 삭제** 등의 급진적인 개혁을 실시하였다. 이에 반발한 훈구 세력들이 주초위왕 사건을 일으켜 **기묘사화**가 발생하면서 조광조를 비롯한 사림들이 피해를 입었다.

한 번 더 체크하러 가기 ▶ 미니북 42쪽

선택지 풀이

① 호포제를 실시한 배경을 조사한다.
흥선 대원군은 군정의 문란을 해결하기 위해 호포제를 실시하여 양반에게도 군포를 부과하였다.

② 기해예송의 전개 과정과 결과를 파악한다.
현종 때 발생한 기해예송은 효종의 국상 당시 인조의 계비인 자의 대비의 복상 문제를 놓고 효종의 왕위 계승에 대한 정통성과 관련하여 서인과 남인 사이에 발생하였다. 자의 대비의 복상 기간에 대해 서인은 1년, 남인은 3년으로 주장하였으나 서인이 승리하였다.

④ 정여립 모반 사건을 계기로 동인이 입은 피해를 찾아본다.
선조 때 발생한 정여립 모반 사건으로 기축옥사가 일어나 서인이 정국을 주도하게 되었고, 이때 피해를 입은 동인이 북인과 남인으로 분화되었다.

⑤ 인현 왕후가 폐위되고 남인이 권력을 차지한 사건을 알아본다.
숙종 때 희빈 장씨의 소생에 대한 원자 책봉 문제로 기사환국이 발생하여 서인이 물러나고 남인이 집권하였다. 이때 서인 세력의 영수인 송시열이 사사되고 중전이었던 인현 왕후가 폐위되었다.

21 임진왜란 정답 ①

정답 분석

정답이 보이는 핵심 키워드
#홍계남 #의병 #고경명 #조헌 #『쇄미록』

길잡이 ┃ 의병의 활약이 컸던 임진왜란에 대해 알아봅니다.

조선 선조 때 왜군이 침입하여 **임진왜란**이 발발하였다(1592). 이에 농민, 전직 관리, 사림, 승려 등이 자발적으로 **의병**을 조직하여 왜군에 맞섰다. 안성에서는 홍계남, 금산에서는 고경명과 조헌 등 많은 의병이 왜군에 대항하였으며, 전라도의 김천일, 함경도(길주)의 정문부, 경상도의 곽재우, 금강산의 사명 대사(유정) 등이 의병장으로 활약하였다.

① **유성룡**은 선조에게 건의하여 포수, 사수, 살수의 삼수병으로 구성된 **훈련도감**을 설치하였으며(1593), 이후 임진왜란 당시의 기록을 담은 『징비록』을 저술하였다.

한 번 더 체크하러 가기 ▶ 미니북 32쪽

✓ 선택지 풀이

② 왕이 도성을 떠나 남한산성으로 피란하였다.
후금이 청으로 국호를 바꾸고 조선에게 군신 관계를 요구하였지만, 거부당하자 병자호란을 일으켰다. 이때 인조는 강화도로 피신하려 했으나 도중에 길이 막혀 남한산성으로 피란하였다(1636).

③ 송시열, 이완 등을 중심으로 북벌이 추진되었다.
인조 때 후금과의 관계가 악화되자 국방력 강화를 위해 어영청을 창설하여 국왕을 호위하게 하였다(1623). 이후 효종은 어영청을 중심으로 송시열, 이완 등과 함께 북벌을 추진하였다.

④ 국방 문제를 논의하기 위해 비변사가 신설되었다.
중종 때 외적의 침입에 대비하기 위해 임시 기구로 비변사가 신설되었고(1510), 명종 때 을묘왜변을 계기로 상설 기구화되었다(1555).

⑤ 제한된 범위의 무역을 허용한 계해약조가 체결되었다.
세종은 대마도주의 요구를 받아들여 부산포, 제포, 염포의 3포를 개방하였고, 이후 제한된 범위 내에서 일본과의 무역을 허용하는 계해약조를 체결하였다(1443).

22 불교 문화유산   정답 ⑤

✓ 정답 분석

정답이 보이는 핵심 키워드
#유네스코 #보은 법주사 #영주 부석사 #안동 봉정사 #합천 해인사 #순천 선암사

길잡이 | 유네스코 세계 유산에 등재된 사찰을 중심으로 불교 문화 유산을 학습합니다.

(가) **보은 법주사**에는 오층 목조탑인 **팔상전**이 있다. 팔상전은 우리나라 목조 건축물 중 가장 높고 **현존하는 유일한 조선 시대 목조탑**이며, 내부에는 부처의 일생을 그린 **팔상도**가 있다.
(나) **영주 부석사**에는 **고려 시대 목조 건물**인 **무량수전**이 있다. 부석사 무량수전은 기둥의 중간 부분은 두껍게 하고 위와 아래로 갈수록 굵기가 점차 줄어드는 **배흘림기둥**이 사용되었고, 지붕 처마를 받치기 위한 구조인 공포가 기둥 위에만 있는 **주심포 양식**으로 제작되었다.

(다) **안동 봉정사**에는 우리나라 최고(最古)의 목조 건물인 극락전이 있다. **봉정사 극락전은 고려 시대 건축물**로 **주심포 양식**으로 지어졌으며, 지붕의 형태는 **맞배지붕**이다.
(라) **합천 해인사**에는 고려 시대 부처의 힘으로 몽골군을 물리치길 기원하며 제작한 **팔만대장경판**을 보관하고 있는 **장경판전**이 있다.

⑤ **무구정광대다라니경**은 경주 **불국사 삼층 석탑**의 해체 보수 과정에서 발견된 **세계 최고(最古)의 목판 인쇄물**이다.

한 번 더 체크하러 가기 ▶ 미니북 45쪽

23 대동법   정답 ②

✓ 정답 분석

정답이 보이는 핵심 키워드
#이원익 #경기도에서 시행 #방납의 폐단을 막음 #공물을 현물 대신 #토지의 결 수에 따라 쌀로 납부

길잡이 | 조선 광해군 때 시행된 대동법에 대해 살펴봅니다.

ㄱ, ㄷ. **조선 광해군 때 방납의 폐단**으로 국가 재정이 악화되고 농민의 부담이 커지자 **이원익**이 해결 방법으로 **대동법** 시행을 건의하였다. 이에 **선혜청**을 설치하고 대동법을 실시하여 **토지의 결 수**에 따라 **쌀로 공납**을 납부하게 하고 삼베, 무명, 동전 등을 공납 대신 징수하였다. 지주들의 반발이 심하여 **경기도**에서만 처음 시행되었다가, 숙종 때 이르러 평안도와 함경도를 제외하고 **전국적**으로 실시되었다. 조선 후기 대동법의 시행으로 인해 국가에서 필요한 물품을 관청에 직접 조달하는 **공인**이 등장하게 되었다.

한 번 더 체크하러 가기 ▶ 미니북 10, 43쪽

✓ 선택지 풀이

ㄴ. 재정을 보충하기 위해 지주에게 결작을 부과하였다.
ㄹ. 어장세, 선박세 등이 국가 재정으로 귀속되는 결과를 가져왔다.
조선 후기 군역으로 인한 농민들의 부담이 가중되자 영조는 균역법을 제정하였다. 이로 인해 감소된 재정을 보충하기 위해 지주에게 결작을 부과하고, 어장세·선박세·염세 등의 잡세를 걷어 국가 재정으로 귀속하였다.

24 조선 정조 — 정답 ②

정답 분석

정답이 보이는 핵심 키워드
#서얼들을 적자와 똑같이 대우 #규장각 검서관 #이덕무, 박제가, 유득공, 서이수

길잡이 | 서얼 출신 학자들을 검서관에 등용하였던 조선 정조의 정책을 학습합니다.

조선 태종 때 **서얼 금고법**을 제정하여 양반의 자손이라도 **서얼**(첩의 자식)인 경우 관직에 진출할 수 없도록 하였다. 이로 인해 뛰어난 재능을 지녔음에도 능력을 펼치지 못하는 경우가 많았다. 정조는 이러한 상황을 극복하기 위해 **이덕무, 박제가, 유득공** 등의 서얼을 **규장각 검서관**으로 등용하였다.

② 정조는 **수원 화성**을 축조하여 사도세자의 묘를 옮기고 국왕 친위 부대인 장용영의 외영을 설치하는 등 정치적·군사적 기능을 부여하였다. 수원 화성 축조에 사용된 **거중기**는 공사 기간과 비용을 줄이는 데 기여하였다.

> 한 번 더 체크하러 가기 ▶ 미니북 10쪽

선택지 풀이

① 왕권 강화를 위해 6조 직계제가 시행되었다.
태종은 왕권을 강화하여 국왕 중심의 통치 체제를 확립하고자 6조 직계제를 시행하여 6조에서 의정부를 거치지 않고 국왕이 바로 재가를 내리도록 하였다. 이후 세종 때 의정부의 권한을 강화한 의정부 서사제를 채택하였다가 세조가 다시 6조 직계제를 부활시켰다.

③ 청과 국경을 정하는 백두산정계비가 건립되었다.
숙종 때 간도 지역을 두고 청과 국경 분쟁이 발생하자 두 나라 대표가 백두산 일대를 답사하고 국경을 확정하여 백두산정계비를 건립하였다.

④ 통치 체제를 정비하기 위해 대전회통이 편찬되었다.
흥선 대원군은 정조 때 편찬된 『대전통편』을 보완하고 각종 조례를 정리한 법전인 『대전회통』을 편찬하여 통치 체제를 정비하였다.

⑤ 삼정의 문란을 시정하기 위한 삼정이정청이 설치되었다.
철종 때 임술 농민 봉기의 수습을 위해 파견된 안핵사 박규수는 원인이 삼정의 문란에 있다고 보고 삼정이정청을 설치하였다.

암기의 key — 정조의 개혁 정책

탕평책	적극적인 탕평책(준론 탕평): 붕당과 신분을 가리지 않고 인재 등용
왕권 강화 정책	• 초계문신제 시행: 새로운 관리 및 하급 관리 중 유능한 인재들의 재교육 목적 • 규장각 설치 및 육성: 인재 양성, 정책 연구 기능, 왕실 도서관이자 왕을 보좌하는 업무 담당 • 장용영 설치: 왕의 친위 부대, 왕권의 군사적 기반 강화 • 수원 화성 건립: 정치적·군사적 기능 부여, 상업 활동 육성
문물제도 정비	• 서얼 차별 완화: 서얼 출신을 규장각 검서관에 등용 (이덕무, 박제가, 유득공 등) • 신해통공: 육의전을 제외한 시전 상인의 금난전권 폐지 • 편찬: 『대전통편』, 『동문휘고』, 『무예도보통지』 등

25 조선 후기 경제 상황 — 정답 ②

정답 분석

정답이 보이는 핵심 키워드
#만상 #송상 #밀무역

길잡이 | 상공업이 발달한 조선 후기 경제 상황에 대해 파악합니다.

조선 후기 상업의 발달로 등장한 사상이 전국 각지에서 활발한 상업 활동을 전개하였다. 그중 개성의 **송상**과 의주의 **만상**과 같은 사상들이 **사무역**인 책문 후시를 통해 청과의 무역 활동을 주도하면서 성장하였다.

② 고려 시대의 국제 무역항으로 번성하였던 벽란도는 예성강 하구에 위치하였고, 이곳을 통해 송·아라비아 상인들과 교역을 전개하였다.

> 한 번 더 체크하러 가기 ▶ 미니북 24쪽

선택지 풀이

① 채굴 노동자를 고용하는 덕대
조선 후기에 광산 개발이 활성화되면서 채굴 노동자를 고용하고 물주로부터 자금을 지원받아 전문적으로 광산을 경영하는 덕대가 등장하였다.

③ 상평통보로 물건을 거래하는 보부상
조선 후기 상공업이 발달함에 따라 금속 화폐인 상평통보가 전국적으로 유통되었다.

④ 포구에서 물품의 매매를 중개하는 여각
조선의 대외 무역 규모가 커지면서 포구에는 물품의 매매를 중개하는 여각을 비롯하여 객주, 술집, 대장간 등 각종 수공업 점포가 발달하였다.

⑤ 담배, 인삼 등 상품 작물을 재배하는 농민
장시가 증가하고 상품 유통 경제가 발달하면서 농민들이 담배, 인삼, 목화, 고추 등 상품 작물을 활발하게 재배하였다.

26 박지원 　　　　　　　　　　정답 ④

✓ 정답 분석

> **정답이 보이는 핵심 키워드**
> #조선 후기 실학자 #『열하일기』 #상공업 진흥 #청의 문물 수용 #화폐 유통의 필요성

> **길잡이** | 조선 후기 북학파 실학자였던 박지원에 대해 살펴봅니다.

- **홍대용**: 조선 후기 중상학파 실학자로 『**의산문답**』을 통해 **지전설**과 **무한 우주론**을 주장하며, **중국 중심의 성리학적 세계관을 비판**하였다.
- **이익**: 조선 후기 중농학파 실학자로 『**성호사설**』을 통해 한 가정의 생활을 유지하는 데 필요한 규모의 토지를 **영업전**으로 정하고, 영업전의 매매를 금지하는 **한전론**을 주장하였다.
- **박지원**: 조선 후기 청의 문물 수용을 주장하였던 **북학파 실학자**이다. 그는 **청**에 다녀온 뒤 『**열하일기**』를 저술하여 상공업의 진흥과 화폐 유통의 필요성을 주장하였으며, 교역의 중요성을 인식하여 수레와 선박의 이용을 권장하였다.
- ④ 박지원은 「**양반전**」, 「허생전」, 「호질」 등을 통해 **양반의 허례와 무능**을 **풍자**하고 비판하였다.

　　　　　　　　　　한 번 더 체크하러 가기 ▶ 미니북 16쪽

✓ 선택지 풀이

① 북한산비가 진흥왕 순수비임을 고증하였다.
　철종 때 김정희는 금석학 연구를 통해 『금석과안록』을 저술하여 북한산비가 진흥왕 순수비임을 고증하였다.

② 청으로부터 시헌력을 도입하자고 건의하였다.
　인조 때 김육은 청으로부터 태음력에 태양력의 원리를 적용하여 24절기의 시각과 하루의 시각을 정밀하게 계산하여 만든 역법인 시헌력의 도입을 건의하였다.

③ 우서에서 사농공상의 직업적 평등을 주장하였다.
　영조 때 중상학파 실학자 유수원은 『우서』를 저술하여 사농공상의 직업적 평등을 주장하고, 상공업의 진흥과 기술의 혁신을 강조하였다.

⑤ 10리마다 눈금을 표시한 대동여지도를 완성하였다.
　철종 때 김정호는 10리마다 눈금을 표시하여 거리를 알 수 있게 한 『대동여지도』를 제작하였으며, 이는 목판으로 만들어져 대량 인쇄가 가능하였다.

암기의 key　조선 후기 대표 실학자와 저서

중농학파	유형원	『반계수록』
	이익	『성호사설』, 『곽우록』
	정약용	『목민심서』, 『경세유표』, 『흠흠신서』
중상학파	유수원	『우서』
	홍대용	『의산문답』, 『임하경륜』, 『연기』
	박지원	『열하일기』, 「양반전」, 「허생전」
	박제가	『북학의』

27 김홍도 　　　　　　　　　　정답 ①

✓ 정답 분석

> **정답이 보이는 핵심 키워드**
> #조선 후기 대표적 풍속 화가 #단원

> **길잡이** | 조선 후기 대표적 풍속 화가인 단원 김홍도의 작품을 학습합니다.

조선 후기 대표적 풍속 화가인 **단원 김홍도**는 도화서 출신으로 서민을 주인공으로 하여 농촌의 생활상을 나타내는 **풍속화**를 주로 그렸다. 「**행려풍속도병**」은 그의 대표적인 풍속화로 총 8폭의 병풍으로 꾸며져 있으며, 나그네가 나귀를 타고 산천을 유람하며 지방의 풍속을 살펴보는 모습이 나타난다.

① 김홍도의 「**씨름**」은 조선 시대 풍속화를 대표하는 작품으로, 그림 중심에 두 사람의 씨름꾼을 그려 넣고 위아래로 두 무리의 구경꾼을 배치하는 등 빈틈없이 짜인 구성과 간결한 붓질로 인물의 표정과 분위기를 묘사하였다.

　　　　　　　　　　한 번 더 체크하러 가기 ▶ 미니북 47쪽

✓ 선택지 풀이

② 정선의 「금강전도」
　조선 후기 화가 겸재 정선의 대표적인 진경산수화이다.

③ 김득신의 「파적도」
　조선 후기 화가 김득신의 풍속화이다.

④ 신윤복의 「월하정인」
　조선 후기 화가 신윤복이 그린 풍속화이다.

⑤ 강세황의 「영통동구도」
　조선 후기 화가 강세황이 송도(지금의 개성)를 여행하면서 그린 진경산수화이다.

28 오페르트 도굴 사건   정답 ②

✓ 정답 분석

정답이 보이는 핵심 키워드
#정족산성 #양헌수 #미국 배 #광성진 #어재연

길잡이 ┃ 병인양요와 신미양요 사이에 일어난 오페르트 도굴 사건을 알아봅니다.

(가) **병인양요**(1866): **병인박해**를 빌미로 **로즈 제독**이 이끄는 **프랑스군**이 강화도 양화진을 점령하며 병인양요가 발생하였다. 이에 **양헌수 부대**는 **정족산성**에서 프랑스군을 기습하여 승리를 거두었다.

(나) **신미양요**(1871): **제너럴셔먼호 사건**을 구실로 **미국의 로저스 제독**이 함대를 이끌고 강화도를 공격하여 신미양요가 발생하였다. 미군은 강화도 **덕진진**을 점거한 후 **광성진**으로 진격하였고, 이에 **어재연**이 맞서 싸우다가 전사하는 등 조선군은 수많은 사상자를 내며 패배하였다. 이후 미국은 조선에 개항을 요구하였으나 **흥선 대원군의 강력한 통상 수교 거부 정책**으로 인해 함대를 철수하였다.

② 독일 상인 **오페르트**는 충남 예산군 덕산면에 위치한 흥선 대원군의 아버지 **남연군의 묘**를 **도굴**하려다가 실패하였다(1868).

한 번 더 체크하러 가기 ▶ 미니북 11, 33쪽

✓ 선택지 풀이

① 일본 군함 운요호가 영종도를 공격하였다.
일본 군함인 운요호가 강화도 초지진에 침입해 공격한 후 영종도에 상륙해 조선인들을 죽이거나 약탈하는 등의 만행을 저질렀다(1875).

③ 마젠창과 묄렌도르프가 고문으로 파견되었다.
임오군란 이후 청은 조선에 대한 내정 간섭을 강화하고자 마젠창과 독일인 묄렌도르프를 정치 및 외교 고문으로 파견하였다(1882).

④ 영국군이 러시아를 견제하기 위해 거문도를 점령하였다.
영국은 조선에 대한 러시아의 세력 확장을 저지하기 위해 거문도를 불법으로 점령하였다(1885).

⑤ 황사영이 외국 군대의 출병을 요청하는 백서를 작성하였다.
조선 순조 때 천주교 전파에 앞장섰던 실학자들과 많은 천주교 신자들이 신유박해로 피해를 입게 되었다. 이후 황사영은 베이징에 있는 주교에게 조선으로 군대를 보내 달라는 내용의 편지를 보내려다 발각되어 더욱 큰 탄압을 받았다(1801).

암기의 key 흥선 대원군 집권 시기의 역사적 사건

병인박해(1866) → 제너럴셔먼 사건(1866) → 병인양요(1866) → 오페르트 도굴 사건(1868) → 신미양요(1871) → 척화비 건립(1871)

29 조미 수호 통상 조약   정답 ①

✓ 정답 분석

정답이 보이는 핵심 키워드
#보빙사 #전권 대신 민영익 #부대신 홍영식 #미국 공사가 부임 #근대 시설 시찰

길잡이 ┃ 보빙사 파견의 계기가 되었던 조미 수호 통상 조약의 내용을 파악합니다.

조미 수호 통상 조약이 체결된 후 조선 주재 **미국 공사**가 파견되자 조선 정부는 답례로 미국에 **보빙사**를 파견하였다. 민영익, 홍영식, 서광범을 중심으로 구성된 보빙사는 서양 국가에 파견된 최초의 사절단으로 40여 일간 미국 대통령을 만나고 다양한 근대 시설을 시찰하였다.

① 조미 수호 통상 조약은 **조선이 서양 국가와 맺은 최초의 조약**으로, 관세 자주권을 최초로 확보하였다. 그러나 **최혜국 대우**를 처음으로 규정하고, **치외 법권**, 국가 간의 분쟁을 제3국이 해결하는 **거중 조정 조항** 등이 포함된 **불평등 조약**이었다.

한 번 더 체크하러 가기 ▶ 미니북 11쪽

✓ 선택지 풀이

② 통감부가 설치되는 계기가 되었다.
일본의 강압으로 을사늑약이 체결되어 대한 제국의 외교권이 박탈되고 통감부가 설치되었다.

③ 천주교 포교 허용의 근거가 되었다.
조선과 프랑스가 조불 수호 통상 조약을 체결하면서 천주교 포교가 허용되었다.

④ 재정 고문을 두도록 하는 조항을 담고 있다.
일본과 맺은 제1차 한일 협약을 통해 대한 제국은 외국인 고문을 고용하게 되었다. 이 조약에 따라 스티븐스는 외교 고문, 메가타는 재정 고문으로 임명되어 대한 제국의 내정에 간섭하였다.

⑤ 부산, 원산, 인천이 개항되는 결과를 가져왔다.
강화도 조약은 우리나라 최초의 근대적 조약이자 일본인에 대한 치외 법권과 해안 측량권을 포함한 불평등 조약으로, 일본의 요구에 따라 부산, 원산, 인천 3곳을 개항하였다.

30 갑신정변   정답 ③

✓ 정답 분석

정답이 보이는 핵심 키워드
#우정총국 개국 축하연 #청과의 사대 관계 청산 #급진 개화파 #개혁 정강 #청군의 개입 #3일 만에 실패 #김옥균

길잡이 ┃ 급진 개화파들이 새로운 세상을 꿈꾸며 일으킨 갑신정변을 확인합니다.

김옥균, 박영효, 서광범 등을 중심으로 한 **급진 개화파**는 일본의 군사적 지원을 약속받고 **우정총국 개국 축하연** 자리에서 **갑신정변**을 일으켰다. 이들은 국왕과 왕후를 경우궁으로 옮기고 수구파 고관들을 살해하여 정권을 장악하였다. 이후 **14개조 개혁 정강**을 발표하여 **청과의 사대 관계 청산**, 입헌 군주제, 능력에 따른 인재 등용 등의 개혁을 추진하였다. 그러나 조선 정부의 요청으로 청군이 이를 진압하기 위해 개입하였고, 일본의 군사 지원이 약속대로 이행되지 않아 **3일 만에 실패**하였다. 이후 갑신정변을 일으켰던 김옥균, 박영효 등은 일본으로 망명하였다.
③ **일본**은 갑신정변 때 사망한 일본인에 대한 배상과 **일본 공사관 신축 부지 제공 및 신축 비용**을 요구하면서 **한성 조약**을 체결하였다.

한 번 더 체크하러 가기 ▶ 미니북 11, 37쪽

선택지 풀이

① 전개 과정에서 집강소가 설치되었다.
동학 농민 운동 당시 농민군은 황토현 전투에서 관군에 승리하고 전주성을 점령하여 전라도 일대를 장악하였다. 이후 정부와 전주 화약을 맺어 자치 개혁 기구인 집강소를 설치하고 폐정 개혁을 실시하였다.

② 수신사가 파견되는 데 영향을 주었다.
조선은 강화도 조약 체결을 계기로 문호를 개방한 뒤 개화 정책을 추진하였다. 이에 일본에 1차 수신사로 파견된 김기수는 신식 기관과 각종 근대 시설을 시찰하고 돌아와 일본의 발전을 고종에게 보고하였다. 이후 임오군란이 발생하자 일본 공사관이 파괴되었고 이에 대한 사과 사절단으로서 4차 수신사가 파견되었다.

④ 사태 수습을 위해 박규수가 안핵사로 파견되었다.
조선 후기 철종 때 발생한 임술 농민 봉기에 안핵사로 파견된 박규수는 삼정이정청을 설치하여 삼정의 문란을 해결하고자 하였다.

⑤ 구식 군인에 대한 차별 대우가 발단이 되어 일어났다.
신식 군대인 별기군에 비해 차별 대우를 받던 구식 군대가 임오군란을 일으켜 선혜청과 일본 공사관을 습격하였다.

31 덕수궁   정답 ①

정답 분석

정답이 보이는 핵심 키워드
#돈덕전 #러시아 공사관에서 거처를 옮김 #서구식 건축물

길잡이 ┃ 서구식 건축물인 돈덕전이 자리한 덕수궁에 대해 살펴봅니다.

돈덕전은 **덕수궁** 안에 위치한 대한 제국의 **서구식 건축물**로, **고종** 즉위 40주년 기념행사에 맞추어 서양 열강과 대등한 **근대 국가로서의 면모**와 주권 수호 의지를 내비치기 위해 건립되었다. 완공 이후에는 고종이 외교 사절을 만나는 연회장으로 사용되거나 국빈급 외국인을 위한 영빈관 등으로 활용되었으나, 고종의 승하 이후 덕수궁과 함께 방치되었다. 이에 2015년부터 복원·정비 사업이 시작되어 현재는 정식 개관하였다.

① 광복 직후 **모스크바 3국 외상 회의**의 결정에 따라 **덕수궁 석조전**에서 **제1·2차 미소 공동 위원회**가 개최되었다.

한 번 더 체크하러 가기 ▶ 미니북 51쪽

선택지 풀이

② 도성 내 서쪽에 있어 서궐이라고 불렸다.
경덕궁은 조선 후기에 유사시 왕이 머무는 이궁이었다. 인조반정 이후 인조가 이곳에서 정사를 보기도 하였으며, 도성 내 서쪽에 위치하여 서궐로 불렸다. 이후 영조 때 경희궁으로 이름을 바꾸었다.

③ 일제에 의해 창경원으로 격하되기도 하였다.
일제 강점기 일본은 창경궁의 이름을 창경원으로 격하시켰다. 또한, 창경궁의 전각을 헐고 그 자리에 동물원과 식물원을 만들었다.

④ 정도전이 궁궐과 주요 전각의 명칭을 정하였다.
조선 개국의 핵심 인물인 정도전은 태조의 명에 따라 경복궁이라는 궁궐 이름을 비롯해 강녕전, 교태전, 연생전, 경성전, 근정전 등 주요 전각의 명칭을 정하였다.

⑤ 태종이 도읍을 한양으로 다시 옮기며 건립하였다.
조선 태종은 수도를 개경에서 한양으로 다시 옮기면서 창덕궁을 새로 건립하였다.

32 정미의병   정답 ⑤

정답 분석

정답이 보이는 핵심 키워드
#윤희순 #고종의 강제 퇴위와 군대 해산에 반발

길잡이 ┃ 윤희순이 여성 의병장으로서 활약한 정미의병을 학습합니다.

고종 때 을미사변이 일어나고 단발령이 시행되자 유홍석이 을미의병을 주도하였다. 이때 며느리 **윤희순**은 「**안사람 의병가**」, 「병정의 노래」 등을 창작하여 **여성의 의병 참여를 독려**하고 **의병의 사기를 진작**시켰다. 또한, 정미의병 당시에 30여 명의 여성으로 의병대를 조직하면서 **최초의 여성 의병장**으로 활약하였으며, 군자금을 모집하여 무기와 탄환을 만들어 공급하였다. 한일 병합 이후에도 만주로 망명하여 항일 의병 운동을 도모하였다.

⑤ 일제가 **을사늑약** 체결 후 **고종의 헤이그 특사 파견**을 구실로 **한일 신협약(정미 7조약)**을 체결하고 **대한 제국 군대를 강제 해산시키자** 이에 반발하여 **정미의병**이 전국적으로 전개되었으며, **해산 군인들이 의병 활동에 가담**하며 의병 부대가 조직화되었다. 이후 **총대장 이인영**이 13도 창의군을 지휘하여 **서울 진공 작전**을 전개하였다.

한 번 더 체크하러 가기 ▶ 미니북 39쪽

선택지 풀이

① **최익현이 태인에서 궐기하였다.**
최익현은 유생 임병찬 등과 태인에서 을사의병을 주도하다가 체포되었으며, 쓰시마섬에 유배되어 그곳에서 순국하였다.

② **고종의 해산 권고 조칙에 따라 해산하였다.**
고종 때 을미사변이 일어나고 단발령이 시행되자 유인석, 이소응 등의 유생이 이에 반발하며 전국적으로 을미의병을 일으켰다. 아관 파천 이후 단발령이 철회되고 고종이 해산 권고 조칙을 내리자 을미의병은 자진 해산하였다.

③ **민종식이 이끄는 부대가 홍주성을 점령하였다.**
을사늑약 체결 이후 유생 출신의 민종식, 최익현과 평민 의병장 출신 신돌석 등이 을사의병을 주도하였다. 그중 민종식이 이끄는 부대는 충청도 홍주성을 점령하고 일본군과 대혈전을 치렀다.

④ **일본에 국권 반환 요구서를 제출하고자 하였다.**
임병찬은 고종의 밀명을 받아 독립 의군부를 조직하였다. 이후 조선 총독부에 국권 반환 요구서 제출을 시도하고, 복벽주의를 내세워 의병 전쟁을 준비하였다.

33 근대 문물의 수용   정답 ⑤

정답 분석

정답이 보이는 핵심 키워드
#경인선 #미국인 모스로부터 부설권을 사들인 일본 #서울에서 인천을 잇는 철도 #서대문 정거장 #경부선 #경의선

길잡이 | 일본이 경인선 철도를 개통하였던 시기의 모습을 탐구합니다.

우리나라 최초의 철도인 경인선은 1896년 **미국인 제임스 모스**(James R. Morse)에 의해 공사가 시작되었으나, 자금 부족으로 **일본인**이 경영하는 경인 철도 회사가 **부설권을 인수**하여 서울에서 인천을 잇는 철도로 개통하였다(1899). 경인선에 이어 서울과 부산을 잇는 **경부선**, 서울과 의주를 잇는 **경의선**도 일본에 의해 차례로 개통되었다(1905, 1906). 이 과정에서 일본은 철도 부지를 거의 무상으로 매입하고 철도 건설을 위해 조선인을 강제로 동원하였다.
⑤ **제2차 갑오개혁**으로 **고종**은 **교육 입국 조서**를 발표하고 교육의 중요성을 강조하면서 교사 양성을 위해 **한성 사범 학교**를 세웠다(1895).

한 번 더 체크하러 가기 ▶ 미니북 38, 50쪽

선택지 풀이

① **학도 지원병을 독려하는 지식인**
일제는 태평양 전쟁을 위해 한반도에 전시 동원 체제를 도입하였다. 이에 학도 지원병 제도를 실시하여 젊은이들을 전쟁터로 강제 징집하였다(1943).

② **금난전권 폐지에 반대하는 시전 상인**
조선 후기 정조는 체제공의 건의를 받아들여 육의전을 제외한 시전 상인들의 금난전권을 폐지하였다(1791).

③ **근우회가 주최하는 강연에 참여하는 여성**
신간회의 자매단체로 조직된 근우회는 강연회 개최 등 여성 계몽 활동과 여성 지위 향상 운동을 전개하며 여성의 권익을 옹호하였다(1927).

④ **두모포에서 무력시위를 벌이는 일본 군인**
일본과 강화도 조약을 체결한 조선 정부는 부산 두모포에 해관을 설치한 후 수출입 품목에 관세를 부과하였다. 그러나 일본이 조일 수호 조규의 무관세 규정에 따라 이를 철폐해야 한다며 무력시위를 벌였고, 조선 정부는 3개월 만에 관세를 철회하였다(1878).

34 지역사 – 서간도(남만주)   정답 ①

정답 분석

정답이 보이는 핵심 키워드
#국외 민족 운동 #신흥 무관 학교 #국권 피탈 이후 망명해 온 독립 지사들

길잡이 | 신흥 무관 학교가 위치한 서간도(남만주) 지역에서 있었던 민족 운동을 알아봅니다.

국외 독립운동 기지를 건설하고자 **서간도(남만주)** 삼원보 지역으로 이주한 **신민회원** 이상룡, 이회영 등은 독립군 양성 학교인 **신흥 무관 학교**를 설립하였다. 『원병상 회고록』은 신흥 무관 학교 졸업생이자 교관으로 활동하였던 원병상이 쓴 회고록으로, 서간도(남만주)로 망명하게 된 배경부터 신흥 무관 학교에 관련된 구체적인 내용까지 서술되어 있다.
① 신민회는 서간도(남만주) 삼원보에 **한인 자치 기관**인 **경학사**를 설립하였다.

한 번 더 체크하러 가기 ▶ 미니북 40쪽

선택지 풀이

② **권업회가 조직되어 기관지를 발행하였다.**
연해주 신한촌에서 최재형은 한인 자치 단체인 권업회를 조직하고 이상설은 기관지인 권업신문을 발행하였다.

③ **유학생들을 중심으로 2·8 독립 선언서가 발표되었다.**
일본 도쿄 유학생들이 중심이 되어 결성한 조선 청년 독립단은 대표 11인을 중심으로 도쿄에서 2·8 독립 선언서를 발표하였다.

④ **대조선 국민 군단이 결성되어 군사 훈련을 실시하였다.**
하와이 지역에서 박용만은 대조선 국민 군단을 조직하여 독립군 사관 양성을 바탕으로 한 무장 투쟁을 준비하였다.

⑤ **흥사단이 창립되어 교민들에게 민족의식을 심어주고자 하였다.**
미국 샌프란시스코에서 안창호가 국권 회복 및 민족의식 고양을 위해 민족 운동 단체인 흥사단을 창립하였다.

암기의 key — 국외 이주 동포의 독립운동

지역	이주 배경	활동	시련
간도 (만주)	생계 유지 → 항일 운동 목적	• 독립 전쟁 기지 (남만주 삼원보) • 신흥 무관 학교	간도 참변, 만보산 사건
연해주	러시아 변방 개혁을 위해 조선인 이주 허용, 한인촌 형성	• 13도 창의군 • 대한 광복군 정부 • 대한 국민 의회 • 권업회, 권업신문	자유시 참변, 중앙아시아 강제 이주
일본	유학생 → 산업 노동자, 징용	2·8 독립 선언	관동 대학살
미주	하와이 사탕수수 농장 노동자	• 대한인 국민회 • 대조선 국민 군단 • 구미 위원부 • 흥사단	애니깽

35 3·1 운동   정답 ③

✓ 정답 분석

정답이 보이는 핵심 키워드
#고종의 인산일을 계기로 시작 #만세 운동 #독립 선언서 발표 #대한 독립 만세

길잡이 | 일제 강점기 최대 규모의 민족 운동인 3·1 운동을 학습합니다.

3·1 운동은 **고종의 인산일을 계기로 일어난 일제 강점기 최대 규모의 민족 운동**으로, **민족 대표 33인**이 **독립 선언서**를 발표하고 국내외에 독립을 선언하면서 시작되었다. 국내에서 전국적으로 3·1 운동이 일어나자 국외에 거주하는 한국 민족들도 이에 호응하여 미국 필라델피아에서 한인 자유 대회를 열었다.

③ 일제는 3·1 운동이 일어난 이후 국제 여론 악화와 **무단 통치의 한계**를 인식하여 1920년대에 들어 **문화 통치**로 통치 방식을 전환하였다.

한 번 더 체크하러 가기 ▶ 미니북 12, 26쪽

✓ 선택지 풀이

① 통감부의 방해와 탄압으로 중단되었다.
  국채 보상 운동은 일본에서 도입한 차관 1,300만 원을 갚아 주권을 회복하고자 실시되었으나 통감부의 방해로 실패하였다.

② 천도교 소년회가 창립된 후 본격화되었다.
  방정환, 김기전 등이 주축이 된 천도교 소년회는 어린이날을 제정하고, 『어린이』라는 잡지를 간행하는 등 소년 운동을 주도하였다.

④ 성진회와 각 학교 독서회에 의해 전국으로 확산되었다.
  일제 강점기에 한국인 학생과 일본인 학생 간의 충돌 사건을 계기로 한국인 학생에 대한 차별과 식민지 교육에 저항하면서 광주 학생 항일 운동이 발생하였다. 이후 일제의 식민지 차별 교육에 반발하여 광주에서 조직된 항일 학생 비밀 결사인 성진회와 각 학교 독서회에 의해 광주 학생 항일 운동이 전국으로 확산되었다.

⑤ 시위를 준비하는 과정에서 사회주의자들이 대거 검거되었다.
  1920년대에 사회주의가 유입되기 시작하여 사회주의자와 학생들이 함께 만세 시위를 준비하였다. 그러나 사회주의자들이 사전에 일본에 검거되면서 학생들을 중심으로 순종의 인산일에 맞추어 서울 종로 일대에서 6·10 만세 운동이 전개되었다.

36 1910년대 무단 통치   정답 ③

✓ 정답 분석

정답이 보이는 핵심 키워드
#토지 조사 사업 #조선 총독부 임시 토지 조사국

길잡이 | 토지 조사 사업이 실시되었던 1910년대에 일제가 시행한 무단 통치 정책을 알아봅니다.

조선 총독부는 식민 지배를 위해 안정적으로 조세를 확보하고자 **토지 조사 사업**을 시행하였다(1910~1918). 이에 일제는 **임시 토지 조사국**을 설치하고 **토지 조사령**을 발표하여 일정 기간 내 토지를 신고하도록 하였으며, 신고하지 않은 토지는 총독부에서 몰수하여 일본인에게 헐값으로 불하하였다.

③ 일제는 **무단 통치기**에 **조선 태형령**을 제정하였고, 이에 따라 곳곳에 배치된 **헌병 경찰**들이 조선인들에게 태형을 통한 형벌을 가하였다(1912).

한 번 더 체크하러 가기 ▶ 미니북 12쪽

✓ 선택지 풀이

① 애국반을 조직하였다.
⑤ 황국 신민 서사의 암송을 강요하였다.
  1930년대 이후 일제는 우리 민족의 정체성을 말살하기 위해 황국 신민화 정책을 시행하여 내선일체의 구호를 내세우고 황국 신민 서사 암송(1937)과 창씨개명(1939), 신사 참배 등을 강요하였다. 또한, 대륙 침략을 위해 한반도를 병참 기지화하고 중일 전쟁을 일으키면서 전시 동원 체제를 수립하였다. 이에 국가 총동원령을 시행하고 국민 정신 총동원 조선 연맹(애국반)을 조직하여 우리의 인적·물적 수탈을 강화하고 우리 민족의 생활을 감시하였다(1938).

② 신문지법을 제정하였다.
  일제 통감부는 반일 보도를 통제하고자 신문에 대한 사전 검열을 시도하는 신문지법을 제정하면서 민족 언론을 탄압하였다(1907).

④ 산미 증식 계획을 실시하였다.
  1920년대 일본에서 쌀값이 폭등하며 식량 부족 문제가 발생하자 자국의 부족한 쌀을 조선에서 수탈하기 위해 산미 증식 계획을 실시하였다(1920).

37 대종교   정답 ⑤

정답 분석

정답이 보이는 핵심 키워드
#개천절 #나철 #단군 신앙을 기반으로 창시

길잡이 | 나철이 단군 신앙을 기반으로 창시한 대종교를 학습합니다.

나철, 오기호 등은 일제의 탄압에 대항하기 위해서는 국가의 기틀을 튼튼히 하고 민족을 부흥시켜야 한다는 이념에 따라 **단군**을 숭상하는 **대종교**를 창시하였다.
⑤ **대종교**는 교리를 체계화하고, 항일 독립운동 단체로 **북로 군정서**의 모체가 된 **중광단**을 조직하여 **만주 지역**에서 무장 투쟁을 전개하였다.

선택지 풀이

① 개벽, 신여성 등의 잡지를 발간하였다.
천도교는 『개벽』, 『신여성』 등의 잡지를 발간하여 민족의식을 높였다.

② 한용운 등이 사찰령 폐지를 주장하였다.
한용운 등이 조직한 조선 불교 유신회는 일제가 시행한 사찰령의 폐지를 주장하며 민족 불교의 자주성을 지키고자 하였다.

③ 박중빈을 중심으로 새생활 운동을 펼쳤다.
박중빈이 창시한 원불교는 새생활 운동을 추진하여 허례허식 폐지, 근검절약, 금주·단연 등을 추구하고, 개간 및 간척 사업과 저축 운동을 적극적으로 장려하였다.

④ 김창숙의 주도로 파리 장서 운동을 전개하였다.
김창숙은 3·1 운동이 일어나자 전국의 유림을 규합하여 한국 독립을 호소하는 유림단의 진정서를 작성하였다. 이후 이를 프랑스 파리에서 개최된 만국 평화 회의에 우편으로 제출하였으나 좌절되었다.

38 1920년대 국외 민족 운동의 시련   정답 ①

정답 분석

정답이 보이는 핵심 키워드
#1920년대 국외 민족 운동의 시련 #간도 참변 #자유시 참변 #미쓰야 협정

길잡이 | 1920년대에 국외에서 발생한 민족 운동이 시련을 당한 순서를 파악합니다.

(가) **간도 참변**(1920): 일본군은 봉오동 전투와 청산리 전투의 패배에 대한 보복으로 독립군의 근거지를 소탕하기 위해 간도 지역의 수많은 한인을 학살하는 만행을 저질렀다.
(나) **자유시 참변**(1921): 대한 독립 군단은 간도 참변으로 인해 러시아 자유시로 근거지를 옮겼으나 군 지휘권을 둘러싼 분쟁에 휘말려 자유시 참변을 겪었다.

(다) **미쓰야 협정 체결**(1925): 일본은 만주 지역에서 활동하는 독립군을 색출하기 위해 만주 군벌과 미쓰야 협정을 체결하였다. 조선 총독부 경무 국장 미쓰야와 만주 군벌 장쭤린 간의 이 협정으로 만주 지역의 독립운동이 큰 제약을 받게 되었다.

한 번 더 체크하러 가기 ▶ 미니북 28쪽

39 1920년대 일제 강점기 사회 모습   정답 ⑤

정답 분석

정답이 보이는 핵심 키워드
#『아리랑』 #나운규

길잡이 | 나운규의 「아리랑」이 발표되었던 1920년대 일제 강점기의 사회 모습을 살펴봅니다.

「**아리랑**」은 일제 강점기인 1920년대에 극장 **단성사**에서 개봉한 영화로, **나운규**가 감독과 주연을 맡아 제작하였다. 이 영화는 일본의 식민지 정책이 확립되던 시기에 우리 민족의 항일 정신을 반영한 작품으로, 조국을 잃은 백성의 울분과 설움이 표현되어 있다. 노래 「아리랑」은 이 영화의 주제가로서 서사 전개 과정과 밀접하게 연계되면서 관객의 집중력을 높이는 역할을 하였다.
⑤ 1920년대 후반 **사회주의의 영향**으로 계급 모순을 비판하는 **신경향파**가 등장하였고, 신경향파 작가들은 **카프(KAPF)**라는 단체를 조직하여 문학의 현실 반영을 강조하였다(1925).

선택지 풀이

① 관민 공동회에서 연설하는 백정
독립 협회는 민중에게 근대적 지식과 국권·민권 사상을 고취시키기 위해 관민 공동회를 개최하였다. 정부 대신 박정양, 윤치호가 참석한 이 자리에는 가장 천대받던 계층인 백정 박성춘이 연설을 하는 등 관민이 함께 국정에 대하여 논의하였다(1898).

② 교육 입국 조서를 발표하는 관리
제2차 갑오개혁 때 교육 입국 조서가 반포되어 근대적 교육의 기본 방향이 제시되었고, 이에 따라 소학교, 중학교, 한성 사범 학교 등이 세워졌다(1895).

③ 원각사에서 은세계 공연을 보는 관객
한국 최초의 서양식 극장인 원각사에서 「은세계」, 「치악산」 등의 신극이 공연되었다(1908).

④ 전차 개통식에 참여하는 한성 전기 회사 직원
대한 제국 황실과 미국인의 합작으로 한성 전기 회사가 세워졌다(1898). 한성 전기 회사는 발전소를 세우고 서울에 전차를 가설하면서 전차 개통식을 거행하였다(1899).

40 1930년대 이후 민족 말살 통치 정답 ⑤

✓ 정답 분석

정답이 보이는 핵심 키워드
#국민학교 #중일 전쟁 이후 일제가 침략 전쟁 확대

> **길잡이** | 일제가 침략 전쟁을 확대하였던 1930년대 이후 민족 말살 통치 정책을 알아봅니다.

일제는 **1930년대 이후** 침략 전쟁을 확대하고, 전쟁에 필요한 인력으로 조선인을 이용하기 위해 **조선인의 민족 정체성을 말살**시키고자 하였다. 이에 일본은 **태평양**을 지배하고자 하는 야망이 투영된 전쟁을 대동아 공영권을 확보한다는 구실로 '**대동아 전쟁**'이라고 교육하기도 하였다.

⑤ 일제는 **민족 말살 통치기**에 **조선 사상범 예방 구금령**을 시행하여 사상 및 행동을 관찰한다는 명목으로 조선인들의 독립운동을 탄압하였다(1941).

한 번 더 체크하러 가기 ▶ 미니북 12쪽

✓ 선택지 풀이

① 회사령을 공포하였다.
일제는 무단 통치기인 1910년대에 민족 기업과 민족 자본의 성장을 억제하기 위해 회사 설립 시 총독의 허가를 받도록 하는 회사령을 공포하였다(1910).

② 치안 유지법을 제정하였다.
1920년대 사회주의가 확산되자 일제는 치안 유지법을 제정하여 식민지 지배에 저항하는 민족 해방 운동과 사회주의 및 독립운동을 탄압하였다(1925).

③ 헌병 경찰제를 실시하였다.
1910년대 무단 통치기에 일제는 강압적 통치를 위해 헌병 경찰제를 실시하였다(1910).

④ 경성 제국 대학을 설립하였다.
일제는 조선 민립 대학 설립 운동을 저지하고 여론을 무마하기 위해 경성 제국 대학을 설립하였다(1924).

41 조소앙 정답 ⑤

✓ 정답 분석

정답이 보이는 핵심 키워드
#동제사 #대동단결 선언 #공화정 지향 #한국 독립당 창당 #대한민국 임시 정부 건국 강령

> **길잡이** | 민족주의 독립운동의 이념으로 삼균주의를 정립한 조소앙에 대해 알아봅니다.

⑤ **조소앙**은 일제 강점기 독립운동가이자 정치 사상가로, 해방 이후에도 건국 운동을 주도하였다. 그는 민족 운동가로서 활동하기 위해 **상하이**로 망명하여 상하이 최초의 한국인 독립운동 단체인 **동제사**에 참여하였다. 신규식, 박은식, 신채호 등과 함께 **대동단결 선언**을 작성하여 국민 주권론을 밝히고 임시 정부의 필요성을 주장하기도 하였다. 또한, 안창호와 함께 대한민국 임시 정부의 여당으로 **한국 독립당**을 창당하고, 새로운 국가 건설을 위한 이념으로 **삼균주의**를 주장하였다. 이후 그는 삼균주의를 정치 이념으로 하여 독립운동의 방향과 독립 후의 건국 과정을 명시한 **대한민국 임시 정부 건국 강령** 초안을 작성하였다.

한 번 더 체크하러 가기 ▶ 미니북 18쪽

✓ 선택지 풀이

① 조선 혁명 선언을 작성하였다.
신채호는 김원봉의 요청을 받아 의열단의 기본 행동 강령인 조선 혁명 선언을 작성하였다.

② 한국독립운동지혈사를 저술하였다.
박은식은 갑신정변부터 3·1 운동까지의 역사에 초점을 맞춰 우리 민족의 항일 운동 역사를 다룬 『한국독립운동지혈사』를 저술하였다.

③ 극동 인민 대표 대회에서 의장단으로 선출되었다.
김규식과 여운형은 동아시아 지역의 공산주의 운동과 민족 해방 운동을 지원하기 위해 열린 극동 인민 대표 대회의 의장단으로 선출되었다.

④ 헤이그에서 열린 만국 평화 회의에 특사로 파견되었다.
이준, 이상설, 이위종은 고종의 명으로 네덜란드 헤이그에서 열린 만국 평화 회의에 특사로 파견되어 을사늑약의 무효를 알리고자 하였다.

42 남북 협상 정답 ⑤

✓ 정답 분석

정답이 보이는 핵심 키워드
#남북 지도자 회담 #김구, 김규식

> **길잡이** | 대한민국의 분단을 막고자 김구와 김규식이 추진하였던 남북 협상이 진행된 시기를 파악합니다.

⑤ **유엔 총회**에서 결의한 **남북한 총선거**가 무산되자 **유엔 소총회**에서 **가능한 지역**에서만 선거를 실시하라는 결정이 내려졌다(1947). 남북 분단을 우려한 **김구와 김규식**은 남북 협상을 추진하였고, **남북 지도자 회담(남북 연석 회담)**에 참여하여 북한에서 김일성을 만나 협상을 개최하였으나 큰 성과를 거두지는 못하였다(**남북 협상, 1948**). 김구와 김규식이 남북 협상을 위해 북한에 가 있는 동안 남한에서는 **5·10 총선거**가 시행되어 **제헌 국회**가 구성되었다(1948).

정답 및 해설 **155**

이외의 사건들인 8·15 광복은 1945년 8월, 모스크바 3국 외상 회의는 1945년 12월, 이승만 정읍 발언은 1946년 6월, 좌우 합작 7원칙 발표는 1946년 10월, 유엔 총회 남북한 총선거 결정은 1947년이다.

한 번 더 체크하러 가기 ▶ 미니북 29쪽

암기의 key | 대한민국 정부 수립 과정

모스크바 3국 외상 회의(1945.12.) → 제1차 미소 공동 위원회 결렬(1946.5.) → 이승만의 정읍 발언(1946.6.) → 좌우 합작 위원회 결성(1946.7.)

→ 제2차 미소 공동 위원회 결렬(1947.10.) → 미국, 한반도 문제를 유엔에 상정(1947.10.) → 유엔 소총회, 실시 가능한 지역만 총선 실시 지시(1948.2.) → 제주 4·3 사건(1948.4.)

→ 남북 협상(1948.4.) → 5·10 총선거 실시(1948.5.) → 대한민국 정부 수립(1948.8.)

43 노태우 정부의 통일 노력 | 정답 ③

정답 분석

정답이 보이는 핵심 키워드
#제5차 남북 고위급 회담 #남북한 유엔 동시 가입 #한반도 비핵화

길잡이 | 노태우 정부 시기 시행된 통일 정책을 확인합니다.

노태우 정부는 사회주의 국가 및 북한을 대상으로 **북방 외교 정책**을 추진하였으며, 이에 따라 북한과 유엔에 동시 가입하였다. 또한, 남북 간의 긴장을 완화하고 관계를 개선하기 위해 8차례에 거쳐 **남북 고위급 회담**을 개최하였다. 그중 제5차 회담에서는 **남북 간의 화해와 불가침 및 교류·협력에 관한 합의서(남북 기본 합의서)**를 채택하였으며, 핵전쟁의 위협을 제거하고 평화 통일에 유리한 조건을 조성하고자 **한반도 비핵화** 공동 선언을 채택하였다.

③ 노태우 정부는 6개 조항으로 구성된 **민족 자존과 통일 번영을 위한 대통령 특별 선언**을 발표하였다. 이는 남북한 동포 간의 상호 교류, 문호 개방, 사회주의 국가와의 수교 등의 내용을 담고 있다.

한 번 더 체크하러 가기 ▶ 미니북 20쪽

선택지 풀이

① 판문점에서 남북 정상 회담을 개최하였다.
  문재인 정부는 판문점에서 4·27 남북 정상 회담을 개최하고 한반도의 평화와 번영, 통일을 위한 4·27 판문점 선언을 발표하였다.

② 남북 이산가족의 고향 방문을 최초로 성사시켰다.
  전두환 정부 때 분단 이후 최초로 남북 이산가족 고향 방문단 및 예술 공연단 등 총 151명이 서울과 평양을 동시에 방문하였다.

④ 7·4 남북 공동 성명을 실천하기 위해 남북 조절 위원회를 구성하였다.
  박정희 정부 시기 서울과 평양에서 7·4 남북 공동 성명을 발표하고 남북 조절 위원회를 구성하였다.

⑤ 남북 관계 발전과 평화 번영을 위한 10·4 남북 정상 선언에 서명하였다.
  노무현 정부 때 제2차 남북 정상 회담을 개최하고 남북 관계 발전과 평화 번영을 위한 10·4 남북 정상 선언을 발표하였다.

암기의 key | 현대 정부의 통일 노력

박정희 정부	• 남북 적십자 회담(1971): 이산가족 문제 협의 • 7·4 남북 공동 성명(1972): 자주·평화·민족 대단결의 3대 통일 원칙 제시(서울과 평양에서 동시 발표) → 남북 조절 위원회 설치
전두환 정부	• 민족 화합 민주 통일 방안(1982): 민족 통일 협의회 구성 • 남북 적십자 회담 재개: 북한의 수해 물자 제공이 계기 → 최초의 이산가족 고향 방문(1985)
노태우 정부	• 북방 외교 추진: 국제 정세 변화 → 동유럽 사회주의 국가들과 수교, 소련(1990)·중국(1992)과 외교 관계 수립 • 남북 관계 진전: 7·7 선언, 남북 고위급 회담 개최, 한민족 공동체 통일 방안 제안(1989), 남북한 유엔 동시 가입(1991) • 남북 기본 합의서 채택(1991): 남북한 정부 간 최초의 공식 합의서 • 한반도 비핵화 공동 선언(1991)
김영삼 정부	• 한민족 공동체 건설을 위한 3단계 통일 방안 제시(1994) • 북한 경수로 원자력 발전소 건설 사업 지원
김대중 정부	• 대북 화해 협력 정책(햇볕 정책) 추진 → 금강산 관광 사업 전개(1998) • 남북 정상 회담 개최, 6·15 남북 공동 선언 발표(2000) → 경의선 복구 사업, 금강산 육로 관광 등 추진, 개성 공단 조성 합의
노무현 정부	• 대북 화해 협력 정책 계승 → 남북 철도 연결 사업(경의선·동해선 연결), 개성 공단 착공식(2003) • 제2차 남북 정상 회담 개최, 10·4 남북 공동 선언 발표(2007) → 6·15 남북 공동 선언을 고수
이명박 정부	• 남북 관계 경색: 금강산 관광 중단(2008), 천안함 피격 사건, 연평도 포격 사건 • 북한의 핵 개발, 미사일 발사 실험 등
박근혜 정부	• 남북 관계 악화 • 대북 강경 정책 지속: 개성 공단 폐쇄(2016)
문재인 정부	• 평화 공존, 공동 번영의 통일 정책 추진 • 4·27 남북 정상 회담 개최, 4·27 판문점 선언 발표(2018)

44 한미 상호 방위 조약 정답 ②

정답 분석

정답이 보이는 핵심 키워드
#미합중국 #상호 방위 조약 #공산주의자들의 침공에 맞서 나란히 싸움

길잡이 | 미국과 한국이 맺은 한미 상호 방위 조약 이후에 일어난 사실을 탐구합니다.

이승만 정부는 6·25 전쟁 휴전 이후 **한미 상호 방위 조약**을 체결하여 미국과 군사적 동맹을 맺었다(1953.10.). 이 조약은 북한의 도발을 막는 안보의 핵심 기제이자 주한 미군이 주둔하게 된 근거가 되었다.

② 이승만 정권 시기 **조봉암**은 제3대 대통령 선거에 출마하였으나 낙선하였다. 이후 그는 **진보당**을 **창당**하고 평화 통일론을 **주장**하다가 **국가 변란, 간첩죄 혐의**로 체포되어 **처형**되었으며 진보당은 해체되었다(**진보당 사건**, 1958).

한 번 더 체크하러 가기 ▶ 미니북 34쪽

선택지 풀이

① 반민족 행위 특별 조사 위원회가 설치되었다.
제헌 국회는 일제의 잔재를 청산하고 민족정기를 바로잡기 위해 반민족 행위 처벌법을 제정하고, 반민족 행위 특별 조사 위원회를 설치하였다(1948).

③ 비상계엄이 선포된 가운데 발췌 개헌안이 통과되었다.
이승만이 6·25 전쟁 중에 제출한 개헌안을 국회에서 부결시키자 정부는 임시 수도 부산을 중심으로 비상계엄을 선포하고 일부 국회의원을 구속하였다. 이러한 여야의 대립 속에서 대통령 직선제와 내각 책임제를 발췌·혼합한 새로운 개헌안을 토론 없이 기립 표결로 통과시켰다(1952).

④ 미국의 극동 방위선을 규정한 애치슨 라인이 발표되었다.
애치슨 라인은 미 국무 장관인 애치슨이 한국을 미국의 극동 방위선에서 제외한다는 내용을 포함하여 발표한 것으로, 6·25 전쟁 발발의 원인을 제공하였다(1950).

⑤ 유상 매수, 유상 분배를 규정한 농지 개혁법이 제정되었다.
이승만 정부의 제헌 국회에서 유상 매수, 유상 분배를 규정한 농지 개혁법을 제정하였다(1949).

45 제7차 개헌(유신 헌법), 제8차 개헌 정답 ②

정답 분석

정답이 보이는 핵심 키워드
#통일 주체 국민 회의 #대통령의 임기는 6년 #국회를 해산할 수 있음 #대통령 선거인단 #대통령의 임기는 7년 #중임할 수 없음

길잡이 | 박정희 정부 시기의 제7차 개헌(유신 헌법), 전두환 정부 시기의 제8차 개헌에 대해 살펴봅니다.

(가) **제7차 개헌**(유신 헌법, 1972): 박정희 정부가 개정한 헌법으로, **대통령 임기 6년과 중임 제한 조항 삭제** 및 **통일 주체 국민 회의**를 통한 대통령 간접 선거, **긴급 조치권**, 대통령의 **국회 해산권** 등의 내용을 담고 있다.

(나) **제8차 개헌**(1980): **전두환 정부**가 개정한 헌법으로, **대통령 선거인단**에서 **7년 단임**의 대통령을 선출하는 **대통령 간선제**를 실시하는 내용을 담고 있다.

② 박정희 정부는 장기 집권을 위해 **제7차 개헌(유신 헌법)**을 선포하여 대통령에게 **국회의원 1/3 추천 조항, 긴급 조치권** 등 강력한 권한을 부여하였다.

한 번 더 체크하러 가기 ▶ 미니북 13쪽

선택지 풀이

① (가) - 6·25 전쟁 중 부산에서 공포되었다.
6·25 전쟁 중 이승만 정부와 자유당은 부산 지역에 비상계엄을 선포하고 대통령 직선제와 내각 책임제를 포함한 개헌안을 국회에 제출하여 토론 없이 기립 표결로 통과시키는 발췌 개헌(제1차 개헌)을 공포하였다(1952).

③ (나) - 호헌 동지회 결성의 배경이 되었다.
사사오입 개헌(제2차 개헌)이 단행되자 야당 측 의원들은 범야당 연합 전선을 형성하고 자유당의 분열과 와해를 목적으로 투쟁하기 위하여 호헌 동지회라는 원내 교섭 단체를 결성하였다(1954).

④ (나) - 3·1 민주 구국 선언에 영향을 주었다.
박정희 정부 시기 김대중, 함석헌 등의 정치인과 기독교 목사, 대학 교수 등이 유신 헌법 하의 유신 독재 체제에 저항하여 긴급 조치 철폐 등을 요구하는 3·1 민주 구국 선언을 발표하였다(1976).

⑤ (가), (나) - 6월 민주 항쟁 이후에 제정되었다.
6월 민주 항쟁 이후 6·29 민주화 선언이 발표되어 5년 단임의 대통령 직선제를 골자로 하는 제9차 개헌안이 제정되었다(1987).

46 김영삼 정부 정답 ④

정답 분석

정답이 보이는 핵심 키워드
#긴급 재정 경제 명령 #금융 실명제 #금융 외환 시장의 어려움 #국제 통화 기금에 자금 지원 요청

길잡이 | 금융 실명제 실시와 IMF 외환 위기 사이에 있었던 일을 살펴봅니다.

- **금융 실명제 실시**(1993): 대한민국 경제는 단기간에 성장한 탓에 많은 문제점을 안고 있었는데 특히, **가명 · 무기명으로 금융 거래**를 하는 등 지하 경제가 널리 퍼져 있었다. 이에 **김영삼 정부**는 **대통령 긴급 재정 경제 명령**을 통해 **금융 실명제**를 실시하여 모든 금융 거래를 실제의 명의로 하도록 조치하였다.
- **IMF 외환 위기**(1998): **김영삼 정부** 말 외환 위기가 발생하여 국제 통화 기금(IMF)에 유동성 조절 자금 지원을 요청하였고, 구제 금융 지원을 받게 되었다. 이로 인해 기업 구조 조정, 대규모 실업 등의 사태가 발생하기도 하였다.
- ④ **김영삼 정부** 시기 한국 경제의 세계화를 위해 **경제 협력 개발 기구(OECD)**에 가입하였다(1996).

한 번 더 체크하러 가기 ▶ 미니북 20쪽

선택지 풀이

① 처음으로 수출액 100억 달러를 달성하였다.
1970년대 박정희 정부 때 수출의 증대로 인해 처음으로 수출액 100억 달러를 달성하였다(1977).

② 미국과 자유 무역 협정(FTA)을 체결하였다.
노무현 정부는 미국과 자유 무역 협정(FTA)을 체결하였다(2007).

③ 저유가 · 저금리 · 저달러의 3저 호황이 있었다.
전두환 정부 때 저유가 · 저금리 · 저달러의 3저 호황으로 물가가 안정되고 수출이 증가하여 높은 경제 성장률을 기록하였다.

⑤ 원조 물자를 가공하는 삼백 산업이 발달하였다.
이승만 정부 시기인 1950년대에는 6 · 25 전쟁 이후 미국의 원조에 기반을 두고 면화, 설탕, 밀가루를 중심으로 한 삼백 산업이 발달하여 소비재 공업이 성장하였다.

47 노무현 정부 정답 ④

정답 분석

정답이 보이는 핵심 키워드
#호주제 폐지

길잡이 | 양성평등을 위하여 호주제를 폐지한 노무현 정부 시기에 있었던 일을 확인합니다.

호주제란 한 집안의 가장인 '호주'를 중심으로 가족 구성원들의 출생 · 혼인 · 사망 등의 신분변동을 기록하는 제도이다. 이 제도는 남성을 정상적 호주, 여성을 가족 구성원으로 보는 **성차별적인 성격**을 띠었으며, 가족 구성원을 호주를 중심으로 포함시키기 때문에 다양한 가족 형태를 반영하지 못하였다. 이에 노무현 정부는 **호주제를 폐지**하여 **양성평등**을 실현하고자 하였다.
④ **노무현 정부**는 현대사 전반의 **반민주적 · 반인권적 행위**에 의한 **인권 유린과 폭력 · 학살 · 의문사** 등을 조사하여 진실을 밝혀내기 위해 **진실 · 화해를 위한 과거사 정리 기본법**을 제정하였다.

선택지 풀이

① 평창 동계 올림픽이 개최되었다.
문재인 정부는 대한민국 최초의 동계 올림픽인 제23회 2018 평창 동계 올림픽을 개최하였다.

② 전국 민주 노동조합 총연맹이 창립되었다.
김영삼 정부 때 전국의 진보 계열 노동조합이 모여 전국 민주 노동조합 총연맹을 창립하였다.

③ 헝가리와 상주 대표부 설치 협정을 체결하였다.
노태우 정부는 북방 외교 정책에 따라 동유럽 사회주의 국가인 헝가리와 상주 대표부 설치 협정을 체결하였으며(1988), 이듬해 공식 수교를 맺었다.

⑤ 중학교 입시 제도가 폐지되고 무시험 추첨제가 실시되었다.
박정희 정부 시기 중학교 입시 지옥으로 인한 수업의 폐단과 학부모 사교육비 부담 과중 등을 해소하기 위하여 중학교 입시 제도를 폐지하고(1968), 시험 없이 추첨제로 중학교로 진학하는 중학교 무시험 추첨제를 발표하여 전국적으로 실시하였다.

48 시대별 사회 보장 제도 정답 ⑤

정답 분석

정답이 보이는 핵심 키워드
#국민 기초 생활 보장법 #고구려 #진대법 #고려 시대 #의창 #제위보 #조선 시대 #환곡제 #사창제

길잡이 | 시대별 사회 보장 제도를 학습합니다.

⑤ 고려 예종 때 재해 발생 시 백성을 구호하기 위해 임시 기관인 구제도감을 설치하였다. 구제도감은 질병 환자를 치료하고 병사자의 매장을 관장하며, 감염병 확산 등에 대처하는 기능을 담당하였다.

선택지 풀이

① ㉠ - 고국천왕이 시행하였다.
고구려 고국천왕은 국상 을파소의 건의에 따라 빈민을 구제하기 위해 먹을거리가 부족한 봄에 곡식을 빌려주고 겨울에 갚게 하는 진대법을 시행하였다.

② ㉡ - 성종이 흑창을 확대 개편하여 설치하였다.
고려 태조 때 실시한 흑창은 춘궁기에 곡식을 대여해 주고 추수 후에 회수하던 빈민 구휼 제도이다. 이후 성종 때 쌀 1만 석을 보충하여 시행하면서 명칭을 의창으로 바꾸었다.

③ ㉢ - 기금을 모아 그 이자로 빈민을 구휼하였다.
고려 광종 때 제위보를 운영하여 기금을 모아 백성에게 빌려 주고 그 이자로 빈민을 구휼하도록 하였다.

④ ㉣ - 세도 정치기에 농민을 수탈하는 수단으로 변질되었다.
조선 시대에는 흉년이나 춘궁기에 굶주린 백성들에게 곡식을 빌려 주고 추수기에 되돌려 받는 환곡제를 시행하였다. 조선 후기 세도 정치기에는 탐관오리가 농민을 수탈하는 수단으로 변질되었다.

49 김대중 정부 정답 ②

정답 분석

정답이 보이는 핵심 키워드
#제17회 FIFA 한일 월드컵 #서울 월드컵 경기장

길잡이 | 한일 월드컵이 개최되었던 김대중 정부 시기의 사실을 파악합니다.

김대중 정부 때 국제축구연맹(FIFA) 주관으로 **제17회 FIFA 한일 월드컵**이 개최되었다. 월드컵 역사상 최초로 공동 개최 형태로 치러졌으며, 한국과 일본의 20개 도시에서 경기가 진행되었다. 양국 간의 역사적 갈등과 반목을 접고 대회의 성공이라는 공동의 목표를 향하면서 우호 관계를 구축하고 세계 평화를 구현하는 데 크게 기여했다는 평가를 받는다.
② 김대중 정부는 **인권법**을 제정하고 이에 따라 국가 공권력과 사회적 차별 행위에 의한 인권 침해를 규제하기 위하여 **국가 인권 위원회**를 출범시켰다.

선택지 풀이

① 중앙정보부가 창설되었다.
5·16 군사 정변의 주동자들은 군사 정부 최고 의결 기구인 국가 재건 최고 회의 산하에 국가 정보·수사 기관으로서 중앙정보부를 창설하였다.

③ 세계 무역 기구(WTO)에 가입하였다.
김영삼 정부 때 세계 무역 기구(WTO)에 가입하였다.

④ G20 정상 회의를 서울에서 개최하였다.
이명박 정부 때 세계 경제 문제를 다루는 최상위급 정상 회의인 G20 정상 회의를 서울에서 개최하였다.

⑤ 37년 만에 야간 통행 금지가 해제되었다.
이승만 정부 때 사회 공공질서 유지 및 사상 통제, 국가 안보 수호를 위해 법제화되었던 야간 통행 금지 제도가 전두환 정부 때 해제되었다.

50 지역사 – 대구, 광주 정답 ②

정답 분석

정답이 보이는 핵심 키워드
#달구벌 #2·28 민주 운동 #빛고을 #5·18 민주화 운동

길잡이 | 달구벌 대구와 빛고을 광주에서 있었던 일을 살펴봅니다.

달빛동맹은 대구의 옛 명칭인 '**달구벌**'과 광주의 순우리말인 '**빛고을**'의 앞글자를 따와 만들어졌으며, 지역주의를 타파하고 협력·상생 관계를 구축하기 위해 결성된 프로젝트 사업이다. 이 사업의 일환으로 대구에서는 광주 시민들이 주도한 **5·18 민주화 운동**을 기념하는 518번 버스가, 광주에서는 자유당 독재 정권에 대항하여 대구 학생들이 일으킨 **2·28 민주 운동**을 기리는 228번 버스가 운행되고 있다.
ㄱ. 대구에서 **김광제, 서상돈** 등을 중심으로 **국채 보상 운동**이 시작되었다. 이는 일본에서 도입한 차관 1,300만 원을 갚아 주권을 회복하고자 한 **경제적 주권 수호 운동**이었다.
ㄷ. 광주에서 나주로 가는 통학 열차 안에서 일본인 학생이 한국인 여학생을 희롱하자 **한일 학생 간에 우발적 충돌 사건**이 발생하였다. 이를 일본 경찰이 편파적으로 수사하면서 **광주 학생 항일 운동**이 발생하였고, 한국인 학생에 대한 차별과 식민지 교육에 저항하는 항일 운동으로 발전하였다.

선택지 풀이

ㄴ. (가) – YH 무역 노동자들이 폐업에 항의하며 농성을 벌였다.
서울에 위치한 신민당사 앞에서 YH 무역 노동자들이 부당한 폐업 공고에 항의하여 회사 정상화와 노동자의 생존권 보장을 요구하며 농성을 벌였다.

ㄹ. (나) – 3·15 부정 선거를 규탄한 김주열의 시신이 발견되었다.
이승만 대통령의 장기 집권이 계속되고 자유당 정권이 3·15 부정 선거를 자행하자 이를 규탄하는 시위가 전국에서 발생하였다. 이때 마산에서 시위를 하던 학생 김주열의 시신이 최루탄을 맞은 채로 마산 해변가에서 발견되었고, 이를 계기로 4·19 혁명이 전국적으로 전개되었다.

제69회 한국사능력검정시험 정답 및 해설

기출 해설 강의 보기 ▶

한능검의 PASSCODE는 기출문제!
역잘알 시대에듀와 함께 출제 경향 완벽 분석, **단번에 합격!**

STEP 1 정답 확인   문제 p.086

01	02	03	04	05	06	07	08	09	10	11	12	13	14	15	16	17	18	19	20	21	22	23	24	25
③	⑤	③	⑤	③	②	④	②	④	⑤	②	⑤	⑤	①	③	①	③	⑤	④	③	①	①	④

26	27	28	29	30	31	32	33	34	35	36	37	38	39	40	41	42	43	44	45	46	47	48	49	50
②	④	⑤	③	④	①	④	②	④	②	①	①	③	④	③	④	⑤	②	③	①	②	①	⑤	⑤

STEP 2 난이도 확인

| 제69회 합격률 | 54.6% | 최근 1년 평균 합격률 | 54.8% |

STEP 3 시대별 분석

시대	선사	고대	고려	조선 전기	조선 후기	근대	일제 강점기	현대	복합사
틀린 개수/문항 수	/2	/8	/9	/5	/4	/6	/6	/8	/2
출제비율	4%	16%	18%	10%	8%	12%	12%	16%	4%

STEP 4 문제별 주제 분석

01	선사	신석기 시대	26	조선 후기	기사환국
02	고대	신라 진흥왕	27	조선 후기	박제가
03	선사	동예, 삼한	28	조선 후기	조선 후기의 사회 모습
04	고대	백제 무령왕	29	근대	병인양요
05	고대	연개소문의 정변	30	근대	임오군란
06	고대	금동 연가 7년명 여래 입상	31	근대	제1차 갑오개혁
07	고대	삼국 통일 과정	32	근대	독립 협회
08	고대	통일 신라의 경제 상황	33	근대	국채 보상 운동
09	고대	발해	34	근대	고종 강제 퇴위 사건
10	고려	고려 태조 왕건	35	일제 강점기	물산 장려 운동
11	고려	지역사 – 평양(서경)	36	일제 강점기	의열단
12	고려	고려의 경제 상황	37	일제 강점기	1920년대 국내 항일 운동
13	고려	고려와 여진의 대외 관계	38	일제 강점기	1930년대 이후 민족 말살 통치기
14	고려	무신 정권 시기 하층민의 반란	39	현대	5·10 총선거
15	고려	조일신의 난	40	일제 강점기	백남운
16	고려	고려의 문화유산	41	일제 강점기	한국 광복군
17	고려	삼별초의 대몽 항쟁	42	현대	6·25 전쟁
18	고려	최영	43	현대	장면 내각
19	조선 후기	균역법	44	현대	사사오입 개헌
20	조선 전기	사헌부	45	현대	박정희 정부 시기 사회 상황
21	조선 전기	조광조	46	현대	박정희 정부 시기 경제 상황
22	조선 전기	조선 광해군	47	복합사	시대별 군사 제도
23	조선 전기	병자호란	48	고대	통일 신라 신문왕
24	조선 전기	조선 세조	49	현대	5·18 민주화 운동
25	복합사	지역사 – 충주	50	현대	김영삼 정부 시기 사회 상황

01 신석기 시대 정답 ③

정답 분석

정답이 보이는 핵심 키워드
#동삼동 패총 유적 #빗살무늬 토기 #농경과 목축이 시작

길잡이 | 신석기 시대의 생활 모습을 알아봅니다.

동삼동 패총(조개더미 무덤)은 **신석기 시대**의 대표적인 유적지로, **빗살무늬 토기**가 출토되었다. 신석기 시대에는 **농경과 목축**이 시작되어 조·피 등을 재배하였으며 빗살무늬 토기를 이용하여 곡식을 저장하고 **갈돌과 갈판**으로 곡식을 갈아 음식을 만들어 먹었다.
③ 신석기 시대에는 **가락바퀴와 뼈바늘**을 이용하여 옷이나 그물을 만들어 사용하기도 하였다.

한 번 더 체크하러 가기 ▶ 미니북 04쪽

선택지 풀이

① 반달 돌칼을 이용하여 벼를 수확하였다.
청동기 시대에는 조, 보리, 콩 등의 밭농사와 함께 벼농사도 짓기 시작하였으며 반달 돌칼을 이용하여 곡물을 수확하였다.

② 주로 동굴이나 강가의 막집에 거주하였다.
구석기 시대 사람들은 동굴이나 강가에 막집을 짓고 살았으며, 계절에 따라 이동 생활을 하였다.

④ 많은 인력을 동원하여 고인돌을 축조하였다.
청동기 시대에는 정치권력과 경제력을 가진 지배자인 군장이 등장하였다. 이들의 무덤인 고인돌, 돌널무덤 등의 규모를 통해 당시 지배층의 권력을 짐작할 수 있다.

⑤ 주먹도끼, 찍개 등의 뗀석기를 처음 제작하였다.
구석기 시대에는 주먹도끼, 찍개, 긁개 등의 뗀석기를 제작하여 사용하였다.

02 신라 진흥왕 정답 ⑤

정답 분석

정답이 보이는 핵심 키워드
#김정희 #『금석과안록』 #순수비임을 고증

길잡이 | 한강 유역을 순수한 것을 기념하며 북한산 순수비를 건립하였던 신라 진흥왕의 업적을 알아봅니다.

신라 진흥왕은 **한강 유역을 정복**한 후 해당 지역을 순수한 것을 기념하기 위하여 **북한산 순수비**를 건립하였다. 이 비석은 조선 후기 때까지 도선국사비, 무학대사비 등으로 잘못 알려져 있으나, **금석학**을 연구하던 **김정희**가 북한산비를 황초령비와 대조한 결과 **진흥왕 순수비**임을 밝혀냈다.

⑤ 신라 진흥왕은 거칠부에게 역사서인 『**국사**』를 편찬하게 하였다.

한 번 더 체크하러 가기 ▶ 미니북 06쪽

선택지 풀이

① 관료전을 지급하여 녹읍을 폐지하였다.
통일 신라 신문왕은 귀족의 경제 기반을 약화시키기 위해 관료전을 지급하고 녹읍을 폐지하였다.

② 인재 등용을 위해 독서삼품과를 실시하였다.
통일 신라 원성왕은 국학의 학생들을 대상으로 독서삼품과를 실시하여 유교 경전의 이해 수준에 따라 관리로 채용하였다.

③ 이차돈의 순교를 계기로 불교를 공인하였다.
신라 법흥왕은 이차돈의 순교를 계기로 불교를 국교로 공인하였다.

④ 지방관을 감찰하기 위해 외사정을 파견하였다.
통일 신라 문무왕은 삼국 통일 이후 왕권을 강화하고 지방관을 감찰하기 위해 외사정을 파견하였다.

03 동예, 삼한 정답 ③

정답 분석

정답이 보이는 핵심 키워드
#후(侯)와 읍군과 삼로 #무천 #5월이면 씨뿌리기를 마침 #천군

길잡이 | 동예와 삼한에 대해 살펴봅니다.

(가) **동예**: 동예와 옥저는 왕이 없고 **읍군, 삼로, 후**라는 군장들이 각 부족을 통치하는 **군장 국가**였다. 동예는 각 부족의 영역을 중요시하여 다른 부족의 영역을 침범하는 경우 노비와 소, 말로 변상하게 하는 **책화 제도**를 두었으며, 매년 **10월 무천**이라는 제천 행사를 열었다(ㄴ).

(나) **삼한**: 삼한은 마한, 진한, 변한으로 구성된 연맹 왕국으로 **신지, 견지, 읍차**와 같은 정치적 지배자가 있었다. 또한, 정치적 지배자 외에 **천군**이라는 제사장을 두는 **제정 분리 사회**였다. 벼농사가 발달하여 해마다 씨를 뿌리고 난 뒤인 **5월**과 추수를 하는 **10월**에는 **계절제**를 열어 하늘에 제사를 지냈다(ㄷ).

한 번 더 체크하러 가기 ▶ 미니북 21쪽

선택지 풀이

ㄱ. (가) - 혼인 풍습으로 민며느리제가 있었다.
옥저에는 혼인 풍습으로 여자가 어렸을 때 혼인할 남자의 집에서 생활하다가 성인이 된 후에 혼인하는 민며느리제가 있었다.

ㄹ. (나) - 여러 가(加)들이 별도로 사출도를 주관하였다.
부여는 왕 아래 마가, 우가, 저가, 구가의 가(加)들이 각자의 행정 구역인 사출도를 다스렸다.

04 백제 무령왕   정답 ⑤

✅ 정답 분석

정답이 보이는 핵심 키워드
#백제 웅진기 #백제 중흥의 기틀을 마련 #지방의 22담로에 왕족을 파견 #공주 왕릉원에 안장

길잡이 ┃ 백제 중흥의 기틀을 마련한 무령왕의 업적을 확인합니다.

백제는 개로왕 때 고구려 장수왕에 의해 한성을 함락당한 뒤, 다음 왕인 **문주왕** 때 수도를 **웅진으로 천도**하였다. 이후 **성왕**이 **사비로 천도**하기 전까지를 **백제 웅진기**라 칭하며, 특히 **무령왕**이 집권하던 시기에 백제 중흥의 기틀이 마련되었다. 무령왕은 왕위에 즉위하자마자 아버지 동성왕을 시해한 좌평 백가를 처단하였다. 또한, 지방에 **22담로**를 설치하고 왕족을 파견하여 지방 통제를 강화하였다. 사후에는 웅진기 백제 왕들의 무덤이 모여있는 공주 왕릉원에 안장되었다.
⑤ **무령왕릉**은 널길과 널방을 벽돌로 쌓은 **벽돌무덤**으로, 이 고분 양식을 통해 백제가 **중국 남조의 양**과 교류하며 영향을 받았음을 알 수 있다.

한 번 더 체크하러 가기 ▶ 미니북 06쪽

✅ 선택지 풀이

① 금마저에 미륵사를 창건하다
백제 무왕은 금마저(익산)에 미륵사를 창건하였다.

② 윤충을 보내 대야성을 함락하다
백제 의자왕은 윤충에게 1만여 명의 병력을 주어 신라의 대야성을 비롯한 40여 개의 성을 함락하였다.

③ 평양성을 공격하여 고국원왕을 전사시키다
4세기 중반 백제의 최전성기를 이끌었던 근초고왕은 고구려의 평양성을 공격하여 고국원왕을 전사시켰다.

④ 진흥왕과 연합하여 한강 하류 지역을 수복하다
백제 무령왕의 뒤를 이어 즉위한 성왕은 신라 진흥왕과 함께 고구려를 공격하여 한강 하류 지역을 차지하였다. 이후 진흥왕이 나제 동맹을 깨고 백제가 차지한 지역을 점령하자 이에 분노한 성왕은 신라를 공격하였으나 관산성 전투에서 전사하였다.

05 연개소문의 정변   정답 ③

✅ 정답 분석

정답이 보이는 핵심 키워드
#을지문덕 #우중문 #안시성

길잡이 ┃ 살수 대첩과 안시성 전투 사이에 벌어진 연개소문의 정변을 학습합니다.

(가) **살수 대첩**(612): 고구려 영양왕 때 **수** 양제가 우중문의 30만 별동대로 평양성을 공격하였으나 **을지문덕**이 **살수**에서 2,700여 명을 제외한 수군을 전멸시켰다.
(나) **안시성 전투**(645): **당**은 **연개소문의 정변**을 구실로 고구려를 공격하여 요동성, 백암성 등을 함락시키고 안시성을 공격하였다. 이에 고구려는 **안시성 성주 양만춘**을 중심으로 저항하여 당군을 몰아냈다.
③ 연개소문은 정변을 통해 영류왕을 몰아내고 보장왕을 왕위에 세운 뒤 스스로 대막리지가 되어 정권을 장악하였다(**연개소문의 정변**, 642).

한 번 더 체크하러 가기 ▶ 미니북 06쪽

✅ 선택지 풀이

① 관구검이 환도성을 공격하여 함락하였다.
고구려 동천왕은 요동 진출로를 놓고 위(魏)를 선제공격하였으나 유주 자사 관구검의 침입을 받아 환도성이 함락되었다(244).

② 계백이 이끄는 군대가 황산벌에서 항전하였다.
계백의 결사대는 황산벌에서 김유신이 이끄는 신라군에 맞서 항전하였으나 패배하였다(660).

④ 광개토 대왕이 신라에 침입한 왜를 격퇴하였다.
고구려 광개토 대왕은 신라의 원군 요청을 받고 군대를 보내 신라에 침입한 왜를 격퇴하였다(400).

⑤ 미천왕이 낙랑군을 축출하여 영토를 확장하였다.
고구려 미천왕은 낙랑군(313)과 대방군(314) 등 한 군현을 한반도 지역에서 몰아냈다.

06 금동 연가 7년명 여래 입상   정답 ②

✅ 정답 분석

정답이 보이는 핵심 키워드
#경상남도 의령군에서 출토 #고구려 #천불(千佛) #광배 #연가(延嘉)

길잡이 ┃ 고구려 불상 중 하나인 금동 연가 7년명 여래 입상에 대해 알아봅니다.

② **금동 연가 7년명 여래 입상**은 경남 의령에서 발견된 **고구려의 불상**으로 현재 국보로 지정되어 있다. **광배** 뒷면에 남아 있는 글에 따르면 연가 7년에 평양의 승려들이 세상에 널리 퍼뜨리고자 만든 불상인 천불(千佛) 중 29번째 것이다.

한 번 더 체크하러 가기 ▶ 미니북 44쪽

✅ 선택지 풀이

① 부석사 소조여래 좌상
영주 부석사 무량수전에 모시고 있는 소조 불상으로, 고려 초기에 만들어진 것으로 추정된다. 우리나라 소조 불상 가운데 가장 크고 오래된 작품이다.

③ 경주 구황동 금제여래 입상
경주 황복사지 삼층 석탑 해체 수리 공사 때 사리함에서 발견된 통일 신라의 불상이다.

④ 익산 왕궁리 오층 석탑 사리장엄구 금동여래 입상
익산 왕궁리 오층 석탑을 보수하는 과정에서 발견된 불상으로, 통일 신라 말에서 고려 초 양식을 띠고 있는 것이 특징이다.

⑤ 발해 이불 병좌상
중국 지린성에서 출토된 발해의 불상이다. 날카로운 광배나 연꽃의 표현 등에서 금동 연가 7년명 여래 입상 등과 같은 고구려 불상 조각의 양식을 계승하고 있음을 알 수 있다.

07 삼국 통일 과정　　정답 ④

✓ 정답 분석

정답이 보이는 핵심 키워드
#사찬 시득 #기벌포 #설인귀 #흑치상지 #복신 #검모잠 #보장왕의 외손 안승

길잡이 | 삼국 통일 과정을 살펴봅니다.

(나) **백제 부흥 운동**(660~663): 백제가 멸망한 이후 **흑치상지**는 임존성을, **복신과 도침** 등은 주류성을 근거지로 백제 부흥 운동을 전개하였다.

(다) **고구려 부흥 운동**(668~673): 나당 연합군에 의해 평양성이 함락되어 고구려가 멸망하자(668) **검모잠, 고연무** 등이 보장왕의 서자 **안승**을 왕으로 추대하고(670) 한성(황해도 재령)과 오골성을 근거지로 고구려 부흥 운동을 전개하였다. 그러나 안승은 내분으로 인해 검모잠을 죽인 뒤 고구려 유민을 이끌고 신라로 망명하였다. 이에 **문무왕**은 안승을 **보덕국왕**으로 임명하고 **금마저**(전북 익산)에 땅을 주어 당에 맞서게 하였다(674).

(가) **나당 전쟁**(676): **신라 문무왕** 때 **사찬 시득**이 **기벌포 전투**에서 **설인귀**가 이끄는 당군에 승리하고 당의 세력을 한반도에서 몰아내면서 **삼국이 통일**되었다.

한 번 더 체크하러 가기 ▶ 미니북 25쪽

암기의 key　백제와 고구려의 부흥 운동

구분	백제 부흥 운동	고구려 부흥 운동
중심 인물	왕족 복신·승려 도침(주류성), 흑치상지(임존성)	검모잠(한성), 고연무(오골성)
전개 과정	• 왜의 지원 • 백강 전투에서 당에 패배(663)	• 신라의 지원 • 당 세력을 몰아내기 위해 왕자 안승을 고구려 왕으로 추대(670) → 보덕국왕으로 추대(674)
실패 요인	지원 세력인 왜의 패배, 지도층 사이의 내분	지도층의 내분, 당·신라의 회유 → 고구려 유민들이 이주하여 발해 건국(698)

08 통일 신라의 경제 상황　　정답 ②

✓ 정답 분석

정답이 보이는 핵심 키워드
#일본의 도다이사 쇼소인 #5소경 #서원경 #4개 촌락 #인구 현황 #토지의 종류와 면적

길잡이 | 신라 촌락 문서를 통해 통일 신라의 경제 상황을 학습합니다.

민정 문서라고도 불리는 **신라 촌락 문서**는 **일본의 도다이사 쇼소인**에서 발견된 통일 신라 촌락에 대한 기록 문서이다. 이 문서에는 서원경 인근 4개 마을에 대한 인구, 토지, 마전, 가축 등을 조사한 내용이 담겨 있으며, 촌주는 이를 3년마다 작성하였다.

② 통일 신라 **효소왕**은 수도 경주에 **서시**와 **남시**를 설치하였다.

✓ 선택지 풀이

① 경성과 경원에 무역소를 두었다.
조선 태종 때 여진에 대한 회유책으로 경성과 경원에 무역소를 두어 국경 무역을 할 수 있도록 하였다.

③ 주전도감에서 해동통보를 발행하였다.
고려 숙종 때 승려 의천의 건의에 따라 화폐 주조를 전담하는 주전도감을 설치하고 해동통보와 삼한통보, 해동중보 등의 동전과 활구(은병)를 발행·유통하였다.

④ 독점적 도매상인인 도고가 출현하였다.
조선 후기에는 상품의 매점이나 독점을 통해 가격을 조작하고 이익을 취하는 도고가 등장하였다.

⑤ 감자, 고구마 등을 구황 작물로 재배하였다.
조선 후기에 감자와 고구마가 전래되어 구황 작물로 재배되었다.

09 발해　　정답 ④

✓ 정답 분석

정답이 보이는 핵심 키워드
#고구려 멸망 #대조영 #최치원 #사불허북국거상표 #북국

길잡이 | 남북국 시대의 발해에 대해 살펴봅니다.

발해는 **대조영**이 고구려 유민을 이끌고 동모산 기슭에 건국한 국가로, 남쪽에 있는 통일 신라와 공존하며 **남북국 시대**를 이루었다. 발해가 주변국에게 **해동성국**이라 불리며 전성기를 맞이하고 있을 때 발해의 왕자 대봉예가 당나라에게 통일 신라의 사신보다 발해의 사신이 윗자리에 앉을 것을 요구하였으나 거절당하였다. 이 소식을 들은 통일 신라의 **최치원**은 당나라에게 감사의 말을 전하는 표문 '사불허북국거상표(謝不許北國居上表)'를 통해 발해를 비난하였다.

④ 발해는 **문적원**을 두어 책과 문서 등을 관리하고 비문·제문 및 외교 문서 등을 작성하는 업무를 담당하도록 하였다.

정답 및 해설 **163**

선택지 풀이

① 정사암 회의에서 나라의 중대사를 결정하였다.
백제의 귀족들은 정사암이라는 바위에서 회의를 통해 재상을 선출하고 국가의 중대사를 논의·결정하였다.

② 지방의 여러 성에 욕살, 처려근지 등을 두었다.
고구려는 지방을 대성, 중성, 소성 3단계로 나누어 통치하였으며, 대성에는 욕살, 중성에는 처려근지를 장관으로 두었다.

③ 도병마사에서 변경의 군사 문제 등을 논의하였다.
고려의 도병마사는 재신(중서문하성 2품 이상)과 추밀(중추원의 2품 이상)이 국방 및 군사 문제를 논의하는 임시적인 회의 기구였다.

⑤ 골품에 따라 관등 승진, 일상생활 등을 엄격히 제한하였다.
신라에는 골품제라는 특수한 신분 제도가 있었으며 골품에 따라 관등 승진에 제한을 두었다. 또한, 가옥의 규모와 장식물은 물론 복색이나 수레의 크기 등 일상생활까지 규제하였다.

10 고려 태조 왕건   정답 ⑤

정답 분석

정답이 보이는 핵심 키워드
#논산 #개태사지 석조 여래 삼존 입상 #후삼국을 통일

길잡이 | 후삼국을 통일한 고려 태조의 업적을 살펴봅니다.

개태사는 충남 논산에 있는 사찰로, **고려 태조 왕건**이 후백제를 제압한 후 건립하였다. 특히, 개태사 안에 있는 개태사지 석조 여래 삼존 입상이 세워진 자리는 일리천 전투에서 백제의 신검이 패한 후 항복한 장소로 추정된다.
⑤ 고려 태조는 『**정계**』와 『**계백료서**』를 통해 관리가 지켜야 할 규범을 제시하였고, 후대 왕들이 지켜야 할 정책 방향을 담은 **훈요 10조**를 남겼다.

한 번 더 체크하러 가기 ▶ 미니북 8쪽

선택지 풀이

① 관학 진흥을 위해 양현고를 설치하였다.
고려 중기 최충의 문헌공도를 대표로 하는 사학 12도의 발전으로 관학이 위축되었다. 이에 예종은 국자감을 재정비하여 7재를 세우고 양현고를 설치하여 관학 진흥책을 추진하였다.

② 쌍기의 건의를 받아들여 과거제를 시행하였다.
광종은 후주 출신 쌍기의 건의를 받아들여 과거 제도를 시행함으로써 신진 세력을 등용하였다.

③ 전국에 12목을 설치하고 지방관을 파견하였다.
성종은 최승로의 시무 28조를 받아들여 12목을 설치하고 지방관을 파견하였다.

④ 전시과 제도를 처음 마련하여 관리에게 토지를 지급하였다.
경종은 관등과 인품을 기준으로 한 전시과 제도를 처음 마련하여 관리에게 관직 복무와 직역의 대가로 토지를 지급하였다(시정 전시과).

11 지역사 – 평양(서경)   정답 ②

정답 분석

정답이 보이는 핵심 키워드
#서도 #호경 #유수 조위총 #동녕부

길잡이 | 평양(서경)과 관련된 역사적 사실을 알아봅니다.

서경은 고려 태조 때부터 고구려의 옛 수도이자 **북진 정책의 기점**으로 여겨져 중시되었다. 고려의 황제국 체제를 표방하였던 광종은 개경을 황도, 서경을 서도로 삼기도 하였으며, 목종은 서경을 호경으로 개칭해 태조 대 이래 시행된 서경 중시책을 이어나갔다. 무신 정권 시기인 명종 때에는 **서경 유수 조위총**이 난을 일으켜 의종을 폐위시키고 명종을 옹립한 정중부 등의 무신 정권자들을 제거하려 하였다. 원 간섭기인 원종 때 원은 서경을 포함한 자비령 이북 지역에 **동녕부**를 설치하여 원의 통치기관으로 삼았다.
② **묘청**, 정지상을 중심으로 한 서경 세력은 **서경 천도**와 칭제 건원, 금 정벌을 주장하였으나 받아들여지지 않았다. 이에 묘청이 **국호를 대위, 연호를 천개**로 하여 서경에서 반란을 일으켰으나, 김부식의 관군에 의해 진압되었다(**묘청의 서경 천도 운동**, 1135).

선택지 풀이

① 정몽주가 이방원 세력에게 피살되었다.
고려의 충신 정몽주는 개성에 있는 선죽교에서 이방원 세력에게 철퇴를 맞아 피살되었다.

③ 몽골의 침략으로 황룡사 구층 목탑이 소실되었다.
신라 선덕 여왕 때 자장의 건의로 수도 경주에 세워진 황룡사 구층 목탑이 고려 때 몽골의 침략으로 인하여 소실되었다.

④ 흥덕사에서 금속 활자로 직지심체요절이 간행되었다.
고려 때 청주 흥덕사에서 현존 세계 최고(最古) 금속 활자본인 『직지심체요절』이 간행되었다.

⑤ 정서가 유배 중에 정과정이라는 고려 가요를 지었다.
고려의 문신 정서는 유배지인 동래(부산)에서 임금을 그리워하는 정을 담아 정과정이라는 고려 가요를 지었다.

12 고려의 경제 상황 　　　　정답 ②

✓ 정답 분석

정답이 보이는 핵심 키워드
#은병 #화폐 #활구 #도평의사사 #개경 #경시서

> **길잡이** | 은병(활구)을 화폐로 사용하였던 고려 시대의 경제 상황을 살펴봅니다.

고려 시대에는 상업 활동이 활발해지면서 국가 재정 관리의 효율성을 위해 화폐 발행·유통의 필요성이 대두되었다. 이에 **숙종**은 **의천**의 건의에 따라 **주전도감**을 설치하고 **해동통보**, **삼한통보**와 같은 동전과 **활구(은병)**를 주조하였다. 특히, 은병은 은 한 근으로 우리나라의 지형을 본떠 병(瓶) 형태로 만들었으며, 활구라고 속칭하기도 하였다. 은병이 유통된 이후부터는 물가를 표현하는 방식이 기존의 곡물과 포(布)의 비율로 산정하는 것에서 은병과 쌀 혹은 포의 교환 비율로 계산하는 것으로 변경되었다. 이를 통해 고려 시대 물가와 화폐 유통의 기준이 은병이 되었음을 알 수 있다.
② 고려 시대 개경, 서경 등의 대도시에는 서적점, 주점, 다점 등의 **관영 상점**이 설치되었다.

한 번 더 체크하러 가기 ▶ 미니북 24쪽

✓ 선택지 풀이

① 솔빈부의 말을 특산물로 수출하였다.
솔빈부는 발해의 지방 행정 구역인 15부 중 하나로, 당시 발해는 목축과 수렵이 발달하여 솔빈부의 말을 주변 국가에 특산품으로 수출하였다.

③ 청해진을 중심으로 해상 무역을 전개하였다.
통일 신라 장보고는 완도에 청해진을 설치하여 해적을 소탕하고 해상 무역권을 장악하면서 당, 신라, 일본을 잇는 국제 무역을 주도하였다.

④ 광산을 전문적으로 경영하는 덕대가 활동하였다.
조선 후기에 광산 개발이 활성화되면서 물주로부터 자금을 지원받아 전문적으로 광산을 경영하는 덕대가 등장하였다.

⑤ 기유약조를 체결하여 일본과의 교역을 재개하였다.
조선 광해군 즉위 직후 기유약조를 체결하여 일본과의 교역을 재개하였다.

13 고려와 여진의 대외 관계 　　　　정답 ⑤

✓ 정답 분석

정답이 보이는 핵심 키워드
#변방 #윤관 #삼군 #우리 강토를 개척

> **길잡이** | 북방 민족 여진의 침입에 대한 고려의 대응을 학습합니다.

⑤ 고려 **숙종** 때 부족을 통일한 여진이 고려의 국경을 자주 침입하자 **윤관**이 왕에게 건의하여 **신기군**, **신보군**, **항마군**으로 구성된 **별무반**을 조직하였다. 이후 **예종** 때 윤관은 별무반을 이끌고 부원수 오연총과 함께 여진을 물리친 뒤 **동북 9성**을 설치하고, 9성의 가장 북쪽에 있는 공험진에 국경 경계비로서 **고려정계비**를 세웠다.

한 번 더 체크하러 가기 ▶ 미니북 23쪽

✓ 선택지 풀이

① 광군을 창설하여 침입에 대비하였다.
정종 때 최광윤의 의견을 받아들여 거란의 침입에 대비하기 위한 군사 조직으로 광군을 조직하고, 광군사를 설치하여 이를 관장하였다.

② 박위를 파견하여 근거지를 토벌하였다.
고려 말 창왕 때 박위를 파견하여 왜구의 본거지인 쓰시마섬을 정벌하였다.

③ 강화도로 도읍을 옮겨 장기 항전을 준비하였다.
고려 최씨 무신 정권 시기 최우는 몽골의 침입에 대항하기 위해 강화도로 천도하고 장기 항전을 준비하였다.

④ 선물 받은 낙타를 만부교에서 굶어 죽게 하였다.
태조 때 거란이 발해를 멸망시켰기에 화친할 수 없다는 이유로 거란에서 보낸 낙타를 만부교에 묶어 굶어 죽게 하였다.

암기의 key	고려의 대외 관계(이민족의 침입)
거란(요)	북진 정책: 광군 조직, 거란 침입 → 서희의 강동 6주 획득, 강감찬의 귀주 대첩
여진(금)	삼별초 조직, 윤관의 여진 정벌, 동북 9성 설치
몽골(원)	• 대몽 항쟁: 김윤후의 처인성 전투, 삼별초 항쟁 • 고려 개경 환도 → 원 간섭기
홍건적, 왜구	• 공민왕, 우왕 • 홍산 대첩(최영), 진포 대첩(최무선), 황산 대첩(이성계), 쓰시마섬 정벌(박위)

14 무신 정권 시기 하층민의 반란 　　정답 ⑤

✓ 정답 분석

정답이 보이는 핵심 키워드
#운문 #김사미 #초전 #효심 #이연년

> **길잡이** | 김사미·효심의 난과 이연년의 난으로 대표되는 고려의 무신 정권 시기 하층민의 반란에 대해 탐구해 봅니다.

⑤ **고려 무신 정권 시기**에는 과도한 수탈과 차별에 항거하는 하층민의 반란이 빈번하였다. 그 예로 **이의민**이 집권하던 명종 때 **운문과 초전**(지금의 울산)에서 **김사미·효심의 난**이 발생하였다. 이후 최씨 무신 정권 시기인 **최우** 때 몽골의 3차 침입으로 인하여 고려가 막대한 피해를 입은 데다가 부처의 힘으로 몽골을 막아내고자 팔만대장경을 조판하면서 전국 각지의 농장에 과도한 경제적 수탈을 행하였다. 이에 원율(지금의 담양)에서 **이연년 형제**가 백제 부흥을 내세워 백적 도원수라 자칭하며 난을 일으켰으나, 전라도 지휘사 김경손에게 포위당하면서 실패하였다.

선택지 풀이

① 노비안검법이 실시된 목적을 알아본다.
고려 광종은 억울하게 노비가 된 사람들을 해방시키고 호족의 세력을 약화시키기 위하여 노비안검법을 실시하였다.

② 삼정이정청이 설치된 과정을 살펴본다.
조선 철종 때 발생한 임술 농민 봉기에 안핵사로 파견된 박규수는 민란의 원인이 삼정의 문란에 있다고 보고 삼정이정청을 설치하였지만 근본적인 문제를 해결하지는 못하였다.

③ 사심관 제도가 시행된 사례를 조사한다.
고려는 지방 출신 중앙 관리를 자신의 출신지에 임명시킴으로써 지방을 통제하는 사심관 제도를 시행하였다. 이 제도는 고려 태조가 신라 경순왕 김부에게 경주를 식읍으로 하사하고 경주의 사심관으로 임명하였던 것이 시초였다.

④ 집강소에서 추진한 개혁의 내용을 분석한다.
동학 농민 운동 당시 농민군은 정부와 전주 화약을 맺어 자치 개혁 기구인 집강소를 설치하고 폐정 개혁을 실시하였다.

15 조일신의 난　　　　　정답 ⑤

정답 분석

정답이 보이는 핵심 키워드
#조일신 #기철 등을 제거할 것을 모의

길잡이 | 고려 원 간섭기 공민왕 때 조일신이 일으킨 난을 학습합니다.

⑤ **원 간섭기**인 **공민왕** 때 원의 세력을 등에 입은 부원배들이 득세하자 공민왕은 왕권을 강화하고 원의 간섭을 배제하기 위하여 **반원 자주 정책**을 펼치고자 하였다. 고려의 판삼사사였던 조일신은 공민왕의 개혁 정치를 기회로 삼아 자신의 정치적 입지를 다지고자 기철을 비롯한 부원배들을 제거하려 하였다(**조일신의 난**, 1352). 이 과정에서 조일신이 공민왕을 협박하여 관직을 얻어내고 최측근을 요직에 배치하자 공민왕은 정동행성의 도움을 받아 난을 진압하였다. 이로 인하여 고려 내에 원의 정치적 간섭이 더욱 심해졌고, 부원배들의 세력도 강화되었다.

16 고려의 문화유산　　　　　정답 ①

정답 분석

정답이 보이는 핵심 키워드
#몽골의 침략을 받던 시기 #법화경서탑도(法華經書塔圖)

길잡이 | 몽골에 의해 침략을 당하였던 고려 시대의 문화유산을 학습합니다.

고려 왕실의 종친인 신안공 왕전은 **몽골이 고려를 침입**하였을 당시 몽골과 강화를 맺기 위하여 두 차례 사신으로 파견되었다. 몽골에서 돌아온 그는 왕의 장수, 국가의 태평, 백성의 평안을 기원하며 「법화경서탑도」를 발원하였다. 「법화경서탑도」에는 7층 모양의 보탑이 그려져 있는데, 이는 6만 9384자의 법화경의 내용을 보탑도의 모양에 따라 한 자 한 자 새겨넣은 사경(불교 경문의 내용을 필사한 경전)이다. 이 사경은 고려 후기의 우수한 불교 문화를 대표하는 작품으로 알려져 있다.
① 백제 금동 대향로는 불교와 도교 사상이 복합적으로 반영되어 있는 백제의 유물이다.

선택지 풀이

② 논산 관촉사 석조 미륵보살 입상
대형 철불이 유행하였던 고려 시대의 불상으로, 충남 논산에 위치하고 있다.

③ 청자 투각 칠보무늬 향로
대표적인 고려청자로 향이 빠져나가는 뚜껑, 향을 피우는 몸통, 뚜껑과 몸통을 지탱하는 받침으로 이루어져 있다. 음각, 양각, 투각, 상감 등 다양한 기법이 사용된 것이 특징이다.

④ 평창 월정사 팔각 구층 석탑
고려 전기의 대표적인 석탑으로 강원도 오대산 월정사 경내에 위치해 있다.

⑤ 청동 은입사 포류수금문 정병
고려 시대 대표적인 금속 공예품 중 하나로, 문양 부분을 파낸 뒤 은을 박아 장식한 은입사 기법이 사용되었다.

17 삼별초의 대몽 항쟁　　　　　정답 ③

정답 분석

정답이 보이는 핵심 키워드
#살리타 #사신 저고여 #첨의부 #제국 대장 공주 #산천으로 경계를 정함 #사패(賜牌)

길잡이 | 고려 시대 몽골의 제1차 침입과 원 간섭기 사이에 있었던 삼별초의 대몽 항쟁을 알아봅니다.

- (가) **몽골의 제1차 침입**(1231): 고려 고종 때 **몽골** 사신 저고여가 본국으로 돌아가던 중 암살당하자(1225), 몽골은 이 사건을 구실로 고려와 국교를 단절하고 고려에 침입하였다. 이때 몽골의 장수 **살리타**와 고려의 **박서**가 **귀주성**에서 전투를 벌인 끝에 화의를 맺어 몽골이 철수하였다.
- (나) **원 간섭기**(1259~1356): 원 간섭기에 새롭게 등장한 세력인 **권문세족**은 산천을 경계로 하여 **대농장을 소유**하였다. 이들은 일종의 위조 **사패**(국가에서 토지와 노비의 합법적인 소유를 인정하면서 발행한 문서)인 모수 사패를 통하여 대농장을 확대·소유하였다.
- ③ 고려 정부가 강화도에서 개경으로 환도하자 배중손, 김통정을 중심으로 한 **삼별초**는 이에 반대하여 **강화도, 진도, 제주도(탐라)**로 이동하며 **대몽 항쟁**을 전개하였다(1270~1273). 이에 고려 조정에서는 김방경을 파견하여 삼별초의 난을 진압하도록 하였다.

한 번 더 체크하러 가기 ▶ 미니북 23쪽

선택지 풀이

① 신숭겸이 공산 전투에서 전사하였다.
　견훤의 후백제군이 신라의 금성을 급습하자 고려가 신라를 지원해 군사를 보냈으나 공산 전투에서 패배하였다. 이때 신숭겸은 후백제군에 포위된 태조 왕건을 구출하고 전사하였다(927).

② 최승로가 왕에게 시무 28조를 올렸다.
　성종은 최승로가 건의한 시무 28조를 받아들여 전국 주요 지역에 12목을 설치하고 지방관인 목사를 파견하였다(983).

④ 강감찬이 개경에 나성을 축조할 것을 건의하였다.
　거란의 3차 침입 때 강감찬이 10만 대군에 맞서 귀주에서 대승을 거두었다(1019). 이후 거란의 침입에 대비하기 위해 현종에게 건의하여 개경에 나성을 쌓아 도성 주변 수비를 강화하였다.

⑤ 경대승이 정중부 등을 제거하고 권력을 장악하였다.
　경대승은 고려 중기의 무신으로 당시 실권자였던 정중부 일파를 제거하고 정권을 장악하였다(1179).

18 최영 정답 ①

정답 분석

정답이 보이는 핵심 키워드
#명의 철령위 설치에 반발 #요동 정벌을 추진 #이성계가 위화도 회군으로 정권을 장악하면서 죽임을 당함

길잡이 | 고려의 충신이었던 최영을 파악합니다.

고려 우왕 때 명이 원의 **쌍성총관부**가 있던 철령 이북의 땅에 **철령위**를 설치하겠다고 반환을 요구하였다. 이에 고려의 무신이자 팔도도통사였던 **최영**은 이를 반대하고 **요동 정벌**을 추진하였다. 당시 급부상하는 신흥 무인 세력이었던 **이성계**는 **4불가론**을 제시하며 반대하였으나 왕명에 의하여 출정하였다. 이후 이성계가 의주 부근의 위화도에서 개경으로 회군하여 최영을 제거하고 우왕을 폐위시키며 정권을 장악하였다(**위화도 회군**, 1388).
① 고려 말 최영은 충남 내륙 지역까지 올라온 왜구를 홍산에서 전멸시키며 크게 승리하였다(**홍산 전투**, 1376).

한 번 더 체크하러 가기 ▶ 미니북 23쪽

선택지 풀이

② 화통도감의 설치를 건의하였다.
　우왕 때 최무선은 화통도감 설치를 건의하여 화약과 화포를 제작하였고, 이를 활용하여 진포 대첩에서 왜구를 격퇴하였다.

③ 정변을 일으켜 목종을 폐위하였다.
　고려의 무신 강조는 국가의 혼란을 바로잡고자 정변을 일으켜 목종의 외척인 김치양을 제거하고 목종을 폐위시킨 뒤 현종을 옹립시켰다. 이후 거란은 강조의 정변을 구실로 2차 침입을 단행하였다.

④ 의종 복위를 도모하여 군사를 일으켰다.
　동북면 병마사로 있던 고려의 문신 김보당은 무신 정변 이후 정권을 잡은 정중부, 이의방 등을 토벌하고 폐위된 의종을 복위시키겠다며 난을 일으켰으나 실패하였다.

⑤ 교정별감이 되어 국정 전반을 장악하였다.
　고려 무신 정권 시기에 최충헌은 국정을 총괄하는 중심 기구인 교정도감을 설치하고 스스로 기구의 최고 관직인 교정별감이 되어 인사 및 재정 등을 장악하였다.

19 균역법 정답 ③

정답 분석

정답이 보이는 핵심 키워드
#양역(良役)의 편중됨 #2필의 역을 1필로 감함

길잡이 | 조선 영조가 펼친 균역법에 대해 탐구합니다.

조선 후기 군역으로 인해 농민들의 부담이 가중되자 **영조**는 **균역법**을 제정하여 기존 **1년에 2필**이었던 군포를 **1필만 부담**하게 하였다.
③ 영조는 균역법의 시행으로 부족해진 재정을 보충하기 위해서 일부 부유한 양민에게 **선무군관포**나 **어염세** 등의 세금을 거두었으며, 지주들에게는 **결작**이라 하여 토지 1결당 쌀 2두를 부과하기도 하였다.

한 번 더 체크하러 가기 ▶ 미니북 43쪽

선택지 풀이

① 공인이 등장하게 된 배경을 살펴본다.
조선 후기 대동법의 시행으로 국가에서 필요한 물품을 관청에 직접 조달하는 공인이 등장하게 되었다.

② 당백전 발행이 끼친 영향을 파악한다.
고종 때 흥선 대원군은 경복궁 중건에 필요한 비용을 마련하기 위해 상평통보의 100배 가치를 지닌 당백전을 발행하였다. 이로 인하여 화폐량이 증가하면서 인플레이션이 발생하기도 하였다.

④ 토산물을 쌀, 동전 등으로 납부하게 한 원인을 조사한다.
광해군 때 방납의 폐단으로 국가 재정이 악화되고 농민의 부담이 커지자 이를 해결하기 위해 대동법을 실시하였다. 이에 토산물 대신 토지의 결수에 따라 공납을 납부하게 하고 산간 지역은 쌀 대신 삼베, 무명, 동전 등을 징수하였다.

⑤ 전세를 풍흉에 따라 9등급으로 차등 부과한 이유를 알아본다.
세종 때 풍흉의 정도에 따라 세금을 차등 부과하는 연분 9등법을 시행하였다.

20 사헌부　　　　　정답 ⑤

정답 분석

정답이 보이는 핵심 키워드
#대사헌 #관리의 위법 사항을 규찰

길잡이 ┃ 조선 시대의 대표적인 언론 기관인 사헌부에 대해 살펴봅니다.

총마(驄馬)는 **사헌부** 감찰의 별칭으로, 「총마계회도(驄馬契會圖)」는 24명의 사헌부 감찰(총마)들의 모임을 그린 그림이다. 이 작품은 서울의 궁궐을 배경으로 감찰이 총마를 타고 사헌부 청사로 가는 모습을 사실적으로 표현하였다.
⑤ 사헌부는 조선 시대에 **언론 활동, 풍속 교정, 백관에 대한 규찰과 탄핵** 등을 관장하던 관청이다. 수장은 **대사헌**으로, **사간원**과 함께 **양사** 또는 **대간**이라 불렀으며, 5품 이하 관리의 임명과 관련된 **서경권**을 행사하였다.

한 번 더 체크하러 가기 ▶ 미니북 35쪽

선택지 풀이

① 수도의 행정과 치안을 담당하였다.
조선은 한성부를 두어 수도 한성의 치안과 행정을 담당하도록 하였다.

② 왕명 출납을 맡은 왕의 비서 기관이었다.
승정원은 조선 시대 왕의 비서 기관으로서 왕명의 출납을 관장하였으며, 은대(銀臺), 후원(喉院), 정원(政院), 대언사(代言司) 등으로 불리기도 하였다.

③ 왕에게 경서 등을 강론하는 경연을 주관하였다.
조선 시대 옥당, 옥서 등의 별칭으로 불리기도 한 홍문관은 왕의 자문 역할과 경연, 경서, 궁중 서적 및 문서 관리 등의 업무를 담당하였다.

④ 역사서를 편찬하고 사고에 보관하는 일을 맡았다.
조선 시대에 역사서를 관리하고 사고(史庫)에 보관하는 업무를 맡은 관청으로 춘추관을 두었으며, 이곳에 설치된 실록청에서 실록 편찬을 담당하였다.

21 조광조　　　　　정답 ④

정답 분석

정답이 보이는 핵심 키워드
#반정 공신의 위훈 삭제 #개혁을 추진하다가 사사됨 #호는 정암 #소격서 폐지

길잡이 ┃ 조선 중종 때 등용된 사림으로서 개혁을 추진하였던 조광조의 활동에 대해 알아봅니다.

④ **정암 조광조**는 사림으로 훈구파를 견제하고자 하였던 조선 중종에 의해 정계에 진출하였다. 그는 천거제의 일종인 **현량과 실시**를 건의하여 사림이 대거 등용될 수 있는 발판을 마련하였고 **반정 공신의 위훈 삭제, 소학 보급, 소격서 폐지** 등을 주장하였다. 그러나 위훈 삭제에 대한 훈구 세력의 반발로 발생한 **기묘사화**로 인해 사사되었다. 이후 효종 때 조광조의 학문과 덕행을 추모하기 위해 현재 경기도 용인에 심곡 서원을 세우고 위패를 모셨다.

한 번 더 체크하러 가기 ▶ 미니북 14쪽

선택지 풀이

① 성학집요를 지어서 임금에게 바쳤어요.
조선 중기의 성리학자 율곡 이이는 군주가 수양해야 할 덕목을 정리한 『성학집요』를 저술하여 선조에게 바쳤다.

② 김종직의 조의제문을 사초에 포함시켰어요.
연산군 때 김일손은 스승인 김종직의 조의제문을 사초에 포함시켰다. 유자광, 이극돈 등의 훈구 세력이 이를 사림 세력에 불만을 가지고 있던 연산군에게 알리면서 무오사화가 발생하였다.

③ 최초의 서원인 백운동 서원을 건립하였어요.
중종 때 풍기 군수 주세붕은 고려 말 성리학을 전래시킨 안향을 기리고 사림 및 자제들을 교육하기 위해 최초의 서원인 백운동 서원을 건립하였다. 이후 명종 때 백운동 서원은 이황의 건의로 최초의 사액 서원인 소수 서원으로 사액되었다.

⑤ 재상 중심의 정치를 강조한 조선경국전을 저술하였어요.
조선의 개국공신인 정도전은 조선의 유교 이념을 성문화하여 조선의 현실에 맞는 통치 체제를 정비한 『조선경국전』을 저술하였다.

22 조선 광해군　　　　　정답 ③

정답 분석

정답이 보이는 핵심 키워드
#동생 영창 대군을 죽임 #어머니 인목 대비를 폐위함 #후금과의 관계 악화를 피하려고 한 외교 정책

길잡이 | 폐모살제와 중립 외교 정책 등을 통해 엇갈린 역사적 평가를 받는 조선 광해군의 정책을 학습합니다.

조선 광해군은 왕위를 위협할 요소를 제거하기 위해 형인 임해군과 동생 **영창 대군을 살해**하고, 어머니 **인목 대비를 폐위**시켜 경운궁에 가두었다. 이후 후금이 강성해지자 대립을 피하기 위하여 명과 후금 사이에서 실리를 취하는 **중립 외교 정책**을 추진하였다. 이에 따라 명의 요청으로 후금과의 **사르후 전투**에 **강홍립 부대**를 파견하였으나, 무모한 싸움을 계속하지 않고 투항하도록 하였다.
③ 선조의 뒤를 이어 즉위한 광해군은 **임진왜란의 피해를 복구**하기 위해 노력하였다. 이에 경기도 지방에 **대동법**을 실시하였으며, 왜란으로 인해 발생한 은결(토지 대장에서 누락된 토지)을 찾아내기 위해 **양전 사업**을 실시하여 양안과 호적을 정리하였다. 또한, 왕실의 권위를 회복하기 위해 임진왜란 때 소실된 **창덕궁을 중건**하였으며, 허준이 『**동의보감**』을 간행할 수 있도록 지원하였다.

한 번 더 체크하러 가기 ▶ 미니북 32쪽

선택지 풀이

① 6조 직계제를 처음으로 실시하였다.
　태종은 왕권을 강화하기 위해 6조 직계제를 처음으로 실시하여 6조에서 의정부를 거치지 않고 국왕이 바로 재가를 내리도록 하였다. 이로 인해 의정부의 권한이 약화되었다.

② 학문 연구 기관으로 집현전을 두었다.
　세종은 집현전을 설치하고 학문 연구와 경연, 서연을 담당하게 하여 유교 정치의 활성화를 꾀하였다.

④ 역대 문물 제도를 정리한 동국문헌비고를 편찬하였다.
　영조 때 각종 제도의 연혁과 내용을 정리한 『동국문헌비고』를 편찬하여 문물제도를 정비하였다.

⑤ 시전 상인의 특권을 축소하는 신해통공을 단행하였다.
　정조 때 채제공의 건의에 따라 신해통공을 시행하여 육의전을 제외한 시전 상인들의 금난전권을 폐지하였다.

23 병자호란　　　　　정답 ①

정답 분석

정답이 보이는 핵심 키워드
#강도(江都)의 변 #처가 잡혀갔다가 속환됨 #강화도가 함락됨 #국왕이 삼전도에서 항복하며 종결됨

길잡이 | 병자호란의 영향을 살펴봅니다.

조선이 청의 군신 관계 요구를 거절하자 **병자호란**이 발생하였고, **강화도가 함락**되었다. 피난 간 왕족과 신하들이 인질로 잡히자 **남한산성**에서 항전하던 **인조**는 삼전도에서 굴욕적인 항복을 하였으며, 이후 청은 수만 명의 조선 여성들을 인질로 끌고 갔다. 청으로 끌려간 여성 가운데 일부는 돈을 주고 고향으로 돌아왔으나 절개를 잃었다는 이유로 이혼을 당하는 일이 많았다.
① 병자호란 이후 청에 볼모로 갔던 **봉림 대군**이 **효종**으로 즉위하면서 **북벌을 추진**하였다. 북벌 추진을 위하여 인조 때 국왕을 호위하기 위해 설치하였던 **어영청을 확대**하고, 이완을 어영청의 대장으로 임명하였다.

한 번 더 체크하러 가기 ▶ 미니북 32쪽

선택지 풀이

② 김종서가 두만강 일대에 6진을 개척하였다.
　세종 때 여진을 몰아낸 뒤, 최윤덕은 압록강 상류 지역에 4군을 설치하고, 김종서는 두만강 하류 지역에 6진을 설치하였다.

③ 이종무가 적의 근거지인 쓰시마섬을 정벌하였다.
　조선 전기 이종무는 세종의 명으로 쓰시마섬을 정벌하여 왜구를 토벌하였다.

④ 강홍립이 이끄는 부대가 사르후 전투에 참전하였다.
　광해군은 명의 요청으로 후금과의 사르후 전투에 강홍립 부대를 파견하였으나 중립 외교 정책에 따라 강홍립에게 무모한 싸움을 계속하지 않고 후금에 투항하도록 명령하였다.

⑤ 국방 문제를 논의하기 위해 비변사가 처음으로 설치되었다.
　중종 때 삼포왜란이 일어나자 외적의 침입에 대비하기 위한 임시 기구로 비변사가 처음 설치되었다. 이후 명종 때 발생한 을묘왜변을 계기로 상설 기구화되었다.

암기의 key　인조반정 이후 조선과 청의 관계

인조반정	• 배경: 광해군의 중립 외교(실리 외교), 폐모살제에 대한 서인들의 반발 • 전개: 광해군 폐위, 인조 즉위
인조의 친명배금 정책	• 서인 정권 중심 • 명에 대한 의리를 지킬 것을 주장, 금 배척
정묘호란	• 배경: 인조의 친명배금 정책, 이괄의 난 • 전개: 후금의 침입, 정봉수·이립의 활약 • 후금과 화의 체결(형제 관계)
병자호란	• 배경: 후금이 국호를 청으로 바꾼 뒤 조선에 사대 요구 → 조선 내부에서 주화파와 척화파로 나뉘어 대립 → 사대 요구 거부 • 전개: 청의 침입 → 인조의 남한산성 항전 → 조선 항복(삼전도의 굴욕) → 소현 세자, 봉림 대군 등이 청에 볼모로 압송

북벌론 대두	• 배경: 귀국한 봉림 대군이 효종으로 즉위하여 북벌 준비 → 성곽 보수, 무기 정비, 군대 양성 • 나선 정벌: 청의 요청으로 조총 부대 출병 • 효종의 죽음으로 좌절
북학론 대두	• 중상학파 실학자 중심 • 18세기 이후 청의 선진 문화를 받아들여야 한다는 주장 대두

암기의 key | 조선 전기 국왕의 업적

태조	• 기틀 마련: 개경에서 한양으로 천도 • 정도전의 활약: 『조선경국전』, 『불씨잡변』 저술
태종	• 국왕 중심 통치: 6조 직계제 시행, 사간원 독립, 사병 철폐 • 경제 정책: 양전 사업, 호패법 실시 • 사회·문화 정책: 신문고 설치, 주자소 설치, 계미자 주조, 「혼일강리역대국도」 제작
세종	• 유교 정치: 의정부 서사제 시행, 집현전 설치 • 경제 정책: 연분 9등법, 전분 6등법 실시 • 대외 정책: 4군 6진 개척, 이종무의 대마도 정벌, 3포 개항, 계해약조 체결 • 문물 정비: 훈민정음 창제, 측우기·자격루·앙부일구, 갑인자 제작, 『삼강행실도』, 『농사직설』, 『칠정산』 편찬
세조	• 왕권 강화: 6조 직계제 실시, 집현전과 경연 제도 폐지 • 경제 정책: 직전법 시행
성종	• 통치 체제 확립: 『경국대전』 완성, 홍문관 설치, 경연 강화 • 경제 정책: 관수 관급제 실시 • 문물 정비: 『국조오례의』, 『악학궤범』 편찬

24 조선 세조   정답 ①

정답 분석

정답이 보이는 핵심 키워드
#수신전 #휼양전 #이 제도를 폐지 #현직 관리에게 전지를 줌 #직전

길잡이 | 직전법을 실시하였던 조선 세조의 정책을 학습합니다.

조선 시대의 과전법은 전·현직 관리에게 토지를 지급하고, **수신전**과 **휼양전**의 명목으로 세습까지 가능하였다. 이로 인해 지급할 토지가 부족해지자 **세조** 때 **수신전과 휼양전을 없애** 과전법을 폐지하고 **직전법**을 실시하여 **현직 관리에게만** 토지의 수조권을 지급하였다.
① 세조는 적극적인 불교 진흥책을 실시하여 불서의 간행을 담당하는 기관으로서 **간경도감**을 설치하고, 그곳에서 『월인석보』를 간행하였다.

한 번 더 체크하러 가기 ▶ 미니북 43쪽

선택지 풀이

② 음악 이론 등을 집대성한 악학궤범이 완성되었다.
성종 때 성현 등이 왕명에 따라 의궤와 악보를 정리한 『악학궤범』을 저술하였다.

③ 세계 지도인 혼일강리역대국도지도가 제작되었다.
태종 때 김사형, 이무, 이회 등이 우리나라 최초의 세계 지도이자 현존하는 최고(最古)의 지도인 혼일강리역대국도지도를 제작하였다.

④ 신하를 재교육하기 위한 초계문신제가 실시되었다.
정조는 인재 양성을 위하여 새롭게 관직에 오르거나 기존 관리들 중 능력 있는 문신들을 규장각에서 재교육시키는 초계문신제를 실시하였다.

⑤ 삼남 지방의 농법을 소개한 농사직설이 편찬되었다.
세종은 정초, 변효문 등을 시켜 우리 풍토에 맞는 농법을 기술한 『농사직설』을 간행하였다.

25 지역사 – 충주   정답 ④

정답 분석

정답이 보이는 핵심 키워드
#김윤후의 대몽 항쟁 #다인철소 #임진왜란 #신립의 탄금대 전투

길잡이 | 충북 충주에서 일어났던 역사적 사건을 파악합니다.

• **충주 탑평리 칠층 석탑**: 통일 신라의 석탑으로, 당시에 세워진 석탑 중 가장 규모가 크다. 우리나라의 중앙부에 위치하여 중앙탑이라고도 불린다.
• **김윤후의 충주성 전투**: 몽골의 고려 5차 침입 때 충주산성의 방호별감이었던 김윤후는 관노들과 함께 몽골군에 항전한 끝에 승리하였다.
• **충주 다인철소, 완오리 제철 유적**: 충주 다인철소는 고려 시대 충주 지역의 철 및 수공업품을 생산하는 특수 행정 구역으로, 몽골의 6차 침입 때 다인철소 주민들이 결사 항전하기도 하였다. 완오리 제철 유적은 철이 풍부한 충주에 세워진 조선 시대 제철 유적이다.
• **신립의 충주 탄금대 전투**: 임진왜란 당시 신립이 충주 탄금대에서 배수의 진을 치고 왜군에 맞서 싸웠으나 조선이 결국 패배하였다.
④ **충주 고구려비**는 국내에 유일하게 남아 있는 고구려 시기 비석으로, **장수왕이 한강 유역에 진출**했음을 증명하고 있다.

한 번 더 체크하러 가기 ▶ 미니북 52쪽

선택지 풀이

① 제1차 미소 공동 위원회가 개최되었다.
광복 직후 모스크바 삼국 외상 회의의 결정에 따라 덕수궁 석조전에서 제1·2차 미소 공동 위원회가 개최되었다.

② 명 신종을 기리는 만동묘가 건립되었다.
조선 후기 명 황제인 신종과 의종의 제사를 지내기 위해 충북 괴산에 만동묘를 세웠다.

③ 강주룡이 을밀대 지붕에서 고공 농성을 벌였다.
평양 평원 고무 공장의 노동자 강주룡은 을밀대 지붕에서 고공 농성을 벌이며 일제의 노동 착취를 규탄하고 노동 조건 개선을 주장하였다.

⑤ 박재혁이 경찰서에서 폭탄을 터뜨리는 의거를 일으켰다.
의열단원 박재혁은 부산 경찰서에 폭탄을 투척하여 경찰서장 하시모토에게 중상을 입혔고, 대구 형무소에 수감되어 옥사하였다.

⑤ 붕당 정치의 폐해를 막기 위해 탕평비가 건립되었다.
영조는 붕당 정치의 폐해를 막고 능력에 따라 인재를 등용하기 위해 탕평책을 실시하고, 성균관에 탕평비를 건립하였다(1742).

암기의 key — 조선 시대의 환국

경신환국 (1680)	남인의 영수 허적이 궁중에서 쓰는 천막을 허락 없이 사용한 문제로 숙종과 갈등 → 허적의 서자 허견의 역모 사건 → 허적을 비롯한 남인 몰락, 서인 집권
기사환국 (1689)	희빈 장씨 소생에 대한 원자 책봉 문제 → 송시열 등 서인 세력의 반대 → 서인이 물러나고 남인 집권
갑술환국 (1694)	서인의 인현 왕후 복위 운동 → 남인 민암 등이 서인을 국문하다 숙종의 불신을 받아 몰락, 서인 집권 → 인현 왕후 복위, 장씨는 희빈으로 강등

26 기사환국 — 정답 ②

정답 분석

정답이 보이는 핵심 키워드
#희빈 장씨 #왕후의 지위를 거둠

길잡이 | 조선 숙종 때 일어난 환국에 대해 알아봅니다.

- 희빈 장씨의 소생 원자 책봉(1688): 조선 숙종은 인현 왕후가 아들을 낳지 못하자 총애하던 희빈 장씨의 소생을 원자로 책봉하였다.
- 갑술환국(1694): 서인 세력을 중심으로 기사환국 때 폐비되었던 인현 왕후의 복위 운동이 전개되었다. 이에 민암 등의 남인이 서인을 국문하다 숙종의 불신을 받게 되어 몰락하고 다시 서인이 집권하게 되었다. 이후 인현 왕후가 복위되고 장씨는 다시 희빈으로 강등되었다.

② 숙종은 희빈 장씨 소생의 원자 책봉을 반대하는 송시열의 관작을 삭탈하고 제주도로 유배시켜 사사(賜死)하였다. 이와 함께 서인 세력이 대거 축출되고 남인이 집권하는 기사환국이 발생하였다 (1689).

한 번 더 체크하러 가기 ▶ 미니북 48쪽

선택지 풀이

① 무신 이징옥이 반란을 일으켰다.
단종 때 함길도 도절제사 이징옥은 수양 대군이 계유정난을 일으키며 김종서를 죽인 뒤 자신까지 제거하려 하자 수양 대군에 맞서 군사를 일으켰다(이징옥의 난, 1453).

③ 자의 대비의 복상 문제로 예송이 일어났다.
현종 때 효종의 국상 당시 자의 대비의 복상 문제를 놓고, 효종의 왕위 계승에 대한 정통성과 관련하여 서인과 남인 사이에 예송 논쟁이 발생하였다(기해예송, 1659). 서인은 효종이 둘째 아들이므로 자의 대비의 복상 기간을 1년으로 해야 한다고 주장하였고, 남인은 효종을 장자로 대우하여 복상 기간을 3년으로 할 것을 주장하였으나 서인 세력이 승리하였다.

④ 정여립 모반 사건을 빌미로 기축옥사가 발생하였다.
선조 때 발생한 정여립 모반 사건으로 기축옥사가 일어나 서인이 정국을 주도하게 되었고(1589), 이때 피해를 입은 동인이 북인과 남인으로 분화하였다.

27 박제가 — 정답 ④

정답 분석

정답이 보이는 핵심 키워드
#청 #연행사 #『북학의』 #청의 문물을 적극적으로 수용할 것을 주장

길잡이 | 조선 후기 실학자인 박제가에 대해 학습합니다.

④ 조선 후기 실학자 박제가는 서얼 출신으로, 정조 때 규장각 검서관에 등용되었다. 또한, 연행사의 일원으로 청에 가서 보고 들은 것을 정리해 『북학의』를 저술하였다. 이 저서를 통해 청의 선진 문물 수용을 주장하였으며, 수레와 배의 이용, 상품 유통을 강조하였다. 또한, 절약보다는 적절한 소비를 통해 생산을 발전시켜야 한다고 주장하였다.

한 번 더 체크하러 가기 ▶ 미니북 16쪽

선택지 풀이

① 세계 지리서인 지구전요를 저술하였다.
조선 후기 실학자 최한기는 세계 지리와 서양의 각종 과학 기술 분야를 정리한 『지구전요』를 저술하였다.

② 의산문답에서 무한 우주론을 주장하였다.
조선 후기 실학자 홍대용은 『의산문답』을 통해 지전설과 무한 우주론을 주장하며 중국 중심의 성리학적 세계관을 비판하였다.

③ 기기도설을 참고하여 거중기를 설계하였다.
정조 때 정약용이 『기기도설』을 참고하여 제작한 거중기는 수원 화성을 축조할 때 사용되면서 공사 기간과 공사비를 줄이는 데 큰 역할을 하였다.

⑤ 양반전을 지어 양반의 허례와 무능을 풍자하였다.
조선 후기 실학자 박지원은 「양반전」, 「허생전」, 「호질」 등을 통해 양반의 허례와 무능을 풍자하고 비판하였다.

28 조선 후기의 사회 모습   정답 ⑤

✓ 정답 분석

정답이 보이는 핵심 키워드
#진주 #경상 우병사 백낙신의 탐학 #유계춘이 주도

길잡이 | 세도 정치로 인해 삼정이 문란해지고 백성에 대한 수탈이 심해진 조선 후기의 사회 모습에 대해 살펴봅니다.

조선 철종 때 **삼정의 문란**과 **경상 우병사 백낙신**의 가혹한 **수탈**에 견디다 못한 **진주** 지역의 농민들이 몰락 양반 **유계춘**을 중심으로 **임술 농민 봉기**를 일으켰다.

⑤ 조선 정조 이후부터 **순조·헌종·철종** 3대에 걸친 시기는 **세도 정치 시기**로, 안동 김씨, 풍양 조씨 등의 소수 가문이 권력을 장악하였다. 세도 정치 시기에는 세도 가문이 부정부패를 일삼으며 왕권이 약화되었고, 뇌물로 벼슬을 사고파는 **매관매직**이 유행하였다. 또한, **탐관오리**의 **수탈**에 견디다 못한 농민들은 **농민 봉기**를 일으켜 이에 대항하기도 하였다.

한 번 더 체크하러 가기 ▶ 미니북 36쪽

✓ 선택지 풀이

① 빈민 구제를 위해 흑창이 설치되었다.
고려 태조 왕건은 조세 제도를 합리적으로 조정하여 세율을 1/10로 경감하였다. 또한, 빈민을 구제하여 민생을 안정시키기 위해 흑창을 설치하였다.

② 원종과 애노가 사벌주에서 봉기하였다.
통일 신라 말 진성 여왕 때 원종과 애노가 사벌주에서 중앙 정권의 무분별한 조세 징수에 반발하여 농민 봉기를 일으켰다.

③ 홍건적의 침입으로 개경이 함락되었다.
고려 공민왕 때 홍건적이 고려에 침입하여 개경이 함락되자, 공민왕은 안동으로 피란하였다.

④ 지배층을 중심으로 변발과 호복이 유행하였다.
고려 원 간섭기 때 지배층을 중심으로 몽골의 풍습인 변발과 호복 등이 유행하였다.

29 병인양요   정답 ③

✓ 정답 분석

정답이 보이는 핵심 키워드
#강화도 #정족산성 #프랑스군을 물리친 양헌수 장군

길잡이 | 양헌수 장군이 프랑스군에 맞서 승리를 거둔 병인양요에 대해서 알아봅니다.

③ **병인박해**를 빌미로 **로즈 제독**의 **프랑스 군대**가 함대를 이끌고 **강화도에 침입**하면서 **병인양요**가 발생하였다. **양헌수** 부대는 **정족산성**에서 매복하였다가 기습하여 프랑스군을 물리치고 승리를 거두었다. 그러나 당시 프랑스군이 『**조선왕조실록**』이 보관되어 있던 정족산사고에 있는 일부 도서를 약탈해 갔다.

한 번 더 체크하러 가기 ▶ 미니북 11, 33쪽

✓ 선택지 풀이

① 운요호 사건을 빌미로 일어났다.
일본은 운요호 사건을 빌미로 조선에 개항을 요구하였고, 그 결과 조선은 일본과 강화도 조약을 체결하였다.

② 왕이 공산성으로 피란하는 계기가 되었다.
인조반정 때 큰 공을 세웠던 이괄은 공신 책봉 과정에서 2등 공신이 되자 이에 불만을 품고 반란을 일으켰다. 인조는 반란 세력이 도성을 장악하자 공주 공산성으로 피란하였다.

④ 사태 수습을 위해 이용태가 안핵사로 파견되었다.
전라도 고부 군수 조병갑의 횡포에 견디다 못한 농민들이 동학교도 전봉준을 중심으로 고부에서 봉기를 일으켰고, 이를 수습하기 위해 안핵사 이용태가 파견되었다.

⑤ 황사영이 외국 군대의 출병을 요청하는 원인이 되었다.
순조 때 대대적으로 천주교를 탄압하여 신유박해가 발생하자, 천주교 신자 황사영이 베이징에 있는 주교에게 조선으로 군대를 보내 달라는 내용의 백서를 보내려다 발각되었다.

30 임오군란   정답 ④

✓ 정답 분석

정답이 보이는 핵심 키워드
#각영(各營)에 소속된 군인 #봉급은 몇 달 동안 나누어 주지 않음

길잡이 | 구식 군인에 대한 차별로 발생한 임오군란에 대해 파악합니다.

④ 신식 군대인 별기군과의 **차별 대우에 반발**한 **구식 군대**가 선혜청을 습격하면서 **임오군란**이 발생하였다. 구식 군인들은 흥선 대원군을 찾아가 지지를 요청하였고, 정부 고관들의 집과 일본 공사관을 습격하였다. 조선 조정의 요청으로 군대를 보낸 **청**은 **군란**을 **진압**하고 **흥선 대원군**을 **청으로 압송**하였다. 조선은 임오군란의 **피해를 보상**하라는 **일본의 요구**로 일본인 교관 피살에 대한 사과 사절단 파견, 주모자 처벌, 배상금 지불, 일본 공사관 경비 명목의 **경비병 주둔** 등을 명시한 **제물포 조약**을 체결하였다.

한 번 더 체크하러 가기 ▶ 미니북 11, 37쪽

선택지 풀이

① 강화도 조약이 체결되었다.
　일본이 운요호 사건을 구실로 조선에 통상 조약 체결을 요구하여 우리나라 최초의 근대적 조약이자 불평등 조약인 강화도 조약이 체결되었다.

② 김기수가 수신사로 일본에 파견되었다.
　강화도 조약 이후 일본에 수신사로 파견된 김기수는 일본에서 신식 기관과 각종 근대 시설을 시찰하고 돌아와 일본의 발전을 고종에게 보고하였다.

③ 종로와 전국 각지에 척화비가 세워졌다.
　병인양요와 신미양요 등 외세의 침략을 극복한 흥선 대원군은 서양과의 통상 수교 반대 의지를 알리기 위해 종로와 전국 각지에 척화비를 세웠다.

⑤ 통리기무아문을 설치하고 그 아래에 12사를 두었다.
　고종은 국내외의 군국 기무와 개화 정책을 총괄하는 업무를 맡은 관청인 통리기무아문을 설치하고 그 아래 12사(司)를 두어 행정 업무를 맡게 하였다.

---

31 제1차 갑오개혁　　정답 ①

정답 분석

정답이 보이는 핵심 키워드
#군국기무처 #총재 김홍집 #유길준 #박준양 #개혁을 추진

길잡이 | 군국기무처를 통해 실시된 제1차 갑오개혁의 내용에 대해 파악합니다.

① **김홍집** 중심의 **군국기무처**를 통해 **제1차 갑오개혁**이 실시되었다. 이에 따라 **탁지아문**이 재정 사무를 관장하게 하고 **은 본위 화폐 제도**와 **조세 금납제**를 시행하였다. 또한, **공사 노비법**이 혁파되어 **신분제**가 법적으로 폐지되었으며, **과부의 재가**를 허용하고 **연좌제**와 **조혼**을 금지하는 등 **악습**을 혁파하였다.

한 번 더 체크하러 가기 ▶ 미니북 11, 50쪽

선택지 풀이

② 5군영을 2영으로 통합하였습니다.
　고종이 강화도 조약 체결 이후 근대적인 개혁을 위해 설치한 통리기무아문은 기존 5군영을 무위영과 장어영의 2영으로 통합하고, 신식 군대인 별기군을 창설하였다.

③ 건양이라는 연호를 제정하였습니다.
　을미사변 이후 을미개혁이 추진되어 건양이라는 독자적인 연호를 제정하고 태양력을 사용하게 되었다.

④ 한성 사범 학교 관제를 반포하였습니다.
　제2차 갑오개혁의 시행으로 한성 사범 학교 관제가 반포되었고, 한성 사범 학교가 설립되었다.

⑤ 지계아문을 설치하여 지계를 발급하였습니다.
　대한 제국은 광무개혁 때 양지아문을 설치하여 양전 사업을 실시하였고, 지계아문을 설치하여 토지 소유 문서인 지계를 발급함으로써 근대적 토지 소유권을 확립하고자 하였다.

---

32 독립 협회　　정답 ④

정답 분석

정답이 보이는 핵심 키워드
#자립 #자수(自修) #독립문

길잡이 | 대한 제국이 자주 독립을 하기 바랐던 독립 협회에 대해 파악합니다.

아관 파천 이후 열강들의 이권 침탈이 심화되고 조선 내에서 친러 내각에 대한 반감이 고조되자 **서재필**은 남궁억, 이상재, 정교 등과 함께 **독립 협회**를 **창립**하였다. 독립 협회는 **대한 제국**이 **입헌 군주제**를 실현하고 자주 독립을 유지하는 나라가 되기를 바랐다. 이에 모금 활동을 하여 **청의 사신을 맞던 영은문**을 헐고 **독립문**을 건립하였으며, **만민 공동회**와 **관민 공동회**를 개최하여 국권 · 민권 신장 운동을 전개하였다.

④ 독립 협회는 **관민 공동회**를 개최하여 **중추원 개편**을 통한 **의회 설립 방안**이 담긴 **헌의 6조**를 고종에게 건의하였고, 고종이 이를 채택하였다.

한 번 더 체크하러 가기 ▶ 미니북 49쪽

선택지 풀이

① 만세보를 발행하여 민중 계몽에 힘썼다.
　손병희를 중심으로 한 천도교는 국한문 혼용체 기관지인 만세보를 발행하여 민중 계몽 운동을 전개하였다.

② 일본의 황무지 개간권 요구를 저지하였다.
　보안회는 일본의 황무지 개간권 요구를 반대하는 운동을 전개하여 요구를 철회시키는 데 성공하였다.

③ 일제가 조작한 105인 사건으로 와해되었다.
　신민회는 조선 총독부가 데라우치 총독 암살 미수 사건을 조작하여 많은 민족 운동가들을 체포한 105인 사건으로 인해 와해되었다.

⑤ 독립운동 자금 마련을 위해 독립 공채를 발행하였다.
　대한민국 임시 정부는 국외 거주 동포들에게 독립 공채를 발행하여 독립운동 자금을 마련하였다.

33 국채 보상 운동 정답 ②

✓ 정답 분석

정답이 보이는 핵심 키워드
#외채 1,300만 원 #영남에서 시작 #나라의 빚을 갚자는 논의 #의연금

길잡이 | 일본의 경제 침탈에 대응하여 일어났던 국채 보상 운동에 대해 학습합니다.

② **국채 보상 운동**은 김광제, 서상돈 등의 제안으로 **대구**에서 시작된 경제적 주권 수호 운동으로, 일본에서 도입한 **차관 1,300만 원**을 갚아 주권을 회복하고자 전개되었다. 김광제, 서상돈 등은 **대한매일신보**에 국채 보상 운동에 대한 취지를 밝혀 기고하였고, **국채 보상 기성회**를 설립하였다. 이후 대한매일신보는 국채 보상 운동에 대한 보도뿐만 아니라 국채 보상 의연금을 수령하고 접수된 의연금의 액수와 성명을 매일 신문에 실어 발표하였다. 국채 보상 운동은 대한매일신보를 비롯한 여러 언론 기관의 지원을 받아 전국으로 확산될 수 있었다.

한 번 더 체크하러 가기 ▶ 미니북 11쪽

✓ 선택지 풀이

① 조선 총독부의 탄압과 방해로 실패하였다.
국채 보상 운동은 통감부의 방해와 탄압으로 인해 중단되었다. 조선 총독부는 국채 보상 운동이 전개된 이후 체결된 한일 병합 조약 이후에 설치되었다.

③ 대한민국 임시 정부가 수립되는 계기가 되었다.
국내외 독립운동가들은 3·1 운동을 계기로 민족의 주체성을 확인하고 조직적인 독립운동을 전개하기 위해 중국 상하이에 모여 대한민국 임시 정부를 수립하였다.

④ 백정에 대한 사회적 차별 철폐를 목적으로 하였다.
갑오개혁 이후 공사 노비법이 혁파되어 법적으로는 신분제가 폐지되었으나 일제 강점기 때 백정에 대한 사회적 차별은 더욱 심해졌다. 백정들은 이러한 차별을 철폐하기 위해 진주에서 조선 형평사를 결성하고 형평 운동을 전개하였다.

⑤ 조선 민립 대학 기성회에서 모금 활동을 전개하였다.
1920년대에 일제가 문화 통치를 표방하자 민족 운동가들은 한국인을 위한 고등 교육 기관으로서 민립 대학을 설립하기 위해 민립 대학 설립 운동을 전개하였다. 이상재, 이승훈, 윤치호 등은 조선 민립 대학 기성회를 조직하고 대학 설립을 위한 모금 활동도 전개하였다.

암기의 key — 경제적 구국 운동

방곡령 시행	• 함경도·황해도 지방관들이 곡물 유출을 막기 위해 시행 • 일본이 조일 통상 장정 조항을 근거로 철회 요구 → 철회, 일본 상인에 배상금 지불
서울 상인들의 상권 수호 운동	• 배경: 외국 상인의 상권 침탈 심화 • 황국 중앙 총상회 조직
독립 협회의 이권 수호 운동	• 러시아의 절영도 조차 요구를 좌절시킴 • 러시아의 한러은행 폐쇄
황무지 개간권 요구 반대 운동	• 보안회: 일제의 개간권 요구를 저지시킴 • 농광 회사를 건립하여 직접 황무지 개간 노력
국채 보상 운동	• 1907년 대구에서 서상돈 등을 중심으로 일본에서 도입한 차관을 갚아 주권을 회복하고자 함 • 통감부의 탄압으로 실패

34 고종 강제 퇴위 사건 정답 ④

✓ 정답 분석

정답이 보이는 핵심 키워드
#황태자 전하께 대리를 명하는 조칙 #일본 군대의 삼엄한 경계 #양위식 #황제께서 퇴위당하신 셈

길잡이 | 고종의 강제 퇴위 사건과 그 이후에 체결된 기유각서에 대해 알아봅니다.

고종은 네덜란드 헤이그에서 열린 **만국 평화 회의**에 **이준, 이상설, 이위종**을 특사로 파견하여 **을사늑약의 무효**를 알리고자 하였다. 그러나 을사늑약으로 인해 외교권이 없던 대한 제국은 **일본의 방해**로 큰 성과를 거두지 못하였다. 이후 일본은 헤이그 특사 파견을 빌미로 **고종 황제를 강제**로 퇴위시키고 황태자인 순종을 즉위시키고자 양위식을 강행하였다. 또한, **한일 신협약(정미 7조약)**을 체결하여 **각 부에 일본인 차관을 배치**하는 등 내정을 장악하고 대한 제국의 **군대를 해산**시켰다(1907).

④ **기유각서**는 한일 신협약(정미 7조약)의 세부 사항을 시행하기 위해 일제의 강압으로 조인된 협약이며, 기유각서로 인해 우리나라의 **사법권** 및 **감옥 사무를 일제**에 위임하게 되었다(1909).

한 번 더 체크하러 가기 ▶ 미니북 11쪽

✓ 선택지 풀이

① 신식 군대인 별기군이 창설되었다.
고종은 개화 정책의 일환으로 기존 5군영을 무위영과 장어영의 2영으로 개편하고, 신식 군대인 별기군을 창설하였다(1881).

② 묄렌도르프가 외교 고문으로 파견되었다.
임오군란 이후 청은 조선에 대한 내정 간섭을 강화하고자 독일인 묄렌도르프를 외교 고문으로 파견하였다(1882).

③ 초대 통감으로 이토 히로부미가 부임하였다.
일본은 을사늑약 체결로 대한 제국의 외교권을 박탈하고 통감부를 설치하였다. 이후 이토 히로부미가 초대 통감으로 부임하면서 일제의 내정 간섭이 공식화되었다(1905).

⑤ 관민 공동회가 개최되어 헌의 6조를 결의하였다.
독립 협회는 관민 공동회를 개최하며 중추원 개편을 통한 의회 설립 방안이 담겨 있는 헌의 6조를 고종에게 건의하였고, 고종이 이를 채택하였다(1898).

35 물산 장려 운동 정답 ②

정답 분석

정답이 보이는 핵심 키워드
#경성 방직 주식회사 #조선인 기업이 만든 상품의 사용을 장려 #'조선 사람의 자본과 기술로 된 광목'

길잡이 | 1920년대 일제의 경제 침탈 속 경제적 자립을 위해 전개된 물산 장려 운동에 대해 파악합니다.

ㄱ, ㄷ. 1920년대 **회사령 폐지** 이후 **일본**의 **경제적 침탈**이 더욱 심화되었고, 일본과 조선 사이의 **관세도 폐지**되었다. 이로 인해 일본산 완제품이 조선으로 유입되면서 조선은 일본의 경제권에 예속되었다. 이에 **조만식**은 민족 기업을 통해 경제 자립을 이루고자 **평양 물산 장려회를 조직**하였고, 이를 중심으로 '**조선 사람 조선 것**'이라는 구호를 내세우며 **국산품을 장려**하는 **물산 장려 운동**을 전개하였다. 물산 장려 운동은 서울에서 조선 물산 장려회가 조직되면서 전국적으로 확산되었다. 민족주의 계열이 주도했기에 사회주의 계열에게 자본가의 이익만을 추구하는 운동이라는 비판을 받기도 하였다.

한 번 더 체크하러 가기 ▶ 미니북 12, 27쪽

선택지 풀이

ㄴ. 황국 중앙 총상회의 주도하에 전개되었다.
조청 상민 수륙 무역 장정이 체결되어 들어 온 외국 상인들로 인해 서울 도성의 시전 상인들이 어려움에 처하게 되었다. 이에 서울 상인들은 황국 중앙 총상회를 조직하여 상권 수호 운동을 전개하였다.

ㄹ. 대동 상회 등 근대적 상회사가 설립되는 계기가 되었다.
개항 이후 외국 상인들이 내륙으로 진출하면서 조선의 상인들이 경제 침탈을 당하였다. 이에 고종 때 평안도 상인들은 평양에 근대적 상회사인 대동 상회를 설립하였다.

36 의열단 정답 ①

정답 분석

정답이 보이는 핵심 키워드
#김원봉 #일제 기관의 파괴 #조선 총독 이하의 관리 및 매국노의 암살

길잡이 | 일제에 대항하여 폭력 투쟁을 전개하였던 의열단에 대해 살펴봅니다.

황상규는 1918년에 만주로 망명한 이후 김동삼, 김좌진, 안창호 등과 **대한 독립 선언서를 발표**하며 우리나라가 완전한 자주독립국임을 선포하였다. 1919년에는 폭력 투쟁을 전개하고자 **김원봉** 등과 함께 **의열단을 창단**하였다. 1920년 그는 의열단원들과 함께 **국내 거사**를 준비하였으나 밀양에 숨겨 두었던 **폭탄**이 밀정의 누설로 일본 경찰에게 발각되면서 거사는 수포로 돌아가게 되었다.

① 항일 비밀 결사 조직인 **의열단**은 **신채호**가 작성한 **조선 혁명 선언**을 **기본 활동 지침**으로 삼으며 폭력 투쟁을 전개하였다.

한 번 더 체크하러 가기 ▶ 미니북 28쪽

선택지 풀이

② 삼균주의를 기초로 한 건국 강령을 발표하였다.
조소앙은 삼균주의에 입각하여 대한민국 임시 정부의 건국 강령을 만들어 독립운동의 방향과 독립 후의 건국 과정을 명시하였다.

③ 잡지 개벽 등을 발행하여 민족 의식을 고취하였다.
천도교는 제2의 3·1 운동을 계획하여 자주 독립 선언문을 발표하였고, 「개벽」, 「신여성」 등의 잡지를 간행하여 민족의식을 높였다.

④ 홍커우 공원에서 일어난 윤봉길 의거를 계획하였다.
김구가 결성한 한인 애국단은 적극적인 투쟁 활동을 전개하였으며 일본군 전승 축하 기념식이 열리는 상하이 홍커우 공원에서 일어난 윤봉길 폭탄 의거를 계획 및 실행하였다.

⑤ 조선 총독부에 국권 반환 요구서를 제출하려 하였다.
독립 의군부의 임병찬은 고종의 밀명을 받아 독립 의군부를 조직하여 조선 총독부에 국권 반환 요구서 제출을 시도하였다.

37 1920년대 국내 항일 운동 정답 ①

정답 분석

정답이 보이는 핵심 키워드
#이척[순종]의 죽음 #민족적 중심 단결 #신간회 #광주 학생 남녀 #시위 대열

길잡이 | 1920년대 국내 항일 운동에 대해 파악합니다.

정답 및 해설 175

(가) **6·10 만세 운동**(1926): **1920년대**에 사회주의가 유입되기 시작하였고 조선 공산당을 중심으로 한 **사회주의 세력**과 천도교를 중심으로 한 **민족주의 세력**이 연대하여 **학생**들과 함께 **순종의 인산일**에 맞추어 **만세 운동**을 계획하였다. 그러나 사회주의자들이 사전에 일본에 발각되면서 학생들을 중심으로 순종의 국장일인 1926년 6월 10일 서울 시내에서 만세 시위를 전개하였다.

(나) **신간회 창립**(1927): **사회주의 세력과 민족주의 세력이 연대**하여 6·10 만세 운동을 준비하는 과정에서 **민족 유일당**을 결성할 수 있다는 공감대가 형성되었고, 이를 계기로 좌우 합작 조직인 **신간회**가 **창립**되었다. 신간회는 조선일보에 신간회 강령을 실었으며, 조선일보는 신간회 활동을 적극 지원했다.

(다) **광주 학생 항일 운동**(1929): 광주 학생 항일 운동은 **한일 학생 간의 우발적 충돌 사건**을 계기로 발생하였으나, **한국인 학생에 대한 차별**과 **식민지 교육**에 **저항**하는 전국적인 규모의 항일 운동으로 발전하였다.

▶ 한 번 더 체크하러 가기 ▶ 미니북 12, 27쪽

38 1930년대 이후 민족 말살 통치기 정답 ③

정답 분석

정답이 보이는 핵심 키워드
#국가 총동원법 #일제 #군사 시설물

길잡이 | 일제가 민족 말살 통치를 펼치며 시행한 정책을 학습합니다.

1930년대 이후 **일제**는 **대륙 침략**을 위해 한반도를 **병참 기지화**하고 **국가 총동원법**을 시행하여 **인적·물적 자원**을 수탈하였다. 또한, **국민 징용령**을 실시하여(1939) 한국인 노동력을 착취하였고, **학도 지원병 제도**(1943), **징병 제도**로 젊은이들을 전쟁터로 강제 징집하였다(1944). 전남 여수와 제주도에서는 이 시기 일제가 군사 시설물로서 구축한 해안 동굴 진지를 볼 수 있다.

③ 1930년대 이후 **조선 총독부**는 **황국 신민 서사 암송, 창씨개명, 신사 참배** 등을 강요하고 **내선일체의 구호**를 내세워 한글 사용을 금지하며 우리 민족의 정체성을 말살하려 하였다.

▶ 한 번 더 체크하러 가기 ▶ 미니북 12쪽

선택지 풀이

① 태형을 집행하는 헌병 경찰
일제는 1910년대 무단 통치기에 조선 태형령을 실시하여 헌병 경찰들을 곳곳에 배치하고 조선인들에게 태형을 통한 형벌을 가하도록 하였다(1912).

② 원산 총파업에 참여하는 노동자
영국인이 경영하는 회사에서 일본인 감독이 조선인 노동자를 구타하자 파업이 시작되었다. 파업 후 노동자의 요구를 들어주기로 한 회사에서 약속을 이행하지 않자 노동자들은 원산 노동 연합회를 중심으로 총파업에 들어갔다(1929).

④ 경성 제국 대학 설립을 추진하는 관리
이상재, 이승훈, 윤치호 등을 중심으로 한국인을 위한 고등 교육 기관인 민립 대학 설립 운동이 전개되자 일제는 이를 방해하기 위해 경성 제국 대학을 설립하였다(1924).

⑤ 서울 진공 작전에 참여하는 13도 창의군 의병
한일 신협약으로 대한 제국 군인들이 해산되자 이에 반발하여 정미의병이 전국적으로 전개되었고, 해산 군인들이 의병 활동에 가담하며 의병 부대가 조직화되었다. 이후 이인영을 총대장으로 추대하고 13도 창의군을 결성하여 서울 진공 작전을 전개하였다(1908).

39 5·10 총선거 정답 ④

정답 분석

정답이 보이는 핵심 키워드
#신한 공사 #동양 척식 주식회사 #일본인 재산 #신한 공사에 귀속 #농지의 분배

길잡이 | 신한 공사 설립과 농지 개혁법 사이에 이루어진 5·10 총선거를 알아봅니다.

(가) **신한 공사**(1946): 1945년 8월 15일 일본이 항복하면서 북위 38도 이남 한반도에 미군이 주둔하게 되었고, 1948년 8월 15일 대한민국이 수립될 때까지 3년간 **미군정**이 실시되었다. 광복 직후 미군정은 일제 강점기 때 **동양 척식 주식회사와 일본인·일본 회사의 소유였던 토지 및 귀속 재산을 관할·처리**하기 위하여 **신한 공사**를 설립하였다(1946).

(나) **농지 개혁법**: 5·10 총선거를 통해 구성된 제헌 국회를 바탕으로 이승만이 국회에서 대통령으로 선출되었다. **이승만 정부**는 **농지 개혁법**을 제정하여(1949) **유상 매수, 유상 분배**를 원칙으로 **농지 개혁**을 실시하였으며(1950), 이에 따라 **지주에게 지가 증권**을 **발급**하였다.

④ 북한이 유엔 한국 임시 위원단의 입북을 거부하여 **유엔 총회의 결정에 따라 남한에서만 5·10 총선거**가 실시되었다. 5·10 총선거를 통해 구성된 **제헌 국회**는 **제헌 헌법**을 제정하였다(1948).

▶ 한 번 더 체크하러 가기 ▶ 미니북 29쪽

선택지 풀이

① 조선 건국 동맹이 결성되었다.
여운형은 일제의 패망에 대비하여 광복 이후 민주주의 국가 건설을 목표로 조선 건국 동맹을 결성하였다(1944).

② 한미 상호 방위 조약이 체결되었다.
이승만 정부는 6·25 전쟁 휴전 이후 한미 상호 방위 조약을 체결하여 미국과 군사적 동맹을 맺었다(1953).

③ 조선 사상범 예방 구금령이 공포되었다.
민족 말살 통치기에 일제는 조선 사상범 예방 구금령을 공포하여 사상 및 행동을 관찰한다는 명목으로 조선인들의 독립운동을 탄압하였다(1941).

⑤ 정부에 비판적인 경향신문이 폐간되었다.
이승만 정권은 여당에 비판적인 보도를 하였던 경향신문을 폐간시키며 언론 탄압을 자행하였다(1959).

40 백남운 정답 ③

정답 분석

정답이 보이는 핵심 키워드
#『조선사회경제사』 #우리 역사의 전개 과정을 세계사의 보편적인 발전 법칙에 따라 네 단계로 나눔

길잡이 | 『조선사회경제사』를 저술한 백남운에 대해 살펴봅니다.

③ 백남운은 『조선사회경제사』와 『조선봉건사회경제사』를 저술하면서 사적 유물론의 원리를 적용하여 주체적으로 역사를 해석하였다. 이를 통해 한국사가 세계사의 보편적인 발전 법칙에 맞게 발전하였음을 강조하면서 **식민 사학의 정체성론을 반박**하였다.

한 번 더 체크하러 가기 ▶ 미니북 18쪽

선택지 풀이

① 진단 학회를 조직하였다.
이병도, 손진태는 한국 및 지역 문화를 연구하기 위해 진단 학회를 창립하여 실증주의 사학을 발전시켰다.

② 한국독립운동지혈사를 저술하였다.
박은식은 갑신정변부터 3·1 운동까지의 역사에 초점을 맞춰 우리 민족의 항일 운동 역사를 다룬 『한국독립운동지혈사』를 저술하였다.

④ 우리말 큰사전 편찬 사업을 추진하였다.
조선어 학회는 『우리말 큰사전(조선말 큰사전)』의 편찬 사업을 추진하였다. 그러나 일제의 탄압으로 조선어 학회가 강제 해산되면서 중단되었고 해방 이후에 완성되었다.

⑤ 민족의 얼을 강조하고 조선학 운동을 주도하였다.
정인보는 「5천 년간 조선의 얼」이라는 글을 동아일보에 연재하여 민족의 얼을 강조하였고, 안재홍과 함께 조선학 운동을 주도하여 정약용의 저술을 모은 『여유당전서』를 간행하였다.

41 한국 광복군 정답 ④

정답 분석

정답이 보이는 핵심 키워드
#중국 국민당 #조선 의용대를 개편 #편입할 것을 특별히 명령 #이(지)청천 장군 #충칭

길잡이 | 대한민국 임시 정부의 직할 부대인 한국 광복군의 활약을 학습합니다.

조선 의용대는 김원봉의 주도로 **중국 국민당**의 지원을 받아 **중국 관내**에서 결성된 **최초의 한인 무장 부대**이다. 태평양 전쟁 발발 이후 조선 의용대의 **일부 대원**은 충칭에 창설된 **대한민국 임시 정부의 직할 부대**인 **한국 광복군**에 합류하여 항일 전선에 참여하였다. 한국 광복군은 **지청천**을 총사령, 이범석을 참모장으로 두었으며, 영국군의 요청을 받아 인도, 미얀마 전선에 파견되어 활동하였다.
④ **한국 광복군**은 미국과 연계하여 **국내 진공 작전을 추진**하고자 **국내 정진군을 편성**하였으나 일본의 무조건 항복으로 인해 실현하지 못하였다.

한 번 더 체크하러 가기 ▶ 미니북 28쪽

선택지 풀이

① 자유시 참변으로 세력이 약화되었다.
대한 독립 군단은 간도 참변으로 인해 러시아 자유시로 근거지를 옮겼으나 군 지휘권을 둘러싼 분쟁에 휘말려 자유시 참변을 겪으면서 세력이 약화되었다.

② 영릉가 전투에서 일본군에 승리하였다.
남만주 지역의 조선 혁명당 산하 군사 조직인 조선 혁명군은 양세봉의 주도로 중국 의용군과 연합하여 영릉가 전투에서 일본군에 승리하였다.

③ 쌍성보 전투에서 한중 연합 작전을 전개하였다.
지청천을 중심으로 북만주에서 결성된 한국 독립군은 중국 호로군과 연합하여 쌍성보 전투, 사도하자 전투, 대전자령 전투에서 일본군에 승리하였다.

⑤ 홍범도 부대와 연합하여 청산리에서 일본군을 격퇴하였다.
김좌진이 이끄는 북로 군정서와 홍범도가 이끄는 대한 독립군을 중심으로 한 독립군 연합 부대는 청산리 전투에서 일본군에 대승을 거두었다.

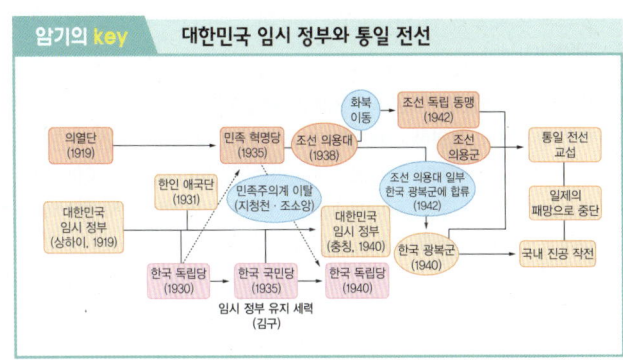

암기의 key — 대한민국 임시 정부와 통일 전선

42 6·25 전쟁 정답 ④

정답 분석

정답이 보이는 핵심 키워드
#북한군의 남침 #장진호 전투 #중국군 #유엔군

길잡이 | 장진호 전투가 벌어진 6·25 전쟁 중에 있었던 사실에 대해 파악합니다.

④ **1950년 북한의 남침**으로 **6·25 전쟁**이 **시작**되어 서울이 점령당하였고, **이승만 정부**는 전쟁에 제대로 대응하지 못한 채 **후퇴**하다가 **부산**을 **임시 수도**로 정하였다(1950.8.). **유엔군** 파병 이후 **국군**은 **낙동강**을 사이에 두고 공산군과 치열한 **공방전**을 벌인 끝에 **인천 상륙 작전**이 **성공**하면서 전세가 역전되어 **서울**을 **수복**하고 **압록강**까지 **진격**하였다. 그러나 **중국군의 개입** 이후 장진호 북쪽으로 진출하던 유엔군이 중국군에게 포위되어 철수하는 과정에서 **장진호 전투**가 발생하였다(1950.11.). 이에 전세가 불리해진 **유엔군**이 **후퇴**하는 과정에서 함경남도 **흥남**에 **고립**되자 **대규모 철수 작전**이 전개되어 수많은 **피란민**이 **구출**되었다(1950.12.).

한 번 더 체크하러 가기 ▶ 미니북 34쪽

선택지 풀이

① 애치슨 라인이 발표되었다.
미 국무 장관인 애치슨은 한국을 미국의 태평양 방위선에서 제외한다는 애치슨 라인을 발표하여 6·25 전쟁의 발발 원인을 제공하였다(1950.1.).

② 가쓰라·태프트 밀약이 체결되었다.
러일 전쟁에서 승리한 일본은 미국과 가쓰라·태프트 밀약을 체결하여 일본의 한국 지배와 미국의 필리핀 지배를 서로 묵인하였다(1905).

③ 모스크바 3국 외상 회의가 개최되었다.
세계 대전 전후 문제 처리를 위해 개최된 모스크바 3국 외상 회의에서 한반도 미소 공동 위원회 설치와 최대 5년간의 신탁 통치 협정이 결정되었다(1945).

⑤ 김구, 김규식 등이 남북 협상에 참여하였다.
유엔 총회에서 결의한 전체 한반도 내 선거가 무산되자 유엔 소총회에서 가능한 지역에서만 선거를 실시하라는 결정이 내려졌다. 이에 남북 분단을 우려한 김구, 김규식은 북한에서 김일성을 만나 남북 협상에 참여하였으나 큰 성과를 거두지는 못하였다(1948).

43 장면 내각 정답 ⑤

정답 분석

정답이 보이는 핵심 키워드
#내각 책임제 #부정 선거 원흉의 처단

길잡이 | 장면 내각 시기에 발생한 사실을 알아봅니다.

⑤ **4·19 혁명**의 결과 **이승만 대통령**이 **하야**하고, **임시적**으로 허정 과도 정부가 수립되어 부정 선거를 담당한 **자유당** 간부들을 구속하였다. **제3차 개헌**에서는 **내각 책임제**와 국회를 참의원과 민의원으로 구성하는 **양원제**를 채택하였으며, 이후 구성된 국회를 통해 윤보선이 대통령으로 선출되고 **장면**이 **국무총리**로 지명되어 **장면 내각**이 성립되었다(1960).

한 번 더 체크하러 가기 ▶ 미니북 13, 30쪽

선택지 풀이

① 국민 교육 헌장을 읽고 있는 학생
박정희 정부는 국민 교육 헌장을 제정하여 우리나라 교육이 지향해야 할 이념과 근본 목표를 세우고자 하였다(1968).

② 서울 올림픽 대회에 참가하는 선수
노태우 정부는 자본주의 국가와 공산주의 국가가 함께 참여한 서울 올림픽 대회를 성공적으로 개최하였다(1988).

③ 개성 공단 착공식을 취재하는 기자
김대중 정부 시기에 남북 정상 회담이 이루어져 개성 공단 건설 운영에 관한 합의서를 체결하였으나(2000), 노무현 정부에 이르러서 비로소 개성 공단 착공식이 진행되었다(2003).

④ 함평 고구마 피해 보상 투쟁에 참여하는 농민
함평 고구마 피해 보상 투쟁은 박정희 정부 때 발생한 고구마 보상 문제 사건이다. 농협이 전남 함평 농민들에게 고구마를 전량 구입하겠다고 약속한 후 이를 지키지 않았다. 이로 인해 고구마를 썩히거나 헐값으로 출하하는 등 큰 손해를 입은 농민들은 천주교 단체를 중심으로 규탄 대회를 열었다.

44 사사오입 개헌 정답 ②

정답 분석

정답이 보이는 핵심 키워드
#개헌 안건의 의결 #사사오입 #헌법 위반

길잡이 | 이승만 정권 시기 사사오입 개헌 이후에 있었던 사실에 대해 학습합니다.

이승만은 자신의 대통령 3선을 위해 **초대 대통령에 한해 중임 제한**을 **철폐**한다는 내용의 헌법 개정안을 발표하였으나, 국회에서 **의결 정족수의 3분의 2**를 채우지 못하여 부결되었다. 그러나 1인 이하의 소수점 자리는 계산하지 않는다는 **사사오입 논리**로 **개헌안을 통과**시켜 **장기 집권**을 **시도**하였다(제2차 개헌, 1954).
② 이승만 정권 시기 **조봉암**은 제3대 대통령 선거에 출마하였으나 낙선하였다. 이후 그는 **진보당**을 창당하고 평화 통일론을 주장하다가 **국가 변란**, **간첩죄 혐의**로 체포되어 **처형**되었으며 진보당은 해체되었다(**진보당 사건**, 1958).

한 번 더 체크하러 가기 ▶ 미니북 13쪽

선택지 풀이

① 여수·순천 10·19 사건이 일어났다.
전남 여수에 주둔하던 국방 경비대 제14연대 소속의 일부 군인들이 남한 단독 정부 수립에 반대하여 일어난 제주 4·3 사건의 진압을 거부하며 여수와 순천 지역 일대를 장악하였다(1948).

③ 반민족 행위 특별 조사 위원회가 설치되었다.
제헌 국회는 일제의 잔재를 청산하고 민족정기를 바로잡기 위해 반민족 행위 처벌법을 제정하고, 반민족 행위 특별 조사 위원회를 설치하였다(1948).

④ 국회 프락치 사건으로 일부 국회의원이 체포되었다.
친일파를 처벌하기 위해 구성된 반민족 행위 특별 조사 위원회(반민 특위)가 이승만 정권과 친일 잔재 세력의 방해 공작에 시달렸다. 당시 국회 프락치 사건으로 반민 특위를 적극 지원한 소장파 의원들이 간첩 혐의로 체포되면서 반민 특위는 사실상 무력화되어 제대로 된 친일파 처벌이 이루어지지 못하였다(1949).

⑤ 여운형 등의 주도로 좌우 합작 위원회가 구성되었다.
광복 이후 좌우 대립이 격화되면서 분단의 위기를 느낀 중도파 세력들이 여운형과 김규식을 중심으로 좌우 합작 위원회를 수립하고 좌우 합작 7원칙을 발표하였다(1946).

선택지 풀이

① 김주열이 최루탄을 맞고 사망하였다.
이승만 정부가 3·15 부정 선거를 자행하자 마산에서 이를 규탄하는 대규모 시위가 일어났고, 정부는 이를 강경 진압하였다. 시위 도중 경찰의 최루탄에 맞아 사망한 학생 김주열의 시신이 마산 해변가에서 발견되었고 이를 계기로 4·19 혁명이 전국적으로 전개되었다(1960).

② 부천 경찰서 성 고문 사건이 발생하였다.
전두환 정부 시기에 노동 현장 위장 취업 혐의로 연행된 여학생에게 부천 경찰서 경장이 성 고문을 가하였다. 정부는 이를 축소, 은폐하기 위해 각 언론사에 기사 보도용 가이드라인인 보도 지침을 내려 언론의 보도 방향을 통제하였다(1986).

④ 국민 보도 연맹원에 대한 학살이 자행되었다.
국민 보도 연맹은 1949년 좌익운동을 하다가 전향한 사람들을 계몽 및 지도하기 위해 조직된 단체이다. 1950년 6·25 전쟁 중에 군과 경찰에 의해 수만 명의 국민 보도 연맹원이 학살당하였고, 1990년대 말에 유해가 발굴되면서 사건이 드러나게 되었다(국민 보도 연맹 사건, 1950).

⑤ 민주화 시위 도중 대학생 강경대가 희생되었다.
노태우 정부는 민주화 시위를 탄압하기 위해 공안 통치를 자행하였다. 이에 명지대학교 학생 강경대가 노태우 정권 타도, 학원 자율화 정책 완전화 등을 주장하며 시위를 전개하다가 사복 경찰에게 집단 구타를 당해 사망하였다(1991).

45 박정희 정부 시기 사회 상황 정답 ③

정답 분석

정답이 보이는 핵심 키워드
#인민 혁명당 재건위 사건 #긴급 조치 제4호 #정부에 비판적인 인물 #반국가 세력으로 몰아 처벌

길잡이 | 인민 혁명당 재건위 사건이 발생하였던 박정희 정부 시기의 사회 상황을 살펴봅니다.

박정희 정부가 **유신 헌법**을 통해 **장기 집권**을 시도하자 전국적으로 **유신 반대 투쟁**이 일어났다. 이에 정부는 **긴급 조치 1, 2호**를 발동하여 반체제 운동을 억압하였으나, 여러 대학의 운동권 학생들이 모여 **전국 민주 청년 학생 총연맹(민청학련)**을 조직하고 **전국 각지에서 반독재 시위**를 전개하였다. 긴급 조치 4호에 의해 민청학련 관련자들은 **대통령 긴급 조치 위반 내란 예비 음모죄로 구속**되었다(민청학련 사건, 1974.4.). 또한, 중앙 정보부는 민청학련의 배후에 **북한의 지령을 받고 국가 변란을 기도**한 '**인혁당 재건위**'가 있다고 **조작·발표**하면서 관련자 천여 명을 **체포**하고, 그중 도예종 등 8명의 **사형을 집행**하였다(인민 혁명당 재건위 사건, 1974.8.). 1980년대 후반에는 민주화 열풍이 불면서 민청학련 사건의 진실규명에 대한 요구가 거세졌다. 1993년에는 민청학련운동계승사업회가 발족되었고, 2005년에는 민청학련 사건이 정부에 의해 조작된 사건이었음이 공표되었으며, 2007년에는 도예종을 포함한 8인이 재심 공판에서 무죄를 선고받았다.

③ 박정희 정부가 **유신 헌법**을 제정하자 **장준하**는 각계 인사들과 함께 **유신 헌법 철폐**를 주장하는 **개헌 청원 백만인 서명 운동**을 전개하였다(1973).

한 번 더 체크하러 가기 ▶ 미니북 13쪽

46 박정희 정부 시기 경제 상황 정답 ①

정답 분석

정답이 보이는 핵심 키워드
#경부 고속 도로 개통 #포항 제철소 1기 준공

길잡이 | 경제 개발 5개년 계획을 추진하였던 박정희 정부 시기의 경제 상황을 알아봅니다.

① 박정희 정부는 **경제 개발 5개년 계획(1962~1981)**을 통해 외국에서 자본을 끌어와 수출 산업을 특별히 지원하는 '국가 주도 - 대외지향적 방식'으로 산업화·공업화 정책을 추진하였다. **제1·2차 경제 개발 5개년 계획**은 경공업을 중심으로 **수출 산업을 성장**시키는 것이 목표였으며 **제2차 경제 개발 5개년 계획**을 실시하면서(1967~1971) **경부 고속 도로를 준공**하였다(1970). **중화학 공업이 중심이 된 제3·4차 경제 개발 5개년 계획**에서는 **포항 제철소 1기 설비를 준공**하였고(1973) **100억 달러 수출 달성**을 이루기도 하였다(1977).

한 번 더 체크하러 가기 ▶ 미니북 20쪽

선택지 풀이

② 미국과 자유 무역 협정(FTA)을 체결하였다.
노무현 정부 때 한미 자유 무역 협정(FTA)이 체결되었다(2007).

③ 대통령 긴급 명령으로 금융 실명제를 실시하였다.
김영삼 정부 때 부정부패와 탈세를 뿌리 뽑기 위해 대통령 긴급 명령으로 금융 실명제를 실시하여 경제 개혁을 추진하였다(1993).

④ 국제 통화 기금(IMF)의 구제 금융 지원금을 조기 상환하였다.
김대중 정부는 기업 구조 조정과 투명성 강화, 금융 개혁 등을 시행하여 국제 통화 기금(IMF)의 채무를 조기 상환하였다(2001).

⑤ 저임금 노동자의 생활 안정을 위해 최저 임금법을 제정하였다.
전두환 정부 때 최저 임금법을 제정하고, 최저 임금 심의 위원회를 설치하였다(1986). 이후 김대중 정부 때 최저 임금법이 개정되면서 최저 임금 위원회로 명칭이 변경되었다(2000).

암기의 key | 현대 정부별 경제 상황

이승만 정부	• 전후 복구: 국민과 정부의 노력, 미국의 원조(면직물, 밀가루, 설탕 등 소비재 산업의 원료) → 삼백 산업 발달 • 미국 경제 원조의 영향: 식량 문제 해결에 기여, 농업 기반 파괴
5·16 군정	제1차 경제 개발 5개년 계획 발표(1962)
박정희 정부	• 제1·2차 경제 개발 5개년 계획(경공업 중심, 수출 주도형) • 제3·4차 경제 개발 5개년 계획(중화학 공업 중심)
전두환 정부	3저 호황(저유가, 저달러, 저금리)
김영삼 정부	• 경제 협력 개발 기구(OECD) 가입 • 무역 적자, 금융 기관 부실 • 외환 위기
김대중 정부	신자유주의 정책을 바탕으로 구조 조정 → 외환 위기 극복

47 시대별 군사 제도 — 정답 ②

정답 분석

정답이 보이는 핵심 키워드
#아홉째는 청금서당 #응양군 #무위영 #훈련도감 #장어영 #금위영

길잡이 | 시대별 중앙 군사 제도에 대해 살펴봅니다.

(가) **통일 신라의 9서당**: 9서당은 통일 신라 신문왕 때 완성된 중앙 군사 제도이다. 신라인뿐만 아니라 고구려인·백제인·말갈인들로도 군사를 조직하였다. 옷깃의 색에 따라 부대 명칭을 구별하였다.

(나) **고려의 중앙군 2군**: 고려 현종 때 중앙군에 응양군과 용호군의 2군을 구성하여 국왕 친위 부대로 배치하였다.

(라) **조선 숙종, 금위영 창설**(1682): 조선의 중앙군은 훈련도감, 어영청, 총융청, 수어청, 금위영까지 5군영 체제였으며, 금위영은 조선 숙종 때 왕실과 수도 방어를 목적으로 설치되었다.

(다) **조선 고종, 5군영의 2영 개편**(1881): 조선 고종은 국내외의 군국 기무를 총괄하는 업무를 맡은 관청인 통리기무아문을 설치하였다. 통리기무아문은 기존 중앙군의 5군영을 무위영과 장어영의 2영으로 개편하고, 신식 군대로서 별기군을 설치하였다.

48 통일 신라 신문왕 — 정답 ①

정답 분석

정답이 보이는 핵심 키워드
#여덟째는 적금서당 #보덕국 사람들 #아홉째는 청금서당

길잡이 | 통일 신라 신문왕의 업적에 대해 알아봅니다.

통일 신라 신문왕은 삼국 통일로 확장된 영토를 **9주**로 나누고 **수도 경주의 편재성**을 보완하기 위해 주요 도시에 **5소경**을 설치하여 지방 행정 체제를 정비하였다. 또한, **녹읍을 폐지**하고 **관료전을 지급**하여 귀족의 경제 기반을 약화시키고자 하였다.

① 통일 신라 신문왕은 장인이었던 **김흠돌이 반란**을 도모하자, 이를 진압한 후 진골 귀족 세력을 숙청하여 왕권을 강화하였다.

한 번 더 체크하러 가기 ▶ 미니북 07쪽

선택지 풀이

② 병부와 상대등을 설치하였다.
신라 법흥왕은 상대등과 병부를 설치하고 관등을 정비하여 중앙 집권적 국가 체제를 갖추었다.

③ 나선 정벌에 조총 부대를 파견하였다.
조선 효종 때 러시아가 만주 지역까지 침략해오자 청은 조선에 원병을 요청하였고, 조선에서는 두 차례에 걸쳐 조총 부대를 파견시켜 나선 정벌을 단행하였다.

④ 정계와 계백료서를 지어 관리의 규범을 제시하였다.
고려 태조 왕건은 고려를 건국한 뒤 『정계』와 『계백료서』를 통해 관리가 지켜야 할 규범을 제시하였다.

⑤ 쌍성총관부를 공격하여 철령 이북의 땅을 수복하였다.
고려 공민왕은 반원 자주 정책의 일환으로 쌍성총관부를 공격하여 원에 빼앗긴 철령 이북의 땅을 수복하였다.

49 5·18 민주화 운동   정답 ⑤

정답 분석

정답이 보이는 핵심 키워드
#옛 전남도청 본관 #시민군이 계엄군에 항쟁

길잡이 | 5·18 민주화 운동에 대해 알아봅니다.

옛 전남도청 본관은 **전두환 정부** 시기인 1980년에 일어난 **5·18 민주화 운동** 당시 **시민군이 계엄군에 항쟁**한 장소이다. 전두환을 비롯한 **신군부 세력의 12·12 쿠데타**에 저항하여 '서울의 봄'이라는 **대규모 민주화 운동**이 일어나자, 신군부는 **비상계엄 조치**를 전국적으로 확대하였다. 5월 18일, **비상계엄 해제**와 **신군부 퇴진, 김대중 석방** 등을 요구하는 광주 시민들의 항거가 이어지자 신군부는 공수 부대를 동원한 **무력 진압**을 강행하였고, **학생**과 **시민**들이 자발적으로 시민군을 조직하여 이에 **대항**하면서 시위가 격화되었다.
⑤ 5·18 민주화 운동은 1980년대 우리나라 민주화 운동의 밑거름이 되었고, 2011년에는 **관련 기록물**이 **유네스코 세계 기록 유산**으로 등재되었다.

한 번 더 체크하러 가기 ▶ 미니북 30쪽

선택지 풀이

① 3·1 민주 구국 선언을 발표하였다.
박정희 정부 시기 김대중, 함석헌 등의 정치인과 기독교 목사, 대학 교수 등이 유신 독재 체제에 저항하여 긴급 조치 철폐 등을 요구하는 3·1 민주 구국 선언을 발표하였다.

② 시위 도중 대학생 이한열이 희생되었다.
③ 호헌 철폐, 독재 타도 등의 구호를 외쳤다.
전두환 정부 시기 박종철 고문치사 사건과 4·13 호헌 조치에 반발하여 대통령 직선제 개헌과 민주 헌법 제정을 요구하는 시위가 전개되었다. 시위 도중 경찰의 최루탄에 맞은 연세대 재학생 이한열이 사망하자 시위는 더욱 격화되어 6월 민주 항쟁이 전국적으로 확산되었다. 시위가 전국적으로 확산되면서 호헌 철폐와 독재 타도를 요구하는 6·10 국민 대회가 개최되었다.

④ 허정 과도 정부가 출범하는 계기가 되었다.
4·19 혁명의 결과로 이승만이 대통령직에서 하야하고 내각 책임제를 기본으로 하는 허정 과도 정부가 출범하였다.

50 김영삼 정부 시기 사회 상황   정답 ⑤

정답 분석

정답이 보이는 핵심 키워드
#군 내부의 사조직을 해체 #문민정부

길잡이 | 문민정부인 김영삼 정부 시기에 있었던 사실에 대해 살펴봅니다.

김영삼 정부는 대한민국 첫 **문민정부**로 출범하여(1993) '공직선거 및 선거부정방지법'을 개정함으로써(1994) 뿌리 깊은 선거부정을 차단하였으며, 12·12 사건에 관련된 **군의 사조직인 하나회를 해체**시켰다.
⑤ 김영삼 정부는 역사를 바로 세우고 민족정기를 회복하기 위해 국립 중앙 박물관으로 쓰고 있던 **조선 총독부 청사 해체**를 추진하였다. 아픈 역사를 되풀이하지 않기 위한 반면교사로 삼아 보존하자는 의견이 대두되며 논쟁이 일기도 하였으나 김영삼 정부는 일제의 잔재 청산을 위해 철거를 강력하게 추진하였다. **광복 50주년**을 맞는 **1995년 8월 15일에 해체**가 **시작**되었고, 이듬해 11월 철거가 완료된 뒤 해체된 건물의 부재들은 천안 독립기념관으로 이전되어 전시되었다.

선택지 풀이

① 굴욕적인 대일 외교에 반대하는 6·3 시위가 일어났다.
박정희 정부가 한일 회담 진행 과정에서 추진한 한일 국교 정상화의 협정 내용이 공개되자 학생과 야당을 주축으로 굴욕적인 대일 외교에 반대하는 6·3 시위가 전개되었다(1964).

② 북방 외교를 추진하여 사회주의 국가인 소련과 수교하였다.
노태우 정부 때 적극적인 북방 외교 정책의 추진으로 사회주의 국가인 소련과 수교를 맺어 외교 관계를 수립하였다(1990).

③ 통일 방안을 논의하기 위해 남북 조절 위원회를 설치하였다.
박정희 정부 때 서울과 평양에서 7·4 남북 공동 성명을 발표하고, 남북 조절 위원회를 설치하였다(1972).

④ 경제적 취약 계층을 위한 국민 기초 생활 보장법을 시행하였다.
김대중 정부는 극심한 양극화의 해소를 위해 생활 유지 능력이 없거나 생활이 어려운 국민의 최저 생활을 국가가 보장하는 국민 기초 생활 보장법을 제정하였다(1999).

제68회 한국사능력검정시험 정답 및 해설

STEP 1 정답 확인 문제 p.098

01	02	03	04	05	06	07	08	09	10	11	12	13	14	15	16	17	18	19	20	21	22	23	24	25
①	④	③	③	②	③	④	①	②	①	⑤	③	③	④	④	③	②	④	②	③	①	②	①	⑤	④

26	27	28	29	30	31	32	33	34	35	36	37	38	39	40	41	42	43	44	45	46	47	48	49	50
④	②	⑤	④	③	①	②	⑤	⑤	③	⑤	⑤	①	⑤	④	①	④	④	②	②	④	⑤	③	③	⑤

STEP 2 난이도 확인

| 제68회 합격률 | 59.4% | 최근 1년 평균 합격률 | 54.7% |

STEP 3 시대별 분석

시대	선사	고대	고려	조선 전기	조선 후기	근대	일제 강점기	현대	복합사
틀린 개수/ 문항 수	/ 3	/ 7	/ 7	/ 8	/ 2	/ 6	/ 6	/ 6	/ 5
출제비율	6%	14%	14%	16%	4%	12%	12%	12%	10%

STEP 4 문제별 주제 분석

01	선사	청동기 시대	26	조선 전기	1차 예송 논쟁
02	선사	고조선	27	조선 전기	종묘
03	선사	부여	28	복합사	조선 시대 역관
04	고대	백제의 문화유산	29	복합사	지역사 – 개성
05	고대	안시성 전투	30	근대	강화도 조약
06	고대	통일 신라 말의 사회 상황	31	근대	동학 농민 운동
07	고대	금관가야	32	근대	두모포 수세 사건
08	고대	고구려 소수림왕	33	근대	보빙사
09	고려	고려 성종	34	일제 강점기	1930년대 이후 민족 말살 통치
10	고대	발해의 문화유산	35	일제 강점기	3·1 운동
11	고려	고려 광종	36	근대	신민회
12	고려	고려의 지방 통치 체제	37	근대	광무개혁
13	고려	고려와 금의 대외 관계	38	일제 강점기	국민 대표 회의
14	복합사	한국의 천문 관련 사례	39	일제 강점기	토지 조사 사업
15	고려	삼별초	40	일제 강점기	북로 군정서
16	고려	고려 원 간섭기의 사회 모습	41	일제 강점기	형평 운동
17	고려	『직지심체요절』	42	현대	6·25 전쟁
18	조선 전기	정도전	43	현대	김대중 정부 시기 통일 정책
19	조선 전기	조선 세조	44	현대	4·19 혁명
20	조선 전기	임진왜란	45	현대	박정희 정부 시기 경제 상황
21	조선 전기	조식	46	현대	전두환 정부 시기 사회 상황
22	조선 전기	조선 세종	47	복합사	여운형
23	조선 후기	조선 후기 사회 상황	48	고대	삼국 시대의 학습 활동
24	조선 후기	조선 영조	49	복합사	우리나라의 도자기
25	조선 전기	승정원	50	현대	전태일 분신 사건

01 청동기 시대   정답 ①

정답 분석

정답이 보이는 핵심 키워드
#유네스코 세계 유산 #고창 #고인돌 #계급이 발생

길잡이 | 청동기 시대의 생활 모습을 알아봅니다.

고창·화순·강화 고인돌 유적은 대표적인 **청동기 시대** 유적지로 **유네스코 세계 유산**으로 등재되어 있다. 청동기 시대에는 사유 재산이 발생하고 계급이 분화되면서 정치권력과 경제력을 가진 군장이 등장하였다. 고인돌은 당시 **지배층**인 **군장**의 **무덤**으로, 거대한 규모를 통해 당시 지배층의 권력을 확인할 수 있다.
① 청동기 시대에는 **벼농사**를 짓기 시작하면서 **반달 돌칼**을 이용하여 벼를 수확하였다.

한 번 더 체크하러 가기 ▶ 미니북 4쪽

선택지 풀이

② 소를 이용하여 깊이갈이를 하였다.
　신라 지증왕 때 소를 이용한 우경이 시행되면서 깊이갈이가 가능해져 농업 생산량이 증대되었고, 고려 시대에 이르러 일반화되었다.

③ 주로 동굴이나 강가의 막집에서 살았다.
　구석기 시대 사람들은 동굴이나 강가에 막집을 짓고 살았으며, 계절에 따라 이동 생활을 하였다.

④ 오수전, 화천 등의 중국 화폐로 교역하였다.
　철기 시대에는 중국과의 교류가 활발하여 중국 화폐인 오수전, 화천 등이 사용되었다.

⑤ 옷을 만들 때 가락바퀴와 뼈바늘을 이용하기 시작하였다.
　신석기 시대에는 가락바퀴로 실을 뽑아 뼈바늘로 옷을 지어 입었다.

02 고조선   정답 ④

정답 분석

정답이 보이는 핵심 키워드
#국경 수비를 맡음 #준왕을 몰아내고 왕이 됨 #왕검성

길잡이 | 단군왕검이 세우고 위만이 부흥을 이끈 고조선을 학습합니다.

기원전 2333년 **단군왕검**은 우리 역사상 **최초의 국가**인 **고조선**을 건국하였다. 중국 진한 교체기인 기원전 2세기경 고조선으로 이주해 온 **위만**은 준왕의 신임을 받아 **서쪽** 변경을 **수비**하는 임무를 맡으면서 세력을 키워 **준왕을 몰아내고** 고조선의 **왕**이 되었다.
④ 위만은 고조선의 확산된 철기 문화를 바탕으로 **진번, 임둔** 등 주위 부족을 **복속**시켜 세력을 크게 확장하였다.

한 번 더 체크하러 가기 ▶ 미니북 5쪽

선택지 풀이

① 율령을 반포하여 체제를 정비하였단다.
　삼국 시대 각 국가에서는 율령을 반포하여 통치 체제를 정비하고 왕권을 강화하였다.

② 화랑도를 국가적인 조직으로 개편하였단다.
　진흥왕은 화랑도를 국가적인 조직으로 정비하였고, 이들은 원광의 세속 5계를 생활 규범으로 삼아 명산대천을 찾아다니며 수련을 하였다.

③ 내신 좌평 등 여섯 명의 좌평을 거느렸단다.
　백제 고이왕은 6좌평제와 16관등제를 정비하여 중앙 집권 국가의 토대를 마련하였다.

⑤ 지방의 여러 성에 욕살, 처려근지 등을 두었단다.
　고구려는 지방을 대성, 중성, 소성 3단계로 나누어 통치하였는데 대성에는 욕살을, 중성에는 처려근지를 장관으로 두었다.

03 부여   정답 ③

정답 분석

정답이 보이는 핵심 키워드
#산릉과 넓은 못(澤)이 많음 #국중 대회 #영고

길잡이 | 국중 대회로 영고를 열었던 부여에 대해 알아봅니다.

부여는 **송화강 유역**에 위치하였던 **연맹 왕국**으로, 풍습으로는 순장, 1책 12법, 형사취수제 등이 있었다. 또한, **매년 12월**에는 풍성한 수확제·감사제의 성격을 지닌 **영고**라는 제천 행사를 열었다.
③ 부여에는 왕 아래 가축의 이름을 딴 **마가, 우가, 저가, 구가**의 가(加)들이 있었다. 이들은 행정 구역인 **사출도**를 다스렸으며, 왕이 통치하는 중앙과 합쳐 **5부**를 구성하였다.

한 번 더 체크하러 가기 ▶ 미니북 21쪽

선택지 풀이

① 신성 지역인 소도가 존재하였다.
　삼한은 제정 분리 사회였으며, 소도라는 신성 지역을 따로 두어 제사장인 천군이 이곳을 관리하도록 하였다.

② 혼인 풍습으로 민며느리제가 있었다.
　옥저에는 여자가 어렸을 때 혼인할 남자의 집에서 생활하다가 성인이 된 후에 혼인하는 민며느리제가 있었다.

④ 특산물로 단궁, 과하마, 반어피가 유명하였다.
　동예에서 생산되는 특산물로는 단궁, 과하마, 반어피 등이 유명하였다.

⑤ 왕 아래 상가, 대로, 패자 등의 관직이 있었다.
　고구려는 왕 아래 상가, 대로, 패자, 고추가 등의 관직을 두었다.

04 백제의 문화유산 정답 ③

정답 분석

정답이 보이는 핵심 키워드
#백제 왕 #공산성 #무령왕릉 #부소산성 #능산리 고분군 #왕궁리 유적

길잡이 | 백제의 문화유산에 대해 알아봅니다.

유네스코 세계 유산에 등재된 **백제 역사 유적 지구**는 충남 공주의 공산성, 무령왕릉과 왕릉원, 충남 부여의 관북리 유적과 부소산성, 능산리 고분군, 정림사지, 나성, 전북 익산의 왕궁리 유적, 미륵사지 등 총 8개의 유적지로 구성되어 있다.

③ 부소산성은 백제 역사 유적 지구 중에서 사비 시대 왕도와 관련된 부여의 유적지로 왕궁인 사비성을 수호하기 위해 쌓은 산성이다. 수도를 웅진에서 사비로 천도한 **성왕**은 신라 진흥왕에 의해 **관산성**(옥천)에서 **전사**하였다.

한 번 더 체크하러 가기 ▶ 미니북 53쪽

선택지 풀이

① (가) – 웅진성이라 불리기도 하였다.
백제 개로왕이 고구려 장수왕의 공격을 받아 전사한 이후, 문주왕이 수도를 한성에서 웅진으로 천도하였다. 웅진(공주)을 방어하기 위해 웅진성을 축성하였으며, 고려 시대 이후 공산성으로 불리었다.

② (나) – 중국 남조의 영향을 받았다.
백제 무령왕의 무덤인 무령왕릉은 널길과 널방을 벽돌로 쌓은 벽돌무덤으로, 백제가 중국 남조 양과의 교류를 통해 영향을 받았음을 알 수 있다.

④ (라) – 사신도 벽화가 남아 있는 무덤이 발견되었다.
부여 왕릉원 안에 있는 능산리 고분군은 백제 후기인 사비 시대의 왕릉 7기가 모여 있는 유적지이다. 고분 내에서 사신도 벽화나 금동 유물 등이 발굴되었다.

⑤ (마) – 수부(首府)라는 글자가 새겨진 기와가 출토되었다.
부여 관북리 유적에서 '수부(首府)'라는 글자가 새겨진 기와가 출토되었다. 수부(首府)는 백제의 중앙 행정부서를 가리키는 명칭으로, 관북리 유적에서 이러한 기와가 출토되었다는 것을 통해 이 일대에 왕궁이나 중앙 행정기관이 있었다는 것을 알 수 있다.

05 안시성 전투 정답 ②

정답 분석

정답이 보이는 핵심 키워드
#대야성에서의 싸움 #김춘추 #고구려에 보내서 군사를 청함 #당 태종

길잡이 | 김춘추의 고구려 원병 요청과 나당 연합군 결성 사이에 벌어진 안시성 전투를 학습합니다.

(가) **김춘추의 고구려 원병 요청**(642): 백제가 신라를 지속적으로 공격한 결과 **대야성**까지 함락되었다. 이에 위기감을 느낀 **김춘추**가 **고구려 보장왕**을 만나 **원병**을 요청하였으나 거절당하였다.

(나) **나당 연합군 결성**(648): 김춘추는 당으로 건너가 **당 태종**으로부터 **군사적 지원**을 약속받는 데에 성공하며 **나당 동맹**을 성사시키고 나당 연합군을 결성하였다.

② 당은 **고구려 연개소문**의 정변을 구실로 고구려를 공격하여 요동성, 백암성 등을 함락시키고 **안시성**을 공격하였다. 이에 안시성 성주 **양만춘**은 군사와 백성을 이끌고 저항하여 당군을 몰아냈다(안시성 전투, 645).

한 번 더 체크하러 가기 ▶ 미니북 25쪽

선택지 풀이

① 문무왕이 안승을 보덕국왕으로 봉하였다.
신라 문무왕은 당 세력을 몰아내기 위해 신라로 망명한 고구려 보장왕의 아들 안승을 보덕국왕으로 임명하고 금마저에 땅을 주어 고구려 부흥 운동을 지원하였다(674).

③ 복신과 도침이 부여풍을 왕으로 추대하였다.
백제가 멸망한 이후 복신과 도침 등이 부여풍을 왕으로 추대하여 주류성을 중심으로 백제 부흥 운동을 전개하였으나 나당 연합군에 의해 실패하였다(663).

④ 계백이 이끄는 군대가 황산벌에서 항전하였다.
계백의 결사대는 황산벌에서 김유신이 이끄는 나당 연합군의 공격에 맞서 항전하였다(660).

⑤ 진흥왕이 대가야를 정복하여 영토를 확장하였다.
신라 진흥왕은 이사부와 사다함을 보내 대가야를 병합하여 영토를 확장하였다(562).

06 신라 말의 사회 상황   정답 ③

정답 분석

정답이 보이는 핵심 키워드
#최치원 #해인사 묘길상탑기 #진성 여왕 #혼란스러운 사회상

길잡이 | 최치원이 활동하던 신라 말의 혼란스러웠던 사회 상황을 살펴봅니다.

통일 신라 말 진성 여왕 즉위 당시 귀족 간의 권력 다툼이 심화되어 왕권이 약화되었다. 이에 **최치원**은 **당대의 혼란스러운 사회 상황**과 함께 전란으로 사망한 승군들의 명복을 빈다는 내용이 담긴 비문을 작성하였다. 이 비문은 해인사 부근의 석탑에서 발견되어 「**해인사 묘길상탑기**(海印寺妙吉祥塔記)」로 불린다.
③ 통일 신라 진성 여왕 때 중앙 정부의 무분별한 조세 징수에 대한 반발로 사벌주에서 **원종과 애노가 농민 봉기**를 일으켰다(889).

한 번 더 체크하러 가기 ▶ 미니북 7쪽

선택지 풀이

① 원광이 세속 5계를 제시하였다.
원광은 신라 진평왕 때 화랑도의 생활 규범으로 사군이충(事君以忠)·사친이효(事親以孝)·교우이신(交友以信)·임전무퇴(臨戰無退)·살생유택(殺生有擇)의 내용이 담긴 세속 5계를 제시하였다(600).

② 이차돈의 순교로 불교가 공인되었다.
신라 법흥왕은 이차돈의 순교를 계기로 불교를 국교로 공인하였다(527).

④ 거칠부가 왕명에 의해 국사를 편찬하였다.
신라 진흥왕은 거칠부에게 역사서인 『국사』를 편찬하게 하였다(545).

⑤ 자장의 건의로 황룡사 구층 목탑이 건립되었다.
신라 선덕 여왕 때 승려 자장이 주변 9개 민족의 침략을 부처의 힘으로 막기 위한 목탑 건립을 건의하여 황룡사 구층 목탑이 세워졌다(645).

07 금관가야   정답 ④

정답 분석

정답이 보이는 핵심 키워드
#김해 봉황동 유적 #김수로왕

길잡이 | 전기 가야를 대표하는 금관가야에 대해 알아봅니다.

김수로왕이 건국한 **김해 지역의 금관가야**는 **전기 가야 연맹**을 주도하였다. 이후 금관가야가 고구려 광개토 대왕의 진출로 쇠퇴하기 시작하면서 고령 지역의 대가야가 후기 가야 연맹을 주도하게 되었다.
④ 금관가야는 **철**이 풍부하고 **해상 교통**이 발전하여 **낙랑**과 **왜**의 **규슈 지방**을 연결하는 **중계 무역**으로 번성하였고, **덩이쇠**를 주조하여 화폐처럼 사용하였다.

선택지 풀이

① 집사부를 비롯한 14부를 두었다.
통일 신라는 중앙 행정 기구인 집사부, 위화부를 비롯한 14부를 설치하여 행정 업무를 분담하였다.

② 집집마다 부경이라는 창고가 있었다.
고구려는 집집마다 부경이라는 작은 창고를 만들어 곡식, 찬거리, 소금 등을 저장하였다.

③ 대가들이 사자, 조의, 선인을 거느렸다.
고구려는 5부족 연맹체 국가로 왕 아래 상가, 고추가 등의 대가들이 사자, 조의, 선인 등의 관리를 거느렸다.

⑤ 왕족인 부여씨와 8성의 귀족이 지배층을 이루었다.
백제의 지배층은 왕족인 부여씨와 8성의 귀족으로 이루어졌다.

암기의 key | 가야 연맹의 특징

구분	내용
정치	• 2~3세기경: 금관가야(김해) 주축 → 5세기경 고구려의 진출로 타격 • 5세기 이후: 대가야(고령)로 중심지 이동 • 6세기: 신라에 병합(금관가야 – 법흥왕, 대가야 – 진흥왕)
경제	낙랑·왜 등에 철 수출, 중계 무역 장악
문화	• 철기 문화 발달(금동관, 철제 무기, 갑옷 등) • 토기: 수레 토기 → 일본 스에키 토기에 영향

08 고구려 소수림왕   정답 ①

정답 분석

정답이 보이는 핵심 키워드
#고국원왕의 아들 #승려 순도

길잡이 | 불교 수용, 태학 설립, 율령 반포 등의 업적을 지닌 고구려 소수림왕을 학습합니다.

삼국 시대 각 국가에서는 통치 체제를 정비하고 왕권을 강화하였다. 그중 **고구려 소수림왕**은 중국 전진으로부터 **불교**를 수용하고 이를 통해 왕실의 권위를 높이고자 하였으며, **율령**을 **반포**하여 국가 조직을 정비하였다.
① 고구려 소수림왕은 국가 교육 기관인 **태학**을 설립하여 인재를 양성하였다.

한 번 더 체크하러 가기 ▶ 미니북 6쪽

선택지 풀이

② 도읍을 국내성에서 평양으로 옮겼다.
고구려 장수왕은 도읍을 국내성에서 평양으로 옮기며 남진 정책을 추진하였다.

③ 서안평을 점령하여 영토를 확장하였다.
고구려 미천왕은 낙랑군과 대방군 등 한 군현을 한반도 지역에서 몰아내었으며 서안평을 공격하여 영토를 확장하였다.

④ 영락이라는 독자적인 연호를 사용하였다.
고구려 광개토 대왕은 영락이라는 독자적인 연호를 사용하였다.

⑤ 을파소를 등용하고 진대법을 시행하였다.
고구려 고국천왕은 국상 을파소의 건의에 따라 빈민을 구제하기 위해 먹을거리가 부족한 봄에 곡식을 빌려주고 겨울에 갚게 하는 진대법을 실시하였다.

암기의 key — 고구려 주요 국왕의 업적

고국천왕	• 왕위 부자 세습 • 진대법 실시(을파소 건의)
미천왕	낙랑군·대방군 축출, 서안평 공격 → 영토 확장
소수림왕	• 불교 수용 • 태학 설립 • 율령 반포
광개토 대왕	• 백제, 금관가야 공격 → 영토 확장 • 신라에 원군 파견(호우총 청동 그릇)
장수왕	• 남진 정책: 평양 천도, 한강 유역 점령 • 광개토 대왕릉비, 충주 고구려비

09 고려 성종   정답 ②

정답 분석

정답이 보이는 핵심 키워드
#상평창 #12목 #경시서

길잡이 | 빈민 구제 기구로서 상평창을 설치하였던 고려 성종을 탐구합니다.

고려 성종은 물가 조절을 통한 **민생 안정**을 위해 개경과 서경에 **상평창**을 설치하였으며, **최승로의 시무 28조**를 받아들여 다양한 제도를 시행하고 통치 체제를 정비하였다. 당의 제도를 모방하여 **2성 6부**로 이루어진 **중앙 관제**를 구성하였고, **전국의 주요 지역에 12목을 설치**하고 **목사**를 파견하였으며, **향리제**를 마련하여 지방의 중소 호족을 향리로 편입하여 통제하였다.

② 고려 성종은 중앙에 최고 교육 기관인 **국자감**을 설치하고 지방에 경학박사와 의학박사를 파견하여 유학 교육을 활성화하고자 하였다.

한 번 더 체크하러 가기 ▶ 미니북 8쪽

선택지 풀이

① 서적포에서 책을 인쇄하는 관리
숙종 때 최고 국립 교육 기관인 국자감에 서적포를 설치하여 모든 책판을 옮기고 인쇄와 출판을 담당하게 하였다.

③ 양현고에서 재정을 관리하는 관원
고려 중기 최충의 문헌공도를 대표로 하는 사학 12도의 발전으로 관학이 위축되자 예종이 국자감을 재정비하여 7재를 세우고 양현고를 설치하는 등 관학 진흥책을 추진하였다.

④ 9재 학당에서 유교 경전을 읽는 학생
문종 때 사학이 크게 발전하였고, 그중 가장 번성한 최충의 9재 학당은 유학 교육을 실시하며 후진을 양성하였다.

⑤ 청연각의 소장 도서를 분류하는 학사
예종은 관학을 진흥시키기 위해 궁중에 청연각·보문각을 설치하여 학문 연구를 장려하였다.

10 발해의 문화유산   정답 ①

정답 분석

정답이 보이는 핵심 키워드
#영광탑 #중국 지린성 #벽돌을 쌓아 만든 누각 형태의 전탑

길잡이 | 영광탑으로 대표되는 발해의 문화유산을 살펴봅니다.

영광탑은 중국 지린성에 위치한 **발해의 전탑**이다. 영광탑의 본래 이름은 알 수 없지만 청나라의 관리가 탑이 오랜 기간 의연하게 남아있다는 의미에서 영광탑(靈光塔)으로 부른 뒤부터 이 이름으로 불리었다. 1980년대에 중국 측의 조사 결과 영광탑이 발해탑으로 확정되었으며, 현재 중국의 전국 중점 문물 보호단위로 지정되어 보호받고 있다.

① **이불 병좌상**은 중국 지린성에서 출토된 발해의 불상이다. 날카로운 광배와 연꽃의 표현 등에서 금동 연가 7년명 여래 입상 등과 같은 **고구려 불상 조각의 양식을 계승**하고 있음을 알 수 있다.

한 번 더 체크하러 가기 ▶ 미니북 46쪽

선택지 풀이

② 영주 부석사 소조여래 좌상
영주 부석사 무량수전에 모시고 있는 소조 불상이며, 고려 초기에 만들어진 것으로 추정된다. 우리나라 소조 불상 가운데 가장 크고 오래된 작품이다.

③ 금동 연가 7년명 여래 입상
경남 의령에서 발견된 고구려의 불상이다. 광배 뒷면에 남아 있는 글에 따르면 평양의 승려들이 세상에 널리 퍼뜨리고자 만든 불상 중 29번째 것으로, 6세기 후반 고구려의 대표적인 불상이다.

④ 석굴암 본존불
경주 석굴암은 신라 경덕왕 때 김대성이 창건하여 혜공왕 때 완성되었으며, 본존불은 그 내부에 자리하고 있다.

⑤ 금동 관음보살 좌상
조선 전기의 보살상으로, 한 무릎을 세우고 한 다리는 가부좌를 한 모습이 특징이다. 두꺼운 법의 등을 입은 고려 후기나 조선 시대 대다수의 보살상과는 달리 얇은 천 옷을 걸치고 있다.

11 고려 광종 정답 ⑤

정답 분석

정답이 보이는 핵심 키워드
#노비안검법 #쌍기

길잡이 | 쌍기의 건의로 노비안검법을 실시한 고려 광종의 업적을 학습합니다.

고려 광종은 중국의 선진 제도를 수용하여 개혁 정치를 펼치고자 하였다. 이를 위해 중국에서 귀화한 사람들을 우대하였는데, 천주 출신의 채인범과 **후주 출신의 쌍기**가 대표적인 귀화인이다. 특히, 쌍기는 광종에게 중국 수나라 때부터 시행된 **과거제**를 건의하여 고려 내에 신분적 특권보다 학문적 소양을 중시하는 문화가 형성되는 데 큰 도움을 주었다.
⑤ 고려는 **고구려를 계승**하여 건국한 나라로, 스스로를 중국의 지배를 받지 않는 **자주적인 황제의 국가**로 여겼다. 이에 **고려 태조 왕건**은 중국과 다른 연호인 **천수**를 사용하였으며, **고려 광종은 광덕, 준풍**이라는 독자적인 연호를 통해 주체성을 내세웠다.

한 번 더 체크하러 가기 ▶ 미니북 8쪽

선택지 풀이

① 최승로가 시무 28조를 건의하였다.
성종은 최승로의 시무 28조를 받아들여 12목을 설치하고 지방관을 파견하였다(983).

② 경기에 한하여 과전법이 실시되었다.
고려 말 공양왕 때 신진 사대부 조준 등의 건의로 토지 개혁법인 과전법이 시행되었으며, 원칙적으로 경기 지역에 한정하여 토지를 지급하였다(1391).

③ 신돈이 전민변정도감의 판사가 되었다.
공민왕은 신돈을 등용하고 전민변정도감을 설치하여 권문세족에 의해 불법으로 점탈된 토지를 돌려주고 억울하게 노비가 된 자를 풀어 주는 등 개혁을 단행하였다(1366).

④ 빈민 구제 기관인 흑창이 처음 설치되었다.
태조 때 빈민 구휼을 위해 흑창을 설치하여 춘궁기에 곡식을 대여해 주고 추수 후에 회수하였다(918).

12 고려의 지방 통치 체제 정답 ③

정답 분석

정답이 보이는 핵심 키워드
#혜음원 #개경 #남경 #동경 #원(院)

길잡이 | 개경을 수도로 하는 고려의 지방 통치 체제를 탐구합니다.

고려 시대에는 풍수지리 사상이 유행하여 하나의 경이 아닌 여러 경을 두어 왕이 일정 기간씩 번갈아 머문다면 왕업이 연장될 것이라 생각하였다. 이에 **태조**는 평양에 서경을 설치하여 수도 개경과 함께 **양경 체제**를 성립하였으며, **성종은** 경주를 **동경**으로 승격시키면서 개경, 서경, 동경의 **3경**을 형성하였다. 이후 **숙종** 때 본격적으로 **남경**이 양주(현 서울시 종로구)에 건설되면서 서경, 동경, 남경의 3경 체제가 마련되었다. **파주 혜음령**은 현재의 파주시와 고양시를 잇는 고개로 고려 시대의 개경과 남경을 연결하는 교통로였다. 개경에서 남경으로 이동하려면 혜음령을 반드시 지나야 했으나, 지형이 험하고 인적도 드물어 통행이 불편하였다. 또한, 왕의 행차 시에도 사용되는 길이었기에 혜음령에 원을 세워 법당을 비롯한 사원과 숙박과 취사가 가능한 시설로써 기능하도록 하였다.
③ **고려**에는 일반 행정 구역인 주·부·군·현과는 구분되는 **지방 특수 행정 구역**인 향·부곡·소가 있었다. 향과 **부곡**에는 **농민**이 거주하였으며, **소**에는 **광업**에 종사하거나 **수공업**에 종사하여 지방의 특산물을 생산하는 백성들이 살았다. 또한, 향·부곡·소의 백성들은 **신분상 양인**이었으나 **국자감 입학이나 과거 응시가 금지**되는 등 일반 군현의 백성에 비해 사회적으로 **차별 대우**를 받았다.

선택지 풀이

① 22담로에 왕족을 파견하였다.
백제 무령왕은 지방에 설치한 22담로에 왕족을 파견하여 지방 통제를 강화하였다.

② 전국에 9주 5소경을 설치하였다.
통일 신라 신문왕 때 9주 5소경의 지방 행정 구역 체계를 확립하여 수도 경주의 편재성을 보완하였다.

④ 지방관을 감찰하기 위하여 외사정을 두었다.
통일 신라는 문무왕 때부터 지방관을 감찰하기 위하여 외사정을 파견하였다.

⑤ 지방 행정 구역을 8도에서 23부로 개편하였다.
제2차 갑오개혁 때 홍범 14조를 반포하여 개혁의 기본 방향을 제시하였고, 지방 행정 구역을 8도에서 23부로 개편하였다.

13 고려와 금의 대외 관계   정답 ③

정답 분석

정답이 보이는 핵심 키워드
#금의 군주 아구다 #거란을 섬멸함 #형제의 관계 #윤관 #여진인 #성을 쌓음 #정지상 #대동강

길잡이 | 고려와 금의 대외 관계를 알아봅니다.

- **(나) 윤관의 동북 9성 축조**(1107): 고려 **숙종** 때 **여진**이 고려의 국경을 자주 침입하자 **윤관**이 왕에게 **건의**하여 **신기군, 신보군, 항마군**으로 구성된 **별무반**을 조직하였다. 이후 **예종** 때 윤관은 별무반을 이끌고 여진을 물리친 뒤 고려 동북쪽의 변경 지역을 개척하기 위하여 **동북** 지방 일대에 **9개의 성**을 쌓았다.
- **(가) 금의 형제 관계 요구**(1117): 여진의 **아구다**(아골타)가 **금을 건국**하고 거란을 멸망시킨 후, 고려에게 **형제 관계**를 요구하였다.
- **(다) 묘청의 서경 천도 운동**(1135): **이자겸의 난** 이후, 고려 인종은 왕권을 회복시키고자 정치 개혁을 추진하였다. 이 과정에서 **묘청, 정지상**을 중심으로 한 서경 세력과 김부식을 중심으로 한 **개경 세력** 간의 대립이 발생하였다. 서경 세력은 **서경 천도**와 **칭제 건원, 금 정벌**을 주장하였으나 받아들여지지 않자 서경에서 **반란**을 일으켰고 김부식의 관군에 의해 진압되었다.

한 번 더 체크하러 가기 ▶ 미니북 23쪽

14 한국의 천문 관련 사례   정답 ④

정답 분석

정답이 보이는 핵심 키워드
#조선 시대 대표적인 천문도 #『천상열차분야지도』

길잡이 | 한국의 역사에서 천문에 관한 사례를 학습합니다.

『**천상열차분야지도**』는 조선 **태조**의 명으로 **권근**을 비롯한 천문학자들이 **하늘의 별자리**를 석판에 기록한 **천문도**이다. 천문도 원의 중앙에 위치한 북극을 중심으로 별들이 점으로 표시되어 있으며, 각 별자리의 이름 또한 새겨져 있다.
④ 조선 선조 때 이장손이 발명한 비격진천뢰는 전쟁 시 사람과 말 등을 죽이거나 치명적인 상처를 입히기 위해 만들어진 폭탄으로, 임진왜란 때 실제로 사용되었다.

선택지 풀이

① 고구려 무용총에 별자리를 그린 벽화가 있어.
무용총은 고구려의 대표적인 굴식 돌방무덤이며, 무덤의 천장에 그려진 별자리 벽화를 통해 고구려에도 매우 정확한 천체 관측이 이루어졌음을 알 수 있다.

② 삼국사기에 일식, 월식에 관한 많은 관측 기록이 있어.
『삼국사기』에 의하면 삼국 시대에도 일식, 월식을 관측했다는 기록이 남아 있다.

③ 충선왕은 서운관에서 천체 운행을 관측하도록 했어.
충선왕은 사천감에 태사국을 합친 서운관에서 천문역법에 관한 일을 관장하게 하고 천체 운행을 관측하도록 하였다.

⑤ 홍대용이 의산문답을 통해 지전설과 무한 우주론을 주장했어.
홍대용은 『의산문답』을 통해 지전설과 무한 우주론을 주장하며 중국 중심의 성리학적 세계관을 비판하였다.

15 삼별초   정답 ④

정답 분석

정답이 보이는 핵심 키워드
#태안 마도 3호선 #죽찰 #우별초 #최씨 무신 정권

길잡이 | 고려 최씨 무신 정권의 군사 기반이었던 삼별초를 살펴봅니다.

충남 태안 해역에서 **고려 시대**에 난파되었던 선박인 **마도 3호선**이 발굴되어 다량의 목간과 죽찰, 곡물과 젓갈류 등이 발견되었다. 특히, 목간에 「우삼번별초도령시랑」, 「중방우번상」, 「우삼번별초본소상」 등의 묵서가 적혀 있어 무신 정권 시기에 조직된 **삼별초**와 **중방**의 운영 실태를 파악할 수 있는 증거가 되었다.
④ 고려 무신 정권 시기에 임시 수도 강화도에 있던 고려 조정이 개경으로 환도하면서 몽골과의 강화가 성립되자, 이에 반발한 삼별초가 진도로 근거지를 옮겨 용장성을 쌓고 몽골에 항전하였다.

한 번 더 체크하러 가기 ▶ 미니북 23쪽

선택지 풀이

① 후금의 침입에 대비하고자 창설되었다.
조선 인조 때 후금과의 관계가 악화되자 국방력 강화를 위해 어영청을 창설하여 국왕을 호위하게 하였다.

② 원의 요청으로 일본 원정에 참여하였다.
원 간섭기인 충렬왕 때 김방경은 원의 요청으로 일본 원정에 동원되어 도원수로서 고려군 8천여 명을 이끌고 참전하였다. 초기에는 대마도에서 전과를 올렸으나 일본의 강한 저항과 태풍 등 자연재해로 인해 결국 실패하였다.

③ 신기군, 신보군, 항마군으로 편성되었다.
고려 숙종 때 부족을 통일한 여진이 고려의 국경을 자주 침입하자 윤

관이 왕에게 건의하여 신기군, 신보군, 항마군으로 구성된 별무반을 조직하였다.

⑤ 응양군과 용호군으로 구성된 친위 부대였다.
고려 현종은 응양군과 용호군의 2군을 구성하여 국왕 친위 부대로 배치하였다.

16 고려 원 간섭기의 사회 모습 정답 ③

정답 분석

정답이 보이는 핵심 키워드
#응방 #몽골어 #충렬왕 #기철

길잡이 | 친원파가 득세하였던 고려 원 간섭기의 사회 모습을 파악합니다.

고려 원 간섭기에는 몽골어 구사, 매 사육 등 원에게 실용성 있는 능력을 가진 이들이 **부원파**가 되어 세력을 키웠다. 또한, 이 시기에 고려의 여인들은 **공녀**로 차출되어 원으로 보내졌는데 그중 **기황후**는 원 순제의 황후가 되어 원과 고려에 영향력을 끼쳤다. 기황후의 오빠인 **기철**은 부원파가 되어 백성들의 토지를 점탈하는 등 횡포를 부려 숙청되기도 하였다.

③ 고려 원 간섭기 때 지배층을 중심으로 몽골의 풍습인 **변발**과 **호복** 등이 유행하였다.

한 번 더 체크하러 가기 ▶ 미니북 23쪽

선택지 풀이

① 왕조 교체를 예언하는 정감록이 유포되었습니다.
조선 후기에 사회가 변화하면서 유교적 명분론이 설득력을 잃어가자 비기, 도참 등을 이용한 예언 사상이 유행하였다. 말세 도래, 왕조 교체, 변란 예고 등 근거 없는 낭설로 민심이 혼란스러웠으며 『정감록』은 이때 널리 유행한 비기였다.

② 대각국사 의천이 해동 천태종을 개창하였습니다.
고려의 승려 의천은 교종과 선종의 불교 통합 운동을 전개하였으며, 국청사를 창건하고 해동 천태종을 개창하였다.

④ 가혹한 수탈에 저항하여 망이·망소이가 봉기하였습니다.
고려 무신 정권 시기에 공주 명학소에서 망이·망소이가 과도한 부역과 소 주민에 대한 차별 대우에 항의하여 농민 반란을 일으켰다.

⑤ 상민층이 납속과 공명첩을 활용하여 신분 상승을 꾀하였습니다.
조선 후기 신분의 변동이 활발하게 일어나면서 재력이 있는 상민은 납속책과 공명책을 활용하여 신분을 상승시켜 군역의 부담에서 벗어나고자 하였다. 이에 따라 시간이 흐를수록 상민의 수가 줄어들고 양반의 수가 크게 늘어났다.

17 『직지심체요절』 정답 ②

정답 분석

정답이 보이는 핵심 키워드
#프랑스 국립 도서관 #'인쇄하다! 구텐베르크의 유럽' #승려 백운이 편찬한 불서 #청주 흥덕사에서 인쇄

길잡이 | 현존하는 세계 최고(最古) 금속 활자본인 『직지심체요절』에 대해 학습합니다.

② 『직지심체요절』은 고려 우왕 때 청주 흥덕사에서 금속 활자로 인쇄된 금속 활자본이다. 이는 구한말 프랑스 공사로 왔던 콜랭 드 플랑시가 수집한 후 귀국하면서 프랑스로 유출되었다. 이후 1967년 프랑스 국립 도서관 연구원에서 일하던 박병선이 『직지심체요절』을 발견하였고, 정확한 인쇄 장소와 연대가 기록되어 있어서 독일의 구텐베르크 성서보다 78년이나 앞서 만들어진 세계 최고(最古)의 금속 활자본임을 공인받았다.

한 번 더 체크하러 가기 ▶ 미니북 8, 24, 53쪽

선택지 풀이

① 신미양요 때 미군이 탈취하였다.
제너럴셔먼호 사건을 구실로 미국의 로저스 제독이 함대를 이끌고 강화도를 공격하여 신미양요가 발생하였다. 미군은 강화도 덕진진을 점거한 후 광성보로 진격하였고, 이에 어재연이 맞서 싸우다가 전사하며 조선군이 패배하였다. 승리한 미군은 어재연의 수자기를 전리품으로 탈취하였다.

③ 거란의 침입을 물리치기 위해 제작하였다.
고려 현종 때 거란의 침입을 불력으로 물리치고자 우리나라 최초의 대장경인 초조대장경을 제작하기 시작하였다.

④ 장영실, 이천 등이 제작한 활자로 인쇄하였다.
조선 초기 금속 활자인 계미자와 경자자의 미흡한 점을 보완하기 위해 세종은 장영실, 이천 등 기술자에게 새로운 활자 제작을 명하였다. 이에 갑인자가 주조되어 조선의 인쇄 기술이 한층 더 발달하였다.

⑤ 불국사 삼층 석탑을 보수하는 과정에서 발견되었다.
경주 불국사 삼층 석탑의 보수 과정에서 세계 최고(最古)의 목판 인쇄물인 무구정광대다라니경이 발견되었다.

18 정도전 정답 ④

정답 분석

정답이 보이는 핵심 키워드
#『불씨잡변』 #불교를 비판 #도성의 축조 계획을 세움 #경복궁 #이방원에게 죽임을 당함

길잡이 | 조선 왕조의 개국공신인 정도전을 파악합니다.

정답 및 해설 189

고려 말 급진 개혁파를 이끌었던 **정도전**은 **신흥 무인 세력**인 **이성계**와 **연합**하여 **조선 건국**을 **주도**하였다. 정도전은 조선 건국 이후 **한양**으로 도읍을 옮긴 후 도성을 쌓고 왕조의 기틀을 마련하는 데 공헌하였다. 또한, 『**불씨잡변**』을 통해 유학의 입장에서 불교의 진리를 논파하며 **불교의 배척**을 주장하였다. 이후 **정도전**은 세자 책봉 문제로 발생한 **제1차 왕자의 난** 때 **이방원**에 의해 죽임을 당하였다.
④ 정도전은 조선의 유교적 이념을 성문화하여 통치 제도를 정비하기 위해 『**조선경국전**』을 저술하였다.

한 번 더 체크하러 가기 ▶ 미니북 14쪽

선택지 풀이

① 최초의 서원인 백운동 서원을 건립하였다.
중종 때 풍기 군수 주세붕은 성리학을 전래한 고려 말의 학자 안향을 기리기 위해 최초의 서원인 백운동 서원을 건립하였다. 백운동 서원은 이황의 건의로 소수 서원이라는 명종의 사액을 받아 최초의 사액 서원이 되었다.

② 일본에 다녀와서 해동제국기를 편찬하였다.
신숙주는 세종 때 통신사로 일본에 다녀온 후 성종 때 일본의 지리와 국정, 외교 관계 등을 기록한 『해동제국기』를 편찬하였다.

③ 성학십도를 지어 군주의 도를 도식으로 설명하였다.
조선 중기의 성리학자 퇴계 이황은 조선의 성리학이 발전하는 데 크게 기여하였으며, 군주의 도를 도식으로 설명한 『성학십도』를 저술하였다.

⑤ 경세유표를 집필하여 국가 제도의 개혁 방향을 제시하였다.
정약용은 신유박해로 인해 강진에서 유배 생활을 하던 중 중앙 행정 개혁에 대한 내용을 다룬 『경세유표』를 저술하였다.

19 조선 세조   정답 ②

정답 분석

정답이 보이는 핵심 키워드
#이시애 #호패법 재실시 #함길도에서 반란을 일으킴

길잡이 | 이시애의 난을 진압하였던 조선 세조가 펼친 정책을 살펴봅니다.

함길도 지역은 태조 이성계의 고향으로, 조선 왕조의 발상지였다. 북방의 여진족과 대치하는 지역으로 함길도민은 인적, 물적으로 희생당하였고, 이에 조선은 함길도를 우대하고 효율적으로 통치하고자 본토 출신 호족을 지방관으로 임명하여 다스리게 하였다. 이후 **계유정난**으로 왕위에 오른 **세조**는 왕권을 강화하기 위해 **중앙 집권 정책**을 펼쳐 **호패법**을 재시행하고 **보법**을 시행하여 정확한 호를 기준으로 세금과 군역을 부과하도록 하였다. 이는 지방 토호 세력이 자기의 수하들을 모두 자신의 호로 편입하는 함길도 지역 특성상 부담이 되었다. 또한, 함길도에 본토 출신 수령을 줄이고 중앙에서 남쪽 출신의 수령을 파견하자 함길도민들의 불안이 극대화되었다. 이에 함길도 호족 출신 **이시애**는 함길도민을 규합하여 함길도 길주에서 반란을 일으켰다(이시애의 난, 1467).

② 세조는 과전의 세습화가 초래하였던 토지 부족 등의 폐단을 바로잡기 위해 과전법을 혁파하고 현직 관리에게만 수조권을 지급하는 **직전법**을 실시하였다.

한 번 더 체크하러 가기 ▶ 미니북 9, 43쪽

선택지 풀이

① 주자소를 설치하여 계미자를 주조하였다.
태종 때 왕명으로 주자소를 설치하여 금속 활자인 계미자를 주조하였다.

③ 조선의 기본 법전인 경국대전을 완성하였다.
세조 때 편찬되기 시작한 『경국대전』은 조선의 기본 법전으로, 성종 때 완성되어 반포되었다.

④ 기유약조를 체결하여 일본과의 무역을 재개하였다.
광해군 때 대마도주와 기유약조를 체결하여 임진왜란으로 끊겼던 일본과의 국교가 재개되었고 부산에 왜관이 설치되었다.

⑤ 폐비 윤씨 사사 사건을 빌미로 갑자사화를 일으켰다.
연산군이 생모인 폐비 윤씨 사건의 전말을 알게 되면서 갑자사화가 발생하였다. 이로 인해 김굉필 등 당시 폐비 윤씨 사건에 관련된 인물들과 무오사화 때 피해를 면하였던 사람들까지 큰 화를 입었다.

20 임진왜란   정답 ③

정답 분석

정답이 보이는 핵심 키워드
#조총 기술 #평양성, 울산성 등의 전투

길잡이 | 임진왜란 중 귀화한 김충선과 천만리를 통해 관련 전투를 학습합니다.

조선 선조 때 **왜군**의 **침입**으로 **임진왜란**이 발발하였고 7년 간 전쟁이 치러졌다(1592~1598). 혼란스러운 일본을 통일한 **도요토미 히데요시**가 **정명가도**(명나라를 정벌하기 위해 길을 빌리다)를 명분으로 조선을 침략하였고, 조선 건국 이후 약 200여 년 간 평화를 누리던 조선은 전쟁에 대비하지 못하여 큰 피해를 입게 되었다. 임진왜란 중 일본군 김충선(사야가)과 명의 장수 천만리는 조선으로 귀화하여 조선의 군사로서 활약하였다. 김충선은 조총·화포·화약의 제조법을 조선에 보급하였고, 운봉 전투에서 전공을 세웠다. 또한, 천만리는 이여송의 휘하로 평양성·울산성 전투에서 활약하였으며, 선조는 천만리의 공을 높게 사 화산군으로 봉하였다.

③ 이순신은 임진왜란 당시 13척의 배로 울돌목(명량)의 좁은 수로를 활용하여 왜군 133척의 배에 맞서 싸워 큰 승리를 거두었다(**명량 해전**, 1597).

한 번 더 체크하러 가기 ▶ 미니북 32쪽

선택지 풀이

① 나선 정벌의 전적지를 검색한다.
　효종 때 러시아가 만주 지역까지 침략해오자 청은 조선에 원병을 요청하였다. 이에 조선은 두 차례에 걸쳐 영고탑과 흑룡강 방면에 나선 정벌을 위한 조총 부대를 출병시켰다.

② 북학론이 끼친 영향을 파악한다.
　정묘호란과 병자호란 직후에는 북벌론을 중심으로 청에 대한 부정적 인식이 팽배하였다. 18세기 이후 청의 선진 문화를 받아들여야 한다는 북학론이 대두하면서 조선 후기 상업의 발전에 영향을 주었다.

④ 삼정이정청의 활동 내용을 찾아본다.
　임술 농민 봉기를 수습하기 위해 안핵사로 파견된 박규수는 민란의 원인이 삼정의 문란에 있다고 보고 이를 시정하기 위한 관서인 삼정이정청을 설치하였으나 근본적인 문제를 해결하지는 못하였다.

⑤ 4군과 6진을 개척한 과정을 알아본다.
　세종 때 여진을 몰아낸 뒤 최윤덕이 압록강 상류 지역에 4군을 설치하고, 김종서가 두만강 하류 지역에 6진을 설치하였다.

21 조식　　　정답 ①

정답 분석

정답이 보이는 핵심 키워드
#남명 #조선 중기 경상우도의 대표적인 성리학자 #경(敬)과 의(義) #학문의 실천성

길잡이 | 조선 시대 대표적인 북인인 조식에 대해 알아봅니다.

남명 조식은 조선 중기를 대표하는 문신이자 유학자이다. 벼슬길에 나가는 것을 과감히 포기하고 출세를 위한 학문이 아닌 유학 본연의 공부를 하는 데에 전념하였다. 조식은 '**경(敬)**'과 '**의(義)**'를 중요시 하여 제자들에게 '경(敬)으로 마음을 닦고 의(義)로써 실천하라'는 가르침을 주었다.
① **곽재우**와 **정인홍**은 조선 중기 북인 **조식의 제자**이며 **임진왜란** 때 활약한 **의병장**이다.

선택지 풀이

② 기기도설을 참고하여 거중기를 설계하였다.
　정조 때 정약용이 『기기도설』을 참고하여 제작한 거중기는 수원 화성을 축조할 때 사용되면서 공사 기간과 공사비를 줄이는 데 큰 역할을 하였다.

③ 위훈 삭제를 주장하여 훈구 세력의 반발을 샀다.
　중종은 반정으로 왕위에 오른 후 훈구파를 견제하고 연산군의 폐정을 개혁하기 위해 사림파를 중용하였다. 이때 등용된 조광조는 반정 공신들의 위훈 삭제를 주장하였으나 훈구파들의 반발로 기묘사화가 발생하면서 많은 사림파들이 정계에서 축출되었다.

④ 북학의를 저술하여 수레와 배의 이용을 권장하였다.
　조선 후기의 실학자 박제가는 『북학의』를 저술하여 수레와 배의 이용을 권장하고 상품 유통을 강조하였다.

⑤ 양명학을 체계적으로 연구하여 강화 학파를 형성하였다.
　조선 후기 정제두는 지행합일을 중요시하는 양명학을 체계적으로 연구하였고, 강화도에서 후진 양성에 힘을 기울여 강화 학파를 형성하였다.

22 조선 세종　　　정답 ②

정답 분석

정답이 보이는 핵심 키워드
#공법 #전국적인 찬반 조사 #토지의 비옥도와 풍흉에 따라 조세를 차등 징수

길잡이 | 공법 실시 등 백성을 위한 정책을 실시하였던 조선 세종에 대해 파악합니다.

조선 초기에는 수취 제도로서 답험손실법을 실시하여 해당 연도의 작황에 따라 생산량의 1/10을 세금으로 징수하였으나 농민에 대한 수탈이 과중해지자 **조선 세종** 때 **공법**을 **실시**하였다. 공법의 제정과 실시에 앞서 세종은 전국적으로 **여론조사**를 시행하여 공법 시행에 대한 백성들의 찬반을 물었다. 백성들의 과반수 찬성으로 공법 시행이 결정되었고 여러 차례의 수정과 보완을 거쳐 공법이 제정되었다. 세종은 내용의 공법의 실시를 위해 **전제상정소**를 설치하여 토지의 등급을 매기도록 하였고 그 결과, 토지의 비옥도와 풍흉에 따라 조세를 차등 징수하는 내용의 공법인 **전분 6등법**과 **연분 9등법**이 제정되었다.
② 세종은 **정초, 변효문** 등을 시켜 우리 풍토에 맞는 농서인 『**농사직설**』을 간행하였다.

한 번 더 체크하러 가기 ▶ 미니북 9, 43쪽

선택지 풀이

① 세계 지도인 혼일강리역대국도지도가 제작되었다.
　태종 때 김사형, 이무, 이회 등이 우리나라 최초의 세계 지도이자 현존하는 최고(最古)의 지도인 혼일강리역대국도지도를 제작하였다.

③ 유능한 인재를 양성하기 위해 초계문신제가 시행되었다.
　정조는 인재 양성을 위하여 새롭게 관직에 오르거나 기존 관리들 중 능력 있는 문신들을 규장각에서 재교육시키는 초계문신제를 실시하였다.

④ 우리나라와 중국의 의서를 망라한 동의보감이 완성되었다.
　선조의 명을 받아 허준이 집필하기 시작한 『동의보감』은 각종 의학 지식과 치료법에 관한 의서로 광해군 때 완성되었다.

⑤ 전국의 지리, 풍속 등이 수록된 동국여지승람이 편찬되었다.
　성종 때 노사신, 양성지, 강희맹 등이 각 도의 지리, 풍속, 인물 등이 기록된 관찬 지리지인 『동국여지승람』을 편찬하였다.

23 조선 후기 사회 상황   정답 ①

정답 분석

정답이 보이는 핵심 키워드
#송파장 #산대놀이 #상평통보 #쌀, 고추, 담배

길잡이 | 서민 문화와 상품 화폐 경제가 발달하였던 조선 후기 사회 상황을 학습합니다.

송파장은 전국의 온갖 산물이 모이는 중심지로 일찍부터 상설 점포가 형성된 **조선 시대 15대 장터** 중 하나였으며, 주변에는 **여각·객주·술집·대장간** 등 각종 수공업 점포가 발달하였다. 조선 후기 상공업이 발달함에 따라 금속 화폐인 **상평통보**가 전국적으로 유통되었으며, 상품 화폐가 발달하면서 농민들이 **목화, 담배, 인삼, 고추** 등 **상품 작물**을 활발하게 재배하였다.
① 고려 시대의 국제 무역항으로 번성하였던 벽란도는 예성강 하구에 위치하였고, 이곳을 통해 송·아라비아 상인들과 교역을 전개하였다.

한 번 더 체크하러 가기 ▶ 미니북 24쪽

선택지 풀이

② 호랑이를 소재로 민화를 그리는 화가
   조선 후기 상업의 발달로 전국 각지에서 장시가 활성화되었으며, 서민 문화가 발달하여 판소리, 민화, 탈춤이 유행하였다.

③ 광산 노동자에게 품삯을 나눠주는 덕대
   조선 후기에 광산 개발이 활성화되면서 물주로부터 자금을 지원받아 전문적으로 광산을 경영하는 덕대가 등장하였다.

④ 여러 장시를 돌며 물품을 판매하는 보부상
   조선 후기 상업의 발달로 전국 각지에서 장시가 활성화되면서 보부상들은 장날에 따라 이동하며 각 장시들을 연계한 하나의 유통망을 형성하였다.

⑤ 저잣거리에서 영웅 소설을 읽어주는 전기수
   조선 후기 소설의 대중화에 따라 직업적으로 소설을 낭독하는 이야기꾼인 전기수가 등장하였다.

24 조선 영조   정답 ⑤

정답 분석

정답이 보이는 핵심 키워드
#연잉군 #탕평 교서 #탕평비 #준천사 #신문고

길잡이 | 조선 후기를 대표하는 영조의 정책을 탐구합니다.

조선 영조는 잦은 홍수에 대비하기 위해 도성 안에 하수도인 **개천**(현재 청계천)을 **준설**하였고, 백악, 인왕, 목멱, 낙산의 나무를 보호하기 위해 **준천사**라는 관청을 설치하였다. 또한, 당파에 상관없이 능력에 따라 인재를 등용하기 위해 **탕평책**을 실시하였으며, **신문고**를 부활시켜 백성들이 억울함을 알릴 수 있도록 하였다. 또한, 『속오례의』, 『속대전』, 『동국문헌비고』 등을 편찬하여 문물제도를 정비하였다.
⑤ 조선 후기 **군역**으로 인한 농민들의 부담이 가중되자 영조는 **균역법**을 제정하였고, 이에 따라 농민들은 **1년에 2필**이었던 **군포**를 **1필**만 부담하게 되었다.

한 번 더 체크하러 가기 ▶ 미니북 10, 43쪽

선택지 풀이

① 통치 체제를 정비하기 위해 대전회통을 편찬하였다.
   흥선 대원군은 정조 때 편찬된 『대전통편』을 보완하고 각종 조례를 정리한 법전인 『대전회통』을 편찬하여 통치 체제를 정비하였다.

② 왕권 강화를 위해 친위 부대인 장용영을 설치하였다.
   정조는 왕권을 뒷받침하는 군사적 기반을 갖추기 위해 친위 부대인 장용영을 설치하고 서울 도성에는 내영, 수원 화성에는 외영을 두었다.

③ 각 궁방과 중앙 관서의 공노비 6만여 명을 해방하였다.
   순조 때 법적으로 각 궁방과 중앙 관서의 공노비 6만여 명을 해방시켜 양민으로 삼았다.

④ 어영청을 중심으로 국방력을 강화하고 북벌을 추진하였다.
   인조 때 후금과의 관계가 악화되자 국방력 강화를 위해 어영청을 창설하여 국왕을 호위하게 하였다. 이후 효종은 어영청을 중심으로 북벌을 추진하였다.

25 승정원   정답 ④

정답 분석

정답이 보이는 핵심 키워드
#승경도 #조선 시대 관직 #은대법 #도승지

길잡이 | 조선 시대 비서 기관 승정원을 학습합니다.

'**승경도**' 놀이는 조선 시대 관직의 이름을 도표로 적은 놀이판인 승경도를 가지고 놀던 놀이이다. 승경도의 여러 규칙 중 **은대법**은 은대(승정원)의 정3품 관직인 **도승지** 자리에 있는 사람이 규정된 수를 얻으면 당하관 자리에 있는 사람들의 윷의 결괏값을 이용할 수 있는 규칙이다.
④ 정종 때 창설된 **승정원**은 **왕명의 출납**을 담당하고 모든 기밀을 취급하던 **국왕의 비서 기관**으로, 은대(銀臺), 후원(喉院), 정원(政院), 대언사(代言司) 등으로 불리기도 하였다.

한 번 더 체크하러 가기 ▶ 미니북 35쪽

선택지 풀이

① 수도의 행정과 치안을 맡아보았다.
  한성부는 수도 한양의 치안과 행정을 담당하였다.

② 재상들이 합의하여 국정을 총괄하였다.
  의정부는 국정을 총괄하는 최고 관부로서 재상(3정승)들의 합의를 통해 정책을 결정·심의하였다.

③ 반역죄, 강상죄를 범한 중죄인을 다스렸다.
  의금부는 조선 시대 국왕 직속 사법 기구로 반역죄, 강상죄 등을 저지른 중죄인을 다루었다.

⑤ 외적의 침입에 대비하기 위한 임시 기구로 설치되었다.
  중종 때 외적의 침입에 대비하기 위한 임시 기구로 비변사가 설치되었고, 명종 때 을묘왜변을 계기로 상설 기구화되었다.

암기의 key — 조선의 중앙 통치 조직

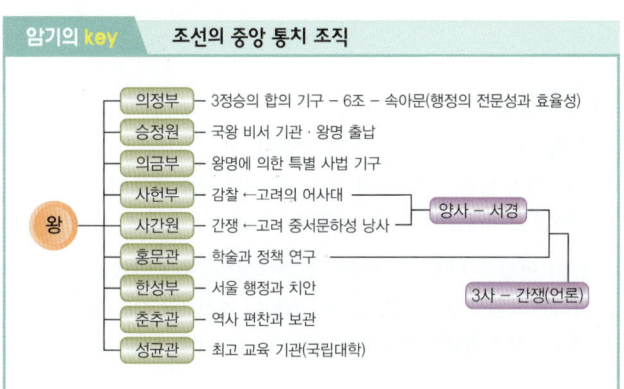

암기의 key — 예송 논쟁

구분	기해예송	갑인예송
시기	효종 사후	효종비 사후
내용	자의 대비의 복상 기간	
서인	1년설	9개월설
	· 효종은 적장자가 아니다 · 왕과 사대부에게 적용되는 예가 같다 → 신권 강조	
남인	3년설	1년설
	· 효종이 적장자가 될 수 있다 · 왕과 사대부에게 적용되는 예는 다르다 → 왕권 강조	
결과	서인 승리	남인 승리

26 1차 예송 논쟁 — 정답 ④

정답 분석

정답이 보이는 핵심 키워드
#송준길 #적처(嫡妻) 소생이라도 둘째부터는 서자 #3년 복 #허목 #적처 소생의 둘째를 세우는 것도 역시 장자

길잡이 | 조선 효종의 사망 이후 발생한 1차 예송 논쟁(기해예송)에 대해 알아봅니다.

(라) **1차 예송 논쟁**(기해예송, 1659): 1차 예송 논쟁은 인조반정(1623)과 경신환국(1680) 사이의 시기인 1659년 조선 현종 때 발생하였다. **효종의 국상** 당시 **자의 대비의 복상 문제**를 놓고 효종의 왕위 계승에 대한 정통성과 관련하여 **서인**과 **남인** 사이에 **1차 예송 논쟁**(기해예송)이 발생하였다. 송준길 등의 서인은 효종이 둘째 아들이므로 자의 대비의 복상 기간을 **1년**으로 해야 한다고 주장하였고, 허목 등의 남인은 효종을 장자로 대우하여 **3년** 복상을 주장하였으나 서인 세력이 승리하였다.
이외의 사건들인 계유정난은 1453년, 중종반정은 1506년, 을사사화는 1545년, 이인좌의 난은 1728년에 일어났다.

한 번 더 체크하러 가기 ▶ 미니북 10, 48쪽

27 종묘 — 정답 ②

정답 분석

정답이 보이는 핵심 키워드
#정전 #태조 이성계 #도읍을 한양으로 옮긴 후 지금의 위치에 건립 #사직과 더불어 왕조 국가를 표현하는 상징

길잡이 | 조선 시대 왕과 왕후의 신주를 보관하고 제사를 지냈던 사당인 종묘에 대해 학습합니다.

② **조선의 태조 이성계**는 **한양**을 새로운 도읍으로 설계하면서 **종묘**와 **사직**을 만들었다. 종묘는 역대 **조선 시대 왕과 왕후의 신주를 모신 사당**으로, 매해 계절마다 조상의 이름을 쓴 나무 조각(위패, 신주)을 모시고 제사를 지냈다. 또한, 왕비를 간택하거나 세자를 책봉하는 등 왕실의 중대한 일이 생겼을 경우에도 종묘를 찾아가 행운을 기원했다.

한 번 더 체크하러 가기 ▶ 미니북 53쪽

선택지 풀이

① 경내에 조선 총독부 청사가 세워졌다.
  한일 병합 조약이 체결된 이후 일본은 경복궁 안에 조선 총독부 청사를 건립하여 식민 통치를 펼쳤다.

③ 대성전과 명륜당을 중심으로 구성되어 있다.
  조선 시대의 관학 교육 기관인 향교와 성균관은 공자를 비롯한 옛 성현에 대한 제사를 지내는 대성전과 유학을 강의하는 명륜당, 기숙사인 동·서재 등으로 이루어져 있었다.

④ 일제 강점기에 창경원으로 격하되기도 하였다.
  일제 강점기 일본은 창경궁의 이름을 창경원으로 격하시켰다. 또한, 창경궁의 전각을 헐고 그 자리에 동물원과 식물원을 만들었다.

⑤ 토지와 곡식의 신에게 제사를 지내는 공간이다.
  사직은 땅의 신인 사(社)와 곡식의 신인 직(稷)에게 제사를 지내는 공간

28 조선 시대 역관   정답 ⑤

정답 분석

정답이 보이는 **핵심 키워드**
#역관 #통역 #연행사 #변승업

길잡이 | 최상층의 중인인 조선 시대 역관에 대해 알아봅니다.

조선 시대 역관은 중인들 중에서도 최상위층으로, 통역 등 역학에 관한 일을 담당하였던 관리이다. 그들은 **사역원**에서 근무하면서 한어(韓語), 왜어(倭語), 여진어 등을 가르쳐 외국과의 교류에 필요한 **역관**을 양성하고 관리하였으며, **통역 실무** 또한 담당하였다. **조선 후기**에는 청의 수도인 연경으로 가는 사신단인 **연행사**에 참여하여 통역, 무역, 정보 수집, 궁중 물품 구매 등의 업무를 수행하였다. 역관은 관직 승진에 제한이 있었지만 중국, 일본 등에 사행을 갔을 때 개인적으로 무역을 할 수 있었기 때문에 상당한 부를 축적할 수 있었다. 특히, 왜학 역관(일본어 역관)이었던 **변승업**은 청과 일본 사이의 중개 무역을 통해 이윤을 많이 남겨 박지원의 소설 「허생전」에 나오는 서울 최고 부자 변씨의 실제 모델이 되기도 하였다.
⑤ 역관은 사역원에서 **중국어 회화책**인 『노걸대언해』를 통해 행상인들의 교역에 관한 일상 회화를 교육받았다.

선택지 풀이

① 사간원에서 간쟁을 담당하였어.
    사간원의 관원은 사헌부와 함께 간쟁과 논박 등 언론의 역할을 담당하면서 왕권을 견제하였다.

② 매매, 상속, 증여의 대상이었어.
    조선 시대의 계층인 천민 중 노비는 재산으로 취급되어 매매·상속·증여의 대상이 되었다.

③ 수군, 봉수 등 천역에 종사하였어.
    조선 시대에 신분은 양인이지만 천한 직역에 종사하는 계층을 신량역천이라 불렀다. 이들은 과거에 응시하여 관료가 될 수 없었으며, 주로 봉수, 역졸의 업무를 담당하였다.

④ 수령을 보좌하면서 향촌 실무를 담당하였어.
    조선 시대의 향리는 수령의 행정 실무를 보좌하는 지방 말단직이었으며, 호장, 기관, 장교, 통인 등으로 분류되었다. 향리직은 세습되었으나 국가로부터 녹봉을 받지 못하였고, 문과에 응시할 수 없었다.

29 지역사 – 개성   정답 ④

정답 분석

정답이 보이는 **핵심 키워드**
#송악(松嶽) #개주(開州) #열린 성(城)의 도시

길잡이 | 고려의 수도였던 개성을 살펴봅니다.

고려 태조 왕건은 **송악** 남쪽을 도읍으로 정하여 고려를 건국하였다. 후삼국을 통일한 이후에는 송악을 중심으로 **개성군** 등 5개 지역을 묶어 개주라고 칭하였으며, 광종 때는 **개경**으로 개칭하였다. 이후 성종은 송악군과 개성군을 통합하여 **개성부**를 만들었다.
④ 일제 강점기 때 평양 평원 고무 공장의 노동자 강주룡은 을밀대 지붕에서 고공 농성을 벌이며 일제의 노동 착취를 규탄하고 노동 조건 개선을 주장하였다.

선택지 풀이

① 고려 태조 왕건이 도읍으로 삼았다.
    고려 태조 왕건은 철원에서 왕으로 즉위한 다음 조상 대대로 살아온 지역인 송악(개성)을 고려의 도읍으로 삼았다.

② 원의 영향을 받은 경천사지 십층 석탑이 축조되었다.
    개성에 세워진 원 간섭기 고려의 석탑인 경천사지 십층 석탑은 원의 석탑 양식에 영향을 받아 축조되었으며, 현재 국립 중앙 박물관에 위치해 있다.

③ 조선 후기 송상이 근거지로 삼아 전국적으로 활동하였다.
    조선 후기 상업의 발달로 등장한 사상이 전국 각지에서 활발한 상업 활동을 전개하였다. 그중 개성의 송상과 의주의 만상은 대청 무역을 통해 부를 축적하였다.

⑤ 북위 38도선 분할 이후 남한에 속했다가 정전 협정으로 북한 지역이 되었다.
    광복 이후 북위 38도선을 기준으로 이남은 미군이, 이북은 소련군이 분할 통치하였다. 당시 개성은 남한에 속하였으나, 6·25 전쟁의 정전 협정에서 확정된 군사 분계선에 따라 북한에 속하게 되었다.

30 강화도 조약   정답 ③

정답 분석

정답이 보이는 **핵심 키워드**
#운요호 #일본 전권변리대신 구로다 기요타카 #조선 접견대관 신헌

길잡이 | 외국과 맺은 최초의 근대적 조약이자, 불평등 조약인 강화도 조약을 파악합니다.

일본 군함인 **운요호**가 **강화도** 초지진에 침입한 후 영종도에 상륙하여 조선인들을 죽이거나 약탈하는 등의 만행을 저질렀다(**운요호 사건**, 1875). 이후 일본 전권변리대신 **구로다 기요타카**는 조선 접견대관 **신헌**과의 회담에서 운요호 사건을 구실로 삼아 개항을 요구하였다. 그 결과 조선은 **일본의 개항 요구**를 받아들여 **강화도 조약**을 체결하였다.
③ 강화도 조약은 우리나라가 외국과 맺은 **최초의 근대적 조약**이자 **불평등 조약**으로, 일본이 조선의 해안을 자유로이 측량할 수 있는 **해안 측량권**을 허용하였다.

한 번 더 체크하러 가기 ▶ 미니북 11쪽

✅ 선택지 풀이

① 천주교 포교가 허용되었다.
조선과 프랑스가 조불 수호 통상 조약을 체결하면서 천주교 포교가 허용되었다.

② 갑신정변의 영향으로 체결되었다.
일본은 갑신정변 당시 사망한 일본인에 대한 배상과 일본 공사관 신축 부지 제공 및 신축비 지불을 요구하면서 조선과 한성 조약을 체결하였다. 또한, 청과 일본은 갑신정변 이후 톈진 조약을 체결하여 향후 조선에 군대를 파견할 때 상호 통보를 약속하고 한쪽이라도 조선에 군대를 파견하면 다른 쪽도 바로 군대를 파견할 수 있도록 규정하였다.

④ 통신사가 처음 파견되는 계기가 되었다.
조선 태종 때 일본에 파견되었던 조선 사절단을 통신사라 칭하였고, 세종 때 처음으로 통신사라는 명칭을 사용하여 일본과 교류하였다. 임진왜란 이후에는 일본과 국교가 잠시 중단되었으나, 기유약조를 통해 재개되면서 일본에 조선의 선진 문화를 전파하였다.

⑤ 외국 상인의 내지 통상권을 최초로 규정하였다.
임오군란 이후 조선과 청이 체결한 조청 상민 수륙 무역 장정에서 최초로 외국 상인의 내지 통상권을 규정하였다.

31 동학 농민 운동 정답 ①

✅ 정답 분석

정답이 보이는 핵심 키워드
#고부에서 민란 #이용태 #고부군 안핵사 #전봉준 #집강소 #통문 #일본이 경복궁을 침범 #마관(馬關, 시모노세키) 조약

길잡이 | 고부 농민 봉기, 일본의 경복궁 점령, 시모노세키 조약의 체결로 전개 과정이 이어지는 동학 농민 운동을 학습합니다.

(가) **고부 농민 봉기**(1894.1.10.): 전라도 고부 군수 조병갑의 횡포에 견디다 못한 농민들이 **동학교도 전봉준**을 중심으로 고부에서 봉기를 일으켜 고부 관아를 점령하였다. 이를 해결하기 위해 파견된 **안핵사 이용태** 역시 이들을 탄압하자 농민군은 **보국안민**, **제폭구민**을 기치로 내걸고 **백산**에서 봉기하여 **4대 강령**을 발표하였다(**1차 봉기**, 1894.3.).

(나) **일본의 경복궁 점령**(1894.6.21.): 조선 정부가 동학 농민 운동을 진압하기 위해 **청**에게 군대를 요청하자 **일본군**은 **톈진 조약**에 의거하여 청군과 함께 조선에 상륙하였다. **동학 농민군**과 **정부**가 **전주 화약**을 맺는 등 사건이 일단락되었음에도 일본군은 조선에 계속 주둔하였다. 이후 일본은 **경복궁을 점령**하여 친일적인 정부를 세우면서 조선의 내정에 간섭하였다.

(다) **시모노세키 조약 체결**(1895.3.23.): 일본이 경복궁을 점령한 후 풍도 앞바다에 있는 청군 함대를 습격하면서 **청일 전쟁**이 발발하였다(1894.6.23.). 청일 전쟁에서 승리한 일본은 청과 시모노세키 조약을 체결하여 **요동 반도**와 타이완을 장악하였다.

한 번 더 체크하러 가기 ▶ 미니북 11, 41쪽

32 두모포 수세 사건 정답 ②

✅ 정답 분석

정답이 보이는 핵심 키워드
#일본 상인이 조약 위반이라고 반발 #수세가 중단됨 #두모진해관

길잡이 | 우리나라 최초의 세관터인 부산 동래부 두모진에서 벌어진 두모포 수세 사건을 파악합니다.

(나) **두모포 수세 사건**(1878): 일본과 **강화도 조약**을 체결한 조선 정부는 관세권의 중요성을 인식하여 **부산 두모포**에 해관을 설치한 후 수출입 품목에 **관세를 부과**하였다. 그러나 일본이 조일 수호 조규의 무관세 규정에 따라 이를 철폐해야 한다며 **무력시위**를 벌였고, 조선 정부는 3개월 만에 관세를 철회하였다.
이외의 사건들인 척화비 건립은 1871년, 제1차 수신사 파견은 1876년, 영국의 거문도 점령은 1885~1887년, 함경도 방곡령 선포는 1889년, 청일 전쟁 발발은 1894년, 러일 전쟁 발발은 1904년이다.

33 보빙사 정답 ⑤

✅ 정답 분석

정답이 보이는 핵심 키워드
#미국 공사의 부임에 대한 답례 #미국에 체류하면서 시찰

길잡이 | 미국에 파견된 사절단인 보빙사를 학습합니다.

⑤ **조미 수호 통상 조약**이 체결된 후 조선 주재 **미국 공사 푸트**가 파견되자 조선 정부는 답례로 미국에 **보빙사**를 파견하였다. **민영익**, **홍영식**, **서광범**을 중심으로 한 보빙사는 서양 국가에 파견된 최초의 사절단으로 40여 일간 미국에 체류하면서 미국 대통령을 만나고 뉴욕의 전등 시설, 우체국, 보스턴 박람회 등 다양한 선진 문물을 시찰하였다.

한 번 더 체크하러 가기 ▶ 미니북 11쪽

선택지 풀이

① 에도 막부의 요청으로 파견되었다.
임진왜란 이후 일본 에도 막부는 꾸준히 조선에 국교 재개와 사절 파견을 요청하였다. 이에 조선은 1607년부터 1811년까지 12회에 걸쳐 일본에 통신사를 파견하면서 조선의 선진 문물을 전파하였다.

② 별기군(교련병대) 창설을 건의하였다.
고종은 국내외의 군국 기무를 총괄하는 업무를 맡은 관청인 통리기무아문을 설치하였다. 통리기무아문은 기존 5군영을 무위영과 장어영의 2영으로 개편하고, 신식 군대로서 별기군을 설치하였다.

③ 조선책략을 들여와 국내에 소개하였다.
1880년대에 김홍집은 청의 황준헌이 저술한 『조선책략』을 국내에 처음 소개하였다. 러시아의 남하 정책에 대비하기 위한 조선, 일본, 청국 등 동양 3국의 외교 정책 방향을 제시한 내용이 서술되어 있으며, 미국과 외교 관계를 맺어야 한다는 여론이 형성되는 계기가 되었다.

④ 기기국에서 무기 제조 기술을 습득하고 돌아왔다.
영선사는 청의 톈진 기기국에서 서양의 근대식 무기 제조 기술과 군사 훈련법을 시찰하고 돌아와 국내에 근대식 무기 제조 공장인 기기창을 설립하였다.

암기의 key | 개항 이후 사절단

구분	내용
수신사 (일본)	• 강화도 조약 체결 후 근대 문물 시찰(1차 수신사) • 김홍집이 『조선책략』 유입(2차 수신사)
조사 시찰단 (일본)	• 국내 위정척사파의 반대로 암행어사로 위장해 일본에 파견 • 근대 시설 시찰
영선사(청)	• 김윤식을 중심으로 청 톈진 일대에서 무기 공장 시찰 및 견습 • 임오군란과 풍토병으로 1년 만에 조기 귀국 • 근대식 무기 제조 공장 기기창 설립
보빙사(미국)	• 조미 수호 통상 조약 체결 • 미국 공사 부임에 답하여 민영익, 서광범, 홍영식 등 파견

34 1930년대 이후 민족 말살 통치   정답 ⑤

정답 분석

정답이 보이는 핵심 키워드
#중일 전쟁 발발 이후 실시 #일제의 식민 통치 정책

길잡이 | 1937년 중일 전쟁 이후 일제가 펼쳤던 민족 말살 통치 내용을 알아봅니다.

⑤ 1930년대 이후 일제는 대륙 침략을 위해 한반도를 **병참 기지화**하고 중일 전쟁과 태평양 전쟁을 일으켰으며, 조선에 **국가 총동원법**을 시행하여 인적·물적 자원을 수탈하였다. 이 시기 조선 총독부는 친일 단체인 국민 총력 조선 연맹을 조직하여 **황국 신민화 정책**을 선전하였으며, **애국반**을 통한 **공출**, **징병**·**징용** 등을 독려하였다. 또한, **황국 신민 서사 암송**과 **창씨개명**, **신사 참배** 등을 강요하며 우리 민족의 정체성을 말살하려 하였다.

한 번 더 체크하러 가기 ▶ 미니북 12쪽

선택지 풀이

① 치안 유지법의 제정 배경
1920년대 사회주의가 확산되자 일제는 치안 유지법을 시행하여 식민지 지배에 저항하는 민족 해방 운동과 사회주의 및 독립운동을 탄압하였다(1925).

② 조선 태형령의 적용 사례 분석
일제는 1910년대 무단 통치기에 조선 태형령을 실시하여 헌병 경찰들을 곳곳에 배치하고 조선인들에게 태형을 통한 형벌을 가하도록 하였다(1912).

③ 제1차 조선 교육령의 제정 목적
일제는 우리나라 국민들을 일본 제국 신민의 명령을 잘 따르는 실용적인 인간으로 개조시키기를 원하였다. 이에 따라 식민지 교육 방침을 규정한 제1차 조선 교육령을 발표하여 보통·실업·전문 기술 교육과 일본어 학습을 강요하고 보통 교육의 수업 연한을 4년으로 단축하였다(1911).

④ 경성 제국 대학의 설립 의도와 과정
일제는 조선 민립 대학 설립 운동을 저지하고 여론을 무마하기 위해 경성 제국 대학령을 공포하고 경성 제국 대학을 설립하였다(1924).

35 3·1 운동   정답 ③

정답 분석

정답이 보이는 핵심 키워드
#독립 선언 #고종의 장례식 #독립을 위한 행진과 시위

길잡이 | 일제 강점기 최대 민족 운동인 3·1 운동을 파악합니다.

미국 대통령 윌슨이 약소 민족의 독립을 지지하는 **민족 자결주의**를 주창하였다. 또한, 고종 황제가 젊은 나이에 사망하자 조선 내에서 독살설이 돌면서 민족적인 항일 의식이 고조되었다. 이에 **일본 도쿄**에서 유학생들이 조선 청년 독립단을 결성하고 **2·8 독립 선언서**를 발표하였으며, 천도교계, 기독교계, 불교계로 구성된 **민족 대표 33인**은 **고종의 인산일**을 계기로 전국적인 민족 운동을 일으키기로 계획하였다. 3월 1일 민족 대표 33인이 태화관에서 **독립 선언서**를 발표하고 **탑골 공원**에서 학생과 시민들이 **독립 선언식**을 거행하면서 전국적인 만세 운동이 전개되었다(**3·1 운동**, 1919).

③ 광주 학생 항일 운동은 한일 학생 간의 우발적 충돌 사건을 계기로 발생하였으나, 한국인 학생에 대한 차별과 식민지 교육에 저항하는 항일 운동으로 발전하였다(1929). 이는 3·1 운동 이후 가장 큰 규모의 항일 운동이었으며 신간회 중앙 본부가 진상 조사단을 파견하여 지원하기도 하였다.

한 번 더 체크하러 가기 ▶ 미니북 12, 26쪽

선택지 풀이

① 중국의 5·4 운동에 영향을 주었다.
3·1 운동은 고종의 인산일을 계기로 일어난 전국적인 민족 운동으로 중국의 5·4 운동에 영향을 주었다.

② 대한민국 임시 정부 수립의 계기가 되었다.
국내외 독립운동가들은 3·1 운동을 계기로 민족의 주체성을 확인하고 조직적인 독립운동을 전개하기 위해 중국 상하이에 모여 대한민국 임시 정부를 수립하였다.

④ 국외로도 확산되어 필라델피아에서 한인 자유 대회가 열렸다.
국내에서 전국적으로 3·1 만세 운동이 일어나자 국외에 거주하는 한국 민족들도 이에 호응하였다. 미국 필라델피아에서는 한국의 독립운동과 임시 정부 수립을 선전하기 위해 한인 자유 대회를 열었다.

⑤ 평화적 만세 운동에서 무력 투쟁 사례가 늘어나기 시작하였다.
3·1 운동은 계획 단계에서 3대 원칙 중 하나로 비폭력을 결정하였지만 면사무소, 헌병 주재소, 동양 척식 주식회사 등 식민 통치 기관과 친일 지주 등을 습격하는 등 무력적인 저항 운동으로 변모하였다.

암기의 key — 일제 강점기 식민 통치 정책 변화

구분 / 시기	통치 내용	경제 침탈
무단 통치 (1910년대)	• 조선 총독부 설치 • 헌병 경찰제 • 조선 태형령	• 토지 조사 사업 • 회사령 실시(허가제)
문화 통치 (1920년대)	• 3·1 운동 이후 통치 체제 변화 • 보통 경찰제 • 치안 유지법: 독립운동가 탄압	• 산미 증식 계획: 일본 본토로 식량 반출 • 회사령 폐지: 신고제 전환 → 일본 자본 유입
민족 말살 통치 (1930년대 이후)	• 황국 신민화 정책(황국 신민 서사 암송, 신사 참배·창씨개명 강요) • 조선어·역사 과목 폐지	• 일제의 대륙 침략을 위한 한반도 병참 기지화 정책 • 국가 총동원령: 조선에서 인적·물적 자원 수탈

36 신민회 정답 ⑤

정답 분석

정답이 보이는 핵심 키워드
#안창호 #양기탁 #비밀 결사 #태극 서관 #쇠퇴한 교육과 산업을 개량

길잡이 | 우리나라의 독립을 위해 애국 계몽 운동을 전개하였던 신민회의 활동을 살펴봅니다.

안창호와 **양기탁** 등이 결성한 **비밀 결사 단체 신민회**는 '대한신민회 통용장정'을 통해 활동 목적을 규정하였다. 이 장정에 따르면 신민회의 궁극적인 목적은 국권을 회복하여 공화 정체의 자유 독립국을 세우는 것이며, 이 목적을 달성하기 위해서는 **실력 양성**에 힘써야 한다고 강조하였다. 또한, 이러한 실력 양성은 **쇠퇴한 교육과 산업을 개량**함으로써 얻을 수 있다고 주장하였다. 이에 따라 신민회는 **평양**에 **대성 학교**, 정주에 **오산 학교**를 세워 민족 교육을 실시하였으며, 평양에 **태극 서관**을 설립하여 계몽 서적이나 유인물을 출판·보급하고 회원들이 연락하는 장소로서 기능하도록 하였다.

⑤ 조선 총독부가 데라우치 총독 암살 미수 사건을 조작하여 많은 민족 운동가들을 체포한 **105인 사건**으로 인해 신민회가 와해되었다.

한 번 더 체크하러 가기 ▶ 미니북 39쪽

선택지 풀이

① 복벽주의를 표방하였다.
임병찬이 고종의 밀명을 받아 조직한 독립 의군부는 조선 총독부에 국권 반환 요구서를 보내려고 시도하고, 복벽주의를 내세워 의병 전쟁을 준비하였다.

② 13도 창의군을 결성하였다.
한일 신협약(정미 7조약, 1907)으로 대한 제국 군대가 해산되자 이에 반발하여 정미의병이 전국적으로 전개되었고, 해산 군인들이 의병 활동에 가담하며 의병 부대가 조직화되었다. 이후 이인영을 총대장으로 한 13도 창의군이 결성되어 서울 진공 작전을 전개하였다.

③ 일제의 황무지 개간권 요구를 저지하였다.
보안회는 일본의 황무지 개간권 요구를 반대하는 운동을 전개하여 요구를 철회시키는 데 성공하였다.

④ 근대 교육을 위해 배재 학당을 설립하였다.
미국인 개신교 선교사 아펜젤러는 근대적 사립 학교로 배재 학당을 설립하여 근대 교육을 실시하였다.

37 광무개혁 정답 ⑤

정답 분석

정답이 보이는 핵심 키워드
#석조전 #고종 #황제권 강화를 표방 #강제로 퇴위당함

길잡이 | 구본신참의 원리에 따라 근대적인 국가로 변모하기 위해 시행하였던 광무개혁을 파악합니다.

고종은 **아관 파천** 이후 경운궁(덕수궁)으로 환궁하여 **대한 제국**을 수립하고 **환구단**에서 황제 즉위식을 거행하였다. 이후 르네상스 건축 양식을 기반으로 **석조전** 등의 서양식 건물을 세워 자주 국가로서의 모습을 표방하고자 하였다. 또한, '옛 법을 근본으로 삼고 새로운 것을 첨가한다'라는 의미의 구본신참을 기본 정신으로 황제권 강화를 표방하며 **광무개혁**을 실시하였다(1897).

ㄷ. 고종은 광무개혁에 따라 관립 상공 학교와 같은 실업 · 교육 기관 설립을 추진하여 **상공업 진흥**을 추진하였다.

ㄹ. 광무개혁을 통해 **양지아문**을 설치하여 **양전 사업**을 실시하고, **지계아문**을 통해 토지 소유 문서인 **지계**를 발급하여 근대적 토지 소유권을 확립하고자 하였다(1901).

한 번 더 체크하러 가기 ▶ 미니북 49쪽

선택지 풀이

ㄱ. 박문국을 설치하여 한성순보를 발행하였다.
개항 이후 개화 정책의 일환으로 출판 기관인 박문국이 설치되었고 이곳에서 최초의 근대적 신문인 한성순보를 발행하였다(1883).

ㄴ. 통리기무아문을 설치하여 개화 정책을 추진하였다.
고종은 국내외의 군국 기무와 개화 정책을 총괄하는 업무를 맡은 관청인 통리기무아문을 설치하였다(1880).

38 국민 대표 회의 정답 ①

정답 분석

정답이 보이는 핵심 키워드
#국민적 대회합 #광복 대업의 근본 방침을 수립

길잡이 | 대한민국 임시 정부의 재편을 통해 독립운동의 활로를 모색하고자 실시하였던 국민 대표 회의를 학습합니다.

① **대한민국 임시 정부**의 교통국과 연통제 조직이 일제의 방해와 탄압으로 어려움을 겪게 되자 독립운동 단체 대표들이 상하이에 모여 **국민 대표 회의**를 개최하였다. 임시 정부의 활동과 독립운동의 방법을 놓고 격론을 벌였으나 **창조파**와 **개조파**로 분열되면서 눈에 띄는 성과를 거두지는 못하였다.

한 번 더 체크하러 가기 ▶ 미니북 26쪽

선택지 풀이

② 대일 선전 성명서를 공포하였다.
일본군의 진주만 기습 공격으로 연합국과의 태평양 전쟁이 발발하자 대한민국 임시 정부는 김구 주석과 조소앙 외교부장 명의로 대일 선전 성명서를 발표하여 일본에 대한 선전 포고를 명문화하였다.

③ 삼균주의를 기초로 하는 건국 강령을 발표하였다.
대한민국 임시 정부는 충칭에서 조소앙의 삼균주의를 정치 이념으로 하여 독립운동의 방향과 독립 후의 건국 과정을 명시한 건국 강령을 발표하였다.

④ 파리 강화 회의에 김규식을 파견할 것을 결정하였다.
대한민국 임시 정부는 파리 강화 회의에 김규식을 파견하여 독립 청원서를 제출하는 등 외교 활동을 전개하였다.

⑤ 지청천을 사령관으로 하는 한국 광복군을 조직하였다.
대한민국 임시 정부는 직할 부대로서 충칭에 한국 광복군을 창설하였으며 지청천을 총사령, 이범석을 참모장으로 두었다.

39 산미 증식 계획 정답 ⑤

정답 분석

정답이 보이는 핵심 키워드
#수리 조합비 부담이 커졌음 #개량 종자 구입비 #소작농으로 전락 #만주에서 들여온 잡곡

길잡이 | 일본 내의 식량 부족 문제를 해결하고자 실시하였던 산미 증식 계획에 대해 알아봅니다.

⑤ 1920년대 일본에서 쌀값이 폭등하면서 식량 부족 문제가 발생하였다. 일본은 자국의 부족한 쌀 생산을 조선에서의 수탈을 통해 극복하고자 **산미 증식 계획**을 실시하였다. 산미 증식 계획은 토지 개간 사업과 농사 개량 사업으로 구분되어 시행되었으며, 관개 개선 사업과 품종 개량 등을 통해 경작지와 쌀 수확량을 증대하고자 하였다. 이 과정에서 중소지주와 자작농은 **과중한 수리 조합비**와 **비료 대금**을 요구받으면서 **소작농**으로 전락하기도 하였다. 또한, 전체적인 쌀 생산은 증가하였지만 일본으로의 반출이 늘어나 조선 내의 쌀 부족 문제가 심각하였고, 이를 해결하기 위해 **만주산 잡곡**을 수입하였다.

한 번 더 체크하러 가기 ▶ 미니북 12쪽

선택지 풀이

① 독립 협회 결성의 계기가 되었다.
아관 파천 이후 열강들의 이권 침탈이 심화되고 조선 내에서 친러 내각에 대한 반감이 고조되자 서재필은 남궁억, 이상재, 정교 등과 함께 독립 협회를 창립하였다(1896).

② 국채 보상 운동의 배경이 되었다.

③ 재정 고문 메가타의 주도로 시행되었다.
제1차 한일 협약을 통해 재정 고문으로 임명된 메가타는 대한 제국의

경제권을 장악하기 위해 탁지부를 중심으로 화폐 정리 사업을 시작하여 백동화를 갑·을·병종으로 구분하고 제일 은행권으로 교환하였다 (1905). 이 과정에서 대한 제국은 외국으로부터 막대한 차관을 도입하게 되었다. 서상돈, 김광제 등은 1,300만 원에 달하는 막대한 빚을 진 대한 제국의 주권을 회복하고자 대구에서 국채 보상 운동을 전개하였다 (1907).

④ 토지 조사 사업이 시행되는 배경이 되었다.
일제는 근대적 토지 소유 제도를 확립한다는 명분으로 토지 조사국을 설치하고 토지 조사령을 발표하면서 토지 조사 사업을 시행하였다(1912).

40 북로 군정서 정답 ④

✓ 정답 분석

정답이 보이는 핵심 키워드
#독립군 교본 #김좌진이 지휘 #청산리 전투

길잡이 | 김좌진을 사령관으로 하여 청산리 전투에서 일본군에게 대승을 거두었던 북로 군정서를 살펴봅니다.

최해는 최신식의 군사 기술을 가르쳐 독립군을 양성하는 **신흥 무관 학교**를 졸업한 후 **북로 군정서**의 교관과 여단장에 임명되었다. 신흥 무관 학교에서 군사 교육을 받은 경험을 살려 북로 군정서 훈련 교본을 저술하였으며, **청산리 전투**에 참여하여 일본군에게 큰 승리를 거두기도 하였다.

④ **북간도**에서 **서일** 등의 **대종교** 세력을 중심으로 결성된 **중광단**이 3·1 운동 직후 무장 독립운동을 수행하기 위해 정의단으로 확대·개편되면서 북로 군정서를 조직하였다.

한 번 더 체크하러 가기 ▶ 미니북 28, 40쪽

✓ 선택지 풀이

① 대전자령에서 일본군을 기습하였다.
지청천을 중심으로 북만주에서 결성된 한국 독립군은 중국 호로군과 연합하여 쌍성보 전투, 사도하자 전투, 대전자령 전투에서 일본군에 승리하였다.

② 영릉가에서 일본군에 승리를 거두었다.
남만주 지역 조선 혁명당 산하의 군사 조직인 조선 혁명군은 양세봉의 주도로 중국 의용군과 연합하여 영릉가 전투에서 일본군에 승리하였다.

③ 동북 항일 연군으로 개편되어 유격전을 전개하였다.
중국 공산당은 항일 세력의 규합과 노동자의 주도권 강화를 강조하면서 만주에서 활동하고 있는 조선인과 중국인의 유격대를 통합하여 동북 인민 혁명군을 편성하였다. 이후 동북 항일 연군으로 개편하여 유격 활동을 계속하였다.

⑤ 인도·미얀마 전선에 파견되어 영국군과 연합 작전을 펼쳤다.
한국 광복군은 충칭에서 대한민국 임시 정부의 직할 부대로 창설되었다. 이후 영국군의 요청으로 인도·미얀마 전선에 파견되었으며, 미군과 협조하여 국내 진공 작전을 추진하였다.

41 형평 운동 정답 ①

✓ 정답 분석

정답이 보이는 핵심 키워드
#백정 #신분제가 폐지되었음에도 끊임없이 차별받음 #저울처럼 평등한 세상 #평등한 대우

길잡이 | 사회적인 차별 대우에 대항하여 백정들이 일으킨 형평 운동을 학습합니다.

① 갑오개혁 이후 공사 노비법이 혁파되어 법적으로는 신분제가 폐지되었으나 일제 강점기 때 **백정**에 대한 **사회적 차별**은 더욱 심해졌다. 백정들은 이러한 차별을 철폐하기 위해 **진주**에서 **조선 형평사**를 결성하고 **형평 운동**을 전개하였다.

한 번 더 체크하러 가기 ▶ 미니북 27쪽

✓ 선택지 풀이

② 대한매일신보의 지원을 받아 확대되었다.
김광제, 서상돈 등은 대구에서 국채 보상 운동을 주도하여 일본에서 도입한 차관 1,300만 원을 갚아 주권을 회복하고자 하였다. 국채 보상 운동은 각종 계몽 단체와 대한매일신보 등 언론 기관의 지원을 받아 전국 각지로 확산되었으나 통감부의 방해와 탄압으로 중단되었다.

③ 평양에서 시작하여 전국적으로 확산되었다.
평양에서 조만식을 중심으로 조직된 조선 물산 장려회는 '조선 사람 조선 것'을 주장하며, 국산품을 장려하는 물산 장려 운동을 전개하였다.

④ 순종의 인산일을 기한 대규모 시위를 계획하였다.
1920년대 사회주의가 유입되기 시작하였고 사회주의자와 학생들이 함께 순종의 인산일에 맞추어 만세 운동을 계획하였다. 그러나 사회주의자들이 사전에 일본에 발각되면서 학생들을 중심으로 순종의 국장일인 1926년 6월 10일 서울 시내에서 만세 시위를 전개하였다.

⑤ 라이징 선 석유 회사의 한국인 구타 사건을 계기로 시작되었다.
영국인이 경영하는 라이징 선 석유 회사에서 일본인 감독이 한국인 노동자를 구타한 사건을 계기로 파업이 일어난 후 회사가 요구 조건을 이행하지 않자 원산 노동 연합회를 중심으로 원산 총파업에 들어갔다.

암기의 key	일제 강점기 사회적 민족 운동
민족 유일당 운동	• 민족주의 계열과 사회주의 계열이 합작하여 항일 민족 운동 추진 • 신간회: 비타협적 민족주의 계열과 사회주의 계열의 연합, 노동·농민·청년·여성·형평 운동 지원
농민 운동	• 1920년대: 농민의 생존권 투쟁 • 1930년대: 항일 민족 운동으로 변화, 식민지 지주제 철폐 주장
노동 운동	• 1920년대: 노동자들의 생존권 투쟁, 원산 노동자 총파업 • 1930년대: 항일 민족 운동으로 변화, 일본 자본가 타도 주장

형평 운동	• 백정에 대한 사회적 차별 철폐 주장 • 여러 사회 단체들과 연합하여 각종 파업과 소작 쟁의에 참가 • 조선 형평사: 경남 진주에서 조직
여성 운동	• 여성 지위 향상, 여성 계몽 운동 • 근우회: 신간회의 자매단체, 행동 강령 채택, 기관지 발행
소년 운동	• 천도교 소년회, 조선 소년 연합회 • 어린이날 제정
청년 운동	조선 청년 연합회, 서울 청년회, 조선 청년 총동맹 등

42 6·25 전쟁   정답 ④

정답 분석

정답이 보이는 핵심 키워드
#6·25 전쟁이 발발 #북한군에 점령당했던 서울을 되찾음

길잡이 ┃ 6·25 전쟁 중 서울을 수복하고 난 이후 발생하였던 상황을 파악합니다.

④ 1950년 북한의 남침으로 **6·25 전쟁**이 시작되어 서울이 점령당하였고, **이승만 정부**는 전쟁에 제대로 대응하지 못한 채 후퇴하다가 **부산을 임시 수도**로 정하였다. **유엔군 파병** 이후 국군은 낙동강을 사이에 두고 공산군과 치열한 공방전을 벌인 끝에 **인천 상륙 작전**의 성공으로 전세가 역전되어 **서울을 수복**하고 **압록강까지 진격**하였다. 1965년 박정희 정부 때는 6·25 전쟁 당시의 수도 탈환 15주년을 기념하여 우표를 발행하였다.

한 번 더 체크하러 가기 ▶ 미니북 34쪽

선택지 풀이

① 반공 포로가 석방되었어요.
   6·25 전쟁 당시 이승만 정부는 유엔군의 휴전 협상 진행에 반대하여 전국 8개 포로수용소(부산 거제리, 부산 가야리, 광주, 논산, 마산, 영천, 부평, 대구)의 반공 포로를 석방하였다(1953.6.).

② 한미 상호 방위 조약이 체결되었어요.
   이승만 정부는 6·25 전쟁 휴전 이후 한미 상호 방위 조약을 체결하여 미국과 군사적 동맹을 맺었다(1953.10.).

③ 흥남에서 대규모 철수가 이루어졌어요.
   국군과 유엔군은 인천 상륙 작전의 성공으로 전세가 역전되어 압록강까지 진격하였다. 그러나 중국군의 개입으로 전세가 불리해져 후퇴하는 과정에서 함경남도 흥남에 고립되었다. 이에 흥남 철수 작전을 전개하여 수많은 피란민을 구출하였다(1950.12.).

⑤ 비상계엄이 선포된 가운데 발췌 개헌안이 통과되었어요.
   6·25 전쟁 중 자유당은 이승만의 대통령 재선을 위해 부산 지역에 비상계엄을 선포하고 대통령 직선제와 내각 책임제를 포함한 개헌안을 국회에 제출하여 토론 없이 기립 표결로 통과시키는 발췌 개헌을 단행하였다(1952).

43 김대중 정부 시기 통일 정책   정답 ④

정답 분석

정답이 보이는 핵심 키워드
#최초의 남북 정상 회담 #노벨 평화상 #기초 생활 보장 제도 #대우 자동차 최종 부도 처리 #경의선 복원 사업 착공

길잡이 ┃ 최초로 남북 정상 회담을 성사시켰던 김대중 정부가 전개한 통일 정책을 알아봅니다.

④ **김대중 정부** 시기 극심한 양극화를 해소하고자 생활 유지 능력이 없거나 생활이 어려운 국민의 최저 생활을 국가가 보장하는 **국민 기초 생활 보장제도**를 시행하였다(1999). 또한, 인권법을 마련하고 국가 공권력과 사회적 차별 행위에 의한 인권 침해를 구제하기 위하여 **국가 인권 위원회**를 출범시켰다(2001). 대북 정책으로서는 **햇볕 정책**을 펼쳐 평양에서 **최초로 남북 정상 회담**을 개최하고 **6·15 남북 공동 선언**을 발표하였다(2000). 김대중 대통령은 이와 관련된 공로를 인정받아 2000년에 **노벨 평화상**을 수상하였다. 또한, 김영삼 정부 말 발생한 외환 위기 또한 기업 구조 조정, 노사정 위원회 설치 등을 통해 극복하여 IMF 구제 금융을 조기 상환하였다(2001).

한 번 더 체크하러 가기 ▶ 미니북 20쪽

선택지 풀이

① 남북 기본 합의서에 서명하였다.
② 남북한이 유엔에 동시 가입하였다.
   노태우 정부 때 적극적인 북방 외교 정책을 전개하여 남북한의 유엔 동시 가입이 이루어졌으며, 남북한 화해 및 불가침, 교류·협력 등에 관한 공동 합의서인 남북 기본 합의서를 교환하였다(1991).

③ 7·4 남북 공동 성명을 발표하였다.
   박정희 정부 때 서울과 평양에서 7·4 남북 공동 성명을 발표하고, 남북 조절 위원회를 설치하였다(1972).

⑤ 남북 이산가족 고향 방문을 최초로 실현하였다.
   전두환 정부 때 분단 이후 최초로 이산가족 고향 방문단 및 예술 공연단 등 총 151명이 서울과 평양을 동시에 방문하였다(1985).

44 4·19 혁명   정답 ②

✓ 정답 분석

정답이 보이는 핵심 키워드
#이승만 대통령의 장기 독재 #3·15 부정 선거에 항거

길잡이 ┃ 3·15 부정 선거를 바로잡고자 일어났던 4·19 혁명에 대해 학습합니다.

이승만 대통령의 **장기 집권**이 계속되고 자유당 정권이 **3·15 부정 선거**를 자행하자 이를 규탄하는 시위가 전국에서 발생하였다. 시위 과정에서 눈에 최루탄을 맞은 채로 마산 해변가에 버려진 마산상고 학생 김주열의 시신이 발견되었고, 이를 계기로 **4·19 혁명**이 전국적으로 전개되었다.

② 4·19 혁명의 결과 **이승만 대통령이 하야**하고 임시적으로 **허정 과도 정부**가 수립되어 부정 선거를 단행한 자유당 간부들을 구속하였다. 국회는 **내각 책임제**와 **양원제**를 골자로 한 개헌안을 통과시켰으며, 이후 구성된 국회를 통해 윤보선이 대통령으로 선출되고 장면이 국무총리로 지명되어 **장면 내각**이 성립되었다.

한 번 더 체크하러 가기 ▶ 미니북 30쪽

✓ 선택지 풀이

① 긴급 조치 철폐를 요구하였다.
   박정희 정부 시기 김대중, 함석헌 등의 정치인과 기독교 목사, 대학 교수 등이 유신 독재 체제에 저항하여 긴급 조치 철폐 등을 요구하는 3·1 민주 구국 선언을 발표하였다.

③ 전남 도청에서 시민군이 계엄군에 맞서 싸웠다.
   전두환을 비롯한 신군부 세력의 12·12 쿠데타에 저항하여 '서울의 봄'이라는 대규모 민주화 운동이 일어나자 신군부는 비상계엄 조치를 전국적으로 확대하였다. 비상계엄 해제와 신군부 퇴진, 김대중 석방 등을 요구하는 광주 시민들의 항거가 이어지자 신군부는 공수 부대를 동원한 무력 진압을 강행하였다. 이에 학생과 시민들이 자발적으로 시민군을 조직하여 전남 도청을 본거지로 신군부에 대항하면서 5·18 민주화 운동이 전개되었다.

④ 민주화를 위한 개헌 청원 100만인 서명 운동이 전개되었다.
   박정희 정부가 유신 헌법을 제정하자 장준하 각계 인사들과 함께 유신 헌법 철폐를 주장하는 개헌 청원 100만인 서명 운동을 전개하였다.

⑤ 5년 단임의 대통령 직선제 개헌이 이루어지는 계기가 되었다.
   6월 민주 항쟁의 결과 정부는 국민들의 민주화 요구를 수용하여 6·29 민주화 선언을 통해 5년 단임의 대통령 직선제 개헌을 단행하였다.

45 박정희 정부 시기 경제 상황   정답 ②

✓ 정답 분석

정답이 보이는 핵심 키워드
#YH 무역 여성 노동자 #일방적인 폐업에 항의 #신민당 당사에서 농성 시위를 벌임 #노동자 김경숙이 사망

길잡이 ┃ YH 무역 사건이 발생하였던 박정희 정부 시기의 경제 상황을 살펴봅니다.

박정희 정부 시기에 **YH 무역**의 **여성 노동자**들이 부당한 폐업 공고에 항의하여 회사 정상화와 **노동자의 생존권 보장**을 요구하면서 신민당사 앞에서 농성을 벌였다(**YH 무역 사건**, 1979). 이에 경찰은 **신민당사**로 진입하여 김영삼 총재, 국회 의원, 기자 등을 폭행하였으며, YH 여성 노동자들에게도 폭력을 가하였다. 이 과정에서 노동자 김경숙이 왼쪽 팔목 동맥이 절단된 상태로 발견되어 병원으로 옮겨졌으나 사망하였다.

② 박정희 정부 때 수출이 증대되어 처음으로 연간 **수출액 100억 달러**를 달성하였다(1977).

한 번 더 체크하러 가기 ▶ 미니북 20, 30쪽

✓ 선택지 풀이

① 금융 실명제가 실시되었다.
   김영삼 정부 때 부정부패와 탈세를 뿌리 뽑기 위해 대통령 긴급 명령으로 금융 실명제를 실시하여 경제 개혁을 추진하였다(1993).

③ 개성 공단에서 의류 생산이 시작되었다.
   노무현 정부 때 착공식이 추진된 개성 공단은 북한 개성에 세워진 공업 단지로서 남측의 자본과 기술, 북측의 토지와 인력이 결합된 공간이다. 우리나라 기업이 개성 공단에 입주하여 북한 근로자가 물품을 생산하는 방식을 택했으며, 2004년에는 처음으로 의류 생산이 시작되었다.

④ 칠레와 자유 무역 협정(FTA)을 체결하였다.
   노무현 정부 때 한·칠레 자유 무역 협정(FTA)을 체결하였다(2007).

⑤ 저금리, 저유가, 저달러의 3저 호황이 있었다.
   전두환 정부 때 저금리, 저유가, 저달러의 3저 호황으로 물가가 안정되고 수출이 증가하여 높은 경제 성장률을 기록하였다.

46 전두환 정부 시기 사회 상황   정답 ④

✓ 정답 분석

정답이 보이는 핵심 키워드
#야간 통행 금지를 해제 #프로 야구와 프로 축구가 출범 #해외 여행 #삼청 교육대

길잡이 ┃ 강압 정치와 유화 정책을 펼쳤던 전두환 정부 시기 사회 상황을 알아봅니다.

④ 민주화 운동을 진압하고 무력으로 정권을 잡은 **전두환 정부**는 언론을 규제하기 위해 **언론 통폐합**을 단행하였고(1980), 각 언론사에 기사 보도용 가이드라인인 **보도 지침**을 전달하여 언론을 통제하였다. 또한, 전국 각지의 군부대 내에 **삼청 교육대**를 설치하여 사회 정화책이라는 명분하에 가혹 행위와 인권 유린을 행하였다(1980). 이러한 강압 정치와 함께 **유화 정책** 또한 전개하여 해외여행 자유화(1981), 야간 통행 금지 해제(1982), 프로 축구 출범(1980), 프로 야구 출범(1982), 중고생 두발 및 교복 자율화(1983) 등을 실시하였다.

선택지 풀이

① 금강산 관광이 시작되었다.
김대중 정부 시기 해로를 통한 금강산 관광 사업이 추진되어 금강산 관광선인 금강호가 처음으로 출항하였다(1998). 노무현 정부 시기에는 금강산 육로 관광이 정식으로 시작되어 승용차를 통한 금강산 관광이 가능하였다(2003).

② 서울 올림픽 대회가 개최되었다.
노태우 정부는 자본주의 국가와 공산주의 국가가 함께 참여한 서울 올림픽 대회를 성공적으로 개최하였으며(1988), 이를 기점으로 적극적인 북방 외교 정책을 추진하였다.

③ 삼풍 백화점 붕괴 사고가 발생하였다.
김영삼 대통령 때 서울 서초동에 있는 삼풍 백화점이 부실 공사 등의 원인으로 붕괴되어 1천여 명 이상의 사상자가 발생하였다(1995).

⑤ 양성평등 실현을 위해 호주제가 폐지되었다.
노무현 정부 때 양성평등을 실현하고자 호주제 폐지를 결정하였다(2005).

47 여운형   정답 ⑤

정답 분석

정답이 보이는 핵심 키워드
#몽양 #신한 청년당 #대한민국 임시 정부 #조선 건국 준비 위원회

길잡이 | 독립운동가였던 몽양 여운형의 활동을 살펴봅니다.

⑤ **몽양 여운형**은 대한민국 임시 정부를 모체로 하여 **상하이**에서 **신한 청년당**을 조직한 후(1918), **파리 강화 회의**에 김규식을 파견하여 **독립 청원서**를 제출하도록 하였다(1919). 또한, 광복 이후의 민주주의 국가 건설을 목표로 **조선 건국 동맹**을 결성하였으며(1944), 일본인의 안전한 귀국을 보장하는 조건으로 조선 총독부로부터 행정권의 일부를 이양받아 **조선 건국 준비 위원회**를 결성하였다(1945). 제1차 미소 공동 위원회가 결렬된 후 **이승만**이 **단독 정부 수립**을 주장하자(1946), 김규식 등과 함께 **미군정의 지원**을 받으면서 **좌우 합작 위원회**를 결성하고 **좌우 합작 7원칙**을 발표하며 **좌우 합작 운동**을 전개하였다(1946~1947).

한 번 더 체크하러 가기 ▶ 미니북 18쪽

선택지 풀이

① 한국 민주당을 창당하였습니다.
광복 직후 송진우, 김성수 등은 한국 민주당을 창당하였다(1945). 한국 민주당은 조선 인민 공화국을 부정하고 충칭에 있는 대한민국 임시 정부를 지지하는 것을 방침으로 하였으나 이후 이승만의 정읍 발언에 동조하며 보수 정당의 역할을 하였다.

② 5·10 총선거에 출마하였습니다.
여운형은 5·10 총선거(1948) 이전에 서울 혜화동 로터리에서 한지근 외 다섯 명의 저격을 받고 암살당하였다(1947).

③ 단독 정부 수립을 주장하였습니다.
제1차 미소 공동 위원회가 결렬되자 이승만은 남한만의 단독 정부 수립을 주장하였다(1946).

④ 조선 혁명 선언을 작성하였습니다.
신채호는 김원봉의 요청을 받아 의열단의 기본 행동 강령인 조선 혁명 선언을 작성하였다(1923).

48 삼국 시대의 학습 활동   정답 ③

정답 분석

정답이 보이는 핵심 키워드
#충남 부여 쌍북리 #목간 #구구단

길잡이 | 구구단을 외우는 등 학습 수준이 뛰어났던 삼국 시대의 모습을 알아봅니다.

충남 부여 쌍북리에서는 **삼국 시대 백제인**들이 사용한 것으로 확인되는 한반도 최초의 **구구표**(구구법 공식을 차례대로 적은 표) **목간**이 출토되었다. 이 목간은 9단부터 2단까지 칸을 나누고 9단 공식을 가장 윗부분에, 그보다 적은 단은 아랫부분에 배열하였으며, 각 단 사이에는 가로선을 그어 구분짓는 체계적인 구성을 갖추었다.
③ 고구려 **장수왕**은 **지방**에 **경당**을 설치하여 **평민 자제**들에게 학문과 무술을 가르쳤다.

선택지 풀이

① 울주 대곡리 반구대에 고래 사냥 모습을 새겼습니다.
울주 대곡리 반구대는 선사 시대 사람들이 고래를 비롯한 여러 동물들과 사냥 도구 및 사냥하는 모습을 기록한 암각화이다.

② 이제현이 만권당에서 원의 학자들과 교류하였습니다.
고려 충선왕은 왕위에서 물러난 뒤 원의 연경에 만권당을 세우고 원의 학자와 문인들을 드나들게 했는데, 이때 이제현 등의 성리학자들을 고려에서 데려와 교류하게 하였다.

④ 독특한 회계 정리 방식인 사개치부법을 사용했습니다.
고려의 개성 상인들은 우리나라 고유의 회계 처리법인 사개치부법을 사용하여 거래 사항을 관리하였다. 이를 통해 상품 거래와 현금 흐름을 채권, 채무, 매입, 매각의 4가지 사항으로 구분하여 장부에 기록하였다.

⑤ 정혜 공주 묘지석에는 유교 경전과 중국 역사서의 내용이 인용되어 있습니다.

발해 문왕의 둘째 딸인 정혜 공주의 묘지석에는 『춘추(春秋)』, 『예기(禮記)』, 『논어(論語)』 등 다양한 유교 경전과 역사서를 인용한 글이 적혀 있으며, 이를 통해 발해의 높은 한문학 수준을 살펴볼 수 있다.

49 우리나라의 도자기 정답 ③

정답 분석

정답이 보이는 핵심 키워드
#백색 #자기 #송 사신 서긍 #비색(翡色) #분청사기 #회회청(코발트) #표면에 무늬를 파고 백토와 자토를 그 자리에 넣음

길잡이 | 고려청자, 상감청자, 순백자, 청화백자로 발전하였던 우리나라 도자기를 알아봅니다.

(가) **백자**: **조선 전기**에는 도자기 기술이 발전하면서 고려 때부터 만들어진 백자가 본격적으로 생산되었다. 백자는 순백색의 태토 위에 투명한 유약을 발라 구운 자기를 뜻하며, 왕실 및 양반, 서민들에게 인기를 끌었다. 영국의 엘리자베스 2세는 달항아리 백자를 보고 '세상에서 가장 아름다운 그릇'이라고 표현하기도 하였다.

(나) **고려청자**: **고려 전기**에는 삼국 시대 때부터 전해진 중국의 자기 기술을 받아들여 고려청자를 만들었다. 고려청자를 만들 때 사용하는 태토(도자기를 만들 때 재료가 되는 흙)와 유약에는 산화철이 포함되어 있는데, 이러한 산화철과 도자기를 굽는 가마 속 불꽃이 화학 반응을 일으켜 **비취색**을 띠는 특징을 만들어 냈다. **중국 송의 사신 서긍**은 고려청자를 보고 고려인이 만든 푸른 도자기의 색감은 말로 형용할 수 없을 만큼 아름답다고 표현하였다.

(다) **분청사기**: **조선 전기**에는 고려청자의 제작 방식을 바탕으로 조선의 새로운 문양과 기법이 적용된 분청사기가 생산되었다. 분청사기는 회색빛을 띠는 태토의 표면을 백토로 분장한 후 유약을 씌워 가마에 굽는 방식으로 만들어졌다. 회청색을 띤 자기라는 뜻에서 분장회청사기라고 이름 지어졌으며, 줄여서 분청사기라고 불렀다. 또한, **식물이나 물고기, 곤충 등을 무늬**로 새겨 활달하고 민예적인 특징을 띤다.

(라) **청화 백자**: 조선 전기에는 문양이 새겨지지 않은 백자가 많이 제작되었으나, 후기에는 백자에 **회회청(코발트)** 또는 토청 등의 안료를 사용한 청화 백자가 널리 보급되었다. 회회청은 중국에서 수입해야 하는 안료였기에 조선 예종은 관찰사를 통해 백성에게 회회청을 구해오도록 독려하기도 하였으며, 회회청의 대체제로서 국내산 토청을 채취하여 청화 백자를 만들게 하기도 하였다.

(마) **상감 청자**: 고려 전기에는 아무 장식도 없는 비취색(하늘색)의 청자가 만들어졌다. 그러나 이후 자기 기술이 발달함에 따라 그릇 표면에 무늬를 파내고 백토와 자토(붉은 흙)를 메워 유약을 발라 구워내는 **상감 기법**으로 만들어진 상감 청자가 유행하였다.

③ 가지무늬 토기는 청동기 시대에 사용된 민무늬 토기로, 어깨 부분에 흑색 가지무늬가 있는 것이 특징이다.

선택지 풀이

① (가) - 백자 달항아리
백자 달항아리는 조선 후기에 제작된 백자 항아리의 전형이다. 모양이 달처럼 동그랗고 원만하여 달 항아리라는 이름이 붙여졌으며, 안정적인 균형감과 단정한 느낌을 준다.

② (나) - 청자 오리 모양 연적
청자 오리 모양 연적은 고려 시대의 청자 연적(벼루에 먹을 갈 때 쓰는 물을 담는 그릇)으로, 꼬인 연꽃 줄기를 입에 물고 있는 오리를 형상화한 것이 특징이다.

④ (라) - 백자 청화매죽문 항아리
백자 청화매죽문 항아리는 조선 전기에 제작된 청화 백자 항아리로, 화려한 연꽃무늬와 세밀한 대나무 표현이 특징적이다.

⑤ (마) - 청자 상감운학문 매병
청자 상감운학문 매병은 고려 시대 때 제작된 매병(술이나 물을 담는 그릇)으로, 상감 기법이 사용되었다. 몸통 전면에 위아래로 솟는 학과 구름무늬가 새겨져 있는 것이 특징이며, 이 작품을 통해 고려 도자기의 우수함과 세련미를 볼 수 있다.

50 전태일 분신 사건 정답 ⑤

정답 분석

정답이 보이는 핵심 키워드
#근로 기준법을 준수하라!

길잡이 | 열악한 노동 조건을 개선하기 위해 전태일이 분신자살을 한 사건을 살펴봅니다.

박정희 정부 때인 1960년대에 급속한 산업화가 이루어져 노동자들은 **저임금과 열악한 노동 환경**에서 고통을 겪었다. 서울 평화 시장의 재단사였던 **전태일**은 평화 시장 재단사 모임 '바보회'를 조직하고 노동청에 비인간적인 노동 현실을 고발하였으나 요구가 받아들여지지 않았다. 이에 전태일은 '**근로 기준법을 지켜라**', '**우리는 기계가 아니다**'를 외치며 분신하여 항거하였다(**전태일 분신 사건**, 1970.11.13.).
⑤ 전태일 분신 사건을 계기로 평화 시장 노동자들은 **청계 피복 · 노동 조합**을 결성하였다. 청계 피복 노동 조합은 전태일의 동료와 어머니 이소선을 중심으로 활동하였으며, 새마을 노동 교실, 소모임, 노조 연대투쟁, 민주화 운동 등에 적극 참여하였다(1970.11.27.).

선택지 풀이

① 신한 공사가 설립되어 귀속 재산을 관리하였다.
광복 직후 미군정은 일제 강점기 때 동양 척식 주식회사와 일본인 · 일본 회사의 소유였던 토지 및 귀속 재산을 관할 · 처리하기 위하여 신한 공사를 설립하였다(1946).

② 부산에서 조선 방직의 총파업 사건이 발생하였다.
부산에 위치한 국내 최초이자 최대 규모의 방직 공장인 조선 방직에서

열악한 노동 조건 개선을 요구하며 총파업을 시작하였다(1930). 일제 경찰들과 조선 방직 관리자들은 파업에 참여한 노동자를 회유·협박하고, 수백 명의 노동자를 검거·해고하였으나 조선 방직측에서 제안한 타협안이 받아들여져 해산하였다.

③ 경제 자립을 목표로 제1차 경제 개발 5개년 계획이 추진되었다.
박정희 정부는 제1차 경제 개발 5개년 계획을 추진하여 경공업을 중심으로 한 경제 자립을 추진하였다(1962).

④ 미국에서 들여온 원조 물자를 기반으로 삼백 산업이 발달하였다.
이승만 정부 시기인 1950년대에는 미국의 원조에 기반을 두고 면화, 설탕, 밀가루를 중심으로 한 삼백 산업이 활성화되어 소비재 공업이 성장하였다.

제67회 한국사능력검정시험 정답 및 해설

STEP 1 정답 확인 문제 p.110

01	02	03	04	05	06	07	08	09	10	11	12	13	14	15	16	17	18	19	20	21	22	23	24	25
④	④	①	④	②	⑤	②	④	①	④	①	②	②	④	②	③	④	①	③	⑤	①	⑤	②	④	④

26	27	28	29	30	31	32	33	34	35	36	37	38	39	40	41	42	43	44	45	46	47	48	49	50
③	③	③	⑤	③	⑤	①	⑤	⑤	④	⑤	③	②	⑤	⑤	②	①	③	①	③	③	③	③	①	④	⑤

STEP 2 난이도 확인

제67회 합격률	**49.2%**	최근 1년 평균 합격률	**51.6%**

STEP 3 시대별 분석

시대	선사	고대	고려	조선 전기	조선 후기	근대	일제 강점기	현대	복합사
틀린 개수/문항 수	/ 2	/ 7	/ 11	/ 3	/ 5	/ 8	/ 7	/ 3	/ 4
출제비율	4%	14%	22%	6%	10%	16%	14%	6%	8%

STEP 4 문제별 주제 분석

01	선사	청동기 시대	26	조선 후기	조선 후기 군사 조직의 정비
02	선사	여러 연맹 왕국	27	조선 후기	정조
03	고대	백제 성왕	28	조선 후기	황사영 백서 사건
04	고대	경주 분황사 모전 석탑	29	근대	신미양요
05	고대	삼국 통일 과정	30	근대	조청 상민 수륙 무역 장정, 조일 통상 장정
06	고대	의상	31	근대	한성순보
07	고대	통일 신라 신문왕	32	근대	동학 농민 운동
08	고대	신라 말의 사회 상황	33	근대	육영 공원
09	고대	발해	34	근대	박정양
10	고려	후삼국 통일 과정	35	근대	광무개혁
11	고려	광종	36	근대	일제의 국권 침탈 과정
12	고려	고려 현종	37	일제 강점기	의열단
13	고려	최충헌	38	일제 강점기	광주 학생 항일 운동
14	고려	고려의 대외 관계	39	일제 강점기	한국 독립군
15	고려	고려 원 간섭기의 상황	40	일제 강점기	1930년대 이후 민족 말살 통치기
16	고려	논산 관촉사 석조 미륵보살 입상	41	일제 강점기	천도교
17	고려	국자감	42	일제 강점기	민족 문화 수호 운동
18	고려	고려의 중앙 정치 기구	43	일제 강점기	지역사 – 도쿄
19	고려	고려의 요동 정벌	44	복합사	여운형
20	고려	『고려사』	45	현대	제2차 개헌(사사오입 개헌)
21	조선 전기	유향소	46	복합사	화폐
22	조선 전기	김종서	47	복합사	노비
23	조선 후기	조선 후기 경제 상황	48	복합사	노비
24	조선 전기	임진왜란	49	현대	박정희 정부
25	조선 후기	박제가, 정약용	50	현대	노무현 정부의 통일 노력

01 청동기 시대   정답 ④

정답 분석

정답이 보이는 핵심 키워드
#환호 #고인돌 #민무늬 토기 #울주 검단리 유적

길잡이 | 청동기 시대의 생활 모습을 알아봅니다.

울주 검단리 유적은 울산 광역시 울주군에서 발견된 **청동기 시대 유적지**로, 청동기 시대 유물인 **민무늬 토기, 고인돌** 등이 발굴되었다. 특히, 우리나라에서 처음으로 완전한 **환호**(취락을 방어하기 위해 설치한 도랑)의 모습이 확인되었다.
④ **청동기 시대**에는 의례를 주관할 때 **청동 거울**이나 방울 등을 제작하여 사용하였으며, **비파형 동검**과 같은 무기를 생산하기도 하였다.

한 번 더 체크하러 가기 ▶ 미니북 4쪽

선택지 풀이

① 철제 무기로 정복 활동을 벌였다.
철기 시대에는 철제 무기의 발전으로 정복 전쟁이 활발하였으며, 철제 농기구도 등장하여 농업 생산력이 증가하였다.

② 주로 동굴이나 막집에서 거주하였다.
구석기 시대에는 주로 동굴이나 막집에 거주하였으며 계절에 따라 이동 생활을 하였다.

③ 소를 이용한 깊이같이가 일반화되었다.
신라 지증왕 때 소를 이용한 우경이 시행되면서 깊이같이가 가능해져 농업 생산량이 증대되었고, 고려 시대에 이르러 일반화되었다.

⑤ 빗살무늬 토기에 음식을 저장하기 시작하였다.
신석기 시대에는 빗살무늬 토기를 이용하여 음식을 조리하거나 저장하였다.

02 여러 연맹 왕국   정답 ④

정답 분석

정답이 보이는 핵심 키워드
#제천 행사 #부여 #고구려 #동예 #삼한

길잡이 | 여러 연맹 왕국의 제천 행사를 탐구합니다.

ㄴ. **고구려**는 매년 **10월**에 대규모 제천 행사인 국중 대회로 **동맹**을 열었다. 이때 왕과 신하들이 국동대혈에 모여 일신(日神)인 동명왕과 수신(隧神)인 유화 부인에게 제사를 지내기도 하였다.
ㄹ. **삼한**은 매년 파종하고 난 뒤인 **5월**에는 **수릿날**, 곡식을 수확하는 **10월**에는 **계절제**라 하는 제천 행사를 지냈다. 이때 온 나라 사람들이 모여 음주가무를 즐겼다.

한 번 더 체크하러 가기 ▶ 미니북 21쪽

선택지 풀이

ㄱ. (가) – 무천이라는 제천 행사에서 밤낮으로 음주가무를 즐겼다.
동예는 매년 10월 무천이라는 제천 행사를 열어 하늘에 제사를 지내고 밤낮으로 춤과 노래를 즐겼다.

ㄷ. (다) – 영고라는 제천 행사를 열고 죄수를 풀어주기도 하였다.
부여는 매년 12월 풍성한 수확제·감사제의 성격을 지닌 영고라는 제천 행사를 열었다. 이날에는 정치적인 통합을 이루고자 죄수를 풀어주기도 하였다.

03 백제 성왕   정답 ①

정답 분석

정답이 보이는 핵심 키워드
#백제 제26대 왕 #명농 #웅진에서 사비로 도읍을 옮김 #구천(관산성 부근)에서 목숨을 잃음

길잡이 | 백제의 중흥을 꾀했던 성왕에 대해 학습합니다.

① 무령왕의 뒤를 이어 즉위한 백제 제26대 왕 **성왕**(명농)은 웅진에서 **사비로 천도**하고 국호를 **남부여**로 고치며 백제의 중흥을 도모하였다. 또한, **신라 진흥왕**과 함께 고구려를 공격하여 **한강 하류 지역**을 차지하였으나 진흥왕이 나제 동맹을 깨고 백제가 차지한 지역을 점령하자 신라를 공격하였고, 끝내 **관산성 전투**에서 전사하였다.

한 번 더 체크하러 가기 ▶ 미니북 6쪽

선택지 풀이

② 금마저에 미륵사를 창건하였다.
백제 무왕은 금마저(전북 익산)에 미륵사를 창건하였다.

③ 고흥에게 서기를 편찬하게 하였다.
백제 근초고왕은 고흥으로 하여금 역사서인 『서기』를 편찬하게 하였다.

④ 윤충을 보내 대야성을 함락하였다.
백제 의자왕은 윤충에게 1만여 명의 병력을 주어 신라의 대야성을 비롯한 40여 개의 성을 함락시켰다.

⑤ 동진에서 온 마라난타를 통해 불교를 수용하였다.
백제는 침류왕 때 중국 동진의 승려인 마라난타를 통해 불교를 수용하였다.

암기의 key	백제 주요 국왕의 업적
고이왕	• 율령 반포(관등, 관복제 정비) • 한강 유역 장악(목지국 공격)
근초고왕	• 해외 진출(요서, 산둥, 규슈), 마한 정복 • 왕위 부자 상속제 확립 • 고구려 평양성 공격 → 고국원왕 전사
침류왕	불교 수용 및 공인
무령왕	• 22담로 설치(왕족 파견) → 지방 통제 강화 • 무령왕릉
성왕	• 사비 천도, 국호 변경(남부여), 중앙 22부 정비 • 불교 진흥(노리사치계 일본 파견) • 나제 동맹 결렬 → 관산성 전투에서 전사
무왕	• 『삼국유사』에 기록된 서동 설화의 주인공 • 익산에 미륵사 창건
의자왕	• 신라 40여 개의 성 차지(대야성 함락) • 백제 멸망(660) → 신라 김춘추(무열왕)

04 경주 분황사 모전 석탑 정답 ④

정답 분석

정답이 보이는 핵심 키워드
#신라 탑 #돌을 벽돌 모양으로 다듬어 쌓음 #선덕 여왕

길잡이 | 현존하는 신라 석탑 중 가장 오래된 경주 분황사 모전 석탑을 살펴봅니다.

④ **경주 분황사 모전 석탑**은 **선덕 여왕**이 재위하고 있던 634년에 제작된 현존하는 신라 석탑 중 가장 오래된 석탑이다. 이 탑은 석재를 벽돌 모양으로 다듬어 쌓았으며 현재는 3층까지만 남아 있다.

한 번 더 체크하러 가기 ▶ 미니북 46쪽

선택지 풀이

① 경주 불국사 삼층 석탑
통일 신라 경덕왕 때 불국사를 창건하면서 조성된 탑이다. 석탑의 해체 보수 과정에서 세계 최고(最古)의 목판 인쇄물인 무구정광대다라니경이 발견되었다.

② 부여 정림사지 오층 석탑
목탑의 구조와 비슷하지만 돌의 특성을 잘 살린 석탑으로, 익산 미륵사지 석탑과 함께 백제를 대표하는 탑이다.

③ 발해 영광탑
중국 지린성에 있는 발해의 전탑으로 당의 영향을 받았다.

⑤ 익산 미륵사지 석탑
백제 무왕 때 건립된 목탑 형태의 석탑이다. 석탑 해체 복원 과정에서 금제 사리봉영(안)기가 발견되어 석탑의 건립 연도가 명확하게 밝혀졌다.

05 삼국 통일 과정 정답 ②

정답 분석

정답이 보이는 핵심 키워드
#삼국 통일 과정 #김춘추 #당과의 군사 동맹 성사 #황산벌 #연개소문 #기벌포

길잡이 | 삼국 통일 과정을 시간의 순서대로 학습합니다.

신라 김춘추는 고구려와 동맹을 맺는 데 실패하자 당으로 건너가 당 태종으로부터 군사적 지원을 약속받았다. 이에 **나당 동맹**이 성사되어 **나당 연합군**을 결성하였다(648). 이후 당의 소정방과 김유신이 이끄는 나당 연합군은 **백제 계백**의 결사대와 **황산벌**에서 전투를 벌여 백제의 수도 사비를 함락하고 백제를 멸망시켰다(660). **고구려**에서는 정변을 통해 정권을 장악한 **연개소문**이 죽은 뒤 그의 아들들 사이에 내분이 발생하였다. 이에 세력이 약해진 고구려는 나당 연합군의 공격으로 평양성이 함락되면서 결국 멸망하였다(668). 백제와 고구려가 멸망한 후, 당이 평양에 안동 도호부를 설치하고(668) 신라까지 지배하려 하자 **나당 전쟁**이 발발하였다(670~676). 신라는 매소성에서 당의 이근행이 이끄는 20만 군대를 격파시키고(**매소성 전투**, 675) 당나라 장수 설인귀의 수군을 기벌포에서 크게 무찌르면서(**기벌포 전투**, 676) 삼국을 통일하였다(676).

② **신라 문무왕**은 당 세력을 몰아내기 위해 **안승**을 **보덕국왕**으로 임명하고 **금마저**(익산)에 땅을 주어 **고구려 부흥 운동**을 지원하였다(674).

한 번 더 체크하러 가기 ▶ 미니북 25쪽

선택지 풀이

① 흑치상지가 당의 유인궤에게 항복하다
흑치상지는 백제 멸망 이후 복신, 도침 등과 함께 임존성, 주류성을 거점으로 백제 부흥 운동을 전개하였다. 이후 당의 유인궤가 임존성을 공격하자 부여융의 권유를 받아들여 항복하였다(663).

③ 을지문덕이 살수에서 수의 군대를 물리치다
고구려 영양왕 때 수 양제가 우중문의 30만 별동대로 평양성을 공격하였으나 을지문덕이 살수에서 2,700여 명을 제외한 수군을 전멸시키며 크게 승리하였다(612).

④ 부여풍이 백강에서 왜군과 함께 당군에 맞서 싸우다
백제가 멸망한 이후 복신, 도침 등이 왕자 부여풍을 왕으로 추대하고 백제 부흥 운동을 주도하였다. 이들은 왜에 군사 지원을 요청하여 백강에서 왜의 연합군과 함께 나당 연합군에 맞섰지만 패하였다(663).

⑤ 개로왕이 북위에 사신을 보내 고구려 공격을 요청하다
백제 개로왕은 북위에 사신을 보내 고구려를 함께 공격할 것을 요청하는 국서를 전하였다(472).

암기의 key	삼국 통일 과정
나당 동맹 체결 (648)	김춘추의 나당 동맹 체결(648) → 나당 연합군 결성
백제 멸망 (660)	황산벌 전투(계백) → 사비성 함락 → 백제 멸망 (660)
백제 부흥 운동	• 흑치상지(임존성), 복신 · 도침(주류성) • 백강 전투(663): 백제 부흥군과 왜 수군의 연합
고구려 멸망 (668)	평양성 함락 → 고구려 멸망(668)
고구려 부흥 운동	• 검모잠(한성), 고연무(오골성) • 신라 문무왕이 안승을 보덕국왕으로 임명(674)
나당 전쟁 (670~676)	매소성 · 기벌포 전투에서 신라 승리 → 삼국 통일 (676)

06 의상   정답 ⑤

정답 분석

정답이 보이는 핵심 키워드
#영주 부석사 #당에 가서 화엄학을 공부

길잡이 | 당으로 유학을 가서 화엄학을 배우고 부석사를 창건한 승려 의상의 활동을 알아봅니다.

경상북도 일대에 구전되어 내려오는 **부석사 전설(선묘 설화)**에 의하면, **통일 신라의 승려 의상이 당에서 화엄학을 공부**할 때 머물던 집주인의 딸 선묘가 의상을 사모하였다. 선묘는 용으로 변하여 의상이 신라로 돌아올 때 탄 배의 바닥을 받쳐 무사히 귀국하도록 도왔다. 이후 의상이 신라에서 불법을 전파하던 중 원하는 절을 찾았으나 이미 다른 종파의 무리들이 살고 있었다. 이에 선묘룡이 공중에서 절의 정상을 덮고 떨어질 듯 위험하여 그들을 모두 내쫓고 의상이 이 절에 들어갈 수 있게 되었다고 한다. 이때 이 절의 이름을 '돌이 공중에 떴다'는 의미의 **부석사(浮石寺)**로 부르게 되었으며, 의상이 부석사를 창건하도록 도운 선묘를 기리며 선묘각을 지었다. 고려 시대에는 부석사 안에 무량수불(무한한 수명을 가진 부처) 소조여래좌상을 모시기 위해 무량수전을 건립하였다. 지붕은 옆면에서 볼 때 사람 인(人)자 모양을 한 **맞배 지붕**으로 꾸몄으며, 지붕 처마를 받치기 위한 구조인 공포가 기둥 위에만 있는 **주심포 양식**을 사용하였다.
⑤ 의상은 현세에서 고난을 구제받고자 하는 **관음 신앙**을 강조하였다.

한 번 더 체크하러 가기 ▶ 미니북 19, 45쪽

선택지 풀이

① 황룡사 구층 목탑의 건립을 건의하였다.
   신라의 승려 자장은 선덕 여왕에게 주변 9개 민족의 침략을 부처의 힘으로 막기 위한 황룡사 구층 목탑 건립을 건의하였다.

② 무애가를 지어 불교 대중화에 노력하였다.
   신라의 승려 원효는 불교 대중화를 위해 불교의 교리를 쉬운 노래로 표현한 「무애가」를 지었다.

③ 유식의 교의를 담은 해심밀경소를 저술하였다.
   통일 신라의 승려 원측은 유식 사상을 주장하였으며, 『해심밀경』을 풀이한 주석서인 『해심밀경소』를 저술하였다.

④ 승려들의 전기를 정리한 해동고승전을 편찬하였다.
   고려의 승려 각훈은 왕명을 받아 『해동고승전』을 편찬하였다. 삼국 시대 이래 승려들의 전기가 기록되어 있었으나, 현재는 일부만 남아있다.

07 통일 신라 신문왕   정답 ②

정답 분석

정답이 보이는 핵심 키워드
#대왕암 #경주 이견대 #선왕을 기리며 감은사를 완공 #만파식적

길잡이 | 아버지 문무왕을 기리며 감은사를 창건한 신문왕의 업적에 대해 학습합니다.

『삼국유사』에서 전해지는 **통일 신라** 때 전설상의 피리인 **만파식적(萬波息笛)** 설화에 따르면, **신문왕**은 **아버지 문무왕**을 수중릉인 대왕암에 묻었으며, 동해에 **감은사**라는 절을 지었다. 이후 동해안에 작은 산이 감은사를 향해 떠다니자 신문왕이 점을 쳐 보니, 해룡이 된 문무왕과 천신이 된 김유신이 동해에 용을 통해 나라를 지킬 보배를 보냈다는 이야기를 듣는다. 신문왕이 **이견대**에 가니 용이 검은 옥대를 바치고 산에 있는 대나무로 피리를 만들면 천하가 태평해질 것이라 하여, 그 대나무로 피리를 만들어 보관하였다. 이후 피리를 불면 나라의 근심이 사라져 만파식적이라 이름 붙이고, 나라의 보물로 삼았다고 한다.
② 통일 신라 신문왕은 **녹읍을 폐지**하고 **관료전을 지급**하여 귀족의 경제 기반을 약화시키고자 하였다.

한 번 더 체크하러 가기 ▶ 미니북 7쪽

선택지 풀이

① 향가 모음집인 삼대목을 편찬하였다.
   통일 신라 진성 여왕은 각간 위홍과 대구화상에게 향가집인 『삼대목』을 편찬하게 하였다.

③ 인사를 담당하는 위화부를 창설하였다.
   신라 진평왕은 인사와 관리 선발을 담당하는 부서인 위화부를 창설하였다.

④ 건원이라는 독자적인 연호를 사용하였다.
   신라 법흥왕은 건원이라는 독자적인 연호를 사용하였다.

⑤ 시장을 감독하기 위해 동시전을 설치하였다.
   신라 지증왕은 경주에 시장을 조성하고 이를 관리 · 감독하기 위해 동시전을 설치하였다.

08 신라 말의 사회 상황   정답 ④

✓ 정답 분석

정답이 보이는 핵심 키워드
#이찬 김지정이 반역 #왕과 왕비는 반란군에게 살해됨 #혜공왕

길잡이 | 진골 귀족의 왕위 다툼으로 정세가 어지러웠던 신라 말의 사회 상황을 알아봅니다.

통일 신라 말 혜공왕은 어린 나이로 즉위하여 수많은 **진골 귀족의 반란**을 겪었으며 이찬 김지정의 반란군에 의해 피살되었다. 혜공왕 사후에는 왕권이 크게 약화되어 왕위 쟁탈전이 더욱 심화되었다.
④ 해상 무역권을 장악하여 권세를 누리던 **장보고**는 문성왕이 자신의 딸을 왕비로 삼기로 한 것을 철회하자 분노하여 반란을 일으켰고, 불안을 느낀 왕실과 귀족들은 자객 염장을 보내 장보고를 살해하였다(**장보고의 난**, 846).

한 번 더 체크하러 가기 ▶ 미니북 22쪽

✓ 선택지 풀이

① 김흠돌이 반란을 도모하였다.
  통일 신라 신문왕은 장인이었던 김흠돌이 반란을 도모하자, 이를 진압한 후 진골 귀족 세력을 숙청하여 왕권을 강화하였다(681).

② 이사부가 우산국을 복속하였다.
  신라 지증왕은 이사부를 보내 우산국(울릉도)과 우산도(독도)를 복속시키고 그를 실직주의 군주로 삼았다(512).

③ 김대성이 불국사 조성을 주도하였다.
  통일 신라 경덕왕 때 김대성이 불국사를 창건하였다. 대웅전 앞 서쪽에 세워져 있는 불국사 삼층 석탑도 이때 조성된 것으로 추정된다(751).

⑤ 거칠부가 왕명에 의해 국사를 편찬하였다.
  신라 진흥왕은 거칠부에게 역사서인 『국사』를 편찬하게 하였다(545).

암기의 key	통일 신라 말 사회 모습
왕권 약화	경덕왕 사후 어린 혜공왕 즉위 → 진골 귀족들의 왕위 쟁탈전 심화
지방 세력의 반란	웅진(웅천주) 도독 김헌창의 난(822), 장보고의 난(846)
농민 봉기	원종과 애노의 난(889)
새로운 세력 등장	• 6두품 세력: 골품제 비판, 새로운 정치 이념과 사회상 제시(최치원의 시무책 10여 조 등) • 호족 세력: 중앙 정부의 통제에서 벗어나 성주·장군 자처, 지방의 행정권과 군사권 장악
새로운 사상 유행	선종, 풍수지리설, 유교

09 발해   정답 ①

✓ 정답 분석

정답이 보이는 핵심 키워드
#정효 공주 묘지(墓誌) #문왕

길잡이 | 한문학 수준이 높았던 발해에 대해 학습합니다.

발해의 시인이자 무인인 양태사는 문왕 때 일본으로 파견되었다. 그는 고국인 발해를 그리워하는 마음을 담아 한시 「밤에 다듬이 소리를 듣고」를 지었다. 이는 유교 경전 및 중국 역사서의 내용을 인용한 정효·정혜 공주 무덤의 묘지석과 함께 발해의 높은 한문학 수준을 보여주는 사례이다.
① **발해**는 중앙에 최고 교육 기관인 **주자감**을 설치하여 유학 교육을 실시하였다.

✓ 선택지 풀이

② 골품제라는 엄격한 신분제를 마련하였다.
  신라는 골품제라는 특수한 신분 제도를 운영하여 골품에 따라 관등 승진에 제한을 두었다.

③ 정사암에 모여 국가 중대사를 논의하였다.
  백제의 귀족들은 정사암이라는 바위에서 회의를 통해 재상을 선출하고 국가 중대사를 결정하였다.

④ 관리 선발을 위해 독서삼품과를 시행하였다.
  통일 신라 원성왕은 국학의 학생들을 대상으로 독서삼품과를 실시하여 유교 경전의 이해 수준에 따라 관리로 채용하였다.

⑤ 청연각과 보문각을 설치하여 학문 연구를 장려하였다.
  고려 예종은 관학을 진흥시키기 위해 궁중에 청연각과 보문각을 설치하여 학문 연구를 장려하였다.

10 후삼국 통일 과정   정답 ④

✓ 정답 분석

정답이 보이는 핵심 키워드
#신검 #견훤을 금산사에 유폐

길잡이 | 고려에 투항한 견훤을 포용하는 관용을 베푼 태조 왕건의 후삼국 통일 과정을 살펴봅니다.

후백제의 견훤이 넷째 아들인 금강을 후계자로 삼으려 하자 맏아들 **신검**이 금강을 죽이고 견훤을 **금산사에 유폐**시켰다. 이후 견훤은 탈출하여 고려 왕건에게 투항하였고(935), 왕건은 견훤에게 상보(尙父)의 지위와 식읍 양주를 주었다.

정답 및 해설 **209**

④ 견훤의 귀순 이후 **신검의 후백제군**과 **왕건의 고려군**이 **일리천** 일대에서 전투를 벌여 고려군이 크게 승리하였고(**일리천 전투**, 936), 후백제가 멸망하면서 고려는 **후삼국을 통일**하였다(936).

한 번 더 체크하러 가기 ▶ 미니북 22쪽

선택지 풀이

① 궁예가 광평성을 설치하였다.
궁예는 광평성을 중심으로 정치 기구를 새롭게 마련하였으나 미륵 신앙을 바탕으로 한 전제 정치로 백성과 신하들의 원성을 사면서 왕건에 의해 축출되었다(918).

② 장문휴가 당의 등주를 공격하였다.
발해 무왕 때 장문휴의 수군은 당의 등주를 선제공격하여 당군을 격파하였다(732).

③ 신숭겸이 공산 전투에서 전사하였다.
견훤의 후백제군이 신라의 금성을 급습하였다. 이에 고려가 군사를 보내 신라를 도왔으나 공산 전투에서 패배하였으며, 이때 신숭겸은 후백제군에 포위된 태조 왕건을 구출하고 전사하였다(927).

⑤ 김헌창이 웅천주에서 반란을 일으켰다.
통일 신라 헌덕왕 때 김주원이 왕위 쟁탈전에서 패배하자 아들인 웅천주 도독 김헌창이 이에 불만을 품고 반란을 일으켰다가 관군에 진압되어 실패하였다(822).

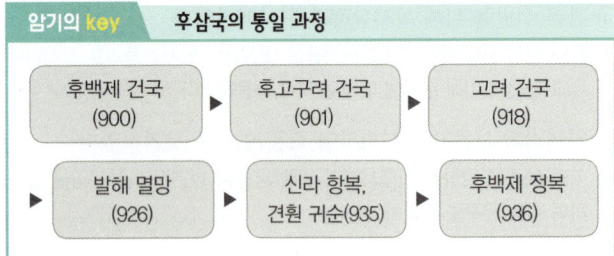

암기의 key — 후삼국의 통일 과정

후백제 건국(900) ▶ 후고구려 건국(901) ▶ 고려 건국(918) ▶ 발해 멸망(926) ▶ 신라 항복, 견훤 귀순(935) ▶ 후백제 정복(936)

11 광종 — 정답 ①

정답 분석

정답이 보이는 핵심 키워드
#천수 #광덕, 준풍 #개경을 황도라 칭함

길잡이 | 고려를 황제 국가라고 칭했던 광종이 추진한 정책을 학습합니다.

고려는 고구려를 계승하여 건국된 나라로, 스스로 중국의 지배를 받지 않는 자주적인 황제의 국가로 여겼다. 이에 태조는 중국과 다른 연호인 **천수**를 사용하였으며, 광종은 **광덕, 준풍**이라는 독자적인 연호를 통해 주체성을 내세웠다. 또한, 수도 개경을 황제의 도읍이라는 의미에서 황도라 칭했으며, 왕족이나 공신들을 제왕이라고 불렀다.

① **광종**은 후주 출신 **쌍기**의 건의를 통해 **과거제**를 시행하여 신진 인사를 등용하였다.

한 번 더 체크하러 가기 ▶ 미니북 8쪽

선택지 풀이

② 흑창을 처음 설치하였다.
태조 때 빈민 구휼을 위해 흑창을 설치하여 춘궁기에 곡식을 대여해 주고 추수 후에 회수하였다.

③ 전시과 제도를 시행하였다.
경종 때 관리를 대상으로 한 토지 제도인 전시과 제도가 처음 실시되었다. 이후 전시과는 목종 때의 개정 전시과, 문종 때의 경정 전시과를 거치면서 정비되었다.

④ 삼국사기 편찬을 명령하였다.
인종은 김부식에게 명을 내려 『삼국사기』를 편찬하도록 하였다. 『삼국사기』는 유교적 사관을 바탕으로 서술된 현존 우리나라 최고(最古) 역사서이다.

⑤ 12목에 지방관을 파견하였다.
성종은 최승로의 시무 28조를 받아들여 중앙의 통치 체제를 개편하고 다양한 제도를 시행하였다. 이에 전국의 주요 지역에 12목을 설치하고 지방관을 파견하여 지방 세력을 견제하였다.

12 고려 현종 — 정답 ②

정답 분석

정답이 보이는 핵심 키워드
#강조의 정변을 구실로 침입 #거란군 #강감찬 #나주에 도착한 왕

길잡이 | 거란의 침입으로 나주까지 피난을 떠난 고려 현종의 재위 기간에 있었던 일을 살펴봅니다.

고려 현종 때 **거란**이 **강조의 정변**을 구실로 압록강을 건너 흥화진을 공격하면서 **2차 침입**을 단행하였다(1010). 양규가 흥화진 전투에서 항전하기도 하였으나 수도 개경이 함락되었다. 이에 **강감찬**이 현종에게 피란을 권유하여 **나주**로 피란하였다. 피란의 과정 동안 양주의 향리들이 반란을 일으키기도 하였으며, 천안과 공주에서는 호위군의 절반 이상이 도망가기도 하였다. 현종이 나주에 도착할 때쯤 고려와 거란의 강화 조약이 체결되어 거란군이 철수하자, 현종은 개경으로 환궁하였다(1011).

② 거란의 2차 침입 이후 현종은 거란의 침입을 불력으로 물리치고자 **초조대장경**을 제작하기 시작하였다(1011).

한 번 더 체크하러 가기 ▶ 미니북 23쪽

선택지 풀이

① 만부교 사건이 일어났다.
　태조 때 거란이 발해를 멸망시켰기 때문에 화친할 수 없다는 이유로 거란에서 보낸 낙타를 만부교에 묶어 굶어 죽게 하였다(942).

③ 사신 저고여가 귀국길에 피살되었다.
　고종 때 몽골 사신 저고여(著古與)가 본국으로 돌아가던 중 암살당한 사건이 발생하자(1225), 몽골은 피살 사건을 구실로 고려와 국교를 단절하고 6차례에 걸쳐 고려를 침입하였다.

④ 공주 명학소에서 망이·망소이가 봉기하였다.
　고려 무신 정권 시기에 공주 명학소에서 망이·망소이가 과도한 부역과 차별 대우에 항거하여 농민 반란을 일으켰다(1176).

⑤ 신돈을 중심으로 전민변정 사업이 추진되었다.
　공민왕은 신돈을 등용하여 전민변정도감을 설치하여 전민변정 사업을 추진하였다. 이에 권문세족이 부당하게 빼앗은 토지를 본래 주인에게 돌려주고 억울하게 노비가 된 사람들을 양민으로 해방시켜 주었다(1366).

13 최충헌　　정답 ②

정답 분석

정답이 보이는 핵심 키워드
#이의민을 제거하고 정권을 장악 #명종의 퇴위 #신종의 즉위

길잡이 | 고려 최씨 무신 정권 시기를 열었던 최충헌의 활동을 학습합니다.

고려 무신 정권 시기 **최충헌**은 당시 권력을 장악하고 있던 이의민을 몰아내고 명종에게 **봉사 10조**라는 사회 개혁안을 제시하였다. 그러나 명종이 이를 이행하지 않자, 최충헌은 명종을 폐위시키고 신종을 옹립하면서 **최씨 무신 정권 시기**를 열었다.
② 최충헌은 국정을 총괄하는 중심 기구로서 **교정도감**을 설치하고, 스스로 기구의 최고 관직인 **교정별감**이 되어 인사 및 재정 등을 장악하였다.

한 번 더 체크하러 가기 ▶ 미니북 8쪽

선택지 풀이

① 인사 행정을 담당하던 정방을 폐지하였다.
　공민왕은 왕권을 강화하기 위해 무신 정권 시기 인사 행정을 장악하였던 정방을 폐지하였다.

③ 삼별초를 이끌고 진도로 이동하여 대몽 항쟁을 펼쳤다.
　고려 정부가 강화도에서 개경으로 환도하자 배중손, 김통정을 중심으로 한 삼별초가 이에 반대하여 강화도, 진도, 제주도로 이동하며 대몽 항쟁을 전개하였다.

④ 화약과 화포 제작을 위한 화통도감 설치를 건의하였다.
　고려 말 우왕 때 최무선이 화통도감의 설치를 건의하여 화약과 화포를 제작하였다.

⑤ 후세의 정책 방향을 제시하기 위해 훈요 10조를 남겼다.
　태조 왕건은 후대 왕들이 지켜야 할 정책 방향을 제시한 훈요 10조를 남기고, 『정계』와 『계백료서』를 통해 관리가 지켜야 할 규범을 제시하였다.

14 고려의 대외 관계　　정답 ④

정답 분석

정답이 보이는 핵심 키워드
#윤관 #북계 9성 #처인부곡 #적의 괴수인 살리타

길잡이 | 고려 중기의 주요 역사적 사건들을 파악합니다.

(가) **고려 숙종** 때 부족을 통일한 **여진족**이 고려의 국경을 자주 침입하자 **윤관**이 왕에게 건의하여 **별무반**을 편성하였다(1104). 이후 **예종** 때 윤관은 별무반을 이끌고 여진을 토벌하여 **동북 9성**을 설치하였다(1107).
(나) **몽골의 2차 침입** 때 승장 **김윤후**가 이끄는 민병과 승군이 처인성에서 몽골군에 대항하여 적장 **살리타**를 사살하면서 승리를 거두었다(1232).
④ 12세기에 **여진**은 세력을 확장하여 만주 지역을 장악하고 **금**을 건국한 뒤 고려에 **군신 관계**를 요구하였다. 이에 금에 대한 사대를 주장하는 개경파와 금 정벌을 주장하는 서경파의 대립이 지속되었다. 대표적인 서경파인 **묘청**은 **서경 천도**와 **금 정벌**, **칭제 건원** 등을 주장하였으나, 개경파인 **이자겸**이 금과의 무력 충돌을 피하고자 금의 사대 요구를 받아들였다(1126).

한 번 더 체크하러 가기 ▶ 미니북 23쪽

선택지 풀이

① 외침에 대비하여 광군을 조직하였다.
　정종 때 최광윤의 의견을 받아들여 거란의 침입에 대비하기 위한 군사 조직으로 광군을 조직하고, 광군사를 설치하여 이를 관장하였다(947).

② 서희의 활약으로 강동 6주를 획득하였다.
　성종 때 거란이 침략하자 서희가 소손녕과의 외교 담판을 통해 강동 6주를 획득하였다(993).

③ 이제현이 만권당에서 유학자들과 교유하였다.
　충선왕은 왕위에서 물러난 뒤 원의 연경에 만권당을 세우고 원의 학자와 문인들을 드나들게 했는데, 이때 이제현 등의 성리학자들을 고려에서 데려와 교유하게 하였다.

⑤ 압록강에서 도련포까지 천리장성을 축조하였다.
　현종 때 강감찬의 건의로 나성을 쌓아 개경을 방비하였고(1009~1029), 덕종부터 정종 때에는 압록강 하구부터 시작하여 동해안 도련포에 이르는 천리장성을 쌓아(1033~1044) 국경 수비를 강화하였다.

정답 및 해설 211

15 고려 원 간섭기의 상황   정답 ②

정답 분석

정답이 보이는 핵심 키워드
#김방경 #일본 정벌

길잡이 | 몽골과 함께 일본 원정을 떠났던 고려 원 간섭기의 상황을 살펴봅니다.

원 간섭기인 **충렬왕** 때 **김방경**과 인공수는 원의 요청으로 두 차례 **일본 원정**에 동원되어 고려군을 이끌고 참전하였다. 초기에는 대마도에서 전과를 올리기도 하였으나, 일본의 강한 저항과 태풍 등 자연재해로 인해 결국 실패하였다.
② 충렬왕 때 원은 고려를 일본 원정에 동원하기 위해 **정동행성**을 설치하고 **여몽 연합군**을 구성하였다.

선택지 풀이

① 삼전도비가 건립된 계기를 찾아본다.
　인조는 청과의 병자호란 때 남한산성으로 피신하여 항전하였으나 강화도로 보낸 왕족과 신하들이 인질로 잡히자 삼전도에서 굴욕적인 항복을 하였다. 이후 청 태종은 자신의 공덕을 기록한 기념비를 세우도록 조선에 강요하여 삼전도비가 건립되었다.

③ 사심관 제도가 시행된 원인을 조사한다.
　고려는 지방 출신의 중앙의 관리를 자신의 출신지에 임명시킴으로써 지방을 통제하는 사심관 제도를 시행하였다. 이 제도는 고려 태조가 신라 경순왕 김부에게 경주를 식읍으로 하사하고 경주의 사심관으로 임명하였던 것이 시초였다.

④ 조위총의 난이 전개되는 과정을 알아본다.
　정중부와 이의방을 중심으로 조정을 장악한 무신들이 의종을 폐위하여 거제도로 추방한 뒤 명종을 즉위시켰다. 이에 고려 서경유수 조위총은 군사를 일으켜 정중부 등의 무신 집권자들을 제거하려 하였으나 실패하였다.

⑤ 권수정혜결사문이 작성된 목적을 파악한다.
　고려의 보조국사 지눌은 승려들이 참선과 지혜를 함께 닦을 것을 호소하면서 『권수정혜결사문』을 작성하고 정혜쌍수와 돈오점수를 강조하였다.

16 논산 관촉사 석조 미륵보살 입상   정답 ③

정답 분석

정답이 보이는 핵심 키워드
#관촉사 #크나큰 석상 미륵존

길잡이 | 고려를 대표하는 불상인 논산 관촉사 석조 미륵보살 입상에 대해 탐구합니다.

고려의 문신 목은 이색은 문집 『목은집』에 「관촉사」라는 한시를 실어 **논산 관촉사 석조 미륵보살 입상**을 감상한 경험을 기록하였다.
③ 논산 관촉사 석조 미륵보살 입상은 대형 **철불**이 유행하였던 **고려 시대의 불상**으로, 충남 논산시에 위치하고 있다.

한 번 더 체크하러 가기 ▶ 미니북 44쪽

선택지 풀이

① 파주 용미리 마애이불 입상
　자연 암벽에 2구의 신체를 새기고 머리 위에 돌갓을 얹어 토속적인 분위기를 풍기는 거대 불상이다. 자연석을 그대로 사용하여 신체 비율이 맞지 않고 거대한 느낌을 주는 고려 시대 대형 불상의 특징이 잘 나타나 있다.

② 경산 팔공산 관봉 석조여래좌상
　경산 팔공산 관봉의 정상에 병풍처럼 둘러진 암벽을 배경으로 만들어진 통일 신라 시대의 불상으로, 불상의 머리 위에 갓처럼 생긴 돌이 올려져 있어 관봉(갓바위)이라고 불리게 되었다.

④ 서산 용현리 마애여래 삼존상
　서산 가야산 층암절벽에 조각된 거대한 백제의 화강석 불상으로, '백제의 미소'로도 알려져 있다.

⑤ 안동 이천동 마애여래 입상
　자연 암벽에 신체를 새기고 머리를 따로 올려놓은 거대 불상으로, 고려 시대에 유행하던 불상 양식을 띠고 있다.

암기의 key 　 고대 · 고려의 주요 불상

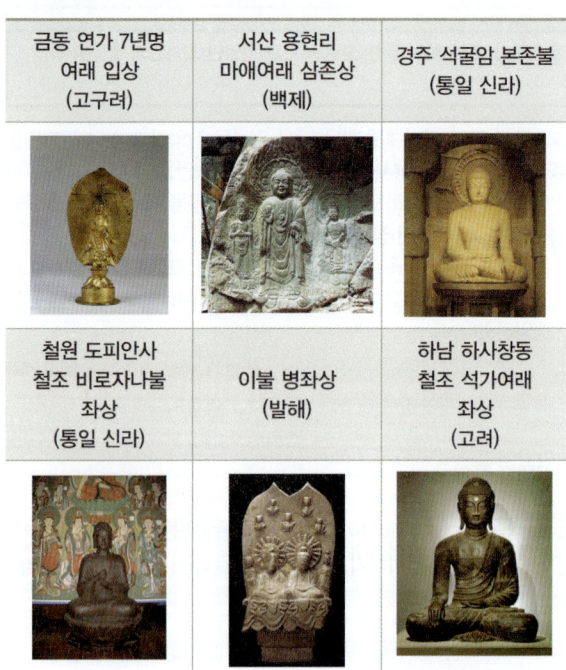

파주 용미리 마애이불 입상 (고려)	논산 관촉사 석조 미륵보살 입상 (고려)	영주 부석사 소조여래 좌상 (고려)

17 국자감 정답 ④

정답 분석

정답이 보이는 핵심 키워드
#국자학생 #태학생 #사문학생

길잡이 | 고려의 대표적인 국립 교육 기관이었던 국자감을 살펴봅니다.

고려 성종 때 설치된 **국립 교육 기관**인 **국자감**은 유학부와 기술학부로 나뉘어 유학부에서는 국자학·태학·사문학을, 기술학부에서는 율학·서학·산학을 교육하였다. 유학부 세 개의 학과는 수학하는 학문이 아닌 학생의 신분에 따라 구별되었다.
④ 고려 중기 **최충의 문헌공도**를 대표로 하는 **사학 12도**의 발전으로 **관학이 위축**되자, **예종**이 국자감을 재정비하여 **7재**를 세우고 **양현고**를 설치하는 등 **관학 진흥책**을 추진하였다.

한 번 더 체크하러 가기 ▶ 미니북 24쪽

선택지 풀이

① 문헌공도로 불리기도 하였다.
고려 문종 때 최충이 세운 9재 학당은 사학 12도 중 가장 번성하여 많은 후진을 양성하였으며, 최충의 사후 그의 시호를 바탕으로 문헌공도라 칭하였다.

② 중앙에서 교수나 훈도가 파견되었다.
③ 전국의 부·목·군·현에 하나씩 설치되었다.
향교는 조선 시대 성균관의 하급 관학으로서 전국 부·목·군·현에 하나씩 설립된 지방 국립 교육 기관이다. 중앙에서는 향교의 규모나 지역에 따라 교관으로 교수나 훈도를 파견하였다.

⑤ 사가독서제를 시행하여 학문에 전념하게 하였다.
조선 세종은 학문 연구를 위해 집현전을 설치한 뒤, 집현전 학자들 가운데 뛰어난 자를 선발해 휴가를 주어 독서 및 연구에만 전념할 수 있게 하는 사가독서제를 시행하였다.

18 고려의 중앙 정치 기구 정답 ①

정답 분석

정답이 보이는 핵심 키워드
#이자겸 #추밀원(중추원) #어사대 #상서성 #중서문하성

길잡이 | 추밀원(중추원), 어사대, 상서성, 중서문하성 등으로 구성되었던 고려의 중앙 정치 기구에 대해 알아봅니다.

ㄱ. **고려의 추밀원(중추원)**은 비서 기구로 군사 기밀(추밀)과 왕명 출납(승선)을 담당하였다.
ㄴ. **고려의 어사대**는 정치의 잘잘못을 논의하고 풍속을 교정하며 **관리의 비리를 감찰하고 탄핵**하였다. 또한, 어사대의 관원은 **중서문하성의 낭사와 함께 대간**이라고 불리며 **서경·간쟁·봉박의 권한**을 가지고 있었다. 이러한 권한은 왕이나 고위 관리들의 활동을 제약하여 정치 운영에 견제와 균형을 이루었다.

한 번 더 체크하러 가기 ▶ 미니북 35쪽

선택지 풀이

ㄷ. ㉢ - 화폐·곡식의 출납과 회계를 담당하였다.
조선 시대에 서경·간쟁·봉박의 권한을 가지고 있었던 삼사와 달리 고려 시대의 삼사는 화폐·곡식의 출납과 회계를 담당하였다.

ㄹ. ㉣ - 원 간섭기에 도평의사사로 개편되었다.
고려의 도병마사는 재신(중서문하성의 2품 이상)과 추밀(중추원의 2품 이상)이 국방 및 군사 문제를 논의하는 임시적인 회의 기구였다. 그러나 원 간섭기인 충렬왕 때 도평의사사로 명칭이 바뀌었고 최고 정무 기구로서 국사 전반에 관여하게 되었다.

19 고려의 요동 정벌 정답 ③

정답 분석

정답이 보이는 핵심 키워드
#명 황제 #철령 #최영과 함께 요동을 공격

길잡이 | 고려의 요동 정벌과 그 이후의 과정을 파악합니다.

③ **고려 우왕** 때 명이 **원의 쌍성총관부**가 있던 **철령 이북**의 땅에 **철령위**를 설치하겠다며 반환을 요구하였다. 이에 고려가 반발하면서 **최영**을 중심으로 **요동 정벌**이 추진되었다(1388). **이성계**는 **4불가론**을 제시하며 반대하였으나 왕명에 의해 출정하였다. 이후 의주 부근의 위화도에서 개경으로 회군하여 최영을 제거하고 우왕을 폐위하였다(**위화도 회군**, 1388). 위화도 회군 이후 이성계는 **신진 사대부 세력**과 결탁하여 실권을 장악한 후 창왕을 폐위하고 **공양왕**을 옹립한 뒤 과전법을 실시하였다(1391).

한 번 더 체크하러 가기 ▶ 미니북 8쪽

20 『고려사』   정답 ⑤

✓ 정답 분석

정답이 보이는 핵심 키워드
#범례는 사마천의 『사기』를 따름 #세가(世家) #가짜 왕인 신씨들을 열전으로 내림

길잡이 | 고려의 역사를 서술한 『고려사』를 살펴봅니다.

⑤ 『**고려사**』는 고려 태조부터 공양왕까지의 정치·경제·사회·문화·인물 등에 관한 내용을 정리한 관찬 역사서로, 사마천이 저술한 『사기』의 영향을 받아 **세가, 열전, 지, 연표** 등으로 구성된 **기전체 형식**이 사용되었다. 고려의 역사를 통해 통치의 교훈을 얻고자 세종 때부터 편찬되기 시작하여 문종 원년에 완성되었다. 특히, 고려 우왕과 창왕을 왕족이 아닌 역적 신돈의 자식으로 서술하여 이들을 세가가 아닌 열전에 기록하였다. 이는 왕위 찬탈을 통해 건국된 **조선의 정당성**을 밝히려는 목적으로 고려의 역사를 정리하였음을 보여준다.

✓ 선택지 풀이

① 발해사를 우리 역사로 체계화하였다.
조선 정조 때 서얼 출신 유득공이 저술한 『발해고』는 발해를 우리의 역사로 인식하고 최초로 '남북국'이라는 용어를 사용하였다.

② 고구려 시조의 일대기를 서사시로 표현하였다.
고려 무신 정권 시기의 문인 이규보는 『동국이상국집』을 저술하였다. 권3의 「동명왕편」은 한국 문학 최초의 서사시로, 고구려를 건국한 동명왕의 업적을 칭송하고 고려가 고구려를 계승하였다는 고려인의 자부심을 표현하였다.

③ 불교사를 중심으로 고대의 민간 설화를 수록하였다.
고려 원 간섭기인 충렬왕 때 승려 일연이 고조선에서부터 후삼국까지의 전래 기록을 모아 『삼국유사』를 저술하였다. 왕력(王歷)편, 기이(紀異)편 등 총 9편목으로 구성되어 있으며 불교 사료, 신화, 설화 등을 수록하였다.

④ 고조선부터 고려 말까지의 역사를 연대순으로 기록하였다.
조선 성종 때 서거정 등이 편찬한 『동국통감』은 고조선부터 고려 말까지의 역사를 연대순으로 기록한 편년체 역사서이다.

21 유향소   정답 ②

✓ 정답 분석

정답이 보이는 핵심 키워드
#향리들의 불법을 규찰 #이시애의 난 이후 혁파됨

길잡이 | 지방에서 향리를 감찰하고 향촌의 풍속을 교화하는 역할을 수행한 유향소에 대해 알아봅니다.

② **조선**은 전국을 8도로 나누어 모든 군현에 수령을 파견하였다. 또한, 지방에 **유향소**를 두어 수령 보좌, **향리(아전) 감찰**, 향촌 풍속 교화 등의 역할을 수행하도록 하였으며, **좌수와 별감** 등의 향임이 선발되어 회의를 주도하였다. 이후 유향소는 세조 때 중앙 집권적 정책으로 발생한 **이시애의 난**을 진압하던 과정에서 폐지되었고, 성종 때 다시 설치되어 향사례, 향음주례 등을 시행하는 역할을 하였다.

✓ 선택지 풀이

① 조광조 일파의 건의로 폐지되었다.
조광조를 비롯한 사림 세력은 도교를 이단으로 배척하였다. 이에 따라 궁중에서 지내는 도교적 제사인 초제를 주관하는 소격서의 폐지를 주장하여 이를 혁파하였다.

③ 풍기 군수 주세붕이 처음 설립하였다.
중종 때 풍기 군수 주세붕이 성리학을 전래한 고려 말의 성리학자 안향을 기리기 위해 최초로 백운동 서원을 건립하였다.

④ 대사성 이하 좨주, 직강 등의 관직을 두었다.
성균관은 조선 시대 최고의 국립 교육 기관으로, 정3품의 당상관직인 대사성을 중심으로 아래에 좨주, 사성, 직강 등의 관직을 두었다.

⑤ 매향(埋香) 활동 등 각종 불교 행사를 주관하였다.
향도는 불교 신앙을 바탕으로 고려, 조선 초기부터 시작된 향촌 조직으로 석탑·사찰의 조성 또는 매향 활동 등 각종 불교 행사를 주관하였다.

22 김종서   정답 ①

✓ 정답 분석

정답이 보이는 핵심 키워드
#『고려사절요』를 찬술 #계유정난 때 살해됨

길잡이 | 『고려사절요』를 편찬하고 계유정난 때 제거된 김종서의 활동을 탐구합니다.

조선의 문신 **김종서**는 문종 때 고려의 역사를 서술한 편년체 형식의 『**고려사절요**』를 편찬하였다. 단종의 즉위년에는 좌의정으로서 단종을 모시다가 세조가 일으킨 계유정난에 의해 살해되었다.
① 함길도 병마도절제사였던 김종서는 **세종**의 명으로 두만강 하류 지역에 **6진**을 설치하여 조선의 국경선을 확장하였다.

한 번 더 체크하러 가기 ▶ 미니북 9쪽

✓ 선택지 풀이

② 불씨잡변을 지어 불교를 비판하였다.
이성계와 함께 조선 건국을 주도한 정도전은 『불씨잡변』을 저술하여 성리학적 관점에서 불교의 교리를 비판하였고, 유교적 이념에 따라 통치할 것을 강조하였다.

③ 반정 공신의 위훈 삭제를 주장하였다.
조선 중종 때 등용된 조광조는 현량과 실시, 소격서 폐지, 반정 공신의 위훈 삭제 등의 급진적인 개혁을 실시하였다. 이에 반발한 훈구 세력들이 주초위왕 사건을 일으켜 기묘사화가 발생하면서 조광조를 비롯한 사림들이 피해를 입었다.

④ 왜구의 근거지인 쓰시마섬을 정벌하였다.
고려 말 창왕 때 박위는 왜구의 근거지인 쓰시마섬을 정벌하였으며, 조선 전기 이종무는 세종의 명으로 쓰시마섬을 정벌하여 왜구를 토벌하였다.

⑤ 충청도 지역까지 대동법의 확대 실시를 건의하였다.
조선 효종 때 김육은 광해군 때부터 시행되었던 대동법을 충청도까지 확장할 것을 건의하여 시행을 주관하였다.

23 조선 후기 경제 상황 정답 ⑤

정답 분석

정답이 보이는 핵심 키워드
#만상 임상옥 #연행사

길잡이 | 상업 화폐 경제가 발달하였던 조선 후기의 경제 상황을 살펴봅니다.

조선 후기 상업이 발달하면서 인삼, 담배, 면화 등 상품 작물의 재배가 활발해졌다. 또한, 의주의 만상(灣商)은 사무역인 책문 후시를 통해 청과의 무역 활동을 주도하면서 성장하였다. 특히, 임상옥은 조선 후기 대표적인 거상(巨商)으로, 인삼 무역을 통해 큰 부를 축적하기도 하였다.
⑤ 솔빈부는 발해의 지방 행정 구역인 15부 중 하나로, 당시 발해는 목축과 수렵이 발달하여 솔빈부의 말을 주변 국가에 특산품으로 수출하였다.

한 번 더 체크하러 가기 ▶ 미니북 24쪽

선택지 풀이

① 담배 농사를 짓고 있는 농민
조선 후기 상업의 발달로 인삼, 담배, 면화 등 상품 작물의 재배가 활발해졌다.

② 관청에 종이를 납품하는 공인
조선 후기 대동법의 시행으로 국가에서 필요한 물품을 관청에 직접 조달하는 공인이 등장하게 되었다.

③ 시사(詩社)에서 시를 낭송하는 중인
조선 후기에는 중인층과 서민층의 문학 창작 활동이 활발해지면서 시사(詩社)를 조직하기도 하였다.

④ 장시에서 판소리 공연을 하는 소리꾼
조선 후기 상업의 발달로 전국 각지에서 장시가 활성화되었으며, 서민 문화가 발달하여 판소리, 민화, 탈춤이 유행하였다.

24 임진왜란 정답 ②

정답 분석

정답이 보이는 핵심 키워드
#조명 연합군 #평양성 탈환 #불랑기포 #일본군은 크게 패함

길잡이 | 조명 연합군의 평양성 탈환으로 전세를 가져왔던 임진왜란에 대해 알아봅니다.

조선 선조 때 일본이 조선을 침입하여 임진왜란이 발생하였고(1592) 보름 만에 수도 한양이 함락되었다. 이에 조선은 명과 조명 연합군을 결성하고, 서양식 청동제의 화포인 불랑기포를 활용하여 왜군에 크게 승리하면서 평양성을 탈환하였다(1593.1.).
② 조명 연합군의 공격으로 후퇴하던 왜군이 행주산성을 공격하였다. 이에 권율을 중심으로 한 조선 군대와 백성들이 항전하여 왜군에 승리를 거두었다(1593.2.).

한 번 더 체크하러 가기 ▶ 미니북 32쪽

선택지 풀이

① 송상현이 동래성에서 항전하였다.
선조 때 왜군이 침입하여 임진왜란이 발발하였고, 곧바로 부산진성을 함락시킨 왜군은 동래성을 침공하였다. 이때 동래부사 송상현은 왜적에 맞서 싸웠으나 패배하여 동래성이 함락되고 송상현은 전사하였다(1592.4.15.).

③ 이순신이 한산도 앞바다에서 대승을 거두었다.
임진왜란 때 이순신의 수군은 학익진 전법을 활용하여 한산도 대첩에서 왜군을 크게 물리쳤다(1592.7.).

④ 신립이 탄금대 앞에서 배수의 진을 치고 싸웠다.
임진왜란이 발발하자 신립은 충주 탄금대에서 배수의 진을 치고 맞서 싸웠으나 왜군에 크게 패하여 강물에 몸을 던져 자결하였다(1592.4.).

⑤ 최윤덕이 올라산성에서 이만주 부대를 정벌하였다.
세종 때 최윤덕은 왕의 명을 받아 올라산성에서 여진의 무리인 이만주 부대를 정벌하고 압록강 상류 지역에 4군을 설치하였다(1443).

25 박제가, 정약용 정답 ④

정답 분석

정답이 보이는 핵심 키워드
#실학자 #『북학의』 #청의 문물 도입 #소비 촉진 #『경세유표』 #국가 제도의 개혁 방향을 제시

길잡이 | 조선 후기 실학자인 박제가, 정약용의 활동을 살펴봅니다.

(가) **박제가**: 조선 후기의 실학자 박제가는 청나라에서 보고 들은 것을 정리해 『북학의』를 서술하였다. 이 저서를 통해 **청의 선진 문물**을 받아들여야 하며, 절약보다는 **적절한 소비**를 통해 생산을 발전시켜야 한다고 주장하였다.

(나) **정약용**: 조선 후기의 실학자 정약용은 신유박해로 인해 강진에서 유배 생활을 하던 중, 그곳에서 중앙 행정 개혁의 방향을 제시한 『경세유표』를 서술하였다.

④ **정약용**은 마을 단위의 토지 공동 소유 · 경작, 노동력에 따른 수확물의 분배 내용이 담긴 **여전론**을 주장하였다.

한 번 더 체크하러 가기 ▶ 미니북 16쪽

선택지 풀이

① (가) - 100리 척을 사용하여 동국지도를 제작하였다.
영조 때 정상기는 최초로 100리 척을 사용한 지도인 『동국지도』를 제작하였다.

② (가) - 곽우록에서 토지 매매를 제한하는 한전론을 제시하였다.
조선 후기 실학자 이익은 『성호사설』과 『곽우록』을 저술하여 사회 개혁 사상을 제시하였다. 특히, 한 가정의 생활을 유지하는 데 필요한 규모의 토지를 영업전으로 정하여 법으로 매매를 금지하고, 나머지 토지만 매매가 가능하게 하는 한전론을 주장하였다.

③ (나) - 의산문답에서 중국 중심의 세계관을 비판하였다.
조선 후기 실학자 홍대용은 『의산문답』을 통해 지전설과 무한 우주론을 주장하며 중국 중심의 세계관을 비판하였다.

⑤ (가), (나) - 양명학을 연구하여 강화 학파를 형성하였다.
조선 후기 양명학자 정제두는 지행합일을 중요시하는 양명학을 체계적으로 연구하였고, 강화도에서 후진 양성에 힘쓰며 강화 학파를 형성하였다.

---

26 조선 후기 군사 조직의 정비   정답 ③

정답 분석

정답이 보이는 핵심 키워드
#이괄의 난 이후 #총융청 #포수, 살수, 사수의 삼수병 #훈련도감 #금위영

길잡이 | 조선 후기 군사 조직의 정비 과정에 대해 알아봅니다.

(나) **임진왜란** 중 **유성룡**이 조선 **선조**에게 건의하여 포수, 사수, 살수의 삼수병으로 편성된 **훈련도감**을 설치하였다(1593).
(가) 조선 **인조**는 **이괄의 난**을 겪으며 수도 외곽 방비의 허점을 파악하여 한양 도성을 방어하고 국방력을 강화하기 위해 **총융청**(1624), **수어청**(1626)을 설치하였다.
(다) 조선 **숙종**은 **금위영**을 창설하여 5군영 체제를 확립하고 국왕 수비와 수도 방어를 강화하였다(1682).

암기의 key 조선 후기 군사 조직의 정비

중앙군 (5군영 체제)	• 훈련도감: 선조 때 직업적 상비군으로 삼수병(포수, 사수, 살수) 양성 • 어영청: 인조 때 인조반정 이후 국내 정세 안정을 위해 설치 • 총융청: 인조 때 이괄의 난 이후 수도 외곽 방어를 위해 설치 • 수어청: 인조 때 정묘호란 이후 수도 남부 방어를 위해 남한산성에 설치 • 금위영: 숙종 때 왕실과 수도 방어를 목적으로 설치
지방군	• 진관 체제: 임진왜란 이후 제승방략 체제에서 진관 체제로 복구 • 속오군: 양반에서 노비까지 편제, 평상시에는 생업에 종사, 유사시에 동원

---

27 정조   정답 ③

정답 분석

정답이 보이는 핵심 키워드
#화성능행도 #혜경궁 홍씨 #현륭원

길잡이 | 아버지 사도세자의 묘인 현륭원을 방문하며 못다한 효를 행했던 정조의 정책을 학습합니다.

「**화성능행도**」는 조선 **정조**가 어머니 **혜경궁 홍씨**를 모시고 **사도세자**의 묘인 현륭원을 행차한 뒤 성대한 연회를 베풀었던 일을 여덟 폭의 그림으로 기록한 기록화이다. 이 그림은 국왕을 호위하는 군사 행렬의 위용을 표현하였으며, 구경나온 백성들의 모습을 해학적으로 그리고 있는 것이 특징이다.

③ **정조**는 새롭게 관직에 오른 자 또는 기존 관리들 중 능력 있는 관리들을 **규장각에서 재교육**시키는 **초계문신제**를 시행하였다.

한 번 더 체크하러 가기 ▶ 미니북 10쪽

선택지 풀이

① 자의 대비의 복상 문제로 예송이 전개되었다.
현종 때 효종의 국상 당시 자의 대비의 복상 문제를 놓고, 효종의 왕위 계승에 대한 정통성과 관련하여 서인과 남인 사이에 예송 논쟁이 발생하였다(기해예송). 서인은 효종이 둘째 아들이므로 자의 대비의 복상 기간을 1년으로 해야 한다고 주장하였고, 남인은 효종을 장자로 대우하여 3년 복상을 할 것을 주장하였으나 서인 세력이 승리하였다.

② 명의 신종을 제사 지내는 만동묘가 설치되었다.
숙종 때 명 황제인 신종과 의종의 제사를 지내기 위해 만동묘가 설치되었다. 이후 만동묘가 유생들의 집합 장소가 되어 경제 · 사회적 폐단을 일으키자 흥선 대원군은 이를 철폐하였다.

④ 붕당의 폐해를 경계하는 탕평비가 성균관에 건립되었다.
영조는 붕당 정치의 폐해를 막고 능력에 따른 인재를 등용하기 위해 탕평책을 실시하고, 성균관에 탕평비를 건립하였다.

⑤ 비변사의 혁파로 의정부와 삼군부의 기능이 정상화되었다.
고종의 즉위 이후 정치적 실권을 잡은 흥선 대원군은 비변사를 폐지하고 의정부의 권한을 강화하였으며, 삼군부를 부활시켜 군사 및 국방 문제를 전담하게 하였다.

28 황사영 백서 사건 정답 ③

정답 분석

정답이 보이는 핵심 키워드
#사학(邪學) #황사영 #백서 #북경의 천주당에 전하려고 한 것

길잡이 | 천주교 신자 박해에 대한 대응으로 발발한 황사영 백서 사건을 탐구합니다.

③ 조선 정조 때 발생한 신해박해에 이어 **순조** 때 신유박해가 일어나 **천주교** 전파에 앞장섰던 실학자들과 많은 천주교 신자들이 피해를 입게 되었다. 이에 황사영이 베이징 주교에게 조선으로 군대를 보내 달라는 내용의 편지를 보내려다 발각되어 신유박해가 더욱 심화되었다(**황사영 백서 사건**, 1801).

한 번 더 체크하러 가기 ▶ 미니북 10쪽

29 신미양요 정답 ⑤

정답 분석

정답이 보이는 핵심 키워드
#척화비 #제너럴셔먼호 사건을 구실로 일어남 #서양 세력과의 통상 수교를 거부

길잡이 | 흥선 대원군이 척화비를 건립하게 되는 배경 중 하나인 신미양요를 알아봅니다.

⑤ **제너럴셔먼호 사건**을 구실로 **미국의 로저스 제독**이 함대를 이끌고 **강화도**를 공격하면서 **신미양요**가 발생하였다(1871). 미군은 강화도 덕진진을 점거한 후 광성보로 진격하였고, **어재연**은 이에 맞서 싸웠으나 전사하는 등 조선군은 수많은 사상자를 내며 패배하였다. 이후 흥선 대원군은 종로와 전국 각지에 척화비를 세워 외세의 침입을 경계하고 서양과의 통상 수교 반대 의지를 알렸다(1871).

한 번 더 체크하러 가기 ▶ 미니북 11, 33쪽

선택지 풀이

① 청군의 개입으로 종결되었다.
임오군란과 갑신정변은 청의 개입으로 진압되었으며 이를 계기로 조선에 대한 청의 내정 간섭이 심화되었다.

② 외규장각 도서가 약탈되는 결과를 가져왔다.
병인박해를 구실로 강화도를 공격한 프랑스 군대는 병인양요를 일으켜 외규장각을 불태우고 의궤 등을 약탈해 갔다.

③ 에도 막부에 통신사가 파견되는 계기가 되었다.
임진왜란 이후 일본 에도 막부는 꾸준히 조선에 국교 재개와 사절 파견을 요청하였다. 이에 조선은 1607년부터 1811년까지 12회에 걸쳐 일본에 통신사를 파견하면서 조선의 선진 문물을 전파하였다.

④ 사태 수습을 위해 박규수가 안핵사로 파견되었다.
철종 때 발생한 임술 농민 봉기의 수습을 위해 파견된 안핵사 박규수는 봉기의 원인이 삼정의 문란에 있다고 보고 삼정이정청을 설치하여 이를 해결하고자 하였다.

30 조청 상민 수륙 무역 장정, 조일 통상 장정 정답 ③

정답 분석

정답이 보이는 핵심 키워드
#조선 상인 #중국 상인 #양화진 #일시 쌀 수출을 금지 #1개월 전에 통지

길잡이 | 중국, 일본과 각각 맺은 조청 상민 수륙 무역 장정과 조일 통상 장정의 내용을 학습합니다.

(가) **조청 상민 수륙 무역 장정**(1882): 신식 군대인 별기군에 비해 차별 대우를 받던 구식 군대가 임오군란을 일으켰으나 청의 군대에 의해 진압되었다. 이를 계기로 조선에 대한 청의 내정 간섭이 심화되었고, 청과 조청 상민 수륙 무역 장정을 체결하게 되었다. 이 조약을 통해 청은 치외법권과 함께 양화진 점포 개설권, 내륙 통상권, 연안 무역권을 인정받았다.

(나) **조일 통상 장정**(1883): 조선은 일본과의 무역에 대한 관세권을 회복하기 위해 조일 통상 장정을 체결하였다. 조항 중에는 일본에 대한 최혜국 대우 규정과 천재·변란 등에 의한 식량 부족의 우려가 있을 때 방곡령을 선포하는 조항이 포함되어 있었다.

한 번 더 체크하러 가기 ▶ 미니북 11, 37쪽

선택지 풀이

① (가) - 통감부가 설치되는 계기가 되었다.
을사늑약이 체결되면서 대한 제국의 외교권이 박탈되고 서울에 통감부가 설치되었다.

② (가) - 조선의 관세 자주권을 최초로 인정하였다.
조미 수호 통상 조약은 조선이 서양 국가와 맺은 최초의 조약으로 관세 자주권을 최초로 인정하였다. 그러나 최혜국 대우, 치외법권, 거중 조정 조항 등이 포함된 불평등 조약이었다.

④ (나) – 일본 공사관의 경비병 주둔을 명시하였다.
조선은 임오군란의 피해를 보상하라는 일본의 요구로 일본인 교관 피살에 대한 사과 사절단 파견, 주모자 처벌, 배상금 지불, 공사관 경비병 주둔 등을 명시한 제물포 조약을 체결하였다.

⑤ (가), (나) – 갑신정변의 영향으로 체결되었다.
일본은 갑신정변 당시 사망한 일본인에 대한 배상과 일본 공사관 신축 부지 제공 및 신축비 지불을 요구하면서 조선과 한성 조약을 체결하였다. 또한, 청과 일본은 갑신정변 이후 텐진 조약을 체결하여 향후 조선에 군대를 파견할 때 상호 통보를 약속하고 한쪽이라도 조선에 군대를 파견하면 다른 쪽도 바로 군대를 파견할 수 있도록 규정하였다.

31 한성순보   정답 ⑤

정답 분석

정답이 보이는 핵심 키워드
#박문국에서 창간 #근대 신문 #정부의 개화 정책을 홍보

길잡이 ┃ 박문국에서 발행된 한성순보를 탐구합니다.

⑤ 개항 이후 **개화 정책**의 일환으로 출판 기관인 **박문국**이 설치되었고 이곳에서 최초의 근대적 신문인 **한성순보**를 발행하였다(1883). 한성순보는 **순 한문 신문**으로, 10일마다 발간되었으며 정부의 개화 정책을 홍보하였다.

한 번 더 체크하러 가기 ▶ 미니북 38쪽

선택지 풀이

① 여권통문을 처음 보도하였다.
서울 북촌의 양반 여성들이 황성신문과 독립신문을 통해 한국 최초의 여성 인권 선언문인 여권통문을 발표하였다. 이를 통해 여성이 정치에 참여할 권리, 남성과 평등하게 직업을 가질 권리, 교육을 받을 권리 등을 주장하였다.

② 국채 보상 운동의 확산에 기여하였다.
황성신문과 대한매일신보는 국채 보상 운동을 지원하면서 전국 각지로 확산되는 데 기여하였다. 특히, 황성신문은 논설 「단연보국채」를 실어 국민들이 스스로 국채 보상 운동에 동참할 것을 호소하였다.

③ 의병 투쟁에 호의적인 기사를 게재하였다.
대한매일신보는 13도 창의군을 이끌었던 의병대장 이인영에 대한 기사를 싣고 의병 활동을 소개하는 항목을 따로 만드는 등 의병 투쟁에 호의적이었다.

④ 외국인이 읽을 수 있도록 영문으로도 발행되었다.
우리나라 최초의 민간 신문인 독립신문은 최초의 한글 신문이기도 하며 외국인을 위한 영문판으로도 제작되었다. 또한, 최초로 한글 띄어쓰기가 사용되기도 하였다.

32 동학 농민 운동   정답 ①

정답 분석

정답이 보이는 핵심 키워드
#전주성을 점령 #동학 농민군 #정부와 화약을 체결 #집강소 #폐정 개혁

길잡이 ┃ 전주 화약이 체결되고 집강소가 설치된 이후 일어난 사건에 대해 알아봅니다.

① 동학 농민 운동을 일으킨 농민군은 **황토현 전투**에서 관군에 승리하고 **전주성을 점령**하면서 전라도 일대를 장악하였다(1894.4.). 이에 정부와 농민군은 **전주 화약**을 맺어 자치 개혁 기구인 **집강소**를 설치하여 탐관오리 처벌, 잡세 폐지 등 **폐정 개혁**을 실시하였다(1894.5.). 그러나 **일본군**이 **경복궁을 점령**하는 등 내정 간섭이 심해지자 외세를 몰아내기 위해 동학 농민군의 **남접과 북접은 전봉준과 손병희를 중심으로 연합**하여 조직적으로 재봉기하였다(2차 봉기, 1894.9.).

한 번 더 체크하러 가기 ▶ 미니북 41쪽

선택지 풀이

② 농민군이 황룡촌 전투에서 관군에 승리하였다.
농민군은 황토현·황룡촌 전투에서 관군에 승리하고 전주성을 점령하여 전라도 일대를 장악하였다. 정부는 농민군을 진압하기 위해 청에 군대를 요청하였고, 텐진 조약으로 인해 일본도 군대를 파견하였다(1894.5.).

③ 교조 신원을 요구하는 보은 집회가 개최되었다.
동학교도들은 억울하게 처형된 교주 최제우에 대한 교조 신원과 동학 탄압 금지 등을 요구하며 보은에서 집회를 개최하였다(1893).

④ 사태 수습을 위해 안핵사 이용태가 파견되었다.
⑤ 전봉준이 농민을 이끌고 고부 관아를 습격하였다.
전라도 고부 군수 조병갑의 횡포에 견디다 못한 농민들이 동학교도 전봉준을 중심으로 고부에서 봉기를 일으켜 고부 관아를 점령하였다. 이를 해결하기 위해 파견된 안핵사 이용태 역시 이들을 탄압하자 농민군은 보국안민, 제폭구민을 기치로 내걸고 백산에서 봉기하여 4대 강령을 발표하였다(1차 봉기, 1894.3.).

33 육영 공원   정답 ⑤

정답 분석

정답이 보이는 핵심 키워드
#관립 교육 기관 #좌원과 우원으로 구성

길잡이 ┃ 최초의 근대식 공립 학교인 육영 공원을 학습합니다.

⑤ 고종은 헐버트, 길모어 등의 미국인 교사를 초빙하여 **최초의 근대식 공립 학교**인 **육영 공원**을 설립하였다. **좌원**과 **우원**으로 나누어 좌원에는 젊은 현직 관리를, 우원에는 아직 관직에 나아가지 않은 명문가 자제를 입학시켜 영어, 산학, 지리 등 근대 교육을 실시하였다.

✓ 선택지 풀이

① 7재라는 전문 강좌가 개설되었다.
고려 중기에 최충의 문헌공도를 대표로 하는 사학 12도의 발전으로 관학이 위축되자 예종 때 국자감을 재정비하여 전문 강좌인 7재를 설치하였다.

② 조선 총독부의 탄압으로 폐교되었다.
조선 총독부는 사립학교 규칙과 서당 규칙을 제정하여 민족 교육을 행하는 학교를 폐교시키며 탄압을 자행하였다.

③ 교육 입국 조서에 근거하여 세워졌다.
제2차 갑오개혁 때 교육 입국 조서가 반포되어 근대적 교육의 기본 방향이 제시되었고, 이에 따라 소학교, 중학교, 한성 사범 학교 등이 세워졌다.

④ 주요 건물로 대성전과 명륜당을 두었다.
조선 시대 최고 국립 교육 기관인 성균관은 공자를 비롯한 옛 성현에 대해 제사를 지내는 대성전, 유학을 강의하는 명륜당, 도서관인 존경각, 숙소인 동ᆞ서재 등으로 이루어져 있었다.

암기의 key — 근대 교육 기관

• 대표적 근대 교육 기관

동문학(1883)	영어 교육 기관
원산 학사(1883)	최초의 근대적 사립 학교, 문무 일치 교육
육영 공원(1886)	최초의 근대식 공립 학교, 상류층 자제에게 근대 교육 실시, 외국인 교사(헐버트, 길모어 등)

• 근대 교육 기관의 유형

관학		• 배경: 갑오개혁 때 반포된 교육 입국 조서(1895) → 근대 교육 제도 마련 • 실용적 인재 양성 • 소학교, 중학교, 한성 사범 학교, 외국어 학교 등 설립
사학	개신교 계통	• 목적: 기독교 선교, 근대 학문 교육 • 자유 평등의 근대 의식 고취 • 배재 학당, 이화 학당 등
	민족주의 계통	• 애국 계몽 운동의 일환으로 설립 • 국권 회복, 민족의식 고취 • 오산 학교, 대성 학교 등

---

34 박정양   정답 ⑤

✓ 정답 분석

정답이 보이는 핵심 키워드
#초대 주미 공사 #미국과의 외교 관계를 강조

길잡이 | 초대 주미 공사를 지냈던 박정양의 활동을 살펴봅니다.

조미 수호 통상 조약의 체결로 서양 국가 중 최초로 미국에 문호를 개방하게 되자 **박정양**은 **초대 주미 공사**로 워싱턴에 부임하게 되었다. 그는 백악관을 방문하여 미국 클리블랜드 대통령에게 **고종의 국서를 전달**하였으며, 미국을 시찰ᆞ견문하여 미국의 문물과 제도를 다룬 『**미속습유**』를 집필하였다.

⑤ **독립 협회**가 근대적 입헌 군주제를 추진하고자 **중추원의 의회 개편**을 제안하였다. 이에 **박정양 내각**과 협의하여 정부 대신들을 합석시킨 관민 공동회를 개최하고 **헌의 6조**라는 건의문을 채택하였다. 고종은 이를 받아들여 중추원 관제를 제정ᆞ공포하였고, 이에 따라 국왕 자문 기구인 중추원을 근대적인 상원 형태로 개편하게 되었다.

한 번 더 체크하러 가기 ▶ 미니북 17, 49쪽

✓ 선택지 풀이

① 샌프란시스코에서 흥사단을 창립하였다.
안창호는 미국 샌프란시스코에서 민족 운동 단체인 흥사단을 조직하였다.

② 황준헌이 쓴 조선책략을 국내에 들여왔다.
1880년대에 김홍집은 청의 황준헌이 저술한 『조선책략』을 국내에 처음 소개하였다. 러시아의 남하 정책에 대비하기 위한 조선, 일본, 청 등 동양 3국의 외교 정책 방향을 제시한 내용이 서술되어 있으며, 미국과 외교 관계를 맺어야 한다는 여론이 형성되는 계기가 되었다.

③ 인재 양성을 위해 오산 학교를 설립하였다.
안창호와 양기탁 등이 결성한 신민회는 민족의 실력 양성을 위해 대성 학교와 오산 학교를 세워 민족 교육을 실시하였다.

④ 국문 연구소를 설립하고 연구위원으로 활동하였다.
지석영과 주시경은 국문 연구소를 설립하여 한글의 정리와 국어의 이해 체계 확립에 힘썼다.

---

35 광무개혁   정답 ④

✓ 정답 분석

정답이 보이는 핵심 키워드
#고종이 황제로 즉위 #구본신참 #대한국 국제 반포 #지계 발급

길잡이 | 고종이 추진한 광무개혁의 내용을 알아봅니다.

아관 파천 이후 경운궁으로 환궁한 **고종**은 **대한 제국**을 선포하고 연호를 **광무**로 하여 **환구단**에서 **황제**로 즉위하였다. 이후 고종은 구본신참을 기본 정신으로 하여 광무개혁을 추진하여 **대한국 국제의 반포**를 통해 전제 황권을 강화하였다. 또한, **양지아문**을 설치하여 양전 사업을 실시하고, **지계아문**을 통해 토지 소유 문서인 **지계**를 발급하여 근대적 토지 소유권을 확립하고자 하였다.

④ 대한 제국을 선포한 고종은 대한국 국제를 제정한 후, **군 통수권 장악**을 위해 **원수부**를 설치하여 대원수로서 모든 군대를 통솔하고자 하였다.

한 번 더 체크하러 가기 ▶ 미니북 49쪽

선택지 풀이

① 통역관 양성을 위한 동문학 설립
조선 정부는 외국어 통역관을 양성하기 위한 외국어 교육 기관으로 동문학을 설립하여 영어 교육을 실시하였다.

② 개혁 방향을 제시한 홍범 14조 반포
홍범 14조는 청의 종주권 배제, 탁지아문으로 재정 일원화, 왕실과 국정 사무 분리 등의 내용을 담고 있었다. 이는 제1차 갑오개혁의 내용을 재확인하고 제2차 갑오개혁의 기본 방향을 제시하는 역할을 하였다.

③ 통리기무아문 설치와 개화 정책 추진
고종은 개화 정책의 일환으로 국내외의 군국 기무를 총괄하는 통리기무아문을 설치하고, 그 아래 12사(司)를 두어 행정 업무를 맡게 하였다.

⑤ 23부로의 지방 제도 개편과 지방관 권한 축소
제2차 갑오개혁 때 지방 행정 구역을 8도에서 23부로 개편하였다. 또한, 지방관의 사법권과 군사권을 배제하고 행정권만 행사하게 하는 등 지방관의 권한을 축소하였다.

36 일제의 국권 침탈 과정   정답 ⑤

정답 분석

정답이 보이는 핵심 키워드
#메가타 #탁지부의 재정 고문 #군대를 해산 #일부는 의병에 합류

길잡이 │ 제1차 한일 협약과 한일 신협약 사이에 일어난 사실을 학습합니다.

(가) **제1차 한일 협약**(1904): 제1차 한일 협약을 통해 스티븐스가 외교 고문, 메가타가 재정 고문으로 임명되어 대한 제국의 내정에 간섭하였다. 이에 **재정 고문 메가타**는 대한 제국의 경제권을 장악하기 위해 탁지부를 중심으로 **화폐 정리 사업**을 시작하여 백동화를 갑·을·병종으로 구분하고 제일 은행권으로 교환하였다(1905).

(나) **한일 신협약**(정미 7조약, 1907.7.): 헤이그 특사 파견 사건을 빌미로 **고종을 강제 퇴위**하고 순종을 즉위시킨 일본은 한일 신협약을 체결하여 각 부에 일본인 차관을 배치하고 대한 제국의 **군대를 해산**시켰다. 이에 해산된 군인들이 의병에 합류하여 정미의병을 전개하였다.

⑤ 고종은 제1차 한일 협약의 부당함을 알리고자 이준, 이상설, 이위종을 **네덜란드 헤이그 만국 평화 회의**에 특사로 파견하였다(1907.6.).

한 번 더 체크하러 가기 ▶ 미니북 11, 39쪽

선택지 풀이

① 데라우치가 초대 총독으로 부임하였다.
일제는 한일 병합 조약을 맺고, 대한 제국을 조선으로 개칭하였다. 또한, 일체의 정무를 관할하는 조선 총독부를 설치하여 초대 총독으로 데라우치를 임명하였다(1910).

② 13도 창의군이 서울 진공 작전을 전개하였다.
한일 신협약(정미 7조약)으로 대한 제국 군대가 해산되자 이에 반발하여 정미의병이 전국적으로 전개되었고, 해산 군인들이 의병 활동에 가담하며 의병 부대가 조직화되었다. 이후 이인영을 총대장으로 한 13도 창의군이 결성되어 서울 진공 작전을 전개하였다(1908).

③ 기유각서를 통해 일제에 사법권을 박탈당하였다.
기유각서는 1907년 체결한 한일 신협약(정미 7조약)의 세부 사항을 시행하기 위해 일제의 강압으로 조인된 협약으로, 우리나라의 사법권 및 감옥 사무를 일제에 위임하게 되었다(1909).

④ 상권 수호를 위해 황국 중앙 총상회가 조직되었다.
조청 상민 수륙 무역 장정의 체결로 조선의 내지에서 상업 활동을 전개하는 외국 상인들로 인해 서울 도성의 시전 상인들이 어려움에 처하였다. 이에 시전 상인들은 황국 중앙 총상회를 조직하여 상권 수호 운동을 전개하였다(1898).

암기의 key	일제의 국권 침탈 과정

조약	주요 내용
한일 의정서 (1904.2.)	• 러일 전쟁 발발 직후 체결 • 대한 제국의 군사 요지 점령
제1차 한일 협약 (1904.8.)	고문 정치: 외교 고문 스티븐스, 재정 고문 메가타
을사늑약 (제2차 한일 협약, 1905.11.)	• 외교권 박탈 • 통감부 설치: 초대 통감 이토 히로부미
한일 신협약 (정미 7조약, 1907.7.)	• 차관 정치: 일본인 차관, 통감부의 내정 간섭 심화 • 대한 제국 군대 해산
기유각서 (1909)	사법권 박탈
한일 병합 조약 (1910.8.)	• 대한 제국 국권 상실 • 조선 총독부 설치: 초대 총독 데라우치, 총리 대신 이완용

37 의열단   정답 ③

정답 분석

정답이 보이는 핵심 키워드
#김상옥 #단장 김원봉 #조선 내 관리를 암살 #주요 관아, 공서를 폭파

길잡이 | 폭력 투쟁을 전개하였던 의열단의 활동을 살펴봅니다.

김원봉이 결성한 항일 비밀 결사 조직 **의열단**은 **신채호**가 작성한 **조선 혁명 선언**을 기본 행동 강령으로 하여 폭력 투쟁을 전개하였다. 의열단은 식민 지배 기구를 파괴하고, 조선 총독부의 고위 관리 및 친일파 처단 활동을 목표로 행동하였다.
③ 의열단원인 **나석주**는 **동양 척식 주식회사**와 **조선 식산 은행**에 **폭탄**을 투척하였다.

한 번 더 체크하러 가기 ▶ 미니북 28쪽

선택지 풀이

① 일제의 황무지 개간권 요구를 저지하였다.
  보안회는 일본이 대한 제국에 황무지 개간권을 요구하자 반대 운동을 전개하여 이를 저지하였다.

② 일제가 조작한 105인 사건으로 큰 타격을 입었다.
  신민회는 조선 총독부가 데라우치 총독 암살 미수 사건을 조작하여 많은 민족 운동가들을 체포한 105인 사건으로 인해 와해되었다.

④ 조선 총독부에 국권 반환 요구서를 제출하고자 하였다.
  독립 의군부의 임병찬은 고종의 밀명을 받아 독립 의군부를 조직하여 조선 총독부에 국권 반환 요구서를 보내려고 시도하였다.

⑤ 이륭양행에 교통국을 설치하여 국내와 연락을 취하였다.
  중국 안동에 설립된 무역 선박 회사인 이륭양행은 비밀리에 대한민국 임시 정부의 교통국 역할을 수행하였다.

38 광주 학생 항일 운동   정답 ②

정답 분석

정답이 보이는 핵심 키워드
#한일 학생 간의 충돌을 계기로 시작 #민족 차별에 분노한 광주 지역 학생 #대규모 시위 #동맹 휴학

길잡이 | 일제 강점기 3·1 운동 이후 가장 큰 규모의 항일 운동이었던 광주 학생 항일 운동을 학습합니다.

ㄱ. **광주 학생 항일 운동**은 광주에서 벌어진 한일 학생 간의 우발적 충돌 사건을 계기로 발생하였으나, 일제의 조선인 학생에 대한 차별과 식민지 교육 현실에 저항하는 항일 운동으로 발전하였다(1929). '학생, 대중이여 궐기하라', '검거된 학생은 우리 손으로 탈환하자', '언론·결사·집회·출판의 자유를 획득하라', '식민지 교육 제도를 철폐하라', '조선인 본위의 교육 제도를 확립하라' 등의 슬로건을 내세우며 시위를 전개하였다. 이후 일반 국민들까지 참여하게 되면서 광주 학생 항일 운동은 전국적인 규모의 항일 운동으로 확대되었다.

ㄷ. 광주 학생 항일 운동은 3·1 운동 이후 가장 큰 규모의 항일 운동이었으며 **신간회**가 **진상 조사단**을 파견하여 지원하기도 하였다.

한 번 더 체크하러 가기 ▶ 미니북 27쪽

선택지 풀이

ㄴ. 대한매일신보의 후원 속에 전국으로 확산하였다.
  국채 보상 운동은 김광제, 서상돈 등의 제안으로 대구에서 시작된 경제적 주권 수호 운동으로, 일본에서 도입한 차관 1,300만 원을 갚아 주권을 회복하고자 하였다(1907). 김광제·서상돈 등은 대한매일신보에 국채 보상 운동에 대한 취지를 밝혀 기고하였고, 국채 보상 기성회를 설립하였다. 이후 대한매일신보는 국채 보상 운동에 대한 보도뿐만 아니라 국채 보상 의연금을 수령하고 접수된 의연금의 액수와 성명을 매일 신문에 실어 발표하였다. 국채 보상 운동은 대한매일신보를 비롯한 여러 언론 기관의 지원을 받아 전국으로 확산될 수 있었다.

ㄹ. 일제가 이른바 문화 통치를 실시하는 배경이 되었다.
  일제는 전국적인 민족 운동인 3·1 운동이 일어난 이후 국제 여론 악화와 무단 통치의 한계를 인식하여 1920년대에 들어 문화 통치로 통치 방식을 전환하였다.

39 한국 독립군   정답 ⑤

정답 분석

정답이 보이는 핵심 키워드
#대전자령 #일본군 #중국 의용군 #한중 연합군 #『청천장군의 혁명 투쟁사』

길잡이 | 북만주에서 지청천을 중심으로 결성된 한국 독립군의 활동을 알아봅니다.

지청천을 중심으로 **북만주**에서 결성된 **한국 독립군**은 **중국 호로군**과 연합하여 **한중 연합군**을 조직하였다. 이후 중국 의용군이 분화하면서 길림구국군과 함께 대전자령 전투를 전개하여 일본군에 승리하였다.
⑤ **한국 독립당** 산하의 군사 조직인 한국 독립군은 북만주에서 결성되었다. 또한, **중국 호로군**과 함께 **한중 연합 작전**을 전개하여 **쌍성보 전투**, **사도하자 전투**, **동경성 전투** 등에서 일본군에 승리하였다.

한 번 더 체크하러 가기 ▶ 미니북 28쪽

선택지 풀이

① 영국군의 요청으로 인도·미얀마 전선에 투입되었다.
한국 광복군은 충칭에서 대한민국 임시 정부의 직할 부대로 창설되었다. 이후 영국군의 요청으로 인도·미얀마 전선에 파견되었으며, 미군과 협조하여 국내 진공 작전을 추진하였다.

② 간도 참변 이후 조직을 정비하고 자유시로 이동하였다.
대한 독립 군단은 간도 참변으로 인해 러시아 자유시로 근거지를 옮겼으나, 군 지휘권을 둘러싼 분쟁에 휘말려 자유시 참변을 겪으면서 세력이 약화되었다.

③ 중국 관내(關內)에서 결성된 최초의 한인 무장 부대였다.
조선 의용대는 김원봉의 주도로 중국 국민당의 지원을 받아 중국 관내에서 결성된 최초의 한인 무장 부대로, 조선 민족 전선 연맹 산하에 있었다.

④ 홍범도 부대와 연합하여 청산리에서 일본군과 교전하였다.
김좌진이 이끄는 북로 군정서군과 홍범도가 이끄는 대한 독립군을 중심으로 한 독립군 연합 부대는 청산리 전투에서 일본군에 대승을 거두었다.

암기의 key 1930년대 항일 무장 투쟁

40 1930년대 이후 민족 말살 통치기 정답 ⑤

정답 분석

정답이 보이는 핵심 키워드
#창씨개명 #국가 총동원법 #국민 징용령 #지원병 제도

길잡이 | 일제가 민족 말살 통치를 펼치며 시행한 정책을 학습합니다.

1930년대 대륙 침략을 위해 한반도를 **병참 기지화**하고 중일 전쟁과 태평양 전쟁을 일으킨 일제는 **국가 총동원법**을 시행하여 우리 민족을 전쟁에 강제 동원하였고, 물적 수탈을 위해 양곡 배급제와 **미곡 공출**을 실시하였다. 또한, **국민 징용령**(1939)을 실시하여 한국인 노동력을 착취하였고, **지원병 제도**(1938), **징병 제도**(1944)로 젊은이들을 전쟁터로 강제 징집하였다.
⑤ 1930년대 이후 **민족 말살 통치기**에 일제는 황국 신민화 정책을 시행하여 내선일체의 구호를 내세워 한글 사용을 금지하였고, **창씨개명, 신사 참배, 황국 신민 서사 암송** 등을 강요하였다.

한 번 더 체크하러 가기 ▶ 미니북 12쪽

선택지 풀이

① 조선 태형령이 공포되었다.
② 헌병 경찰 제도가 실시되었다.
1910년대 무단 통치기에 일제는 강압적 통치를 위해 헌병 경찰 제도를 실시하였으며, 조선 태형령을 제정하여 곳곳에 배치된 헌병 경찰들이 조선인들에게 태형을 통한 형벌을 가하도록 하였다(1912).

③ 경성 제국 대학이 설립되었다.
일제는 조선 민립 대학 설립 운동을 저지하고 여론을 무마하기 위해 경성 제국 대학을 설립하였다(1924).

④ 조선 농민 총동맹이 조직되었다.
3·1 운동 이후 사회주의 사상이 유입되면서 노동·농민 운동 등 사회 운동이 활성화되었다. 이에 소작 쟁의가 다수 발생하였고 통일된 조직의 필요성을 느껴 조선 노농 총동맹을 결성하였다(1924). 이후 농민 운동과 노동 운동을 분리하기 위해 조선 노농 총동맹이 조선 노동 총동맹과 조선 농민 총동맹으로 분리되었다(1927).

41 천도교 정답 ②

정답 분석

정답이 보이는 핵심 키워드
#방정환 #『어린이』 #동학을 계승한 종교

길잡이 | 방정환을 중심으로 소년 운동을 전개하였던 천도교의 활동을 살펴봅니다.

동학의 제3대 교주 **손병희**는 동학을 **천도교**로 개칭하고 항일 운동 및 문화 운동을 전개하였다. 이에 방정환, 김기전 등이 주축이 된 **천도교 소년회**는 **어린이날**을 제정하고, 잡지 『**어린이**』를 발간하는 등 **소년 운동**을 주도하였다.
② 천도교는 국한문 혼용체 기관지인 **만세보**를 발행하여 민중 계몽 운동을 전개하였다.

한 번 더 체크하러 가기 ▶ 미니북 27쪽

✓ 선택지 풀이

① 한용운 등이 사찰령 폐지를 주장하였다.
한용운 등이 조직한 조선 불교 유신회는 일제가 시행한 사찰령에 저항하여 민족 불교의 자주성을 지키고자 하였다.

③ 박중빈을 중심으로 새생활 운동을 펼쳤다.
원불교는 허례허식 폐지, 남녀평등, 미신 타파, 금주·단연 등 새생활 운동을 전개하였다. 또한, 개간 및 간척 사업과 저축 운동을 적극적으로 추진하기도 하였다.

④ 배재 학당을 세워 신학문을 보급하고자 힘썼다.
배재 학당은 미국인 개신교 선교사 아펜젤러가 세운 근대적 사립 학교로, 신학문 보급을 위해 노력하였다.

⑤ 의민단을 조직하여 항일 무장 투쟁을 전개하였다.
만주 지역에서 천주교도를 중심으로 독립운동 단체인 의민단이 조직되어 항일 무장 투쟁을 전개하였다.

42 민족 문화 수호 운동 정답 ①

✓ 정답 분석

정답이 보이는 핵심 키워드
#일제 강점기 #민족 문화를 수호 #이윤재 #한글 맞춤법 통일안 제정 #최현배 #조선어 연구회 #신채호 #고대사 연구

길잡이 | 일제의 식민 통치에 맞서 전개된 민족 문화 수호 운동을 알아봅니다.

일제의 민족 말살 통치 정책에 맞서 국어, 역사, 종교, 문학, 예술 활동 등을 통해 우리의 전통문화를 지키고자 **민족 문화 수호 운동**이 전개되었다. 이윤재는 한글 맞춤법 통일안의 제정 위원이 되어 한글의 연구 및 보급에 앞장섰다. 최현배는 이윤재 등과 함께 **조선어 연구회**를 결성하여 한글날의 시초가 된 **가갸날**을 제정하고, 기관지인 『**한글**』을 발행하여 한글 대중화에 힘썼다. **신채호**는 민족주의 사학자로서 우리 고대 문화의 우수성과 독자성을 강조하면서 『**조선상고사**』를 저술하였다. 이 역사서를 통해 역사가 '아(我)와 비아(非我)의 투쟁'임을 강조하였다.
① **정인보**는 「**5천 년간 조선의 얼**」이라는 글을 동아일보에 연재하여 민족정신을 고취하였고, **안재홍**과 함께 **조선학 운동**을 주도하여 정약용의 저술을 모은 『**여유당전서**』를 간행하였다.

✓ 선택지 풀이

② 장지연, 황성신문에 시일야방성대곡이라는 논설을 싣다
장지연은 을사늑약이 체결되자 황성신문에 논설 「시일야방성대곡」을 실어 조약의 부당성을 비판하였다.

③ 유길준, 서유견문을 집필하여 서양 근대 문명을 소개하다
유길준은 미국 유학을 다녀온 뒤 서양 각국의 지리, 역사, 정치, 교육 등을 다룬 『서유견문』을 집필하여 서양 근대 문물을 소개하였다.

④ 최익현, 지부복궐척화의소를 올려 왜양일체론을 주장하다
최익현은 왜양일체론에 입각하여 강화도 조약과 단발령에 반발하는 상소(지부복궐척화의소)를 올렸다.

⑤ 신헌, 강화도 조약 체결의 전말을 기록한 심행일기를 남기다
고종 때 전권대관 신헌은 조선 측 대표로서 일본 전권대신 구로다 등과 함께 강화도 조약 체결을 주도하였다. 이후 조약 체결의 전말과 양측 대표들의 협상 과정 등을 기록한 『심행일기』를 남겼다.

43 지역사 – 도쿄 정답 ③

✓ 정답 분석

정답이 보이는 핵심 키워드
#지진 당시 희생된 조선인 #자경단에 의해 수많은 조선인이 학살됨

길잡이 | 관동 대지진과 더불어 조선인 학살이 자행된 도쿄의 역사를 알아봅니다.

1923년 진도 7.9의 강진이 **일본 도쿄**와 **관동** 일대에 발생하였다. 이때 "조선인이 우물에 독을 퍼뜨렸다", "조선인이 폭동을 일으켰다" 등의 유언비어가 일본 경찰에 의해 유포되었고, 이를 믿은 일본 민중은 자경단을 조직하여 조선인을 향한 **대학살**을 자행하였다.
③ **일본 도쿄** 유학생들이 중심이 되어 결성한 **조선 청년 독립단**은 대표 11인을 중심으로 **도쿄**에서 **2·8 독립 선언서**를 발표하였다.

한 번 더 체크하러 가기 ▶ 미니북 26쪽

✓ 선택지 풀이

① 한인 자치 기구인 경학사를 설립하였다.
신민회는 남만주 삼원보에 한인 자치 기관인 경학사를 조직하였다.

② 민족 교육을 위해 서전서숙을 건립하였다.
이상설 등이 북간도 용정촌에 서전서숙을 설립하여 민족 교육을 실시하였다.

④ 대조선 국민 군단을 결성하여 군사 훈련을 실시하였다.
박용만은 하와이에 대조선 국민 군단을 조직하여 독립군 사관 양성을 바탕으로 한 무장 투쟁을 준비하였다.

⑤ 대한 광복군 정부를 세워 무장 독립 투쟁을 준비하였다.
연해주에서 공화정을 목표로 하는 대한 광복군 정부가 조직되어 정통령 이상설, 부통령 이동휘를 중심으로 독립운동을 전개하였다.

44 여운형 — 정답 ①

정답 분석

정답이 보이는 핵심 키워드
#몽양 #신한 청년당 #좌우 합작 운동

> **길잡이** | 독립운동과 좌우 합작 운동을 전개하였던 몽양 여운형의 활동을 학습합니다.

몽양 여운형은 대한민국 임시 정부를 모체로 하여 **상하이**에서 **신한 청년당**을 조직한 후, **파리 강화 회의**에 **김규식**을 파견하여 **독립 청원서**를 제출하도록 하였다. 또한, 광복 이후 전개된 제1차 미소 공동 위원회가 결렬된 후 이승만이 단독 정부 수립을 주장하자, 김규식 등과 함께 미군정의 지원을 받으면서 **좌우 합작 위원회**를 결성하고 **좌우 합작 7원칙**을 발표하면서 **좌우 합작 운동**을 전개하였다. 독립운동가이자 해방 이후의 정국을 주도하였던 여운형이 사망하자 장례식에 60여만 명의 추모 인파가 모여 한국 최초의 인민장이 거행되기도 하였다. 또한, 장례식에 그를 애도하는 만장이 내걸렸는데 이는 2023년 7월 국가등록문화재 등록이 예고되었다.
① 여운형은 일제의 패망에 대비하여 광복 이후 민주주의 국가 건설을 목표로 **조선 건국 동맹**을 결성하였다. 또한, 일본인의 안전한 귀국을 보장하는 조건으로 조선 총독부로부터 행정권의 일부를 이양받아 **조선 건국 준비 위원회**를 결성하였다.

한 번 더 체크하러 가기 ▶ 미니북 18, 29쪽

선택지 풀이

② 한국독립운동지혈사를 저술하였다.
　박은식은 갑신정변부터 3·1 운동까지의 역사에 초점을 맞춰 우리 민족의 항일 운동 역사를 다룬 『한국독립운동지혈사』를 저술하였다.

③ 권업회의 초대 회장으로 선출되었다.
　최재형은 홍범도, 이상설 등과 함께 연해주에서 항일 독립운동 단체인 권업회를 결성하고 초대 회장으로 선출되었다.

④ 대한 광복회를 조직하여 친일파를 처단하였다.
　박상진은 대한 제국의 국권을 회복하고 공화 정체의 근대 국민 국가를 세우고자 비밀 결사 운동 단체인 대한 광복회를 조직하였다. 대한 광복회는 박상진이 총사령, 김좌진이 부사령으로 구성되는 등 군대식 조직을 갖추었으며 군자금 조달과 친일파 처단 활동도 전개하였다.

⑤ 백산 상회를 설립하여 독립운동 자금을 마련하였다.
　안희제는 민족 자본으로 우리나라 최초의 주식회사인 백산 상회를 세우고 무역업을 통해 독립운동 자금을 마련하였다.

45 제2차 개헌(사사오입 개헌) — 정답 ⑤

정답 분석

정답이 보이는 핵심 키워드
#제2차 개정 #대통령의 장기 집권을 위해 헌법 개정안 제출 #사사오입의 논리

> **길잡이** | 이승만 대통령의 장기 집권을 위해 사사오입의 논리를 펼쳐 단행한 제2차 개헌을 살펴봅니다.

⑤ **이승만**은 자신의 대통령 3선을 위해 초대 대통령에 한해 **중임 제한을 철폐**한다는 내용의 헌법 개정안을 발표하였으나, 국회에서 의결 정족수의 3분의 2를 채우지 못하여 부결되었다. 그러나 1인 이하의 소수점 자리는 계산하지 않는다는 **사사오입 논리**로 개헌안을 통과시켜 장기 집권을 시도하였다(**제2차 개헌**, 1954).

한 번 더 체크하러 가기 ▶ 미니북 13쪽

선택지 풀이

① 통일 주체 국민 회의에서 대통령이 선출되었다.
　박정희 정부는 유신 헌법을 발표하여 대통령 임기 6년과 중임 제한 조항 삭제 및 통일 주체 국민 회의를 통한 대통령 간접 선거의 내용을 담은 제7차 헌법 개정을 단행하였다.

② 5년 단임의 대통령이 직선제에 의해 선출되었다.
　6월 민주 항쟁의 결과 정부는 6·29 민주화 선언을 발표하여 5년 단임의 대통령 직선제를 골자로 하는 제9차 개헌을 단행하였다.

③ 대통령이 국회의원의 3분의 1을 추천하게 되었다.
　박정희 정부는 장기 집권을 위해 유신 헌법(제7차 개헌)을 선포하여 대통령에게 국회의원 1/3 추천 임명권, 긴급 조치권 등 강력한 권한을 부여하였다.

④ 국회에서 간접 선거 방식으로 대통령이 선출되었다.
　제헌 국회는 제헌 헌법을 제정하여 임기 4년의 대통령을 간접 선거 방식으로 선출하였다.

암기의 key — 대한민국 헌법 개정

개정 회차	시기	개정 내용
제헌 헌법	1948	• 대통령 간선제 • 단원제 국회 • 대통령 임기 4년, 1회에 한해 중임 가능
제1차 개헌 (발췌 개헌)	1952	• 대통령, 부통령 직선제 → 이승만 재선 목적(6·25 전쟁 중) • 민의원·참의원의 양원제 국회 • 국회의 국무위원 불신임 제도
제2차 개헌 (사사오입 개헌)	1954	초대 대통령에 한해 중임 제한 철폐 → 이승만 3선 목적
제3차 개헌	1960.6.	• 국회에서 대통령 선출 • 의원 내각제, 양원제(장면 내각) • 국회의 국무위원 불신임 제도

제4차 개헌	1960.11.	• 3·15 부정 선거 관련자 처벌 • 특별 재판소, 검찰부 설치
제5차 개헌	1962	• 대통령 직선제 • 단원제 국회 • 5·16 군사 정변 → 공화당 정권 수립
제6차 개헌 (3선 개헌)	1969	• 대통령 직선제, 대통령 3선 허용 • 국회의원의 국무위원 겸직 허용
제7차 개헌 (유신 헌법)	1972	• 대통령 간선제(통일 주체 국민 회의) • 대통령 임기 6년, 중임 및 연임 제한 철폐 • 대통령 권한 강화, 국회 권한 축소 • 대통령의 국회의원 1/3 추천권
제8차 개헌	1980	• 7년 단임의 대통령 간선제(선거인단) • 12·12 사태로 비상계엄 발령
제9차 개헌	1987	• 5년 단임의 대통령 직선제 • 국회 권한 강화 • 6월 민주 항쟁의 결과로 여야의 합의 개헌

46 화폐   정답 ③

정답 분석

정답이 보이는 핵심 키워드
#화폐 #명도전 #해동통보 #은병 #상평통보 #백동화

길잡이 | 시대별로 사용된 화폐를 학습합니다.

③ 조선 고종 때 **흥선 대원군**이 **경복궁 중건**에 필요한 비용을 마련하기 위해 당백전을 남발하였다.

선택지 풀이

① (가) - 중국 연과의 교류 관계를 보여주다
철기 시대 때 고조선과 중국 연의 교류가 활발하여 중국 화폐인 명도전과 반량전이 사용되었다.

② (나) - 의천의 건의로 화폐가 주조되다
고려 숙종 때 승려 의천의 건의에 따라 화폐 주조를 전담하는 주전도감을 설치하고, 해동통보, 삼한통보, 해동중보 등의 동전과 활구(은병)를 발행·유통하였다.

④ (라) - 법화로 발행되어 전국적으로 유통되다
조선 인조 때 처음 주조된 상평통보는 숙종 때 법화로 지정되면서 전국적으로 유통되었다. 그러나 지주나 상인들이 화폐를 고리대나 재산 축적에 이용하면서 발행량보다 유통량이 부족해지는 전황이 발생하였다.

⑤ (마) - 전환국에서 화폐가 발행되다
조선은 개항 이후 전환국을 설치하고 상평통보 대신 새로운 화폐인 백동화를 주조하여 발행하였다.

47 노비   정답 ③

정답 분석

정답이 보이는 핵심 키워드
#만적 #장수와 재상에 어찌 종자가 있으랴 #노비를 안검 #공노비와 사노비에 관한 법을 일체 혁파 #내노비와 시노비를 모두 양민으로 삼도록 함

길잡이 | 시대별로 노비의 해방을 위해 행했던 노력을 살펴봅니다.

(나) **노비안검법**(956): 고려 광종은 노비안검법을 실시하여 억울하게 노비가 된 사람들을 해방시켜 국가 재정을 튼튼히 하는 동시에 **호족의 세력을 약화**시켰다.

(가) **만적의 난**(1198): 고려 무신 정권 시기에 **최충헌의 사노비**인 **만적**이 신분 차별에 항거하여 개경에서 반란을 도모하였으나 사전에 발각되어 실패하였다.

(라) **공노비 해방**(1801): 조선 순조 때 법적으로 각 궁방과 중앙 관서의 공노비를 해방시켜 양민으로 삼았다.

(다) **제1차 갑오개혁**(1894): 군국기무처를 주도로 제1차 갑오개혁이 진행되면서 **공사 노비법을 혁파**하여 신분제가 법적으로 폐지되었다.

48 노비   정답 ①

정답 분석

정답이 보이는 핵심 키워드
#높은 벼슬이 천한 노비에게서 많이 나옴 #노비를 안검

길잡이 | 노비의 해방을 위한 노력인 노비안검법과 만적의 난을 학습합니다.

ㄱ. **고려 무신 정권 시기**에는 **천민 출신 이의민**이 정권을 장악하는 등 전통적인 신분 질서에 대한 개념이 무너졌다. 이에 **최충헌의 사노비**인 **만적**이 신분 차별에 항거하여 개경에서 반란을 도모하였으나 사전에 발각되어 실패하였다(1198).

ㄴ. 고려 초에 호족이 토지와 노비를 늘려 세력을 키우자 **광종**은 **노비안검법**을 실시하여 억울하게 노비가 된 사람들을 구제하면서 호족의 경제적 기반을 약화시켰다(956).

선택지 풀이

ㄷ. (다) - 균역법이 시행되는 배경을 파악한다.
조선 후기 군역으로 인해 농민들의 부담이 가중되자 영조는 균역법을 제정하여 기존 1년에 2필이었던 군포를 1필만 부담하게 하였다. 이로 인해 감소된 재정은 지주에게 결작으로 부과하고, 어장세·선박세·염세 등의 잡세 수입으로 보충하였다.

ㄹ. (라) - 삼정이정청이 설치된 계기를 조사한다.
　　조선 철종 때 삼정의 문란과 경상 우병사 백낙신의 가혹한 수탈에 견디다 못한 진주 지역의 농민들이 임술 농민 봉기를 일으켰다. 이에 안핵사로 파견된 박규수는 삼정이정청을 설치하여 삼정의 문란을 해결하고자 하였다.

49 박정희 정부　　정답 ④

정답 분석

정답이 보이는 핵심 키워드
#민주화 운동 탄압 사례 #민청학련 사건

길잡이 | 민청학련 사건이 일어났던 박정희 정부 시기의 상황을 알아봅니다.

박정희 정부가 **유신 헌법**을 통해 장기 집권을 시도하자 전국적으로 **유신 반대 투쟁**이 일어났다. 이에 정부는 **긴급조치** 1, 2호를 발동하여 반체제 운동을 억압하였으나, 여러 대학의 운동권 학생들이 모여 전국 민주 청년 학생 총연맹(민청학련)을 조직하고 전국 각지에서 반독재 시위를 전개하였다. 긴급조치 4호에 의해 민청학련 관련자들은 대통령 긴급조치 위반 내란 예비 음모죄로 구속되었다(**민청학련 사건**, 1974). 또한, 중앙 정보부는 민청학련의 배후에 북한의 지령을 받고 국가 변란을 기도한 '인혁당 재건위'가 있다고 조작·발표하면서 관련자 천여 명을 체포하고, 그중 도예종 등 8명의 사형을 집행하였다(**인민 혁명당 재건위 사건**, 1974).
④ 박정희 정부의 **유신 독재 체제에 저항**하기 위해 김대중, 함석헌 등의 정치인과 기독교 목사, 대학 교수 등은 **긴급 조치 철폐** 등을 요구하면서 **3·1 민주 구국 선언**을 발표하였다(1976).

선택지 풀이

① 정부에 비판적인 경향신문이 폐간되었다.
　이승만 정권은 여당에 비판적인 보도를 하였던 경향신문을 폐간시키며 언론 탄압을 자행하였다(1959).

② 국민의 요구에 굴복하여 대통령이 하야하였다.
　이승만의 장기 집권과 자유당 정권의 3·15 부정 선거에 저항하여 4·19 혁명이 발발하였다. 대학 교수단이 대통령의 하야를 요구하는 행진을 전개하는 등 시위가 전국적으로 확산되자, 결국 이승만 대통령이 하야하고 내각 책임제를 기본으로 하는 허정 과도 정부가 구성되었다(1960).

③ 민주화 시위 도중 대학생 강경대가 희생되었다.
　노태우 정부는 6월 민주 항쟁 이후 민주화 운동을 탄압하기 위해 공안 통치를 자행하였다. 이에 명지대학교 학생 강경대가 노태우 정권 타도, 학원 자율화 정책 완전화 등을 주장하며 시위를 전개하다가 사복 경찰에게 집단 구타를 당해 사망하였다(1991).

⑤ 기존의 헌법을 유지하는 4·13 호헌 조치가 선언되었다.
　전두환 대통령이 국민들의 민주화 요구를 거부하고, 일체의 개헌 논의를 중단시킨 4·13 호헌 조치를 발표하였다(1987.4.). 이와 더불어 박종철 고문치사 사건이 불거지면서 6월 민주 항쟁이 전국적으로 확산되었다(1987.6.).

50 노무현 정부의 통일 노력　　정답 ⑤

정답 분석

정답이 보이는 핵심 키워드
#참여 정부 와서 첫 삽을 뜸 #개성 공단

길잡이 | 개성 공단 착공식이 이루어졌던 노무현 정부의 통일 노력을 살펴봅니다.

김대중 정부 시기인 2000년에 남북 정상 회담이 이루어져 개성 공단 건설 운영에 관한 합의서를 체결하였으나, **노무현 정부(참여 정부)**에 이르러서 비로소 **개성 공단 착공식**이 추진되었다(2003). 개성 공단은 북한 개성에 세워진 공업 단지로서 남측의 자본과 기술, 북측의 토지와 인력을 결합하여 남북이 교류·협력할 수 있도록 조성한 공간이다. 2006년에는 개성 공단 입주 기업의 생산액이 10억 달러를 넘어섰고, 2012년에는 북측의 근로자가 5만 명을 돌파하였으나 2016년 북한의 핵실험과 장거리 미사일 발사로 인해 남북 관계가 얼어붙으면서 개성 공단 가동이 전면 중단되었다.
⑤ 노무현 정부는 **제2차 남북 정상 회담**을 진행하여 **10·4 남북 공동 선언**을 발표하였다(2007).

한 번 더 체크하러 가기 ▶ 미니북 20쪽

선택지 풀이

① 남북한이 국제 연합(UN)에 동시 가입하였다.
　노태우 정부에서 적극적인 북방 외교 정책을 추진하여 남북한의 국제 연합(UN) 동시 가입이 이루어졌다(1991).

② 민족 자존과 통일 번영을 위한 7·7 선언을 발표하였다.
　노태우 정부 때 6개 조항으로 구성된 민족 자존과 통일 번영을 위한 대통령 특별 선언을 발표하였다. 이는 남북한 동포 간의 상호 교류, 문호 개방, 사회주의 국가와의 수교 등의 내용을 담고 있다(1988).

③ 남북 이산가족 고향 방문단의 교환 방문을 최초로 성사시켰다.
　전두환 정부 시기에 분단 이후 최초로 남북 이산가족 고향 방문단 및 예술 공연단 등 총 151명이 서울과 평양을 동시에 방문하였다(1985).

④ 7·4 남북 공동 성명 실천을 위해 남북 조절 위원회를 구성하였다.
　박정희 정부 시기 서울과 평양에서 7·4 남북 공동 성명을 발표하고, 남북 조절 위원회를 설치하였다(1972).

제66회 한국사능력검정시험 정답 및 해설

STEP 1 정답 확인   문제 p.122

01	02	03	04	05	06	07	08	09	10	11	12	13	14	15	16	17	18	19	20	21	22	23	24	25
②	②	③	④	①	⑤	⑤	⑤	③	⑤	②	④	③	②	④	③	①	②	③	⑤	③	④	③	②	①
26	27	28	29	30	31	32	33	34	35	36	37	38	39	40	41	42	43	44	45	46	47	48	49	50
②	④	④	①	⑤	②	①	②	①	③	③	②	⑤	②	③	④	④	③	③	①	④	①	②	②	⑤

STEP 2 난이도 확인

| 제66회 합격률 | 59% | 최근 1년 평균 합격률 | 51.1% |

STEP 3 시대별 분석

시대	선사	고대	고려	조선 전기	조선 후기	근대	일제 강점기	현대	복합사
틀린 개수/문항 수	/2	/6	/9	/5	/4	/6	/8	/5	/5
출제비율	4%	12%	18%	10%	8%	12%	16%	10%	10%

STEP 4 문제별 주제 분석

01	선사	구석기 시대	26	조선 후기	조선 후기의 경제 상황
02	선사	옥저	27	복합사	경복궁
03	고대	황남대총 북분 금관	28	근대	제너럴셔먼호 사건
04	고대	고구려 광개토 대왕	29	근대	갑신정변
05	고대	백제 무왕	30	복합사	김부식, 유득공, 신채호
06	고대	통일 신라의 경제 상황	31	복합사	『삼국사기』, 『발해고』
07	고대	통일 신라 말 사회 모습	32	근대	동학
08	고대	발해와 고구려의 문화적 연관성	33	근대	보안회
09	고려	견훤	34	근대	을미의병
10	고려	고려의 경제 상황	35	근대	대한국 국제
11	고려	거란에 대한 고려의 대응	36	일제 강점기	한국 독립군
12	고려	어사대	37	일제 강점기	무단 통치기
13	고려	원에 대한 고려의 대응	38	일제 강점기	대한 광복회
14	고려	고려 중기의 주요 사건	39	일제 강점기	3·1 운동
15	고려	고려 공민왕	40	일제 강점기	이육사
16	고려	혜심	41	일제 강점기	의열단
17	고려	평창 월정사 팔각 구층 석탑	42	일제 강점기	광주 학생 항일 운동
18	조선 전기	조선 건국 이후의 상황	43	일제 강점기	민족 말살 통치기
19	조선 전기	조선 세종의 업적	44	복합사	여운형
20	조선 전기	갑자사화	45	현대	6·25 전쟁
21	조선 전기	강홍립의 사르후 전투	46	현대	박정희 정부의 경제 상황
22	조선 전기	임진왜란	47	현대	김영삼 정부의 경제 상황
23	조선 후기	조선 영조	48	복합사	지역사 – 강릉
24	조선 후기	홍대용	49	현대	4·19 혁명
25	조선 후기	조선 효종	50	현대	전두환 정부의 통일 노력

01 구석기 시대 정답 ②

정답 분석

정답이 보이는 핵심 키워드
#공주 석장리 #주먹도끼 #뗀석기

길잡이 | 구석기 시대의 생활 모습을 알아봅니다.

공주 석장리 유적은 남한에서 최초로 발굴된 **구석기 시대 유적지**로, 1964년에 처음 조사된 이후 13차례에 걸쳐 발굴 조사가 실시되었다. 이 과정에서 **주먹도끼**, 찍개 등의 뗀석기 유물이 출토되었다.
② 구석기 시대에는 동굴이나 강가에 **막집**을 짓고 거주하며 계절에 따라 **이동 생활**을 하였다.

한 번 더 체크하러 가기 ▶ 미니북 4쪽

선택지 풀이

① 반달 돌칼로 벼를 수확하였다.
　청동기 시대에는 벼농사를 짓기 시작하면서 반달 돌칼을 이용하여 벼를 수확하였다.
③ 반량전, 명도전 등 화폐를 사용하였다.
　철기 시대 때 중국과의 교류가 활발하여 중국 화폐인 반량전과 명도전이 사용되었다.
④ 빗살무늬 토기를 만들어 식량을 저장하였다.
　신석기 시대에는 빗살무늬 토기를 이용하여 음식을 조리하거나 저장하였다.
⑤ 가락바퀴와 뼈바늘을 이용하여 옷을 만들었다.
　신석기 시대에는 가락바퀴로 실을 뽑아 뼈바늘로 옷을 지어 입었다.

02 옥저 정답 ②

정답 분석

정답이 보이는 핵심 키워드
#삼로 #큰 나무 곽 #온 집 식구를 하나의 곽 속에 넣어 둠

길잡이 | 옥저와 관련된 역사적 사실을 살펴봅니다.

옥저는 **읍군**이나 **삼로**라는 군장들이 부족을 다스렸으며, 가족이 죽으면 가매장하였다가 나중에 큰 목곽에 함께 안치하는 **가족 공동묘**의 풍습이 있었다.
② 옥저에는 혼인 풍습으로 여자가 어렸을 때 혼인할 남자의 집에서 생활하다가 성인이 된 후에 혼인하는 **민며느리제**가 있었다.

한 번 더 체크하러 가기 ▶ 미니북 21쪽

선택지 풀이

① 신성 지역인 소도가 존재하였다.
　삼한은 정치적 지배자 외에 천군이라는 제사장을 두는 제정 분리 사회였다. 천군은 제사를 주관하는 소도라는 신성 지역을 다스렸으며, 이곳에는 군장의 세력이 미치지 못하여 죄인이 도망와도 잡아가지 못하였다.
③ 범금 8조를 통해 사회 질서를 유지하였다.
　고조선은 사회 질서를 유지하기 위해 범금 8조를 만들었으나 현재는 3개의 조항만 전해진다.
④ 여러 가(加)들이 각각 사출도를 주관하였다.
　부여는 왕 아래 마가, 우가, 저가, 구가의 가(加)들이 각자의 행정 구역인 사출도를 다스렸다.
⑤ 정사암에 모여 국가의 중대사를 논의하였다.
　백제의 귀족들은 정사암이라는 바위에서 회의를 통해 재상을 선출하고 국가의 중대사를 결정하였다.

03 황남대총 북분 금관 정답 ③

정답 분석

정답이 보이는 핵심 키워드
#천마총 #돌무지덧널무덤 #천마도

길잡이 | 신라 금관을 대표하는 황남대총 북분 금관에 대해 알아봅니다.

신라의 대표적인 돌무지덧널무덤인 **경주 천마총** 내부에서 **경주 천마총 장니 천마도**가 출토되었다. 경주 천마총 장니 천마도는 말의 안장 양쪽에 달아 늘어뜨리는 부속품인 장니에 그려진 말(천마)의 그림을 뜻하며, 현재까지 남아있는 거의 유일한 신라 회화로서 그 가치가 크다.
③ **황남대총 북분 금관**은 신라 무덤인 황남대총에서 발견된 신라의 대표적인 금관이다.

선택지 풀이

① 청동 은입사 포류수금문 정병
　문양 부분을 파낸 뒤 은을 박아 장식한 은입사 기법이 사용된 고려의 금속 공예품이다.
② 금동 연가 7년명 여래 입상
　강렬한 느낌을 주는 불상 양식에서 고구려적인 특징이 잘 나타나 있다.
④ 이불 병좌상
　고구려 불상 양식을 계승한 발해의 불상이다.
⑤ 백제 금동 대향로
　불교와 도교 사상이 복합적으로 반영되어 있는 백제의 유물이다.

04 고구려 광개토 대왕   정답 ④

✅ 정답 분석

정답이 보이는 핵심 키워드
#백제가 맹세를 어기고 왜와 화통 #왜인이 국경에 가득 참 #보병과 기병 5만 명을 보내 신라를 구원

길잡이 | 신라에 침입한 왜를 격퇴한 고구려 광개토 대왕이 펼친 정책을 알아봅니다.

백제가 고구려를 빈번하게 침입하자 **고구려 광개토 대왕**은 백제를 공격하여 한강 이북의 여러 성을 점령하고 한성(위례성)을 포위하여 백제 왕에게 '영원히 노객(신하)이 되겠다'는 항복의 맹세를 받았다. 이후 **백제가 맹세를 어기고 가야·왜와 연합**하여 **신라를 침입**하자 **고구려 광개토 대왕**은 **신라의 원군 요청**을 받고 보병과 기병 5만 명을 신라에 보내 백제·가야·왜 연합군을 낙동강 유역까지 추격하여 물리쳤다.
④ 고구려 광개토 대왕은 **영락**이라는 독자적 연호를 사용하였다.

> 한 번 더 체크하러 가기 ▶ 미니북 6쪽

✅ 선택지 풀이

① 대가야를 병합하였다.
   신라 진흥왕은 이사부와 사다함을 보내 대가야를 병합하여 영토를 확장하였다.

② 평양으로 도읍을 옮겼다.
   고구려 장수왕은 도읍을 국내성에서 평양으로 옮기며 남진 정책을 추진하였다.

③ 22담로에 왕족을 파견하였다.
   백제 무령왕은 지방에 22담로를 설치하고 왕족을 파견하여 지방 통제를 강화하였다.

⑤ 낙랑군을 몰아내고 영토를 확장하였다.
   고구려 미천왕은 서안평을 공격하여 영토를 확장하였으며, 낙랑군과 대방군 등 한 군현을 한반도 지역에서 몰아냈다.

05 백제 무왕   정답 ①

✅ 정답 분석

정답이 보이는 핵심 키워드
#익산 미륵사지 석탑 출토 사리장엄구 #왕후인 신라 선화 공주 #미륵사 창건 #금제 사리봉영기 #왕후가 백제 귀족 사택적덕의 딸 #아들인 의자왕

길잡이 | 익산 미륵사지 석탑을 건립하였던 백제 무왕의 재위 시기 삼국의 상황을 살펴봅니다.

백제 무왕(재위 시기: 600~641년) 때 건립된 **익산 미륵사지 석탑**은 현존하는 삼국 시대의 석탑 중 가장 크다. 그동안 삼국유사에 쓰여진 대로 서동(무왕)과 **신라 선화 공주**에 의해 미륵사가 창건되었다고 알려져 왔으나 석탑 해체 복원 과정 중 1층 첫 번째 심주석에서 **금제 사리봉영기**가 발견되어 미륵사의 창건 주체가 선화 공주가 아닌 백제 귀족 **사택적덕의 딸**임이 밝혀졌다.
① **고구려 영양왕** 때 **수 양제**가 우중문의 30만 별동대로 평양성을 공격하였으나 **을지문덕**이 **살수**에서 2,700여 명을 제외한 수군을 전멸시키며 크게 승리하였다(살수 대첩, 612).

> 한 번 더 체크하러 가기 ▶ 미니북 6, 46쪽

✅ 선택지 풀이

② 백제 - 고흥이 서기를 편찬하였다.
   백제 근초고왕은 고흥에게 역사서인 『서기』를 편찬하도록 하였다(375).

③ 백제 - 계백이 황산벌에서 군대를 이끌고 결사 항전하였다.
   황산벌(충남 논산)에서 김유신이 이끄는 나당 연합군의 공격에 맞서 계백의 결사대가 항전하였다(660).

④ 신라 - 이사부가 우산국을 정복하였다.
   신라 지증왕은 이사부를 보내 우산국(울릉도)과 우산도(독도)를 복속하였다(512).

⑤ 신라 - 사찬 시득이 기벌포에서 당군에 승리하였다.
   신라 문무왕 때 사찬 시득이 기벌포 전투에서 설인귀가 이끄는 당군에 승리하고 당의 세력을 한반도에서 몰아내면서 삼국이 통일되었다(676).

06 통일 신라의 경제 상황   정답 ⑤

✅ 정답 분석

정답이 보이는 핵심 키워드
#법화원 #청해진 설치 #해상 교역을 활발하게 전개

길잡이 | 청해진을 통해 해상 교역을 활발하게 전개한 통일 신라의 경제 상황에 대해 알아봅니다.

통일 신라는 삼국 통일 이후 한강 하류의 **당항성**을 중심으로 당의 산둥반도와 이어지는 **해상 무역**이 발전하였다. **장보고**는 이를 바탕으로 완도에 **청해진**을 설치하고 해적을 소탕하여 당, 신라, 일본 간 해상 무역권을 장악하였으며, 신라인의 왕래가 빈번한 당의 산둥반도 적산촌에 **법화원**을 세우기도 하였다.
⑤ **민정 문서**라고도 불리는 **신라 촌락 문서**는 통일 신라 촌락에 대한 **기록 문서**이다. 이 문서에는 755년경 서원경 인근 4개 마을에 대한 인구, 토지, 마전, 가축 등을 조사한 내용이 담겨 있으며, 촌주는 3년마다 이를 작성하였다.

> 한 번 더 체크하러 가기 ▶ 미니북 22쪽

선택지 풀이

① 삼한통보와 해동통보를 발행하였어요.
　고려 숙종 때 상업이 활발해지면서 삼한통보, 해동통보 등의 동전과 활구(은병)를 만들어 화폐의 통용을 추진하였으나 결과적으로 널리 유통되지는 못하였다.

② 특산품으로 솔빈부의 말이 유명하였어요.
　발해는 목축과 수렵이 발달하였는데, 특히 지방 행정 구역 중 솔빈부의 말이 유명하여 주변 국가에 특산품으로 수출하였다.

③ 고구마, 감자 등의 구황 작물을 재배하였어요.
　조선 후기에 고구마와 감자가 전래되어 구황 작물로 재배되었다.

④ 특수 행정 구역인 소에서 여러 물품을 생산하였어요.
　고려에는 특수 행정 구역인 향·부곡·소가 존재하였으며, 소의 주민들은 수공업이나 광업에 종사하며 지방의 특산물을 생산하였다.

07 통일 신라 말 사회 모습　　정답 ⑤

정답 분석

정답이 보이는 핵심 키워드
#선덕왕 #왕의 조카인 김주원 #물이 넘쳐 주원이 건너 오지 못함 #김경신이 왕위를 계승 #원종과 애노 #사벌주에 근거하여 반란을 일으킴

길잡이 ┃ 왕위 계승과 백성들의 봉기로 혼란스러웠던 통일 신라 말의 사회 모습을 살펴봅니다.

(가) **통일 신라 말 선덕왕**이 후사가 없이 죽자 왕위 계승을 놓고 갈등이 발생하였다. 여러 신하들이 논의한 결과 선덕왕의 조카였던 무열왕계 인물 **김주원**을 왕으로 세우기로 결정하였으나, 갑자기 큰 비가 내려 김주원이 건너오지 못하였다. 이에 폭우가 내린 것은 하늘의 뜻이라는 의견이 나오면서 **김경신**(원성왕)이 **왕위를 계승**하게 되었다(785).

(나) **통일 신라 말 진성 여왕** 때 왕권이 약화되고 **귀족들의 반란**이 빈번하였다. 이때 **원종과 애노**가 사벌주에서 중앙 정권의 무분별한 조세 징수에 반발하여 **농민 봉기**를 일으켰다(889).

⑤ **통일 신라 말 헌덕왕 때 김주원이 왕위 쟁탈전에서 패배하자 아들인 웅천주 도독 김헌창**이 이에 불만을 품고 반란을 일으켰다가 관군에 진압되어 실패하였다(822).

　　　　　　　　　　　　　한 번 더 체크하러 가기 ▶ 미니북 22쪽

선택지 풀이

① 계백료서를 읽는 관리
　고려 태조는 고려를 건국한 뒤 『계백료서』를 통해 관리가 지켜야 할 규범을 제시하였다(936).

② 녹읍 폐지를 명하는 국왕
　통일 신라 신문왕은 귀족 세력을 약화시키기 위해 관료전을 지급하고(687) 녹읍을 폐지하였다(689).

③ 성균관에서 공부하는 학생
　고려 충렬왕 때 국학을 성균관으로 개칭한 이후 공민왕 때 순수한 유교 교육 기관으로 개편되었다(1367). 이후 성균관은 조선 시대 최고 교육 기관으로 자리 잡으며 유교 경전을 교육하였다.

④ 초조대장경을 조판하는 장인
　고려 현종 때 거란이 강조의 정변을 구실로 2차 침입을 단행하여 개경이 함락되자 현종은 나주까지 피란을 갔다. 이후 현종은 거란의 침입을 불력으로 물리치고자 초조대장경을 제작하기 시작하였다(1011).

08 발해와 고구려의 문화적 연관성　　정답 ⑤

정답 분석

정답이 보이는 핵심 키워드
#연꽃무늬 수막새 #온돌 유적

길잡이 ┃ 발해의 문화유산을 통해 발해와 고구려의 문화적 연관성을 확인합니다.

⑤ **발해**는 **대조영**이 고구려 유민들을 이끌고 동모산 기슭에 건국한 국가로, **고구려 계승의식**을 지니고 있었다. 이는 고구려 양식을 따른 연꽃무늬 수막새와 발해의 수도였던 상경성의 궁궐 터에서 발견된 온돌 유적을 통해 알 수 있다.

선택지 풀이

① 백제 문화의 국제성
　백제 무령왕의 무덤인 무령왕릉은 널길과 널방을 벽돌로 쌓은 벽돌무덤으로 중국 남조 양의 영향을 받았으며, 무령왕과 왕비의 목관은 일본 규슈 지방의 금송으로 만들어졌다. 이를 통해 백제는 중국, 일본과 교류하며 국제적인 문화를 이루었음을 알 수 있다.

② 신라와 서역의 교류
　통일 신라 때는 울산항을 통해 서역 등과 국제 무역을 전개하였으며, 이는 황남대총에서 출토된 봉수형 유리병과 원성왕릉 무인상을 통해 알 수 있다.

③ 가야 문화의 일본 전파
　가야는 낙랑군과 일본에 철을 수출하면서 경제를 발전시켰다. 축적된 경제력을 바탕으로 문화 발전 또한 이루어 여러 종류의 토기를 제작하였고, 그중 가야의 수레 토기가 일본 스에키 토기에 영향을 주기도 하였다.

④ 고려에서 유행한 몽골풍
　고려 원 간섭기 때 지배층을 중심으로 몽골의 풍습인 변발과 호복 등이 유행하였다.

09 견훤   정답 ③

✓ 정답 분석

정답이 보이는 핵심 키워드
#김제 금산사 #완산주를 도읍으로 국가를 세움 #아들 신검 등에 의해 유폐되었다가 탈출

길잡이 | 완산주를 도읍으로 후백제를 세운 견훤에 대해 학습합니다.

통일 신라 말 상주의 군인 출신인 **견훤**은 세력을 키워 **완산주(현재 전주)**에 도읍을 정하고 **후백제를 건국**하였다. 이후 신라의 금성을 급습하고 **공산 전투**에서 고려에 승리를 거두며 세력을 발전시켰다. 그러나 견훤이 넷째 아들인 금강을 후계자로 삼으려 하자 맏아들 **신검**이 금강을 죽이고 **견훤을 금산사에 유폐**시켰다. 이에 견훤은 고려로 탈출하여 **왕건에게 투항**하였고, 후백제는 **고려의 공격으로 멸망**하였다.

③ 후백제를 건국한 견훤은 **중국의 후당과 오월**에 사신을 파견하여 외교 관계를 맺었다.

한 번 더 체크하러 가기 ▶ 미니북 22쪽

✓ 선택지 풀이

① 독서삼품과를 실시하였다.
통일 신라 원성왕은 국학의 학생들을 대상으로 독서삼품과를 실시하여 유교 경전의 이해 수준에 따라 관리로 채용하였다.

② 동진으로부터 불교를 수용하였다.
백제 침류왕은 동진을 거쳐 백제로 건너 온 인도의 승려 마라난타로부터 불교를 수용하였다.

④ 광평성 등의 정치 기구를 마련하였다.
후고구려의 궁예는 광평성을 중심으로 정치 기구를 마련하여 장관인 광치나와 서사, 외서 등의 관원을 두었다.

⑤ 화랑도를 국가적인 조직으로 개편하였다.
신라 진흥왕은 화랑도를 국가적인 조직으로 정비하였고, 이들은 원광의 세속 5계를 생활 규범으로 삼았다.

10 고려의 경제 상황   정답 ⑤

✓ 정답 분석

정답이 보이는 핵심 키워드
#문종 #양반 공음전시법 #전지 #시지 #공음전

길잡이 | 양반 공음전시법 제도가 시행되었던 고려의 경제 상황을 알아봅니다.

고려 문종은 **경정 전시과**를 실시하여 **현직 관리**에게만 전지와 시지를 지급하였다. 또한, **양반 공음전시법**을 통해 5품 이상의 관료에게 수조권 상속이 가능한 토지인 **공음전**을 지급하였다.

⑤ 조선 후기 효종 때 설점수세제를 시행하여 민간의 광산 개발을 허용하고 세금을 징수하였다.

한 번 더 체크하러 가기 ▶ 미니북 24, 43쪽

✓ 선택지 풀이

① 활구라고 불리는 은병이 유통되었다.
고려 숙종 때 승려 의천의 건의에 따라 화폐 주조를 전담하는 주전도감을 설치하고 해동통보와 삼한통보, 해동중보 등의 동전과 활구(은병)를 발행·유통하였다.

② 벽란도가 국제 무역항으로 번성하였다.
고려의 국제 무역항인 벽란도는 예성강 하구에 위치하였고 이곳을 통해 송·아라비아 상인들과도 교역을 전개하였다.

③ 서적점, 다점 등의 관영 상점이 운영되었다.
고려 시대 개경, 서경 등의 대도시에는 서적점, 다점, 주점 등의 관영 상점이 설치되었다.

④ 경시서의 관리들이 수도의 시전을 감독하였다.
고려 문종 때 경시서를 설치하여 수도 개경의 시전을 감독하였다.

11 거란에 대한 고려의 대응   정답 ②

✓ 정답 분석

정답이 보이는 핵심 키워드
#광군 #강감찬 #귀주 #서희 #소손녕과 외교 담판 #강동 6주 지역을 확보

길잡이 | 거란의 침입에 대한 고려의 대응을 학습합니다.

(가) **고려 정종** 때 최광윤의 의견을 받아들여 **거란의 침입**을 대비하기 위해 **광군**을 조직하고, **광군사**를 설치하여 이를 관장하였다(947).

(다) **고려 성종** 때 **거란**이 고려가 차지하고 있는 옛 고구려 땅을 내놓고 송과 교류를 끊을 것을 요구하며 침략하자 **서희**가 **소손녕과의 외교 담판**을 통해 이를 해결하고 **강동 6주**를 획득하였다(993).

(나) **거란**의 소배압이 이끄는 10만 대군이 다시 **고려**를 침입하자 **강감찬**은 이에 맞서 **귀주**에서 대승을 거두었다(**귀주 대첩**, 1019).

한 번 더 체크하러 가기 ▶ 미니북 23쪽

12 어사대   정답 ④

✓ 정답 분석

정답이 보이는 핵심 키워드
#고려의 관청 #정치의 잘잘못을 가림 #풍속을 교정 #관리의 부정을 감찰하고 탄핵

길잡이 | 고려의 감찰 기구였던 어사대에 대해 살펴봅니다.

고려의 **어사대**는 정치의 잘잘못을 논의하고 풍속을 교정하며 관리의 비리를 규찰하고 탄핵하였다.
④ 고려 어사대의 소속 관원과 **중서문하성의 낭사**는 **대간**으로 불리며 **간쟁·봉박권**과 함께 관리 임명에 대한 **서경권**을 행사할 수 있었다.

한 번 더 체크하러 가기 ▶ 미니북 35쪽

✓ 선택지 풀이

① 무신 집권기 최고 권력 기구였다.
    고려 최씨 무신 정권 시기에 최충헌이 설치한 교정도감은 인사, 행정 및 재정권까지 장악하여 국정을 총괄하는 최고 권력 기구였다.

② 원 간섭기에 첨의부로 격하되었다.
③ 고려 말에 도평의사사로 개편되었다.
    고려의 중서문하성은 국정을 총괄하고 정책을 결정하는 최고 중앙 관서였으며 상서성은 6부를 관리하고 정책의 집행을 담당하였다. 또한, 도병마사는 재신(중서문하성의 2품 이상)과 추밀(중추원의 2품 이상)이 국방 및 군사 문제를 논의하는 임시 회의 기구였다. 그러나 고려 말 원 간섭기 충렬왕 때 관제가 격하되어 중서문하성과 상서성이 합쳐져 첨의부로 통폐합되었으며, 도병마사는 도평의사사로 명칭이 바뀌었고 최고 정무 기구로서 국정 전반에 관여하게 되었다.

⑤ 서얼 출신의 학자들이 검서관으로 기용되었다.
    조선 정조는 탕평 정치와 고른 인재 등용을 위해 서얼 출신 학자인 유득공, 이덕무, 박제가 등을 규장각 검서관으로 등용하였다.

13 원에 대한 고려의 대응   정답 ③

✓ 정답 분석

정답이 보이는 핵심 키워드
#강화중성 #고려가 강화도로 천도

길잡이 | 원의 침입에 대한 고려의 대응을 학습합니다.

강화중성은 고려가 몽골의 침입에 대항하여 개경에서 강화도로 천도한 시기(1232~1270)에 조성된 성으로, 도성과 궁궐, 각 관청을 건립하였다.

ㄴ. 몽골의 고려 5차 침입 때 충주산성의 방호별감이었던 **김윤후**는 **관노**들과 함께 몽골군에 항전한 끝에 승리하였다(**충주성 전투**).
ㄷ. 몽골의 고려 1차 침입 때 **귀주성**에서 몽골군의 공격을 물리치는 데 공을 세운 **송문주**는 몽골군이 3차 침입을 단행하며 중부 내륙의 길목인 **죽주산성**을 침략하자 귀주성에서의 경험을 바탕으로 몽골군에 승리하였다.

한 번 더 체크하러 가기 ▶ 미니북 23쪽

✓ 선택지 풀이

ㄱ. 거란이 강조의 정변을 구실로 고려 성종 때의 1차 침입에 이어 다시 고려를 침입하여 흥화진을 공격하였다. 이때 고려 장수 양규는 무로대에서 거란을 기습 공격하여 포로로 잡힌 백성을 되찾았다.
ㄹ. 고려 예종 때 윤관의 별무반이 여진을 물리치고, 동북 9성을 설치하였다. 이후 여진이 고려에 조공을 약속하며 동북 9성의 반환을 요청하자 고려는 이를 수락하고 동북 9성을 되돌려주었다.

암기의 key   몽골과의 항쟁

1차 침입 (1231)	• 배경: 몽골 사신 저고여가 피살됨 • 전개: 몽골 장수 살리타의 침입 → 박서의 귀주성 전투
2차 침입 (1232)	• 배경: 최우의 강화 천도 • 전개: 김윤후의 처인성 전투 → 살리타 사살
3~6차 침입 (1235~1259)	• 3차 침입: 팔만대장경 조판 시작, 황룡사 구층 목탑 소실 • 5차 침입: 김윤후의 충주성 전투 • 6차 침입: 충주 다인철소 주민들의 항전

14 고려 중기의 주요 사건   정답 ②

✓ 정답 분석

정답이 보이는 핵심 키워드
#경대승 #정중부 #이의민 #도방(都房)

길잡이 | 고려 중기의 주요 역사적 사건들을 파악합니다.

경대승은 고려 중기의 무신으로 당시 실권자였던 **정중부** 일파를 제거하여 정권을 장악하고(1179), 무신 정권의 사병 기관으로서 **도방**을 설치하였다. 경대승이 병으로 사망하자 정중부의 부하였던 **이의민**이 권력을 장악하였다(1184).
② **고려 무신 정권 시기 최충헌**은 권력을 장악하고 있던 이의민을 몰아내고 사회 개혁안인 **봉사 10조**를 명종에게 제시하였으나, 국가의 발전이나 민생 안정보다는 권력 유지에 목적을 두고 있어 큰 성과를 거두지는 못하였다(1196).

한 번 더 체크하러 가기 ▶ 미니북 8쪽

선택지 풀이

① 묘청 등이 서경 천도를 주장하였다.
인종 때 묘청은 서경 천도와 칭제 건원, 금 정벌 등을 주장하였으나 받아들여지지 않자 서경에서 반란을 일으켰고(1135), 김부식의 관군에 의해 진압되었다(1136).

③ 강조가 정변을 일으켜 왕을 폐위하였다.
고려 무신 강조는 국가의 혼란을 바로잡고자 정변을 일으켜 고려 목종의 외척인 김치양을 제거하였다(1009).

④ 이자겸과 척준경이 반란을 일으켜 궁궐을 불태웠다.
인종 때 문벌 귀족 이자겸이 왕의 외척으로서 최고 권력을 누리며 왕의 자리까지 넘보자 인종은 이자겸을 제거하려 하였으나 실패하였다. 이에 이자겸은 척준경과 함께 난을 일으켰다(이자겸의 난, 1126).

⑤ 김보당이 폐위된 왕의 복위를 주장하며 군사를 일으켰다.
동북면 병마사로 있던 고려의 문신 김보당은 무신 정변으로 정권을 잡은 정중부, 이의방 등을 토벌하고 폐위된 의종을 다시 세우고자 난을 일으켰으나 실패하였다(1173).

⑤ 황룡사 구층 목탑의 건립에 참여하는 장인
신라 선덕 여왕 때 승려 자장이 주변 9개 민족의 침략을 부처의 힘으로 막기 위한 목탑 건립을 건의하여 황룡사 구층 목탑이 세워졌다.

16 혜심 정답 ③

정답 분석

정답이 보이는 핵심 키워드
#지눌의 제자 #수선사의 제2대 사주 #당시 집권자인 최우

길잡이 유불일치설을 제창한 고려의 승려 혜심에 대해 학습합니다.

③ **지눌의 제자**인 **혜심**은 지눌이 입적한 후 **수선사**의 제2대 사주가 되었으며, 최우의 후원을 받아 수선사의 교단을 발전시키고 최우의 두 아들을 출가시키기도 하였다. 또한, 역대 선사들의 어록을 모은 공안집인 『**선문염송집**』을 편찬하고, **유불 일치설**을 주장하여 성리학을 수용할 수 있는 사상적 토대를 마련하였다.

한 번 더 체크하러 가기 ▶ 미니북 19쪽

선택지 풀이

① 화엄일승법계도를 지어 화엄 사상을 정리하였다.
신라의 승려 의상은 부석사를 중심으로 수많은 제자들을 양성하였으며, 『화엄일승법계도』를 저술하여 화엄 사상을 정립하고 화엄 교단을 세웠다.

② 해동 천태종을 개창하여 불교 교단 통합에 힘썼다.
고려의 승려 의천은 흥왕사에서 화엄종을 중심으로 교종을 통합하였으며, 국청사를 창건한 뒤 해동 천태종을 개창하여 교종 중심으로 선종을 통합하고자 하였다.

④ 권수정혜결사문을 작성하여 정혜쌍수를 강조하였다.
고려의 보조국사 지눌은 승려들이 참선과 지혜를 함께 닦을 것을 호소하면서 권수정혜결사문을 작성하여 정혜쌍수와 돈오점수를 강조하였다.

⑤ 보현십원가를 지어 불교 교리를 대중에게 전파하였다.
고려 승려 균여는 사람들이 따라 부르기 쉬운 노래를 이용하여 「보현십원가」라는 향가를 만들어 대중에게 어려운 불교의 교리를 전파하였다.

15 고려 공민왕 정답 ④

정답 분석

정답이 보이는 핵심 키워드
#이자춘 #기철 #유인우 #쌍성총관부를 공격하여 격파

길잡이 원 간섭기인 고려 공민왕의 재위 기간에 볼 수 있는 모습을 알아봅니다.

고려 공민왕은 **반원 자주 정책**을 실시하여 **유인우, 이자춘**, 이인임 등에게 동계 지역의 **쌍성총관부**를 공격하도록 명령하였고, 이를 통해 고려는 원에 빼앗긴 **철령 이북의 땅**을 수복하였다.

④ 고려 말 공민왕은 **신돈**을 등용하고 **전민변정도감**을 설치하여 권문세족에 의해 점탈된 토지를 돌려주고 억울하게 노비가 된 자를 풀어주는 등 개혁을 단행하였다.

한 번 더 체크하러 가기 ▶ 미니북 8쪽

선택지 풀이

① 초량 왜관에서 교역하는 상인
조선 숙종 때 일본과의 교류를 위해 부산 초량에 왜관을 설치하였고, 이는 조선 후기 대일 무역과 외교의 중심지가 되었다.

② 내의원에서 동의보감을 읽는 의원
조선 선조의 명을 받아 허준이 집필하기 시작한 『동의보감』은 각종 의학 지식과 치료법에 관한 의서로 광해군 때 완성되었다.

③ 주자감에서 유학을 공부하는 학생
발해는 중앙에 최고 교육 기관인 주자감을 설치하여 유학 교육을 실시하였다.

17 평창 월정사 팔각 구층 석탑 정답 ①

정답 분석

정답이 보이는 핵심 키워드
#강원도 평창군 #고려 시대 다각 다층 석탑을 대표 #탑의 꼭대기 머리 장식

길잡이 | 고려의 대표적인 석탑인 평창 월정사 팔각 구층 석탑에 대해 알아봅니다.

① **평창 월정사 팔각 구층 석탑**은 신라의 승려 자장이 창건한 월정사 경내에 있는 **고려 시대 석탑**으로, 지붕돌 위에 있는 금동 머리 장식이 특징적이다.

한 번 더 체크하러 가기 ▶ 미니북 46쪽

선택지 풀이

② 경주 정혜사지 십삼층 석탑
통일 신라의 뛰어난 석조 기술과 독특한 양식을 보여주는 탑이다.

③ 개성 경천사지 십층 석탑
원의 석탑 양식의 영향을 받아 대리석으로 만들어진 고려 원 간섭기의 석탑이다.

④ 영광탑
중국 지린성에 있는 발해의 오층 전탑이다.

⑤ 정선 정암사 수마노탑
불교와 도교 사상이 복합적으로 반영되어 있는 백제의 유물이다.

18 조선 건국 이후의 상황 정답 ②

정답 분석

정답이 보이는 핵심 키워드
#이성계 #이방원 #정몽주

길잡이 | 고려의 충신 정몽주를 제거하고 건국된 조선의 상황을 살펴봅니다.

고려 말 이성계는 위화도 회군을 단행한 이후(1388) 신진 사대부 세력과 결탁하여 실권을 장악하고, **과전법을 제정하는**(1391) 등 새로운 왕조를 개창하기 위한 준비를 하였다. 이에 **정몽주**는 이성계가 말에서 떨어져 거동이 불편한 상황을 틈타 이성계 세력을 숙청하려 하였으나, 이성계의 아들 이방원이 조영규·고여를 시켜 정몽주를 제거하였다(1392). 이후 이성계는 고려의 마지막 왕인 **공양왕을 폐위**시키고, **조선을 건국**하였다.
② **조선 태종** 때 국왕권을 강화하고 군신 간의 엄격한 위계질서를 확립하고자 권근 등의 건의를 받아들여 **사병을 혁파**하였다.

한 번 더 체크하러 가기 ▶ 미니북 8, 9쪽

선택지 풀이

① 최승로가 시무 28조를 올렸다.
고려 성종은 최승로가 건의한 시무 28조를 받아들여 전국 주요 지역에 12목을 설치하고 지방관인 목사를 파견하였다(983).

③ 안우, 이방실 등이 홍건적을 격파하였다.
고려 공민왕 때 이방실은 홍건적의 제1차 침입을 격퇴하여 공을 세웠고(1359), 제2차 침입 때에도 안우, 정세운 등과 함께 싸워 승리하여 개경을 수복하였다(1361).

④ 망이·망소이가 공주 명학소에서 봉기하였다.
고려 무신 정권 시기에 공주 명학소에서 망이·망소이가 과도한 부역과 소 주민에 대한 차별 대우에 항의하여 농민 반란을 일으켰다(1176).

⑤ 쌍기의 의견을 수용하여 과거제가 시행되었다.
고려 광종은 후주 출신 쌍기의 건의에 따라 과거 제도를 시행하여 신진 세력을 등용하였다(958).

19 조선 세종의 업적 정답 ③

정답 분석

정답이 보이는 핵심 키워드
#활자 #경자자 #갑인자

길잡이 | 금속 활자인 경자자와 갑인자를 주조하였던 조선 세종의 업적을 학습합니다.

조선 세종은 태종 때 만들어진 계미자의 모양이 크고 가지런하지 않으며, 주조가 거칠어 인쇄하는 데 어려움을 겪자 이를 보완하기 위해 주자소에서 **경자자**를 주조하였다. 이후 경자자보다 조금 더 큰 활자의 필요성을 느껴 **갑인자**를 주조하였다.
③ 세종은 **정초, 변효문** 등을 시켜 우리 풍토에 맞는 농서인 『**농사직설**』을 간행하였다.

한 번 더 체크하러 가기 ▶ 미니북 9쪽

선택지 풀이

① 조선의 기본 법전인 경국대전을 반포하였다.
성종은 세조 때 편찬되기 시작한 조선의 기본 법전인 『경국대전』을 완성하고 반포하였다.

② 역대 문물을 정리한 동국문헌비고를 간행하였다.
영조 때 각종 제도의 연혁과 내용을 정리한 『동국문헌비고』를 편찬하여 문물제도를 정비하였다.

④ 전세를 1결당 4~6두로 고정하는 영정법을 제정하였다.
인조는 개간을 권장하여 경작지를 확충하고, 농민 부담을 줄이기 위해 영정법을 실시하여 풍흉에 관계없이 토지 1결당 쌀 4~6두로 전세를 고정하였다.

⑤ 삼정의 문란을 시정하기 위해 삼정이정청을 설치하였다.
철종은 임술 농민 봉기의 수습을 위해 파견된 안핵사 박규수의 건의를 받아들여 삼정이정청을 설치하고, 삼정의 문란을 해결하고자 하였다.

④ 희빈 장씨 소생의 원자 책봉 문제로 환국이 발생하였다.
숙종 때 희빈 장씨의 소생에 대한 원자 책봉 문제로 기사환국이 발생하여 서인이 물러나고 남인이 집권하였다. 이때 서인 세력의 영수인 송시열이 사사되고 중전이었던 인현 왕후가 폐위되었다(1689).

20 갑자사화   정답 ⑤

✅ 정답 분석

정답이 보이는 핵심 키워드
#김종직의 조의제문 #대역의 죄로 논단 #부관참시 #조광조 #자기편은 천거

길잡이 | 무오사화와 기묘사화 사이에 일어난 갑자사화에 대해 알아봅니다.

(가) 조선 **연산군** 때 사림 세력이었던 **김일손**이 스승인 **김종직의 조의제문**을 실록에 기록한 것이 훈구 세력에 의해 연산군에게 알려지면서 **무오사화**가 발생하였다(1498).
(나) 조선 **중종**은 반정으로 왕위에 오른 뒤 훈구파를 견제하기 위해 사림파를 중용하여 유교 정치를 발전시키고자 하였다. 이에 따라 등용된 **조광조**는 천거제의 일종인 **현량과 실시**를 건의하여 사림이 대거 등용될 수 있는 발판을 마련하였다. 또한, **반정 공신들의 위훈 삭제, 소격서 폐지**, 향약 시행, 소학 보급 등을 주장하였으나 이에 반발한 훈구 세력들이 주초위왕 사건을 일으켜 **기묘사화**가 발생하면서 조광조를 비롯한 사림들이 피해를 입었다(1519).
⑤ **연산군**이 생모인 **폐비 윤씨 사건**의 전말을 알게 되면서 **갑자사화**가 발생하였다. 이로 인해 김굉필 등 당시 폐비 윤씨 사건에 관련된 인물들과 무오사화 때 피해를 면하였던 사림들까지 큰 화를 입었다(1504).

한 번 더 체크하러 가기 ▶ 미니북 9, 42쪽

✅ 선택지 풀이

① 정여립 모반 사건으로 기축옥사가 일어났다.
선조 때 발생한 정여립 모반 사건으로 기축옥사가 일어나(1589) 서인이 정국을 주도하게 되었고, 이때 피해를 입은 동인이 북인과 남인으로 분화되었다.

② 외척 간의 권력 다툼으로 윤임이 제거되었다.
인종의 뒤를 이어 명종이 어린 나이로 즉위하자 명종의 어머니 문정 왕후가 수렴청정을 하였다. 이후 인종의 외척인 윤임을 중심으로 한 대윤 세력과 명종의 외척인 윤원형을 중심으로 한 소윤 세력의 대립이 일어나 을사사화가 발생하였고, 이때 윤임을 비롯한 대윤 세력과 사림들이 큰 피해를 입었다(1545).

③ 자의 대비의 복상 문제로 예송이 전개되었다.
현종 때 효종과 효종비의 국상에 따른 자의 대비의 복상 문제를 놓고 기해예송(1659)과 갑인예송(1674)이 발생하여, 서인과 남인 사이의 대립이 심화되었다.

21 강홍립의 사르후 전투   정답 ③

✅ 정답 분석

정답이 보이는 핵심 키워드
#누르하치 #명에서 정벌을 결정 #우리나라에 군사 징발을 요구 #강홍립

길잡이 | 조선 광해군 때 명의 요청을 받아 강홍립 부대가 파견되었던 사르후 전투의 발생 시기를 알아봅니다.

• **정유재란**(1597): **임진왜란** 당시 명이 원군을 보내면서 전쟁이 장기화될 조짐이 보이자 명과 일본이 **강화 협상을 진행하였으나 결렬**되었고, **일본이 다시 조선을 침략**하여 정유재란이 발발하였다.
• **정묘호란**(1627): **후금이 조선을 침략**하여 의주를 함락시킨 뒤 평산까지 남진하자 **인조**는 강화도로 피난하였고, **정봉수와 이립**은 **용골산성**에서 의병을 이끌며 후금에 항전하였다. 이에 후금은 조선에 강화를 제의하여 형제의 맹약을 맺었다.
③ **광해군**은 **명의 요청**으로 후금과의 **사르후 전투**에 **강홍립 부대**를 파견하였으나 중립 외교 정책에 따라 강홍립에게 무모한 싸움을 계속하지 않고 **후금에 투항하도록 명령**하였다(1619).

한 번 더 체크하러 가기 ▶ 미니북 32쪽

22 임진왜란   정답 ④

✅ 정답 분석

정답이 보이는 핵심 키워드
#동래부사 송상현 #금산 전투 #의병 #『징비록』 #유성룡

길잡이 | 관군과 의병의 활약이 돋보였던 임진왜란 중에 있었던 역사적 사실을 확인해 봅니다.

조선 선조 때 **왜군**이 침입하여 **임진왜란**이 발발하였고(1592), 곧바로 부산진성을 함락시킨 왜군은 동래성을 침공하여 **동래부사 송상현**을 전사시킨 뒤 북상하였다. 이때 충청 지방의 **조헌**은 **의병**을 모아 청주성을 수복하고 **금산 전투**에서 활약하였다. **유성룡**은 선조에게 건의하여 포수, 사수, 살수의 삼수병으로 편제된 **훈련도감**을 창설하였으며 이후 임진왜란 당시의 기록을 담은 『**징비록**』을 저술하였다.
④ 임진왜란 발발 이후 **왜군**은 진주를 공격하였으나 **김시민**을 중심으로 한 조선군이 **진주 대첩**에서 왜군 2만 명을 무찔렀다(1592).

한 번 더 체크하러 가기 ▶ 미니북 32쪽

정답 및 해설 **235**

선택지 풀이

① **김상용이 강화도에서 순절하였다.**
정묘호란 때 후금이 조선을 침략하여 의주를 함락시킨 뒤 평산까지 남진하자 조정에서는 김상용을 유도대장으로 임명하여 수도를 지키게 하고 인조는 강화도로 피난하였다. 이후 병자호란 때 김상용은 청에 의해 강화성이 함락되자 순절하였다(1637).

② **이괄이 이끈 반란군이 도성을 장악하였다.**
인조반정 때 큰 공을 세웠던 이괄은 공신 책봉 과정에서 2등 공신을 받은 것에 불만을 품었다. 이에 이괄이 반역을 일으킬지도 모른다는 구실로 아들인 이전을 잡아오라는 명까지 떨어지자 이괄은 반란을 일으켜 도성을 장악하였다(1624).

③ **정봉수와 이립이 용골산성에서 항전하였다.**
인조 때 정묘호란이 발발하자 후금에 맞서 정봉수와 이립이 용골산성에서 의병을 이끌며 항전하였다(1627).

⑤ **이종무가 적의 근거지인 쓰시마섬을 정벌하였다.**
세종은 왜구의 침입이 빈번하자 이종무를 보내 왜구의 근거지인 쓰시마를 정벌하였다(1419).

암기의 key — 임진왜란의 전개 과정

시기		전투 내용
1592	4.13.	임진왜란 발발(부산포)
	4.14.~4.15.	부산진성·동래성 전투 패배 → 정발·송상현의 전사
	4.28.	충주 탄금대 전투 패배(신립) → 선조 의주 피난
	5.2.	한양 함락
	5.7.	옥포 해전(이순신), 첫 승리
	5.29.	사천포 해전(거북선 사용)
	7.	한산도 대첩(학익진 전법)
	8.	의병장 조헌의 금산 전투
	10.	진주 대첩(김시민 전사)
1593	1.	평양성 탈환(조·명 연합군)
	2.	행주 대첩(권율)
1597	1.	정유재란
	9.	명량해전
1598	11.	노량해전(이순신 전사)

---

23 조선 영조 정답 ③

정답 분석

정답이 보이는 핵심 키워드
#탕평 군주 #청계천 준설 공사 #균역법

길잡이 | 청계천을 준설하고 균역법을 시행하였던 탕평 군주 조선 영조에 대해 학습합니다.

조선 숙종에 이어 즉위한 **조선 영조**는 당시 심각했던 **붕당 정치의 폐해**를 막고 능력에 따라 인재를 등용하고자 **탕평책**을 실시하였다. 또한, 백성들의 군역 부담을 덜어주기 위해 **균역법**을 실시하여 1년에 2필씩 납부하던 군포를 1필로 줄였으며, 이로 인해 부족해진 재정을 보충하고자 상류층에게 **어염세나 선무군관포**, **결작**(토지 1결당 쌀 2두)을 **부과**하였다. 영조의 재위 당시 수도에 잦은 홍수로 피해가 막심하자 도성 안에 하수도 역할을 할 인공 개천(현재 **청계천**)을 준설하였고, 상설 기구로 **준천사**를 신설하여 개천의 관리를 책임지게 하였다.
③ 영조는 『경국대전』 편찬 이후에 시행된 법령을 통합한 『**속대전**』을 편찬하여 통치 체제를 정비하였다.

선택지 풀이

① **학문 연구 기관으로 집현전을 두었다.**
세종은 집현전을 설치하고 학문 연구와 경연, 서연을 담당하게 하여 유교 정치의 활성화를 꾀하였다.

② **삼수병으로 구성된 훈련도감을 설치하였다.**
선조 때 유성룡의 건의로 포수, 사수, 살수의 삼수병으로 편제된 훈련도감이 창설되었다.

④ **궁중 음악을 집대성한 악학궤범을 편찬하였다.**
성종 때 성현 등이 왕명에 따라 의궤와 악보를 정리한 『악학궤범』을 저술하였다.

⑤ **시전 상인의 특권을 축소하는 신해통공을 단행하였다.**
정조 때 채제공의 건의에 따라 신해통공을 시행하여 육의전을 제외한 시전 상인들의 금난전권이 폐지되었다.

암기의 key — 영조의 정책

영조	· 완론 탕평: 서원 대폭 정리, 삼사의 관리 추천제 폐지 (이조 전랑 권한 약화) · 균역법 실시: 군역 부담 경감 목적, 군포를 2필에서 1필로 경감 → 재정 보충책(결작, 선무군관포) · 신문고 부활: 백성의 억울함 해소 · 청계천 준설 사업(준천사) · 극형 폐지, 사형수에 대한 삼심제 시행 · 『동국문헌비고』, 『속대전』 편찬

24 홍대용 정답 ②

정답 분석

정답이 보이는 핵심 키워드
#담헌 #조선의 실학자 #천문을 관측 #연행사 #『연기』 #『을병연행록』

길잡이 | 조선의 실학자 홍대용에 대해 알아봅니다.

조선 후기 북학파 실학자였던 **담헌 홍대용**은 서양 과학을 적극적으로 수용하고 기존의 **혼천의를 개량**하여 천체의 운행과 위치를 측정하는 등 천문 과학 연구에 큰 관심을 보였다. 또한, **연행사**의 일원으로 **청**에 다녀와 당시 청의 정치·경제·풍속 등이 담긴 『**연기**』와 『**을병연행록**』을 저술하기도 하였다.

② 조선 후기 홍대용은 『**의산문답**』을 통해 지전설과 무한 우주론을 주장하며 중국 중심의 성리학적 세계관을 비판하였다.

한 번 더 체크하러 가기 ▶ 미니북 16쪽

선택지 풀이

① 지봉유설에서 천주실의를 소개하였다.
이수광은 백과사전식 서적인 『지봉유설』을 편찬하면서 이에 천주 교리서인 『천주실의』를 소개하였다.

③ 양반전을 지어 양반의 허례와 무능을 풍자하였다.
박지원은 「양반전」, 「허생전」, 「호질」 등을 통해 양반의 허례와 무능을 풍자하고 비판하였다.

④ 북학의를 저술하여 청의 문물 수용을 강조하였다.
박제가는 『북학의』를 저술하여 청의 문물을 적극적으로 수용할 것과 수레와 배의 이용, 적극적인 소비를 권장하였다.

⑤ 동의수세보원을 편찬하여 사상 의학을 정립하였다.
이제마는 『동의수세보원』을 저술하여 사상 의학을 확립하였다.

암기의 key — 조선 후기 대표 실학자와 저서

중농학파	유형원	『반계수록』
	이익	『성호사설』, 『곽우록』
	정약용	『목민심서』, 『경세유표』, 『흠흠신서』
중상학파	유수원	『우서』
	홍대용	『의산문답』, 『임하경륜』, 『연기』
	박지원	『열하일기』, 「양반전」, 「허생전」
	박제가	『북학의』

25 조선 효종 정답 ①

정답 분석

정답이 보이는 핵심 키워드
#청에서의 볼모 생활 #제주도에 표착한 외국인 하멜 #나선 정벌과 조총 부대 파병

길잡이 | 조선 효종이 펼친 정책을 살펴봅니다.

병자호란 때 **볼모**로 **청**에 압송되었다가 조선으로 돌아온 봉림 대군이 **효종**으로 즉위하였다. 이후 **러시아**가 만주 지역까지 침략해오자 청은 조선에 원병을 요청하였고, 조선에서는 **나선 정벌**을 위해 두 차례에 걸쳐 **조총 부대**를 파견하였다. 조선 효종의 재위 시기 네덜란드 상인인 **헨드릭 하멜**이 일본 나가사키로 가던 중 표류하다가 제주도에 도착하기도 하였다.

① 조선 인조 때 후금과의 관계가 악화되자 국방력 강화를 위해 어영청을 설치하였으며, 병자호란 이후 효종이 **어영청**을 개편하고 이를 중심으로 **북벌**을 추진하였다.

한 번 더 체크하러 가기 ▶ 미니북 10, 32쪽

선택지 풀이

② 위화도 회군과 과전법의 시행
고려 말 우왕 때 이성계는 요동 정벌을 위해 출병하였으나 의주 부근의 위화도에서 개경으로 회군하였다. 위화도 회군 이후, 우왕이 폐위되고 공양왕이 옹립되었으며 이성계와 결탁한 신진 사대부 조준 등의 건의에 따라 지급 대상 토지를 경기 지역에 한정한 과전법이 시행되었다.

③ 문신 재교육을 위한 초계문신제의 운영
조선 정조는 규장각에서 새롭게 관직에 오르거나 기존 관리들 중 능력 있는 문신들을 재교육하는 초계문신제를 실시하였다.

④ 백두산정계비 건립과 청과의 국경 획정
조선 숙종 때 간도 지역을 두고 청과 국경 분쟁이 발생하자 두 나라 대표가 백두산 일대를 답사하고 국경을 확정하여 백두산정계비를 세웠다.

⑤ 기유약조 체결을 통한 일본과의 무역 재개
조선 광해군 즉위 직후 기유약조를 체결하여 일본과의 국교를 재개하였다.

26 조선 후기의 경제 상황 정답 ②

정답 분석

정답이 보이는 핵심 키워드
#담배를 파종 #이앙 #목화 밭

길잡이 | 조선 후기 경제 상황에 대해 살펴봅니다.

조선 후기 상업이 발달함에 따라 농민들이 목화, 담배, 인삼, 고추 등 **상품 작물**을 활발하게 재배하였다.
② 신라 지증왕은 경주에 시장을 설치하고 이를 감독하기 위한 기구인 동시전을 설치하였다.

한 번 더 체크하러 가기 ▶ 미니북 24쪽

선택지 풀이

① 상평통보가 화폐로 사용되었다.
조선 후기 상공업이 발달함에 따라 금속 화폐인 상평통보가 전국적으로 유통되었다.

③ 관청에 물품을 조달하는 공인이 활동하였다.
조선 후기 대동법의 시행으로 국가에서 필요한 물품을 관청에 직접 조달하는 공인이 등장하게 되었다.

④ 보부상이 장시를 돌아다니며 상품을 판매하였다.
조선 후기 상업의 발달로 전국 각지에서 장시가 활성화됨에 따라 등장한 보부상은 전국 각지의 장시를 돌아다니며 활동하였다.

⑤ 국경 지대에서 개시 무역과 후시 무역이 이루어졌다.
조선 후기 청과의 무역이 활발하였던 국경 지역을 중심으로 공적으로 허용된 개시 무역과 사적 무역인 후시 무역이 이루어졌다.

암기의 key — 조선 후기의 경제 상황

농업의 발달	이앙법(모내기법)과 이모작의 확대 → 광작 증가
상품 화폐 경제의 발달	• 상품 작물(목화, 담배, 인삼, 고추)과 구황 작물(감자, 고구마)의 재배 • 대동법의 실시 → 공인의 등장 • 장시의 활성화 → 보부상의 활동 • 사상(만상, 내상, 송상, 경강상인 등)의 활동 • 대외 무역의 발달: 개시·후시 무역 전개

27 경복궁   정답 ④

정답 분석

정답이 보이는 핵심 키워드
#임진왜란 때 불길 속에 휩싸임 #흥선 대원군이 중건 #일제는 전각 대부분을 헐어내고 옮김 #근정전

길잡이 | 시대별로 갖은 수모를 당하였던 경복궁에 대한 역사적 사실을 학습합니다.

경복궁은 조선 태조 이성계가 조선을 건국한 이후 도읍을 개경에서 한양으로 옮기면서 창건한 **조선의 법궁**이다. 근대에 들어서 흥선 대원군이 왕실의 권위를 회복하고자 **임진왜란 때 소실**된 경복궁을 **중건**하였다. 일제 강점기에 조선 총독부는 경복궁의 근정전 및 주요 전각 몇 군데를 제외한 대다수의 건물들을 헐어내고 그 자리에 **조선 총독부 신청사**를 세웠다.
④ **일제 강점기**에 일본은 조선을 근대화시킨다는 명분으로 **경복궁**에서 최초의 공식 박람회인 **조선 물산 공진회**를 개최하였다.

한 번 더 체크하러 가기 ▶ 미니북 33, 51쪽

선택지 풀이

① 일제에 의해 동물원 등이 설치되었다.
창경궁은 성종 때 세 왕후(정희 왕후, 소혜 왕후, 안순 왕후)를 모시기 위해 수강궁을 확장하여 만든 별궁이었다. 조선 시대 궁궐 중 유일하게 동쪽을 향해 지어졌으며, 일제 강점기 때 궐 안에 동물원, 식물원 등이 설치되었다.

② 제1차 미소 공동 위원회가 개최되었다.
광복 직후 모스크바 삼국 외상 회의의 결정에 따라 덕수궁 석조전에서 제1·2차 미소 공동 위원회가 개최되었다.

③ 도성 내 서쪽에 있어 서궐이라고 불렸다.
경덕궁은 조선 후기에 유사시 왕이 머무는 이궁이었다. 인조반정 이후 인조가 이곳에서 정사를 보기도 하였으며, 도성의 서쪽에 위치하여 서궐로 불렸다. 이후 영조 때 경희궁으로 이름을 바꾸었다.

⑤ 태종이 도읍을 한양으로 다시 옮기며 건립하였다.
태종은 수도를 개경에서 한양으로 다시 옮기면서 창덕궁을 새로 지었다.

28 제너럴셔먼호 사건   정답 ④

정답 분석

정답이 보이는 핵심 키워드
#평양부 #이양선 #상선을 약탈하고 총을 쏴 백성들을 살상 #평안 감사 박규수

길잡이 | 박규수의 활약이 돋보였던 제너럴셔먼호 사건에 대해 알아봅니다.

흥선 대원군 때 **미국의 상선 제너럴셔먼호**가 **평양 대동강**까지 들어와 교역을 요구하자 당시 **평안 감사**였던 **박규수**는 공격 명령을 내리고 백성들과 함께 제너럴셔먼호를 불태웠다(1866).
④ **제너럴셔먼호 사건**을 구실로 **미국의 로저스 제독**이 함대를 이끌고 **강화도**를 공격하여 **신미양요**가 발생하였다(1871). 미군은 강화도 덕진진을 점거한 후 **광성보**로 진격하였고, 이에 **어재연**이 맞서 싸우다가 전사하는 등 조선군은 수많은 사상자를 내며 패배하였다.

한 번 더 체크하러 가기 ▶ 미니북 11, 33쪽

선택지 풀이

① 이용태가 안핵사로 파견되었다.
전라도 고부 군수 조병갑의 횡포에 견디다 못한 농민들이 동학교도 전봉준을 중심으로 고부에서 봉기를 일으켰고, 이를 수습하기 위해 안핵사 이용태가 파견되었다(1894).

② 이원익이 대동법 시행을 건의하였다.
광해군 때 이원익이 방납의 폐단을 해결하고자 대동법 시행을 건의하여 토지의 결수에 따라 쌀로 공납을 납부하고 삼베, 무명, 동전 등을 공납 대신 징수하는 대동법이 경기 지역에 한해 처음 시행되었다(1608).

③ 정약종 등이 희생된 신유박해가 일어났다.
⑤ 황사영이 외국 군대의 출병을 요청하는 백서를 작성하였다.
순조 때 천주교를 대대적으로 탄압하면서 정약종을 비롯한 천주교 신자들이 처형되었다(신유박해, 1801). 이에 황사영은 베이징에 있는 주교에게 천주교 박해를 멈추기 위해 조선으로 군대를 보내 달라는 내용의 청원서를 보내려다 발각되었다(황사영 백서 사건, 1801).

④ 일본 군함 운요호가 영종도를 공격하였다.
일본 군함인 운요호가 강화도 초지진에 침입해 공격한 후 영종도에 상륙해 조선인들을 죽이거나 약탈하는 등의 만행을 저질렀다(운요호 사건, 1875).

⑤ 개화 정책을 총괄하는 통리기무아문이 설치되었다.
고종은 강화도 조약 이후 실시된 개화 정책에 따라 국내외의 군국 기무와 개화 정책을 총괄하는 관청인 통리기무아문을 설치하였다(1880).

---

29 갑신정변   정답 ①

정답 분석

정답이 보이는 핵심 키워드
#홍영식 #우정국에서 개업식 #독립당 #사변 #박영효, 김옥균, 서광범 #혜상공국

길잡이 │ 갑신정변이 일어난 이후 전개된 사실에 대해 살펴봅니다.

임오군란 이후 청의 내정 간섭이 심화되자 홍영식, 박영효, 김옥균, 서광범 등으로 구성된 **급진 개화파**는 근대화 추진과 민씨 세력 제거를 위해 일본의 군사적 지원을 받아 **우정총국 개국 축하연** 자리에서 **갑신정변**을 일으켰다(1884). 이후 개화당(독립당) 정부를 수립하고 **14개조 개혁 정강**을 발표하여 입헌 군주제, 청과의 사대 관계 폐지, 능력에 따른 인재 등용 등의 개혁을 추진하였다. 그러나 청군이 개입하고 일본의 군사 지원이 약속대로 이행되지 않아 3일 만에 실패하였으며 김옥균, 박영효 등은 일본으로 망명하였다.
① 일본은 갑신정변 때 사망한 일본인에 대한 배상과 일본 공사관 신축 부지 및 비용을 요구하면서 **한성 조약**을 체결하였다(1884).

한 번 더 체크하러 가기 ▶ 미니북 11, 37쪽

선택지 풀이

② 신식 군대인 별기군이 창설되었다.
고종은 개화 정책의 일환으로 기존 5군영을 무위영과 장어영의 2영으로 개편하고 신식 군대인 별기군을 창설하였다(1881).

③ 김윤식이 청에 영선사로 파견되었다.
고종 때 김윤식을 중심으로 한 영선사는 근대 무기 제조 기술과 군사 훈련법을 배우기 위해 청의 톈진으로 파견되었다(1881).

---

30 김부식, 유득공, 신채호   정답 ⑤

정답 분석

정답이 보이는 핵심 키워드
#우리 해동(海東) 삼국도 역사가 길고 오래됨 #이 늙은 신하에게 편집하도록 함 #발해에 관한 일을 차례로 편찬 #아(我)와 비아(非我)의 투쟁

길잡이 │ 『삼국사기』, 『발해고』, 『조선상고사』를 편찬한 김부식, 유득공, 신채호에 대해 학습합니다.

(가) **『삼국사기』**: 고려 인종 때 **김부식**이 중국 문헌에 빠져있는 **삼국의 역사**를 기록하여 후세에 교훈이 되기 위해 저술한 역사서이다. 신라, 고구려, 백제 세 나라의 정치적인 흥망과 변천을 중심으로 다루고 있으며, 현존하는 우리나라 최초의 관찬 역사서이다.
(나) **『발해고』**: 조선 정조 때 서얼 출신 **유득공**이 저술한 역사서로, 발해를 우리의 역사로 인식하고 최초로 '**남북국**'이라는 용어를 사용하였다.
(다) **『조선상고사』**: 일제강점기에 **신채호**가 우리 고대 문화의 우수성과 독자성을 강조하여 저술한 역사서로, 역사가 '**아(我)와 비아(非我)의 투쟁**'임을 강조하였다.
⑤ **신채호**는 대한매일신보의 주필로 활동하여 항일 언론 운동을 전개하였다. 또한, 폭력에 의한 민중의 직접 혁명을 주장한 **조선 혁명 선언**을 작성하였으며, 이는 **의열단의 활동 지침**이 되었다.

한 번 더 체크하러 가기 ▶ 미니북 8, 14, 28쪽

선택지 풀이

① (가) – 만권당에서 원의 학자들과 교유하였으며, 성리학의 보급에 기여하였다.
고려 말 성리학자 이제현은 고려 충선왕이 원의 연경에 세운 만권당에서 원의 학자들과 교유하였으며, 뛰어난 유학자로서 성리학의 보급과 발전에 큰 기여를 하였다.

② (가) – 칠대실록의 편찬에 참여하였으며, 문헌공도를 만들어 사학을 진흥시켰다.
고려의 유학자 최충은 고려 태조부터 목종까지의 역사를 기록한 『칠대실록』의 편찬에 참여하였으며, 사학으로 9재 학당(문헌공도)을 세워 많은 후진을 양성하였다.

③ (나) - 금석학을 연구하여 북한산비가 진흥왕 순수비임을 고증하였다.

조선 후기 김정희는 금석학 연구를 통해 『금석과안록』을 저술하여 북한산비가 진흥왕 순수비임을 밝혀냈다.

④ (다) - 한국통사를 저술하였고, 대한민국 임시 정부의 제2대 대통령을 역임하였다.

박은식은 독립운동의 수단으로 민족사 연구에 몰두하여 일본의 침략 과정을 다룬 『한국통사』를 저술하였으며, 국민 대표 회의 해산 이후 분란을 야기한 이승만이 대한민국 임시 정부 대통령에서 탄핵되면서 제2대 대통령에 선출되었다.

31 『삼국사기』, 『발해고』 정답 ②

정답 분석

정답이 보이는 핵심 키워드
#사관(史官) #춘추(春秋) #해동(海東) 삼국도 역사가 길고 오래됨
#고려가 끝내 발해사를 편찬하지 않음 #군고(君考)~속국고(屬國考)

길잡이 | 삼국의 역사를 기록한 『삼국사기』와 발해의 역사를 기록한 『발해고』에 대해 살펴봅니다.

② 『삼국사기』는 **고려** 인종의 명을 받아 **김부식**이 편찬한 현존하는 우리나라 최고(最古)의 역사서이다. 유교적 사관을 바탕으로 본기, 연표, 잡지, 열전 등으로 구성되었으며, **기전체** 형식으로 서술되었다.

한 번 더 체크하러 가기 ▶ 미니북 8, 14쪽

선택지 풀이

① ㉠ - 불교사를 중심으로 고대의 민간 설화를 수록하였다.

고려 원 간섭기 때 승려 일연이 고조선에서부터 후삼국까지의 전래 기록을 모아 『삼국유사』를 저술하였다. 왕력(王歷)편, 기이(紀異)편 등 총 9편목으로 구성되어 있으며, 불교 사료, 신화, 설화 등을 수록하였다.

③ ㉡ - 사초와 시정기 등을 바탕으로 편찬하였다.

조선 시대에는 국왕의 사후 실록청을 설치하고 사관이 기록한 사초, 시정기를 정리하여 『조선왕조실록』을 편찬하였다.

④ ㉡ - 고구려 건국 시조의 일대기를 서사시로 표현하였다.

고려 무신 정권 시기 문인 이규보는 『동국이상국집』을 저술하였다. 그 중 권3의 「동명왕편」은 한국 문학 최초의 서사시로, 고구려를 건국한 동명왕의 업적을 칭송하고 고려가 고구려를 계승하였다는 고려인의 자부심을 표현하였다.

⑤ ㉠, ㉡ - 우리 역사의 시작을 단군 조선으로 삼았다.

우리 역사의 시작을 단군 조선으로 삼은 대표적 역사서로는 『동국통감』과 『동사강목』이 있다. 『동국통감』은 조선 성종 때 서거정이 편찬한 것으로 고조선부터 고려 말까지의 역사를 연대순으로 기록한 역사서이며, 『동사강목』은 조선 후기 안정복이 편찬한 것으로 단군 조선부터 고려 공양왕까지의 역사를 정리하였다.

32 동학 정답 ①

정답 분석

정답이 보이는 핵심 키워드
#해월 최시형 #포교를 위해 잠행 #교조 최제우의 처형 #2대 교주
#손병희에게 도통을 전수 #고부 학정의 원흉 조병갑

길잡이 | 제2대 교주인 최시형 때 교세가 확장되었던 동학에 대해 학습합니다.

① 조선 후기 **최제우**가 유·불·선을 바탕으로 민간 신앙까지 포함하여 **동학**을 창시하였으나, 세상을 어지럽히고 백성을 속인다는 혹세무민의 죄목으로 처형당하였다. 이에 **최시형**은 동학의 제2대 교주에 올라 교세를 확장하면서 최제우가 저술한 교리책인 『**동경대전**』과 『**용담유사**』를 경전으로 삼고, 교조 최제우의 신원을 요구하는 **삼례·보은 집회**를 전개하였다. 이후 고부 군수 조병갑의 학정으로 **동학교도 전봉준**이 고부 민란을 일으키면서 **동학 농민 운동**이 시작되자 이를 적극적으로 도왔고, 동학 농민 운동이 진압된 후에는 포교에 다시 힘써 제3대 교주 손병희에게 도통을 전수하였다.

한 번 더 체크하러 가기 ▶ 미니북 17쪽

선택지 풀이

② 항일 무장 단체인 중광단을 결성하였다.

나철이 창시한 대종교는 단군 숭배를 통해 민족의식을 고취하고 간도에서 항일 무장 단체인 중광단, 북로 군정서군 등을 조직하여 적극적인 항일 투쟁을 전개하였다.

③ 박중빈을 중심으로 새생활 운동을 펼쳤다.

박중빈이 창시한 원불교는 새생활 운동을 추진하여 허례허식 폐지, 근검절약, 금주·단연 등을 추구하고, 개간 및 간척 사업과 저축 운동을 적극적으로 장려하였다.

④ 배재 학당을 세워 신학문 보급에 앞장섰다.

미국인 개신교 선교사 아펜젤러가 세운 배재 학당은 근대적 사립 학교로 신학문 보급에 기여하였다.

⑤ 프랑스와의 조약을 통해 포교가 허용되었다.

조선과 프랑스가 조불 수호 통상 조약을 체결하면서 천주교 포교가 허용되었다.

암기의 key | 일제 강점기 주요 종교의 활동

구분	활동
개신교	• 교육·의료 사업 • 신사 참배 거부 운동 → 일제의 탄압
천주교	• 사회 사업: 고아원, 양로원 사업 • 무장 투쟁: 의민단 조직
대종교	• 간도에서 적극적인 항일 무장 투쟁 전개 • 중광단 조직

원불교	• 박중빈이 창시 • 새생활 운동: 허례허식 폐지, 근검절약, 협동 단결 등
천도교	• 제2의 독립 선언 계획 • 청년·소년·여성 운동 • 잡지 간행: 『개벽』, 『어린이』, 『학생』, 『신여성』 등 • 민중 계몽과 근대 문물 보급에 기여
불교	• 불교 대중화 노력(한용운) • 조선 불교 유신회 조직: 일제의 불교 통제(사찰령)에 저항

33 보안회   정답 ②

✓ 정답 분석

정답이 보이는 핵심 키워드
#일본 공사 #황무지에 대한 권리를 청구

길잡이 | 일본의 황무지 개간권 요구를 철회시킨 보안회에 대해 학습합니다.

② 대한 제국 때 **일본은 한일 의정서**를 체결하고 **황무지 개간권**을 요구하였다. 이에 송수만이 심상진 등과 함께 **보안회**를 조직하고 전국에 통문을 돌리며 **황무지 개간권 요구 반대 운동**을 전개하여 저지에 성공하였다.

한 번 더 체크하러 가기 ▶ 미니북 39쪽

✓ 선택지 풀이

① 독립문의 건립 과정을 알아본다.
갑신정변 이후 미국에서 돌아온 서재필은 독립신문을 창간하고 독립 협회를 창립하였으며, 청의 사신을 맞던 영은문을 헐어 그 자리에 독립문을 건립하였다.

③ 조일 통상 장정의 조항을 검토한다.
조선은 일본과의 무역에서 관세권을 회복하기 위해 조일 통상 장정을 체결하였다. 조항 중에는 일본에 대한 최혜국 대우 규정과 천재·변란 등에 의한 식량 부족의 우려가 있을 때 선포할 수 있는 방곡령 규정이 포함되었다.

④ 화폐 정리 사업이 끼친 영향을 살펴본다.
제1차 한일 협약을 통해 스티븐스가 외교 고문, 메가타가 재정 고문으로 임명되었다. 이후 메가타는 대한 제국의 경제권을 장악하기 위해 탁지부를 중심으로 화폐 정리 사업을 실시하여 백동화를 제일 은행권으로 교환하였으며, 이로 인해 국내 경제가 악화되고 많은 기업이 일제의 소유가 되었다.

⑤ 황국 중앙 총상회가 조직된 목적을 분석한다.
조청 상민 수륙 무역 장정의 체결로 외국 상인들이 유입되자 서울 도성의 시전 상인들은 황국 중앙 총상회를 조직하여 상권 수호 운동을 전개하였다.

34 을미의병   정답 ①

✓ 정답 분석

정답이 보이는 핵심 키워드
#근일에 의병을 일으킨 이들 #대군주 폐하께서 외국 공사관에 파천

길잡이 | 을미사변과 단발령에 반발하며 일어난 을미의병을 살펴봅니다.

① 개항 이후 민씨 세력이 **러시아를 통하여 일본을 견제**하려 하자 **일본**이 자객을 보내 경복궁 내 건천궁을 습격하여 **명성 황후를 시해**하였다(**을미사변**, 1895). 뒤이어 친일 내각이 **을미개혁**을 추진하며 **단발령**을 실시하자 유인석, 이소응 등의 유생이 이에 반발하며 전국적으로 **을미의병**을 일으켰으나, **아관 파천** 이후 단발령이 철회되고 **고종이 해산 권고 조칙**을 내리자 **자진 해산**하였다.

한 번 더 체크하러 가기 ▶ 미니북 11쪽

✓ 선택지 풀이

② 을사늑약이 체결되었다.
러일 전쟁에서 승리한 일본이 사실상 열강들로부터 한국에 대한 지배를 인정받자 일본은 을사늑약을 체결하여 대한 제국의 외교권을 박탈하고 한국을 식민지로 만들려는 계획을 진행하였다(1905).

③ 용암포 사건이 발생하였다.
러시아가 조선의 용암포를 강제 점령하여 조차를 요구하였다(1903). 이는 일본과 영국의 간섭으로 실패하였지만 이후 러일 전쟁의 발단이 되었다.

④ 헤이그에 특사가 파견되었다.
⑤ 대한 제국의 군대가 해산되었다.
고종은 네덜란드 헤이그에서 열린 만국 평화 회의에 이준, 이상설, 이위종을 특사로 파견하여 을사늑약의 무효를 알리고자 하였다. 그러나 을사늑약으로 인해 외교권이 없던 대한 제국은 일본의 방해와 주최국의 거부로 큰 성과를 거두지 못하였다. 이후 일본은 헤이그 특사 파견을 구실로 고종을 강제 퇴위시켰으며, 한일 신협약(정미 7조약)을 체결하여 대한 제국의 군대를 강제 해산시키고 내정을 완전히 장악하고자 하였다(1907).

35 대한국 국제   정답 ①

✓ 정답 분석

정답이 보이는 핵심 키워드
#대황제 폐하 #대원수 #원수부를 설치

길잡이 | 고종이 대한 제국의 황제로 즉위하면서 발표한 대한국 국제에 대해 알아봅니다.

아관 파천 이후 경운궁으로 환궁한 고종은 **대한 제국**을 선포하고 **연호를 광무로 하여 환구단에서 황제로 즉위**하였다(1897). 이후 고종은 **광무개혁**을 실시함에 따라 **대한국 국제**를 제정하여 원수부를 설치하는 등 대원수로서 모든 군대를 통솔하고자 하였다(1899).

① **대한 제국**은 **광무개혁** 때 **양지아문**을 설치하여 양전 사업을 실시하고(1898), **지계아문**을 통해 토지 소유 문서인 **지계**를 발급하여 근대적 토지 소유권을 확립하고자 하였다(1901).

한 번 더 체크하러 가기 ▶ 미니북 11, 49쪽

선택지 풀이

② 군국기무처가 창설되었다.
동학 농민군과 전주 화약을 체결한 뒤 조선 정부에서는 교정청을 설치하여 자주적인 개혁을 시도하였다. 그러나 일본군은 내정 개혁 기구인 군국기무처를 설치하여 김홍집과 박정양 등을 중심으로 제1차 갑오개혁을 추진하였다(1894).

③ 5군영이 2영으로 통합되었다.
고종은 개화 정책의 일환으로 기존 5군영을 무위영과 장어영의 2영으로 개편하고 신식 군대인 별기군을 창설하였다(1881).

④ 한성 사범 학교가 설립되었다.
제2차 갑오개혁 때 고종은 교육 입국 조서를 발표하고 교육의 중요성을 강조하면서 교사 양성을 위해 한성 사범 학교를 세웠다(1895).

⑤ 건양이라는 연호가 제정되었다.
을미사변 이후 을미개혁이 추진되어 건양이라는 독자적인 연호와 태양력을 사용하게 되었고 단발령이 시행되었다(1895).

암기의 key 대한 제국 수립과 광무개혁

대한 제국 수립	• 자주 국가임을 국내외에 선포(1897) • 국호 '대한 제국', 연호 '광무' 사용
광무개혁	• 방향: 구본신참, 복고주의적 • 정치 개혁: 대한국 국제 반포(1899) → 전제 군주제, 황제 직속 원수부 설치 • 경제 개혁: 양전 사업 후 지계 발급(근대적 토지 소유권 확립), 상공업·교육 진흥책

36 한국 독립군 정답 ③

정답 분석

정답이 보이는 핵심 키워드
#지청천을 총사령 #일본 측 기관의 파괴, 일본 요인의 암살 등을 기도

길잡이 | 북만주에서 지청천을 중심으로 결성된 한국 독립군의 활동을 학습합니다.

③ **지청천**을 총사령관으로 하여 **북만주**에서 결성된 **한국 독립군**은 **중국 호로군**과 연합하여 **쌍성보 전투, 사도하자 전투, 대전자령 전투**에서 **일본군에 승리**하였다.

한 번 더 체크하러 가기 ▶ 미니북 28쪽

선택지 풀이

① 청산리에서 일본군을 크게 격파하였다.
김좌진이 이끄는 북로 군정서군은 홍범도가 이끄는 대한 독립군과 연합하여 일본군과의 청산리 전투에서 큰 승리를 거두었다.

② 미군과 연계하여 국내 진공 작전을 준비하였다.
한국 광복군은 충칭에서 대한민국 임시 정부의 직할 부대로 창설되었다. 이후 영국군의 요청으로 인도·미얀마 전선에 파견되었으며, 미군과 협조하여 국내 진공 작전을 추진하였다.

④ 중국 관내(關內)에서 결성된 최초의 한인 무장 부대였다.
조선 의용대는 김원봉의 주도로 중국 국민당의 지원을 받아 중국 관내에서 결성된 최초의 한인 무장 부대이며, 조선 민족 전선 연맹 산하에 있었다.

⑤ 대한 국민회군 등과 연합하여 봉오동 전투에서 승리하였다.
대한 독립군은 의병장 출신 홍범도를 총사령관으로 하여 대한 국민회군, 군무도독부 등의 독립군과 연합 작전을 전개하며 봉오동 전투에서 일본군을 상대로 큰 승리를 거두었다.

37 무단 통치기 정답 ③

정답 분석

정답이 보이는 핵심 키워드
#회사를 설립할 때 조선 총독의 허가를 받도록 하는 법령 #한인의 회사는 상업 경쟁에 밀림

길잡이 | 회사령이 제정되었던 1910년대 무단 통치기에 일제가 시행한 정책을 알아봅니다.

일제는 **무단 통치기**인 **1910년대**에 민족 기업과 민족 자본의 성장을 억제하기 위해 회사 설립 시 총독의 허가를 받도록 하는 **회사령**을 제정하였다(1910).

③ **조선 총독부**는 식민 지배를 위한 조세를 안정적으로 확보하고자 **토지 조사 사업**을 시행하였다(1910~1918). 이에 임시 토지 조사국을 설치하고(1910) 토지 조사령을 발표하여(1912) 일정 기간 내 토지를 신고하도록 하였으며, 신고하지 않은 토지는 총독부에서 몰수하여 일본인에게 헐값으로 불하하였다.

한 번 더 체크하러 가기 ▶ 미니북 12쪽

선택지 풀이

① 신문지법을 제정하였다.
일제 통감부는 반일 보도를 통제하고자 신문에 대한 사전 검열을 시도하여 신문지법을 제정하면서 민족 언론을 탄압하였다(1907).

② 미쓰야 협정을 체결하였다.
1920년대 만주 지역에서 항일 무장 투쟁이 활발하게 전개되자 조선 총독부 경무국장 미쓰야와 만주 군벌 장쭤린은 미쓰야 협정을 체결하였다(1925).

④ 경성 제국 대학을 설립하였다.
일제는 조선 민립 대학 설립 운동을 저지하고 여론을 무마하기 위해 경성 제국 대학을 설립하였다(1924).

⑤ 조선 사상범 예방 구금령을 시행하였다.
일제는 민족 말살 통치기에 조선 사상범 예방 구금령을 공포하여 사상 및 행동을 관찰한다는 명목으로 조선인들의 독립운동을 탄압하였다(1941).

38 대한 광복회 정답 ②

정답 분석

정답이 보이는 핵심 키워드
#박상진 #한일 병합에 불평을 가짐 #구한국의 국권 회복 #자금 조달을 위해 조선 각도의 자산가에게 공갈로 돈을 받아냄

길잡이 | 박상진을 중심으로 조직된 대한 광복회의 활동을 학습합니다.

② **대한 광복회**는 **박상진**이 대한 제국의 국권을 회복하고, 공화 정체의 근대 국민 국가를 수립하고자 수립한 비밀 결사 운동 단체이다. 박상진이 총사령, 김좌진이 부사령으로 구성되는 등 군대식 조직을 갖추었으며 군자금 조달과 **친일파 처단 활동**도 전개하였다.

한 번 더 체크하러 가기 ▶ 미니북 40쪽

선택지 풀이

① 중일 전쟁 발발 직후에 결성되었다.
조선 의용대는 김원봉이 주도하여 중국 국민당의 지원을 받아 중국 관내에서 결성된 최초의 한인 무장 부대로, 중일 전쟁 발발 이후 중국 우한에서 창설되었다.

③ 파리 강화 회의에 대표를 파견하였다.
대한민국 임시 정부의 모체인 신한 청년당 소속인 김규식은 파리 강화 회의에 파견되어 독립 청원서를 제출하였다.

④ 일제가 꾸며낸 105인 사건으로 와해되었다.
조선 총독부는 데라우치 총독 암살 미수 사건을 조작한 105인 사건으로 많은 민족 운동가들을 체포하였고, 이로 인해 신민회가 해산되었다.

⑤ 만민 공동회를 열어 열강의 이권 침탈을 비판하였다.
독립 협회는 만민 공동회를 개최하고 이권 수호 운동을 전개하여 러시아의 절영도 조차 요구를 저지하였다.

39 3·1 운동 정답 ⑤

정답 분석

정답이 보이는 핵심 키워드
#조선 독립에 관한 선언서 #천도교, 기독교 신도들의 서명 #시위 운동 #한국 독립 만세

길잡이 | 2·8 독립 선언의 영향을 받아 전개된 3·1 운동에 대해 알아봅니다.

⑤ 미국 대통령 윌슨이 민족 자결주의를 주창한 데 영향을 받아 **일본 도쿄**에서 **유학생들**이 조선 청년 독립단을 결성하고 **2·8 독립 선언서**를 발표하였다. 이에 천도교계, 기독교계, 불교계로 구성된 **민족 대표 33인**이 태화관에서 **독립 선언서를 발표**하고 탑골 공원에서 학생과 시민들이 독립 선언식을 거행하면서 **전국적인 만세 운동**이 전개되었다(**3·1 운동**, 1919).

한 번 더 체크하러 가기 ▶ 미니북 12, 26쪽

선택지 풀이

① 간도 참변으로 민간인이 학살되었다.
일제는 봉오동 전투와 청산리 전투의 패배에 대한 보복으로 독립군의 근거지를 소탕하기 위해 간도 지역의 수많은 한국인을 학살하는 간도 참변을 저질렀다(1920).

② 상하이에서 국민 대표 회의가 개최되었다.
독립운동 단체 대표들이 침체된 임시 정부의 활로를 모색하기 위해 중국 상하이에 모여 국민 대표 회의를 개최하였으나 개조파와 창조파로 분열되면서 눈에 띄는 성과를 거두지는 못하였다(1923).

③ 언론사의 주도로 브나로드 운동이 전개되었다.
언론사를 중심으로 농촌 계몽 운동이 전개되어 조선일보는 한글 교재의 보급과 순회 강연을 통한 문자 보급 운동을 전개하였고(1929), 동아일보는 문맹 퇴치 운동인 브나로드 운동을 전개하였다(1931).

④ 조선 노동 총동맹과 조선 농민 총동맹이 결성되었다.
조선 노농 총동맹은 조선 노동 총동맹과 조선 농민 총동맹으로 분리되었다(1927).

40 이육사   정답 ②

✓ 정답 분석

> **정답이 보이는 핵심 키워드**
> #독립운동가이자 문학가 #'청포도' #본명은 이원록 #조선은행 대구 지점 폭탄 의거에 연루됨

길잡이 | 의열단 단원이자 문학가였던 이육사의 활동에 대해 학습합니다.

일제 강점기의 저항 시인으로 잘 알려져 있는 **이육사(이원록)** 는 1년 여간 일본 도쿄에서 유학을 하다가 귀국한 이후 **의열단**에 가입하였다. 그러던 중 의열단원 장진홍의 조선은행 대구 지점 폭파 사건 때 주도 세력으로 연루되어 옥고를 치렀는데, 이때 수감 번호 264를 따서 호를 육사(陸史)라 하였다. 이후에도 중국을 왕래하며 독립운동을 전개 하다가 일본 관헌에게 붙잡혀 베이징의 일본 감옥에서 옥사하였다.
② 이육사는 민족의식을 깨우치고 항일 정신을 북돋기 위한 문학 활동을 계속하면서 저항시 「**청포도**」, 「**광야**」, 「**절정**」 등의 작품을 남겼다.

한 번 더 체크하러 가기 ▶ 미니북 15쪽

✓ 선택지 풀이

① 소설 상록수를 신문에 연재하였다.
   일제 강점기의 저항 시인이자 소설가 심훈은 브나로드 운동을 소재로 하여 농촌 사업의 휴머니즘과 저항 의식을 고취시키는 장편 소설 『상록수』를 동아일보에 연재하였다.

③ 타이완에서 일본 육군 대장을 저격하였다.
   조명하는 타이완에서 일본 육군 대장 구니노미야 구니히코를 저격한 후 체포되어 사형되었지만 이로 인해 식민지 조선의 항일 의지를 아시아 전역에 알리게 되었다.

④ 삼균주의를 바탕으로 한 건국 강령을 만들었다.
   조소앙은 삼균주의에 입각하여 대한민국 임시 정부의 건국 강령을 만들어 독립운동의 방향과 독립 후의 건국 과정을 명시하였다.

⑤ 여유당전서를 간행하고 조선학 운동을 전개하였다.
   정인보는 안재홍과 함께 조선학 운동을 주도하여 정약용의 저술을 모은 『여유당전서』를 간행하였다.

41 의열단   정답 ③

✓ 정답 분석

> **정답이 보이는 핵심 키워드**
> #김지섭 #동경 궁성 이중교 앞에서 일어난 폭탄 투척 사건 #단장 김원봉

길잡이 | 김지섭이 입단하여 활동한 의열단에 대해 알아봅니다.

김원봉은 **의열단**을 조직하여 일제 요인 암살, 기관 파괴, 테러 등 직접적 투쟁 방식으로 독립운동을 전개하였다. 1923년 관동 대지진이 일어나면서 일본인들이 조선인을 학살하자 의열단원 **김지섭**은 주요 관리를 암살하고자 **일본 동경 궁성 이중교에 폭탄**을 던졌다.
③ 의열단은 **신채호**가 작성한 **조선 혁명 선언**을 기본 행동 강령으로 하여 독립운동을 전개하였다.

한 번 더 체크하러 가기 ▶ 미니북 28쪽

✓ 선택지 풀이

① 김구가 상하이에서 조직하였다.
   김구는 대한민국 임시 정부의 곤경을 타개하고 침체된 독립운동의 새로운 활로를 모색하기 위해 상하이에서 한인 애국단을 결성하여 적극적인 투쟁 활동을 전개하였다.

② 비밀 행정 조직인 연통제를 운영하였다.
   대한민국 임시 정부는 비밀 행정 조직으로 연통제를 실시하여 국내와의 연락망을 확보하고 독립운동 자금을 모았다.

④ 신흥 무관 학교를 세워 무장 투쟁을 준비하였다.
   서간도 삼원보 지역에서 신민회 회원인 이상룡, 이회영 등이 중심이 되어 독립군 양성 학교인 신흥 강습소를 설립하였으며, 이는 1919년에 본부를 옮기면서 신흥 무관 학교로 명칭이 바뀌었다.

⑤ 조선 총독부에 국권 반환 요구서를 제출하려 하였다.
   임병찬은 고종의 밀명을 받아 독립 의군부를 조직하여 조선 총독부에 국권 반환 요구서를 보내려고 시도하였다.

암기의 key	의열단 의거 활동
인물	활동
박재혁	부산 경찰서에 폭탄 투척(1920)
최수봉	밀양 경찰서에 폭탄 투척(1920)
김익상	조선 총독부에 폭탄 투척(1920)
김상옥	종로 경찰서에 폭탄 투척, 일본 경찰과 교전(1923)
김지섭	일본 도쿄 왕궁에 폭탄 투척(1924)
나석주	동양 척식 주식회사와 조선 식산 은행에 폭탄 투척(1932)

42 광주 학생 항일 운동   정답 ④

✓ 정답 분석

정답이 보이는 핵심 키워드
#광주 학생 남녀 수십 명이 빈사(瀕死)의 중상을 입음 #정의를 위하여 거리로 나가 시위를 함 #광주 학생의 석방을 요구 #치안 유지법을 철폐하라

길잡이 | 한국인 학생 차별과 식민지 교육에 저항하며 발생한 광주 학생 항일 운동을 살펴봅니다.

④ **광주 학생 항일 운동**은 한일 학생 간의 우발적 충돌 사건을 계기로 발생하였으나, 한국인 학생에 대한 차별과 식민지 교육에 저항하는 항일 운동으로 발전하였다(1929). 이는 3·1 운동 이후 가장 큰 규모의 항일 운동이었으며 **신간회** 중앙 본부가 **진상 조사단을 파견**하여 지원하기도 하였다.

한 번 더 체크하러 가기 ▶ 미니북 12, 27쪽

✓ 선택지 풀이

① 순종의 장례일을 맞아 가두시위를 벌였다.
　조선 공산당을 중심으로 한 사회주의 세력과 천도교를 중심으로 한 민족주의 세력이 연대하여 순종의 인산일을 기회로 삼아 6·10 만세 운동을 준비하였다.

② 대한민국 임시 정부 수립에 영향을 주었다.
　국내외 독립운동가들은 3·1 운동을 계기로 민족의 주체성을 확인하고 조직적인 독립운동을 전개하기 위해 중국 상하이에 모여 대한민국 임시 정부를 수립하였다.

③ 조선 사람 조선 것이라는 구호를 내세웠다.
　평양에서 조만식을 중심으로 조직된 조선 물산 장려회는 '조선 사람 조선 것'을 주장하며, 국산품을 장려하는 물산 장려 운동을 전개하였다.

⑤ 일본, 프랑스 등의 노동 단체로부터 격려 전문을 받았다.
　원산 노동자 총파업은 영국인이 경영하는 회사에서 일본인 감독이 조선인 노동자를 구타한 사건을 계기로 시작되었다. 파업 후 회사가 요구 조건을 이행하지 않자 원산 노동 연합회를 중심으로 총파업에 돌입하였으며, 전국 각지의 노동조합, 청년 단체, 농민 단체 등의 후원과 일본·중국·프랑스·소련의 노동 단체들로부터 격려 전문을 받기도 하였다.

43 민족 말살 통치기   정답 ④

✓ 정답 분석

정답이 보이는 핵심 키워드
#일본식 씨명을 사용하도록 강요

길잡이 | 조선인에게 창씨개명을 요구하였던 민족 말살 통치기에 대해 알아봅니다.

1930년대 이후 일제는 **민족 말살 통치** 하에 **황국 신민화 정책**을 시행하여 내선일체의 구호를 내세워 한글 사용을 금지하였으며, **창씨개명**(1939), 신사 참배, 황국 신민 서사 암송(1937) 등을 강요하였다.
④ 일제는 **중일 전쟁**(1937)과 **태평양 전쟁**(1941)을 일으키면서 우리나라의 인적·물적 수탈을 강화하기 위해 **전시 동원 체제**를 수립하였다. 이에 젊은 여성들을 전선에 끌고 가 일본군 '위안부'로 삼는 만행을 저질렀으며, **여자 정신 근로령**(1944)을 공포하여 군수 공장 등에서 강제 노동을 시켰다.

한 번 더 체크하러 가기 ▶ 미니북 12쪽

✓ 선택지 풀이

① 통감부를 설치하였습니다.
　을사늑약이 체결되면서 대한 제국의 외교권이 박탈되고 서울에 통감부가 설치되었다(1906).

② 조선 태형령을 시행하였습니다.
③ 헌병 경찰제를 실시하였습니다.
　1910년대 무단 통치기에 일제는 강압적 통치를 위해 헌병 경찰제를 실시하였으며, 조선 태형령을 제정하여 곳곳에 배치된 헌병 경찰들이 조선인들에게 태형을 통한 형벌을 가하도록 하였다(1912).

⑤ 동양 척식 주식회사를 설립하였습니다.
　일제 통감부는 대한 제국의 식산흥업을 장려한다는 명목으로 한일합자 회사인 동양 척식 주식회사를 설립하였다(1908).

44 여운형   정답 ③

✓ 정답 분석

정답이 보이는 핵심 키워드
#정무총감 엔도 #조선 건국 준비 위원회를 만듦

길잡이 | 조선 건국 준비 위원회를 조직하였던 여운형에 대해 살펴봅니다.

일본이 태평양 전쟁에서 패배할 조짐이 보이자, **조선 총독부**는 조선에 거주하던 일본인의 안전한 귀국을 보장하는 조건으로 **여운형**에게 행정권의 일부를 이양하였으며, 일본의 항복 선언 후, 여운형은 안재홍과 함께 **조선 건국 준비 위원회**를 결성하였다.
③ **광복 이후** 좌우 대립이 격화되면서 분단의 위기감을 느낀 중도파 세력들은 **여운형, 김규식**을 중심으로 **좌우 합작 위원회**를 수립하고 **좌우 합작 7원칙**을 발표하는 등 좌우 합작 운동을 전개하였다.

한 번 더 체크하러 가기 ▶ 미니북 18, 29쪽

선택지 풀이

① 샌프란시스코에서 흥사단을 결성하였다.
안창호는 국권 회복을 위해 샌프란시스코에 대한인 국민회를 조직하고, 실력을 갖춘 젊은이를 육성하기 위해 민족 운동 단체인 흥사단을 창립하였다.

② 조선어 학회 사건으로 구속되어 옥고를 치렀다.
일제가 조선어 학회를 독립운동 단체로 간주하고 관련 인사를 체포한 후 학회를 강제 해산시키는 조선어 학회 사건이 발생하여, 이극로, 최현배 등이 구속되어 옥고를 치렀다.

④ 반민족 행위 특별 조사 위원회에서 활동하였다.
제헌 국회는 일제의 잔재를 청산하고 민족정기를 바로잡기 위해 반민족 행위 처벌법을 제정하고, 반민족 행위 특별 조사 위원회를 구성하였다.

⑤ 미국에서 귀국하여 독립 촉성 중앙 협의회를 이끌었다.
광복 이후 이승만은 미국에서 귀국하여 좌·우익을 망라한 정치 단체인 독립 촉성 중앙 협의회를 조직하였다.

45 6·25 전쟁   정답 ③

정답 분석

정답이 보이는 핵심 키워드
#끊어진 대동강 철교 #유엔군 #중국군의 남하

> **길잡이** | 우리나라의 분단을 야기한 6·25 전쟁 중 일어났던 사실을 학습합니다.

대동강은 북한의 수도를 가로지르는 강이다. 중국군의 6·25 전쟁 개입으로 인해 중국군의 남하를 막고자 UN군이 대동강 철교를 폭파하였다(1950).
ㄴ. 1950년 **북한의 남침**으로 **6·25 전쟁**이 시작되어 서울이 점령당하자, 국군은 파병된 유엔군과 함께 낙동강을 사이에 두고 공산군과 치열한 공방전을 벌였으며, **인천 상륙 작전**을 성공시키면서 압록강까지 진격하였다.
ㄷ. 6·25 전쟁 중 이승만 정부와 자유당은 **부산 지역에 비상계엄을 선포**하고 대통령 직선제와 내각 책임제를 포함한 개헌안을 국회에 제출하여 토론 없이 기립 표결로 통과시키는 **발췌 개헌**을 단행하였다(1952).

한 번 더 체크하러 가기 ▶ 미니북 20쪽

선택지 풀이

ㄱ. 미 국무 장관인 애치슨은 한국을 미국의 태평양 방위선에서 제외한다는 애치슨 라인을 발표하여 6·25 전쟁의 발발 원인을 제공하였다(1950.1).
ㄹ. 세계 대전 전후 문제 처리를 위해 개최된 모스크바 3국 외상 회의에서 한반도 미소 공동 위원회 설치와 최대 5년간의 신탁 통치 협정이 결정되었다(1945).

46 박정희 정부의 경제 상황   정답 ①

정답 분석

정답이 보이는 핵심 키워드
#경부 고속 도로가 완공 #단기간에 고속 도로를 완공

> **길잡이** | 경부 고속 도로가 완공되었던 박정희 정부 시기의 경제 상황에 대해 알아봅니다.

① **박정희 정부**는 경제 개발 5개년 계획을 통해 외국에서 자본을 끌어와 수출 산업을 특별히 지원하는 '국가 주도−대외지향적 방식'으로 산업화·공업화 정책을 추진하였다. **제2차 경제 개발 5개년 계획** 시행 중에는 경부 고속 도로가 단군 이래 최대의 토목 공사로 불리면서 개통되었다.

한 번 더 체크하러 가기 ▶ 미니북 20쪽

선택지 풀이

② 미국의 경제 원조로 삼백 산업이 발달하였다.
이승만 정부 시기인 1950년대에는 6·25 전쟁 이후 미국의 원조에 기반을 두고 면화, 설탕, 밀가루를 중심으로 한 삼백 산업이 활성화되어 소비재 공업이 성장하였다.

③ 귀속 재산 처리를 위한 신한 공사가 설립되었다.
광복 직후 미군정은 일제 강점기 때 동양 척식 주식회사와 일본인·일본 회사의 소유였던 토지 및 귀속 재산을 관할·처리하기 위하여 신한 공사를 설립하였다.

④ 대통령 긴급 명령으로 금융 실명제가 실시되었다.
김영삼 정부 때 부정부패와 탈세를 뿌리 뽑기 위해 대통령 긴급 명령으로 금융 실명제를 실시하여 경제 개혁을 추진하였다.

⑤ 최저 임금 결정을 위한 최저 임금 위원회가 설치되었다.
전두환 정부 때 최저 임금법을 제정하고, 최저 임금 심의 위원회를 설치하였다. 2000년에 최저 임금법이 개정되면서 최저 임금 위원회로 명칭이 변경되었다.

47 김영삼 정부의 경제 상황 정답 ④

✓ 정답 분석

정답이 보이는 핵심 키워드
#금융·외환 시장의 어려움 #국제 통화 기금(IMF)에 유동성 조절 자금을 지원해 줄 것을 요청

길잡이 | 김영삼 정부가 외환 위기를 발표하였던 시기를 살펴봅니다.

- **서울 올림픽 개최**(1988): 노태우 정부가 제24회 **서울 올림픽 대회**를 성공적으로 개최하여 국제 사회에서 한국의 위상이 높아졌다.
- **노사정 위원회 구성**(1998): 김대중 정부는 **국제 통화 기금(IMF)의 관리 체제**를 극복하기 위해 다각적인 노력을 기울였다. 사회적 협의 기구로 대통령 직속 자문 기구인 **노사정 위원회**를 설치하고 기업의 구조 조정을 실시하였으며, 국민들은 금모으기 운동을 전개하였다. 이와 같은 노력을 통해 외환 위기와 IMF 관리 체제를 조기에 극복할 수 있었다.
- ④ **김영삼 정부** 말에 발생한 **외환 위기**로 인해 **국제 통화 기금(IMF)** 으로부터 구제 금융 지원을 받게 되었다(1997).

한 번 더 체크하러 가기 ▶ 미니북 20쪽

48 지역사 – 강릉 정답 ①

✓ 정답 분석

정답이 보이는 핵심 키워드
#경포대 #관동팔경 중 하나 #선교장 #당간지주 #굴산사지

길잡이 | 강릉 지역과 관련된 역사적 사실을 알아봅니다.

강원도 **강릉시**에는 **관동팔경** 중 하나로 경포호수 북쪽 언덕에 있는 누각인 **경포대**가 위치해 있다. 경포대는 고려 충숙왕 때 강원도 지역의 관리 박숙정이 세웠으며, 조선 숙종이 직접 지은 시와 율곡 이이가 10살 때 지었다는 '경포대부'를 비롯한 유명인들의 글이 걸려있다. 또한, 강릉시에서는 조선 사대부가의 한옥 고택인 선교장과 신라 문성왕 때 범일국사가 창건한 굴산사에 위치한 당간지주도 찾아볼 수 있다.
① **강릉 오죽헌**은 조선 중기의 목조 건물로, 신사임당과 그의 아들 **율곡 이이**가 태어난 집이다.

✓ 선택지 풀이

② 무령왕릉이 있는 송산리 고분군을 추천해요.
백제 무령왕과 왕비의 무덤인 무령왕릉은 공주 송산리 고분군에 위치해 있으며, 중국 양나라의 영향을 받아 벽돌무덤으로 만들어졌다.

③ 어재연 부대가 항전했던 광성보에 가 보세요.
제너럴셔먼호 사건을 구실로 미국의 로저스 제독이 함대를 이끌고 강화도를 공격하여 신미양요가 발생하였다. 미군은 강화도 덕진진을 점거한 후 광성보로 진격하였고, 이에 어재연이 맞서 싸우다가 전사하는 등 조선군은 수많은 사상자를 내며 패배하였다.

④ 팔만대장경판이 보관된 해인사를 방문해 보세요.
경남 합천군에 위치한 합천 해인사에는 고려 시대 부처의 힘으로 몽골군을 물리치길 기원하며 제작한 팔만대장경판이 보관되어 있다.

⑤ 삼별초가 활동한 항파두리 항몽 유적에 가 보세요.
항파두리성은 제주시 애월읍에 위치한 성곽으로, 고려 조정이 몽골과 강화를 맺고 개경으로 환도하자 이에 반대한 삼별초가 김통정의 지휘 아래 이곳으로 들어와 성을 쌓고 대몽 항쟁을 전개하였다.

49 4·19 혁명 정답 ②

✓ 정답 분석

정답이 보이는 핵심 키워드
#3·15 부정 선거 #김주열 #최루탄에 눈 부분을 맞음 #마산 앞바다에 죽은 채 떠오름 #시위대 #경무대

길잡이 | 3·15 부정 선거가 배경이 되어 발생한 4·19 혁명에 대해 학습합니다.

이승만은 정·부통령 선거에서 부통령에 자유당 이기붕을 당선시키고 장기 집권하기 위해 야당 인사 살해, 투표권 강탈, 부정 개표 등을 통한 **3·15 부정 선거**를 자행하였다. **마산**에서 부정 선거와 이승만의 장기 집권에 저항하는 **대규모 시위**가 일어나자 정부는 이를 강경 진압하였고, 시위 도중 경찰의 최루탄에 맞은 채로 마산 해변가에 버려진 학생 **김주열**의 시신이 발견되며 **4·19 혁명**이 전국적으로 확산되었다.
② 4·19 혁명의 결과로 **이승만이 대통령직에서 하야**하고 내각 책임제를 기본으로 하는 허정 과도 정부가 성립되었다.

한 번 더 체크하러 가기 ▶ 미니북 13, 30쪽

✓ 선택지 풀이

① 시민군이 조직되어 계엄군에 저항하였다.
전두환을 비롯한 신군부 세력의 12·12 쿠데타에 저항하여 '서울의 봄'이라는 대규모 민주화 운동이 일어나자 신군부는 비상계엄 조치를 전국적으로 확대하였다. 비상계엄 해제와 신군부 퇴진, 김대중 석방 등을 요구하는 광주 시민들의 항거가 이어지자 신군부는 공수 부대를 동원한 무력 진압을 강행하였고, 학생과 시민들이 자발적으로 시민군을 조직하여 이에 대항하면서 5·18 민주화 운동이 전개되었다.

③ 호헌 철폐, 독재 타도 등의 구호를 내세웠다.
전두환 정부의 4·13 호헌 조치가 발표되고 박종철 고문치사 사건이 발생하자 이에 반발한 시민들은 호헌 철폐와 독재 타도 등의 구호를 내세우면서 6월 민주 항쟁을 일으켰다.

④ 3선 개헌 반대 범국민 투쟁 위원회가 주도하였다.
　1967년 재집권한 박정희는 대통령 3선 연임을 허용하는 헌법 개정을 추진하였다. 이에 야당인 신민당 의원들은 재야 인사들과 함께 3선 개헌 반대 범국민 투쟁 위원회를 결성하고 반대 투쟁을 전개하였으나 여당 민주 공화당 소속 의원 122명이 국회 별관에 모여 변칙적으로 개헌안을 통과시켰다.

⑤ 장기 독재를 비판하는 3·1 민주 구국 선언이 발표되었다.
　김대중, 함석헌 등의 정치인과 기독교 목사, 대학 교수 등은 박정희 정부의 유신 독재 체제에 저항하고, 긴급 조치 철폐 등을 요구하면서 3·1 민주 구국 선언을 발표하였다.

50 전두환 정부의 통일 노력　　정답 ⑤

✓ 정답 분석

정답이 보이는 핵심 키워드
#남북 조절 위원회　#남북 사이의 화해와 불가침 및 교류·협력
#남북 기본 합의서

길잡이 ┃ 전두환 정부가 시행했던 통일 노력에 대해 알아봅니다.

(가) **박정희 정부** 때 서울과 평양에서 **7·4 남북 공동 성명**을 발표하고(1972), 이를 실천하기 위해 **남북 조절 위원회**를 설치하였다.
(나) **노태우 정부** 때 남북한의 화해와 불가침 및 교류·협력 등에 관한 공동 합의서인 **남북 기본 합의서**를 채택하였다(1991).
⑤ **전두환 정부** 때 분단 이후 최초로 **이산가족 고향 방문단 및 예술 공연단** 등 총 151명이 서울과 평양을 동시에 방문하였다(1985).

한 번 더 체크하러 가기 ▶ 미니북 20쪽

✓ 선택지 풀이

① 금강산 육로 관광이 시작되었다.
② 6·15 남북 공동 선언이 발표되었다.
④ 남북 경제 협력을 위한 개성 공업 지구가 조성되었다.
　김대중 정부 때 평양에서 최초로 남북 정상 회담이 이루어져 6·15 남북 공동 선언이 발표되었고, 이에 대한 영향으로 개성 공업 지구 건설 운영에 관한 합의서가 체결되었다(2000). 이후 노무현 정부 때 금강산 육로 관광이 정식으로 시작되었으며, 남북의 경제 협력을 위한 개성 공업 지구 착공식이 진행되었다(2003).

③ 평창 동계 올림픽에 남북 단일팀이 참가하였다.
　남한과 북한은 단일팀으로서 여자 아이스하키팀을 구성하여 평창 동계 올림픽에 참가하였다(2018).

제65회 한국사능력검정시험 정답 및 해설

STEP 1 정답 확인 문제 p.134

01	02	03	04	05	06	07	08	09	10	11	12	13	14	15	16	17	18	19	20	21	22	23	24	25
②	⑤	②	①	③	⑤	④	⑤	⑤	①	②	③	①	④	③	②	①	③	③	⑤	③	①	③	⑤	⑤
26	27	28	29	30	31	32	33	34	35	36	37	38	39	40	41	42	43	44	45	46	47	48	49	50
④	④	①	④	⑤	④	⑤	⑤	④	①	③	④	④	⑤	⑤	④	④	②	①	⑤	②	②	②	③	②

STEP 2 난이도 확인

| 제65회 합격률 | **57.7%** | 최근 1년 평균 합격률 | **51.1%** |

STEP 3 시대별 분석

시대	선사	고대	고려	조선 전기	조선 후기	근대	일제 강점기	현대	복합사
틀린 개수/문항 수	/2	/7	/9	/5	/4	/9	/5	/5	/4
출제비율	4%	14%	18%	10%	8%	18%	10%	10%	8%

STEP 4 문제별 주제 분석

01	선사	청동기 시대
02	선사	고조선
03	고대	지역사 – 공주(웅진)
04	고대	호우총 청동 그릇
05	고대	고구려 소수림왕
06	고대	삼국 통일 과정
07	고대	발해
08	고대	설총
09	고대	통일 신라 말 사회 모습
10	고려	고려 태조
11	고려	고려 성종
12	고려	거란의 침입과 고려의 대응
13	고려	의천
14	고려	고려 중기의 주요 사건
15	고려	고려 원 간섭기 사회 모습
16	고려	고려의 경제 상황
17	고려	예산 수덕사 대웅전
18	고려	이성계의 위화도 회군
19	조선 전기	조선 성종
20	조선 전기	조선 명종
21	조선 전기	계유정난
22	조선 전기	안견의 「몽유도원도」
23	조선 전기	병자호란
24	조선 후기	조선 정조
25	조선 후기	대동법
26	복합사	시대별 일본에 대한 대응
27	조선 후기	이익
28	조선 후기	조선 후기의 문화
29	근대	흥선 대원군
30	근대	임오군란
31	근대	동학 농민 운동
32	근대	헤이그 특사 사건
33	근대	정미의병
34	근대	광무개혁
35	근대	경제적 구국 운동
36	근대	독립 협회
37	근대	근대 기관
38	일제 강점기	무단 통치기
39	복합사	시대별 교육 기관
40	일제 강점기	제2차 조선 교육령
41	일제 강점기	대한민국 임시 정부
42	일제 강점기	민족 말살 통치기
43	일제 강점기	조선 의용대
44	복합사	최현배
45	현대	5·10 총선거
46	현대	6·25 전쟁
47	현대	제2차 경제 개발 5개년 계획
48	현대	전두환 정부
49	복합사	지역사 – 전주
50	현대	김대중 정부의 통일 정책

01 청동기 시대 정답 ②

정답 분석

정답이 보이는 핵심 키워드
#부여 송국리 #사유 재산과 계급이 출현 #비파형 동검 #민무늬 토기 #환호와 목책

길잡이 | 청동기 시대의 생활 모습을 알아봅니다.

부여 송국리 유적은 대표적인 **청동기 시대** 유적지로 취락을 지키기 위해 설치한 **환호와 목책**의 흔적과 **민무늬 토기**, **비파형 동검**을 찾아볼 수 있다. 또한, **청동기 시대**에는 **사유 재산**이 발생하여 **계급이 분화**됨에 따라 정치권력과 경제력을 가진 지배자인 군장이 등장하였다.
② 청동기 시대 무덤인 **고인돌**의 거대한 규모를 통해 당시 많은 사람들이 동원되었다는 것과 무덤의 주인이 지배층이라는 것을 알 수 있다.

한 번 더 체크하러 가기 ▶ 미니북 4쪽

선택지 풀이

① 소를 이용한 깊이갈이가 일반화되었다.
　신라 지증왕 때 소를 이용한 우경을 실시하자 깊이갈이가 가능해져 농업 생산량이 증대되었고, 고려 시대에 이르러 일반화되었다.

③ 실을 뽑기 위해 가락바퀴를 처음 사용하였다.
　신석기 시대에는 가락바퀴로 실을 뽑아 뼈바늘로 옷을 지어 입었다.

④ 쟁기, 쇠스랑 등의 철제 농기구가 이용되었다.
　철기 시대 이후 쟁기, 호미, 쇠스랑 등의 철제 농기구가 널리 사용되면서 농업 생산량이 늘어났다.

⑤ 주로 동굴이나 강가에 막집을 짓고 거주하였다.
　구석기 시대 사람들은 주로 동굴이나 막집에 거주하였으며 계절에 따라 이동 생활을 하였다.

암기의 key | 선사 시대의 생활상

구석기 시대	• 동굴이나 강가의 막집에서 생활 • 주먹도끼, 찍개 등의 뗀석기 사용
신석기 시대	• 강가나 바닷가에 움집을 지어 정착 생활 • 뼈낚시, 그물, 돌창, 돌화살을 사용하여 채집 · 수렵 • 조 · 피 등을 재배하는 농경 시작, 목축 생활 • 빗살무늬 토기를 이용하여 음식을 조리하거나 저장 • 가락바퀴로 실을 뽑아 뼈바늘로 옷을 지어 입기도 함
청동기 및 초기 철기 시대	• 밭농사 중심, 벼농사 시작, 반달 돌칼 사용 • 움집의 지상 가옥화, 배산임수의 취락 형성 • 가축 사육 시작, 농업 생산력 향상 • 사유 재산과 계급 발생, 선민사상, 족장 출현 • 비파형 동검, 세형 동검 제작

02 고조선 정답 ⑤

정답 분석

정답이 보이는 핵심 키워드
#니계상 참 #우거왕 #왕검성 #대신(大臣) 성기 #한(漢) #좌장군 #상 #진번 · 임둔 · 낙랑 · 현도군

길잡이 | 고조선 시기의 역사적 사실을 살펴봅니다.

위만의 손자인 **우거왕** 때 **한 무제**가 **고조선**을 침공하였다. 고조선은 1차전인 패수 전투에서 승리하였으나 지배층 내부에서 항복 여부를 두고 분열이 일어나 **니계상 참**이 우거왕을 암살하였다. 이에 **대신(大臣) 성기**가 계속해서 한에 저항하였지만 우거왕의 아들 장항과 조선상 노인의 아들 최가 백성들을 회유하고 성기를 제거하면서 **왕검성이 함락**되고 고조선이 **멸망**하였다. 한은 점령한 지역에 **진번**, **임둔**, **낙랑**, **현도**의 **4군**을 설치하였다.
⑤ 고조선은 사회 질서를 유지하기 위해 **범금 8조**를 만들었으나 현재는 3개의 조항만 전해진다.

한 번 더 체크하러 가기 ▶ 미니북 5쪽

선택지 풀이

① 동맹이라는 제천 행사를 열었다.
　고구려는 매년 10월에 추수감사제인 동맹이라는 제천 행사를 열었다.

② 신성 지역인 소도가 존재하였다.
　삼한은 정치적 지배자 외에 천군이라는 제사장을 두는 제정 분리 사회였다. 천군은 제사를 주관하는 소도라는 신성 지역을 다스렸으며, 이곳에는 군장의 세력이 미치지 못하여 죄인이 도망와도 잡아가지 못하였다.

③ 읍락 간의 경계를 중시하는 책화가 있었다.
　동예는 각 부족의 영역을 중요시하여 다른 부족의 영역을 침범하는 경우 노비와 소, 말로 변상하게 하는 책화 제도를 두었다.

④ 여러 가(加)들이 별도로 사출도를 다스렸다.
　부여는 왕 아래 마가, 우가, 저가, 구가의 가(加)들이 각자의 행정 구역인 사출도를 다스렸다.

03 지역사 - 공주(웅진) 정답 ②

정답 분석

정답이 보이는 핵심 키워드
#백제의 새로운 터전 #문주왕 #장수왕의 공격으로 백제의 수도 한성이 파괴 #개로왕이 전사

길잡이 | 백제 문주왕이 새로운 도읍으로 정한 공주(웅진)와 관련된 역사적 사실에 대해 알아봅니다.

남진 정책을 추진하던 고구려 **장수왕**에 의해 백제의 수도 **한성**이 **함락**되고 **개로왕**이 **전사**하였다. 한강 유역을 빼앗긴 이후 즉위한 백제 **문주왕**은 위기를 수습하기 위해 **공주(웅진)**로 **천도**하였다.
② 백제 **무령왕**과 왕비의 무덤인 **무령왕릉**은 당시 백제의 수도였던 **공주 송산리 고분군**에 위치해 있다. 또한, **중국 양나라**의 영향을 받아 **벽돌무덤**으로 만들어졌다.

한 번 더 체크하러 가기 ▶ 미니북 6, 52쪽

선택지 풀이

① 무왕이 미륵사를 창건한 곳을 살펴본다.
백제 무왕은 금마저(전북 익산)에 미륵사를 창건하였다.

③ 성왕이 신라와의 전투에서 전사한 곳을 검색한다.
백제 성왕은 신라 진흥왕이 나제 동맹을 깨고 백제가 차지한 한강 하류 지역을 점령하자 이에 분노하여 신라를 공격하였으나 관산성(충북 옥천) 전투에서 전사하였다.

④ 윤충이 의자왕의 명을 받아 함락시킨 곳을 지도에 표시한다.
백제 의자왕은 윤충에게 1만여 명의 병력을 주어 신라의 대야성(경남 합천)을 비롯한 40여 개의 성을 함락시켰다.

⑤ 계백이 이끄는 결사대가 신라군에 맞서 싸운 곳을 조사한다.
신라는 당과 동맹을 맺고 나당 연합군을 결성하여 백제를 공격하였다. 이후 황산벌(충남 논산)에서 김유신이 이끄는 나당 연합군의 공격에 계백이 이끄는 결사대가 패배하면서 결국 백제는 멸망하게 되었다.

04 호우총 청동 그릇   정답 ①

정답 분석

정답이 보이는 핵심 키워드
#경주 호우총에서 출토 #광개토지호태왕 #신라와 고구려 사이의 정치적 관계를 살펴볼 수 있는 유물

길잡이 │ 고구려의 문화유산인 호우총 청동 그릇을 사진과 함께 학습합니다.

① 신라의 수도인 경주 **호우총**에서 출토된 **호우총 청동 그릇**은 광개토 대왕의 제사와 관련된 명문이 적혀 있는데 이를 통해 정치적으로 긴밀했던 고구려와 신라의 관계를 볼 수 있다. 400년, 고구려 **광개토 대왕**은 **신라**의 원군 요청을 받고 병력 5만 명을 신라에 보내 백제·가야·왜 연합군을 낙동강 유역까지 추격하여 물리쳤다. 이로 인해 전기 가야 연맹이 쇠퇴하기 시작했고 신라에 대한 고구려의 영향력이 커졌다.

한 번 더 체크하러 가기 ▶ 미니북 6쪽

선택지 풀이

② 무령왕릉 석수
백제 무령왕의 무덤인 무령왕릉에서 무덤을 수호하는 진묘수 역할로서 발견된 유물이다.

③ 칠지도
백제 근초고왕이 왜에 하사하였다고 알려진 유물이다.

④ 금동 연가 7년명 여래 입상
강렬한 느낌을 주는 불상 양식에서 고구려적인 특징이 잘 나타나 있다.

⑤ 신라 기마인물형 토기
신라인의 생활상을 알려주는 유물로, 주인과 하인으로 보이는 인물이 각각 말을 탄 모습을 하고 있다.

05 고구려 소수림왕   정답 ③

정답 분석

정답이 보이는 핵심 키워드
#백제왕 #평양성을 공격 #날아온 화살에 맞아 세상을 떠남

길잡이 │ 고국원왕의 전사로 고구려가 맞은 위기를 극복한 소수림왕의 정책에 대해 알아봅니다.

4세기 중반 백제의 최전성기를 이끈 **근초고왕**은 정예군 3만 명을 거느리고 고구려 **평양성**을 공격하여 고구려 **고국원왕**을 전사시켰다(371).
③ 고구려 고국원왕이 백제와의 평양성 전투에서 전사하자 그 뒤를 이어 왕위에 오른 **소수림왕**은 중국 **전진**의 **순도**로부터 **불교를 수용**(372)하여 왕실의 권위를 높이고자 하였다. 또한, 교육 기관인 **태학을 설립**(372)하여 인재를 양성하고, **율령 반포**(373)를 통해 국가 조직을 정비하였다.

한 번 더 체크하러 가기 ▶ 미니북 6쪽

선택지 풀이

① 유리왕이 졸본에서 국내성으로 천도하였다.
고구려의 시조 주몽은 압록강 중류의 졸본 지역을 첫 도읍으로 정하고 나라를 세웠다. 이후 유리왕 때 중국 지린성 지안 지역의 국내성으로 수도를 옮겼다(서기 3).

② 미천왕이 낙랑군을 축출하여 영토를 확장하였다.
고구려 미천왕은 서안평을 공격하여 영토를 확장하였으며(311) 낙랑군과 대방군 등 한 군현을 한반도 지역에서 몰아냈다(313·314).

④ 고국천왕이 을파소를 등용하고 진대법을 실시하였다.
고구려 고국천왕은 국상인 을파소의 건의에 따라 먹을거리가 부족한 봄에 곡식을 빌려주고 겨울에 갚게 하는 진대법을 실시하였다(194).

⑤ 유주자사 관구검이 이끄는 군대가 환도성을 함락하였다.
고구려 동천왕 때 요동 진출로를 놓고 위(魏)를 선제공격하였으나 유주자사 관구검의 침입을 받아 환도성이 함락되었다(246).

06 삼국 통일 과정 — 정답 ⑤

정답 분석

정답이 보이는 핵심 키워드
#당 #신라왕 김법민 #백강 #주류성 #왜의 군사 #이근행 #매소성 #신라군이 공격

길잡이 | 백강 전투와 매소성 전투 사이에 있었던 역사적 사실을 확인합니다.

(가) 백제가 멸망한 이후 **흑치상지**는 **임존성**을, **복신**과 **도침** 등은 **주류성**을 근거지로 백제 부흥 운동을 전개하였다. 이후 **나당 연합군**이 백제 부흥군의 본거지로 진군하자 부흥군은 **왜**에게 수군을 요청하여 함께 **백강**에서 전투를 벌였으나 패하였다(백강 전투, 663).

(나) 당이 평양에 안동 도호부를 설치(668)하고 신라까지 지배하려 하자 **나당 전쟁**이 발발하였다(670~676). 신라는 **매소성**에서 당의 **이근행**이 이끄는 20만 군대를 격파시키고(매소성 전투, 675) 당나라 장수 설인귀의 수군을 **기벌포**에서 크게 무찌르면서(기벌포 전투, 676) 삼국을 통일하였다(676).

⑤ 나당 연합군에 의해 평양성이 함락되어 고구려가 멸망하자(668) **검모잠**, 고연무 등이 보장왕의 서자 **안승**을 왕으로 추대하고(670) **한성**(황해도 재령)과 **오골성**을 근거지로 **고구려 부흥 운동**을 전개하였다. 그러나 내분으로 인해 안승이 검모잠을 죽인 뒤 고구려 유민을 이끌고 신라로 망명하자 신라 **문무왕**은 안승을 **보덕국**의 왕으로 임명하고 **금마저**(전북 익산) 땅을 주어 당에 맞서도록 하였다(674).

한 번 더 체크하러 가기 ▶ 미니북 25쪽

선택지 풀이

① 장문휴가 당의 등주를 공격하였다.
발해 무왕은 장문휴의 수군으로 당의 등주를 선제공격하여 당군을 격파하였다(732).

② 원광이 왕명으로 걸사표를 작성하였다.
신라 진평왕 때 승려 원광은 고구려의 잦은 침략을 물리치기 위해 수에 도움을 청하는 걸사표를 작성하였다(608).

③ 을지문덕이 살수에서 대승을 거두었다.
고구려 영양왕 때 수 양제가 우중문의 30만 별동대로 평양성을 공격하였으나 을지문덕이 살수에서 2,700여 명을 제외한 수군을 전멸시키며 크게 승리하였다(612).

④ 김춘추가 당과의 군사 동맹을 성사시켰다.
신라 김춘추는 고구려와의 동맹에 실패하자 당으로 건너가 당 태종으로부터 군사적 지원을 약속받는 데에 성공하여 나당 동맹을 성사시키고 나당 연합군을 결성하였다(648).

07 발해 — 정답 ④

정답 분석

정답이 보이는 핵심 키워드
#조영 #고왕 #아들 무예 #태학에 보내어 고금의 제도를 배우고 익힘 #해동성국 #5경 15부 62주

길잡이 | 주변국들로부터 해동성국이라 불리며 전성기를 이루었던 발해에 대해 학습합니다.

대조영(고왕)이 고구려 유민을 이끌고 동모산 기슭에 **발해**를 건국하였다. 이후 **무왕**(대무예)은 동북방의 여러 세력을 복속하여 영토를 확장하고, **장문휴**의 수군을 보내 당의 **등주**를 공격하였다. **문왕** 때는 당과 **친선 관계**를 맺고 당의 문물을 받아들여 견당 유학생을 파견하고 중앙 관제를 **3성 6부**로 정비하였으며, **선왕**은 영토를 크게 확장하여 지방 행정 체제를 **5경 15부 62주**로 정비하였다. 이때 발해는 최고의 전성기를 이루면서 주변국들로부터 **해동성국**이라 불렸다.

④ 발해 제2대 **무왕**은 **인안**(仁安), 제3대 문왕은 **대흥**(大興)이라는 독자적인 연호를 사용하였다.

한 번 더 체크하러 가기 ▶ 미니북 7쪽

선택지 풀이

① 정사암 회의를 개최하였다.
백제의 귀족들은 정사암이라는 바위에서 회의를 통해 재상을 선출하고 국가의 중대사를 결정하였다.

② 9서당 10정의 군사 조직을 갖추었다.
통일 신라 신문왕은 중앙군을 9서당, 지방군을 10정으로 편성하여 군사 조직을 정비하였다.

③ 욕살, 처려근지 등의 지방관을 두었다.
고구려는 지방을 대성, 중성, 소성 3단계로 나누어 통치하였으며 대성에는 욕살을, 중성에는 처려근지를 장관으로 두었다.

⑤ 광평성을 비롯한 각종 정치 기구를 마련하였다.
궁예는 후고구려를 건국하고 광평성을 중심으로 한 정치 기구를 마련하여 장관인 광치나와 서사, 외서 등의 관원을 두었다.

08 설총 — 정답 ⑤

정답 분석

정답이 보이는 핵심 키워드
#경주의 서악 서원 #이두를 체계적으로 정리 #우리말로 유학 경전을 풀이 #원효의 아들

길잡이 | 통일 신라 시대 대표적인 문장가이자 유학자인 설총에 대해 알아봅니다.

설총은 통일 신라 시대 승려 **원효의 아들**이자 **6두품** 출신 유학자로 한자의 음과 훈으로 우리말을 표기하는 **이두를 정리**하였다. 또한, **유교 경전**을 후학들에게 가르치는 등 우리나라의 **유학**을 크게 발전시켜 후대에까지 존경받았다. 이에 조선 후기 김유신, 최치원과 함께 경주 **서악 서원**에 배향되었다.
⑤ 설총은 임금과 충신, 간신을 꽃에 빗대어 우화로 표현한 「**화왕계(花王戒)**」를 지어 **신문왕**에게 바쳤다.

선택지 풀이

① 향가 모음집인 삼대목을 편찬하였다.
각간 위홍과 대구화상은 통일 신라 진성 여왕의 명을 받아 향가집인 『삼대목』을 편찬하였다.

② 진성 여왕에게 시무책 10여 조를 올렸다.
최치원은 신라 정부의 개혁을 위해 진성 여왕에게 시무책 10여 조를 올렸으나 받아들여지지 않았다.

③ 화랑도의 규범으로 세속 5계를 제시하였다.
신라 진평왕 때 승려 원광은 화랑도의 생활 규범으로 사군이충(事君以忠), 사친이효(事親以孝), 교우이신(交友以信), 임전무퇴(臨戰無退), 살생유택(殺生有擇)의 내용이 담긴 세속 5계를 제시하였다.

④ 외교 문서 작성에 능하여 청방인문표를 지었다.
강수는 통일 신라의 유학자로, 고구려, 백제, 당에 보내는 외교 문서 작성을 전담하였다. 특히, 문무왕 때 당에 억류되어 있던 무열왕의 아들 김인문을 석방해 줄 것을 청한 「청방인문표」를 작성하여 풀려나도록 하였다.

09 통일 신라 말 사회 모습   정답 ⑤

정답 분석

정답이 보이는 핵심 키워드
#민애왕 #혜공왕 피살 #왕위 쟁탈전이 치열했던 시기 #희강왕을 축출하고 왕이 됨 #진골 세력에 의해 제거됨

길잡이 | 왕위 쟁탈전이 심화되었던 통일 신라 말 사회 모습을 살펴봅니다.

전(傳) 대구 동화사 비로암 삼층 석탑 납석사리호는 동화사 비로암 삼층 석탑 내에서 발견된 것으로 신라 민애왕의 행적들이 적혀 있다. 민애왕은 **통일 신라 말 혜공왕** 사후, **왕권**이 크게 **약화**되어 **왕위 쟁탈전**이 치열했던 시기에 희강왕을 축출하고 왕이 되었으나, 강력한 지방 세력이었던 장보고의 군사력에 의탁한 김우징 세력에 의해 1년 만에 제거되었다(839).
⑤ 통일 신라 말 **장보고**는 완도에 **청해진**을 설치하여 해적을 소탕하고 **해상 무역**을 장악하였다.

한 번 더 체크하러 가기 ▶ 미니북 22쪽

선택지 풀이

① 의창에서 곡식을 빌리는 백성
고려 태조 때 실시한 흑창은 춘궁기에 곡식을 대여하고 추수 후에 회수하던 제도로, 성종 때 쌀을 1만 석 보충하여 시행하면서 명칭을 의창이라고 하였다.

② 만권당에서 대담을 나누는 학자
고려 충선왕은 왕위를 물려준 뒤 원의 연경에 만권당을 세우고 이제현 등의 성리학자들을 데려와 원의 학자들과 교류하게 하였다.

③ 혜민국에서 약을 받아 가는 환자
고려 예종 때 혜민국이 설치되어 서민의 질병 치료를 위한 의약을 관리하였다.

④ 화엄일승법계도를 저술하는 승려
통일 신라 시대 승려 의상은 화엄 사상을 정리한 『화엄일승법계도』를 저술하고 화엄 교단을 세웠다.

10 고려 태조   정답 ①

정답 분석

정답이 보이는 핵심 키워드
#『고려사』 #왕씨 성을 내림 #지방 호족 포섭 #『정계』와 『계백료서』 #관리의 규범 제시 #흑창 #민생 안정

길잡이 | 고려 태조의 업적에 대해 학습합니다.

고려를 건국하고 후삼국을 통일한 **태조 왕건**은 **지방 호족**들과 정략 결혼하고 왕씨 성을 하사하면서 그들을 **포섭**하고자 했다. 또한, 『**정계**』와 『**계백료서**』를 통해 **관리가 지켜야** 할 규범을 제시하였으며 후대 왕들이 지켜야 할 정책 방향을 당부한 훈요 10조를 남기기도 하였다. 더불어 **빈민 구제**와 **민생 안정**을 위해 춘대추납의 빈민 구휼 제도인 흑창을 설치하였다.
① 태조는 후삼국 통일에 공을 세운 **공신**들에게 관등에 관계없이 **공로, 인품 등을 기준**으로 차등을 두어 **역분전**을 지급하였다.

한 번 더 체크하러 가기 ▶ 미니북 8, 43쪽

선택지 풀이

② 외침에 대비하여 광군을 조직하였다.
정종 때 최광윤의 의견을 받아들여 거란의 침입을 대비하기 위한 광군을 조직하였다.

③ 광덕, 준풍 등의 독자적 연호를 사용하였다.
광종은 공신과 호족의 세력을 약화시키고 왕권을 강화하고자 국왕을 황제라 칭하고 광덕, 준풍 등의 독자적 연호를 사용하였다.

④ 관학 진흥을 목적으로 양현고를 운영하였다.
중기 최충의 문헌공도를 대표로 하는 사학 12도의 발전으로 관학이 위축되자 예종이 국자감을 재정비하여 7재를 세우고 양현고를 설치하는 등 관학 진흥책을 추진하였다.

⑤ 주전도감을 설치하여 해동통보를 발행하였다.
　숙종 때 승려 의천의 건의에 따라 화폐 주조를 전담하는 주전도감을 설치하고 해동통보와 삼한통보, 해동중보 등의 동전과 활구(은병)를 발행 · 유통하였다.

11 고려 성종　　　　　정답 ②

정답 분석

정답이 보이는 핵심 키워드
#12목을 설치 #『우서(虞書)』의 12목 제도를 본받아 시행

길잡이 ▌ 12목 제도를 시행하였던 고려 성종의 재위 시기를 알아봅니다.

② **고려 성종**은 최승로의 시무 28조를 받아들여 전국의 주요 지역에 **12목**을 설치하고 지방관인 목사를 파견하였다(983). 또한, **거란**이 침략하여 고려가 차지하고 있는 옛 고구려 땅을 내놓고, 송과 교류를 끊을 것을 요구하자 성종은 **서희**를 보내 **소손녕**과 외교 담판을 벌이게 하여 **강동 6주**를 획득하였다(**거란의 1차 침입**, 993). 이후 강조가 목종을 폐위시키고 현종을 옹립하자(**강조의 정변**, 1009) 거란은 이를 구실로 2차 침입을 단행하였다(1010).

한 번 더 체크하러 가기 ▶ 미니북 8쪽

12 거란의 침입과 고려의 대응　　정답 ③

정답 분석

정답이 보이는 핵심 키워드
#나주로 피난 #고려 현종 #부처의 힘으로 국난을 극복 #초조대장경

길잡이 ▌ 거란의 침입에 맞선 고려의 대응을 살펴봅니다.

거란은 **고려 현종**이 **강조의 정변**을 통해 즉위한 것을 구실로 삼아 고려 성종 때의 1차 침입에 이어 2차로 침략하였다. 현종은 수도 개경이 함락되자 **나주**까지 피난하였고 거란의 침입을 불력으로 물리치고자 **초조대장경**을 제작하기 시작하였다.
③ 세 차례에 걸쳐 거란의 침입을 받은 고려는 이를 대비하고자 현종 때 **강감찬**의 건의를 받아들여 **나성**을 쌓아 **개경**을 방비하고, 압록강 하구부터 시작하여 동해안에 이르는 **천리장성**을 쌓아 국경 수비를 강화하였다.

한 번 더 체크하러 가기 ▶ 미니북 8, 23쪽

선택지 풀이

① 박위를 보내 근거지를 토벌하였다.
　고려 말 창왕 때 박위를 파견하여 왜구의 본거지인 쓰시마섬을 정벌하였다.

② 조총 부대를 나선 정벌에 파견하였다.
　조선 효종 때 러시아가 만주 지역까지 침략해오자 청은 조선에 원병을 요청하였고, 조선에서는 두 차례에 걸쳐 조총 부대를 출병시켜 나선 정벌을 단행하였다.

④ 압록강 상류 지역을 개척하여 4군을 설치하였다.
　조선 세종 때 여진을 몰아낸 뒤 최윤덕이 압록강 상류 지역에 4군을 설치하고, 김종서가 두만강 하류 지역에 6진을 설치하였다.

⑤ 국방 문제를 논의하기 위해 비변사를 신설하였다.
　조선 중종 때 삼포왜란이 일어나자 외적의 침입에 대비하기 위한 임시 기구로 비변사가 처음 설치되었다. 이후 명종 때 발생한 을묘왜변을 계기로 상설 기구화되었다.

13 의천　　　　　정답 ①

정답 분석

정답이 보이는 핵심 키워드
#왕후 #왕자로 태어나 승려가 됨 #문종의 아들 #송에 유학 #흥왕사 #『신편제종교장총록』 #송 · 거란 · 일본 등 동아시아 각지의 불교 서적을 수집하여 정리

길잡이 ▌ 천태종을 개창한 승려 의천의 활동을 알아봅니다.

고려 승려 **의천**은 문종의 넷째 아들로 **송**에서 **유학**하고 돌아와 **흥왕사**에 교장도감을 설치하였다. 이곳에서 고려 및 송 · 거란 · 일본 등 동아시아 각지의 불교 서적을 수집 · 정리하여 『**신편제종교장총록**』을 편찬하였다.
① 의천은 교종을 중심으로 선종을 통합하고자 **국청사**를 창건하고 **해동 천태종**을 개창하였다. 교선 통합 운동을 뒷받침하기 위한 사상적 바탕으로 이론의 연마와 실천을 강조하는 **교관겸수**와 내외 겸전을 제시하였다.

한 번 더 체크하러 가기 ▶ 미니북 19쪽

선택지 풀이

② 불교 개혁을 주장하며 수선사 결사를 조직하였다.
　고려 중기의 보조국사 지눌은 타락한 고려의 불교를 바로잡고자 송광사를 중심으로 수선사 결사를 조직하였다.

③ 선문염송집을 편찬하고 유불 일치설을 주장하였다.
　고려의 승려 혜심은 역대 선사들의 어록을 모은 공안집인 『선문염송집』을 편찬하고, 유불 일치설을 주장하였다.

④ 불교 관련 자료를 중심으로 삼국유사를 집필하였다.
　고려 원 간섭기인 충렬왕 때 승려 일연이 불교사를 중심으로 왕력(王曆), 기이(紀異) 등 9편을 두어 고대의 민간 설화나 전래 기록 등을 수록한 『삼국유사』를 집필하였다.

⑤ 인도와 중앙아시아를 순례하고 왕오천축국전을 남겼다.
　통일 신라 때 승려 혜초는 인도와 중앙아시아를 순례하고 『왕오천축국전』을 저술하였다.

14 고려 중기의 주요 사건 정답 ④

정답 분석

정답이 보이는 핵심 키워드
#보현원 #문관 및 대소 신료, 환관들을 모두 살해 #정중부 #이자겸과 척준경이 왕을 위협 #묘청 #서경을 근거지로 삼고 반란을 일으킴 #국호를 대위 #연호를 천개

길잡이 | 고려 중기의 주요 역사적 사건들을 순서대로 파악합니다.

(나) **이자겸의 난**(1126): 고려 중기 문벌 귀족인 **이자겸**은 자신의 딸들을 예종과 인종의 왕비로 삼고 외척 세력으로서 막강한 권력을 행사하였다. 그러자 위협을 느낀 **인종**이 이자겸을 제거하려 하였지만 실패하였고, 이에 이자겸이 반발하면서 무신 **척준경**과 함께 난을 일으켰다.

(다) **묘청의 서경 천도 운동**(1135): 이자겸의 난 이후, 인종은 왕권을 회복시키고자 정치 개혁을 추진하였다. 이 과정에서 김부식을 중심으로 한 개경 세력과 **묘청, 정지상**을 중심으로 한 서경 세력 간의 대립이 발생하였다. 서경 세력은 **서경 천도**와 **칭제 건원, 금 정벌**을 주장하였으나 받아들여지지 않았다. 이에 묘청이 **국호를 대위, 연호를 천개**, 군대를 천견충의군으로 하여 서경에서 반란을 일으켰으나, **김부식**의 관군에 의해 진압되었다.

(가) **무신 정변**(1170): 고려 **의종**이 무신들을 천대하고 향락에 빠져 실정을 일삼자 무신들의 불만이 쌓여갔다. 그러던 중 보현원에서 수박희를 하다가 대장군 이소응이 문신 한뢰에게 뺨을 맞는 사건이 발생하였고, 이를 계기로 분노가 폭발한 **무신들이 정변**을 일으켰다. **정중부와 이의방**을 중심으로 조정을 장악한 무신들은 의종을 폐위하여 거제도로 추방한 뒤 명종을 즉위시켰다.

한 번 더 체크하러 가기 ▶ 미니북 8쪽

15 고려 원 간섭기 사회 모습 정답 ③

정답 분석

정답이 보이는 핵심 키워드
#기철 #남의 토지를 빼앗음 #정치도감 #정동행성 이문소

길잡이 | 고려 원 간섭기의 사회 모습을 알아봅니다.

고려 원 간섭기에 **친원파** 및 **권문세족**이 백성들의 토지를 빼앗아 **대농장**을 소유하는 등 정치적·사회적 혼란이 극에 달했다. 이에 **충목왕**은 폐정 개혁을 목표로 **정치도감**을 설치하였으나 **정동행성 이문소**의 방해로 개혁이 제대로 이루어지지 못하였다.
③ 고려의 **도병마사**는 국방 문제를 논의하던 임시적인 회의 기구였으나 **원 간섭기 충렬왕** 때 최고 정무 기구인 **도평의사사**로 개편되어 국정 전반에 관여하면서 권문세족이 정치권력을 행사하는 데 이용되었다.

한 번 더 체크하러 가기 ▶ 미니북 35쪽

선택지 풀이

① 농사직설을 편찬하는 학자
조선 세종은 정초, 변효문 등을 시켜 우리 풍토에 맞는 농법을 소개한 농서인 『농사직설』을 간행하였다.

② 초량 왜관에서 교역하는 상인
조선 숙종 때 일본과의 교류를 위해 부산 초량에 왜관을 설치하였고, 이는 조선 후기 대일 무역과 외교의 중심지가 되었다.

④ 규장각 검서관으로 근무하는 서얼
조선 정조는 탕평 정치와 고른 인재 등용을 위해 서얼 출신 학자인 유득공, 이덕무, 박제가 등을 규장각 검서관으로 등용하였다.

⑤ 빈공과 응시를 준비하는 6두품 유학생
통일 신라 말에는 6두품 출신들이 당에 유학을 간 후 외국인을 위한 과거 전형인 빈공과에 합격하기도 하였다.

16 고려의 경제 상황 정답 ②

정답 분석

정답이 보이는 핵심 키워드
#예성강 #벽란정(碧瀾亭)

길잡이 | 벽란도가 국제 무역항으로 활기를 띠었던 고려의 경제 상황을 살펴봅니다.

고려 시대의 **국제 무역항**인 **벽란도**는 **예성강** 하구에 위치하였고 이곳을 통해 **송, 아라비아 상인**들과 활발한 교역을 전개하였다.
② 고려 **숙종** 때 상업이 활발해지면서 삼한통보, **해동통보**, 해동중보 등의 동전과 **활구(은병)**를 만들어 화폐의 통용을 추진하였으나 결과적으로 널리 유통되지는 못하였다.

한 번 더 체크하러 가기 ▶ 미니북 8, 24쪽

선택지 풀이

① 집집마다 부경이라는 창고가 있었다.
고구려는 집집마다 부경이라는 작은 창고를 만들어 곡식, 찬거리, 소금 등을 저장하였다.

③ 동시전이 설치되어 시장을 감독하였다.
신라는 지증왕 때 경주에 시장을 조성하고 이를 관리·감독하기 위해 동시전을 설치하였다.

④ 계해약조가 체결되어 일본과 교역하였다.
조선 세종은 대마도주의 요구를 받아들여 부산포, 제포, 염포의 3포를 개방하였고, 이후 제한된 범위 내에서 일본과의 무역을 허락하는 계해 약조를 체결하였다.

⑤ 광산을 전문적으로 경영하는 덕대가 등장하였다.
조선 후기 광산 개발이 활성화되면서 전문적으로 광산을 경영하는 덕대가 등장하였다.

정답 및 해설 **255**

암기의 key	고려의 경제 상황
농업	• 소를 이용한 깊이갈이 일반화 • 시비법 발달 • 문익점의 목화씨 전래 • 농서: 원의 농법을 소개한 『농상집요』(이암)
상업	• 개경에 시전·경시서 설치, 대도시에 관영 상점 운영 • 국제 무역 번성 → 벽란도(예성강 하구에 위치) • 화폐: 건원중보, 삼한통보, 해동통보, 은병(활구) → 유통 부진

암기의 key	고려 시대의 주요 불교 건축물
안동 봉정사 극락전	영주 부석사 무량수전
예산 수덕사 대웅전	봉산 성불사 응진전

17 예산 수덕사 대웅전 정답 ①

✓ 정답 분석

정답이 보이는 핵심 키워드
#충청남도 예산군 #맞배지붕 #주심포 양식 #충렬왕 34년

길잡이 | 고려 시대 대표 불교 건축물인 예산 수덕사 대웅전에 대해 학습합니다.

① **예산 수덕사 대웅전**은 고려 **충렬왕** 때 충남 덕숭산에 지은 불교 건축물이다. 지붕은 옆면에서 볼 때 사람 인(人)자 모양을 한 **맞배지붕**으로 꾸미고 지붕 처마를 받치기 위한 구조인 공포가 기둥 위에만 있는 **주심포 양식**을 사용하였다. 또한, 건물 옆면의 장식 요소가 특징적이며 건립 연대가 분명하고 뛰어난 형태미를 가지고 있다.

한 번 더 체크하러 가기 ▶ 미니북 45쪽

✓ 선택지 풀이

② 화엄사 각황전
구례 화엄사 각황전은 전남 구례군 화엄사에 있으며, 조선 숙종 때 창건되었고 정면 7칸, 측면 5칸의 다포계 중층 팔작지붕 건물로 내부 공간이 통층으로 구성되어 있다.

③ 부석사 무량수전
영주 부석사 무량수전은 현재 남아 있는 고려 시대 목조 건물 중 하나로, 기둥의 중간 부분은 두껍게 하고 위와 아래로 갈수록 굵기가 점차 줄어드는 배흘림 기둥을 사용하였다. 또한, 지붕 처마를 받치기 위한 구조인 공포가 기둥 위에만 있는 주심포 양식으로 제작되었다.

④ 봉정사 극락전
안동 봉정사 극락전은 통일 신라 시대 건축 양식을 띠고 있으며, 우리나라의 목조 건물 중 가장 오래되었다. 지붕 처마를 받치기 위한 구조인 기둥 위에만 배열하는 주심포 양식으로 지어졌으며, 지붕의 형태는 맞배지붕이다.

⑤ 법주사 팔상전
충북 보은군에 위치한 보은 법주사 팔상전은 우리나라 목조 건축물 중 가장 높으며 현존하는 유일한 조선 시대 목탑으로, 석가모니의 일생을 여덟 폭의 그림으로 나누어 그린 팔상도가 있어 팔상전이라고 불린다.

18 이성계의 위화도 회군 정답 ③

✓ 정답 분석

정답이 보이는 핵심 키워드
#최영 #요동을 정벌 #명 황제 #철령 이북

길잡이 | 이성계의 위화도 회군 과정을 파악합니다.

고려 우왕 때 명이 원의 쌍성총관부가 있던 **철령 이북**의 땅에 **철령위**를 설치하겠다며 반환을 요구하자 이에 반발한 고려는 **최영**을 중심으로 **요동 정벌**을 추진하였다(1388).

③ 우왕 때 최영을 중심으로 요동 정벌이 추진되자 **이성계**는 **4불가론**을 제시하며 반대하였으나 왕명에 의해 출병하게 되었다. 이후 의주 부근의 **위화도**에서 개경으로 **회군**하여 최영을 제거하고 우왕을 폐위하며 정권을 장악하였다(1388).

한 번 더 체크하러 가기 ▶ 미니북 8쪽

✓ 선택지 풀이

① 윤관이 별무반을 이끌고 동북 9성을 축조하였다.
예종 때 윤관의 별무반이 여진을 물리치고, 동북 9성을 설치하였다(1107).

② 서희가 외교 담판을 벌여 강동 6주를 획득하였다.
성종 때 거란이 침략하여 고려가 차지하고 있는 옛 고구려 땅을 내놓고 송과 교류를 끊을 것을 요구하였으나 서희의 외교 담판을 통해 거란으로부터 강동 6주를 획득하였다(993).

④ 배중손이 이끄는 삼별초가 용장산성에서 항전하였다.
고려 정부가 강화도에서 개경으로 환도하면서 몽골과 강화를 성립하자 배중손은 이에 반발하며 삼별초를 이끌고 진도 용장산성에서 항전하였다(1270).

⑤ 최우가 강화도로 도읍을 옮겨 장기 항전을 준비하였다.
최씨 무신 정권 시기에 몽골이 침입하자, 고려 고종과 당시 실권자였던 최우는 강화도로 천도하여 몽골에 대한 장기 항전을 준비하였다(1232).

19 조선 성종 정답 ③

정답 분석

정답이 보이는 핵심 키워드
#경국대전 #이·호·예·병·형·공전 #경제육전 #세조 때 편찬이 시작 #완성하여 반포

길잡이 ㅣ 『경국대전』을 완성·반포하였던 성종의 재위 시기에 있었던 사실을 학습합니다.

조선 성종은 세조 때 편찬되기 시작한 조선의 기본 법전인 『경국대전』을 완성하고 반포하였다(1485). 『경국대전』은 『경제육전』과 같이 이·호·예·병·형·공전의 육전으로 구성되어 있으며 『경제육전』과 국왕의 수교·조례들을 종합하여 만들어졌다. 또한, 국가 조직, 재정, 의례, 군사 제도 등 통치 전반에 걸친 법령을 담고 있으며 국가 행정과 통치 규범을 체계화하고 유교 질서를 확립하기 위해 편찬되었다.
③ 성종은 집현전을 계승한 홍문관을 설치하여(1478) 왕의 자문 역할과 경연, 경서, 사적 관리 등의 업무를 담당하도록 하였다.

한 번 더 체크하러 가기 ▶ 미니북 9, 35쪽

선택지 풀이

① 독립된 간쟁 기관으로 사간원이 설치되었다.
태종은 왕권 강화를 목적으로 사간원을 독립시키고(1401) 신하들을 견제하는 기능을 하게 하였다.

② 함길도 토착 세력인 이시애가 난을 일으켰다.
세조의 중앙 집권적 정책으로 인해 북방민의 등용이 억제되자 이시애가 함길도민을 규합하여 반란을 일으켰다(1467).

④ 집현전 관리를 대상으로 사가독서제가 시행되었다.
세종은 집현전을 설치한 뒤 집현전 학자들 가운데 뛰어난 자를 선발해 휴가를 주어 독서 및 연구에만 전념할 수 있게 하고 그 경비 일체를 나라에서 부담하도록 하는 사가독서제를 시행하였다(1426).

⑤ 붕당의 폐해를 경계하기 위한 탕평비가 건립되었다.
영조는 붕당 정치의 폐해를 막고 능력에 따라 인재를 등용하기 위해 탕평책을 실시하고, 성균관에 탕평비를 건립하였다(1742).

20 조선 명종 정답 ⑤

정답 분석

정답이 보이는 핵심 키워드
#왕이 어려서 즉위 #모후(母后)가 수렴청정 #사림 간에 큰 옥사가 연달아 일어남 #흉년으로 백성들이 고달픔 #문정 왕후 #을사사화

길잡이 ㅣ 조선 명종 때 일어났던 정치적 사건들을 파악합니다.

⑤ 조선 인종의 뒤를 이어 명종이 어린 나이로 즉위하자 명종의 어머니인 문정 왕후가 수렴청정하였다. 이후 인종의 외척 윤임을 중심으로 하는 대윤 세력과 명종의 외척 윤원형이 중심이 된 소윤 세력의 대립이 심화되어 을사사화가 발생하였다. 또한, 명종의 재위 시기 여러 해 동안 흉년이 계속되어 기근이 극심해지자 이에 대비하는 방법을 정리하며 『구황촬요』를 간행하였다.

한 번 더 체크하러 가기 ▶ 미니북 42쪽

선택지 풀이

① 1차 왕자의 난이 일어난 이유를 찾아본다.
조선 건국 이후 왕위 계승권을 둘러싸고 태조 이성계의 아들 사이에 두 차례 왕자의 난이 일어났다. 정도전, 남은, 심효생 등의 주장으로 태조의 막내 아들인 이방석이 세자로 책봉되자 이에 반발한 이방원이 세자 이방석과 정도전 등을 제거하였다(제1차 왕자의 난).

② 황사영 백서 사건이 가져온 결과를 살펴본다.
순조 때 천주교 전파에 앞장섰던 실학자들과 많은 천주교 신자들이 신유박해로 피해를 입게 되었다. 이후 황사영이 베이징에 있는 주교에게 조선으로 군대를 보내 달라는 내용의 편지를 보내려다 발각되어 더욱 큰 탄압을 받았다.

③ 예송 논쟁의 발생 배경을 파악한다.
현종 때 효종과 효종비의 국상 당시 자의 대비의 복상 문제를 놓고 두 번의 예송 논쟁이 발생하여 서인과 남인 사이의 대립이 심화되었다.

④ 갑술환국의 전개 양상을 정리한다.
서인 세력을 중심으로 기사환국 때 폐비되었던 인현 왕후의 복위 운동이 전개되었다. 이에 남인인 민암 등이 서인들을 국문하다 숙종의 불신을 받게 되어 몰락하고 다시 서인이 집권하게 되었다(갑술환국). 이후 인현 왕후가 복위되고 장씨는 다시 희빈으로 강등되었다.

21 계유정난 정답 ③

정답 분석

정답이 보이는 핵심 키워드
#성삼문 #상왕을 노산군(魯山君)으로 낮춤 #영월에 거주시키도록 함

길잡이 ㅣ 계유정난과 함께 세조의 정권 장악 과정을 학습합니다.

③ **조선 세조**는 **수양 대군** 시절 **계유정난**을 일으켜 황보인, 김종서 등을 제거하고 권력을 장악한 뒤 단종을 몰아내고 왕으로 즉위하였다(1453). 이후 **성삼문, 박팽년** 등 사육신(死六臣)이 주도하여 **단종 복위 운동**을 계획하였으나 발각되어 관련된 여러 신하들이 모두 처형되었고, 단종은 **노산군**으로 강봉되어 강원도 영월에 유배되었다(1457).

선택지 풀이

① 인조반정으로 북인 세력이 몰락하였다.
　서인 세력은 광해군의 중립 외교 정책과 영창대군 사사 사건, 인목 대비 유폐 문제를 빌미로 인조반정을 일으켰다. 이에 광해군이 폐위되고 인조가 왕위에 올랐으며, 북인 세력인 이이첨, 정인홍 등은 처형되었다(1623).

② 인현 왕후가 폐위되고 남인이 권력을 차지하였다.
　숙종 때 희빈 장씨의 소생에 대한 원자 책봉 문제로 기사환국이 발생하여 서인이 물러나고 남인이 집권하였다. 이때 서인 세력의 영수인 송시열이 사사되고 중전이었던 인현 왕후가 폐위되었다(1689).

④ 이인좌를 중심으로 한 소론 세력이 난을 일으켰다.
　영조 때 이인좌, 정희량 등 정권에서 소외된 소론 세력이 남인 일부와 연합하여 경종의 죽음과 영조의 정통성에 대해 의문을 제기하면서 반란을 일으켰으나 진압되었다(1728).

⑤ 폐비 윤씨 사사 사건으로 인해 김굉필 등이 처형되었다.
　연산군이 생모인 폐비 윤씨 사건의 전말을 알게 되면서 갑자사화가 발생하였다(1504). 이로 인해 김굉필 등 당시 폐비 윤씨 사건에 관련된 인물들과 무오사화 때 피해를 면하였던 사람들까지 큰 화를 입었다.

22 안견의 「몽유도원도」　　정답 ①

정답 분석

정답이 보이는 핵심 키워드
#안견 #안평대군의 꿈 이야기를 듣고 그린 것 #현실 세계와 이상 세계가 대비를 이룸

길잡이 | 안평대군의 꿈을 묘사한 안견의 「몽유도원도」에 대해 알아봅니다.

① **조선 전기**의 화가 **안견**은 예술에 조예가 깊은 **안평대군**과 교유하였다. 안평대군이 박팽년과 함께 복사꽃밭을 거니는 **꿈**을 꾸자 안견에게 그 내용을 들려주며 그리도록 하였다. 이에 안견은 비단 바탕에 수묵담채로 산수화를 그려내 **「몽유도원도」**를 완성하였다. 「몽유도원도」는 그림과 더불어 안평대군의 제서(題書)와 발문, 박팽년의 서문, 신숙주와 최항의 제영(정해진 제목에 따라 읊는 시) 등이 어우러져 있다. 이에 조선 전기 최고 수준의 시, 서, 화가 집약된 걸작으로 평가받으며 현재 일본 덴리대학에 소장되어 있다.

한 번 더 체크하러 가기 ▶ 미니북 47쪽

선택지 풀이

② 김정희 – 「세한도」
　조선 후기에 추사 김정희가 제주도 유배 중에 그를 찾아온 제자에게 그려준 문인화이다.

③ 김홍도 – 「병진년화첩」
　조선 후기 화가 김홍도가 그린 산수와 화조 그림 20폭으로 이루어져 있다.

④ 강희안 – 「고사관수도」
　조선 전기의 화가 강희안이 그린 산수인물화로, 화가만의 독특한 화풍을 보이고 있다.

⑤ 정선 – 「인왕제색도」
　조선 후기 화가 겸재 정선의 대표적인 진경산수화이다.

23 병자호란　　정답 ③

정답 분석

정답이 보이는 핵심 키워드
#조선 후기 #김상용 #봉림대군 #강화도로 피난

길잡이 | 병자호란이 발생한 시기에 일어난 사건을 학습합니다

후금이 **청**으로 국호를 바꾸고 조선에게 **군신 관계**를 요구하였지만, 거부당하자 **병자호란**을 일으켰다(1636). 이때 **인조**는 강화도로 피난하려 했으나 도중에 길이 막혀 **남한산성**으로 피신하였다. 먼저 출발한 세자빈과 **봉림대군** 등은 **김상용**의 호위를 받고 **강화도**로 몸을 옮겼다. 이듬해 강화성이 함락되자 김상용은 성의 남문루에 있던 화약에 불을 지르고 순절하였다(1637).
③ 조선 중기의 무신 **김준룡**은 병자호란이 발생하자 휘하의 군사들을 이끌고 적에게 포위당한 남한산성으로 진군하면서 군사를 모아 병력을 보강한 뒤 용인의 **광교산**을 거점으로 청에 항전하였다(1637).

한 번 더 체크하러 가기 ▶ 미니북 32쪽

선택지 풀이

① 조명 연합군이 평양성을 탈환하였다.
⑤ 곽재우, 김천일 등이 의병장으로 활약하였다.
　선조 때 일본이 조선을 침입하여 임진왜란이 발생하였으며(1592) 보름만에 한양이 함락되었다. 이에 조선은 명에 군사를 요청하였고, 조명 연합군을 결성하여 왜군에 크게 승리하면서 평양성을 탈환하였다(1593). 또한, 농민, 전직 관리, 사림, 승려 등이 자발적으로 의병을 조직하여 왜군에 맞섰고 경상도의 곽재우, 전라도의 김천일 등이 의병장으로 활약하였다.

② 강홍립이 사르후 전투에 참전하였다.
　광해군은 명의 요청으로 후금과의 사르후 전투에 강홍립 부대를 파견하였으나 중립 외교 정책을 추진하여 강홍립에게 사르후 전투에서 무모한 싸움을 계속하지 않고 투항하도록 명령하였다(1619).

④ 김종서가 두만강 일대에 6진을 개척하였다.

세종 때 여진을 몰아낸 뒤 최윤덕이 압록강 상류 지역에 4군을 설치하고(1443), 김종서가 두만강 하류 지역에 6진을 설치하였다(1449).

24 조선 정조   정답 ⑤

✓ 정답 분석

정답이 보이는 핵심 키워드
#현륭원 #화성 행궁 #아버지인 사도 세자

길잡이 | 아버지 사도 세자에 대한 효심이 깊었던 조선 정조가 추진한 정책을 알아봅니다.

조선 정조는 국왕 중심의 통치 체제를 확립하고자 **탕평책**을 기반으로 여러 정책을 펼쳤다. **사도 세자**의 묘를 수원으로 옮기고 **수원 화성**을 건립하여 정치적·군사적 기능을 부여하였다. 또한, 왕권을 뒷받침하는 군사적 기반을 갖추기 위해 **국왕의 친위 부대**인 **장용영**을 설치하고, **규장각**에서 새롭게 관직에 오르거나 기존 관리들 중 능력 있는 문신들을 재교육하는 **초계문신제**를 실시하였다.
⑤ 정조 때 채제공의 건의에 따라 **신해통공**을 시행하여 **육의전을 제외한 시전 상인들**의 **금난전권**이 폐지되었다.

한 번 더 체크하러 가기 ▶ 미니북 10쪽

✓ 선택지 풀이

① 청과 국경을 정하는 백두산정계비를 세웠다.
숙종 때 간도 지역을 두고 청과 국경 분쟁이 발생하자 두 나라 대표가 백두산 일대를 답사하고 국경을 확정하여 백두산정계비를 세웠다.

② 통치 체제를 정비하고자 속대전을 편찬하였다.
영조는 『경국대전』 편찬 이후에 시행된 법령을 통합한 『속대전』을 편찬하여 통치 체제를 정비하였다.

③ 왕실의 위엄을 높이기 위해 경복궁을 중건하였다.
흥선 대원군은 즉위 이후 왕실의 권위를 회복하기 위해 임진왜란 때 불탔던 경복궁을 중건하였다.

④ 삼정의 문란을 시정하려고 삼정이정청을 설치하였다.
임술 농민 봉기를 수습하기 위해 안핵사로 파견된 박규수는 민란의 원인이 삼정에 있다고 보고 삼정이정청의 설치를 건의하여 시행하였으나 근본적인 문제를 해결하지는 못하였다.

25 대동법   정답 ⑤

✓ 정답 분석

정답이 보이는 핵심 키워드
#광해군 #이원익 #방납의 폐단을 혁파 #선혜청 #맨 먼저 경기도 내에 시범적으로 실시

길잡이 | 공인이 나타나게 된 배경인 대동법에 대해 학습합니다.

조선 **광해군** 때 **방납의 폐단**으로 국가 재정이 악화되고 농민의 부담이 커지자 이를 해결하기 위해 **선혜청**을 설치하고 **대동법**을 실시하였다. 이에 **토지의 결수**에 따라 **쌀**로 **공납**을 납부하게 하고 삼베, 무명, 동전 등을 공납 대신 징수하였다. 지주들의 반발이 심하여 경기도에서만 처음 시행되었다가 숙종 때 이르러 평안도와 함경도를 제외한 전국적으로 실시되었다.
⑤ **조선 후기** 대동법의 시행으로 국가에서 필요한 물품을 관청에 직접 조달하는 **공인**이 등장하게 되었다.

한 번 더 체크하러 가기 ▶ 미니북 10, 43쪽

✓ 선택지 풀이

① 양반에게도 군포를 부과하였다.
흥선 대원군은 군정의 문란을 해결하기 위해 호포제를 실시하여 양반에게도 군포를 부과하였다.

② 수신전과 휼양전을 폐지하였다.
세조 때 직전법을 실시하여 과전의 지급 대상을 현직 관리로 제한하고, 관리의 유가족에게 지급하던 수신전과 휼양전을 폐지하였다.

③ 양전 사업을 실시하여 지계를 발급하였다.
대한 제국은 광무개혁 때 양지아문을 설치하여 양전 사업을 실시하였고, 지계아문을 통해 토지 소유 문서인 지계를 발급하여 근대적 토지 소유권을 확립하고자 하였다.

④ 전세를 풍흉에 따라 9등급으로 차등 과세하였다.
세종 때 풍흉의 정도에 따라 세금을 차등 부과하는 연분 9등법을 시행하였다.

암기의 key   조선 전·후기 수취 제도

구분	전기	후기
전세	공법 (연분 9등법, 전분 6등법)	영정법 (토지 1결당 쌀 4~6두)
군역	양인 개병제 → 방군수포제, 군적수포제 폐단 발생	균역법 (1년에 군포 2필 → 1필)
공납	가호별 수취	대동법 (토지 1결당 쌀 12두)

26 시대별 일본에 대한 대응   정답 ④

정답 분석

정답이 보이는 핵심 키워드
#왜구 #이종무 #대마도 #김방경 #진포 #나세, 심덕부, 최무선 #화포를 처음 사용 #진주성을 포위 #진주 목사 김시민

길잡이 | 일본에 대한 시대별 대응을 파악합니다.

(나) **1차 일본 원정(1274)**: **고려 원 간섭기**인 **충렬왕** 때 원은 고려를 일본 원정에 동원하였다. 이에 김방경은 도원수로서 고려군 8천여 명을 이끌고 참전하여 대마도에서 전과를 올렸으나 일본의 강한 저항과 태풍 등 자연재해로 인해 결국 실패하였다.

(다) **진포 대첩(1380)**: 진포에 왜선 500여 척이 나타나자 **고려 우왕**은 **나세, 심덕부, 최무선** 등의 장군들로 하여금 최무선이 설계한 80여 척의 병선과 우리나라 최초의 화약 병기인 화통, **화포**를 갖추고 적을 소탕하게 하였다. 강변에서 치러진 진포 대첩에서 500여 척의 왜선이 대부분 불타 가라앉고 수많은 왜구가 목숨을 잃었다.

(가) **대마도 정벌(1419)**: 고려 말에 왜구의 침입이 극심하여 창왕 때 **박위**에 의해 대마도 정벌이 이루어졌다(1389). 이후 **대마도** 내에 혼란이 발생하고 식량·물자 부족이 계속되자 왜구가 다시 한 번 조선에 침입하였다. 이에 조선 **세종**은 **이종무**로 하여금 병력 17000여 명을 이끌고 100여 척의 왜선을 불태우면서 왜구의 근거지인 대마도를 정벌하였다.

(라) **진주 대첩(1592)**: 조선 **선조** 때 일본이 조선을 침입하여 **임진왜란**이 발생하였고 보름 만에 한양이 함락되었다. 왜군은 전라도로 가는 길목인 **진주**를 공격하였으나 **김시민**이 이끈 조선군이 **진주 대첩**에서 왜군 2만 명을 무찔렀다.

한 번 더 체크하러 가기 ▶ 미니북 9, 23, 32쪽

27 이익   정답 ④

정답 분석

정답이 보이는 핵심 키워드
#성호사설 #6가지 좀 #과거를 준비하는 유생들은 글공부만 하고 있음 #나라를 좀먹는 존재

길잡이 | 조선 후기 실학자 이익에 대해 학습합니다.

조선 후기 중농학파 **실학자 이익**은 『성호사설』을 통해 **나라를 좀먹는 6가지의 폐단**(노비제, 과거제, 양반 문벌제, 사치와 미신, 승려, 게으름)에 대해 비판하였다.

④ 이익은 『**곽우록**』에서 한 가정의 생활을 유지하는 데 필요한 규모의 토지를 **영업전**으로 정하고, 영업전의 매매를 금지하는 **한전론**을 주장하였다.

한 번 더 체크하러 가기 ▶ 미니북 16쪽

선택지 풀이

① 마과회통에서 홍역에 대한 지식을 정리하였다.
  조선 후기 정약용은 홍역에 대해 연구한 의서인 『마과회통』을 편찬하였다.

② 의산문답에서 중국 중심의 세계관을 비판하였다.
  조선 후기 홍대용은 『의산문답』을 통해 지전설과 무한 우주론을 주장하며 중국 중심의 성리학적 세계관을 비판하였다.

③ 발해고에서 남북국이라는 용어를 처음 사용하였다.
  조선 후기 서얼 출신인 유득공은 역사서인 『발해고』를 저술하여 발해를 우리의 역사로 인식하고 최초로 '남북국'이라는 용어를 사용하였다.

⑤ 금석과안록에서 북한산비가 진흥왕 순수비임을 고증하였다.
  조선 후기 김정희는 금석학 연구를 통해 『금석과안록』을 저술하여 북한산비가 진흥왕 순수비임을 밝혀냈다.

28 조선 후기의 문화   정답 ①

정답 분석

정답이 보이는 핵심 키워드
#판소리 #신재효에 의해 체계적으로 정리 #한글 소설

길잡이 | 판소리와 한글 소설이 유행하였던 조선 후기의 문화를 살펴봅니다.

조선 후기 중농학파 **실학자 이익**은 『성호사설』을 통해 **나라를 좀먹는 6가지의 폐단**(노비제, 과거제, 양반 문벌제, 사치와 미신, 승려, 게으름)에 대해 비판하였다.
조선 후기에는 서민 문화가 발달함에 따라 **판소리**와 **민화**, **탈춤**이 유행하였고, 「홍길동전」과 「춘향전」 등 **한글 소설**이 널리 읽혔다. 특히, 신재효는 「광대가」를 지어서 판소리의 이론을 수립하고 「춘향가」·「심청가」·「박타령」·「토별가」·「적벽가」·「변강쇠가」의 판소리 여섯 마당을 골라 사설을 개작하여 체계적인 구성을 갖추도록 하였다.
① 조선 전기 태종 때 주자소를 설치하고 계미자를 주조하여 조선의 금속 활자 인쇄술이 한층 더 발전하였다.

한 번 더 체크하러 가기 ▶ 미니북 9, 24쪽

선택지 풀이

② 송파장에서 산대놀이를 공연하는 광대
  송파장은 전국의 온갖 산물이 모이는 중심지로 일찍부터 상설 점포가 형성된 조선 시대 15대 장터 중 하나였으며, 주변에는 여각·객주·술집·대장간 등 각종 수공업 점포가 발달하였다. 조선 후기 장시에서 발달한 탈놀이 중 하나인 '송파 산대놀이'는 현실 폭로와 사회 풍자 등의 내용을 바탕으로 하였다.

③ 대규모 자본으로 물품을 구매하는 도고
  조선 후기에는 생산력 증대와 유통 경제의 발달로 상업이 발전하였고, 상품의 매점이나 독점을 통해 가격을 조작하고 이익을 취하는 도고가 등장하였다.

④ 시사를 조직하여 작품 활동을 하는 중인
조선 후기에는 중인층과 서민층의 문학 창작 활동이 활발해지면서 시사(詩社)를 조직하기도 하였다.
⑤ 인삼, 담배 등을 상품 작물로 재배하는 농민
조선 후기에 상업의 발달로 인삼, 담배, 면화, 고추 등 상품 작물의 재배가 활발해졌다.

29 흥선 대원군 정답 ④

✓ 정답 분석

정답이 보이는 핵심 키워드
#익성군 #흥선 대원군 #종로에 비석을 세움 #서양 오랑캐가 침범 #화친을 주장함은 나라를 팔아먹는 것

길잡이 | 통상 수교 거부 정책을 펼쳤던 흥선 대원군의 집권 시기에 일어난 사실을 파악합니다.

(가) 조선 철종이 사망하자 조대비에 의해 흥선군의 둘째 아들 이명복이 익성군에 봉해지고 **고종**으로 왕위에 올랐다(1863). 이후 흥선군은 **흥선 대원군**으로 봉해졌으며(1863) 임금의 아버지로서 국정의 전권을 쥐게 되었다.
(나) **병인양요**와 **신미양요**를 극복한 흥선 대원군은 **종로**와 전국 각지에 척화비를 세웠다(1871). 척화비에는 '양이침범 비전즉화 주화매국 계아만년자손 병인작 신미립'(**서양 오랑캐**가 침입할 때 싸우지 않으면 **화친**하자는 것이고, 화친을 주장하면 **매국**하는 것이 된다. 우리 만대의 자손에게 경계한다. 병인년에 짓고 신미년에 세우다.)이라는 문구를 적어 외세의 침입을 경계하고 **서양과의 통상 수교 반대** 의지를 알렸다.
④ **병인양요** 이후 독일 상인 **오페르트**가 충남 예산군 덕산면에 위치한 흥선 대원군의 아버지 **남연군의 묘**를 도굴하려다 실패한 사건이 발생하였다(오페르트 도굴 사건, 1868).

한 번 더 체크하러 가기 ▶ 미니북 11, 33쪽

✓ 선택지 풀이

① 영국이 거문도를 불법으로 점령하였다.
갑신정변 이후 서구 열강들이 경합하던 당시 조선에 대한 러시아의 세력 확장에 불안을 느낀 영국은 러시아의 남하를 막는다는 구실로 거문도를 불법 점령하였다(1885~1887).
② 일본의 운요호가 영종도를 공격하였다.
일본은 운요호 사건을 구실로 조선에 통상 조약 체결을 요구하였다. 이로 인해 최초의 근대적 조약이자 불평등 조약인 강화도 조약(조일 수호 조규)이 체결되었다(1876).
③ 러시아가 용암포에 대한 조차를 요구하였다.
러시아가 조선의 용암포를 강제 점령하여 조차를 요구하였다(1903). 이는 일본과 영국의 간섭으로 실패하였지만 이후 러일 전쟁의 발단이 되었다.

⑤ 미국이 조미 수호 통상 조약 체결 후 푸트 공사를 파견하였다.
미국과 맺은 조미 수호 통상 조약(1882)은 조선이 서양 국가와 맺은 최초의 조약으로, 청이 러시아와 일본을 견제하고 조선에 대한 청의 종주권을 확인할 목적으로 체결을 알선하였다. 이후 조선 주재 미국 공사로 푸트가 파견되면서 조선 정부는 미국에 보빙사를 보내 미국 대통령을 만나고 다양한 기관들을 시찰하도록 하였다(1883).

30 임오군란 정답 ⑤

✓ 정답 분석

정답이 보이는 핵심 키워드
#훈련도감 #하도감 #군사를 훈련시키고 무기를 제작했던 곳 #1881년부터 이듬해 #구식 군인들에 대한 차별대우로 발생

길잡이 | 구식 군인들에 대한 차별로 발생한 임오군란에 대해 학습합니다.

⑤ 신식 군대인 별기군과 **차별 대우**를 받던 **구식 군대**가 **선혜청**을 습격하면서 **임오군란**이 발생하였다(1882). 구식 군인들은 흥선 대원군을 찾아가 지지를 요청하였고, 정부 고관들의 집과 일본 공사관을 습격하였다. 조선 조정의 요청으로 군대를 보낸 **청**은 군란을 진압하고 흥선 대원군을 청으로 압송하였다. 조선은 임오군란의 피해를 보상하라는 **일본**의 요구로 일본인 교관 피살에 대한 사과 사절단 파견, 주모자 처벌, 배상금 지불, **공사관 경비병 주둔** 등을 명시한 **제물포 조약**을 체결하였다.

한 번 더 체크하러 가기 ▶ 미니북 11, 37쪽

✓ 선택지 풀이

① 입헌 군주제 수립을 목표로 하였다.
③ 우정총국 개국 축하연을 이용하여 일어났다.
김옥균을 중심으로 한 급진 개화파는 일본의 군사적 지원을 받아 우정총국 개국 축하연 자리에서 갑신정변을 일으켰다(1884). 정권을 잡은 이들은 청과의 사대 관계 폐지, 입헌 군주제, 능력에 따른 인재 등용을 주장하였으나 청군의 개입으로 3일 만에 실패하였다.
② 조선 총독부의 방해와 탄압으로 실패하였다.
조선 총독부는 1910년 한일 병합 조약이 체결된 이후 설치되었으며 초대 총독으로 데라우치, 총리 대신으로 이완용이 부임하였다.
④ 홍범 14조를 기본 개혁 방향으로 제시하였다.
김홍집 내각은 제2차 갑오개혁 때 홍범 14조를 반포하였다(1895). 이를 통해 근대적 개혁의 기본 방향을 제시하고 청에 대한 자주 독립을 공고히 하였다.

31 동학 농민 운동 정답 ④

정답 분석

정답이 보이는 핵심 키워드
#최시형 #최제우 #보은 집회 #동학 농민군 #황토현

길잡이 | 동학 농민 운동의 전개 과정 중 보은 집회와 황토현 전투 사이에 발생한 사건을 알아봅니다.

- **(가) 보은 집회(1893)**: **동학교도**들은 억울하게 처형된 교주 **최제우**에 대한 **교조 신원**과 동학 탄압 금지 등을 요구하며 충청도 **보은**에서 집회를 개최하였다. 이때 농민군은 **척왜양창의**(斥倭洋倡義)를 기치로 내걸었는데, 이는 일본과 서양 세력을 배척하여 의병을 일으킨다는 뜻이다.
- **(나) 황토현 전투(1894.4.)**: 농민군은 **황토현·황룡촌 전투**에서 관군에 승리하고 **전주성**을 점령하여 전라도 일대를 장악하였다. 정부는 농민군을 진압하기 위해 **청**에 군대를 요청하였고, **톈진 조약**으로 인해 **일본**도 군대를 파견하였다(1894.5.).
- ④ 전라도 고부 군수 조병갑이 만석보를 쌓는다는 명분으로 농민들을 동원하고 수세를 강제로 징수하자 견디다 못한 농민들은 동학교도 **전봉준**을 중심으로 **동학 농민 운동**을 일으키고 만석보를 파괴하였다(1894.1.).

한 번 더 체크하러 가기 ▶ 미니북 11, 41쪽

선택지 풀이

① 논산으로 남접과 북접이 집결하였다.
② 개혁을 추진하기 위해 교정청이 설치되었다.
③ 일본이 군대를 동원하여 경복궁을 점령하였다.
⑤ 공주 우금치에서 농민군이 관군과 일본군에게 패배하였다.
 청과 일본의 군대 개입을 우려한 농민군은 정부와 전주 화약을 맺은 뒤 자치 개혁 기구인 집강소를 설치하였다(1894.5.). 이후 조선 정부에서는 교정청을 설치하여 자주적인 개혁을 시도하였지만(1894.6.11.), 일본군이 경복궁을 점령하고 고종을 협박하여 내정 개혁 기구로 군국기무처를 설치하였다(1894.6.25.). 또한, 청일 전쟁의 발발로 일본의 내정 간섭이 심해지자 동학 농민군은 외세를 몰아내기 위해 남접과 북접이 연합하여 다시 봉기(1894.9.)하였으나 우금치 전투(1894.11.)에서 관군과 일본군에게 패하여 전봉준이 서울로 압송되면서 해산되었다.

암기의 key 동학 농민 운동의 전개 과정

삼례·보은 집회(교조 신원 운동) → 전봉준 중심으로 고부 관아 점령 → 황토현 전투 승리 → 황룡촌 전투 승리 → 전주성 점령 → 청군·일본군 조선 상륙 → 전주 화약 체결 → 집강소 설치 → 청일 전쟁 발생 → 전봉준·김개남 2차 봉기 → 우금치 전투 패배 → 전봉준 체포

32 헤이그 특사 사건 정답 ⑤

정답 분석

정답이 보이는 핵심 키워드
#통감 이토 #네덜란드에 파견 #평화 회의

길잡이 | 고종이 헤이그 특사를 파견하게 된 배경과 이에 따른 결과를 학습합니다.

⑤ 고종은 네덜란드 헤이그에서 열린 **만국 평화 회의**(1907.6.)에 **이준, 이상설, 이위종**을 특사로 파견하여 **을사늑약의 무효**를 알리고자 하였다. 그러나 을사늑약으로 인해 외교권이 없던 대한 제국은 일본의 방해와 주최국의 거부로 큰 성과를 거두지 못하였다. 이후 일본은 헤이그 특사 파견을 구실로 고종을 강제 **퇴위**시켰으며 **한·일 신협약**(정미 7조약)을 체결하여 일본인을 행정 각 부의 차관으로 임명하고 일본인 통감이 대한 제국의 내정을 완전히 장악하도록 하였다(1907.7.).

한 번 더 체크하러 가기 ▶ 미니북 11쪽

33 정미의병 정답 ⑤

정답 분석

정답이 보이는 핵심 키워드
#이인영을 총대장으로 추대 #허위를 군사장으로 삼음 #서울로 진군하여 국권을 회복 #의병

길잡이 | 고종의 강제 퇴위와 군대 해산에 반발하여 일어난 정미의병에 대해 알아봅니다.

⑤ 1907년 **고종이 강제 퇴위**되고 **한·일 신협약**(정미 7조약)으로 인해 대한 제국의 **군대가 해산**되자 해산된 **군인**들이 의병을 일으켰다(**정미의병**). 이듬해 양주에 집결한 의병들은 군사장 **허위**와 총대장 **이인영**을 중심으로 **13도 창의군**을 조직하고 **서울 진공 작전**을 전개하였으나 실패하였다.

한 번 더 체크하러 가기 ▶ 미니북 39쪽

선택지 풀이

① 조선 혁명 선언을 지침으로 삼았다.
 김원봉이 결성한 의열단은 신채호가 작성한 조선 혁명 선언을 기본 행동 강령으로 하여 독립운동을 전개하였다.

② 이만손이 주도하여 영남 만인소를 올렸다.
 김홍집이 『조선책략』을 들여온 이후 미국과 외교 관계를 맺어야 한다는 여론이 형성되자 이만손을 중심으로 한 영남 유생들이 만인소를 올려 이를 반대하였다.

③ 상덕태상회를 통하여 군자금을 모집하였다.
 박상진이 공화 정체의 근대 국민 국가의 수립을 지향하면서 조직한 대

한 광복회는 비밀 연락 거점지로서 상덕태상회를 설립하고 이를 통하여 군자금을 모집하였다.

④ 일본에 국권 반환 요구서를 제출하고자 하였다.
임병찬은 고종의 밀명을 받아 독립 의군부를 조직하였다. 이후 조선 총독부에 국권 반환 요구서를 보내고, 복벽주의를 내세워 의병 전쟁을 준비하였다.

34 광무개혁 정답 ③

정답 분석

정답이 보이는 핵심 키워드
#러시아 공사관으로 거처를 옮김 #환궁

길잡이 아관 파천 이후 고종이 실시한 광무개혁에 대해 학습합니다.

개항 이후 민씨 세력이 러시아를 통하여 일본을 견제하려 하자 **일본**은 자객을 보내 경복궁 내 건청궁을 습격하여 **명성 황후**를 시해하였고(**을미사변**, 1895), 고종은 신변을 보호하기 위해 **러시아 공사관**으로 이동하였다(**아관 파천**, 1896). 이후 조선에 대한 열강의 이권 침탈이 심화되고 친러 내각에 대한 반감이 고조되자 **독립 협회**는 자주 국권 운동을 실시하여 고종에게 **환궁**을 요구하였다. 고종은 이를 받아들여 경운궁으로 환궁한 뒤 **대한 제국**을 국호로 선포하고 연호를 **광무**로 하여 환구단에서 황제로 즉위하였다(1897).
③ 대한 제국을 선포하고 황제로 즉위한 고종은 **광무개혁**을 실시하여 **대한국 국제**를 반포하고(1899) 군 통수권 장악을 위해 **원수부**를 설치하였다.

한 번 더 체크하러 가기 ▶ 미니북 11, 49쪽

선택지 풀이

① 영선사가 파견되었다.
고종 때 김윤식을 중심으로 한 영선사는 근대 무기 제조 기술과 군사 훈련법을 배우기 위해 청의 톈진으로 파견되었다(1881).

② 군국기무처가 설치되었다.
동학 농민군과 전주 화약을 체결한 뒤 조선 정부에서는 교정청을 설치하여 자주적인 개혁을 시도하였다. 그러나 일본군은 내정 개혁 기구인 군국기무처를 설치하여 김홍집과 박정양 등을 중심으로 제1차 갑오개혁을 추진하였다(1894).

④ 제너럴셔먼호 사건이 일어났다.
흥선 대원군 때 미국의 상선 제너럴셔먼호가 평양 대동강까지 들어와 교역을 요구하자 당시 평양 감사였던 박규수는 공격 명령을 내리고 백성들과 함께 제너럴셔먼호를 불태웠다(1866).

⑤ 조청 상민 수륙 무역 장정이 체결되었다.
임오군란 이후 청은 조청 상민 수륙 무역 장정을 체결하여 치외 법권과 함께 양화진에 점포 개설권, 내륙 통상권, 연안 무역권을 인정받았다(1882).

35 경제적 구국 운동 정답 ①

정답 분석

정답이 보이는 핵심 키워드
#상권을 수호 #황국 중앙 총상회 #일본의 황무지 개간권 요구를 저지 #보안회 #대구에서 서상돈을 중심으로 시작 #국채 보상 운동

길잡이 일본의 경제 침탈에 대응하여 일어났던 경제적 구국 운동을 살펴봅니다.

(가) 서울 상인들의 **상권 수호 운동**(1898): **조청 상민 수륙 무역 장정**의 체결로 외국 상인들이 유입되자 서울 도성의 시전 상인들은 **황국 중앙 총상회**를 조직하여 **상권 수호 운동**을 전개하였다.
(나) 황무지 개간권 요구 반대 운동(1904): **보안회**는 일본이 대한 제국에 **황무지 개간권**을 요구하자 반대 운동을 전개하여 이를 **저지**하였다.
(다) **국채 보상 운동**(1907): 일본의 차관 강요로 대한 제국의 빚이 1,300만 원에 달하자 **서상돈, 김광제** 등이 대구에서 **국채 보상 운동**을 전개하였다. 이후 서울에서 **국채 보상 기성회**를 조직하여 전국적인 모금 운동을 실시하고, **대한매일신보**를 비롯한 여러 언론 기관의 지원을 받아 국채 보상 운동이 전국으로 확산되었으나 통감부의 방해와 탄압으로 중단되었다.

한 번 더 체크하러 가기 ▶ 미니북 11, 39쪽

암기의 key 경제적 구국 운동

방곡령 시행	• 함경도 · 황해도 지방관들이 곡물 유출을 막기 위해 시행 • 일본이 조일 통상 장정 조항을 근거로 철회 요구 → 철회, 일본 상인에 배상금 지불
서울 상인들의 상권 수호 운동	• 배경: 외국 상인의 상권 침탈 심화 • 황국 중앙 총상회 조직
독립 협회의 이권 수호 운동	• 러시아의 절영도 조차 요구를 좌절시킴 • 러시아의 한러은행 폐쇄
황무지 개간권 요구 반대 운동	• 보안회: 일제의 개간권 요구를 저지시킴 • 농광 회사를 건립하여 직접 황무지 개간 노력
국채 보상 운동	• 1907년 대구에서 서상돈 등을 중심으로 일본에서 도입한 차관을 갚아 주권을 회복하고자 함 • 통감부의 탄압으로 실패

정답 및 해설 **263**

36 독립 협회   정답 ③

✅ 정답 분석

정답이 보이는 핵심 키워드
#이상재, 정교 #러시아의 요구 #절영도 #석탄고

길잡이 | 러시아의 절영도 조차 요구를 저지하였던 독립 협회의 활동에 대해 학습합니다.

아관 파천 이후 열강들의 이권 침탈이 심화되고 조선 내에서 친러 내각에 대한 반감이 고조되자 **서재필**은 남궁억, 이상재, 정교 등과 함께 **독립 협회**를 창립하였다. 이후 **러시아**가 저탄소 저장소 설치를 위해 **절영도(영도) 조차**를 요구하자 독립 협회는 **이권 수호 운동**을 전개하여 이를 **저지**하였다.

③ 독립 협회는 관민 공동회를 개최하여 **중추원 개편**을 통한 **의회 설립 방안**이 담긴 **헌의 6조**를 고종에게 건의하였고 **고종**이 이를 채택하였다.

한 번 더 체크하러 가기 ▶ 미니북 49쪽

✅ 선택지 풀이

① 정우회 선언의 영향으로 결성되었다.
　6·10 만세 운동의 준비 과정에서 사회주의 세력과 비타협적 민족주의 세력이 연대하여 민족 유일당을 결성할 수 있다는 공감대가 형성되었다. 이에 따라 국내의 민족 해방 운동 진영은 정우회 선언을 발표하고, 좌우 합작 조직인 신간회를 결성하였다.

② 만세보를 발행하여 민족의식을 고취하였다.
　손병희를 중심으로 한 천도교는 국한문 혼용체 기관지인 만세보를 발행하여 민중 계몽 운동을 전개하였다.

④ 어린이날을 제정하고 소년 운동을 전개하였다.
　방정환, 김기전 등이 주축이 된 천도교 소년회는 어린이날을 제정하고, 『어린이』라는 잡지를 간행하는 등 소년 운동을 주도하였다.

⑤ 태극 서관을 운영하여 계몽 서적 등을 보급하였다.
　신민회 조직에 참여한 이승훈은 평양에서 계몽 서적이나 유인물을 출판·보급하고자 태극 서관을 설립하여 민족 기업을 육성하였다.

37 근대 기관   정답 ④

✅ 정답 분석

정답이 보이는 핵심 키워드
#근대 역사 #기기창 #제중원 #박문국 #중명전 #원각사

길잡이 | 근대 기관과 관련된 역사적 사실을 알아봅니다.

④ **중명전**은 황실 도서관으로 사용하기 위해 지어졌다가 1904년 경운궁(덕수궁)이 불타자 고종의 집무실로 사용되었던 곳으로, 이후 대한 제국의 외교권이 박탈당한 **을사늑약**이 체결된 장소이기도 하다.

한 번 더 체크하러 가기 ▶ 미니북 38, 51쪽

✅ 선택지 풀이

① 우리나라 최초의 근대 신문이 간행되었다.
　개항 이후 개화 정책의 일환으로 출판 기관인 박문국이 설치되었고 이곳에서 최초의 근대 신문인 한성순보를 발행하였다.

② 고종의 황제 즉위식이 거행된 장소이다.
　고종은 아관 파천 이후 경운궁(덕수궁)으로 환궁하여 대한 제국을 수립하고 환구단에서 황제 즉위식을 거행하였다.

③ 백동화가 주조되었다.
　조선은 개항 이후 전환국을 설치하고 상평통보를 대신할 새로운 화폐인 백동화를 주조하여 발행하였다.

⑤ 나운규의 아리랑이 처음 상영된 곳이다.
　단성사에서 나운규의 「아리랑」이 처음 개봉·상영되었고, 이후 한국 영화가 비약적으로 발전하였다.

38 무단 통치기   정답 ④

✅ 정답 분석

정답이 보이는 핵심 키워드
#구한국의 국권 회복을 도모 #조선 태형령

길잡이 | 조선 태형령을 실시한 1910년대 일제의 무단 통치 정책에 대해 살펴봅니다.

④ 1910년대 **무단 통치기**에 일제는 강압적 통치를 위해 **헌병 경찰 제도**를 실시하였다. 또한, **조선 태형령**을 공포하여 곳곳에 배치된 헌병 경찰들이 조선인에게 태형을 가하도록 하였다(1912).

한 번 더 체크하러 가기 ▶ 미니북 12쪽

✅ 선택지 풀이

① 원수부가 설치되었다.
　대한 제국 선포 이후 고종은 광무개혁을 실시하고 황제 직속의 원수부를 설치하여 대원수로서 군대를 통솔하고자 하였다(1899).

② 신간회가 창립되었다.
　사회주의 세력과 민족주의 세력이 연대하여 6·10 만세 운동을 준비하는 과정에서 민족 유일당을 결성할 수 있다는 공감대가 형성되었고, 이를 계기로 좌우 합작 조직인 신간회가 창립되었다(1927).

③ 치안 유지법이 적용되었다.

1920년대 사회주의가 확산되자 일제는 치안 유지법을 시행하여 식민지 지배에 저항하는 민족 해방 운동과 사회주의 및 독립운동을 탄압하였다(1925).

⑤ 동양 척식 주식회사가 설립되었다.

일제 통감부는 대한 제국의 식산흥업을 장려한다는 명목으로 한일 합자 회사인 동양 척식 주식회사를 설립하였다(1908).

39 시대별 교육 기관 정답 ⑤

정답 분석

정답이 보이는 핵심 키워드

#삼국 시대 #국가가 운영하는 기관 #고려 시대 # 사학 역시 중요한 역할을 함 #조선 시대 #관학으로 성균관·향교 #19세기 말 #새로운 변화에 대처 #행정의 실무를 담당 #갑오개혁 #교육 입국 조서가 반포됨 #선교사

길잡이 | 시대별로 설립되었던 교육 기관에 대해 학습합니다.

⑤ 근대에 미국인 개신교 선교사 아펜젤러는 근대적 사립 학교로서 배재 학당을 세워 신학문 보급에 기여하였다. 또한, 미국의 선교사 스크랜턴 부인은 최초의 여성 교육 기관인 이화 학당을 설립하여 근대적 여성 교육을 실시하였다.

한 번 더 체크하러 가기 ▶ 미니북 6, 24, 50쪽

선택지 풀이

① 태학의 설립 취지를 찾아본다.

고구려의 소수림왕은 교육 기관인 태학을 설립하여 인재를 양성하였고, 장수왕 때는 지방에 경당을 설치하여 평민 자제들에게 학문과 무술을 가르쳤다.

② 9재 학당의 수업 내용을 조사한다.

고려의 문신 최충이 세운 9재 학당은 사학 12도 중 가장 번성하여 많은 후진을 양성하였으며, 유교 경전과 역사를 가르쳤다.

③ 명륜당과 대성전의 기능을 알아본다.

조선 시대 최고 국립 교육 기관으로서 성균관은 공자를 비롯한 옛 성현에 대해 제사를 지내는 대성전과 유학을 강의하는 명륜당, 도서관인 존경각, 숙소인 동·서재 등으로 이루어져 있었다.

④ 동문학과 육영 공원의 운영 목적을 분석한다.

조미 수호 통상 조약의 체결에 따라 외국과의 교섭이 활발해지자 조선 정부는 통역관을 양성하기 위해 동문학을 설립하여 영어 교육을 실시하였다. 또한, 최초의 근대식 공립 학교로서 육영 공원을 세우고 헐버트, 길모어 등의 외국인 교사를 초빙하여 상류층 자제에게 근대 교육을 실시하였다.

40 제2차 조선 교육령 정답 ⑤

정답 분석

정답이 보이는 핵심 키워드

#보통 교육 #보통 학교의 수업 연한은 6년

길잡이 | 일제가 규정한 식민지 교육 방침인 제2차 조선 교육령에 대해 알아봅니다.

제2차 조선 교육령은 일제가 **문화 통치**를 표방하며 조선인에게 일본인과 동등한 교육을 실시한다는 원칙하에 개정되었다(1922). 제1차 조선 교육령(1911)은 보통·실업·전문 기술 교육과 일본어 학습을 강요하고 보통 교육의 수업 연한을 4년으로 단축하였다. 제2차 조선 교육령은 이를 수정하여 **조선어**를 필수 **과목**으로 지정하고 **보통 학교**의 **수업 연한을 6년**으로 연장하였다.

⑤ 일제는 제2차 조선 교육령을 발표하여 사범학교 설립 및 대학에 관한 규정을 마련하였다. 이에 **이상재**, 윤치호 등은 조선인 본위의 교육을 위해 **조선 민립 대학 설립 기성회**를 조직하고(1923) **민립 대학 설립 운동**을 전개하였다. 일제는 이를 저지하고자 경성 제국 대학령을 발의하여 **경성 제국 대학**을 설립하였고(1924), 민립 대학 설립 운동은 실패하였다.

한 번 더 체크하러 가기 ▶ 미니북 27쪽

선택지 풀이

① 서당 규칙이 제정되었다.

일제의 사립 학교 규칙으로 인해 전국적으로 개량 서당 운동이 확산되자 일제는 서당 규칙을 만들어 개량 서당 설립을 방해하였다(1918).

② 2·8 독립 선언이 발표되었다.

일본 도쿄 유학생들이 조선 청년 독립단을 조직하고 2·8 독립 선언을 발표하였으며(1919), 이는 3·1 운동의 발단에 직접적인 영향을 미쳤다.

③ 조선어 연구회가 결성되었다.

주시경을 중심으로 조선어의 정확한 법리를 연구하고자 조선어 연구회가 결성되었다. 이후, 조선어 연구회는 조선어 학회로 개편되어 한글 맞춤법 통일안과 표준어를 제정하고 『조선말 큰사전』 편찬을 시작하였으나 일제에 의해 강제 해산되었다(조선어 학회 사건, 1942).

④ 조선 여자 교육회가 조직되었다.

1920년 서울에서 차미리사의 주도로 조직된 조선 여자 교육회는 순회 강연회를 진행하는 등 여성 계몽 운동을 전개하였으며, 여학교 설립을 도모하여 근화 학원을 세우기도 하였다.

41 대한민국 임시 정부 정답 ④

정답 분석

정답이 보이는 핵심 키워드
#조선인 관리 · 기타 조선인 부호 #불온 문서를 배부 #독립 공채
#조선 내부와의 연락 및 기타 기관

길잡이 | 독립 공채를 발행하며 독립운동을 전개하였던 대한민국 임시 정부의 활동을 살펴봅니다.

국내외 독립운동가들은 **3 · 1 운동**을 계기로 민족의 주체성을 확인한 뒤, 조직적인 독립운동을 전개하기 위해 중국 상하이에서 **대한민국 임시 정부**를 수립하였다. 대한민국 임시 정부는 비밀 행정 조직으로 **연통제**와 **교통국**을 두어 **국내와의 연락망**을 확보하였으며 국외 거주 동포들에게 **독립 공채**를 발행하여 **독립운동 자금**을 마련하였다. 또한, 임시 사료 편찬 위원회를 설치하고 국제 연맹에 우리 민족의 독립을 요청하기 위한 자료로 『**한일 관계 사료집**』을 간행하기도 하였다.
④ 대한민국 임시 정부는 **대미 외교 업무**를 수행하기 위해 미국에 **구미 위원부**를 두었다.

한 번 더 체크하러 가기 ▶ 미니북 12, 26쪽

선택지 풀이

① 무장 투쟁을 위해 중광단을 결성하였다.
북간도로 이주한 한인들이 대종교를 중심으로 중광단을 조직하여 항일 무장 투쟁을 전개하였다.

② 민족 교육을 위해 서전서숙을 설립하였다.
이상설 등이 한인 집단촌인 만주 용정촌에 서전서숙을 설립하여 민족 교육을 실시하였다.

③ 독립군 양성을 위해 신흥 강습소를 세웠다.
서간도 삼원보 지역에서 신민회 회원인 이상룡, 이회영 등이 중심이 되어 독립군 양성 학교인 신흥 강습소를 설립하였다. 이는 1919년에 본부를 옮기면서 신흥 무관 학교로 명칭이 바뀌었다.

⑤ 농촌 계몽을 위해 브나로드 운동을 전개하였다.
조선일보, 동아일보 등의 언론사를 중심으로 농촌 계몽 운동이 전개되었다. 조선일보는 한글 교재의 보급과 순회 강연을 통한 문자 보급 운동을 전개하였고, 동아일보는 문맹 퇴치 운동인 브나로드 운동을 전개하였다.

42 민족 말살 통치기 정답 ④

정답 분석

정답이 보이는 핵심 키워드
#강제 동원 #중일 전쟁이 시작된 뒤 #황국 신민 서사

길잡이 | 민족 말살 통치기에 일어난 역사적 사건들을 확인합니다.

④ 1930년대 일제는 우리 민족의 정체성을 말살하기 위해 **황국 신민화 정책**을 시행하여 내선일체의 구호를 내세우고 **황국 신민 서사 암송**(1937)과 **창씨개명**(1939, 1940), **신사 참배** 등을 강요하였다. 또한, 대륙 침략을 위해 한반도를 병참 기지화하고 **중일 전쟁**을 일으키면서 **전시 동원 체제**를 수립하였다. 이에 **국가 총동원령**을 시행하여(1938) 우리 민족을 전쟁에 강제 동원하고, 물적 수탈을 위해 **양곡 배급제**와 **미곡 공출제**(1939)를 실시하였으며, **근로 보국대**(1938), **국민 징용령**(1939)으로 한국인의 인력을 착취하였다. **태평양 전쟁**(1941)을 일으킨 후에는 **학도 지원병 제도**(1943)와 **징병 제도**(1944) 등을 실시하여 젊은이들을 전쟁터로 강제 징집하였다.

한 번 더 체크하러 가기 ▶ 미니북 12쪽

선택지 풀이

① 원산 총파업이 발생하였다.
원산 총파업은 영국인이 경영하는 회사에서 일본인 감독이 조선인 노동자를 구타한 사건에서 시작되었다. 파업 후 노동자의 요구를 받아주겠다던 회사가 약속을 이행하지 않자 노동자들은 원산 노동 연합회를 중심으로 총파업에 들어갔다(1929).

② 미쓰야 협정이 체결되었다.
1920년대 만주 지역에서 항일 무장 투쟁이 활발하게 전개되자 조선 총독부 경무 국장 미쓰야와 만주 군벌 장쭤린은 미쓰야 협정을 체결하였다(1925).

③ 조선 형평사가 결성되었다.
갑오개혁 이후 공사 노비법이 혁파되어 신분제가 폐지되었으나 일제 강점기에 이르러 백정에 대한 차별은 더욱 심해졌다. 백정들은 이러한 사회적 차별을 철폐하기 위해 진주에서 조선 형평사를 결성하고 형평 운동을 전개하였다(1923).

⑤ 임시 토지 조사국이 설립되었다.
조선 총독부는 식민 지배를 위해 안정적으로 조세를 확보하고자 토지 조사 사업을 시행하였다(1910~1918). 이에 임시 토지 조사국(1910)을 설치하고 토지 조사령을 발표하여(1912) 일정 기간 내 토지를 신고하도록 하였으며, 신고하지 않은 토지는 총독부에서 몰수하여 일본인에게 헐값으로 불하하였다.

43 조선 의용대 정답 ②

정답 분석

정답이 보이는 핵심 키워드
#중국 국민당 정부의 지원 #김원봉 등을 중심으로 창설됨 #중국 관내(關內)에서 만들어진 최초의 한인 무장 부대

길잡이 | 조선 의용대의 활동에 대해 알아봅니다.

② **조선 의용대**는 김원봉의 주도로 중국 국민당의 **지원**을 받아 **중국 관내**에서 결성된 **최초의 한인 무장 부대**이다. 조선 의용대의 일부 대원은 충칭 지역의 **한국 광복군**에 합류하여 항일 전선에 참여하였고, 나머지 주력 부대는 화북 지역으로 이동하여 **조선 의용대 화북 지대**를 조직한 뒤 **중국 팔로군**과 함께 무장 투쟁을 전개하였다.

한 번 더 체크하러 가기 ▶ 미니북 28쪽

선택지 풀이

① 자유시 참변으로 시련을 겪었다.
대한 독립 군단은 간도 참변으로 인해 러시아 자유시로 근거지를 옮겼으나 군 지휘권을 둘러싼 분쟁에 휘말려 자유시 참변을 겪으면서 세력이 약화되었다.

③ 쌍성보 전투에서 한중 연합 작전을 전개하였다.
지청천을 중심으로 북만주에서 결성된 한국 독립군은 쌍성보 전투에서 중국 호로군과 연합 작전을 전개하여 승리하였다.

④ 독립군 양성 기관인 한인 소년병 학교를 설립하였다.
박용만은 미국 네브래스카에서 독립운동과 인재 양성을 목적으로 한인 소년병 학교를 설립하였다.

⑤ 홍범도 부대와 연합하여 청산리에서 일본군과 교전하였다.
김좌진이 이끄는 북로 군정서군은 홍범도가 이끄는 대한 독립군과 연합하여 청산리 전투에서 일본군을 상대로 대승을 거두었다.

44 최현배 정답 ①

정답 분석

정답이 보이는 핵심 키워드
#주시경의 영향을 받음 #국어 운동의 길로 들어섬

길잡이 | 일제 강점기 국어학자이자 국어 운동가였던 최현배의 일생을 살펴봅니다.

① 외솔 **최현배**는 울산 출신으로 1910년 보성중학교에서 열리는 조선어 강습원에서 **주시경**의 가르침을 받은 것을 계기로 **국어학 연구**를 시작하였다. 또한, **조선어 사전 편찬 위원회**의 집행 위원으로서 활동하며 국어 운동을 전개하였으며, **조선어 학회**에서 국어 보급을 위한 지방 순회에 참여하여 대중에게 국어의 과학적 가치와 문법적 기초 지식을 이해시키기도 하였다. **조선어 학회 사건**으로 4년 간 옥고를 치르고 광복을 맞이한 후에도 국어학을 연구하고 운동을 활발히 전개하여 국어 교재 편찬과 교사 양성에 힘썼다.

선택지 풀이

② 파리 강화 회의에서 독립 청원서를 제출하다
김규식은 대한민국 임시 정부의 모체인 신한 청년당 소속으로 파리 강화 회의에 파견되어 독립 청원서를 제출하였다.

③ 복벽주의를 내세우며 독립 의군부를 조직하다
임병찬은 고종의 밀명을 받아 독립 의군부를 조직하였다. 이후 조선 총독부에 국권 반환 요구서를 보내고, 복벽주의를 내세워 의병 전쟁을 준비하였다.

④ 국권 피탈 과정을 정리한 한국통사를 저술하다
박은식은 독립을 위해 국혼(國魂)을 강조하였으며, 고종 즉위 다음 해부터 국권 피탈 직후까지의 역사를 기록한 『한국통사』를 저술하였다.

⑤ 일제에 의해 조작된 105인 사건으로 재판을 받다
조선 총독부는 데라우치 총독 암살 미수 사건을 조작하여 많은 민족 운동가들을 체포하였으며(105인 사건), 이로 인해 신민회가 해산되었다.

45 5·10 총선거 정답 ⑤

정답 분석

정답이 보이는 핵심 키워드
#우리나라 첫 번째 총선거 #유엔 한국 임시 위원단

길잡이 | 우리나라 최초의 민주 선거인 5·10 총선거에 대해 학습합니다.

ㄷ. ㄹ. **유엔 총회**에서 **남북한 총선거**를 결의하여 한반도에 **유엔 한국 임시 위원단**을 파견하였지만, 소련이 임시 위원단의 북한 입국을 거부하였다. 이에 **유엔 소총회**에서는 가능한 지역에서만 선거를 실시하도록 결정을 내렸고 남한에서 우리나라 최초의 민주 선거인 **5·10 총선거**가 실시되었다. 이를 통해 제헌 헌법이 공포되고 임기 2년의 제헌 국회의원이 선출되었지만, 제주도에서는 남한만의 단독 정부 수립에 반대하여 일어난 **제주 4·3 사건**이 진행 중이었기에 정족수가 미달인 관계로 2개 구의 선거가 무효 처리되기도 하였다.

한 번 더 체크하러 가기 ▶ 미니북 29쪽

선택지 풀이

ㄱ. 광복 이후 좌우 대립이 격화되면서 분단의 위기를 느낀 중도파 세력들은 여운형, 김규식을 중심으로 좌우 합작 위원회를 수립하고 좌우 합작 7원칙을 발표하였다. 이후 좌우 합작 위원회의 추천으로 미군정이 남조선 과도 입법 의원을 조직하기 위해 선거를 실시하였고, 이듬해에는 미군정청이 행정권을 이양하기 위해 잠정적으로 남조선 과도 정부를 수립하였다.

ㄴ. 제4대 대통령 선거에서 이승만과 자유당 정권이 장기 독재를 위해 4할 사전 투표와 공개 투표 등의 방식으로 3·15 부정 선거를 자행하였고, 이에 저항하는 시위가 확산되어 4·19 혁명이 발발하였다. 그 결과 이승만이 하야하고 과도 정부가 수립되었으며, 의원 내각제 개헌을 통해 장면 내각이 출범하였다.

46 6·25 전쟁 정답 ②

정답 분석

정답이 보이는 핵심 키워드
#중국군 2백만 명 #중국군의 개입

길잡이 | 6·25 전쟁 중에 있었던 사실을 파악합니다.

② 1950년 북한의 남침으로 6·25 전쟁이 시작되어 서울이 점령당하였고, 이승만 정부는 전쟁에 제대로 대응하지 못한 채 후퇴하다가 **부산을 임시 수도**로 정하였다(1950.8.). 유엔군 파병 이후 국군은 낙동강을 사이에 두고 공산군과 치열한 공방전 끝에 **인천 상륙 작전**을 성공시키고 전세를 역전하여 압록강까지 진격하였다. 그러나 **중국군**의 개입으로 전세가 불리해진 국군과 유엔군은 후퇴하는 과정에서 함경남도 흥남에 집결하였고 **흥남 철수 작전**을 전개하여 10만여 명에 달하는 피란민을 구출하였다. 이후 **1·4 후퇴**로 인해 서울이 재함락되었다가 재탈환하는 등 전쟁이 교착 상태에 빠지자 **유엔군**과 **공산군**은 **판문점**에서 **정전 협정**을 체결하였다(1953).

한 번 더 체크하러 가기 ▶ 미니북 34쪽

선택지 풀이

① 애치슨 라인이 발표되었다.
미 국무 장관인 애치슨이 한국을 미국의 태평양 방위선에서 제외한다는 애치슨 라인을 발표하여 6·25 전쟁 발발의 원인을 제공하였다(1950.1.).

③ 한미 상호 방위 조약이 맺어졌다.
이승만 정부는 6·25 전쟁 휴전 이후 한미 상호 방위 조약을 체결하여 미국과 군사 동맹을 맺었다(1953.10.).

④ 푸에블로호 나포 사건이 발생하였다.
박정희 정부 때 미 해군 소속 정찰함 푸에블로호가 북한 원산 앞 공해상에서 정보 수집 활동을 하던 중 북한 함정에 의해 나포되었으며 그 과정에서 승무원 1명이 사망하고 13명이 부상당하였다(1968).

⑤ 국가 보위 비상 대책 위원회가 설치되었다.
신군부는 5·18 민주화 운동을 무력으로 진압한 후 국가 주요 조직을 장악하고, 정치권력을 사유화하기 위해 대통령을 보좌하는 임시 행정 기구인 국가 보위 비상 대책 위원회를 설치하였다(1980).

47 제2차 경제 개발 5개년 계획 정답 ②

정답 분석

정답이 보이는 핵심 키워드
#제1차 경제 개발 5개년 계획을 성공적으로 매듭지음 #제2차 경제 개발 5개년 계획에 착수 #아시아에 빛나는 공업 국가를 건설해 보자는 것이 이 계획의 목표

길잡이 | 박정희 정부의 주도로 제2차 경제 개발 5개년 계획이 수립되었던 시기를 파악합니다.

② 박정희 정부는 경제 개발 5개년 계획(1962~1981)을 통해 외국에서 자본을 끌어와 수출 산업을 특별히 지원하는 '국가 주도-대외지향적 방식'으로 산업화·공업화 정책을 추진하였다. 제1·2차 경제 개발 5개년 계획은 경공업을 중심으로 수출 산업을 성장시키는 것이 목표였다. 제1차 경제 개발 5개년 계획(1962~1966)을 성공적으로 마친 박정희 정부는 경제 개발 계획에 필요한 자본을 확보하기 위해 일본과의 국교 정상화를 추진하여 한일 기본 조약(한일 협정)을 체결하였다(1965). 이후 1967년부터 1971년까지 제2차 경제 개발 5개년 계획이 실시되었으며, 1968년에 착공된 경부 고속 도로는 1970년에 준공되었다. 1972년부터 1981년까지 중화학 공업이 중심이 된 제3·4차 경제 개발 5개년 계획을 실시하면서 100억 달러 수출 달성을 이루기도 하였다(1977).

한 번 더 체크하러 가기 ▶ 미니북 20쪽

48 전두환 정부 정답 ②

정답 분석

정답이 보이는 핵심 키워드
#부천 경찰서 #여성 노동자에 대한 성 고문 사건 #보도 지침 #언론의 보도 방향을 통제 #민주화 운동을 탄압 #박종철 고문치사 사건 #단순 쇼크사로 날조

길잡이 | 언론을 통제하고 민주화 운동을 탄압하였던 전두환 정부 시기에 있었던 사실을 알아봅니다.

1986년 노동 현장 위장 취업 혐의로 연행된 여학생에게 부천 경찰서 경장이 성 고문을 가하였지만, **전두환 정부**는 이를 축소, 은폐하기 위해 각 언론사에 기사 보도용 가이드라인인 **보도 지침**을 내려 언론의 보도 방향을 통제하였다. 또한, 경찰의 고문으로 사망한 서울대 재학생 **박종철**을 단순 쇼크사로 날조하자 이에 분노한 시민들이 진상 규명을 요구하며 시위를 전개하였다(1987).

② 4·13 호헌 조치가 발표되고 박종철 **고문치사 사건**이 발생하자 이에 반발한 시민들은 호헌 철폐와 독재 타도 등의 구호를 내세우면서 **6월 민주 항쟁**을 일으켰다. 시위 도중 연세대 재학생 **이한열**이 사망하자 시위는 더욱 격화되어 전국적으로 확산되었다. 그 결과 정부는 5년 단임의 대통령 **직선제 개헌**을 골자로 하는 **6·29 민주화 선언**을 발표하였다(1987).

한 번 더 체크하러 가기 ▶ 미니북 30쪽

✅ 선택지 풀이

① 야당 총재가 국회의원직에서 제명되었다.
YH 무역 노동자들이 폐업에 항의하여 일으킨 농성이 신민당사 앞에서 일어나자 박정희 정부는 신민당 총재 김영삼을 국회의원직에서 제명하였다. 이로 인해 김영삼의 정치적 근거지인 부산, 마산에서 유신 정권에 반대하는 부마 민주 항쟁이 전개되었다(1979).

③ 국가 재건 최고 회의를 기반으로 군정이 실시되었다.
5·16 군사 정변으로 정권을 장악한 박정희와 군부 세력은 군사 혁명 위원회를 구성하고 입법·사법·행정의 3권을 장악하여 국회와 지방 의회를 해산하였다. 이후 명칭을 국가 재건 최고 회의로 바꾸고 혁명 내각을 발표하여 군사 정권을 수립하였다(1961).

④ 평화 통일론을 내세우던 진보당의 조봉암이 처형되었다.
이승만 정권 시기 조봉암은 제3대 대통령 선거에 출마하였으나 낙선하였다. 이후 진보당을 창당하고 평화 통일론을 주장하다가 국가 변란, 간첩죄 혐의로 체포되어 사형에 처해졌으며 진보당은 해체되었다(진보당 사건, 1958).

⑤ 긴급 조치 철폐 등을 포함한 3·1 민주 구국 선언이 발표되었다.
김대중, 함석헌 등의 정치인과 기독교 목사, 대학 교수 등은 유신 독재 체제에 저항하여 긴급 조치 철폐 등을 요구하는 3·1 민주 구국 선언을 발표하였다(1976).

49 지역사 – 전주 정답 ③

✅ 정답 분석

> **정답이 보이는 핵심 키워드**
> #조선 시대 전라도 일대를 총괄 #전라 감영 #조선 왕실의 발상지
> #객사 풍패지관 #태조 이성계의 어진을 봉안하고 제사 #경기전
> #후백제의 왕성 #동고산성 #성황사 #풍남문

> **길잡이** ┃ 후백제와 조선의 발상지인 전주의 역사를 탐구합니다.

- **전라 감영**: 조선 시대 전북과 전남, 제주 지역의 행정과 군사를 총괄하였던 **관청**으로, 일제 강점기에 대부분이 철거되고 일부 건물만 남아있었으나 6·25 전쟁 당시 폭발로 모두 붕괴되었다. 현재 전주시는 고증을 거쳐 전라 감영을 복원하였다.
- **풍패지관**: 객사는 고려·조선 시대에 각 고을에 설치된 관아였다. 조선 성종 때는 전주 사고를 지은 뒤 남은 재료로 서의헌을 고쳐 객사로서 풍패지관을 만들었다. 주관 앞면에는 '풍패지관(豊沛之館)'이 적힌 편액이 걸려 있는데, '풍패'는 한 고조의 향리인 풍패(豊沛)를 따서 지었으며 전주가 **조선 왕조의 발원지**라는 뜻을 담고 있다.
- **경기전**: **조선 태조의 어진을 모신 사당**으로 태종 때 어용전이라는 이름으로 창건되었으며, 세종 때 경기전으로 이름이 바뀌었다. 임진왜란 때 불탔다가 광해군 때 중건되었고, **전주 사고**가 설치되어 실록이 보관되기도 하였다.
- **성황사**: **동고산성**은 전북 전주에 있는 승암산에 위치하고 있어 암산성이라고도 부른다. 조선 숙종 대의 기록에 의하면 견훤이 **완산주(전주)**에 도읍을 세우고 건국한 **후백제의 궁성** 터라고 전해지며, 성황사는 동고산성 안에 있는 절이다.
- **풍남문**: 전주읍성의 4대문 가운데 남문으로, 영조 때 큰 화재가 일어나 남문과 서문이 모두 불타자 풍남문과 패서문이라고 이름지었다.
③ **동학 농민 운동** 당시 농민군은 **황토현·황룡촌 전투**에서 관군에 승리하고 **전주성**을 점령하여 전라도 일대를 장악하였다. 이후 정부와 **전주 화약**을 맺어 자치 개혁 기구인 **집강소**를 설치하고 **폐정 개혁**을 실시하였다.

한 번 더 체크하러 가기 ▶ 미니북 52쪽

✅ 선택지 풀이

① 유형원이 반계수록을 저술한 장소를 답사한다.
조선 후기 실학자 유형원은 전북 부안에서 『반계수록』을 저술하여 통치 제도에 관한 개혁안을 제시하였다. 특히, 신분에 따라 토지를 차등 분배하고, 자영농을 육성하자는 균전론을 주장하였다.

② 견훤이 아들 신검에 의해 유폐된 장소를 알아본다.
후백제의 견훤은 아들 신검과의 왕위 계승 문제로 갈등을 겪다가 전북 김제 금산사에 유폐되었고, 이후 탈출하여 고려 왕건에게 귀부하였다.

④ 기묘사화로 유배된 조광조가 사사된 장소를 검색한다.
조선 중종은 반정으로 왕위에 오른 후 훈구파를 견제하고 연산군의 폐정을 개혁하기 위해 사림파를 중용하였다. 이때 등용된 조광조는 개혁 정치의 하나로 반정 공신들의 위훈 삭제를 주장하다가 훈구파의 반발로 발생한 기묘사화로 인해 능주(전남 화순)로 유배되었다.

⑤ 임병찬이 의병을 일으킨 무성 서원이 있는 장소를 찾아본다.
임병찬은 을사늑약이 체결되자 최익현과 함께 전북 정읍에 있는 무성 서원에서 을사의병을 일으켰다.

50 김대중 정부의 통일 정책 정답 ②

✓ 정답 분석

정답이 보이는 핵심 키워드

#도쿄 #오부치 일본 총리 #21세기 새로운 한일 파트너십 공동 선언 #일본 대중문화 단계적 개방 약속

길잡이 | 일본과 21세기 새로운 한일 파트너십 공동 선언에 합의하였던 김대중 정부의 통일 정책에 대해 학습합니다.

1998년 **김대중 대통령**과 **오부치 일본 총리**는 한일 양국 간 불행한 역사를 극복하고 미래 지향적인 관계를 발전시키기 위해 과거사 인식을 포함한 11개 항의 '**21세기 새로운 한일 파트너십 공동 선언**'을 발표하였다. 이는 1995년 무라야마 전 총리의 '전후 50주년 특별 담화'를 기초로 과거 식민지 지배에 대해 '**통절한 반성과 마음으로부터 사죄**'를 문서화한 것이며, 선언과 더불어 한국 내 일본 대중문화의 단계적 개방을 약속하였다.

② 김대중 정부 당시 북한과의 교류가 크게 확대되어 평양에서 최초로 **남북 정상 회담**이 이루어지면서 **6·15 남북 공동 선언**이 발표되었다(2000).

한 번 더 체크하러 가기 ▶ 미니북 20쪽

✓ 선택지 풀이

① 남북 조절 위원회를 구성하였다.
박정희 정부 시기 서울과 평양에서 7·4 남북 공동 성명을 발표하고 남북 조절 위원회를 설치하였다(1972).

③ 한반도 비핵화 공동 선언에 합의하였다.
노태우 정부 때 핵전쟁 위협을 제거하고 평화 통일에 유리한 조건을 조성하기 위한 한반도 비핵화 공동 선언이 채택되었다(1991).

④ 판문점에서 남북 정상 회담을 개최하였다.
문재인 정부는 판문점에서 4·27 남북 정상 회담을 개최하고, 한반도의 평화와 번영, 통일을 위한 4·27 판문점 선언을 발표하였다(2018).

⑤ 남북 이산가족 고향 방문을 최초로 실현하였다.
전두환 정부 때 분단 이후 최초로 이산가족 고향 방문단 및 예술 공연단 등 총 151명이 서울과 평양을 동시에 방문하였다(1985).

암기의 key | 현대 정부의 통일 노력

박정희 정부	• 남북 적십자 회담(1971): 이산가족 문제 협의 • 7·4 남북 공동 성명(1972): 자주·평화·민족 대단결의 3대 통일 원칙 제시(서울과 평양에서 동시 발표) → 남북 조절 위원회 설치 • 6·23 평화 통일 선언(1973): 남북 동시 유엔 가입 제의, 공산권에 문호 개방 제시
전두환 정부	• 민족 화합 민주 통일 방안(1982): 민족 통일 협의회 구성 • 남북 적십자 회담 재개: 북한의 수해 물자 제공이 계기 → 최초의 이산가족 고향 방문(1985)
노태우 정부	• 북방 외교 추진: 국제 정세 변화 → 동유럽 사회주의 국가들과 수교, 소련(1990)·중국(1992)과 외교 관계 수립 • 남북 관계 진전: 남북 고위급 회담 개최, 한민족 공동체 통일 방안 제안(1989), 남북한 유엔 동시 가입(1991) • 남북 기본 합의서 채택(1991): 남북한 정부 간 최초의 공식 합의서 • 한반도 비핵화 공동 선언(1991)
김영삼 정부	• 한민족 공동체 건설을 위한 3단계 통일 방안 제시(1994) • 북한 경수로 원자력 발전소 건설 사업 지원
김대중 정부	• 대북 화해 협력 정책(햇볕 정책) 추진 → 금강산 관광 사업 전개(1998) • 남북 정상 회담 개최, 6·15 남북 공동 선언 발표(2000) → 경의선 복구 사업, 금강산 육로 관광 등 추진, 개성 공단 조성 합의
노무현 정부	• 대북 화해 협력 정책 계승 → 남북 철도 연결 사업(경의선·동해선 연결), 개성 공단 착공식(2003) • 제2차 남북 정상 회담 개최, 10·4 남북 공동 선언 발표(2007) → 6·15 남북 공동 선언을 고수
이명박 정부	• 남북 관계 경색: 금강산 관광 중단(2008), 천안함 피격 사건, 연평도 포격 사건 • 북한의 핵 개발, 미사일 발사 실험 등
박근혜 정부	• 남북 관계 악화 • 대북 강경 정책 지속: 개성 공단 폐쇄(2016)
문재인 정부	• 평화 공존, 공동 번영의 통일 정책 추진 • 4·27 남북 정상 회담 개최, 4·27 판문점 선언 발표(2018)

제64회 한국사능력검정시험 정답 및 해설

STEP 1 정답 확인 문제 p.146

01	02	03	04	05	06	07	08	09	10	11	12	13	14	15	16	17	18	19	20	21	22	23	24	25
⑤	①	③	⑤	③	②	④	⑤	②	④	①	①	⑤	①	⑤	④	①	⑤	④	⑤	⑤	③	④	②	②

26	27	28	29	30	31	32	33	34	35	36	37	38	39	40	41	42	43	44	45	46	47	48	49	50
①	⑤	②	③	③	④	②	③	③	④	②	②	②	②	①	①	④	②	①	①	③	⑤	①	④	③

STEP 2 난이도 확인

제64회 합격률 **48.7%**   최근 1년 평균 합격률 **49.2%**

STEP 3 시대별 분석

시대	선사	고대	고려	조선 전기	조선 후기	근대	일제 강점기	현대	복합사
틀린 개수/문항 수	/2	/7	/7	/5	/5	/8	/6	/6	/4
출제비율	4%	14%	14%	10%	10%	16%	12%	12%	8%

STEP 4 문제별 주제 분석

01	선사 시대	신석기 시대
02	선사 시대	부여
03	고대	고구려
04	고대	백제 금동 대향로
05	고대	김유신
06	고대	백제 성왕
07	고대	고구려의 멸망 과정
08	고대	발해의 경제 상황
09	고대	장보고의 난
10	고려	궁예
11	고려	거란의 침입과 고려의 대응
12	고려	이자겸의 난
13	고려	고려의 경제 상황
14	고려	최우
15	고려	고려 원 간섭기 이후 상황
16	고려	고려의 불교 문화유산
17	조선 전기	조선 세종
18	복합사	창덕궁
19	조선 전기	향약
20	조선 후기	조선 후기 경제·사회 상황
21	조선 후기	임술 농민 봉기
22	조선 전기	조선 성종
23	조선 전기	기묘사화
24	조선 전기	임진왜란
25	조선 후기	조선 후기의 문화
26	조선 후기	조선 정조
27	조선 후기	정약용
28	근대	제너럴셔먼호 사건
29	근대	최익현
30	근대	갑신정변
31	근대	제1차 갑오개혁
32	근대	독립 협회
33	근대	한성 사범 학교 규칙
34	근대	대한매일신보
35	근대	러일 전쟁
36	일제 강점기	무단 통치기
37	일제 강점기	신간회
38	일제 강점기	물산 장려 운동
39	일제 강점기	민족 말살 통치기
40	일제 강점기	이윤재
41	일제 강점기	한국 광복군
42	현대	대한민국 정부 수립 과정
43	복합사	시대별 지방 통치 체제
44	현대	1·4 후퇴
45	현대	박정희 정부의 경제 정책
46	현대	4·19 혁명, 6월 민주 항쟁
47	현대	박정희 정부
48	현대	김대중 정부의 통일 노력
49	복합사	시대별 외교 활동
50	복합사	지역사 – 안동

01 신석기 시대   정답 ⑤

✓ 정답 분석

정답이 보이는 핵심 키워드
#갈돌과 갈판 #빗살무늬 토기 #농경과 정착 생활 시작 #토기를 만들어 곡식을 저장하고 음식을 조리

길잡이 | 신석기 시대의 생활 모습을 살펴봅니다.

신석기 시대 사람들은 강가나 바닷가에 **정착**하여 움집을 짓고 살면서 채집·수렵 생활을 하였다. 또한, 이 시기에는 **농경 생활이 시작**되어 조·피 등을 재배하였으며 **빗살무늬 토기**를 이용해 **곡식을 저장**하고 **갈돌과 갈판**으로 곡식을 갈아 음식을 만들어 먹었다.
⑤ 신석기 시대에는 **가락바퀴**와 **뼈바늘**을 이용하여 **옷**이나 그물을 만들어 사용하기도 하였다.

한 번 더 체크하러 가기 ▶ 미니북 4쪽

✓ 선택지 풀이

① 소를 이용하여 깊이갈이를 하였다.
신라 지증왕 때 소를 이용한 우경을 실시하자 깊이갈이가 가능해져 농업 생산량이 증대되었고, 고려 시대에 이르러 우경이 일반화되었다.

② 반량전, 명도전 등의 화폐를 사용하였다.
철기 시대에는 중국과의 교류가 활발하여 중국 화폐인 명도전과 반량전이 사용되었다.

③ 청동 방울 등을 의례 도구로 이용하였다.
청동기 시대에는 의례를 주관할 때 청동 방울을 제작하여 사용하였다.

④ 거푸집을 이용하여 세형 동검을 제작하였다.
후기 청동기 시대와 초기 철기 시대에는 거푸집을 이용하여 세형 동검을 제작하면서 독자적인 청동기 문화를 발달시켰다.

02 부여   정답 ①

✓ 정답 분석

정답이 보이는 핵심 키워드
#가뭄이나 장마가 계속되어 오곡이 영글지 않으면, 그 허물을 왕에게 돌림 #가축의 이름으로 관직명을 지음 #마가·우가·구가 #읍락은 모두 여러 가(加)에 소속

길잡이 | 부여의 특징에 대해 알아봅니다.

부여는 왕 아래 **마가, 우가, 구가**, 저가의 **가(加)**들이 각자의 행정 구역인 **사출도**를 다스렸으며, 왕이 통치하는 중앙과 합쳐 5부를 구성하는 연맹 왕국이었다. 또한, **가뭄이나 장마 같은 흉년이 발생하면 허물을 왕에게 돌리고** 가(加)들이 새로운 왕을 추대하는 등 **왕권이 미약**하였다.

① 부여에서는 **매년 12월**에 풍성한 수확제이자 추수 감사제의 성격을 지닌 **영고**라는 **제천 행사**가 열렸다.

한 번 더 체크하러 가기 ▶ 미니북 21쪽

✓ 선택지 풀이

② 한 무제의 공격으로 멸망하였다.
고조선은 위만의 손자인 우거왕 때 한 무제의 침공으로 왕검성이 함락되면서 멸망하였다.

③ 정사암에 모여 재상을 선출하였다.
백제의 귀족들은 정사암이라는 바위에서 회의를 통해 재상을 선출하고 국가의 중대사를 결정하였다.

④ 읍락 간의 경계를 중시하는 책화가 있었다.
동예는 각 부족의 영역을 중요시하여 다른 부족의 영역을 침범하는 경우 노비와 소, 말로 변상하게 하는 책화 제도를 두었다.

⑤ 제사장인 천군과 신성 지역인 소도가 존재하였다.
삼한은 제정 분리 사회였으며, 소도라는 신성 지역을 따로 두어 제사장인 천군이 이곳을 관리하도록 하였다.

암기의 key	여러 연맹 왕국의 특징
부여	• 사출도(마가, 우가, 저가, 구가) • 풍습: 순장, 1책 12법, 우제점법, 형사취수제 • 제천 행사: 영고(12월)
고구려	• 5부족 연맹체, 제가 회의, 약탈 경제(부경) • 풍습: 서옥제, 형사취수제 • 제천 행사: 동맹(10월)
옥저	• 군장: 읍군, 삼로 • 소금, 해산물 풍부 → 고구려에 공물 바침 • 풍습: 민며느리제, 가족 공동묘
동예	• 군장: 읍군, 삼로 • 특산물: 명주, 삼베, 단궁, 과하마, 반어피 등 • 풍습: 족외혼, 책화 • 제천 행사: 무천(10월)
삼한	• 제정 분리 사회: 정치적 지배자인 신지·읍차, 제사장인 천군(소도 주관) • 벼농사(저수지 축조), 철 생산 풍부(낙랑·왜에 수출, 화폐로 이용) • 제천 행사: 수릿날(5월), 계절제(10월)

03 고구려   정답 ③

정답 분석

정답이 보이는 핵심 키워드
#안악 3호분 벽화 #책을 읽고 활쏘기를 익힘 #경당 #제가 회의에서 국가 중대사를 결정

길잡이 | 고구려에 대해 알아봅니다.

고구려의 굴식 돌방무덤은 만주 집안 지역이나 **황해도 안악** 등지에 분포되어 있는 고분 양식으로, 돌로 널방을 짜고 그 위를 흙으로 덮어 봉분을 만든 것이다. 널방의 벽과 천장에는 수렵도, 씨름도, 사신도 등과 같은 벽화를 그리기도 하였으며 대표적인 고분 벽화로 **안악 3호분 벽화**가 있다. 또한, 고구려는 국가 중대사를 귀족 회의인 **제가 회의**에서 결정하였고, 지방에 **경당**을 설치하여 평민 자제들이 **책**을 읽고 **활쏘기**를 익히도록 하였다.
③ **고구려 고국천왕**은 국상인 을파소의 건의에 따라 먹을거리가 부족한 봄에 곡식을 빌려주고 겨울에 갚게 하는 **진대법**을 실시하였다.

한 번 더 체크하러 가기 ▶ 미니북 6쪽

선택지 풀이

① 연의 장수 진개의 공격을 받았어요.
위만이 고조선으로 건너오기 이전인 기원전 3세기경 고조선은 요서 지방을 경계로 연과 대립하다가 연의 장수 진개의 공격을 받고 서쪽 땅을 상실하였다.

② 골품에 따른 신분 차별이 엄격하였어요.
신라는 골품제라는 특수한 신분 제도를 운영하여 골품에 따라 관등 승진에 제한을 두는 등 신분 차별이 엄격하였다.

④ 사회 질서를 유지하기 위한 범금 8조가 있었어요.
고조선은 사회 질서를 유지하기 위해 8개 조항으로 이루어진 범금 8조를 만들었으나 현재는 3개의 조항만 전해진다.

⑤ 왕족인 부여씨와 8성의 귀족이 지배층을 이루었어요.
백제의 지배층은 왕족인 부여씨와 8성의 귀족으로 이루어졌다.

04 백제 금동 대향로   정답 ⑤

정답 분석

정답이 보이는 핵심 키워드
#부여 능산리 절터에서 출토 #백제의 공예 기술 수준을 보여줌 #불교와 도교 사상 반영

길잡이 | 백제의 문화유산인 금동 대향로를 사진과 함께 학습합니다.

⑤ **백제 금동 대향로**는 충남 부여 **능산리 절터**에서 출토되었으며 백제의 **뛰어난 공예 기술 수준**을 보여 준다. 특히, 불교를 상징하는 연꽃으로 조각된 몸체와 도교 속 신선이 사는 삼신산을 형상화한 뚜껑을 통해 **불교와 도교 사상이 복합적으로 반영**되어 있음을 살펴볼 수 있다.

선택지 풀이

① 이불 병좌상
고구려 불상 양식을 계승한 발해의 불상이다.

② 금동 연가 7년명 여래 입상
강렬한 느낌을 주는 불상 양식에서 고구려적인 특징이 잘 나타나 있다.

③ 고령 지산동 32호분 출토 금동관
가야 시대의 금동관으로서 가야 문화의 독자성을 보여주는 유물이다.

④ 신라 기마인물형 토기
신라인의 생활상을 알려주는 유물로, 주인과 하인으로 보이는 인물이 각각 말을 탄 모습을 하고 있다.

05 김유신   정답 ③

정답 분석

정답이 보이는 핵심 키워드
#금관가야 마지막 왕의 후손 #진평왕부터 문무왕까지 다섯 임금을 섬김 #신라의 삼국 통일에 크게 기여 #흥무 대왕 #신라의 왕이 아니면서도 대왕의 칭호를 갖게 됨

길잡이 | 삼국 통일을 주도한 신라 김유신의 활동을 살펴봅니다.

금관가야가 멸망한 후 **금관가야의 마지막 왕인 구형왕의 후손**이었던 **김유신이 신라의 진골로 편입**되었다. 이후 김유신은 **진평왕부터 문무왕까지 다섯 임금을 섬겼으며**, 특히, 나당 동맹을 체결한 김춘추(무열왕)와 함께 **삼국 통일에 크게 기여**하였다. 또한, 그는 신라의 왕이 아니면서도 사후 '**흥무 대왕**'으로 봉해졌다.
③ 김유신은 **신라 선덕 여왕** 때 비담과 염종이 왕위를 노리고 **반란**을 일으키자 이를 **진압**하였다.

선택지 풀이

① 안승을 왕으로 추대하였다.
고구려 멸망 후 검모잠, 고연무 등이 보장왕의 서자 안승을 왕으로 추대하고 한성(황해도 재령)과 오골성을 근거지로 고구려 부흥 운동을 전개하였다.

② 당의 등주를 선제 공격하였다.
발해 무왕은 장문휴의 수군으로 당의 등주를 선제 공격하여 당군을 격파하였다.

④ 기벌포 전투를 승리로 이끌었다.
　신라 문무왕은 기벌포 전투에서 설인귀가 이끄는 당군에 승리하고 당의 세력을 한반도에서 몰아내면서 삼국을 통일하였다.

⑤ 일리천에서 신검의 군대를 물리쳤다.
　견훤의 고려 귀순 후 신검의 후백제군과 왕건의 고려군이 일리천 일대에서 전투를 벌여 고려군이 크게 승리하였다.

06 백제 성왕　　　　　정답 ②

✓ 정답 분석

정답이 보이는 핵심 키워드
#무령왕의 뒤를 이어 즉위 #국호를 고침 #중앙 관청을 22부로 정비 #신라와 연합하여 한강 유역을 되찾았지만, 신라에 다시 빼앗김 #관산성 전투에서 전사

길잡이 ┃ 백제 성왕의 정책을 알아봅니다.

② 무령왕의 뒤를 이어 즉위한 백제 성왕은 웅진(공주)에서 사비(부여)로 천도하고 국호를 남부여로 고쳤다. 또한, 중앙 관청을 22부로 정비하면서 새롭게 중흥을 도모하였다. 이후 신라 진흥왕과 함께 고구려를 공격하여 한강 유역을 차지하였으나 진흥왕이 나제 동맹을 깨고 백제가 차지한 지역을 점령하였다. 이에 분노한 성왕은 신라를 공격하였으나 관산성 전투에서 전사하였다.

한 번 더 체크하러 가기 ▶ 미니북 6쪽

✓ 선택지 풀이

① 금마저에 미륵사를 창건하였다.
　백제 무왕은 금마저(전북 익산)에 미륵사를 창건하였다.

③ 윤충을 보내 대야성을 함락하였다.
　백제 의자왕은 윤충에게 1만여 명의 병력을 주어 신라의 대야성을 비롯한 40여 개의 성을 함락하였다.

④ 고흥으로 하여금 서기를 편찬하게 하였다.
　백제 근초고왕은 고흥에게 역사서인 『서기』를 편찬하도록 하였다.

⑤ 북위에 사신을 보내 고구려 공격을 요청하였다.
　백제 개로왕은 북위에 사신을 보내 함께 고구려를 공격할 것을 요청하는 국서를 전하였다.

07 고구려의 멸망 과정　　　　　정답 ④

✓ 정답 분석

정답이 보이는 핵심 키워드
#고구려군 #안시성 전투 #당군을 격퇴 #요동성, 백암성이 함락 #고구려 집권층 내부에 분열 #연남건이 형 연남생을 몰아냄 #연남생은 고구려의 여러 성을 당에 바치며 투항

길잡이 ┃ 고구려의 멸망 과정을 사건이 일어난 순서대로 학습합니다.

• **안시성 전투(645)**: 7세기 중반 고구려 보장왕 때 당이 연개소문의 정변을 구실로 고구려를 침략하여 요동성, 백암성 등을 함락시키며 안시성을 공격하였다. 이에 고구려는 안시성 성주 양만춘을 중심으로 저항하여 당군을 격퇴하였다.

• **고구려의 내부 분열과 멸망(668)**: 연개소문이 죽자 그의 맏아들 연남생이 대막리지가 되어 권력을 장악하였다. 그러나 고구려 집권층 내부에 분열이 생기면서 동생 연남건이 정변을 일으켜 연남생을 몰아냈다. 이후 연남생은 당에게 고구려의 여러 성을 바치며 투항하였고, 세력이 약해진 고구려는 나당 연합군의 공격으로 평양성이 함락되면서 결국 멸망하였다.

④ 김춘추는 백제가 신라를 지속적으로 공격하자 고구려 보장왕을 만나 원병을 요청하였으나 실패하였다. 이에 김춘추는 진덕 여왕의 명을 받고 당으로 건너가 나당 동맹을 성사시키고 나당 연합군을 결성하였다(648).

한 번 더 체크하러 가기 ▶ 미니북 25쪽

✓ 선택지 풀이

① 소수림왕이 율령을 반포하였다.
　고구려 소수림왕은 교육 기관인 태학을 설립(372)하여 인재를 양성하고, 율령 반포를 통해 국가 조직을 정비하였다(373).

② 진흥왕이 대가야를 병합하였다.
　신라 진흥왕은 이사부와 사다함을 보내 대가야를 병합하여 영토를 확장하였다(562).

③ 을지문덕이 살수에서 대승을 거두었다.
　고구려 영양왕 때 수 양제가 우중문의 30만 별동대로 평양성을 공격하였으나 을지문덕이 살수에서 2,700여 명을 제외한 수군을 전멸시키며 크게 승리하였다(612).

⑤ 근초고왕이 평양성을 공격하여 고국원왕을 전사시켰다.
　4세기 중반 백제의 최전성기를 이끌었던 근초고왕은 고구려의 평양성을 공격하여 고국원왕을 전사시켰다(371).

08 발해의 경제 상황   정답 ⑤

✓ 정답 분석

정답이 보이는 핵심 키워드
#솔빈부의 말 #고구려 유민 출신 이정기 세력 #상경·중경·서경·동경·남경

길잡이 | 발해의 경제 상황에 대해 살펴봅니다.

발해는 지방 행정 구역을 5경 15부 62주로 나누어 다스렸으며, 그중 5경은 전략적 요충지로서 기능하였다. 또한, 전국 각지에서 말을 사육하였는데 15부 중 하나인 **솔빈부의 말**은 당에 수출될 정도로 유명하였다.

⑤ 발해는 **거란도**, **영주도**, 신라도, 일본도 등 상인과 사신이 이동하는 교통로를 통해 거란, 신라, 당, 일본 등 **주변 국가와 대외 무역**을 전개하였다.

한 번 더 체크하러 가기 ▶ 미니북 4쪽

✓ 선택지 풀이

① 벽란도를 통해 아라비아 상인과 무역하였다.
　벽란도는 예성강 하구에 위치한 고려의 국제 무역항으로 이곳을 통해 송·아라비아 상인들과 교역을 전개하였다.

② 구황 작물로 감자, 고구마를 널리 재배하였다.
　조선 후기에 감자와 고구마가 전래되어 구황 작물로 재배되었다.

③ 해동통보를 발행하여 화폐 유통을 추진하였다.
　고려 숙종은 상업 활동이 활발해짐에 따라 화폐 유통을 추진하였다. 이에 주전도감에서 삼한통보, 해동통보 등의 동전과 활구(은병)를 만들었으나 널리 유통되지는 못하였다.

④ 시장을 관리하는 관청인 동시전을 설치하였다.
　신라 지증왕은 수도 경주에 시장을 설치하고 이를 위한 감독·관리 관청으로 동시전을 설치하였다.

09 장보고의 난   정답 ②

✓ 정답 분석

정답이 보이는 핵심 키워드
#청해진 #궁복 #딸을 왕비로 받아들이지 않아 반란을 일으킴 #염장 #삼국사기

길잡이 | 장보고의 난을 통해 통일 신라 말 국가의 혼란을 살펴봅니다.

통일 신라 말 장보고(궁복)는 완도에 **청해진**을 설치하여 해적을 소탕하고 해상 무역권을 장악하였다. 자신의 도움으로 왕위에 오른 신무왕의 아들 문성왕이 **장보고의 딸**을 **왕비**로 받아들이겠다고 한 것을 **철회**하자 장보고는 원한을 품고 **반란**을 일으켰다. 이에 불안을 느낀 왕실과 귀족들은 자객 염장을 보내 장보고를 살해하였다(장보고의 난, 846).

② 통일 신라 말 **최치원**은 신라 정부의 개혁을 위해 **진성 여왕**에게 **시무책 10여 조**를 올렸으나 받아들여지지 않았다(894).

한 번 더 체크하러 가기 ▶ 미니북 22쪽

✓ 선택지 풀이

① 혜공왕이 귀족 세력에게 피살되었다.
　통일 신라 말 어린 나이로 즉위한 혜공왕은 재위 기간 동안 대공·대렴의 난 등 수많은 진골 귀족들의 반란을 겪었으며, 결국 이찬 김지정의 반란군에 의해 피살되었다(780).

③ 왕의 장인인 김흠돌이 반란을 도모하였다.
　통일 신라 신문왕의 장인이었던 김흠돌이 모반을 꾀하다 발각되어 처형당하였고, 이를 계기로 신문왕은 귀족 세력을 숙청하고 왕권을 강화하였다(681).

④ 자장의 건의로 황룡사 구층 목탑이 건립되었다.
　신라 선덕 여왕 때 승려 자장의 건의로 주변 9개 민족의 침략을 부처의 힘으로 막기 위해 황룡사 구층 목탑을 건립하였다(645).

⑤ 원광이 화랑도의 규범으로 세속 5계를 제시하였다.
　신라 진평왕 때 원광은 신라 화랑도의 규범으로 사군이충, 사친이효, 교우이신, 임전무퇴, 살생유택의 내용이 담긴 세속 5계를 제시하였다(600).

암기의 key　통일 신라 말 사회 모습

왕권 약화	경덕왕 사후 어린 혜공왕 즉위 → 진골 귀족들의 왕위 쟁탈전 심화
지방 세력의 반란	웅진(웅천주) 도독 김헌창의 난(822), 장보고의 난(846)
농민 봉기	원종과 애노의 난(889)
새로운 세력 등장	• 6두품 세력: 골품제 비판, 새로운 정치 이념과 사회상 제시(최치원의 시무책 10여 조 등) • 호족 세력: 중앙 정부의 통제에서 벗어나 성주·장군 자처, 지방의 행정권과 군사권 장악
새로운 사상 유행	선종, 풍수지리설, 유교

10 궁예   정답 ④

✓ 정답 분석

정답이 보이는 핵심 키워드
#송악 #국호를 마진 #수도를 철원으로 옮김

길잡이 | 후고구려를 건국한 궁예에 대해 알아봅니다.

신라의 왕족 출신인 **궁예**는 북원 양길의 휘하로 들어가 세력을 키워 **송악**에 도읍을 정하고 후고구려를 세웠다. 또한, **국호를 마진**, 연호를 무태라 하였으며, 영토 확장 후 **철원으로 천도**하고 다시 국호를 태봉으로 바꾸었다.
④ 궁예는 후고구려를 건국하고 **광평성**을 중심으로 **중앙 정치 조직을 정비**하여 장관인 광치나와 서사, 외서 등의 관원을 두었다.

한 번 더 체크하러 가기 ▶ 미니북 22쪽

✔ 선택지 풀이

① 후당, 오월에 사신을 파견하였다.
후백제를 건국한 견훤은 중국 후당, 오월에 사신을 파견하여 외교 관계를 맺었다.

② 이사부를 보내 우산국을 복속하였다.
신라 지증왕은 이사부를 보내 우산국(울릉도)과 우산도(독도)를 복속하였다.

③ 폐정 개혁을 목표로 정치도감을 설치하였다.
고려 원 간섭기에 충목왕은 고려의 개혁을 위해 정치도감을 설치하였으나 정동행성 이문소의 방해로 개혁이 제대로 이루어지지 못하였다.

⑤ 정계와 계백료서를 지어 관리가 지켜야 할 규범을 제시하였다.
고려 태조는 고려를 건국한 뒤 『정계』와 『계백료서』를 통해 관리가 지켜야 할 규범을 제시하였다.

11 거란의 침입과 고려의 대응 　정답 ①

✔ 정답 분석

정답이 보이는 핵심 키워드
#거란 #낙타 50필 #낙타는 만부교 아래에서 굶어 죽음 #양규 #흥화진 #곽주 #통주

길잡이 ┃ 거란의 침입에 대한 고려의 대응을 알아봅니다.

(가) **만부교 사건**(942): **고려 태조**는 **거란**이 발해를 멸망시켰기 때문에 화친할 수 없다는 이유로 거란에서 보낸 **낙타를 만부교**에 묶어 **굶어 죽게 하였다.**
(나) **흥화진 전투**(1010): 강조의 정변(1009)을 구실로 2차 침입한 **거란군**은 압록강을 건너 **흥화진**을 공격하였다. 고려 장수 **양규**는 거란의 압박에도 굴하지 않고 전투를 지휘하여 거란군을 물리쳤다.
① **고려 정종** 때 최광윤의 의견을 받아들여 **거란의 침입을 대비**하기 위해 **광군**을 조직하고, 광군사를 설치하여 이를 관장하였다(947).

한 번 더 체크하러 가기 ▶ 미니북 23쪽

✔ 선택지 풀이

② 강감찬이 귀주에서 대승을 거두었다.
강감찬은 거란의 소배압이 이끄는 10만 대군이 다시 고려를 침입하자 이에 맞서 귀주에서 대승을 거두었다(귀주 대첩, 1019).

③ 화통도감이 설치되어 화포를 제작하였다.
우왕 때 최무선은 화통도감의 설치를 건의하여 화약과 화포를 제작하였고, 이를 활용하여 진포 대첩에서 왜구를 격퇴하였다(1380).

④ 김윤후가 처인성에서 살리타를 사살하였다.
몽골의 2차 침입 때 승장 김윤후가 이끈 민병과 승군이 처인성에서 몽골군에 대항하여 적장 살리타를 사살하고 승리를 거두었다(1232).

⑤ 철령위 설치에 반발하여 요동 정벌이 추진되었다.
우왕 때 명이 원의 쌍성총관부가 있던 철령 이북의 땅에 철령위를 설치하겠다며 반환을 요구하자 최영을 중심으로 요동 정벌을 추진하였다(1388).

암기의 key	고려의 대외 관계(이민족의 침입)
거란(요)	북진 정책: 거란 침입 → 서희의 강동 6주 획득, 강감찬의 귀주 대첩
여진(금)	윤관의 여진 정벌, 동북 9성 설치
몽골(원)	• 대몽 항쟁: 김윤후의 처인성 전투, 삼별초 항쟁 • 고려 개경 환도 → 원 간섭기
홍건적, 왜구	• 공민왕, 우왕 • 홍산 대첩(최영), 진포 대첩(최무선), 황산 대첩(이성계), 쓰시마섬 정벌(박위)

12 이자겸의 난 　정답 ①

✔ 정답 분석

정답이 보이는 핵심 키워드
#경원 이씨 가문 #이자연 #딸 셋을 모두 문종의 왕비로 보냄 #이자연의 손자 #인종이 그를 제거하려 함 #척준경과 함께 반란을 일으킴

길잡이 ┃ 고려 문벌 귀족 사회의 모순을 보여 주는 사건인 이자겸의 난이 발생한 시기를 파악합니다.

• **별무반 조직**(1104): 12세기에 **여진**이 성장하면서 고려의 국경을 자주 침입하자 이에 대항하기 위해 **숙종** 때 윤관이 별무반을 조직하였다.
• **묘청의 난**(1135): 이자겸의 난 이후 **인종**은 **왕권**을 회복시키고자 정치 개혁을 추진하였다. 이 과정에서 **김부식**을 중심으로 한 개경 세력과 **묘청, 정지상**을 중심으로 한 서경 세력 간의 대립이 발생하였다. 서경 세력은 **서경 천도와 칭제 건원, 금 정벌**을 주장하였으나 받아들여지지 않았다. 이에 **묘청이 서경에서 반란**을 일으켰으나, 김부식의 관군에 의해 진압되었다.

① **고려 중기** 문벌 귀족인 **이자겸**은 자신의 딸들을 예종과 인종의 왕비로 삼고 외척 세력으로서 막강한 권력을 행사하였다. 이에 위협을 느낀 **인종**이 이자겸을 제거하려 하자 이자겸은 **척준경**과 함께 **난**을 일으켰다(이자겸의 난, 1126).

한 번 더 체크하러 가기 ▶ 미니북 8쪽

13 고려의 경제 상황 정답 ⑤

정답 분석

정답이 보이는 핵심 키워드
#화폐 유통의 필요성 주장 #여진 정벌 #동북 9성 축조 #송에 다녀옴 #해동 천태종 개창

길잡이 ┃ 화폐가 발행·유통되었던 고려 시대의 경제 상황에 대해 알아봅니다.

고려 시대에는 **상업 활동이 활발**해지면서 국가 재정 관리의 효율성을 위해 **화폐 발행·유통의 필요성**이 대두되었다. 이에 **별무반**을 이끌고 **여진을 정벌**하여 **동북 9성**을 쌓은 **윤관**은 화폐 사용을 주청하였다. 또한, **해동 천태종을 개창**한 승려 **의천**은 당시 상업이 발전하여 화폐가 널리 유통되고 있는 송에 다녀온 후 운반의 편리 등을 주장하며 화폐 유통을 건의하였다. 이에 주전도감이 설치되고 해동통보, 삼한통보 등 동전과 활구(은병)가 주조되었다.
⑤ 고려는 **개경**에 **시전**을 설치하고, **경시서**를 두어 물가를 조절하고 상인에게 세금을 부과하는 등 **시전의 상행위를 감독**하였다.

한 번 더 체크하러 가기 ▶ 미니북 19, 23, 24쪽

선택지 풀이

① 집집마다 부경이라는 창고가 있었어요.
고구려는 집집마다 부경이라는 작은 창고를 만들어 곡식, 찬거리, 소금 등을 저장하였다.

② 관료전이 폐지되고 녹읍이 지급되었어요.
통일 신라 신문왕은 녹읍을 폐지하고 관료전을 지급하여 귀족의 경제 기반을 약화시키고자 하였다. 이후 왕권이 미약하였던 경덕왕 때 귀족들의 반발로 녹읍이 부활되었다.

③ 상평통보가 발행되어 법화로 사용되었어요.
조선 숙종 때 허적의 제안으로 상평통보를 주조하고 법화로 유통하였다.

④ 당항성, 영암이 국제 무역항으로 번성하였어요.
통일 신라는 삼국 통일 이후 해상 무역이 발전하여 한강 하류의 당항성과 전남 영암 등이 국제 무역항으로 번성하였다.

14 최우 정답 ①

정답 분석

정답이 보이는 핵심 키워드
#고려 #고종의 능인 홍릉 #강화도에 조성 #몽골 침략 당시 실권자 #항전 #강화 천도

길잡이 ┃ 최씨 무신 정권 시기 집권자이자 몽골 침략 당시 실권자였던 최우에 대해 학습해 봅니다.

최씨 무신 정권 시기에 몽골이 침입하자, **고려 고종**과 당시 실권자였던 **최우**는 **강화도로 천도**하여 몽골에 대한 장기 **항전**을 준비하였다.
① 최씨 무신 정권 시기 최충헌의 뒤를 이어 집권한 최우는 자신의 집에 **정방**을 설치하고 **인사 행정**을 담당하는 기관으로 삼아 인사권을 완전히 장악하였다.

한 번 더 체크하러 가기 ▶ 미니북 8, 23쪽

선택지 풀이

② 봉사 10조를 올려 시정 개혁을 건의하였다.
고려 무신 정권 시기 최충헌은 권력을 장악하고 있던 이의민을 몰아내고 봉사 10조라는 사회 개혁안을 명종에게 제시하였으나, 이 개혁안은 국가의 발전이나 민생 안정보다는 권력 유지에 목적을 두고 있었기에 큰 성과를 거두지는 못하였다.

③ 삼별초를 이끌고 진도 용장성에서 항전하였다.
배중손은 고려 정부가 강화도에서 개경으로 환도하면서 몽골과의 강화가 성립되자 이에 반발하여 삼별초를 이끌고 진도 용장성에서 항전하였다.

④ 군사를 일으켜 정중부 등의 제거를 도모하였다.
고려 무신 정권 시기 서경 유수 조위총은 군사를 일으켜 정중부 등의 무신 집권자들을 제거하려 하였으나 실패하였다.

⑤ 전민변정도감의 책임자로 임명되어 권문세족을 견제하였다.
신돈은 고려 공민왕 때 전민변정도감의 책임자로 임명되어 권문세족이 빼앗은 토지를 돌려주고 노비가 된 자를 풀어주는 등의 개혁을 단행하였다.

15 고려 원 간섭기 이후 상황 정답 ⑤

정답 분석

정답이 보이는 핵심 키워드
#원의 공주와 혼인한 태자 #변발과 호복 차림 #일본 원정

길잡이 ┃ 고려에 대한 원의 영향력이 증가하였던 원 간섭기 이후에 전개된 사실을 파악합니다.

정답 및 해설 **277**

원 간섭기 고려는 원의 부마국으로서 원 황실과 통혼을 하였다. 이에 **충렬왕**은 원의 **제국대장 공주와 혼인**하고 원의 풍습인 **변발과 호복**을 장려하였다. 또한, 원의 일본 원정 요청을 받아들여 정동행성을 설치(1280)하고 여몽 연합군을 구성하여 **일본 원정**을 단행하였다(1281).

⑤ **유인우, 이자춘** 등은 고려 **공민왕**의 **반원 자주 정책**의 일환으로 **쌍성총관부**를 공격하여 원에 빼앗긴 **철령 이북**의 땅을 수복하였다(1356).

한 번 더 체크하러 가기 ▶ 미니북 8, 23쪽

선택지 풀이

① 빈민 구제를 위한 흑창이 처음 설치되었다.
태조 왕건은 빈민을 구제하기 위하여 춘궁기에 곡식을 대여해 주고 추수 후에 회수하는 흑창을 설치하였다(918).

② 망이·망소이가 공주 명학소에서 봉기하였다.
고려 무신 정권 시기에 공주 명학소에서 망이·망소이가 과도한 부역과 차별 대우에 항거하여 농민 반란을 일으켰다(1176).

③ 김부식 등이 왕명으로 삼국사기를 편찬하였다.
인종 때 김부식은 왕명을 받아 유교적 합리주의 사관에 기초한 기전체 형식의 역사서 『삼국사기』를 편찬하였다(1145).

④ 김보당이 의종 복위를 주장하며 난을 일으켰다.
동북면 병마사로 있던 고려의 문신 김보당은 무신 정변 이후 정권을 잡은 정중부, 이의방 등을 토벌하고 폐위된 의종의 복위를 주장하며 난을 일으켰으나 실패하였다(1173).

16 고려의 불교 문화유산 정답 ④

정답 분석

정답이 보이는 핵심 키워드
#고려의 불교 문화 #예산 수덕사 대웅전 #수월관음도

길잡이 | 고려의 불교 문화유산을 사진과 함께 학습합니다.

- **예산 수덕사 대웅전**: 고려 **충렬왕** 때 충남 덕숭산에 지은 **불교 건축물**로, 맞배지붕과 건물 옆면의 장식 요소가 특징적이다.
- **수월관음도**: 고려 후기에 제작된 불화로 『화엄경(華嚴經)』「입법계품(入法界品)」에 나오는 **관음보살**의 거처와 형상을 묘사한 그림이다.

④ **충북 보은군**에 위치한 **보은 법주사 팔상전**은 우리나라 목조 건축 중 가장 높은 건축물이다. 현존하는 유일한 **조선 시대 목탑**으로, 석가모니의 일생을 여덟 폭의 그림으로 나누어 그린 팔상도가 있어 팔상전이라고 불린다.

한 번 더 체크하러 가기 ▶ 미니북 45쪽

선택지 풀이

① 평창 월정사 팔각 구층 석탑
평창 월정사 팔각 구층 석탑은 고려 전기를 대표하는 석탑으로, 지붕돌 위에 있는 금동 머리 장식이 특징적이다.

② 논산 관촉사 석조 미륵보살 입상
논산 관촉사 석조 미륵보살 입상은 대형 철불이 유행하였던 고려 시대의 불상으로, 충남 논산시에 위치하고 있다.

③ 원주 법천사지 지광국사 탑비
원주 법천사지 지광국사 탑비는 고려 승려 지광국사 해린의 공적을 추모하기 위해 설립된 비석이다.

⑤ 영주 부석사 무량수전
영주 부석사 무량수전은 현재 남아 있는 고려 시대 목조 건물 중 하나로, 기둥의 중간 부분은 두껍게 하고 위와 아래로 갈수록 굵기가 점차 줄어드는 배흘림 기둥을 사용하였다. 또한, 지붕 처마를 받치기 위해 공포가 사용되었는데, 공포는 기둥 위에만 간결하게 짜 올리는 주심포 양식으로 제작되었다.

17 조선 세종 정답 ①

정답 분석

정답이 보이는 핵심 키워드
#『동국정운』 #우리나라의 바른 음 #집현전 #신숙주, 최항, 박팽년

길잡이 | 조선 세종의 재위 기간에 있었던 사실을 알아봅니다.

『**동국정운**』은 **조선 세종의 명으로 집현전 학자 신숙주, 최항, 박팽년** 등이 편찬한 책이다. 『동국정운』은 '**우리나라의 바른 음**'이라는 의미로, 우리나라의 **표준 한자음**을 제정하기 위해 편찬되었다. 이는 1443년에 한글이 창제되었기 때문에 가능한 작업이었으며, 『훈민정음』의 글자를 만든 배경이나 음운 체계, 각 자모의 음가 연구에 있어서 주요한 자료로 높이 평가되고 있다.

① 세종의 명으로 주자소에서 **갑인자**가 주조되어 조선의 활자 인쇄술이 한층 더 발전하였다.

선택지 풀이

② 수도 방어를 위해 금위영이 설치되었다.
숙종은 금위영을 창설하여 5군영 체제를 확립하고 국왕 수비와 수도 방어를 강화하였다.

③ 훈련 교범인 무예도보통지가 편찬되었다.
정조의 명에 따라 이덕무, 박제가 등은 군사의 무예 훈련을 위하여 선조 때 편찬한 『무예제보』와 영조 때 간행된 『무예신보』의 내용에 새로운 훈련법을 더하여 『무예도보통지』를 편찬하였다.

④ 국가의 기본 법전인 경국대전이 완성되었다.
조선의 기본 법전인 『경국대전』은 세조 때 편찬되기 시작하여 성종 때 완성·반포되었다.

⑤ 신진 인사를 등용하기 위해 현량과가 시행되었다.
중종 때 조광조는 천거제의 일종인 현량과의 실시를 건의하여 사림이 대거 등용될 수 있는 발판을 마련하였다.

18 창덕궁   정답 ⑤

정답 분석

정답이 보이는 핵심 키워드
#유네스코 세계유산에 등재 #조선의 궁궐 #돈화문 #금천교 #인정전 #낙선재 #부용지 #연경당

길잡이 | 조선의 궁궐 창덕궁과 관련된 역사적 사실을 알아봅니다.

⑤ **조선 태종**은 수도를 개경에서 **한양**으로 다시 옮기면서 **창덕궁**을 새로 지었다. 창덕궁은 돌다리인 **금천교**, 정문인 **돈화문**, 정전인 **인정전**, 일상생활의 목적으로 만든 연침 공간 **낙선재**, 후원의 부용정 안에 있는 연못인 **부용지** 등으로 구성되어 있다. 이후 효명세자가 순조와 순원 왕후를 위한 잔치를 베풀고자 추가로 **연경당**을 만들었다. 창덕궁은 1997년 유네스코 세계유산에 등재되었다.

한 번 더 체크하러 가기 ▶ 미니북 51쪽

선택지 풀이

① 일제에 의해 동물원 등이 설치되었다.
창경궁은 성종 때 세 왕후(정희 왕후, 소혜 왕후, 안순 왕후)를 모시기 위해 수강궁을 확장하여 만든 별궁이었다. 조선 시대 궁궐 중 유일하게 동쪽을 향해 지어졌으며, 일제 강점기 때 궐 안에 동물원, 식물원 등이 설치되었다.

② 도성 내 서쪽에 있어 서궐이라고 불렸다.
경덕궁은 조선 후기에 유사시 왕이 머무는 이궁이었다. 인조반정 이후 인조가 이곳에서 정사를 보기도 하였으며, 도성의 서쪽에 위치하여 서궐로 불렸다. 이후 영조 때 경희궁으로 이름을 바꾸었다.

③ 인목 대비가 광해군에 의해 유폐된 장소이다.
경운궁은 광해군이 왕위를 위협할 요소를 제거하기 위해 형인 임해군과 동생 영창 대군을 살해하고, 선조의 아내인 인목 대비를 폐위시켜 가둔 곳이다.

④ 정도전이 궁궐과 주요 전각의 명칭을 정하였다.
조선 개국의 핵심 인물인 정도전은 태조의 명에 따라 경복궁이라는 궁궐 이름을 비롯해 강녕전, 교태전, 연생전, 경성전, 근정전 등 주요 전각의 이름을 지었다.

19 향약   정답 ④

정답 분석

정답이 보이는 핵심 키워드
#약문(約文) #약계(約契) #약법(約法) #도약정(都約正) #직월(直月) #사화(司貨) #『율곡전서』

길잡이 | 『율곡전서』를 통해 조선 시대 향촌 자치 규약인 향약에 대해 탐구해 봅니다.

④ **조선 향약**은 지방 사족들이 향촌 사회를 운영하기 위해 만든 **자치 규약**으로 **풍속 교화**와 **향촌 자치** 등의 역할을 하였다. **조선 중종** 때 **조광조**가 처음 향약을 시행하였으며, 율곡 이이의 해주 향약과 퇴계 이황의 예안 향약을 통해 전국적으로 확산되었다. 해주 향약에서 향민 전원은 회원(약원)으로 편성되었고 지방 사족은 주로 간부직인 **도약정**, **부약정**, **직월**, **사화**에 임명되었다.

선택지 풀이

① 7재라는 전문 강좌를 두었다.
고려 중기에 최충의 문헌공도를 대표로 하는 사학 12도의 발전으로 관학이 위축되자 예종이 국자감을 재정비하여 전문 강좌인 7재를 설치하였다.

② 옥당이라고 불리며 경연을 담당하였다.
홍문관은 조선 성종 때 집현전을 계승하여 설치되었으며 옥당, 옥서 등의 별칭으로 불리기도 하였다. 또한, 왕의 자문 역할과 경연, 경서, 궁중 서적 및 문서 관리 등의 업무를 담당하였고 사헌부, 사간원과 함께 3사를 구성하였다.

③ 중앙에서 파견된 교수나 훈도가 지도하였다.
향교는 조선 시대 성균관의 하급 관학이자 지방민의 교육을 위해 부·목·군·현에 하나씩 설립되었던 국립 교육 기관으로, 중앙에서 파견된 교수나 훈도가 지도하였다.

⑤ 매향(埋香) 활동 등 각종 불교 행사를 주관하였다.
향도는 불교 신앙을 바탕으로 고려·조선 초기부터 시작된 향촌 조직이며 석탑·사찰의 조성 또는 매향 활동 등 각종 불교 행사를 주관하였다.

20 조선 후기 경제·사회 상황   정답 ⑤

정답 분석

정답이 보이는 핵심 키워드
#비변사 #채은관(採銀官) #광산 #세를 거둠

길잡이 | 조선 후기 경제적·사회적 특징을 살펴봅니다.

조선 초기에는 **정부 주도로 광산을 개발**하며 농민을 사역하거나 공납으로 광물을 바치게 하였지만, 채굴 과정이 힘들어 백성들이 요역을 기피하였다. 이에 **조선 후기 효종**은 **설점수세제**를 실시하여 호조를 통해 **채은관**(광산 기술자)을 생산지에 파견하여 설점한 뒤, **민간인에게 광산 채굴을 허용**하고 호조의 별장으로 하여금 **세금을 징수**하도록 하였다. 이후 **광산 개발**이 활성화되면서 물주로부터 자금을 지원받아 전문적으로 광산을 경영하는 **덕대**가 등장하였다.

⑤ **조선 후기**에 상업의 발달로 고추, 담배, 인삼 등 **상품 작물**의 재배가 활발해졌다.

한 번 더 체크하러 가기 ▶ 미니북 24쪽

선택지 풀이

① 주자감에서 공부하는 학생
발해는 중앙에 최고 교육 기관인 주자감을 두어 유학 교육을 실시하였다.

② 초조대장경 조판을 지켜보는 승려
고려 현종 때 거란의 침입을 불력으로 물리치고자 초조대장경을 제작하였다.

③ 빈공과를 준비하는 6두품 출신 유학생
신라 말에는 6두품 출신들이 당에 유학을 간 후 외국인을 위한 과거 전형인 빈공과에 합격하기도 하였다.

④ 과전법에 따라 수조권을 지급받는 관리
고려 말 공양왕 때 신진 사대부 조준 등의 건의로 토지 개혁법인 과전법이 시행되었으며, 원칙적으로 경기 지역에 한정하여 토지를 지급하였다.

21 임술 농민 봉기   정답 ⑤

정답 분석

정답이 보이는 핵심 키워드
#안핵사로 파견 #박규수 #삼정이정청

길잡이 | 삼정이정청의 설치 배경인 임술 농민 봉기에 대해 학습합니다.

⑤ **조선 철종** 때 삼정의 문란과 경상 우병사 백낙신의 가혹한 수탈에 견디다 못한 진주 지역의 농민들이 임술 농민 봉기를 일으켰다. 이에 **안핵사로 파견**된 **박규수**는 **삼정이정청**을 설치하여 삼정의 문란을 해결하고자 하였다.

한 번 더 체크하러 가기 ▶ 미니북 36쪽

선택지 풀이

① 이만손 등이 영남 만인소를 올렸다.
김홍집이 황쭌셴의 『조선책략』을 들여온 이후 미국과 외교 관계를 맺어야 한다는 여론이 형성되자 이만손을 중심으로 한 영남 유생들이 만인소를 올려 이를 반대하였다.

② 운요호가 강화도와 영종도를 공격하였다.
일본 군함 운요호가 강화도 초지진에 침입해 공격한 후 영종도에 상륙해 조선인들을 죽이거나 약탈하는 등의 만행을 저질렀다.

③ 동학교도가 교조 신원을 주장하며 삼례 집회를 개최하였다.
철종 때 동학의 교주 최제우가 세상을 어지럽히고 백성을 속인다는 혹세무민의 죄목으로 처형당하였다. 이에 동학의 2대 교주인 최시형을 중심으로 동학교도들이 삼례 집회를 개최해 교조 신원 운동을 전개하였다.

④ 황사영이 외국 군대의 출병을 요청하는 백서를 작성하였다.
순조 때 대대적으로 천주교를 탄압하여 신유박해가 발생하자, 천주교 신자 황사영이 베이징에 있는 주교에게 조선으로 군대를 보내 달라는 내용의 백서를 보내려다 발각되었다.

암기의 key 조선 후기 주요 농민 봉기

구분	홍경래의 난 (순조, 1811)	임술 농민 봉기 (철종, 1862)
배경	• 세도 정치, 삼정의 문란 • 평안도 지역 사람에 대한 차별 대우	• 세도 정치, 삼정의 문란 (백성에 대한 수탈 심화) • 경상 우병사 백낙신의 부정부패
전개	• 몰락 양반 홍경래를 중심으로 농민, 중소 상인, 광산 노동자 합세 • 평북 가산에서 봉기 → 청천강 이북 지역 장악 (정주성)	진주 농민 봉기(유계춘 중심) → 삼정의 문란 시정 요구 → 정부가 안핵사 박규수 파견
결과	정주성에서 정부군에 의해 진압	삼정이정청 설치 → 삼정의 문란 시정 실패

22 조선 성종   정답 ③

정답 분석

정답이 보이는 핵심 키워드
#양성지가 『팔도지리지』를 바침 #서거정 등이 『동문선』을 바침 #고을의 흥함과 망함을 알아야 함 #『팔도총도』

길잡이 | 『동국여지승람』이 편찬된 조선 성종 재위 시기에 있었던 사실을 파악합니다.

조선 성종은 지역에 대한 정보를 수집하고 기초 자료로 활용할 수 있는 지리서를 편찬하여 중앙 집권적 통치 체제를 구축하고자 하였다. 이에 성종의 명으로 **노사신, 양성지, 서거정** 등이 『**팔도지리지**』에 우리나라 역대 시문을 모아 편찬한 시문 선집인 『**동문선**』을 **첨가**하여 관찬 지리지로서 『**동국여지승람**』을 편찬하였다.

③ 성종 때 예악 정비 사업의 일환으로 오례(五禮)의 예법과 절차 등을 그림과 함께 정리하여 『**국조오례의**』를 편찬하였다.

한 번 더 체크하러 가기 ▶ 미니북 9쪽

선택지 풀이

① 예학을 정리한 가례집람이 저술되었다.
　조선 중기 예학파 유학자 김장생은 『주자가례』의 본문을 기본으로 조선의 현실에 맞는 예학을 정리한 『가례집람』을 저술하였다.

② 외교 문서를 집대성한 동문휘고가 편찬되었다.
　정조는 인조 이후의 청과 일본에 대한 외교 관계 문서를 집대성하여 『동문휘고』를 편찬하였다.

④ 전통 한의학을 정리한 동의보감이 간행되었다.
　선조의 명을 받아 허준이 집필하기 시작한 『동의보감』은 각종 의학 지식과 치료법에 관한 의서로 광해군 때 완성되었다.

⑤ 역대 문물제도를 정리한 동국문헌비고가 만들어졌다.
　영조 때 각종 제도의 연혁과 내용을 정리한 『동국문헌비고』를 편찬하여 문물제도를 정비하고자 하였다.

⑤ 조의제문이 발단이 되어 김일손 등이 화를 입다
　연산군 때 사관 김일손이 영남 사림파 스승인 김종직의 조의제문을 사초에 기록하였다. 그러자 사림 세력과 대립 관계였던 유자광, 이극돈 등의 훈구 세력이 이를 문제 삼아 연산군에게 알리면서 무오사화가 발생하였다.

암기의 key 조선 시대의 사화

무오사화 (1498)	• 배경: 김일손이 스승 김종직의 조의제문을 사초에 기록한 사건 • 훈구파(유자광, 이극돈)와 사림파(김일손)의 대립
갑자사화 (1504)	• 배경: 폐비 윤씨 사사 사건 • 무오사화 때 피해를 면한 사림과 일부 훈구 세력까지 피해
기묘사화 (1519)	• 배경: 조광조의 개혁 정치 • 위훈 삭제로 인한 훈구 공신 세력의 반발 → 주초위왕 사건
을사사화 (1545)	• 배경: 인종의 외척 윤임(대윤)과 명종의 외척 윤원형(소윤) 간 대립 심화 • 명종의 즉위로 문정 왕후 수렴청정 → 집권한 소윤이 대윤 공격

23 기묘사화　　정답 ④

정답 분석

정답이 보이는 핵심 키워드
#훈구와 사림의 대립 #반정(反正)으로 연산군이 폐위 #삼포에서 왜인들이 난을 일으킴

길잡이 │ 조선 중종 때 일어난 기묘사화에 대해 학습합니다.

④ **조선 중종**은 **반정으로 연산군을 폐위**하여 왕위에 오른 후 **삼포왜란**을 진압하였으며 훈구파를 견제하기 위해 사림파를 중용하였다. 이에 따라 등용된 **조광조**는 천거제의 일종인 현량과 실시를 건의하여 사림이 대거 등용될 수 있는 발판을 마련하였다. 또한, 반정 공신들의 위훈 삭제, 소격서 폐지, 향약 시행 등을 주장하였으나 위훈 삭제에 대한 **훈구 세력의 반발**로 **기묘사화**가 발생하여 조광조와 사림 세력이 대부분 축출되었다.

한 번 더 체크하러 가기 ▶ 미니북 42쪽

선택지 풀이

① 이괄이 난을 일으켜 도성을 점령하다
　인조반정에서 큰 공을 세웠던 이괄이 2등 공신을 받은 것에 대해 불만을 품고 이괄의 난을 일으켰다.

② 허적과 윤휴 등 남인이 대거 축출되다
　숙종 때 남인의 영수인 허적이 궁중에서 쓰는 천막을 허락 없이 사용한 문제로 왕과 갈등을 겪었다. 이후 허적의 서자 허견의 역모 사건으로 첫 환국이 발생하여 허적, 윤휴 등의 남인이 대거 축출되고 서인이 집권하게 되었다.

③ 정여립 모반 사건으로 기축옥사가 일어나다
　선조 때 발생한 정여립 모반 사건으로 기축옥사가 일어나 서인이 정국을 주도하였고, 이때 피해를 입은 동인이 북인과 남인으로 분화되었다.

24 임진왜란　　정답 ②

정답 분석

정답이 보이는 핵심 키워드
#의병장 #조헌 #금산 #왜군과 전투를 벌임 #김천일 #정문부 #사명대사(유정)

길잡이 │ 조헌, 정문부 등 의병의 활약이 돋보였던 임진왜란에 대해 학습합니다.

조선 선조 때 신식 무기로 무장한 왜군이 부산포를 시작으로 조선을 침략하면서 **임진왜란**이 발발하였다. 이에 농민, 전직 관리, 사림, 승려 등이 자발적으로 **의병**을 조직하여 왜군에 맞섰다. 전라도의 **김천일**, 함경도(길주)의 **정문부**, 경상도의 **곽재우**, 충청도의 **조헌**, 금강산의 **사명 대사(유정)** 등이 의병장으로 활약하였으며, 사명 대사(유정)는 임진왜란 이후 포로 송환을 위해 일본에 파견되기도 하였다.
② 선조 때 왜군이 침입하여 임진왜란이 발발하였고, 곧바로 부산진성을 함락시킨 왜군은 **동래성**을 침공하였다. 이때 **동래부사 송상현**은 왜적에 맞서 항전하였으나 동래성이 함락되면서 전사하였다.

한 번 더 체크하러 가기 ▶ 미니북 32쪽

선택지 풀이

① 이종무가 대마도를 정벌하였다.
　세종은 왜구의 침입이 빈번하자 이종무를 보내 왜구의 근거지인 쓰시마를 정벌하였다.

③ 김상용이 강화도에서 순절하였다.
정묘호란 때 후금이 조선을 침략하여 의주를 함락시킨 뒤 평산까지 남진하자 조정에서는 김상용을 유도대장으로 임명하여 수도를 지키게 하고 인조는 강화도로 피난하였다. 이후 병자호란 때 김상용은 청에 의해 성이 함락되자 순절하였다.

④ 최영이 홍산 전투에서 크게 승리하였다.
고려 말 최영은 충남 내륙 지역까지 올라온 왜구를 홍산에서 전멸시키며 크게 승리하였다.

⑤ 강홍립 부대가 사르후 전투에 참전하였다.
광해군은 명의 요청으로 후금과의 사르후 전투에 강홍립 부대를 파견하였으나 중립 외교 정책을 추진하여 강홍립에게 후금에 투항하도록 명령하였다.

25 조선 후기의 문화   정답 ②

정답 분석

정답이 보이는 핵심 키워드
#조영석과 김홍도의 풍속화 #서민들의 일상생활을 살펴볼 수 있음

길잡이 | 김홍도의 풍속화를 통해 조선 후기에 성행한 문화에 대해 알아봅니다.

조선 후기 서민 문화가 발달함에 따라 **풍속화**, 탈춤, 판소리, 민화, 한글 소설 등이 발전하였다. 풍속화는 밭갈이, 추수, 집짓기, 대장간 등 **서민의 일상생활**을 다룬 그림이며, 대표적으로 **조영석**과 **김홍도**가 풍속화가로서 활동하였다.
② 고려 원 간섭기 원의 천문학자가 만든 역법인 수시력을 도입하였다.

한 번 더 체크하러 가기 ▶ 미니북 24, 47쪽

선택지 풀이

① 금강전도 등 진경산수화가 그려졌다.
조선 후기 겸재 정선은 우리나라의 산천을 직접 보고 그리는 진경산수화를 개척하였다. 대표적인 작품으로 「금강전도」, 「인왕제색도」가 있다.

③ 양반 사회를 풍자한 탈춤이 성행하였다.
조선 후기에는 양반의 위선과 무능을 풍자하는 탈춤이 유행하여 지방의 정기 시장인 장시에서 공연되었다.

④ 춘향가, 흥보가 등의 판소리가 유행하였다.
⑤ 홍길동전, 박씨전 등의 한글 소설이 널리 읽혔다.
조선 후기에는 서민 문화가 발달하여 「춘향가」, 「흥보가」 등의 판소리가 유행하였고, 『홍길동전』과 『박씨전』 등 한글 소설이 널리 읽혔다.

26 조선 정조   정답 ①

정답 분석

정답이 보이는 핵심 키워드
#『대전통편』 #나라의 제도 및 법식에 관한 책 #원전(原典)과 속전(續典) 및 지금까지의 왕명을 모아 한 책으로 편찬

길잡이 | 『대전통편』을 편찬한 조선 정조 재위 시기에 있었던 사실을 파악합니다.

조선 정조는 『경국대전』과 『속대전』 등 다른 여러 규정들을 하나로 통합하여 『**대전통편**』을 편찬하였다. 『경국대전』의 내용에는 원(原), 『속대전』의 내용에는 속(續), 새롭게 추가된 내용에는 증(增)을 붙여 구분하였다(1785).
① 정조는 새롭게 관직에 오른 자 또는 기존 관리들 중 능력 있는 관리들을 **규장각**에서 **재교육**시키는 **초계문신제**를 시행하였다.

한 번 더 체크하러 가기 ▶ 미니북 10쪽

선택지 풀이

② 홍경래 등이 봉기하여 정주성을 점령하였다.
순조 때 세도 정치로 인한 삼정의 문란과 서북 지역 차별 대우에 불만을 품은 평안도 지방 사람들이 몰락 양반 출신 홍경래를 중심으로 봉기를 일으켰다. 평안북도 가산에서 우군칙 등과 함께 정주성을 점령하고 청천강 이북 지역을 차지하기도 하였으나 관군에게 진압되었다(1811).

③ 자의 대비의 복상 문제로 예송이 전개되었다.
현종 때 효종의 국상 당시 자의 대비의 복상 문제를 놓고 효종의 왕위 계승에 대한 정통성과 관련하여 서인과 남인 사이에 예송 논쟁이 발생하였다(기해예송). 서인은 효종이 둘째 아들이므로 자의 대비의 복상 기간을 1년으로 해야 한다고 주장하였고, 남인은 효종을 장자로 대우하여 3년 복상을 주장하였으나 서인 세력이 승리하였다(1659).

④ 이인좌를 중심으로 소론 세력 등이 난을 일으켰다.
영조 때 이인좌, 정희량 등 정권에서 소외된 소론 세력이 남인 일부와 연합하여 경종의 죽음과 영조의 정통성에 대해 의문을 제기하면서 반란을 일으켰으나 진압되었다(1728).

⑤ 신류가 조총 부대를 이끌고 흑룡강에서 전투를 벌였다.
효종 때 러시아가 만주 지역까지 침략해오자 청은 조선에 원병을 요청하였다. 이에 조선은 1654년에는 변급, 1658년에는 신류를 중심으로 두 차례에 걸쳐 나선 정벌을 위한 조총 부대를 출병시켰다.

암기의 key	정조의 개혁 정책
탕평책	적극적인 탕평책(준론 탕평): 붕당과 신분을 가리지 않고 인재 등용
왕권 강화 정책	• 초계문신제 시행: 새로운 관리 및 하급 관리 중 유능한 인재들의 재교육 목적 • 규장각 설치 및 육성: 인재 양성, 정책 연구 기능, 왕실 도서관이자 왕을 보좌하는 업무 담당 • 장용영 설치: 왕의 친위 부대, 왕권의 군사적 기반 강화 • 수원 화성 건립: 정치적·군사적 기능 부여, 상업 활동 육성
문물제도 정비	• 서얼 차별 완화: 서얼 출신을 규장각 검서관에 등용 (유득공, 이덕무, 박제가 등) • 신해통공: 육의전을 제외한 시전 상인의 금난전권 폐지 • 편찬: 『대전통편』, 『동문휘고』, 『무예도보통지』 등

27 정약용 정답 ⑤

정답 분석

정답이 보이는 핵심 키워드
#강진 유배지 #『아학편훈의』 #다산초당 #『목민심서』, 『경세유표』

길잡이 ┃ 조선 후기 실학자 정약용에 대해 학습합니다.

조선 후기 순조 때 신유박해의 발생으로 천주교 신자였던 **정약용**은 전라남도 **강진**에서 **유배 생활**을 하게 되었다. 혜장 선사의 주선으로 강진 고성사 보은산방에서 약 1년간 거처하고 다산초당에서 10여 년간 머무르며 조선의 사회에 대한 개혁안으로서 『**목민심서**』, 『**경세유표**』, 『흠흠신서』 등을 편찬하였다. 또한, 사의재에서 자신이 편찬한 아동용 한자 학습서인 『**아학편훈의**』로 제자들을 가르쳤다.
⑤ **정조** 때 **정약용**은 수원 화성의 축조를 위해 『기기도설』을 참고하여 **거중기**를 설계·제작하였다. 이를 통해 수원 화성의 공사 기간과 비용이 크게 줄었다.

한 번 더 체크하러 가기 ▶ 미니북 16쪽

선택지 풀이

① 일본에 다녀와 해동제국기를 편찬하였다.
신숙주는 세종 때 통신사로 일본에 다녀온 후 성종 때 일본의 지리와 국정, 외교 관계 등을 기록한 『해동제국기』를 편찬하였다.

② 최초의 서원인 백운동 서원을 건립하였다.
중종 때 풍기 군수 주세붕이 성리학을 전래한 고려 말의 학자 안향을 기리기 위해 최초로 백운동 서원을 건립하였다. 백운동 서원은 이황의 건의로 소수 서원이라는 중종의 사액을 받아 최초의 사액 서원이 되었다.

③ 북한산비가 진흥왕 순수비임을 고증하였다.
조선 후기 김정희는 금석학 연구를 통해 『금석과안록』을 저술하여 북한산비가 진흥왕 순수비임을 밝혀냈다.

④ 양명학을 연구하여 강화 학파를 형성하였다.
조선 후기 정제두는 지행합일을 중요시하는 양명학을 체계적으로 연구하였고, 강화도에서 후진 양성에 힘을 기울여 강화 학파를 형성하였다.

28 제너럴셔먼호 사건 정답 ②

정답 분석

정답이 보이는 핵심 키워드
#총환과 화살을 어지러이 발사 #화선(火船)으로 불길이 옮겨붙게 함 #『환재집』 #평양 군민 #이양선을 격침 #평안 감사

길잡이 ┃ 제너럴셔먼호 사건에 대해 살펴봅니다.

흥선 대원군 때 미국의 상선 **제너럴셔먼호**가 **평양 대동강**까지 들어와 교역을 요구하자 당시 **평양 감사**였던 **박규수**는 공격 명령을 내리고 백성들과 함께 제너럴셔먼호를 불태웠다(1866).
② **제너럴셔먼호 사건**을 구실로 **미국**의 로저스 제독이 함대를 이끌고 **강화도**를 공격하여 **신미양요**가 발생하였다(1871).

한 번 더 체크하러 가기 ▶ 미니북 11, 33쪽

선택지 풀이

① 신유박해가 원인이 되어 발생하였다.
조선 후기에 어린 나이로 순조가 즉위하자 정순 왕후의 수렴청정이 시작되고 사교와 서교를 근절하라는 금압령이 내려졌다. 이에 천주교에 대한 탄압이 심화되어 천주교 전파에 앞장섰던 실학자들과 많은 천주교 신자들이 피해를 입는 신유박해가 발생하였다(1801). 이로 인해 천주교 신자 황사영이 베이징에 있는 주교에게 천주교 박해를 멈추기 위해 조선으로 군대를 보내 달라는 내용의 청원서를 보내려다 발각되었다(황사영 백서 사건, 1801).

③ 전개 과정에서 전주 화약이 체결되었다.
동학 농민 운동 당시 농민군은 황토현 전투에서 관군에 승리하고 전주성을 점령하여 전라도 일대를 장악하였다. 이후 정부와 전주 화약을 맺어 자치 개혁 기구인 집강소를 설치하고 폐정 개혁을 실시하였다(1984).

④ 외규장각 도서가 국외로 약탈되는 결과를 가져왔다.
병인박해를 빌미로 로즈 제독이 이끄는 프랑스 군대가 강화도 양화진을 침략하여 병인양요가 발생하였고(1866), 이때 프랑스 군대는 외규장각을 불태우고 의궤 등을 약탈하였다.

⑤ 오페르트의 남연군 묘 도굴 사건을 배경으로 일어났다.
병인양요 이후 독일 상인 오페르트가 흥선 대원군의 아버지 남연군의 묘를 도굴하려다 실패하는 사건이 발생하였다(1868). 이를 계기로 흥선 대원군은 쇄국 정책을 더욱 강화하였다.

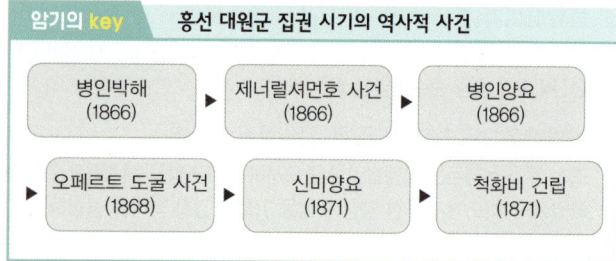

암기의 key | 흥선 대원군 집권 시기의 역사적 사건

29 최익현   정답 ③

정답 분석

정답이 보이는 핵심 키워드
#흥선 대원군의 하야를 요구하는 상소 #지부복궐척화의소 #왜양일체론 #단발령에 반대하는 상소

길잡이 | 최익현이 전개한 위정척사 운동을 상소와 함께 학습합니다.

최익현은 어린 나이에 즉위한 고종을 대신하여 집권한 **흥선 대원군의 하야를 요구**하는 **계유상소**를 올렸다. 또한, 위정척사 운동을 전개하여 **왜양일체론**에 입각한 **지부복궐척화의소**(도끼를 가지고 궐 앞에 엎드려 화친에 반대하는 상소)를 올리며 일본과의 강화도 조약 체결을 반대하였다. 이후 을미사변이 일어나고 을미개혁으로 **단발령**이 시행되자 이에 반대하는 **청토역복의제소**를 올렸다.
③ 최익현은 유생 임병찬 등과 **태인**에서 을사늑약에 반대하는 **항일 의병을 주도**하다가 체포되었으며, 쓰시마섬에 유배되어 그곳에서 순국하였다.

한 번 더 체크하러 가기 ▶ 미니북 17, 39쪽

선택지 풀이

① 대한 광복회를 조직하여 친일파를 처단하였다.
박상진은 공화 정체의 근대 국민 국가의 수립을 지향하는 대한 광복회를 조직하고 초대 총사령으로서 독립군 양성에 힘쓰는 한편, 친일파 처단 활동도 함께 전개하였다.

② 국권 피탈 과정을 정리한 한국통사를 집필하였다.
박은식은 독립을 위해 국혼(國魂)을 강조하였으며, 고종 즉위 다음 해부터 국권 피탈 직후까지의 역사를 기록한 『한국통사』를 저술하였다.

④ 13도 창의군을 지휘하여 서울 진공 작전을 전개하였다.
한일 신협약으로 대한 제국 군대가 해산되자 이에 반발하여 정미의병이 전국적으로 전개되었고, 해산 군인들이 의병 활동에 가담하며 의병 부대가 조직화되었다. 이후 총대장 이인영이 13도 창의군을 지휘하여 서울 진공 작전을 전개하였다.

⑤ 보국안민을 기치로 우금치에서 일본군 및 관군에 맞서 싸웠다.
전봉준을 중심으로 '보국안민, 제폭구민'을 기치로 동학 농민 운동이 일어났다. 동학 농민군은 황토현·황룡촌 전투에서 승리하면서 전주성을 점령하였으며, 정부와 전주 화약을 맺어 개혁을 실시하였다. 청일 전쟁이 발발한 후 일본의 내정 간섭이 심해지자 남·북접이 연합하여 2차 봉기를 일으켰으나 우금치 전투에서 일본군 및 관군에 패배하였다.

30 갑신정변   정답 ③

정답 분석

정답이 보이는 핵심 키워드
#청국 군대의 내습을 우려 #주상을 모시고 경우궁으로 옮김 #일본 병사로 하여금 호위할 방침을 세움 #사대당 #민영목, 민태호

길잡이 | 갑신정변이 일어난 시기를 파악합니다.

③ 임오군란 이후 청의 내정 간섭이 심화되자 **급진 개화파**는 근대화 추진과 **민씨 세력** 제거를 위해 **일본의 군사적 지원**을 받아 **우정총국 개국 축하연** 자리에서 **갑신정변**을 일으켰다(1884). 이후 개화당 정부를 수립하고 **14개조 개혁 정강**을 발표하여 입헌 군주제, 청과의 사대 관계 폐지, 능력에 따른 인재 등용 등의 개혁을 추진하였다. 그러나 청군이 개입하고 일본의 군사 지원이 약속대로 이행되지 않아 3일 만에 **실패**하였으며 **김옥균, 박영효** 등은 일본으로 망명하였다.

한 번 더 체크하러 가기 ▶ 미니북 11, 37쪽

31 제1차 갑오개혁   정답 ④

정답 분석

정답이 보이는 핵심 키워드
#개혁 위원회[군국기무처] #혁신적인 개혁안 발표 #왕권 수호를 위해 봉기

길잡이 | 제1차 갑오개혁의 내용에 대해 알아봅니다.

ㄴ, ㄹ. 김홍집을 중심으로 한 **군국기무처**를 통해 **제1차 갑오개혁**이 실시되었다. 이에 따라 **탁지아문**이 재정 사무를 관장하게 하고 은 본위 화폐 제도와 조세 금납제를 시행하였다. 또한, 공사 노비법이 혁파되어 신분제가 법적으로 폐지되었으며, **과부의 재가를 허용**하고 연좌제와 **조혼을 금지**하는 등 악습을 혁파하였다.

한 번 더 체크하러 가기 ▶ 미니북 11, 50쪽

선택지 풀이

ㄱ. 건양이라는 연호를 제정하였다.
을미사변 이후 을미개혁이 추진되어 건양이라는 연호와 태양력을 사용하게 되었고, 단발령이 시행되었다.

ㄷ. 양전 사업을 실시하여 지계를 발급하였다.
대한 제국은 광무개혁 때 양지아문을 설치하여 양전 사업을 실시하고, 지계아문을 통해 토지 소유 문서인 지계를 발급하여 근대적 토지 소유권을 확립하고자 하였다.

32 독립 협회   정답 ②

정답 분석

정답이 보이는 **핵심 키워드**
#독립관 #황제 폐하 #계천(繼天) 경축일 #대한의 신민 #관민 공동회 #인민을 문명 개화시킴 #헌의 6조

길잡이 | 대한 제국이 선포될 당시 독립 협회의 활동을 학습합니다.

독립 협회는 청의 사신을 맞던 영은문을 헐고 **독립문**을 건립하였다. 또한, 아관 파천 이후 러시아 공사관에 머무르고 있던 **고종에게 환궁을 요구**한 결과, 고종이 **대한 제국을 선포**하고 황제로 즉위하였다. 대한 제국이 입헌 군주제이자 자주 독립을 유지하는 나라가 되기를 바랐던 독립 협회는 **관민 공동회**를 개최하여 고종에게 **헌의 6조**를 건의하였으나, 독립 협회에 대항하여 조직된 어용 단체인 황국 협회의 방해와 고종의 해산 명령으로 3년 만에 해산되었다.
② 독립 협회는 **만민 공동회**를 개최하고 이권 수호 운동을 전개하여 **러시아의 절영도 조차 요구를 저지**하였다.

한 번 더 체크하러 가기 ▶ 미니북 49쪽

선택지 풀이

① 일제의 황무지 개간권 요구를 저지시켰다.
보안회는 일본이 대한 제국에 황무지 개간권을 요구하자 반대 운동을 전개하여 이를 저지하였다.

③ 태극 서관을 설립하여 계몽 서적을 보급하였다.
신민회 조직에 참여한 이승훈은 평양에서 계몽 서적이나 유인물을 출판·보급하고자 태극 서관을 설립하여 민족 기업을 육성하였다.

④ 민립 대학 설립을 위한 모금 운동을 전개하였다.
1920년대에 일제가 문화 통치를 표방하자 민족 운동가들은 한국인을 위한 고등 교육 기관인 민립 대학 설립 운동을 추진하여 이상재, 이승훈, 윤치호 등이 조선 민립 대학 기성회를 조직하고 대학 설립을 위한 모금 활동도 전개하였다.

⑤ 조소앙의 삼균주의를 기초로 건국 강령을 발표하였다.
대한민국 임시 정부는 충칭에서 조소앙의 삼균주의를 정치 이념으로 하여 독립운동의 방향과 독립 후의 건국 과정을 명시한 건국 강령을 발표하였다.

33 한성 사범 학교 규칙   정답 ③

정답 분석

정답이 보이는 **핵심 키워드**
#한성 사범 학교 규칙 #교원에 활용할 학생을 양성 #소학교

길잡이 | 한성 사범 학교 규칙이 발표되었던 제2차 갑오개혁 이후의 사실을 알아봅니다.

제2차 갑오개혁 때 **교육 입국 조서**가 반포되어 근대적 교육의 기본 방향이 제시되었고, 이에 따라 **소학교**, 중학교, 교원을 양성하는 **한성 사범 학교** 등이 세워졌다(1895). 같은 해 7월, **한성 사범 학교 규칙**이 발표되어 한성 사범 학교의 운영 목표가 더욱 구체화되었다(1895).
③ 안창호와 **이승훈**, 양기탁이 중심이 되어 결성된 **신민회**는 **인재 양성**을 위해 평양에 대성 학교와 평안북도 정주에 **오산 학교**를 세워 민족 교육을 실시하였다(1907).

한 번 더 체크하러 가기 ▶ 미니북 11, 50쪽

선택지 풀이

① 길모어 등이 육영 공원 교사로 초빙되었다.
최초의 근대식 공립 학교인 육영 공원은 헐버트, 길모어 등의 외국인 교사를 초빙하여 상류층 자제에게 근대 교육을 실시하였다(1886).

② 정부가 동문학을 세워 통역관을 양성하였다.
조선 정부는 외국어 통역관을 양성하기 위한 외국어 교육 기관으로 동문학을 설립하여 영어 교육을 실시하였다(1883).

④ 함경도 덕원 지방의 관민들이 원산 학사를 설립하였다.
함경남도 덕원 지역의 사람들의 요청으로 설립된 원산 학사는 우리나라 최초의 근대적 사립 학교이며, 외국어 교육 등 근대 교육을 실시하였다(1883).

⑤ 교육의 기본 방향을 제시한 교육 입국 조서가 반포되었다.
제2차 갑오개혁 때 고종은 교육 입국 조서를 반포하여 근대적 교육의 기본 방향을 제시하였고, 이에 따라 소학교, 중학교, 한성 사범 학교 등을 세웠다(1895.2.).

34 대한매일신보   정답 ③

정답 분석

정답이 보이는 **핵심 키워드**
#경천사지 십층 석탑에 대한 일본인의 약탈 행위 보도 #헐버트 #양기탁과 베델이 창간

길잡이 | 양기탁과 베델이 창간한 대한매일신보의 활동에 대해 살펴봅니다.

대한 제국 시기 **양기탁**과 영국인 **베델**을 중심으로 창간된 **대한매일신보**는 항일 민족 운동을 적극적으로 지원하였다. 1907년 순종의 가례에 일본 특사로 온 궁내대신 다나카 미쓰야키가 **경천사지 십층 석탑**을 무단 반출하자 베델은 대한매일신보를 통해 일본인의 **약탈 행위**를 알렸다. 또한, **헐버트**는 사건 현장을 방문하여 사진을 촬영하고 목격자 의견을 청취한 후 일본의 영자 신문과 미국의 뉴욕 포스트에 일본의 석탑 밀반출을 제보하였다.
③ 대한매일신보는 1907년 대구에서 시작된 **국채 보상 운동**을 지원하여 운동이 전국 각지로 확산되는 데 기여하였다.

한 번 더 체크하러 가기 ▶ 미니북 38쪽

선택지 풀이

① **상업 광고를 처음으로 실었다.**
한성순보를 계승한 한성주보는 일주일에 한 번 발간되는 우리나라 최초의 주간 신문으로, 최초로 상업 광고를 실었다.

② **천도교의 기관지로 발행되었다.**
손병희를 중심으로 한 천도교는 국한문 혼용체 기관지인 만세보를 발행하여 민중 계몽 운동을 전개하였다.

④ **일장기를 삭제한 손기정 사진을 게재하였다.**
동아일보 등 일부 신문들이 베를린 올림픽 마라톤 대회에서 우승한 손기정 선수의 가슴에 있는 일장기를 삭제하여 보도하였고, 이 사건으로 해당 신문들은 무기 정간 등 일제의 언론 탄압을 받았다.

⑤ **순 한문 신문으로 열흘마다 발행하는 것이 원칙이었다.**
개항 이후 박문국에서 최초의 근대 신문인 한성순보를 발간하였다. 한성순보는 순 한문을 사용하고 10일마다 발행되었으며, 정부 관보의 성격을 가지고 있었다.

35 러일 전쟁 정답 ④

정답 분석

정답이 보이는 핵심 키워드
#이토 히로부미 살해 #포츠머스 조약으로 전쟁이 종결

길잡이 | 러일 전쟁 중에 있었던 사실에 대해 알아봅니다.

일본이 청일 전쟁에서 승리하면서 청과 맺은 시모노세키 조약에 의해 요동 반도를 할양받자(1895) 러시아는 삼국 간섭을 주도하여 일본이 청에 요동 반도를 반환하도록 하였다(1895). 이후 한반도 지배권을 두고 **러시아와 일본이 대립**하였고, **러일 전쟁**이 발발하였다(1904). 러일 전쟁에서 패배한 러시아는 **포츠머스 조약**을 통해 한국에 대한 일본의 독점적인 지배권을 국제적으로 인정하게 되었으며, 일본의 강압으로 **을사늑약**이 체결되어 **대한 제국의 외교권**이 박탈되고 **통감부**가 설치되었다(1905). 이후 **이토 히로부미**가 초대 통감으로 부임하면서 일제의 내정 간섭이 공식화되자 **안중근**은 1909년 만주 **하얼빈 역**에서 이토 히로부미를 **사살**하였다. 현장에서 체포된 안중근은 재판을 받고 뤼순 감옥에 수감되었다.

④ **기유각서**는 1907년 체결한 **한일 신협약(정미 7조약)**의 세부 사항을 시행하기 위해 일제의 강압으로 조인된 협약으로(1909), 우리나라의 **사법권 및 감옥 사무**를 일제에 위임하게 되었다.

한 번 더 체크하러 가기 ▶ 미니북 11쪽

선택지 풀이

① **일본이 독도를 불법적으로 편입하였다.**
일본은 러일 전쟁 중 불법으로 독도를 일본 영토로 편입시키고(1904), 현재는 다케시마(竹島)라는 이름으로 시마네현 행정구역에 포함시켰다.

② **일본과 미국이 가쓰라·태프트 밀약을 맺었다.**
러일 전쟁에서 승리한 일본은 미국과 가쓰라·태프트 밀약을 체결하여 일본의 한국 지배와 미국의 필리핀 지배를 서로 묵인하였다(1905).

③ **일본인 메가타가 대한 제국의 재정 고문으로 초빙되었다.**
제1차 한일 협약을 통해 스티븐스가 외교 고문, 메가타가 재정 고문으로 임명되었다(1904). 이후 메가타는 대한 제국의 경제권을 장악하기 위해 탁지부를 중심으로 화폐 정리 사업을 실시하였다(1905).

⑤ **군사 전략상 필요한 지역을 일본에 제공하는 한일 의정서가 강요되었다.**
대한 제국 때 일본은 한일 의정서를 체결하고(1904) 군사 전략상 필요한 지역을 차지하기 위해 황무지 개간권을 요구하였다. 이에 보안회는 전국에 통문을 돌리며 황무지 개간권 요구 반대 운동을 전개하여 저지에 성공하였다(1904).

36 무단 통치기 정답 ①

정답 분석

정답이 보이는 핵심 키워드
#임시 토지 조사국 #강계(疆界) 조사 #토지 신고서 #지목(地目) #지위(地位) #조선 총독부

길잡이 | 조선 총독부가 토지 조사 사업을 실시한 1910년대 일제의 무단 통치를 학습합니다.

조선 총독부는 식민 지배를 위해 안정적으로 조세를 확보하고자 **토지 조사 사업**을 시행하였다. 이에 **토지 조사국**을 설치하고 **토지 조사령**을 발표하여 일정 기간 내 토지를 신고하도록 하였으며, 신고하지 않은 토지는 총독부에서 몰수하여 일본인에게 헐값으로 불하하였다.
① **일제**는 민족 기업과 민족 자본의 성장을 억제하기 위해 회사 설립 시 총독의 허가를 받도록 하는 **회사령**을 제정하였다(1910).

한 번 더 체크하러 가기 ▶ 미니북 12쪽

선택지 풀이

② **원산 총파업이 일어났다.**
영국인이 경영하는 회사에서 일본인 감독이 조선인 노동자를 구타하는 사건이 발생하자 원산의 전 노동자가 파업을 단행하여 원산 총파업 사건이 발생하였다(1929).

③ **국가 총동원법이 제정되었다.**
1930년대 이후 일제는 대륙 침략을 위해 한반도를 병참 기지화하고 중일 전쟁과 태평양 전쟁을 일으켰다. 이에 조선에 국가 총동원법을 제정(1938)하고 미곡 공출제를 실시(1939)하는 등 인적·물적 자원을 수탈하였다.

④ **조선 노동 공제회가 조직되었다.**
조선 노동 공제회는 우리나라 역사에서 처음으로 조직된 전국 규모의 노동 단체이다. 개인 자격으로 가입을 받았으며 노동자들을 지역 지부와 직업별 노동조합으로 조직하는 등 노동자들을 단결시키기 위해 노력하였다(1920).

⑤ 조선 사상범 예방 구금령이 공포되었다.
일제는 민족 말살 통치기에 조선 사상범 예방 구금령을 공포하여 사상 및 행동을 관찰한다는 명목으로 조선인들의 독립운동을 탄압하였다 (1941).

37 신간회   정답 ②

정답 분석

정답이 보이는 핵심 키워드
#허헌, 홍명희 #광주 학생 항일 운동의 확산을 위한 민중 대회 개최 추진 #사건 진상 보고 #유인물 배포 및 연설회 개최

길잡이 | 민족 유일당 운동의 결과로 결성된 신간회의 활동에 대해 알아봅니다.

1920년대 중반 사회주의 세력과 민족주의 세력이 연대하여 **민족 유일당**을 결성할 수 있다는 공감대가 형성되었다. 이에 따라 국내의 민족 해방 운동 진영은 민족 협동 전선을 주장한 정우회 선언을 계기로 좌우 합작 조직인 **신간회**를 결성하고 이상재를 초대 회장으로, **홍명희**를 부회장으로 추대하였다. 이후 전국에 120~150여 개의 지회를 두는 등 일제 강점기 최대 규모의 사회단체로 성장한 신간회는 전국 순회 강연과 농민 운동 지원 등의 활동을 전개하였다. 이후 한국인 학생과 일본인 학생 간의 충돌로 **광주 학생 항일 운동**이 발생하자 신간회가 **진상 조사단을 파견**하고 **민중 대회 개최**를 추진하였다.
② 신간회는 사회주의 세력과 민족주의 세력이 연대한 **민족 협동 전선**으로 결성되었다.

한 번 더 체크하러 가기 ▶ 미니북 27쪽

선택지 풀이

① 암태도 소작 쟁의를 지원하였다.
전남 신안군 암태도에서는 한국인 지주 문재철의 횡포와 이를 비호하는 일본 경찰에 맞서 일제 강점기 최대 규모의 암태도 소작 쟁의가 발생하였다. 이에 전국 각지 사회단체가 지원하였으며, 동아일보는 암태도 소작 쟁의를 보도하여 전국적으로 관심을 집중시키는 데 기여하였다.

③ 부민관 폭파 사건을 주도하였다.
조문기, 유만수 등 대한 애국 청년당원들이 친일 단체 대의당이 개최한 아세아 민족 분격 대회가 열리던 부민관을 폭파하였다.

④ 조선 혁명 선언을 활동 지침으로 하였다.
김원봉이 결성한 의열단은 신채호가 작성한 조선 혁명 선언을 활동 지침으로 하여 독립운동을 전개하였다.

⑤ 어린이날을 제정하고 잡지 어린이를 간행하였다.
방정환, 김기전 등이 주축이 된 천도교 소년회는 어린이날을 제정하고, 『어린이』라는 잡지를 간행하는 등 소년 운동을 주도하였다.

38 물산 장려 운동   정답 ②

정답 분석

정답이 보이는 핵심 키워드
#평양 #조만식 등의 주도로 시작 #조선 사람 조선 것 #자본가의 이익만을 추구하는 운동이라 비판받음

길잡이 | 관세 폐지로 인해 전국적으로 확산된 물산 장려 운동을 학습합니다.

② 1920년대 회사령 폐지 이후 일본의 경제적 침탈이 더욱 심화되었고, 일본과 조선 사이의 관세도 폐지되었다. 이로 인해 일본산 완제품이 조선으로 유입되면서 조선은 일본의 경제권에 예속되었다. 이에 **조만식**은 민족 기업을 통해 경제 자립을 이루고자 **평양** 물산 장려회를 조직하였고, 이를 중심으로 '**조선 사람 조선 것**'이라는 구호를 내세우며 국산품을 장려하는 물산 장려 운동을 전개하였다. 물산 장려 운동은 서울에서 조선 물산 장려회가 조직되면서 전국적으로 확산되었으며, 민족주의 계열이 주도했었기에 사회주의 계열에게 자본가의 이익만을 추구하는 운동이라는 비판을 받기도 하였다.

한 번 더 체크하러 가기 ▶ 미니북 12, 27쪽

선택지 풀이

① 통감부의 탄압과 방해로 중단되었다.
김광제, 서상돈 등은 대구에서 국채 보상 운동을 전개하여 일본에서 도입한 차관 1,300만 원을 갚아 주권을 회복하고자 하였으나 통감부의 탄압과 방해로 중단되었다.

③ 황국 중앙 총상회가 설립되는 결과를 가져왔다.
조청 상민 수륙 무역 장정이 체결되어 외국 상인들로 인해 서울 도성의 시전 상인들이 어려움에 처하자 서울 상인들은 황국 중앙 총상회를 조직하여 상권 수호 운동을 전개하였다.

④ 한성 은행, 대한 천일 은행 설립에 영향을 끼쳤다.
대한 제국 선포 직후 고종은 '옛 법을 근본으로 삼고 새로운 것을 첨가한다'는 의미의 구본신참을 기본 정신으로 하여 광무개혁을 실시하였다. 이에 따라 근대적 금융 기관인 한성 은행과 대한 천일 은행 등이 설립되었다.

⑤ 일본, 프랑스 등의 노동 단체로부터 격려 전문을 받았다.
영국인이 경영하는 회사에서 일본인 감독이 조선인 노동자를 구타하는 사건이 발생하자 원산의 전 노동자가 파업을 단행하여 원산 총파업 사건이 발생하였다(1929). 이들은 일본, 프랑스 등지의 노동 단체로부터 격려 전문을 받기도 하였다.

39 민족 말살 통치기 정답 ②

정답 분석

정답이 보이는 핵심 키워드
#태평양 전쟁 발발 후 #전시 동원 체제 강화 #징용 #근로 보국대

길잡이 | 일제가 민족 말살 정책을 시행한 시기를 알아봅니다.

② **1930년대 일제**는 우리 민족의 정체성을 말살하기 위해 황국 신민화 정책을 시행하여 내선일체의 구호를 내세우고 황국 신민 서사 암송(1937)과 창씨개명(1939), 신사 참배 등을 강요하였다. 또한, 대륙 침략을 위해 한반도를 병참 기지화하고 중일 전쟁을 일으키면서 **전시 동원 체제**를 수립하였다. 이에 국가 총동원령을 시행하고 국민 정신 총동원 조선 연맹(**애국반**)을 조직하여 우리의 인력·물적 수탈을 강화하였다. 물적 수탈을 위해 양곡 배급제와 미곡 공출제(1939)를 실시하였으며, **근로 보국대**(1938), **국민 징용령**(1939)으로 한국인의 인력을 착취하였다. 또한, **여성의 노동력**을 얻기 위해 몸뻬 착용을 권장하였다. **태평양 전쟁(1941)**을 일으킨 후에는 학도 지원병 제도(1943), 징병 제도(1944) 등을 실시하여 젊은이들을 전쟁터로 강제 징집하였다.

한 번 더 체크하러 가기 ▶ 미니북 12쪽

선택지 풀이

① 국가 보안법 철폐를 요구하는 학생
이승만의 자유당 정권은 정부에 대한 비판 세력과 국민 여론을 통제하기 위해 국가 보안법 개정안을 마련하여 여당 단독으로 통과시키는 보안법 파동을 일으켰다(1958). 이에 서울 및 대구·부산·청주 등 각 지방에서 국가 보안법 철폐를 요구하며 시위가 일어났다(1959).

③ 경부선 철도 개통식을 구경하는 청년
경부선은 서울과 부산을 연결한 철도로, 일본인 회사가 부설권을 획득하여 우리나라 최초의 철도인 경인선에 이어 두 번째로 개통되었다(1905).

④ 형평사 창립 대회 개최를 취재하는 기자
갑오개혁 이후 공사 노비법이 혁파되어 법적으로는 신분제가 폐지되었으나 일제 강점기 때 백정에 대한 사회적 차별은 더욱 심해졌다. 백정들은 이러한 차별을 철폐하기 위해 진주에서 조선 형평사 창립 대회를 개최하고 형평 운동을 전개하였다(1923).

⑤ 헌병 경찰에게 끌려가 태형을 당하는 농민
일제는 1910년대 무단 통치기에 조선 태형령을 제정하였고, 이에 따라 곳곳에 배치된 헌병 경찰들이 조선인들에게 태형을 통한 형벌을 가하였다(1912).

40 이윤재 정답 ①

정답 분석

정답이 보이는 핵심 키워드
#한산, 한뫼 #교육 계몽 운동 #조선어 연구회 #조선어 학회 사건

길잡이 | 한글을 지키는 데 앞장선 이윤재의 활동을 살펴봅니다.

① **한산·한뫼 이윤재**는 김해 출신으로 합성 학교에서 **교사**로 재직하며 **교육 계몽 운동**을 전개하였다. 1919년에는 영변에서 3·1 운동을 주도하여 평양 감옥에 수감되기도 하였다. 이후 **조선어 연구회**와 조선어 사전 편찬 위원회의 집행 위원과 한글 맞춤법 통일안의 제정 위원이 되어 한글의 연구 및 보급에 앞장섰으나 **조선어 학회 사건**으로 복역하던 중 옥사하였다.

선택지 풀이

② 미국과 유럽을 여행한 뒤 서유견문을 집필하였다.
유길준은 미국 유학을 다녀온 뒤 서양 각국의 지리, 역사, 정치, 교육 등을 다룬 『서유견문』을 집필하여 서양 근대 문물을 소개하였다.

③ 국문 연구소를 설립하고 연구위원으로 활동하였다.
주시경과 지석영을 중심으로 국문 연구소가 설립된 이후 주시경은 국문 연구소 위원으로 활동하면서 한글의 정리와 국어의 이해 체계를 확립하고, 국문법을 정리하였다.

④ 세계지리 교과서인 사민필지를 한글로 저술하였다.
육영공원의 교사 헐버트는 세계의 지리 지식과 문화를 소개하는 내용을 담은 교과서인 『사민필지』를 한글로 저술하였다.

⑤ 민족을 역사 서술의 중심에 둔 독사신론을 발표하였다.
신채호는 『독사신론』을 발표하여 민족을 역사 서술의 중심에 두었으며, 민족주의 사학의 기반을 마련하였다.

41 한국 광복군 정답 ①

정답 분석

정답이 보이는 핵심 키워드
#대한민국 임시 정부 #충칭 #지청천을 총사령 #중국 관내 #독립군 중에서 모집

길잡이 | 대한민국 임시 정부의 직할 부대인 한국 광복군의 활약을 살펴봅니다.

① 한국 광복군은 충칭에서 창설되었던 **대한민국 임시 정부**의 직할 부대이다. **지청천을 총사령**, 이범석을 참모장으로 두었으며, **태평양 전쟁**이 발발한 이후 김원봉이 주도하던 조선 의용대가 한국 광복군으로 편입되었다. 또한, 한국 광복군은 영국군의 요청을 받아 인도, 미얀마 전선에 파견되어 활동하고, **미국과 연계**하여 **국내 진공 작전을 계획**하였으나 실현하지 못하였다.

한 번 더 체크하러 가기 ▶ 미니북 28쪽

④ 해방 이후 좌우 대립이 격화되자 분단의 위기를 느낀 중도파 세력들은 **여운형, 김규식**을 중심으로 **좌우 합작 위원회**를 수립하였다. 이후 중도적 사상의 통일 정부를 수립하는 것을 목적으로 **좌우 합작 7원칙**을 합의하여 제정하였다(1946.7.).

한 번 더 체크하러 가기 ▶ 미니북 29쪽

선택지 풀이

② 쌍성보, 대전자령 전투에서 일본군을 격파하였다.
지청천을 중심으로 북만주에서 결성된 한국 독립군은 중국 호로군과 연합하여 쌍성보 전투, 사도하자 전투, 대전자령 전투에서 일본군에 승리하였다.

③ 조선 민족 전선 연맹의 무장 조직으로 결성되었다.
조선 의용대는 김원봉이 중국 국민당의 지원을 받아 중국 관내에서 결성한 최초의 한인 무장 부대로, 조선 민족 전선 연맹 산하에 있었다.

④ 중국 의용군과 연합하여 영릉가 전투에서 승리하였다.
남만주 지역의 조선 혁명당 산하 군사 조직인 조선 혁명군은 양세봉의 주도로 중국 의용군과 연합하여 영릉가 전투에서 일본군에 승리하였다.

⑤ 간도 참변 이후 조직을 정비하고 자유시로 이동하였다.
대한 독립 군단은 간도 참변으로 인해 러시아 자유시로 근거지를 옮겼으나 군 지휘권을 둘러싼 분쟁에 휘말려 자유시 참변을 겪으면서 세력이 약화되었다.

선택지 풀이

① 여수·순천 10·19 사건이 발생하였다.
전남 여수에 주둔하던 국방 경비대 제14연대 소속의 일부 군인들이 남한 단독 정부 수립에 반대하여 일어난 제주 4·3 사건의 진압을 거부하며 여수와 순천 지역 일대를 장악하였다(1948).

② 유엔 한국 임시 위원단이 서울에 도착하였다.
제2차 미소 공동 위원회가 결렬되자 미국은 유엔 총회에 한반도 문제를 상정하였고 유엔 총회는 한반도에서 인구 비례에 따른 총선거 실시를 결의하였다(1947.11.). 그러나 소련이 38선 이북 지역의 입북을 거부하자 유엔 소총회는 선거 실시가 가능한 남한만의 단독 선거를 지시하고 임시 위원단을 파견하여 선거를 감시하라는 결정을 내렸다. 이에 따라 남한에서만 우리나라 최초의 보통 선거인 5·10 총선거가 실시되었다(1948).

③ 송진우, 김성수 등이 한국 민주당을 창당하였다.
광복 직후 송진우, 김성수 등이 한국 민주당을 창당하였다(1945). 한국 민주당은 조선 인민 공화국을 부정하고 충칭에 있는 대한민국 임시 정부를 지지하는 것을 방침으로 하였으나 이후 이승만의 정읍 발언에 동조하며 보수 정당의 역할을 하였다.

⑤ 조선 건국 준비 위원회에서 조선 인민 공화국을 선포하였다.
광복 직후 조직된 조선 건국 준비 위원회의 좌익 세력은 미군의 진주에 대비하여 서둘러 국가 체제를 갖추고자 조선 인민 공화국을 선포·수립하고 각 지방에 인민 위원회를 조직하였다(1945).

42 대한민국 정부 수립 과정　　정답 ④

정답 분석

정답이 보이는 핵심 키워드
#정읍 #이승만이 단독 정부 수립 시사하는 발언 #한국 독립당 #소련 #제1차 미소 공동 위원회 #미국 #신탁 통치에 반대하는 단체를 제외하는 것은 부당

길잡이 ㅣ 이승만의 정읍 발언과 제2차 미소 공동 위원회 개최 사이에 일어난 사건을 파악합니다.

- **이승만의 정읍 발언**: 모스크바 삼국 외상 회의의 결과, 한국에 임시 정부 수립이 결정되었다. 이에 대한 논의를 위해 서울 덕수궁 석조전에서 **제1차 미소 공동 위원회**가 개최되었다(1946.3.). **소련**은 모스크바 삼국 외상 회의의 결정에 찬성하는 정당만 참여할 것을 주장한 반면, **미국**은 이를 반대하면서 미국과 소련의 입장 차이로 제1차 미소 공동 위원회가 결렬되었다. 이후 이승만은 **정읍 발언**을 통해 **남한 단독 정부 수립**을 주장하였다(1946.6.).
- **제2차 미소 공동 위원회**: 제2차 미소 공동 위원회가 개최되었으나 의견 차이를 좁히지 못하고 **결렬**되었다(1947.5.). 이에 미국은 유엔에 한반도 문제를 상정하였다(1947.9.).

43 시대별 지방 통치 체제　　정답 ②

정답 분석

정답이 보이는 핵심 키워드
#9주 #총관 #현종 #4도호부와 8목 #5도·양계 #양광·경상·전라·교주·서해·동계·북계 #평안도·영길도 #23부의 행정 구역 #목, 부, 군, 현의 명칭을 없앰 #군·군수

길잡이 ㅣ 시대별 지방 통치 체제에 대해 알아봅니다.

(가) **통일 신라 신문왕**은 삼국 통일로 확장된 영토를 **9주**로 나누고 수도 경주의 편재성을 보완하기 위해 5소경을 설치하여 지방 행정 구역을 정비하였다.

(나) **고려 현종**은 전국을 **5도**와 **양계, 경기**로 나누고, 그 안에 **4도호부, 8목,** 3경을 비롯하여 주·군·현을 설치하였다. 5도는 일반 행정 구역으로, 양광도, 경상도, 전라도, 교주도, 서해도로 나누었으며 **안찰사**가 파견되었다. 군사적 특수 지역인 양계는 동계와 북계로 구성되었고, **병마사**가 파견되었다. 경기는 개경 주변의 군현을 묶은 행정 구역으로 기능하였다.

(다) **조선**은 전국을 **8도**(경기도, 충청도, 전라도, 경상도, 강원도, 황해도, 함경도, 평안도)로 나누었다. 또한, 작은 군현은 통합하고, 고려 시대까지 특수 행정 구역이었던 향, 부곡, 소도 일반 군현으로 포함하여 전국에 약 330여 개의 군현을 두었다. 8도에는 **관찰사**를 파견하여 군현의 수령들을 감독하도록 하였다.

(라) **박영효 내각**이 주도한 **제2차 갑오개혁** 때 홍범 14조를 반포하여 개혁의 기본 방향을 제시하였고, **지방 행정 구역**을 8도에서 **23부**로 개편하였다.

한 번 더 체크하러 가기 ▶ 미니북 7, 8, 50쪽

선택지 풀이

ㄴ. 지방 장관으로 욕살, 처려근지 등이 있었다.
고구려는 지방을 대성, 중성, 소성 3단계로 나누어 통치하였으며, 대성에는 욕살을, 중성에는 처려근지를 장관으로 두었다.

ㄹ. 광무개혁의 일환으로 실시되었다.
제2차 갑오개혁 때 홍범 14조를 발표하고, 지방 행정 구역을 8도에서 23부로 개편하였다. 이는 광무개혁 때 전국 13도 체제로 재편되었다.

44 1·4 후퇴   정답 ①

정답 분석

정답이 보이는 핵심 키워드
#유엔군과 국군 #서울에서 퇴각 #한강 이북의 부대 철수 #한강에 설치된 임시 교량을 폭파 #서울 시민들에게 피란 지시

길잡이 6·25 전쟁 중에 일어난 1·4 후퇴 이후의 사실을 파악합니다.

1950년 북한의 남침으로 **6·25 전쟁**이 시작되어 서울이 점령당하였고, **이승만 정부**는 전쟁에 제대로 대응하지 못한 채 후퇴하다가 부산을 임시 수도로 정하였다. **유엔군 파병** 이후 국군은 낙동강을 사이에 두고 공산군과 치열한 공방전을 벌이다 **인천 상륙 작전**의 성공으로 전세를 역전시켜 **압록강까지 진격**하였다. 그러나 **중국군의 개입**으로 전세가 불리해진 국군과 유엔군은 **후퇴**하는 과정에서 함경남도 흥남에 집결하였고, **흥남 철수 작전**을 전개하여 10만여 명에 달하는 피란민을 구출하였다. 이후 계속된 중국군의 공격으로 한국 정부는 **서울에서 부산으로 퇴각**하였고 유엔군도 서울로부터 군대를 철수시켰다. 또한, 중국군의 남하를 막기 위해 **한강에 설치된 임시 교량을 폭파**하였으며 **서울 시민들에게 피란을 지시**하였다(1·4 후퇴, 1951). 1·4 후퇴 이후 전쟁이 교착 상태에 빠지자 유엔군과 공산군은 판문점에서 휴전 협정을 체결하였다(1953).

① 이승만 정부는 6·25 전쟁 휴전 이후 한미 상호 방위 조약을 체결하여 미국과 군사적 동맹을 맺었다(1953.10.).

한 번 더 체크하러 가기 ▶ 미니북 34쪽

선택지 풀이

② 장진호 전투에서 중국군이 유엔군을 포위하였다.
중국군의 개입 이후 장진호 북쪽으로 진출하던 유엔군이 중국군에게 포위되어 철수하는 과정에서 장진호 전투가 발생하였다(1950.11.). 이에 유엔군이 흥남으로 후퇴하면서 흥남 철수 작전이 전개되었다.

③ 경찰이 반민족 행위 특별 조사 위원회를 습격하였다.
제헌 국회는 일제의 잔재를 청산하고 민족정기를 바로잡기 위해 반민족 행위 처벌법을 제정하여 반민족 행위 특별 조사 위원회를 조직하였다. 그러나 친일 경찰의 습격과 이승만 정부의 소극적 태도로 친일파 처벌이 제대로 이루어지지 못하였다(1948).

④ 미국의 극동 방위선이 조정된 애치슨 라인이 발표되었다.
미 국무 장관인 애치슨이 한국을 미국의 태평양 방위선에서 제외한다는 애치슨 라인을 발표하여 6·25 전쟁 발발의 원인을 제공하였다(1950).

⑤ 우리나라 최초의 보통 선거인 5·10 총선거가 실시되었다.
북한이 유엔 한국 임시 위원단의 입북을 거부하여 유엔 총회의 결정에 따라 남한에서만 우리나라 최초의 보통 선거인 5·10 총선거가 실시되었다. 5·10 총선거를 통해 구성된 제헌 국회는 제헌 헌법을 제정하였으며, 이를 바탕으로 이승만이 국회에서 대통령으로 선출되어 제1공화국이 출범하였다(1948).

45 박정희 정부의 경제 정책   정답 ①

정답 분석

정답이 보이는 핵심 키워드
#경기도 광주 대단지 #대규모 시위 #서울 도심 정비 #10만여 명의 주민들을 광주로 이주 #대지 가격 인하 요구

길잡이 광주 대단지 시위가 일어났던 박정희 정부 시기의 경제 상황에 대해 알아봅니다.

박정희 정부는 서울의 달동네 개발에 따른 철거민 대책 중 하나로 **이주 정책**을 시행하였다. 이에 **광주 대단지**(현재 경기도 성남시)를 지정하고 철거민을 이주시켰으나 기반 시설을 전혀 조성하지 않았고, 상하수도 시설조차 제대로 설치되지 않았다. 이러한 정부의 무계획적인 도시 정책과 졸속 행정에 반발한 주민들이 관공서를 파괴·방화하고 차량을 탈취하는 등 **대규모 시위를 전개하였다**(1971).

① 박정희 정부 시기인 1968년 2월 1일에 착공된 **경부 고속 도로**는 단군 이래 최대의 토목 공사로 불리면서 1970년 7월 7일에 준공되었다.

한 번 더 체크하러 가기 ▶ 미니북 20쪽

선택지 풀이

② 경제 협력 개발 기구(OECD)에 가입하였다.
　김영삼 정부 때 국제 경제의 세계화와 개방 경제 체제 확산에 따른 대응을 위해 경제 협력 개발 기구(OECD)에 가입하였다.

③ 원조 물자를 가공한 삼백 산업이 발달하였다.
　이승만 정부 시기인 1950년대에는 미국의 원조에 기반을 두고 면화, 설탕, 밀가루를 중심으로 한 삼백 산업이 활성화되어 소비재 공업이 성장하였다.

④ 저유가, 저금리, 저달러의 3저 호황이 있었다.
　전두환 정부 때 저유가, 저금리, 저달러의 3저 호황으로 물가가 안정되고 수출이 증가하여 높은 경제 성장률을 기록하였다.

⑤ 대통령 직속 자문 기구인 노사정 위원회가 구성되었다.
　김대중 정부 때 외환 위기와 IMF 관리 체제를 극복하기 위한 사회적 협의 기구로 대통령 직속 자문 기구인 노사정 위원회가 출범하였다.

46 4·19 혁명, 6월 민주 항쟁 정답 ③

정답 분석

정답이 보이는 핵심 키워드
#대학 교수들 #3·15 부정 선거 규탄 #대통령의 퇴진 요구 #명동 성당 #호헌 철폐, 독재 타도

길잡이 ┃ 4·19 혁명과 6월 민주 항쟁에 대해 파악합니다.

(가) **4·19 혁명**(1960): 이승만의 장기 집권과 자유당 정권의 **3·15 부정 선거**에 저항하여 **4·19 혁명**이 발발하였다. **대학 교수단이 대통령의 하야를 요구**하는 행진을 전개하는 등 시위가 전국적으로 확산되었으며, 학생 시위대가 서울 경무대(청와대)로 진입하는 과정에서 경찰의 총격을 받아 수많은 사상자가 발생하기도 하였다. 그 결과 이승만이 하야 성명을 발표함으로써 자유당 정권이 붕괴되었으며, 임시적으로 허정 과도 정부가 수립되었다.

(나) **6월 민주 항쟁**(1987): **전두환 정부** 때 박종철 고문치사 사건과 4·13 호헌 조치에 반발하여 대통령 직선제 개헌과 민주 헌법 제정을 요구하는 **6월 민주 항쟁**이 전개되었다. 시위가 전국적으로 확산되면서 **호헌 철폐와 독재 타도**를 요구하는 6·10 국민 대회가 개최되었다.

③ 6월 민주 항쟁의 결과 정부는 **6·29 민주화 선언**을 발표하여 5년 단임의 **대통령 직선제**를 골자로 하는 **개헌**을 단행하였다.

한 번 더 체크하러 가기 ▶ 미니북 13, 30쪽

선택지 풀이

① 굴욕적인 한일 국교 정상화에 반대하였다.
　박정희 정부가 한일 회담 진행 과정에서 추진한 한일 국교 정상화의 협정 내용이 공개되자 학생과 야당을 주축으로 굴욕적인 대일 외교에 반대하는 6·3 시위가 전개되었다.

② 군부 독재를 타도하려 한 민주화 운동이었다.
④ 전개 과정에서 시민군이 자발적으로 조직되었다.
　전두환을 비롯한 신군부 세력의 12·12 쿠데타에 저항하여 '서울의 봄'이라는 대규모 민주화 운동이 일어나자 신군부는 비상계엄 조치를 전국적으로 확대하였다. 비상계엄 해제와 신군부 퇴진, 김대중 석방 등을 요구하는 광주 시민들의 항거가 이어지자 신군부는 공수 부대를 동원한 무력 진압을 강행하였고, 학생과 시민들이 자발적으로 시민군을 조직하여 이에 대항하면서 5·18 민주화 운동이 전개되었다.

⑤ 대통령이 하야하는 결과를 가져왔다.
　이승만의 장기 집권과 자유당 정권의 3·15 부정 선거에 저항하여 4·19 혁명이 발발하였다(1960). 그 결과 이승만 대통령이 하야하고 내각 책임제를 기본으로 하는 허정 과도 정부가 성립되었다.

47 박정희 정부 정답 ⑤

정답 분석

정답이 보이는 핵심 키워드
#대통령 긴급 조치 제9호 #국가안전과 공공질서의 수호 #조치에 위반한 자는 법관의 영장 없이 체포 #명령이나 조치는 사법적 심사의 대상이 되지 않음

길잡이 ┃ 긴급 조치가 시행되었던 박정희 정부 시기에 일어난 사실을 학습합니다.

박정희 정부 시기 유신 헌법을 제정하면서 대통령의 명령으로 국민의 자유와 권리에 무제한적인 제약을 가할 수 있도록 대통령 **긴급 조치권을 규정**하였다. 1974년 제1호를 시작으로 제9호까지 선포된 긴급 조치는 10·26 사태가 있기까지 4년 이상 지속되었으며, **청원·선동 행위 등을 일절 금지**하고 위반자를 유언비어 유포라는 죄목 등으로 **영장 없이 체포·구속**하였다.

⑤ 박정희 정부가 유신 헌법을 제정하자 김대중, 함석헌 등의 정치인과 기독교 목사, 대학 교수 등은 **유신 독재 체제에 저항**하여 긴급 조치 철폐 등을 요구하는 **3·1 민주 구국 선언**을 발표하였다.

한 번 더 체크하러 가기 ▶ 미니북 13쪽

선택지 풀이

① 국민 방위군 설치법이 공포되었다.
　6·25 전쟁 당시 중국군의 투입으로 많은 병력이 필요해지자 이승만 정부는 국민 방위군 설치법을 공포하였다. 이에 만 17세 이상 40세 미만의 남자들이 국민 방위군으로 소집되었다.

② 내각 책임제를 골자로 하는 개헌이 이루어졌다.
　4·19 혁명 이후 허정을 중심으로 수립된 과도 정부는 의원 내각제를 기본으로 민의원과 참의원의 양원제 국회를 구성하는 제3차 개헌을 단행하였다(1960). 이를 통해 내각 책임제와 양원제가 적용된 장면 내각이 출범하였다.

정답 및 해설 **291**

③ 귀속 재산 처리를 위해 신한 공사가 설립되었다.
광복 직후 미군정은 일제 강점기 때 동양 척식 주식회사와 일본인·일본 회사의 소유였던 토지 및 귀속 재산을 관할·처리하기 위하여 신한 공사를 설립하였다(1946).

④ 평화 통일론을 주장한 진보당의 조봉암이 구속되었다.
이승만 정권 시기 조봉암은 제3대 대통령 선거에 출마하였으나 낙선하였다. 이후 진보당을 창당하고 평화 통일론을 주장하다가 국가 변란, 간첩죄 혐의로 체포되어 사형에 처해졌으며 진보당은 해체되었다(진보당 사건, 1958).

48 김대중 정부의 통일 노력 정답 ①

정답 분석

정답이 보이는 핵심 키워드
#김정일 국방위원장 #분단 55년 만에 처음 정상 회담 #남과 북의 화해와 협력

길잡이 | 김대중 정부가 시행한 통일 노력에 대해 알아봅니다.

① **김대중 정부**는 북한과의 **화해 협력** 기조를 유지하며 적극적으로 북한과의 교류를 확대하였고, 평양에서 **최초로 남북 정상 회담**이 이루어져 **6·15 남북 공동 선언**을 발표하였다. 이를 통해 남북은 금강산 관광 사업 활성화와 개성 공단 조성에 합의하였다.

한 번 더 체크하러 가기 ▶ 미니북 20쪽

선택지 풀이

② 평화 통일 외교 정책에 관한 6·23 특별 성명을 발표하였다.
박정희 정부는 남북 유엔 동시 가입 제안, 공산권 국가와의 외교 관계 확대 등의 내용이 담긴 6·23 특별 성명을 발표하였다.

③ 남북 사이의 화해와 불가침 및 교류·협력에 관한 합의서를 채택하였다.
노태우 정부 때 남북한 화해 및 불가침, 교류·협력 등에 관한 공동 합의서인 남북 기본 합의서를 채택하였다.

④ 남북 관계 발전과 평화 번영을 위한 10·4 남북 정상 선언에 서명하였다.
노무현 정부 때 제2차 남북 정상 회담을 개최하고 남북 관계 발전과 평화 번영을 위한 10·4 남북 공동 선언을 발표하였다.

⑤ 7·4 남북 공동 성명을 실천하기 위해 남북 조절 위원회를 구성하였다.
박정희 정부 때 서울과 평양에서 7·4 남북 공동 성명을 발표하고, 이를 실천하기 위해 남북 조절 위원회를 설치하였다.

49 시대별 외교 활동 정답 ④

정답 분석

정답이 보이는 핵심 키워드
#외교 활동 #강수 #서희 #이예 #김홍집 #김규식

길잡이 | 각 시대별 인물들의 외교 활동을 알아봅니다.

- **강수**: 신라 문무왕 때 유학자 강수는 당에 억류되어 있던 무열왕의 아들 김인문을 석방해 줄 것을 청한 「청방인문표」를 작성하여 풀려 나도록 하였다.
- **서희**: 고려 성종 때 **거란**이 침략하여 고려가 차지하고 있는 옛 고구려 땅을 내놓고 송과 교류를 끊을 것을 요구하였으나 **서희**가 소손녕과의 **외교 담판**을 통해 이를 해결하고 **강동 6주를 획득**하였다.
- **이예**: 조선 세종 때 대마도주의 요구를 받아들여 **부산포, 제포, 염포**의 3포를 개방하였다. 이후 **이예**가 **대마도주와 교섭**하여 세견선의 숫자를 정하고, 제한된 범위 내에서 무역을 허락하는 **계해약조를 체결**하였다.
- **김홍집**: 조선 고종 때 제2차 수신사로 **일본에 파견**되었던 김홍집은 당시 청국 주일 공사관 황쭌셴이 지은 『**조선책략**』을 국내에 소개하였다. 『조선책략』은 러시아 남하 정책에 대비해 청·미·일과 친하게 지내야 한다는 내용으로, **조미 수호 통상 조약 체결의 배경**이 되었다.
- **김규식**: 대한민국 임시 정부의 모체인 신한 청년당은 **파리 강화 회의**에 **김규식**을 파견하여 **독립 청원서를 제출**하는 등 외교 활동을 전개하였다.
④ 조미 수호 통상 조약이 체결된 후 조선 주재 미국 공사가 파견되자 조선 정부는 답례로 미국에 민영익, 홍영식, 서광범, 유길준으로 구성된 보빙사를 파견하였다.

한 번 더 체크하러 가기 ▶ 미니북 11, 18, 23쪽

50 지역사 – 안동 정답 ③

정답 분석

정답이 보이는 핵심 키워드
#고창 전투 #후삼국 통일 과정 #봉정사 극락전 #고려 후기 불교 건축물 #도산 서원 #퇴계 이황의 성리학 #임청각 #이상룡 #대한민국 임시 정부 국무령 역임

길잡이 | 안동에서 일어난 역사적 사실들을 파악합니다.

- **고창 전투**: 공산 전투에서 승리한 **견훤**은 교통의 요충지였던 **고창(안동)**을 포위하여 공격하였으나 8,000여 명의 사상자를 내며 왕건에게 크게 패하였다. 그 결과 **왕건**은 경상도 일대에서 견훤 세력을 몰아내고 **후삼국 통일의 기반**을 마련하였다.

- **안동 봉정사 극락전**: 경북 안동시 봉정사에 위치한 **고려 시대 건축물**로, 우리나라에서 현존하는 가장 오래된 목조 건물이다. 지붕 처마를 받치기 위한 구조인 공포를 기둥 위에만 배열하는 주심포 양식으로 지어졌으며, 지붕의 형태는 맞배지붕이다.
- **안동 도산 서원**: 퇴계 이황은 주자학을 집대성한 **성리학자**로 조선 유학의 길을 정립하였고, 일본 유학의 성장에도 영향을 주었다. 이황이 죽은 뒤에는 이황을 추모하는 문인과 유생들이 **안동**에 **도산 서원**을 건립하였으며, 이후 사액 서원이 되면서 영남 지방 사림의 중심지가 되었다.
- **안동 임청각**: 대한민국 임시 정부 초대 국무령을 지낸 **이상룡**의 생가이다. 이상룡은 일제 강점기에 서간도 삼원보 지역에서 신민회 회원들과 함께 독립군 양성 학교인 신흥 강습소를 설립하는 등 독립운동에 힘쓴 인물이다.
- ③ **고려 공민왕**은 **홍건적이 침입**하자 방어하기 좋은 분지 지형인 **안동**으로 피난하였다.

한 번 더 체크하러 가기 ▶ 미니북 22, 45쪽

✅ 선택지 풀이

① 김헌창이 반란을 일으킨 근거지를 파악한다.
통일 신라 헌덕왕 때 김주원이 왕위 쟁탈전에서 패배하자 아들인 웅천주(충남 공주) 도독 김헌창이 이에 불만을 품고 반란을 일으켰다가 관군에 진압되어 실패하였다.

② 강주룡이 고공 시위를 전개한 장소를 알아본다.
일제 강점기 때 평양 평원 고무 공장의 노동자 강주룡은 을밀대 지붕에서 고공 농성을 벌이며 일제의 노동 착취를 규탄하고 노동 조건 개선을 주장하였다.

④ 신립이 배수의 진을 치고 전투를 벌인 위치를 검색한다.
조선 선조 때 임진왜란이 발발하자 신립은 충주 탄금대에서 배수의 진을 치고 맞서 싸웠으나 왜군에 크게 패하여 강물에 몸을 던져 자결하였다.

⑤ 김사미가 가혹한 수탈에 저항하여 봉기한 곳을 조사한다.
고려 무신 정권 시기인 명종 때 과도한 수탈과 차별에 항거하는 농민 반란이 빈번하였다. 이때 운문과 초전(지금의 울산)에서 김사미와 효심의 난이 발생하였다.

제63회 한국사능력검정시험 정답 및 해설

기출 해설 강의 보기 ▶

한능검의 PASSCODE는 기출문제!
역잘알 시대에듀와 함께 출제 경향 완벽 분석, **단번에 합격!**

STEP 1 정답 확인   문제 p.158

01	02	03	04	05	06	07	08	09	10	11	12	13	14	15	16	17	18	19	20	21	22	23	24	25
⑤	④	③	②	⑤	③	④	④	④	①	③	②	④	②	③	①	①	①	④	②	④	⑤	①	②	⑤

26	27	28	29	30	31	32	33	34	35	36	37	38	39	40	41	42	43	44	45	46	47	48	49	50
③	③	⑤	③	②	③	③	④	①	②	②	④	③	④	②	③	★	⑤	④	①	⑤	③	①	②	④

★ : 국사편찬위원회의 문항이의 심사 결과
42번 ④번 문항 오류로 응시자 전원 정답 처리

STEP 2 난이도 확인

| 제63회 합격률 | **53.9%** | 최근 1년 평균 합격률 | **49.3%** |

STEP 3 시대별 분석

시대	선사	고대	고려	조선 전기	조선 후기	근대	일제 강점기	현대	복합사
틀린 개수/문항 수	/2	/8	/9	/3	/6	/4	/7	/7	/6
출제비율	4%	16%	18%	6%	12%	8%	14%	14%	12%

STEP 4 문제별 주제 분석

01	선사	구석기 시대	26	복합사	비변사
02	선사	동예	27	조선 후기	추사 김정희
03	고대	백제, 고구려	28	조선 후기	천주교
04	고대	황산벌 전투	29	복합사	박규수
05	고대	통일 신라의 경제 상황	30	근대	갑신정변
06	고대	최치원	31	일제 강점기	3·1 운동
07	고대	신라 진흥왕의 업적	32	근대	제1차 갑오개혁
08	고대	발해 문왕	33	근대	독립 협회
09	고려	최충헌의 교정도감	34	근대	제1차 한일 협약
10	고대	불국사 삼층 석탑	35	복합사	임병찬
11	고대	견훤	36	일제 강점기	조선 혁명군
12	고려	고려 광종	37	일제 강점기	1920년대 형평 운동
13	고려	고려의 관학 진흥책	38	일제 강점기	무단 통치기
14	고려	거란의 침입과 고려의 대응	39	일제 강점기	조선어 학회
15	고려	고려의 문화유산	40	일제 강점기	김구, 여운형
16	고려	지눌	41	현대	제헌 국회
17	고려	위화도 회군과 과전법	42	현대	6·25 전쟁
18	고려	고려의 경제 상황	43	현대	2·28 민주화 운동
19	조선 후기	조선 영조	44	현대	제3선 개헌, 유신 헌법
20	조선 전기	무오사화	45	현대	박정희 정부
21	조선 전기	조선 세조	46	고려	부석사 소조여래 좌상
22	조선 전기	율곡 이이	47	복합사	시대별 대외 전투
23	복합사	붕당 정치	48	복합사	지역사 – 부산
24	조선 후기	북벌론	49	현대	6월 민주 항쟁
25	조선 후기	조선 후기 경제 상황	50	현대	노태우 정부의 통일 노력

01 구석기 시대 정답 ⑤

✓ 정답 분석

정답이 보이는 핵심 키워드
#미군 병사 #경기도 연천군 전곡리 #아슐리안형 주먹도끼 #모비우스(H. Movius)의 학설을 뒤집는 증거

길잡이 | 구석기 시대의 생활 모습을 알아봅니다.

연천 전곡리 유적은 대표적인 **구석기 시대**의 유적지이다. 구석기 시대에는 주먹도끼, 슴베찌르개, 찍개 등의 뗀석기를 사용하였으며, 연천 전곡리에서 **동아시아 최초**로 구석기 시대의 전형인 **아슐리안형 주먹도끼가 출토**되어 동아시아에는 찍개 문화만 존재하였다는 기존의 학설을 뒤집었다.
⑤ 구석기 시대에는 동굴이나 강가에 **막집**을 짓고 거주하며 계절에 따라 **이동 생활**을 하였다.

한 번 더 체크하러 가기 ▶ 미니북 4쪽

✓ 선택지 풀이

① 소를 이용하여 깊이갈이를 하였다.
　신라 지증왕 때 소를 이용한 우경이 시행되면서 깊이갈이가 가능해져 농업 생산량이 증대되었고, 고려 시대에 이르러 일반화되었다.

② 빗살무늬 토기에 식량을 저장하였다.
　신석기 시대에는 빗살무늬 토기를 이용하여 음식을 조리하거나 저장하였다.

③ 지배층의 무덤으로 고인돌을 만들었다.
　청동기 시대에는 정치권력과 경제력을 가진 군장이 등장하였으며, 족장의 무덤인 고인돌을 통해 당시 지배층의 권력을 짐작할 수 있다.

④ 거푸집을 사용하여 세형동검을 제작하였다.
　후기 청동기 시대와 초기 철기 시대에는 거푸집을 이용하여 세형 동검을 제작하였다.

02 동예 정답 ④

✓ 정답 분석

정답이 보이는 핵심 키워드
#철기 문화를 바탕으로 등장 #함경남도와 강원도의 해안 지역 #읍군, 삼로 #단궁, 과하마, 반어피 #책화

길잡이 | 철기 문화를 바탕으로 등장한 동예에 대해 살펴봅니다.

동예는 **철기 문화**를 바탕으로 **함경남도와 강원도의 해안 지역**에 등장한 국가로, **읍군**이나 **삼로**라는 군장들이 부족을 다스렸다. 특산물로는 **단궁, 과하마, 반어피** 등이 유명하였으며, 읍락 간의 영역을 중요시하여 다른 부족의 경계를 침범하는 경우 노비와 소, 말로 변상하게 하는 **책화 제도**가 있었다.

④ 동예는 매년 **10월**에 **무천**이라는 제천 행사를 열었다.

한 번 더 체크하러 가기 ▶ 미니북 21쪽

✓ 선택지 풀이

① 신성 지역인 소도의 역할을 알아본다.
　삼한의 천군은 제사를 주관하는 신성 지역인 소도를 다스렸다. 이곳에는 군장의 세력이 미치지 못하여 죄인이 도망쳐 와도 잡아가지 못하였다.

② 포상 8국의 난 진압 과정을 찾아본다.
　3세기 초 경남 해안 지역의 8개 소국이 난을 일으켜 가야를 공격하였다. 이에 가야는 신라에 도움을 요청하여 이들을 물리쳤다.

③ 삼국유사에 실린 김알지 신화를 분석한다.
　『삼국유사』에는 신라 경주 김씨의 시조인 김알지가 울고 있는 닭 옆에 있던 금빛 궤짝에서 발견되었다는 신화가 전해진다. 이에 따라 아이가 처음 발견된 장소는 계림(鷄林)이라 이름 지어졌다.

⑤ 마가, 우가, 저가, 구가 등이 다스렸던 지역을 조사한다.
　부여에는 왕 아래 가축의 이름을 딴 마가, 우가, 저가, 구가의 가(加)들이 있었다. 이들은 행정 구역인 사출도를 다스렸으며, 왕이 통치하는 중앙과 합쳐 5부를 구성하였다.

03 백제, 고구려 정답 ③

✓ 정답 분석

정답이 보이는 핵심 키워드
#왕의 성은 부여씨 #5부 #5방 #달솔 #덕솔 #60개의 주현 #녹살 #처려근지 #수도는 5부로 나뉨

길잡이 | 백제와 고구려의 사회 모습을 학습합니다.

(가) **백제**는 **고이왕** 때 **수도**를 **5부**로 나누어 통치하였으며, 6좌평제와 16관등제를 정비하여 중앙 집권 국가의 기틀을 마련하였다. **성왕** 때 이를 대대적으로 정비하여 통치 조직을 완비하였으며, **방(方)**이라는 최상위 행정 단위를 만들고 전국을 동, 서, 남, 북, 중의 **5방**으로 나누어 통치하였다.
(나) **고구려**는 지방을 대성, 중성, 소성 3단계로 나누어 통치하였으며, 대성에는 **욕살**을, 중성에는 **처려근지**를 장관으로 두었다.
③ **고구려 소수림왕**은 국가 교육 기관인 **태학**을 설립하여 인재를 양성하였으며, **장수왕**은 지방에 **경당**을 설립하여 평민 자제들에게 글과 활쏘기 등을 가르쳤다.

한 번 더 체크하러 가기 ▶ 미니북 6쪽

✓ 선택지 풀이

① 사회 질서를 유지하기 위해 범금 8조를 두었다.
　고조선은 사회 질서를 유지하기 위해 8개 조항으로 이루어진 범금 8조를 만들었으나 현재는 3개의 조항만 전해진다.

② 거란도, 일본도 등을 통해 주변 국가와 교류하였다.
발해는 신라도, 거란도, 영주도, 일본도 등 상인과 사신이 이동하는 교통로들을 통해 신라, 당, 일본 등 주변 국가와 교류하였다.

④ 정사암 회의에서 국가 중대사를 논의하였다.
백제의 귀족들은 정사암이라는 바위에서 회의를 통해 재상을 선출하고 국가의 중대사를 논의·결정하였다.

⑤ 골품에 따라 관등 승진에 제한이 있었다.
신라는 골품제라는 특수한 신분 제도를 운영하여 골품에 따라 관등 승진에 제한을 두었다.

선택지 풀이

① 낙랑군과 왜에 철을 수출하였다.
금관가야는 철이 풍부하고 해상 교통이 발전하여 낙랑과 왜의 규슈 지방을 연결하는 중계 무역이 번성하였다.

② 집집마다 부경이라는 창고가 있었다.
고구려는 집집마다 부경이라는 작은 창고를 만들어 곡식, 찬거리, 소금 등을 저장하였다.

③ 활구라고 불리는 은병이 유통되었다.
고려 숙종 때 해동통보, 삼한통보, 해동중보 등의 동전과 활구(은병)를 발행·유통하였다.

④ 특산품으로 솔빈부의 말이 유명하였다.
발해는 목축과 수렵이 발달하였는데, 특히 지방 행정 구역 중 솔빈부의 말이 유명하여 주변 국가에 특산품으로 수출하였다.

04 황산벌 전투   정답 ②

정답 분석

정답이 보이는 핵심 키워드
#소정방 #신라와 함께 백제를 정벌 #계백 #황산의 벌판

길잡이 | 삼국 통일 과정 중 황산벌 전투가 일어난 시기를 파악합니다.

② **백제 의자왕**은 윤충에게 1만의 병력을 주어 신라의 **대야성**을 비롯한 40여 개의 성을 함락시켰다(642). 이 과정에서 신라 도독 김품석이 전사하자 신라 김춘추는 고구려에 동맹을 청하여 백제를 공격하려 하였으나 실패하였다. 이에 **김춘추**는 당으로 건너가 당 태종으로부터 군사적 지원을 약속받는 데에 성공하여 **나당 동맹을 성사**시키고 **나당 연합군을 결성**하였다(648). **백제 계백의 결사대**는 당의 장수 **소정방**과 김유신이 이끄는 나당 연합군에 맞서 **항전**하였으나 패배하였다. 결국 **수도 사비가 함락**되고 의자왕과 태자 융이 당으로 송치되면서 **백제는 멸망**하였다(660).

한 번 더 체크하러 가기 ▶ 미니북 25쪽

06 최치원   정답 ③

정답 분석

정답이 보이는 핵심 키워드
#6두품 출신 학자 #당의 빈공과에 급제 #격황소서 #해인사에 은거

길잡이 | 최치원의 활동을 통해 당시 통일 신라의 상황을 알아봅니다.

최치원은 통일 신라 말 **6두품 출신 유학자**로, 당의 빈공과에 합격하여 관리 생활을 하였다. 최치원은 당에 있을 때의 작품을 간추린 문집인 『계원필경』을 헌강왕에게 바쳤다. 이 중 제11권 첫머리에 수록된 '**격황소서**'는 당에서 황소의 난이 발생하였을 때 황소에게 항복을 권유하기 위한 격문을 대필한 것으로, 문체와 형식이 뛰어나 후세의 한학자들에게 많은 영향을 끼쳤다.

③ 최치원은 신라 정부의 개혁을 위해 **진성 여왕**에게 **시무책 10여 조**를 올렸으나 받아들여지지 않았다.

한 번 더 체크하러 가기 ▶ 미니북 7, 22쪽

05 통일 신라의 경제 상황   정답 ⑤

정답 분석

정답이 보이는 핵심 키워드
#일본 도다이사 쇼소인 #조세 수취와 노동력 동원에 활용할 목적으로 작성 #5소경 중 하나인 서원경 부근 4개 촌락 #3년마다 조사

길잡이 | 민정 문서를 통해 당시 통일 신라의 경제 상황을 살펴봅니다.

민정 문서는 **통일 신라 시대** 촌락에 대해 기록한 문서로, 755년경 **서원경 인근 4개 마을**에 대한 **인구, 토지, 마전, 가축** 등을 조사한 내용이 담겨져 있다. 촌주는 **3년마다** 이를 작성하였으며, **당시의 경제 생활을 세밀하게 파악**할 수 있는 중요한 자료이다.

⑤ **통일 신라** 때는 한강 하류의 **당항성**을 중심으로 당의 산둥반도와 이어지는 **해상 무역**이 활발하게 이루어졌고, **울산항**을 통해 서역 등과 **국제 무역**을 전개하였다.

선택지 풀이

① 화왕계를 지어 국왕에게 조언하다
통일 신라 6두품 출신 설총은 신문왕에게 화왕계(花王戒)를 지어 올려 조언하였다.

② 외교 문서인 청방인문표를 작성하다
강수는 통일 신라의 유학자로, 문무왕 때 당에 억류되어 있던 무열왕의 아들 김인문을 석방해 줄 것을 청한 「청방인문표」를 작성하여 풀려나도록 하였다.

④ 청해진을 중심으로 해상 무역을 전개하다
통일 신라 장보고는 완도에 청해진을 설치하여 해적들을 소탕하고 해상 무역권을 장악하면서 당, 신라, 일본을 잇는 국제 무역을 주도하였다.

⑤ 인도와 중앙아시아를 순례하고 왕오천축국전을 남기다
통일 신라의 승려 혜초는 인도와 중앙아시아 지역을 답사한 뒤 『왕오천축국전』을 지었다.

07 신라 진흥왕의 업적   정답 ④

정답 분석

정답이 보이는 핵심 키워드
#황룡 #사찰을 지음 #거칠부 #국사를 편찬

길잡이 | 신라 진흥왕의 업적을 학습합니다.

신라 진흥왕은 **거칠부**에게 역사서인 『**국사**』를 편찬하게 하였다(545). 또한, 궁성인 월성 동쪽에 황룡이 나타나자 이를 기이하게 여겨 궁궐 대신 절인 **황룡사**를 지었다고 전해진다(569). 이후 황룡사는 경주에 있던 7개의 주요 사찰 중 하나가 되어 신라의 역대 왕들은 나라에 큰 일이 있을 때마다 이곳에서 불법 강론회를 열었다.
④ 진흥왕은 **화랑도**를 국가적인 조직으로 정비하였고, 이들은 진평왕 때 **원광**이 지은 **세속 5계**를 생활 규범으로 삼아 명산대천을 찾아다니며 수련을 하였다.

한 번 더 체크하러 가기 ▶ 미니북 6쪽

선택지 풀이

① 이사부를 보내 우산국을 복속시켰다.
신라 지증왕 때 이사부는 왕의 명령으로 우산국(울릉도)과 우산도(독도)를 정복하고 실직주의 군주가 되었다.

② 예성강 이북에 패강진을 설치하였다.
통일 신라 선덕왕 때 예성강 이북에 군사적 특수 구역인 패강진을 설치하였다.

③ 관료전을 지급하고 녹읍을 폐지하였다.
통일 신라 신문왕은 귀족 세력을 약화시키기 위해 관료전을 지급하고 녹읍을 폐지하였다.

⑤ 이차돈의 순교를 계기로 불교를 공인하였다.
신라 법흥왕은 이차돈의 순교를 계기로 불교를 국교로 공인하였다.

08 발해 문왕   정답 ④

정답 분석

정답이 보이는 핵심 키워드
#대흥 #정효 공주의 묘지석 #황상(皇上) #발해의 자주성

길잡이 | 발해 문왕에 대해 알아봅니다.

대흥이라는 연호를 사용한 **발해 문왕**은 선대인 무왕과 다르게 당과 친선 관계를 맺고 당의 문물을 받아들였다. 또한, 당의 관제를 모방하여 중앙 관제를 3성 6부로 정비하고 독자적인 중앙 통치 기구를 만들어 **자주적으로 운용**하였다. 중국 지린성에 위치한 발해 문왕의 넷째 딸 **정효 공주의 무덤**에서 묘지(墓誌)가 함께 발견되었는데, 이 묘지의 비문에 문왕을 **황상(皇上)**이라 표현한 부분을 통해 발해가 **황제국 체제를 표방**하였음을 알 수 있다.
④ 발해는 8세기 중반 문왕 때 확대된 영토를 효과적으로 다스리고자 중경 현덕부에서 **상경 용천부로 천도**하여 통치 체제를 정비하였다.

한 번 더 체크하러 가기 ▶ 미니북 7쪽

선택지 풀이

① 북연의 왕을 신하로 봉하였다.
고구려 장수왕은 북위의 공격으로 북연이 위기에 처하자 북위군보다 한발 앞서 북연의 도읍인 화룡성을 차지하고, 북연의 왕 풍홍을 신하로 책봉하였다.

② 지린성 동모산에서 나라를 세웠다.
고구려 출신 대조영이 유민들을 이끌고 지린성 동모산에서 발해를 건국하였다.

③ 신라에 군대를 파견하여 왜를 격퇴하였다.
고구려 광개토 대왕은 신라의 원군 요청을 받고 군대를 보내 신라에 침입한 왜를 격퇴하였다.

⑤ 5경 15부 62주의 지방 행정 조직을 확립하였다.
발해는 선왕 때 영토를 크게 확장하여 지방 행정 체제를 5경 15부 62주로 정비하였다.

09 최충헌의 교정도감   정답 ⑤

정답 분석

정답이 보이는 핵심 키워드
#최충헌 부자를 죽일 것을 모의 #거짓 공첩(公牒) #귀법사 승려들 #교정별감

길잡이 | 최충헌이 교정도감을 설치한 이후 일어난 사실을 파악합니다.

고려 무신 정권 시기 청교역의 역리 세 명이 공첩을 위조하여 난을 일으키려 하자 이를 알게 된 **최충헌**이 사건을 조사하고 처리하는 과정에서 **교정별감**을 설치하였다. 이후 교정별감은 국정을 총괄하는 중심 기구인 **교정도감**이 되었고(1209), 최충헌은 이를 통해 **인사 및 재정 등을 장악**하였다.
⑤ 무신 정권 시기 최충헌의 뒤를 이어 집권한 **최우**는 자신의 집에 **정방**을 설치하고 인사 행정을 담당하는 기관으로 삼아 **인사권을 완전히 장악**하였다(1225).

한 번 더 체크하러 가기 ▶ 미니북 8쪽

선택지 풀이

① 김부식이 묘청의 난을 진압하였다.
고려 인종 때 묘청은 서경 천도와 칭제 건원, 금 정벌 등을 주장하였으나 받아들여지지 않자 서경에서 반란을 일으켰고(1135), 김부식의 관군에 의해 진압되었다(1136).

② 원종과 애노가 사벌주에서 봉기하였다.
통일 신라 말 진성 여왕 때 원종과 애노가 사벌주에서 중앙 정권의 무분별한 조세 징수에 반발하여 농민 봉기를 일으켰다(889).

③ 이자겸이 금의 사대 요구를 수용하였다.
12세기에 여진은 세력을 확장하여 만주 지역을 장악하고 금을 건국하여 고려에 군신 관계를 요구하였다. 고려 인종 때 실권자였던 문벌 귀족 이자겸은 금과의 무력 충돌을 피하고자 그 요구를 받아들였다(1126).

④ 정중부 등이 정변을 일으켜 권력을 차지하였다.
고려 의종이 무신들을 천대하고 향락에 빠져 실정을 일삼자 무신들의 불만이 쌓여갔다. 그러던 중 보현원에서 수박희를 하다가 대장군 이소응이 문신 한뢰에게 뺨을 맞는 사건이 발생하였고, 이를 계기로 분노가 폭발한 무신들이 정변을 일으켰다. 정중부와 이의방을 중심으로 조정을 장악한 무신들은 의종을 폐위하여 거제도로 추방한 뒤 명종을 즉위시켰다(1170).

10 불국사 삼층 석탑 — 정답 ①

정답 분석

정답이 보이는 핵심 키워드
#경주 불국사에 있는 탑 #탑의 해체 보수 과정에서 발견 #금동제 사리 외함 #무구정광대다라니경

길잡이 | 무구정광대다라니경이 발견된 불국사 삼층 석탑을 사진과 함께 알아봅니다.

① **불국사 삼층 석탑**은 통일 신라 경덕왕 때 김대성이 불국사를 창건하면서 조성한 탑으로 추측된다(751). 8세기경 유행한 **통일 신라 삼층 석탑의 전형적인 양식**이 나타나며, 이 **탑의 해체 보수 과정**에서 세계 최고(最古)의 목판 인쇄물인 **무구정광대다라니경**이 발견되었다.

한 번 더 체크하러 가기 ▶ 미니북 46쪽

선택지 풀이

② 부여 정림사지 오층 석탑
목탑의 구조와 비슷하지만 돌의 특성을 잘 살린 백제를 대표하는 석탑이다.

③ 익산 미륵사지 석탑
백제 무왕 때 건립되었으며 현존하는 삼국 시대의 석탑 중 가장 크다.

④ 구례 화엄사 사사자 삼층 석탑
통일 신라에 제작된 것으로 추정되며, 우리나라의 대표적인 이형(異形) 석탑이다.

⑤ 평창 월정사 팔각 구층 석탑
고려 시대 전기의 대표적인 석탑으로, 지붕돌 위에 있는 금동 머리 장식이 특징이다.

11 견훤 — 정답 ③

정답 분석

정답이 보이는 핵심 키워드
#완산주를 도읍 #신라의 금성 습격 #경애왕을 죽게 함 #금산사에 유폐 #고려에 귀부

길잡이 | 후백제를 건국한 견훤에 대해 알아봅니다.

통일 신라 말 상주의 군인 출신인 견훤은 세력을 키워 **완산주(현재 전주)에 도읍**을 정하고 **후백제를 건국**하였다(900). 이후 신라의 금성을 급습하고 공산 전투에서 고려에 승리를 거두며 세력을 발전시켰다(927). 그러나 견훤이 넷째 아들인 금강을 후계자로 삼으려 하자 맏아들 신검이 금강을 죽이고 견훤을 금산사에 유폐시켰다. 이에 견훤은 탈출하여 **고려 왕건에게 투항**하였고(935), **후백제는 고려의 공격으로 멸망**하였다(936).
③ 견훤은 후백제를 건국한 뒤 **중국의 후당과 오월**에 사신을 파견하여 **외교 관계**를 맺었다.

한 번 더 체크하러 가기 ▶ 미니북 22쪽

선택지 풀이

① 공산 전투에서 전사하였다.
견훤의 후백제군이 신라의 금성을 급습하자 고려가 군사를 보내 신라를 도왔으나 공산 전투에서 패배하였다. 이때 신숭겸은 후백제군에 포위된 태조 왕건을 구출하고 전사하였다.

② 금마저에 미륵사를 창건하였다.
백제 무왕은 금마저(전북 익산)에 미륵사를 창건하였다.

④ 김흠돌 등 진골 세력을 숙청하였다.
통일 신라 신문왕의 장인이었던 김흠돌이 반란을 도모하다 발각되어 처형당하였다. 이를 계기로 신문왕은 귀족 세력을 숙청하고 왕권을 강화하였다.

⑤ 국호를 마진으로 바꾸고 철원으로 천도하였다.
신라 왕족 출신 궁예는 후고구려 건국 후 국호를 마진으로 바꾸고 중앙 조직을 정비하였으며, 영토를 확장하여 철원으로 도읍을 옮겼다. 이후 국호를 다시 태봉으로 변경하였다.

암기의 key	후백제와 후고구려
후백제	후고구려
• 견훤이 완산주(전주)에 도읍을 정함 • 충청도와 전라도 지역의 우세한 경제력을 토대로 군사적 우위 확보 • 신라에 적대적, 지나친 조세 수취, 호족 포섭 실패	• 신라 왕족의 후예인 궁예가 송악(개성)을 근거로 건국 • 철원으로 천도(국호: 마진, 태봉), 관제 개혁 및 새로운 신분 제도 모색 • 지나친 조세 수취, 미륵 신앙을 이용한 전제 정치로 궁예 축출

12 고려 광종   정답 ②

정답 분석

정답이 보이는 핵심 키워드
#충주 숭선사지 #순성 왕후의 명복을 빌기 위하여 세운 절 #고려 시대 유물 출토 #치열한 왕위 쟁탈전 #노비안검법 #호족을 견제하는 정책

길잡이 | 고려 광종이 펼친 정책을 학습합니다.

고려 광종은 다양한 개혁을 통해 공신과 호족의 세력을 약화시키고 왕권을 강화하고자 하였다. 이에 **노비안검법**을 실시하여(956) 억울하게 노비가 된 사람들을 구제하고, 호족 세력을 견제하는 동시에 국가 재정을 확충하고자 하였다. 또한, 후주 출신 **쌍기**의 건의로 **과거 제도**를 시행하여 신진 세력을 등용하였다(958).
② 고려 광종은 공신과 호족의 세력을 약화시키고 왕권을 강화하고자 **국왕을 황제**라 칭하고 **광덕, 준풍** 등의 독자적 연호를 사용하였다.

한 번 더 체크하러 가기 ▶ 미니북 8쪽

선택지 풀이

① 최승로가 시무 28조를 건의하였다.
고려 성종은 최승로가 건의한 시무 28조를 받아들여 통치 체제를 정비하였다. 전국 주요 지역에는 12목을 설치하고 지방관인 목사를 파견하였으며, 향리제를 마련하여 지방 세력을 견제하였다.

③ 관리의 규범을 제시한 계백료서가 반포되었다.
고려 태조는 고려를 건국한 뒤 『정계』와 『계백료서』를 통해 관리가 지켜야 할 규범을 제시하였다.

④ 쌍성총관부를 공격하여 철령 이북을 수복하였다.
고려 공민왕은 반원 자주 정책의 일환으로 쌍성총관부를 공격하여 원에 빼앗긴 철령 이북의 땅을 수복하였다.

⑤ 지방 세력 견제를 목적으로 한 상수리 제도가 실시되었다.
통일 신라는 지방 세력을 견제하기 위해 지방 호족의 자제 1명을 뽑아 중앙에서 머물게 하는 상수리 제도를 실시하였다.

13 고려의 관학 진흥책   정답 ④

정답 분석

정답이 보이는 핵심 키워드
#최충의 9재 학당 #위축된 관학 진흥 #서적포 #국자감 #7재

길잡이 | 고려 시대에 실시된 관학 진흥책을 살펴봅니다.

④ 고려 중기 최충의 **문헌공도**를 대표로 하는 **사학 12도**의 발전으로 **관학이 위축**되자 **숙종** 때 **관학 진흥책**의 일환으로 최고 국립 교육 기관인 국자감에 **서적포**를 설치하여 모든 책판을 옮기고 인쇄와 출판을 담당하게 하였다. **예종** 때는 국자감을 재정비하여 **7재**를 세우고 **양현고**를 설치하는 등 관학 진흥책을 추진하였다.

한 번 더 체크하러 가기 ▶ 미니북 24쪽

선택지 풀이

① 독서삼품과를 통해 인재를 등용하였어요.
통일 신라 원성왕은 국학의 학생들을 대상으로 독서삼품과를 실시하여 유교 경전의 이해 수준에 따라 관리로 채용하였다.

② 사액 서원에 서적과 노비를 지급하였어요.
조선 시대에는 국가의 공식 승인을 받은 사액 서원에 토지와 노비, 서적을 지급하고 면세와 면역의 특권을 부여하였다.

③ 중등 교육 기관으로 4부 학당을 설립하였어요.
조선은 수도 한양에 중등 교육 기관으로 4부 학당을 설립하였다.

⑤ 초계문신제를 시행하여 문신을 재교육하였어요.
조선 후기 정조는 새롭게 관직에 오른 자 또는 기존 관리들 중 능력 있는 관리들을 규장각에서 재교육시키는 초계문신제를 시행하였다.

암기의 key	고려의 교육 제도
사학	최충의 문헌공도(9재 학당) 등 사학 12도 융성
관학	• 중앙-국자감, 지방-향교 • 관학 진흥책 　- 숙종: 서적포(도서 출판) 　- 예종: 국학(국자감)에 7재(전문 강좌) 설치, 양현고(장학 재단) 　- 인종: 경사 6학(개경) 　- 충렬왕: 섬학전(장학 기금), 국학에 대성전(공자의 사당) 설립

14 거란의 침입과 고려의 대응 정답 ②

✓ 정답 분석

정답이 보이는 핵심 키워드
#양규 #귀주 #강감찬

길잡이 | 거란의 침입에 대한 고려의 대응을 알아봅니다.

- **거란의 2차 침입(1010)**: 거란은 강조의 정변을 구실로 고려를 침입하여 흥화진을 공격하였다. 이때 고려 장수 **양규**는 **무로대**에서 거란을 기습 공격하여 포로로 잡힌 백성을 되찾았다.
- **거란의 3차 침입(1018)**: 거란의 소배압이 이끄는 10만 대군이 다시 고려를 침입하였으나 **강감찬**이 이에 맞서 **귀주**에서 대승을 거두었다(귀주 대첩, 1019).
- ② **고려 정종** 때 최광윤의 의견을 받아들여 **거란의 침입에 대비**하기 위한 군사 조직으로 **광군**을 조직하고, 광군사를 설치하여 이를 관장하였다.

한 번 더 체크하러 가기 ▶ 미니북 23쪽

✓ 선택지 풀이

① 강화도로 도읍을 옮겨 항전하였다.
고려 최씨 무신 정권 시기 최우는 몽골의 침입에 대항하기 위해 강화도로 천도하고 장기 항쟁을 준비하였다.

③ 박위를 파견하여 근거지를 토벌하였다.
고려 말 창왕은 대마도에 박위를 파견하여 왜구의 본거지를 토벌하였다.

④ 압록강 상류 지역을 개척하여 4군을 설치하였다.
조선 세종 때 여진을 몰아낸 최윤덕은 압록강 상류 지역에 4군을 설치하였다.

⑤ 신기군, 신보군, 항마군으로 구성된 별무반을 편성하였다.
고려 숙종 때 부족을 통일한 여진이 고려의 국경을 자주 침입하자 윤관이 왕에게 건의하여 신기군, 신보군, 항마군으로 구성된 별무반을 조직하였다.

암기의 key — 거란의 고려 침입

원인	• 고구려 계승의식에 의한 친송·북진 정책 • 만부교 사건, 강조의 정변
전개	• 1차 침입(993): 서희의 외교 담판(vs 소손녕) → 강동 6주 획득 • 2차 침입(1010): 양규의 흥화진 전투 • 3차 침입(1018): 강감찬의 귀주 대첩(1019)
결과	• 고려·송·거란의 세력 균형 유지 • 개경에 나성 축조, 강감찬의 건의로 천리장성 축조(압록강~동해안 도련포)

15 고려의 문화유산 정답 ③

✓ 정답 분석

정답이 보이는 핵심 키워드
#직지심체요절 #천산대렵도

길잡이 | 고려의 문화유산을 사진과 함께 학습합니다.

- **『직지심체요절』**: 고려 시대 청주 흥덕사에서 간행한 『직지심체요절』은 현존하는 세계 최고(最古)의 금속 활자본으로 공인받고 있으며, 현재 프랑스 국립 도서관에 소장되어 있다.
- **『천산대렵도』**: 고려 공민왕이 천산에서의 수렵 장면을 묘사하여 그린 그림이다. 현재 국립중앙박물관에 소장되어 있다.
- ③ **청자 상감 모란문 표주박모양 주전자**는 12세기 중반에 만들어진 **고려 시대** 청자 주전자이다.

✓ 선택지 풀이

① 금동대향로
불교와 도교 사상이 복합적으로 반영되어 있는 백제의 유물이다.

② 호우총 청동 그릇
신라의 수도 경주에서 출토된 고구려의 유물로서 고구려와 신라의 긴밀했던 관계를 보여준다.

④ 이불 병좌상
고구려 불상 양식을 계승한 발해의 불상이다.

⑤ 인왕제색도
조선 후기 화가 겸재 정선의 대표적인 진경산수화이다.

16 지눌 정답 ①

✓ 정답 분석

정답이 보이는 핵심 키워드
#선종의 승려 #교종을 포용 #불일보조국사 #전라남도 순천 송광사 #결사 운동 #수행에 힘쓸 것을 주창

길잡이 | 고려 시대 승려 지눌에 대해 살펴봅니다.

① **고려의 승려 지눌**은 불교의 타락을 비판하며 정혜사에서 승려의 기본인 독경, 수행, 노동에 힘쓸 것을 주장하는 **정혜 결사 운동**(수선사 결사운동)을 전개하였다. 정혜사는 이후 수선사로 개칭되었으며, 고려 말 **송광사**로 바뀌었다. 지눌은 **정혜쌍수**를 사상적 바탕으로 **철저한 수행을 강조**하였으며, 내가 곧 부처라는 깨달음을 위한 노력과 함께 꾸준한 수행으로 깨달음을 확인하는 **돈오점수**를 강조하였다.

한 번 더 체크하러 가기 ▶ 미니북 19쪽

선택지 풀이

② 불교 교단 통합을 위해 해동 천태종을 개창하였다.
문종의 넷째 아들로 승려가 된 의천은 송에서 유학하고 돌아와 개경(개성) 흥왕사에서 교종과 선종의 불교 통합 운동을 전개하였으며, 국청사를 중심으로 해동 천태종을 개창하였다.

③ 선문염송집을 편찬하고 유불 일치설을 제창하였다.
고려의 승려 혜심은 역대 선사들의 어록을 모은 공안집인 『선문염송집』을 편찬하고, 유불 일치설을 주장하여 성리학을 수용할 수 있는 사상적 토대를 마련하였다.

④ 승려들의 전기를 정리하여 해동고승전을 편찬하였다.
고려 승려 각훈은 왕명을 받아 『해동고승전』을 편찬하여 삼국 시대 이래 승려들의 전기를 기록하였는데, 현재는 일부만 남아있다.

⑤ 보현십원가를 지어 불교 교리를 대중에게 전파하였다.
고려 승려 균여는 어려운 불교의 교리를 설파하기 위해 사람들이 따라 부르기 쉬운 노래를 이용하여 「보현십원가」라는 향가를 만들었다.

암기의 key — 고려의 대표적 승려

의천	• 교단 통합 운동: 해동 천태종 창시 • 교관겸수 · 내외겸전 주장: 이론 연마와 실천 강조
지눌	• 수선사 결사 운동(송광사): 독경과 선 수행, 노동에 힘쓰자는 운동 • 돈오점수 · 정혜쌍수 제창: 참선(선종)과 지혜(교종)를 함께 수행
요세	백련 결사 제창: 자신의 행동을 진정으로 참회하는 법화 신앙 강조
혜심	유불 일치설 주장: 심성의 도야를 강조하여 장차 성리학 수용의 사상적 토대 마련
균여	• 화엄종, 화엄사상 정비 • 향가 「보현십원가」 저술

17 위화도 회군과 과전법　　정답 ①

정답 분석

정답이 보이는 핵심 키워드
#우왕 #요동을 공격 #최영 #압록강 #위화도 #이성계가 회군 #과전을 지급 #경기 #현직, 산직(散職)을 불문 #과(科)에 따라 받음

길잡이 | 고려 말 위화도 회군과 과전법에 대해 파악합니다.

(가) **고려 우왕** 때 **명**이 원의 쌍성총관부가 있던 철령 이북의 땅에 철령위를 설치하겠다며 반환을 요구하자 이에 반발한 고려는 **최영**을 중심으로 **요동 정벌**을 추진하였다(1388).

(나) **고려 우왕** 때 최영을 중심으로 요동 정벌이 추진되자 **이성계**는 4불가론을 제시하며 반대하였으나 왕명에 의해 출병하게 되었다. 이후 의주 부근의 **위화도에서 개경으로 회군**하여 최영을 제거하고 우왕을 폐위하며 정권을 장악하였다(1388).

(다) **고려 말 공양왕** 때 신진 사대부의 건의로 토지 개혁법인 **과전법이 시행**되었다(1391). 이는 원칙적으로 현직과 산직을 불문하고 **경기 지역에 한정하여 토지를 지급**하였다.

한 번 더 체크하러 가기 ▶ 미니북 8쪽

18 고려의 경제 상황　　정답 ①

정답 분석

정답이 보이는 핵심 키워드
#도병마사 #흥왕사 창건

길잡이 | 흥왕사가 창건되었던 고려 시대의 경제 상황을 살펴봅니다.

① **흥왕사**는 **고려 문종** 때 개경에 조성된 사찰이다. 이후 송에서 유학하고 돌아와 승려가 된 문종의 넷째 아들 **의천**이 개경(개성) 흥왕사에서 교종과 선종의 불교 통합 운동을 전개하였다. 이 시기 **경정 전시과**가 시행되어 **현직 관리에게만 전지와 시지를 지급**하였다.

한 번 더 체크하러 가기 ▶ 미니북 43쪽

선택지 풀이

② 시장을 감독하기 위해 동시전을 설치하였다.
신라 지증왕은 경주에 시장을 설치하고 이를 감독하기 위한 기구인 동시전을 설치하였다.

③ 허적의 제안에 따라 상평통보를 발행하였다.
조선 숙종 때 허적의 제안으로 상평통보를 주조하고 법화로 유통하였다.

④ 일본과의 교역 규모를 규정한 계해약조를 체결하였다.
조선 세종 때 왜의 요구를 받아들여 남해안의 부산포, 제포, 염포를 개방하였고, 제한적 무역을 허용하는 계해약조를 체결하였다.

⑤ 상권 수호를 목적으로 황국 중앙 총상회를 조직하였다.
조청 상민 수륙 무역 장정이 체결되어 외국 상인들로 인해 어려움에 처한 서울 도성의 시전 상인들은 황국 중앙 총상회를 조직하여 상권 수호 운동을 전개하였다(1898).

19 조선 영조 — 정답 ④

정답 분석

정답이 보이는 핵심 키워드
#『어전준천제명첩』 #청계천 준설 공사 #탕평 #균역

길잡이 | 조선 영조가 펼친 정책을 살펴봅니다.

조선 영조는 당시 수도에 잦은 홍수로 피해가 막심하자 이를 해결하기 위해 도성 안에 하수도 역할을 할 **인공 개천(현재 청계천)을 준설**하도록 하였고, 상설 기구로 **준천사**를 신설하여 개천의 관리를 책임지게 하였다(1760). 이후 청계천 준설을 성공적으로 완공한 것을 기념하여 일종의 기록 화첩인 **『어전준천제명첩』**을 제작하였다.
④ 영조는 국가 운영에 대한 법을 새로 규정하기 위해 『경국대전』을 바탕으로 새롭게 변화된 법전 조항을 담아 『**속대전**』을 편찬하였다.

한 번 더 체크하러 가기 ▶ 미니북 10쪽

선택지 풀이

① 나선 정벌에 조총 부대를 파견하였다.
효종 때 러시아가 만주 지역까지 침략해오자 청은 조선에 원병을 요청하였고, 조선에서는 두 차례에 걸쳐 조총 부대를 출병시켜 나선 정벌을 단행하였다.

② 경기도에 한해서 대동법을 실시하였다.
광해군 때 방납의 폐단을 해결하고자 공납을 전세화하여 쌀이나 베, 동전 등으로 납부하게 한 대동법을 경기도에 한해서 시행하였다.

③ 삼수병으로 구성된 훈련도감을 창설하였다.
임진왜란 중 유성룡이 선조에게 건의하여 포수, 사수, 살수의 삼수병으로 편제된 훈련도감을 설치하였다.

⑤ 한양을 기준으로 한 역산서인 칠정산을 만들었다.
세종 때 중국의 수시력과 아라비아의 회회력을 참고로 내편(內篇)과 외편(外篇)으로 이루어진 역산서『칠정산』을 편찬하였다. 이때 최초로 한양을 기준으로 천체 운동을 계산하였다.

20 무오사화 — 정답 ②

정답 분석

정답이 보이는 핵심 키워드
#김종직 #제자 김일손 #조의제문

길잡이 | 무오사화가 일어난 시기를 파악합니다.

② **조선 전기** 영남 사림파의 영수 **김종직**은 문하에 정여창, 김굉필, 김일손 등 많은 제자들을 길러냈다. 그중 **김일손은 스승 김종직이 작성한 조의제문을 사초에 기록**하였는데, 사림 세력과 대립 관계였던 유자광, 이극돈 등의 훈구 세력과 연산군이 이를 문제 삼으면서 **무오사화가 발생**하였다(1498).

한 번 더 체크하러 가기 ▶ 미니북 42쪽

암기의 key — 조선의 사화

무오사화 (1498)	• 배경: 김일손이 스승 김종직의 조의제문을 사초에 기록한 사건 • 훈구파(유자광, 이극돈)와 사림파(김일손)의 대립
갑자사화 (1504)	• 배경: 폐비 윤씨 사사 사건 • 무오사화 때 피해를 면한 사림과 일부 훈구 세력까지 피해
기묘사화 (1519)	• 배경: 조광조의 개혁 정치 • 위훈 삭제로 인한 훈구 공신 세력의 반발 → 주초위왕 사건으로 조광조 축출
을사사화 (1545)	• 배경: 인종의 외척 윤임(대윤)과 명종의 외척 윤원형(소윤) 간 대립 심화 • 명종 즉위, 문정 왕후 수렴청정 → 집권한 소윤이 대윤 공격

21 조선 세조 — 정답 ④

정답 분석

정답이 보이는 핵심 키워드
#원각사 창건 #계문(契文) #임금과 왕실이 불교 행사를 직접 후원 #한명회, 권람 #간경도감 #불경을 한글로 번역, 간행

길잡이 | 조선 세조의 불교 정책을 알아봅니다.

조선 세조는 1465년 **원각사**를 창건하고, 망령들을 위로하는 의례인 **수륙재**에 신하들과 백성들이 함께 참여할 것을 권고하는 **계문**을 작성하였다.
④ 세조는 과전 세습화가 초래하였던 토지 부족 등의 폐단을 바로잡기 위해 **과전법을 혁파**하고 현직 관리에게만 수조권을 지급하는 **직전법을 실시**하였다.

한 번 더 체크하러 가기 ▶ 미니북 9쪽

선택지 풀이

① 주자소에서 계미자를 주조하였다.
태종 때 주자소를 설치하고 계미자를 주조하여 조선의 금속 활자 인쇄술이 한층 더 발전하였다.

② 국가의 의례를 정비한 국조오례의를 완성하였다.
성종 때 예악 정비 사업의 일환으로 오례(五禮)의 예법과 절차 등을 그림과 함께 정리하여 『국조오례의』를 편찬하였다.

③ 삼남 지방의 농법을 소개한 농사직설을 편찬하였다.
세종은 정초, 변효문 등을 시켜 우리 풍토에 맞는 농서인 『농사직설』을 간행하였다.

⑤ 우리나라와 중국의 의서를 망라한 동의보감을 간행하였다.
선조의 명으로 허준이 집필하기 시작한 『동의보감』은 우리나라와 중국 의서의 각종 의학 지식과 치료법을 집대성한 의서로 광해군 때 완성되었다.

22 율곡 이이 — 정답 ⑤

정답 분석

정답이 보이는 핵심 키워드
#해주향약 #동호문답 #개혁 방안 제시 #격몽요결

길잡이 | 조선 중기 성리학자 율곡 이이에 대해 알아봅니다.

⑤ 조선 중기의 **성리학자 율곡 이이**는 군주가 수양해야 할 덕목을 정리한 『**성학집요**』를 저술하여 선조에게 바쳤으며, 왕도 정치의 이상을 문답식으로 저술한 『**동호문답**』을 통해 다양한 개혁 방안을 제시하였다. 은퇴한 뒤에는 해주에서 우리나라의 지방 행정 조직 실정에 맞는 향약인 **해주 향약**을 만들기도 하였으며, 처음 글을 배우는 아동의 입문 교재로 『**격몽요결**』을 편찬하였다.

한 번 더 체크하러 가기 ▶ 미니북 14쪽

선택지 풀이

① 명에 대한 의리를 내세운 기축봉사를 올렸다.
송시열은 노론의 영수로, 명에 대한 의리를 지키고 청에게 당한 수모를 갚자는 북벌론을 주장하며 효종에게 「기축봉사」를 올려 북벌 계획의 핵심 인물이 되었다.

② 청으로부터 시헌력을 도입하자고 건의하였다.
인조 때 김육은 청으로부터 태음력에 태양력의 원리를 적용하여 24절기의 시각과 하루의 시각을 정밀하게 계산하여 만든 역법인 시헌력의 도입을 건의하였다.

③ 양반의 허례와 무능을 풍자한 양반전을 저술하였다.
박지원은 「양반전」, 「허생전」, 「호질」 등을 통해 양반의 허례와 무능을 풍자하고 비판하였다.

④ 예학을 조선의 현실에 맞게 정리한 가례집람을 지었다.
조선 중기의 예학파 유학자 김장생은 『주자가례』의 본문을 기본으로 하여 조선의 현실에 맞는 예학을 정리한 『가례집람』을 저술하였다.

23 붕당 정치 — 정답 ①

정답 분석

정답이 보이는 핵심 키워드
#심의겸 #김효원 #전랑(銓郞) #사림 #동인과 서인 #기해년 #왕이 승하 #송시열 #왕대비 #장자가 아닌 경우 #기년복(朞年服) #허목 #장자가 된 둘째 #삼년복

길잡이 | 조선 시대 붕당 정치의 전개 과정을 파악합니다.

(가) **조선 선조** 때 **사림 세력**은 **이조 전랑 임명권**을 놓고 **김효원**을 중심으로 한 **동인**과 **심의겸**을 중심으로 한 **서인**으로 분화되었고, 이를 계기로 붕당 정치가 시작되었다(1575).

(나) **조선 현종** 때 효종의 국상 당시 **자의 대비의 복상 문제**를 놓고 효종의 왕위 계승에 대한 정통성과 관련하여 서인과 남인 사이에 **예송 논쟁이 발생**하였다(기해예송). 서인은 효종이 둘째 아들이므로 자의 대비의 복상 기간을 **1년**으로 해야 한다고 **주장**하였고, 남인은 효종을 장자로 대우하여 **3년** 복상을 주장하였으나 **서인 세력이 승리**하였다(1659).

① **서인 세력**은 광해군의 중립 외교 정책과 영창대군 사사 사건, 인목 대비 유폐 문제를 빌미로 **인조반정**을 일으켰다. 이에 광해군이 폐위되고 인조가 왕위에 올랐으며, **북인 세력**인 이이첨, 정인홍 등은 **처형**되었다(1623).

한 번 더 체크하러 가기 ▶ 미니북 42, 48쪽

선택지 풀이

② 목호룡의 고변으로 옥사가 발생하였다.
경종 때 노론과 소론이 갈등하는 과정에서 김일경의 상소와 목호룡의 고변으로 노론이 축출되는 신임사화가 발생하였다(1721~1722).

③ 양재역 벽서 사건으로 이언적 등이 화를 입었다.
명종 때 문정 왕후의 수렴청정을 비판한 양재역 벽서 사건으로 정미사화가 발생하였다(1547). 이때 이언적, 권벌 등이 유배되는 등 많은 사림 세력들이 화를 입었다.

④ 인현 왕후가 폐위되고 남인이 권력을 차지하였다.
숙종 때 희빈 장씨의 소생에 대한 원자 책봉 문제로 기사환국이 발생하여 서인이 물러나고 남인이 집권하였다. 이때 서인 세력의 영수인 송시열이 사사되고 중전이었던 인현 왕후가 폐위되었다(1689).

⑤ 이인좌를 중심으로 소론 세력 등이 난을 일으켰다.
영조 때 이인좌, 정희량 등 정권에서 소외된 소론 세력이 남인 일부와 연합하여 경종의 죽음과 영조의 정통성에 대해 의문을 제기하면서 반란을 일으켰으나 진압되었다(1728).

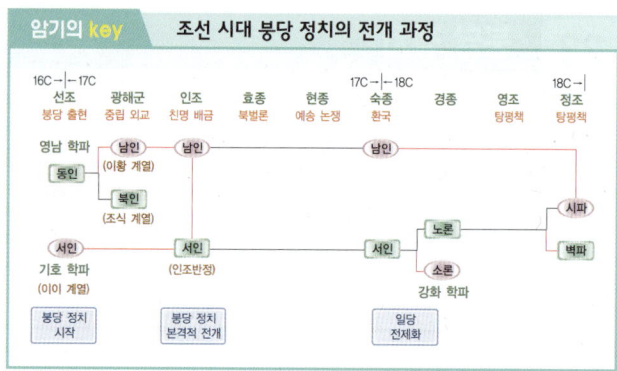

25 조선 후기 경제 상황   정답 ⑤

정답 분석

정답이 보이는 핵심 키워드
#이현, 종루, 칠패 #3대 시장 #연경 #『성시전도』 #박제가

길잡이 | 조선 후기 경제 상황을 알아봅니다.

조선 후기에 상품 화폐 경제가 발달하고, 정조 때 금난전권이 폐지되면서 풍부한 자본력을 바탕으로 한 **사상**들이 도성에서 적극적인 상행위를 하게 되었다. 이에 따라 **이현**(동대문 안), **칠패**(남대문 밖), **종루**(사대문 안)가 새로운 시장(난전)으로 번창하였다.
⑤ 조선 후기에는 대동법의 시행으로 국가에서 필요한 물품을 공인이 직접 조달하게 되었다. **공인**은 각 지방의 객주와 거래함으로써 **상품 화폐 경제의 발달**을 촉진시켰다. 또한, **인삼, 담배, 면화** 등 **상품 작물의 재배**가 활발해지고, 전국 각지에서 발달한 **사상**은 풍부한 자본을 바탕으로 상권을 장악하였다.

한 번 더 체크하러 가기 ▶ 미니북 24쪽

선택지 풀이

① 백성에게 정전이 지급되었다.
   통일 신라 성덕왕 때 백성에게 정전을 지급하였다.
② 서경에 관영 상점이 설치되었다.
   고려 시대에 개경, 서경 등의 대도시에는 서적점, 주점, 다점 등의 관영 상점이 설치되었다.
③ 금속 화폐인 건원중보가 주조되었다.
   고려 시대에는 상업 활동이 활발해지면서 화폐를 주조하였고, 성종 때 우리나라 최초의 주화인 건원중보가 발행되었다.
④ 벽란도가 국제 무역항으로 번성하였다.
   고려 시대 예성강 하구에 위치한 벽란도는 국제 무역항으로 번성하였으며, 이곳을 통해 송·아라비아 상인들과 교역을 전개하였다.

24 북벌론   정답 ②

정답 분석

정답이 보이는 핵심 키워드
#남한산성 #삼학사 #현절사(顯節祠) #화의를 반대하며 결사 항전 주장 #척화 #김상헌, 정온

길잡이 | 병자호란을 일으킨 청나라에 대한 조선의 정책을 학습합니다.

후금이 국호를 **청**으로 고치고 **조선에 군신 관계를 강요**하자 조선에서는 **척화론**과 **주화론**이 첨예하게 대립하였고, 결국 조선이 사대 요청을 거부하여 **병자호란**이 일어났다(1637). **남한산성**으로 피란하였던 **인조**는 강화도로 보낸 왕족과 신하들이 인질로 잡히자 **삼전도에서 굴욕적인 항복**을 하였다.
② 병자호란 이후 청에 볼모로 갔던 봉림 대군이 효종으로 즉위하면서 **어영청**을 중심으로 **북벌**을 추진하였다.

한 번 더 체크하러 가기 ▶ 미니북 10, 32쪽

선택지 풀이

① 만권당을 세워 학문 교류를 장려하였다.
   고려 충선왕은 왕위를 물려준 뒤 원의 연경에 만권당을 세우고 고려에서 이제현 등의 성리학자들을 데려와 원의 학자들과 교류하게 하였다.
③ 화통도감을 설치하여 군사력을 증강하였다.
   고려 우왕 때 최무선은 화통도감 설치를 건의하여 화약과 화포를 제작하였다. 이후 왜구가 고려를 침입하자 최무선은 나세, 심덕부 등과 함께 진포 대첩에서 왜구를 격퇴하였다.
④ 사신 접대를 위해 한성에 동평관을 설치하였다.
   조선 태종 때 한성의 남산 북쪽에 일본 사신이 머무는 숙소인 동평관을 두어 일본과 외교 및 무역을 실시하였다.
⑤ 포로 송환을 목적으로 유정을 회답 겸 쇄환사로 파견하였다.
   조선 선조는 임진왜란 이후 단절되었던 일본과의 관계를 회복하기 위해 승려 유정 등을 회답 겸 쇄환사로 파견하였고, 이들은 전쟁 중 잡혀간 포로 3,000여 명을 데리고 귀국하였다.

26 비변사   정답 ③

정답 분석

정답이 보이는 핵심 키워드
#의정부는 한갓 헛이름 #6조는 모두 직임을 상실 #변방의 방비를 담당하는 것

길잡이 | 조선 시대 비변사에 대해 살펴봅니다.

조선 중종 때 삼포왜란이 일어나자 외적의 침입에 대비하기 위한 임시 기구로 **비변사를 처음 설치**하였고, 명종 때 을묘왜변을 계기로 **상설 기구화**되었다. 임진왜란을 거치면서 조직과 기능이 확대되어 **중앙 기구**로 자리 잡았고, **의정부를 대신**하여 국정 전반을 총괄하는 **실질적인 최고의 관청**으로 성장하였다.

③ 고종 즉위 이후 정치적 실권을 잡은 **흥선 대원군**은 **비변사를 폐지**하고 **의정부의 권한을 강화**하였다.

한 번 더 체크하러 가기 ▶ 미니북 33쪽

선택지 풀이

① 사헌부, 사간원과 함께 3사로 불렸다.
홍문관은 성종 때 집현전을 계승하여 설치되었으며, 대표적인 언론 기관인 사헌부, 사간원과 함께 3사를 구성하였다.

② 서얼 출신 학자들이 검서관에 등용되었다.
정조 때 창덕궁 후원에 지은 왕실 도서관인 규장각은 별도 서고에서 서적들을 보관하였다. 또한, 새로운 정책을 개발하는 연구 기관의 기능을 하였으며, 서얼 출신 학자들이 검서관으로 등용되었다.

④ 서울과 수원에 설치되어 국왕의 호위를 맡았다.
정조는 왕권을 뒷받침하는 군사적 기반을 갖추기 위해 국왕 친위 부대인 장용영을 설치하였으며, 서울 도성에는 내영, 수원 화성에는 외영을 두었다.

⑤ 대사성을 수장으로 좨주, 직강 등의 관직을 두었다.
성균관은 조선 시대 최고의 국립 교육 기관으로, 정3품의 당상관직인 대사성을 중심으로 아래에 좨주, 사성, 직강 등의 관직을 두었다.

27 추사 김정희 정답 ③

정답 분석

정답이 보이는 핵심 키워드
#세한도 #완당 #제주도에서 유배 생활 #제자 이상적

길잡이 | 조선 후기에 활동한 추사 김정희에 대해 학습합니다.

조선 후기의 문신이자 실학자 **추사 김정희**는 문인화의 대가이기도 하였다. 제주도에서 유배 생활을 하던 중 **제자 이상적**이 북경에서 귀한 책들을 구해다 주자 답례로 그의 인품을 소나무와 잣나무에 비유한 「**세한도**」를 그려주었다. 이는 조선 후기 문인화의 특징을 잘 살린 시서화(그림에 시적 요소를 넣은 작품)로 인정받은 작품이다.
③ 조선 후기 김정희는 금석학 연구를 통해 저술한 『**금석과안록**』에서 **북한산비가 진흥왕 순수비임**을 밝혀냈다.

한 번 더 체크하러 가기 ▶ 미니북 16쪽

선택지 풀이

① 남북국이라는 용어를 처음 사용하였다.
정조 때 서얼 출신 유득공이 저술한 『발해고』에서는 발해를 우리의 역사로 인식하고 최초로 '남북국'이라는 용어를 사용하였다.

② 기기도설을 참고하여 거중기를 설계하였다.
정약용은 수원 화성 축조 시에 『기기도설』을 참고한 거중기를 제작하여 공사 기간과 비용을 줄이는 데 기여하였다.

④ 양명학을 연구하여 강화 학파를 형성하였다.
조선 후기 정제두는 지행합일을 중요시하는 양명학을 체계적으로 연구하였고, 강화도에서 후진 양성에 힘을 기울여 강화 학파를 형성하였다.

⑤ 안평 대군의 꿈을 소재로 몽유도원도를 그렸다.
조선 전기 안견은 안평 대군의 꿈을 소재로 한 「몽유도원도」를 그렸다.

28 천주교 정답 ⑤

정답 분석

정답이 보이는 핵심 키워드
#윤지충 #신주를 태워 없앰 #제사를 폐지 #의금부 #남종삼 #프랑스와 조약을 맺을 계책 #베르뇌

길잡이 | 조선 후기 천주교의 흐름을 파악합니다.

(가) **신해박해**(1791): 정조 때 진산의 양반 **윤지충**이 신주를 모시는 대신 천주교 의식으로 모친상을 치르자 강상죄를 저지른 죄인으로 비난을 받았다(진산 사건). 이때 같은 천주교인이었던 **권상연**이 그를 옹호하고 나서면서 사건이 조정에까지 알려졌고, 유학을 신봉하여야 할 사림 세력이 사학(邪學)을 신봉하였다는 죄명으로 두 사람 모두 처형되었다.

(나) **병인박해**(1866): **흥선 대원군**은 천주교를 통해 프랑스와 조약을 체결하고 러시아의 남하 정책을 견제하려 하였으나 국내외에서 천주교에 대한 반발이 생겨나자 **프랑스 선교사들을 처형**하는 **병인박해**가 발생하였다. 이때 조선 교구장이었던 **프랑스인 신부 베르뇌 주교**는 대원군으로부터 선교 철폐와 출국을 요구받았으나 거부하여 처형되었다.

⑤ 순조 때 천주교를 대대적으로 탄압한 **신유박해**가 발생하자(1801), 천주교 신자 황사영이 베이징에 있는 주교에게 천주교 박해를 멈추기 위해 조선으로 군대를 보내 달라는 내용의 **청원서를 보내려다 발각**되었다.

한 번 더 체크하러 가기 ▶ 미니북 10, 33쪽

선택지 풀이

① 대종교 계열의 중광단이 결성되었다.
북간도로 이주한 한인들이 대종교를 중심으로 중광단을 조직하여 항일 투쟁을 전개하였다(1911).

② 한용운이 조선불교유신론을 저술하였다.
한용운은 『조선불교유신론』을 저술하여 조선의 근대적인 불교 개혁론을 주장하였다(1913).

③ 보은에서 교조 신원을 요구하는 집회가 열렸다.
동학교도들은 억울하게 처형된 교주 최제우에 대한 교조 신원과 동학 탄압 금지 등을 요구하며 충청도 보은에서 집회를 개최하였다(1893).

④ 이수광이 지봉유설에서 천주실의를 소개하였다.
이수광은 백과사전식 서적인 『지봉유설』을 편찬하면서 이에 천주 교리서인 『천주실의』를 언급하여 조선에 소개하였다(1614).

암기의 key	조선 후기 천주교 박해
신해박해 (1791)	진산 사건: 천주교 의식으로 모친상을 치름, 신주 소각 → 윤지충, 권상연 처형
신유박해 (1801)	• 본격적인 천주교 탄압: 노론 벽파가 남인 시파 제거 • 주문모(중국인 신부), 이승훈, 정약종 처형 • 정약용, 정약전 유배 • 황사영 백서 사건: 천주교 탄압
기해박해 (1839)	• 벽파인 풍양 조씨가 시파인 안동 김씨 공격 • 프랑스 선교사 3명 처형
병오박해 (1846)	최초의 한국인 신부 김대건 순교
병인박해 (1866)	• 배경: 흥선 대원군이 러시아 견제를 위해 프랑스와 접촉 → 실패, 천주교 반대 여론 확산 → 천주교 신자, 프랑스 신부 처형 • 결과: 로즈 제독이 이끄는 프랑스 군함이 강화도 침공(병인양요, 1866)

④ 서양의 과학 기술을 정리한 지구전요를 저술하였다.
철종 때 실학자 최한기는 세계 지리와 서양의 각종 과학 기술 분야를 정리한 『지구전요』를 저술하였다.

⑤ 강화도 조약 체결의 전말을 기록한 심행일기를 남겼다.
고종 때 전권대관 신헌은 조선측 대표로서 일본 전권대신 구로다 등과 함께 강화도 조약 체결을 주도하였다. 이후 조약 체결의 전말과 양측 대표들의 협상 과정 등을 기록한 『심행일기』를 남겼다.

30 갑신정변   정답 ②

정답 분석

정답이 보이는 핵심 키워드
#근대 국가 수립 #김옥균 등이 일으킨 사건 #인민 평등권 확립 #일부 급진 개화파 중심의 개혁 추진 #일본의 힘에 의존

길잡이 | 김옥균 등의 급진 개화파가 일으킨 갑신정변을 학습합니다.

임오군란 이후 청의 내정 간섭이 심화되자 **급진 개화파**는 근대화 추진과 민씨 세력 제거를 위해 일본의 군사적 지원을 받아 **우정총국 개국 축하연** 자리에서 **갑신정변**을 일으켰다(1884). 이후 개화당 정부를 수립하고 **14개조 개혁 정강**을 발표하여 입헌 군주제, 청과의 사대 관계 폐지, 능력에 따른 인재 등용 등의 개혁을 추진하였다. 그러나 **청군의 개입**과 일본의 군사 지원이 약속대로 이행되지 않아 **3일 만에 실패**하고, 김옥균, 박영효 등은 일본으로 망명하였다.
② **조선**은 **일본**이 갑신정변 때 사망한 일본인에 대한 배상과 일본 공사관 신축 부지 및 비용을 요구하여 **한성 조약**을 체결하였다 (1884).

한 번 더 체크하러 가기 ▶ 미니북 37쪽

29 박규수   정답 ③

정답 분석

정답이 보이는 핵심 키워드
#박지원의 손자 #진주 농민 봉기에 안핵사로 파견 #청에 다녀온 경험으로 문호 개방 주장 #개화 사상 형성에 선구적 역할

길잡이 | 조선 후기에 활동한 박규수에 대해 알아봅니다.

조선 철종 때 삼정의 문란과 경상 우병사 백낙신의 가혹한 수탈에 견디다 못한 **진주** 지역의 농민들이 **임술 농민 봉기**를 일으켰다. 이에 **안핵사로 파견된 박규수**는 삼정이정청을 설치하여 삼정의 문란을 해결하고자 하였다(1862). 두 번에 걸쳐 **청에 사신(1861, 1872)으로 다녀온 이후로는 흥선 대원군에게 **문호 개방을 건의**하기도 하였으나 받아들여지지 않았다. 관직에서 물러난 이후 김옥균, 박영효, 유길준, 김윤식 등에게 실학 사상을 전파하는 등 **개화 사상 형성**에 **선구적인 역할**을 하였다.
③ **흥선 대원군** 때 미국의 상선 **제너럴셔먼호**가 평양 대동강까지 들어와 교역을 요구하자 당시 평양감사였던 **박규수**는 공격 명령을 내리고 백성들과 함께 제너럴셔먼호를 불태웠다(1866).

한 번 더 체크하러 가기 ▶ 미니북 33, 36쪽

선택지 풀이

① 조선 중립화론을 건의하였다.
유길준은 영국이 러시아의 남하를 저지하기 위해 거문도를 점령하는 등 한반도에 대한 열강들의 침략 야욕으로 인해 국제 분쟁의 조짐이 보이자 조선 중립화론을 주장하였다.

② 베델과 함께 대한매일신보를 창간하였다.
대한 제국 때 양기탁은 영국인 베델과 함께 대한매일신보를 창간하여 항일 민족 운동을 적극적으로 지원하였다.

선택지 풀이

① 보국안민, 제폭구민을 기치로 내걸었다.
동학 농민군은 '보국안민, 제폭구민'을 기치로 내걸고 백산에서 4대 강령을 발표하며 봉기하였다. 이후 황토현 전투와 황룡촌 전투에서 관군에 승리하며 전주성을 점령하고 전라도 일대를 장악하였다.

③ 개혁 추진을 위해 교정청을 설치하였다.
동학 농민군과 전주 화약을 체결한 후 조선 정부에서는 교정청을 설치하여 자주적인 내정 개혁을 시도하였다.

④ 구식 군인에 대한 차별 대우가 발단이 되었다.
고종 때 신식 군대인 별기군과 차별 대우를 받던 구식 군대가 선혜청을 습격하면서 임오군란이 발생하였다.

⑤ 민영익 등이 보빙사로 파견되는 계기가 되었다.
조미 수호 통상 조약이 체결된 후 조선 주재 미국 공사가 파견되자 조선 정부는 답례로 미국에 보빙사를 파견하였다.

31 3·1 운동 정답 ③

정답 분석

정답이 보이는 핵심 키워드
#만세 운동 #배화 여학교 학생 여섯 명 #일제 강점기 최대 민족 운동 #대한민국 임시 정부 수립에 영향

길잡이 | 일제 강점기 최대 민족 운동인 3·1 운동에 대해 살펴봅니다.

3·1 운동은 **고종의 인산일**을 계기로 일어난 **전국적인 민족 운동**으로, 민족 대표 33인이 독립 선언서를 발표하고 국내외에 독립을 선언하였다(1919). **국내외 독립운동가**들은 3·1 운동을 계기로 민족의 주체성을 확인하고 조직적인 독립운동을 전개하기 위해 중국 상하이에 모여 **대한민국 임시 정부를 수립**하였다.
③ 일제는 3·1 운동이 일어났던 **수원(화성) 제암리**에서 **주민들을 학살**하고 교회당과 민가를 방화하는 만행을 저질렀다.

한 번 더 체크하러 가기 ▶ 미니북 26쪽

선택지 풀이

① 김광제 등의 발의로 본격화되었다.
   국채 보상 운동은 김광제, 서상돈 등의 제안으로 대구에서 시작되었다. 이후 서울에서 조직된 국채 보상 기성회를 중심으로 전국적으로 확산되어 일본에서 도입한 차관 1,300만 원을 갚아 주권을 회복하려 하였다.

② 순종의 인산일을 기회로 삼아 추진되었다.
   조선 공산당을 중심으로 한 사회주의 세력과 천도교를 중심으로 한 민족주의 세력이 연대하여 순종의 인산일을 기회로 삼아 6·10 만세 운동을 준비하였다(1926).

④ 신간회에서 진상 조사단을 파견하여 지원하였다.
⑤ 성진회와 각 학교 독서회에 의해 전국적으로 확산하였다.
   일제 강점기에 한국인 학생과 일본인 학생 간의 충돌 사건을 계기로 조선인 학생에 대한 차별과 식민지 교육에 저항한 광주 학생 항일 운동이 발생하였다(1929). 이후 일제의 식민지 차별 교육에 반발하여 광주에서 조직된 항일 학생 비밀결사인 성진회와 각 학교 독서회를 중심으로 전국 각지에 확산되었다. 이에 당시 신간회 중앙 본부는 진상 조사단을 파견하여 지원하기도 하였다.

32 제1차 갑오개혁 정답 ③

정답 분석

정답이 보이는 핵심 키워드
#군국기무처 #총재 김홍집 #개혁을 추진

길잡이 | 김홍집을 중심으로 국군기무처를 통해 시행된 제1차 갑오개혁을 학습합니다.

③ 김홍집을 중심으로 한 **군국기무처**를 통해 **제1차 갑오개혁**이 실시되었다(1894). 이에 따라 탁지아문이 재정 사무를 관장하게 하고 **은 본위 화폐 제도**와 조세 금납제를 시행하였다. 또한, 공사 노비법이 혁파되어 신분제가 법적으로 폐지되었다.

한 번 더 체크하러 가기 ▶ 미니북 50쪽

선택지 풀이

① 원수부를 두었다.
   대한 제국 선포 이후 고종은 광무개혁을 실시하고 황제 직속의 원수부를 설치하여 대원수로서 군대를 통솔하고자 하였다.

② 재판소를 설치하였다.
   제2차 갑오개혁 때 홍범 14조를 반포하고, 중앙 행정 기구인 의정부와 80아문을 각각 내각과 7부로, 지방 행정 구역을 8도에서 23부로 개편하였다. 또한, 재판소를 설치하여 사법권을 행정권에서 분리하였다.

④ 태양력을 공식 채택하였다.
   을미사변 이후 을미개혁이 추진되어 건양 연호와 태양력을 사용하게 되었고 단발령이 시행되었다.

⑤ 5군영을 2영으로 통합하였다.
   조선 고종이 강화도 조약 체결 이후 근대적인 개혁을 위해 설치한 통리기무아문은 기존 5군영을 무위영과 장어영의 2영으로 개편하고, 신식 군대인 별기군을 창설하였다.

암기의 key 갑오개혁의 주요 내용

제1차 갑오개혁	제2차 갑오개혁
• 개국 기원 사용, 과거제 폐지, 6조를 80아문으로 개편 • 재정 일원화, 은 본위제, 도량형 통일, 조세 금납제 • 공사 노비법 혁파, 고문·연좌제 폐지, 조혼 금지, 과부 재가 허용	• 8도를 23부로 개편, 재판소 설치(사법권 독립) • 교육 입국 조서 반포 • 한성 사범 학교 관제 공포

33 독립 협회 정답 ④

정답 분석

정답이 보이는 핵심 키워드
#다양한 계층이 참여한 집회 #공론의 장 #독립문 건립 #러시아의 절영도 조차 요구 규탄 #황국 협회의 습격

길잡이 | 독립 협회의 활동을 알아봅니다.

갑신정변 이후 미국에서 돌아온 **서재필**은 남궁억, 이상재, 윤치호 등과 함께 **독립 협회를 창립**하였다(1896). 중추원 개편을 통한 의회 설립과 근대적 입헌 군주제 실현을 목표로 활동하였으며, 모금 활동을 전개하여 청의 사신을 맞던 영은문을 헐고 그 자리 부근에 **독립문을 건립**하였다(1897). 만민 공동회와 관민 공동회를 개최하여 국권·민권 신장 운동을 전개하였다. 또한, **러시아**가 함대의 연료 보급을 위한 저탄소 저장소 설치를 위해 **절영도(영도) 조차를 요구**하자 **이권 수호 운동을 전개**하여 이를 저지하였다. 그러나 독립 협회에 대항하여 조직된 어용 단체인 **황국 협회**의 방해와 고종의 해산 명령으로 3년 만에 해산되었다.

④ 독립 협회가 **관민 공동회**를 개최하고 중추원 개편을 통한 의회 설립 방안이 담겨 있는 **헌의 6조**를 건의하여 고종이 이를 채택하였다(1898).

한 번 더 체크하러 가기 ▶ 미니북 49쪽

선택지 풀이

① 평양에 대성 학교를 설립하다
안창호와 양기탁 등이 1907년 결성한 비밀 결사 단체 신민회는 민족의 실력 양성을 위해 평양 대성 학교와 정주 오산 학교를 세워 민족 교육을 실시하였다.

② 고종 강제 퇴위 반대 운동을 주도하다
대한 자강회는 교육과 산업 활동을 바탕으로 한 국권 회복을 목표로 활동하였고, 고종의 강제 퇴위 반대 운동을 전개하다가 일제의 탄압으로 해산되었다.

③ 집강소를 중심으로 폐정 개혁안을 실천하다
동학 농민 운동 당시 농민군은 황토현 전투에서 관군에 승리하고 전주성을 점령하여 전라도 일대를 장악하였다. 이후 정부와 전주 화약을 맺어 자치 개혁 기구인 집강소를 설치하고 폐정 개혁을 실시하였다.

⑤ 개혁의 기본 방향을 제시한 홍범 14조를 반포하다
김홍집 내각은 제2차 갑오개혁 때 홍범 14조를 반포하였다(1895). 이를 통해 근대적 개혁의 기본 방향을 제시하고 청에 대한 자주독립을 공고히 하였다

34 제1차 한일 협약   정답 ①

정답 분석

정답이 보이는 **핵심 키워드**
#스티븐스를 쏨 #대한 제국의 외교 고문 #한국인에게 잔인한 일을 자행

길잡이 | 장인환과 전명운이 스티븐스를 저격하게 된 이유인 제1차 한일 협약을 알아봅니다.

① **제1차 한일 협약**(1904)을 통해 **스티븐스**는 외교 고문으로, 메가타는 재정 고문으로 임명되어 대한 제국의 내정에 간섭하였다. 이후 1908년 스티븐스는 **샌프란시스코**에서 '일본의 한국 지배는 한국에 유익하다'는 제목의 친일 성명서를 발표하였다. 이에 분개한 **장인환**과 **전명운**은 스티븐스를 **저격하여 사살**하였다.

한 번 더 체크하러 가기 ▶ 미니북 11쪽

선택지 풀이

② 삼국 간섭이 발생한 원인을 분석한다.
청일 전쟁에서 승리한 일본은 청과 시모노세키 조약을 체결하여 요동반도와 타이완을 장악하였으나, 러시아, 독일, 프랑스의 삼국 간섭으로 요동반도를 반환하게 되었다(1895).

③ 일제가 조작한 105인 사건의 영향을 파악한다.
신민회는 조선 총독부가 데라우치 총독 암살 미수 사건을 조작하여 많은 민족 운동가들을 체포한 105인 사건으로 인해 와해되었다(1911).

④ 영국이 거문도를 불법 점령한 과정을 조사한다.
고종 때 영국은 조선에 대한 러시아의 세력 확장을 저지하기 위해 거문도를 불법으로 점령하였다(1885).

⑤ 고종이 러시아 공사관으로 피신한 이유를 찾아본다.
삼국 간섭 이후 일본의 세력이 위축되면서 민씨 세력이 러시아를 통해 일본을 견제하려 하자, 일본은 자객을 보내 경복궁을 습격하여 을미사변을 일으켰다(1895). 이에 신변의 위협을 느낀 고종은 러시아 공사관으로 피신하였다(아관 파천, 1896).

35 임병찬   정답 ②

정답 분석

정답이 보이는 **핵심 키워드**
#군산 #최익현과 함께 의병을 일으킴 #국권 반환 요구서 발송하려다 체포

길잡이 | 독립 의군부를 조직한 임병찬의 활동에 대해 살펴봅니다.

② **임병찬**은 을사늑약 체결 후 1906년 전라도에서 **최익현**과 함께 **의병을 일으켜** 항전하다 **대마도에 유배**되었다. 유배에서 풀려난 후 재기를 모색하던 중 **고종의 밀명**을 받아 **독립 의군부**를 조직하였다. 이후 조선 총독부에 **국권 반환 요구서**를 보내고, 복벽주의를 내세워 의병 전쟁을 준비하였다.

한 번 더 체크하러 가기 ▶ 미니북 40쪽

선택지 풀이

① 명동 성당 앞에서 이완용을 습격하였다.
이재명은 명동 성당 앞에서 을사오적 중 한 명인 이완용을 습격하여 중상을 입혔다.

③ 국권 침탈 과정을 정리한 한국통사를 저술하였다.
박은식은 독립을 위해 국혼(國魂)을 강조하였으며, 고종 즉위 다음해부터 국권 피탈 직후까지의 역사를 기록한 『한국통사』를 저술하였다.

④ 13도 창의군의 총대장으로 서울 진공 작전을 지휘하였다.
한일 신협약으로 대한 제국 군대가 해산되자 이에 반발하여 정미의병이 전국적으로 전개되었고, 해산 군인들이 의병 활동에 가담하며 의병 부대가 조직화되었다. 이후 이인영을 총대장으로 한 13도 창의군이 결성되어 서울 진공 작전을 전개하였다.

⑤ 논설 단연보국채를 써서 국채 보상 운동에 적극 참여하였다.
황성신문은 논설 단연보국채를 실어 국민들이 스스로 국채 보상 운동에 동참할 것을 호소하였다.

36 조선 혁명군 정답 ②

정답 분석

정답이 보이는 핵심 키워드
#국민부 산하 군사 조직 #총사령에 양세봉 #중국 의용군과 함께 남만주에서 항일 투쟁

길잡이 | 조선 혁명군의 활동을 학습합니다.

② 양세봉은 남만주 지역에서 **조선 혁명군을 조직**하였다. 1931년 **일본이 만주사변**을 일으켜 **만주를 점령**하고 독립군 기지를 공격하자 조선 혁명군은 **중국 의용군과 연합 작전**을 전개하여 치열한 접전 끝에 **영릉가 전투**에서 일본군에 승리하였다.

한 번 더 체크하러 가기 ▶ 미니북 28쪽

선택지 풀이

① 간도 참변 이후 자유시로 이동하였다.
대한 독립 군단은 간도 참변으로 인해 러시아 자유시로 근거지를 옮겼으나 군 지휘권을 둘러싼 분쟁에 휘말려 자유시 참변을 겪으면서 세력이 약화되었다.

③ 조선 독립 동맹 산하의 군사 조직으로 개편되었다.
조선 의용대 화북 지대는 조선 의용군으로 개편되어 조선 독립 동맹 소속 군대로 활동하였다. 이후 중국 공산당 팔로군에 편제되어 항일 전선에 참여하였다.

④ 영국군의 요청으로 인도·미얀마 전선에 투입되었다.
한국 광복군은 충칭에서 대한민국 임시 정부의 직할 부대로 창설되었다. 이후 영국군의 요청으로 인도·미얀마 전선에 파견되었으며, 미군과 협조하여 국내 진공 작전을 추진하였다.

⑤ 중국 국민당 정부의 지원을 받아 우한에서 창설되었다.
조선 의용대는 김원봉이 주도하여 중국 국민당의 지원을 받아 중국 관내에서 결성된 최초의 한인 무장 부대로, 중일 전쟁 발발 이후 우한에서 창설되었다.

37 1920년대 형평 운동 정답 ④

정답 분석

정답이 보이는 핵심 키워드
#모히라! 자유평등의 기치하에로 #경성 천도교 기념관 #진주 #공평은 사회의 근본이요, 애정은 인류의 본량(本良)

길잡이 | 1920년대 형평 운동에 대해 알아봅니다.

④ **갑오개혁 이후** 공사 노비법이 혁파되어 **법적으로는 신분제가 폐지**되었으나 일제 강점기 때 백정에 대한 사회적 차별은 더욱 심해졌다. 백정들은 이러한 차별을 철폐하기 위해 **진주**에서 **조선 형평사 창립 대회**를 개최하고 **형평 운동**을 전개하였다(1923).

선택지 풀이

① 통감부의 탄압으로 중단되었다.
김광제, 서상돈 등은 대구에서 국채 보상 운동을 전개하여 일본에서 도입한 차관 1,300만 원을 갚아 주권을 회복하고자 하였으나(1907) 통감부의 방해로 실패하였다.

② 중국의 5·4 운동에 영향을 주었다.
3·1 운동은 고종의 인산일을 계기로 일어난 전국적인 민족 운동으로 중국의 5·4 운동에 영향을 주었다(1919).

③ 대한 자강회가 결성되는 배경이 되었다.
을사늑약(1905)을 계기로 결성된 대한 자강회는 교육과 산업 활동을 바탕으로 한 국권 회복을 목표로 활동하였고, 고종의 강제 퇴위 반대 운동을 전개하다가 일제의 탄압으로 해산되었다(1907).

⑤ 여성 교육의 중요성을 강조한 여권통문을 발표하였다.
서울 북촌의 양반 여성들이 모여 한국 최초의 여성 인권 선언서인 여권통문을 발표하였다(1898). 이를 통해 여성이 정치에 참여할 권리, 남성과 평등하게 직업을 가질 권리, 교육을 받을 권리 등을 주장하였으며, 이후 현실적인 여성 교육을 실현하기 위해 최초의 근대적 여성 단체인 찬양회를 조직하기도 하였다.

38 무단 통치기 정답 ③

정답 분석

정답이 보이는 핵심 키워드
#조선 물산 공진회 #토지 조사 사업

길잡이 | 일제의 무단 통치 시기에 일어난 사건을 파악합니다.

일제 강점기 무단 통치기에 **조선 총독부**는 토지 조사국을 설치하고 토지 조사령을 발표하여 일정 기간 내 토지를 신고하도록 하는 **토지 조사 사업**을 실시하였다(1912). 이에 따라 신고하지 않은 토지는 총독부에서 몰수하여 일본인에게 헐값으로 불하하였다. 1915년에는 일본이 조선을 근대화시킨다는 명분으로 **경복궁**에서 최초의 공식 박람회인 **조선 물산 공진회**를 개최하였다. 조선 총독부는 이를 빌미로 경복궁의 근정전 및 주요 전각 몇 군데를 제외한 대다수의 건물들을 헐어내고 그 자리에 조선 총독부 신청사를 세웠다.
③ 일제는 1910년대 무단 통치기에 **조선 태형령**을 실시하여 헌병 경찰들을 곳곳에 배치하고 조선인들에게 태형을 통한 형벌을 가하도록 하였다(1912).

한 번 더 체크하러 가기 ▶ 미니북 12쪽

선택지 풀이

① 황국 신민 서사를 암송하는 학생
1930년대 일제는 우리 민족의 정체성을 말살하기 위해 황국 신민화 정책을 시행하여 내선일체의 구호를 내세우고 황국 신민 서사 암송(1937)과 창씨개명(1939), 신사 참배 등을 강요하였다.

② 경성 제국 대학에서 강의하는 교수
일제는 조선 민립 대학 설립 운동을 저지하고 여론을 무마하기 위해 경성 제국 대학을 설립하였다(1924).

④ 원산 총파업에 연대 지원금을 보내는 외국 노동자
영국인이 경영하는 회사에서 일본인 감독이 조선인 노동자를 구타하는 사건이 발생하자 원산의 전 노동자가 파업을 단행하여 원산 총파업 사건이 발생하였다(1929). 이들은 일본, 프랑스 등지의 노동 단체로부터 격려 전문을 받기도 하였다.

⑤ 나운규가 감독한 아리랑의 첫 상영을 준비하는 단성사 직원
일제 강점기의 영화인 나운규는 단성사에서 영화 「아리랑」을 개봉하였고(1926), 이를 계기로 한국 영화가 비약적으로 발전하였다.

암기의 key — 일제 강점기 식민 통치 정책 변화

구분 시기	통치 내용	경제 침탈
무단 통치 (1910년대)	• 조선 총독부 설치 • 헌병 경찰제 • 조선 태형령	• 토지 조사 사업 • 회사령 실시(허가제)
문화 통치 (1920년대)	• 3·1 운동 이후 통치 체제 변화 • 보통 경찰제 • 치안 유지법: 독립운동가 탄압	• 산미 증식 계획: 일본 본토로 식량 반출 • 회사령 폐지: 신고제 전환 → 일본 자본 유입
민족 말살 통치 (1930년대 이후)	• 황국 신민화 정책(황국 신민 서사 암송, 신사 참배·창씨 개명 강요) • 조선어·역사 과목 폐지	• 일제의 대륙 침략을 위한 한반도 병참 기지화 정책 • 국가 총동원령: 조선에서 인적·물적 자원 수탈

39 조선어 학회 정답 ④

정답 분석

정답이 보이는 핵심 키워드
#시골말, 놀이말, 속담 수집 #최현배, 이극로 #사전 편찬 활동 #치안 유지법 #조선말 큰사전 편찬 사업

길잡이 | 조선어 학회의 활동을 학습합니다.

④ **조선어 학회**는 한글 맞춤법 통일안과 외국어 표기법 통일안을 제정하고 우리말의 체계화를 위해 노력하였으며, 우리나라 최초의 국어학 학술지인 『한글』을 발행하였다. 이후 **『조선말 큰사전(우리말 큰사전)』**의 편찬을 시작하였으나 **일제**는 조선어 학회를 독립운동 단체로 간주하여 관련 인사를 체포한 후 **학회를 강제 해산**시켰고(조선어 학회 사건, 1942), 이때 **이극로**, **최현배** 등이 구속되어 옥고를 치렀다. 이로 인해 중단되었던 『조선말 큰사전』의 편찬은 해방 이후 완성되었다.

한 번 더 체크하러 가기 ▶ 미니북 12쪽

선택지 풀이

① 한글 신문인 제국신문을 간행하였다.
제국신문은 민중 계몽과 자주독립 의식을 고취하기 위해 이종일이 한글로 간행한 신문으로, 주로 서민층과 부녀자들을 대상으로 하였다.

② 태극 서관을 설립하여 서적을 보급하였다.
신민회 조직에 참여한 이승훈은 평양에서 계몽 서적이나 유인물을 출판·보급하고자 태극 서관을 설립하여 민족 기업을 육성하였다.

③ 파리 강화 회의에 독립 청원서를 제출하였다.
대한민국 임시 정부의 모체인 신한 청년당은 파리 강화 회의에 김규식을 파견하여 독립 청원서를 제출하는 등 외교 활동을 전개하였다.

⑤ 국문 연구소를 두어 한글을 체계적으로 연구하였다.
학부대신 이재곤의 건의로 학부 안에 설치된 국문 연구소는 지석영과 주시경을 중심으로 한글의 정리와 국어의 이해 체계 확립에 힘썼다.

40 김구, 여운형 정답 ②

정답 분석

정답이 보이는 핵심 키워드
#백범 #대한민국 임시 정부 주석 #남북 협상 참여 #몽양 #신한 청년당 결성 #좌우 합작 위원회 조직

길잡이 | 김구와 여운형의 활동을 살펴봅니다.

(가) **김구**는 대한민국 임시 정부의 곤경을 타개하고 침체된 독립운동의 새로운 활로를 모색하기 위해 **상하이**에서 **한인 애국단**을 결성하여 적극적인 투쟁 활동을 전개하였다(1931). 단원으로는 이봉창, 윤봉길 등이 활동하였다. **해방 이후**에는 남한만의 단독 선

거에 반대하여 김규식과 함께 평양으로 가 김일성과 **남북 협상**을 전개하기도 하였다(1948).
(나) **여운형**은 김규식과 **상하이**에서 **신한 청년당**을 결성하여 독립운동을 전개하였고, 1919년에는 조선 독립을 알리기 위해 파리 강화 회의에 대표를 파견하였다. 또한, 상하이 임시 정부 초대 내각의 외무부 차장을 역임하기도 하였으며, **광복 이후에는 조선 건국 준비 위원회**를 결성하였다(1945).

한 번 더 체크하러 가기 ▶ 미니북 18쪽

✓ 선택지 풀이

ㄴ. 조선 혁명 간부 학교를 세워 독립군을 양성하였다.
김원봉은 난징에서 의열단 지도부와 함께 조선 혁명 간부 학교를 설립하여 무장 항일 투쟁을 위한 군사력을 강화하였다.

ㄹ. 미국에서 귀국하여 독립 촉성 중앙 협의회를 이끌었다.
이승만과 민족주의 정당을 중심으로 각 정당과 단체들이 자주독립 촉진을 목표로 하는 독립 촉성 중앙 협의회를 결성하였다.

41 제헌 국회 정답 ③

✓ 정답 분석

정답이 보이는 핵심 키워드
#우리나라 최초로 실시된 총선거 #보통·직접·평등·비밀 선거 원칙 #국회 의원의 임기는 2년

길잡이 | 5·10 총선거를 통해 구성된 제헌 국회에 대해 학습합니다.

③ 발췌 개헌과 허정 과도 정부의 제3차 개헌에서는 국회를 참의원과 민의원으로 구성하는 양원제를 채택하였다. 이를 바탕으로 내각 책임제와 양원제가 적용된 장면 내각이 출범하였다(1960).

한 번 더 체크하러 가기 ▶ 미니북 29쪽

✓ 선택지 풀이

① 반민족 행위 처벌법을 제정하였다.
② 의원들의 선거로 대통령을 선출하였다.
④ 일부 지역의 국회의원이 선출되지 못한 채 출범하였다.
⑤ 일제가 남긴 재산 처리를 위한 귀속 재산 처리법을 만들었다.
북한이 유엔 한국 임시 위원단의 입북을 거부하여 유엔 총회의 결정에 따라 남한에서만 우리나라 최초의 보통 선거인 5·10 총선거가 실시되었다. 이 당시 남한만의 단독 정부 수립에 반대한 남로당 제주도당의 무장 봉기와 이에 대한 미군정 및 경찰 토벌대의 강경 진압이 원인이 되어 발생한 4·3 사건으로 인해 제주도는 선거에서 제외되었다. 5·10 총선거를 통해 구성된 제헌 국회는 제헌 헌법을 제정하였으며, 이를 바탕으로 이승만이 국회에서 대통령으로 선출되어 제1공화국이 출범하였다(1948). 이후 일제의 잔재를 청산하고 민족정기를 바로 잡기 위해 반민족 행위 처벌법을 제정하였고, 이에 따라 반민족 행위 특별 조사 위원회가 구성되어 활동하였다. 또한, 농지 개혁법을 제정하여 유상 매수, 유상 분배를 원칙으로 농지 개혁을 실시하였다.

42 6·25 전쟁

✓ 정답 분석

정답이 보이는 핵심 키워드
#메러디스 빅토리호 #흥남 철수 #피난민을 구출

길잡이 | 6·25 전쟁 중에 일어난 사건을 파악합니다.

1950년 북한의 남침으로 6·25 전쟁이 시작되어 서울이 점령당하였고, 이승만 정부는 전쟁에 제대로 대응하지 못한 채 후퇴하다가 부산을 임시 수도로 정하였다. 유엔군 파병 이후 국군은 낙동강을 사이에 두고 공산군과 치열한 공방전 끝에 인천 상륙 작전의 성공으로 전세가 역전되어 압록강까지 진격하였다. 그러나 **중국군의 개입**으로 전세가 불리해진 국군과 유엔군은 후퇴하는 과정에서 **함경남도 흥남에 집결**하였고 **흥남 철수** 작전을 전개하여 10만여 명에 달하는 피란민을 구출하였다. 이후 1·4 후퇴로 인해 서울이 재함락되었다가 재탈환하는 등 전쟁이 교착 상태에 빠지자 유엔군과 공산군은 판문점에서 정전 협정을 체결하였다(1953).

※ 국사편찬위원회의 문항이의 심사 결과 ④번 문항 오류로 응시자 전원 정답 처리

한 번 더 체크하러 가기 ▶ 미니북 29쪽

✓ 선택지 풀이

① 국민 방위군에 소집되는 청년
6·25 전쟁 당시 중국군의 투입으로 많은 병력이 필요해지자 한국 정부는 국민 방위군을 설치하여 만 17세 이상 40세 미만의 남자들을 소집하였다.

② 원조 물자 배급을 기다리는 시민
6·25 전쟁 당시 유엔은 전쟁 참전국과 세계보건기구, 적십자사 등 다양한 단체들이 참여한 한국 민간 구호 계획을 통해 전쟁 중 긴급 구호를 실시하였으며, 이를 통해 피란민들에게 식료품, 의류, 의약품 등 다양한 구호물자가 제공되었다.

③ 지가 증권을 싼값에 매각하는 지주
제헌 국회는 농지 개혁법을 제정하여(1949) 유상 매수, 유상 분배를 원칙으로 농지 개혁을 실시하였다(1950). 이에 따라 지주에게 지가 증권을 발급하였다.

④ 거제도 포로수용소에서 석방되는 반공 포로
6·25 전쟁 당시 이승만 정부는 유엔군의 휴전 협상 진행에 반대하여 전국 8개 포로수용소(부산 거제리, 부산 가야리, 광주, 논산, 마산, 영천, 부평, 대구)의 반공 포로를 석방하였다.

⑤ 제2차 미소 공동 위원회 개최 소식을 보도하는 기자
모스크바 3국 외상 회의의 결정에 따라 임시 정부 수립을 위해 서울 덕수궁 석조전에서 제1차, 제2차 미소 공동 위원회가 개최되었다(1946, 1947).

정답 및 해설 **311**

43 2·28 민주화 운동   정답 ⑤

정답 분석

정답이 보이는 핵심 키워드
#2·28 민주 운동 #경북도청 #학생 시위대 #장면의 대구 유세 #3·15 의거 등 민주화 운동에 영향 #2018년에 국가 기념일로 지정

길잡이 | 2·28 민주화 운동이 일어난 이승만 정부 시기에 있었던 사건을 알아봅니다.

이승만 정권과 **자유당**이 3·15 정부통령 선거 당선을 위해 **부당한 선거 운동**을 벌이자, 이에 항거한 **대구 학생**들이 **2·28 민주 운동**을 주도하였다(1960).
⑤ 이승만 정권 시기 **조봉암**은 제3대 대통령 선거에 출마하였으나 낙선하였다. 이후 진보당을 창당하고 평화 통일론을 주장하다가 국가 변란, 간첩죄 혐의로 체포되어 **사형**에 처해졌으며 **진보당은 해체**되었다(진보당 사건, 1958).

선택지 풀이

① 프로 야구가 6개 구단으로 출범하였다.
   전두환 정부 때 프로 야구가 정식으로 출범하였다(1982).
② YH 무역 노동자들이 야당 당사에서 농성하였다.
   YH 무역 노동자들의 폐업 항의 농성이 신민당사 앞에서 일어나자 박정희 정부는 야당 총재 김영삼을 국회의원직에서 제명하였다. 이로 인해 김영삼의 정치적 근거지인 부산, 마산에서 유신 정권에 반대하는 부마 민주 항쟁이 전개되었다(1979).
③ 사회 정화를 명분으로 삼청 교육대가 설치되었다.
   전두환 신군부는 국가보위비상대책위원회를 조직하고 전국 각지의 군 부대 내에 삼청 교육대를 설치하여 사회 정화라는 명분하에 가혹 행위와 인권 유린을 자행하였다(1980).
④ 인민 혁명당 재건위 사건으로 관련자가 탄압받았다.
   박정희 정부가 유신 헌법을 통해 장기 집권을 시도하자 전국적으로 유신 반대 투쟁이 일어났다. 이에 중앙정보부는 투쟁을 주도하던 민청학련 배후에 북한의 지령을 받고 국가 변란을 기도한 '인혁당 재건위'가 있다고 조작·발표하면서 관련자 천여 명을 체포하였고, 그중 도예종 등 8명의 사형을 집행하였다(인민 혁명당 재건위 사건, 1974).

44 제3선 개헌, 유신 헌법   정답 ④

정답 분석

정답이 보이는 핵심 키워드
#대통령은 국민의 선거에 의하여 선출 #대통령 임기는 4년 #대통령 계속 재임은 3기에 한함 #대통령은 통일 주체 국민 회의에서 투표로 선거 #대통령 임기는 6년 #대통령은 국회를 해산할 수 있음

길잡이 | 제3선 개헌과 유신 헌법 제정 사이에 있었던 사실을 파악합니다.

(가) **제3선 개헌**(1969): 1967년에 재당선된 **박정희**는 대통령의 **3선 연임**을 허용하는 **3선 개헌안**을 발표하고 민주 공화당 소속 의원만 모인 국회에서 변칙적으로 통과시켰다. 이에 따라 박정희는 1971년 치러진 제7대 대통령 선거에 출마하여 김대중 후보를 누르고 선출되었다(제6차 개헌).
(나) **유신 헌법**(1972): 3선에 성공한 **박정희**는 장기 집권을 위해 **유신 헌법**을 선포하여 대통령에게 국회의원 1/3 추천 임명권, **국회 해산권**, 헌법 효력을 정지시킬 수 있는 긴급 조치권 등 강력한 권한을 부여하였다(제7차 개헌).
④ **박정희 정부 시기** 서울과 평양에서 **7·4 남북 공동 성명**을 발표하고, **남북 조절 위원회**를 설치하였다(1972).

한 번 더 체크하러 가기 ▶ 미니북 13쪽

선택지 풀이

① 지방 자치제가 전면 시행되었다.
   김영삼 정부는 지방 자치 단체장까지 선거로 직접 뽑으면서 지방 자치제를 전면 실시하였다(1995).
② 여수·순천 10·19 사건이 일어났다.
   전남 여수에 주둔하던 국방 경비대 제14연대 소속의 일부 군인들이 남한 단독 정부 수립에 반대하여 일어난 제주 4·3 사건의 진압을 거부하며 여수와 순천 지역 일대를 장악하였다(1948).
③ 일부 군인들이 5·16 군사 정변을 일으켰다.
   5·16 군사 정변으로 정권을 장악한 박정희 군부 세력은 반공을 국시로 내건 혁명 공약을 발표하고 계엄을 선포하였다(1961).
⑤ 한일 국교 정상화에 반대하는 6·3 시위가 전개되었다.
   박정희 정부가 한일 회담 진행 과정에서 추진한 한일 국교 정상화의 협정 내용이 공개되자 학생과 야당을 주축으로 굴욕적 대일 외교에 반대하는 6·3 시위가 전개되었다(1964).

45 박정희 정부   정답 ①

정답 분석

정답이 보이는 핵심 키워드
#평화시장 #노동자들의 시위 #전태일 #근로 기준법을 지켜라! #열악한 노동 환경 개선 요구

길잡이 | 전태일의 분신 사건이 일어난 박정희 정부에 대해 학습합니다.

박정희 정부 때 서울 청계천 평화시장의 노동자였던 **전태일**은 저임금과 열악한 노동 환경을 사회에 알리기 위해 **근로 기준법 준수를 요구**하며 분신하였다(1970).

① **함평 고구마 피해 보상 운동**은 1976년 11월부터 1978년 5월까지 계속된 고구마 보상 문제 사건이다. 농협이 전남 함평 농민들에게 고구마를 전량 구입하겠다고 약속한 후 이를 지키지 않자, 이에 고구마를 썩히거나 헐값으로 출하하는 등 큰 손해를 입은 농민들이 **천주교 단체**를 중심으로 **규탄 대회**를 열었다.

✅ 선택지 풀이

② 저유가·저금리·저달러의 3저 호황이 있었다.
전두환 정부 때 저금리, 저유가, 저달러의 3저 호황으로 물가가 안정되고 수출이 증가하여 높은 경제 성장률을 기록하였다.

③ 미국과의 자유 무역 협정(FTA)이 체결되었다.
노무현 정부 때 한미 자유 무역 협정(FTA)이 체결되었다.

④ 경제 협력 개발 기구(OECD)의 회원국이 되었다.
김영삼 정부 때 국제 경제의 세계화와 개방 경제 체제 확산에 따른 대응을 위해 경제 협력 개발 기구(OECD)에 가입하였다.

⑤ 최저 임금 결정을 위한 최저 임금 위원회가 설치되었다.
전두환 정부 때 최저 임금법을 제정하고, 최저 임금 심의 위원회를 설치하였다. 이후 김대중 정부 때 최저 임금법이 개정되면서 최저 임금 위원회로 명칭이 변경되었다.

46 부석사 소조여래 좌상   정답 ⑤

✅ 정답 분석

정답이 보이는 핵심 키워드
#부석사 무량수전 #소조불상 #가장 규모가 크고 오래됨 #고려 시대 불상

길잡이 | 고려 시대 불상인 부석사 소조여래 좌상을 사진과 함께 학습합니다.

⑤ **부석사 소조여래 좌상**은 영주 부석사 무량수전에 모시고 있는 **소조 불상**으로, **고려 초기**에 만들어진 것으로 추정된다. 또한, 우리나라 소조 불상 가운데 **가장 크고 오래된 작품**이다.

한 번 더 체크하러 가기 ▶ 미니북 44쪽

✅ 선택지 풀이

① 경주 석굴암 본존불
통일 신라 시대의 불상으로, 석굴암 석굴에 안치되어 있다.

② 금동 관음보살 좌상
조선 전기의 보살상으로, 한 무릎을 세우고 한 다리는 가부좌를 한 모습이 특징이다.

③ 하남 하사창동 철조 석가여래 좌상
불상의 날카로운 인상과 간결한 옷주름의 표현에서 고려 초기 불상의 모습을 볼 수 있다.

④ 금동 미륵보살 반가사유상
삼국 시대의 대표적인 불상으로, 삼산 반가 사유상으로 불리기도 한다.

47 시대별 대외 전투   정답 ③

✅ 정답 분석

정답이 보이는 핵심 키워드
#살리타이 #처인성 #승려 #보장왕 #각간 김인문 #용골산성 #정봉수 #부사 송상현 #왜적

길잡이 | 시대별 대외 전투를 파악합니다.

(나) **연개소문**은 정변을 통해 영류왕을 몰아내고 **보장왕**을 왕위에 세운 뒤 스스로 대막리지가 되어 정권을 장악하였다(642). 이후 **연개소문**이 죽은 뒤 그의 아들들 사이에 내분이 발생하여 **세력이 약해진 고구려**는 나당 연합군의 공격으로 **평양성이 함락**되면서 결국 **멸망**하였다(668).

(가) **고려 몽골의 2차 침입** 때 승장 **김윤후**가 이끄는 민병과 승군이 **처인성**에서 몽골군에 대항하여 적장 **살리타이를 사살**하고 승리를 거두었다(1232).

(라) **조선 선조** 때 왜군이 침입하여 **임진왜란**이 발발하였다. 곧장 부산진성을 함락시킨 왜군은 **동래성**을 침공하였다. **동래부사 송상현**은 왜적에 맞서 싸웠으나 패배하여 동래성이 함락되고 송상현은 전사하였다(동래성 전투, 1592.4.15.).

(다) **조선 인조** 때 **정묘호란**이 발발하자 후금에 맞서 **정봉수**와 이립이 **용골산성**에서 의병을 이끌며 항전하였다(1627).

한 번 더 체크하러 가기 ▶ 미니북 23, 25, 32쪽

48 지역사 – 부산   정답 ①

✅ 정답 분석

정답이 보이는 핵심 키워드
#부사 송상현 #왜적이 바다를 건넘 #한나절 만에 성이 함락

길잡이 | 임진왜란 때 동래부사 송상현이 항전한 부산에서 일어난 사건을 살펴봅니다.

① **조선 후기**에는 임진왜란 이후 왜와 단절되었던 국교가 재개되면서 **동래(부산)**에 **초량 왜관**이 설치되었고(1678), **내상**은 왜관을 통해 **일본 상인과의 무역**을 주도하였다.

한 번 더 체크하러 가기 ▶ 미니북 52쪽

선택지 풀이

② 안승이 왕으로 봉해진 보덕국이 세워졌다.
　신라 문무왕은 당 세력을 몰아내기 위해 안승을 보덕국왕으로 임명하고 금마저(익산)에 땅을 주어 고구려 부흥 운동을 지원하였다.

③ 지역 차별에 반발하여 홍경래가 봉기하였다.
　조선 순조 때 세도 정치로 인한 삼정의 문란과 서북 지역 차별 대우에 불만을 품은 평안도 지방 사람들이 몰락 양반 출신 홍경래를 중심으로 봉기를 일으켰다.

④ 만적을 비롯한 노비들이 신분 해방을 도모하였다.
　최씨 무신 정권 시기에 최충헌의 사노비인 만적이 개경(개성)에서 노비들을 규합하여 신분 차별에 항거하는 반란을 도모하였으나 사전에 발각되어 실패하였다.

⑤ 지주 문재철의 횡포에 맞서 소작 쟁의가 일어났다.
　전남 신안군 암태도에서는 한국인 지주 문재철의 횡포와 이를 비호하는 일본 경찰에 맞서 일제 강점기 최대 규모의 암태도 소작 쟁의가 발생하였다.

49 6월 민주 항쟁　　　정답 ②

정답 분석

정답이 보이는 핵심 키워드
#박종철 군 고문살인 은폐조작 #호헌 조치 규탄 #4·13 호헌 조치 무효 선언

길잡이 | 6월 민주 항쟁에 대해 알아봅니다.

전두환 정부 때 **박종철 고문치사 사건**과 **4·13 호헌 조치**에 반발하여 대통령 직선제 개헌과 민주 헌법 제정을 요구하는 **6월 민주 항쟁**이 전개되었다. 시위가 전국적으로 확산되면서 **호헌 철폐**와 **독재 타도**를 요구하는 **6·10 국민 대회**가 개최되었다.
② 6월 민주 항쟁의 결과 정부는 6·29 민주화 선언을 발표하여 **5년 단임의 대통령 직선제**를 골자로 하는 개헌을 단행하였다.

한 번 더 체크하러 가기 ▶ 미니북 30쪽

선택지 풀이

① 허정 과도 정부가 구성되는 계기가 되었다.
⑤ 이승만이 대통령에서 물러나는 결과를 가져왔다.
　4·19 혁명의 결과로 이승만이 대통령직에서 하야하고 내각 책임제를 기본으로 하는 허정 과도 정부가 성립되었다.

③ 야당 총재의 국회의원직 제명으로 촉발되었다.
　YH 무역 노동자들이 회사의 일방적인 폐업 공고에 항의하여 신민당사에서 농성을 일으키자 박정희 정부는 신민당 총재 김영삼을 국회의원직에서 제명하였다. 이로 인해 김영삼의 정치적 근거지인 부산, 마산에서 유신 정권에 반대하는 부마 민주 항쟁이 전개되었다.

④ 관련 기록물이 세계 기록 유산으로 등재되었다.
　전두환을 비롯한 신군부 세력의 12·12 쿠데타에 저항하여 '서울의 봄'이라는 대규모 민주화 운동이 일어나자 신군부는 비상계엄 조치를 전국적으로 확대하였다. 비상계엄 해제와 신군부 퇴진, 김대중 석방 등을 요구하는 광주 시민들의 항거가 이어지자 신군부는 공수 부대를 동원한 무력 진압을 강행하였고, 학생과 시민들이 자발적으로 시민군을 조직하여 이에 대항하면서 5·18 민주화 운동이 격화되었다. 2011년에 5·18 민주화 운동 관련 기록물이 유네스코 세계 기록 유산으로 등재되었다.

50 노태우 정부의 통일 노력　　　정답 ④

정답 분석

정답이 보이는 핵심 키워드
#남북 간 교역의 문호를 개방 #남북 간 교역을 민족 내부 교역으로 간주 #소련, 중국을 비롯한 사회주의 국가들과의 관계 개선

길잡이 | 노태우 정부의 통일 노력을 학습합니다.

④ **노태우 정부** 때 남북한 화해 및 불가침, 교류·협력 등에 관한 공동 합의서인 **남북 기본 합의서**를 채택하였으며, 적극적인 **북방 외교 정책**을 추진하여 **남북한의 유엔 동시 가입**이 이루어졌다. 또한, 소련·중국 등의 **사회주의 국가들과 외교 관계를 수립**하고, 핵전쟁 위협을 제거하고 평화 통일에 유리한 조건을 조성하기 위한 **한반도 비핵화 공동 선언**을 채택하였다.

한 번 더 체크하러 가기 ▶ 미니북 20쪽

선택지 풀이

① 남북 조절 위원회를 구성하였다.
　박정희 정부 시기 서울과 평양에서 7·4 남북 공동 성명을 발표하고, 남북 조절 위원회를 구성하였다.

② 개성 공업 지구 건설에 합의하였다.
　김대중 정부 시기 평양에서 최초의 남북 정상 회담이 이루어져 개성 공단 건설 운영에 관한 합의서를 체결하였고, 노무현 정부에 이르러서 비로소 개성 공단 착공식이 진행되었다.

③ 10·4 남북 정상 선언을 발표하였다.
　노무현 정부는 제2차 남북 정상 회담을 진행하여 10·4 남북 공동 선언을 발표하였다.

⑤ 남북 이산가족 고향 방문을 최초로 실현하였다.
　전두환 정부 시기에 분단 이후 최초로 이산가족 고향 방문단 및 예술 공연단이 서울과 평양을 동시에 방문하였다.

제62회 한국사능력검정시험 정답 및 해설

기출 해설 강의 보기 ▶

한능검의 PASSCODE는 기출문제!
역잘알 시대에듀와 함께 출제 경향 완벽 분석, 단번에 합격!

STEP 1 정답 확인 문제 p.170

01	02	03	04	05	06	07	08	09	10	11	12	13	14	15	16	17	18	19	20	21	22	23	24	25
①	②	①	⑤	③	⑤	②	①	③	①	④	①	②	③	③	②	④	⑤	④	①	⑤	⑤	④	③	③

26	27	28	29	30	31	32	33	34	35	36	37	38	39	40	41	42	43	44	45	46	47	48	49	50
②	④	④	⑤	④	③	⑤	③	④	②	①	④	③	④	⑤	③	③	⑤	④	③	⑤	④	②	③	②

STEP 2 난이도 확인

| 제62회 합격률 | 41.2% | 최근 1년 평균 합격률 | 51.2% |

STEP 3 시대별 분석

시대	선사	고대	고려	조선 전기	조선 후기	근대	일제 강점기	현대	복합사
틀린 개수/문항 수	/2	/7	/8	/6	/4	/7	/5	/6	/5
출제비율	4%	14%	16%	12%	8%	14%	10%	12%	10%

STEP 4 문제별 주제 분석

01	선사	청동기 시대	26	조선 전기	양재역 벽서 사건
02	선사	부여	27	조선 후기	수원 화성
03	고대	금관가야	28	조선 후기	홍대용, 박지원
04	고대	고구려 소수림왕	29	조선 후기	조선 후기 서민 문화
05	고대	익산 미륵사지 석탑	30	근대	신미양요
06	고대	삼국 통일 과정	31	근대	광무개혁
07	고대	발해	32	근대	동학 농민 운동의 전개 과정
08	고대	통일 신라 신문왕의 정책	33	근대	조미 수호 통상 조약
09	고대	장보고	34	근대	신민회
10	고려	고려 태조 왕건의 정책	35	근대	헐버트
11	복합사	시대별 여진에 대한 대응	36	근대	독립 협회
12	고려	고려의 경제 상황	37	일제 강점기	1920년대 민족 유일당 운동
13	고려	고려의 문화유산	38	일제 강점기	박용만
14	고려	거란의 침입과 고려의 대응	39	일제 강점기	양세봉, 지청천
15	고려	고려 원 간섭기	40	일제 강점기	민족 말살 통치기
16	고려	조위총의 난	41	일제 강점기	대한민국 임시 정부
17	고려	삼별초	42	현대	제주 4·3 사건
18	고려	이색	43	현대	국민 보도 연맹 사건
19	조선 전기	조선 태종의 업적	44	현대	제3차 개헌
20	조선 전기	승정원	45	현대	박정희 정부
21	조선 전기	신숙주	46	현대	5·18 민주화 운동
22	조선 전기	조선 세종의 정책	47	현대	정부별 통일 노력
23	조선 후기	대동법	48	복합사	조선왕조의궤
24	복합사	한양 도성	49	복합사	시대별 관리 등용 제도
25	조선 전기	행주대첩	50	복합사	고려 과거제, 조선 현량과

01 청동기 시대   정답 ①

정답 분석

정답이 보이는 핵심 키워드
#사유 재산 #계급이 발생 #민무늬 토기 #비파형 동검 #고인돌

길잡이 | 청동기 시대의 생활 모습을 알아봅니다.

청동기 시대에는 **사유 재산**이 발생하고, 정치권력과 경제력을 가진 지배자인 **군장**이 등장하였다. 이들의 무덤인 **고인돌**의 규모를 통해 당시 지배층의 권력을 짐작할 수 있다. 청동기 시대의 대표적인 유물로는 **민무늬 토기**와 **비파형 동검**, 거친무늬 거울 등이 있다.
① 청동기 시대에는 조, 보리, 콩 등의 밭농사와 함께 **벼농사**도 짓기 시작하였으며 **반달 돌칼**을 이용하여 곡식을 수확하였다.

한 번 더 체크하러 가기 ▶ 미니북 4쪽

선택지 풀이

② 주로 동굴이나 막집에서 거주하였다.
구석기 시대에는 동굴이나 강가에 막집을 짓고 거주하며 인근에서 사냥과 채집을 하였고, 계절에 따라 이동 생활을 하였다.

③ 소를 이용한 깊이갈이가 일반화되었다.
신라 지증왕 때 소를 이용한 우경이 시행되면서 깊이갈이가 가능해져 농업 생산량이 증대되었고, 고려 시대에 이르러 일반화되었다.

④ 호미, 쇠스랑 등의 철제 농기구를 제작하였다.
철기 시대 이후 호미, 쇠스랑, 쟁기 등의 철제 농기구가 널리 사용되면서 농업 생산량이 늘어났다.

⑤ 가락바퀴와 뼈바늘을 이용하여 옷을 만들기 시작하였다.
신석기 시대에는 가락바퀴로 실을 뽑아 뼈바늘로 옷을 지어 입기도 하였다.

02 부여   정답 ②

정답 분석

정답이 보이는 핵심 키워드
#쑹화강 유역 #평원과 구릉 #농업과 목축 #12월에 영고라는 제천 행사 #명마, 적옥, 담비 가죽 #형이 죽으면 형수를 아내로 삼음

길잡이 | 부여의 생활 모습에 대해 학습합니다.

② **부여**는 **쑹화강 유역**에 위치하였던 연맹 왕국으로, 왕 아래 가축의 이름을 딴 마가, 우가, 저가, 구가의 **가(加)**들이 있었다. 이들은 행정 구역인 **사출도**를 다스렸으며, 왕이 통치하는 중앙과 합쳐 5부를 구성하였다. 명마, 적옥, 담비 가죽 등이 특산물로 생산되었고, 풍습으로는 1책 12법, 형사취수제 등이 있었다. 또한, 매년 12월에 **영고**라는 제천 행사를 열었다.

한 번 더 체크하러 가기 ▶ 미니북 21쪽

선택지 풀이

① 정사암에 모여 재상을 선출하였어요.
백제의 귀족들은 정사암이라는 바위에서 회의를 통해 재상을 선출하고 국가의 중대사를 결정하였다.

③ 읍락 간의 경계를 중시하는 책화가 있었어요.
동예는 각 부족의 영역을 중요시하여 다른 부족의 영역을 침범하는 경우 노비와 소, 말로 변상하게 하는 책화 제도를 두었다.

④ 사회 질서를 유지하기 위해 범금 8조를 두었어요.
고조선은 사회 질서를 유지하기 위해 8개 조항으로 이루어진 범금 8조를 만들었으나 현재는 3개의 조항만 전해진다.

⑤ 제사장인 천군과 신성 지역인 소도가 존재하였어요.
삼한은 제정 분리 사회였으며, 소도라는 신성 지역을 따로 두어 제사장인 천군이 이곳을 관리하도록 하였다.

03 금관가야   정답 ①

정답 분석

정답이 보이는 핵심 키워드
#해반천 #봉황동 유적 #수로왕릉 #대성동 고분군 #구지봉 #파사 석탑

길잡이 | 금관가야에 대해 살펴봅니다.

① **김수로왕**이 건국한 김해 지역의 **금관가야**는 전기 가야 연맹을 주도하였다. 철이 풍부하고 해상 교통이 발전하여 낙랑과 왜의 규슈 지방을 연결하는 중계 무역이 번성하였고, **덩이쇠**를 주조하여 **화폐**처럼 사용하였다. 후기에는 고구려 광개토 대왕의 진출로 쇠퇴하기 시작하였고, 5세기 이후 고령 지역의 대가야가 후기 가야 연맹을 주도하게 되었다.

선택지 풀이

② 한 무제의 공격으로 멸망하였다.
고조선은 위만의 손자인 우거왕 때 한 무제의 침공으로 왕검성이 함락되면서 멸망하였다.

③ 혼인 풍속으로 민며느리제가 있었다.
옥저에는 혼인 풍습으로 여자가 어렸을 때 혼인할 남자의 집에서 생활하다가 성인이 된 후에 혼인하는 민며느리제가 있었다.

④ 골품에 따라 관등 승진에 제한이 있었다.
신라는 골품제라는 특수한 신분 제도를 운영하여 골품에 따라 관등 승진에 제한을 두었다.

⑤ 빈민을 구제하기 위해 진대법을 시행하였다.
고구려 고국천왕은 국상 을파소의 건의에 따라 빈민을 구제하기 위해 먹을거리가 부족한 봄에 곡식을 빌려주고 겨울에 갚게 하는 진대법을 시행하였다.

04 고구려 소수림왕 정답 ⑤

정답 분석

정답이 보이는 핵심 키워드
#고구려 #평양성 전투에서 고국원왕이 전사 #위기 극복 노력 #전진으로부터 불교 수용 #태학 설립

길잡이 | 고구려 소수림왕의 정책을 알아봅니다.

⑤ **고구려 소수림왕**은 **중국 전진으로부터 불교를 수용**하고 이를 통해 왕실의 권위를 높이고자 하였으며, **율령을 반포**하여 국가 조직을 정비하였다. 또한, 국가 교육 기관인 **태학을 설립**하여 인재를 양성하였다.

한 번 더 체크하러 가기 ▶ 미니북 6쪽

선택지 풀이

① 평양으로 수도를 옮겼다.
고구려 장수왕은 도읍을 국내성에서 평양으로 옮기며 남진 정책을 추진하였다.

② 병부와 상대등을 설치하였다.
신라 법흥왕은 상대등과 병부를 설치하고 관등을 정비하여 중앙 집권적 국가 체제를 갖추었다.

③ 22담로에 왕족을 파견하였다.
백제 무령왕은 지방에 22담로를 설치하고 왕족을 파견하여 지방 통제를 강화하였다.

④ 고흥에게 서기를 편찬하게 하였다.
백제 근초고왕은 고흥에게 역사서인 『서기』를 편찬하게 하였다.

05 익산 미륵사지 석탑 정답 ③

정답 분석

정답이 보이는 핵심 키워드
#금제 사리봉영기 #탑의 해체 수리 중에 발견 #사리장엄구 #백제 귀족의 딸

길잡이 | 백제 익산 미륵사지 석탑을 사진과 함께 학습합니다.

③ **백제 무왕** 때 건립된 **익산 미륵사지 석탑**은 현존하는 삼국 시대의 석탑 중 가장 크며, 석탑 해체 복원 과정 중 1층 첫 번째 심주석에서 **금제 사리봉영(안)기가 발견**되어 석탑의 건립 연도가 명확하게 밝혀졌다.

한 번 더 체크하러 가기 ▶ 미니북 46쪽

선택지 풀이

① 경주 분황사 모전 석탑
현존하는 신라 석탑 중 가장 오래된 석탑이다.

② 경주 정혜사지 십삼층 석탑
통일 신라의 뛰어난 석조 기술과 독특한 양식을 보여주는 탑이다.

④ 영광탑
중국 지린성에 있는 발해의 오층 전탑이다.

⑤ 경주 감은사지 삼층 석탑
통일 신라 시대의 석탑이며, 동서의 쌍탑으로 조성되어 있다.

06 삼국 통일 과정 정답 ⑤

정답 분석

정답이 보이는 핵심 키워드
#당과 신라 군사들 #백강 #탄현 #장군 계백 #황산 #검모잠 #당을 배반 #국가를 부흥 #왕의 외손 안승 #신라로 달아남

길잡이 | 삼국 통일 과정 중 황산벌 전투와 고구려 부흥 운동 사이에 일어난 사건을 파악합니다.

(가) **황산벌 전투**: 신라는 **당과 동맹**을 맺고 **나당 연합군을 결성**하여 백제를 공격하였다. 이후 **황산벌**(충남 논산)에서 김유신이 이끄는 **나당 연합군에 맞서 계백의 결사대가 항전**하였으나 패배하면서 결국 **백제는 멸망**하게 되었다(660).

(나) **고구려 부흥 운동**: 나당 연합군에 의해 평양성이 함락되어 **고구려가 멸망**하자 **검모잠**, 고연무 등이 보장왕의 서자 **안승**을 왕으로 추대하고(670), 한성(황해도 재령)과 오골성을 근거지로 **고구려 부흥 운동**을 전개하였다. 그러나 내분으로 인해 **안승이 검모잠을 죽인 뒤** 고구려 유민을 이끌고 **신라로 망명**하였다. 이에 신라 문무왕은 안승을 보덕국의 왕으로 임명하고 금마저(전북 익산) 땅을 주어 당에 맞서도록 하였다(674).

⑤ 백제가 멸망한 이후 **복신과 도침** 등이 **왕자 풍**을 왕으로 추대하고, **백제 부흥 운동**을 주도하였다. 이들은 왜에 군사 지원을 요청하였고, 백제와 왜의 연합군은 나당 연합군에 맞서 백강에서 전투를 벌였지만 결국 패하였다(663).

한 번 더 체크하러 가기 ▶ 미니북 25쪽

선택지 풀이

① 당이 안동 도호부를 요동으로 옮겼다.
③ 신라군이 기벌포에서 당군을 격파하였다.
나당 연합군에 의해 평양성이 함락된 이후 당은 고구려의 옛 땅을 다스리기 위해 평양에 안동 도호부를 설치하였다(668). 이후 당은 신라와의 매소성 전투(675), 기벌포 전투(676)에서 패배하면서 안동 도호부를 요동으로 옮겼다(676).

② 성왕이 관산성 전투에서 전사하였다.
　백제 성왕은 신라 진흥왕이 나제 동맹을 깨고 백제가 차지한 지역을 점령하자 이에 분노하여 신라를 공격하였으나 관산성 전투에서 전사하였다(554).

④ 김춘추가 당과의 군사 동맹을 성사시켰다.
　신라 김춘추는 고구려와의 동맹에 실패하자 당으로 건너가 당 태종으로부터 군사적 지원을 약속받는 데에 성공하여 나당 동맹을 성사시키고 나당 연합군을 결성하였다(648).

암기의 key — 백제와 고구려의 부흥 운동

구분	백제 부흥 운동	고구려 부흥 운동
중심 인물	왕족 복신·승려 도침(주류성), 흑치상지(임존성)	검모잠(한성), 고연무(오골성)
전개 과정	• 왜의 지원 • 백강 전투에서 당에 패배(663)	• 신라의 지원 • 당 세력을 몰아내기 위해 왕자 안승을 고구려 왕으로 추대(670) → 보덕국왕으로 추대(674)
실패 요인	지원 세력인 왜의 패배, 지도층 사이의 내분	지도층의 내분, 당·신라의 회유 → 고구려 유민들이 이주하여 발해 건국(698)

07 발해 　　정답 ②

정답 분석

정답이 보이는 핵심 키워드
#고구려 문화 계승 #연꽃무늬 수막새와 치미 #당 문화의 수용 #상경성 #말갈 문화 #서역과의 교류 #청동 낙타상

길잡이 ｜ 고구려 문화를 계승하고 당 문화를 수용하여 발전한 발해에 대해 학습합니다.

　발해는 **대조영**이 고구려 유민을 이끌고 **동모산 기슭에 건국**한 국가로, **연꽃무늬 수막새**와 **치미** 등을 통해 **고구려의 문화를 계승**하였음을 알 수 있다. **중앙 관제**는 **당**의 영향으로 **3성 6부제로 구성**하였으나 관청의 명칭과 실제 운영에는 **독자적인 방식을 적용**하였다. 또한, 신라도, 거란도, 영주도, 일본도 등 상인과 사신들이 이동하는 교통로들을 통해 **주변 국가와 교류**하였다.

② 발해는 **당**의 **국자감** 제도를 받아들여 중앙에 최고 교육 기관인 **주자감**을 설치하였다. 이곳에서는 왕족과 귀족을 대상으로 유교 교육을 실시하여 인재를 양성하였다.

　　　　　　한 번 더 체크하러 가기 ▶ 미니북 7쪽

선택지 풀이

① 후당과 오월에 사신을 파견하였다.
　견훤은 완산주(현재 전주)에 도읍을 정하고 후백제를 건국한 뒤 중국의 후당과 오월에 사신을 파견하여 외교 관계를 맺었다.

③ 9서당과 10정의 군사 조직을 운영하였다.
　통일 신라 신문왕은 중앙군을 9서당, 지방군을 10정으로 편성하여 군사 조직을 정비하였다.

④ 화백 회의에서 국가의 중대사를 논의하였다.
　신라는 귀족 합의체인 화백 회의를 만장일치제로 운영하여 국가의 중대사를 결정하였다.

⑤ 내신좌평, 위사좌평 등 6좌평의 관제를 마련하였다.
　백제 고이왕은 6좌평제와 16관등제를 정비하여 중앙 집권 국가의 기틀을 마련하였다.

08 통일 신라 신문왕의 정책 　　정답 ①

정답 분석

정답이 보이는 핵심 키워드
#왕권 강화 #진골 귀족 김흠돌의 반란 진압 #국학을 설치 #9주를 정비

길잡이 ｜ 신라 신문왕의 왕권 강화 정책을 알아봅니다.

① **통일 신라 신문왕**은 장인이었던 **김흠돌이** 반란을 도모하다 발각되자 그를 처형하고, 이를 계기로 **귀족 세력을 숙청**하여 **왕권을 강화**하였다. 이후 **국학**을 설치하여 인재를 양성하였으며, **관료전을 지급**하고 **녹읍을 폐지**하였다. 또한, 확대된 영토를 효율적으로 통치하기 위해 전국을 9개의 구역으로 나누어 **9주를 설치**하였다.

　　　　　　한 번 더 체크하러 가기 ▶ 미니북 7쪽

선택지 풀이

② 마립간이라는 칭호를 처음 사용하다.
　신라는 왕(王)이라는 한자식 칭호를 쓰기 전 임금을 '거서간 → 차차웅 → 이사금 → 마립간'의 순서로 칭하였다. 그중 '가장 높은 우두머리'라는 뜻을 지닌 마립간은 제17대 내물왕부터 제22대 지증왕까지 사용되었다.

③ 이사부를 보내 우산국을 복속시키다.
　신라 지증왕 때 이사부는 왕의 명령으로 우산국(울릉도)과 우산도(독도)를 정복하고 실직주의 군주가 되었다.

④ 화랑도를 국가적 조직으로 개편하다.
　신라 진흥왕은 화랑도를 국가적 조직으로 개편하였다.

⑤ 이차돈의 순교를 계기로 불교를 공인하다.
　신라 법흥왕은 이차돈의 순교를 계기로 불교를 국교로 공인하였다.

09 장보고 정답 ③

정답 분석

정답이 보이는 핵심 키워드
#적산 법화원 #산둥반도에 있었던 신라인 집단 거주지 #무령군 소장 #흥덕왕 때 귀국 #왕위 쟁탈전에 휘말려 암살당함

길잡이 | 통일 신라 말에 활동한 장보고에 대해 살펴봅니다.

③ **통일 신라** 때 **장보고**는 당으로 건너가 서주의 무령군에 입대해 지방의 반란군을 토벌하는 등의 공을 세워 당의 장수가 되었다. **흥덕왕** 때 귀국한 장보고는 완도에 **청해진을 설치**하여 해적들을 소탕하고 **해상 무역권을 장악**하면서 당, 신라, 일본을 잇는 국제 무역을 주도하였다. 이후 자신의 도움으로 왕위에 오른 신무왕의 아들 문성왕이 장보고의 딸을 왕비로 삼겠다고 한 약속을 철회하자 이에 분노하여 반란을 일으켰고, 불안을 느낀 왕실과 귀족들은 장보고의 부하 염장을 포섭하여 장보고를 살해하였다.

한 번 더 체크하러 가기 ▶ 미니북 22쪽

선택지 풀이

① 구법 순례기인 왕오천축국전을 지었다.
통일 신라 때 혜초는 인도와 중앙아시아를 순례하고 『왕오천축국전』을 저술하였다.

② 진성 여왕에게 시무책 10여 조를 올렸다.
최치원은 통일 신라 말 6두품 출신 유학자로, 당의 빈공과에 합격하여 관리 생활을 하였다. 이후 신라로 돌아와 신라 정부의 개혁을 위해 진성 여왕에게 시무책 10여 조를 올렸으나 받아들여지지 않았다.

④ 9산 선문 중 하나인 가지산문을 개창하였다.
통일 신라 말 지방 호족 세력의 지원을 바탕으로 선종 불교가 성행하였다. 9세기 중반에는 특정 사찰을 중심으로 한 선종 집단인 9산 선문이 형성되었고, 그중 하나로 당에서 귀국한 승려 체징이 전남 가지산의 보림사에서 국사 도의를 종조로 삼아 가지산문을 개창하였다.

⑤ 한자의 음과 훈을 차용한 이두를 체계적으로 정리하였다.
설총은 강수, 최치원과 함께 통일 신라의 3대 문장가로 꼽히는 인물로, 한자의 음과 훈으로 우리말을 표기하는 이두를 정리하였다.

10 고려 태조 왕건의 정책 정답 ①

정답 분석

정답이 보이는 핵심 키워드
#신라왕이 신하로 있겠다고 요청함 #신라국을 없애 경주라 함 #경주를 김부의 식읍으로 하사함

길잡이 | 고려 태조 왕건의 정책을 학습합니다.

고려 태조 때 **신라 경순왕 김부**가 **스스로 고려에 투항**하면서 **신라가 멸망**하였다(935). 태조는 김부에게 **경주를 식읍으로 하사**하고, 김부를 **경주의 사심관**으로 임명하였다.
① **태조 왕건**은 조세 제도를 합리적으로 조정하여 세율을 1/10로 경감하였으며, 빈민을 구제하고 민생을 안정시키기 위해 **흑창**을 설치하였다.

한 번 더 체크하러 가기 ▶ 미니북 8쪽

선택지 풀이

② 12목을 설치하고 지방관을 파견하였다.
성종은 최승로의 시무 28조를 받아들여 12목을 설치하고 지방관을 파견하였다.

③ 국자감에 7재라는 전문 강좌를 운영하였다.
고려 중기 최충의 문헌공도를 대표로 하는 사학 12도의 발전으로 관학이 위축되자 예종이 국자감을 재정비하여 7재를 세우고 양현고를 설치하는 등 관학 진흥책을 추진하였다.

④ 광덕, 준풍 등의 독자적 연호를 사용하였다.
광종은 공신과 호족의 세력을 약화시키고 왕권을 강화하고자 국왕을 황제라 칭하고 광덕, 준풍 등의 독자적 연호를 사용하였다.

⑤ 전시과 제도를 마련하여 관리에게 토지를 지급하였다.
경종 때 전시과를 처음 시행하여 관직 복무와 직역의 대가로 토지를 나눠 주었다. 관리부터 군인, 한인까지 인품과 총 18등급으로 나눈 관등에 따라 곡물을 수취할 수 있는 전지와 땔감을 얻을 수 있는 시지를 주었고, 수급자들은 지급된 토지에 대해 수조권만 가졌다.

11 시대별 여진에 대한 대응 정답 ④

정답 분석

정답이 보이는 핵심 키워드
#함길도 도절제사 김종서 #동북 지역 #공험진(公險鎭) #윤관 #9성 설치

길잡이 | 여진에 대한 시대별 대응을 파악합니다.

고려 숙종 때 부족을 통일한 **여진**이 고려의 국경을 자주 침입하자 **윤관**이 왕에게 건의하여 신기군, 신보군, 항마군으로 구성된 **별무반을 조직**하였다(1104). 이후 **예종** 때 윤관은 별무반을 이끌고 여진을 물리친 뒤 **동북 9성을 설치**하였다(1107).
④ **조선 태종** 때 여진에 대한 회유책으로 **경성과 경원**에 **무역소**를 두어 국경 무역을 할 수 있도록 하였다(1406).

선택지 풀이

① 신라 문무왕 때 청방인문표를 보내어 인질의 석방을 요구하였다.
신라 문무왕 때 강수는 당에 억류되어 있던 무열왕의 아들 김인문을 석방해 줄 것을 청한 「청방인문표」를 작성하여 풀려나도록 하였다.

② 고려 우왕 때 나세, 심덕부 등이 진포에서 크게 물리쳤다.
고려 우왕 때 왜구가 침입하자 나세, 심덕부 등은 최무선이 설계한 병선과 화통·화포를 갖추고 진포 대첩에서 왜구를 격퇴하였다.

③ 고려 창왕 때 박위를 파견하여 근거지를 토벌하였다.
고려 말 창왕 때 박위를 파견하여 왜구의 본거지인 쓰시마섬을 정벌하였다.

⑤ 조선 광해군 때 기유약조를 체결하여 무역을 재개하였다.
조선 광해군 즉위 직후 기유약조를 체결하여 일본과의 국교를 재개하였다.

12 고려의 경제 상황 정답 ①

정답 분석

정답이 보이는 핵심 키워드
#양산 통도사 국장생 석표 #국사·왕사 제도 #불교를 장려

길잡이 | 고려의 경제 상황을 살펴봅니다.

양산 통도사 국장생 석표는 **고려 선종** 때 제작된 것으로, 통도사를 중심으로 절의 경계를 나타내기 위해 사방 12곳에 세워놓은 장생표 중 하나이다. '국장생'은 나라의 명에 의해 건립된 장생이라는 의미이며, 거친 석면에 '상서호부(尙書戶部)의 승인으로 세웠다'는 내용이 새겨져 있다. **고려 시대**에는 왕사와 국사 제도를 두었으며 이를 통해 **불교의 위상이 높았음**을 알 수 있다.

① **고려 숙종** 때 승려 의천의 건의에 따라 화폐 주조를 담당하는 주전도감을 설치하고 **삼한통보**, **해동통보**, 해동중보 등의 동전과 활구(은병)를 발행·유통하였다.

한 번 더 체크하러 가기 ▶ 미니북 24쪽

선택지 풀이

② 특산품으로 솔빈부의 말이 유명하였다.
발해는 목축과 수렵이 발달하였는데, 특히 지방 행정 구역 중 솔빈부의 말이 유명하여 주변 국가에 특산품으로 수출하였다.

③ 만상이 대청 무역으로 부를 축적하였다.
조선 후기 상업의 발달로 등장한 사상이 전국 각지에서 활발한 상업 활동을 전개하였다. 그중 개성의 송상과 의주의 만상은 대청 무역을 통해 부를 축적하였다.

④ 시장을 감독하는 관청인 동시전이 설치되었다.
신라 지증왕은 경주에 시장을 설치하고 이를 감독하기 위한 기구인 동시전을 설치하였다.

⑤ 광산을 전문적으로 경영하는 덕대가 등장하였다.
조선 후기에는 광산 개발이 활성화되어 물주로부터 자금을 받아 전문적으로 광산을 경영하는 덕대가 등장하였다.

13 고려의 문화유산 정답 ②

정답 분석

정답이 보이는 핵심 키워드
#상감청자 #청동 정병 #금동 침통

길잡이 | 고려의 문화유산을 사진과 함께 알아봅니다.

고려 시대에는 그릇 표면에 무늬를 파내고 백토와 자토(붉은 흙)를 메워 유약을 발라 구워내는 **상감 기법**으로 만들어진 **상감청자**가 유행하였다.

ㄱ. **고려 나전 국화 넝쿨무늬 합**은 자개를 무늬대로 잘라 목심이나 칠면에 박아 넣거나 붙이는 나전 기법으로 만들어진 유물이다. 화장용 상자의 일부로 추정되며, 당시 **고려 나전 칠기 기법**이 고스란히 반영된 유물로 평가된다. 일본에서 발견된 이 합은 문화재청의 노력으로 2020년 국내로 환수되었다.

ㄷ. 「**수월관음도**」는 고려 후기에 제작된 불화로, 『화엄경(華嚴經)』 「입법계품(入法界品)」에 나오는 **관음보살의 거처와 형상을 묘사**한 그림이다.

선택지 풀이

ㄴ. 무령왕릉 석수
백제 무령왕의 무덤인 무령왕릉에서 무덤을 수호하는 진묘수 역할로서 발견된 유물이다.

ㄹ. 황남대총 북분 금관
신라 무덤인 황남대총에서 발견되었으며, 신라 금관을 대표한다.

14 거란의 침입과 고려의 대응 정답 ③

정답 분석

정답이 보이는 핵심 키워드
#거란 #서희 #성종 #양규 #무로대 #이수 #현종

길잡이 | 거란의 침입에 대한 고려의 대응을 학습합니다.

- **거란의 1차 침입**(993): **고려 성종** 때 **거란이 침략**하여 고려가 차지하고 있는 옛 고구려 땅을 내놓고 송과 교류를 끊을 것을 요구하였으나 서희가 소손녕과의 **외교 담판**을 통해 이를 해결하고 **강동 6주**를 획득하였다.
- **거란의 2차 침입**(1010): **거란**은 강조의 정변을 구실로 고려를 침입하여 흥화진을 공격하였다. 이때 고려 장수 **양규**는 **무로대**에서 거란을 기습 공격하여 포로로 잡힌 백성을 되찾았다.
- ③ **목종** 때 **강조**는 천추태후와 그의 정부 김치양으로 인한 국가의 혼란을 바로잡기 위해 **정변**을 일으켜 **목종을 폐위**시키고 현종을 즉위시켰다(1009).

한 번 더 체크하러 가기 ▶ 미니북 23쪽

선택지 풀이

① 묘청이 서경에서 난을 일으켰다.
  인종 때 묘청과 정지상을 중심으로 한 서경 세력은 서경 천도와 칭제 건원, 금 정벌을 주장하였는데 받아들여지지 않자 서경에서 반란을 일으켰다(1135).

② 이자겸이 척준경에 의해 축출되었다.
  인종 때 이자겸이 척준경과 함께 난을 일으켰다(1126). 이에 인종은 척준경을 회유하여 이자겸을 축출하고 난을 진압하였다.

④ 김윤후가 처인성에서 살리타를 사살하였다.
  몽골의 2차 침입 때 승장 김윤후가 이끄는 민병과 승군이 처인성에서 몽골군에 대항하여 적장 살리타를 사살하고 승리를 거두었다(1232).

⑤ 다인철소의 주민들이 충주에서 항전하였다.
  고려 충주 다인철소의 주민들은 몽골의 침략에 맞서 항전하였다(1254).

암기의 key — 고려 후기의 정치적 격변

원의 내정 간섭
- 일본 원정에 동원
- 관제 격하
- 경제 수탈
- 영토 상실
- 내정 간섭
- 풍속 변화

↓

공민왕의 개혁 정책
- 친원 세력 숙청
- 정동행성 이문소 폐지
- 요동 지방 공략
- 정방 폐지
- 관제 복구
- 쌍성총관부 수복
- 몽골풍 금지
- 전민변정도감 설치

15 고려 원 간섭기 — 정답 ③

정답 분석

정답이 보이는 핵심 키워드
#제국 대장 공주 #잣과 인삼 #원의 강남 지역으로 보냄

길잡이 ┃ 고려 원 간섭기의 사회 모습을 학습합니다.

③ **고려 원 간섭기**에는 **지배층**을 중심으로 몽골의 풍습인 **변발**과 **호복** 등이 유행하였다. 또한, 고려 세자가 왕위를 계승할 때까지 원에 머무는 것이 상례였으며, 고려의 세자는 원 공주와 혼인하여 원 황제의 부마가 되었다. 이에 충렬왕은 **제국 대장 공주**와 혼인한 후 스스로 변발과 호복을 입고 고려로 귀국하였다. 이 시기에 원은 **공녀**라 하여 고려의 처녀들을 뽑아가고, 금, 은, 베를 비롯한 **잣, 인삼, 약재** 등의 **특산물**을 **징발**하여 농민들의 고통을 가중시켰다.

선택지 풀이

① 원종과 애노가 사벌주에서 봉기하였다.
  통일 신라 말 진성 여왕 때 원종과 애노가 사벌주에서 중앙 정권의 무분별한 조세 징수에 반발하여 농민 봉기를 일으켰다.

② 대각국사 의천이 해동 천태종을 개창하였다.
  고려의 승려 의천은 교종과 선종의 불교 통합 운동을 전개하였으며, 국청사를 창건하고 해동 천태종을 개창하였다.

④ 기근에 대비하기 위해 구황촬요가 간행되었다.
  조선 명종 때 흉년으로 기근이 극심해지자 이로 인해 발생한 각종 문제를 해결하기 위해 대비하는 방법을 정리한 『구황촬요』를 간행하였다.

⑤ 국난 극복을 기원하며 초조대장경이 조판되었다.
  고려 현종 때 거란이 강조의 정변을 구실로 2차 침입을 단행하였고, 개경이 함락되자 현종은 나주까지 피란을 갔다. 이후 현종은 거란의 침입을 불교의 힘으로 물리치고자 초조대장경을 제작하기 시작하였다.

16 조위총의 난 — 정답 ②

정답 분석

정답이 보이는 핵심 키워드
#조위총 #개경의 중방(重房) #서경으로 달려옴

길잡이 ┃ 무신 정권 시기에 일어난 조위총의 난의 배경을 알아봅니다.

② **고려 의종**이 무신들을 천대하고 향락에 빠져 실정을 일삼자 무신들의 불만이 쌓여갔다. 그러던 중 보현원에서 수박희를 하다가 대장군 이소응이 문신 한뢰에게 뺨을 맞는 사건이 발생하였고, 이를 계기로 분노가 폭발한 **무신들이 정변**을 일으켰다(1170). 정중부와 **이의방**을 중심으로 조정을 장악한 무신들은 **의종을 폐위**하여 거제도로 추방한 뒤 **명종을 즉위**시켰다. 이에 **고려 서경유수 조위총**은 군사를 일으켜 정중부 등의 무신 집권자들을 제거하려 하였으나 실패하였다(1174).

한 번 더 체크하러 가기 ▶ 미니북 8쪽

선택지 풀이

① 노비 만적이 반란을 모의하였다.
  최씨 무신 정권 시기에 최충헌의 사노비인 만적이 개경(개성)에서 노비들을 규합하여 신분 차별에 항거하는 반란을 도모하였으나 사전에 발각되어 실패하였다(1198).

③ 신돈이 전민변정도감의 판사가 되었다.
  고려 말 공민왕은 신돈을 등용하고 전민변정도감을 설치하여 권문세족에 의해 점탈된 토지를 돌려주고 억울하게 노비가 된 자를 풀어주는 등 개혁을 단행하였다(1366).

④ 망이, 망소이 등이 명학소에서 봉기하였다.
  고려 무신 정권 시기에 공주 명학소에서 망이·망소이가 과도한 부역과 소 주민에 대한 차별 대우에 항의하여 농민 반란을 일으켰다(1176).

⑤ 최충헌이 교정도감을 설치하여 국정을 총괄하였다.
고려 무신 정권 시기에 최충헌은 국정을 총괄하는 중심 기구인 교정도감을 설치하고(1209) 스스로 기구의 최고 관직인 교정별감이 되어 인사 및 재정 등을 장악하였다.

17 삼별초   정답 ④

정답 분석

정답이 보이는 핵심 키워드
#최우 #야별초(夜別抄) #별초를 나누어 좌우로 삼음 #신의군(神義軍)

길잡이 | 최우가 만든 삼별초에 대해 살펴봅니다.

고려 무신 정권 시기에 최충헌의 뒤를 이어 집권한 **최우**는 치안 유지를 위해 **야별초**를 설치하였다. 이것이 확대되어 **좌별초**와 **우별초**로 나뉘고, 몽골의 포로가 되었다가 탈출한 **신의군**이 합쳐져 **삼별초로 구성**되었다.
④ **고려 정부가** 강화도에서 **개경으로 환도**하자 배중손, 김통정을 중심으로 한 **삼별초**가 이에 반대하여 강화도, 진도, 제주도로 이동하며 **대몽 항쟁을 전개**하였다.

한 번 더 체크하러 가기 ▶ 미니북 8, 23쪽

선택지 풀이

① 광군사의 통제를 받았다.
고려 정종 때 최광윤의 건의로 거란의 침입에 대비하여 지방 군사 조직인 광군을 조직하였다. 전국의 광군 조직은 개경에 설치된 광군사의 통제를 받았다.

② 정미 7조약에 의해 해산되었다.
일제는 한일 신협약(정미 7조약)을 체결한 후 대한 제국의 군대를 강제로 해산시켰다.

③ 4군 6진을 개척해 영토를 확장하였다.
조선 세종 때 여진을 몰아낸 뒤 최윤덕이 압록강 상류 지역에 4군을 설치하고, 김종서가 두만강 하류 지역에 6진을 설치하였다.

⑤ 유사시에 향토 방위를 담당하는 예비군이었다.
조선 초기의 잡색군은 각계각층의 장정들로 구성되어 있었으며, 평상시에는 본업에 종사하다가 일정 기간 군사 훈련을 받아 유사시에 향토 방위를 맡는 예비군이었다.

18 이색   정답 ⑤

정답 분석

정답이 보이는 핵심 키워드
#고려 말 삼은(三隱) #목은(牧隱) #이곡(李穀)의 아들 #문하시중 역임 #고려 후기 성리학의 보급에 노력

길잡이 | 고려 후기 성리학의 보급에 기여한 이색에 대해 알아봅니다.

⑤ **목은(牧隱) 이색**은 정몽주, 정도전 등의 신진 사대부를 가르친 성리학자로, 포은(圃隱) 정몽주(鄭夢周), 야은(冶隱) 길재(吉再)와 함께 **고려 후기 절개를 지킨 세 학자**를 가리키는 **삼은(三隱)**으로 불렸다. 이색은 **공민왕 때** 성균관의 **대사성**이 되어 **정몽주 등을 학관으로 천거**하여 성균관의 중흥을 도모하였다.

선택지 풀이

① 역옹패설과 사략을 저술하였다.
고려 성리학자 이제현은 문학적 소양을 바탕으로 한 시화집 『역옹패설』, 유교 사관에 입각한 역사서인 『사략』 등을 저술하였다.

② 왕명에 의해 삼국사기를 편찬하였다.
김부식은 고려 인종의 명을 받아 현존하는 우리나라 최고(最古)의 역사서인 『삼국사기』를 편찬하였다.

③ 문헌공도를 설립하여 유학 교육에 힘썼다.
고려 문종 때 최충이 세운 9재 학당은 사학 12도 중 가장 번성하여 많은 후진을 양성하였으며, 최충의 사후 그의 시호를 바탕으로 문헌공도라 칭하였다.

④ 불교 개혁을 주장하며 수선사 결사를 제창하였다.
고려 승려 지눌은 불교의 타락을 비판하였고 순천 송광사를 중심으로 승려의 기본인 독경, 수행, 노동에 힘쓸 것을 주장하는 수선사 결사 운동을 전개하였다.

19 조선 태종의 업적   정답 ④

정답 분석

정답이 보이는 핵심 키워드
#광통교 #청계천 복원 #두 차례 왕자의 난 #신덕 왕후의 능에 있던 병풍석과 난간석을 다리 제작에 사용

길잡이 | 조선 태종의 업적을 파악합니다.

조선 초 토교(土橋)였던 **광통교**가 큰 비에 떠내려가자 **태종**은 태조의 계비인 **신덕 왕후의 능**에 있던 **병풍석과 난간석**을 이용하여 **석교(石橋)**로 다시 만들었다. 이후 광통교는 도성 내 중심 통로로서 임금의 능행, 중국의 사신들의 왕래에 쓰이는 등 도성에서 가장 많이 이용되었다.

④ 조선 태종 때 김사형, 이무, 이회 등이 **우리나라 최초의 세계 지도**이자 현존하는 동양 최고(最古)의 지도인 **혼일강리역대국도지도**를 제작하였다(1402).

한 번 더 체크하러 가기 ▶ 미니북 9쪽

✓ 선택지 풀이

① 최무선의 건의로 화통도감이 설치되었다.
고려 우왕 때 최무선이 화통도감의 설치를 건의하여 화약과 화포를 제작하였고, 이를 활용하여 진포 대첩에서 왜구를 격퇴하였다.

② 조선의 기본 법전인 경국대전이 완성되었다.
조선 세조 때 편찬되기 시작한 『경국대전』은 조선의 기본 법전으로, 성종 때 완성되어 반포되었다.

③ 국방 문제를 논의하기 위한 비변사가 설치되었다.
조선 중종 때 삼포왜란이 일어나자 외적의 침입에 대비하기 위한 임시 기구로 비변사가 처음 설치되었다. 이후 명종 때 을묘왜변을 계기로 상설 기구화되었다.

⑤ 한양을 기준으로 한 역법서인 칠정산이 간행되었다.
조선 세종 때 중국의 수시력과 아라비아의 회회력을 참고로 한 역법서인 『칠정산』을 편찬하였다. 『칠정산』은 최초로 한양을 기준으로 천체 운동을 계산하였으며, 내편(內篇)과 외편(外篇)으로 이루어졌다.

④ 실록을 보관하고 관리하는 업무를 담당하였다.
조선의 춘추관은 역사서를 보관·관리하기 위해 설치된 관청으로, 이곳에 설치된 실록청에서 실록 편찬을 담당하였다.

⑤ 국왕 직속 사법 기구로 강상죄, 반역죄 등을 처결하였다.
조선의 의금부는 고려 충렬왕 때 설치한 순마소가 조선 태종 때 개편되면서 국왕 직속 사법 기구가 되었으며, 강상죄, 반역죄 등을 저지른 중죄인을 다루었다.

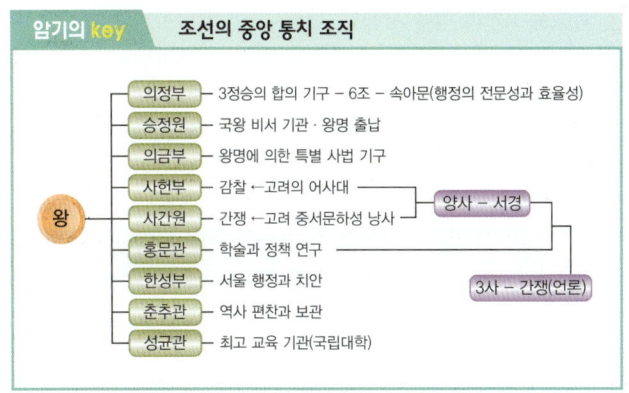

20 승정원   정답 ①

✓ 정답 분석

정답이 보이는 핵심 키워드
#은대조례 #흥선 대원군 #업무 처리 규정 #승지

길잡이 | 조선 시대 승정원에 대해 학습합니다.

① **승정원**은 조선 시대 **왕명의 출납**을 관장하던 관청으로, **은대(銀臺)**, 후원(喉院), 정원(政院), 대언사(代言司) 등으로 불리기도 하였다. 1870년 **흥선 대원군**은 승정원에서 정부를 전달·집행하는 과정을 기록한 『**은대조례**』를 편찬하게 하여 승정원의 관리인 승지들의 사무에 참고하도록 하였다.

한 번 더 체크하러 가기 ▶ 미니북 35쪽

✓ 선택지 풀이

② 사간원, 사헌부와 함께 3사로 불렸다.
조선의 홍문관은 성종 때 집현전을 계승하여 설치되었으며, 대표적인 언론 기관인 사헌부, 사간원과 함께 3사를 구성하였다.

③ 천문 연구, 기상 관측 등의 일을 맡았다.
조선의 관상감은 천문, 지리, 기후 등에 관한 업무를 담당하였다.

21 신숙주   정답 ⑤

✓ 정답 분석

정답이 보이는 핵심 키워드
#희현당(希賢堂) #보한재(保閑齋) #집현전 학사 #훈민정음 해례본 편찬에 참여 #계유정난 정난공신 #사대교린의 외교 정책 주도 #한명회 등과 국정 논의

길잡이 | 조선의 신숙주에 대해 알아봅니다.

⑤ **신숙주**는 조선 세종 때 **집현전 학자**로 재직하면서 **훈민정음 창제에 참여**하였으며, **통신사**로 일본에 다녀온 후 **대일 외교에 대한 전문가**로 대일본 국책 결정에 깊이 관여하였다. 성종 때는 일본의 지리와 국정, 외교 관계 등을 기록한 『**해동제국기**』를 편찬하였으며, 단종 때 발생한 **계유정난**에 공을 세워 세조 때 **정난공신**에 책봉되기도 하였다.

✓ 선택지 풀이

① 기해예송에서 기년설을 주장하였다.
현종 때 효종의 국상 당시 효종의 왕위 계승에 대한 정통성과 관련하여 인조의 계비인 자의 대비의 복상 문제를 놓고 서인과 남인 사이에 예송 논쟁이 발생하였다. 서인은 효종이 둘째 아들이므로 자의 대비의 복상 기간을 1년으로 주장하였고(기년설), 남인은 효종을 장자로 대우하여 3년 복상을 주장하였으나 서인 세력이 승리하였다.

② 반정 공신의 위훈 삭제를 건의하였다.
중종 때 등용된 조광조는 현량과 실시, 소격서 폐지, 반정 공신들의 위훈 삭제 건의 등의 급진적인 개혁을 실시하였다. 이에 반발한 훈구 세력들이 주초위왕 사건을 일으켜 기묘사화가 발생하면서 조광조를 비롯한 사림들이 피해를 입었다.

③ 향촌의 풍속 교화를 위해 예안 향약을 시행하였다.
중기의 성리학자 퇴계 이황은 향촌 사회의 교화를 위해 향약의 4대 덕목 가운데 '과실상규'를 강조하는 예안 향약을 만들었다.

④ 최초로 100리 척을 사용한 동국지도를 제작하였다.
영조 때 정상기가 최초로 100리 척을 사용하여 『동국지도』를 제작하였다.

22 조선 세종의 정책   정답 ⑤

정답 분석

정답이 보이는 핵심 키워드
#관현맹(管絃盲) #박연 #여민락(與民樂)

길잡이 | 조선 세종의 정책을 살펴봅니다.

조선 시대 관현맹(管絃盲)은 **시각장애인** 가운데 음악적 재능이 뛰어난 사람을 뽑아 궁중 음악 기관인 장악원에서 **악기를 연주**하도록 한 이들을 말한다. **세종** 때 **박연**은 왕에게 건의하여 **관현맹의 처우가 개선**될 수 있도록 노력하였다.

⑤ 세종 때 군신·부자·부부 삼강에 모범이 될 만한 충신, 효자, 열녀의 행실을 모아 글과 그림으로 설명한 윤리서인 『**삼강행실도**』를 간행하였다.

한 번 더 체크하러 가기 ▶ 미니북 9쪽

선택지 풀이

① 창덕궁에 신문고를 처음 설치하였다.
태종 때 창덕궁에 신문고를 처음 설치하여 백성이 억울하고 원통한 일을 호소할 수 있도록 하였다.

② 삼수병으로 구성된 훈련도감을 창설하였다.
임진왜란 중 유성룡이 선조에게 건의하여 포수, 사수, 살수의 삼수병으로 편제된 훈련도감을 설치하였다.

③ 붕당 정치의 폐단을 경계하고자 탕평비를 세웠다.
영조는 붕당 정치의 폐해를 막고 능력에 따른 인재를 등용하기 위해 탕평책을 실시하였고, 이를 알리고자 성균관에 탕평비를 건립하였다.

④ 통치 체제를 정비하기 위해 대전통편을 간행하였다.
정조는 통치 체제를 정비하기 위해 『경국대전』과 『속대전』 등 다른 여러 규정들을 하나로 통합하여 『대전통편』을 간행하였다.

23 대동법   정답 ④

정답 분석

정답이 보이는 핵심 키워드
#선혜청 #공가(貢價) #필요한 물품을 마련하여 궁궐과 관청에 납품

길잡이 | 공인이 나타나게 된 배경인 대동법에 대해 학습합니다.

④ **조선 후기 광해군** 때 **공납의 폐단**을 해결하기 위해 공납을 전세화하여 쌀이나 베, 동전 등으로 납부하게 한 제도인 **대동법이 실시**되었다. 경기도에서 처음 시행되었는데 토지 결수를 기준으로 하였기 때문에 지주들의 반발이 심하여 바로 전국에서 실시되지는 못하였다. 이후 강원도에서 실시되었고 충청도, 전라도, 경상도 순으로 확대되어 평안도와 함경도를 제외한 전국에서 시행되었다. 공물 대신 토지 1결당 미곡 12두를 납부하도록 하면서 현실적인 세납의 기초를 마련하게 되었다. 대동법의 시행으로 국가에서 필요한 물품을 어용상인인 **공인**이 직접 조달하게 되었다. 공인은 각 지방의 객주와 거래함으로써 **상품 화폐 경제의 발달을 촉진**시켰다.

한 번 더 체크하러 가기 ▶ 미니북 43쪽

선택지 풀이

① 관수 관급제가 시행되었다.
조선 성종 때 관리들의 과도한 수취로 수조권이 남용되자 국가가 직접 수확량을 조사하여 조세를 징수한 후 관리에게 지급하는 관수 관급제를 실시하였다. 이로 인해 토지와 농민에 대한 국가의 지배력이 강화되었다.

② 금속 화폐인 건원중보가 주조되었다.
고려 성종 때 우리나라 최초의 금속 화폐인 건원중보가 주조되었다.

③ 근대적 상회사인 대동 상회가 설립되었다.
조선 고종 때 평안도 상인들이 평양에 근대적 상회사인 대동 상회를 설립하였다.

⑤ 육의전을 제외한 시전 상인의 금난전권이 폐지되었다.
조선 정조 때 채제공의 건의에 따라 신해통공을 시행하여 육의전을 제외한 시전 상인들의 금난전권이 폐지되었다.

24 한양 도성   정답 ③

정답 분석

정답이 보이는 핵심 키워드
#한성부 도심의 경계 표시 #외부의 침입 방어 #4대문과 4소문 #암문, 수문, 여장, 옹성

길잡이 | 조선 시대 한양 도성에 대해 알아봅니다.

한양 도성은 조선의 수도였던 한성의 주위를 둘러싼 **성곽과 4대문, 4소문, 암문, 수문, 여장, 옹성** 등을 아울러 이르는 말이다. 개국 초기 궁과 수도 방어를 위해 **정도전 등이 설계**하였으며, 도성조축도감이 축조를 관장하였다. 초축 이후에도 태종, 세종, 숙종 등 여러 시기에 걸쳐 유지 보수되어 **조선 시대 축성 기술의 변화 과정**을 살펴볼 수 있다. **일제 강점기**에는 일제 도시 개발 계획에 의해 **도성의 대부분이 크게 훼손**되기도 하였다.
③ 조선 인조 때 정묘호란이 발발하자 후금에 맞서 정봉수와 이립이 용골산성에서 의병을 이끌며 항전하였다(1627).

암기의 key — 왜란의 전개 과정

시기		전투 내용
1592	4.13.	임진왜란 발발(부산포)
	4.14.	부산진성 전투(첫 전투)
	4.28.	충주 탄금대 전투 패배(신립) → 선조 의주 피난
	5.2.	한양 함락
	5.7.	옥포 해전(이순신), 첫 승리
	5.29.	사천포 해전(거북선 사용)
	7.	한산도 대첩(학익진 전법)
	10.	진주 대첩(김시민 전사)
1593	1.	평양성 탈환(조·명 연합군)
	2.	행주 대첩(권율)
1597	1.	정유재란
	9.	명량해전
	11.	노량해전(이순신 전사)

25 행주대첩 — 정답 ③

정답 분석

정답이 보이는 **핵심 키워드**
#권율 #행주산 #책(柵)을 설치하여 방비 #『선조수정실록』

길잡이 ┃ 임진왜란 때 일어난 행주대첩 이후에 전개된 사실을 파악합니다.

임진왜란 때 조명 연합군의 공격으로 후퇴하던 왜군이 **행주산성을 공격**하였다. 이에 **권율**을 중심으로 한 조선 군대와 백성들이 항전하여 왜군에 승리를 거두었다(1593.2.).
③ 임진왜란 때 명이 원군을 보내면서 전쟁이 장기화될 조짐이 보이자 **명과 일본은 강화 협상**을 진행하였다. 협상은 결국 결렬되었고, **일본이 다시 조선을 침략**하여 **정유재란**이 발발하였다(1957.1.).

한 번 더 체크하러 가기 ▶ 미니북 32쪽

선택지 풀이

① 최영이 홍산에서 대승을 거두었다.
고려 말 최영은 홍산에서 충남 내륙 지역까지 올라온 왜구를 전멸시키며 크게 승리하였다(1376).

② 이순신이 한산도 대첩에서 승리하였다.
조선 선조 임진왜란 때 이순신의 수군은 학익진 전법 등을 활용하여 한산도 대첩에서 왜군을 크게 물리쳤다(1592.7.).

④ 이종무가 왜구의 근거지인 쓰시마를 정벌하였다.
조선 세종은 왜구의 침입이 빈번하자 이종무를 보내 왜구의 근거지인 쓰시마를 정벌하였다(1419).

⑤ 신립이 탄금대에서 배수의 진을 치고 왜군에 항전하였다.
조선 선조 때 임진왜란이 발발하자 신립은 충주 탄금대에서 배수의 진을 치고 맞서 싸웠으나 왜군에 크게 패하여 강물에 몸을 던져 자결하였다(1592.4.).

26 양재역 벽서 사건 — 정답 ②

정답 분석

정답이 보이는 **핵심 키워드**
#대비마마 #벽서 #양재역 #여주(女主) #간신 이기(李芑)

길잡이 ┃ 양재역 벽서 사건이 일어난 조선 명종 시기를 알아봅니다.

양재역 벽서 사건은 조선 명종 때 소윤의 윤형원 일파가 을사사화 이후 남은 대윤 세력을 숙청하기 위해 양재역 벽에 익명의 벽서를 붙인 사건이다(1547). 양재역 벽서의 내용이 왕에게 보고되면서 당시 **수렴청정** 중이었던 **문정 황후**에 의해 윤임 일파의 잔당으로 지목된 이언적, 권벌 등 많은 사림 세력들이 유배되는 **정미사화**가 발생하였다.
② 인종의 뒤를 이어 명종이 어린 나이로 즉위하자 명종의 어머니 문정 왕후가 수렴청정을 하였다. 인종의 외척인 윤임을 중심으로 한 대윤 세력과 명종의 외척인 윤원형을 중심으로 한 소윤 세력의 대립으로 **을사사화**가 발생하여 윤임을 비롯한 대윤 세력과 사림들이 큰 피해를 입었다(1545).

한 번 더 체크하러 가기 ▶ 미니북 42쪽

선택지 풀이

① 사림이 동인과 서인으로 나뉘었다.
선조 때 사림 세력은 이조 전랑 임명권을 놓고 김효원을 중심으로 한 동인과 심의겸을 중심으로 한 서인으로 분화되었고, 이를 계기로 붕당 정치가 시작되었다(1575).

③ 서인이 반정을 일으켜 정권을 장악하였다.
서인 세력은 광해군의 중립 외교 정책과 영창대군 사사 사건, 인목 대비 유폐 문제를 빌미로 인조반정을 일으켰다(1623). 이에 광해군이 폐위되고 인조가 왕위에 올랐으며, 북인 세력인 이이첨, 정인홍 등은 처형되었다.

④ 김종직 등 사림이 중앙 정계에 진출하기 시작하였다.
성종은 훈구파를 제어하려는 목적으로 김종직 등의 사림을 적극적으로 중용하였다.

⑤ 폐비 윤씨 사사 사건의 전말이 알려져 김굉필 등이 처형되었다.
연산군이 생모인 폐비 윤씨 사건의 전말을 알게 되면서 갑자사화가 발생하였다(1504). 이로 인해 김굉필 등 당시 폐비 윤씨 사건에 관련된 인물들과 무오사화 때 피해를 면하였던 사람들까지 큰 화를 입었다.

암기의 key — 조선의 사화

무오사화 (1498)	• 배경: 김일손이 스승 김종직의 조의제문을 사초에 기록한 사건 • 훈구파(유자광, 이극돈)와 사림파(김일손)의 대립
갑자사화 (1504)	• 배경: 폐비 윤씨 사사 사건 • 무오사화 때 피해를 면한 사람과 일부 훈구 세력까지 피해
기묘사화 (1519)	• 배경: 조광조의 개혁 정치 • 위훈 삭제로 인한 훈구 공신 세력의 반발 → 주초위왕 사건으로 조광조 축출
을사사화 (1545)	• 배경: 인종의 외척 윤임(대윤)과 명종의 외척 윤원형(소윤) 간 대립 심화 • 명종 즉위, 문정 왕후 수렴청정 → 집권한 소윤이 대윤 공격

27 수원 화성 정답 ④

✅ 정답 분석

정답이 보이는 핵심 키워드
#정조 #정치적 이상을 담아 축조 #행궁 #장용영 #서장대

길잡이 | 조선 정조가 건축한 수원 화성을 학습합니다.

ㄴ, ㄹ. **조선 후기 정조**는 **수원 화성**을 축조하여 사도 세자의 묘를 옮기고 국왕 친위 부대인 **장용영**의 외영을 설치하는 등 화성에 **정치적·군사적 기능을 부여**하였다. 또한, 성벽의 일부를 밖으로 돌출시키고 그 안에 화포 등을 감춘 **포루**, 적의 동향을 살핌과 동시에 공격도 가능한 **공심돈** 등의 방어 시설을 설치하였다. 화성 축조 시에는 **정약용**이 고안한 **거중기** 등이 이용되어 공사 기간과 비용을 줄이는 데 크게 기여하였다.

한 번 더 체크하러 가기 ▶ 미니북 10, 16쪽

✅ 선택지 풀이

ㄱ. 고종이 아관 파천 이후 환궁한 곳이다.
고종은 아관 파천 이후 경운궁(덕수궁)으로 환궁하여 대한 제국을 수립하고 환구단에서 황제 즉위식을 거행하였다.

ㄷ. 당백전을 발행하여 건설 비용에 충당하였다.
고종 때 흥선 대원군은 경복궁 중건에 필요한 비용을 마련하기 위해 당백전을 발행하였다.

28 홍대용, 박지원 정답 ④

✅ 정답 분석

정답이 보이는 핵심 키워드
#실옹 #땅덩이가 하루 동안에 한 바퀴를 돎 #허생 #배가 외국과 통하지 못함 #수레가 국내에 두루 다니지 못함

길잡이 | 조선 후기 실학자 홍대용과 박지원에 대해 살펴봅니다.

(가) 홍대용의 『의산문답』: 조선 후기 홍대용은 『의산문답』을 통해 **지전설과 무한 우주론**을 주장하며 중국 중심의 성리학적 세계관을 비판하였다.
(나) 박지원의 『허생전』: 조선 후기 박지원은 한문 단편소설인 『허생전』을 지어 당시 양반의 허례와 무능을 풍자하고 비판하였다.
④ 조선이 청에 보낸 사절단인 **연행사**는 기행 일기인 『연행록』을 남겼으며, 홍대용(『을병연행록』), 박지원(『열하일기』)이 저술한 것이 대표적이다.

한 번 더 체크하러 가기 ▶ 미니북 16쪽

✅ 선택지 풀이

① 갑술환국으로 정계에서 축출되었다.
숙종 때 갑술환국으로 남인이 정계에서 축출되고 서인에서 분화된 노론과 소론이 정국을 주도하였다.

② 양명학을 연구하여 강화 학파를 형성하였다.
조선 후기 정제두는 지행합일을 중요시하는 양명학을 체계적으로 연구하였고, 강화도에서 후진 양성에 힘을 기울여 강화 학파를 형성하였다.

③ 서얼 출신으로 규장각 검서관에 기용되었다.
정조는 탕평 정치와 고른 인재 등용을 위해 서얼 출신인 유득공, 이덕무, 박제가 등을 규장각 검서관으로 기용하였다.

⑤ 농민 생활의 안정을 위하여 화폐 사용을 반대하였다.
조선 후기 중농학파 실학자 이익은 고리대의 근원으로 농촌 경제를 위협할 수 있는 화폐의 사용을 반대하였다.

29 조선 후기 서민 문화   정답 ⑤

정답 분석

정답이 보이는 핵심 키워드
#책가도 #민화 #서민들에게 인기

길잡이 | 조선 후기의 서민 문화를 알아봅니다.

조선 후기에는 **서민 문화**가 발달하여 **민화**와 **판소리**, **탈춤**이 유행하였고, 『홍길동전』과 『춘향전』 등 **한글 소설**이 널리 읽혔다. 이에 따라 소설이 대중화되어 소설책을 빌려주는 **세책가**와 직업적으로 소설을 낭독하는 이야기꾼인 **전기수**가 등장하였고, 책을 비롯한 도자기, 문방구, 향로, 청동기 등이 책가 안에 놓인 모습을 그린 그림인 **책가도**가 그려지기도 하였다. 또한, **상업의 발달**로 전국 각지에서 **장시**가 활성화되면서 **보부상**이 등장하여 장날에 따라 이동하며 각 장시들을 연계한 하나의 유통망을 형성하였다.
⑤ 고려 시대에는 예성강 하구에 위치한 벽란도가 국제 무역항으로 번성하였으며, 이곳을 통해 송·아라비아 상인들과 교역을 전개하였다.

한 번 더 체크하러 가기 ▶ 미니북 24쪽

30 신미양요   정답 ④

정답 분석

정답이 보이는 핵심 키워드
#강화도 광성보 #용두돈대 #미군 #어재연 장군

길잡이 | 미군에 맞서 어재연 장군이 항전한 신미양요가 일어난 시기를 파악합니다.

- **오페르트 도굴 사건**(1868): 병인양요 이후 독일 상인 오페르트가 흥선 대원군의 아버지 **남연군의 묘를 도굴하려 실패**하는 사건이 발생하였다. 이를 계기로 흥선 대원군은 쇄국 정책을 더욱 강화하였다.
- **척화비 건립**(1871): 병인양요와 신미양요를 극복한 **흥선 대원군**은 **외세의 침입을 경계**하고 서양과의 통상 수교 반대 의지를 알리기 위해 종로와 전국 각지에 **척화비를 건립**하였다.
④ 제너럴셔먼호 사건을 구실로 **미국**의 로저스 제독이 함대를 이끌고 **강화도를 공격**하여 **신미양요**가 발생하였다(1871). 미군은 강화도 덕진진을 점거하고 **광성보**로 진격하였고, 조선군은 **어재연**을 중심으로 맞서 싸웠으나 수많은 사상자를 내며 패배하였다. 이후 미국은 조선에 개항을 요구하였으나 흥선 대원군의 강력한 통상 수교 거부 정책으로 인해 함대를 철수하였다.

한 번 더 체크하러 가기 ▶ 미니북 33쪽

31 광무개혁   정답 ③

정답 분석

정답이 보이는 핵심 키워드
#파리 만국 박람회장 #한국관 #황제로 즉위 #개혁을 추진 #서구의 산업과 기술을 받아들이고자 함

길잡이 | 대한 제국 시기 고종이 실시한 광무개혁의 내용을 살펴봅니다.

③ **대한 제국** 선포 직후 **고종**은 '옛 법을 근본으로 삼고 새로운 것을 첨가한다'는 의미의 **구본신참**을 기본 정신으로 하여 **광무개혁**을 실시하였다(1897). 이에 따라 **관립 의학교**와 국립 병원인 **광제원**이 설립되었다.

한 번 더 체크하러 가기 ▶ 미니북 49쪽

선택지 풀이

① 건양이라는 연호를 사용하였다.
을미사변 이후 을미개혁이 추진되어 건양이라는 독자적인 연호와 태양력을 사용하게 되었다(1895).

② 신식 군대인 별기군을 창설하였다.
고종은 강화도 조약(1876) 이후 개화 정책을 추진하였으며 그 일환으로 기존 5군영을 무위영과 장어영의 2영으로 개편하고 신식 군대인 별기군을 창설하였다(1881).

④ 박문국을 설치하여 한성순보를 발간하였다.
개항 이후 개화 정책의 일환으로 출판 기관인 박문국이 설치되었고 이곳에서 최초의 근대적 신문인 한성순보를 발간하였다(1883).

⑤ 한일 관계 사료집을 편찬하고 독립 공채를 발행하였다.
대한민국 임시 정부는 임시 사료 편찬 위원회를 설치하고 국제 연맹에 우리 민족의 독립을 요청하기 위한 자료로 『한일 관계 사료집』을 간행하였다(1919). 또한, 국외 거주 동포들에게 독립 공채를 발행하여 독립 운동 자금을 마련하였다.

32 동학 농민 운동의 전개 과정   정답 ⑤

정답 분석

정답이 보이는 핵심 키워드
#고부 농민 봉기 #황토현 전투 #전주 화약 체결 #일본군의 경복궁 점령 #우금치 전투

길잡이 | 동학 농민 운동의 전개 과정을 파악합니다.

⑤ 전라도 고부 군수 조병갑의 횡포에 견디다 못한 농민들은 **동학교도 전봉준**을 중심으로 **고부 봉기**를 일으켰다(1894.1.). 정부가 폐정 시정을 약속하자 농민군은 자진 해산하였고, 안핵사 이용태가 파견되었다. 이용태는 농민 봉기 주도자와 동학교도를 탄압하였고, 농민들은 4대 강령을 발표하며 동학 농민 운동을 일으켰다(1차 봉기, 1894.3.). 농민군은 **황토현·황룡촌 전투**에서 관군에 승리하고 전주성을 점령하여 전라도 일대를 장악하였다. 정부는 농민군을 진압하기 위해 청에 군대를 요청하였고, 톈진 조약으로 인해 일본도 군대를 파견하였다. 이에 농민군은 외국의 개입을 우려하여 정부와 **전주 화약**을 맺은 뒤 자치 개혁 기구인 집강소를 설치하였다. 이후 일본군이 **경복궁을 점령**하고 청일 전쟁을 일으키면서 일본의 내정 간섭이 심해지자 동학 농민군의 **남접과 북접이 연합**하여 다시 봉기하였다(2차 봉기, 1894.9.). 그러나 **우금치 전투**에서 농민군이 관군과 일본군에게 패하였고, 전봉준이 서울로 압송되면서 농민군은 해산되었다.

한 번 더 체크하러 가기 ▶ 미니북 41쪽

선택지 풀이

① 교정청 설치
동학 농민군과 전주 화약을 체결한 후 조선 정부에서는 교정청을 설치하여 자주적인 내정 개혁을 시도하였다(1894).

② 전봉준 체포
동학 농민 운동군은 우금치 전투에서 관군과 일본군에게 패배하였고, 전봉준이 체포되면서 해산되었다(1894).

③ 13도 창의군 결성
한일 신협약으로 대한 제국 군대가 해산되자 이에 반발하여 정미의병이 전국적으로 전개되었고, 해산 군인들이 의병 활동에 가담하며 의병 부대가 조직화되었다. 이후 이인영을 총대장으로 한 13도 창의군이 결성되어 서울 진공 작전을 전개하였다(1908).

④ 안핵사 이용태 파견
전라도 고부 군수 조병갑의 횡포에 견디다 못한 농민들이 동학교도 전봉준을 중심으로 고부에서 봉기를 일으켰고, 이를 수습하기 위해 안핵사 이용태가 파견되었다(1894).

33 조미 수호 통상 조약   정답 ③

정답 분석

정답이 보이는 핵심 키워드
#청의 알선으로 서양과 맺은 최초의 조약 #개항기 대외 관계

길잡이 | 조미 수호 통상 조약이 조선에 미친 영향을 학습합니다.

조미 수호 통상 조약은 조선이 **서양 국가와 맺은 최초의 조약**으로, **청이 러시아와 일본을 견제**하고 조선에 대한 청의 종주권을 확인할 목적으로 체결을 알선하였다(1882). **관세 자주권을 확보**하였으나, **최혜국 대우**를 처음으로 규정하고 **치외 법권**, 국가 간의 분쟁을 제3국이 해결하는 **거중 조정** 조항 등이 포함된 **불평등 조약**이었다.

③ 조미 수호 통상 조약이 체결된 후 조선 주재 미국 공사가 파견되자 조선 정부는 답례로 **미국**에 민영익을 대표로 한 **보빙사를 파견**하였다(1883).

한 번 더 체크하러 가기 ▶ 미니북 11쪽

선택지 풀이

① 부산, 원산, 인천 항구가 개항되었다.
④ 일본 군함 운요호가 영종도를 공격하였다.
일본이 운요호 사건을 구실로 조선에 통상 조약 체결을 요구하여 우리나라 최초의 근대적 조약이자 불평등 조약인 강화도 조약이 체결되었다(1876). 일본의 요구에 따라 부산, 원산, 인천 3곳을 개항하였다.

② 김홍집이 국내에 조선책략을 소개하였다.
조선 고종 때 제2차 수신사로 일본에 파견되었던 김홍집은 당시 청국 주일 공사관 황쭌셴이 지은 『조선책략』을 국내에 소개하였다(1880). 『조선책략』은 러시아 남하 정책에 대비해 청·미·일과 친하게 지내야 한다는 내용으로, 조미 수호 통상 조약 체결의 배경이 되었다.

⑤ 개화 정책을 총괄하는 통리기무아문이 설치되었다.
고종은 강화도 조약 이후 실시한 개화 정책에 따라 국내외의 군국 기무와 개화 정책을 총괄하는 관청인 통리기무아문을 설치하였다(1880).

34 신민회   정답 ④

정답 분석

정답이 보이는 핵심 키워드
#대한매일신보 #태극 서관 #서적 할인 광고 #신지식 보급과 민족 의식 고취 #대성 학교 설립 #이승훈

길잡이 | 신민회의 활동을 알아봅니다.

신민회 조직에 참여한 **이승훈**은 **평양**에서 계몽 서적이나 유인물을 출판·보급하고자 **태극 서관**을 설립하여 민족 기업을 육성하였다.
④ **안창호**와 **양기탁** 등은 민족의 실력 양성을 위해 비밀 결사 단체인 신민회를 결성하였다(1907). **평양 대성 학교와 정주 오산 학교**를 세워 민족 교육을 실시하기도 하였으나 조선 총독부가 총독 암살 미수 사건을 조작하여 많은 민족 운동가들을 체포한 **105인 사건**으로 인해 단체가 와해되었다.

한 번 더 체크하러 가기 ▶ 미니북 15, 39쪽

선택지 풀이

① 민립 대학 설립 운동을 전개하였어요.
1920년대에 일제가 문화 통치를 표방하자 민족 운동가들은 한국인을 위한 고등 교육 기관인 민립 대학 설립 운동을 전개하였다. 이상재, 이승훈, 윤치호 등이 조선 민립 대학 기성회를 조직하고(1923) 대학 설립을 위한 모금 활동도 전개하였다.

② 러시아의 절영도 조차 요구를 저지하였어요.
독립 협회는 만민 공동회를 개최하고 이권 수호 운동을 전개하여 러시아의 절영도 조차 요구를 저지하였다(1898).

③ 파리 강화 회의에 독립 청원서를 제출하였어요.
대한민국 임시 정부는 파리 강화 회의에 김규식을 파견하여 독립 청원서를 제출하는 등 외교 활동을 전개하였다(1919).

⑤ 국문 연구소를 세워 한글의 문자 체계를 정리하였어요.
학부대신 이재곤의 건의로 학부 안에 설치된 국문 연구소는 지석영과 주시경을 중심으로 한글의 정리와 국어의 이해 체계 확립에 힘썼다(1907).

35 헐버트   정답 ②

정답 분석

정답이 보이는 핵심 키워드
#육영공원의 교사 #고종의 특사 #만국 평화 회의가 열린 헤이그 방문 #대한 제국 멸망사 출간

길잡이 | 대한 제국 시기 헐버트의 활동을 살펴봅니다.

호머 헐버트는 길모어 등과 함께 최초의 근대식 공립 학교인 **육영 공원의 외국인 교사**로 초빙되어 양반 자제들에게 영어 교육과 근대 교육을 실시하였다. 또한, 을사늑약 체결 이후 **고종의 특별 밀사**로 헤이그 특사의 활동을 지원하면서 국제 사회의 도움과 지지를 받기 위해 노력하였다.
② 헐버트는 세계의 지리 지식과 문화를 소개하는 내용을 담은 교과서인 『**사민필지**』를 한글로 저술하였다.

선택지 풀이

① 화폐 정리 사업을 주도하였다.
제1차 한일 협약을 통해 스티븐스가 외교 고문, 메가타가 재정 고문으로 임명되었다. 이후 메가타는 대한 제국의 경제권을 장악하기 위해 탁지부를 중심으로 화폐 정리 사업을 실시하였다.

③ 여성 교육 기관인 이화 학당을 설립하였다.
미국의 선교사 스크랜턴 부인은 최초의 여성 교육 기관인 이화 학당을 설립하여 근대적 여성 교육에 기여하였다.

④ 친일 인사 스티븐스를 샌프란시스코에서 사살하였다.
장인환과 전명운은 미국 샌프란시스코에서 대한 제국의 외교 고문이었던 친일파 미국인 스티븐스를 사살하였다.

⑤ 논설 단연보국채를 써서 국채 보상 운동에 적극 참여하였다.
황성신문은 논설 단연보국채를 실어 국민들이 스스로 국채 보상 운동에 동참할 것을 호소하였다.

36 독립 협회   정답 ②

정답 분석

정답이 보이는 핵심 키워드
#제중원 #백정의 아들로 태어나 차별을 극복 #관민 공동회

길잡이 | 평등을 위해 노력한 독립 협회의 활동을 알아봅니다.

② 갑신정변 이후 미국에서 돌아온 **서재필**은 남궁억, 이상재, 윤치호 등과 함께 **독립 협회**를 창립하였다(1896). 중추원 개편을 통한 의회 설립과 근대적 입헌 군주제 실현을 목표로 활동하였으며, **만민 공동회와 관민 공동회를 개최**하여 민중에게 근대적 지식과 국권·민권 사상을 고취시켰다. 정부 대신 박정양, 윤치호가 참석한 이 자리에는 가장 천대받던 계층인 **백정 박성춘**이 연설을 하는 등 관민이 함께 국정에 대하여 논의하였다.

한 번 더 체크하러 가기 ▶ 미니북 49쪽

선택지 풀이

① 일제의 황무지 개간권 요구를 저지하였다.
보안회는 일본이 대한 제국에 황무지 개간권을 요구하자 반대 운동을 전개하여 이를 저지하였다.

③ 농촌 계몽을 위한 브나로드 운동을 전개하였다.
1930년대 초 언론사를 중심으로 농촌 계몽 운동이 전개되었으며, 동아일보는 문맹 퇴치 운동의 일환으로 브나로드 운동을 주도하였다.

④ 외교 활동을 펼치기 위해 구미 위원부를 설치하였다.
대한민국 임시 정부는 대미 외교 업무를 수행하기 위해 미국에 구미 위원부를 설치하였다.

⑤ 여성의 평등한 권리를 주장하는 여권통문을 발표하였다.
서울 북촌의 양반 여성들이 모여 한국 최초의 여성 인권 선언문인 여권통문을 발표하였다. 이를 통해 여성이 정치에 참여할 권리, 남성과 평등하게 직업을 가질 권리, 교육을 받을 권리 등을 주장하였다.

37 1920년대 민족 유일당 운동   정답 ①

정답 분석

정답이 보이는 핵심 키워드
#조선 사회 운동 단체 #정우회 #민족주의적 세력과 동맹자적 관계 구축 #신간회 #해소 문제 토의

길잡이 | 1920년대 민족 유일당 운동의 과정을 학습합니다.

(가) **정우회 선언**(1926): 6·10 만세 운동의 준비 과정에서 조선 공산당을 중심으로 한 **사회주의 세력**과 천도교를 중심으로 한 **민족주의 세력**이 연대하여 **민족 유일당**을 결성할 수 있다는 공감대가 형성되었다. 이에 따라 국내의 민족 해방 운동 진영은 **정우회 선언**을 발표하고, 좌우 합작 조직인 **신간회를 결성**하였다(1927).

(나) **신간회 해소**(1931): **신간회**는 공산주의 세력의 통일 전선 전술이 달라지면서 **해소 대회**를 열고 해산을 결의하였다.
① 한국인 학생과 일본인 학생 간의 충돌로 광주 학생 항일 운동이 발생하자 **신간회** 중앙 본부가 **진상 조사단을 파견**하여 지원하였다(1929).

한 번 더 체크하러 가기 ▶ 미니북 27쪽

선택지 풀이

② 임병찬이 독립 의군부를 조직하였다.
임병찬은 고종의 밀명을 받아 독립 의군부를 조직하였다(1912). 이후 조선 총독부에 국권 반환 요구서를 보내고, 복벽주의를 내세워 의병 전쟁을 준비하였다.

③ 독립군이 봉오동에서 큰 승리를 거두었다.
의병장 출신 홍범도를 총사령관으로 한 대한 독립군은 대한 국민회군, 군무도독부 등의 독립군과 연합 작전을 전개하여 봉오동 전투에서 일본군을 상대로 큰 승리를 거두었다(1920).

④ 도쿄 유학생들이 2·8 독립 선언서를 발표하였다.
일본 도쿄 유학생들이 중심이 되어 결성한 조선 청년 독립단은 대표 11인을 중심으로 도쿄에서 2·8 독립 선언서를 발표하였다(1919).

⑤ 조선 민족 전선 연맹 산하에 조선 의용대가 창설되었다.
조선 의용대는 김원봉의 주도로 중국 국민당의 지원을 받아 중국 관내에서 결성된 최초의 한인 무장 부대로, 조선 민족 전선 연맹 산하에 있었다(1938).

38 박용만 — 정답 ④

정답 분석

정답이 보이는 핵심 키워드
#박용만 #한인 소년병 학교 #국민개병설 집필 #대조선 국민 군단 조직

길잡이 | 박용만이 대조선 국민군단을 조직한 지역을 파악합니다.

④ **박용만**은 1909년 **네브라스카**에서 독립운동과 인재 양성을 목적으로 **한인 소년병 학교**를 설립하였다. 1911년에는 미주에서 설립된 대한인 국민회의 기관지인 『**신한민보(新韓民報)**』의 주필로 활동하였으며, 『**국민개병설**』, 『군인수지』 등의 책을 집필하기도 하였다. 1912년에는 **하와이**로 건너가 **대조선 국민 군단**을 **조직**(1914)하여 독립군 사관 양성을 바탕으로 한 무장 투쟁을 준비하였다.

한 번 더 체크하러 가기 ▶ 미니북 40쪽

39 양세봉, 지청천 — 정답 ③

정답 분석

정답이 보이는 핵심 키워드
#대한 통의부 의군 #조선 혁명군 총사령관 #신흥 무관 학교 교성대장 #한국 독립군 총사령관 #한국 광복군 총사령관

길잡이 | 양세봉의 조선 혁명군과 지청천의 한국 독립군을 중심으로 전개된 한중 연합 작전을 파악합니다.

(가) **양세봉**: 양세봉은 **남만주** 지역에서 **조선 혁명군**을 조직하였다(1929). 1931년 일본이 만주사변을 일으켜 만주를 점령하고 독립군 기지를 공격하자 조선 혁명군은 **중국 의용군과 연합**하여 **흥경성 전투**에서 일본군에 승리하였다(1933).

(나) **지청천**: 지청천은 **북만주**에서 **한국 독립군**을 결성하고 **총사령관으로 역임**하였다(1930). 한국 독립군은 **중국 호로군과 연합**하여 쌍성보 전투(1932), 사도하자 전투(1933), 대전자령 전투(1933)에서 일본군에 승리하였다. 이후 충칭에서 지청천을 **총사령관**으로 하는 **한국 광복군**이 대한민국 임시정부 직할 부대로 편성되었다(1940).

③ **지청천**의 **한국 독립군**과 **중국 호로군**의 연합군은 **대전자령**의 험준한 절벽과 울창한 산림지대를 이용하여 일본군과의 전투에서 크게 승리하였다(1933).

한 번 더 체크하러 가기 ▶ 미니북 28쪽

선택지 풀이

① 조선 혁명 간부 학교를 설립하였다.
김원봉은 난징에서 의열단 지도부와 함께 조선 혁명 간부 학교를 설립하여 무장 항일 투쟁을 위한 군사력을 강화하였다.

② 대한 광복회를 조직하여 친일파를 처단하였다.
박상진은 공화 정체의 근대 국민 국가의 수립을 지향하는 대한 광복회를 조직하고(1915) 초대 총사령관으로서 독립군 양성에 힘쓰는 한편, 친일파 처단 활동도 함께 전개하였다.

④ 중광단을 중심으로 북로 군정서를 조직하였다.
북간도에서 서일 등의 대종교 세력을 중심으로 결성된 중광단이 3·1 운동 직후 무장 독립운동을 수행하기 위해 정의단으로 확대·개편되면서 북로 군정서를 조직하였다. 이후 김좌진이 이끄는 북로 군정서군은 홍범도가 이끄는 대한 독립군과 연합하여 일본군과의 청산리 전투에서 큰 승리를 거두었다.

⑤ 황푸 군관 학교에 입학하여 군사 훈련을 받았다.
김원봉을 중심으로 조직된 의열단은 1926년에 황푸 군관 학교에서 군사 훈련을 받은 후 새로운 독립 투쟁 노선을 모색하였다.

암기의 key — 1930년대 항일 무장 투쟁

독립군과 중국군의 활동 지역
1931년 이전의 일본군 점령지
1932년의 일본군 점령지

한국 독립군 (총사령 지청천)
③ 쌍성보 전투(1932)
④ 경박호 전투(1932)
⑤ 사도하자 전투(1933)
⑥ 동경성 전투(1933)
⑦ 대전자령 전투(1933)

조선 혁명군 (총사령 양세봉)
① 영릉가 전투(1932)
② 흥경성 전투(1933)

동북 항일 연군 (2군 6사)
⑧ 보천보 전투(1937)

---

40 민족 말살 통치기 — 정답 ④

정답 분석

정답이 보이는 핵심 키워드
#일제 무기 공장인 조병창 #강제 동원된 노동자 #중일 전쟁 #한국인을 탄광, 군수 공장 등으로 끌고 감

길잡이 | 일제가 민족 말살 정책을 시행한 시기를 알아봅니다.

④ **1930년대 일제**는 우리 민족의 정체성을 말살하기 위해 황국 신민화 정책을 시행하여 내선일체의 구호를 내세우고 황국 신민 서사 암송(1937)과 창씨개명(1939), 신사 참배 등을 강요하였다. 또한, **대륙 침략**을 위해 **한반도를 병참 기지화**하고 **중일 전쟁**을 일으켜 국가 총동원령을 시행하였다. 물적 수탈을 위해 양곡 배급제와 **미곡 공출제**(1939)를 실시하였으며, **국민 징용령**(1939)으로 한국인의 노동력을 착취하였다. 태평양 전쟁(1941)을 일으킨 후에는 학도 지원병 제도(1943), 징병 제도(1944) 등을 실시하여 젊은이들을 전쟁터로 강제 징집하였다.

한 번 더 체크하러 가기 ▶ 미니북 12쪽

선택지 풀이

① 치안 유지법을 공포하였다.
　1920년대 사회주의가 확산되자 일제는 치안 유지법을 공포하여(1925) 식민지 지배에 저항하는 민족 해방 운동과 사회주의 및 독립운동을 탄압하였다.

② 토지 조사령을 제정하였다.
　조선 총독부는 토지 조사국을 설치하고 토지 조사령을 발표하여 일정 기간 내 토지를 신고하도록 하는 토지 조사 사업을 실시하였다(1912).

③ 헌병 경찰 제도를 실시하였다.
　1910년대 일제는 무단 통치를 실시하여 강압적 통치를 목적으로 교원이 제복과 칼을 착용하도록 하였으며, 헌병 경찰제, 조선 태형령 등을 실시하였다.

⑤ 보통학교의 수업 연한을 4년으로 정하였다.
　일제는 식민지 교육 방침을 규정한 교육령을 발표하여(1911) 보통 · 실업 · 전문 기술 교육과 일본어 학습을 강요하고 보통 교육의 수업 연한을 4년으로 단축하였다.

암기의 key — 일제 강점기 식민 통치 정책 변화

시기 구분	통치 내용	경제 침탈
무단 통치 (1910년대)	• 조선 총독부 설치 • 헌병 경찰제 • 조선 태형령	• 토지 조사 사업 • 회사령 실시(허가제)
문화 통치 (1920년대)	• 3 · 1 운동 이후 통치 체제 변화 • 보통 경찰제 • 치안 유지법: 독립운동가 탄압	• 산미 증식 계획: 일본 본토로 식량 반출 • 회사령 폐지: 신고제 전환 → 일본 자본 유입
민족 말살 통치 (1930년대 이후)	• 황국 신민화 정책(황국 신민 서사 암송, 신사참배 · 창씨개명 강요) • 조선어 · 역사 과목 폐지	• 일제의 대륙 침략을 위한 한반도 병참 기지화 정책 • 국가 총동원령: 조선에서 인적 · 물적 자원 수탈

---

41 대한민국 임시 정부 — 정답 ⑤

정답 분석

정답이 보이는 핵심 키워드
#한국 혁명 여성 동맹 #충칭 #대일 선전 혁명서

길잡이 | 충칭에서 대일 선전 혁명서를 발표한 대한민국 임시 정부에 대해 파악합니다.

중국 충칭에서 여성의 항일운동 역량 강화를 목적으로 **여성 독립운동 단체**인 **한국 혁명 여성 동맹**이 결성되었다(1940). 이들은 **대한민국 임시 정부의 독립운동을 지원**하고, 여성의 힘을 모아 조국 독립을 위해 노력하였다. 대한민국 임시 정부는 일본군의 진주만 기습 공격으로 연합국과 **태평양 전쟁**이 발발하자(1941) 김구 주석과 조소앙 외교부장 명의로 **대일 선전 성명서**를 발표하여 일본에 대한 선전 포고를 명문화하였다.

⑤ 대한민국 임시 정부는 **충칭**에서 **조소앙**의 **삼균주의**를 정치 이념으로 하여 독립운동의 방향과 독립 후의 건국 과정을 명시한 **건국 강령**을 발표하였다(1941).

한 번 더 체크하러 가기 ▶ 미니북 26쪽

선택지 풀이

① 좌우 합작 7원칙을 발표하였다.
해방 이후 좌우 대립이 격화되자 분단의 위기를 느낀 중도파 세력들은 여운형, 김규식을 중심으로 좌우 합작 위원회를 수립하였다. 이후 중도적 사상의 통일 정부를 수립하는 것을 목적으로 좌우 합작 7원칙을 합의하여 제정하였다.

② 한인 자치 기관인 경학사를 조직하였다.
신민회는 장기적인 독립 전쟁 수행을 위해 국외 독립운동 기지 건설을 추진하여 남만주 삼원보에 한인 자치 기관인 경학사를 조직하였다.

③ 조선 혁명 선언을 활동 지침으로 삼았다.
김원봉이 결성한 의열단은 신채호가 작성한 조선 혁명 선언(1923)을 기본 행동 강령으로 하여 독립운동을 전개하였다.

④ 한글 맞춤법 통일안과 표준어를 제정하였다.
조선어 학회는 한글 맞춤법 통일안과 표준어를 제정하고 『우리말 큰사전』 편찬을 시작하여 해방 이후 완성하였다.

42 제주 4·3 사건   정답 ③

정답 분석

정답이 보이는 핵심 키워드
#제주도 #남한만의 단독 선거 반대 #진압 과정에서 수많은 사람이 희생된 사건

길잡이 | 제주 4·3 사건에 대해 학습합니다.

제주 4·3 사건은 **남한만의 단독 정부 수립에 반대**한 남로당 제주도당의 무장 봉기와 이에 대한 미군정 및 경찰 토벌대의 강경 진압이 원인이 되어 발생하였다. 진압 과정에서 법적 절차를 거치지 않고 총기 등을 사용하여 **민간인을 학살**하면서 제주도민들이 큰 피해를 입었다.
③ **2000년**에 **제주 4·3 사건 진상규명 및 희생자 명예회복에 관한 특별법**이 제정되면서 제주 4·3 사건에 대한 정부 차원의 진상 조사가 착수되었다.

한 번 더 체크하러 가기 ▶ 미니북 29쪽

선택지 풀이

① 유신 헌법의 철폐를 요구하였다.
② 통일 주체 국민 회의가 설치되는 결과를 가져왔다.
박정희 정부는 유신 헌법을 발표하여 대통령 임기 6년과 중임 제한 조항 삭제 및 통일 주체 국민 회의를 통한 대통령 간접 선거, 긴급 조치권, 대통령의 국회 해산권 등의 내용을 담은 제7차 헌법 개정을 단행하였다. 이에 장준하 각계 인사들과 함께 유신 헌법 철폐를 주장하는 개헌 청원 백만인 서명 운동을 전개하고 '박정희 대통령에게 보내는 공개서한'을 발표하기도 하였다.

④ 4·13 호헌 철폐와 독재 타도 등의 구호를 내세웠다.
전두환 정부 때 박종철 고문치사 사건과 4·13 호헌 조치에 반발하여 대통령 직선제 개헌과 민주 헌법 제정을 요구하는 6월 민주 항쟁이 전개되었다. 시위가 전국적으로 확산되면서 호헌 철폐와 독재 타도를 요구하는 6·10 국민 대회가 개최되었다.

⑤ 귀속 재산 처리를 위한 신한 공사 설립의 계기가 되었다.
광복 직후 미군정은 일제 강점기 때 동양 척식 주식회사와 일본인·일본 회사의 소유였던 토지 및 귀속 재산을 관할·처리하기 위하여 신한 공사를 설립하였다.

43 국민 보도 연맹 사건   정답 ⑤

정답 분석

정답이 보이는 핵심 키워드
#국민 보도 연맹 사건 #좌우 대립의 혼란 #영문도 모른 채 끌려가 죽임을 당함

길잡이 | 6·25 전쟁 중 발생한 국민 보도 연맹 사건을 살펴봅니다.

국민 보도 연맹은 1949년 좌익운동을 하다가 전향한 사람들을 계몽 및 지도하기 위해 조직된 단체이다. 1950년 **6·25 전쟁 중**에 군과 경찰에 의해 수만 명의 **국민 보도 연맹원이 학살**당하면서 국민 보도 연맹 사건이 발생하였고, 1990년대 말에 전국 각지에서 피해자들의 유해가 발굴되면서 사건이 드러나게 되었다.
⑤ **1950년 북한의 남침으로 6·25 전쟁이 시작**되어 서울이 점령당하였고, 이승만 정부는 전쟁에 제대로 대응하지 못한 채 후퇴하다가 부산을 임시 수도로 정하였다. **유엔군** 파병 이후 국군은 낙동강을 사이에 두고 공산군과 치열하게 공방전을 펼치다 **인천 상륙 작전**의 성공으로 전세가 역전되어 압록강까지 진격하였다 (1950.9.).

한 번 더 체크하러 가기 ▶ 미니북 34쪽

선택지 풀이

① 6·3 시위가 발생하였다.
박정희 정부가 한일 회담 진행 과정에서 추진한 한일 국교 정상화에 대한 협정 내용이 공개되자 학생과 야당을 주축으로 굴욕적 대일 외교에 반대하는 6·3 시위가 발생하였다(1964).

② 애치슨 선언이 발표되었다.
미 국무 장관인 애치슨이 한국을 미국의 태평양 방위선에서 제외한다는 내용을 포함한 애치슨 선언을 발표하여 6·25 전쟁 발발의 원인을 제공하였다(1950.1.).

③ 브라운 각서가 체결되었다.
박정희 정부는 미국의 요청으로 베트남에 국군을 파병하였는데, 베트남 파병 증파에 대한 보상으로 한국군의 현대화, 장비 제공 및 차관 제공을 약속받는 브라운 각서를 체결하였다(1966).

④ 부마 민주 항쟁이 일어났다.
YH 무역 노동자들이 회사의 일방적인 폐업 공고에 항의하여 신민당사에서 농성을 일으키자 박정희 정부는 신민당 총재 김영삼을 국회의원직에서 제명하였다. 이로 인해 김영삼의 정치적 근거지인 부산, 마산에서 유신 정권에 반대하는 부마 민주 항쟁이 전개되었다(1979).

44 제3차 개헌 정답 ③

정답 분석

정답이 보이는 핵심 키워드
#내각 책임제 개헌안 통과 #허정 과도 정부

길잡이 | 제3차 개헌안이 발표된 이후의 상황을 파악합니다.

③ 4·19 혁명 이후 허정을 중심으로 수립된 **과도 정부**는 **의원 내각제**를 기본으로 민의원과 참의원의 **양원제 국회를 구성하는 제3차 개헌**을 단행하였다(1960.6.). 이를 통해 내각 책임제와 양원제가 적용된 **장면 내각**이 출범하였다.

한 번 더 체크하러 가기 ▶ 미니북 13쪽

선택지 풀이

① 반민족 행위 처벌법이 제정되었다.
제헌 국회는 일제의 잔재를 청산하고 민족정기를 바로잡기 위해 반민족 행위 처벌법을 제정하고 반민족 행위 특별 조사 위원회를 설치하였다(1948).

② 제2차 미소 공동 위원회가 결렬되었다.
광복 직후 모스크바 3국 외상 회의의 결정에 따라 덕수궁 석조전에서 두 차례에 걸쳐 미소 공동 위원회가 개최되었으나(1946.3., 1947.5.) 미국과 소련의 입장 차이로 결렬되었다.

④ 평화 통일론을 주장한 진보당의 조봉암이 구속되었다.
이승만 정권 시기 조봉암은 제3대 대통령 선거에 출마하였으나 낙선하였다. 이후 진보당을 창당하고 평화 통일론을 주장하다가 국가 변란, 간첩죄 혐의로 체포되어 사형에 처해졌으며 진보당은 해체되었다(진보당 사건, 1958).

⑤ 유상 매수, 유상 분배 원칙의 농지 개혁법이 제정되었다.
이승만 정부의 제헌 국회에서 농지 개혁법을 제정하여(1949) 유상 매수, 유상 분배를 원칙으로 농지 개혁을 실시하였다.

45 박정희 정부 정답 ⑤

정답 분석

정답이 보이는 핵심 키워드
#포항 제철소 착공식 #제1차 석유 파동 #100억 불 수출 달성

길잡이 | 박정희 정부 시기의 경제 상황에 대해 알아봅니다.

박정희 정부는 경제 발전을 위해 **중화학 공업화**를 추진하였다. 이에 따라 1970년에는 **경부 고속도로**를, 1973년에는 **포항 제철소 1기 설비**를 준공하였다. 그 후 제1차 석유 파동의 발생으로 국내 경제가 위기에 처하여 정책 추진이 부진하였으나 1970년대 중반에 들어서 중화학 공업화 정책이 조금씩 성과를 보이기 시작하였다. 이러한 정책 추진의 성공으로 1977년에는 **수출액 100억 달러를 달성**하였다.
⑤ 박정희 정부는 서울의 달동네 개발에 따른 철거민 대책 중 하나로 **이주 정책**을 시행하였다. 이에 **광주 대단지**(현재 경기도 성남시)를 지정하고 철거민을 이주시켰으나 기반 시설을 전혀 조성하지 않았고, 상하수도 시설조차 제대로 설치되지 않았다. 이러한 정부의 무계획적인 도시 정책과 졸속 행정에 반발한 주민들이 관공서를 파괴·방화하고 차량을 탈취하는 등 **대규모 시위를 전개**하였다(1971).

선택지 풀이

① 최저 임금법 제정으로 최저 임금을 심의하는 위원
전두환 정부 때 최저 임금법을 제정하고, 최저 임금 심의 위원회를 설치하였다. 2000년에 최저 임금법이 개정되면서 최저 임금 위원회로 명칭이 변경되었다.

② 금융 실명제에 따라 신분증 제시를 요구하는 은행원
김영삼 정부 때 부정부패와 탈세를 뿌리 뽑기 위해 대통령 긴급 명령으로 금융 실명제를 실시하여 경제 개혁을 추진하였다(1993).

③ 한·칠레 자유 무역 협정(FTA)의 비준을 보도하는 기자
노무현 정부 때 한·칠레 자유 무역 협정(FTA)을 체결하였다(2004).

④ 전국 민주 노동조합 총연맹 창립 대회에 참가하는 노동자
김영삼 정부 때 전국의 진보 계열 노동조합이 모여 전국 민주 노동조합 총연맹을 창립하였다(1995).

암기의 key 현대 정부별 경제 상황

이승만 정부	• 전후 복구: 국민과 정부의 노력, 미국의 원조(면직물, 밀가루, 설탕 등 소비재 산업의 원료) → 삼백 산업 발달 • 미국 경제 원조의 영향: 식량 문제 해결에 기여, 농업 기반 파괴
5·16 군정	제1차 경제 개발 5개년 계획 발표(1962)
박정희 정부	• 제1·2차 경제 개발 5개년 계획(경공업 중심, 수출 주도형) • 제3·4차 경제 개발 5개년 계획(중화학 공업 중심)
전두환 정부	3저 호황(저유가, 저달러, 저금리)

김영삼 정부	• 경제 협력 개발 기구(OECD) 가입 • 무역 적자, 금융 기관 부실 • 외환 위기
김대중 정부	신자유주의 정책을 바탕으로 구조 조정 → 외환 위기 극복

46 5·18 민주화 운동   정답 ④

✓ 정답 분석

정답이 보이는 핵심 키워드
#계엄군에 맞선 시민군 #윤상원 #광주 #박기순 #영혼 결혼식 #민주화

길잡이 | 5·18 광주 민주화 운동에 대해 학습합니다.

④ 전두환을 비롯한 신군부 세력의 12·12 쿠데타에 저항하여 '서울의 봄'이라는 대규모 민주화 운동이 일어나자 신군부는 **비상계엄 조치를 전국적으로 확대**하였다. 비상계엄 해제와 신군부 퇴진, 김대중 석방 등을 요구하는 **광주 시민들의 항거**가 이어지자 신군부는 공수 부대를 동원한 **무력 진압**을 강행하였고, 학생과 시민들이 자발적으로 시민군을 조직하여 이에 대항하면서 **5·18 민주화 운동**이 전개되었다(1980).

한 번 더 체크하러 가기 ▶ 미니북 30쪽

✓ 선택지 풀이

① 시위 도중 대학생 이한열이 희생되었다.
③ 박종철 고문치사 사건의 진상 규명을 요구하였다.
   박종철 고문치사 사건과 4·13 호헌 조치에 반발하여 대통령 직선제 개헌과 민주 헌법 제정을 요구하는 시위가 전개되었다. 시위 도중 경찰의 최루탄에 맞아 연세대 재학생 이한열이 사망하자 시위는 더욱 격화되어 6월 민주 항쟁이 전국적으로 확산되었다(1987).

② 경무대로 향하던 시위대가 경찰의 총격을 받았다.
   이승만의 장기 집권과 자유당 정권의 3·15 부정 선거에 저항하여 4·19 혁명이 발발하였다(1960). 대학 교수단이 대통령의 하야를 요구하는 행진을 전개하는 등 시위가 전국적으로 확산되었으며, 학생 시위대가 서울 경무대(청와대)로 진입하는 과정에서 경찰의 총격을 받아 수많은 사상자가 발생하기도 하였다.

⑤ 3·1 민주 구국 선언을 통해 긴급 조치 철폐 등을 주장하였다.
   박정희 정부가 유신 헌법을 제정하자 김대중, 함석헌 등의 정치인과 기독교 목사, 대학 교수 등은 유신 독재 체제에 저항하여 긴급 조치 철폐 등을 요구하는 3·1 민주 구국 선언을 발표하였다(1976).

47 정부별 통일 노력   정답 ③

✓ 정답 분석

정답이 보이는 핵심 키워드
#남측의 연합제, 북측의 낮은 단계의 연방제 #6·15 남북 공동 선언
#정전 체제 종식 #항구적인 평화 체제 구축 #10·4 남북 정상 선언

길잡이 | 6·15 남북 공동 선언과 10·4 남북 정상 선언 사이에 일어난 사건을 파악합니다.

(가) **6·15 남북 공동 선언**(2000): **김대중 정부**는 북한과의 화해 협력 기조를 유지하며 적극적으로 북한과의 교류를 확대하였고, 평양에서 최초로 남북 정상 회담이 이루어져 **6·15 남북 공동 선언**을 발표하였다.

(나) **10·4 남북 정상 선언**(2007): **노무현 정부**는 제2차 남북 정상 회담을 진행하여 **10·4 남북 공동 선언**을 발표하였다(2007).

③ **김대중 정부** 시기인 2000년 남북 정상 회담을 통해 **개성 공단** 건설 운영에 관한 **합의서를 체결**하였고, **노무현 정부**에 이르러서 비로소 **개성 공단 착공식이 추진**되었다(2003).

한 번 더 체크하러 가기 ▶ 미니북 20쪽

✓ 선택지 풀이

① 남북 조절 위원회가 구성되었다.
② 7·4 남북 공동 성명이 발표되었다.
   박정희 정부 시기 서울과 평양에서 7·4 남북 공동 성명을 발표하고, 남북 조절 위원회를 설치하였다(1972).

④ 남북한 비핵화 공동 선언이 채택되었다.
   노태우 정부 때 핵전쟁 위협을 제거하고 평화 통일에 유리한 조건을 조성하기 위한 한반도 비핵화 공동 선언을 채택하였다(1991).

⑤ 남북 이산가족 고향 방문단의 교환 방문이 최초로 성사되었다.
   전두환 정부 시기에 분단 이후 최초로 이산가족 고향 방문단 및 예술 공연단 등 총 151명이 서울과 평양을 동시에 방문하였다(1985).

암기의 key	현대 정부의 통일 노력
박정희 정부	• 남북 적십자 회담(1971): 이산가족 문제 협의 • 7·4 남북 공동 성명(1972): 자주·평화·민족 대단결의 3대 통일 원칙 제시(서울과 평양에서 동시 발표) → 남북 조절 위원회 설치 • 6·23 평화 통일 선언(1973): 남북 동시 유엔 가입 제의, 공산권에 문호 개방 제시
전두환 정부	• 민족 화합 민주 통일 방안(1982): 민족 통일 협의회 구성 • 남북 적십자 회담 재개: 북한의 수해 물자 제공이 계기 → 최초의 이산가족 고향 방문(1985)
노태우 정부	• 북방 외교 추진: 국제 정세 변화 → 동유럽 사회주의 국가들과 수교, 소련(1990)·중국(1992)과 외교 관계 수립 • 남북 관계 진전: 남북 고위급 회담 개최, 한민족 공동체 통일 방안 제안(1989), 남북한 유엔 동시 가입(1991) • 남북 기본 합의서 채택(1991): 남북한 정부 간 최초의 공식 합의서 • 한반도 비핵화 공동 선언(1991)

김영삼 정부	• 한민족 공동체 건설을 위한 3단계 통일 방안 제시(1994) • 북한 경수로 원자력 발전소 건설 사업 지원
김대중 정부	• 대북 화해 협력 정책(햇볕 정책) 추진 → 금강산 관광 사업 전개(1998) • 남북 정상 회담, 6·15 남북 공동 선언 발표(2000) → 경의선 복구 사업, 금강산 육로 관광 등 추진, 개성 공단 조성 합의
노무현 정부	• 대북 화해 협력 정책 계승 → 남북 철도 연결 사업(경의선·동해선 연결), 개성 공단 착공식(2003) • 제2차 남북 정상 회담 개최, 10·4 남북 공동 선언 발표(2007) → 6·15 남북 공동 선언을 고수
이명박 정부	• 남북 관계 경색: 금강산 관광 중단(2008), 천안함 피격 사건, 연평도 포격 사건 • 북한의 핵 개발, 미사일 발사 실험 등
박근혜 정부	• 남북 관계 악화 • 대북 강경 정책 지속: 개성 공단 폐쇄(2016)
문재인 정부	• 평화 공존, 공동 번영의 통일 정책 추진 • 4·27 남북 정상 회담 개최, 4·27 판문점 선언 발표(2018)

48 조선왕조의궤   정답 ⑤

정답 분석

정답이 보이는 핵심 키워드
#영조와 정순 왕후의 혼례식 행렬 재현 #왕실이나 국가의 큰 행사의 관련 사실을 글과 그림으로 기록한 책

길잡이 | 조선 시대 문화유산인 의궤에 대해 학습합니다.

ㄷ·ㄹ **조선왕조의궤**는 조선 시대에 왕실이나 국가의 큰 행사를 개최한 후 그 전 과정을 기록한 종합 보고서이다. 이 안에는 후대 사람들이 행사를 진행할 때 참고할 수 있도록 의례의 전말을 자세히 기록하였다. 필요에 따라 이해를 돕기 위해 그림을 함께 그려 넣기도 하였으며, 왕의 열람을 위한 어람용과 여러 관청에 나누어 준 분상용이 나누어 제작되었다. 2007년에는 이러한 가치를 인정받아 유네스코 세계 기록 유산으로 등재되었다. **병인양요** 때 **프랑스군**은 외규장각을 불태우고 일부 **의궤를 약탈**하기도 하였다.

한 번 더 체크하러 가기 ▶ 미니북 53쪽

선택지 풀이

ㄱ. 사초와 시정기를 바탕으로 편찬되었다.
ㄴ. 연대순으로 기록하는 편년체로 구성되었다.
『조선왕조실록』은 조선 태조 때부터 철종 때까지의 역사를 편년체 형식으로 기록한 것이다. 이는 왕 사후에 다음 왕이 즉위하면 사초와 시정기를 근거로 편찬하였으며 춘추관 내에 설치된 실록청에서 담당하였다.

49 시대별 관리 등용 제도   정답 ③

정답 분석

정답이 보이는 핵심 키워드
#독서삼품을 정하여 관리 선발 #쌍기 #조광조 #현량방정과의 뜻을 이음 #판임관 #외국 유학생 졸업자 중에서 해당 주무 장관이 선발

길잡이 | 시대별 관리 등용 제도에 대해 학습합니다.

ㄴ. **고려 광종**은 다양한 개혁을 통해 공신과 호족의 세력을 약화시키고 왕권을 강화하고자 하였다. 이에 후주 출신 **쌍기**의 건의로 **과거 제도**를 시행하여 신진 세력을 등용하였다.
ㄷ. **조선 중종** 때 **조광조**는 한의 **현량방정과**를 참고하여 천거제의 일종인 **현량과** 실시를 건의하였다. 이에 사림이 대거 등용될 수 있는 발판이 마련되었다.

선택지 풀이

ㄱ. 최승로의 시무 28조를 받아들여 달라진 제도를 살펴본다.
고려 성종은 최승로의 시무 28조를 받아들여 통치 체제를 정비하였다. 전국 주요 지역에는 12목을 설치하고 지방관인 목사를 파견하였으며, 향리제를 마련하여 지방 세력을 견제하였다. (가)는 통일 신라 원성왕이 시행한 독서삼품과이다. 시무 28조와는 관련이 없다.
ㄹ. 임술 농민 봉기를 수습하기 위한 정부의 대책을 파악한다.
조선 철종 때 발생한 임술 농민 봉기의 수습을 위해 파견된 안핵사 박규수는 원인이 삼정의 문란에 있다고 보고 삼정이정청을 설치하여 이를 해결하고자 하였다. (라)는 1894년 갑오개혁 이후의 관리 등용 방법이다. 삼정이정청과는 관련이 없다.

50 고려 과거제, 조선 현량과   정답 ②

정답 분석

정답이 보이는 핵심 키워드
#쌍기 #시·부·송 및 시무책으로 시험하여 진사를 뽑음 #명경업 #천거한 사람들 #현량방정과

길잡이 | 고려의 과거제와 조선의 현량과를 알아봅니다.

② **고려 광종**은 후주 출신 **쌍기**의 건의를 받아들여 **과거제**를 시행하였다(958). 과거 시험은 **지공거**가 주관하였으며, 과거 시험의 합격생인 **문생**은 지공거를 좌주라 불렀다. 이후 좌주와 문생은 밀접한 관계를 맺고 **학벌을 형성**하였다.

한 번 더 체크하러 가기 ▶ 미니북 8쪽

✅ 선택지 풀이

① 역분전이 제정되는 결과를 가져왔다.
고려 태조는 후삼국 통일에 공을 세운 공신들에게 관등에 관계없이 공로, 인품 등을 기준으로 차등을 두어 역분전을 지급하였다.

③ 제술과, 명경과, 잡과, 승과로 구성되었다.
고려 시대 과거제는 제술과, 명경과, 잡과, 승과로 구성되었다.

④ 성균관에서 보는 관시, 한성부에서 보는 한성시, 각 지방에서 보는 향시로 나뉘었다.
조선 시대 과거제(문과)의 초시에는 성균관에서 보는 관시, 한성부에서 보는 한성시, 각 지방의 도에서 실시하는 향시가 있었다.

⑤ 홍범 14조 반포를 계기로 시행되었다.
홍범 14조는 제2차 갑오개혁 때 김홍집 내각이 개혁의 기본 방향을 제시하기 위해 반포하였다. 이는 고려의 과거제와 조선의 현량과와는 관계가 없다.

제61회 한국사능력검정시험 정답 및 해설

STEP 1 정답 확인 문제 p.182

01	02	03	04	05	06	07	08	09	10	11	12	13	14	15	16	17	18	19	20	21	22	23	24	25
④	①	⑤	①	①	⑤	②	④	①	①	②	③	③	③	③	②	④	⑤	②	⑤	④	⑤	②	④	③
26	27	28	29	30	31	32	33	34	35	36	37	38	39	40	41	42	43	44	45	46	47	48	49	50
③	③	②	②	②	①	②	④	①	⑤	⑤	④	②	③	⑤	③	③	④	④	④	①	⑤	⑤	②	③

STEP 2 난이도 확인

제61회 합격률: **50.1%**   최근 1년 평균 합격률: **54.6%**

STEP 3 시대별 분석

시대	선사	고대	고려	조선 전기	조선 후기	근대	일제 강점기	현대	복합사
틀린 개수/문항 수	/2	/8	/8	/5	/4	/6	/7	/6	/4
출제비율	4%	16%	16%	10%	8%	12%	14%	12%	8%

STEP 4 문제별 주제 분석

01	선사	신석기 시대	26	조선 후기	조선 정조
02	선사	삼한	27	조선 후기	임술 농민 봉기
03	고대	백제의 통치 제도	28	조선 후기	김홍도
04	고대	고구려 광개토 대왕	29	복합사	시대별 역사서의 편찬
05	고대	원효	30	복합사	『삼국사기』, 『삼국유사』
06	고대	고구려 장수왕의 남진 정책	31	근대	신미양요
07	고대	삼국 통일의 과정	32	근대	통리기무아문
08	고대	김헌창의 난	33	근대	임오군란
09	고려	고려 태조 왕건	34	근대	주시경
10	고대	발해 무왕의 업적	35	근대	국채 보상 운동
11	고대	궁예	36	근대	신민회
12	고려	서경 천도 운동	37	일제 강점기	무단 통치기
13	고려	만적의 난	38	일제 강점기	대한 광복회
14	고려	고려 원 간섭기	39	일제 강점기	3·1 운동
15	복합사	시대별 승려	40	일제 강점기	대한민국 임시 정부
16	고려	고려의 경제	41	일제 강점기	민족 말살 통치기
17	고려	몽골의 침략과 고려의 대응	42	일제 강점기	일제 강점기 종교의 활동
18	고려	고려의 문화유산	43	일제 강점기	조선 의용대
19	고려	최무선	44	복합사	지역사 – 북간도
20	조선 전기	조선 성종	45	현대	광복 직후 미군정 시기
21	조선 전기	중종반정	46	현대	6·25 전쟁
22	조선 전기	사헌부	47	현대	3선 개헌 반대 시위
23	조선 전기	조선의 환국	48	현대	5·18 민주화 운동
24	조선 전기	병자호란	49	현대	김영삼 정부의 경제 정책
25	조선 후기	조선 후기의 경제	50	현대	김대중 정부의 통일 노력

01 신석기 시대   정답 ④

✓ 정답 분석

정답이 보이는 핵심 키워드
#강원도 양양군 오산리 #약 8천 년 전에 형성된 집터 #빗살무늬 토기 #덧무늬 토기 #이음낚시, 그물추

길잡이 | 신석기 시대의 생활 모습을 알아봅니다.

강원도 양양 오산리는 대표적인 **신석기 시대** 유적지로, **집터**와 **이음낚시**, **그물추** 등이 출토되었다. 그릇의 표면에 점토 띠를 덧붙여 문양 효과를 낸 토기인 **덧무늬 토기**와 **빗살무늬 토기** 등도 함께 발견되었다. 이를 통해 강가나 바닷가에 움집을 짓고 살면서 채집·수렵 생활을 하였던 신석기 시대 사람들의 생활상을 살펴볼 수 있다.
④ 신석기 시대에는 **농경 생활**의 시작으로 조·피 등을 재배하였고, 가축을 기르는 목축을 통해 식량을 생산하였다.

한 번 더 체크하러 가기 ▶ 미니북 4쪽

✓ 선택지 풀이

① 주로 동굴이나 막집에 거주하였다.
   구석기 시대에는 동굴이나 강가에 막집을 짓고 거주하며 인근에서 사냥과 채집을 하였고, 계절에 따라 이동 생활을 하였다.

② 고인돌, 돌널무덤 등을 축조하였다.
   청동기 시대에는 정치권력과 경제력을 가진 지배자인 군장이 등장하였다. 이들의 무덤인 고인돌, 돌널무덤 등의 규모를 통해 당시 지배층의 권력을 짐작할 수 있다.

③ 명도전을 이용하여 중국과 교역하였다.
   철기 시대 때 중국과의 활발한 교류로 인해 중국 화폐인 명도전과 반량전이 사용되었다.

⑤ 비파형 동검과 거친무늬 거울 등을 제작하였다.
   청동기 시대에는 거푸집으로 비파형 동검을 제작하고, 거친무늬 거울을 만드는 등 독자적인 청동기 문화를 형성하였다.

암기의 key — 선사 시대의 생활상

구석기 시대	• 동굴이나 강가의 막집에서 생활 • 주먹도끼, 찍개 등의 뗀석기 사용
신석기 시대	• 강가나 바닷가에 움집을 지어 정착 생활 • 뼈낚시, 그물, 돌창, 돌화살을 사용하여 채집·수렵 • 조·피 등을 재배하는 농경 시작, 목축 생활 • 빗살무늬 토기를 이용하여 음식을 조리하거나 저장 • 가락바퀴로 실을 뽑아 뼈바늘로 옷을 지어 입기도 함
청동기 및 초기 철기 시대	• 밭농사 중심, 벼농사 시작, 반달 돌칼 사용 • 움집의 지상 가옥화, 배산임수의 취락 형성 • 가축 사육 시작, 농업 생산력 향상 • 사유 재산과 계급 발생, 선민사상, 족장 출현 • 비파형 동검, 세형 동검 제작

02 삼한   정답 ①

✓ 정답 분석

정답이 보이는 핵심 키워드
#5월과 10월에 제천 행사 #신지, 읍차 #목지국, 사로국, 구야국

길잡이 | 삼한의 생활 모습에 대해 살펴봅니다.

삼한은 마한, 진한, 변한으로 구성된 연맹 왕국으로, 각 왕국은 **목지국**, **사로국**, **구야국** 등의 여러 소국으로 이루어졌다. **신지**, **읍차**와 같은 정치적 지배자와 **천군**이라는 제사장을 두는 **제정 분리 사회**였으며, **5월**에는 **수릿날**, **10월**에는 **계절제**라 하는 **제천 행사**를 지냈다.
① 삼한의 천군은 제사를 주관하는 **소도**라는 신성 지역을 다스렸다. 이곳에는 군장의 세력이 미치지 못하여 죄인이 도망쳐 와도 잡아가지 못하였다.

한 번 더 체크하러 가기 ▶ 미니북 21쪽

✓ 선택지 풀이

② 연의 장수 진개의 공격을 받았다.
   고조선은 기원전 3세기경 요서 지방을 경계로 연과 대립하다가 연의 장수 진개의 공격을 받고 서쪽 땅을 상실하였다.

③ 혼인 풍습으로 민며느리제가 있었다.
   옥저에는 혼인 풍습으로 여자가 어렸을 때 혼인할 남자의 집에서 생활하다가 성인이 된 후에 혼인하는 민며느리제가 있었다.

④ 여러 가(加)들이 별도로 사출도를 주관하였다.
   부여에는 왕 아래 가축의 이름을 딴 마가, 우가, 저가, 구가의 가(加)들이 있었다. 이들은 행정 구역인 사출도를 다스렸으며, 왕이 통치하는 중앙과 합쳐 5부를 구성하였다.

⑤ 특산물로 단궁, 과하마, 반어피가 유명하였다.
   동예에서 생산되는 특산물로는 단궁, 과하마, 반어피 등이 유명하였다.

03 백제의 통치 제도   정답 ⑤

✓ 정답 분석

정답이 보이는 핵심 키워드
#16품계 #좌평 #5방 #웅진성

길잡이 | 백제의 통치 구조에 대해 학습합니다.

백제 고이왕은 6좌평제와 **16관등제**를 정비하여 중앙 집권 국가의 기틀을 마련하였다. **성왕** 때 이를 대대적으로 정비하여 **통치 조직을 완비**하였으며, 방(方)이라는 최상위 행정 단위를 만들고 전국을 동, 서, 남, 북, 중의 **5방**으로 나누어 통치하였다.
⑤ 백제의 지배층은 왕족인 부여씨와 8성의 귀족으로 이루어졌다.

선택지 풀이

① 골품에 따라 관등 승진에 제한을 두었다.
  신라는 골품제라는 특수한 신분 제도를 운영하여 골품에 따라 관등 승진에 제한을 두었다.

② 제가 회의에서 국가 중대사를 결정하였다.
  고구려는 귀족 회의인 제가 회의를 통해 국가의 중대사를 결정하였다.

③ 지방 장관으로 욕살, 처려근지 등이 있었다.
  고구려는 지방을 대성, 중성, 소성 3단계로 나누어 통치하였으며, 대성에는 욕살을, 중성에는 처려근지를 장관으로 두었다.

④ 위화부, 영객부 등의 중앙 관서를 설치하였다.
  통일 신라는 중앙 행정 기구인 집사부를 중심으로 그 아래 위화부, 영객부를 비롯한 13부를 설치하여 행정 업무를 분담하였다.

암기의 key — 고대 국가의 지방 행정 제도

국가	행정 구역	특수 구역
고구려	5부(욕살)	3경 (국내성, 평양성, 한성)
백제	5방	22담로
신라	5주	2(3)소경
통일 신라	9주	5소경
발해	15부 62주	5경

04 고구려 광개토 대왕 정답 ①

정답 분석

정답이 보이는 핵심 키워드
#백제의 관미성을 빼앗음 #신라에 침입한 왜 격퇴 #후연 공격 #왕자 거련(巨連)을 태자로 삼음

길잡이 | 고구려 광개토 대왕이 펼친 정책에 대해 알아봅니다.

고구려 광개토 대왕은 391년 백제의 수도 한성을 지키는 전략적 요충지인 관미성을 공격하여 함락시켰으며, 400년에는 신라의 원군 요청을 받고 군대를 보내 **신라에 침입한 왜를 격퇴**하였다. 이 과정에서 전기 가야 연맹의 중심지였던 금관가야가 쇠퇴하였다. 또한, 북쪽으로는 **중국 후연을 공격**하여 옛 고조선의 영토였던 요동 땅을 차지하였다. 이후 광개토 대왕의 뒤를 이어 아들 거련이 장수왕으로 즉위하여 평양으로 천도하고, 남진 정책을 추진하였다.
① 고구려 광개토 대왕은 **영락**이라는 **독자적 연호**를 사용하였다.

한 번 더 체크하러 가기 ▶ 미니북 6쪽

선택지 풀이

② 태학을 설립하여 인재를 양성하였다.
  고구려 소수림왕은 국가 교육 기관인 태학을 설립하여 인재를 양성하였다.

③ 낙랑군을 축출하여 영토를 확장하였다.
  고구려 미천왕은 낙랑군과 대방군 등 한 군현을 한반도 지역에서 몰아내고, 서안평을 공격하여 영토를 확장하였다.

④ 을파소를 등용하고 진대법을 시행하였다.
  고구려 고국천왕은 국상 을파소의 건의에 따라 빈민을 구제하기 위해 먹을거리가 부족한 봄에 곡식을 빌려주고 겨울에 갚게 하는 진대법을 시행하였다.

⑤ 당의 침입에 대비하여 천리장성을 축조하였다.
  고구려 영류왕 때 연개소문은 당의 공격에 대비하여 동북의 부여성에서 발해만의 비사성까지 천리장성을 축조하였다.

05 원효 정답 ①

정답 분석

정답이 보이는 핵심 키워드
#『금강삼매경론』 #『대승기신론소』 #무애가 #정토 신앙 #불교 대중화

길잡이 | 신라의 대표적 승려인 원효에 대해 학습합니다.

① **신라의 승려 원효**는 불교 종파의 대립과 분열을 종식시키고 화합을 이루기 위한 **화쟁 사상**을 주장하였다. 또한, **불교의 대중화**를 위해 불교의 교리를 쉬운 노래로 표현한 『**무애가**』를 지었으며, 불교의 사상적 이해 기준을 확립한 『**금강삼매경론**』, 『**대승기신론소**』 등을 저술하였다.

한 번 더 체크하러 가기 ▶ 미니북 19쪽

선택지 풀이

② 구법 순례기인 왕오천축국전을 남겼다.
  신라의 승려 혜초는 인도와 중앙아시아 지역을 답사한 뒤 『왕오천축국전』을 지었다.

③ 황룡사 구층 목탑의 건립을 건의하였다.
  신라 선덕 여왕 때 승려 자장이 주변 9개 민족의 침략을 부처의 힘으로 막기 위한 목탑 건립을 건의하여 황룡사 구층 목탑이 세워졌다.

④ 왕명으로 수에 군사를 청하는 걸사표를 지었다.
  신라 진평왕 때 승려 원광은 고구려의 잦은 침략을 물리치기 위해 수에 도움을 청하는 걸사표를 지었다.

⑤ 승려들의 전기를 정리한 해동고승전을 편찬하였다.
  고려 승려 각훈은 왕명을 받아 『해동고승전』을 편찬하여 삼국 시대 이래 승려들의 전기를 기록하였는데, 현재는 일부만 남아있다.

06 고구려 장수왕의 남진 정책   정답 ⑤

✓ 정답 분석

정답이 보이는 핵심 키워드
#개로왕 #사신을 보내 표를 올림 #고구려가 침략하고 위협 #장수를 보내 구원을 청함 #『위서』

길잡이 | 개로왕이 북위에 국서를 보내게 된 배경인 장수왕의 남진 정책에 대해 살펴봅니다.

⑤ **고구려 장수왕**은 평양으로 천도한 후 **남진 정책**을 추진하였다. 이에 **개로왕**은 **북위**에 **고구려를 공격**해 달라고 요청하는 **국서**를 보내기도 하였으나 북위는 이를 거절하였다. 결국 장수왕이 백제의 수도인 한성을 침략하면서 개로왕이 전사하였고, 고구려는 한강 유역을 차지하였다(475).

한 번 더 체크하러 가기 ▶ 미니북 6쪽

✓ 선택지 풀이

① 을지문덕이 살수에서 승리하였다.
고구려 영양왕 때 수 양제가 우중문의 30만 별동대로 평양성을 공격하였으나 을지문덕이 살수에서 2,700여 명을 제외한 수군을 전멸시키며 크게 승리하였다(612).

② 동성왕이 나제 동맹을 강화하였다.
백제 동성왕은 신라 소지왕과 결혼 동맹을 맺어 비유왕 때 고구려 장수왕의 남진 정책에 맞서기 위해 이루어진 기존의 나제 동맹을 더욱 강화하였다(493).

③ 성왕이 관산성 전투에서 전사하였다.
백제 성왕은 신라 진흥왕이 나제 동맹을 깨고 백제가 차지한 지역을 점령하자 이에 분노하여 신라를 공격하였으나 관산성 전투에서 전사하였다(554).

④ 계백의 결사대가 황산벌에서 패배하였다.
김유신이 이끄는 신라군은 화랑 관창 등이 참여한 황산벌 전투에서 백제 계백의 결사대를 물리치고 승리하여 백제를 멸망시켰다(660).

07 삼국 통일의 과정   정답 ②

✓ 정답 분석

정답이 보이는 핵심 키워드
#고구려의 대신 연정토가 신라에 항복 #이근행 #매소성

길잡이 | 삼국 통일의 과정 중 고구려의 항복과 매소성 전투 사이에 일어난 사건을 알아봅니다.

(가) **고구려**는 연개소문 사후 중앙 집권 귀족들 간에 내분이 벌어지면서 세력이 약해지기 시작하였다. 이에 나당 연합군이 고구려를 공격하여 멸망에 직면하자 연개소문의 동생 **연정토**는 12성과 3,500여 명의 백성을 거느리고 **신라에 항복**하였다(666). 고구려는 668년 나당 연합군에게 평양성이 함락되면서 멸망하였다.

(나) **당**이 평양에 **안동 도호부**를 설치하고 신라까지 지배하려 하자 **나당 전쟁**이 발발하였다. **이근행**에 맞서 싸운 **매소성 전투**(675)와 기벌포 전투(676)에서 신라가 승리하면서 당의 세력을 한반도에서 몰아내고 **삼국을 통일**하였다.

② **고구려 멸망 이후 신라 문무왕**은 당 세력을 몰아내기 위해 신라로 망명한 고구려의 왕족인 **안승**을 **보덕왕**으로 **임명**하고 금마저에 땅을 주어 **고구려 부흥 운동**을 지원하였다(674).

한 번 더 체크하러 가기 ▶ 미니북 25쪽

✓ 선택지 풀이

① 윤충이 대야성을 공격하여 함락하였다.
백제 의자왕은 윤충에게 1만의 병력을 주어 신라의 대야성을 비롯한 40여 개의 성을 함락시켰다(642).

③ 김춘추가 당과의 군사 동맹을 성사시켰다.
신라 김춘추는 고구려와의 동맹에 실패하자 당으로 건너가 당 태종으로부터 군사적 지원을 약속받는 데에 성공하여 나당 동맹을 성사시키고 나당 연합군을 결성하였다(648).

④ 연개소문이 정변을 일으켜 권력을 장악하였다.
연개소문은 정변을 통해 영류왕을 몰아내고 보장왕을 왕위에 세운 뒤 스스로 대막리지가 되어 정권을 장악하였다(642).

⑤ 부여풍이 왜군과 함께 백강에서 당군에 맞서 싸웠다.
백제가 멸망한 이후 복신과 도침 등이 왕자 풍을 왕으로 추대하고, 백제 부흥 운동을 주도하였다. 이들은 왜에 군사 지원을 요청하여 백제와 왜의 연합군이 나당 연합군에 맞서 백강에서 전투를 벌였지만 결국 패하였다(663).

08 김헌창의 난   정답 ④

✓ 정답 분석

정답이 보이는 핵심 키워드
#웅천주 도독 김헌창 #나라 이름 장안 #연호 경운 #아버지가 왕이 되지 못한 것에 불만을 품음

길잡이 | 김헌창의 난 이후에 일어난 사실을 파악합니다.

통일 신라 헌덕왕 때 김주원이 왕위 쟁탈전에서 패배하자 아들인 **웅천주 도독 김헌창**이 이에 불만을 품고 **반란**을 일으켰다가 관군에 진압되어 실패하였다(822).

④ **통일 신라 말 진성 여왕** 때 **원종과 애노**가 사벌주에서 중앙 정권의 무분별한 조세 징수에 반발하여 **농민 봉기**를 일으켰다(889).

한 번 더 체크하러 가기 ▶ 미니북 22쪽

선택지 풀이

① 거칠부가 국사를 편찬하였다.
신라 진흥왕은 거칠부에게 역사서인 『국사』를 편찬하게 하였다(545).

② 이사부가 우산국을 정복하였다.
신라 지증왕 때 이사부는 왕의 명령으로 우산국(울릉도)과 우산도(독도)를 정복하고 실직주의 군주가 되었다(512).

③ 관료전이 지급되고 녹읍이 폐지되었다.
통일 신라 신문왕은 귀족 세력을 약화시키기 위해 관료전을 지급하고(687) 녹읍을 폐지하였다(689).

⑤ 이차돈의 순교를 계기로 불교가 공인되었다.
신라 법흥왕은 이차돈의 순교를 계기로 불교를 국교로 공인하였다(527).

09 고려 태조 왕건   정답 ①

정답 분석

정답이 보이는 핵심 키워드
#신숭겸 #대구 표충단 #공산 전투 #왕을 구하기 위해 싸우다 전사함

길잡이 | 공산 전투가 일어난 시기의 왕인 고려 태조 왕건의 정책을 학습합니다.

후백제의 견훤이 **경주를 기습 공격**하자 **고려 태조 왕건**은 신라를 돕기 위해 출전하였다. 그러나 대구 팔공산 근처에서 **후백제군의 기습 공격**을 받아 크게 패하였고, 후백제군에게 포위된 왕건을 대신하여 왕건의 옷을 입고 맞서던 **신숭겸**과 장수 김락 등이 전사하였다(927). ① **태조 왕건**은 조세 제도를 합리적으로 조정하여 세율을 1/10로 경감하고, 빈민을 구제하고 민생을 안정시키기 위해 **흑창을 설치**하였다(918).

한 번 더 체크하러 가기 ▶ 미니북 22쪽

선택지 풀이

② 12목에 지방관을 처음으로 파견하였다.
성종은 최승로의 시무 28조를 받아들여 12목을 설치하고 지방관을 파견하였다(983).

③ 외침에 대비하여 개경에 나성을 축조하였다.
거란의 3차 침입 때 강감찬이 10만 대군에 맞서 귀주에서 대승을 거두었다(1019). 이후 거란의 침입에 대비하기 위해 현종에게 건의하여 개경에 나성을 쌓아 도성 주변 수비를 강화하였다.

④ 관학 진흥을 목적으로 양현고를 운영하였다.
고려 중기 최충의 문헌공도를 대표로 하는 사학 12도의 발전으로 관학이 위축되자 예종이 국자감을 재정비하여 7재를 세우고 양현고를 설치하는 등 관학 진흥책을 추진하였다(1119).

⑤ 쌍기의 건의를 수용하여 과거제를 시행하였다.
광종은 다양한 개혁을 통해 공신과 호족의 세력을 약화시키고 왕권을 강화하고자 하였다. 이에 후주 출신 쌍기의 건의로 과거 제도를 시행하여 신진 세력을 등용하였다(958).

10 발해 무왕의 업적   정답 ①

정답 분석

정답이 보이는 핵심 키워드
#대문예 #흑수 말갈 #당

길잡이 | 발해 무왕의 업적에 대해 알아봅니다.

① **발해** 제2대 국왕인 **무왕**은 동생인 **대문예**를 보내 **흑수 말갈**을 정벌하게 하였지만 대문예가 이를 거부하고 **당**에 **망명**하여 양국 관계가 악화되었다. 이에 무왕은 장문휴의 수군으로 당의 등주(산둥반도)를 공격하였다.

한 번 더 체크하러 가기 ▶ 미니북 7쪽

선택지 풀이

② 9서당 10정의 군사 조직을 갖추었다.
통일 신라 신문왕은 중앙군을 9서당, 지방군을 10정으로 편성하여 군사 조직을 정비하였다.

③ 사비로 천도하고 국호를 남부여로 고쳤다.
백제 성왕은 웅진(공주)에서 사비(부여)로 천도하고 국호를 남부여로 고쳐 새롭게 중흥을 도모하였다.

④ 지방관을 감찰하고자 외사정을 파견하였다.
통일 신라 문무왕은 삼국 통일 이후 왕권을 강화하고 지방관을 감찰하기 위해 외사정을 파견하였다.

⑤ 고구려 유민을 모아 동모산에서 나라를 세웠다.
고구려 출신 대조영이 유민들을 이끌고 지린성 동모산에서 발해를 건국하였다.

암기의 key   발해 주요 국왕의 업적

고왕 (대조영)	• 동모산 기슭에 발해 건국 • 고구려 계승 의식
무왕 (대무예)	• 독자적 연호 인안 사용 • 당의 산둥반도 공격(장문휴) • 돌궐, 일본과 연결하는 외교 관계 수립
문왕 (대흠무)	• 독자적 연호 대흥 사용 • 당과 친선, 신라와 교류(신라도) • 천도(중경 → 상경)
선왕 (대인수)	• 말갈족 복속, 요동 진출(고구려의 옛 땅 대부분 회복) • 발해의 전성기 → 해동성국

11 궁예   정답 ②

✓ 정답 분석

정답이 보이는 핵심 키워드
#태봉 #신라 왕족 출신 #도읍 철원

길잡이 | 후고구려를 건국한 궁예에 대해 학습합니다.

신라 왕족 출신 궁예는 **후고구려**를 건국(901) 후 국호를 마진으로 바꾸고(904) 중앙 조직을 정비하였다. 이후 영토를 확장하여 **철원**으로 도읍을 옮겼으며(905), 국호를 태봉으로 변경하였다(911). 광평성을 중심으로 한 정치 기구를 마련하여 장관인 광치나와 서사, 외서 등의 관원을 두었다.
② 궁예는 **미륵 신앙**을 바탕으로 한 전제 정치로 인해 백성과 신하들의 원성을 사면서 왕건에 의해 축출되었다.

한 번 더 체크하러 가기 ▶ 미니북 22쪽

✓ 선택지 풀이

① 발해를 멸망시킨 거란을 적대시하였다.
   고려 태조는 송과는 우호 관계를 유지하면서 거란은 발해를 멸망시킨 나라라 하여 적대시하였다.

③ 신라를 공격하여 경애왕을 죽게 하였다.
   후백제 견훤은 신라의 수도 금성을 공격하여 경애왕을 죽이고 경순왕을 즉위시켰다.

④ 노비안검법을 시행하여 재정을 확충하였다.
   고려 광종은 노비안검법을 실시하여 억울하게 노비가 된 사람들을 구제하고, 호족 세력을 견제하는 동시에 국가 재정을 확충하고자 하였다.

⑤ 청해진을 설치하여 해상 무역을 장악하였다.
   통일 신라 장보고는 완도에 청해진을 설치하여 해적들을 소탕하고 해상 무역권을 장악하면서 당, 신라, 일본을 잇는 국제 무역을 주도하였다.

12 서경 천도 운동   정답 ③

✓ 정답 분석

정답이 보이는 핵심 키워드
#고려 시대 #정지상 #서경 #묘청 #수도를 옮길 것을 주장 #개경 세력과 정치적으로 대립 #김부식에 의해 죽임을 당함

길잡이 | 묘청, 정지상 등의 서경 세력이 일으킨 서경 천도 운동이 일어난 시기를 파악합니다.

• **이자겸의 난**(1126): **고려 인종** 때 문벌 귀족 **이자겸**이 왕의 외척으로서 최고 권력을 누리며 왕의 자리까지 넘보자 인종은 이자겸을 제거하려 하였으나 실패하였다. 이에 이자겸은 척준경과 함께 난을 일으켰다.

• **고려의 개경 환도**(1270): 무신 정권이 해체되고 강화도에 있던 **고려 조정이 개경으로 환도**하면서 몽골과의 강화가 성립되었다.
③ **인종**은 이자겸의 난 이후 왕권 회복을 위해 정치 개혁을 추진하였다. 이 과정에서 **묘청, 정지상**을 중심으로 한 **서경 세력**과 **김부식**을 중심으로 한 **개경 세력 간의 대립**이 발생하였다. 서경 세력은 서경 천도와 칭제 건원, 금 정벌을 주장하였으나 받아들여지지 않았다. 이에 묘청이 **서경에서 반란**을 일으켰고(묘청의 난, 1135), **김부식의 관군에 의해 진압**되었다(1136).

한 번 더 체크하러 가기 ▶ 미니북 8쪽

13 만적의 난   정답 ③

✓ 정답 분석

정답이 보이는 핵심 키워드
#최충헌 #태자 왕숙 #유경 #최의 #정방

길잡이 | 무신 정권 시기에 만적의 난이 일어난 시기를 알아봅니다.

(가) **고려 무신 정권 시기**에 **최충헌**은 동생 최충수과 함께 당시 집권자였던 이의민을 제거하고(1196) 정권을 장악하였으며, **명종을 폐위**시키고 **창락궁에 유폐**하였다(1197).
(나) **최의**는 최충헌, 최우, 최항에 이은 최씨 무신 정권 시기의 마지막 집권자로, 최항의 심복이었던 **유경**에게 제거당하였다(1258). 이로 인해 최씨 무신 정권이 몰락하였다.
③ **최씨 무신 정권 시기**에 최충헌의 사노비인 **만적**이 개경(개성)에서 노비들을 규합하여 **신분 차별에 항거하는 반란을 도모**하였으나 사전에 발각되어 실패하였다(1198).

한 번 더 체크하러 가기 ▶ 미니북 8쪽

✓ 선택지 풀이

① 강조가 정변을 일으켜 김치양을 제거하였다.
   고려 무신 강조는 국가의 혼란을 바로잡고자 정변을 일으켜 목종의 외척인 김치양을 제거하였다(1009).

② 배중손이 이끄는 삼별초가 진도에서 항전하였다.
   고려 정부가 강화도에서 개경으로 환도하자 배중손, 김통정을 중심으로 한 삼별초가 이에 반대하여 강화도, 진도, 제주도로 이동하며 대몽 항쟁을 전개하였다(1270~1273).

④ 조위총이 군사를 일으켜 정중부 등의 제거를 도모하였다.
   고려 서경유수 조위총은 군사를 일으켜 정중부 등의 무신 집권자들을 제거하려 하였으나 실패하였다(1174).

⑤ 김보당이 의종 복위를 주장하며 동계에서 군사를 일으켰다.
   동북면 병마사로 있던 고려의 문신 김보당은 무신 정변 이후 정권을 잡은 정중부, 이의방 등을 토벌하고 폐위된 의종을 다시 세우고자 난을 일으켰으나 실패하였다(1173).

14 고려 원 간섭기   정답 ③

✓ 정답 분석

정답이 보이는 핵심 키워드
#수령 옹주 #왕온 #딸이 공녀로 끌려감

길잡이 | 고려의 여자들이 공녀로 바쳐졌던 원 간섭기를 학습합니다.

고려 원 간섭기 때 **원**은 수탈의 일환으로 고려에 **공녀**를 요구하였다. 이에 고려는 **결혼도감**을 설치하고(1274) 약 80여 년간 50여 차례에 걸쳐 **원에 공녀**를 보냈다. 또한, 고려 세자가 왕위를 계승할 때까지 원에 머무는 것이 상례가 되었으며, 지배층을 중심으로 몽골의 풍습인 **변발과 호복** 등이 유행하였다.
③ **고려 충렬왕** 때 **원**은 고려를 일본 원정에 동원하기 위해 **정동행성을 설치**하고(1280) 여몽 연합군을 구성하였다.

한 번 더 체크하러 가기 ▶ 미니북 23쪽

✓ 선택지 풀이

① 농사직설을 편찬하는 학자
　조선 세종은 정초, 변효문 등을 시켜 우리 풍토에 맞는 농서인 『농사직설』을 간행하였다(1429).

② 초조대장경을 조판하는 장인
　고려 현종 때 거란이 강조의 정변을 구실로 2차 침입을 단행하였고, 개경이 함락되자 현종은 나주까지 피란을 갔다. 이후 현종은 거란의 침입을 불력으로 물리치고자 초조대장경을 제작하기 시작하였다(1011).

④ 삼강행실도를 읽고 있는 양반
　조선 세종 때 군신·부자·부부 삼강에 모범이 될 만한 충신, 효자, 열녀의 행실을 모아 글과 그림으로 설명한 윤리서인 『삼강행실도』를 간행하였다(1434).

⑤ 백운동 서원에서 공부하는 유생
　조선 중종 때 풍기 군수 주세붕이 성리학을 전래한 고려 말의 학자 안향을 기리기 위해 최초로 백운동 서원을 건립하였다(1543). 백운동 서원은 이황의 건의로 소수 서원이라는 중종의 사액을 받아 최초의 사액 서원이 되었다.

15 시대별 승려   정답 ③

✓ 정답 분석

정답이 보이는 핵심 키워드
#화엄 사상 #『화엄일승법계도』 #부석사 #관음 신앙 #귀법사의 주지 #『보현십원가』 #문종의 아들 #국청사 #천태종 창시 #교선 통합 #교관겸수 #법화 신앙 #강진 만덕사 #백련 결사

길잡이 | 시대별 승려들의 활동에 대해 알아봅니다.

(가) **신라의 승려 의상**은 당에 가서 지엄으로부터 화엄에 대한 가르침을 받고 돌아와 신라에서 **화엄 사상**을 정립하였고, 영주 **부석사**를 창건하여 수많은 제자들을 양성하였다. 또한, 화엄 사상을 정리한 『**화엄일승법계도**』를 저술하고 화엄 교단을 세웠다.
(나) **고려의 승려 균여**는 **귀법사의 주지**로, 어려운 불교의 교리를 설파하기 위해 사람들이 따라 부르기 쉬운 노래인 『**보현십원가**』라는 향가를 만들었다.
(다) **고려의 승려 의천**은 **문종의 아들**로, 송에서 유학하고 돌아와 개경(개성) **흥왕사**에서 이론의 연마와 실천을 강조하는 **교관겸수**를 바탕으로 **교종과 선종의 불교 통합 운동**을 전개하였다. 또한, **국청사**를 중심으로 해동 **천태종을 개창**하였으며, 이후 숙종 때 대각국사로 책봉되었다.
(라) **고려의 승려 요세**는 강진 만덕사(백련사)에서 자신의 행동을 참회하는 **법화 신앙**에 중점을 두고 **백련 결사**를 주도하였다.
③ **고려의 승려 의천**은 중국 및 우리나라의 불교 경전에 대한 주석서를 모은 『**신편제종교장총록**』을 편찬하였다.

한 번 더 체크하러 가기 ▶ 미니북 19쪽

✓ 선택지 풀이

① 심성의 도야를 강조한 유불 일치설을 주장하였다.
　고려의 승려 혜심은 유불 일치설을 주장하여 성리학을 수용할 수 있는 사상적 토대를 마련하였다.

② 정혜쌍수와 돈오점수를 수행 방법으로 제시하였다.
　고려의 승려 지눌은 정혜쌍수를 사상적 바탕으로 하여 철저한 수행을 강조하였으며, 내가 곧 부처라는 깨달음을 위한 노력과 함께 꾸준한 수행으로 이를 확인하는 돈오점수를 강조하였다.

④ 9산 선문 중 하나인 가지산문을 개창하였다.
　통일 신라 말 지방 호족 세력의 지원을 바탕으로 선종 불교가 성행하였다. 9세기 중반에는 특정 사찰을 중심으로 한 선종 집단인 9산 선문이 형성되었고, 그중 하나로 당에서 귀국한 승려 체징이 전남 가지산의 보림사에서 국사 도의를 종조로 삼아 가지산문을 개창하였다.

⑤ 승과에 합격하고 왕사에 임명되었다.
　고려 시대에 승과 제도를 운영하여 승려를 선발하고 왕사·국사에 책봉하였다.

정답 및 해설 **343**

암기의 key | 신라·고려의 주요 승려

신라	원효	• 불교의 사상적 이해 기준 확립: 『금강삼매경론』, 『대승기신론소』 • 종파 간 사상적 대립 극복·조화: 『십문화쟁론』 • 불교의 대중화: 나무아미타불, 「무애가」 • 정토종, 법성종 창시
	의상	• 화엄 사상 정립: 『화엄일승법계도』 • 관음 신앙: 현세의 고난 구제 • 부석사 건립, 불교 문화의 폭 확대
	혜초	인도, 중앙아시아 기행기 『왕오천축국전』 저술
고려	의천	• 교단 통합 운동: 해동 천태종 창시 • 교관겸수·내외겸전 주장: 이론 연마와 실천 강조
	지눌	• 수선사 결사 운동(송광사): 독경과 선 수행, 노동에 힘쓰자는 운동 • 돈오점수·정혜쌍수 제창: 참선(선종)과 지혜(교종)를 함께 수행
	요세	백련 결사 제창: 자신의 행동을 진정으로 참회하는 법화 신앙 강조
	혜심	유불 일치설 주장: 심성의 도야를 강조하여 장차 성리학 수용의 사상적 토대 마련
	균여	• 화엄종·화엄 사상 정비 • 향가 「보현십원가」 저술

16 고려의 경제   정답 ②

정답 분석

정답이 보이는 핵심 키워드
#이규보 #예성강 하구 #벽란도 #국제 무역항 #송과 아라비아 상인들이 왕래

길잡이 | 고려의 경제 상황에 대해 살펴봅니다.

고려 시대 예성강 하구에 위치한 **벽란도**는 **국제 무역항**으로 번성하였으며, 이곳을 통해 **송·아라비아 상인**들과 교역을 전개하였다.
② **고려 숙종** 때 해동통보, 삼한통보, 해동중보 등의 동전과 **활구(은병)**를 발행·유통하였다.

한 번 더 체크하러 가기 ▶ 미니북 24쪽

선택지 풀이

① 송상이 전국 각지에 송방을 두었다.
　조선 후기 상업의 발전으로 사상이 전국 각지에서 활발한 상업 활동을 전개하였다. 이중 개성의 송상은 전국에 송방이라는 지점을 설치하고 청과 일본 사이의 중계 무역으로 많은 부를 축적하였다.

③ 동시전을 설치하여 시장을 감독하였다.
　신라 지증왕은 경주에 시장을 설치하고 이를 감독하기 위한 기구인 동시전을 설치하였다.

④ 담배, 면화, 생강 등 상품 작물을 널리 재배하였다.
　조선 후기에 상업의 발달로 인삼, 담배, 면화 등 상품 작물의 재배가 활발해졌다.

⑤ 일본과 교역을 위해 부산포, 염포, 제포를 개항하였다.
　조선 전기인 세종 때 대마도주의 요구를 받아들여 부산포, 제포, 염포의 삼포를 개방하였고, 이후 제한된 범위 내에서 무역을 허락하는 계해약조를 체결하였다.

17 몽골의 침략과 고려의 대응   정답 ④

정답 분석

정답이 보이는 핵심 키워드
#김윤후 #충주성 #귀천을 가리지 않고 관작을 내림 #관노비의 문서를 불태움

길잡이 | 몽골의 침략과 그에 따른 고려의 대응을 파악합니다.

고려 고종 때 몽골 사신 저고여가 본국으로 돌아가던 중 암살당한 사건이 발생하자(1225) 몽골은 이를 구실로 고려와 국교를 단절하고 6차례에 걸쳐 고려를 침입하였다. 서북면 병마사 박서는 몽골군이 귀주성을 포위하여 30여 일 동안 공격하자 김중온, 김경손과 함께 항전하여 물리쳤다(1231). 또한, 몽골의 2차 침입 때는 승장 김윤후가 이끄는 민병과 승군이 처인성에서 몽골군에 대항하여 적장 살리타를 사살하고 승리를 거두었으며(1232), **5차 침입** 때는 **충주산성 방호별감**이었던 **김윤후**가 전투에서 승리하면 **신분의 고하를 막론하고 모두 관작을 주겠다고 독려**하여 관노들과 함께 몽골군에 항전한 끝에 승리하였다(1253).
④ **고려 최씨 무신 정권 시기 최우**는 몽골의 침입에 대항하기 위해 **강화도로 천도**하고 장기 항쟁을 준비하였다(1232).

한 번 더 체크하러 가기 ▶ 미니북 23쪽

선택지 풀이

① 윤관을 보내 동북 9성을 축조하였다.
　예종 때 윤관의 별무반이 여진을 물리치고, 동북 9성을 설치하였다(1107). 이후 여진이 고려에 조공을 약속하며 동북 9성 반환을 요청하자 고려는 이를 수락하고 동북 9성을 되돌려주었다(1109).

② 박위로 하여금 쓰시마섬을 정벌하게 하였다.
　고려 말 창왕 때 박위를 파견하여 왜구의 본거지인 쓰시마섬을 정벌하였다(1389).

③ 서희가 외교 담판을 통해 강동 6주를 획득하였다.
　성종 때 거란이 침략하여 고려가 차지하고 있는 옛 고구려 땅을 내놓고 송과 교류를 끊을 것을 요구하였으나 서희가 소손녕과의 외교 담판을 통해 이를 해결하고 강동 6주를 획득하였다(993).

⑤ 최영이 철령위 설치에 반발하여 요동 정벌을 추진하였다.
　우왕 때 명이 원의 쌍성총관부가 있던 철령 이북의 땅에 철령위를 설치하겠다며 반환을 요구하자 이에 반발한 고려는 최영을 중심으로 요동 정벌을 추진하였다(1388).

18 고려의 문화유산   정답 ⑤

정답 분석

정답이 보이는 핵심 키워드
#나전 국화 넝쿨무늬 합 #고려 시대 #송의 사신 서긍 #나전 칠기

길잡이 | 고려의 문화유산을 사진과 함께 학습합니다.

고려 나전 국화 넝쿨무늬 합은 자개를 무늬대로 잘라 목심이나 칠면에 박아넣거나 붙이는 **나전 기법**으로 만들어진 유물이다. 화장용 상자의 일부로 추정되며, 당시 고려 나전 칠기 기법이 고스란히 반영된 유물로 평가된다. 일본에서 발견된 이 합은 문화재청의 노력으로 2020년 국내로 환수되었다.
⑤ 충북 보은군에 위치한 보은 법주사 팔상전은 우리나라 목조 건축 중 가장 높은 건축물이자 현존하는 유일한 조선 시대 목탑으로, 석가모니의 일생을 여덟 폭의 그림으로 나누어 그린 팔상도가 있어 팔상전이라고 불린다.

한 번 더 체크하러 가기 ▶ 미니북 45쪽

선택지 풀이

① 청동 은입사 포류수금문 정병
   고려 시대 대표적인 금속 공예품 중 하나로, 문양 부분을 파낸 뒤 은을 박아 장식한 은입사 기법이 사용되었다.

② 부석사 소조여래 좌상
   영주 부석사 무량수전에 모시고 있는 소조 불상으로, 고려 초기에 만들어진 것으로 추정된다. 우리나라 소조 불상 가운데 가장 크고 오래된 작품이다.

③ 청자 상감운학문 매병
   고려청자 상감운학문 매병은 그릇 표면을 파낸 자리에 백토나 흑토 등을 메워 무늬를 내는 고려의 상감 기법이 잘 드러나는 청자이다.

④ 월정사 팔각 구층 석탑
   평창 월정사 팔각 구층 석탑은 고려 전기를 대표하는 석탑으로, 지붕돌 위에 있는 금동 머리 장식이 특징적이다.

19 최무선   정답 ②

정답 분석

정답이 보이는 핵심 키워드
#화약 무기 #중국인 이원에게 염초 제조법을 배움 #나세, 심덕부 #진포에서 왜구를 격퇴

길잡이 | 화포 기술을 도입하여 진포에서 왜구를 격퇴한 최무선에 대해 알아봅니다.

② **고려 우왕** 때 최무선은 중국인 이원에게 배운 **염초 제조 기술**을 바탕으로 **화통도감** 설치를 건의하여 **화약과 화포**를 제작하였다. 이후 **왜구**가 고려를 침입하자 최무선은 **나세, 심덕부** 등과 함께 병선과 화통·화포를 갖추고 **진포 대첩**에서 왜구를 격퇴하였다 (1380).

한 번 더 체크하러 가기 ▶ 미니북 23쪽

선택지 풀이

① 신기전과 화차를 개발하다
   조선 세종 때 장영실은 고려 말 최무선이 제작한 주화를 개량하여 로켓형 화기인 신기전을 개발하였다.

③ 불랑기포를 활용하여 평양성을 탈환하다
   임진왜란 때 조명 연합군은 서양식 청동제 화포인 불랑기포를 활용하여 평양성을 탈환하였다.

④ 조총 부대를 이끌고 나선 정벌에 참여하다
   조선 효종 때 러시아가 만주 지역까지 침략해 오자 청은 조선에 원병을 요청하였고, 조선에서는 두 차례에 걸쳐 조총 부대를 출병시켜 나선 정벌을 단행하였다.

⑤ 발화 장치를 활용한 비격진천뢰를 발명하다
   조선 선조 때 이장손이 발명한 비격진천뢰는 전쟁 시 사람과 말 등을 죽이거나 치명적인 상처를 입히기 위해 만들어진 폭탄으로, 임진왜란 때 실제로 사용되었다.

20 조선 성종   정답 ⑤

정답 분석

정답이 보이는 핵심 키워드
#장악원 #『악학궤범』 #예조 판서 성현

길잡이 | 『악학궤범』이 편찬된 조선 성종 재위 시기에 있었던 사실을 파악합니다.

조선 성종 때 예악 정비 사업의 일환으로 오례(五禮)의 예법과 절차 등을 그림과 함께 정리하여 『국조오례의』를 편찬하고, **성현** 등이 왕명에 따라 의궤와 악보를 정리한 『**악학궤범**』을 저술하였다.
⑤ 성종 때 노사신, 양성지, 강희맹 등이 각 도의 지리, 풍속, 인물 등을 기록한 관찬 지리지인 『**동국여지승람**』을 편찬하였다.

한 번 더 체크하러 가기 ▶ 미니북 9쪽

선택지 풀이

① 주자소가 설치되어 계미자가 주조되었다.
   태종 때 주자소를 설치하고 계미자를 주조하여 조선의 금속 활자 인쇄술이 한층 더 발전하였다.

② 전통 한의학을 집대성한 동의보감이 완성되었다.
선조의 명으로 허준이 집필하기 시작한 『동의보감』은 우리나라와 중국 의서의 각종 의학 지식과 치료법을 집대성한 의서로 광해군 때 완성되었다.

③ 통치 체제를 정비하기 위해 속대전이 간행되었다.
영조는 국가 운영에 대한 법을 새로 규정하기 위해 『경국대전』을 바탕으로 새롭게 증보된 내용만 수록하여 『속대전』을 편찬하였다.

④ 한양을 기준으로 역법을 정리한 칠정산이 제작되었다.
세종 때 중국의 수시력과 아라비아의 회회력을 참고로 내편(內篇)과 외편(外篇)으로 이루어진 역법서 『칠정산』을 편찬하였다. 이때 최초로 한양을 기준으로 천체 운동을 계산하였다.

② 외척 간의 대립으로 윤임이 제거되었다.
인종의 뒤를 이어 명종이 어린 나이로 즉위하자 명종의 어머니 문정왕후가 수렴청정을 하였다. 인종의 외척인 윤임을 중심으로 한 대윤 세력과 명종의 외척인 윤원형을 중심으로 한 소윤 세력의 대립으로 을사사화가 발생하여 윤임을 비롯한 대윤 세력과 사림들이 큰 피해를 입었다(1545).

③ 이괄이 난을 일으켜 한양을 점령하였다.
인조반정 때 큰 공을 세웠던 이괄은 공신 책봉 과정에서 2등 공신을 받은 것에 불만을 품었다. 이에 이괄이 반역을 일으킬지도 모른다는 구실로 아들인 이전을 잡아오라는 명까지 떨어지자 이괄은 반란을 일으켜 도성을 장악하였다(1624).

⑤ 조의제문이 발단이 되어 김일손 등이 화를 입었다.
연산군 때 김일손이 스승인 김종직의 조의제문을 실록에 기록한 것을 유자광, 이극돈 등의 훈구 세력이 사림 세력에 불만을 가지고 있던 연산군에게 알리면서 무오사화가 발생하였다(1498).

21 중종반정 정답 ④

정답 분석

정답이 보이는 핵심 키워드
#윤필상, 유순 #폐비(廢妃) 윤씨의 시호를 의논 #조광조 #천거

길잡이 | 조선 연산군 때 발생한 갑자사화와 중종의 기묘사화 사이에 일어난 중종반정을 학습합니다.

- (가) **갑자사화**(1504): **조선 연산군**이 생모인 **폐비 윤씨 사건**의 전말을 알게 되면서 **갑자사화**가 발생하였다. 이로 인해 김굉필 등 당시 폐비 윤씨 사건에 관련된 인물들과 무오사화 때 피해를 면하였던 사림들까지 큰 화를 입었다.
- (나) **기묘사화**(1519): **중종**은 반정으로 왕위에 오른 뒤 훈구파를 견제하기 위해 사림파를 중용하여 유교 정치를 발전시키고자 하였다. 이에 따라 등용된 **조광조**는 천거제의 일종인 **현량과** 실시를 건의하여 사림이 대거 등용될 수 있는 발판을 마련하였다. 또한, 반정 공신들의 위훈 삭제, 소격서 폐지, 향약 시행, 소학 보급 등을 주장하였으나 이에 반발한 훈구 세력이 주초위왕 사건을 일으켜 **기묘사화**가 발생하면서 조광조를 비롯한 사림들이 피해를 입었다.
- ④ **연산군의 폭정**을 계기로 성희안, 박원종, 유순정 등에 의해 **반정**이 일어나 연산군이 폐위되고 **진성 대군이 중종으로 즉위**하였다(1506).

한 번 더 체크하러 가기 ▶ 미니북 9, 42쪽

선택지 풀이

① 성삼문 등이 단종의 복위를 꾀하였다.
세조는 수양 대군 시절 계유정난을 일으켜 권력을 장악하였으며, 단종을 몰아내고 왕으로 즉위하였다. 이후 성삼문, 박팽년 등 이른바 사육신(死六臣)들이 단종 복위를 계획하다가 발각되자 세조는 관련 신하들을 모두 사형에 처하였으며, 집현전을 폐지하고 경연을 정지시켰다(1456).

22 사헌부 정답 ⑤

정답 분석

정답이 보이는 핵심 키워드
#조선 시대 #언론 활동, 풍속 교정, 백관에 대한 규찰과 탄핵 #대사헌

길잡이 | 조선 시대 관청 사헌부에 대해 살펴봅니다.

⑤ **사헌부**는 조선 시대에 **언론 활동, 풍속 교정, 백관에 대한 규찰과 탄핵** 등을 관장하던 관청이다. 사간원과 함께 양사 또는 대간이라 불렸으며, **5품 이하 관리**의 임명과 관련된 **서경권**을 행사하였다.

한 번 더 체크하러 가기 ▶ 미니북 35쪽

선택지 풀이

① 업무 일지인 내각일력을 작성하였다.
정조 때 1779년부터 1883년까지 창덕궁 후원에 설치된 왕실 도서관인 규장각에서 업무 일지인 『내각일력』을 작성하였다.

② 고려의 삼사와 같은 기능을 수행하였다.
조선 시대에 서경, 간쟁, 봉박 등의 권한을 가지고 있었던 삼사와 달리 고려 시대의 삼사는 화폐·곡식의 출납과 회계를 담당하였다.

③ 은대(銀臺), 후원(喉院)이라고도 불리었다.
승정원은 조선 시대 왕명의 출납을 관장하던 관청으로, 은대(銀臺), 후원(喉院), 정원(政院), 대언사(代言司) 등으로 불리기도 하였다.

④ 임진왜란을 거치면서 국정 전반을 총괄하였다.
비변사는 중종 때 삼포왜란이 일어나자 외적의 침입에 대비하기 위한 임시 기구로 처음 설치되었고, 명종 때 을묘왜변을 계기로 상설 기구화되었다. 임진왜란을 거치면서 조직과 기능이 확대되어 국정 전반을 총괄하는 실질적인 최고의 관청으로 성장하였다.

23 조선의 환국   정답 ②

정답 분석

정답이 보이는 핵심 키워드
#기름 먹인 장막 #허적 #왕비가 복위 #희빈 #송시열 #원자(元子)의 명호를 정한 것

길잡이 | 조선 숙종 때 일어난 세 번의 환국을 순서대로 파악합니다.

(가) **경신환국**(1680): 숙종 때 남인의 영수인 **허적**이 **궁중에서 쓰는 천막**을 허락 없이 사용한 문제로 왕과 갈등을 겪었다. 이후 허적의 서자 허견의 역모 사건으로 첫 환국이 발생하여 허적, 윤휴 등의 남인이 대거 축출되고 **서인이 집권**하게 되었다.

(다) **기사환국**(1689): 숙종은 인현 왕후가 아들을 낳지 못하자 총애하던 **희빈 장씨의 소생을 원자로 책봉**하였다(1688). 서인 송시열 등이 후궁의 소생을 원자로 정하는 것의 부당함을 주장하며 반대하자 숙종은 **송시열의 관작을 삭탈**하고 제주도로 유배시켜 사사(賜死)하였다. 이로 인해 서인 세력은 대거 축출되고 **남인이 집권**하게 되었다.

(나) **갑술환국**(1694): 서인 세력을 중심으로 인현 왕후 복위 운동이 전개되자 남인인 민암 등이 서인들을 국문하다 숙종의 불신을 받게 되어 몰락하고 다시 **서인이 집권**하게 되었다. 이후 **인현 왕후 복위**되고 장씨는 다시 희빈으로 강등되었으며, 기사환국으로 사사된 송시열을 비롯하여 김수항 등에게 작위가 내려졌다.

한 번 더 체크하러 가기 ▶ 미니북 48쪽

암기의 key	조선 시대의 환국
경신환국 (1680)	남인의 영수 허적이 궁중에서 쓰는 천막을 허락 없이 사용한 문제로 숙종과 갈등 → 허적의 서자 허견의 역모 사건 → 허적을 비롯한 남인 몰락, 서인 집권
기사환국 (1689)	희빈 장씨 소생에 대한 원자 책봉 문제 → 서인 세력의 반대 → 서인이 물러나고 남인 집권
갑술환국 (1694)	서인의 인현 황후 복위 운동 → 남인 민암 등이 서인을 국문하다 숙종의 불신을 받아 몰락, 서인 집권 → 인현 왕후 복위, 장씨는 희빈으로 강등

24 병자호란   정답 ④

정답 분석

정답이 보이는 핵심 키워드
#『강도일기(江都日記)』 #봉림 대군과 인평 대군 #강화 #국왕과 세자는 남한산성으로 피란

길잡이 | 병자호란이 발생한 시기에 일어난 사건을 알아봅니다.

후금이 국호를 **청**으로 고치고 조선에 **군신 관계를 강요**하자 조선에서는 척화론과 주화론이 첨예하게 대립하였고, 결국 조선이 사대 요청을 거부하여 **병자호란**이 일어났다(1636). 『**강도일기(江都日記)**』는 조선 문신 어한명이 작성한 일기로, 당시 전란을 피해 봉림 대군과 인평 대군 등이 강화로 피란하던 과정을 기록하여 **병자호란이 발발한 초기의 정황**을 이해하는 데 도움을 주는 자료이다. 이후 **남한산성으로 피란**하였던 **인조**는 강화도로 보낸 왕족과 신하들이 인질로 잡히자 **삼전도에서 굴욕적인 항복**을 하였다.

④ **임경업**은 병자호란 당시 의주의 **백마산성**에서 대비를 철저히 하였으나, 청이 이를 피해 한양으로 바로 진격하여 결국 남한산성을 포위하였다. 이후 임경업은 압록강에서 철군하는 청의 배후를 공격하여 300여 명을 죽이고 포로로 끌려가던 백성을 구출하였다(1636).

한 번 더 체크하러 가기 ▶ 미니북 32쪽

선택지 풀이

① 정문부가 길주에서 의병을 이끌었다.
정문부는 임진왜란 당시 함경도 길주에서 의병을 조직하여 북관대첩을 승리로 이끌며 경성과 길주 일대를 회복하였다(1592.9.~1593.2.).

② 강홍립이 사르후 전투에 참전하였다.
광해군 때 명의 요청으로 후금과의 사르후 전투에 강홍립 부대를 파견하였으나 명과 후금 사이에서 실리를 추구하는 중립 외교 정책에 따라 광해군은 강홍립에게 후금에 투항하도록 명령하였다(1619).

③ 김시민이 진주성에서 적군을 크게 물리쳤다.
임진왜란 발발 이후 왜군은 전라도로 가는 길목인 진주를 공격하였으나 김시민을 중심으로 한 조선군이 진주 대첩에서 왜군 2만 명을 무찔렀다(1592.10.).

⑤ 최윤덕이 올라산성에서 이만주 부대를 정벌하였다.
세종 때 최윤덕은 왕의 명을 받아 올라산성에서 여진의 무리인 이만주 부대를 정벌하고 압록강 상류 지역에 4군을 설치하였다(1443).

25 조선 후기의 경제   정답 ③

정답 분석

정답이 보이는 핵심 키워드
#거상(巨商) 임상옥 #연행사 #만상(灣商) #인삼 무역 #북경 상인

길잡이 | 조선 후기 경제 상황에 대해 살펴봅니다.

조선 후기 상업의 발달로 인삼, 담배, 면화 등 **상품 작물**의 재배가 활발해지고, 의주의 **만상(灣商)**은 사무역인 책문 후시를 통해 청과의 무역 활동을 주도하면서 성장하였다. 특히, **임상옥**은 조선 후기 대표적인 거상(巨商)으로, 북경 상인들이 중국에서 인기가 많은 인삼을 헐값에 사기 위해 담합하여 불매 동맹을 맺자 인삼과 홍삼을 쌓아놓고 그 위에 불을 지르는 기지를 발휘해 높은 가격에 인삼을 매각하여 상인으로서 그 이름을 떨치기도 하였다.

③ **임진왜란 이후** 일본의 요청으로 선조 때 부산포를 개항하여 두모포 포구에 왜관을 설치하였고, 광해군 즉위 직후에는 기유약조를 체결하여 일본과의 국교를 재개하였다. 이후 무역 규모가 점차 확대되자 조선 숙종 때 **초량 왜관을 설치**하였다(1678).

한 번 더 체크하러 가기 ▶ 미니북 24쪽

✓ 선택지 풀이

① 삼한통보, 해동통보가 발행되었다.
고려 숙종 때 승려 의천의 건의에 따라 화폐 주조를 전담하는 주전도감을 설치하고, 해동통보와 삼한통보, 해동중보 등의 동전과 활구(은병)를 발행·유통하였다.

② 솔빈부의 말이 특산물로 수출되었다.
발해는 목축과 수렵이 발달하였는데, 특히 지방 행정 구역 중 솔빈부의 말이 유명하여 주변 국가에 특산품으로 수출하였다.

④ 당항성, 영암이 국제 무역항으로 번성하였다.
통일 신라는 삼국 통일 이후 해상 무역이 발전하여 한강 하류의 당항성, 전남 영암 등이 국제 무역항으로 번성하였다.

⑤ 경시서의 관리들이 수도의 시전을 감독하였다.
고려 문종 때 경시서를 설치하여 수도 개경의 시전을 감독하였다.

26 조선 정조   정답 ③

✓ 정답 분석

정답이 보이는 핵심 키워드
#서호천 #축만제 #수원 화성 #장용영 #현륭원 #지지대비

길잡이 | 조선 정조가 추진한 정책을 알아봅니다.

조선 정조는 국왕 중심의 통치 체제를 확립하고자 탕평책을 기반으로 여러 정책을 펼쳤다. 사도 세자의 묘를 수원으로 옮기고 **수원 화성을 건립**하여 정치적·군사적 기능을 부여하였으며, 백성들의 농업 생산성을 높이고 가뭄에 대비하기 위하여 수원 화성 옆에 **수리 관개 시설인 만석거를 축조**하였다. 또한, 왕권을 뒷받침하는 군사적 기반을 갖추기 위해 국왕 친위 부대인 **장용영을 설치**하고, 규장각에서 새롭게 관직에 오르거나 기존 관리들 중 능력 있는 문신들을 재교육하는 초계문신제를 실시하였다.
③ 정조 때 채제공의 건의에 따라 **신해통공**을 시행하여 육의전을 제외한 시전 상인들의 **금난전권이 폐지**되었다.

한 번 더 체크하러 가기 ▶ 미니북 10쪽

✓ 선택지 풀이

① 경기도에 한하여 대동법을 시행하였다.
광해군 때 방납의 폐단을 해결하고자 공납을 전세화하여 쌀이나 베, 동전 등으로 납부하게 한 대동법을 경기도에 한해서 시행하였다.

② 군역 부담을 줄이기 위해 균역법을 제정하였다.
조선 후기 군역으로 인한 농민들의 부담이 가중되자 영조는 균역법을 제정하여 기존 1년에 2필이었던 군포를 1필만 부담하게 하였다. 이로 인해 감소된 재정은 지주에게 결작으로 부과하고, 어장세·선박세·염세 등의 잡세 수입으로 보충하였다.

④ 제한된 규모의 무역을 허용한 계해약조를 체결하였다.
세종 때 왜의 요구를 받아들여 남해안의 부산포, 제포, 염포를 개방하였고, 제한적 무역을 허용하는 계해약조를 체결하였다.

⑤ 현직 관리에게만 수조권을 지급하는 직전법을 실시하였다.
세조는 과전 세습화가 초래하였던 토지 부족 등의 폐단을 바로잡기 위해 과전법을 혁파하고 현직 관리에게만 수조권을 지급하는 직전법을 실시하였다.

27 임술 농민 봉기   정답 ③

✓ 정답 분석

정답이 보이는 핵심 키워드
#진주 안핵사 박규수 #전에 없던 변괴 #포리(逋吏)를 처단할 방법

길잡이 | 삼정이정청이 설치된 배경인 임술 농민 봉기에 대해 학습합니다.

③ **조선 철종** 때 삼정의 문란과 경상 우병사 백낙신의 가혹한 수탈에 견디다 못한 **진주 지역**의 농민들이 **임술 농민 봉기**를 일으켰다. 이에 안핵사로 파견된 **박규수**는 **삼정이정청**을 설치하여 삼정의 문란을 해결하고자 하였다.

한 번 더 체크하러 가기 ▶ 미니북 36쪽

✓ 선택지 풀이

① 홍경래, 우군칙 등이 주도하였다.
순조 때 세도 정치로 인한 삼정의 문란과 서북 지역 차별 대우에 불만을 품은 평안도 지방 사람들이 몰락 양반 출신 홍경래를 중심으로 봉기를 일으켰다. 평안북도 가산에서 우군칙 등과 함께 정주성을 점령하고 청천강 이북 지역을 차지하기도 하였으나 관군에게 진압되었다.

② 남접과 북접이 연합하여 전개되었다.
동학 농민군은 백산에서 봉기하여 황토현·황룡촌 전투에서 관군에 승리하며 전주성을 점령하고 전라도 일대를 장악하였다. 이후 외국 군대의 개입을 우려하여 정부와 전주 화약을 체결하고 해산하였으나 청일 전쟁이 발발하고 일본의 내정 간섭이 심해지자 동학 농민군의 남접과 북접이 연합하여 다시 봉기하였다. 그러나 우금치 전투에서 관군과 일본군에게 패하여 전봉준이 서울로 압송되면서 농민군은 해산되었다.

④ 우정총국 개국 축하연을 이용하여 일어났다.
임오군란 이후 청의 내정 간섭이 심화되자 급진 개화파는 근대화 추진과 민씨 세력 제거를 위해 일본의 군사적 지원을 받아 우정총국 개국 축하연 자리에서 갑신정변을 일으켰다.

⑤ 윤원형 일파가 정국을 주도한 시기에 발생하였다.
명종 때 외척 간의 갈등과 관리들의 수탈이 심화되어 민생이 어려워지자 양주의 백정 출신 임꺽정이 이끄는 도적 무리가 등장하였다. 이들은 경기도와 황해도 일대의 관아 창고를 털어 백성들에게 나누어 주는 등 의적 활동을 벌이다가 약 3년 만에 관군에게 잡혀 처형되었다.

28 김홍도 정답 ②

정답 분석

정답이 보이는 핵심 키워드
#단원 #『추성부도(秋聲賦圖)』 #도화서 화원 #풍속화, 산수화, 인물화

길잡이 | 단원 김홍도의 활동을 사진과 함께 알아봅니다.

조선 후기의 화가 **단원 김홍도**는 도화서 출신으로 서민을 주인공으로 하여 밭갈이, 추수, 집짓기, 대장간 등 주로 농촌의 생활상을 그렸으며, 풍속화는 물론 산수화, 기록화, 초상화 등 다양한 분야에서 뛰어난 작품을 남겼다. 김홍도가 생애 마지막으로 그린 그림인 **추성부도(秋聲賦圖)** 는 북송의 문인 구양수가 지은 「추성부(秋聲賦)」를 주제로 하였으며, 그림의 끝에 이 글의 전문을 직접 써 넣기도 하였다.

② 김홍도의 「벼타작」
「벼타작」은 김홍도의 『단원풍속도첩』 중 한 장면이다. 이 그림은 지주와 일꾼의 신분적 대립

한 번 더 체크하러 가기 ▶ 미니북 47쪽

선택지 풀이

① 정선의 「인왕제색도」
조선 후기 화가 겸재 정선의 대표적인 진경산수화이다.

③ 신윤복의 「단오풍정」
조선 후기 화가 신윤복의 대표 풍속화이며, 당시의 시대상을 희화와 인간미 넘치는 방식으로 보여준다.

④ 강세황의 「영통동구도」
조선 후기 화가 강세황이 송도(松都: 지금의 개성)을 여행하면서 그린 진경산수화이다.

⑤ 김정희의 「세한도」
조선 후기에 추사 김정희가 제주도 유배 중에 그를 찾아온 제자에게 그려준 문인화이다.

암기의 key 조선의 회화 작품

29 시대별 역사서의 편찬 정답 ②

정답 분석

정답이 보이는 핵심 키워드
#해동의 삼국 역사서 #삼국 이후의 역사서를 모음 #삼국기, 신라기, 고려기, 외기 #삼국의 시조를 기록 #발해 #남북국사

길잡이 | 시대별 역사서를 순서대로 파악합니다.

(가) 『**삼국사기**』(1145): **고려** 인종의 명을 받아 **김부식**이 편찬한 『삼국사기』는 현존하는 우리나라 최고(最古)의 역사서이다. 유교적 사관을 바탕으로 본기, 연표, 지, 열전 등으로 구성되었으며, **기전체 형식으로 서술**되었다.

(다) 『삼국유사』(1281): 고려 원 간섭기 때 승려 일연이 저술한 『삼국유사』에는 불교사를 중심으로 왕력과 함께 기이(紀異)편에 전래 기록을 담았다. 특히, 단군을 우리 민족의 시초로 여겨 고조선 건국 설화도 수록하였다.
(나) 『동국통감』(1485): 조선 성종 때 서거정 등이 편찬한 『동국통감』은 고조선부터 고려 말까지의 역사를 연대순으로 기록한 **편년체 역사서**이다.
(라) 『발해고』(1784): 조선 정조 때 서얼 출신 유득공이 저술한 『발해고』는 **발해를 우리의 역사로 인식**하고 최초로 '**남북국**'이라는 용어를 사용하였다.

한 번 더 체크하러 가기 ▶ 미니북 8, 9쪽

30 『삼국사기』,『삼국유사』   정답 ②

정답 분석

정답이 보이는 핵심 키워드
#중국 역사서의 삼국의 열전은 빠진 사실이 많음 #후세에 교훈을 줄 역사서 #괴력난신 #기이편

길잡이 | 『삼국사기』, 『삼국유사』를 비롯한 시대별 역사서의 내용을 확인합니다.

ㄱ. **고려 시대 김부식**은 중국 문헌에 빠져있는 **삼국의 역사**를 기록하여 **후세에 교훈**이 될 역사서를 남기기 위해 『**삼국사기**』를 편찬하였다. 신라, 고구려, 백제 세 나라의 정치적인 흥망과 변천을 중심으로 다루고 있으며, 현존하는 우리나라 최초의 관찬 역사서이다.

ㄷ. **고려 원 간섭기** 때 **승려 일연**이 고조선에서부터 후삼국까지의 전래 기록을 모아 『**삼국유사**』를 저술하였다. 왕력(王歷)편, **기이(紀異)편** 등 총 9편목으로 구성되어 있으며, **불교 사료, 신화, 설화** 등을 수록하였다.

한 번 더 체크하러 가기 ▶ 미니북 8, 9쪽

선택지 풀이

ㄴ. 사초와 시정기를 바탕으로 실록청에서 편찬하였다.
조선 시대에는 국왕의 사후에 실록청을 설치하고 사관이 기록한 사초, 시정기를 정리하여 『조선왕조실록』을 편찬하였다.

ㄹ. 고조선부터 고려까지의 역사를 편년체로 정리하였다.
조선 성종 때 서거정 등이 편찬한 『동국통감』은 고조선부터 고려까지의 역사를 연대순으로 기록하였다. 고조선부터 삼한까지를 책머리에 외기로, 삼국의 건국부터 신라 문무왕의 삼국 통일 때까지는 삼국기로 분류하였다. 또한, 삼국 통일부터 고려 태조의 삼국 통일 전까지는 신라기, 이후 고려 말까지를 고려기로 구분하였다.

31 신미양요   정답 ①

정답 분석

정답이 보이는 핵심 키워드
#어재연 장군 #충장사 #광성보 #로저스 제독 #미군에 맞서 결사 항전함

길잡이 | 어재연 장군이 미군에 맞서 항전한 신미양요 이후에 일어난 사건에 대해 알아봅니다.

제너럴셔먼호 사건을 구실로 **미국의 로저스 제독**이 함대를 이끌고 **강화도를 공격**하여 **신미양요가 발생**하였다(1871). 미군은 강화도 덕진진을 점거하고 **광성보**로 진격하였고, 조선군은 **어재연**을 중심으로 맞서 싸웠으나 수많은 사상자를 내며 패배하였다. 이후 미국은 조선에 개항을 요구하였으나 흥선 대원군의 강력한 통상 수교 거부 정책으로 인해 함대를 철수하였다.

① 병인양요와 신미양요를 극복한 **흥선 대원군**은 외세의 침입을 경계하고 서양과의 통상 수교 반대 의지를 알리기 위해 **종로와 전국 각지**에 **척화비**를 세웠다(1871).

한 번 더 체크하러 가기 ▶ 미니북 33쪽

선택지 풀이

② 평양 관민이 제너럴셔먼호를 불태웠다.
흥선 대원군 때 미국의 상선 제너럴셔먼호가 평양 대동강까지 들어와 교역을 요구하자 평양 관민들은 이를 거부하고 배를 불태워버렸다(1866.7.).

③ 한성근 부대가 문수산성에서 항전하였다.
프랑스 로즈 제독이 함대를 이끌고 강화도에 침입하면서 병인양요가 발생하였다(1866.9.). 이에 한성근 부대는 문수산성에 미리 매복하여 프랑스군에 맞서 항쟁하였으나 무기와 병력의 열세로 후퇴하였다.

④ 신유박해로 많은 천주교도가 처형되었다.
조선 후기에 어린 나이로 순조가 즉위하자 정순 왕후의 수렴청정이 시작되고 사교와 서교를 근절하라는 금압령이 내려졌다. 이에 천주교도에 대한 탄압이 심화되어 천주교 전파에 앞장섰던 실학자들과 많은 천주교 신자들이 피해를 입는 신유박해가 발생하였다(1801).

⑤ 오페르트가 남연군 묘 도굴을 시도하였다.
오페르트를 비롯한 서양인들이 덕산에 위치한 흥선 대원군의 아버지 남연군의 묘를 도굴하려다가 실패하였다(1868).

32 통리기무아문　　　　　정답 ②

정답 분석

> **정답이 보이는 핵심 키워드**
> #조선국은 자주 국가 #일본과 평등한 권리 보유 #일본국 관원이 심리하여 판결 #대미국 #입출항 하는 화물은 모두 세금을 바쳐야 함

> **길잡이** | 강화도 조약과 조미 수호 통상 조약 사이에 일어난 사건을 알아봅니다.

(가) **강화도 조약**(1876): 일본이 운요호 사건을 계기로 조선 정부에 문호 개방을 요구하면서 체결한 조약이다. 이는 우리나라 **최초의 근대적 조약**이었으나 일본인에 대한 **치외 법권**과 해안 측량권을 포함한 불평등 조약이었으며, 일본의 요구에 따라 부산, 원산, 인천을 개항하였다.

(나) **조미 수호 통상 조약**(1882): 조선이 **서양 국가와 맺은 최초의 조약**으로, 청이 러시아와 일본을 견제하고 조선에 대한 청의 종주권을 확인할 목적으로 체결을 알선하였다. **관세 자주권을 확보**하였으나, **최혜국 대우**를 처음으로 규정하고 치외 법권, 국가 간의 분쟁을 제3국이 해결하는 거중 조정 조항 등이 포함된 불평등 조약이었다.

② **고종**은 국내외의 군국 기무와 개화 정책을 총괄하는 관청인 **통리기무아문**을 설치하였다(1880).

한 번 더 체크하러 가기 ▶ 미니북 11쪽

선택지 풀이

① 공사 노비법이 혁파되었다.
　김홍집을 중심으로 한 군국기무처를 통해 제1차 갑오개혁이 실시되었다(1894). 이에 따라 공사 노비법이 혁파되어 신분제가 법적으로 폐지되었다.

③ 한성 전기 회사가 설립되었다.
　대한 제국 시기 황실과 미국인의 합작으로 한성 전기 회사가 세워졌다(1898).

④ 건양이라는 독자적인 연호가 채택되었다.
　을미사변 이후 을미개혁이 추진되어 건양이라는 독자적인 연호와 태양력을 사용하게 되었다(1895).

⑤ 지방 행정 구역이 8도에서 23부로 개편되었다.
　군국기무처 폐지 이후 김홍집·박영효 연립 내각에 의해 제2차 갑오개혁이 추진되었다. 이에 따라 중앙 행정 기구인 의정부와 8아문을 각각 내각과 7부로, 지방 행정 구역을 8도에서 23부로 개편하였다(1895).

암기의 key 　열강과 체결한 조약 및 주요 내용

국가	조약	주요 내용
일본	강화도 조약 (조일 수호 조규, 1876)	• 청의 종주권 부인 • 치외 법권, 해안 측량권 • 부산, 원산, 인천 개항
미국	조미 수호 통상 조약 (1882)	• 서양과 맺은 최초의 조약 • 치외 법권, 최혜국 대우 • 거중 조정
청	조청 상민 수륙 무역 장정(1882)	• 치외 법권, 최혜국 대우 • 청 상인에 대한 통상 특권
러시아	조러 수호 통상 조약 (1884)	최혜국 대우
프랑스	조불 수호 통상 조약 (1886)	• 천주교 신앙의 자유 • 포교 허용

33 임오군란　　　　　정답 ④

정답 분석

> **정답이 보이는 핵심 키워드**
> #성난 군중 수백 명이 공사관을 습격 #왕궁 및 민태호와 민겸호의 집을 습격 #교관 호리모토

> **길잡이** | 임오군란의 발생 배경과 전개 과정에 대해 학습합니다.

④ 조선 고종 때 **신식 군대인 별기군과 차별 대우**를 받던 **구식 군대**가 선혜청과 **일본 공사관을 습격**하면서 **임오군란**이 발생하였다(1882). 반란군은 조선 조정의 요청으로 파병된 청군에 의해 진압되었으며, 이를 계기로 청은 조선 내에 군대를 주둔시키고 내정에 간섭하였다. 또한, 일본이 임오군란 직후 군란으로 인한 일본 공사관의 피해와 **일본인 교관 피살**에 대한 사과 사절단 파견, 주모자 처벌, 배상금 지불, 공사관 경비병 주둔 등을 요구하여 조선은 일본과 제물포 조약을 체결하였다.

한 번 더 체크하러 가기 ▶ 미니북 37쪽

선택지 풀이

① 전주 화약이 체결되는 계기가 되었다.
　동학 농민 운동 당시 농민군은 황토현 전투에서 관군에 승리하고 전주성을 점령하여 전라도 일대를 장악하였다. 이후 청과 일본의 군대 개입을 우려한 농민군은 정부와 전주 화약을 맺어 자치 개혁 기구인 집강소를 설치하고 폐정 개혁을 실시하였다(1894).

② 입헌 군주제 수립을 목표로 전개되었다.
⑤ 3일 만에 실패로 끝나 주동자들이 해외로 망명하였다.
　임오군란 이후 청의 내정 간섭이 심화되자 급진 개화파는 근대화 추진과 민씨 세력 제거를 위해 일본의 군사적 지원을 받아 우정총국 개국 축하연 자리에서 갑신정변을 일으켰다(1884). 이후 개화당 정부를 수

립하고 14개조 개혁 정강을 발표한 후 입헌 군주제, 청과의 사대 관계 폐지, 능력에 따른 인재 등용 등의 개혁을 추진하였다. 그러나 청군의 개입과 일본의 군사 지원이 약속대로 이행되지 않아 3일 만에 실패하고, 김옥균, 박영효 등은 일본으로 망명하였다.

③ 김기수가 수신사로 파견되는 결과를 가져왔다.
조선은 강화도 조약 체결을 계기로 문호를 개방한 뒤 개화 정책을 추진하였다. 이에 따라 일본에 수신사로 파견된 김기수는 신식 기관과 각종 근대 시설을 시찰하고 돌아와 일본의 발전을 고종에게 보고하였다(1876).

34 주시경 정답 ①

정답 분석

정답이 보이는 핵심 키워드
#국어 연구 #한힌샘 #독립신문사의 교보원으로 활동 #주보따리

길잡이 | 한글 연구에 일생을 바친 주시경의 활동을 살펴봅니다.

① **한힌샘 주시경**은 우리의 말과 글로 나라를 지키고자 한 한글 학자이자 독립운동가로, 일생을 한글 연구에 바쳤다. 그는 책을 큰 보따리에 들고 다니며 바쁜 수업 일정을 소화한 탓에 '**주보따리**'라고 불리기도 하였다. 주시경과 지석영을 중심으로 **국문 연구소**가 설립(1907)된 이후 주시경은 **국문 연구소 위원**으로 한글의 정리와 국어의 이해 체계 확립에 힘쓰면서 국문법을 정리하였다.

선택지 풀이

② 조선어 학회 사건으로 구속되어 옥고를 치렀다.
1942년 일제가 조선어 학회를 독립운동 단체로 간주하고 관련 인사를 체포한 후 학회를 강제 해산시키는 조선어 학회 사건이 발생하여, 이극로, 최현배 등이 구속되어 옥고를 치렀다.

③ 국권 피탈 과정을 정리한 한국통사를 집필하였다.
박은식은 독립을 위해 국혼(國魂)을 강조하였으며, 고종 즉위 다음해부터 국권 피탈 직후까지의 역사를 기록한 『한국통사』를 저술하였다.

④ 세계지리 교과서인 사민필지를 한글로 저술하였다.
육영공원의 교사 헐버트는 세계의 지리 지식과 문화를 소개하는 내용을 담은 교과서인 『사민필지』를 한글로 저술하였다.

⑤ 여유당전서를 간행하고 조선학 운동을 전개하였다.
정인보는 안재홍 등과 함께 조선학 운동을 주도하여 정약용의 저술을 모은 『여유당전서』를 간행하였다.

35 국채 보상 운동 정답 ⑤

정답 분석

정답이 보이는 핵심 키워드
#우리나라가 채무를 짐 #외채 1,300만 원 #단체를 결성하여 의연금으로 채무를 상환

길잡이 | 국채 보상 운동의 전개 과정을 파악합니다.

국채 보상 운동은 김광제, 서상돈 등의 제안으로 대구에서 시작되었다(1907). 이후 서울에서 조직된 국채 보상 기성회를 중심으로 전국적으로 확산되어 **일본에서 도입한 차관 1,300만 원을 갚아 주권을 회복**하고자 하였다.
⑤ 국채 보상 운동은 각종 계몽 단체와 **대한매일신보 등 언론 기관의 지원**을 받아 전국 각지로 확산되었으나 통감부의 방해와 탄압으로 중단되었다.

한 번 더 체크하러 가기 ▶ 미니북 11, 38쪽

선택지 풀이

① 일제가 치안 유지법을 적용하여 탄압하였다.
1920년대 사회주의가 확산되자 일제는 치안 유지법을 시행하여(1925) 식민지 지배에 저항하는 민족 해방 운동과 사회주의 및 독립운동을 탄압하였다.

② 백정에 대한 사회적 차별 철폐를 요구하였다.
갑오개혁 이후 공사 노비법이 혁파되어 법적으로는 신분제가 폐지되었으나 일제 강점기 때 백정에 대한 사회적 차별은 더욱 심해졌다. 백정들은 이러한 차별을 철폐하기 위해 진주에서 조선 형평사 창립 대회를 개최하고 형평 운동을 전개하였다(1923).

③ 독립문 건립을 위한 모금 활동을 전개하였다.
갑신정변 이후 미국에서 돌아온 서재필은 남궁억, 이상재, 윤치호 등과 함께 독립 협회를 창립하였다(1896). 중추원 개편을 통한 의회 설립과 근대적 입헌 군주제 실현을 목표로 활동하였으며, 모금 활동을 전개하여 청의 사신을 맞던 영은문을 헐고 그 자리 부근에 독립문을 건립하였다(1897).

④ 자작회, 토산 애용 부인회 등의 단체가 활동하였다.
1920년대에 조만식 등을 중심으로 평양에서 물산 장려 운동이 전개되었다. 민족 자본 육성을 통한 경제 자립을 위해 자급자족, 국산품 애용, 소비 절약 등을 내세웠으며 자작회, 토산 애용 부인회 등의 단체가 활동하였다.

36 신민회 정답 ⑤

정답 분석

정답이 보이는 핵심 키워드
#비밀 결사 #안창호 #105인 사건 #양기탁, 이승훈 #대성 학교

길잡이 | 105인 사건으로 해체된 신민회에 대해 살펴봅니다.

안창호와 **양기탁** 등이 1907년 결성한 **비밀 결사 단체 신민회**는 민족의 실력 양성을 위해 평양 대성 학교와 정주 오산 학교를 세워 민족 교육을 실시하였다. 그러나 조선 총독부가 총독 암살 미수 사건을 조작하여 많은 민족 운동가들을 체포한 **105인 사건**으로 인해 단체가 와해되었다.

⑤ 신민회 조직에 참여한 **이승훈**은 평양에서 계몽 서적이나 유인물을 출판·보급하고자 **태극 서관**을 설립하여 민족 기업을 육성하였다.

한 번 더 체크하러 가기 ▶ 미니북 39쪽

선택지 풀이

① 정우회 선언의 영향으로 결성되었다.
1920년대 중반 사회주의 세력과 민족주의 세력이 연대하여 민족 유일당을 결성할 수 있다는 공감대가 형성되었다. 이에 따라 국내의 민족 해방 운동 진영은 1926년 발표된 정우회 선언을 계기로 좌우 합작 조직인 신간회를 결성하였다(1927).

② 조선 혁명 선언을 활동 지침으로 삼았다.
김원봉이 결성한 의열단은 신채호가 작성한 조선 혁명 선언(1923)을 기본 행동 강령으로 하여 독립운동을 전개하였다.

③ 일제의 황무지 개간권 요구를 저지하였다.
보안회는 일본이 대한 제국에 황무지 개간권을 요구하자 반대 운동을 전개하여 이를 저지하였다(1904).

④ 중추원 개편을 통해 의회 설립을 추진하였다.
서재필은 남궁억, 이상재 등과 독립 협회를 창립하고(1896) 중추원 개편을 통한 의회 설립과 근대식 입헌 군주제 실현을 목표로 활동하였다.

37 무단 통치기 정답 ④

정답 분석

정답이 보이는 핵심 키워드
#임시 토지 조사국 #토지 조사 사업 #지적 원도

길잡이 | 1910년대 무단 통치기 일제가 시행한 정책을 학습합니다.

조선 총독부는 **토지 조사국**을 설치하고 토지 조사령을 발표하여 일정 기간 내 토지를 신고하도록 하는 **토지 조사 사업**을 실시하였다(1912). 이에 따라 신고하지 않은 토지는 총독부에서 몰수하여 일본인에게 헐값으로 불하하였다.

④ **일제**는 **1910년대 무단 통치기**에 **조선 태형령**을 실시하여 헌병 경찰들을 곳곳에 배치하고 조선인들에게 태형을 통한 형벌을 가하도록 하였다(1912).

한 번 더 체크하러 가기 ▶ 미니북 12쪽

선택지 풀이

① 경성 제국 대학에서 공부하는 학생
일제는 조선 민립 대학 설립 운동을 저지하고 여론을 무마하기 위해 경성 제국 대학을 설립하였다(1924).

② 근우회의 창립 기사를 작성하는 기자
신간회의 자매단체로 조직된 근우회는 강연회 개최 등 여성 계몽 활동과 여성 지위 향상 운동을 전개하며 여성의 권익을 옹호하였다(1927).

③ 보빙사 일행으로 미국에 파견되는 관리
조미 수호 통상 조약이 체결된 후 조선 주재 미국 공사가 파견되자 조선 정부는 답례로 미국에 보빙사를 파견하였다(1883).

⑤ 거문도를 불법 점령하고 있는 영국 해군
조선 고종 때 영국은 조선에 대한 러시아의 세력 확장을 저지하기 위해 거문도를 불법으로 점령하였다(1885).

38 대한 광복회 정답 ②

정답 분석

정답이 보이는 핵심 키워드
#박상진 #군자금 모집 #친일파 처단 #상덕태상회

길잡이 | 박상진을 중심으로 한 대한 광복회에 대해 알아봅니다.

② **박상진**은 **공화 정체의 근대 국민 국가의 수립**을 지향하는 **대한 광복회**를 조직하고(1915) 초대 총사령으로서 **독립군 양성**에 힘쓰는 한편, **친일파 처단 활동**도 함께 전개하였다. 「**박상진 의사 옥중 편지**」는 대한 광복회가 친일 부호 처단 사건 등으로 체포되었을 때의 상황을 보여 주며, 「**상덕태상회 청구서**」는 대한 광복회의 비밀 연락 거점지로서 활동한 상덕태상회의 실체를 파악하는 데 도움을 주는 자료이다. 이는 2022년 국가등록문화재에 등록되었다.

한 번 더 체크하러 가기 ▶ 미니북 40쪽

선택지 풀이

① 고종 강제 퇴위 반대 운동을 전개하였다.
대한 자강회는 교육과 산업 활동을 바탕으로 한 국권 회복을 목표로 활동하였고, 고종의 강제 퇴위 반대 운동을 전개하다가 일제의 탄압으로 해산되었다.

③ 파리 강화 회의에 독립 청원서를 제출하였다.
대한민국 임시 정부는 파리 강화 회의에 김규식을 파견하여 독립 청원서를 제출하는 등 외교 활동을 전개하였다.

④ 미군과 연합하여 국내 진공 작전을 계획하였다.
한국 광복군은 충칭에서 대한민국 임시 정부의 직할 부대로 창설되었다. 이후 영국군의 요청으로 인도·미얀마 전선에 파견되었으며, 미군과 협조하여 국내 진공 작전을 추진하였다.

⑤ 만민 공동회를 개최하여 민권 신장을 추구하였다.
독립 협회는 만민 공동회와 관민 공동회를 개최하여 국권·민권 신장 운동을 전개하였다.

39 3·1 운동 정답 ③

정답 분석

정답이 보이는 핵심 키워드
#앨버트 테일러 #딜쿠샤 #독립 선언서 #제암리 학살 사건

길잡이 ┃ 앨버트 테일러의 활동을 통해 3·1 운동을 파악합니다.

3·1 운동은 고종의 인산일을 계기로 일어난 **전국적인 민족 운동**으로, 민족 대표 33인이 독립 선언서를 발표하고 국내외에 독립을 선언하였다(1919). 이에 **일제가** 3·1운동이 일어났던 **수원(화성) 제암리**에서 주민들을 학살하고 교회당과 민가를 방화하는 만행을 저지르자 미국 연합통신(AP)의 특파원인 **앨버트 테일러**는 3·1 운동과 제암리 학살 사건을 취재해 전 세계에 전파하였다.
③ 일제는 3·1 운동 이후 무단 통치의 한계를 인식하여 **1920년대**에 보통 경찰제, 관리·교원의 복제 폐지, 조선인과 내지인 동일 대우 등을 약속하며, **문화 통치**로 식민지 통치 방식을 전환하였다.

한 번 더 체크하러 가기 ▶ 미니북 26쪽

선택지 풀이

① 신간회에서 진상 조사단을 파견하여 지원하였다.
④ 한국인 학생과 일본인 학생 간의 충돌에서 비롯되었다.
일제 강점기에 한국인 학생과 일본인 학생 간의 충돌 사건을 계기로 조선인 학생에 대한 차별과 식민지 교육에 저항한 광주 학생 항일 운동이 발생하였다(1929). 이에 당시 신간회 중앙 본부는 진상 조사단을 파견하여 지원하기도 하였다.

② 순종의 인산일을 기회로 만세 운동을 전개하였다.
⑤ 시위를 준비하는 과정에서 사회주의자들이 대거 검거되었다.
1920년대에 사회주의가 유입되기 시작하여 사회주의자와 학생들이 함께 만세 시위를 계획하였다. 그러나 사회주의자들이 사전에 일본에 체포되면서 학생들을 중심으로 순종의 인산일에 맞추어 서울 종로 일대에서 6·10 만세 운동을 전개하였다(1926).

40 대한민국 임시 정부 정답 ⑤

정답 분석

정답이 보이는 핵심 키워드
#이동녕 #임시 의정원 초대 의장 #삼권 분립에 기초한 헌법 제정 #국무총리와 주석 역임 #상하이를 떠나 이동하는 과정을 함께 함

길잡이 ┃ 이동녕의 생애를 통해 대한민국 임시 정부가 전개한 활동을 학습합니다.

이동녕은 안창호, 양기탁, 이동휘 등과 함께 신민회를 결성하고 대성 학교와 오산 학교를 세웠다. 1910년 국권이 피탈된 이후에는 서간도 삼원보로 망명하여 이석영, 이회영 등과 함께 한국인 자치 기관인 경학사를 설립하여 독립 정신을 고취하였다. 또한, 3·1 운동 이후에는 **대한민국 임시 정부** 수립의 주역으로서 **임시 의정원의 초대 의장**으로 선임되었다.
ㄷ. 대한민국 임시 정부는 대미 외교 업무를 수행하기 위해 미국에 **구미 위원부**를 두었다.
ㄹ. 중국 안동에 설립된 무역 선박 회사인 **이륭양행**은 비밀리에 대한민국 임시 정부의 **교통국** 역할을 수행하였다.

한 번 더 체크하러 가기 ▶ 미니북 26쪽

선택지 풀이

ㄱ. 만세보를 발행하여 민중 계몽에 힘썼다.
손병희를 중심으로 한 천도교는 국한문 혼용체 기관지인 만세보를 발행하여 민중 계몽 운동을 전개하였다.

ㄴ. 신흥 강습소를 세워 독립군을 양성하였다.
서간도 삼원보 지역에서 신민회 회원인 이상룡, 이회영 등은 독립군 양성 학교인 신흥 강습소를 설립하여 독립군을 양성하였다.

41 민족 말살 통치기 정답 ③

정답 분석

정답이 보이는 핵심 키워드
#일제가 연합국을 상대로 전쟁을 벌임 #쌀을 강제로 공출

길잡이 ┃ 1930년대 이후 일제가 시행한 정책에 대해 알아봅니다.

1930년대 일제는 우리 민족의 정체성을 말살하기 위해 황국 신민화 정책을 시행하여 내선일체의 구호를 내세우고 황국 신민 서사 암송(1937)과 창씨개명(1939), 신사 참배 등을 강요하였다. 또한, 대륙 침략을 위해 **한반도를 병참 기지화**하고 **중일 전쟁**을 일으켜 국가 총동원령을 시행하였다. 물적 수탈을 위해 양곡 배급제와 **미곡 공출제**(1939)를 실시하였으며, 국민 징용령(1939)으로 한국인의 노동력을 착취하였다. **태평양 전쟁**(1941)을 일으킨 후에는 학도 지원병 제도(1943), 징병 제도(1944) 등을 실시하여 젊은이들을 전쟁터로 강제 징집하였다.

③ 일제는 젊은 여성들을 전선에 끌고 가 일본군 '위안부'로 삼는 만행을 저질렀으며, **여자 정신 근로령**(1944)을 공포하여 군수 공장 등에서 강제 노동을 시켰다.

한 번 더 체크하러 가기 ▶ 미니북 12쪽

선택지 풀이

① 메가타의 주도로 화폐 정리 사업이 실시되었다.
제1차 한일 협약을 통해 스티븐스가 외교 고문, 메가타가 재정 고문으로 임명되었다(1904). 이후 메가타는 대한 제국의 경제권을 장악하기 위해 탁지부를 중심으로 화폐 정리 사업을 실시하였다(1905).

② 만주 군벌과 일제 사이에 미쓰야 협정이 체결되었다.
1920년대 만주 지역에서 항일 무장 투쟁이 활발하게 전개되자 조선 총독부 경무 국장 미쓰야와 만주 군벌 장쭤린은 독립군을 체포하여 넘기면 일본이 그 대가로 상금을 지불하는 내용의 미쓰야 협정을 체결하였다(1925).

④ 지주 문재철의 횡포에 맞서 암태도 소작 쟁의가 전개되었다.
전남 신안군 암태도에서는 한국인 지주 문재철의 횡포와 이를 비호하는 일본 경찰에 맞서 일제 강점기 최대 규모의 암태도 소작 쟁의가 발생하였다(1923).

⑤ 회사 설립 시 총독의 허가를 받도록 하는 회사령이 공포되었다.
일제는 민족 기업과 민족 자본의 성장을 억제하기 위해 회사 설립 시 총독의 허가를 받도록 하는 회사령을 제정하였다(1910).

42 일제 강점기 종교의 활동 정답 ③

정답 분석

정답이 보이는 핵심 키워드
#일제 강점기 종교계의 활동 #개신교 #대종교 #원불교 #천도교 #천주교

길잡이 | 일제 강점기 각 종교계의 활동을 살펴봅니다.

③ **박중빈**이 창시한 **원불교**는 **새생활 운동**을 추진하여 허례허식 폐지, 근검절약, 금주·단연 등을 추구하고, **개간 및 간척 사업**과 저축 운동을 적극적으로 장려하였다.

선택지 풀이

① 단군 숭배 사상을 통해 민족의식을 높이다
나철이 창시한 대종교는 단군 숭배를 통해 민족의식을 고취하고, 간도에서 중광단, 북로 군정서군 등을 조직하여 적극적인 항일 투쟁을 전개하였다.

② 의민단을 조직하여 무장 투쟁을 전개하다
천주교는 만주에서 독립운동 단체인 의민단을 조직하여 활동하였다.

④ 배재 학당을 세워 신학문 보급에 기여하다
미국인 개신교 선교사 아펜젤러가 세운 배재 학당은 근대적 사립 학교로 신학문 보급에 기여하였다.

⑤ 어린이날을 제정하고 소년 운동을 추진하다
방정환, 김기전 등이 주축이 된 천도교 소년회는 5월 1일을 어린이날로 제정하고 『어린이』라는 잡지를 발간하는 등 소년 운동을 주도하였다.

암기의 key 일제 강점기 주요 종교의 활동

구분	활동
개신교	• 교육·의료 사업 • 신사 참배 거부 운동 → 일제의 탄압
천주교	• 사회 사업: 고아원, 양로원 사업 • 무장 투쟁: 의민단 조직
대종교	• 간도에서 적극적인 항일 무장 투쟁 전개 • 중광단 조직
원불교	• 박중빈이 창시 • 새생활 운동: 허례허식 폐지, 근검절약, 협동 단결 등
천도교	• 제2의 독립 선언 계획 • 청년·소년·여성 운동 • 잡지 간행: 『개벽』, 『어린이』, 『학생』, 『신여성』 등 • 민중 계몽과 근대 문물 보급에 기여
불교	• 불교 대중화 노력(한용운) • 조선 불교 유신회 조직: 일제의 불교 통제(사찰령)에 저항

43 조선 의용대 정답 ④

정답 분석

정답이 보이는 핵심 키워드
#조선 민족 혁명당 #난징 #5개 당을 통합하여 창립 #중국과 연합 항일 진영 건립 #1938년 조직 #장제스 #한국 광복군과 통합 편성

길잡이 | 조선 의용대의 활동에 대해 학습합니다.

④ **일제 강점기**에 **김원봉**은 만주에서 **윤세주** 등과 함께 의열단을 조직하였고, 난징에 설립한 조선 혁명 군사 정치 간부 학교를 통해 독립군을 양성하며 군사력을 강화하였다. 이후 중국 국민당의 지원을 받아 **중국 관내**에서 결성된 최초의 한인 무장 부대인 **조선 의용대**를 조직하였다. 조선 의용대 중 일부 대원은 충칭 지역의 **한국 광복군에 합류**하여 항일 전선에 참여하였고, 나머지 주력 부대는 화북 지역으로 이동하여 중국 팔로군과 함께 무장 투쟁을 전개하였다.

한 번 더 체크하러 가기 ▶ 미니북 28쪽

선택지 풀이

① 자유시 참변으로 큰 타격을 입었다.
　대한 독립 군단은 간도 참변으로 인해 러시아 자유시로 근거지를 옮겼으나 군 지휘권을 둘러싼 분쟁에 휘말려 자유시 참변을 겪으면서 세력이 약화되었다.

② 대전자령 전투에서 일본군을 격퇴하였다.
　지청천을 중심으로 북만주에서 결성된 한국 독립군은 중국 호로군과 연합하여 쌍성보 전투, 사도하자 전투, 대전자령 전투에서 일본군에 승리하였다.

③ 동북 항일 연군으로 개편되어 유격전을 펼쳤다.
　중국 공산당은 1933년 항일 세력의 규합과 노동자의 주도권 강화를 강조하면서 만주에서 활동하고 있는 조선인과 중국인의 유격대를 통합하여 동북 인민 혁명군을 편성하였다. 이후 동북 항일 연군으로 개편하여 유격 활동을 계속하였다.

⑤ 홍범도 부대와 연합하여 청산리에서 일본군과 교전하였다.
　김좌진을 중심으로 한 북로 군정서군은 홍범도가 이끄는 대한 독립군 등과 함께 독립군 연합 부대를 결성하여 청산리 전투에서 일본군을 크게 격파하였다.

② 이봉창이 일왕의 행렬에 폭탄을 투척하였다.
　한인 애국단원 이봉창은 도쿄에서 일본 국왕이 탄 마차의 행렬에 폭탄을 투척하였다.

③ 박용만의 주도로 대조선 국민 군단이 창설되었다.
　박용만은 하와이에 대조선 국민 군단을 조직하여 독립군 사관 양성을 바탕으로 한 무장 투쟁을 준비하였다.

⑤ 유학생들이 중심이 되어 2·8 독립 선언서를 발표하였다.
　일본 도쿄 유학생들이 중심이 되어 결성한 조선 청년 독립단은 대표 11인을 중심으로 도쿄에서 2·8 독립 선언서를 발표하였다.

44 지역사 – 북간도　　정답 ④

정답 분석

정답이 보이는 핵심 키워드
#김약연 #명동 학교 #이상설 #서전서숙 #윤동주 #송몽규 #용정촌

길잡이 | 북간도 지역에서 전개된 민족 운동을 파악합니다.

북간도 지역에는 19세기 후반 이후 조선인이 많이 이주하여 **한인 집단촌**이 형성되었다. 애국지사들은 **용정촌** 등 한인 집단촌을 중심으로 독립군을 양성하였으며 **이상설**은 **서전서숙**, **김약연**은 **명동 학교**를 세워 민족 교육을 실시하였다. 이 지역에는 대종교의 삼종사(서일, 나철, 김교헌) 묘역과 봉오동 전투를 기념하는 봉오동 전투 전적비 등이 남아 있다.
④ 북간도에서 대종교 세력을 중심으로 결성된 중광단이 3·1 운동 직후 무장 독립운동을 수행하기 위해 정의단으로 확대·개편되면서 **북로 군정서를 조직**하였다. 이후 김좌진이 이끄는 북로 군정서군은 일본군과의 청산리 전투에서 큰 승리를 거두었다.

선택지 풀이

① 권업회가 설립되어 권업신문을 발간하였다.
　연해주 신한촌에서 최재형은 한인 자치 단체인 권업회를 조직하고 이상설은 권업신문을 발행하였다. 이후 블라디보스토크에 대한 광복군 정부가 설립되어 독립운동이 전개되었다.

45 광복 직후 미군정 시기　　정답 ④

정답 분석

정답이 보이는 핵심 키워드
#서윤복 선수 #제51회 보스턴 세계 마라톤 대회 #하지 중장, 헬믹 준장 #군정청 #김규식, 여운형, 안재홍

길잡이 | 광복 직후 미군정 시기에 있었던 사실을 알아봅니다.

④ 1945년 8월 15일 일본이 항복하면서 북위 38도 이남 한반도에 미군이 진주하게 되었고, 1948년 8월 15일 대한민국이 수립될 때까지 3년간 **미군정이 실시**되었다. 이 시기 미군정은 일제 강점기 때 동양 척식 주식회사의 소유였던 토지와 일본인 및 일본 회사의 소유였던 토지, 귀속 재산을 관할·처리하기 위하여 **신한 공사를** 설립하였다.

한 번 더 체크하러 가기 ▶ 미니북 29쪽

선택지 풀이

① 한미 상호 방위 조약이 체결되었다.
　이승만 정부는 6·25 전쟁 휴전 이후 한미 상호 방위 조약을 체결하여 미국과 군사적 동맹을 맺었다(1953.10.).

② 제1차 경제 개발 5개년 계획이 추진되었다.
　박정희 정부 때 제1차 경제 개발 5개년 계획이 추진되었다(1962).

③ 반민족 행위 특별 조사 위원회가 설치되었다.
　제헌 국회는 일제의 잔재를 청산하고 민족정기를 바로잡기 위해 반민족 행위 처벌법을 제정하고 반민족 행위 특별 조사 위원회를 설치하였다(1948).

⑤ 국가 보안법 개정안을 통과시킨 보안법 파동이 일어났다.
　이승만의 자유당 정권은 정부에 대한 비판 세력과 국민 여론을 통제하기 위해 국가 보안법 개정안을 마련하여 여당 단독으로 통과시키는 보안법 파동을 일으켰다(1958).

46 6·25 전쟁   정답 ①

✓ 정답 분석

정답이 보이는 핵심 키워드

#대성동 마을 #비무장 지대 #정전 협정 체결 #자유의 마을 #유엔군 사령부의 관할 지역

길잡이 | 대성동 마을을 통해 6·25 전쟁의 전개 과정을 학습합니다.

대성동 마을은 일명 자유의 마을로, 한반도 군사 분계선 남쪽 **비무장 지대**에 위치한 **민간인 거주 지역**이다. 1953년 **정전 협정 체결 직후** 남북한 양측이 비무장 지대에 마을을 하나씩만 남긴다는 후속 합의에 따라 조성되었다. 행정 구역상의 소재지는 경기도 파주시이지만, 유엔군 사령부의 관리를 받는 특수한 지역이다. 이 마을은 6·25 전쟁으로 인한 한반도의 분단과 대치 상황을 상징적으로 보여 준다.
① 미 국무 장관인 애치슨이 한국을 미국의 태평양 방위선에서 제외한다는 내용을 포함한 애치슨 선언을 발표하여 6·25 전쟁 발발의 원인을 제공하였다(1950.1.).

한 번 더 체크하러 가기 ▶ 미니북 34쪽

✓ 선택지 풀이

② 부산이 임시 수도로 정해졌다.
③ 흥남 철수 작전이 전개되었다.
④ 인천 상륙 작전 이후 서울을 수복하였다.
⑤ 국회에서 국민 방위군 사건이 폭로되었다.

1950년 북한의 남침으로 6·25 전쟁이 시작되어 서울이 점령당하였고, 이승만 정부는 전쟁에 제대로 대응하지 못한 채 후퇴하다가 부산을 임시 수도로 정하였다. 유엔군 파병 이후 국군은 낙동강을 사이에 두고 공산군과 치열한 공방전 끝에 인천 상륙 작전의 성공으로 전세가 역전되어 압록강까지 진격하였다. 그러나 중국군의 개입으로 전세가 불리해진 국군과 유엔군은 후퇴하는 과정에서 함경남도 흥남에 고립되었다. 이에 흥남 철수 작전을 전개하여 수많은 피란민을 구출하였으나 1·4 후퇴로 인해 서울이 재함락되었다. 한편, 1·4 후퇴 과정에서 국민 방위군 간부들의 방위군 예산 부정 착복으로 철수 도중 식량 및 보급품이 지급되지 못하여 많은 병력이 병사한 사건이 국회에서 폭로되기도 하였다(1951). 이후 전쟁이 교착 상태에 빠지자 유엔군과 공산군은 판문점에서 정전 협정을 체결하였다(1953).

암기의 key   6·25 전쟁의 전개 과정

북한의 남침 (1950.6.25.)	북한군이 서울 점령 → 유엔군의 참전 → 낙동강을 사이에 두고 공방전
↓	
국군과 유엔군의 반격	인천 상륙 작전으로 전세 역전(1950.9.15.) → 압록강까지 진격(1950.10.)
↓	
중국군 개입 (1950.10.)	흥남 철수 작전(1950.12.15.) → 서울 함락(1951.1.4.) → 서울 재탈환 → 38선 일대 교착 상태
↓	
정전 회담 개최 (1951.7.)	소련이 유엔에 휴전 제의 → 이승만 정부의 휴전 반대, 범국민 휴전 반대 운동 → 반공 포로 석방(1953.6.18.)
↓	
휴전 협정 체결 (1953.7.27.)	한미 상호 방위 조약 체결(1953.10.)

---

47 3선 개헌 반대 시위   정답 ⑤

✓ 정답 분석

정답이 보이는 핵심 키워드

#민주 공화당 #3선 개헌 추진 #학생들의 반대 시위 #신민당 #3선 개헌 반대 범국민 투쟁 위원회

길잡이 | 3선 개헌 반대 시위와 그 후에 일어난 사건을 알아봅니다.

1967년 재집권한 **박정희**는 대통령 **3선 연임**을 허용하는 헌법 개정을 추진하였다. 이에 야당인 신민당 의원들은 재야 인사들과 함께 **3선 개헌 반대 범국민 투쟁 위원회**를 결성하고 반대 투쟁을 전개하였다. 그러나 여당 민주 공화당 소속 의원 122명이 국회 별관에 모여 변칙적으로 개헌안을 통과시켰다(1969).
⑤ 3선에 성공한 박정희는 장기 집권을 위해 **유신 헌법을 선포**하여 대통령에게 국회의원 1/3 추천 임명권, 국회 해산권, 헌법 효력을 정지시킬 수 있는 긴급 조치권 등 강력한 권한을 부여하였다(1972).

한 번 더 체크하러 가기 ▶ 미니북 13쪽

✓ 선택지 풀이

① 내각 책임제 형태의 정부가 출범하였다.
이승만과 자유당 정권의 3·15 부정 선거에 대한 항거로 4·19 혁명이 발발하였다. 이 결과 이승만이 하야하고 제3차 개헌을 통해 내각 책임제와 양원제가 적용된 장면 내각이 출범하였다(1960).

② 정부에 비판적이던 경향신문이 폐간되었다.
이승만 정권은 여당에 비판적인 보도를 하였던 경향신문을 폐간시키며

정답 및 해설 **357**

언론 탄압을 자행하였다(1959).

③ 최고 통치 기구인 국가 재건 최고 회의가 구성되었다.
5·16 군사 정변으로 정권을 장악한 박정희와 군부 세력은 군사 혁명 위원회를 구성하고 입법·사법·행정의 3권을 장악하여 국회와 지방 의회를 해산하였다. 이후 명칭을 국가 재건 최고 회의로 바꾸고 혁명 내각을 발표하여 군사 정권을 수립하였다(1961).

④ 평화 통일론을 주장한 진보당의 조봉암과 간부들이 구속되었다.
이승만 정권 시기 조봉암은 제3대 대통령 선거에 출마하였으나 낙선하였다. 이후 진보당을 창당하고 평화 통일론을 주장하다가 국가 변란, 간첩죄 혐의로 체포되어 사형에 처해졌으며 진보당은 해체되었다(진보당 사건, 1958).

48 5·18 민주화 운동 정답 ⑤

정답 분석

정답이 보이는 핵심 키워드
#젊은 대학생들과 시민들이 피를 흘리며 싸움 #공수 부대 #발포 명령 #광주 시민의 의거

길잡이 | 5·18 민주화 운동에 대해 살펴봅니다.

전두환을 비롯한 신군부 세력의 12·12 쿠데타에 저항하여 '서울의 봄'이라는 대규모 민주화 운동이 일어나자 **신군부는 비상계엄 조치를 전국적으로 확대**하였다. 비상계엄 해제와 신군부 퇴진, 김대중 석방 등을 요구하는 **광주 시민들의 항거**가 이어지자 신군부는 **공수 부대**를 동원한 무력 진압을 강행하였고, 학생과 시민들이 자발적으로 시민군을 조직하여 이에 대항하면서 **5·18 민주화 운동**이 격화되었다(1980).
⑤ 2011년에 5·18 민주화 운동 관련 기록물이 **유네스코 세계 기록 유산으로 등재**되었다.

한 번 더 체크하러 가기 ▶ 미니북 30쪽

선택지 풀이

① 허정 과도 정부가 출범하는 계기가 되었다.
4·19 혁명의 결과로 이승만이 대통령직에서 하야하고 내각 책임제를 기본으로 하는 허정 과도 정부가 성립되었다.

② 굴욕적인 한일 국교 정상화에 반대하였다.
박정희 정부가 한일 회담 진행 과정에서 추진한 한일 국교 정상화의 협정 내용이 공개되자 학생과 야당을 주축으로 굴욕적 대일 외교에 반대하는 6·3 시위가 전개되었다.

③ 호헌 철폐, 독재 타도 등의 구호를 외쳤다.
전두환 정부 때 박종철 고문치사 사건과 4·13 호헌 조치에 반발하여 대통령 직선제 개헌과 민주 헌법 제정을 요구하는 6월 민주 항쟁이 전개되었다. 시위가 전국적으로 확산되면서 호헌 철폐와 독재 타도를 요구하는 6·10 국민 대회가 개최되었다.

④ 3·15 부정 선거에 항의하며 시위가 시작되었다.
이승만 정부는 장기 집권을 위해 3·15 부정 선거를 자행하였다. 이로 인해 마산에서 부정 선거와 이승만의 장기 집권에 저항하는 대규모 시위가 일어나자 정부는 이를 강경 진압하였고, 시위 도중 경찰의 최루탄에 맞은 채로 마산 바변가에 버려진 학생 김주열의 시신이 발견되며 4·19 혁명이 전국적으로 확산되었다.

암기의 key 현대 정부의 민주화 운동

4·19 혁명 (1960)	• 배경: 이승만의 장기 독재(사사오입 개헌 등), 3·15 부정 선거 • 결과: 이승만 하야
유신 반대 운동 (1970년대)	• 배경: 박정희 정부의 유신 헌법 → 대통령에 초헌법적 권한 부여, 대통령 간선제 규정 등 • 유신 반대 백만인 서명 운동, 3·1 민주 구국 선언, 부마 민주 항쟁 등
5·18 민주화 운동 (1980)	• 배경: 전두환 신군부의 비상계엄 선포 • 결과: 광주 시민들의 저항, 1980년대 이후 민주화 운동에 영향
6월 민주 항쟁 (1987)	• 배경: 4·13 호헌 조치, 박종철 고문치사 사건 • 결과: 6·29 민주화 선언(5년 단임 대통령 직선제)

49 김영삼 정부의 경제 정책 정답 ②

정답 분석

정답이 보이는 핵심 키워드
#OECD 회원국 #세계 10위권의 경제 규모를 가진 나라로 성장

길잡이 | 김영삼 정부가 추진한 경제 정책을 확인합니다.

② **김영삼 정부** 때 부정부패와 탈세를 뿌리 뽑기 위해 대통령 긴급 명령으로 금융 실명제를 실시하여 경제 개혁을 추진하였다(1993). 또한, 국제 경제의 세계화와 개방 경제 체제 확산에 따른 대응을 위해 **경제 협력 개발 기구(OECD)에 가입**하였다(1996). 임기 말에는 외환 위기로 인해 국제 통화 기금(IMF)으로부터 구제 금융 지원을 받게 되었으며, 김대중 정부 때 이를 극복하기 위해 국민들이 자발적으로 금 모으기 운동을 전개하였다(1998).

한 번 더 체크하러 가기 ▶ 미니북 20쪽

선택지 풀이

① 처음으로 수출액 100억 달러가 달성되었다.
박정희 정부 때 수출이 증대되어 처음으로 수출액 100억 달러를 달성하였다(1977).

③ 개성 공단 건설을 통해 남북 간 경제 교류가 이루어졌다.
　김대중 정부 시기인 2000년 남북 정상 회담을 통해 개성 공단 건설 운영에 관한 합의서를 체결하였으나, 노무현 정부에 이르러서 비로소 개성 공단 착공식이 추진되었다(2003).

④ 한국과 미국 사이에 자유 무역 협정(FTA)이 체결되었다.
　노무현 정부는 미국과 자유 무역 협정(FTA)을 체결하였다(2007).

⑤ 경제적 취약 계층을 위한 국민 기초 생활 보장법이 시행되었다.
　김대중 정부는 극심한 양극화의 해소를 위해 생활 유지 능력이 없거나 생활이 어려운 국민의 최저 생활을 국가가 보장하는 국민 기초 생활 보장법을 제정하였다(1999).

50 김대중 정부의 통일 노력　　정답 ③

정답 분석

정답이 보이는 핵심 키워드
#정주영의 소 떼 방북 #남북한의 교류와 협력 본격화 #금강산 관광 사업

길잡이 | 김대중 정부가 시행한 통일 정책을 학습합니다.

③ **김대중 정부**는 북한과의 화해 협력 기조를 유지하며 적극적으로 **북한과의 교류를 확대**하였고, 평양에서 **최초로 남북 정상 회담**이 이루어져 **6·15 남북 공동 선언**을 발표하였다(2000). 이를 통해 **금강산 관광 사업** 활성화, 개성 공단 건설 합의서 체결, 경의선 복원 등이 실현되었다.

한 번 더 체크하러 가기 ▶ 미니북 20쪽

선택지 풀이

① 남북 조절 위원회를 구성하였다.
　박정희 정부 시기 서울과 평양에서 7·4 남북 공동 성명을 발표하고, 남북 조절 위원회를 설치하였다(1972).

② 남북한이 유엔에 동시 가입하였다.
④ 한반도 비핵화 공동 선언을 발표하였다.
　노태우 정부 때 적극적인 북방 외교 정책을 추진하여 남북한의 유엔 동시 가입이 이루어졌으며, 핵전쟁 위협을 제거하고 평화 통일에 유리한 조건을 조성하기 위한 한반도 비핵화 공동 선언을 채택하였다(1991).

⑤ 남북 이산가족의 교환 방문을 최초로 실현하였다.
　전두환 정부 시기에 분단 이후 최초로 이산가족 고향 방문단 및 예술 공연단 등 총 151명이 서울과 평양을 동시에 방문하였다(1985).

MEMO

MEMO

MEMO

좋은 책을 만드는 길, 독자님과 함께 하겠습니다.

**2026 시대에듀 PASSCODE 한국사능력검정시험 기출문제집
800제 16회분(76~61회) 심화(1·2·3급)**

개정13판2쇄 발행	2026년 02월 05일 (인쇄 2026년 01월 05일)
초 판 발 행	2016년 04월 15일 (인쇄 2016년 02월 24일)
발 행 인	박영일
책 임 편 집	이해욱
편 저	한국사수험연구소
편 집 진 행	이미림 · 백나현
표지디자인	조혜령
편집디자인	홍영란 · 김휘주
발 행 처	(주)시대고시기획
출 판 등 록	제10-1521호
주 소	서울시 마포구 큰우물로 75 [도화동 538 성지 B/D] 9F
전 화	1600-3600
팩 스	02-701-8823
홈 페 이 지	www.sdedu.co.kr
I S B N	979-11-434-0321-6 (13910)
정 가	21,000원

※ 이 책은 저작권법의 보호를 받는 저작물이므로 동영상 제작 및 무단전재와 배포를 금합니다.
※ 잘못된 책은 구입하신 서점에서 바꾸어 드립니다.

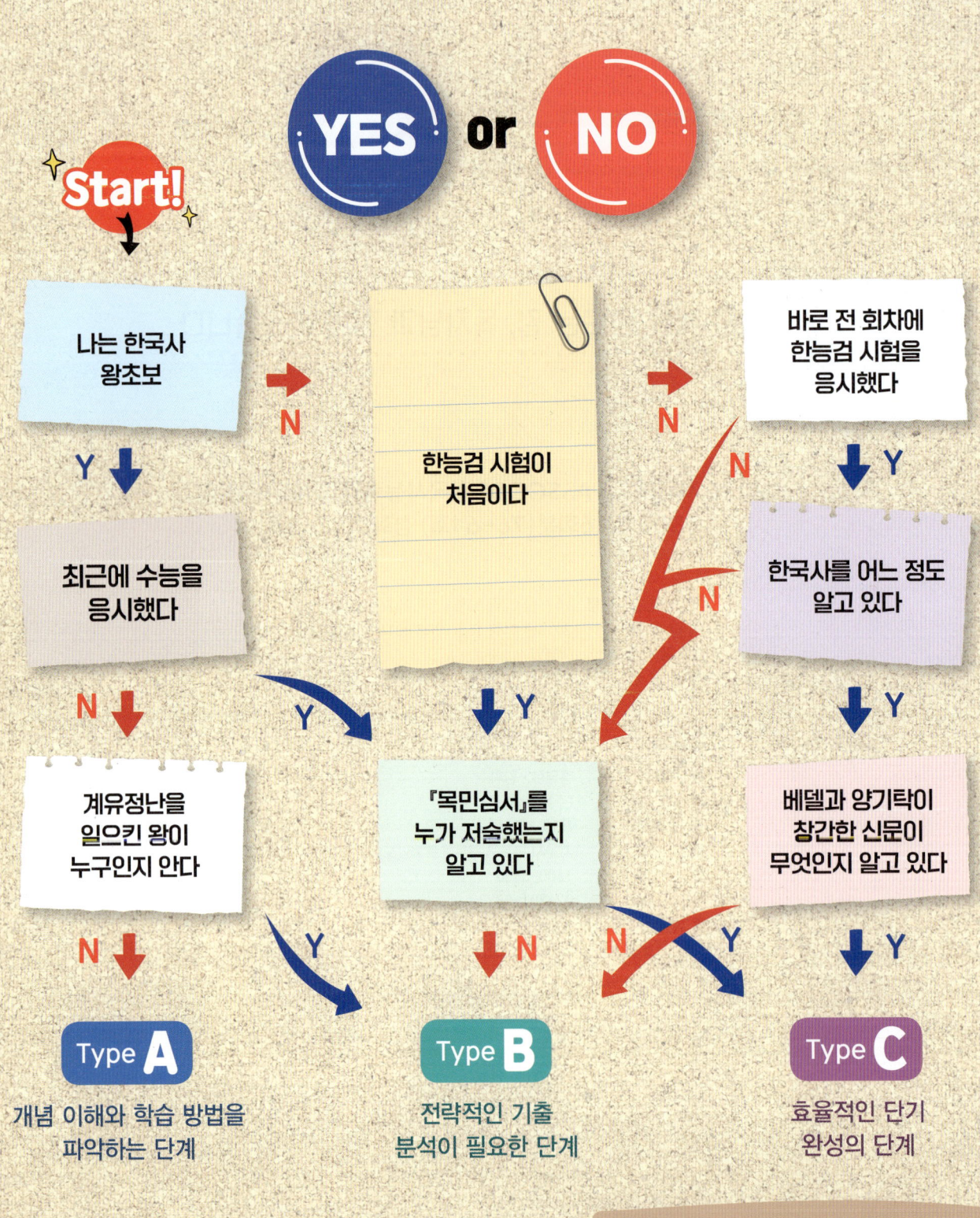

PASSCODE

한국사능력검정시험 기출문제집

기출문제

제 76회 한국사능력검정시험

- 자신이 선택한 등급의 문제지인지 확인하시오.
- 문제지에 성명과 수험 번호를 정확히 써넣으시오.
- 답안지에 성명과 수험 번호를 써넣고, 또 수험 번호와 답을 정확히 표시하시오.
- 시험 시간은 80분입니다.

01 밑줄 그은 '이 시대'의 생활 모습으로 옳은 것은? [1점]

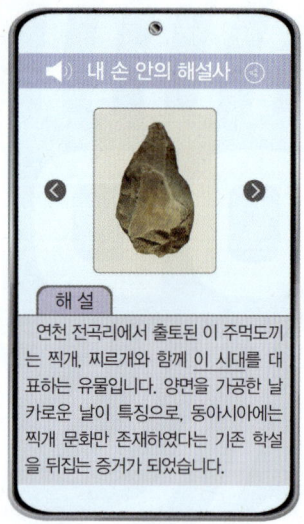

내 손 안의 해설사

해설
연천 전곡리에서 출토된 이 주먹도끼는 찍개, 찌르개와 함께 이 시대를 대표하는 유물입니다. 양면을 가공한 날카로운 날이 특징으로, 동아시아에는 찍개 문화만 존재하였다는 기존 학설을 뒤집는 증거가 되었습니다.

① 민무늬 토기에 식량을 저장하였다.
② 가락바퀴를 이용하여 실을 만들었다.
③ 명도전, 반량전 등 화폐를 사용하였다.
④ 철제 농기구를 사용하여 농사를 지었다.
⑤ 주로 동굴이나 강가의 막집에 거주하였다.

02 다음 검색창에 들어갈 국가에 대한 설명으로 가장 적절한 것은? [2점]

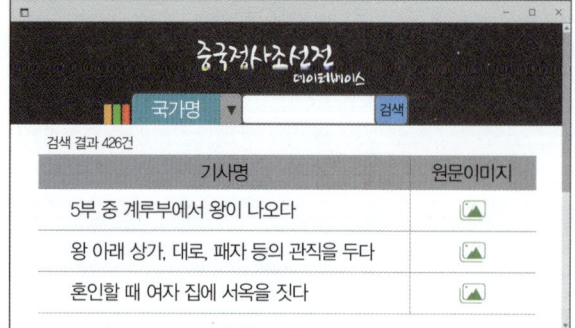

중국정사조선전 데이터베이스
국가명 ▼ [ ] 검색
검색 결과 426건
기사명	원문이미지
5부 중 계루부에서 왕이 나오다	
왕 아래 상가, 대로, 패자 등의 관직을 두다	
혼인할 때 여자 집에 서옥을 짓다	

① 신성 구역인 소도가 존재하였다.
② 10월에 동맹이라는 제천 행사를 열었다.
③ 읍락 간의 경계를 중시하는 책화가 있었다.
④ 사회 질서 유지를 위해 범금 8조를 두었다.
⑤ 화백 회의에서 국가의 중대사를 결정하였다.

03 (가)~(다)를 일어난 순서대로 옳게 나열한 것은? [2점]

(가) 고구려왕 거련이 직접 군사를 거느리고 백제를 공격하였다. 백제왕 경이 문주를 신라에 보내 도움을 요청하였다. …… 신라군이 도착하기 전에 백제가 고구려에 함락되었고 경 또한 살해되었다.

(나) 백제왕이 태자와 함께 정예군 3만 명을 거느리고 고구려에 침입하여 평양성을 공격하였다. 고구려왕 사유가 힘을 다해 싸워 이를 막았으나 날아오는 화살에 맞아 죽었다.

(다) 백제왕 명농이 가야와 함께 와서 관산성을 공격하였다. …… 신라군이 맞서 싸웠는데 삼년산군의 고간 도도가 급습하여 백제왕을 죽였다.

① (가) - (나) - (다) ② (가) - (다) - (나)
③ (나) - (가) - (다) ④ (나) - (다) - (가)
⑤ (다) - (가) - (나)

04 (가) 국가의 문화유산으로 옳은 것은? [1점]

입체 퍼즐로 만드는 우리 문화유산

완성품 예시

금동 대향로
부여 능산리에서 발견된 금동 대향로는 (가) 를 대표하는 문화유산으로 국보로 지정되어 있습니다. 용이 받치고 있는 연꽃 형태의 몸체 위에 산봉우리로 둘러싸인 반원형의 뚜껑이 있고, 그 꼭대기에는 봉황이 자리 잡고 있습니다. 불교와 도교 요소가 복합적으로 표현된 걸작입니다.

자세한 조립 방법은 뒷면 참조

①  ②  ③
④  ⑤

05 (가) 국가의 경제 상황으로 가장 적절한 것은? [2점]

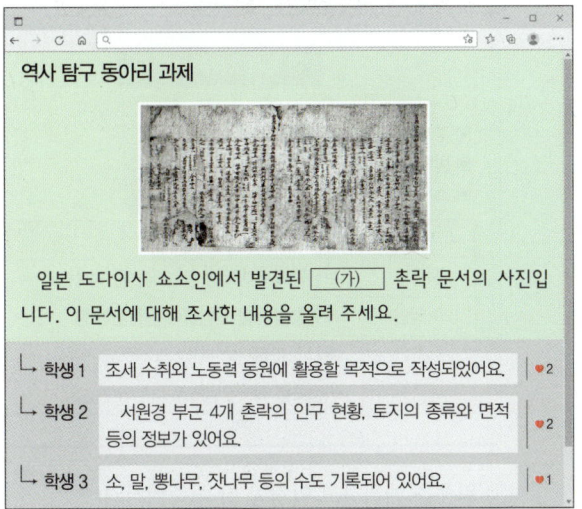

역사 탐구 동아리 과제

일본 도다이사 쇼소인에서 발견된 ⌈(가)⌋ 촌락 문서의 사진입니다. 이 문서에 대해 조사한 내용을 올려 주세요.

- 학생 1: 조세 수취와 노동력 동원에 활용할 목적으로 작성되었어요.
- 학생 2: 서원경 부근 4개 촌락의 인구 현황, 토지의 종류와 면적 등의 정보가 있어요.
- 학생 3: 소, 말, 뽕나무, 잣나무 등의 수도 기록되어 있어요.

① 경성과 경원에 무역소를 두었다.
② 솔빈부의 말을 특산품으로 수출하였다.
③ 서적점, 다점 등의 관영 상점을 운영하였다.
④ 청해진을 중심으로 해상 무역이 번성하였다.
⑤ 특수 행정 구역인 소에서 여러 물품을 생산하였다.

06 다음 대화에 나타난 왕에 대한 설명으로 옳은 것은? [2점]

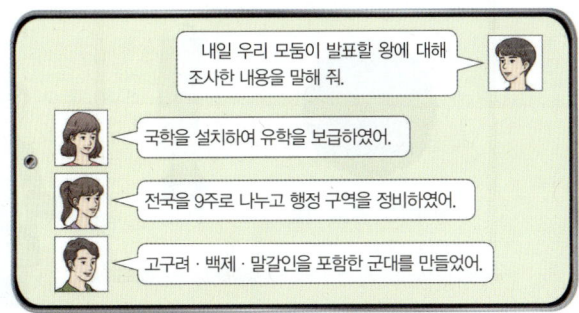

- 내일 우리 모둠이 발표할 왕에 대해 조사한 내용을 말해 줘.
- 국학을 설치하여 유학을 보급하였어.
- 전국을 9주로 나누고 행정 구역을 정비하였어.
- 고구려·백제·말갈인을 포함한 군대를 만들었어.

① 병부를 설치하고 율령을 반포하였다.
② 관료전을 지급하고 녹읍을 폐지하였다.
③ 화랑도를 국가적인 조직으로 개편하였다.
④ 관리 선발을 위해 독서삼품과를 시행하였다.
⑤ 국호를 마진으로 바꾸고 도읍을 철원으로 옮겼다.

07 다음 자료에 해당하는 인물에 대한 설명으로 옳은 것은? [2점]

- 진골 출신의 신라 승려이며, 당으로 건너가 불법을 구하고자 하였습니다.
- 귀국 후 관세음보살을 뵙고자 하는 마음에서 『백화도량발원문』을 짓고 낙산사를 창건한 것으로 전해집니다.
- 부석사 등 여러 절을 창건하여 불법을 전파하면서 많은 제자를 양성하였습니다.

① 보현십원가를 지었다.
② 세속 5계를 제시하였다.
③ 대승기신론소를 저술하였다.
④ 화엄일승법계도를 작성하였다.
⑤ 신편제종교장총록을 편찬하였다.

08 (가) 국가에 대한 설명으로 옳은 것은? [2점]

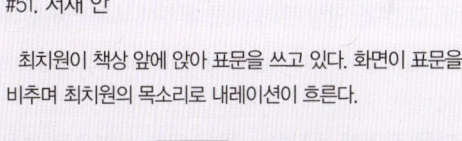

#51. 서재 안

최치원이 책상 앞에 앉아 표문을 쓰고 있다. 화면이 표문을 비추며 최치원의 목소리로 내레이션이 흐른다.

내레이션: 지난날 (가) 의 왕자 대봉예가 자신들의 자리를 신라 위에 있게 해 달라고 청하였습니다. 황제 폐하께서 '나라의 순서는 원래 강약에 따라 정하는 것이 아니다.'라는 조칙을 내려 순서를 바로잡아 주셨습니다. 이에 오래된 신하가 소외되는 근심은 덜었으나, 앞으로 같은 일이 생길까 우려됩니다.

① 역사서인 유기와 신집을 편찬하였다.
② 내신좌평, 내두좌평 등 6좌평이 있었다.
③ 5경 15부 62주의 지방 행정 제도를 갖추었다.
④ 도병마사에서 변경의 군사 문제 등을 논의하였다.
⑤ 골품에 따라 관등 승진, 일상생활 등을 엄격히 제한하였다.

09 (가) 시기에 있었던 사실로 옳은 것은? [3점]

① 비담과 염종의 난이 진압되었다.
② 김헌창이 웅천주에서 반란을 일으켰다.
③ 연개소문이 정변을 일으켜 권력을 잡았다.
④ 만적을 비롯한 노비들이 반란을 모의하였다.
⑤ 김춘추가 당으로 건너가 군사적 지원을 요청하였다.

10 다음 상황 이후에 전개된 사실로 옳은 것은? [2점]

> 견훤이 금산사에 있은 지 3개월 만에 막내 아들 능예, 딸 쇠복, 총애하는 첩 고비 등과 더불어 금성으로 달아나 사람을 보내 왕에게 만나기를 청하였다. 왕이 기뻐하여 유금필, 왕만세 등을 보내 그를 위로하고 맞아오도록 하였다. 견훤이 도착하자, 두터운 예로써 대접하였다.

① 신숭겸이 공산 전투에서 전사하였다.
② 신검의 군대가 일리천 전투에서 패배하였다.
③ 궁예가 군대를 보내 나주 일대를 점령하였다.
④ 김선평, 권행 등이 고창 전투에서 활약하였다.
⑤ 경애왕이 후백제군의 왕경 습격으로 사망하였다.

11 다음 장면에 등장하는 왕에 대한 설명으로 옳은 것은? [2점]

> 짐은 일찍이 유학에 깊은 관심을 가져 청연각과 보문각을 설립하고, 학사를 두어 경전을 강론하게 하였다. 이번엔 양현고를 두어 선비를 양성하게 하라.

① 국자감에 7재라는 전문 강좌를 개설하였다.
② 지방 12목에 경학박사를 처음 파견하였다.
③ 서적포를 설치하여 출판을 담당하게 하였다.
④ 대도에 만권당을 세워 중국 학자와 교유하였다.
⑤ 외국어 교육과 통역을 관장하는 통문관을 설치하였다.

12 (가) 인물에 대한 설명으로 옳은 것은? [3점]

한국사 탐구 보고서

■ 주제: 인물로 보는 무신 정권
■ 방법: 문헌 조사, 인터넷 검색 등
■ 조사 내용

인물	내용
정중부	보현원에서 이의방 등과 정변을 일으킴
이의민	조위총의 난을 진압하여 상장군이 됨
최충헌	봉사 10조를 올려 시정 개혁을 요구함
(가)	야별초를 좌·우별초로 나누어 편성함

① 원종을 폐위하고 안경공 창을 즉위시켰다.
② 9재 학당을 설립하여 유교 교육에 힘썼다.
③ 인사 행정 담당 기구로 정방을 설치하였다.
④ 전민변정도감의 책임자로서 개혁을 이끌었다.
⑤ 오월에 사신을 보내고 검교태보의 직을 받았다.

13 (가) 국가의 경제 상황으로 가장 적절한 것은? [2점]

황비창천 명 거울은 (가) 에서 사용하였던 것으로 풍랑이 몰아치는 바다 위에 배 한 척이 돛을 펴고 나아가는 모습이 표현되어 있습니다. 이 거울에 묘사된 배를 토대로 오른쪽 사진과 같이 당시 무역선의 모습을 유추하였습니다. (가) 시대 사람들은 송, 일본뿐만 아니라 동남아시아, 아라비아 상인들과도 교역을 하였습니다.

① 초량 왜관을 통해 일본과 무역하였다.
② 덕대가 광산을 전문적으로 경영하였다.
③ 당항성, 영암이 국제 무역항으로 번성하였다.
④ 거란도, 영주도를 통해 주변국과 교역하였다.
⑤ 주전도감을 설치하여 해동통보를 발행하였다.

14 (가)~(다)를 일어난 순서대로 옳게 나열한 것은? [2점]

(가) 이자겸과 척준경이 군사를 동원하여 궁궐을 침범하고 불태웠다. 왕을 위협하여 남궁(南宮)으로 거처를 옮기게 하고, 안보린·최탁 등 17인을 죽였다. 이외에도 죽인 군사가 헤아릴 수 없을 정도였다.

(나) 왕규가 광주원군을 [왕으로] 세우고자 하였는데, 일찍이 밤에 왕이 깊이 잠든 것을 엿보고 자신의 일당을 침소에 잠입시켜 대역죄를 행하려고 하였다. 왕이 그것을 알아차리고 한주먹으로 쳐 죽인 후 좌우 시종들에게 끌어내게 하였다.

(다) 강조의 군사들이 들어오자, 왕이 어쩔 수 없음을 깨닫고 태후와 함께 목 놓아 울며 법왕사로 갔다. 잠시 후 황보유의 등이 대량원군을 왕위에 올렸다. 강조는 왕을 폐위시켜 양국공으로 삼고, 군사를 보내 김치양 부자와 유행간 등 7인을 죽였다.

① (가) – (나) – (다)
② (가) – (다) – (나)
③ (나) – (가) – (다)
④ (나) – (다) – (가)
⑤ (다) – (가) – (나)

15 (가) 지역의 탐구 활동으로 가장 적절한 것은? [3점]

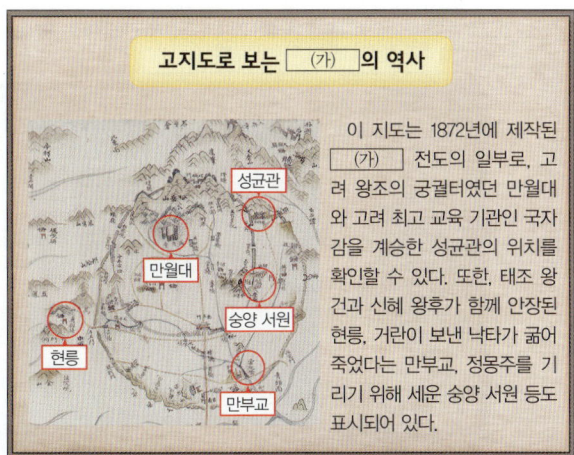

이 지도는 1872년에 제작된 (가) 전도의 일부로, 고려 왕조의 궁궐터였던 만월대와 고려 최고 교육 기관인 국자감을 계승한 성균관의 위치를 확인할 수 있다. 또한, 태조 왕건과 신혜 왕후가 함께 안장된 현릉, 거란이 보낸 낙타가 굶어 죽었다는 만부교, 정몽주를 기리기 위해 세운 숭양 서원 등도 표시되어 있다.

① 몽골의 사신 저고여가 피살된 곳을 조사한다.
② 서희가 외교 담판을 통해 획득한 곳을 찾아본다.
③ 강감찬이 건의하여 건설된 성곽이 있는 곳을 검색한다.
④ 김보당이 무신 정권에 저항하여 봉기한 곳을 파악한다.
⑤ 최무선이 화포를 이용하여 왜구를 물리친 곳을 알아본다.

16 (가)에 대한 고려의 대응으로 옳은 것은? [2점]

이 탑은 방호별감 김윤후가 군인과 백성들을 이끌고 (가) 을/를 상대로 충주산성에서 승리한 것을 기념하여 세운 것이야.

당시 군인과 백성이 결사 항전하는 모습이 표현되어 있어. 탑 윗 부분의 1253은 승전 연도를 의미해.

① 강화도로 도읍을 옮겨 항전하였다.
② 광군을 조직하여 침입에 대비하였다.
③ 삼수병으로 구성된 훈련도감을 신설하였다.
④ 별무반을 편성하고 동북 9성을 축조하였다.
⑤ 철령위 설치에 반발하여 요동 정벌을 추진하였다.

17 다음 특별전에 전시될 문화유산으로 가장 적절한 것은? [1점]

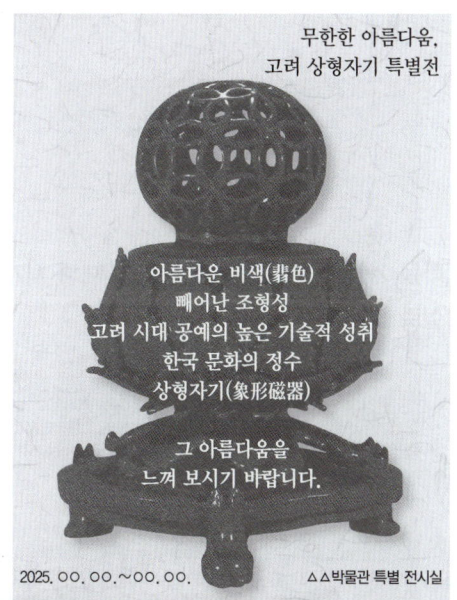

무한한 아름다움, 고려 상형자기 특별전

아름다운 비색(翡色)
빼어난 조형성
고려 시대 공예의 높은 기술적 성취
한국 문화의 정수
상형자기(象形磁器)

그 아름다움을 느껴 보시기 바랍니다.

2025. 00. 00.~00. 00. △△박물관 특별 전시실

①
②
③
④
⑤

18 다음 가상 뉴스 이후에 있었던 사실로 옳은 것은? [1점]

① 쌍기의 건의로 과거제가 도입되었다.
② 빈민 구제를 위해 흑창이 설립되었다.
③ 매를 기르고 훈련시키는 응방이 설치되었다.
④ 의천이 국청사를 중심으로 천태종을 개창하였다.
⑤ 망이·망소이가 가혹한 수탈에 저항하여 봉기하였다.

19 다음 가상 대화에 등장하는 왕의 재위 시기에 있었던 사실로 옳은 것은? [3점]

① 훈련 교범인 무예도보통지가 간행되었다.
② 전통 한의학을 정리한 동의보감이 저술되었다.
③ 음악 이론 등을 집대성한 악학궤범이 완성되었다.
④ 유교 윤리의 보급을 위해 삼강행실도가 편찬되었다.
⑤ 군정, 재정의 내용을 정리한 만기요람이 만들어졌다.

20 (가) 왕의 재위 시기에 있었던 사실로 옳은 것은? [2점]

① 유자광의 고변으로 남이가 처형되었다.
② 기사환국으로 송시열이 죽임을 당하였다.
③ 외척 간의 권력 다툼으로 윤임이 제거되었다.
④ 위훈 삭제를 주장한 조광조 일파가 축출되었다.
⑤ 조의제문이 발단이 되어 김일손 등이 피해를 입었다.

21 밑줄 그은 '전쟁' 중에 있었던 사실로 옳은 것은? [2점]

① 정문부가 북관대첩을 이끌었다.
② 정봉수가 용골산성에서 항쟁하였다.
③ 최윤덕이 이만주 부대를 정벌하였다.
④ 강홍립이 사르후 전투에 참전하였다.
⑤ 김준룡이 광교산 전투에서 항전하였다.

22 (가)에 대한 설명으로 옳은 것은? [2점]

이것은 옥당이라고도 불린 (가) 에 걸려있던 현판으로, '십팔학사들의 서책이 있는 관부'라는 뜻의 글이 있습니다. 이 관청이 궁중의 도서를 관리하고 문한(文翰)과 왕의 자문을 담당하였기에 당나라 황제를 보좌했던 십팔학사의 고사에 빗대어 표현한 것입니다.

① 수도의 행정과 치안을 담당하였다.
② 사헌부, 사간원과 함께 3사로 불렸다.
③ 대사성, 좨주, 직강 등의 관직이 있었다.
④ 왕명 출납을 맡은 왕의 비서 기관이었다.
⑤ 사초와 시정기를 바탕으로 실록을 편찬하였다.

23 (가)에 대한 탐구 활동으로 가장 적절한 것은? [1점]

서울에 있는 간사한 무리가 경주인(京主人)이라고 하며 각 도의 공물을 방납하면서 그 값을 두 배에서 수십 배까지 징수하였다. …… 영의정 김육이 (가) 을/를 충청도에서 먼저 시험할 것을 청하였다. 왕이 여러 차례 신하들에게 의견을 물었으나 서로 엇갈렸다. 이때에 왕이 다시 김육 등 여러 신하들을 불러 그것이 편리한지 여부에 대한 의견들을 듣고 비로소 호서(湖西)에 먼저 행하기로 정하였다.

① 전시과에서 전지 지급 기준의 변화를 찾아본다.
② 일부 상류층에게 선무군관포를 거둔 목적을 알아본다.
③ 과전 지급 대상을 현직 관리로 제한한 까닭을 검색한다.
④ 풍흉에 관계없이 전세 부담액을 고정한 이유를 분석한다.
⑤ 관청에 물품을 조달하는 공인이 등장한 배경을 조사한다.

24 밑줄 그은 '이 인물'에 대한 설명으로 옳은 것은? [2점]

① 의산문답에서 무한 우주론을 주장하였다.
② 북학의에서 절약보다 적절한 소비를 권장하였다.
③ 열하일기에서 수레와 선박의 필요성을 서술하였다.
④ 성호사설에서 나라를 망치는 여섯 가지 좀을 제시하였다.
⑤ 우서에서 사농공상의 직업적 평등과 전문화를 강조하였다.

25 다음 자료에 등장하는 왕에 대한 설명으로 옳은 것은? [2점]

○ 개천이 점점 막혀 …… 장마 때마다 범람할까 근심하게 되었다. 왕이 이르기를 …… 이에 준천사(濬川司)를 설치하여 병조 판서와 한성부 판윤, 삼군문의 대장으로 하여금 준천 당상을 겸하도록 하고 도청, 낭청 각 1인을 두었다. 매년 개천 바닥을 파서 물이 넘치지 않도록 하였다.

○ 국초에 신문고를 설치하여 억울함을 지닌 백성들로 하여금 북을 쳐서 알리도록 하였는데, 그 법이 폐해진 지 이미 오래되었다. 왕이 …… 마침내 복구하도록 명하였다. 북을 울리는 자가 있으면 …… 해당 관청에서 아뢰도록 하였다.

① 나선 정벌에 조총 부대를 파견하였다.
② 통치 규범을 재정비한 속대전을 편찬하였다.
③ 청과 국경을 정한 백두산정계비를 건립하였다.
④ 문신을 재교육하기 위한 초계문신제를 시행하였다.
⑤ 한성 방어를 위하여 총융청과 수어청을 창설하였다.

26 다음 가상 대화가 이루어진 시기에 볼 수 있는 모습으로 적절하지 않은 것은? [2점]

① 상평통보로 물건을 거래하는 객주
② 인삼 무역으로 크게 수익을 본 송상
③ 주자소에서 계미자를 주조하는 장인
④ 고추, 담배 등의 상품 작물을 재배하는 농민
⑤ 저잣거리에서 한글 소설을 읽어 주는 전기수

27 (가)에 해당하는 작품으로 옳은 것은? [1점]

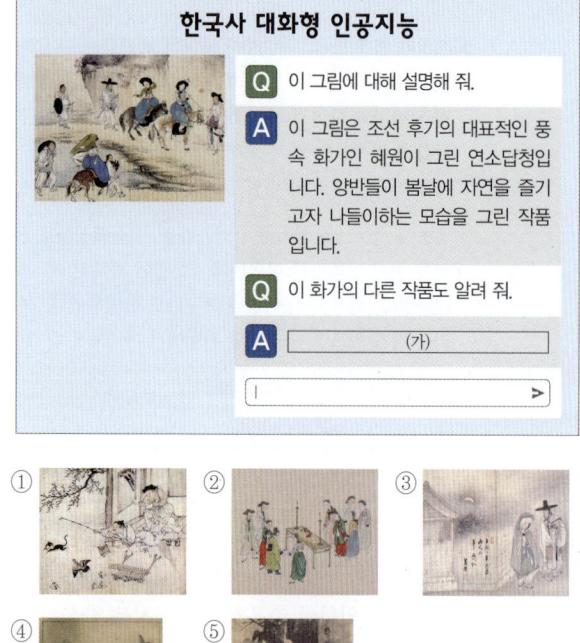

28 다음 상소가 올려진 시기를 연표에서 옳게 고른 것은? [3점]

① (가) ② (나) ③ (다) ④ (라) ⑤ (마)

29 밑줄 그은 '중건' 시기에 있었던 사실로 옳은 것은? [2점]

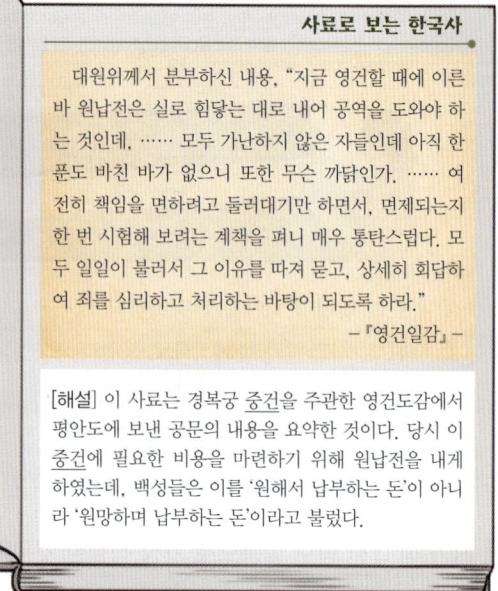

① 청일 전쟁이 발발하였다.
② 삼정이정청이 설치되었다.
③ 영국이 거문도를 불법으로 점령하였다.
④ 김기수가 수신사로 일본에 파견되었다.
⑤ 한성근 부대가 문수산성에서 항전하였다.

30 밑줄 그은 '이 장정'에 대한 설명으로 옳은 것은? [2점]

① 임오군란을 계기로 체결되었다.
② 거중 조정의 조항을 포함하였다.
③ 방곡령을 선포할 수 있는 조건을 명시하였다.
④ 부산항과 원산항이 개항되는 결과를 가져왔다.
⑤ 외국인을 재정 고문으로 두도록 하는 조항을 담고 있다.

31 (가) 운동에 대한 설명으로 옳은 것은? [1점]

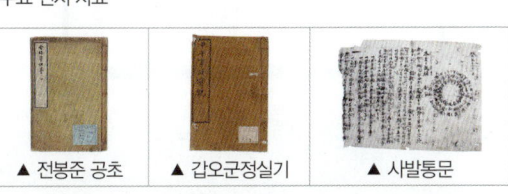

특별 전시
[(가)], 기록으로 되살아나다
부패한 지배층과 외세의 침략에 맞서 새로운 세상을 꿈꾸며 봉기했던 [(가)] 관련 기록물이 세계 기록 유산에 등재된 것을 기념하여 특별전을 개최합니다. 많은 관람 부탁드립니다.
• 기간: 2025. ○○. ○○.~○○. ○○.
• 장소: △△ 박물관 특별 전시실
• 주요 전시 자료
▲ 전봉준 공초 ▲ 갑오군정실기 ▲ 사발통문

① 일본의 황무지 개간권 요구를 저지하였다.
② 조선 총독부의 방해와 탄압으로 중단되었다.
③ 집강소를 중심으로 폐정 개혁안을 실천하였다.
④ 이른바 남한 대토벌 작전으로 큰 피해를 입었다.
⑤ 상황 수습을 위해 박규수가 안핵사로 파견되었다.

32 (가) 단체의 활동으로 옳은 것은? [2점]

역사 신문
제△△호   1897년 ○○월 ○○일

독립관에서 토론의 장이 열리다

지난 일요일 오후 독립관에서 [(가)]의 첫 토론회가 '조선의 급선무는 인민의 교육이다.'라는 주제로 개최되었다. 이날 토론회에는 찬반 양측의 열띤 논의가 있었고, 법부대신 한규설 등 정부 고위 인사들도 참석해 교육 문제에 대한 다양한 의견을 제시하였다. 다음 토론회에서는 '도로를 개선하는 것이 위생을 위한 최고의 방법'이라는 주제로 [(가)]의 위원 이상재 씨를 포함한 4인이 열띤 토론을 벌일 예정이다.

① 고종 강제 퇴위 반대 운동을 주도하였다.
② 만세보를 발행하여 민족의식을 고취하였다.
③ 파리 강화 회의에 독립 청원서를 제출하였다.
④ 관민 공동회를 개최하여 헌의 6조를 결의하였다.
⑤ 계몽 서적을 보급하기 위해 태극 서관을 운영하였다.

33 밑줄 그은 '개혁'의 내용으로 옳은 것은? [2점]

이번 시간에는 구본신참을 기본 방향으로 내세워 추진한 개혁에 대한 의견을 들어 보고자 합니다.

원수부와 무관학교 설치, 상공학교와 회사, 공장 설립 등 자주 독립과 근대화에 필요한 문물을 적극적으로 도입하려 한 의미 있는 개혁이었습니다.

하지만 체제 변화를 부르지 않는 근대적 문물 수용의 확대뿐이었습니다. 일본 등 열강의 간섭에서도 완전히 벗어나지 못하였습니다.

① 개혁을 추진하기 위해 군국기무처를 두었다.
② 행정 기구를 6조에서 8아문으로 개편하였다.
③ 근대식 무기 제조 공장인 기기창을 설립하였다.
④ 토지 소유권을 확인해 주는 지계를 발급하였다.
⑤ 개혁의 방향을 제시한 홍범 14조를 반포하였다.

34 (가)~(라)에 들어갈 내용으로 옳은 것을 <보기>에서 고른 것은? [3점]

개항 이후 도입된 근대 문물 알아보기
— 모둠별로 제시된 사진 자료에 대해 조사한 내용을 올려 주세요.

1모둠	2모둠	3모둠	4모둠
배재 학당	광혜원	한성 전기 회사	원각사
(가)	(나)	(다)	(라)

보기
ㄱ. (가) – 교육 입국 조서에 근거하여 설립되었어요.
ㄴ. (나) – 알렌의 건의로 세워진 최초의 서양식 병원이었어요.
ㄷ. (다) – 서대문과 청량리 사이를 오가는 전차를 운영하였어요.
ㄹ. (라) – 나운규가 제작한 영화 아리랑을 상영하였어요.

① ㄱ, ㄴ ② ㄱ, ㄷ ③ ㄴ, ㄷ ④ ㄴ, ㄹ ⑤ ㄷ, ㄹ

35 (가)에 들어갈 내용으로 가장 적절한 것은? [2점]

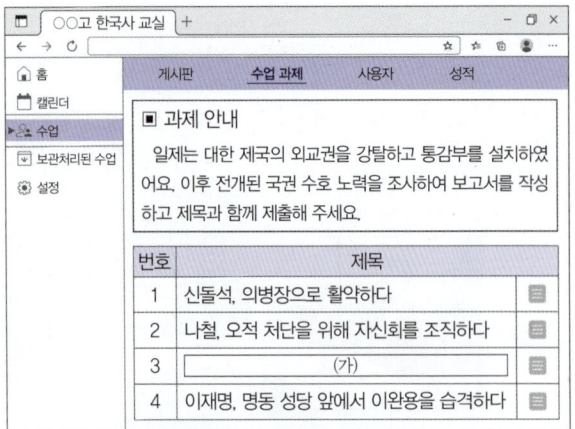

① 김홍집, 조선책략을 가져오다
② 김옥균, 개화당 정부를 수립하다
③ 김윤식, 영선사로 청에 다녀오다
④ 유길준, 조선 중립화론을 건의하다
⑤ 이상설, 고종의 특사로 헤이그에 가다

36 밑줄 그은 '이 시기'에 볼 수 있는 모습으로 가장 적절한 것은? [1점]

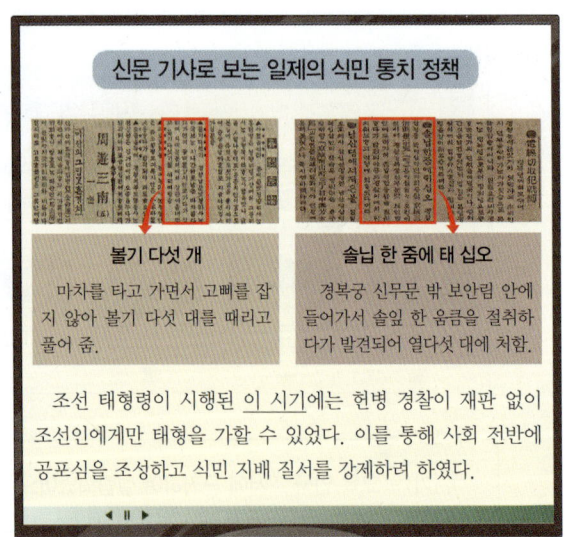

① 암태도 소작 쟁의에 참여하는 농민
② 제복을 입고 칼을 찬 채 수업하는 교사
③ 잡지 어린이에 실을 원고를 작성하는 작가
④ 토월회에서 연극 공연을 준비하고 있는 배우
⑤ 경성 고무 여자 직공 조합의 파업을 취재하는 기자

37 다음 법령이 발표된 이후의 사실로 옳은 것은? [3점]

① 국권 회복을 위해 해조신문이 창간되었다.
② 평양 숭의 여학교에서 송죽회가 결성되었다.
③ 메가타의 주도로 화폐 정리 사업이 실시되었다.
④ 회사 설립을 허가제로 하는 회사령이 공포되었다.
⑤ 조선 민립 대학 기성회 창립을 위한 총회가 개최되었다.

38 (가) 단체에 대한 설명으로 옳은 것은? [2점]

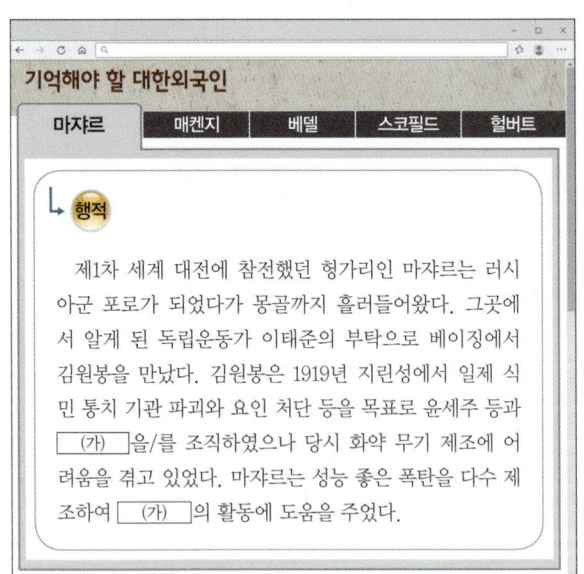

① 신흥 강습소를 세워 독립군을 양성하였다.
② 구미 위원부를 설치하여 외교 활동을 전개하였다.
③ 단원인 이봉창이 일왕 행렬에 폭탄을 투척하였다.
④ 조선 혁명 선언을 통해 이념과 활동 방침을 밝혔다.
⑤ 조선 총독부에 국권 반환 요구서를 제출하고자 하였다.

39 밑줄 그은 '이 운동'에 대한 설명으로 옳은 것은? [2점]

이 삽화는 평양에서 조만식 등의 주도로 시작된 이 운동을 풍자하고 있습니다. 이 운동이 '내 살림 내 것으로' 등의 구호를 내세워 호응을 얻자, 일제는 제2의 3·1 운동으로 확산될 것을 우려하여 탄압하였습니다. 한편 일각에서는 자본가의 이익만을 추구한다는 비판도 있었습니다.

① 대한매일신보의 후원을 받아 확산되었다.
② 순종의 인산일을 기회로 삼아 추진하였다.
③ 자작회, 토산 애용 부인회 등이 활동하였다.
④ 신간회가 진상 조사단을 파견하여 지원하였다.
⑤ 강주룡이 을밀대 지붕에서 고공 농성을 벌였다.

40 (가) 단체에 대한 설명으로 옳은 것은? [2점]

나는 1927년에 결성된 여성 운동 단체 (가) 의 집행 위원으로 강령과 규약 작성에 참여한 박신우입니다. 이 강령에서 조선 여성의 공고한 단결과 정치·경제·사회 등 전반적인 이익 옹호가 이 단체의 목표임을 분명히 하였습니다.

① 개벽, 신여성 등의 잡지를 발행하였다.
② 여성 교육을 위해 이화 학당을 설립하였다.
③ 좌우를 아우르는 민족 협동 전선으로 결성되었다.
④ 조선학 운동을 전개하여 여유당전서를 간행하였다.
⑤ 최초의 여성 권리 선언문인 여권통문을 발표하였다.

41 (가)에 대한 설명으로 옳지 않은 것은? [2점]

【이달의 독립운동가】
하늘에서 땅에서 독립운동을 펼쳐나간
이상정·권기옥 부부

▲ 권기옥과 이상정

이상정과 권기옥은 중국에서 독립운동을 하던 중 부부의 연을 맺고, 함께 독립운동에 헌신하였다.
중국군에서 활동하던 이상정은 (가) 의 한국 광복군 창설에 기여하였고, 외무부 외교 연구 위원으로도 활동하였다.
한국 최초의 여성 비행사였던 권기옥은 대한민국 애국 부인회를 재조직하였고, 다른 한국인 비행사들과 함께 충칭에서 한국 광복군 비행대 설립을 계획하던 중 해방을 맞았다.
이러한 공적을 인정하여 1977년 건국훈장 독립장을 각각 추서 및 수여하였다.

① 한인 자치 기관인 경학사를 조직하였다.
② 자금 마련을 위해 독립 공채를 발행하였다.
③ 삼균주의를 기초로 하는 건국 강령을 발표하였다.
④ 육군 주만 참의부를 편성하여 무장 투쟁을 펼쳤다.
⑤ 임시 사료 편찬회를 두어 한일 관계 사료집을 간행하였다.

42 다음 일기가 작성된 이후의 사실로 옳은 것은? [1점]

7월 13일(화)
경성은 뉴스를 듣기에는 참으로 빠르다. …… 중·일은 전쟁을 하게 되었다. …… 아아, 슬프다. 조선에서도 만약 이러한 때 영웅 한 사람이 있었더라면 회복할 가망이 많은데, 나는 아직 지위가 그렇지 않아 가슴만 태운다. 피가 끓는다. 영웅이여 일어서라 일어서라. 우리 조선은 영원히 죽는가.

10월 8일(금)
조회할 때 일본인들이 조선인의 심장을 자기들의 심장으로 하려는 일본의 계략에서, 총독 미나미 지로가 소위 황국 신민의 서사인지 뭔지를 만들어서 각 학생에게 암송하도록 하였다. 그래서 나도 그것을 읽었다. 그러나 우리 조선 혼은 영원히 변하지 않을 것이다.

① 미쓰야 협정이 체결되었다.
② 치안 유지법이 제정되었다.
③ 조선사 편수회가 조직되었다.
④ 여자 정신 근로령이 공포되었다.
⑤ 동양 척식 주식회사가 설립되었다.

43 (가)에 들어갈 주제로 적절하지 않은 것은? [2점]

〈2025년 시민 강좌〉

일제 강점기, 새로운 문화와 일상

우리 도서관에서는 일제 강점기 새로운 문화의 유입과 일상 생활의 변화를 주제로 강의를 준비하였습니다. 많은 관심과 참여 바랍니다.

- 일시: 2025. ○○. ○○. 13:00~17:00
- 장소: △△ 도서관 다목적실

◆ 강의 주제 ◆
- [제1강] 백화점, 자본주의적 소비 문화의 공간
- [제2강] 끽다점, 도시 사교 문화의 확산
- [제3강] (가)
- [제4강] 문화 주택, 새로운 주택 양식의 수용

① 몸뻬, 전시 체제의 의생활
② 라디오 방송, 연예 오락의 유행
③ 경평 축구 대회, 스포츠의 대중화
④ 새마을 운동, 농촌의 생활 환경 개선
⑤ 모던 걸, 전통적 여성상을 탈피한 신여성의 등장

44 (가)에 대한 설명으로 옳은 것은? [3점]

휘문중학 운동장에서 (가) 의 수반인 여운형 씨가 5천여 군중 앞에서 해방의 제일성을 힘있게 외쳤다. "조선 민족 해방의 날은 왔다. …… 어제 15일 아침 8시에 엔도 조선 총독부 정무총감의 초청을 받아 …… 나는 다섯 가지 요구를 제안하여 무조건 승낙을 받았다. 1. 전 조선 각지에 구속되어 있는 정치, 경제범을 즉시 해방하라 …… 4. 민족 해방의 모든 원동력이 되는 학생 훈련과 청년 조직에 대하여 간섭하지 말라 …… 이것으로 우리 민족 해방의 첫걸음을 내딛게 되었으니 우리가 지난날에 아프고 쓰렸던 것은 이 자리에서 모두 잊어버리자. ……"

① 신한공사를 설립하였다.
② 좌우 합작 7원칙을 제시하였다.
③ 한인 국방 경위대를 창설하였다.
④ 남북 협상 공동 성명서를 발표하였다.
⑤ 조선 인민 공화국 수립이 선포된 후 해산하였다.

45 밑줄 그은 '이 사건'에 대한 설명으로 옳은 것은? [1점]

이 비석에는 이 사건을 소재로 한 현기영의 소설 순이삼촌의 주요 내용이 새겨져 있습니다. 이곳 제주에서는 남한만의 단독 선거에 반대하는 세력을 진압한다는 명분으로 토벌대에 의해 수많은 주민들이 희생당했습니다. 비석을 세우지 않고 눕혀놓은 것은 이 비극을 표현하기 위함입니다.

① 향토 예비군 창설의 계기가 되었다.
② 조봉암이 간첩 혐의를 받아 사형되었다.
③ 유엔군이 한반도에 파병되는 원인이 되었다.
④ 허정 과도 정부가 구성되는 결과를 가져왔다.
⑤ 진상 규명과 희생자 명예 회복을 위한 특별법이 제정되었다.

46 (가)~(마)에 대한 탐구 활동으로 적절하지 않은 것은? [3점]

답사 계획서

- 주제: 내포 지역의 문화유산을 찾아서
- 기간: 2025. ○○. ○○~○○. ○○.
- 경로: 남연군 묘 → 윤봉길 생가 → 수덕사 → 임존성 → 추사 고택

(가) 남연군 묘
(나) 윤봉길 생가
(다) 수덕사 대웅전
(라) 임존성
(마) 추사 고택

① (가) - 오페르트 도굴 미수 사건에 대해 찾아본다.
② (나) - 한인 애국단의 활동을 조사한다.
③ (다) - 고려 시대 건축물의 공포 양식을 알아본다.
④ (라) - 백제 부흥 운동에 대해 파악한다.
⑤ (마) - 이황과 사단칠정 논쟁을 한 인물을 검색한다.

47 (가)~(다) 학생이 발표한 내용을 일어난 순서대로 옳게 나열한 것은? [2점]

① (가) - (나) - (다) ② (가) - (다) - (나)
③ (나) - (가) - (다) ④ (나) - (다) - (가)
⑤ (다) - (가) - (나)

48 밑줄 그은 '정부' 시기에 볼 수 있는 모습으로 가장 적절한 것은? [2점]

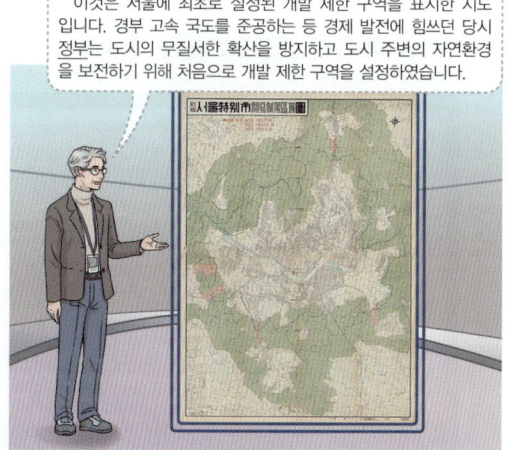

① 서울 지하철 1호선 개통식을 취재하는 기자
② 반민족 행위 처벌법을 통과시키는 국회의원
③ 한·중 자유 무역 협정(FTA)에 서명하는 장관
④ 금융 실명제 실시로 신분증을 요구하는 은행 직원
⑤ 외환 위기 극복을 위한 금 모으기 운동에 동참하는 시민

49 다음 뉴스가 보도된 정부 시기의 통일 노력으로 옳은 것은? [2점]

① 남북 조절 위원회가 구성되었다.
② 남북한이 유엔에 동시 가입하였다.
③ 금강산 해로 관광 사업이 시작되었다.
④ 개성에 남북 경제 협력 협의 사무소가 설치되었다.
⑤ 최초로 남북 이산가족 고향 방문단 교환이 이루어졌다.

50 (가)~(마)에 대한 설명으로 옳지 않은 것은? [3점]

> 🔍 역사 돋보기   **우리나라의 연호(年號)**
>
> 연호는 군주가 자기의 치세 연차(年次)에 붙이는 칭호이다. 중국에서 시작되었으며 그 영향으로 우리나라, 일본, 베트남 등에서도 사용되었다. 연호는 원칙적으로 황제만 사용 가능하고, 제후 왕은 독자적인 연호를 쓸 수 없었다.
> 우리나라에서 최초로 확인되는 연호는 고구려 (가) 의 영락이다. 신라도 (나) 이 건원이라는 연호를, 뒤를 이은 진흥왕은 개국·태창·홍제 등의 연호를 사용하였다.
> 발해 고왕은 연호를 천통으로 했으며, (다) 은/는 인안, 문왕은 대흥, 선왕은 건흥이라는 연호를 사용하였다.
> 고려 태조는 천수를 사용하고, (라) 은/는 광덕·준풍을 연호로 삼았다.
> 조선은 고종 대에 개국기년(開國紀年)을 공문서에 사용하다가 건양, 광무로 연호를 정하였다. 그 뒤를 이은 (마) 은/는 융희라는 연호를 사용하였다.

① (가) - 군대를 보내 신라에 침입한 왜를 격퇴하였다.
② (나) - 금관가야를 복속하여 영토를 확대하였다.
③ (다) - 장문휴를 보내 당의 산둥반도를 공격하였다.
④ (라) - 노비안검법을 시행하여 호족 세력을 견제하였다.
⑤ (마) - 전제 군주제를 명문화한 대한국 국제를 반포하였다.

제75회 한국사능력검정시험

- 자신이 선택한 등급의 문제지인지 확인하시오.
- 문제지에 성명과 수험 번호를 정확히 써넣으시오.
- 답안지에 성명과 수험 번호를 써넣고, 또 수험 번호와 답을 정확히 표시하시오.
- 시험 시간은 80분입니다.

01 (가) 시대의 생활 모습으로 가장 적절한 것은? [1점]

△△ 역사 동아리 사진전
송국리

초대의 글
사유 재산과 계급이 발생한 (가) 시대의 생활 모습을 잘 보여 주는 부여 송국리 유적이 발굴 50주년을 맞이하였습니다. 우리 동아리에서는 이를 기념하여 사진전을 개최합니다. 송국리형 토기, 비파형 동검 등 이 유적에서 출토된 대표적인 유물들을 사진으로 만나 보세요!

- 기간: 2025년 ○○월 ○○일~○○월 ○○일
- 장소: 본관 2층 동아리실

① 주먹도끼 등 뗀석기를 처음 제작하였다.
② 소를 이용한 깊이갈이가 널리 보급되었다.
③ 주로 강가의 동굴이나 막집에 거주하였다.
④ 많은 인력을 동원하여 고인돌을 축조하였다.
⑤ 가락바퀴를 이용하여 실을 뽑기 시작하였다.

02 (가), (나) 사이의 시기에 있었던 사실로 옳은 것은? [2점]

(가) 진승과 항우가 군사를 일으켜 천하가 혼란해지자, 연(燕)·제(齊)·조(趙)의 백성이 괴로움을 견디다 못해 점차 준왕에게 망명해 왔다. 준왕은 이들을 서쪽 지역에 거주하게 하였다.

(나) 좌장군이 패수상군을 격파하고 왕검성에 이르러 그 성의 서북 방면을 포위하였다. 누선장군도 좌장군과 합세하여 성의 남쪽에 주둔하였다. 우거왕이 끝까지 성을 굳게 지키니, 수개월이 지나도 함락시킬 수 없었다.

① 위만이 왕위를 찬탈하였다.
② 이사부가 우산국을 복속시켰다.
③ 온조가 위례성에 도읍을 정하였다.
④ 관구검이 환도성을 침략하여 함락하였다.
⑤ 미천왕이 서안평을 공격하여 영토를 넓혔다.

03 (가) 국가의 문화유산으로 옳은 것은? [2점]

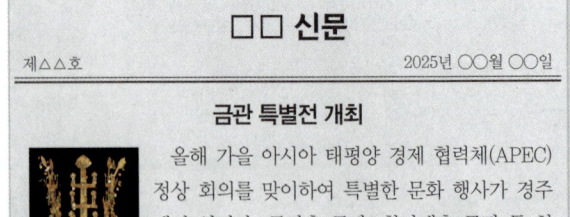

□□ 신문
제△△호 2025년 ○○월 ○○일

금관 특별전 개최

올해 가을 아시아 태평양 경제 협력체(APEC) 정상 회의를 맞이하여 특별한 문화 행사가 경주에서 열린다. 금관총 금관, 황남대총 금관 등 현재까지 발견된 (가) 의 금관 6점이 최초로 한 자리에 모이는 '금관 특별전'은 세계 각국에 우리 문화의 우수성을 알리는 계기가 될 것으로 기대된다.

▲ 금관총 금관

①  ②  ③

④  ⑤

04 (가) 나라에 대한 설명으로 옳은 것은? [2점]

국가유산청은 (가) 의 중심지였던 경상북도 고령군을 한국의 다섯 번째 고도로 지정하였습니다. 고령에는 궁성지, 지산동 고분군, 방어성인 주산성 등 (가) 의 문화유산이 보존되어 있어 이와 같이 지정되었습니다.

경북 고령군, 다섯 번째 고도(古都)로 지정

① 신라 진흥왕에 의해 복속되었다.
② 광평성 등의 정치 기구를 마련하였다.
③ 화백 회의를 통해 국정을 운영하였다.
④ 대가들이 사자, 조의, 선인을 거느렸다.
⑤ 박, 석, 김의 3성이 교대로 왕위를 계승하였다.

05 밑줄 그은 '그 나라'의 경제 상황으로 가장 적절한 것은? [2점]

> 그 나라는 관(官)을 세움에 9등이 있다. 첫 번째는 토졸이라 하며, 1품에 비견된다. 옛 이름은 대대로이며, 국정을 모두 맡는다. 3년마다 교대하는데, 직에 걸맞은 자가 있으면 연한에 구애받지 않는다. …… 또 여러 큰 성에는 녹살(욕살)을 두는데, 도독에 비견된다. 여러 성에는 처려근지를 두는데, 자사에 비견된다. 또한, 도사라 이르기도 한다.
> — 『한원』 —

① 수도에 동시전이 설치되었다.
② 집집마다 부경이라는 창고가 있었다.
③ 금속 화폐인 건원중보가 주조되었다.
④ 솔빈부의 말이 특산품으로 수출되었다.
⑤ 곡물을 대여하고 이자를 받은 내용을 좌관대식기에 남겼다.

06 (가)에 들어갈 내용으로 가장 적절한 것은? [2점]

① 김흠돌의 난이 진압되었어요.
② 만적이 개경에서 봉기를 도모하였어요.
③ 관료전이 지급되고 녹읍이 폐지되었어요.
④ 김헌창이 웅천주에서 반란을 일으켰어요.
⑤ 이차돈의 순교를 계기로 불교가 공인되었어요.

07 다음 자료에 나타난 상황 이후에 있었던 사실로 옳은 것은? [3점]

> 당(唐)이 광주사마 장손사를 보내 수(隋) 병사의 해골을 묻은 곳에 와서 제사를 지내고, 당시에 [고구려]가 세운 경관(京觀)*을 허물었다. 봄 2월에 왕이 많은 사람을 동원하여 동북의 부여성에서 동남의 바다에 이르기까지 천 리 남짓에 걸쳐 장성을 쌓았다.
> — 『삼국사기』 —
> *경관: 승전을 기념하기 위해 적의 유해를 한곳에 모아 만든 무덤

① 을지문덕이 살수에서 대승을 거두었다.
② 고구려가 신라에 침입한 왜를 물리쳤다.
③ 김무력이 관산성에서 백제군을 격파하였다.
④ 연개소문이 정변을 일으켜 권력을 장악하였다.
⑤ 백제가 평양성을 공격하여 고구려 왕이 전사하였다.

08 다음 자료에 나타난 국가에 대한 설명으로 옳은 것은? [2점]

> ○ 조영이 죽으니, 시호를 고왕이라 하였다. 아들 무예가 왕위에 올라 영토를 크게 개척하니, 동북의 모든 오랑캐들이 두려워하여 신하가 되었다. 또 연호를 인안(仁安)으로 고쳤다.
> ○ 무예가 죽자, 시호를 무왕이라 하였다. 아들 흠무가 왕위에 올라 연호를 대흥(大興)으로 고쳤다.
> ○ 인수가 왕위에 올라 연호를 건흥(建興)으로 고치니, 그의 4대조 야발은 조영의 아우이다. 인수는 바다 북쪽의 여러 부(部)를 토벌하고 영역을 크게 넓힌 공이 있다.

① 골품에 따라 관등 승진을 제한하였다.
② 주자감을 설치하여 인재를 양성하였다.
③ 내신 좌평 등 6좌평의 관제를 정비하였다.
④ 국경 지역인 양계에 병마사를 파견하였다.
⑤ 상수리 제도를 통해 지방 세력을 견제하였다.

09 (가) 지역에 대한 탐구 활동으로 가장 적절한 것은? [2점]

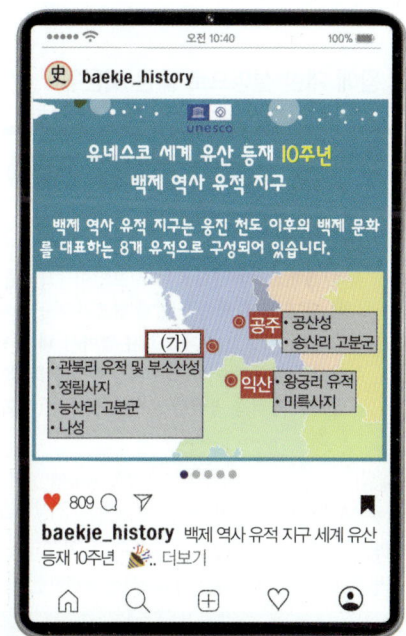

① 정약전이 자산어보를 저술한 곳을 알아본다.
② 비담과 염종이 반란을 일으킨 곳을 찾아본다.
③ 성왕이 새로운 도읍지로 정한 곳을 검색한다.
④ 윤충이 의자왕의 명을 받아 함락시킨 곳을 확인한다.
⑤ 신립이 배수의 진을 치고 왜군과 맞선 곳을 답사한다.

10 (가), (나) 사이의 시기에 있었던 사실로 옳은 것은? [3점]

> (가) 견훤이 신라의 수도로 들어갔다. 포석정에서 연회를 벌이고 있던 신라 왕은 적의 병사들이 이르렀다는 말을 듣고 부인과 함께 달아나 성의 남쪽에 있는 별궁에 숨었다. 견훤은 신라 왕을 찾아내고 핍박하여 자결하게 하였다.
>
> (나) 견훤이 고창군을 포위하자 유금필이 왕에게 아뢰기를, "싸워 보지도 않고 먼저 패배를 걱정하는 것은 어째서입니까? 신은 군대를 진격해 서둘러 공격하기를 바랍니다."라고 하니 왕이 허락하였다.

① 신숭겸이 공산 전투에서 전사하였다.
② 안승이 보덕국의 왕으로 책봉되었다.
③ 흑치상지가 임존성에서 군사를 일으켰다.
④ 최치원이 왕에게 시무 10여 조를 건의하였다.
⑤ 왕건이 일리천 전투에서 신검에게 승리하였다.

11 (가) 왕에 대한 설명으로 옳은 것은? [2점]

> **사료로 만나는 한국사**
>
> 교서를 내려 말하기를, "태학조교 송승연과 나주목(羅州牧)의 경학박사 전보인이 [학생들을] 이끌어 잘 도와서, 학문을 널리 닦으라는 공자의 뜻에 합치된다. 가르침에 게으르지 않아서 내가 학문을 권장하는 뜻에 들어맞으니 마땅히 그들을 발탁하여 특별하고 두터운 총애를 보이도록 하라."라고 하였다.
>
> [해설] 위 사료는 (가) 이/가 유학 교육에 공이 있는 태학조교와 나주목의 경학박사를 치하하는 『고려사』의 기록이다. 중앙뿐 아니라 지방의 교육도 장려했던 (가) 은/는 처음으로 12목을 설치하고 지방관에 이어 경학박사와 의학박사를 파견하였다.

① 광덕, 준풍 등의 독자적 연호를 사용하였다.
② 신돈을 중심으로 전민변정 사업을 추진하였다.
③ 청연각과 보문각을 두어 학문 연구를 장려하였다.
④ 정계와 계백료서를 지어 관리의 규범을 제시하였다.
⑤ 최승로의 시무 28조를 받아들여 통치 체제를 정비하였다.

12 (가)의 침입에 대한 고려의 대응으로 옳은 것은? [1점]

> 이곳은 전라남도 진도의 용장성 유적으로, 삼별초가 조성한 궁궐의 터가 남아 있습니다. 고려 정부가 (가) 와/과 강화를 맺자, 이에 반발한 삼별초는 왕족인 승화후 온을 왕으로 삼고 이곳으로 내려와 궁궐과 성을 쌓아 항쟁을 계속하였습니다. 단기간 사용되었음에도 왕궁과 외성이 있고, 여러 개의 성문과 치(雉) 등 다양한 시설이 확인된다고 합니다.

① 윤관을 보내 동북 9성을 개척하였다.
② 상비군으로 구성된 훈련도감을 설치하였다.
③ 박위로 하여금 쓰시마섬을 정벌하게 하였다.
④ 서희를 파견하여 소손녕과 외교 담판을 벌였다.
⑤ 대장도감을 설치하여 팔만대장경을 간행하였다.

13 (가)에 들어갈 내용으로 가장 적절한 것은? [2점]

> 이 초상화 속 인물은 고려의 학자인 문헌공 최충으로, 해동공자라고 불리기도 하였습니다. 거란의 침입으로 개경이 함락되어 서적들이 소실되자 역사서 편찬을 위한 수찬관에 임명되었습니다. 유학을 보급하고 인재 양성에 힘쓴 그는 (가)

① 불씨잡변을 지어 불교를 비판하였습니다.
② 만권당에서 원의 학자들과 교유하였습니다.
③ 지공거 출신으로 9재 학당을 설립하였습니다.
④ 입학도설을 저술하여 성리학의 기본 원리를 해설하였습니다.
⑤ 성균관의 대사성이 되어 정몽주 등을 학관으로 천거하였습니다.

14 다음 상황이 나타난 시기를 연표에서 옳게 고른 것은? [2점]

> 서경 반란군이 검교첨사 최경을 개경으로 보내 표문을 올려 이르기를, "폐하께서 음양의 지극한 말을 믿으시고 도참의 비설을 고찰하시어 대화궁을 창건하시니 천제(天帝)의 도읍을 본떠 만드신 것입니다. …… 인심은 두려운 것이며 군중의 분노는 막기 어려우니 만약 폐하께서 수레를 타고 임하신다면 병란은 그칠 것입니다."라고 하였다. 표문이 도착하니 모두 말하기를, "신하가 감히 군주를 부르다니 그 사자(使者)를 베는 것이 옳습니다."라고 하였다.

918	1009	1126	1170	1356	1392
	(가)	(나)	(다)	(라)	(마)
고려 건국	강조의 정변	이자겸의 난	무신 정변	쌍성총관부 탈환	고려 멸망

① (가) ② (나) ③ (다) ④ (라) ⑤ (마)

15 교사의 질문에 대한 학생의 답변으로 가장 적절한 것은? [2점]

> 자료는 '이생규장전'의 일부입니다. 이 작품은 홍건적의 침입으로 왕이 피란하고 백성이 고통을 겪는 등 전란의 참혹했던 상황을 역사적 배경으로 하고 있습니다. 이 상황 이후에 전개된 역사적 사실에 대해 말해 볼까요?

[문학으로 만나는 한국사]
신축년에 홍건적이 개경을 접거하자 임금은 복주(福州)로 피란하였다. 적들은 집을 불태워 없애버렸으며, 사람을 죽이고 가축을 잡아먹었다. 부부와 친척끼리도 서로 보호하지 못했고 동서로 달아나 숨어서 제각기 살길을 찾았다. 이생은 가족들을 데리고 외진 산골로 숨었는데, 한 도적이 칼을 빼어들고 뒤를 쫓아왔다. 이생은 달아나 목숨을 건졌지만, 그의 아내 최랑은 도적에게 사로잡혔다.

① 김사미가 운문을 거점으로 봉기하였어요.
② 강감찬이 흥화진 전투에서 승리하였어요.
③ 후주 출신 쌍기가 과거제 도입을 건의하였어요.
④ 최충헌이 교정도감을 두어 국정을 총괄하였어요.
⑤ 이성계가 위화도에서 회군하여 정권을 장악하였어요.

16 다음 상황이 나타난 국가의 경제 모습으로 옳은 것은? [2점]

> ○ 동소(銅所)·철소(鐵所)·자기소(瓷器所)·지소(紙所)·묵소(墨所) 등 여러 소에서 별공으로 바치는 물건들을 너무 과중하게 징수하여 장인들이 고통스러워 도망하고 있다.
> ○ 왕이 명령하기를, "이제 처음으로 화폐를 주조하는 법을 제정하였으니, 주조한 돈 1만 5천 관(貫)을 여러 관리와 군인들에게 나누어 주어 이를 통용의 시초로 삼고 전문(錢文)은 해동통보라 하여라."라고 하였다.

① 청해진을 설치하여 해상 무역을 전개하였다.
② 재정 문제를 해결하기 위한 당백전이 발행되었다.
③ 계해약조가 체결되어 세견선의 입항이 허가되었다.
④ 육의전을 제외한 시전 상인의 금난전권이 폐지되었다.
⑤ 예성강 하구의 벽란도가 국제 무역항으로 번성하였다.

17 (가)에 들어갈 내용으로 가장 적절한 것은? [1점]

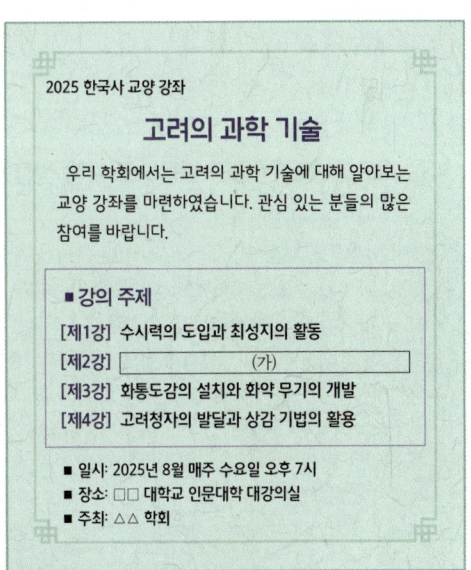

2025 한국사 교양 강좌

고려의 과학 기술

우리 학회에서는 고려의 과학 기술에 대해 알아보는 교양 강좌를 마련하였습니다. 관심 있는 분들의 많은 참여를 바랍니다.

■ 강의 주제
[제1강] 수시력의 도입과 최성지의 활동
[제2강] (가)
[제3강] 화통도감의 설치와 화약 무기의 개발
[제4강] 고려청자의 발달과 상감 기법의 활용

■ 일시: 2025년 8월 매주 수요일 오후 7시
■ 장소: □□ 대학교 인문대학 대강의실
■ 주최: △△ 학회

① 의약학의 발전과 향약집성방의 편찬
② 100리 척의 사용과 동국지도의 제작
③ 기하학적 원리와 경주 석굴암의 조성
④ 금속활자 기술과 직지심체요절의 간행
⑤ 농업 기술의 발달과 임원경제지의 저술

18 (가) 국가의 문화유산으로 옳은 것은? [2점]

19 다음 자료를 활용한 탐구 활동으로 가장 적절한 것은? [2점]

처음에 공신 배극렴·조준·정도전이 세자를 세울 것을 청하면서, 나이와 공로를 고려하여 정하기를 청하였다. 임금이 강씨를 중히 여겨 이방번에게 뜻이 있었으나, 공신들은 방번이 적합하지 않다고 생각하여 사적으로 서로 이야기하기를, "만일 강씨 소생이어야 한다면 막내가 조금 낫겠다."라고 하였다. 이후 임금이 "누가 세자가 될 만한가?"라고 물으니, 맏아들 혹은 공로가 있는 사람을 세워야만 된다고 간절히 말하는 사람이 없었다. 이에 극렴이 말하기를, "막내 아들이 좋습니다."라고 하니, 임금이 마침내 뜻을 결정하여 어린 이방석을 왕세자로 삼았다.

① 제1차 왕자의 난이 일어난 이유를 찾아본다.
② 수양 대군이 정권을 장악하는 과정을 조사한다.
③ 사림이 동인과 서인으로 나뉘게 된 계기를 파악한다.
④ 폐모살제 등을 구실로 반정을 일으킨 세력을 검색한다.
⑤ 허적과 윤휴 등 남인이 대거 축출되는 사건을 알아본다.

20 (가) 기구에 대한 설명으로 옳은 것은? [2점]

① 수도의 행정과 치안을 담당하였다.
② 을묘왜변을 계기로 상설 기구화되었다.
③ 서얼 출신 학자들이 검서관에 등용되었다.
④ 역사서를 편찬하고 사고에 보관하는 일을 맡았다.
⑤ 대사헌을 수장으로 집의, 장령 등의 관직을 두었다.

21 (가)에 대한 조선의 대응으로 옳은 것은? [2점]

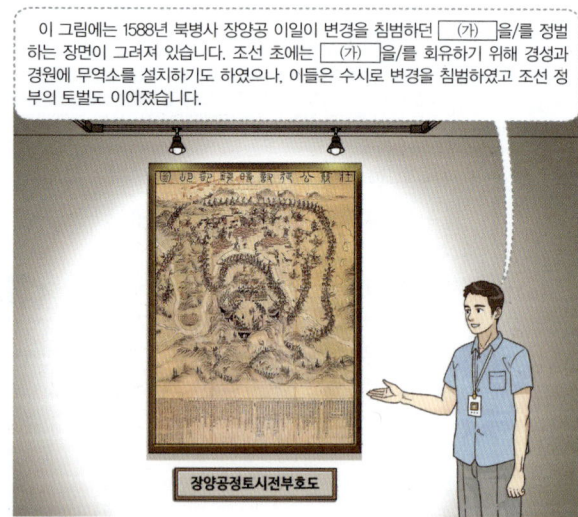

① 사신 접대를 위해 한성에 동평관을 두었다.
② 두만강 일대를 개척하여 6진을 설치하였다.
③ 강화도로 도읍을 옮겨 장기 항전을 준비하였다.
④ 철령위 설치에 반발하여 요동 정벌을 추진하였다.
⑤ 신기군, 신보군, 항마군 등으로 구성된 별무반을 조직하였다.

22 (가), (나) 사이의 시기에 있었던 사실로 옳은 것은? [3점]

(가) 대신 등에게 전교하기를, "조광조 등의 일은 내가 늘 마음속에서 잊지 않았으나 선왕(先王)께서 전에 허락하지 않으셨으므로 감히 가벼이 고치지 못하였다. 이제는 내 병이 위독하여 비로소 유언하니 조광조 등의 벼슬을 모두 회복할 수 있으면 다행이겠다. 현량과도 회복하여 거두어 등용하도록 하라."라고 하였다.

(나) 부제학 정언각이 아뢰기를, "소신이 양재역에 이르러서 벽에 써 붙인 주서(朱書)를 보았는데 국가에 관계된 내용이었으므로 지극히 놀랐습니다. …… 또 반역의 잔당들은 이미 죄를 물었습니다만, 심영은 대왕대비를 가리켜 신하로서 할 수 없는 말을 하였습니다. 신하가 그와 같은 말을 하고서 어떻게 천지 사이에 용납될 수 있겠습니까."라고 하였다.

① 자의 대비의 복상 문제로 예송이 일어났다.
② 외척 간의 권력 다툼으로 윤임이 제거되었다.
③ 세자 책봉 문제를 계기로 정철이 유배되었다.
④ 희빈 장씨 소생의 원자 책봉 문제로 환국이 발생하였다.
⑤ 폐비 윤씨 사사 사건의 전말이 알려져 김굉필 등이 처형되었다.

23 (가) 전쟁 중에 있었던 사실로 옳은 것은? [2점]

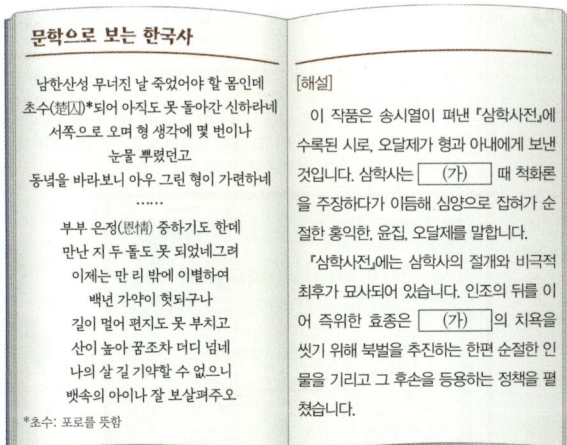

① 송상현이 동래성에서 항전하였다.
② 김준룡이 광교산 전투에서 승리하였다.
③ 이괄의 반란 세력이 도성을 장악하였다.
④ 강홍립 부대가 사르후 전투에 참전하였다.
⑤ 신류가 조총 부대를 이끌고 흑룡강에서 전투를 벌였다.

24 (가) 왕에 대한 설명으로 옳은 것은? [2점]

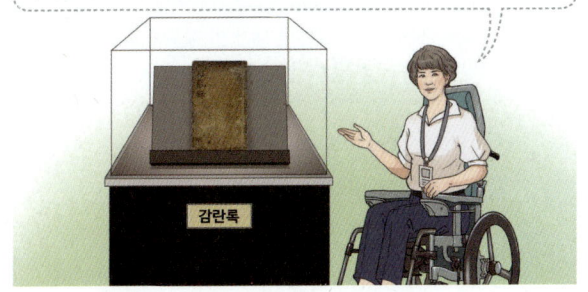

① 경기도에 한하여 대동법을 시행하였다.
② 수도 방어를 위하여 금위영을 창설하였다.
③ 탕평 교서를 반포하고 탕평비를 건립하였다.
④ 문신을 재교육하기 위한 초계문신제를 실시하였다.
⑤ 통치 체제를 정비하기 위해 대전회통을 편찬하였다.

25 밑줄 그은 '시기'에 볼 수 있는 모습으로 가장 적절한 것은? [1점]

① 세책가에서 춘향전을 빌리는 부녀자
② 동국정운을 편찬하는 집현전의 학자
③ 주자소에서 계미자를 제작하는 장인
④ 형평사 창립 대회 개최를 취재하는 기자
⑤ 시전의 상행위를 감독하는 경시서의 관리

26 다음 상황이 나타난 시기의 경제 모습으로 옳지 않은 것은? [2점]

> 비가 내리자 왕이 특별히 화성부에 이르기를, "흉년이 들었을 때 기근을 구제하는 데 서쪽 지방의 토란이나 남쪽 지방의 고구마보다 월등히 나은 것은 메밀이다. 내가 이 때문에 모내기의 시기를 놓치게 되면 반드시 메밀을 대신 파종하도록 권장하는 것이다."라고 하였다.

① 염포의 왜관을 통해 일본과 교역하였다.
② 상평통보를 발행하여 화폐로 사용하였다.
③ 관청에 물품을 조달하는 공인이 활동하였다.
④ 송상, 만상이 대청 무역으로 부를 축적하였다.
⑤ 덕대가 물주에게 자금을 받아 광산을 경영하였다.

27 (가) 왕의 재위 시기에 있었던 사실로 옳은 것은? [2점]

> 이 그림은 세도 정치의 주요 인물이자 (가) 의 장인인 김조순의 별저 옥호정과 그 일대를 그린 옥호정도입니다. 삼청동 북악산 백련봉 일대에 위치한 별저의 모습을 통해 당시 세도가였던 안동 김씨의 위세를 짐작할 수 있습니다.

① 오페르트가 남연군 묘 도굴을 시도하였다.
② 이만손이 주도하여 영남 만인소를 올렸다.
③ 이시애가 길주를 근거지로 난을 일으켰다.
④ 홍경래 등이 봉기하여 정주성을 점령하였다.
⑤ 곽재우, 고경명 등이 의병장으로 활약하였다.

28 (가) 사건에 대한 설명으로 옳은 것은? [2점]

> 김옥균 등은 청이 우리 자주권을 침해하는 데 분노하여 일본 공사와 (가) 을/를 일으켜 '일본당'으로 지목되었다. (가) 이/가 실패하자 온 나라가 그를 역적이라 하였다. 나는 조정에 몸을 담고 있어 그를 토벌하여 죽여야 한다는 것 외에 다른 목소리를 낼 수 없었다. 그러나 김옥균과 나의 마음은 그 뜻이 다른 데 있는 것이 아니라 나라를 사랑하는 데서 나온 것이었다.
> — 『속음청사』 —

① 개혁 추진 기구로 교정청이 설치되었다.
② 전개 과정에서 홍범 14조가 반포되었다.
③ 통리기무아문이 신설되는 배경이 되었다.
④ 김기수가 수신사로 파견되는 결과를 가져왔다.
⑤ 청일 간에 톈진 조약이 체결되는 계기가 되었다.

29 (가) 종교에 대한 설명으로 옳은 것은? [1점]

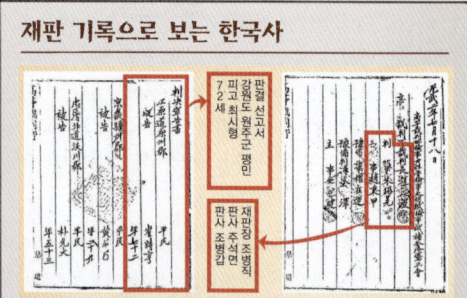

> [해설] 자료는 (가) 의 제2대 교주 최시형에 대한 판결 선고서이다. 교조 신원 운동을 주도했던 그는 1894년 전봉준, 김개남 등이 이끈 농민군과 합세한 일로 도망자 신세가 되었고, 결국 1898년 원주에서 체포되어 고등 재판소에서 재판을 받았다. 당시 재판에는 농민 수탈로 고부 봉기를 촉발시켰던 조병갑이 판사로 참여하였고, 법부 대신 조병직이 재판장으로서 최시형에게 사형을 선고하였다.

① 포접제를 활용하여 교세를 확장하였다.
② 배재 학당을 세워 신학문 보급에 앞장섰다.
③ 박중빈을 중심으로 새생활 운동을 추진하였다.
④ 일제의 통제에 맞서 사찰령 폐지 운동을 벌였다.
⑤ 의민단을 조직하여 항일 무장 투쟁을 전개하였다.

30 밑줄 그은 '전쟁' 기간에 있었던 사실로 옳은 것은? [3점]

> 미국 잡지 '포퓰러 매거진'의 1912년 마지막 호에는 한반도를 둘러싼 대한 제국과 일본, 러시아 간의 암투를 다룬 첩보 소설(The cat and the king)이 실렸습니다. 베델, 민영환 등 당대 인물들이 등장하는 이 소설은 일제가 포츠머스 조약을 체결하여 전쟁을 끝내고 대한 제국의 외교권을 박탈하려 하는 등 긴박하게 전개되었던 당시 상황을 배경으로 하고 있습니다.

① 고종이 아관 파천을 단행하였다.
② 일본이 독도를 불법 편입하였다.
③ 러시아가 절영도 조차를 요구하였다.
④ 조청 상민 수륙 무역 장정을 체결하였다.
⑤ 평양 관민이 대동강에 침입한 제너럴셔먼호를 불태웠다.

31 (가) 인물에 대한 설명으로 옳은 것은? [3점]

① 고종의 밀지를 받아 독립 의군부를 조직하였다.
② 도쿄에서 일왕이 탄 마차를 향해 폭탄을 던졌다.
③ 을사늑약이 체결되자 태인에서 의병을 일으켰다.
④ 명동 성당 앞에서 이완용을 습격하여 중상을 입혔다.
⑤ 13도 창의군을 지휘하여 서울 진공 작전을 전개하였다.

32 ㉠~㉤에 대한 설명으로 옳은 것은? [2점]

① ㉠ - 고종 강제 퇴위 반대 운동을 전개하였다.
② ㉡ - 일제의 황무지 개간권 요구를 저지시켰다.
③ ㉢ - 일제가 조작한 105인 사건으로 와해되었다.
④ ㉣ - 대성 학교를 설립하여 민족 교육을 실시하였다.
⑤ ㉤ - 조소앙의 삼균주의를 기초로 건국 강령을 발표하였다.

33 다음 자료를 작성한 인물에 대한 설명으로 옳은 것은? [1점]

'동양 평화'와 '한국 독립'에 대한 문제는 이미 세계 모든 나라 사람들이 다 아는 사실이며 당연한 일로 굳게 믿었고, 한국과 청국 사람들의 마음에 깊게 새겨졌다. …… 만일 일본이 지금의 정책을 바꾸지 않고 이웃 나라들을 나날이 억누른다면, 차라리 다른 인종에게 망할지언정 같은 인종에게 욕을 당하지는 않겠다는 생각이 한국과 청국 사람들의 마음에서 용솟음칠 것이다. …… 동양 평화를 위한 의로운 싸움을 하얼빈에서 시작하고, 옳고 그름을 가리는 자리는 뤼순으로 정하였다.

① 샌프란시스코에서 흥사단을 창립하였다.
② 황준헌이 쓴 조선책략을 국내에 들여왔다.
③ 초대 통감이었던 이토 히로부미를 사살하였다.
④ 유만수 등과 함께 부민관 폭파 의거를 일으켰다.
⑤ 국권 피탈 과정을 정리한 한국통사를 저술하였다.

34 밑줄 그은 '시기'에 있었던 사실로 옳은 것은? [2점]

① 미쓰야 협정이 체결되었다.
② 조선 사상범 예방 구금령이 제정되었다.
③ 박문국이 설치되어 한성순보를 발행하였다.
④ 황국 중앙 총상회가 상권 수호 운동을 주도하였다.
⑤ 회사 설립 시 총독의 허가를 받도록 하는 회사령이 시행되었다.

35 다음 기사가 보도된 시기에 볼 수 있는 모습으로 가장 적절한 것은? [2점]

□□ 신문

[사설] 대홍수의 재난에서 조선의 형제들을 구하라

▲ 침수된 용산 일대

대홍수로 중부 지방에 엄청난 피해가 발생하였다. 7월 18일에는 용산과 뚝섬 일대가 완전 침수되었고 이틀날은 광주군 선리 주민 292명이 물에 빠져 죽었다. 경부선은 10일간 불통이었다. 그럼에도 총독부는 이와 같은 홍수 피해에 무성의하게 대처하고 있다. 재작년 일본에서 관동 대지진이 일어났을 때 조선인들이 박해를 받았음에도 불구하고 우리 조선의 형제들은 능력껏 구제의 손길을 뻗쳤었다. 그러나 지금 조선에서 홍수 피해로 각지에서 재난이 일어나고 있는데도 총독부와 일본인 거류민들은 모른 척하고 있다. 조선인이여! 조선인을 구하라. 재난을 당한 형제와 같이 울며 아프며 살길을 구하라.

① 영선사 일행으로 청에 가는 생도
② 경성 제국 대학에서 공부하는 학생
③ 국채 보상 운동의 모금에 참여하는 상인
④ 육영 공원에서 영어를 가르치는 미국인 교사
⑤ 전차 개통식에 참여하는 한성 전기 회사 직원

36 (가) 운동의 배경으로 가장 적절한 것은? [1점]

파리 강화 회의가 진행되던 프랑스에서는 일제 강점기 최대 규모의 독립운동이었던 (가) 와/과 관련된 내용이 보도된 바 있습니다. 이와 관련하여 "일본 당국이 가혹한 탄압을 하고 있으며 혁명의 희생자 수가 이미 상당하다."라고 보도하며, (가) 에 대해 '혁명'이라는 표현을 사용한 기사가 주목됩니다.

① 간도 참변으로 민간인이 학살되었다.
② 민영익을 대표로 한 보빙사가 파견되었다.
③ 대한 제국의 마지막 황제 순종이 서거하였다.
④ 언론사의 주도로 브나로드 운동이 전개되었다.
⑤ 미국 대통령 윌슨이 민족 자결주의를 제창하였다.

37 (가) 단체에 대한 설명으로 옳은 것은? [2점]

【우리 고장의 독립운동가】

일우(一宇) 김한종 (1883~1921)

충청남도 예산군 광시면 출생이다. 1915년 대구에서 박상진 등이 국권 회복을 위해 조직한 (가) 의 충청도 지부장으로, 군자금 모금과 친일 관리 처단을 주도하였다. 이후 일제에 체포되어 총사령 박상진과 함께 사형을 선고받고 대구 형무소에서 생을 마감하였다. 1963년에 건국훈장 독립장이 추서되었다.

① 군대식 조직을 갖춘 비밀 결사였다.
② 정우회 선언의 영향으로 결성되었다.
③ 조선 혁명 선언을 활동 지침으로 삼았다.
④ 중국군과 함께 영릉가 전투에서 큰 전과를 올렸다.
⑤ 만민 공동회를 열어 열강의 이권 침탈을 비판하였다.

38 (가)~(라)를 발표된 순서대로 옳게 나열한 것은? [3점]

(가) 제1조 대한국은 세계 만국에 공인된 자주독립 제국이다.
제2조 대한 제국의 정치는 만세에 걸쳐 불변할 전제 정치이다.
제3조 대한 제국 대황제는 무한한 군권(君權)을 누린다.

(나) 중추원은 아래에 열거한 사항을 심사하고 회의하여 결정하는 곳으로 할 것이다.
1. 법률, 칙령의 제정, 폐지, 개정에 관한 사항
6. …… 중추원 의관의 절반은 정부에서 나라에 공로가 있는 사람을 추천하고, 그 절반은 인민 협회 중에서 27세 이상으로 정치·법률·학식에 통달한 자를 투표해서 선거할 것이다.

(다) 제1조 대한민국은 민주 공화국이다.
제2조 대한민국의 주권은 국민에게 있고 모든 권력은 국민으로부터 나온다.
제102조 이 헌법을 제정한 국회는 이 헌법에 의한 국회로서의 권한을 행하며 그 의원의 임기는 국회 개회일로부터 2년으로 한다.

(라) 융희 황제가 삼보(三寶)를 포기한 8월 29일은 즉 우리 동지가 삼보를 계승한 8월 29일이니 그 사이 순간도 멈춘 적이 없다. 우리 동지는 완전한 상속자이니 저 황제권이 소멸한 시점은 즉 민권이 발생한 시점이오, 옛 한국의 마지막 1일은 즉 신한국 최초의 1일이다.

① (가) - (나) - (다) - (라)
② (가) - (나) - (라) - (다)
③ (나) - (가) - (라) - (다)
④ (나) - (다) - (가) - (라)
⑤ (다) - (라) - (나) - (가)

39 (가) 지역에서 있었던 민족 운동으로 옳은 것은? [2점]

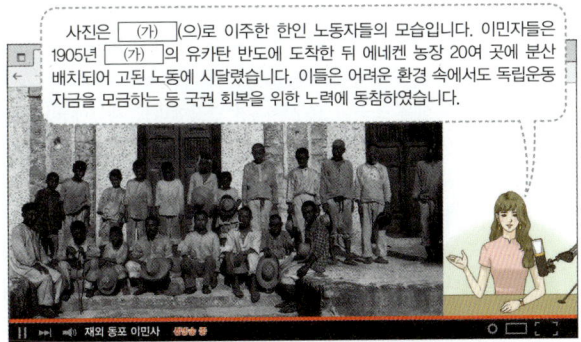

사진은 (가) (으)로 이주한 한인 노동자들의 모습입니다. 이민자들은 1905년 (가) 의 유카탄 반도에 도착한 뒤 에네켄 농장 20여 곳에 분산 배치되어 고된 노동에 시달렸습니다. 이들은 어려운 환경 속에서도 독립운동 자금을 모금하는 등 국권 회복을 위한 노력에 동참하였습니다.

① 한인 자치 기구인 경학사를 조직하였다.
② 권업회를 조직하고 권업신문을 발간하였다.
③ 중광단을 결성하여 항일 투쟁을 전개하였다.
④ 숭무 학교를 설립하여 독립군을 양성하였다.
⑤ 유학생들이 중심이 되어 2·8 독립 선언서를 발표하였다.

40 교사의 질문에 대한 학생의 답변으로 가장 적절한 것은? [3점]

이 자료는 전라남도 신안군(당시 무안군)의 한 섬에서 발생한 사건의 결과로, 소작인회 대표와 지주 문재철 사이에 맺어진 화해 조건입니다. 소작인들은 고율의 소작료를 징수하는 지주에게 1년여에 걸쳐 저항하여 소작료를 낮추는 성과를 거두었습니다. 이 사건 이후의 사실에 대해 말해 볼까요?

1. 소작료를 4할로 하고, 1할은 농업 장려금으로 할 것
2. 농업 장려금은 소작인회에서 관리할 것
3. 소작인회에 지주도 참여할 것
4. 미납한 소작료는 3개년을 기한으로 분납할 것
5. 파괴하여 철거한 문태현의 비석을 복구할 것
6. 현재 조사 중인 형사 피고 사건은 양방에서 취하할 것
7. 지주가 소작인회에 기본금 2천 원을 기증할 것

① 양전 사업이 실시되어 지계가 발급되었어요.
② 함경도와 황해도에서 방곡령이 선포되었어요.
③ 전국 단위 조직인 조선 농민 총동맹이 결성되었어요.
④ 일본의 토지 침탈에 맞서 농광 회사가 설립되었어요.
⑤ 기한 내에 소유지를 신고하게 하는 토지 조사령을 제정하였어요.

41 (가) 단체에 대한 설명으로 옳은 것은? [3점]

자네 (가) 에서 발행한 잡지 '한글' 이번 호 보았는가? '한글 맞춤법 통일안' 개정 신판이 발매되었다는 소식이 실렸더군.

읽었네. 최근 훈민정음 해례본의 발견으로 한글 창제일이 명확해졌다는군. 이제 (가) 에서는 한글날을 창제일에 맞춰 10월 9일로 시정한다고 하네.

① 최초로 한글에 띄어쓰기를 도입하였다.
② 국어 문법서인 대한문전을 편찬하였다.
③ 태극 서관을 설립하여 서적을 보급하였다.
④ 조선말(우리말) 큰사전 편찬을 추진하였다.
⑤ 국문 연구소를 두어 한글을 체계적으로 연구하였다.

42 (가)에 들어갈 내용으로 가장 적절한 것은? [1점]

이것은 잡지 '별건곤'에 실린 삽화로, 서양식 복장을 한 '모던 걸', '모던 보이'를 풍자한 것입니다. 일제 강점기에는 잡지, 라디오 등의 매체를 통해 새로운 근대 문화가 소개되었습니다. 당시 나타난 문화적 현상에 대해 검색한 것을 말해 볼까요?

자본주의적 소비 문화의 상징인 백화점이 도심에 들어섰습니다.

① 나운규의 영화 아리랑이 상영되었습니다.
② 한글 신문인 제국신문이 간행되었습니다.
③ 정비석의 소설 자유부인이 출판되었습니다.
④ 잡지 사상계가 높은 판매 부수를 기록하였습니다.
⑤ 아침 이슬 등의 곡이 금지곡으로 지정되었습니다.

43 (가) 부대에 대한 설명으로 옳은 것은? [2점]

사료로 만나는 여성 독립운동사

이중 삼중의 억압에 눌려 신음하던 자매들이여! 어서 빨리 일어나 이 민족 해방 운동의 뜨거운 용광로로 뛰어오라. …… 어둠 속에서 비추는 새벽빛 같은 (가) 의 자유를 쟁취하려는 봉화는 붉고 맑게 빛난다. 이미 모인 혁명 동지들은 뜨거운 손길을 내밀고 열정에 넘쳐 속히 달려옴을 기다리고 있다. 오라!

[해설] 이 사료는 『광복』에 실린 지복영의 글 중 일부이다. 그녀는 1940년 9월, 충칭에서 자신의 아버지 지청천을 총사령으로 하는 (가) 이/가 창설될 때 오광심, 김정숙, 조순옥 등과 함께 참여하였다. 그녀는 대원 모집, 선전 활동 등을 이어오다 광복을 맞이하였다.

① 청산리에서 일본군에 맞서 승리를 거두었다.
② 미국과 연계하여 국내 진공 작전을 준비하였다.
③ 동북 항일 연군으로 개편되어 유격전을 전개하였다.
④ 쌍성보, 대전자령 전투 등에서 일본군에 승리하였다.
⑤ 중국 관내(關內)에서 결성된 최초의 한인 무장 부대였다.

44 밑줄 그은 '이 시기'에 시행된 일제의 정책으로 옳은 것은? [1점]

① 언론을 통제하기 위하여 신문지법을 제정하였다.
② 애국반을 조직하여 한국인의 생활을 통제하였다.
③ 경복궁에서 최초로 조선 물산 공진회를 개최하였다.
④ 재정 고문 메가타의 주도 아래 화폐 정리 사업을 실시하였다.
⑤ 보통학교의 수업 연한을 4년으로 규정한 제1차 조선 교육령을 시행하였다.

45 다음 성명이 발표된 이후의 사실로 옳은 것은? [3점]

지금 이때 나의 단일한 염원은 3천만 동포와 손을 잡고 통일된 조국, 독립된 조국의 달성을 위하여 공동 분투하는 것뿐이다. 이 육신을 조국이 요구한다면 당장에라도 제단에 바치겠다. 나는 통일된 조국을 건설하려다가 38선을 베고 쓰러질지언정 일신에 구차한 안일을 취하여 단독 정부를 세우는 데는 협력하지 아니하겠다. 나는 내 생전에 38선 이북에 가고 싶다. 그쪽 동포들도 제 집을 찾아가는 것을 보고서 죽고 싶다. 궂은 날을 당할 때마다 38선을 싸고 도는 원귀의 곡성이 내 귀에 들리는 것도 같았다. 고요한 밤에 홀로 앉으면 남북에서 헐벗고 굶주리는 동포들의 원망스런 용모가 내 앞에 나타나는 것도 같았다.

① 모스크바 3국 외상 회의가 개최되었다.
② 송진우, 김성수 등이 한국 민주당을 창당하였다.
③ 좌우 합작 위원회에서 좌우 합작 7원칙을 발표하였다.
④ 우리나라 최초의 보통 선거인 5·10 총선거가 실시되었다.
⑤ 여운형이 중심이 되어 조선 건국 준비 위원회를 조직하였다.

46 밑줄 그은 '정부' 시기에 있었던 사실로 옳은 것은? [2점]

이 사진은 6·25 전쟁 중 부산 임시 국회에서 개헌안을 표결하는 장면입니다. 정부는 부산 일대에 계엄을 선포하고 야당 의원들이 탄 통근 버스를 강제로 연행하는 등 공포 분위기를 조성하였습니다. 개헌안은 군인과 경찰이 국회 의사당을 완전히 포위한 상태에서 토론 없이 기립 표결로 통과되었습니다.

① 경부 고속 도로가 개통되었다.
② 한미 상호 방위 조약이 체결되었다.
③ 함평 고구마 피해 보상 운동이 전개되었다.
④ 대통령 긴급 명령으로 금융 실명제가 실시되었다.
⑤ 사회 정화를 명분으로 삼청 교육대가 설치되었다.

47 (가) 정부 시기에 있었던 사실로 옳은 것은? [2점]

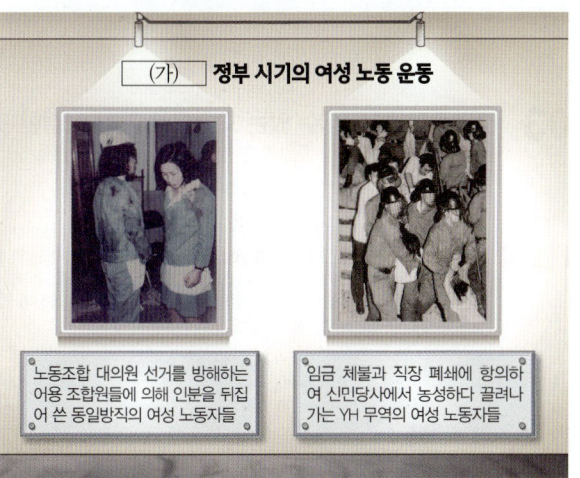

(가) 정부 시기의 여성 노동 운동

- 노동조합 대의원 선거를 방해하는 어용 조합원들에 의해 인분을 뒤집어 쓴 동일방직의 여성 노동자들
- 임금 체불과 직장 폐쇄에 항의하여 신민당사에서 농성하다 끌려가는 YH 무역의 여성 노동자들

① 부천 경찰서 성 고문 사건이 발생하였다.
② 정부에 비판적인 경향신문이 폐간되었다.
③ 최저 임금 결정을 위한 최저 임금 위원회가 설치되었다.
④ 자치 단체장까지 선출하는 지방 자치제가 전면 시행되었다.
⑤ 긴급 조치 철폐 등을 요구하는 3·1 민주 구국 선언이 발표되었다.

48 밑줄 그은 '민주화 운동'에 대한 설명으로 옳은 것은? [1점]

- 사진 속 쓰러진 인물이 대학교 정문에서 시위 도중 경찰이 쏜 최루탄에 피격된 이한열이지?
- 맞아. 이 사건은 호헌 철폐와 독재 타도를 외친 민주화 운동이 확산하는 데 영향을 주었어.

① 유신 체제 붕괴의 배경이 되었다.
② 당시 대통령이 하야하는 결과를 가져왔다.
③ 5년 단임의 대통령 직선제 개헌을 이끌어 냈다.
④ 시위 과정에서 시민군이 자발적으로 조직되었다.
⑤ 굴욕적인 한일 국교 정상화에 반대하여 일어났다.

49 다음 기사 내용이 보도된 정부 시기에 있었던 사실로 옳은 것은? [3점]

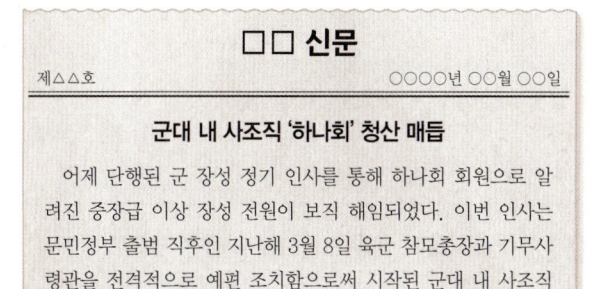

□□ 신문

군대 내 사조직 '하나회' 청산 매듭

어제 단행된 군 장성 정기 인사를 통해 하나회 회원으로 알려진 중장급 이상 장성 전원이 보직 해임되었다. 이번 인사는 문민정부 출범 직후인 지난해 3월 8일 육군 참모총장과 기무사령관을 전격적으로 예편 조치함으로써 시작된 군대 내 사조직 청산 작업을 마무리한 것이다. 군 내부에서도 이번 하나회 완전 제거가 군이 정치적 중립을 확보하고 안정과 결속을 다지는 계기가 될 것으로 기대하고 있다.

① 칠레와의 자유 무역 협정(FTA)이 체결되었다.
② 처음으로 연간 수출액 100억 달러가 달성되었다.
③ 서울과 평양에서 7·4 남북 공동 성명이 발표되었다.
④ 북방 외교를 추진하여 사회주의 국가인 소련과 수교하였다.
⑤ 거창 사건 등 관련자의 명예 회복에 관한 특별 조치법이 제정되었다.

50 (가) 지역에 대한 탐구 활동으로 가장 적절한 것은? [2점]

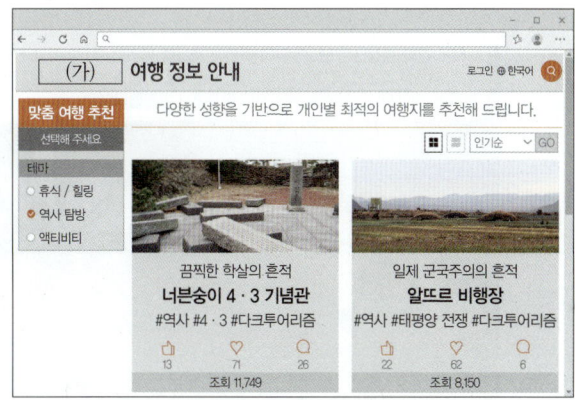

① 원종과 애노가 봉기한 곳을 검색한다.
② 외규장각 도서의 약탈 과정을 조사한다.
③ 강주룡이 고공 시위를 전개한 장소를 알아본다.
④ 김만덕이 흉년에 굶주린 백성을 구제한 기록을 살펴본다.
⑤ 러시아의 남하를 견제한다는 구실로 영국군이 점령한 지역을 찾아본다.

제74회 한국사능력검정시험

- 자신이 선택한 등급의 문제지인지 확인하시오.
- 문제지에 성명과 수험 번호를 정확히 써넣으시오.
- 답안지에 성명과 수험 번호를 써넣고, 또 수험 번호와 답을 정확히 표시하시오.
- 시험 시간은 80분입니다.

01 (가) 시대의 생활 모습으로 적절한 것은? [1점]

> 올해는 서울 암사동 유적 발견 100주년입니다. 1925년 을축년 대홍수로 우연히 모습이 드러난 이 유적은 수차례 발굴 과정에서 (가) 시대의 대표적 유물인 빗살무늬 토기와 갈돌, 갈판이 출토되고, 유구인 집터가 발견되었습니다.

서울 암사동 유적 발견 100주년 맞아

① 목책과 환호 등 방어 시설을 갖추었다.
② 소를 이용한 깊이갈이가 일반화되었다.
③ 농경과 목축을 통해 식량을 생산하였다.
④ 지배층의 무덤으로 고인돌을 축조하였다.
⑤ 거푸집을 이용하여 세형 동검을 제작하였다.

02 밑줄 그은 '이 나라'에 대한 설명으로 옳은 것은? [2점]

> 이곳 강화 참성단은 단군왕검이 하늘에 제사를 올리던 제단이라고 전합니다. 우리 역사상 최초의 국가인 이 나라를 세운 것을 기념하는 개천절 행사가 매년 열리며, 전국체육대회 성화 채화식도 이곳에서 거행됩니다.

① 여러 가(加)들이 사출도를 다스렸다.
② 동맹이라는 제천 행사를 개최하였다.
③ 민며느리제라는 혼인 풍습이 있었다.
④ 읍락 간의 경계를 중시하는 책화가 있었다.
⑤ 왕 아래 상, 대부, 장군 등의 관직을 두었다.

03 (가) 국가에서 볼 수 있는 모습으로 가장 적절한 것은? [2점]

> 이번에 촉각 전시물로 새롭게 제작된 장군총은 (가) 의 대표적인 무덤입니다. 반듯하게 다듬은 돌을 계단처럼 쌓아 만든 이 무덤의 높이는 약 13미터이고, 한 변의 최대 길이는 약 31미터에 달합니다. 거대한 크기를 고려할 때 왕의 무덤일 가능성이 높습니다. 이 무덤의 주인이 누구였을지 상상하며 만져 보면 어떨까요?

① 녹과전을 지급받는 관리
② 경당에서 수련하는 청년
③ 팔만대장경판을 만드는 장인
④ 지방의 22담로에 파견되는 왕족
⑤ 황룡사 구층 목탑의 축조를 건의하는 승려

04 (가), (나) 사이의 시기에 있었던 사실로 옳은 것은? [3점]

> (가) 백제왕 명농이 가야와 함께 와서 관산성을 공격하였다. [신라의] 군주(軍主)인 각간 우덕과 이찬 탐지 등이 맞서 싸웠으나 불리하였다. …… 고간 도도가 급히 쳐서 백제왕을 죽였다.
>
> (나) 8월에 [백제왕이] 장군 윤충을 보내 군사 1만을 거느리고 신라 대야성을 공격하였다. 성주 품석이 처자와 함께 나와 항복하자 윤충이 모두 죽이고 그 머리를 베어 왕도로 보냈다.

① 백제가 국호를 남부여로 고쳤다.
② 진흥왕이 대가야를 공격하여 복속시켰다.
③ 계백이 이끈 결사대가 황산벌에서 패배하였다.
④ 김춘추가 당으로 건너가 군사 동맹을 체결하였다.
⑤ 신라가 한강 하류를 차지하여 신주를 설치하였다.

05 (가) 국가에 대한 설명으로 옳은 것은? [2점]

여러분이 계신 곳은 (가) 의 능산리 고분군 중 동하총 증강 현실 전시실 입니다. 동하총 무덤방의 벽에는 사신도가, 천장에는 연꽃과 구름무늬가 그려져 있습니다. 이는 송산리 6호분과 함께 (가) 의 고분 벽화 연구에 중요한 자료로 평가됩니다.

① 일길찬, 사찬 등의 관등이 있었다.
② 지방 장관으로 욕살, 처려근지 등이 있었다.
③ 특산물로 단궁, 과하마, 반어피가 유명하였다.
④ 사회 질서를 유지하기 위해 범금 8조를 두었다.
⑤ 왕족인 부여씨와 8성 귀족이 지배층을 이루었다.

06 밑줄 그은 '이 왕'에 대한 설명으로 옳은 것은? [3점]

history_ ♡ 감은사지, 나홀로 역사 답사 #감은사는 삼국 통일의 위업을 달성한 이 왕이 부처의 힘을 빌어 왜구의 침입을 막고자 짓기 시작한 절이야. 그 뜻을 이어받은 아들 신문왕이 완공했고, 절의 이름을 #감은사라고 지었다고 해. 나는 이제 이 왕의 수중릉인 #대왕암으로 이동!

① 이사부를 보내 우산국을 복속하였다.
② 건원이라는 독자적 연호를 사용하였다.
③ 관료전을 지급하고 녹읍을 폐지하였다.
④ 거칠부에게 명하여 국사를 편찬하였다.
⑤ 지방관을 감찰하고자 외사정을 파견하였다.

07 (가) 국가에 대한 설명으로 옳은 것은? [2점]

이 지도는 (가) 이/가 주변 국가들과 교역하는 데 이용한 교통로를 나타낸 것입니다. 이 국가는 교통로를 통해 담비·호랑이·표범·곰 등의 가죽과 인삼·우황 등의 약재를 주요 품목으로 주변 국가들과 교역하였습니다. 또한, 소그드 은화, 청동 낙타상 등 출토 유물을 통해 서역과의 교류 사실도 확인할 수 있습니다.

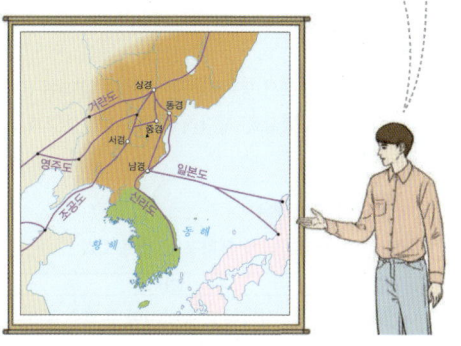

① 왜에 칠지도를 만들어 보냈다.
② 9서당 10정의 군사 조직을 운영하였다.
③ 광평성을 비롯한 각종 정치 기구를 마련하였다.
④ 제사장인 천군과 신성 지역인 소도가 존재하였다.
⑤ 서적 관리, 주요 문서 작성 등을 위해 문적원을 두었다.

08 (가) 종파에 대한 설명으로 가장 적절한 것은? [2점]

이것은 (가) 의 9산문 중 가지산문의 대표 사찰인 보림사에 있는 철조비로자나불좌상입니다. 이 불상의 왼팔 뒤편에 헌안왕 2년 무주 장사현의 부관인 김수종이 아뢰어 만들었다는 새김글이 양각되어 있어 정확한 조성 연대를 알 수 있습니다. 이와 같은 철불은 승탑과 더불어 9세기부터 크게 유행하였습니다.

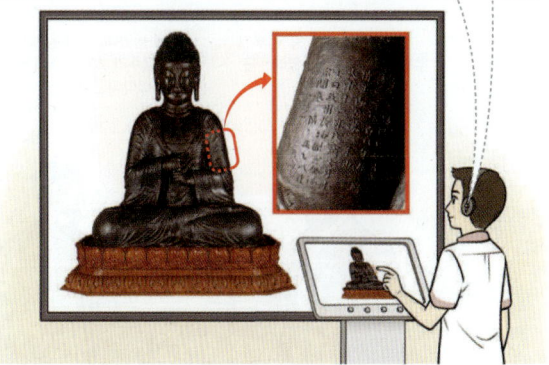

① 하늘에 제사 지내는 초제를 거행하였다.
② 참선과 수행을 통한 깨달음을 강조하였다.
③ 시경, 서경, 역경 등을 주요 경전으로 삼았다.
④ 신선 사상을 기반으로 불로장생을 추구하였다.
⑤ 인내천 사상을 내세워 인간 평등을 주장하였다.

09 (가)에 들어갈 내용으로 가장 적절한 것은? [1점]

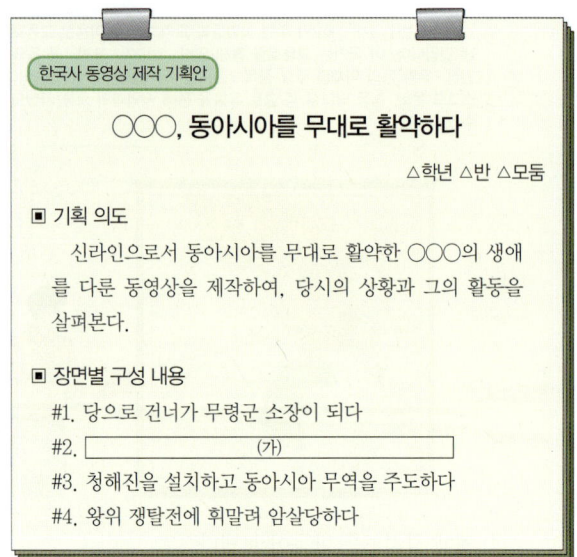

① 화왕계를 지어 국왕에게 바치다
② 산둥반도에 적산 법화원을 창건하다
③ 외교 문서인 청방인문표를 작성하다
④ 격황소서를 지어 세상에 이름을 떨치다
⑤ 구법순례기인 왕오천축국전을 저술하다

10 다음 가상 대화 이후에 있었던 사실로 옳은 것은? [2점]

① 안승이 보덕국왕으로 임명되었다.
② 신숭겸이 공산 전투에서 전사하였다.
③ 원종과 애노가 사벌주에서 반란을 일으켰다.
④ 왕건이 일리천에서 신검의 군대를 물리쳤다.
⑤ 견훤이 고창 전투에서 고려군에게 패배하였다.

11 밑줄 그은 '이 왕'이 추진한 정책으로 옳은 것은? [1점]

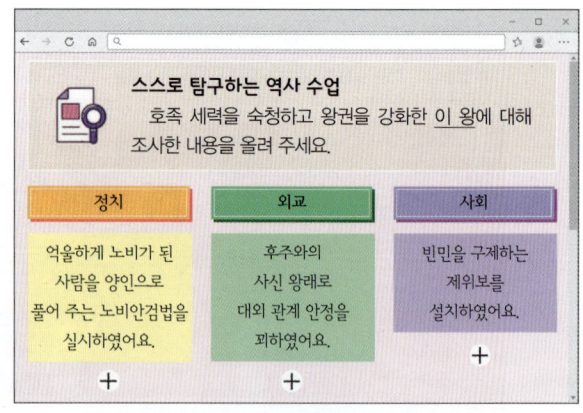

① 폐정 개혁을 목표로 정치도감을 설치하였다.
② 광덕, 준풍이라는 독자적 연호를 사용하였다.
③ 예의상정소에서 상정고금예문을 편찬하였다.
④ 전국에 12목을 설치하고 지방관을 파견하였다.
⑤ 관리에게 등급에 따라 전지와 시지를 지급하였다.

12 (가), (나) 사이의 시기에 있었던 사실로 옳은 것은? [2점]

(가) 거란에서 사신을 파견하며 낙타 50필을 보냈다. 왕은 거란이 일찍이 발해와 지속적으로 화목하다가 갑자기 의심을 일으켜 맹약을 어기고 멸망시켰으니, 이는 매우 무도하여 친선 관계를 맺을 이웃으로 삼을 수는 없다고 생각하였다. 드디어 교빙을 끊고 사신 30인을 섬으로 유배 보냈으며, 낙타는 만부교 아래에 매어두니 모두 굶어 죽었다.

(나) 왕이 나주로 들어갔는데, 밤에 척후병이 잘못 보고하기를, "거란 군사들이 이르렀습니다."라고 하였다. 왕이 크게 놀라서 밖으로 달려 나오자 지채문이 아뢰어 이르기를, "주상께서 밤중에 행차하시면 백성들이 놀라 혼란하게 되니, 바라옵건대 행궁으로 돌아가십시오. 제가 염탐하여 알아보고 나서, 그 후에 움직이셔도 됩니다."라고 하였다.

① 묘청이 칭제 건원을 주장하였다.
② 강감찬이 흥화진 전투에서 승리하였다.
③ 서희의 활약으로 강동 6주를 획득하였다.
④ 최우가 강화도로 도읍을 옮겨 항전하였다.
⑤ 윤관이 별무반을 이끌고 동북 9성을 개척하였다.

13 (가) 국가의 문화유산으로 적절하지 <u>않은</u> 것은? [3점]

14 (가)~(다)를 일어난 순서대로 옳게 나열한 것은? [3점]

(가) 김보당이 정중부·이의방을 토벌하고 의종을 다시 세우고자 …… 동북면지병마사 한언국과 군사를 일으켜 함께 하도록 했다. …… 정중부·이의방이 이 소식을 듣고 장군 이의민, 산원(散員) 박존위로 하여금 군사를 거느리고 남로로 가도록 했고, 또 군사를 서해도로 파견하여 대응하도록 했다.

(나) 최충헌은 최충수와 함께 봉사를 올렸다. "…… 낡은 제도를 혁파하고 새로운 정치를 도모하심에 오로지 태조의 올바른 법을 따르시어 중흥의 길을 환히 여시길 바랍니다. 삼가 열 가지 사항을 아뢰옵니다."

(다) 왕과 세자가 몽골에서 개경으로 돌아온 이후, 삼별초가 반란을 일으켜 승화후 왕온을 [왕으로] 세우고 진도에 웅거하였다.

① (가) – (나) – (다) ② (가) – (다) – (나)
③ (나) – (가) – (다) ④ (나) – (다) – (가)
⑤ (다) – (가) – (나)

15 다음 자료에 나타난 시기의 사회 모습으로 적절한 것은? [2점]

○ 7재를 설치하였다. 주역을 [공부하는 곳은] 이택재, 상서는 대빙재, 모시(毛詩)는 경덕재, 주례는 구인재, 대례는 복응재, 춘추는 양정재, 무학은 강예재라고 하였다.
○ 왕이 결정하시기를 "…… 무학이 점차 번성하여 장차 문학하는 사람들과 각을 세워 불화하게 되면 매우 편치 못하게 될 것이다. …… 무학으로 무사를 선발하는 일과 무학재의 호칭은 모두 혁파하겠다."라고 하였다.

① 서얼이 통청 운동을 전개하였다.
② 사창절목에 따라 사창제가 시행되었다.
③ 왕조 교체를 예언하는 정감록이 유포되었다.
④ 병자에게 약을 지급하는 혜민국이 설치되었다.
⑤ 국산 약재와 치료 방법을 정리한 향약집성방이 간행되었다.

16 (가) 인물에 대한 설명으로 옳은 것은? [2점]

이것은 '불일보조국사'라는 시호를 받은 (가) 의 행적을 담고 있는 송광사 보조국사비입니다. 비문에는 그가 정혜결사를 조직하고, 「권수정혜결사문」을 지었다는 내용이 들어있습니다. 또한, 당시 국왕이 그의 뜻을 흠모하여 그가 머물렀던 송광산 길상사(吉祥寺)를 조계산 수선사(修禪社)로 이름을 바꿔 주며 직접 글씨를 써서 보냈다는 등의 내용이 기록되어 있습니다.

① 법화 신앙에 중점을 둔 백련 결사를 이끌었다.
② 돈오점수를 바탕으로 꾸준한 수행을 강조하였다.
③ 승려들의 전기를 기록한 해동고승전을 저술하였다.
④ 선문염송집을 편찬하고 유불 일치설을 주장하였다.
⑤ 성상융회를 제창하여 교종 내 대립을 해소하고자 하였다.

17 밑줄 그은 '이 시기'에 볼 수 있는 모습으로 적절한 것은? [2점]

① 농상집요를 소개하는 관리
② 흑창에서 곡식을 빌리는 농민
③ 사섬서에서 저화를 발행하는 장인
④ 선혜청에서 공가(貢價)를 받는 상인
⑤ 상평통보로 물건을 거래하는 보부상

18 ㉠~㉣에 대한 설명으로 옳은 것을 〈보기〉에서 고른 것은? [2점]

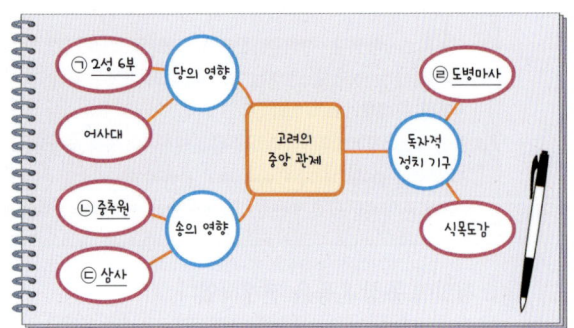

〈보기〉
ㄱ. ㉠ – 좌·우사정이 6부를 나누어 관할하였다.
ㄴ. ㉡ – 군사 기밀과 왕명 출납을 담당하였다.
ㄷ. ㉢ – 5품 이하의 관원에 대한 서경권을 행사하였다.
ㄹ. ㉣ – 재추를 중심으로 국방, 군사 문제를 논의하였다.

① ㄱ, ㄴ ② ㄱ, ㄷ ③ ㄴ, ㄷ ④ ㄴ, ㄹ ⑤ ㄷ, ㄹ

19 (가)에 해당하는 문화유산으로 옳은 것은? [2점]

□□ 신문

조선 왕실의 신위 제자리로, 155년 만에 재현된 환안제

(가) 의 보수 공사가 완료됨에 따라, 창덕궁 옛 선원전에 임시 봉안되었던 조선 왕과 왕비, 대한 제국 황제와 황후의 신위 49위를 (가) (으)로 다시 모셔오는 환안제가 155년 만에 재현되었다. 이번 의례에는 내외국인으로 구성된 시민 행렬단도 함께 참여하여 그 의미를 더했다. 환안제와 더불어 앞으로 전시와 체험 프로그램을 비롯해 다채로운 행사가 이어질 예정이다.

①
②
③
④
⑤

20 (가) 왕의 재위 시기에 있었던 사실로 옳은 것은? [2점]

이 그림은 무관 오자치를 그린 것으로, 현존하는 무관 초상화 중에서 가장 이른 시기의 작품입니다. 오자치는 (가) 이/가 호패법을 재실시하는 등 지방 세력 통제를 강화하자, 이에 반발하며 함길도에서 이시애가 일으킨 난을 평정한 공으로 적개공신에 책봉되었습니다.

① 간경도감이 설치되었다.
② 조선경국전이 편찬되었다.
③ 국조오례의가 완성되었다.
④ 부민고소금지법이 제정되었다.
⑤ 혼일강리역대국도지도가 제작되었다.

21 밑줄 그은 '이 전란' 이후에 있었던 사실로 옳은 것은? [2점]

이것은 강화 교섭 결렬 이후 일본의 재침으로 시작된 이 전란 당시 흥양(현재 고흥군) 현감 최희량이 작성한 전과 보고서의 일부입니다. 여기에는 흥양에 침입한 일본군을 격퇴한 사실과 새로 제작한 전선(戰船)에 대한 내용 등이 자세히 기록되어 있으며, 삼도수군통제사 이순신의 서명도 있습니다.

① 신숙주가 일본에 다녀와 해동제국기를 저술하였다.
② 나세 등이 화포를 사용하여 진포에서 왜구를 격퇴하였다.
③ 포로 송환을 목적으로 회답 겸 쇄환사가 일본에 파견되었다.
④ 조선 정부의 교역 제한에 반발하여 사량진 왜변이 일어났다.
⑤ 국방 문제를 논의하기 위한 임시 기구로 비변사가 설치되었다.

22 (가) 시기에 있었던 사실로 옳은 것은? [3점]

부왕께서 승하하신 기해년에는 고대 중국의 예가 아닌 경국대전에 따라 기년복으로 정했다고 기억한다. 오늘의 대공복 또한 경국대전에 따라 정한 것인가?

성상을 시해하려는 자가 있다는 목호룡의 고변으로 조정이 큰 혼란에 휩싸였다는군.

연잉군과 노론이 곤경에 처하게 될 것 같군.

① 인조반정으로 북인 세력이 몰락하였다.
② 기축옥사로 이발 등 동인 세력이 축출되었다.
③ 양재역 벽서 사건으로 이언적 등이 화를 입었다.
④ 인현 왕후가 폐위되고 남인이 권력을 차지하였다.
⑤ 붕당의 폐해를 경계하기 위해 탕평비가 건립되었다.

23 (가) 인물에 대한 설명으로 옳은 것은? [2점]

이 그림은 강세황이 그린 도산 서원도입니다. 여기에는 서원의 배치와 건물 크기, 방향 등이 실제와 부합하게 묘사되어 있으며 건물 이름도 표기되어 있어 당시의 모습을 잘 보여줍니다. 도산 서원은 성학십도를 지어 군주의 수양을 강조하고, 기대승과 사단칠정 논쟁을 전개한 (가) 의 학문과 덕을 기리는 곳입니다.

① 최초의 서원인 백운동 서원을 건립하였다.
② 명에 대한 의리를 내세운 기축봉사를 올렸다.
③ 동호문답을 통해 다양한 개혁 방안을 제시하였다.
④ 예안 향약을 시행하여 향촌의 교화를 위해 노력하였다.
⑤ 예학을 조선의 현실에 맞게 정리한 가례집람을 저술하였다.

24 (가) 왕이 추진한 정책으로 옳은 것은? [1점]

[해설] 이것은 장용영 내영에서 수원외사 번암 채제공에게 보낸 전령(傳令)입니다. 새롭게 마련된 장용영 절목의 문제점을 중앙에 아뢰어 고치도록 권한 내용을 담고 있습니다. 장용영은 (가) 이/가 조직한 친위 부대로 서울에 내영, 수원 화성에 외영을 두어 규장각과 함께 왕권 강화를 목적으로 운영되었습니다.

① 나선 정벌에 조총 부대를 파견하였다.
② 호포제를 시행하여 양반에게도 군포를 징수하였다.
③ 문신을 재교육하기 위한 초계문신제를 실시하였다.
④ 삼정의 문란을 시정하고자 삼정이정청을 설치하였다.
⑤ 각 궁방과 중앙 관서의 공노비 6만여 명을 해방하였다.

25 (가) 사건에 대한 설명으로 옳은 것은? [3점]

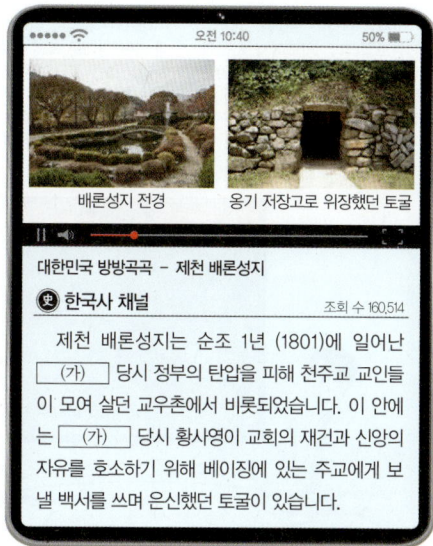

대한민국 방방곡곡 - 제천 배론성지
한국사 채널

제천 배론성지는 순조 1년 (1801)에 일어난 (가) 당시 정부의 탄압을 피해 천주교 교인들이 모여 살던 교우촌에서 비롯되었습니다. 이 안에는 (가) 당시 황사영이 교회의 재건과 신앙의 자유를 호소하기 위해 베이징에 있는 주교에게 보낼 백서를 쓰며 은신했던 토굴이 있습니다.

① 한성 조약이 체결되는 결과를 가져왔다.
② 정부의 요청으로 출병한 청군이 진압하였다.
③ 사태의 수습을 위해 박규수가 안핵사로 파견되었다.
④ 이필제가 영해 지역에서 난을 일으키는 계기가 되었다.
⑤ 전개 과정에서 이승훈, 정약용 등이 연루되어 처벌되었다.

26 밑줄 그은 '이 시기'에 볼 수 있는 모습으로 적절하지 않은 것은? [1점]

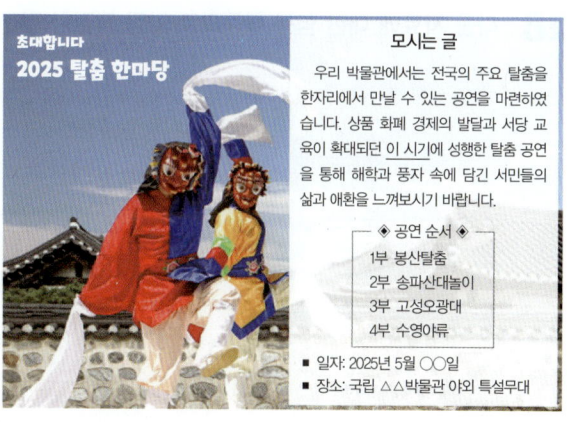

초대합니다
2025 탈춤 한마당

모시는 글
우리 박물관에서는 전국의 주요 탈춤을 한자리에서 만날 수 있는 공연을 마련하였습니다. 상품 화폐 경제의 발달과 서당 교육이 확대되던 이 시기에 성행한 탈춤 공연을 통해 해학과 풍자 속에 담긴 서민들의 삶과 애환을 느껴보시기 바랍니다.

◆ 공연 순서 ◆
1부 봉산탈춤
2부 송파산대놀이
3부 고성오광대
4부 수영야류

■ 일자: 2025년 5월 ○○일
■ 장소: 국립 △△박물관 야외 특설무대

① 판소리 흥보가를 구경하는 농민
② 주자소에서 계미자를 만드는 장인
③ 옥계 시사에서 시를 낭송하는 중인
④ 세책가에서 춘향전을 빌리는 부녀자
⑤ 호랑이를 소재로 민화를 그리는 화가

27 밑줄 그은 '이 시기'의 경제 상황으로 옳은 것은? [1점]

이것은 한양의 모습을 그린 수선총도입니다. 지도에서 시전의 위치를 확인할 수 있습니다. 이를 통해 알 수 있는 내용에 대해 더 설명해 주시겠어요?

지도에는 종로에 위치한 시전 외에도 도성 내 이현, 남대문 밖의 칠패와 같은 난전이 표기되어 있습니다. 이를 통해 시장이 도성 밖으로 확대되고 있던 이 시기의 모습을 확인할 수 있습니다. 당시에는 서로의 취급 물품을 두고 난전과 시전 사이의 갈등, 시전들 간의 다툼이 일어나기도 하였습니다.

① 백성에게 정전이 지급되었다.
② 초량 왜관을 통해 일본과 교역하였다.
③ 주전도감에서 해동통보가 발행되었다.
④ 벽란도가 국제 무역항으로 번성하였다.
⑤ 시장을 관리하기 위한 동시전이 설치되었다.

28 다음 자료에 대한 탐구 활동으로 가장 적절한 것은? [2점]

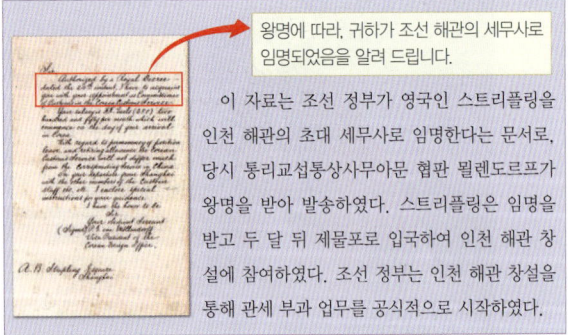

왕명에 따라, 귀하가 조선 해관의 세무사로 임명되었음을 알려 드립니다.

이 자료는 조선 정부가 영국인 스트리플링을 인천 해관의 초대 세무사로 임명한다는 문서로, 당시 통리교섭통상사무아문 협판 묄렌도르프가 왕명을 받아 발송하였다. 스트리플링은 임명을 받고 두 달 뒤 제물포로 입국하여 인천 해관 창설에 참여하였다. 조선 정부는 인천 해관 창설을 통해 관세 부과 업무를 공식적으로 시작하였다.

① 한일 의정서의 체결 과정을 파악한다.
② 미쓰야 협정이 끼친 영향을 조사한다.
③ 강화도 조약이 체결된 계기를 알아본다.
④ 조미 수호 통상 조약의 내용을 분석한다.
⑤ 헤이그 특사가 파견되는 원인을 살펴본다.

29 (가)~(마)에 들어갈 내용으로 적절하지 <u>않은</u> 것은? [2점]

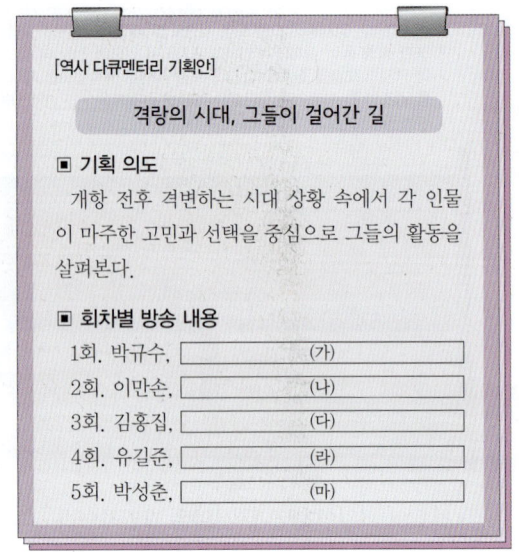

[역사 다큐멘터리 기획안]

격랑의 시대, 그들이 걸어간 길

■ 기획 의도
개항 전후 격변하는 시대 상황 속에서 각 인물이 마주한 고민과 선택을 중심으로 그들의 활동을 살펴본다.

■ 회차별 방송 내용
1회. 박규수, (가)
2회. 이만손, (나)
3회. 김홍집, (다)
4회. 유길준, (라)
5회. 박성춘, (마)

① (가) - 북학 사상을 바탕으로 통상 개화론을 주장하다
② (나) - 영남 만인소를 주도해 개항과 통상에 반대하다
③ (다) - 보빙사로 미국에 다녀와 개화 정책을 추진하다
④ (라) - 서유견문을 집필하여 서양 근대 문명을 소개하다
⑤ (마) - 백정 출신으로 관민 공동회에서 연설하다

30 밑줄 그은 '개혁'의 내용으로 옳은 것은? [2점]

이 자료는 파리 만국 박람회 당시 한국관의 모습을 담은 채색 광고 엽서이다. 고종은 황제 즉위 후 구본신참을 내세운 개혁을 추진하면서, 박람회를 서구 문물을 받아들이고 우리나라를 세계에 소개하는 기회로 활용하고자 하였다. 이후 1902년 고종은 박람회 관련 업무를 담당할 정부 기관으로 농상공부 산하에 임시 박람회 사무소를 개설하였다.

① 지계아문을 설치하여 지계를 발급하였다.
② 건양이라는 독자적인 연호를 채택하였다.
③ 박문국을 설치하고 한성순보를 발행하였다.
④ 근대식 무기 제조 공장인 기기창을 설립하였다.
⑤ 개혁의 방향을 제시한 홍범 14조를 반포하였다.

31 (가)에 대한 탐구 활동으로 가장 적절한 것은? [1점]

① 삼국 간섭의 결과를 알아본다.
② 척화비가 건립된 계기를 조사한다.
③ 전주 화약이 체결되는 과정을 살펴본다.
④ 영국이 거문도를 점령한 목적을 분석한다.
⑤ 외규장각 도서가 약탈된 배경을 찾아본다.

32 다음 가상 대화 이후에 전개된 사실로 옳은 것은? [2점]

① 최익현이 태인에서 의병을 일으켰다.
② 일본이 독도를 불법적으로 편입하였다.
③ 스티븐스가 외교 고문으로 부임하였다.
④ 13도 창의군이 서울 진공 작전을 전개하였다.
⑤ 유인석이 이끄는 부대가 충주성을 점령하였다.

33 밑줄 그은 '이곳'에서 있었던 민족 운동으로 옳은 것은? [2점]

① 한인 자치 기구인 경학사를 설립하였다.
② 권업신문을 발간하여 민족 의식을 고취하였다.
③ 유학생을 중심으로 2·8 독립 선언을 발표하였다.
④ 신한 청년당이 파리 강화 회의에 대표를 파견하였다.
⑤ 대조선 국민 군단을 결성하고 군사 훈련을 실시하였다.

34 다음 기사가 보도된 시기에 볼 수 있는 모습으로 가장 적절한 것은? [3점]

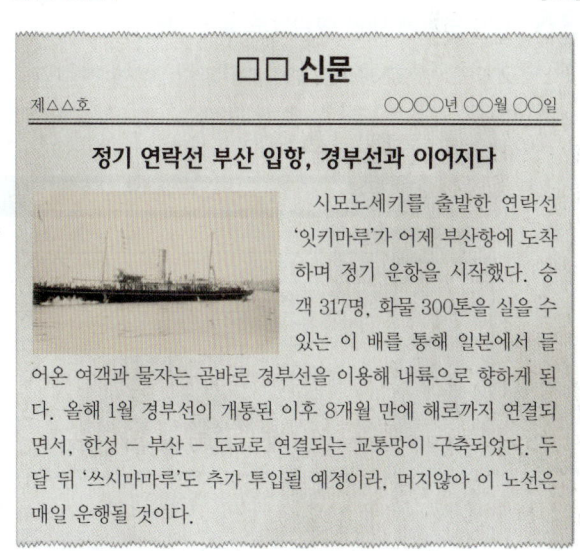

① 대한매일신보를 읽고 있는 청년
② 경성 제국 대학에 입학하는 학생
③ 원각사에서 은세계 공연을 보는 여성
④ 통리기무아문에서 개화 정책을 논의하는 관리
⑤ 어린이날 기념 행사에 참여하는 천도교 소년회 회원

35 다음 상황이 나타난 시기를 연표에서 옳게 고른 것은? [3점]

○ 어제 러시아 공사 파블로프씨가 용천군 용암포 삼림회사의 편의를 위하여 전화와 전선을 추가로 가설할 뜻으로 외부(外部)에 조회하였으니, 외부에서 답 조회하기를 "해당 사안은 결코 인준하기 어려우니 귀 공사도 해당 회사에 훈칙하여 전신주 가설 사항은 절대 마음먹지 못하게 하라" 하였다더라.
— 황성신문 —

○ 일본, 영국, 미국의 각 공사가 우리 정부에 의주의 개방을 권고하더니, 영국 공사가 다시 조회하기를 "의주는 육지로 연결되어 화물을 운반하기가 매우 어렵고, …… 용암포는 크고 작은 선박들이 지장 없이 왕래할 수 있으니 용암포를 개항하라"고 하였고, 일본 공사가 또 조회하기를 "용암포 개항이 합당하니 속히 타결하라" 하였더라.
— 황성신문 —

	(가)		(나)		(다)		(라)		(마)	
신미양요		갑신정변		청일 전쟁 발발		아관파천		러일 전쟁 발발		국권피탈

① (가) ② (나) ③ (다) ④ (라) ⑤ (마)

36 (가) 운동에 대한 설명으로 옳은 것은? [2점]

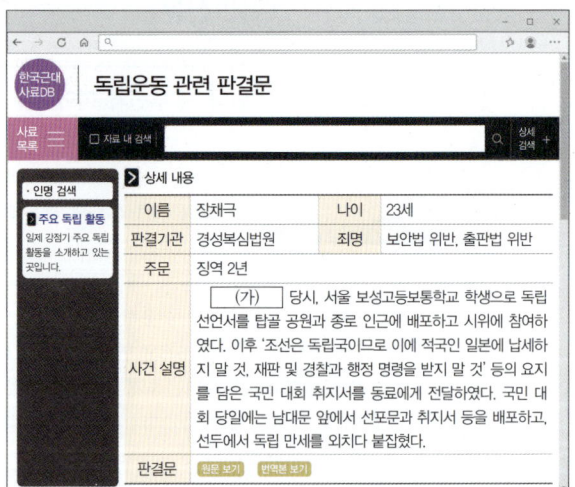

① 정우회 선언의 영향을 받았다.
② 통감부의 탄압과 방해로 중단되었다.
③ 순종의 인산일을 기회로 삼아 추진되었다.
④ 전개 과정에서 일제가 제암리 학살 등을 자행하였다.
⑤ 성진회와 각 학교 독서회에 의해 전국적으로 확산되었다.

37 (가)에 대한 설명으로 옳은 것은? [1점]

저희 모둠에서는 이번 체험 학습 답사지로 백산 상회 설립자 안희제를 기념하는 백산기념관을 선정하였습니다. 백산 상회는 백산 무역 주식회사로 개편된 이후 (가) 의 연통제 조직을 통해 독립운동 자금을 조달하였으며, 독립신문 보급 등의 역할도 담당하였습니다.

① 고종 강제 퇴위 반대 운동을 전개하였다.
② 일제의 황무지 개간권 요구를 저지하였다.
③ 영은문이 있던 자리 부근에 독립문을 건립하였다.
④ 독립운동 자금 마련을 위해 독립 공채를 발행하였다.
⑤ 조선 총독부에 국권 반환 요구서를 제출하려 하였다.

38 밑줄 그은 '이 단체'에 대한 설명으로 옳은 것은? [2점]

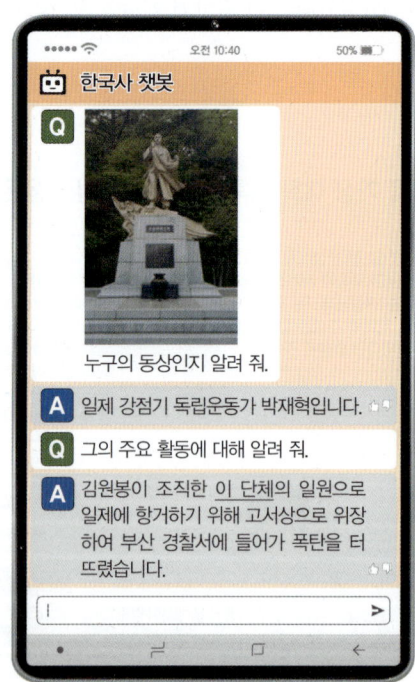

Q 누구의 동상인지 알려 줘.
A 일제 강점기 독립운동가 박재혁입니다.
Q 그의 주요 활동에 대해 알려 줘.
A 김원봉이 조직한 이 단체의 일원으로 일제에 항거하기 위해 고서상으로 위장하여 부산 경찰서에 들어가 폭탄을 터뜨렸습니다.

① 원산 노동자 총파업을 지원하였다.
② 신흥 강습소를 세워 독립군을 양성하였다.
③ 김익상, 김상옥 등이 단원으로 활동하였다.
④ 상덕태상회를 통하여 군자금을 모집하였다.
⑤ 도쿄에서 일어난 이봉창 의거를 계획하였다.

39 (가) 인물에 대한 설명으로 옳은 것은? [2점]

사료로 보는 한국사

조선사 연구는 과거 역사적, 사회적 발전의 변동 과정을 구체적이고 현실적으로 구명함과 동시에 실천적 동향을 이론화하는 것을 임무로 삼아야 한다. 그것을 위해서는 인류 사회의 일반적 운동 법칙인 사적 변증법으로 그 민족 생활의 계급적 제관계와 더불어 사회 체제의 역사적 변동을 구체적으로 분석하고 다시 그 법칙성을 일반적으로 추상화하는 것에 의해서만 가능하다.

[해설] 이 사료는 (가) 이/가 저술한 조선사회경제사의 일부입니다. 그는 이 책에서 한국사가 세계사의 보편적인 발전 법칙에 따라 발전하였다는 주장을 펼치며 한국 고대 경제사를 원시 씨족 사회, 원시 부족 국가의 제형태, 노예 국가 시대로 체계화하여 서술하였습니다.

① 조선불교유신론을 주장하였다.
② 식민 사학의 정체성론을 반박하였다.
③ 조선사 편수회에 들어가 조선사 편찬에 참여하였다.
④ 진단 학회를 설립하여 실증주의 사학을 발전시켰다.
⑤ 민족을 역사 서술의 중심에 둔 독사신론을 집필하였다.

40 (가)에 들어갈 내용으로 적절하지 않은 것은? [1점]

한국사 웹 드라마 기획안

제목	식민지 조선인의 삶
구성 내용	1화 단성사, 영화 아리랑을 상영하다
	2화 몸뻬, 새로운 일상복으로 강요되다
	3화 목포의 눈물, 나라 잃은 설움을 노래하다
	4화 (가)
주의 사항	역사적 자료에 근거하여 각 30분 분량으로 제작함

① 잡지 신여성, 여권 신장을 주장하다
② 조선 형평사, 사회적 차별 철폐를 외치다
③ 소설 상록수, 브나로드 운동을 널리 알리다
④ 경성 방직 주식회사, 광목 태극성을 광고하다
⑤ 새마을 운동, 근면·자조·협동을 기치로 내세우다

41 (가)~(마)에 들어갈 내용으로 적절하지 않은 것은? [2점]

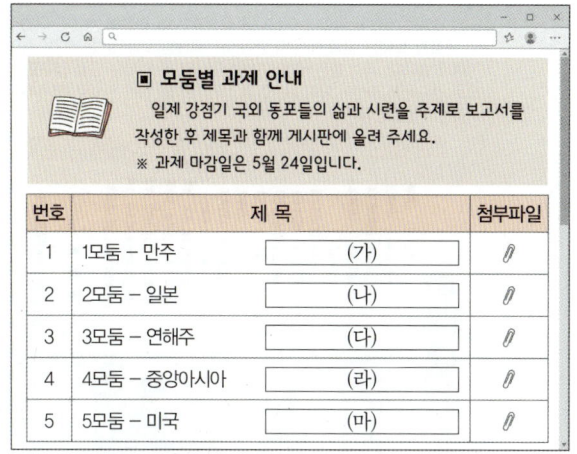

■ 모둠별 과제 안내
일제 강점기 국외 동포들의 삶과 시련을 주제로 보고서를 작성한 후 제목과 함께 게시판에 올려 주세요.
※ 과제 마감일은 5월 24일입니다.

번호	제목	첨부파일
1	1모둠 - 만주	(가)
2	2모둠 - 일본	(나)
3	3모둠 - 연해주	(다)
4	4모둠 - 중앙아시아	(라)
5	5모둠 - 미국	(마)

① (가) - 일본군의 보복으로 간도 참변이 일어나다
② (나) - 관동 대지진 당시 자경단에게 학살당하다
③ (다) - 에네켄 농장에서 고된 노동에 시달리다
④ (라) - 소련 당국에 의해 강제로 이주되어 오다
⑤ (마) - 교민들을 중심으로 흥사단이 창립되다

42 (가) 부대에 대한 설명으로 옳은 것은? [2점]

【우리 고장의 독립운동가】

이름에 조국의 광복을 담다

오광선
(1896~1967)

경기도 용인특례시 처인구 원삼면 출생으로 본명은 성묵이다. 1915년 중국으로 망명한 후 '조선의 광복'이라는 뜻의 광선(光鮮)으로 개명하였다. 1920년 대한독립군단 중대장으로 독립군을 지휘하였다. 만주 사변이 일어나자 (가) 의 총사령관 지청천 등과 함께 중국군과 연합하여 1933년 대전자령에서 일본군을 상대로 대승을 거두는 데 중요한 역할을 하였다. 1962년 건국훈장 독립장을 받았다.

① 봉오동 전투에서 일본군을 크게 격파하였다.
② 미국과 연계하여 국내 진공 작전을 계획하였다.
③ 중국 의용군과 연합하여 영릉가 전투에서 승리하였다.
④ 조선 민족 전선 연맹 산하의 군사 조직으로 결성되었다.
⑤ 한국 독립당의 군사 조직으로 북만주 지역에서 활약하였다.

43 밑줄 그은 '시기'에 있었던 사실로 옳은 것은? [1점]

이 자료는 조선어 학회가 추진하던 조선말 사전 편찬에 보탬이 되고자 함경도의 독자가 보내온 글로 '배우리(병아리)', '고얘양(고양이)' 등 50여 개의 방언이 적혀 있습니다. 국가 총동원법이 시행되던 시기에 일제는 한글 연구를 민족 운동으로 간주하여 조선어 학회 회원들을 치안 유지법 위반 혐의로 대거 투옥하고 원고를 압수하였습니다.

① 조선 태형령이 반포되었다.
② 조선 노농 총동맹이 결성되었다.
③ 임시 토지 조사국이 설립되었다.
④ 황국 신민 서사 암송이 강요되었다.
⑤ 조선 민립 대학 기성회가 창립되었다.

45 밑줄 그은 '이 전쟁' 중에 있었던 사실로 옳은 것은? [2점]

사진은 이 전쟁 당시 부산의 천막 교실 중 하나입니다. 임시 수도였던 부산에는 서울을 비롯한 각지의 학교가 피란해 와 천막 교실에서 수업이 진행되었습니다. 힘든 생활 중에서도 배움이 멈추지 않았다는 사실을 기억해 주세요.

① 발췌 개헌안이 통과되었다.
② 삼청 교육대가 설치되었다.
③ 한미 상호 방위 조약이 체결되었다.
④ 여수·순천 10·19 사건이 일어났다.
⑤ 국가 보위 비상 대책 위원회가 구성되었다.

44 (가) 사건에 대한 설명으로 가장 적절한 것은? [2점]

(가) 사건에 대한 기록물이 마침내 유네스코 세계 기록 유산으로 등재되었습니다. 이 사건은 당시 남한만의 단독 선거에 반대하는 무장대와 이를 진압하는 토벌대 간의 무력 충돌, 그 뒤 토벌대의 진압 과정에서 수많은 제주도민이 희생된 비극이었습니다. 기록물에는 수형인 명부와 희생자 유족 증언 등이 포함되어 있는데, 이번 등재로 국가 폭력에 맞서 진실을 밝히려는 노력과 함께 화해와 상생, 평화와 인권의 가치가 세계의 기억으로 인정받게 되었습니다.

14,673건의 (가) 기록물, 세계 기록 유산 등재

① 대통령이 하야하는 결과를 이끌어냈다.
② 호헌 철폐와 독재 타도 등의 구호를 내세웠다.
③ 통일 주체 국민 회의가 구성되는 배경이 되었다.
④ 6·3 시위의 전개와 비상계엄이 선포되는 계기가 되었다.
⑤ 진상규명 및 희생자 명예 회복에 관한 특별법이 제정되었다.

46 (가)에 들어갈 민주화 운동에 대한 설명으로 옳은 것은? [2점]

이것은 2·28 민주 운동을 기념하는 탑입니다. 이 운동은 이승만 독재 정권이 선거를 앞두고 야당 부통령 후보 연설에 참석하는 것을 막기 위해 일요일 등교 조치를 내리자, 이에 반발한 대구 지역의 고등학생들이 시위에 나서며 시작되었습니다. 2·28 민주 운동은 이후 대전의 3·8 민주 의거, 마산의 3·15 의거와 함께 (가) 의 도화선이 되었습니다.

① 시위 도중 대학생 이한열이 희생되었다.
② 시민군이 조직되어 계엄군에 저항하였다.
③ 허정 과도 정부가 출범하는 계기가 되었다.
④ 5년 단임의 대통령 직선제 개헌을 이끌어 냈다.
⑤ 야당 총재의 국회의원직 제명으로 촉발되었다.

47 교사의 질문에 대한 학생의 답변으로 가장 적절한 것은? [3점]

이 자료는 종교계와 재야 인사들이 명동 성당에서 독재 정권을 비판하며 발표한 3·1 민주 구국 선언의 일부입니다. 이 선언이 발표된 이후에 있었던 사실에 대해 말해 볼까요?

민주 구국 선언
1. 이 나라는 민주주의 기반 위에 서야 한다.
⋮
첫째로 우리는 국민의 자유를 억압하는 긴급 조치를 곧 철폐하고 민주주의를 요구하다가 투옥된 민주 인사들과 학생들을 석방하라고 요구한다. 국민의 의사가 자유로이 표명될 수 있도록 언론, 집회, 출판의 자유를 국민에게 돌리라고 요구한다.
둘째로 우리는 유신 헌법으로 허울만 남은 의회 정치가 회복되어야 한다고 주장한다. 자유로이 표현되는 민의를 국회는 입법에 반영해야 하고 정부는 이를 행정에 반영시켜야 한다. 이것을 꺼리고 막는 정권은 국민을 위한다면서 실은 국민을 위하려는 뜻이 없는 정권이다.
⋮

① 국회 별관에서 3선 개헌안이 통과되었습니다.
② 정부에 비판적인 경향신문이 폐간되었습니다.
③ YH 무역 노동자들이 야당 당사에서 농성하였습니다.
④ 최고 통치 기구인 국가 재건 최고 회의가 구성되었습니다.
⑤ 평화통일론을 주장한 진보당의 조봉암이 처형되었습니다.

48 다음 기사가 보도된 정부 시기의 경제 상황으로 적절한 것은? [2점]

□□ 신문
제△△호 ○○○○년 ○○월 ○○일

IMF 구제 금융 조기 상환

오늘 정부는 외환 위기 당시 국제 통화 기금(IMF)으로부터 빌린 돈을 모두 갚았다고 밝혔다. 구제 금융을 신청한 지 3년 8개월 만에 전액 조기 상환하게 된 것이다. 이에 따라 우리나라는 앞으로 정책 수립 과정에서 IMF의 간섭을 받지 않아도 되며, 회원국이면 누구나 해마다 진행하는 연례 협의만 하면 된다.

① 경제기획원이 발족하였다.
② 제4차 경제 개발 5개년 계획이 추진되었다.
③ 미국과 자유 무역 협정(FTA)을 체결하였다.
④ 저유가·저금리·저달러의 3저 호황이 있었다.
⑤ 대통령 직속 자문 기구로 노사정 위원회가 출범하였다.

49 다음 연설문을 발표한 정부 시기의 통일 노력으로 옳은 것은? [2점]

6·15 공동 선언은 한반도의 운명을 바꾸어 놓은 역사적 전환점이었습니다. …… 남북 당국 간 회담이 100여 차례 이상 열리고, 인적·물적 교류도 크게 늘어났습니다. …… 참여 정부는 햇볕 정책과 6·15 정신을 계승, 발전시킨 '평화 번영 정책'을 추진해 나가고 있습니다. 이대로 가면 한반도에 화해와 협력의 질서가 구축되고, 평화와 번영의 새로운 동북아 시대가 열리게 될 것입니다. 무엇보다 중요한 것은 남북 간 신뢰 구축입니다. 각 분야의 교류와 협력을 활성화시키고, 북핵 문제를 평화적으로 해결해 나가야 합니다.

① 판문점에서 남북 정상 회담을 개최하였다.
② 남북한이 국제 연합(UN)에 동시 가입하였다.
③ 남북 이산가족의 고향 방문을 최초로 성사시켰다.
④ 평화 통일 외교 정책에 관한 6·23 특별 성명을 발표하였다.
⑤ 남북 간 경제 교류 활성화를 위한 개성 공단 착공식을 열었다.

50 ㉠~㉤에 대한 설명으로 적절하지 <u>않은</u> 것은? [3점]

한국사 톺아보기   역사 속 관리 선발 방식

신라는 국학 학생 등을 대상으로 유교 경전에 대한 이해 정도를 평가하여 관리로 선발하는 ㉠독서삼품과를 마련하였다. 하지만 골품제 때문에 관료제 운영에 큰 기능을 발휘하지 못하였다.

고려 시대에는 시험을 통해 인재를 등용하는 ㉡과거가 도입되어 운영되면서 제술과, 명경과, 잡과가 승과와 함께 시행되었다. 그러나 반드시 과거로만 관직에 진출하는 것이 아니라, 음서 등으로 관직에 진출하기도 하였다.

조선 시대의 관리는 과거, 취재, 음서, 천거 등을 통해 선발되었다. 과거는 ㉢문과, 무과, 잡과로 구성되었는데 문과와 무과를 중심으로 하여 양반 관료 체제가 갖추어졌다. 한편, 조선 중기에는 ㉣현량과를 통해서 조정에 진출한 신진 세력들이 훈구 세력의 부정과 비리를 비판하기도 하였다.

개항기에는 군국기무처의 주도로 과거를 폐지하고 별도의 ㉤선거조례를 제정하여 과거 시험에서 평가하였던 유교 경전에 대한 지식이나 문장력보다는 실무에 적합한 재능과 능력을 갖춘 인재를 관리로 등용하고자 하였다.

① ㉠ - 원성왕 재위 시기에 시행되었다.
② ㉡ - 쌍기의 건의를 수용하여 실시하였다.
③ ㉢ - 식년시, 알성시, 증광시 등으로 운영되었다.
④ ㉣ - 중종 때 조광조를 비롯한 사림들이 실시를 주장하였다.
⑤ ㉤ - 대한 제국 수립 이후 개혁의 일환으로 처음 단행되었다.

제73회 한국사능력검정시험

- 자신이 선택한 등급의 문제지인지 확인하시오.
- 문제지에 성명과 수험 번호를 정확히 써넣으시오.
- 답안지에 성명과 수험 번호를 써넣고, 또 수험 번호와 답을 정확히 표시하시오.
- 시험 시간은 80분입니다.

01 (가) 시대의 생활 모습으로 옳은 것은? [1점]

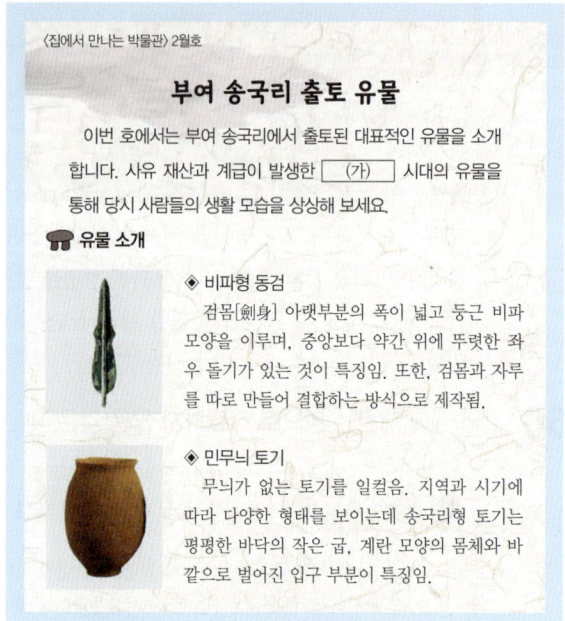

① 소를 이용한 깊이갈이가 일반화되었다.
② 반달 돌칼을 사용하여 벼를 수확하였다.
③ 주로 동굴이나 강가의 막집에서 살았다.
④ 주먹도끼, 찍개 등의 뗀석기를 처음 제작하였다.
⑤ 가락바퀴와 뼈바늘을 이용하여 옷을 만들기 시작하였다.

02 (가), (나) 사이의 시기에 있었던 사실로 옳은 것은? [3점]

> (가) 연개소문은 왕의 조카인 장을 왕으로 세우고 스스로 막리지가 되었다. 그 관직은 당의 병부상서 겸 중서령의 직임과 같다.
>
> (나) 검모잠은 남은 백성을 모아 궁모성에서 패강 남쪽으로 내려와 당나라 관인 및 승려 법안 등을 죽이고 신라로 향하였다. 사야도에 이르러 고구려 대신 연정토의 아들 안승을 알현하고, 한성으로 모셔와 임금으로 받들었다.

① 을지문덕이 살수에서 대승을 거두었다.
② 사찬 시득이 기벌포에서 당군을 격파하였다.
③ 관구검이 이끄는 군대가 환도성을 함락하였다.
④ 김춘추가 당으로 건너가 군사 동맹을 체결하였다.
⑤ 장문휴가 자사 위준이 관할하는 당의 등주를 공격하였다.

03 (가) 나라에 대한 설명으로 옳은 것은? [2점]

이 그림은 (가) 의 시조인 이진아시왕의 표준 영정입니다. 신증동국여지승람 등의 기록에 따르면 수로왕과 형제인 그는 고령 일대를 중심으로 나라를 세웠다고 합니다.

① 진흥왕 때 신라에 복속되었다.
② 집사부를 비롯한 14부를 설치하였다.
③ 지방 장관으로 욕살, 처려근지 등을 두었다.
④ 여러 가(加)들이 별도로 사출도를 주관하였다.
⑤ 왕족인 부여씨와 8성의 귀족이 지배층을 이루었다.

04 (가), (나) 나라에 대한 설명으로 옳은 것은? [2점]

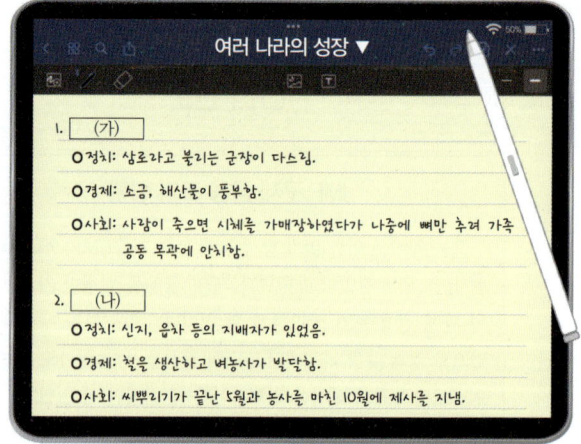

① (가) - 영고라는 제천 행사를 열었다.
② (가) - 사회 질서를 유지하기 위해 범금 8조를 만들었다.
③ (나) - 신성 지역인 소도가 존재하였다.
④ (나) - 제가 회의에서 나라의 중대사를 결정하였다.
⑤ (가), (나) - 도둑질한 자에게 12배로 배상하게 하였다.

05 밑줄 그은 '왕'에 대한 설명으로 옳은 것은? [2점]

> ○ 고구려가 군사를 일으켜 쳐들어왔다. 왕이 듣고 군사를 패하(浿河)가에 매복시켜 그들이 이르기를 기다렸다가 급히 치니 고구려 군사가 패배하였다.
> ○ 옛 기록에 이르기를, "백제는 나라를 연 이래 문자로 일을 기록한 적이 없는데 이 왕 때에 이르러 박사 고흥을 얻어 처음으로 『서기』가 있게 되었다."라고 하였다.

① 금마저에 미륵사를 창건하였다.
② 윤충을 보내 대야성을 함락하였다.
③ 사비로 천도하고 국호를 남부여로 고쳤다.
④ 평양성을 공격하여 고국원왕을 전사시켰다.
⑤ 동진에서 온 마라난타를 통해 불교를 수용하였다.

06 다음 특별전에 전시될 문화유산으로 가장 적절한 것은? [2점]

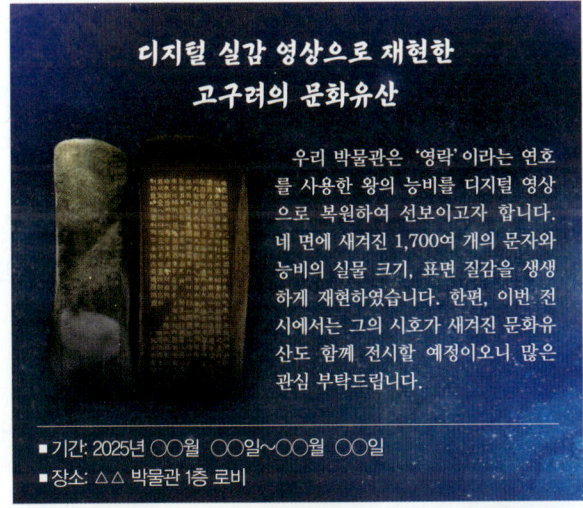

디지털 실감 영상으로 재현한 고구려의 문화유산

우리 박물관은 '영락'이라는 연호를 사용한 왕의 능비를 디지털 영상으로 복원하여 선보이고자 합니다. 네 면에 새겨진 1,700여 개의 문자와 능비의 실물 크기, 표면 질감을 생생하게 재현하였습니다. 한편, 이번 전시에서는 그의 시호가 새겨진 문화유산도 함께 전시할 예정이오니 많은 관심 부탁드립니다.

■ 기간: 2025년 ○○월 ○○일~○○월 ○○일
■ 장소: △△ 박물관 1층 로비

①  ②  ③
④  ⑤

07 밑줄 그은 '시기'에 있었던 사실로 옳은 것은? [3점]

> 이것은 보령 성주사지 대낭혜화상탑비로, 진성 여왕의 명을 받아 최치원이 비문을 작성했습니다. 혜공왕 피살 이후 왕위 쟁탈전이 치열했던 시기에 당에서 수행하고 돌아와 9산 선문 중 하나인 성주산문을 개창한 낭혜화상의 행적이 기록되어 있습니다.

① 김흠돌 등 진골 세력이 숙청되었다.
② 김헌창이 웅천주에서 반란을 일으켰다.
③ 거칠부가 왕명에 의해 국사를 편찬하였다.
④ 복신과 도침이 부여풍을 왕으로 추대하였다.
⑤ 자장의 건의로 황룡사 구층 목탑이 건립되었다.

08 (가) 국가에 대한 설명으로 옳지 않은 것은? [2점]

(가) 의 불교 문화에 대해 알려 줘.

역사 챗봇

1. 불교의 유행
상경 용천부 등 (가) 의 5경에서 발굴되는 절터·불상·석등 등을 통해 당시 불교 문화가 발전하였음을 알 수 있어요.
○ 영광탑은 벽돌을 쌓아 만든 누각 형태의 전탑으로, 탑 아래에는 정효 공주 묘와 비슷한 지하 공간이 있어 무덤으로 보기도 해요.
○ 동경 용원부 유적에서 출토된 이불 병좌상은 석가불과 다보불이 나란히 앉아 있는 모습을 조각한 불상이에요.

2. 관련 사진
영광탑 / 이불 병좌상

① 교육 기관으로 주자감을 설립하였다.
② 감찰 업무를 담당하는 중정대가 있었다.
③ 인안, 대흥 등 독자적인 연호를 사용하였다.
④ 거란도, 영주도 등을 통해 주변국과 교역하였다.
⑤ 내신좌평, 내두좌평 등 6좌평의 관제를 마련하였다.

09 (가) 제도를 시행한 국가에 대한 설명으로 옳은 것은? [1점]

○ 풍월주(風月主), 원화(源花)의 법이 폐하여진 지 이미 여러 해였다. 왕은 나라를 일으키려면 풍월도를 먼저 하여야 한다고 생각하여 다시금 영(令)을 내려 귀인과 양가의 자제 중에서 얼굴이 아름답고 덕행이 있는 자를 선발해서 분장을 시켜 (가) 또는 국선(國仙)이라 이름하였다.

○ 좋은 가문 출신의 남자로서 덕행이 있는 자를 뽑아 (가) (이)라 하였다. 처음 설원랑을 받들어 국선으로 삼았는데 이것이 시초이다.

① 태학과 경당을 두어 인재를 양성하였다.
② 유랑민을 구휼하는 활인서를 설치하였다.
③ 정사암 회의에서 국가 중대사를 결정하였다.
④ 도병마사에서 변경의 군사 문제 등을 논의하였다.
⑤ 골품에 따라 관등 승진, 일상생활 등을 엄격히 제한하였다.

10 (가) 인물에 대한 설명으로 옳은 것은? [3점]

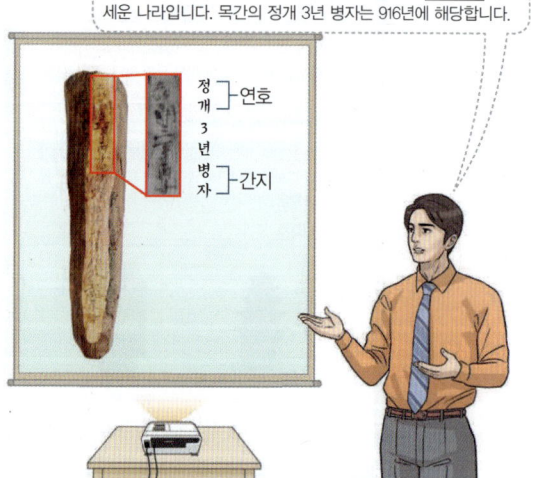

경기도 양주 대모산성에서 태봉의 연호가 기록된 목간이 출토되었습니다. 태봉은 신라 왕족 출신으로 알려진 (가) 이/가 세운 나라입니다. 목간의 정개 3년 병자는 916년에 해당합니다.

① 경주의 사심관으로 임명되었다.
② 12목에 지방관을 처음으로 파견하였다.
③ 폐정 개혁을 목표로 정치도감을 설치하였다.
④ 광평성을 비롯한 각종 정치 기구를 마련하였다.
⑤ 오월(吳越)에 사신을 보내고 검교태보의 직을 받았다.

11 (가) 왕에 대한 설명으로 옳은 것은? [2점]

교외 체험 학습 보고서
△학년 △반 △△번 이름 □□□

● 날짜: 2025년 ○○월 ○○일
● 장소: 경상북도 안동 태사묘
● 학습 내용

안동 태사묘는 고창 전투에서 (가) 을/를 도와 견훤을 물리치는 데 공을 세워 향직을 수여 받은 권행, 김선평, 장길(장정필)의 위패를 봉안하고 있는 사당이다. 이번 체험 학습을 통해 안동이라는 지명이 고창 전투에서 승리한 (가) 이/가 고창군을 안동부로 승격시킨 데서 유래하였다는 것을 알 수 있었다.

① 한양을 남경으로 승격시켰다.
② 주전도감을 설치하여 해동통보를 발행하였다.
③ 쌍기의 건의를 받아들여 과거제를 실시하였다.
④ 청연각과 보문각을 두어 학문 연구를 장려하였다.
⑤ 정계와 계백료서를 지어 관리의 규범을 제시하였다.

12 다음 상황이 나타난 국가의 경제 모습으로 옳은 것은? [2점]

무릇 장마·가뭄·병충해·서리 피해로 작황이 부실한 경작지를 촌전(村典)*이 수령에게 보고하면 수령이 직접 검사하여 호부에 신고하고, 호부에서는 다시 삼사에 보낸다. 삼사에서는 넘겨받은 문서를 조사한 뒤에 다시 그 지역 안찰사로 하여금 따로 사람을 보내 자세히 살펴 조사하게 하여 재해로 피해를 입었다면 조세를 감면한다.

*촌전: 촌의 대표

① 벽란도가 국제 무역항으로 번성하였다.
② 고추, 담배 등이 상품 작물로 재배되었다.
③ 시장을 감독하는 관청인 동시전이 설치되었다.
④ 광산을 전문적으로 경영하는 덕대가 활동하였다.
⑤ 삼남 지방의 농법을 소개한 농사직설이 보급되었다.

13 다음 검색창에 들어갈 왕의 재위 시기에 있었던 사실로 옳은 것은? [2점]

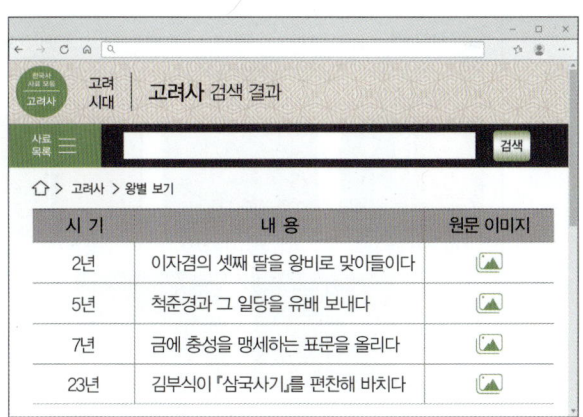

① 최충헌이 봉사 10조를 올렸다.
② 동북 9성이 여진에 반환되었다.
③ 국자감이 성균관으로 개칭되었다.
④ 묘청 등이 서경에서 난을 일으켰다.
⑤ 광덕, 준풍 등의 독자적 연호가 사용되었다.

14 다음 사건에 대한 탐구 활동으로 가장 적절한 것은? [1점]

> 망이 등이 홍경원에 불을 지르고 절에 있던 승려 10여 인을 죽였으며, 주지승을 위협하여 개경으로 서신을 가져가게 하였다. 그 서신에 대략 이르기를, "이미 우리 고을을 현으로 승격시키고 또 수령을 두어 안무하더니, 돌이켜 다시 군대를 내어 토벌하러 와서 우리 어머니와 아내를 옥에 가두었으니 그 뜻은 어디에 있는가? 차라리 칼날 아래 죽을지언정 끝내 항복하여 포로가 되지 않을 것이며, 반드시 개경까지 가고야 말겠다."라고 하였다.

① 안동 도호부가 설치된 경위를 알아본다.
② 특수 행정 구역인 소에 대한 차별을 조사한다.
③ 신라 말 호족 세력이 성장하게 된 계기를 살펴본다.
④ 통청 운동을 통해 청요직으로 진출한 인물을 검색한다.
⑤ 경기에 한하여 설치된 과전이 농민에게 미친 영향을 파악한다.

15 (가) 군사 조직에 대한 설명으로 옳은 것은? [2점]

① 거란의 침입에 대비하여 설치되었다.
② 최씨 무신 정권의 군사적 기반이었다.
③ 원의 요청으로 일본 원정에 참여하였다.
④ 신기군, 신보군, 항마군으로 편성되었다.
⑤ 최영의 지휘 아래 홍산에서 왜구를 격퇴하였다.

16 다음 검색창에 들어갈 역사서에 대한 설명으로 옳은 것은? [3점]

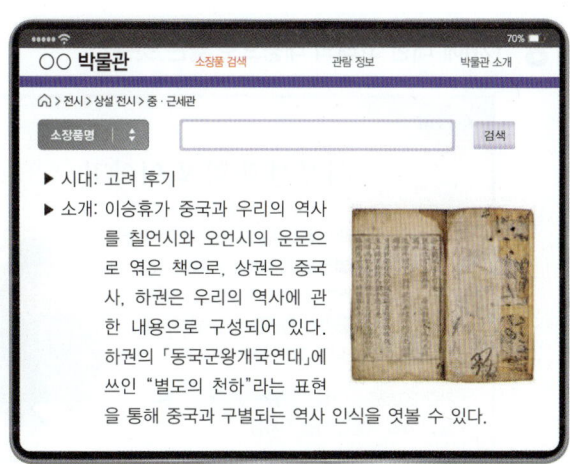

① 남북국이라는 용어가 처음 사용되었다.
② 불교사를 중심으로 민간 설화를 담았다.
③ 단군의 고조선 건국 이야기가 수록되었다.
④ 왕명에 의해 고승들의 전기가 기록되었다.
⑤ 본기, 열전 등으로 구성된 기전체 형식으로 서술되었다.

17 (가) 왕의 재위 시기에 있었던 사실로 옳은 것은? [2점]

> (가) 께서 돌아가신 뒤 어린 왕을 새로 옹립한 이인임이 원과의 관계 회복에 나섰다는군.

> 나도 들었네. 기철 세력을 숙청하고, 쌍성총관부를 수복했던 (가) 의 정책이 중단될까 염려되네.

① 대각국사 의천이 천태종을 개창하였다.
② 신돈을 중심으로 전민변정 사업이 추진되었다.
③ 만적이 개경에서 노비를 모아 반란을 모의하였다.
④ 최충이 문헌공도를 설립하여 유학 교육에 힘썼다.
⑤ 이규보가 고구려 계승 의식을 강조한 동명왕편을 지었다.

19 (가)~(마)에 대한 설명으로 옳지 <u>않은</u> 것은? [3점]

(가) 조선왕조실록   (나) 직지심체요절   (다) 조선왕조의궤
(라) 동의보감   (마) 일성록

① (가) – 사초와 시정기 등을 종합하여 편찬하였다.
② (나) – 청주 흥덕사에서 금속 활자본으로 간행되었다.
③ (다) – 병인양요 당시 일부가 프랑스군에게 약탈되었다.
④ (라) – 허준이 우리나라와 중국의 의서를 망라하여 집대성하였다.
⑤ (마) – 국왕의 비서 기관에서 발행한 관보이다.

18 (가)에 대한 고려의 대응으로 옳은 것은? [2점]

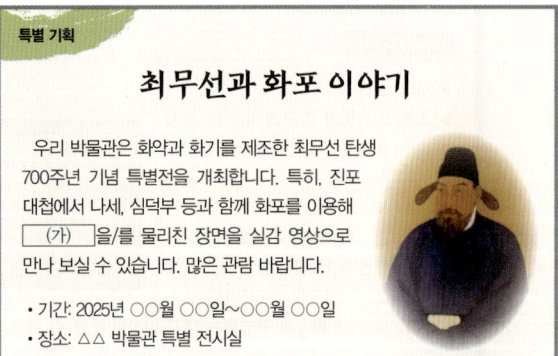

특별 기획
최무선과 화포 이야기
우리 박물관은 화약과 화기를 제조한 최무선 탄생 700주년 기념 특별전을 개최합니다. 특히, 진포 대첩에서 나세, 심덕부 등과 함께 화포를 이용해 (가) 을/를 물리친 장면을 실감 영상으로 만나 보실 수 있습니다. 많은 관람 바랍니다.
• 기간: 2025년 ○○월 ○○일~○○월 ○○일
• 장소: △△ 박물관 특별 전시실

① 광군을 조직하여 침입에 대비하였다.
② 경성과 경원에 무역소를 설치하였다.
③ 박위를 파견하여 근거지를 토벌하였다.
④ 어영청을 중심으로 북벌을 추진하였다.
⑤ 대장도감을 설치하여 팔만대장경을 간행하였다.

20 (가) 인물에 대한 설명으로 옳은 것은? [2점]

사료로 보는 한국사

임금의 자질에는 어리석은 자질도 있고 현명한 자질도 있으며 강한 자질도 있고 유약한 자질도 있어서 한결같지 않으니, 재상은 임금의 아름다운 점은 순종하고 나쁜 점은 바로잡으며, 옳은 일은 받들고 옳지 않은 것은 막아서, 임금으로 하여금 가장 올바른 경지에 들게 해야 한다.

[해설] 이 글은 이성계를 도와 조선 건국을 주도한 (가) 이/가 저술한 『조선경국전』의 일부입니다. 그는 국가 운영을 위한 종합적인 통치 규범을 제시하고, 재상의 역할을 강조하였습니다.

① 불씨잡변을 지어 불교를 비판하였다.
② 계유정난을 계기로 정계에서 축출되었다.
③ 최초의 서원인 백운동 서원을 건립하였다.
④ 일본에 다녀와서 해동제국기를 편찬하였다.
⑤ 성리학의 개념을 도식으로 설명한 성학십도를 지었다.

21 (가) 왕의 업적으로 옳은 것은? [2점]

① 수도 방어를 위해 금위영을 설치하였다.
② 음악 이론 등을 집대성한 악학궤범을 완성하였다.
③ 한양을 기준으로 한 역법서인 칠정산을 간행하였다.
④ 역대 문물제도를 정리한 동국문헌비고를 편찬하였다.
⑤ 현직 관리에게만 수조지를 지급하는 직전법을 실시하였다.

22 (가) 국가에 대한 조선의 정책으로 옳은 것은? [2점]

① 나선 정벌에 조총 부대를 파견하였다.
② 하정사, 천추사 등 사절단을 보내었다.
③ 백두산정계비를 세워 국경을 획정하였다.
④ 한성에 동평관을 두어 무역을 허용하였다.
⑤ 공녀를 보내기 위해 결혼도감을 설치하였다.

23 (가)에 들어갈 내용으로 가장 적절한 것은? [2점]

[역사 다큐멘터리 기획안]

폭정으로 흔들리는 조선

■ 기획 의도
국왕이 대신, 삼사 등과 함께 국정을 운영한 선왕 대의 정치 구조를 깨고 폭정을 일삼다가 폐위된 ○○○. 그의 재위 시기에 일어난 정치적 혼란을 살펴본다.

■ 구성 내용
1부. 선왕 대에 성장한 삼사와 대립하다
2부. 조의제문을 구실로 사림을 탄압하다
3부. (가)
4부. 반복된 폭정으로 반정이 일어나 폐위되다

① 이괄의 난이 일어나 공주로 피란하다
② 단종의 복위를 꾀한 성삼문 등을 처형하다
③ 영창 대군을 죽이고 인목 대비를 유폐하다
④ 위훈 삭제를 주장한 조광조 일파를 제거하다
⑤ 폐비 윤씨 사사 사건을 빌미로 신하들을 숙청하다

24 (가)~(마)에서 있었던 사실로 옳은 것은? [1점]

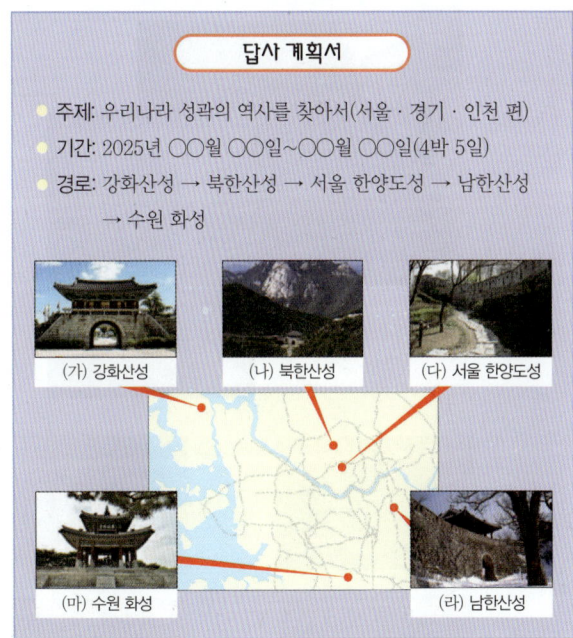

① (가) – 정봉수가 후금의 침입에 맞서 싸웠다.
② (나) – 김준룡이 근왕병을 이끌고 적장을 사살하였다.
③ (다) – 신립이 배수의 진을 치고 전투를 벌였다.
④ (라) – 병자호란 때 인조가 피란하여 항전하였다.
⑤ (마) – 임진왜란 때 권율이 일본군을 크게 물리쳤다.

25 (가) 기구에 대한 설명으로 옳은 것은? [3점]

> ○ 지방 고을에는 그곳의 유력한 집안이 있습니다. 그 가운데 서울에 살면서 벼슬하는 자들의 모임을 (가) (이)라고 합니다. …… 간사한 향리의 범법 행위를 살펴서 지방의 풍속을 유지했는데, 그 유래가 오래되었습니다.
> - 『성종실록』 -
>
> ○ 평소에 각 고을을 담당하는 (가) (이)라고 부르는 곳도 원래는 지방의 풍속이 법에 어긋나는지 살피기 위하여 설치한 것입니다. 그런데 지금은 향리를 침학하여 사람들이 대부분 괴롭게 여기고 있습니다.
> - 『선조실록』 -

① 사헌부, 사간원과 함께 3사로 불렸다.
② 소속 관원을 은대 학사라고도 칭하였다.
③ 서얼 출신 학자들이 검서관에 등용되었다.
④ 관할 유향소 임원의 임명권을 행사하였다.
⑤ 대사성 이하 좨주, 직강 등의 관직을 두었다.

26 (가) 인물의 작품으로 옳은 것은? [1점]

이곳 철원 삼부연 폭포는 겸재 (가) 이/가 그린 그림으로도 유명합니다. 우리 산천의 아름다움을 사실적으로 표현한 진경산수화를 실제 모습과 함께 감상해 보세요.

①  ②

③  ④

⑤

27 (가) 왕의 재위 시기에 있었던 사실로 옳은 것은? [2점]

(가) 어진

이 그림은 (가) 의 초상화로, 조선 시대에 그려진 현존하는 어진 가운데 군복을 입고 있는 유일한 사례이다. 강화도령으로 불렸던 그는 안동 김씨인 순원 왕후의 명으로 왕위에 올랐지만, 임술 농민 봉기가 일어나는 등 혼란한 상황 속에서 승하하였다. 6·25 전쟁 때 화재로 어진의 일부가 소실되었다.

① 윤지충 등이 처형된 신해박해가 일어났다.
② 오페르트가 남연군 묘 도굴을 시도하였다.
③ 국왕의 친위 부대인 장용영이 창설되었다.
④ 경신환국 등 여러 차례 환국이 발생하였다.
⑤ 박규수의 건의로 삼정이정청이 설치되었다.

28 다음 자료를 활용한 탐구 주제로 가장 적절한 것은? [2점]

> 선무군관 직책을 특별히 설치하고 서북을 제외한 6도에서 벼슬이 없는 자들 중 선정한다. 사족이 아니거나 음서를 받지 않은 자들, 군보(軍保) 역할에 그치기에는 아까운 자들을 대상으로 한다. 평시에는 입번(立番)과 훈련을 면해주고 다만 베 1필을 받는데, 유사시에는 관할 수령이 지도하여 방비에 임하도록 한다.

① 토산물을 쌀, 동전 등으로 납부하게 한 원인
② 균역법 실시로 인한 세입 감소분의 보충 방안
③ 시전 상인의 특권을 축소한 신해통공 단행 배경
④ 전세를 풍흉에 따라 9등급으로 차등 부과한 이유
⑤ 설점수세제를 시행하여 민간의 광산 개발을 허용한 목적

29 다음 자료에 나타난 사건에 대한 설명으로 옳은 것은? [2점]

> 아, 고금 천하에 김옥균, 홍영식 등의 역적들처럼 극악하고 무도한 자들이 있었겠습니까? …… 처음에는 연회를 베풀어 사람들을 찔러 죽이고 끝에는 변고가 일어났다고 선언하고는 전하를 강박하여 처소를 옮기게 하였습니다. 일본 사람들을 끼고 병기를 휘둘러 재상들을 모두 죽여 궁궐에 피를 뿌리고 장상(將相)의 중직을 잠깐 동안에 차지하여 종묘사직을 위태롭게 하였습니다.

① 청군의 개입으로 3일 만에 실패하였다.
② 전개 과정에서 홍범 14조가 반포되었다.
③ 통리기무아문이 설치되는 계기가 되었다.
④ 조일 통상 장정이 체결되는 결과를 초래하였다.
⑤ 구식 군인에 대한 차별 대우가 발단이 되어 일어났다.

30 밑줄 그은 '이 시기'에 볼 수 있는 모습으로 적절하지 않은 것은? [1점]

> 이것은 경상도 단성현 김○봉 가계의 직역 변화입니다. 사노비였던 그는 노력 끝에 면천되었고, 후손들도 꾸준히 신분 상승을 도모하여 유학 직역을 획득하였습니다. 이와 같이 신분 질서가 크게 동요한 이 시기에는 구향과 신향 간의 향전이 발생하기도 하였습니다.

본인	김○봉	사노비
아들	김○발	보인(保人)
⋮		
5세손	김○려	유학(幼學)
6세손	김○흠	유학(幼學)

〈김○봉 가계의 직역 변화〉

① 빈민을 구휼하는 제위보의 관리
② 시사(詩社)에서 시를 낭송하는 중인
③ 상평통보로 물건을 거래하는 보부상
④ 세책가에서 홍길동전을 빌리는 부녀자
⑤ 송파장에서 산대놀이 공연을 하는 광대

31 (가), (나) 사이의 시기에 있었던 사실로 옳은 것은? [2점]

(가) 통문으로 장터에 모이라는 기별이 왔다. 저녁 먹은 후 여러 마을에서 징 소리며 나팔 소리, 고함 소리가 천지에 뒤끓더니 수천 명 군중들이 우리 마을 앞길로 몰려와 군수 조병갑을 죽인다며 소요를 일으켰다. 군중이 사방으로 포위하고 몰아갈 때 조병갑은 서울로 도망갔다.

(나) 우두머리는 선화당을 점거하고 다른 동학 도당들은 나누어 사대문을 막으니 성 안의 백성과 아전, 군교 등이 미처 나오지 못하고 화염 속에 빠진 자가 많아 그 수를 알지 못하였습니다. 전주성이 삼시간에 함락된 것은 감영이나 전주부의 관속 무리 중 내응하는 자가 많았기 때문입니다.

① 남접과 북접이 논산에서 연합하였다.
② 최제우가 혹세무민의 죄로 처형되었다.
③ 일본이 군대를 동원하여 경복궁을 점령하였다.
④ 농민군이 황룡촌 전투에서 관군에 승리하였다.
⑤ 우금치에서 농민군이 관군과 일본군에 맞서 싸웠다.

32 다음 상황의 배경으로 가장 적절한 것은? [3점]

역사 신문

제△△호 ○○○○년 ○○월 ○○일

시전 상인, 외국 상인의 퇴거를 요구하다

며칠 전 시전 상인 수백 명이 가게 문을 닫고 외아문(통리교섭통상사무아문) 앞에서 연좌시위를 시작하였다. 시전 상인들은 몇 해 전부터 외국 상인의 한성 침투로 인해 입는 피해가 크다는 점을 주장하며 퇴거를 요구하였다. 향후 정부가 이 문제를 어떻게 해결해 나갈 것인지 귀추가 주목된다.

① 동양 척식 주식회사가 설립되었다.
② 일제가 황무지 개간권을 요구하였다.
③ 조청 상민 수륙 무역 장정이 체결되었다.
④ 메가타의 주도로 화폐 정리 사업이 시행되었다.
⑤ 회사 설립을 허가제로 하는 회사령이 공포되었다.

33 (가) 운동에 대한 설명으로 옳은 것은? [2점]

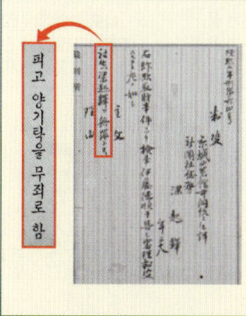

이 자료는 (가)에 참여한 양기탁에 대한 판결문의 일부이다. 양기탁은 일본에서 들여온 차관을 갚기 위해 일어난 (가)의 의연금을 횡령하였다는 이유로 기소되었다. 판결문에는 피고인 양기탁이 증거 불충분으로 무죄를 선고 받은 내용이 담겨 있다.

① 대한매일신보의 지원을 받아 확산되었다.
② 조선 총독부의 탄압과 방해로 실패하였다.
③ 백정에 대한 사회적 차별 철폐를 요구하였다.
④ 조선 민립 대학 기성회에서 모금 활동을 주도하였다.
⑤ 일본, 프랑스 등의 노동 단체로부터 격려 전문을 받았다.

34 (가) 조약에 대한 설명으로 옳은 것은? [1점]

저는 지금 워싱턴에 있는 옛 주미대한제국공사관 건물 앞에 나와 있습니다. 이곳은 1889년부터 외교 공관으로 사용되었으나, (가) 으로 외교권을 박탈당하여 그 기능을 상실하였습니다. 현재 이 건물을 대한민국 정부가 매입하여 전시관으로 활용하고 있습니다.

① 러일 전쟁 중에 체결되었다.
② 최혜국 대우를 최초로 규정하였다.
③ 천주교 포교 허용의 근거가 되었다.
④ 통감부가 설치되는 결과를 초래하였다.
⑤ 스티븐스가 외교 고문으로 파견되는 배경이 되었다.

35 다음 가상 대화가 이루어진 시기 이후에 볼 수 있는 모습으로 가장 적절한 것은? [2점]

자네 들었는가? 며칠 전 한성 전기 회사에서 개통한 전차에 어린아이가 깔려 죽었다고 하네.

나도 들었네. 사고를 보고 격분한 사람들이 전차를 전복시키고 불태웠다더군.

① 척화비를 세우기 위해 돌을 다듬는 석공
② 거문도를 불법 점령하고 있는 영국 군인
③ 연무당에서 일본과 조약을 체결하는 관리
④ 보빙사의 일원으로 미국에 파견되는 역관
⑤ 경부선 철도 개통식을 취재하는 신문 기자

36 (가) 지역에서 있었던 민족 운동에 대한 설명으로 옳은 것은? [2점]

이것은 (가) 에 세워진 신흥 강습소의 구성원이 만든 신흥 교우단의 기관지입니다. 이 기관지에는 군사, 교육 역사 등 다양한 분야의 글이 게재되어 동포들의 민족의식을 고취하였습니다. 특히, 신흥 무관 학교의 전신인 신흥 강습소의 조직과 활동을 알려주는 내용이 많아 (가) 에서 전개된 독립운동을 연구하는 데 가치가 있습니다.

① 한인 자치 기구인 경학사를 조직하였다.
② 유학생을 중심으로 2·8 독립 선언서를 발표하였다.
③ 대조선 국민 군단을 조직하여 군사 훈련을 실시하였다.
④ 대한 광복군 정부를 수립하여 무장 투쟁을 준비하였다.
⑤ 독립군 비행사 양성을 위해 한인 비행 학교를 설립하였다.

37 밑줄 그은 '시기'에 시행된 일제의 정책으로 옳은 것은? [1점]

이것은 어느 공립 보통학교의 졸업식 사진으로, 교원이 제복을 입고 칼을 차고 수업하던 당시 일제의 식민지 지배 정책을 잘 보여 주고 있어.

맞아. 헌병이 일반 경찰 업무를 맡아 재판 없이 체포 또는 구금하고, 벌금을 물리거나 태형에 처하기도 했던 시기였지.

① 국가 총동원법을 공포하였다.
② 산미 증식 계획을 시행하였다.
③ 토지 조사 사업을 실시하였다.
④ 황국 신민 서사의 암송을 강요하였다.
⑤ 조선 사상범 예방 구금령을 제정하였다.

38 (가) 단체에 대한 설명으로 옳은 것은? [2점]

> 한 나라 한 사회나 한 집안의 장래를 맡은 사람은 누구인가. 곧 그 집안이나 그 사회나 그 나라의 아들과 손자일 것이다. …… (가) 은/는 어린이를 위한 부모의 도움이 두터워지기를 바라는 마음에서 5월 1일 오늘을 기회로 삼아 '어린이의 날'이라고 이름하고, 소년 회원이 거리마다 늘어서서 "항상 10년 후의 조선을 생각하십시오."라고 쓴 인쇄물을 배포하며 취지를 선전했다. 이러한 일은 조선 소년 운동의 처음이며, 다른 사회에서도 많이 응원하여 노력하기를 바란다.

① 한글 맞춤법 통일안을 제정하였다.
② 기관지로 진단 학보를 발행하였다.
③ 오산 학교를 설립하여 인재를 양성하였다.
④ 김기전, 방정환 등이 주축이 되어 활동하였다.
⑤ 여성 교육의 중요성을 강조한 여권통문을 발표하였다.

39 밑줄 그은 '시기'에 볼 수 있는 모습으로 가장 적절한 것은? [2점]

이 영상은 면양 장려 사업을 선전하기 위해 제작한 영화의 일부분으로, 대공황 이후 일제가 농촌 진흥 운동을 추진하던 시기의 모습을 담고 있습니다. 면양 장려 사업은 일본 기업 등에 공업 원료를 공급하기 위한 목적으로 실시되었습니다. 이 사업은 한반도 남부 지방에 면화 재배를 확대하는 면작 증식 계획과 함께 남면북양 정책으로 불렸습니다.

① 근우회 창립총회에 참여하는 학생
② 경성 제국 대학 설립을 추진하는 관리
③ 원각사에서 연극 은세계를 공연하는 배우
④ 서울 진공 작전에 참여하는 13도 창의군 의병
⑤ 혁명적 농민 조합을 결성하여 일제에 저항하는 농민

40 밑줄 그은 '사건'에 대한 설명으로 옳은 것은? [2점]

> □□ 신문
> 제△△호   1929년 ○○월 ○○일
>
> ### 신간회, 최고 간부를 광주로 특파하다
>
> 지난 3일 전남 광주에서 일어난 고등보통학교 학생 대 중학생의 충돌 사건에 대하여 신간회 본부에서는 지난 5일 중앙 상무 집행위원회의 결의로 장성, 송정, 광주 세 지회에 긴급 조사를 지시하며 사태의 진전을 주시하고 있었다. 지난 8일 밤에는 신간회 주요 간부들이 긴급 상의한 결과, 사건 내용을 철저히 조사하는 동시에 구금된 학생들의 석방을 교섭하기 위하여 신간회 중앙집행위원장 허헌 씨와 서기장 황상규 씨, 회계장 김병로 씨 등 최고 간부를 광주까지 특파하였다고 한다.

① 순종의 인산일을 기회로 삼아 일어났다.
② 조선어 학회가 해산되는 결과를 가져왔다.
③ 정우회 선언을 발표하는 데 영향을 주었다.
④ 전국적인 시위와 동맹 휴학으로 확산하였다.
⑤ 일제가 이른바 문화 통치를 실시하는 계기가 되었다.

41 (가)~(마)에 들어갈 내용으로 적절하지 않은 것은? [3점]

> **일제 강점기 대중문화 탐구 안내**
>
> 일제 강점기에는 매체의 발달과 함께 대중문화가 유행하였습니다. 이 시기 대중문화는 다양한 측면에서 식민지 조선인의 일상에 영향을 미쳤습니다. 그러나 일제는 식민 지배를 합리화하기 위한 선전 도구로 대중문화를 이용하기도 하였습니다.
>
> 모둠별로 담당한 주제를 탐구하여 보고서로 제출하세요.
> ※ 과제 마감일은 2월 16일입니다.
>
> | 모둠 | 문화 영역 | 주제 |
> |---|---|---|
> | 1 | 가요 | (가) |
> | 2 | 영화 | (나) |
> | 3 | 방송 | (다) |
> | 4 | 소비 | (라) |
> | 5 | 잡지 | (마) |

① (가) - 아침 이슬, 건전 가요에서 금지곡으로 지정되다
② (나) - 병정님, 조선인에 대한 징병제 실시를 미화하다
③ (다) - 경성 방송국, 우리말 방송을 검열하여 송출하다
④ (라) - 미쓰코시 백화점, 자본주의적 소비문화가 이식되다
⑤ (마) - 신여성, 여권 신장 등의 내용으로 여성을 계몽하다

42 (가) 단체의 활동으로 옳은 것은? [2점]

【우리 고장의 독립운동가】

조선 총독 암살을 시도했던 청년

유진만
(1912~1966)

세종특별자치시 연서면 출생으로 김구가 일제의 요인 제거 및 주요 기관 파괴를 목적으로 상하이에서 조직한 (가) 의 단원이다. 조선 총독 우가키 가즈시게를 암살하라는 지령을 받고 국내에 잠입하였으나 거사 전 검거되었다. 치안 유지법 등 위반 혐의로 징역 6년의 형을 선고받았다. 1990년 건국훈장 애국장이 추서되었다.

① 일제가 조작한 105인 사건으로 와해되었다.
② 파리 강화 회의에 독립 청원서를 제출하였다.
③ 단원인 윤봉길이 훙커우 공원 의거를 실행하였다.
④ 신채호가 작성한 조선 혁명 선언을 지침으로 삼았다.
⑤ 군사 훈련을 위해 조선 혁명 간부 학교를 설립하였다.

43 (가) 부대에 대한 설명으로 옳은 것은? [3점]

우리들은 군사 통일에 대한 구체적 의견으로 (가) 와/과 한국 광복군을 합병하여 조선 민족 혁명군으로 편성하자는 방안을 제출하였다. …… 그러나 대한민국 임시 정부와 한국 광복군 측에서는 우리들의 주장을 종래 찬성하지 아니하였고, 결국 본대는 한국 광복군 제1지대로 개편하게 되었다. …… (가) 은/는 1938년 10월 10일 우한(武漢)에서 성립된 이래로 김원봉 대장의 정확한 영도 하에서 가장 우수한 수백 청년 간부의 희생적 분투와 노력에 의하여 모든 험로와 난관을 충파하면서 전진하여 왔으며 또 이런 과정을 통하여 과거 43개월간 광영한 역사를 창조하였다. …… 본대 전체 동지는 한국 광복군을 확대 발전시키기 위해 노력할 것을 언명한다.

① 동북 항일 연군으로 개편되어 유격전을 전개하였다.
② 간도 참변 이후 조직을 정비하고 자유시로 이동하였다.
③ 쌍성보, 대전자령 전투 등에서 일본군을 크게 물리쳤다.
④ 조선 민족 전선 연맹 산하의 군사 조직으로 결성되었다.
⑤ 홍범도 부대와 연합하여 청산리에서 일본군과 교전하였다.

44 밑줄 그은 '운동'에 대한 설명으로 옳은 것은? [2점]

 선생님께서 참여하신 운동은 '조선 사람 조선 것'이라는 구호를 내세웠다는 점에서 사실상 독립운동이 아니냐고 일제 경찰이 심문할 때 어떻게 대응하셨나요?

 조선 물산의 생산과 소비를 장려하는 운동에 조선인이 참여하는 것은 당연한 일이 아닌가. 오사카 사람이 오사카의 물산을 장려하는 것도 문제 삼을 것이냐고 반문하니 주의만 주고 가더군요.

① 조선 노동 총동맹을 중심으로 전개되었다.
② 보국안민, 제폭구민 등이 구호로 사용되었다.
③ 조선 관세령 폐지 등을 배경으로 확산하였다.
④ 황국 중앙 총상회가 설립되는 결과를 가져왔다.
⑤ 일본 제일 은행권 화폐가 유통되는 계기가 되었다.

45 교사의 질문에 대한 학생의 답변으로 가장 적절한 것은? [1점]

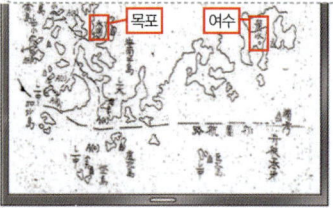 

지도는 목포와 여수 일대의 일본군 방어 시설을 표시한 것입니다. 일본군은 아시아·태평양 전쟁 말기 연합군의 상륙을 저지하기 위해 한반도 남서 해안 지역에 대규모 군사 방어 시설을 구축했습니다. 이 시기에 있었던 사실에 대해 말해 볼까요?

① 고종의 밀지를 받아 독립 의군부가 결성되었어요.
② 만주 군벌과 일제가 미쓰야 협정을 체결하였어요.
③ 여자 정신 근로령으로 여성들이 강제 동원되었어요.
④ 상하이에서 주권 재민을 천명한 대동단결 선언이 발표되었어요.
⑤ 독립운동의 방략을 논의하고자 국민 대표 회의가 개최되었어요.

46 다음 상황이 나타난 시기를 연표에서 옳게 고른 것은? [2점]

미소 공동 위원회를 속개시킴으로써 국제적으로 약속된 조선 민주주의 임시 정부 수립을 촉진하려는 좌우 합작 운동은 김규식의 입원과 여운형의 피습 사건으로 말미암아 합작의 앞날이 우려되는 상황이었다. 그러나 최근 김규식이 퇴원하고 여운형의 치료도 순조로워, 22일 오후 7시 시내 모처에서 김규식, 여운형 두 사람을 비롯한 좌우 대표가 참석한 가운데 정식으로 예비 회담이 개최되었다.

(가)	(나)	(다)	(라)	(마)
8·15 광복	모스크바 3국 외상 회의	5·10 총선거 실시	대한민국 정부 수립	6·25 전쟁 발발	한미 상호 방위 조약 체결

① (가) ② (나) ③ (다) ④ (라) ⑤ (마)

47 (가)에 들어갈 주제로 가장 적절한 것은? [2점]

2025년 연속 기획 강좌
헌법으로 보는 한국 현대사

우리 학회에서는 헌법의 변천에 따른 민주주의 발전의 역사를 살펴보는 강좌를 마련하였습니다. 이번 달에는 '제헌 헌법'에 대한 강의를 준비하였으니 많은 관심과 참여 바랍니다.

■ 강의 주제 ■
- [제1강] 헌법 전문, 3·1 운동의 정신을 담다
- [제2강] 민주 공화국의 명문화로 주권 재민의 원칙을 다시 천명하다
- [제3강] (가)
- [제4강] 농민에게 농지를 분배하는 경자유전의 실현을 추구하다

■ 일시: 2025년 ○○월 매주 토요일 15:00~17:00
■ 장소: □□학회 회의실

① 양원제 국회와 내각 책임제 정부를 구성하다
② 반민족 행위자를 처벌할 수 있는 근거를 마련하다
③ 국민의 직접 선거로 5년 단임제 대통령을 선출하다
④ 초대 대통령의 중임 제한 철폐, 장기 집권 체제를 강화하다
⑤ 긴급 조치, 대통령이 국민의 기본권을 제한할 수 있게 하다

48 다음 자료에 나타난 민주화 운동에 대한 설명으로 옳은 것은? [1점]

우리는 왜 총을 들 수밖에 없었는가? 그 대답은 너무나 간단합니다. 너무나 무자비한 만행을 더 이상 보고 있을 수만 없어서 너도나도 총을 들고 나섰던 것입니다. …… 계엄 당국은 공수부대를 대량으로 투입하여 시내 곳곳에서 학생, 젊은이들에게 무차별 살상을 자행하였으니 …… 너무나 경악스러운 또 하나의 사실은 20일 밤부터 계엄 당국은 발포 명령을 내려 무차별 발포를 시작했다는 것입니다. 이 고장을 지키고자 이 자리에 모이신 민주 시민 여러분! 그런 상황에 우리가 할 수 있는 일은 무엇이겠습니까?

① 4·13 호헌 조치 철폐를 요구하였다.
② 시민군을 조직하여 계엄군에 대항하였다.
③ 시위 도중 김주열이 최루탄을 맞고 사망하였다.
④ 직선제 개헌을 약속한 6·29 민주화 선언을 이끌어 냈다.
⑤ 국민의 요구에 굴복하여 대통령이 하야하는 결과를 가져왔다.

49 (가) 정부 시기에 볼 수 있는 모습으로 가장 적절한 것은? [2점]

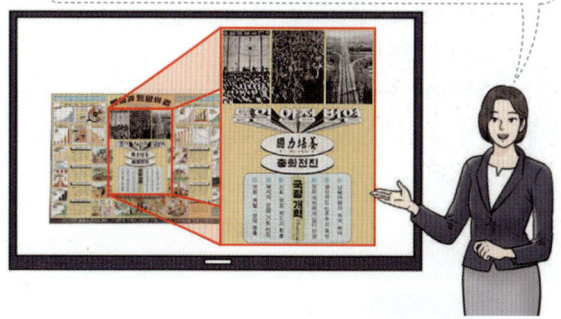

이것은 통일 주체 국민 회의에서 대통령을 선출하도록 헌법을 개정한 (가) 정부의 홍보물입니다. "우리 모두 불굴의 투지와 굳은 단결로써 조국의 안정과 번영, 그리고 평화 통일을 위해 전진합시다."라는 문구 등으로 헌법을 미화하였습니다.

① 거리에서 장발과 미니스커트를 단속하는 경찰
② 교복 자율화 조치로 사복을 입고 등교하는 학생
③ 금융 실명제에 따라 신분증 제시를 요구하는 은행원
④ 칠레와의 자유 무역 협정(FTA) 비준을 보도하는 기자
⑤ 전국 민주 노동조합 총연맹 창립 대회에 참가하는 노동자

50 (가), (나) 사이의 시기에 있었던 사실로 옳은 것은? [3점]

(가) 1. 남과 북은 6·15 공동 선언을 고수하고 적극 구현해 나간다.
⋮
3. 남과 북은 군사적 적대 관계를 종식하고 한반도에서 긴장 완화와 평화를 보장하기 위해 긴밀히 협력하기로 하였다.
- 「10·4 남북 정상 선언」 -

(나) 1. 남과 북은 남북 관계의 전면적이며 획기적인 개선과 발전을 이룩하여 공동 번영과 자주 통일의 미래를 앞당겨 나갈 것이다.
⋮
3. 남과 북은 항구적이며 공고한 평화 체제를 구축하기 위해 적극 협력해 나갈 것이다.
- 「한반도의 평화와 번영, 통일을 위한 판문점 선언」 -

① 7·4 남북 공동 성명이 발표되었다.
② 개성 공업 지구 조성이 합의되었다.
③ 남북한이 국제 연합(UN)에 동시 가입하였다.
④ 남북 이산가족 고향 방문단의 교환이 최초로 실현되었다.
⑤ 평창 동계 올림픽 개막식에서 남북 선수단이 공동 입장하였다.

제72회 한국사능력검정시험

- 자신이 선택한 등급의 문제지인지 확인하시오.
- 문제지에 성명과 수험 번호를 정확히 써넣으시오.
- 답안지에 성명과 수험 번호를 써넣고, 또 수험 번호와 답을 정확히 표시하시오.
- 시험 시간은 80분입니다.

01 (가) 시대의 생활 모습으로 옳은 것은? [1점]

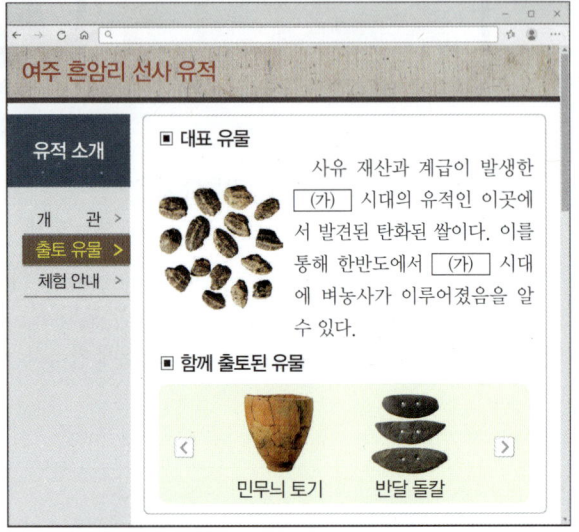

① 주로 동굴이나 강가의 막집에서 살았다.
② 지배층의 무덤으로 고인돌을 축조하였다.
③ 농경과 목축을 시작하여 식량을 생산하였다.
④ 호미, 쇠스랑 등의 철제 농기구를 제작하였다.
⑤ 주먹도끼, 찍개 등의 뗀석기를 처음 제작하였다.

02 밑줄 그은 '이 나라'에 대한 탐구 활동으로 가장 적절한 것은? [2점]

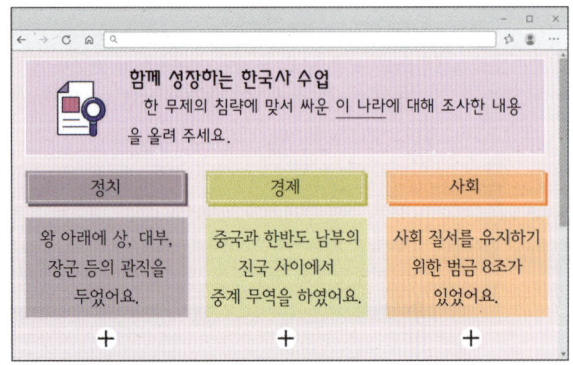

① 임신서기석의 내용을 분석한다.
② 칠지도에 새겨진 명문을 해석한다.
③ 수도 왕검성의 위치에 대한 자료를 검색한다.
④ 10월에 지냈던 제천 행사인 동맹을 살펴본다.
⑤ 국가의 중대사를 논의한 화백 회의에 대해 조사한다.

03 (가), (나) 사이의 시기에 있었던 사실로 옳은 것은? [2점]

(가) 겨울에 백제왕이 태자와 함께 정병 3만 명을 거느리고 고구려를 침입하여 평양성을 공격하였다. 고구려왕 사유가 힘껏 싸우며 막다가 날아오는 화살을 맞고 죽었다.

(나) 정월에 백제는 고구려의 도살성을 쳐서 빼앗았다. 3월에는 고구려가 백제의 금현성을 함락시켰다. 신라왕이 양국의 병사가 지친 틈을 타 이찬 이사부에게 명하여 병사를 내어 쳐서 두 성을 빼앗아 증축하고 갑사 1천 명을 두어 지키게 하였다.

① 신라가 기벌포에서 당군을 격파하였다.
② 고구려가 국내성에서 평양으로 천도하였다.
③ 계백이 이끈 결사대가 황산벌에서 패배하였다.
④ 연개소문이 정변을 일으켜 권력을 장악하였다.
⑤ 김춘추가 당으로 건너가 군사 동맹을 체결하였다.

04 (가)~(다) 지역에 대한 설명으로 옳지 않은 것은? [3점]

① (가) - 고구려에서 남하한 온조가 도읍으로 삼았다.
② (나) - 문주왕 때 천도한 곳이다.
③ (나) - 중국 남조의 영향을 받은 벽돌 무덤이 있다.
④ (다) - 왕궁리 오층 석탑이 있다.
⑤ (다) - 백제 금동 대향로가 출토되었다.

05 (가) 국가에 대한 설명으로 옳은 것은? [2점]

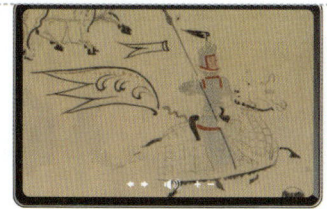

이것은 (가) 의 쌍영총 벽화의 개마 무사 부분 모사도입니다. 안악 3호분 등 (가) 의 다른 고분 벽화에서도 개마 무사가 그려져 있어 이 국가의 군사, 무기 등의 모습을 알 수 있습니다.

① 태학과 경당을 두어 인재를 양성하였다.
② 골품에 따라 관등 승진에 제한이 있었다.
③ 국경 지역인 양계에 병마사를 파견하였다.
④ 정사암에서 국가의 중대한 일을 결정하였다.
⑤ 여러 가(加)들이 별도로 사출도를 주관하였다.

06 (가)에 들어갈 내용으로 가장 적절한 것은? [1점]

◈ 강좌 주제 ◈
한국사 교양 강좌 - 통일 신라의 경제
제1강: 촌락 문서에 나타난 수취 체제의 특징
제2강: 서시와 남시 설치를 통해 본 상업 발달
제3강: (가)
■ 일시: 2024년 10월 △△일 △△시 ~ △△시
■ 장소: ○○대학교 대강당

① 상평창과 물가 조절
② 은병이 화폐 유통에 미친 영향
③ 진대법으로 알아보는 빈민 구제
④ 덩이쇠 수출을 통해 본 낙랑과의 교역
⑤ 울산항을 통한 아라비아 상인들과의 교류

07 밑줄 그은 '이 국가'에 대한 설명으로 옳은 것은? [2점]

정혜 공주 무덤의 구조　정혜 공주 묘지석

지린성 둔화에서 발견된 이 국가의 정혜 공주 무덤은 모줄임 천장 구조의 굴식 돌방 무덤으로 고구려 양식을 계승하고 있다. 또한, 내부에서 출토된 묘지석에 '황상'이라는 칭호가 사용된 점을 통해 이 국가의 자주성을 확인할 수 있다.

① 서경을 북진 정책의 기지로 삼았다.
② 정당성의 대내상이 국정을 총괄하였다.
③ 영락이라는 독자적인 연호를 사용하였다.
④ 군사 조직으로 9서당 10정을 편성하였다.
⑤ 관리 선발을 위해 독서삼품과를 시행하였다.

08 교사의 질문에 대한 학생의 답변으로 옳은 것은? [2점]

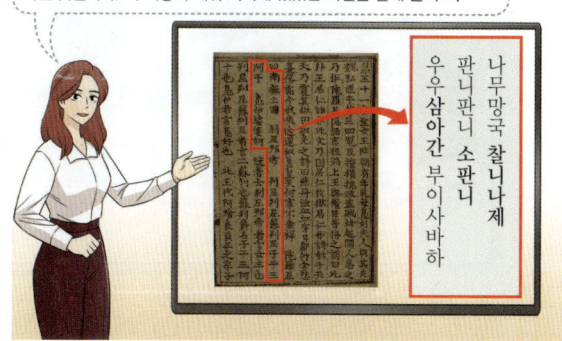

화면에 표시된 부분은 진성 여왕 때 유포된 글로 당시 정치 상황을 비판하는 내용입니다. 삼국유사에 따르면 '찰니나제'는 여왕을, '소판니'와 '삼아간'은 위홍 등 간신들을 의미하는 것으로, 그들 때문에 나라가 망한다는 뜻입니다. 이 여왕의 재위 시기에 있었던 사실을 말해 볼까요?

① 김흠돌이 반란을 도모하였어요.
② 김사미와 효심이 난을 일으켰어요.
③ 원종과 애노가 사벌주에서 봉기하였어요.
④ 김유신이 비담과 염종의 난을 진압하였어요.
⑤ 복신과 도침이 주류성에서 군사를 일으켰어요.

09 (가) 인물에 대한 설명으로 옳은 것은? [2점]

나는 지금 경주 포석정지에 와 있어. 삼국사기에 의하면 이곳은 경애왕이 연회를 벌이다가 (가) 의 습격을 받은 곳이야.

(가) 에 대해 더 알려 줄래?

그는 공산 전투에서 고려군에 대승을 거두기도 했어.

① 훈요 10조를 남겼다.
② 경주의 사심관으로 임명되었다.
③ 금마저에 미륵사를 창건하였다.
④ 완산주를 도읍으로 삼아 나라를 세웠다.
⑤ 광평성을 비롯한 정치 기구를 마련하였다.

10 (가)~(다)에 대한 설명으로 옳은 것은? [3점]

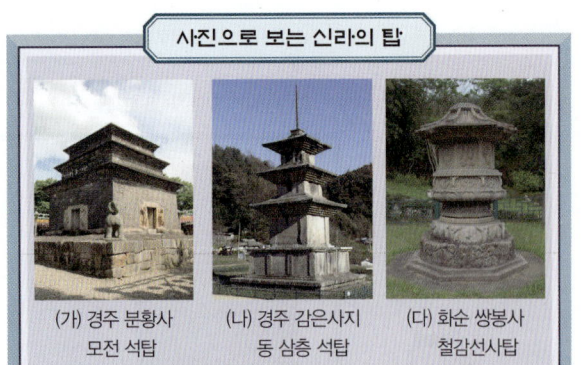

① (가) – 내부에서 무구정광대다라니경이 발견되었다.
② (가) – 1층 탑신에 당의 장수 소정방의 명으로 새긴 글이 있다.
③ (나) – 자장의 건의로 건립되었다.
④ (나) – 돌을 벽돌 모양으로 다듬어 쌓았다.
⑤ (다) – 선종의 영향을 받아 만들어졌다.

11 다음 검색창에 들어갈 왕의 재위 기간에 있었던 사실로 옳은 것은? [2점]

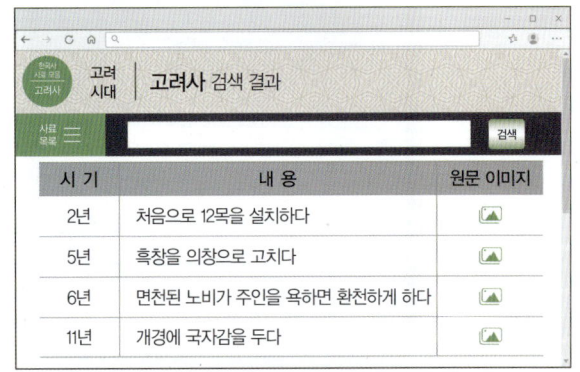

① 관학을 진흥하고자 양현고를 설치하였다.
② 광덕, 준풍 등의 독자적 연호를 사용하였다.
③ 주전도감을 설치하여 해동통보를 발행하였다.
④ 정계와 계백료서를 지어 관리의 규범을 제시하였다.
⑤ 최승로의 시무 28조를 받아들여 통치 체제를 정비하였다.

12 (가)에 대한 고려의 대응으로 옳은 것은? [2점]

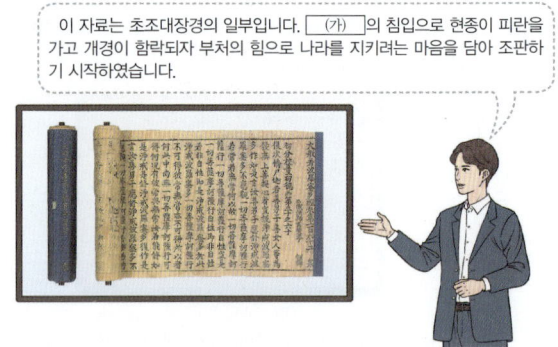

① 윤관을 보내 동북 9성을 개척하였다.
② 화통도감을 두어 화포를 제작하였다.
③ 광군을 조직하여 침입에 대비하였다.
④ 박위를 파견하여 근거지를 토벌하였다.
⑤ 철령위 설치에 반발해 요동 정벌을 추진하였다.

13 (가)에 들어갈 내용으로 적절한 것은? [2점]

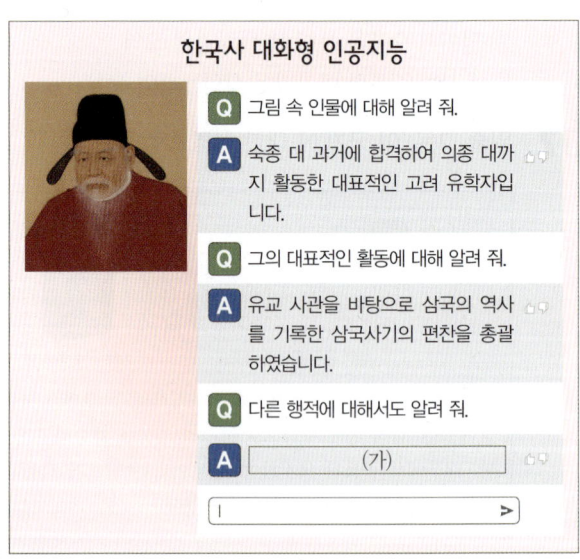

① 봉사 10조를 국왕에게 올렸습니다.
② 관군을 이끌고 묘청의 난을 진압하였습니다.
③ 만권당에서 원의 유학자들과 교유하였습니다.
④ 불씨잡변을 저술하여 불교를 비판하였습니다.
⑤ 9재 학당을 설립하여 유학 교육에 힘썼습니다.

14 (가)~(다)를 일어난 순서대로 옳게 나열한 것은? [3점]

(가) 왕이 먼저 나라 안의 신하들을 권유하여 개경으로 환도하게 하였다. 여러 신하들이 말하기를 "임금의 명령인데, 감히 따르지 않을 수 있겠는가?"라고 하였으므로, 임유무가 화가 나서 어떻게 해야 할지를 알지 못하였다.

(나) 조위총이 군사를 일으키자, 이의방이 이의민을 정동 대장군 지병마사로 임명하였다. 이의민이 군사를 거느리고 전투에 나섰다가 날아오는 화살에 눈을 맞았으나, 철령으로 진군하여 사방에서 북을 치고 고함을 지르면서 급습하여 크게 격파하였다.

(다) 백관이 최우의 집에 나아가 정년도목(政年都目)을 올렸다. 최우가 청사에 앉아 그것을 받았다. 6품 이하는 당하(堂下)에서 두 번 절하고 땅에 엎드려 감히 고개를 들고 보지 못하였다. 이때부터 최우는 정방을 그의 집에 두고 백관의 인사 행정을 처리하였다.

① (가) - (나) - (다) ② (가) - (다) - (나)
③ (나) - (가) - (다) ④ (나) - (다) - (가)
⑤ (다) - (나) - (가)

15 밑줄 그은 '시기'의 사실로 옳은 것은? [2점]

이 그림은 공민왕과 그의 왕비인 노국 대장 공주의 초상화야. 고려에는 노국 대장 공주 외에도 제국 대장 공주, 계국 대장 공주 등 원 출신의 왕비들이 여럿 있었어.

맞아. 충렬왕부터 공민왕에 이르는 시기의 왕들은 원의 공주들과 결혼했어.

① 권문세족이 도평의사사를 장악하였다.
② 왕조 교체를 예언하는 정감록이 유포되었다.
③ 강조가 정변을 일으켜 김치양을 제거하였다.
④ 김보당이 의종 복위를 주장하며 난을 일으켰다.
⑤ 국정을 총괄하는 기구로 교정도감이 설치되었다.

16 (가) 국가의 경제 상황으로 옳은 것은? [2점]

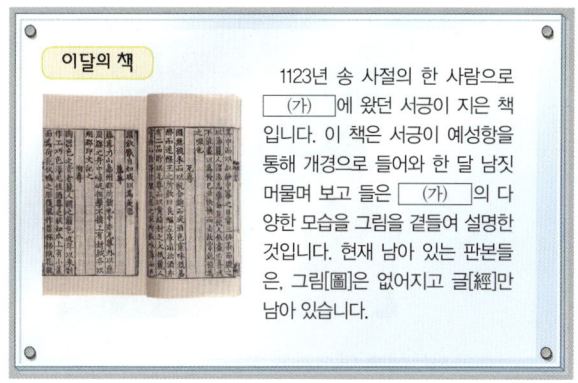

이달의 책

1123년 송 사절의 한 사람으로 (가) 에 왔던 서긍이 지은 책입니다. 이 책은 서긍이 예성항을 통해 개경으로 들어와 한 달 남짓 머물며 보고 들은 (가) 의 다양한 모습을 그림을 곁들여 설명한 것입니다. 현재 남아 있는 판본들은, 그림[圖]은 없어지고 글[經]만 남아 있습니다.

① 솔빈부의 말이 특산품으로 유명하였다.
② 송상이 전국 각지에 송방을 설치하였다.
③ 서적점, 다점 등의 관영 상점을 운영하였다.
④ 집집마다 부경이라고 불리는 창고가 있었다.
⑤ 광산을 전문적으로 경영하는 덕대가 나타났다.

17 (가) 국가의 탑으로 옳은 것은? [1점]

이 탑은 원래 개성에 있었는데 지금은 국립 중앙 박물관에 옮겨져 새로운 영상 기법으로 전시되고 있습니다. (가) 시대에 만들어진 이 탑은 이후 원각사지 십층 석탑에 영향을 주기도 하였습니다.

①  ②  ③
④  ⑤

18 밑줄 그은 '임금'에 대한 설명으로 옳은 것은? [2점]

자네 들었는가? 임금께서 민무구, 민무질에게 자결을 명하셨다더군. 몇 해 전 어린 세자를 이용해 권세를 잡으려 했다는 죄로 귀양을 보내셨었지.

나도 들었네. 중전마마의 동생으로 임금께서 정도전을 숙청할 때 공을 세웠던 사람들이었지.

① 공신들에게 역분전을 지급하였다.
② 주자소를 두어 계미자를 주조하였다.
③ 정치도감을 설치하여 개혁을 추진하였다.
④ 구황촬요를 간행하여 기근에 대비하였다.
⑤ 유자광의 고변을 계기로 남이를 처형하였다.

19 (가) 기구에 대한 설명으로 옳은 것은? [3점]

도로명으로 보는 역사: 만리재로

이 도로명은 만리재에서 유래한 것이다. 만리재는 조선의 문신 최만리가 살았다고 하여 붙여진 지명이다. 세자의 스승이기도 하였던 최만리는 세종이 학문 연구, 편찬 사업 등을 수행하도록 설치한 (가) 의 부제학으로 활약하였다. 그러나 훈민정음 창제를 반대하는 상소를 올려 세종과 갈등을 빚기도 하였다.

① 은대(銀臺)라고도 불렸다.
② 전문 강좌인 7재를 운영하였다.
③ 고려의 삼사와 같은 기능을 수행하였다.
④ 단종 복위 운동을 계기로 세조에 의해 폐지되었다.
⑤ 대사성을 수장으로 좨주, 직강 등의 관직을 두었다.

20 밑줄 그은 '전하'의 재위 기간에 있었던 사실로 옳은 것은? [2점]

전하께서 성군을 이으셨으니, 예악(禮樂)으로 태평 시절을 일으키실 때가 바로 지금이다. 장악원 소장의 의궤와 악보가 오랜 세월이 지나서 끊어지고 문드러졌다. 다행히 보존된 것 역시 모두 엉성하고 오류가 있으며 빠진 것이 많다. 이에 성현 등에게 명하여 다시 교정하게 하였다. 책이 완성되자 악학궤범이라고 이름 지었다.

① 예악을 정리한 가례집람이 저술되었다.
② 국가의 기본 법전인 경국대전이 완성되었다.
③ 외교 문서를 집대성한 동문휘고가 편찬되었다.
④ 붕당의 폐해를 경계하기 위한 탕평비가 건립되었다.
⑤ 이조 전랑 임명을 둘러싸고 김효원과 심의겸이 대립하였다.

21 밑줄 그은 '이 사건'이 일어난 시기를 연표에서 옳게 고른 것은? [2점]

이곳은 최근에 개방된 효릉입니다. 조선 국왕 인종과 그의 왕비 인성왕후가 모셔져 있습니다. 인종은 즉위한 지 1년도 되지 않아 사망하였습니다. 인종의 죽음은 윤원형, 윤임 등 외척 간의 권력 다툼으로 사림이 피해를 입은 이 사건의 계기가 되었습니다.

(가)	(나)	(다)	(라)	(마)
이시애의 난	연산군 즉위	중종 반정	기묘 사화	선조 즉위	이괄의 난

① (가) ② (나) ③ (다) ④ (라) ⑤ (마)

22 (가) 사절단에 대한 설명으로 옳은 것은? [2점]

그림으로 보는 조선 사절단의 여정

『사로승구도』는 1748년 에도 막부의 요청으로 조선이 일본에 파견한 (가) 이/가 부산에서 에도에 이르는 여정을 담은 작품입니다. 일본의 명승지나 사행 중 겪은 인상적인 광경을 30장면으로 표현하였는데, 위 그림은 사절단이 에도로 들어갈 때 보았던 모습을 그린 것입니다.

① 연행사라는 이름으로 보내졌다.
② 암행어사의 형태로 비밀리에 파견되었다.
③ 민영익, 홍영식, 서광범 등이 참여하였다.
④ 사행을 다녀온 여정을 조천록으로 남겼다.
⑤ 관련 기록물이 세계 기록 유산에 등재되었다.

23 (가)에 들어갈 작품으로 옳은 것은? [1점]

기획 전시
인재(仁齋) 강희안 특별전

대표 전시 작품
(가)

조선 전기 시·그림·글씨에 모두 뛰어난 것으로 유명하였던 강희안의 대표작으로 간결하고 과감한 필치가 돋보인다.

■ 기간: 2024년 ○○월 ○○일 ~ ○○월 ○○일
■ 장소: △△ 박물관 특별 전시실

①    ②    ③

④    ⑤

24 밑줄 그은 '전란' 중에 있었던 사실로 옳은 것은? [2점]

초대합니다
창작 뮤지컬
비운의 의순 공주, 애숙

삼전도에서의 굴욕적인 항복으로 전란은 끝났습니다. 이후 조선의 공주를 부인으로 삼겠다는 청 섭정왕의 요구로 조선 국왕의 양녀가 되어 원치 않은 결혼을 해야 했던 의순 공주 이애숙. 그녀의 굴곡진 삶을 한 편의 뮤지컬로 선보입니다.

• 일시: 2024년 ○○월 ○○일 ○○시
• 장소: 의정부 △△ 문화회관 대극장

① 이종무가 대마도를 정벌하였다.
② 강홍립이 사르후 전투에 참전하였다.
③ 김준룡이 광교산 전투에서 승리하였다.
④ 조헌이 금산에서 의병을 이끌고 활약하였다.
⑤ 신립이 탄금대에서 배수의 진을 치고 전투를 벌였다.

25 밑줄 그은 '이 법'에 대한 설명으로 옳은 것은? [1점]

이원익은 방납의 폐단을 없애고자 선혜청을 두고 이 법을 실시할 것을 주장하였습니다.

방납의 폐단을 개혁하고자 한 인물
이이   유성룡
이원익   김육

화면을 누르면 설명을 들을 수 있습니다.

① 양반에게도 군포를 거두었다.
② 토지 1결당 쌀 2두의 결작을 부과하였다.
③ 전세를 풍흉에 따라 9등급으로 차등 과세하였다.
④ 부족한 재정 보충을 위해 선무군관포를 징수하였다.
⑤ 관청에 물품을 조달하는 공인이 등장하는 배경이 되었다.

26 (가) 인물에 대한 설명으로 옳은 것은? [2점]

메타버스로 만나는 조선의 인물

기축봉사를 올려 명에 대한 의리를 강조한 나는 희빈 장씨의 소생을 원자로 정한 데에 반대하다가 이곳 제주도로 유배되었다.

귤림 서원   (가)
학생 1   학생 2

① 기해예송에서 기년설을 주장하였다.
② 지전설을 주장한 의산문답을 집필하였다.
③ 양명학을 연구하여 강화 학파를 형성하였다.
④ 역대 명필을 연구하여 추사체를 창안하였다.
⑤ 양반의 허례와 무능을 풍자한 양반전을 지었다.

27 다음 자료에 나타난 시기의 경제 상황으로 옳지 않은 것은? [1점]

> 비변사의 계사에, "현재 시전의 병폐로 서울과 지방의 백성이 원망하는 바는 오로지 도고(都庫)에 있습니다. 시중 시세를 조종하여 홀로 이익을 취하니 그 폐단은 한이 없습니다. 한성부에서 엄히 금하도록 하되 그 가운데 매우 심하게 폐단을 빚는 3강(한강·용산강·서강)의 시목전(柴木廛)·염해전(鹽醢廛)과 같은 무리는 그 주모자를 색출하여 형조로 송치해서 엄한 형벌로 다스려 후일을 징계하도록 분부하는 것이 어떻겠습니까?" 하니 윤허한다고 답하였다.

① 금속 화폐인 건원중보가 주조되었다.
② 담배와 면화 등의 상품 작물이 재배되었다.
③ 보부상이 장시를 돌아다니며 상업 활동을 하였다.
④ 모내기법의 확대로 벼와 보리의 이모작이 성행하였다.
⑤ 설점수세제의 시행으로 민간의 광산 개발이 허용되었다.

28 (가) 왕에 대한 설명으로 옳은 것은? [2점]

> 가상 현실 버스에 오신 여러분 환영합니다. 지금 창문 스크린으로 보고 계신 것은 무예도보통지에 실린 무예 동작입니다. (가) 의 명으로 이덕무, 박제가, 백동수 등이 편찬한 무예도보통지에는 기존의 무예신보에 마상 무예가 추가되어 총 24개의 무예가 실려있습니다. 이 책은 장용영의 훈련 교재로 사용되었습니다.

① 백두산정계비를 세워 청과의 국경을 정하였다.
② 삼군부를 부활시켜 군사 업무를 담당하게 하였다.
③ 통치 체제를 정비하기 위해 속대전을 편찬하였다.
④ 규장각에 검서관을 두어 서얼 출신 학자들을 기용하였다.
⑤ 한양을 기준으로 역법을 정리한 칠정산 내편을 제작하였다.

29 (가)~(라)에 들어갈 내용으로 옳은 것을 <보기>에서 고른 것은? [2점]

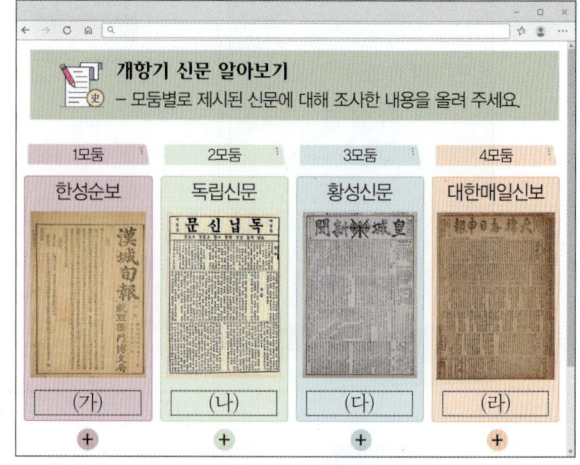

▶ 보기 ◀
ㄱ. (가) - 정부에서 발행한 순 한문 신문이었어요.
ㄴ. (나) - 서재필의 주도로 창간되었어요.
ㄷ. (다) - 일장기를 삭제한 손기정 사진이 실렸어요.
ㄹ. (라) - 상업 광고가 처음으로 게재되었어요.

① ㄱ, ㄴ ② ㄱ, ㄷ ③ ㄴ, ㄷ ④ ㄴ, ㄹ ⑤ ㄷ, ㄹ

30 (가), (나) 체결 사이의 시기에 있었던 사실로 옳은 것은? [3점]

> (가) 제6칙 이후 조선국 항구에 거주하는 일본 인민은 양미(糧米)와 잡곡을 수출, 수입할 수 있다.
> 제7칙 일본국 정부에 속한 모든 선박은 항세를 납부하지 않는다.

> (나) 제9관 입항하거나 출항하는 각 화물이 해관을 통과할 때는 응당 본 조약에 첨부된 세칙(稅則)에 따라 관세를 납부해야 한다.
> 제37관 조선국에서 가뭄과 홍수, 전쟁 등의 일로 인해 국내에 양식이 결핍될 것을 우려하여 일시 쌀 수출을 금지하려고 할 때에는 1개월 전에 지방관이 일본 영사관에게 통지하여 미리 그 기간을 항구에 있는 일본 상인들에게 전달하여 일률적으로 준수하는 데 편리하게 한다.

① 조미 수호 통상 조약이 체결되었다.
② 러시아가 용암포 조차를 요구하였다.
③ 영국이 거문도를 불법적으로 점령하였다.
④ 일본 군함 운요호가 영종도를 공격하였다.
⑤ 청과 대등한 입장에서 한청 통상 조약이 맺어졌다.

31 밑줄 그은 '사건' 이후에 전개된 사실로 옳은 것은? [2점]

> 조선왕 전하께
> …… 9월 말에 평양의 대동강에서 좌초한 미국 상선에 승선한 사람들이 살해당했고 배가 불살라졌다는 고통스럽고 놀랄 만한 사건이 있었다고 들었습니다. 본 총병은 본국 수사제독의 위임으로 파견되어 상세히 조사하라는 명을 받았습니다. 과연 이러한 일이 있었는지, 사실인지 아닌지, 생존자가 몇 사람인지 등을 귀국에서 신속히 조사해 분명히 답해주시길 부탁드립니다.
> – 미국 군함 와추세트(Wachusett) 수사총병 슈펠트(Shufeldt) –

① 홍경래가 난을 일으켰다.
② 임술 농민 봉기가 일어났다.
③ 황사영 백서 사건이 발생하였다.
④ 어재연이 광성보 전투에서 전사하였다.
⑤ 청의 요청으로 나선 정벌에 조총 부대를 파견하였다.

32 (가) 시기에 있었던 사실로 옳은 것은? [3점]

① 과거제가 폐지되었다.
② 호포제가 실시되었다.
③ 교정청이 설치되었다.
④ 5군영이 2영으로 통합되었다.
⑤ 교육 입국 조서가 반포되었다.

33 (가)에 들어갈 내용으로 옳은 것은? [3점]

답사 계획서
- 주제: 동학 농민군의 발자취를 따라서
- 기간: 2024년 ○○월 ○○일~○○일
- 답사 장소

지역	장소	설명
부안	백산	호남 창의 대장소(大將所)를 설치하고 4대 강령을 발표하였다.
장성	황룡 전적	(가)
공주	우금치 전적	농민군이 관군과 일본군을 상대로 격전을 벌이다 패배하였다.

① 농민군이 정부와 화약을 맺었다.
② 최제우가 혹세무민의 죄로 처형되었다.
③ 홍계훈의 관군을 상대로 농민군이 승리하였다.
④ 피신해 있던 농민군의 지도자 전봉준이 체포되었다.
⑤ 농민들이 조병갑의 탐학에 맞서 만석보를 파괴하였다.

34 밑줄 그은 '이 시기'의 의병 활동에 대한 설명으로 옳은 것은? [2점]

이곳 지리산 연곡사에는 의병장 고광순의 순절비가 있습니다. 그는 지리산을 중심으로 장기 항전을 계획하다가 일본군의 토벌 작전으로 순국하였습니다. 고종의 강제 퇴위와 군대의 강제 해산으로 의병 활동이 고조된 이 시기에는 고광순을 비롯하여 각계각층의 사람들이 국권 회복을 위해 활동하였습니다.

① 13도 창의군을 결성하였다.
② 한중 연합 전선을 형성하였다.
③ 최익현이 태인에서 궐기하였다.
④ 고경명 등이 의병장으로 활약하였다.
⑤ 봉오동 전투에서 일본군을 격퇴하였다.

35 밑줄 그은 '개혁'의 내용으로 옳은 것은? [2점]

덕수궁 내에 있는 정관헌은 전통 건축 양식에 근대적 요소를 결합한 것으로 평가받고 있습니다. 고종이 황제로 즉위한 후 구본신참을 바탕으로 개혁을 추진할 때 건립되었습니다.

① 홍범 14조를 반포하였다.
② 공사 노비법을 혁파하였다.
③ 신식 군대인 별기군을 창설하였다.
④ 근대 교육 기관인 육영 공원을 설립하였다.
⑤ 지계아문을 설치하여 토지 소유자에게 지계를 발급하였다.

36 (가) 운동에 대한 설명으로 옳은 것은? [1점]

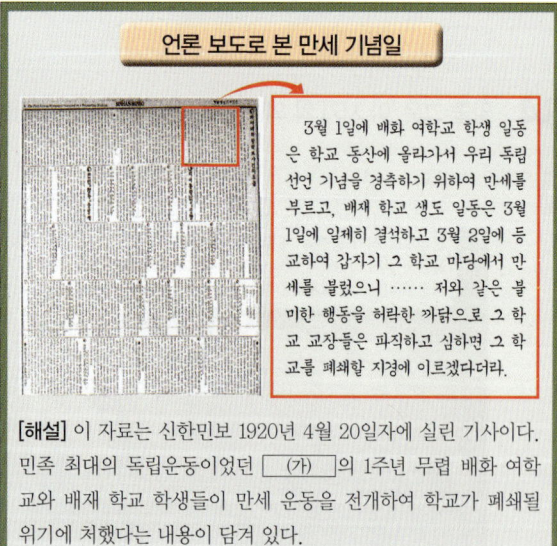

언론 보도로 본 만세 기념일

3월 1일에 배화 여학교 학생 일동은 학교 동산에 올라가서 우리 독립 선언 기념을 경축하기 위하여 만세를 부르고, 배재 학교 생도 일동도 3월 1일에 일제히 결석하고 3월 2일에 등교하여 갑자기 그 학교 마당에서 만세를 불렀으니 …… 저와 같은 불미한 행동을 허락한 까닭으로 그 학교 교장들은 파직하고 심하면 그 학교를 폐쇄할 지경에 이르겠다더라.

[해설] 이 자료는 신한민보 1920년 4월 20일자에 실린 기사이다. 민족 최대의 독립운동이었던 (가) 의 1주년 무렵 배화 여학교와 배재 학교 학생들이 만세 운동을 전개하여 학교가 폐쇄될 위기에 처했다는 내용이 담겨 있다.

① 통감부의 방해와 탄압으로 중단되었다.
② 러시아의 절영도 조차 요구를 저지하였다.
③ 순종의 인산일을 기회로 삼아 추진되었다.
④ 대한민국 임시 정부 수립의 계기가 되었다.
⑤ 성진회와 각 학교 독서회에 의해 전국적으로 확산되었다.

37 (가) 부대에 대한 설명으로 옳은 것은? [3점]

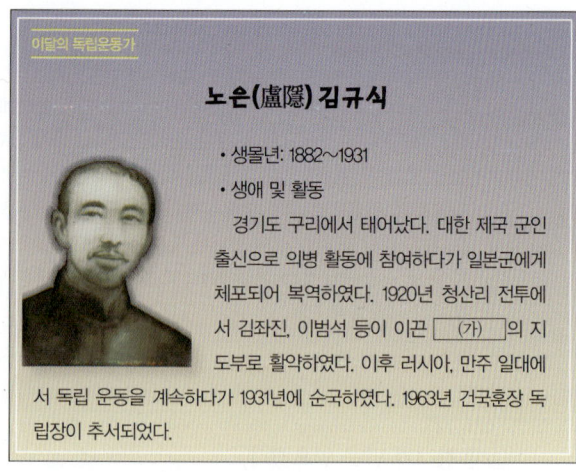

이달의 독립운동가

노은(盧隱) 김규식

· 생몰년: 1882~1931
· 생애 및 활동
경기도 구리에서 태어났다. 대한 제국 군인 출신으로 의병 활동에 참여하다가 일본군에게 체포되어 복역하였다. 1920년 청산리 전투에서 김좌진, 이범석 등이 이끈 (가) 의 지도부로 활약하였다. 이후 러시아, 만주 일대에서 독립 운동을 계속하다가 1931년에 순국하였다. 1963년 건국훈장 독립장이 추서되었다.

① 영릉가에서 일본군에 승리를 거두었다.
② 미국과 연계하여 국내 진공 작전을 계획하였다.
③ 중국 팔로군과 함께 호가장 전투에서 활약하였다.
④ 동북 항일 연군으로 개편되어 유격전을 전개하였다.
⑤ 중광단을 중심으로 조직되어 항일 독립 전쟁에 참여하였다.

38 밑줄 그은 '이 지역'을 지도에서 옳게 찾은 것은? [1점]

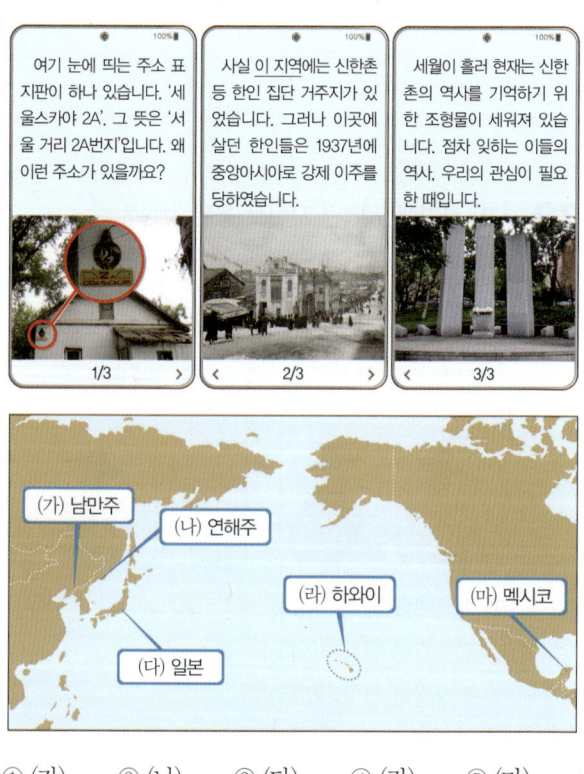

여기 눈에 띄는 주소 표지판이 하나 있습니다. '세울스카야 2A'. 그 뜻은 '서울 거리 2A번지'입니다. 왜 이런 주소가 있을까요?

사실 이 지역에는 신한촌 등 한인 집단 거주지가 있었습니다. 그러나 이곳에 살던 한인들은 1937년에 중앙아시아로 강제 이주를 당하였습니다.

세월이 흘러 현재는 신한촌의 역사를 기억하기 위한 조형물이 세워져 있습니다. 점차 잊히는 이들의 역사, 우리의 관심이 필요한 때입니다.

① (가) ② (나) ③ (다) ④ (라) ⑤ (마)

39 (가)에 들어갈 내용으로 적절한 것은? [2점]

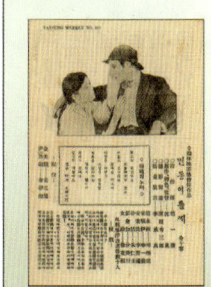

자료로 보는 한국 영화

이 자료는 일제 강점기에 발행된 극장 홍보지로, 심훈이 감독한 무성 영화 「먼동이 틀 때」를 소개한 것이다. 이 영화는 나운규의 「아리랑」에 이어 한국 영화 초기 명작으로 평가 받기도 한다. 이외에도 심훈은 다수의 시나리오와 영화 평론을 집필하였으며, ___(가)___

① 별 헤는 밤, 참회록 등의 시를 남겼다.
② 국문 연구소의 연구위원으로 활동하였다.
③ 근대극 형식을 도입한 토월회를 조직하였다.
④ 실천적인 유교 정신을 강조하는 유교구신론을 저술하였다.
⑤ 브나로드 운동을 소재로 한 소설 상록수를 신문에 연재하였다.

40 (가)에 들어갈 내용으로 가장 적절한 것은? [1점]

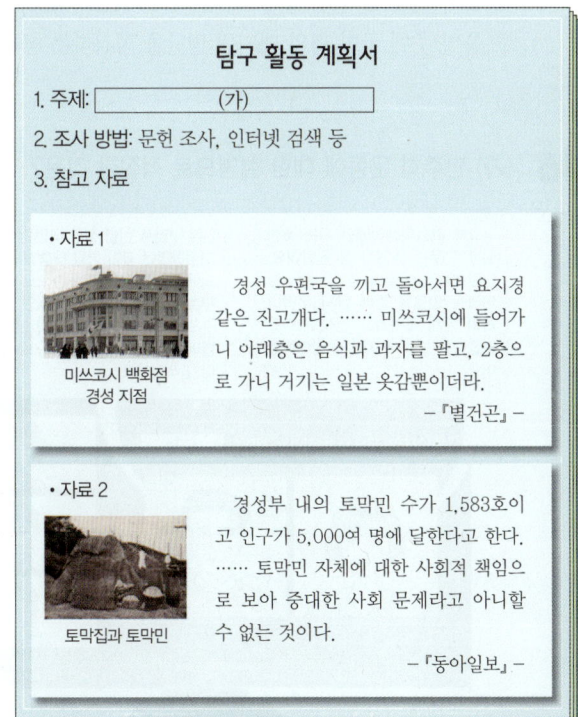

탐구 활동 계획서
1. 주제: ___(가)___
2. 조사 방법: 문헌 조사, 인터넷 검색 등
3. 참고 자료

• 자료 1
미쓰코시 백화점 경성 지점
경성 우편국을 끼고 돌아서면 요지경 같은 진고개다. …… 미쓰코시에 들어가니 아래층은 음식과 과자를 팔고, 2층으로 가니 거기는 일본 옷감뿐이더라.
— 『별건곤』 —

• 자료 2
토막집과 토막민
경성부 내의 토막민 수가 1,583호이고 인구가 5,000여 명에 달한다고 한다. …… 토막민 자체에 대한 사회적 책임으로 보아 중대한 사회 문제라고 아니할 수 없는 것이다.
— 『동아일보』 —

① 개화 정책의 추진과 한계
② 식민지 근대 도시의 이중성
③ 형평 운동의 전개 과정과 반발
④ 경제 개발 5개년 계획의 시행 결과
⑤ 상품 화폐 경제의 발달과 신분제의 동요

41 밑줄 그은 '시기'에 볼 수 있는 사회 모습으로 가장 적절한 것은? [2점]

이것은 한 제과업체의 캐러멜 광고로 탱크와 전투기 그림을 활용하여 "캐러멜도 싸우고 있다."라는 문구를 담고 있습니다. 중일 전쟁 이후 일제가 국가 총동원법을 시행한 시기에 제작된 이 광고는 당시 군국주의 문화가 일상까지 스며들어 있었음을 잘 보여 줍니다.

① 몸뻬 착용을 권장하는 애국반 반장
② 경성 제국 대학 설립을 추진하는 관리
③ 헌병 경찰에게 끌려가 태형을 당하는 농민
④ 원산 총파업에 연대 지원금을 보내는 외국 노동자
⑤ 안창남의 고국 방문 비행을 환영하기 위해 상경하는 청년

42 ㉠~㉤에 대한 설명으로 옳지 않은 것은? [2점]

단재 신채호 연보

1880년 충청도 회덕에서 출생
1898년 성균관에 입학
1907년 ㉠ 신민회 활동에 참여하고 대한매일신보 필진으로 근무
1919년 상하이로 가서 ㉡ 대한민국 임시 정부 수립에 참여
1923년 ㉢ 조선 혁명 선언 작성
1927년 무정부주의 동방 연맹 창립 대회에 참가
1928년 타이완 지롱에서 체포됨
1931년 ㉣ 『조선상고사』가 조선일보에 연재됨
1936년 ㉤ 뤼순 감옥에서 사망

① ㉠ – 광주 학생 항일 운동에 진상 조사단을 파견하였다.
② ㉡ – 이륭양행에 교통국을 설치하여 국내와 연락을 취하였다.
③ ㉢ – 의열단이 활동 지침으로 삼았다.
④ ㉣ – 역사를 아와 비아의 투쟁으로 정의하였다.
⑤ ㉤ – 안중근 의사가 순국한 곳이다.

43 (가) 사건에 대한 설명으로 가장 적절한 것은? [3점]

> 이것은 냉전과 분단의 상징물인 독일 베를린 장벽의 일부로, (가) 을/를 기념하는 이 공원에 기증되었습니다. 이곳 제주도에서 일어난 (가) 은/는 남한만의 단독 선거에 반대하는 무장대와 이를 진압하는 토벌대 간의 무력 충돌, 그 뒤 토벌대의 진압 과정에서 수많은 제주도민이 희생된 사건으로, 6·25 전쟁이 끝나고 나서야 종결되었습니다.

① 허정 과도 정부가 구성되는 결과를 가져왔다.
② 국가 보위 비상 대책 위원회가 설치되는 배경이 되었다.
③ 장기 독재를 비판하는 3·1 민주 구국 선언을 발표하였다.
④ 민주화를 위한 개헌 청원 100만인 서명 운동을 전개하였다.
⑤ 정부 차원에서 진상 조사 보고서를 발간하고 공식 사과하였다.

45 밑줄 그은 '당시 헌법'이 시행된 시기에 볼 수 있는 모습으로 가장 적절한 것은? [2점]

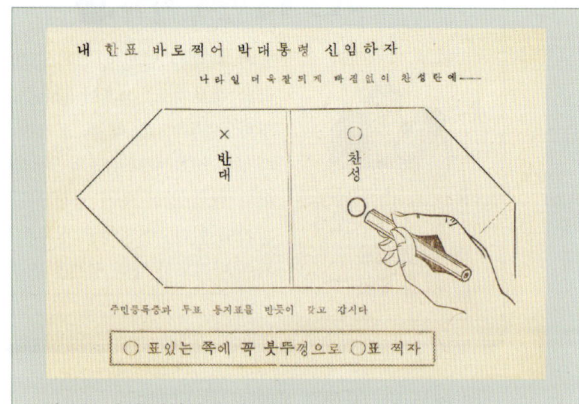

> 자료는 당시 헌법의 유지 여부를 묻는 국민 투표를 앞두고 찬성을 독려하는 홍보문의 일부이다. 이 투표의 실시 결과 당시 헌법을 유지하는 것으로 결정되었다. 3개월 뒤 이 헌법을 부정, 반대하는 주장이나 보도를 일체 금지하고 위반자는 영장 없이 체포한다는 내용을 핵심으로 한 대통령 긴급 조치 제9호가 선포되었다.

① 국민 방위군에 소집되는 청년
② 개성 공단 착공식에 참석하는 기업인
③ 미소 공동 위원회의 재개를 요구하는 시민
④ 남북 기본 합의서 채택 소식을 보도하는 기자
⑤ 통일 주체 국민 회의 대의원 명단을 점검하는 공무원

44 교사의 질문에 대한 학생의 대답으로 적절하지 않은 것은? [2점]

> 이것은 그의 84세 생일을 위해 기획된 LP 음반의 재킷으로, '제84회 탄신 기념'이라고 적혀 있습니다. 음반에는 '애국가', '만수무강하시리', '우남 행진곡' 등이 수록되어 있습니다. 그러나 그는 다음 해에 일어난 4·19 혁명으로 하야하였습니다. 그가 대통령으로 재임하던 시기에 있었던 사실을 말해 볼까요?

① 경부 고속 도로가 개통되었어요.
② 한미 상호 방위 조약이 체결되었어요.
③ 진보당의 당수였던 조봉암이 처형되었어요.
④ 반민족 행위 특별 조사 위원회가 해체되었어요.
⑤ 유상 매수, 유상 분배 원칙의 농지 개혁법이 제정되었어요.

46 (가) 민주화 운동에 대한 설명으로 적절한 것은? [2점]

① 굴욕적인 한일 국교 정상화에 반대하였다.
② 5년 단임의 대통령 직선제 개헌을 이끌어냈다.
③ 시위 과정에서 시민군이 자발적으로 조직되었다.
④ 3선 개헌 반대 범국민 투쟁 위원회를 결성하였다.
⑤ 대통령 중심제에서 의원 내각제로 바뀌는 계기가 되었다.

[47~48] 다음을 읽고 물음에 답하시오.

(가) ㉠ 왕은 5월에 교서를 내려 문무 관료들에게 토지를 차등 있게 주었다. …… 봄 정월에 중앙과 지방 관리들의 녹읍을 폐지하고 해마다 조를 차등 있게 주고 이를 일정한 법으로 삼았다.

(나) 처음으로 직관(職官)·산관(散官)의 각 품의 전시과를 제정하였는데, 관품의 높고 낮은 것은 논하지 않고 다만 인품만 가지고 전시과의 등급을 결정하였다.

(다) 도평의사사에서 글을 올려 과전을 지급하는 법을 정할 것을 청하니, 그 의견을 따랐다. 경기는 사방의 근본이므로 마땅히 과전을 설치하여 사대부를 우대하여야 한다. 무릇 수도에 거주하며 왕실을 지키는 자는 현직, 산직(散職)을 불문하고 각각 과(科)에 따라 받게 한다.

(라) 만약 그 자신이 죽고 그 아내에게 미치게 되면 수신전이라 일컬었고, 부부가 다 죽고 그 아들에게 전해지면 휼양전이라 일컬었으며, 만약 그 아들이 관직에 제수되더라도 그대로 그 전지를 주고는 과전이라 일컬었는데, …… ㉡ 왕께서 이를 없애고, 현직 관리에게 주어 직전(職田)이라 하였던 것입니다.

47 (가)~(라)를 일어난 순서대로 옳게 나열한 것은? [3점]

① (가) – (나) – (다) – (라)
② (가) – (나) – (라) – (다)
③ (나) – (가) – (라) – (다)
④ (나) – (다) – (가) – (라)
⑤ (다) – (라) – (나) – (가)

48 ㉠, ㉡ 왕에 대한 설명으로 옳은 것을 <보기>에서 고른 것은? [2점]

> **보기**
> ㄱ. ㉠ – 병부를 처음으로 설치하였다.
> ㄴ. ㉠ – 전국에 9주 5소경을 설치하였다.
> ㄷ. ㉡ – 6조 직계제를 시행하였다.
> ㄹ. ㉡ – 초계문신제를 실시하였다.

① ㄱ, ㄴ   ② ㄱ, ㄷ   ③ ㄴ, ㄷ   ④ ㄴ, ㄹ   ⑤ ㄷ, ㄹ

49 다음 뉴스가 보도된 정부 시기의 사실로 옳은 것은? [2점]

① 서울 올림픽 대회가 개최되었다.
② 보도 지침으로 언론이 통제되었다.
③ 삼풍 백화점 붕괴 사고가 일어났다.
④ 양성평등의 실현을 위해 호주제가 폐지되었다.
⑤ 사회 통합을 위한 다문화 가족 지원법이 시행되었다.

50 (가) 지역을 지도에서 옳게 찾은 것은? [1점]

① ㉠   ② ㉡   ③ ㉢   ④ ㉣   ⑤ ㉤

제71회 한국사능력검정시험

- 자신이 선택한 등급의 문제지인지 확인하시오.
- 문제지에 성명과 수험 번호를 정확히 써넣으시오.
- 답안지에 성명과 수험 번호를 써넣고, 또 수험 번호와 답을 정확히 표시하시오.
- 시험 시간은 80분입니다.

01 (가) 시대의 생활 모습으로 옳은 것은? [1점]

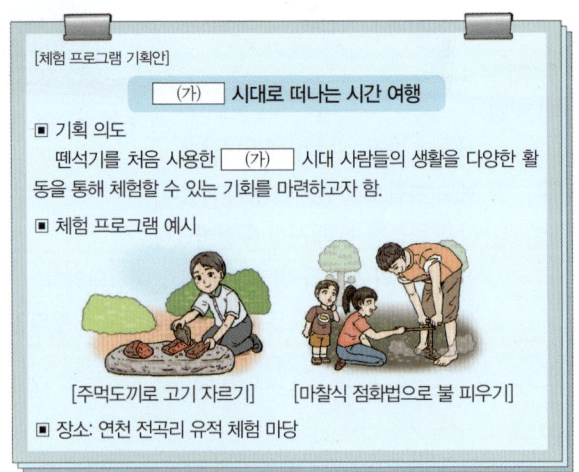

① 주로 동굴이나 바위 그늘에서 살았다.
② 청동 방울 등을 의례 도구로 사용하였다.
③ 따비와 괭이로 땅을 갈아 농사를 지었다.
④ 거푸집을 이용하여 세형 동검을 제작하였다.
⑤ 빗살무늬 토기를 만들어 식량을 저장하였다.

02 다음 검색창에 들어갈 나라에 대한 설명으로 옳은 것은? [2점]

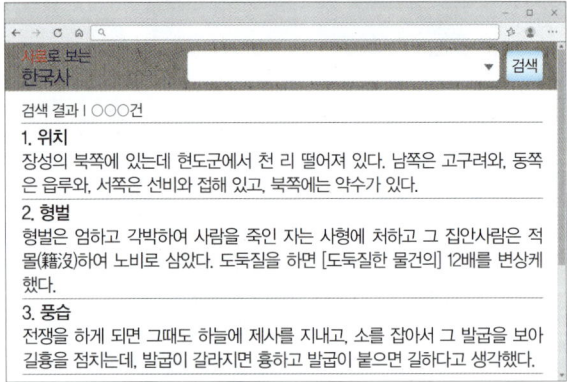

① 신성 지역인 소도가 있었다.
② 혼인 풍습으로 민며느리제가 있었다.
③ 읍락 간의 경계를 중시하는 책화가 있었다.
④ 여러 가(加)들이 각각 사출도를 주관하였다.
⑤ 사회 질서를 유지하기 위해 범금 8조를 만들었다.

03 (가) 나라에 대한 설명으로 옳은 것은? [1점]

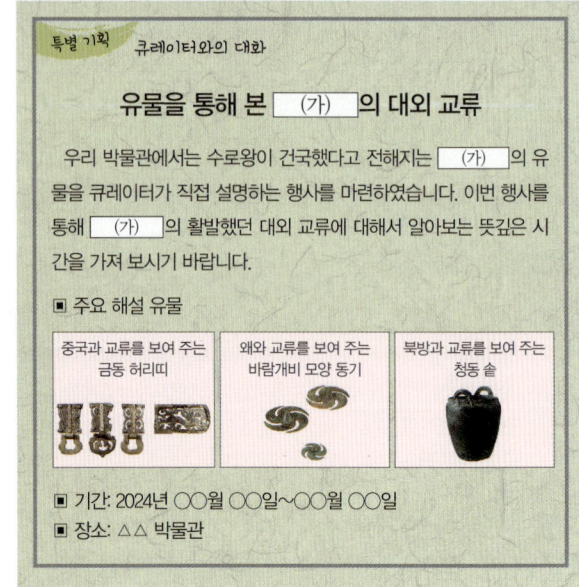

① 법흥왕 때 신라에 복속되었다.
② 서옥제라는 혼인 풍습이 있었다.
③ 6좌평이 중요한 국사를 논의하였다.
④ 만장일치제로 운영된 화백 회의가 있었다.
⑤ 지방에 22담로를 두어 왕족을 파견하였다.

04 (가) 인물에 대한 설명으로 옳은 것은? [3점]

> 왕이 고구려가 자주 국경을 침략하는 것을 걱정하여 수에 군사를 요청해 고구려를 치고자 하였다. 이에 (가) 에게 명하여 걸사표를 짓도록 하였다. (가) 이/가 말하기를, "자기가 살고자 남을 멸하는 것은 출가한 승려로서 적합한 행동은 아니지만, 제가 대왕의 땅에서 살고 대왕의 물과 풀을 먹고 있으니 어찌 감히 명을 따르지 않겠습니까."라고 하면서 글을 써서 올렸다.

① 구법 순례기인 왕오천축국전을 남겼다.
② 황룡사 구층 목탑의 건립을 건의하였다.
③ 무애가를 지어 불교 대중화에 기여하였다.
④ 사군이충 등을 포함한 세속 5계를 제시하였다.
⑤ 풍수지리 사상이 반영된 송악명당기를 저술하였다.

05 (가)~(다) 학생이 발표한 내용을 일어난 순서대로 옳게 나열한 것은? [2점]

① (가) – (나) – (다) ② (가) – (다) – (나)
③ (나) – (가) – (다) ④ (나) – (다) – (가)
⑤ (다) – (나) – (가)

06 밑줄 그은 '왕'에 대한 설명으로 옳은 것은? [2점]

① 병부와 상대등을 설치하였다.
② 백제 비유왕과 동맹을 체결하였다.
③ 이사부를 보내 우산국을 복속시켰다.
④ 매소성 전투에서 당의 군대를 격파하였다.
⑤ 김흠돌의 난을 진압하고 귀족들을 숙청하였다.

07 (가)에 해당하는 국가유산으로 옳은 것은? [2점]

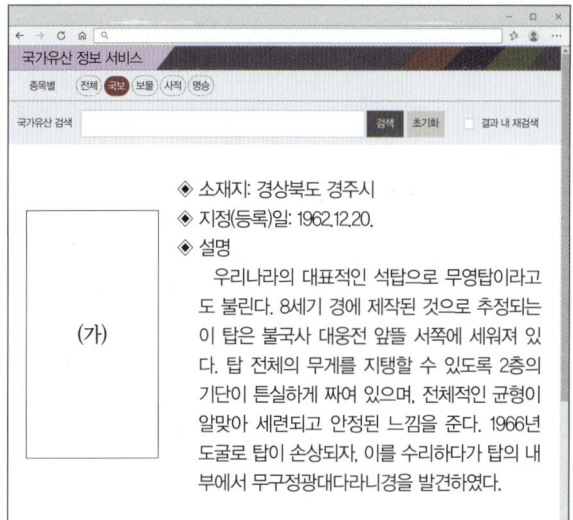

08 다음 상황 이후에 전개된 사실로 옳은 것은? [3점]

> 12월에 황제가 함원전에서 포로를 받아들였다. [황제가] 왕은 정사를 자기가 한 것이 아니라 하였기에 용서하여 사평태상백 원외동정으로 삼았다. 천남산은 사재소경으로, 승려 신성은 은청광록대부로, 천남생은 우위대장군으로 삼았다. …… 천남건은 검주(黔州)로 유배를 보냈다. 5부, 176성, 69만여 호를 나누어 9도독부, 42주, 100현으로 만들고, 평양에 안동도호부를 두어 이를 통치하게 하였다.
> – 『삼국사기』 –

① 안승이 보덕국왕으로 임명되었다.
② 을지문덕이 살수에서 대승을 거두었다.
③ 김춘추가 당과의 군사 동맹을 성사시켰다.
④ 의자왕이 윤충을 보내 대야성을 함락하였다.
⑤ 연개소문이 정변을 일으켜 영류왕을 시해하였다.

09 다음 사건이 일어난 시기를 연표에서 옳게 고른 것은? [2점]

개원(開元) 20년에 발해가 천자의 조정을 원망하여 군사를 거느리고 등주(登州)를 습격하여 자사 위준을 살해하였습니다. 이에 황제께서 크게 노하여 하행성 등에게 군사를 징발하여 바다를 건너 공격해 토벌하도록 명하였습니다. 아울러 당에 숙위하고 있던 신라인 김사란을 귀국시켜 신라로 하여금 발해를 공격하도록 하였습니다. …… 겨울은 깊어 가고 눈이 많이 내려 신라와 당의 군대가 추위에 고생하므로 회군을 명령하였습니다.

(가)	(나)	(다)	(라)	(마)
발해 건국	무왕 즉위	문왕 상경 천도	선왕 즉위	고려 건국	발해 멸망

① (가) ② (나) ③ (다) ④ (라) ⑤ (마)

10 다음 자료에 나타난 시기의 경제 상황으로 옳은 것은? [1점]

왕이 제서(制書)를 내리기를, "백성을 부유하게 하고 국가를 이롭게 하는 것으로 전화(錢貨)만큼 중요한 것이 없다. 서북의 양조(兩朝)에서는 이를 행한 지 이미 오래되었으나 우리나라는 홀로 아직 행하지 않고 있다. 이제 처음으로 화폐를 주조하는 법을 제정하고, 이에 따라 주조한 동전 15,000관(貫)을 재추(宰樞)와 문무 양반 및 군인에게 나누어 하사하여 화폐 사용의 시작점으로 삼고자 한다. 전문(錢文)은 해동통보라고 한다."라고 하였다.

① 송상이 전국 각지에 송방을 두었다.
② 감자, 고구마 등의 구황 작물이 재배되었다.
③ 시장을 감독하는 관청인 동시전이 설치되었다.
④ 예성강 하구의 벽란도가 국제 무역항으로 번성하였다.
⑤ 설점수세제의 시행으로 민간의 광산 개발이 허용되었다.

11 (가), (나) 사이의 시기에 있었던 사실로 옳은 것은? [3점]

(가) 처음으로 역분전을 정하였다. 통일할 때 조정의 관리들과 군사들에게 관계(官階)는 논하지 않고, 그 사람의 성품과 행동이 착하고 악함과 공로가 크고 작음을 참작하여 차등 있게 주었다.

(나) 12월에 문무 양반 및 군인들의 전시과를 개정하였다. 제1과는 전지 100결, 시지 70결을 지급한다. …… 제18과는 전지 20결을 지급한다. 이 한(限)에 들지 못한 자에게는 모두 전지 17결을 주기로 하고 이것을 통상의 법식으로 한다.

① 경기에 한하여 과전법이 실시되었다.
② 쌍기의 건의로 과거제가 시행되었다.
③ 신돈이 전민변정도감의 책임자가 되었다.
④ 만적이 개경에서 노비를 모아 반란을 모의하였다.
⑤ 최충헌이 봉사 10조를 올려 시정 개혁을 건의하였다.

12 (가) 인물의 활동으로 옳은 것은? [2점]

○ 북원의 도적 우두머리인 양길은 [(가)] 이/가 자신을 배신한 것을 미워하여 국원 등 10여 곳의 성주들과 그를 칠 것을 모의하고 비뇌성 아래로 진군하였다. 그러나 양길의 병사는 패배하여 흩어져 달아났다.
- 『삼국사기』 -

○ [태조가] 수군을 거느리고 서해로부터 광주(光州) 부근에 이르러 금성군을 쳐서 함락하고 10여 군현을 공격하여 차지하였다. 이에 금성군을 고쳐서 나주라 하고 군사를 나누어 지키게 한 뒤 돌아왔다. …… [(가)] 이/가 변경의 일을 물었는데, 태조가 변방을 안정시키고 경계를 넓힐 전략을 보고하였다. 좌우의 신하가 모두 [태조]를 주목하게 되었다.
- 『고려사』 -

① 일리천 전투에서 신검의 군대를 물리쳤다.
② 9산 선문 중 하나인 가지산문을 개창하였다.
③ 문무관료전을 지급하고 녹읍을 폐지하였다.
④ 광평성을 비롯한 각종 정치 기구를 마련하였다.
⑤ 정계와 계백료서를 지어 관리의 규범을 제시하였다.

13 (가)에 들어갈 내용으로 가장 적절한 것은? [2점]

① 국자감에 전문 강좌인 7재를 개설하였어.
② 사액 서원에 서적과 노비 등을 지급하였어.
③ 독서삼품과를 실시하여 인재를 등용하였어.
④ 초계문신제를 시행하여 문신을 재교육하였어.
⑤ 흥왕사에 교장도감을 두고 속장경을 편찬하였어.

14 다음 서술형 평가의 답안에 들어갈 내용으로 가장 적절한 것은? [1점]

> **서술형 평가** ○학년 ○○반 이름: ○○○
>
> ◎ 다음 상황들이 나타난 시기의 사회 모습을 서술하시오.
>
> ○ 이의방은 평소 자기를 핍박하는 이고를 미워하였는데, 이고가 난을 모의한다는 말을 듣고 그를 살해하였다.
> ○ 서경유수 조위총이 반란을 일으켰는데, 두경승이 향산동 통로역에서 반란군을 패퇴시켰다.
> ○ 최우가 정방(政房)을 자기 집에 설치하고 문사를 선발하여 여기에 소속시켰다.
>
> 답안 □

① 서얼이 통청 운동을 전개하였다.
② 청해진을 거점으로 국제 무역이 이루어졌다.
③ 왕조 교체를 예언하는 정감록 등이 유포되었다.
④ 망이·망소이의 난 등 하층민의 봉기가 발생하였다.
⑤ 역관들이 시사(詩社)에 참여해 위항 문학 활동을 하였다.

15 (가)에 대한 고려의 대응으로 옳은 것은? [2점]

> ○ 박서는 김중온의 군사로 성의 동서쪽을, 김경손의 군사로는 성의 남쪽을, 별초 250여 인은 나누어 3면을 지키게 하였다. (가) 의 군사들이 성을 여러 겹으로 포위하고 공격하자 성 안의 군사들이 갑자기 나가 싸워 그들을 패주시켰다.
>
> ○ 송문주는 귀주에서 종군하였던 사람인데 그 공으로 낭장(郎將)으로 초수(超授)되었다. 이후 죽주 방호별감이 되었을 때, (가) 이/가 죽주성에 이르러 보름 동안이나 다방면으로 공격하였으나 성을 빼앗지 못하고 물러갔다.

① 강화도로 도읍을 옮겨 항전하였다.
② 광군을 창설하여 침입에 대비하였다.
③ 화통도감을 설치하여 군사력을 증강하였다.
④ 철령위 설치에 반발하여 요동 정벌을 추진하였다.
⑤ 신기군, 신보군, 항마군으로 구성된 별무반을 창설하였다.

16 (가) 국가의 국가유산으로 옳지 않은 것은? [1점]

> □□신문 제△△호 2024년 ○○월 ○○일
>
> **'국보 순회전: 모두의 곁으로', 강진군에서 열려**
>
>
> ▲ 청자 상감 모란무늬 항아리
>
> 국립중앙박물관이 지역 간의 문화 격차를 해소하기 위해 기획한 국보 순회전이 전남 강진군에서 '도자기에 핀 꽃, 상감 청자'를 주제로 개최된다. 이번 전시에서는 청자 상감 모란무늬 항아리, 청자 상감 물가풍경무늬 매병 등 (가) 의 대표적인 국가유산인 상감 청자가 공개된다. 특히 국보 '청자 상감 모란무늬 항아리'는 왕실 자기의 전형을 보여주는 유물로 모란을 정교하고 화려하면서도 사실적으로 묘사하였다는 평가를 받는다. 전시회 관계자는 "상감 청자의 생산지였던 강진군에서 개최되어 더 큰 의미가 있다."라고 밝혔다.

17 다음 가상 인터뷰의 주인공에 대한 설명으로 옳은 것은? [3점]

> 최근에 역옹패설을 저술하셨는데 독자들이 관심 가질 만한 내용을 소개해 주세요.
>
> 고위 관리 유청신이 원의 사신과 몽골말로 직접 대화하자 홍자번이 역관을 심하게 꾸짖었고, 이에 유청신이 부끄러워 한 일화가 실려 있습니다.

① 불씨잡변을 지어 불교를 비판하였다.
② 정혜결사를 통해 불교 개혁에 앞장섰다.
③ 청방인문표를 지어 인질의 석방을 요구하였다.
④ 고구려 계승 의식을 강조한 동명왕편을 지었다.
⑤ 만권당에서 조맹부, 요수 등의 문인들과 교유하였다.

18 (가) 지역에서 있었던 사실로 옳은 것은? [3점]

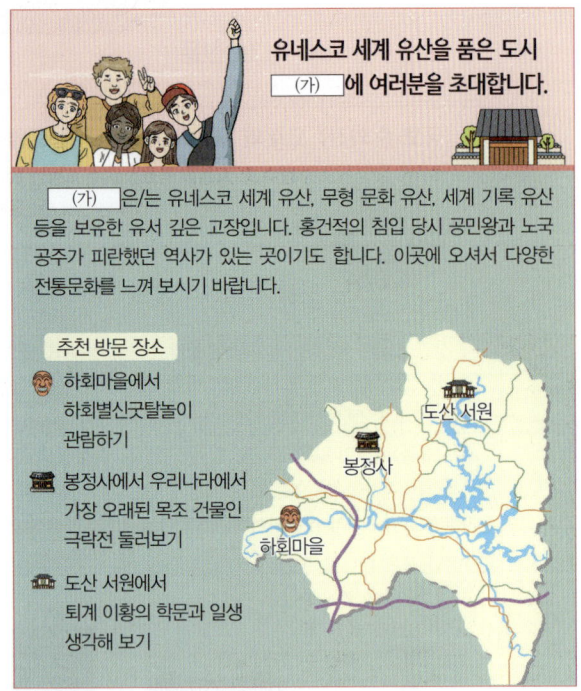

① 왕건이 고창 전투에서 견훤에게 승리하였다.
② 묘청이 반란을 일으키고 국호를 대위라 하였다.
③ 흥덕사에서 금속 활자본인 직지심체요절이 간행되었다.
④ 정중부를 비롯한 무신들이 보현원에서 정변을 일으켰다.
⑤ 이성계를 중심으로 한 고려군이 황산에서 왜구를 격퇴하였다.

19 밑줄 그은 '임금'의 재위 시기에 있었던 사실로 옳은 것은? [2점]

> 임금이 무악에 이르러서 도읍을 정할 땅을 물색하였다. 좌시중 조준, 우시중 김사형에게 말하였다. "고려 말에 서운관에서 송도의 지덕이 이미 쇠했다는 이유로 여러 번 글을 올려 한양으로 도읍을 옮기자고 하였다. 근래에는 계룡이 도읍할 만한 곳이라 하기에 백성을 공사에 동원하여 힘들게 하였다. 이제 또 여기가 도읍할 만한 곳이라 하여 와서 보니, 유한우 등이 도리어 무악보다는 송도가 더 명당이라고 고집한다. 그대들은 도읍할 만한 곳을 서운관 관리에게 다시 보고받도록 하라."

① 독창적 문자인 훈민정음이 반포되었다.
② 수도 방어를 위하여 금위영이 창설되었다.
③ 조선의 기본 법전인 경국대전이 완성되었다.
④ 왕위 계승을 둘러싸고 왕자의 난이 발생하였다.
⑤ 성삼문 등이 상왕의 복위를 꾀하다가 처형되었다.

20 (가) 기구에 대한 설명으로 옳은 것은? [2점]

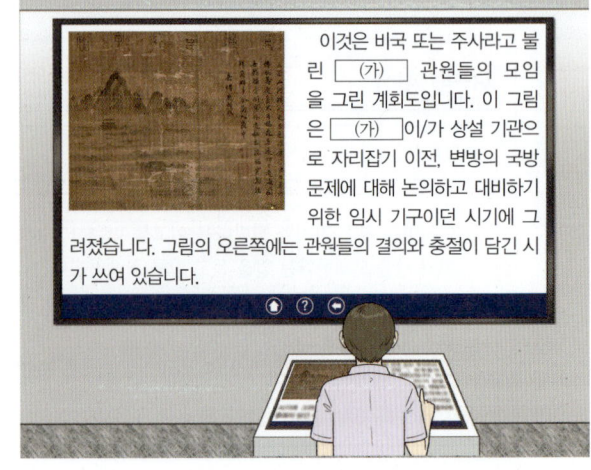

① 수도의 행정과 치안을 담당하였다.
② 흥선 대원군이 집권한 시기에 혁파되었다.
③ 국왕 직속 사법 기구로 반역죄 등을 다루었다.
④ 5품 이하의 관리 임명에 대한 서경권을 행사하였다.
⑤ 도승지를 수장으로 좌승지, 우승지 등의 관직을 두었다.

21 밑줄 그은 '이 사건'에 대한 설명으로 옳은 것은? [2점]

> 이곳은 이언적의 위패를 모신 경주 옥산 서원입니다. 이언적은 이른바 대윤과 소윤이라는 정치 세력 간의 갈등으로 윤임 등 대윤 세력이 탄압받은 이 사건 당시 관련자들의 처리를 두고 갈등이 생기자 스스로 관직에서 물러났습니다. 이후 양재역 벽서 사건에 연루되어 유배되었습니다.

① 김종직의 조의제문이 발단이 되었다.
② 폐비 윤씨 사사 사건이 원인이 되었다.
③ 왕실 외척 간의 권력 다툼으로 일어났다.
④ 진성 대군이 왕으로 즉위하는 결과를 가져왔다.
⑤ 조광조 등이 반정 공신의 위훈 삭제를 주장하였다.

22. (가), (나) 사이의 시기에 있었던 사실로 옳은 것은? [2점]

(가) 임금이 여러 도(道)에 명을 내렸다. "나라의 운세가 매우 좋지 않아 역적 이괄이 군사를 일으켰는데, 여러 장수들이 좌시하여 수도가 함락되고 말았다. …… 예로부터 반역은 어느 시대에나 있었지만, 이처럼 극도로 흉악한 역적은 없었다. 종사와 자전*을 염려하여 남쪽으로 피란하기로 결정하였다."

(나) 정명수가 심양에 있는 소현 세자의 관소에 와서 용골대의 뜻을 전하기를, "세자가 이곳에 들어온 지가 이미 5년이 되었으니, 어찌 스스로 먹고살 길을 마련하지 않는가. 세자와 인질들에게 어찌 먹고살 식량을 늘 지급해 줄 수가 있겠는가. 경작할 땅을 주어 내년부터 각자 농사를 지어 먹도록 함이 마땅하다."라고 하였다.

*자전(慈殿): 임금의 어머니

① 정문부가 길주에서 의병을 이끌었다.
② 삼수병으로 구성된 훈련도감이 설치되었다.
③ 영창 대군이 사사되고 인목 대비가 유폐되었다.
④ 이덕형이 구원병 요청을 위해 명에 청원사로 파견되었다.
⑤ 김상헌 등이 남한산성에서 화의에 반대하여 항전을 주장하였다.

23. 다음 자료를 활용한 탐구 활동으로 가장 적절한 것은? [2점]

좌의정 채제공이 왕에게 아뢰었다. "빈둥거리는 무뢰배가 삼삼오오 떼를 지어 스스로 상점을 개설하고 일용품을 거래하는 일이 많아졌습니다. 그들은 큰 물건에서 작은 물건까지 싼값에 억지로 사들이기 일쑤입니다. 혹 물건 주인이 말을 듣지 않으면 난전(亂廛)으로 몰아서 결박하여 형조와 한성부로 끌고 가 혹독한 형벌을 당하도록 합니다. 이 때문에 물건 주인은 본전에서 밑지더라도 어쩔 수 없이 팔고 갑니다. 그리고 무뢰배들은 제각기 가게를 벌여놓고 배나 되는 값을 받습니다. 어쩔 수 없이 사야 하는 사람은 그 가게 외에서는 물건을 구할 수 없기 때문에, 물건 값이 날마다 치솟고 있습니다."

① 계해약조의 체결 과정을 확인한다.
② 오가작통법의 실시 목적을 파악한다.
③ 신해통공을 단행하게 된 배경을 조사한다.
④ 토지 소유자에게 결작을 부과한 이유를 살펴본다.
⑤ 풍흉에 따라 전세를 차등 부과하는 기준을 알아본다.

24. 밑줄 그은 '이 왕'의 재위 시기에 있었던 사실로 옳은 것은? [2점]

① 최제우가 혹세무민의 죄로 처형되었다.
② 변급, 신류 등이 나선 정벌에 참여하였다.
③ 국왕의 친위 부대인 장용영이 창설되었다.
④ 경신환국 등 여러 차례 환국이 발생하였다.
⑤ 정여립 모반 사건을 빌미로 기축옥사가 일어났다.

25. 밑줄 그은 '이 인물'에 대한 설명으로 옳은 것은? [2점]

이것은 이 인물이 제주도 유배지에서 부인에게 보낸 한글 편지입니다. 편지에는 유배 생활의 곤궁함과 함께 위독한 부인에 대한 걱정과 그리움이 담겨 있습니다. 독창적인 서체로 유명한 이 인물은 유배지에서 세한도를 그리기도 하였습니다.

① 기대승과 사단칠정 논쟁을 전개하였다.
② 북한산비가 진흥왕 순수비임을 고증하였다.
③ 양명학을 연구하여 강화 학파를 형성하였다.
④ 청으로부터 시헌력을 도입하자고 건의하였다.
⑤ 열하일기에서 수레와 선박의 사용을 강조하였다.

26 다음 가상 대화가 이루어진 시기에 볼 수 있는 모습으로 적절하지 않은 것은? [2점]

① 담배 농사를 짓는 농민
② 염포 왜관에서 교역하는 상인
③ 세책가에서 춘향전을 빌리는 부녀자
④ 관청에 필요한 물품을 납품하는 공인
⑤ 송파장에서 산대놀이 공연을 벌이는 광대

27 밑줄 그은 '이 시기'에 있었던 사실로 옳은 것은? [2점]

① 어영청을 중심으로 북벌이 추진되었다.
② 윤지충 등이 처형된 신해박해가 일어났다.
③ 이필제가 영해 지역을 중심으로 난을 일으켰다.
④ 경복궁 중건 비용 마련을 위해 당백전이 발행되었다.
⑤ 삼정의 문란을 해결하기 위해 삼정이정청이 설치되었다.

28 (가) 사건 이후에 일어난 사실로 옳은 것은? [1점]

① 의궤를 비롯한 외규장각 도서가 약탈당하였다.
② 홍경래 등이 난을 일으켜 정주성을 점령하였다.
③ 종로를 비롯한 전국 각지에 척화비가 건립되었다.
④ 제너럴셔먼호가 대동강 유역에서 통상을 요구하였다.
⑤ 황사영이 외국 군대의 출병을 요청하는 백서를 작성하였다.

29 (가), (나) 조약 사이의 시기에 볼 수 있는 모습으로 가장 적절한 것은? [3점]

(가) 부산항에서 일본국 인민이 통행할 수 있는 도로 이정(里程)은 부두로부터 기산하여 조선 이법(里法)으로 동서남북 직경 10리로 정한다. 동래부는 이정 밖에 있지만 특별히 왕래할 수 있다. 일본국 인민은 마음대로 통행하며 조선 토산물과 일본국 물품을 사고팔 수 있다.

(나) 통상 지역에서 조선 이법 100리 이내, 혹은 장래 양국 관원이 서로 의논하여 정하는 경계 안에서 영국 인민은 여행증명서 없이 마음대로 돌아다닐 수 있다. 여행증명서를 지닌 영국 인민은 조선 각지를 돌아다니며 통상하거나, 각종 화물을 들여와 팔거나(단, 조선 정부가 불허한 서적·인쇄물 등은 제외), 일체 토산물을 구매할 수 있다.

① 거문도를 불법으로 점거하는 영국 군인
② 남연군 묘의 도굴을 시도하는 독일 상인
③ 부산 절영도의 조차를 요구하는 러시아 공사
④ 조청 상민 수륙 무역 장정을 체결하는 청 관리
⑤ 톈진 조약에 따라 조선에서 철수하는 일본 군인

30 (가)에 대한 설명으로 옳은 것은? [2점]

① 처용 설화를 바탕으로 하였다.
② 종묘에서 행하는 제향 의식이다.
③ 부처의 영취산 설법 모습을 재현하였다.
④ 창과 아니리, 너름새 등으로 구성되었다.
⑤ 양반, 파계승 등을 풍자하는 내용이 담겨 있다.

31 밑줄 그은 '개혁'의 내용으로 옳은 것은? [2점]

① 양전 사업을 실시하여 지계를 발급하였다.
② 지방 행정 구역을 8도에서 23부로 개편하였다.
③ 군제를 개편하여 친위대와 진위대를 설치하였다.
④ 공사 노비법을 혁파하고 과부의 재가를 허용하였다.
⑤ 교육의 기본 방향을 제시한 교육 입국 조서를 반포하였다.

32 (가) 기구를 통해 추진된 정책으로 옳은 것은? [2점]

① 별기군을 창설하였다.
② 원수부를 설치하였다.
③ 대전통편을 편찬하였다.
④ 신문지법을 공포하였다.
⑤ 서당 규칙을 제정하였다.

33 (가) 신문에 대한 설명으로 옳은 것은? [1점]

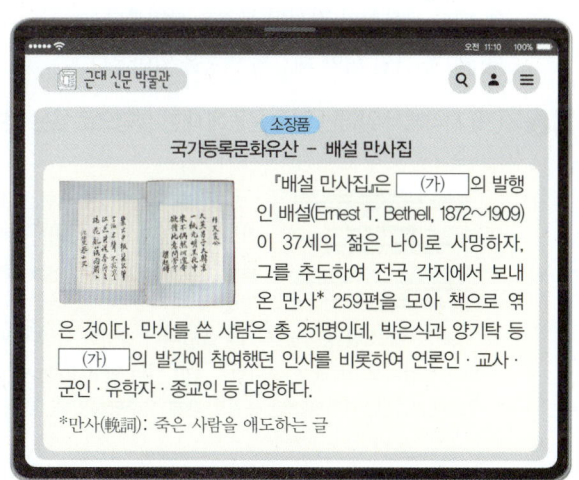

① 박문국에서 발행하였다.
② 브나로드 운동을 주도하였다.
③ 여권통문을 처음 게재하였다.
④ 국채 보상 운동을 지원하였다.
⑤ 순한글판으로 발행된 최초의 신문이었다.

34 (가) 단체의 활동으로 옳은 것은? [2점]

독립문 주춧돌 놓는 예식을 독립 공원 부지에서 열었다. …… 회장 안경수 씨가 연설하기를, " (가) 이/가 처음에 시작할 때 단지 회원이 네다섯 명이더니 오늘날 회원은 수천 명이다. 조선 인민들이 나라가 독립되는 것을 좋아하기에 심지어 궁벽한 시골에 사는 인민 중에서 독립문 세우는 데 돈을 보조하는 사람들이 있으며, 외국 사람 중에서도 돈 낸 사람이 많이 있었다. 이것을 보면 조선 사람들도 오늘부터 조선에서 모든 일을 (가) 하듯이 시작하여 모두 합심하기를 바란다."라고 하였다.

① 고종 강제 퇴위 반대 운동을 전개하였다.
② 일제의 황무지 개간권 요구를 저지시켰다.
③ 중추원 개편을 통한 의회 설립을 추진하였다.
④ 대성 학교를 설립하여 민족 교육을 실시하였다.
⑤ 독립운동 자금 마련을 위해 독립 공채를 발행하였다.

35 밑줄 그은 '사업'에 대한 탐구 활동으로 가장 적절한 것은? [2점]

화폐로 보는 한국사
백동화(白銅貨)는 전환국에서 발행한 액면가 2전 5푼의 동전이다. 당시 재정 궁핍으로 본위 화폐인 은화는 거의 주조되지 않았고, 보조 화폐인 백동화가 주로 제조되어 사용되었다. 러일 전쟁 중에 재정 고문으로 임명된 메가타 다네타로의 주도하에 전환국을 폐지하고 백동화와 엽전을 일본 제일은행권으로 교환하는 사업을 추진하면서, 백동화의 발행이 중단되었다.

① 군국기무처의 활동을 조사한다.
② 당오전이 발행된 배경을 파악한다.
③ 삼국 간섭이 발생한 원인을 분석한다.
④ 대한 광복회가 결성된 목적을 살펴본다.
⑤ 제1차 한일 협약 체결의 영향을 알아본다.

36 (가) 지역에서 일어난 민족 운동에 대한 설명으로 옳은 것은? [3점]

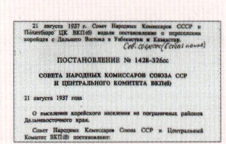
이 문서는 일제에 협력하는 것을 방지한다는 명분으로 (가) 의 한인들을 중앙아시아로 강제 이주시키라는 명령서이다.
1937년에 소련 공산당 서기장 스탈린이 승인한 이 명령의 시행으로 블라디보스토크를 포함한 (가) 의 한인 10만 명 이상이 우즈베키스탄, 카자흐스탄 등지로 강제 이주당하였다.

① 권업회를 조직하고 신문을 발행하였다.
② 한인 자치 기구인 경학사를 설립하였다.
③ 유학생을 중심으로 2·8 독립 선언서를 발표하였다.
④ 독립군 양성을 위해 대조선 국민 군단을 결성하였다.
⑤ 서전서숙과 명동 학교를 설립하여 민족 교육을 실시하였다.

37 (가) 인물의 활동으로 옳은 것은? [1점]

신간 도서 소개

동양평화론
미완의 원고, 책으로 출간

"슬프도다! 천만 뜻밖에도 일본이 승리한 이후에 가장 가깝고 친하며 어질고 약한, 같은 인종인 한국을 억눌러 강제로 조약을 맺었다."
(가) 은/는 뤼순 감옥에서 사형 집행을 눈앞에 두고 온 힘을 다해 동양 평화론을 집필하였다. 안타깝게도 그는 원고를 완성하지 못하고 형장의 이슬로 사라졌지만, 국가 간의 평등과 상호 협력으로 평화를 이룩하자는 그의 주장은 오늘날에도 시사점을 준다.

① 명동 성당 앞에서 이완용을 습격하였다.
② 하얼빈에서 이토 히로부미를 사살하였다.
③ 타이중에서 일본 육군 대장을 저격하였다.
④ 샌프란시스코에서 D.W.스티븐스를 처단하였다.
⑤ 서울역에서 신임 총독의 마차에 폭탄을 투척하였다.

38 밑줄 그은 '시기'의 사회 모습으로 가장 적절한 것은? [2점]

개성에서 청년 두 명이 웃통을 벗고 일하다가 순사에게 발견되어 태형에 처해졌다는 신문 기사입니다. 일제가 조선 태형령을 시행한 시기에는 기사의 내용처럼 사소한 사안에도 태형이라는 가혹한 형벌이 집행되었습니다.

① 육영 공원에서 외국인 교사를 초빙하였다.
② 애국반이 편성되어 일상생활이 통제되었다.
③ 조선 형평사가 창립되어 형평 운동을 전개하였다.
④ 나운규가 제작한 아리랑이 단성사에서 개봉되었다.
⑤ 경복궁에서 조선 물산 공진회가 최초로 개최되었다.

39 (가), (나)가 공포된 시기의 사이에 있었던 사실로 옳은 것은? [2점]

> (가) 회사령 폐지에 관한 건
> 회사령은 폐지한다.
> – 부칙
> 1. 이 영은 공포일로부터 시행한다.
> 2. 구령에 의하여 설립한 회사로 이 영 시행 당시 존재하는 것은 조선 민사령에 의하여 설립한 것으로 본다.
>
> (나) 조선 총독부 농촌 진흥 위원회 규정
> 제1조 조선의 농산어촌 진흥에 관한 방침, 시설 및 통제에 관한 중요 사항을 심의하기 위하여 조선 총독부에 조선 총독부 농촌 진흥 위원회를 둔다.
> 제3조 위원장은 조선 총독부 정무총감으로 한다.

① 함경도에서 방곡령이 선포되었다.
② 조선 물산 장려회가 평양에서 창립되었다.
③ 황국 중앙 총상회의 상권 수호 운동이 전개되었다.
④ 유상 매수, 유상 분배를 규정한 농지 개혁법이 제정되었다.
⑤ 국가 총동원법을 제정하여 인력과 물자를 강제 동원하였다.

40 다음 자료가 발표된 시기를 연표에서 옳게 고른 것은? [2점]

> 대학을 세운다는 일은 극히 거창하여 여간 몇 사람의 힘으로는 도저히 성취할 바가 아니므로 금일까지 실지의 운동이 일어나지 못하였던 것이라. 그러나 일이 거창하고 어렵다고 시작을 아니하면 언제까지든지 조선 사람의 대학이라는 것은 생겨볼 수가 없다. 그러므로 이번에 조선 전도의 다수한 유지를 망라하여 민중적 운동으로 될 수 있는 대로 많은 사람의 힘을 합하여 민립 대학 한 곳을 세워 보고자 이상재, 이승훈 등의 주창으로 수일 전에 민립 대학 기성 준비회를 조직하고 집행위원을 선정하였는데, 장차 각 부·군에서 다수한 발기인의 참가를 구하여 경성에서 발기회를 열고 실행 방법을 결정할 터이다.

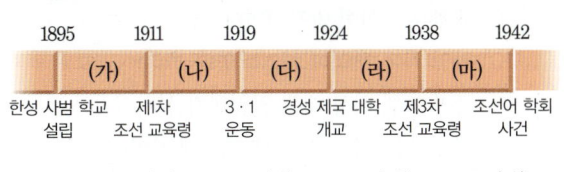

① (가) ② (나) ③ (다) ④ (라) ⑤ (마)

41 (가) 사건 이후에 전개된 사실로 옳은 것은? [3점]

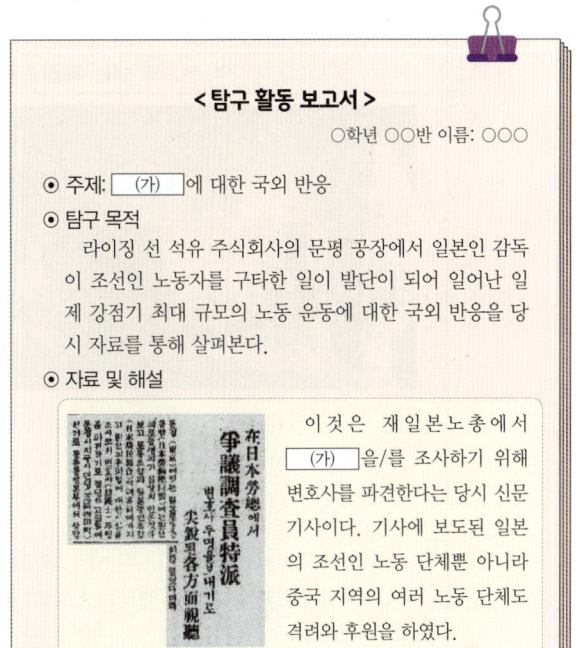

① 동양 척식 주식회사가 설립되었다.
② 강주룡이 을밀대 지붕에서 고공 농성을 벌였다.
③ 황실의 지원을 받아 대한 천일 은행이 창립되었다.
④ 전국 단위의 조직인 조선 노농 총동맹이 조직되었다.
⑤ 고율의 소작료에 반발하여 암태도 소작 쟁의가 발생하였다.

42 (가)에 들어갈 내용으로 가장 적절한 것은? [1점]

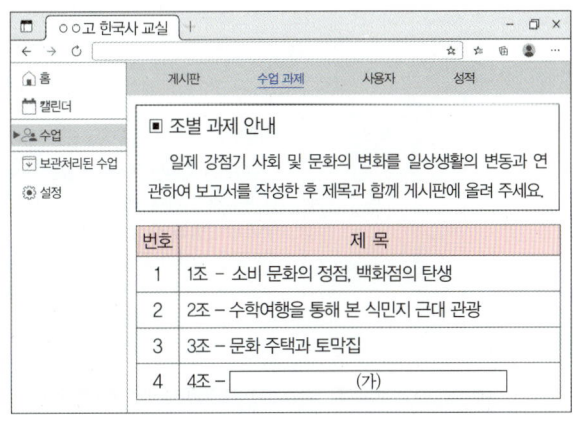

① 서양식 의료의 수용, 광혜원
② 근대적 우편 제도의 시작, 우정총국
③ 전시 통제 체제 속에서 강요된 여성복, 몸뻬
④ 근면, 자조, 협동을 기치로 내세운 새마을 운동
⑤ 상품 광고의 새로운 장을 연 컬러텔레비전 방송

43 (가) 부대에 대한 설명으로 옳은 것은? [2점]

사진으로 보는 독립운동사

[해설] 이 사진은 충칭에서 열린 대한민국 임시 정부의 (가) 총사령부 성립 전례식' 기념 사진 중 하나이다. 사진에는 대한민국 임시 정부 주석 김구와 함께 이 부대의 총사령관인 지청천이 '광복 조국'이 쓰인 기를 들고 있는 모습이 보인다. (가) 은/는 영국군의 요청으로 인도, 미얀마 전선에서 작전을 펼치는 등 활발한 활동을 전개하였다.

① 자유시 참변으로 세력이 약화되었다.
② 영릉가에서 일본군에 승리를 거두었다.
③ 봉오동 전투에서 일본군을 크게 물리쳤다.
④ 미군과 연계하여 국내 진공 작전을 준비하였다.
⑤ 쌍성보 전투에서 한중 연합 작전을 전개하였다.

44 밑줄 그은 '시기'에 볼 수 있는 모습으로 적절하지 않은 것은? [2점]

장행기

장행기는 지원병 형식으로 끌려가는 청년을 환송하기 위해 국민 총력 조선 연맹 지부에서 만들어 준 깃발이다. 이 장행기의 주인공은 일제가 중일 전쟁을 일으키고 침략을 확대하던 시기에 지원병으로 끌려가 전사하였다. 장행기에는 창씨개명한 그의 일본식 이름이 적혀 있다.

① 국방헌금 모금에 적극 협력하는 부호
② 황국 신민 서사 암송을 강요받는 학생
③ 원각사에서 연극 은세계를 공연하는 배우
④ 내선일체에 협력하자는 논설을 쓰는 언론인
⑤ 국민 징용령에 의해 강제로 동원되는 노동자

45 다음 안내에 따라 학생이 발표한 내용으로 가장 적절한 것은? [3점]

학생 여러분, 이번 시간에는 우리 고장의 유적과 기념물을 조사해서 발표하는 활동을 하겠습니다. 우리 고장은 금강 중류에 위치한 유서 깊은 도시입니다. 남한에서 최초로 발굴된 구석기 유적이 있어 선사 시대부터 우리 고장에 사람이 살았던 것을 알 수 있습니다. 또한, 삼국이 상호 경쟁하던 시기에는 백제의 수도로서 백제 중흥을 위한 노력이 전개되었던 곳으로 백제 고분을 통해 당시의 문화를 엿볼 수 있습니다. 고려 시대에는 최승로의 건의에 따라 설치된 12목 중의 하나였고, 이후 조선 시대에도 감영이 있어 지역의 중심지 역할을 하였습니다. 그리고 근대에는 동학 농민군이 관군과 일본군에 맞서 치열한 전투를 전개하는 등 외세를 물리치기 위한 민족 운동이 펼쳐지기도 하였습니다.
그럼, 모둠별로 우리 고장의 다양한 유적과 기념물에 대해 조사한 후 알게 된 내용을 발표해 봅시다.

① 갑 – 수양개 유적을 조사하여 우리 고장에 살던 구석기인들이 다양한 기법으로 석기를 제작했음을 알 수 있었습니다.
② 을 – 송산리 고분군의 벽돌무덤을 조사하여 무령왕이 중국 남조, 왜 등과 활발하게 교류했음을 알 수 있었습니다.
③ 병 – 만인의총을 조사하여 정유재란 당시 우리 고장의 백성들이 조명 연합군과 함께 결사 항전했음을 알 수 있었습니다.
④ 정 – 만석보 유지비를 조사하여 우리 고장 농민들이 군수 조병갑의 수탈에 저항하여 봉기했음을 알 수 있었습니다.
⑤ 무 – 아우내 3·1 운동 독립 사적지를 조사하여 유관순이 우리 고장에서 만세 시위를 주도했음을 알 수 있었습니다.

46 (가) 전쟁 중에 있었던 사실로 옳은 것은? [2점]

저는 지금 부산의 재한 유엔 기념 공원 내에 있는 유엔군 전몰장병 추모명비 앞에 와 있습니다. (가) 에서 전사하거나 실종된 4만여 명의 이름을 새겨 넣어 추도와 기억의 공간으로 만든 이곳에서 평화의 가치를 생각해 보았으면 합니다.

① 애치슨 라인이 발표되었다.
② 한일 기본 조약이 체결되었다.
③ 국가 보위 비상 대책 위원회가 설치되었다.
④ 김구, 김규식 등이 남북 협상에 참여하였다.
⑤ 비상계엄이 선포된 가운데 발췌 개헌안이 통과되었다.

47 밑줄 그은 '총선거'에 대한 설명으로 옳은 것은? [1점]

[해설] 이것은 유엔 한국 임시 위원단의 감시하에 우리나라 최초로 실시된 총선거에 출마한 장면 후보자의 선거 공보이다. 후보자의 사진, 약력, 선거 구호 등이 보이고, 특히 자세한 투표 안내가 눈에 띈다.

① 5 · 16 군사 정변 이후에 실시되었다.
② 제헌 국회의원을 선출하기 위해 시행되었다.
③ 통일 주체 국민 회의 대의원이 투표에 참여하였다.
④ 민의원, 참의원으로 구성된 양원제 국회가 탄생하였다.
⑤ 신한 민주당이 창당 한 달 만에 제1야당이 되는 결과를 가져왔다.

48 다음 기사가 보도된 정부 시기의 사실로 옳은 것은? [3점]

□□신문

제24회 서울 올림픽 개회식이 열리다

제24회 서울 올림픽 개회식이 어제 잠실 올림픽 주경기장에서 성공적으로 열렸다. 개회식 마지막 행사에서는 주제곡 '손에 손잡고'가 울려 퍼지는 가운데 서울 올림픽 마스코트인 호돌이를 비롯하여 이전 올림픽의 마스코트들이 함께 춤추는 장면이 연출되어 동서 화합의 의미를 더했다.
12년 만에 동서 양 진영이 함께 모인 이번 대회에서는 160개국의 선수 8,000여 명이 참가하여 과거 어느 대회보다 수준 높은 경기가 펼쳐질 것으로 예상된다.

① 국민 교육 헌장이 발표되었다.
② 3당 합당으로 민주 자유당이 창당되었다.
③ 군 내부의 사조직인 하나회가 해체되었다.
④ 사회 정화를 명분으로 삼청 교육대가 설치되었다.
⑤ 외환 위기 극복을 위한 금 모으기 운동이 전개되었다.

49 (가) 민주화 운동에 대한 설명으로 옳은 것은? [2점]

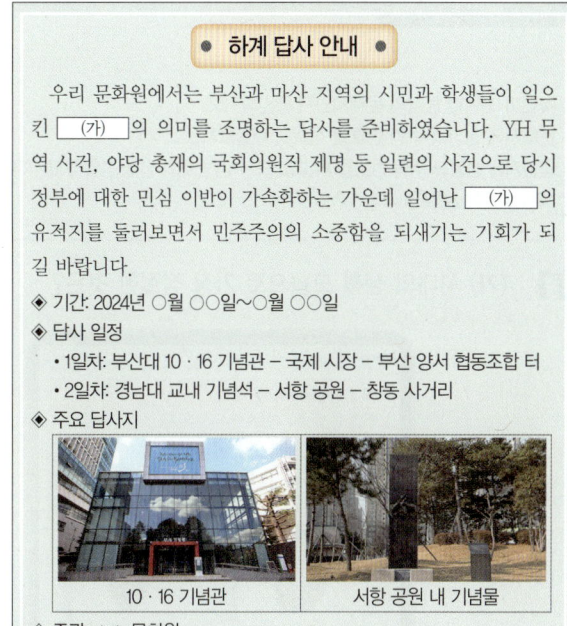

● 하계 답사 안내 ●

우리 문화원에서는 부산과 마산 지역의 시민과 학생들이 일으킨 (가) 의 의미를 조명하는 답사를 준비하였습니다. YH 무역 사건, 야당 총재의 국회의원직 제명 등 일련의 사건으로 당시 정부에 대한 민심 이반이 가속화하는 가운데 일어난 (가) 의 유적지를 둘러보면서 민주주의의 소중함을 되새기는 기회가 되길 바랍니다.

◆ 기간: 2024년 ○월 ○○일~○월 ○○일
◆ 답사 일정
 • 1일차: 부산대 10 · 16 기념관 - 국제 시장 - 부산 양서 협동조합 터
 • 2일차: 경남대 교내 기념석 - 서항 공원 - 창동 사거리
◆ 주요 답사지

10 · 16 기념관 | 서항 공원 내 기념물

◆ 주관: △△ 문화원

① 유신 체제 붕괴의 배경이 되었다.
② 시민군을 조직하여 계엄군에 대항하였다.
③ 시위 도중 김주열이 최루탄을 맞고 사망하였다.
④ 직선제 개헌을 약속한 6 · 29 선언을 이끌어냈다.
⑤ 대통령이 하야하여 미국으로 망명하는 결과를 가져왔다.

50 다음 연설이 있었던 정부의 통일 노력으로 옳은 것은? [2점]

노벨 위원회가 긍정적으로 평가해 준 최근의 남북 관계에 대해 몇 말씀 드리겠습니다. 저는 지난 6월에 북한의 김정일 국방위원장과 역사적인 남북 정상 회담을 가졌습니다. …… 우리의 일관되고 성의 있는 자세와 노르웨이를 비롯한 전 세계 모든 나라의 햇볕 정책에 대한 지지는 북한의 태도를 바꾸게 만들었습니다.

① 남북 기본 합의서를 교환하였다.
② 7 · 4 남북 공동 성명을 발표하였다.
③ 6 · 15 남북 공동 선언을 채택하였다.
④ 한반도 비핵화 공동 선언에 합의하였다.
⑤ 남북 이산가족 고향 방문단의 교환을 최초로 실현하였다.

제70회 한국사능력검정시험

- 자신이 선택한 등급의 문제지인지 확인하시오.
- 문제지에 성명과 수험 번호를 정확히 써넣으시오.
- 답안지에 성명과 수험 번호를 써넣고, 또 수험 번호와 답을 정확히 표시하시오.
- 시험 시간은 80분입니다.

01 (가) 시대의 생활 모습으로 가장 적절한 것은? [1점]

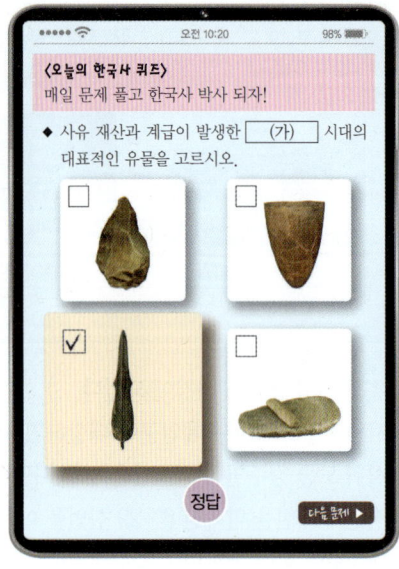

① 철제 무기로 정복 활동을 벌였다.
② 오수전, 화천 등의 중국 화폐로 교역하였다.
③ 많은 인력을 동원하여 고인돌을 축조하였다.
④ 주로 동굴이나 강가에 막집을 짓고 거주하였다.
⑤ 가락바퀴와 뼈바늘을 사용하여 옷을 만들기 시작하였다.

02 (가) 나라에 대한 설명으로 옳은 것은? [2점]

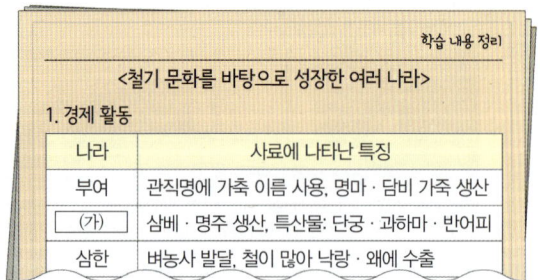

① 신지, 읍차 등의 지배자가 있었다.
② 혼인 풍습으로 민며느리제가 있었다.
③ 10월에 무천이라는 제천 행사를 열었다.
④ 여러 가(加)들이 각각 사출도를 주관하였다.
⑤ 제가 회의에서 나라의 중대사를 결정하였다.

03 다음 자료에 나타난 사건의 영향으로 가장 적절한 것은? [3점]

> 왕이 문주에게 일러 말하기를, "내가 어리석고 밝지 못하여 간사한 사람[도림]의 말을 믿어 이 지경이 되었다. …… 나는 마땅히 사직에서 죽겠지만, 네가 이곳에서 함께 죽는 것은 이로울 게 없다. 어찌 난을 피하여 나라의 계통을 잇지 않겠는가?"라고 하였다. …… 고구려의 대로 제우 · 재증걸루 · 고이만년 등이 북성을 공격하여 7일 만에 빼앗았다. 이동하여 남성을 공격하니 성 안 사람들이 두려워하였다. 왕이 성을 나와 도망하자, 고구려 장수 재증걸루 등이 왕을 보고 말에서 내려 절한 다음에 그 얼굴을 향해 세 번 침을 뱉고는 죄를 나열한 다음 포박하여 아차성 아래로 보내 죽였다.

① 고구려가 평양으로 천도하였다.
② 동성왕이 나제 동맹을 강화하였다.
③ 고국원왕이 근초고왕의 공격을 받아 전사하였다.
④ 백제가 고구려를 견제하고자 북위에 국서를 보냈다.
⑤ 신라가 왜를 격퇴하기 위해 고구려에 군사를 청하였다.

04 (가) 왕의 재위 시기에 있었던 사실로 옳은 것은? [2점]

스스로 탐구하는 역사 수업
고구려 제17대 왕으로 즉위하여 통치 체제를 정비한 (가) 에 대해 조사한 내용을 올려 주세요.

정치	외교	사회
율령을 반포하였어요.	전진에 사신을 파견하여 교류하였어요.	태학을 설립하여 인재를 양성하였어요.

① 승려 순도를 통해 불교를 수용하였다.
② 낙랑군을 축출하여 영토를 확장하였다.
③ 영락이라는 독자적인 연호를 사용하였다.
④ 을지문덕이 살수에서 수의 군대를 물리쳤다.
⑤ 이문진이 유기를 간추린 신집 5권을 편찬하였다.

05 강연자의 질문에 대한 청중의 답변으로 가장 적절한 것은? [2점]

① 간경도감에서 경전이 간행되었습니다.
② 연개소문이 당에 도사 파견을 요청하였습니다.
③ 과거 시험의 교재로 사서집주가 채택되었습니다.
④ 범일이 9산 선문 중 하나인 사굴산문을 개창하였습니다.
⑤ 주요 경전의 이름이 새겨진 임신서기석이 만들어졌습니다.

06 (가) 승려에 대한 설명으로 옳은 것은? [2점]

일체유심조
모든 것은 마음먹기에 달려 있다!
우리 역사상 불교 발전에 가장 크게 이바지한 승려를 가리는 이번 투표에서 여러분들의 현명한 선택을 기다립니다.
■ 주요 활동
· 『금강삼매경론』, 『대승기신론소』 등 저술
· 일심 사상과 화쟁 사상 주장

기호 ○번 (가)

① 구법 순례기인 왕오천축국전을 남겼다.
② 황룡사 구층 목탑의 건립을 건의하였다.
③ 무애가를 지어 불교 대중화에 기여하였다.
④ 화랑도의 규범으로 세속 5계를 제시하였다.
⑤ 화엄일승법계도를 지어 화엄 사상을 정리하였다.

07 (가) 국가에 대한 설명으로 옳은 것은? [1점]

『신라고기(新羅古記)』에 이르기를 "고(구)려의 옛 장수 조영의 성은 대씨(大氏)니 남은 군사를 모아 태백산 남쪽에서 나라를 세우고 나라 이름을 (가) (이)라고 하였다." …… 『지장도(指掌圖)』에 보면 "(가) 은/는 만리장성 동북쪽 모서리 밖에 있다."라고 하였다.

① 군사 조직으로 9서당 10정을 편성하였다.
② 정사암에 모여 국가 중대사를 논의하였다.
③ 광평성을 비롯한 각종 정치 기구를 갖추었다.
④ 5경 15부 62주의 지방 행정 제도를 마련하였다.
⑤ 상수리 제도를 시행하여 지방 세력을 견제하였다.

08 (가) 인물에 대한 설명으로 옳은 것은? [2점]

[역사 다큐멘터리 기획안]

도당 유학생, 서로 다른 길을 걷다

■ 기획 의도
  당에 건너가 유학했던 6두품들이 신라로 돌아온 이후의 행보를 알아본다.

■ 구성 내용
  1. (가) , 진성 여왕에게 시무책 10여 조를 올리다
  2. 최승우, 견훤의 신하로 왕건에게 보내는 격문을 짓다
  3. 최언위, 고려에 투항하여 문한관으로 문명을 떨치다

① 향가 모음집인 삼대목을 편찬하였다.
② 외교 문서인 청방인문표를 작성하였다.
③ 격황소서를 지어 문장가로서 이름을 떨쳤다.
④ 유식의 교의를 담은 해심밀경소를 저술하였다.
⑤ 국왕에게 조언하는 내용의 화왕계를 저술하였다.

09 다음 상황이 나타난 시기를 연표에서 옳게 고른 것은? [3점]

각간 김경신이 해몽을 청하자 아찬 여삼은 "복두를 벗은 것은 위에 다른 사람이 없다는 뜻이요, 소립을 쓴 것은 면류관을 쓸 징조이며, 12현금(絃琴)을 든 것은 12대손까지 왕위를 전한다는 조짐이며, 천관사 우물로 들어간 것은 궁궐로 들어갈 상서로운 조짐입니다."라고 하였다. "위에 주원이 있는데 어찌 내가 왕위에 오를 수 있겠소?"라고 경신이 묻자, 아찬이 대답하기를 "청컨대 은밀히 북천신에게 제사 지내면 될 것입니다."라고 하여 이에 따랐다. 얼마 지나지 않아 선덕왕이 죽자, 나라 사람들이 김주원을 왕으로 받들어 궁중으로 맞아들이려 했다. 주원의 집은 북천 북쪽에 있었는데 홀연히 냇물이 불어나 건널 수가 없었다. 이에 경신이 먼저 궁궐로 들어가 왕위에 올랐다.

654	681	722	780	828	889
	(가)	(나)	(다)	(라)	(마)
무열왕 즉위	김흠돌의 난	정전 지급	혜공왕 피살	청해진 설치	원종과 애노의 난

① (가) ② (나) ③ (다) ④ (라) ⑤ (마)

10 (가)에 들어갈 내용으로 적절한 것은? [2점]

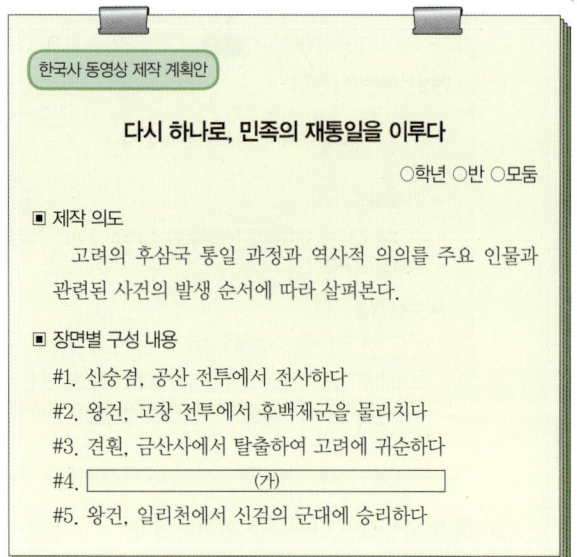

① 안승, 보덕국왕으로 책봉되다
② 궁예, 국호를 태봉으로 바꾸다
③ 경순왕 김부, 경주의 사심관이 되다
④ 윤충, 대야성을 공격하여 함락시키다
⑤ 흑치상지, 임존성에서 부흥군을 이끌다

11 (가) 국가의 경제 상황으로 옳은 것은? [1점]

① 특산품으로 솔빈부의 말이 유명하였다.
② 풍흉에 따라 9등급으로 전세를 거두었다.
③ 감자, 고구마 등의 작물이 널리 재배되었다.
④ 경시서의 관리들이 시전의 상행위를 감독하였다.
⑤ 설점수세제를 시행하여 민간의 광산 개발을 허용하였다.

12 (가)~(마)에 들어갈 내용으로 적절한 것은? [3점]

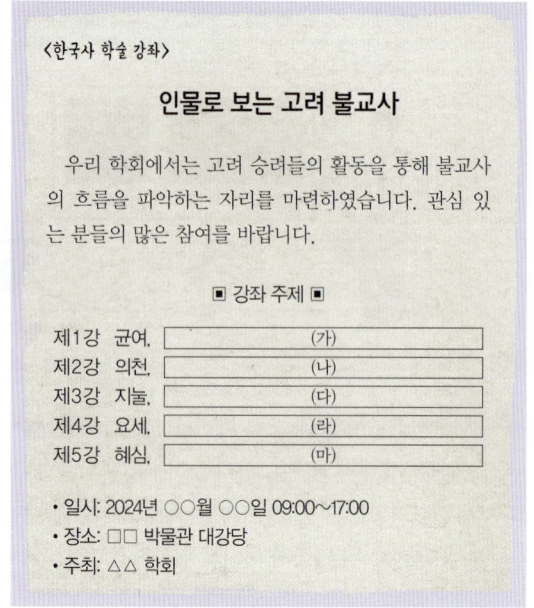

① (가) – 법화 신앙에 중점을 둔 백련 결사를 제창하다
② (나) – 심성의 도야를 강조한 유불 일치설을 주장하다
③ (다) – 권수정혜결사문을 작성하여 정혜쌍수를 강조하다
④ (라) – 이론과 수행을 함께 강조하는 교관겸수를 제시하다
⑤ (마) – 보현십원가를 지어 불교 교리를 대중에게 전파하다

13 (가) 왕에 대한 설명으로 옳은 것은? [2점]

① 여진 정벌을 위해 별무반을 창설하였다.
② 전국에 12목을 설치하고 관리를 파견하였다.
③ 광덕, 준풍 등의 독자적인 연호를 사용하였다.
④ 거란의 침입에 대비하여 개경에 나성을 축조하였다.
⑤ 정계와 계백료서를 지어 관리의 규범을 제시하였다.

14 (가) 사건에 대한 탐구 활동으로 가장 적절한 것은? [2점]

대한민국 방방곡곡 - 거제 둔덕기성 전경
한국사 채널 조회 수 140,525

거제의 둔덕기성은 신라 시대에 축조되었고, 고려 시대에 성벽이 개축되어 축성법의 변화를 연구하는 데 학술적 가치가 큰 사적입니다. 정중부 등이 일으킨 (가) (으)로 폐위된 의종이 이곳에서 머물렀다고 전해지고 있습니다. 이후 김보당은 의종을 경주로 피신시켜 복위를 시도하였습니다.

① 정동행성이 설치되는 배경을 살펴본다.
② 철령위 설치에 대한 최영의 대응을 검색한다.
③ 칭제 건원과 금국 정벌을 주장한 인물을 찾아본다.
④ 서경유수 조위총이 반란을 일으킨 이유를 알아본다.
⑤ 이성계 등 신흥 무인 세력이 성장하는 과정을 조사한다.

15 (가), (나) 사이의 시기에 있었던 사실로 옳은 것은? [2점]

(가) 최우가 녹전거(祿轉車) 100여 대를 빼앗아 집안의 재물을 강화도로 옮기니, 수도가 흉흉하였다. …… 또 사자(使者)를 여러 도에 나누어 보내어, 백성을 산성과 섬으로 옮겼다.

(나) 김방경과 흔도(忻都), 홍차구, 왕희, 왕옹 등이 3군을 거느리고 진도를 토벌하여 크게 격파하고, 승화후 왕온을 죽였다. 김통정이 남은 무리를 이끌고 탐라로 도망하여 들어갔다.

① 양규가 곽주성을 급습하여 탈환하였다.
② 최무선이 진포에서 왜구를 격퇴하였다.
③ 강조가 정변을 일으켜 국왕을 폐위하였다.
④ 김윤후가 처인성에서 살리타를 사살하였다.
⑤ 이자겸과 척준경이 반란을 일으켜 궁궐을 불태웠다.

16 다음 자료에 나타난 시기의 사회 모습으로 적절한 것은? [1점]

○ 당시 응방·겁령구 및 내수(內竪) 등의 천한 자들이 모두 사전(賜田)을 받았는데, 많은 경우는 수백 결에 이르렀다. 일반 백성을 유인하여 전호로 삼고, 가까운 곳에 있는 민전에서는 모두 수조하였으므로 주와 현에서는 부세가 들어올 바가 없게 되었다.

○ 공주가 장차 입조(入朝)할 예정이었으므로, 인후와 염승익에게 명하여 양가의 자녀로서 나이가 14~15세인 자들을 선발하였고, 순군(巡軍)과 홀적(忽赤) 등으로 하여금 인가를 수색하게 하였다. 혹 밤중에 침실에 돌입하거나 노비를 포박하여 심문하기도 하였으니, 비록 자녀가 없는 자라 할지라도 깜짝 놀라 동요하게 되었다. 원망하며 우는 소리가 온 거리에 가득하였다.

① 최충이 9재 학당을 설립하였다.
② 만적이 개경에서 반란을 모의하였다.
③ 지배층을 중심으로 변발과 호복이 유행하였다.
④ 국난 극복을 기원하며 초조대장경이 조판되었다.
⑤ 기근에 대비하기 위하여 구황촬요가 간행되었다.

17 (가) 왕에 대한 설명으로 옳은 것은? [2점]

오늘 말씀해 주실 삼공신회맹문에는 어떤 내용이 담겨 있나요?

이 문서에는 두 차례에 걸친 왕자의 난으로 즉위한 (가) 이/가 삼공신들과 함께 종묘사직 및 산천에 제를 올려 충의와 신의를 맹세한 내용이 기록되어 있습니다. 삼공신은 개국공신, 제1차 왕자의 난에서 공을 세운 정사공신, 제2차 왕자의 난을 평정하는 데 도움을 준 좌명공신을 말합니다.

개국정사좌명삼공신회맹문

① 경국대전을 완성하여 통치 체제를 정비하였다.
② 초계문신제를 시행하여 문신들을 재교육하였다.
③ 길주를 근거지로 일어난 이시애의 난을 진압하였다.
④ 문하부를 폐지하고 낭사를 사간원으로 독립시켰다.
⑤ 붕당의 폐해를 경계하기 위한 탕평비를 건립하였다.

18 (가) 인물에 대한 설명으로 옳은 것은? [2점]

이것은 (가) 이/가 함길도에 있을 때 화살이 날아왔는데도 놀라지 않고 태연히 연회를 계속 즐겼다는 고사를 담은 야연사준도입니다. 함길도 병마도절제사로 활약했던 그는 문종 대 고려사절요 편찬을 총괄하였고, 단종 대 좌의정의 자리에 올랐으나 계유정난 때 살해되었습니다.

① 두만강 일대에 6진을 개척하였다.
② 탄금대에서 배수의 진을 치고 싸웠다.
③ 조총 부대를 이끌고 나선 정벌에 나섰다.
④ 왜구의 근거지인 쓰시마섬을 정벌하였다.
⑤ 외교 담판을 통해 강동 6주를 획득하였다.

19 밑줄 그은 '전하'의 재위 시기에 있었던 사실로 옳은 것은? [2점]

며칠 전 전하께서 예문관에서 옛 집현전의 직제를 분리하여 홍문관으로 이관하는 것을 명하셨다고 하네. 이제 홍문관이 옛 집현전의 기능을 대신한다는 것이지.

홍문관원들이 경연관을 겸한다고 하니 앞으로 경연이 더욱 활성화되겠군.

① 국왕의 친위 부대인 장용영이 설치되었다.
② 백운동 서원이 사액을 받아 소수 서원이 되었다.
③ 국가의 의례를 정비한 국조오례의가 완성되었다.
④ 통치 체제를 정비하기 위해 속대전이 편찬되었다.
⑤ 수조권이 세습되던 수신전과 휼양전이 폐지되었다.

20 다음 자료에 대한 탐구 활동으로 가장 적절한 것은? [2점]

○ 조광조 등이 아뢰기를, "소격서가 요사하고 허탄함은 이미 경연에서 다 아뢰었고 전하께서도 그것이 허탄함을 환히 아시니 지금 다시 말할 것이 없습니다. ……"라고 하였다.

○ 신광한이 아뢰기를, "지난번에 조광조가 아뢰었던 천거로 인재를 뽑는 일은 여럿이 의논한 일입니다. 각별히 천거하는 것은 한(漢)에서 시행한 현량과와 효렴과를 따르는 것이 가합니다. 이것은 자주 할 수는 없으나 지금은 이를 시행할 만한 기회입니다. ……"라고 하였다.

① 호포제를 실시한 배경을 조사한다.
② 기해예송의 전개 과정과 결과를 파악한다.
③ 중종 때 사림과 언관들이 제기한 주장을 검색한다.
④ 정여립 모반 사건을 계기로 동인이 입은 피해를 찾아본다.
⑤ 인현 왕후가 폐위되고 남인이 권력을 차지한 사건을 알아본다.

21 (가) 전쟁 중에 있었던 사실로 옳은 것은? [2점]

문학으로 만나는 한국사

홍계남이 당초 의병을 일으켜 흉적을 쳐서 활을 쏘아 맞히고 벤 수급이 매우 많았고 가는 곳마다 공을 세우니, 적들이 홍장군이라고 부르며 감히 침범하지 못했다. 호서(충청도) 내지가 편안할 수 있었던 것은 모두 홍계남의 공이라고 한다. 가상한 일이다. 의병이 곳곳에서 봉기하였지만, …… 고경명과 조헌은 모두 나랏일에 몸을 바쳐 죽을 자리에서 죽었으니 가히 그 명성에 걸맞다고 말할 수 있다.
- 『쇄미록』 -

[해설] 이 작품은 오희문이 (가) 중에 있었던 일을 적은 일기이다. 적군의 침입과 약탈, 의병장의 활동, 피란민의 참혹한 생활 등이 생생하게 담겨 있다.

① 삼수병으로 구성된 훈련도감이 설치되었다.
② 왕이 도성을 떠나 남한산성으로 피란하였다.
③ 송시열, 이완 등을 중심으로 북벌이 추진되었다.
④ 국방 문제를 논의하기 위해 비변사가 신설되었다.
⑤ 제한된 범위의 무역을 허용한 계해약조가 체결되었다.

22 (가)~(마)에 대한 설명으로 적절하지 <u>않은</u> 것은? [3점]

① (가) – 오층 목조탑 내부에 부처의 일생을 그린 팔상도가 있다.
② (나) – 배흘림기둥에 주심포 양식으로 축조된 무량수전이 있다.
③ (다) – 현존하는 우리나라 최고(最古)의 목조 건물인 극락전이 있다.
④ (라) – 팔만대장경판을 보관하고 있는 장경판전이 있다.
⑤ (마) – 무구정광대다라니경이 발견된 삼층 석탑이 있다.

23 밑줄 그은 '제도'에 대한 설명으로 옳은 것을 〈보기〉에서 고른 것은? [2점]

이원익의 건의로 경기도에서 시행되는 수취 제도에 대해 설명해 주세요.

이번에 시행되는 제도는 지방의 특산물을 징수하면서 나타난 방납의 폐단을 막아 백성들의 부담을 줄여주기 위한 것입니다. 공물을 현물 대신 토지의 결 수에 따라 쌀로 납부합니다.

〈보기〉
ㄱ. 선혜청에서 관련 업무를 담당하였다.
ㄴ. 재정을 보충하기 위해 지주에게 결작을 부과하였다.
ㄷ. 관청에 물품을 조달하는 공인이 등장하는 배경이 되었다.
ㄹ. 어장세, 선박세 등이 국가 재정으로 귀속되는 결과를 가져왔다.

① ㄱ, ㄴ ② ㄱ, ㄷ ③ ㄴ, ㄷ ④ ㄴ, ㄹ ⑤ ㄷ, ㄹ

24 다음 시나리오에 등장하는 왕의 재위 시기에 있었던 사실로 옳은 것은? [2점]

> #5. 궁궐 안
> 왕과 신하들이 대화하는 장면
>
> **신하1:** 전하, 우리나라의 습속은 예로부터 신분에 따라 등용하는 것이 원칙이었습니다. 서얼들을 적자와 똑같이 대우한다면, 서얼이 적자를 능멸하는 폐단이 열리게 될 것입니다.
>
> **왕:** 수많은 서얼들도 나의 신하인데 그들이 제자리를 얻지 못하고 포부도 펴지 못한다면 이 또한 과인의 허물일 것이오. 규장각에 검서관을 두어 이덕무, 박제가, 유득공, 서이수를 등용하려는 내 결심은 변함이 없을 것이니 그리 알고 물러들 가시오.

① 왕권 강화를 위해 6조 직계제가 시행되었다.
② 거중기 등을 활용하여 수원 화성이 축조되었다.
③ 청과 국경을 정하는 백두산정계비가 건립되었다.
④ 통치 체제를 정비하기 위해 대전회통이 편찬되었다.
⑤ 삼정의 문란을 시정하기 위한 삼정이정청이 설치되었다.

25 다음 상황이 나타난 시기에 볼 수 있는 모습으로 적절하지 <u>않은</u> 것은? [1점]

> 김화진 등이 아뢰기를, "…… 만상과 송상이 함께 수많은 가죽을 마음대로 밀무역을 합니다. 수달 가죽은 금지 품목 가운데 하나인데 변경을 지키는 관리들이 대수롭지 않게 여겨 1년, 2년이 되면 곧 일상적인 물건과 같아지니 …… 이후로는 한결같이 법전에 의거하여 금지 조항을 거듭 자세히 밝혀서 송상과 만상에게 법을 범해서는 안 되며, 범하는 사람이 있으면 일일이 적발하여 법에 따라 엄격하게 처벌한다는 것을 분명히 알게 해야 합니다. 아울러 살피지 못한 변방의 관리들도 드러나는 대로 무겁게 다스린다는 뜻을 분명히 알게 해야 합니다. ……"라고 하니, 임금이 그리하라 하였다.

① 채굴 노동자를 고용하는 덕대
② 벽란도에서 교역하는 송의 상인
③ 상평통보로 물건을 거래하는 보부상
④ 포구에서 물품의 매매를 중개하는 여각
⑤ 담배, 인삼 등 상품 작물을 재배하는 농민

26 (가) 인물에 대한 설명으로 옳은 것은? [2점]

① 북한산비가 진흥왕 순수비임을 고증하였다.
② 청으로부터 시헌력을 도입하자고 건의하였다.
③ 우서에서 사농공상의 직업적 평등을 주장하였다.
④ 양반전을 지어 양반의 허례와 무능을 풍자하였다.
⑤ 10리마다 눈금을 표시한 대동여지도를 완성하였다.

27 (가) 인물의 작품으로 옳은 것은? [1점]

①  ②  ③

④  ⑤

28 (가), (나) 사이의 시기에 있었던 사실로 옳은 것은? [3점]

(가) 순무영에서 정족산성 수성장 양헌수가 보내온 보고에 의하면, "…… 우리 군사가 잠입한 사실을 적들이 알지 못하였습니다. 오늘 저들은 우리가 지키고 있는 성을 점령할 계책으로 그 우두머리가 말을 타고 나귀를 끌고 짐바리와 술과 음식을 가지고 동문과 남문으로 나누어 들어왔습니다. 이때 우리 군사들이 좌우에 매복하였다가 일제히 총탄을 퍼부었습니다. ……"라고 하였습니다.

(나) 4월 24일에 계속해서 올린 강화 진무사 정기원의 치계에, "미국 배가 다시 항구로 들어와서 광성진을 습격하여 함락하였는데, 중군 어재연이 힘껏 싸우다가 목숨을 바쳤고, 사망한 군사가 매우 많습니다. 적병은 초지포 부근에 주둔하였습니다. 장수 이렴이 밤을 이용하여 습격해서야 그들을 퇴각시켰습니다."라고 하였습니다.

① 일본 군함 운요호가 영종도를 공격하였다.
② 오페르트가 남연군 묘의 도굴을 시도하였다.
③ 마젠창과 묄렌도르프가 고문으로 파견되었다.
④ 영국군이 러시아를 견제하기 위해 거문도를 점령하였다.
⑤ 황사영이 외국 군대의 출병을 요청하는 백서를 작성하였다.

29 (가) 조약에 대한 설명으로 옳은 것은? [2점]

① 최혜국 대우를 최초로 규정하였다.
② 통감부가 설치되는 계기가 되었다.
③ 천주교 포교 허용의 근거가 되었다.
④ 재정 고문을 두도록 하는 조항을 담고 있다.
⑤ 부산, 원산, 인천이 개항되는 결과를 가져왔다.

30 (가)에 대한 설명으로 옳은 것은? [2점]

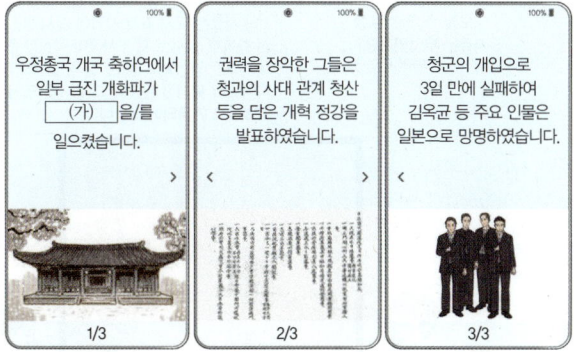

① 전개 과정에서 집강소가 설치되었다.
② 수신사가 파견되는 데 영향을 주었다.
③ 한성 조약이 체결되는 결과를 가져왔다.
④ 사태 수습을 위해 박규수가 안핵사로 파견되었다.
⑤ 구식 군인에 대한 차별 대우가 발단이 되어 일어났다.

32 (가) 의병에 대한 설명으로 옳은 것은? [2점]

이달의 독립운동가
최초의 여성 의병 지도자 윤희순(尹熙順)
· 생몰년: 1860~1935
· 생애 및 활동
경기도 구리 출신으로 명성 황후 시해 사건이 일어나자 '안사람 의병가'를 창작하여 여성의 의병 참여를 독려하는 데 앞장섰다. 고종의 강제 퇴위와 군대 해산에 반발하여 일어난 (가) 당시 30여 명의 여성으로 의병대를 조직하여 최초의 여성 의병장으로 활약하였다. 일제에 나라를 뺏긴 이후에는 만주로 망명하여 항일 인재 양성과 무장 투쟁을 이어 나갔다. 1990년 건국훈장 애족장이 추서되었다.

① 최익현이 태인에서 궐기하였다.
② 고종의 해산 권고 조칙에 따라 해산하였다.
③ 민종식이 이끄는 부대가 홍주성을 점령하였다.
④ 일본에 국권 반환 요구서를 제출하고자 하였다.
⑤ 의병 부대가 연합하여 서울 진공 작전을 전개하였다.

31 (가) 궁궐에 대한 설명으로 옳은 것은? [3점]

돈덕전으로의 초대

돈덕전이 재건되어 전시관으로 개관합니다. 많은 관람 부탁드립니다.

■ 주소: 서울특별시 중구 세종대로 99
■ 개관일: 2023년 ○○월 ○○일

● 소개
돈덕전은 (가) 안에 지어진 유럽풍 외관의 건물로, 고종 즉위 40주년 기념행사를 열기 위해 건립되었다. 1층에는 폐하를 알현하는 폐현실, 2층에는 침실이 자리하여 각국 외교 사절의 폐현 및 연회장, 국빈급 외국인의 숙소로 사용되었다. 러시아 공사관에서 (가) 으로 거처를 옮긴 뒤부터 고종은 중명전을 비롯한 서구식 건축물을 지어 근대 국가로서의 면모를 보여주고자 하였다. 돈덕전 역시 이러한 의도가 투영된 건축물이다.

① 제1차 미소 공동 위원회가 개최되었다.
② 도성 내 서쪽에 있어 서궐이라고 불렸다.
③ 일제에 의해 창경원으로 격하되기도 하였다.
④ 정도전이 궁궐과 주요 전각의 명칭을 정하였다.
⑤ 태종이 도읍을 한양으로 다시 옮기며 건립하였다.

33 ⊙ 시기에 볼 수 있는 모습으로 가장 적절한 것은? [2점]

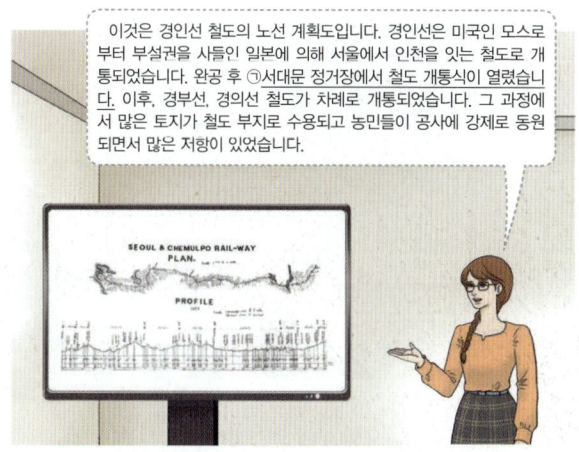

이것은 경인선 철도의 노선 계획도입니다. 경인선은 미국인 모스로부터 부설권을 사들인 일본에 의해 서울에서 인천을 잇는 철도로 개통되었습니다. 완공 후 ⊙서대문 정거장에서 철도 개통식이 열렸습니다. 이후, 경부선, 경의선 철도가 차례로 개통되었습니다. 그 과정에서 많은 토지가 철도 부지로 수용되고 농민들이 공사에 강제로 동원되면서 많은 저항이 있었습니다.

① 학도 지원병을 독려하는 지식인
② 금난전권 폐지에 반대하는 시전 상인
③ 근우회가 주최하는 강연에 참여하는 여성
④ 두모포에서 무력시위를 벌이는 일본 군인
⑤ 근대 학문을 가르치는 한성 사범 학교 교사

34 밑줄 그은 '이 지역'에서 있었던 민족 운동으로 옳은 것은? [3점]

□□신문

『원병상 회고록』으로 본 국외 민족 운동

한국 독립운동사의 일면을 살펴볼 수 있는 책이 발간되었다. 이 책은 신흥 무관 학교 졸업생이자 교관으로 독립군 양성에 헌신한 원병상의 회고록이다. 책에는 이 지역에 세워진 신흥 무관 학교의 변화 과정과 학생들의 생활상이 구체적으로 담겨 있을 뿐만 아니라, 국권 피탈 이후 망명해 온 독립지사들이 힘겹게 정착해 나가는 과정이 생생하게 기록되어 있어 독립운동사와 생활사 자료로서 가치가 크다.

① 한인 자치 기구인 경학사가 설립되었다.
② 권업회가 조직되어 기관지를 발행하였다.
③ 유학생들을 중심으로 2·8 독립 선언서가 발표되었다.
④ 대조선 국민 군단이 결성되어 군사 훈련을 실시하였다.
⑤ 흥사단이 창립되어 교민들에게 민족의식을 심어주고자 하였다.

36 밑줄 그은 '시기'에 시행된 일제의 정책으로 옳은 것은? [1점]

① 애국반을 조직하였다.
② 신문지법을 제정하였다.
③ 조선 태형령을 시행하였다.
④ 산미 증식 계획을 실시하였다.
⑤ 황국 신민 서사의 암송을 강요하였다.

35 밑줄 그은 '운동'에 대한 설명으로 옳은 것은? [1점]

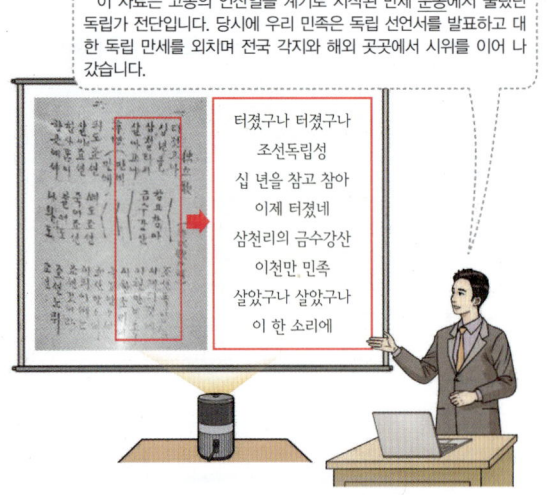

① 통감부의 방해와 탄압으로 중단되었다.
② 천도교 소년회가 창립된 후 본격화되었다.
③ 일제가 이른바 문화 통치를 실시하는 배경이 되었다.
④ 성진회와 각 학교 독서회에 의해 전국으로 확산되었다.
⑤ 시위를 준비하는 과정에서 사회주의자들이 대거 검거되었다.

37 (가) 종교에 대한 설명으로 옳은 것은? [2점]

① 개벽, 신여성 등의 잡지를 발간하였다.
② 한용운 등이 사찰령 폐지를 주장하였다.
③ 박중빈을 중심으로 새생활 운동을 펼쳤다.
④ 김창숙의 주도로 파리 장서 운동을 전개하였다.
⑤ 무장 투쟁을 전개하기 위해 중광단을 조직하였다.

38 (가)~(다)를 일어난 순서대로 옳게 나열한 것은? [2점]

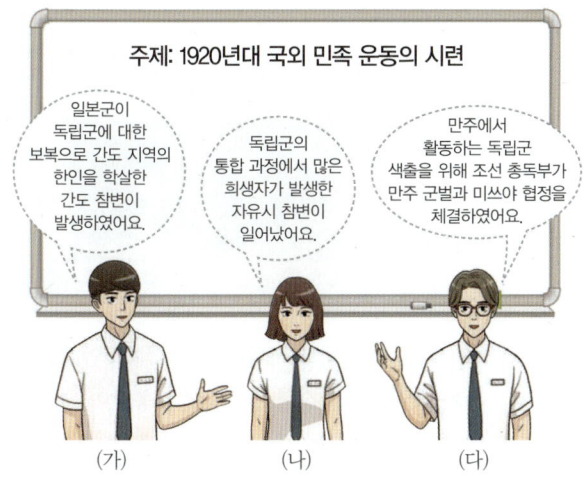

① (가) – (나) – (다) ② (가) – (다) – (나)
③ (나) – (가) – (다) ④ (나) – (다) – (가)
⑤ (다) – (가) – (나)

40 밑줄 그은 '이 시기'에 시행된 일제의 정책으로 옳은 것은? [1점]

① 회사령을 공포하였다.
② 치안 유지법을 제정하였다.
③ 헌병 경찰제를 실시하였다.
④ 경성 제국 대학을 설립하였다.
⑤ 조선 사상범 예방 구금령을 시행하였다.

39 밑줄 그은 '시기'에 볼 수 있는 모습으로 가장 적절한 것은? [3점]

① 관민 공동회에서 연설하는 백정
② 교육 입국 조서를 발표하는 관리
③ 원각사에서 은세계 공연을 보는 관객
④ 전차 개통식에 참여하는 한성 전기 회사 직원
⑤ 카프(KAPF)를 형성하여 활동하는 신경향파 작가

41 밑줄 그은 '나'에 대한 설명으로 옳은 것은? [3점]

> 나는 1913년 상하이 망명 후 동제사에 참여하였소. 1917년에는 대동 단결 선언을 작성했다오. 여기에서 나는 주권이 국민에게 있음을 밝혔는데, 이것이 공화정을 지향하는 정치사상으로 평가받고 있다오. 1930년에는 안창호 등과 함께 한국 독립당을 창당하였소. 이후 대한 민국 임시 정부 건국 강령 초안도 작성하였다오.

① 조선 혁명 선언을 작성하였다.
② 한국독립운동지혈사를 저술하였다.
③ 극동 인민 대표 대회에서 의장단으로 선출되었다.
④ 헤이그에서 열린 만국 평화 회의에 특사로 파견되었다.
⑤ 새로운 국가 건설을 위한 이념으로 삼균주의를 주장하였다.

42 다음 편지가 작성된 시기를 연표에서 옳게 고른 것은? [2점]

> 친애하는 메논 박사
>
> 남북 지도자 회담에 관하여 귀하와 귀 위원단에게 우리의 의견과 각서를 이미 제출한 바이어니와 우리는 가급적 우리 양인의 명의로 남에서 이에 찬동하는 제 정당의 대표 회담을 소집하여 이미 제출한 바에 제1차 보조를 하겠습니다. 이 회의에서 남쪽이 대표를 선출하면 북쪽에 연락할 인원과 방법에 대한 것을 결정하겠습니다. 귀 위원단이 이에 대하여 원만하고 적극적인 협조를 직접 간접으로 하여 주시면 대단히 감사하겠으며 우리 양방의 노력으로 하여금 우리가 공동으로 목적하는 바를 이루어지기를 믿습니다. 끝으로 우리의 심각한 경의를 표합니다.
>
> 김구, 김규식

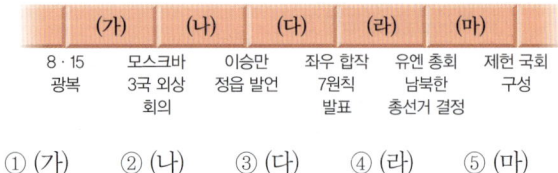

① (가) ② (나) ③ (다) ④ (라) ⑤ (마)

43 다음 연설문을 발표한 정부의 통일 노력으로 옳은 것은? [2점]

> 제5차 남북 고위급 회담에서 서명된 합의서는 남과 북이 오랜 단절과 대립을 청산하여 상호 신뢰를 바탕으로 이 땅에, 평화의 질서를 구축하고 교류 협력을 통해 민족의 화해와 공동 번영을 이루어가기 위해 필요한 조처들을 망라하고 있습니다. …… 석 달 전 남북한의 유엔 동시 가입과 이에 이은 이번 합의서의 서명은 한반도 문제 해결과 민족 통일을 향한 여정에 획기적인 이정표를 세운 것입니다. …… 나는 올해 안에 한반도의 비핵화를 실현하는 합의를 이루어 받아오는 새해와 함께 남과 북이 평화와 협력, 평화와 공동 번영의 새로운 시대를 힘차게 열게 되기를 바랍니다.

① 판문점에서 남북 정상 회담을 개최하였다.
② 남북 이산가족의 고향 방문을 최초로 성사시켰다.
③ 민족 자존과 통일 번영을 위한 7·7 선언을 발표하였다.
④ 7·4 남북 공동 성명을 실천하기 위해 남북 조절 위원회를 구성하였다.
⑤ 남북 관계 발전과 평화 번영을 위한 10·4 남북 정상 선언에 서명하였다.

44 다음 상황 이후에 일어난 사실로 옳은 것은? [2점]

> 오늘 미합중국 존 포스터 덜레스 국무 장관과 우리나라 변영태 외무 장관 사이에 상호 방위 조약이 체결되었습니다. 이로써 양국은 우호 관계를 바탕으로 한국에 대한 공산주의자들의 침공에 맞서 나란히 싸울 수 있도록 상호 이해와 공동의 이상을 나누게 되었습니다.

① 반민족 행위 특별 조사 위원회가 설치되었다.
② 평화 통일론을 주장한 진보당의 조봉암이 처형되었다.
③ 비상계엄이 선포된 가운데 발췌 개헌안이 통과되었다.
④ 미국의 극동 방위선을 규정한 애치슨 라인이 발표되었다.
⑤ 유상 매수, 유상 분배를 규정한 농지 개혁법이 제정되었다.

45 (가), (나) 헌법에 대한 설명으로 옳은 것은? [2점]

> (가)
> 제39조 ① 대통령은 통일 주체 국민 회의에서 토론 없이 무기명 투표로 선거한다.
> 제47조 대통령의 임기는 6년으로 한다.
> 제59조 ① 대통령은 국회를 해산할 수 있다.
>
> (나)
> 제39조 ① 대통령은 대통령 선거인단에서 무기명 투표로 선거한다.
> ③ 대통령 선거인단에서 재적 대통령 선거인 과반수의 찬성을 얻은 자를 대통령 당선자로 한다.
> 제45조 대통령의 임기는 7년으로 하며, 중임할 수 없다.

① (가) - 6·25 전쟁 중 부산에서 공포되었다.
② (가) - 대통령의 국회의원 1/3 추천 조항을 담고 있다.
③ (나) - 호헌 동지회 결성의 배경이 되었다.
④ (나) - 3·1 민주 구국 선언에 영향을 주었다.
⑤ (가), (나) - 6월 민주 항쟁 이후에 제정되었다.

46 (가) 시기에 있었던 사실로 옳은 것은? [1점]

> 오늘 내린 긴급 재정 경제 명령은 명실상부한 금융 실명제에 대한 국민의 열망을 반영하고 있습니다.

> 정부는 금융 외환 시장의 어려움을 극복하기 위해 국제 통화 기금에 유동성 조절 자금 지원을 요청하였습니다.

① 처음으로 수출액 100억 달러를 달성하였다.
② 미국과 자유 무역 협정(FTA)을 체결하였다.
③ 저유가·저금리·저달러의 3저 호황이 있었다.
④ 경제 협력 개발 기구(OECD) 회원국이 되었다.
⑤ 원조 물자를 가공하는 삼백 산업이 발달하였다.

47 밑줄 그은 '정부' 시기에 있었던 사실로 옳은 것은? [3점]

① 평창 동계 올림픽이 개최되었다.
② 전국 민주 노동조합 총연맹이 창립되었다.
③ 헝가리와 상주 대표부 설치 협정을 체결하였다.
④ 진실·화해를 위한 과거사 정리 기본법이 제정되었다.
⑤ 중학교 입시 제도가 폐지되고 무시험 추첨제가 실시되었다.

48 ㉠~㉤에 대한 설명으로 적절하지 않은 것은? [2점]

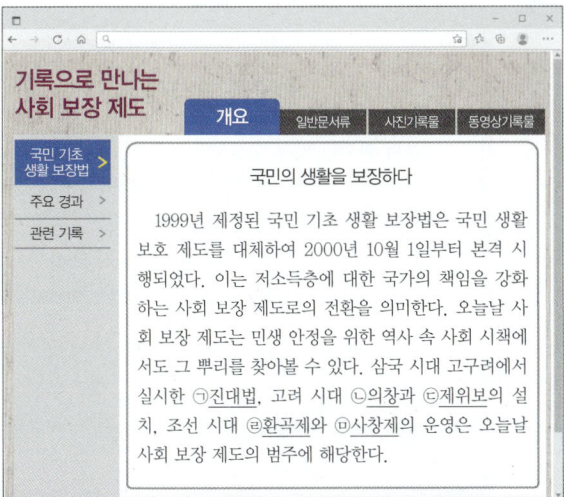

① ㉠ - 고국천왕이 시행하였다.
② ㉡ - 성종이 흑창을 확대 개편하여 설치하였다.
③ ㉢ - 기금을 모아 그 이자로 빈민을 구휼하였다.
④ ㉣ - 세도 정치기에 농민을 수탈하는 수단으로 변질되었다.
⑤ ㉤ - 구제도감을 두어 백성을 구호하였다.

49 다음 기사가 보도된 정부 시기의 사실로 옳은 것은? [2점]

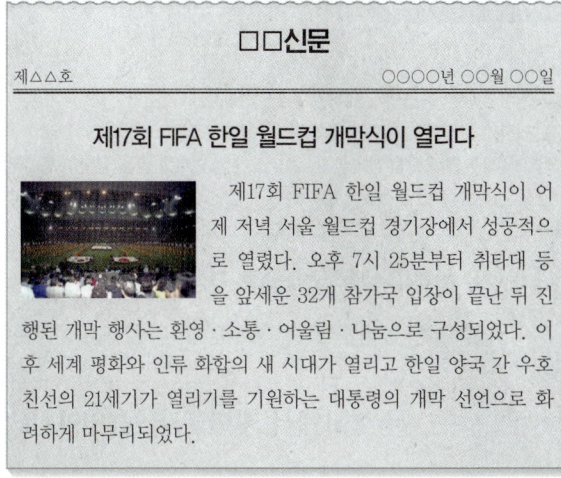

① 중앙정보부가 창설되었다.
② 국가 인권 위원회가 출범하였다.
③ 세계 무역 기구(WTO)에 가입하였다.
④ G20 정상 회의를 서울에서 개최하였다.
⑤ 37년 만에 야간 통행 금지가 해제되었다.

50 (가), (나) 지역에서 있었던 사실로 옳은 것을 〈보기〉에서 고른 것은? [2점]

› 보기 ‹
ㄱ. (가) - 김광제 등을 중심으로 국채 보상 운동이 시작되었다.
ㄴ. (가) - YH 무역 노동자들이 폐업에 항의하며 농성을 벌였다.
ㄷ. (나) - 한일 학생 간의 충돌을 계기로 민족 운동이 일어났다.
ㄹ. (나) - 3·15 부정 선거를 규탄한 김주열의 시신이 발견되었다.

① ㄱ, ㄴ ② ㄱ, ㄷ ③ ㄴ, ㄷ ④ ㄴ, ㄹ ⑤ ㄷ, ㄹ

제69회 한국사능력검정시험

- 자신이 선택한 등급의 문제지인지 확인하시오.
- 문제지에 성명과 수험 번호를 정확히 써넣으시오.
- 답안지에 성명과 수험 번호를 써넣고, 또 수험 번호와 답을 정확히 표시하시오.
- 시험 시간은 80분입니다.

01 (가) 시대의 생활 모습으로 가장 적절한 것은? [1점]

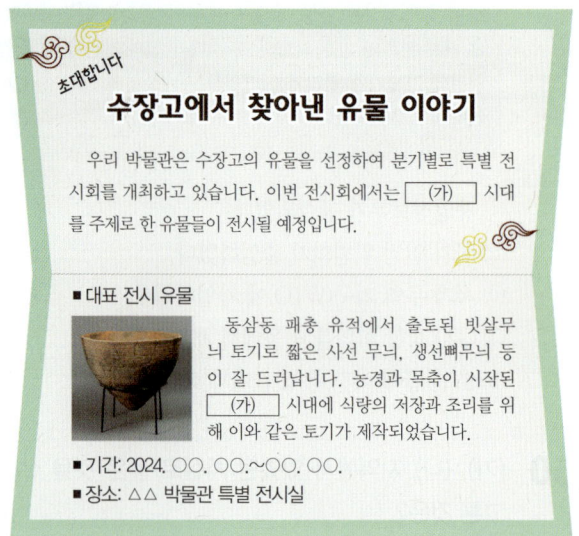

① 반달 돌칼을 이용하여 벼를 수확하였다.
② 주로 동굴이나 강가의 막집에 거주하였다.
③ 가락바퀴와 뼈바늘로 옷을 만들어 입었다.
④ 많은 인력을 동원하여 고인돌을 축조하였다.
⑤ 주먹도끼, 찍개 등의 뗀석기를 처음 제작하였다.

02 밑줄 그은 '이 왕'의 업적으로 옳은 것은? [2점]

① 관료전을 지급하여 녹읍을 폐지하였다.
② 인재 등용을 위해 독서삼품과를 실시하였다.
③ 이차돈의 순교를 계기로 불교를 공인하였다.
④ 지방관을 감찰하기 위해 외사정을 파견하였다.
⑤ 대아찬 거칠부에게 명하여 국사를 편찬하였다.

03 (가), (나) 나라에 대한 설명으로 옳은 것을 〈보기〉에서 고른 것은? [3점]

> (가) 대군장이 없고, 그 관직으로는 후(侯)와 읍군과 삼로가 있다. …… 해마다 10월이면 하늘에 제사를 지내는데, 밤낮으로 술 마시며 노래 부르고 춤추니, 이를 무천이라 한다. 또 호랑이를 신으로 여겨 제사 지낸다.
> – 『후한서』 동이열전 –
>
> (나) 해마다 5월이면 씨뿌리기를 마치고 귀신에게 제사를 지낸다. 떼를 지어 모여서 노래와 춤을 즐기며 술 마시고 노는데 밤낮으로 쉬지 않는다. …… 국읍에 각각 한 사람씩 세워서 천신의 제사를 주관하게 하는데, 이를 천군이라 부른다.
> – 『삼국지』 위서 동이전 –

〈보기〉
ㄱ. (가) – 혼인 풍습으로 민며느리제가 있었다.
ㄴ. (가) – 읍락 간의 경계를 중시하는 책화가 있었다.
ㄷ. (나) – 신지, 읍차 등의 지배자가 있었다.
ㄹ. (나) – 여러 가(加)들이 별도로 사출도를 주관하였다.

① ㄱ, ㄴ   ② ㄱ, ㄷ   ③ ㄴ, ㄷ   ④ ㄴ, ㄹ   ⑤ ㄷ, ㄹ

04 (가)에 들어갈 내용으로 적절한 것은? [2점]

> **한국사 교양 강좌**
>
> 우리 학회는 백제 웅진기의 역사를 주제로 교양 강좌를 운영하고 있습니다. 이번 달에는 백제 중흥의 기틀을 마련한 왕에 대한 강좌를 준비하였습니다.
>
> 제1강 – 동성왕을 시해한 백가를 처단하다
> 제2강 – 지방의 22담로에 왕족을 파견하다
> 제3강 – (가)
> 제4강 – 공주 왕릉원에 안장되다
>
> ■ 주최: □□학회
> ■ 일시: 2024년 2월 매주 수요일 19:00~21:00
> ■ 장소: ○○대학교 인문대학 대강의실

① 금마저에 미륵사를 창건하다
② 윤충을 보내 대야성을 함락하다
③ 평양성을 공격하여 고국원왕을 전사시키다
④ 진흥왕과 연합하여 한강 하류 지역을 수복하다
⑤ 사신을 보내 중국 남조의 양과 외교 관계를 강화하다

05 (가), (나) 사이의 시기에 있었던 사실로 옳은 것은? [2점]

> (가) 을지문덕이 우중문에게 시를 보내 이르기를, "신묘한 계책은 천문을 다 헤아렸고 기묘한 계획은 지리를 모두 통달하였도 다. 싸움에 이겨 이미 공로가 드높으니 만족할 줄 알고 그치 기를 바라노라."라고 하였다.
>
> (나) 안시성 사람들이 황제의 깃발과 일산을 멀리서 바라보고, 곧 장 성에 올라가 북을 치고 소리를 질렀다. 황제가 화를 내자, 이세적은 성을 함락한 날에 남자를 모두 구덩이에 묻어 죽이 자고 청하였다. 안시성 사람들이 이를 듣고 더욱 굳게 지키 니, 오래도록 공격하여도 함락되지 않았다.

① 관구검이 환도성을 공격하여 함락하였다.
② 계백이 이끄는 군대가 황산벌에서 항전하였다.
③ 연개소문이 정변을 일으켜 권력을 장악하였다.
④ 광개토 대왕이 신라에 침입한 왜를 격퇴하였다.
⑤ 미천왕이 낙랑군을 축출하여 영토를 확장하였다.

06 다음 설명에 해당하는 문화유산으로 옳은 것은? [2점]

07 (가)~(다)를 일어난 순서대로 옳게 나열한 것은? [3점]

> (가) 사찬 시득이 수군을 거느리고 소부리주 기벌포에서 설인귀 와 싸웠으나 패배하였다. 다시 나아가 크고 작은 22번의 싸 움에서 승리하고, 4천여 명의 목을 베었다.
>
> (나) 흑치상지가 도망하여 흩어진 무리들을 모으니, 열흘 사이에 따르는 자가 3만여 명이었다. …… 흑치상지가 별부장 사타 상여를 데리고 험준한 곳에 웅거하여 복신과 호응하였다.
>
> (다) 검모잠이 국가를 다시 일으키기 위하여 당을 배반하고 보장 왕의 외손 안승을 세워 임금으로 삼았다. 당 고종이 대장군 고간을 보내 행군총관으로 삼고 병력을 내어 그들을 토벌하 니, 안승이 검모잠을 죽이고 신라로 달아났다.

① (가) - (나) - (다) ② (가) - (다) - (나)
③ (나) - (가) - (다) ④ (나) - (다) - (가)
⑤ (다) - (나) - (가)

08 (가) 국가의 경제 상황으로 옳은 것은? [2점]

① 경성과 경원에 무역소를 두었다.
② 수도에 서시와 남시를 설치하였다.
③ 주전도감에서 해동통보를 발행하였다.
④ 독점적 도매상인인 도고가 출현하였다.
⑤ 감자, 고구마 등을 구황 작물로 재배하였다.

09 (가) 국가에 대한 설명으로 옳은 것은? [2점]

> …… 신이 삼가 (가) 의 원류를 살펴보건대, 고구려가 멸망하기 이전에는 본디 이름도 없는 조그마한 부락에 불과하였는데, …… 걸사[比]우와 대조영 등이 측천무후가 임조(臨朝)할 즈음에 이르러, 영주에서 반란이 일어나자 그곳에서 도주하여 황구(荒丘)를 차지하고 비로소 진국(振國)이라고 칭하였습니다. ……

[해설] 이 글은 최치원이 작성한 사불허북국거상표(謝不許北國居上表)의 일부입니다. 이를 통해 북국으로 표현된 (가) 의 건국 과정 등을 파악할 수 있습니다.

① 정사암 회의에서 나라의 중대사를 결정하였다.
② 지방의 여러 성에 욕살, 처려근지 등을 두었다.
③ 도병마사에서 변경의 군사 문제 등을 논의하였다.
④ 서적 관리, 주요 문서 작성 등을 위해 문적원을 두었다.
⑤ 골품에 따라 관등 승진, 일상생활 등을 엄격히 제한하였다.

10 (가) 왕에 대한 설명으로 옳은 것은? [1점]

이 불상은 충청남도 논산시에 있는 개태사지 석조 여래 삼존 입상으로, 큼직한 손과 신체의 굴곡이 거의 드러나지 않는 원통형의 형태가 특징입니다. 개태사는 후삼국을 통일한 (가) 이/가 이를 기념하여 세운 사찰입니다.

① 관학 진흥을 위해 양현고를 설치하였다.
② 쌍기의 건의를 받아들여 과거제를 시행하였다.
③ 전국에 12목을 설치하고 지방관을 파견하였다.
④ 전시과 제도를 처음 마련하여 관리에게 토지를 지급하였다.
⑤ 후대 왕들이 지켜야 할 정책 방향을 담은 훈요 10조를 남겼다.

11 다음 검색창에 들어갈 지역에서 있었던 사실로 옳은 것은? [3점]

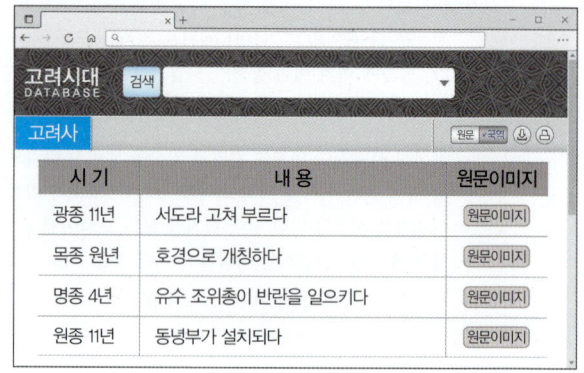

시기	내용
광종 11년	서도라 고쳐 부르다
목종 원년	호경으로 개칭하다
명종 4년	유수 조위총이 반란을 일으키다
원종 11년	동녕부가 설치되다

① 정몽주가 이방원 세력에게 피살되었다.
② 묘청이 반란을 일으키고 국호를 대위라 하였다.
③ 몽골의 침략으로 황룡사 구층 목탑이 소실되었다.
④ 흥덕사에서 금속 활자로 직지심체요절이 간행되었다.
⑤ 정서가 유배 중에 정과정이라는 고려 가요를 지었다.

12 다음 자료에 나타난 국가의 경제 상황으로 옳은 것은? [2점]

○ 이때에 은병을 화폐로 쓰기 시작하였다. 그 제도는 은 한 근으로 만들며 본국의 지형을 본뜨도록 하였다. 속칭 활구라 하였다.

○ 도평의사사에서 방을 붙여 알리기를, "지금부터 은병 하나를 쌀로 환산하여 개경에서는 15~16석, 지방에서는 18~19석의 비율로 하되, 경시서에서 그 해의 풍흉을 살펴 그 값을 정할 것이다."라고 하였다.

① 솔빈부의 말을 특산물로 수출하였다.
② 서적점, 다점 등의 관영 상점을 운영하였다.
③ 청해진을 중심으로 해상 무역을 전개하였다.
④ 광산을 전문적으로 경영하는 덕대가 활동하였다.
⑤ 기유약조를 체결하여 일본과의 교역을 재개하였다.

13 (가)에 대한 고려의 대응으로 옳은 것은? [2점]

> 변방의 장수가 보고하기를, "□(가)□이/가 매우 사나워 변방의 성을 침입하고 있습니다."라고 하였다. …… 드디어 출병하기로 의논을 정하여 윤관을 원수로 삼고 지추밀원사 오연총을 부원수로 삼았다. 윤관이 아뢰기를, "신이 일찍이 선왕의 밀지를 받들었고 지금 또 엄명을 받았으니, 어찌 감히 삼군을 통솔하여 □(가)□의 보루를 깨뜨리고 우리의 강토를 개척하여 나라의 수치를 씻지 않겠습니까."라고 하였다.

① 광군을 창설하여 침입에 대비하였다.
② 박위를 파견하여 근거지를 토벌하였다.
③ 강화도로 도읍을 옮겨 장기 항전을 준비하였다.
④ 선물 받은 낙타를 만부교에서 굶어 죽게 하였다.
⑤ 동북 9성을 설치하고 경계를 알리는 비석을 세웠다.

14 다음 자료를 활용한 탐구 활동으로 가장 적절한 것은? [1점]

> ○ 남쪽에서 도적들이 봉기하였다. 가장 심한 자들은 운문을 거점으로 한 김사미와 초전을 거점으로 한 효심이었다. 이들은 유랑민을 불러 모아 주현을 습격하여 노략질하였다.
>
> ○ 원율 사람인 이연년이 백적도원수라 자칭하며 많은 사람을 불러 모아 여러 주군을 공격하여 노략질하니 최린이 지휘사 김경손과 함께 그들을 격파하였다.

① 노비안검법이 실시된 목적을 알아본다.
② 삼정이정청이 설치된 과정을 살펴본다.
③ 사심관 제도가 시행된 사례를 조사한다.
④ 집강소에서 추진한 개혁의 내용을 분석한다.
⑤ 무신 집권기 하층민의 반란이 발생한 배경을 파악한다.

15 다음 사건이 일어난 시기를 연표에서 옳게 고른 것은? [2점]

> 조일신이 전 찬성사 정천기 등과 함께 기철·기륜·기원·고용보 등을 제거할 것을 모의하고 그들을 체포하게 하였는데, 기원은 잡아서 목을 베고 나머지는 모두 도망갔다. 조일신이 그 무리를 거느리고 나아가서 왕이 있던 궁궐을 포위하고, 숙직하고 있던 판밀직사사 최덕림, 상호군 정환 등 여러 사람을 죽였다.

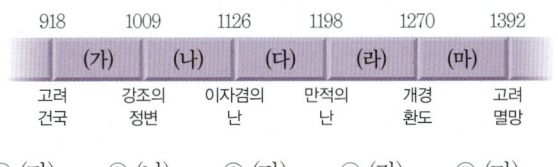

① (가) ② (나) ③ (다) ④ (라) ⑤ (마)

16 밑줄 그은 '국가'의 문화유산으로 옳지 않은 것은? [2점]

> 이것은 왕실의 종친인 신안공 왕전이 몽골의 침략을 받던 시기에 국가의 태평을 기원하며 발원한 법화경서탑도(法華經書塔圖)입니다. 감색 종이에 금가루 등으로 법화경 수만 자를 한 자씩 써서 칠층 보탑을 형상화한 것이 특징입니다.

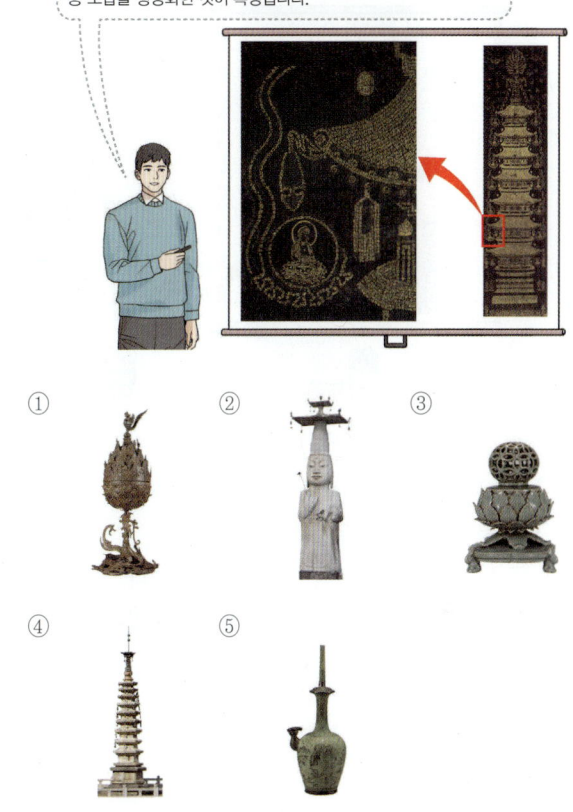

17 (가), (나) 사이의 시기에 있었던 사실로 옳은 것은? [3점]

> (가) 살리타가 이첩(移牒)하기를, "황제께서 고려가 사신 저고여를 죽인 이유 등 몇 가지 일을 묻게 하셨다."라고 하면서 말 2만 필, 어린 남녀 수천 명, 자주색 비단 1만 필, 수달피 1만 장과 군사의 의복을 요구하였다.
>
> (나) 첨의부에서 아뢰기를, "제국 대장 공주의 겁령구*와 내료(內僚)들이 좋은 땅을 많이 차지하여 산천으로 경계를 정하고 사패(賜牌)**를 받아 조세를 납입하지 않으니, 청컨대 사패를 도로 거두소서."라고 하였다.
>
> *겁령구: 시종인
> **사패: 토지 등에 대한 권리를 인정해 주는 증서

① 신숭겸이 공산 전투에서 전사하였다.
② 최승로가 왕에게 시무 28조를 올렸다.
③ 김방경의 군대가 탐라에서 삼별초를 진압하였다.
④ 강감찬이 개경에 나성을 축조할 것을 건의하였다.
⑤ 경대승이 정중부 등을 제거하고 권력을 장악하였다.

18 (가) 인물의 활동으로 옳은 것은? [2점]

이것은 명의 철령위 설치에 반발하여 팔도도통사로서 요동 정벌을 추진하였던 (가) 의 초상입니다. 그는 요동 정벌에 반대한 이성계가 위화도 회군으로 정권을 장악하면서 죽임을 당하였습니다.

① 홍산 전투에서 왜구를 물리쳤다.
② 화통도감의 설치를 건의하였다.
③ 정변을 일으켜 목종을 폐위하였다.
④ 의종 복위를 도모하여 군사를 일으켰다.
⑤ 교정별감이 되어 국정 전반을 장악하였다.

19 밑줄 그은 '대책'에 대한 탐구 활동으로 가장 적절한 것은? [2점]

양역(良役)의 편중됨이 실로 양민의 뼈를 깎아 지탱하지 못하는 폐단이 됩니다. 전하께서 이를 불쌍하게 여겨 2필의 역을 특별히 1필로 감하였으니, 이는 천지와 같은 큰 은덕이요 죽은 사람을 살려 주는 은혜입니다. …… 그러나 이미 포를 감하였으니 마땅히 그 대신할 것을 보충해야 하나 나라의 재원은 한정이 있습니다. …… 이에 신들은 감히 눈앞의 한때 일을 다행으로 여기지 않고 좋은 대책을 찾아 반드시 오래도록 이어지게 하겠습니다.

① 공인이 등장하게 된 배경을 살펴본다.
② 당백전 발행이 끼친 영향을 파악한다.
③ 선무군관포를 징수한 목적을 찾아본다.
④ 토산물을 쌀, 동전 등으로 납부하게 한 원인을 조사한다.
⑤ 전세를 풍흉에 따라 9등급으로 차등 부과한 이유를 알아본다.

20 (가) 기구에 대한 설명으로 옳은 것은? [2점]

총마계회도(驄馬契會圖)
총마들의 모임을 기념하기 위해 그린 그림으로, 총마는 감찰의 별칭이다. 감찰은 대사헌을 수장으로 하는 (가) 의 관원으로, 관리의 위법 사항을 규찰하였다. 그림에는 계회 장소의 모습과 함께 왕이 내린 시문, 참석자 명단 등이 담겨 있다.

① 수도의 행정과 치안을 담당하였다.
② 왕명 출납을 맡은 왕의 비서 기관이었다.
③ 왕에게 경서 등을 강론하는 경연을 주관하였다.
④ 역사서를 편찬하고 사고에 보관하는 일을 맡았다.
⑤ 5품 이하 관리의 임명 과정에서 서경권을 행사하였다.

21 (가)에 들어갈 내용으로 가장 적절한 것은? [2점]

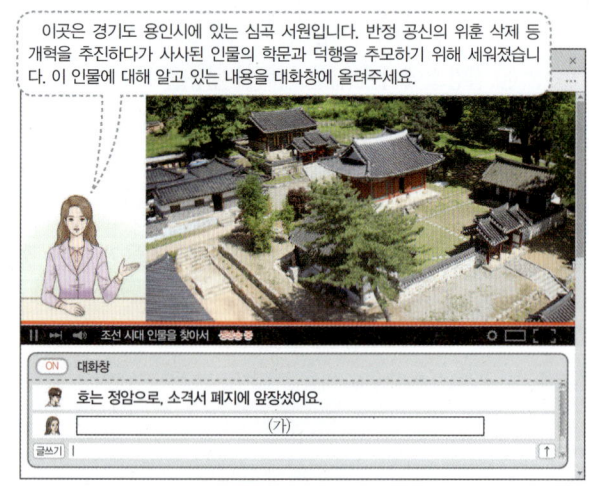

이곳은 경기도 용인시에 있는 심곡 서원입니다. 반정 공신의 위훈 삭제 등 개혁을 추진하다가 사사된 인물의 학문과 덕행을 추모하기 위해 세워졌습니다. 이 인물에 대해 알고 있는 내용을 대화창에 올려주세요.

호는 정암으로, 소격서 폐지에 앞장섰어요.
(가)

① 성학집요를 지어서 임금에게 바쳤어요.
② 김종직의 조의제문을 사초에 포함시켰어요.
③ 최초의 서원인 백운동 서원을 건립하였어요.
④ 소학의 보급과 현량과 실시를 주장하였어요.
⑤ 재상 중심의 정치를 강조한 조선경국전을 저술하였어요.

22 밑줄 그은 '이 왕'이 추진한 정책으로 옳은 것은? [2점]

① 6조 직계제를 처음으로 실시하였다.
② 학문 연구 기관으로 집현전을 두었다.
③ 전란의 피해를 복구하고 동의보감을 간행하였다.
④ 역대 문물 제도를 정리한 동국문헌비고를 편찬하였다.
⑤ 시전 상인의 특권을 축소하는 신해통공을 단행하였다.

23 밑줄 그은 '이 전쟁'의 영향으로 가장 적절한 것은? [2점]

사료로 만나는 한국사

신풍부원군 장유가 예조에 단자를 올리기를 "외아들이 있는데 강도(江都)의 변 때 그의 처가 잡혀갔다가 속환되어 지금은 친정 부모집에 가 있습니다. 그대로 배필로 삼아 함께 조상의 제사를 받들 수 없으니, 새로 장가들도록 허락해 주십시오."라고 하였다.

위 사료는 이 전쟁 중 강화도가 함락되면서 적국으로 끌려갔다 돌아온 며느리를 아들과 이혼하게 해달라는 내용의 글이다. 국왕이 삼전도에서 항복하며 종결된 이 전쟁으로 많은 사람들이 포로로 끌려갔다. 여성들은 살아 돌아오더라도 절개를 잃었다는 이유로 억울하게 이혼을 당하기도 하였다.

① 이완 등을 중심으로 북벌이 추진되었다.
② 김종서가 두만강 일대에 6진을 개척하였다.
③ 이종무가 적의 근거지인 쓰시마섬을 정벌하였다.
④ 강홍립이 이끄는 부대가 사르후 전투에 참전하였다.
⑤ 국방 문제를 논의하기 위해 비변사가 처음으로 설치되었다.

24 (가) 왕의 재위 시기에 있었던 사실로 옳은 것은? [2점]

만약 그 자신이 죽고 아내에게 전지가 전해지면 수신전이라 하였고, 부부가 모두 죽고 아들에게 전해지면 휼양전이라 일컬었으며, 만약 그 아들이 관직에 제수된다면 그대로 그 전지를 주고 과전이라 하였다. …… (가) 이/가 이 제도를 폐지하고 현직 관리에게 전지를 주고 직전이라 하였다.

① 불교 경전을 간행하는 간경도감이 설치되었다.
② 음악 이론 등을 집대성한 악학궤범이 완성되었다.
③ 세계 지도인 혼일강리역대국도지도가 제작되었다.
④ 신하를 재교육하기 위한 초계문신제가 실시되었다.
⑤ 삼남 지방의 농법을 소개한 농사직설이 편찬되었다.

25 (가) 지역에서 있었던 사실로 옳은 것은? [2점]

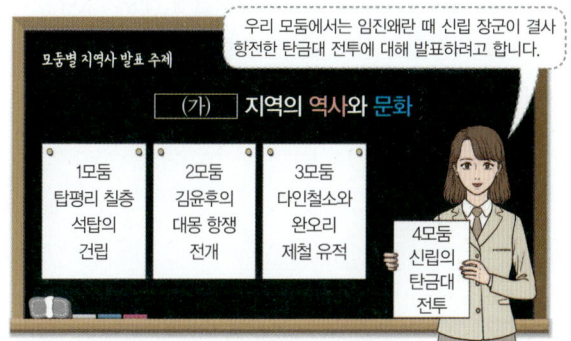

① 제1차 미소 공동 위원회가 개최되었다.
② 명 신종을 기리는 만동묘가 건립되었다.
③ 강주룡이 을밀대 지붕에서 고공 농성을 벌였다.
④ 고구려비가 남한 지역에서 유일하게 발견되었다.
⑤ 박재혁이 경찰서에서 폭탄을 터뜨리는 의거를 일으켰다.

26 (가) 시기에 있었던 사실로 옳은 것은? [3점]

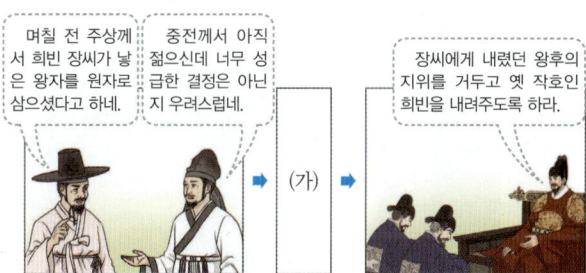

① 무신 이징옥이 반란을 일으켰다.
② 송시열이 유배된 후 사사되었다.
③ 자의 대비의 복상 문제로 예송이 일어났다.
④ 정여립 모반 사건을 빌미로 기축옥사가 발생하였다.
⑤ 붕당 정치의 폐해를 막기 위해 탕평비가 건립되었다.

27 (가) 인물에 대한 설명으로 옳은 것은? [2점]

① 세계 지리서인 지구전요를 저술하였다.
② 의산문답에서 무한 우주론을 주장하였다.
③ 기기도설을 참고하여 거중기를 설계하였다.
④ 서자 출신으로 규장각 검서관에 기용되었다.
⑤ 양반전을 지어 양반의 허례와 무능을 풍자하였다.

28 다음 가상 대화가 이루어진 시기의 사회 모습으로 가장 적절한 것은? [1점]

① 빈민 구제를 위해 흑창이 설치되었다.
② 원종과 애노가 사벌주에서 봉기하였다.
③ 홍건적의 침입으로 개경이 함락되었다.
④ 지배층을 중심으로 변발과 호복이 유행하였다.
⑤ 안동 김씨 등의 세도 정치로 매관매직이 성행하였다.

29 (가) 사건에 대한 설명으로 옳은 것은? [1점]

① 운요호 사건을 빌미로 일어났다.
② 왕이 공산성으로 피란하는 계기가 되었다.
③ 전개 과정에서 외규장각 도서가 약탈당하였다.
④ 사태 수습을 위해 이용태가 안핵사로 파견되었다.
⑤ 황사영이 외국 군대의 출병을 요청하는 원인이 되었다.

30 다음 자료에 나타난 사건의 영향으로 가장 적절한 것은? [2점]

> 이때 세금을 부과하는 직책의 신하들이 재물을 거두어들여 자기 배만 채우면서 각영(各營)에 소속된 군인들의 봉급은 몇 달 동안 나누어 주지 않았다. 그리하여 훈국(訓局)의 군사가 맨 먼저 난을 일으키고, 각영의 군사가 잇달아 일어났다. 이들은 이최응, 민겸호, 김보현, 민창식을 죽였고 또 중전을 시해하려 하였다. 중전은 장호원으로 피하였다.

① 강화도 조약이 체결되었다.
② 김기수가 수신사로 일본에 파견되었다.
③ 종로와 전국 각지에 척화비가 세워졌다.
④ 일본 공사관 경비 명목으로 일본군이 주둔하였다.
⑤ 통리기무아문을 설치하고 그 아래에 12사를 두었다.

31 (가)에 들어갈 내용으로 적절한 것은? [2점]

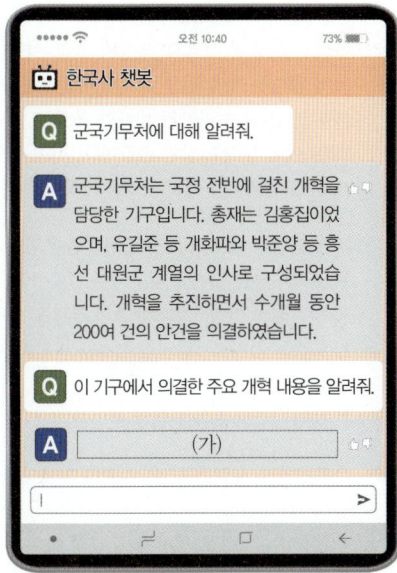

① 공사 노비법을 혁파하였습니다.
② 5군영을 2영으로 통합하였습니다.
③ 건양이라는 연호를 제정하였습니다.
④ 한성 사범 학교 관제를 반포하였습니다.
⑤ 지계아문을 설치하여 지계를 발급하였습니다.

32 (가) 단체에 대한 설명으로 옳은 것은? [2점]

> 신들은 나라가 나라일 수 있는 조건은 두 가지가 있다고 생각합니다. 첫째는 자립하여 다른 나라에 의지하지 않는 것이며, 둘째는 자수(自修)하여 나라 안에 정법(政法)을 행하는 것입니다. 이 두 가지는 하늘이 우리 폐하께 부여해 준 하나의 큰 권한으로서, 이 권한이 없으면 나라가 없는 것입니다. 그래서 신 등은 (가) 을/를 설립하여 독립문을 세우고 위로는 황상의 지위를 높이며, 아래로는 인민의 뜻을 확고히 함으로써 억만년 무궁한 기초를 확립하고자 하였던 것입니다.

① 만세보를 발행하여 민중 계몽에 힘썼다.
② 일본의 황무지 개간권 요구를 저지하였다.
③ 일제가 조작한 105인 사건으로 와해되었다.
④ 중추원 개편을 통해 의회 설립을 추진하였다.
⑤ 독립운동 자금 마련을 위해 독립 공채를 발행하였다.

33 다음 자료에 나타난 민족 운동에 대한 설명으로 옳은 것은? [1점]

> 거액의 외채 1,300만 원을 해마다 미루다가 갚지 못할 지경에 이른다면 나라를 보존하기 어려울 것이니, 나라를 보존하지 못하면, 아! 우리 동포는 장차 무엇에 의지하겠습니까? …… 근래에 신문을 접하니, 영남에서 시작하여 서울에 이르기까지 담배를 끊어 나라의 빚을 갚자는 논의가 시작되었고, 발기한 지 며칠이 되지 않아 의연금을 내는 자들이 날마다 이른다 하니, 우리 백성들이 임금에게 충성하고 나라를 사랑하는 마음을 통쾌하게 볼 수 있습니다.

① 조선 총독부의 탄압과 방해로 실패하였다.
② 대한매일신보 등의 지원을 받아 확산되었다.
③ 대한민국 임시 정부가 수립되는 계기가 되었다.
④ 백정에 대한 사회적 차별 철폐를 목적으로 하였다.
⑤ 조선 민립 대학 기성회에서 모금 활동을 전개하였다.

34 다음 대화에 나타난 사건 이후의 사실로 옳은 것은? [3점]

① 신식 군대인 별기군이 창설되었다.
② 묄렌도르프가 외교 고문으로 파견되었다.
③ 초대 통감으로 이토 히로부미가 부임하였다.
④ 기유각서가 체결되어 사법권을 박탈당하였다.
⑤ 관민 공동회가 개최되어 헌의 6조를 결의하였다.

35 밑줄 그은 '이 운동'에 대한 설명으로 옳은 것을 <보기>에서 고른 것은? [2점]

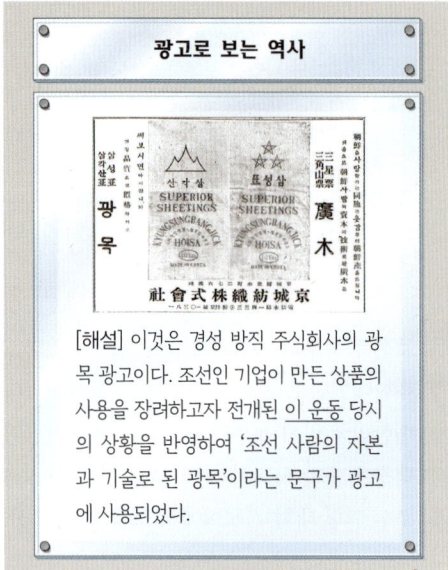

[해설] 이것은 경성 방직 주식회사의 광목 광고이다. 조선인 기업이 만든 상품의 사용을 장려하고자 전개된 이 운동 당시의 상황을 반영하여 '조선 사람의 자본과 기술로 된 광목'이라는 문구가 광고에 사용되었다.

▶ 보기
ㄱ. 회사령 폐지 등이 배경이 되었다.
ㄴ. 황국 중앙 총상회의 주도하에 전개되었다.
ㄷ. 평양에서 시작되어 전국적으로 확산되었다.
ㄹ. 대동 상회 등 근대적 상회사가 설립되는 계기가 되었다.

① ㄱ, ㄴ ② ㄱ, ㄷ ③ ㄴ, ㄷ ④ ㄴ, ㄹ ⑤ ㄷ, ㄹ

36 (가) 단체에 대한 설명으로 옳은 것은? [2점]

이달의 독립운동가
황상규

경상남도 밀양 출생이다. 1918년 만주로 망명하였으며 김동삼, 김좌진, 안창호 등과 대한 독립 선언서를 발표하였다. 1919년 11월 김원봉 등과 (가) 을/를 조직하여 일제 기관의 파괴와 조선 총독 이하의 관리 및 매국노의 암살 등을 꾀하였다. 1920년에 국내로 폭탄을 들여와 의거를 준비하던 중 발각되어 7년의 징역형을 선고받았다. 1963년 건국 훈장 독립장이 추서되었다.

① 조선 혁명 선언을 활동 지침으로 삼았다.
② 삼균주의를 기초로 한 건국 강령을 발표하였다.
③ 잡지 개벽 등을 발행하여 민족 의식을 고취하였다.
④ 홍커우 공원에서 일어난 윤봉길 의거를 계획하였다.
⑤ 조선 총독부에 국권 반환 요구서를 제출하려 하였다.

37 (가)~(다)를 발표된 순서대로 옳게 나열한 것은? [3점]

(가) 우리들 민중의 통곡과 복상이 결코 이척[순종]의 죽음에 있지 않다는 것을 민중 각자의 마음속에 그것을 명백히 말해주고 있다. 우리들의 비애와 통렬한 애도는 경술년 8월 29일 이래 쌓이고 쌓인 슬픔이다. …… 금일의 통곡·복상의 충성과 의분을 돌려 우리들의 해방 투쟁에 바치자!

(나) 조선 민족의 정치적 의식이 발달함에 따라 민족적 중심 단결을 요구하는 시기를 맞이하여 민족주의를 표방한 신간회가 발기인의 연명으로 3개 조의 강령을 발표하였다. ……
1. 우리는 정치적·경제적 각성을 촉진함
1. 우리는 단결을 공고히 함
1. 우리는 기회주의를 일체 부인함

(다) 우리 2천만 생령(生靈)을 사랑하고 조국을 사랑하는 광주 학생 남녀 수십 명이 중상을 입었다. 고뇌하는 청년 학생 2백 명이 불법으로 철창 속에 갇혀 있다. …… 우리들은 광주 학생의 석방을 요구하는 동시에 참을 수 없는 피눈물로 시위 대열에 나가는 것이다.

① (가) – (나) – (다) ② (가) – (다) – (나)
③ (나) – (가) – (다) ④ (나) – (다) – (가)
⑤ (다) – (나) – (가)

38 밑줄 그은 '시기'에 볼 수 있는 모습으로 가장 적절한 것은? [1점]

이곳은 전라남도 여수시 거문도에 있는 해안 동굴 진지입니다. 국가 총동원법이 시행되던 시기에 일제는 이와 같은 군사 시설물을 거문도를 비롯한 각지에 구축하였습니다.

① 태형을 집행하는 헌병 경찰
② 원산 총파업에 참여하는 노동자
③ 황국 신민 서사를 암송하는 학생
④ 경성 제국 대학 설립을 추진하는 관리
⑤ 서울 진공 작전에 참여하는 13도 창의군 의병

39 (가), (나) 법령이 발표된 사이의 시기에 있었던 사실로 옳은 것은? [3점]

> (가) 제1조 신한 공사를 조선 정부에서 독립한 기관으로써 창립함.
> 공사는 군정 장관 또는 그의 수임자가 후임자를 임명할 때까지 10명의 직무를 집행하는 취체역이 관리함.
> 제4조 …… 동양 척식 주식회사가 소유하던 조선 내 법인의 일본인 재산은 전부 신한 공사에 귀속됨.
>
> (나) 제4조 본법 시행에 관한 사무는 농림부 장관이 관장한다.
> 제12조 농지의 분배는 농지의 종목, 등급 및 농가의 능력 등에 기준한 점수제에 의거하되 1가당 총경영 면적 3정보를 초과하지 못한다.
> 제13조 분배받은 농지에 대한 상환액 및 상환 방법은 다음에 의한다.
> 1. 상환액은 해당 농지의 주생산물 생산량의 12할 5푼을 5년간 납입케 한다.

① 조선 건국 동맹이 결성되었다.
② 한미 상호 방위 조약이 체결되었다.
③ 조선 사상범 예방 구금령이 공포되었다.
④ 5·10 총선거로 제헌 국회가 구성되었다.
⑤ 정부에 비판적인 경향신문이 폐간되었다.

40 다음 가상 인터뷰의 주인공에 대한 설명으로 옳은 것은? [2점]

① 진단 학회를 조직하였다.
② 한국독립운동지혈사를 저술하였다.
③ 식민 사학의 정체성론을 반박하였다.
④ 우리말 큰사전 편찬 사업을 추진하였다.
⑤ 민족의 얼을 강조하고 조선학 운동을 주도하였다.

41 (가) 부대에 대한 설명으로 옳은 것은? [2점]

> 한국 독립운동을 촉진하고 한국 혁명 역량을 집중하기 위해 이번 달 15일 중국 국민당 군사 위원회는 조선 의용대를 개편하여 (가) 에 편입할 것을 특별히 명령하였다. 제1지대는 총사령에게 직속되어 이(지)청천 장군이 통할한다. ……
> (가) 의 총사령부는 충칭에 설치하기로 결정하였다.

① 자유시 참변으로 세력이 약화되었다.
② 영릉가 전투에서 일본군에 승리하였다.
③ 쌍성보 전투에서 한중 연합 작전을 전개하였다.
④ 국내 정진군을 편성하여 국내 진공 작전을 추진하였다.
⑤ 홍범도 부대와 연합하여 청산리에서 일본군을 격퇴하였다.

42 밑줄 그은 '전쟁' 중에 있었던 사실로 옳은 것은? [1점]

① 애치슨 라인이 발표되었다.
② 가쓰라·태프트 밀약이 체결되었다.
③ 모스크바 3국 외상 회의가 개최되었다.
④ 흥남에서 대규모 철수 작전이 전개되었다.
⑤ 김구, 김규식 등이 남북 협상에 참여하였다.

43 다음 성명을 발표한 정부 시기에 볼 수 있는 모습으로 적절한 것은? [2점]

내각 책임제 속에서 행정부에 맡겨진 책무를 유감없이 수행하기 위해 무엇보다 먼저 행정부 내의 기강 확립에 주안점을 두지 않아서는 안 될 것입니다. …… 부정 선거 원흉의 처단은 이미 공소 제기와 구형을 한 터이므로 법원의 엄정한 판결이 있을 것을 기대하는 바입니다.

① 국민 교육 헌장을 읽고 있는 학생
② 서울 올림픽 대회에 참가하는 선수
③ 개성 공단 착공식을 취재하는 기자
④ 함평 고구마 피해 보상 투쟁에 참여하는 농민
⑤ 민의원에서 통과된 법안을 심의하는 참의원 의원

44 밑줄 그은 '개헌' 이후에 있었던 사실로 옳은 것은? [2점]

> **대한 변호사 협회장의 성명**
>
> 이번 개헌 안건의 의결에 있어서 찬성표 수가 135이고 재적 의원 수가 203인 것은 변하지 않는 수이다. 그러면 재적인 수의 3분의 2는 135.333이니 이 선에 도달하려면 동일한 표수가 있어야 될 것이다. …… 찬성표가 재적인 수에 도달하거나 또는 정족수 이상 되어야 하거늘 0.333에 도달하지 못하니 그것을 사사오입이라는 구실로 떼어 버리고 정족수인 3분의 2와 동일한 수라고 하는 것은 헌법 위반이 되는 것이므로 법조인으로서 이를 이해하기 곤란하다.

① 여수·순천 10·19 사건이 일어났다.
② 진보당의 당수였던 조봉암이 처형되었다.
③ 반민족 행위 특별 조사 위원회가 설치되었다.
④ 국회 프락치 사건으로 일부 국회의원이 체포되었다.
⑤ 여운형 등의 주도로 좌우 합작 위원회가 구성되었다.

45 (가) 헌법이 시행된 시기의 사실로 옳은 것은? [2점]

사진은 인민 혁명당 재건위 사건 재판 당시의 모습입니다. 이 사건은 (가) 헌법에 의거하여 발동한 긴급 조치 제4호 등으로 정부에 비판적인 인물들을 반국가 세력으로 몰아 처벌한 것입니다. 당시 사형을 당한 8명은 2007년에 열린 재심 공판에서 무죄를 선고 받았습니다.

① 김주열이 최루탄을 맞고 사망하였다.
② 부천 경찰서 성 고문 사건이 발생하였다.
③ 개헌 청원 백만인 서명 운동이 전개되었다.
④ 국민 보도 연맹원에 대한 학살이 자행되었다.
⑤ 민주화 시위 도중 대학생 강경대가 희생되었다.

46 (가) 정부 시기의 경제 상황으로 옳은 것은? [1점]

사진으로 보는 (가) 정부

경부 고속 도로 개통 | 포항 제철소 1기 준공

① 제3차 경제 개발 5개년 계획을 추진하였다.
② 미국과 자유 무역 협정(FTA)을 체결하였다.
③ 대통령 긴급 명령으로 금융 실명제를 실시하였다.
④ 국제 통화 기금(IMF)의 구제 금융 지원금을 조기 상환하였다.
⑤ 저임금 노동자의 생활 안정을 위해 최저 임금법을 제정하였다.

[47~48] 다음을 읽고 물음에 답하시오.

(가) 여덟째는 적금서당이다. 왕 6년에 보덕국 사람들로 당을 만들었다. 금장의 색은 적흑이다. 아홉째는 청금서당이다. …… 금장의 색은 청백이다.

(나) 응양군, 1령(領)으로 군에는 정3품의 상장군 1인과 종3품의 대장군 1인을 두었으며, …… 정8품의 산원 3인, 정9품의 위 20인, 대정은 40인을 두었다.

(다) 무위영, 절목계하본(節目啓下本)에 의하여 낭청 1명을 훈련도감의 예에 따라 문신으로 추천하여 군색종사관으로 칭하고 …… 중군은 포장·장어영 중군을 거친 자로 추천하여 금군별장이라 칭한다.

(라) 별대와 정초군의 군병을 합하여 한 영(營)의 제도를 만들어 본영은 금위영이라 칭하고, 군병은 금위별대라 칭한다.

47 (가)~(라) 군사 조직을 만들어진 순서대로 옳게 나열한 것은? [3점]

① (가) – (나) – (다) – (라)
② (가) – (나) – (라) – (다)
③ (나) – (가) – (라) – (다)
④ (나) – (다) – (가) – (라)
⑤ (다) – (라) – (나) – (가)

48 밑줄 그은 '왕'의 업적으로 옳은 것은? [2점]

① 김흠돌의 난을 진압하였다.
② 병부와 상대등을 설치하였다.
③ 나선 정벌에 조총 부대를 파견하였다.
④ 정계와 계백료서를 지어 관리의 규범을 제시하였다.
⑤ 쌍성총관부를 공격하여 철령 이북의 땅을 수복하였다.

49 (가) 민주화 운동에 대한 설명으로 옳은 것은? [1점]

이곳은 옛 전남도청 본관으로 [(가)] 당시 시민군이 계엄군에 항쟁한 장소입니다. 정부는 본관을 포함한 옛 전남도청을 복원하여 [(가)]의 의미를 기억하고 추모하는 공간으로 되살리겠다고 하였습니다. 건물 내부에는 당시 상황을 알 수 있는 실물 또는 가상 콘텐츠 공간 등이 조성될 예정입니다.

① 3·1 민주 구국 선언을 발표하였다.
② 시위 도중 대학생 이한열이 희생되었다.
③ 호헌 철폐, 독재 타도 등의 구호를 외쳤다.
④ 허정 과도 정부가 출범하는 계기가 되었다.
⑤ 관련 기록물이 유네스코 세계 기록 유산으로 등재되었다.

50 다음 뉴스가 보도된 정부 시기에 있었던 사실로 옳은 것은? [3점]

오늘 수방사령관과 특전사령관이 해임되었습니다. 지난달 육군참모총장과 기무사령관이 교체된 이후 불과 한 달여 만에 단행된 인사 조치입니다. 군 내부의 사조직을 해체하려는 문민정부의 의지가 반영된 것으로 보입니다.

① 굴욕적인 대일 외교에 반대하는 6·3 시위가 일어났다.
② 북방 외교를 추진하여 사회주의 국가인 소련과 수교하였다.
③ 통일 방안을 논의하기 위해 남북 조절 위원회를 설치하였다.
④ 경제적 취약 계층을 위한 국민 기초 생활 보장법을 시행하였다.
⑤ 역사 바로 세우기를 내세우며 옛 조선 총독부 건물을 철거하였다.

제68회 한국사능력검정시험

- 자신이 선택한 등급의 문제지인지 확인하시오.
- 문제지에 성명과 수험 번호를 정확히 써넣으시오.
- 답안지에 성명과 수험 번호를 써넣고, 또 수험 번호와 답을 정확히 표시하시오.
- 시험 시간은 80분입니다.

01 (가) 시대의 생활 모습에 대한 설명으로 옳은 것은? [1점]

사진으로 만나는 고창 고인돌 유적

우리 박물관에서는 2000년 유네스코 세계 유산으로 등재된 고창 고인돌 유적을 소개하는 특별전을 마련하였습니다. 고인돌은 계급이 발생한 ▢(가)▢ 시대를 대표하는 무덤입니다. 사진을 통해 다양한 고인돌의 형태를 살펴보시기 바랍니다.

■ 기간: 2023년 ○○월 ○○일~○○월 ○○일
■ 장소: ▲▲ 박물관 기획 전시실

① 반달 돌칼로 벼를 수확하였다.
② 소를 이용하여 깊이갈이를 하였다.
③ 주로 동굴이나 강가의 막집에서 살았다.
④ 오수전, 화천 등의 중국 화폐로 교역하였다.
⑤ 옷을 만들 때 가락바퀴와 뼈바늘을 이용하기 시작하였다.

02 (가)에 들어갈 내용으로 가장 적절한 것은? [2점]

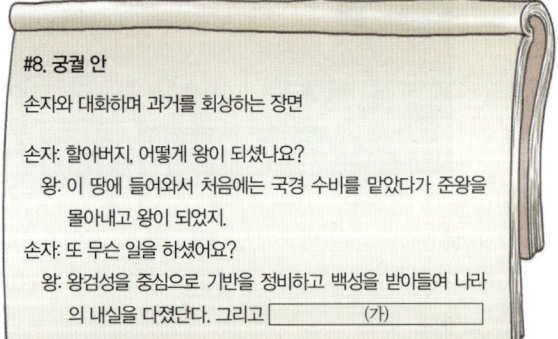

#8. 궁궐 안
손자와 대화하며 과거를 회상하는 장면
손자: 할아버지, 어떻게 왕이 되셨나요?
왕: 이 땅에 들어와서 처음에는 국경 수비를 맡았다가 준왕을 몰아내고 왕이 되었지.
손자: 또 무슨 일을 하셨어요?
왕: 왕검성을 중심으로 기반을 정비하고 백성을 받아들여 나라의 내실을 다졌단다. 그리고 ▢(가)▢

① 율령을 반포하여 체제를 정비하였단다.
② 화랑도를 국가적인 조직으로 개편하였단다.
③ 내신 좌평 등 여섯 명의 좌평을 거느렸단다.
④ 진번과 임둔을 복속하여 영토를 확대하였단다.
⑤ 지방의 여러 성에 욕살, 처려근지 등을 두었단다.

03 다음 자료에 해당하는 나라에 대한 설명으로 옳은 것은? [2점]

○ 산릉과 넓은 못[澤]이 많아서 동이 지역에서는 가장 넓고 평탄한 곳이다. …… 사람들은 체격이 크고 성품은 굳세고 용감하며, 근엄·후덕하여 다른 나라를 쳐들어가거나 노략질하지 않는다.

○ 은력(殷曆) 정월에 지내는 제천 행사는 국중 대회로 날마다 마시고 먹고 노래하고 춤추는데, 그 이름을 영고라 했다.

— 『삼국지』 위서 동이전 —

① 신성 지역인 소도가 존재하였다.
② 혼인 풍습으로 민며느리제가 있었다.
③ 여러 가(加)들이 각각 사출도를 주관하였다.
④ 특산물로 단궁, 과하마, 반어피가 유명하였다.
⑤ 왕 아래 상가, 대로, 패자 등의 관직이 있었다.

04 (가)~(마) 문화유산에 대한 설명으로 적절하지 않은 것은? [2점]

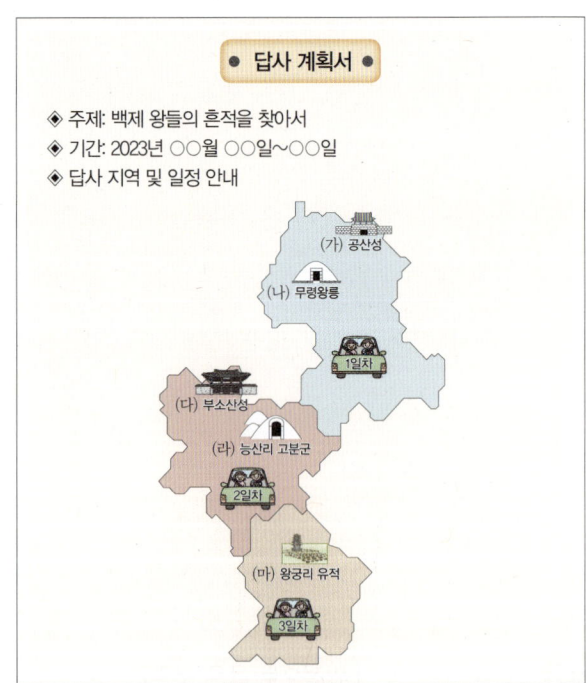

답사 계획서
◆ 주제: 백제 왕들의 흔적을 찾아서
◆ 기간: 2023년 ○○월 ○○일~○○일
◆ 답사 지역 및 일정 안내

(가) 공산성
(나) 무령왕릉
(다) 부소산성
(라) 능산리 고분군
(마) 왕궁리 유적

① (가) – 웅진성이라 불리기도 하였다.
② (나) – 중국 남조의 영향을 받았다.
③ (다) – 성왕이 전사한 곳이다.
④ (라) – 사신도 벽화가 남아 있는 무덤이 발견되었다.
⑤ (마) – 수부(首府)라는 글자가 새겨진 기와가 출토되었다.

05 (가), (나) 사이의 시기에 있었던 사실로 옳은 것은? [3점]

(가) 겨울에 왕이 장차 백제를 쳐서 대야성에서의 싸움을 되갚으려고 이찬 김춘추를 고구려에 보내서 군사를 청하였다. 대야성 전투에서 패하였을 때 도독인 품석의 아내도 죽었는데, 바로 춘추의 딸이었다.

(나) 춘추가 무릎을 꿇고 아뢰기를, "…… 만약 폐하께서 천조(天朝)의 군사를 빌려주시어 흉악한 무리를 없애주지 않으신다면 저희 백성은 모두 포로가 될 것이니, 그렇다면 산 넘고 바다 건너 행하는 술직(述職)*도 다시는 바랄 수 없을 것입니다."라고 하였다. 당 태종이 매우 옳다고 여겨서 군사의 출정을 허락하였다.

*술직: 제후가 입조하여 천자에게 맡은 직무를 아뢰는 것
- 『삼국사기』 -

① 문무왕이 안승을 보덕국왕으로 봉하였다.
② 안시성의 군사와 백성들이 당군을 물리쳤다.
③ 복신과 도침이 부여풍을 왕으로 추대하였다.
④ 계백이 이끄는 군대가 황산벌에서 항전하였다.
⑤ 진흥왕이 대가야를 정복하여 영토를 확장하였다.

06 밑줄 그은 '시기'에 있었던 사실로 옳은 것은? [2점]

최치원이 지은 해인사 묘길상탑기에는 진성 여왕이 다스리던 시기의 혼란스러운 사회상이 묘사되어 있습니다. '전란과 흉년으로 악 중의 악이 없는 곳이 없고 도처에 굶어 죽거나 싸우다 죽은 시신이 널려 있다.'고 한탄하는 내용이 적혀 있습니다.

합천 해인사 길상탑과 그 안에서 나온 묘길상탑기(탁본)

① 원광이 세속 5계를 제시하였다.
② 이차돈의 순교로 불교가 공인되었다.
③ 원종과 애노가 사벌주에서 봉기하였다.
④ 거칠부가 왕명에 의해 국사를 편찬하였다.
⑤ 자장의 건의로 황룡사 구층 목탑이 건립되었다.

07 (가) 나라에 대한 설명으로 옳은 것은? [2점]

(가)의 대표적 생활 유적지인 봉황대가 회현리 패총과 합쳐져 김해 봉황동 유적으로 확대 지정되었습니다. 이 유적은 김수로왕에 의해 건국되었다고 전해진 (가)의 초기 모습을 추정해 볼 수 있는 귀중한 문화유산입니다.

김해 봉황동 유적, 사적으로 확대 지정

① 집사부를 비롯한 14부를 두었다.
② 집집마다 부경이라는 창고가 있었다.
③ 대가들이 사자, 조의, 선인을 거느렸다.
④ 철이 많이 생산되어 낙랑, 왜 등에 수출하였다.
⑤ 왕족인 부여씨와 8성의 귀족이 지배층을 이루었다.

08 밑줄 그은 '왕'의 업적으로 옳은 것은? [1점]

○ 왕은 이름이 구부이고, 고국원왕의 아들이다. 신체가 장대하고, 웅장한 지략이 있었다.

○ 진(秦) 왕 부견이 사신과 승려 순도를 보내 불상과 경문을 주었다. 왕이 사신을 보내 답례로 방물(方物)을 바쳤다.
- 『삼국사기』 -

① 태학을 설립하여 인재를 양성하였다.
② 도읍을 국내성에서 평양으로 옮겼다.
③ 서안평을 점령하여 영토를 확장하였다.
④ 영락이라는 독자적인 연호를 사용하였다.
⑤ 을파소를 등용하고 진대법을 시행하였다.

09 밑줄 그은 '교서'를 내린 왕의 재위 기간에 볼 수 있는 모습으로 가장 적절한 것은? [3점]

상평창을 양경(兩京)과 12목에 설치하고 교서를 내렸다. "『한서』 식화지에 '그해가 풍년인지 흉년인지에 따라 곡식을 풀거나 거두어들이는 것을 행한다.'라고 하였다. …… 경시서에 맡겨 곡식을 풀거나 거두어들이도록 하라."

① 서적포에서 책을 인쇄하는 관리
② 국자감 학생들을 가르치는 박사
③ 양현고에서 재정을 관리하는 관원
④ 9재 학당에서 유교 경전을 읽는 학생
⑤ 청연각의 소장 도서를 분류하는 학사

10 (가) 국가의 문화유산으로 옳은 것은? [2점]

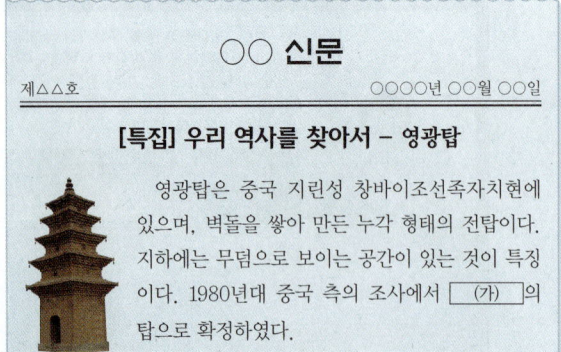

11 (가) 왕의 재위 시기에 있었던 사실로 옳은 것은? [1점]

① 최승로가 시무 28조를 건의하였다.
② 경기에 한하여 과전법이 실시되었다.
③ 신돈이 전민변정도감의 판사가 되었다.
④ 빈민 구제 기관인 흑창이 처음 설치되었다.
⑤ 광덕, 준풍 등의 독자적 연호가 사용되었다.

12 (가) 시대의 지방 통치 체제에 대한 설명으로 옳은 것은? [2점]

① 22담로에 왕족을 파견하였다.
② 전국에 9주 5소경을 설치하였다.
③ 특수 행정 구역으로 향, 부곡, 소가 있었다.
④ 지방관을 감찰하기 위하여 외사정을 두었다.
⑤ 지방 행정 구역을 8도에서 23부로 개편하였다.

13 (가)~(다)를 일어난 순서대로 옳게 나열한 것은? [3점]

(가) 금의 군주 아구다가 국서를 보내 이르기를, "형인 금 황제가 아우인 고려 국왕에게 문서를 보낸다. …… 이제는 거란을 섬멸하였으니, 고려는 우리와 형제의 관계를 맺어 대대로 무궁한 우호 관계를 이루기 바란다."라고 하였다.

(나) 윤관이 여진인 포로 346명과 말, 소 등을 조정에 바치고 영주 · 복주 · 옹주 · 길주 · 함주 및 공험진에 성을 쌓았다. 공험진에 비(碑)를 세워 경계로 삼고 변경 남쪽의 백성을 옮겨 와 살게 하였다.

(다) 정지상 등이 왕에게 아뢰기를, "대동강에 상서로운 기운이 있으니 신령스러운 용이 침을 토하는 형국으로, 천 년에 한 번 만나기 어려운 일입니다. 천심에 응답하고 백성들의 뜻에 따르시어 금을 제압하소서."라고 하였다.

① (가) - (나) - (다) ② (가) - (다) - (나)
③ (나) - (가) - (다) ④ (나) - (다) - (가)
⑤ (다) - (나) - (가)

14 ㉠에 대한 답으로 옳지 않은 것은? [2점]

① 고구려 무용총에 별자리를 그린 벽화가 있어.
② 삼국사기에 일식, 월식에 관한 많은 관측 기록이 있어.
③ 충선왕은 서운관에서 천체 운행을 관측하도록 했어.
④ 선조 때는 날아가서 폭발하는 비격진천뢰가 개발되었어.
⑤ 홍대용이 의산문답을 통해 지전설과 무한 우주론을 주장했어.

15 (가) 군사 조직에 대한 설명으로 옳은 것은? [2점]

① 후금의 침입에 대비하고자 창설되었다.
② 원의 요청으로 일본 원정에 참여하였다.
③ 신기군, 신보군, 항마군으로 편성되었다.
④ 진도에서 용장성을 쌓고 몽골에 대항하였다.
⑤ 응양군과 용호군으로 구성된 친위 부대였다.

16 다음 서술형 평가의 답안에 들어갈 내용으로 가장 적절한 것은? [2점]

> **서술형 평가** ○학년 ○○반 이름: ○○○
>
> ◎ 아래의 인물들이 활동한 시기에 볼 수 있는 사회 모습에 대해 서술하시오.
>
> ○ 윤수는 응방을 관리하였는데 권력을 믿고 악행을 행하여 사람들로부터 비난받았다.
> ○ 유청신은 몽골어를 익혀 여러 차례 원에 사신으로 가서 공을 세우고 충렬왕의 총애를 받아 장군이 되었다.
> ○ 기철과 형제들은 누이동생이 원 순제의 황후가 된 후 국법을 무시하고 횡포를 부렸다.
>
> 답안

① 왕조 교체를 예언하는 정감록이 유포되었습니다.
② 대각국사 의천이 해동 천태종을 개창하였습니다.
③ 지배층을 중심으로 변발과 호복이 유행하였습니다.
④ 가혹한 수탈에 저항하여 망이·망소이가 봉기하였습니다.
⑤ 상민층이 납속과 공명첩을 활용하여 신분 상승을 꾀하였습니다.

17 (가) 문화유산에 대한 설명으로 옳은 것은? [2점]

① 신미양요 때 미군이 탈취하였다.
② 현존하는 최고(最古)의 금속 활자본이다.
③ 거란의 침입을 물리치기 위해 제작하였다.
④ 장영실, 이천 등이 제작한 활자로 인쇄하였다.
⑤ 불국사 삼층 석탑을 보수하는 과정에서 발견되었다.

18 밑줄 그은 '인물'에 대한 설명으로 옳은 것은? [2점]

- 불씨잡변을 지어 불교를 비판하였던 인물에 대해 말해 보자.
- 도성의 축조 계획을 세우고 새 궁궐의 이름을 경복궁이라고 지었어.
- 제1차 왕자의 난 때 이방원에게 죽임을 당하였지.

① 최초의 서원인 백운동 서원을 건립하였다.
② 일본에 다녀와서 해동제국기를 편찬하였다.
③ 성학십도를 지어 군주의 도를 도식으로 설명하였다.
④ 조선경국전을 저술하여 통치 제도 정비에 기여하였다.
⑤ 경세유표를 집필하여 국가 제도의 개혁 방향을 제시하였다.

19 (가) 왕에 대한 설명으로 옳은 것은? [3점]

작품명: 출기파적도(出奇破賊圖)

이 그림은 이시애가 일으킨 반란을 좌대장 어유소가 진압하는 상황을 표현한 것이다. 이시애는 (가) 의 호패법 재실시 등 중앙의 통제 강화에 반발하여 함길도에서 반란을 일으켰다.

① 주자소를 설치하여 계미자를 주조하였다.
② 현직 관리를 대상으로 직전법을 실시하였다.
③ 조선의 기본 법전인 경국대전을 완성하였다.
④ 기유약조를 체결하여 일본과의 무역을 재개하였다.
⑤ 폐비 윤씨 사사 사건을 빌미로 갑자사화를 일으켰다.

20 (가) 전쟁에 대한 탐구 활동으로 가장 적절한 것은? [1점]

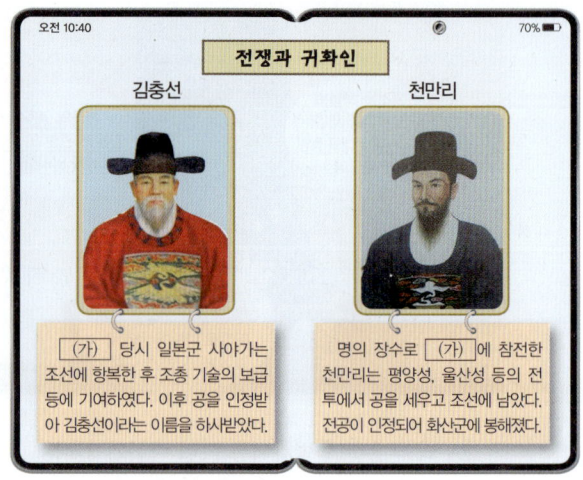

전쟁과 귀화인

김충선: (가) 당시 일본군 사야가는 조선에 항복한 후 조총 기술의 보급 등에 기여하였다. 이후 공을 인정받아 김충선이라는 이름을 하사받았다.

천만리: 명의 장수로 (가) 에 참전한 천만리는 평양성, 울산성 등의 전투에서 공을 세우고 조선에 남았다. 전공이 인정되어 화산군에 봉해졌다.

① 나선 정벌의 전적지를 검색한다.
② 북학론이 끼친 영향을 파악한다.
③ 명량 해전의 승리 요인을 분석한다.
④ 삼정이정청의 활동 내용을 찾아본다.
⑤ 4군과 6진을 개척한 과정을 알아본다.

21 (가)의 활동으로 옳은 것은? [3점]

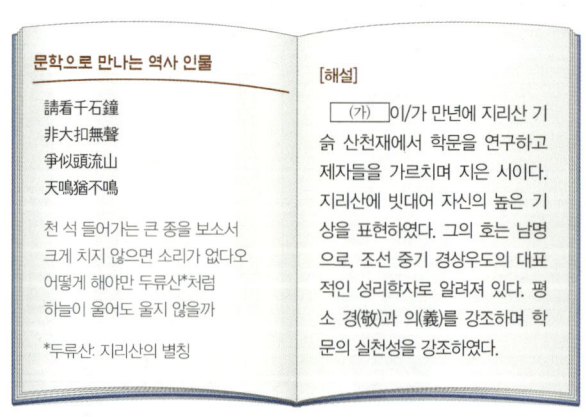

문학으로 만나는 역사 인물

請看千石鐘
非大扣無聲
爭似頭流山
天鳴猶不鳴

천 석 들어가는 큰 종을 보소서
크게 치지 않으면 소리가 없다오
어떻게 해야만 두류산*처럼
하늘이 울어도 울지 않을까

*두류산: 지리산의 별칭

[해설] (가) 이/가 만년에 지리산 기슭 산천재에서 학문을 연구하고 제자들을 가르치며 지은 시이다. 지리산에 빗대어 자신의 높은 기상을 표현하였다. 그의 호는 남명으로, 조선 중기 경상우도의 대표적인 성리학자로 알려져 있다. 평소 경(敬)과 의(義)를 강조하며 학문의 실천성을 강조하였다.

① 곽재우, 정인홍 등의 제자를 배출하였다.
② 기기도설을 참고하여 거중기를 설계하였다.
③ 위훈 삭제를 주장하여 훈구 세력의 반발을 샀다.
④ 북학의를 저술하여 수레와 배의 이용을 권장하였다.
⑤ 양명학을 체계적으로 연구하여 강화 학파를 형성하였다.

22 밑줄 그은 '왕'의 재위 기간에 있었던 사실로 옳은 것은? [2점]

<역사 다큐멘터리 제작 기획안>

조선, 전국적인 규모의 여론 조사를 실시하다!

■ 기획 의도
여론 조사를 통해 정책을 추진하려는 왕의 모습에서 '민본'의 의미를 생각해 본다.

■ 장면별 주요 내용
#1. 왕은 관리와 백성을 대상으로 공법 시행에 대한 전국적인 찬반 조사를 명하다.
#2. 호조에서 찬성 98,657명, 반대 74,149명이라는 결과를 보고하다.
#3. 여러 차례 보완을 거쳐 토지의 비옥도와 풍흉에 따라 조세를 차등 징수하는 내용의 공법을 확정하다.

① 세계 지도인 혼일강리역대국도지도가 제작되었다.
② 각지의 농법을 작물별로 정리한 농사직설이 간행되었다.
③ 유능한 인재를 양성하기 위해 초계문신제가 시행되었다.
④ 우리나라와 중국의 의서를 망라한 동의보감이 완성되었다.
⑤ 전국의 지리, 풍속 등이 수록된 동국여지승람이 편찬되었다.

23 다음 상황이 나타난 시기에 볼 수 있는 모습으로 적절하지 않은 것은? [1점]

① 벽란도에서 인삼을 사는 송의 상인
② 호랑이를 소재로 민화를 그리는 화가
③ 광산 노동자에게 품삯을 나눠주는 덕대
④ 여러 장시를 돌며 물품을 판매하는 보부상
⑤ 저잣거리에서 영웅 소설을 읽어주는 전기수

24 다음 왕에 대한 설명으로 옳은 것은? [2점]

초상과 어진으로 만나는 조선의 왕

왼편은 연잉군 시절인 20대의 초상이며 오른편은 50대의 어진이다. 그는 즉위 후 탕평 교서를 반포하고 탕평비를 건립하였다. 준천사를 신설하여 홍수에 대비하였으며, 신문고를 다시 설치하여 백성들의 억울함을 듣고자 하였다.

① 통치 체제를 정비하기 위해 대전회통을 편찬하였다.
② 왕권 강화를 위해 친위 부대인 장용영을 설치하였다.
③ 각 궁방과 중앙 관서의 공노비 6만여 명을 해방하였다.
④ 어영청을 중심으로 국방력을 강화하고 북벌을 추진하였다.
⑤ 균역법을 시행하여 백성들의 군역 부담을 줄여주고자 하였다.

25 (가) 관서에 대한 설명으로 옳은 것은? [2점]

체험 활동 소감문

2023년 12월 2일 ○○○

지난 토요일에 '승경도' 놀이를 체험했다. 승경도는 조선 시대 관직 이름을 적은 놀이판이다. 윷을 던져 말을 옮기는데, 승진을 할 수도 있지만 자칫하면 파직이 되거나 사약까지 받을 수 있어 흥미진진했다.
놀이 규칙에 은대법이 있는데, (가) 을/를 총괄하는 도승지 자리에 도착한 사람은 당하관 자리에 있는 사람들이 던진 윷의 결괏값을 이용할 수 있는 규칙이다. 은대가 무엇인지 몰랐는데, (가) 을/를 뜻함을 알게 되었다.

① 수도의 행정과 치안을 맡아보았다.
② 재상들이 합의하여 국정을 총괄하였다.
③ 반역죄, 강상죄를 범한 중죄인을 다스렸다.
④ 왕의 비서 기관으로 왕명의 출납을 담당하였다.
⑤ 외적의 침입에 대비하기 위한 임시 기구로 설치되었다.

26 다음 상황이 나타난 시기를 연표에서 옳게 고른 것은? [3점]

○ 송준길이 아뢰었다. "적처(嫡妻) 소생이라도 둘째부터는 서자입니다. …… 둘째 아들은 비록 왕통을 계승하였더라도 (그를 위해서는) 3년 복을 입어서는 안 됩니다."
○ 허목이 상소하였다. "장자를 위해 3년 복을 입는다는 것은 위로 처서 정체(正體)이기 때문입니다. …… 첫째 아들이 죽어서 적처 소생의 둘째를 세우는 것도 역시 장자라고 부릅니다."

(가)	(나)	(다)	(라)	(마)
계유정난	중종반정	을사사화	인조반정	경신환국	이인좌의 난

① (가) ② (나) ③ (다) ④ (라) ⑤ (마)

27 (가) 문화유산에 대한 설명으로 옳은 것은? [1점]

이 건물은 (가) 의 정전입니다. (가) 은/는 태조 이성계가 개경에 처음 세웠는데, 도읍을 한양으로 옮긴 후 지금의 위치에 건립하였습니다. 사직과 더불어 왕조 국가를 표현하는 상징이었습니다.

① 경내에 조선 총독부 청사가 세워졌다.
② 역대 국왕과 왕비의 신주가 모셔져 있다.
③ 대성전과 명륜당을 중심으로 구성되어 있다.
④ 일제 강점기에 창경원으로 격하되기도 하였다.
⑤ 토지와 곡식의 신에게 제사를 지내는 공간이다.

28 (가)에 들어갈 대답으로 가장 적절한 것은? [2점]

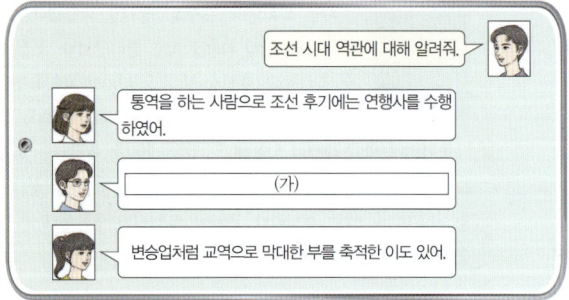

조선 시대 역관에 대해 알려줘.
- 통역을 하는 사람으로 조선 후기에는 연행사를 수행하였어.
- (가)
- 변승업처럼 교역으로 막대한 부를 축적한 이도 있어.

① 사간원에서 간쟁을 담당하였어.
② 매매, 상속, 증여의 대상이었어.
③ 수군, 봉수 등 천역에 종사하였어.
④ 수령을 보좌하면서 향촌 실무를 담당하였어.
⑤ 사역원에서 노걸대언해 같은 교재로 교육받았어.

29 다음 특별전에서 볼 수 있는 도시의 역사에 대한 설명으로 적절하지 않은 것은? [2점]

송악(松嶽) 개주(開州)
열린 성(城)의 도시 특별전

① 고려 태조 왕건이 도읍으로 삼았다.
② 원의 영향을 받은 경천사지 십층 석탑이 축조되었다.
③ 조선 후기 송상이 근거지로 삼아 전국적으로 활동하였다.
④ 일제 강점기 강주룡이 을밀대 지붕 위에서 고공 농성을 하였다.
⑤ 북위 38도선 분할 이후 남한에 속했다가 정전 협정으로 북한 지역이 되었다.

30 다음 대화가 오갔던 회담 결과 체결된 조약에 대한 설명으로 옳은 것은? [2점]

운요호가 작년에 귀국 경내를 통과하다가 포격을 받았으니, 귀국이 교린의 우의를 저버린 것입니다.
— 일본 전권변리대신 구로다 기요타카

운요호는 국적과 이유를 밝히지 않고 곧장 우리가 수비하는 곳으로 진입해왔으니, 변방 수비병의 발포는 부득이한 것이었소.
— 조선 접견대관 신헌

① 천주교 포교가 허용되었다.
② 갑신정변의 영향으로 체결되었다.
③ 일본 측의 해안 측량권이 인정되었다.
④ 통신사가 처음 파견되는 계기가 되었다.
⑤ 외국 상인의 내지 통상권을 최초로 규정하였다.

31 (가)~(다)를 일어난 순서대로 옳게 나열한 것은? [2점]

(가) 고부에서 민란이 다시 일어났다는 소문이 자자합니다. …… 장흥 부사 이용태를 고부군 안핵사로 임명하여 밤새 달려가 엄격히 조사하여 등급을 나누고 구별하여 보고하게 하소서.

(나) 전봉준은 무주 집강소에 다음과 같은 통문을 보냈다. "최근 일본이 경복궁을 침범하였다. 국왕이 욕을 당했으니, 우리들은 마땅히 달려가 목숨을 걸고 의로써 싸워야 한다."

(다) 청국의 간섭을 끊어버리고 우리 대조선국의 고유한 독립 기초를 굳건히 하였는데, 이번에 마관(馬關, 시모노세키) 조약으로 말미암아 세계에 드러나는 빛이 더욱 빛나게 되었다.

① (가) – (나) – (다)
② (가) – (다) – (나)
③ (나) – (가) – (다)
④ (나) – (다) – (가)
⑤ (다) – (나) – (가)

33 (가) 사절단에 대한 설명으로 옳은 것은? [2점]

미국 공사의 부임에 대한 답례로 [(가)] 이/가 파견되었습니다. 8명의 조선 관리로 구성된 이들은 40여 일 동안 미국에 체류하면서 뉴욕의 전등 시설과 우체국, 보스턴 박람회 등을 시찰하였습니다.

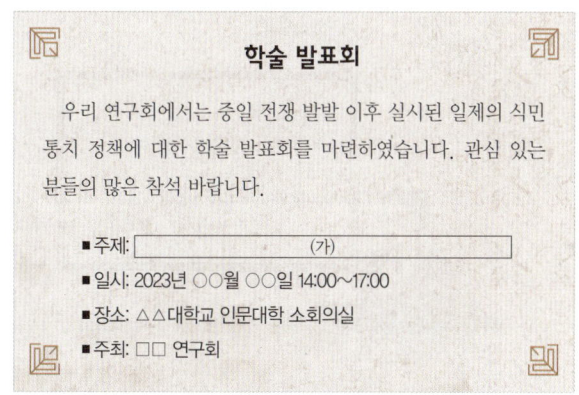

① 에도 막부의 요청으로 파견되었다.
② 별기군(교련병대) 창설을 건의하였다.
③ 조선책략을 들여와 국내에 소개하였다.
④ 기기국에서 무기 제조 기술을 습득하고 돌아왔다.
⑤ 전권대신 민영익과 홍영식, 서광범 등으로 구성되었다.

32 해설사가 설명하는 사건이 발생한 시기를 연표에서 옳게 고른 것은? [3점]

조선 정부는 이곳에 해관을 설치하고 동래부 거류지의 일본 상인과 거래하는 조선 상인으로부터 세금을 징수하였습니다. 그러자 일본 상인이 조약 위반이라고 반발하였고, 결국 3개월 만에 수세가 중단되었습니다.

(가)	(나)	(다)	(라)	(마)
척화비 건립	제1차 수신사 파견	영국의 거문도 점령	함경도 방곡령 선포	청일 전쟁 발발	러일 전쟁 발발

① (가) ② (나) ③ (다) ④ (라) ⑤ (마)

34 (가)에 들어갈 내용으로 적절한 것은? [1점]

학술 발표회

우리 연구회에서는 중일 전쟁 발발 이후 실시된 일제의 식민 통치 정책에 대한 학술 발표회를 마련하였습니다. 관심 있는 분들의 많은 참석 바랍니다.

■ 주제: [(가)]
■ 일시: 2023년 ○○월 ○○일 14:00~17:00
■ 장소: △△대학교 인문대학 소회의실
■ 주최: □□ 연구회

① 치안 유지법의 제정 배경
② 조선 태형령의 적용 사례 분석
③ 제1차 조선 교육령의 제정 목적
④ 경성 제국 대학의 설립 의도와 과정
⑤ 국가 총동원법의 제정과 조선에서의 시행

35 다음 자료에 나타난 민족 운동에 대한 설명으로 옳지 않은 것은? [2점]

한국인들이 독립 선언을 하다
- 집회에 참가한 수천 명 체포 -

일본 당국은 고종의 장례식을 계기로 문제가 발생할 것으로 예상하고 많은 헌병을 서울로 집결시켰다. …… 전국의 모든 도시와 마을에서 독립을 위한 행진과 시위가 일어났다. 일본 측은 당황했지만 곧 재정비하여 강력하고 신속한 진압에 나섰다. 그 결과 수천 명의 시위대가 체포되었지만 일본 측 보고서에는 수백 명으로 기록되어 있다.

① 중국의 5·4 운동에 영향을 주었다.
② 대한민국 임시 정부 수립의 계기가 되었다.
③ 신간회에서 진상 조사단을 파견하여 지원하였다.
④ 국외로도 확산되어 필라델피아에서 한인 자유 대회가 열렸다.
⑤ 평화적 만세 운동에서 무력 투쟁 사례가 늘어나기 시작하였다.

36 (가) 단체에 대한 설명으로 옳은 것은? [2점]

① 복벽주의를 표방하였다.
② 13도 창의군을 결성하였다.
③ 일제의 황무지 개간권 요구를 저지하였다.
④ 근대 교육을 위해 배재 학당을 설립하였다.
⑤ 일제가 조작한 105인 사건으로 해체되었다.

37 밑줄 그은 '개혁'에 해당하는 내용으로 옳은 것을 〈보기〉에서 고른 것은? [2점]

【건축으로 보는 한국사】 석조전

고종은 황제로서의 권위와 근대 국가를 향한 의지를 보여주기 위해 서양의 신고전주의 양식으로 설계된 석조전 착공을 명하였다. 그러나 황제권 강화를 표방하며 개혁을 추진하던 고종은 석조전이 완공되기 전에 강제로 퇴위당하였다.

▶ 보기 ◀

ㄱ. 박문국을 설치하여 한성순보를 발행하였다.
ㄴ. 통리기무아문을 설치하여 개화 정책을 추진하였다.
ㄷ. 관립 상공 학교를 설립하여 실업 교육을 실시하였다.
ㄹ. 지계아문을 설치하여 토지 소유자에게 지계를 발급하였다.

① ㄱ, ㄴ ② ㄱ, ㄷ ③ ㄴ, ㄷ
④ ㄴ, ㄹ ⑤ ㄷ, ㄹ

38 밑줄 그은 '회의'에 대한 설명으로 옳은 것은? [3점]

본 회의는 2천만 민중의 공의(公意)를 지키는 국민적 대회합으로서, 최고의 권위에 의해 국민의 완전한 통일을 견고하게 하며 광복 대업의 근본 방침을 수립하고, 이로써 우리 민족의 자유를 만회하고 독립을 완성하기를 기도하며 이에 선언하노라. 삼일 운동으로써 우리 민족의 정신적 통일은 이미 표명되었다. …… 본 대표들은 국민이 위탁한 사명을 받아 국민적 대단결을 힘써 도모하며, 독립 전도의 대방책을 확립하여 통일적 기관 하에서 대업을 기성(期成)하려 한다.

① 창조파와 개조파가 대립하였다.
② 대일 선전 성명서를 공표하였다.
③ 삼균주의를 기초로 하는 건국 강령을 발표하였다.
④ 파리 강화 회의에 김규식을 파견할 것을 결정하였다.
⑤ 지청천을 사령관으로 하는 한국 광복군을 조직하였다.

39 밑줄 그은 '이 계획'에 대한 설명으로 옳은 것은? [1점]

① 독립 협회 결성의 계기가 되었다.
② 국채 보상 운동의 배경이 되었다.
③ 재정 고문 메가타의 주도로 시행되었다.
④ 토지 조사 사업이 시행되는 배경이 되었다.
⑤ 일본의 쌀 부족 현상을 해결하기 위해 시행되었다.

40 (가) 부대에 대한 설명으로 옳은 것은? [2점]

○○박물관

(가) 훈련 교본

최해가 직접 쓴 독립군 교본으로 강령·총칙·도수·집총 등의 내용이 실려 있다. 최해는 1915년 신흥 강습소(신흥 무관 학교)를 졸업하였다. 그는 김좌진이 지휘하는 (가) 의 여단장이 되어 청산리 전투에 참가하였다.

① 대전자령에서 일본군을 기습하였다.
② 영릉가에서 일본군에 승리를 거두었다.
③ 동북 항일 연군으로 개편되어 유격전을 전개하였다.
④ 중광단을 중심으로 조직되어 항일 독립 전쟁에 참여하였다.
⑤ 인도·미얀마 전선에 파견되어 영국군과 연합 작전을 펼쳤다.

41 다음 가상 일기의 밑줄 그은 '운동'에 대한 설명으로 옳은 것은? [1점]

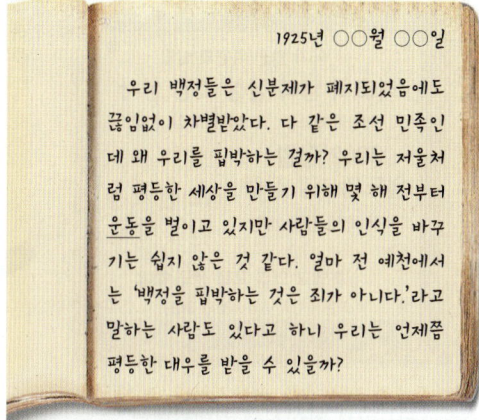

① 조선 형평사의 주도로 전개되었다.
② 대한매일신보의 지원을 받아 확대되었다.
③ 평양에서 시작하여 전국적으로 확산되었다.
④ 순종의 인산일을 기한 대규모 시위를 계획하였다.
⑤ 라이징 선 석유 회사의 한국인 구타 사건을 계기로 시작되었다.

42 교사의 질문에 대한 학생의 답변으로 적절하지 않은 것은? [2점]

① 반공 포로가 석방되었어요.
② 한미 상호 방위 조약이 체결되었어요.
③ 흥남에서 대규모 철수가 이루어졌어요.
④ 유엔군이 인천 상륙 작전을 전개하였어요.
⑤ 비상계엄이 선포된 가운데 발췌 개헌안이 통과되었어요.

43 (가) 정부의 통일 정책에 대한 설명으로 옳은 것은? [1점]

① 남북 기본 합의서에 서명하였다.
② 남북한이 유엔에 동시 가입하였다.
③ 7·4 남북 공동 성명을 발표하였다.
④ 6·15 남북 공동 선언을 채택하였다.
⑤ 남북 이산가족 고향 방문을 최초로 실현하였다.

44 (가) 민주화 운동에 대한 설명으로 옳은 것은? [2점]

① 긴급 조치 철폐를 요구하였다.
② 장면 내각이 출범하는 배경이 되었다.
③ 전남 도청에서 시민군이 계엄군에 맞서 싸웠다.
④ 민주화를 위한 개헌 청원 100만인 서명 운동이 전개되었다.
⑤ 5년 단임의 대통령 직선제 개헌이 이루어지는 계기가 되었다.

45 다음 사건이 있었던 정부 시기의 경제 상황으로 옳은 것은? [3점]

① 금융 실명제가 실시되었다.
② 연간 수출액 100억 달러가 달성되었다.
③ 개성 공단에서 의류 생산이 시작되었다.
④ 칠레와 자유 무역 협정(FTA)을 체결하였다.
⑤ 저금리, 저유가, 저달러의 3저 호황이 있었다.

46 밑줄 그은 '정부' 시기의 사회 모습으로 옳은 것은? [2점]

① 금강산 관광이 시작되었다.
② 서울 올림픽 대회가 개최되었다.
③ 삼풍 백화점 붕괴 사고가 발생하였다.
④ 보도 지침을 통해 언론을 통제하였다.
⑤ 양성평등 실현을 위해 호주제가 폐지되었다.

47 (가)에 들어갈 내용으로 옳은 것은? [2점]

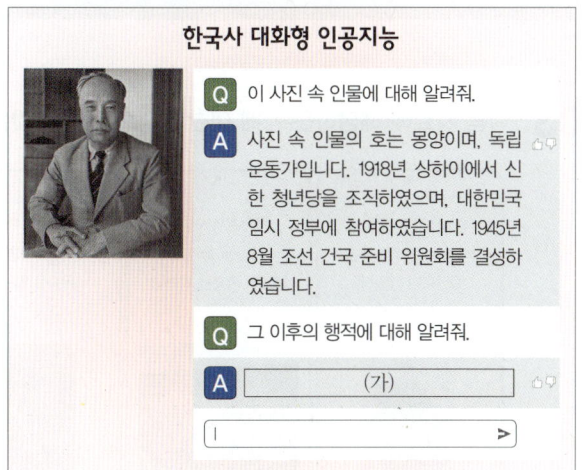

한국사 대화형 인공지능

Q 이 사진 속 인물에 대해 알려줘.
A 사진 속 인물의 호는 몽양이며, 독립 운동가입니다. 1918년 상하이에서 신한 청년당을 조직하였으며, 대한민국 임시 정부에 참여하였습니다. 1945년 8월 조선 건국 준비 위원회를 결성하였습니다.
Q 그 이후의 행적에 대해 알려줘.
A (가)

① 한국 민주당을 창당하였습니다.
② 5·10 총선거에 출마하였습니다.
③ 단독 정부 수립을 주장하였습니다.
④ 조선 혁명 선언을 작성하였습니다.
⑤ 좌우 합작 위원회를 조직하였습니다.

48 교사의 질문에 대한 학생의 답으로 옳은 것은? [2점]

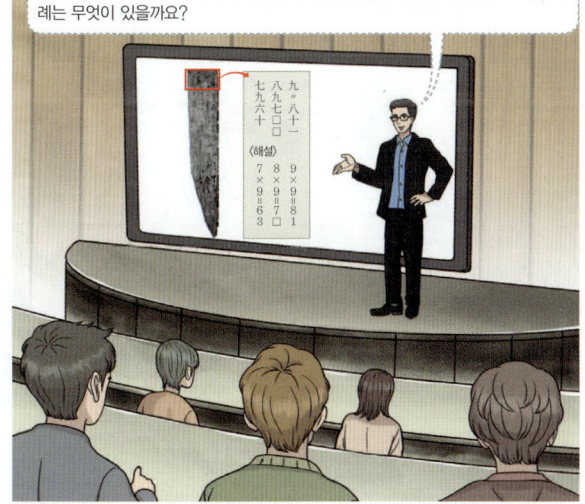

충남 부여 쌍북리에서 숫자들이 기록된 목간이 출토되었는데 놀랍게도 구구단이 쓰여 있었습니다. 삼국 시대에 살았던 사람들도 우리처럼 구구단을 공부했다는 것이 신기합니다. 삼국 시대 사람들의 학습 활동을 확인할 수 있는 또 다른 사례는 무엇이 있을까요?

① 울주 대곡리 반구대에 고래 사냥 모습을 새겼습니다.
② 이제현이 만권당에서 원의 학자들과 교류하였습니다.
③ 청소년들이 경당에서 책을 읽고 활쏘기를 배웠습니다.
④ 독특한 회계 정리 방식인 사개치부법을 사용했습니다.
⑤ 정혜 공주 묘지석에는 유교 경전과 중국 역사서의 내용이 인용되어 있습니다.

49 (가)~(마)의 설명과 사진을 연결한 것으로 옳지 않은 것은? [3점]

(가) 태토와 유약이 모두 백색이고 1,200도 이상에서 구워 만든 자기다. 영국 여왕 엘리자베스 2세가 이 자기 중 하나를 보면서 '세상에서 제일 아름다운 그릇'이라는 찬사를 보냈다.

(나) 철분이 약간 함유된 태토에 유약을 입혀 고온에서 구워낸 자기다. 송 사신 서긍은 "푸른 빛깔을 고려인은 비색(翡色)이라 하는데 근래에 들어 빛깔이 더욱 좋아졌다."고 하였다.

(다) 회색 태토 위에 백토로 표면을 분장한 뒤에 유약을 입혀 구운 자기다. 고유섭이 회청색을 띠는 사기라는 의미로 '분장회청사기(분청사기)'라 하였다.

(라) 초벌구이한 백자 위에 코발트로 그림 그린 후 유약을 발라 구운 자기다. 코발트는 수입산 안료였기에 예종은 관찰사를 통해 백성들이 회회청(코발트)을 구해오도록 독려할 정도였다.

(마) 표면에 무늬를 파고 백토와 자토를 그 자리에 넣어 초벌구이한 후 유약을 발라 구워낸 자기다. 최순우는 "고려 사람들은 비색의 자기에 영롱한 수를 놓은 방법을 궁리해 냈다."고 하였다.

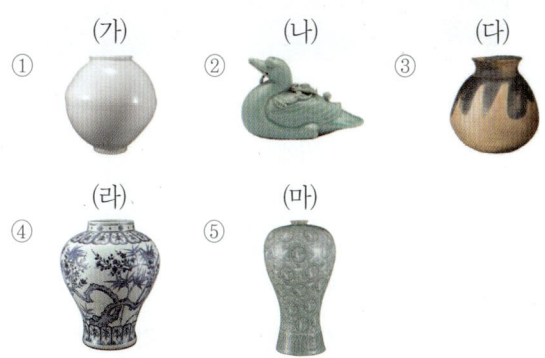

① (가) ② (나) ③ (다)
④ (라) ⑤ (마)

50 다음 사건의 영향을 받아 발생한 사실로 옳은 것은? [2점]

근로 기준법을 준수하라!

나는 아주 작은 바늘 구멍이라도 내기 위해서 죽는 것입니다. 그 작은 구멍을 자꾸 키워 벽을 허물어야 합니다. 그래야 없는 사람도 살고 근로자도 살 수 있는 것입니다.

① 신한 공사가 설립되어 귀속 재산을 관리하였다.
② 부산에서 조선 방직의 총파업 사건이 발생하였다.
③ 경제 자립을 목표로 제1차 경제 개발 5개년 계획이 추진되었다.
④ 미국에서 들여온 원조 물자를 기반으로 삼백 산업이 발달하였다.
⑤ 평화 시장 노동자들을 중심으로 한 청계 피복 노동 조합이 결성되었다.

제67회 한국사능력검정시험

- 자신이 선택한 등급의 문제지인지 확인하시오.
- 문제지에 성명과 수험 번호를 정확히 써넣으시오.
- 답안지에 성명과 수험 번호를 써넣고, 또 수험 번호와 답을 정확히 표시하시오.
- 시험 시간은 80분입니다.

01 (가) 시대의 생활 모습으로 옳은 것은? [1점]

계급이 출현한 (가) 시대의 생활상을 엿볼 수 있는 환호, 고인돌, 민무늬 토기 등이 울주 검단리 유적에서 발굴되었습니다. 특히 마을의 방어시설로 보이는 환호는 우리나라의 (가) 시대 유적에서 처음 확인된 것으로, 둘레가 약 300미터에 달합니다.

① 철제 무기로 정복 활동을 벌였다.
② 주로 동굴이나 막집에서 거주하였다.
③ 소를 이용한 깊이갈이가 일반화되었다.
④ 비파형 동검과 청동 거울 등을 제작하였다.
⑤ 빗살무늬 토기에 음식을 저장하기 시작하였다.

02 (가)~(라)에 들어갈 내용으로 옳은 것을 〈보기〉에서 고른 것은? [2점]

〈여러 나라의 제천 행사〉

나라	내용
부여	(가)
고구려	(나)
동예	(다)
삼한	(라)

〉〉 보기 〈〈
ㄱ. (가) - 무천이라는 제천 행사에서 밤낮으로 음주가무를 즐겼다.
ㄴ. (나) - 10월에 지내는 제천 행사는 국중대회로 동맹이라 하였다.
ㄷ. (다) - 영고라는 제천 행사를 열고 죄수를 풀어주기도 하였다.
ㄹ. (라) - 씨뿌리기가 끝난 5월과 농사를 마친 10월에 제사를 지냈다.

① ㄱ, ㄴ ② ㄱ, ㄷ ③ ㄴ, ㄷ ④ ㄴ, ㄹ ⑤ ㄷ, ㄹ

03 다음 자료에 해당하는 왕에 대한 설명으로 옳은 것은? [1점]

1/3 백제 제26대 왕 명농. 지혜와 식견이 뛰어나고 결단력이 있었다.
2/3 웅진에서 사비로 도읍을 옮기고 백제의 중흥을 꾀했다.
3/3 구천(관산성 부근)에서 신라의 복병에게 목숨을 잃었다.

① 국호를 남부여로 개칭하였다.
② 금마저에 미륵사를 창건하였다.
③ 고흥에게 서기를 편찬하게 하였다.
④ 윤충을 보내 대야성을 함락하였다.
⑤ 동진에서 온 마라난타를 통해 불교를 수용하였다.

04 (가)에 해당하는 문화유산으로 옳은 것은? [3점]

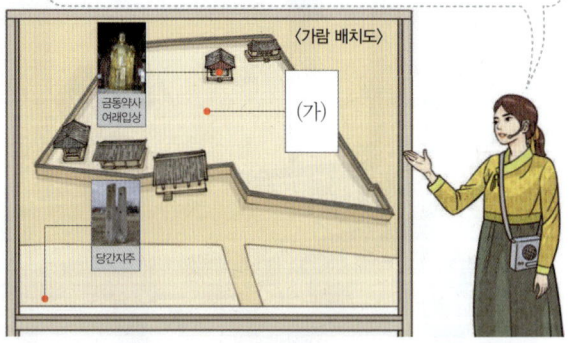

국보로 지정된 (가) 은 현존하는 신라 탑 중에 가장 오래된 것으로 평가받습니다. 이 탑은 돌을 벽돌 모양으로 다듬어 쌓았다는 특징이 있으며, 선덕 여왕 3년에 건립된 것으로 추정됩니다.

 ①  ②  ③
 ④  ⑤

05. (가)에 들어갈 내용으로 가장 적절한 것은? [3점]

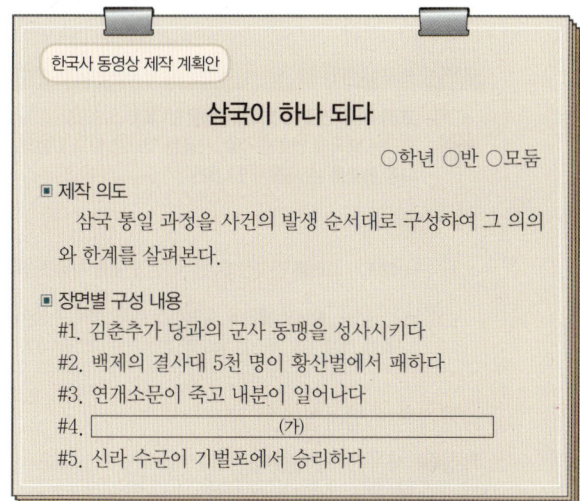

① 흑치상지가 당의 유인궤에게 항복하다
② 문무왕이 안승을 보덕국왕으로 책봉하다
③ 을지문덕이 살수에서 수의 군대를 물리치다
④ 부여풍이 백강에서 왜군과 함께 당군에 맞서 싸우다
⑤ 개로왕이 북위에 사신을 보내 고구려 공격을 요청하다

06. 밑줄 그은 '이 승려'에 대한 설명으로 옳은 것은? [2점]

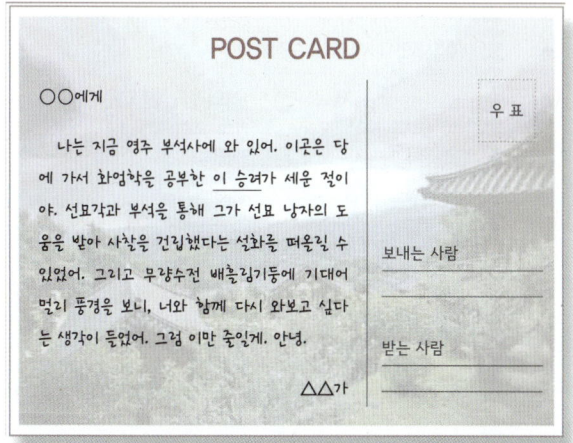

① 황룡사 구층 목탑의 건립을 건의하였다.
② 무애가를 지어 불교 대중화에 노력하였다.
③ 유식의 교의를 담은 해심밀경소를 저술하였다.
④ 승려들의 전기를 정리한 해동고승전을 편찬하였다.
⑤ 현세의 고난에서 구제받고자 하는 관음 신앙을 강조하였다.

07. (가) 왕의 업적으로 옳은 것은? [2점]

① 향가 모음집인 삼대목을 편찬하였다.
② 관료전을 지급하고 녹읍을 폐지하였다.
③ 인사를 담당하는 위화부를 창설하였다.
④ 건원이라는 독자적인 연호를 사용하였다.
⑤ 시장을 감독하기 위해 동시전을 설치하였다.

08. 다음 상황 이후에 전개된 사실로 옳은 것은? [2점]

> 이찬 김지정이 반역하여 무리를 모아 궁궐을 에워싸고 침범하였다. 여름 4월에 상대등 김양상이 이찬 경신과 함께 군사를 일으켜 김지정 등을 죽였으나, 왕과 왕비는 반란군에게 살해되었다. 양상 등이 왕의 시호를 혜공왕이라 하였다.
> - 『삼국사기』 -

① 김흠돌이 반란을 도모하였다.
② 이사부가 우산국을 복속하였다.
③ 김대성이 불국사 조성을 주도하였다.
④ 장보고가 왕위 쟁탈전에 가담하였다.
⑤ 거칠부가 왕명에 의해 국사를 편찬하였다.

09 (가) 국가에 대한 설명으로 옳은 것은? [2점]

이 글은 양태사가 지은 '밤에 다듬이 소리를 듣고'라는 한시로, 정효 공주 묘지(墓誌) 등과 함께 (가) 의 한문학 수준을 보여주는 대표적인 사례입니다. 이 시에는 문왕 때 일본에 사신으로 파견된 그가 다듬이 소리를 듣고 고국을 그리워하는 마음이 잘 표현되어 있습니다.

서리 기운 가득한 하늘에 달빛 비치는 은하수도 밝은데
나그네 돌아갈 일 생각하니 감회가 새롭네
홀로 앉아 지새는 긴긴 밤 근심에 젖어 마음 아픈데
홀연히 들리누나 이웃집 아낙네 다듬이질 소리
바람결에 그 소리 끊기는 듯 이어지는 듯
밤 깊어 별빛 기우는데 잠시도 쉬지 않네
나라 떠나온 뒤로 아무 소리 듣지 못하더니
이제 타향에서 고향 소리 듣는구나
⋮

① 교육 기관으로 주자감을 설립하였다.
② 골품제라는 엄격한 신분제를 마련하였다.
③ 정사암에 모여 국가 중대사를 논의하였다.
④ 관리 선발을 위해 독서삼품과를 시행하였다.
⑤ 청연각과 보문각을 설치하여 학문 연구를 장려하였다.

10 다음 상황 이후에 있었던 사실로 옳은 것은? [3점]

파진찬 신덕, 영순 등이 신검에게 견훤을 금산사에 유폐하고 사람을 보내 금강을 죽이도록 권하였다. 신검이 대왕을 자칭하고 국내에 대사면령을 내렸다. 교서에서 이르기를, "…… 왕위를 어리석은 아이에게 줄 뻔하였다. 다행스러운 것은 상제께서 진정한 마음을 내리시니 군자들이 허물을 고쳤고 맏아들인 나에게 명하여 이 한 나라를 다스리게 하셨다는 점이다. ……"라고 하였다.

① 궁예가 광평성을 설치하였다.
② 장문휴가 당의 등주를 공격하였다.
③ 신숭겸이 공산 전투에서 전사하였다.
④ 왕건이 일리천 전투에서 승리하였다.
⑤ 김헌창이 웅천주에서 반란을 일으켰다.

11 (가) 왕이 추진한 정책으로 옳은 것은? [1점]

한국사 묻고 답하기 조회 수: 123

질문: 고려 시대 연호에 대하여 질문합니다.
고려는 중국의 연호를 주로 사용한 것으로 알고 있는데, 중국과 다른 연호를 쓴 사례가 있나요?

답변:
↳ 태조가 고려를 건국한 후 천수라는 연호를 사용했습니다.
↳ (가) 이/가 왕권을 강화하기 위해 광덕, 준풍이라는 연호를 제정하고, 개경을 황도라 칭하기도 하였습니다.

① 과거제를 도입하였다.
② 흑창을 처음 설치하였다.
③ 전시과 제도를 시행하였다.
④ 삼국사기 편찬을 명령하였다.
⑤ 12목에 지방관을 파견하였다.

12 (가) 왕의 재위 기간에 있었던 사실로 옳은 것은? [3점]

〈역사 연극 시나리오 구상〉

제목: (가) 의 험난한 피란길
○학년 ○반 ○모둠

장면1: 강조의 정변을 구실로 침입한 거란군이 서경까지 이르자 강감찬이 왕에게 남쪽으로 피란할 것을 권유한다.

장면2: 왕이 개경을 떠나 전라도 삼례에 이르는 동안 호위군이 도망가는 등의 어려움을 겪는다.

장면3: 나주에 도착한 왕은 강화가 성립되어 거란군이 물러간다는 소식을 듣고 안도한다.

① 만부교 사건이 일어났다.
② 초조대장경 조판이 시작되었다.
③ 사신 저고여가 귀국길에 피살되었다.
④ 공주 명학소에서 망이·망소이가 봉기하였다.
⑤ 신돈을 중심으로 전민변정 사업이 추진되었다.

13 (가) 인물의 활동으로 옳은 것은? [2점]

이것은 이의민을 제거하고 정권을 장악한 (가) 의 묘지명 탁본입니다. 여기에는 그가 명종의 퇴위와 신종의 즉위에 관여한 사실 등이 기록되어 있습니다.

① 인사 행정을 담당하던 정방을 폐지하였다.
② 교정도감을 두어 국가의 중요한 사무를 처리하였다.
③ 삼별초를 이끌고 진도로 이동하여 대몽 항쟁을 펼쳤다.
④ 화약과 화포 제작을 위한 화통도감 설치를 건의하였다.
⑤ 후세의 정책 방향을 제시하기 위해 훈요 10조를 남겼다.

14 (가), (나) 사이의 시기에 있었던 사실로 옳은 것은? [2점]

(가) 윤관이 포로 346구와 말 96필, 소 300여 마리를 바쳤다. 의주와 통태진·평융진에 성을 쌓고, 함주·영주·웅주·길주·복주, 공험진과 함께 북계 9성이라 하였다.

(나) 그해 12월 16일에 처인부곡의 작은 성에서 적과 싸우던 중 화살로 적의 괴수인 살리타를 쏘아 죽였습니다. 사로잡은 자들이 많았으며 나머지 무리는 무너져 흩어졌습니다.

① 외침에 대비하여 광군을 조직하였다.
② 서희의 활약으로 강동 6주를 획득하였다.
③ 이제현이 만권당에서 유학자들과 교유하였다.
④ 묘청 등이 칭제 건원과 금 정벌을 주장하였다.
⑤ 압록강에서 도련포까지 천리장성을 축조하였다.

15 다음 자료를 활용한 탐구 활동으로 가장 적절한 것은? [2점]

시중 김방경과 대장군 인공수를 [상국(上國)]에 파견하여 표문을 올렸다. "우리나라는 근래 역적을 소탕하는 대군에 군량을 공급하는 일로 이미 해마다 백성에게서 양식을 거두어들였습니다. 게다가 일본 정벌에 필요한 전함을 건조하는 데 장정들이 모두 징발되었고 노약자들만 겨우 밭 갈고 씨 뿌리는 일을 하고 있습니다."

① 삼전도비가 건립된 계기를 찾아본다.
② 정동행성이 설치되는 배경을 살펴본다.
③ 사심관 제도가 시행된 원인을 조사한다.
④ 조위총의 난이 전개되는 과정을 알아본다.
⑤ 권수정혜결사문이 작성된 목적을 파악한다.

16 밑줄 그은 '불상'에 해당하는 문화유산으로 옳은 것은? [2점]

이것은 이색의 목은집에 실린 시의 일부입니다. 그는 관촉사에서 열린 법회에 참여하고 그곳에서 보았던 불상을 떠올리며 이 시를 지었습니다.

한산의 동쪽으로 백여 리쯤 되는 곳에
은진현이라 그 안에 관족사*가 있다네
여기엔 크나큰 석상 미륵존이 있으니
내 나간다 나간다며 땅속에서 솟았다네
…

*관족사: 현재의 관촉사

①  ②  ③
④  ⑤

17 (가) 교육 기관에 대한 설명으로 옳은 것은? [2점]

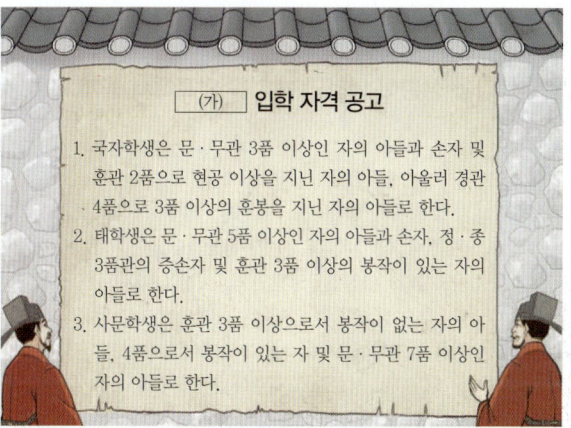

(가) 입학 자격 공고

1. 국자학생은 문·무관 3품 이상인 자의 아들과 손자 및 훈관 2품으로 현공 이상을 지닌 자의 아들, 아울러 경관 4품으로 3품 이상의 훈봉을 지닌 자의 아들로 한다.
2. 태학생은 문·무관 5품 이상인 자의 아들과 손자, 정·종 3품관의 증손자 및 훈관 3품 이상의 봉작이 있는 자의 아들로 한다.
3. 사문학생은 훈관 3품 이상으로서 봉작이 없는 자의 아들, 4품으로서 봉작이 있는 자 및 문·무관 7품 이상인 자의 아들로 한다.

① 문헌공도로 불리기도 하였다.
② 중앙에서 교수나 훈도가 파견되었다.
③ 전국의 부·목·군·현에 하나씩 설치되었다.
④ 장학 기금 마련을 위해 양현고가 설립되었다.
⑤ 사가독서제를 시행하여 학문에 전념하게 하였다.

18 ㉠~㉣ 기구에 대한 설명으로 옳은 것을 <보기>에서 고른 것은? [2점]

> **역사 돋보기** 왕실과의 혼인을 통한 이자겸의 출세
>
> 음서로 관직에 진출한 이자겸은 1108년 둘째 딸이 예종의 비가 되면서 빠른 속도로 출세하였다.
> 1109년 ㉠추밀원(중추원) 부사, 1111년 ㉡어사대의 대부가 된다. 1113년에는 ㉢상서성의 좌복야에 임명되었고, 1118년 재신으로서 판이부사를 맡았으며, 1122년 ㉣중서문하성 중서령에 오른다.

> **보기**
> ㄱ. ㉠ – 군사 기밀과 왕명 출납을 담당하였다.
> ㄴ. ㉡ – 소속 관원이 낭사와 함께 서경권을 행사하였다.
> ㄷ. ㉢ – 화폐·곡식의 출납과 회계를 담당하였다.
> ㄹ. ㉣ – 원 간섭기에 도평의사사로 개편되었다.

① ㄱ, ㄴ   ② ㄱ, ㄷ   ③ ㄴ, ㄷ   ④ ㄴ, ㄹ   ⑤ ㄷ, ㄹ

19 다음 상황이 나타난 시기를 연표에서 옳게 고른 것은? [2점]

> 명 황제가 말하기를, "철령을 따라 이어진 북쪽과 동쪽과 서쪽은 원래 개원로(開元路)*가 관할하던 군민(軍民)이 속하던 곳이니, 한인·여진인·달달인·고려인을 그대로 요동에 소속시켜라."라고 하였다. …… 왕은 최영과 함께 요동을 공격하기로 계책을 결정하였으나, 감히 드러내어 말하지 못하고 사냥 간다는 평계를 대고 서쪽으로 해주에 행차하였다.
> *개원로(開元路): 원이 설치한 행정 구역

(가)	(나)	(다)	(라)	(마)
1351 공민왕 즉위	1359 홍건적 침입	1380 황산 대첩	1391 과전법 실시	1394 한양 천도	1400 태종 즉위

① (가)   ② (나)   ③ (다)   ④ (라)   ⑤ (마)

20 밑줄 그은 '이 역사서'에 대한 설명으로 옳은 것은? [3점]

> 대개 이미 지나간 흥망은 장래의 교훈이 되기 때문에 이 역사서를 편찬하여 올리는 바입니다. …… 범례는 사마천의 『사기』를 따르고, 대의(大義)는 모두 왕께 아뢰어 재가를 얻었습니다. 본기(本紀)라는 이름을 피하고 세가(世家)라고 한 것은 명분의 중요성을 나타내기 위함이며, 가짜 왕인 신씨들[신우, 신창]을 세가에 넣지 않고 열전으로 내린 것은 그들이 왕위를 도둑질한 사실을 엄히 논죄하려는 것입니다.

① 발해사를 우리 역사로 체계화하였다.
② 고구려 시조의 일대기를 서사시로 표현하였다.
③ 불교사를 중심으로 고대의 민간 설화를 수록하였다.
④ 고조선부터 고려 말까지의 역사를 연대순으로 기록하였다.
⑤ 조선 건국을 정당화하는 입장에서 고려의 역사를 정리하였다.

21 (가) 기구에 대한 설명으로 옳은 것은? [2점]

> 우부승지 김종직이 아뢰기를, "고려 태조는 여러 고을에 영을 내려 공변되고 청렴한 선비를 뽑아서 향리들의 불법을 규찰하게 하였으므로 간사한 향리가 저절로 없어져 5백 년간 풍화를 유지할 수 있었습니다. 우리 조정에서는 이시애의 난 이후 (가) 이/가 혁파되자 간악한 향리들이 불의를 자행하여서 건국한 지 1백 년도 못 되어 풍속이 쇠퇴해졌습니다. …… 청컨대 (가) 을/를 다시 설립하여 향풍(鄕風)을 규찰하게 하소서."라고 하였다.
> – 『성종실록』

① 조광조 일파의 건의로 폐지되었다.
② 좌수와 별감을 중심으로 운영되었다.
③ 풍기 군수 주세붕이 처음 설립하였다.
④ 대사성 이하 좨주, 직강 등의 관직을 두었다.
⑤ 매향(埋香) 활동 등 각종 불교 행사를 주관하였다.

22 다음 검색창에 들어갈 인물의 활동으로 옳은 것은? [2점]

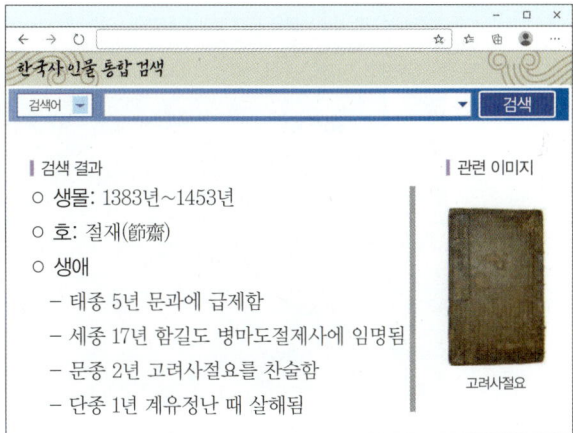

① 여진을 정벌하고 6진을 개척하였다.
② 불씨잡변을 지어 불교를 비판하였다.
③ 반정 공신의 위훈 삭제를 주장하였다.
④ 왜구의 근거지인 쓰시마섬을 정벌하였다.
⑤ 충청도 지역까지 대동법의 확대 실시를 건의하였다.

23 다음 가상 대화가 이루어진 시기에 볼 수 있는 모습으로 적절하지 않은 것은? [1점]

① 담배 농사를 짓고 있는 농민
② 관청에 종이를 납품하는 공인
③ 시사(詩社)에서 시를 낭송하는 중인
④ 장시에서 판소리 공연을 하는 소리꾼
⑤ 솔빈부의 특산품인 말을 수입하는 상인

24 다음 기사에 보도된 전투 이후의 사실로 옳은 것은? [2점]

역사 신문

제△△호   ○○○○년 ○○월 ○○일

조명 연합군, 평양성 탈환

평안도 도체찰사 류성룡, 도원수 김명원이 이끄는 관군이 명 제독 이여송 부대에 합세하여 평양성을 되찾았다. 이번 전투에서 아군은 불랑기포를 비롯한 화포가 위력을 발휘하여 일본군은 크게 패하고 남쪽으로 내려갔다. 이 전투의 승리는 향후 전쟁의 판도를 바꿀 것으로 기대된다.

① 송상현이 동래성에서 항전하였다.
② 권율이 행주산성에서 적군을 격퇴하였다.
③ 이순신이 한산도 앞바다에서 대승을 거두었다.
④ 신립이 탄금대 앞에서 배수의 진을 치고 싸웠다.
⑤ 최윤덕이 올라산성에서 이만주 부대를 정벌하였다.

25 (가), (나) 인물에 대한 설명으로 옳은 것은? [2점]

① (가) - 100리 척을 사용하여 동국지도를 제작하였다.
② (가) - 곽우록에서 토지 매매를 제한하는 한전론을 제시하였다.
③ (나) - 의산문답에서 중국 중심의 세계관을 비판하였다.
④ (나) - 여전론을 통해 마을 단위의 공동 경작을 주장하였다.
⑤ (가), (나) - 양명학을 연구하여 강화 학파를 형성하였다.

26 (가)~(다)를 일어난 순서대로 옳게 나열한 것은? [2점]

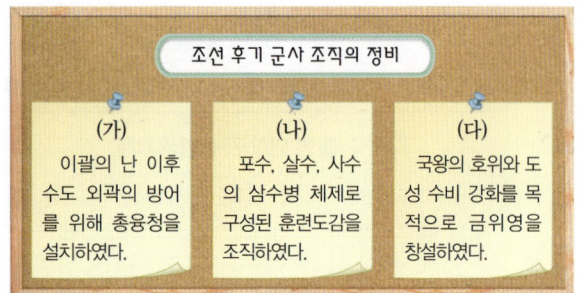

조선 후기 군사 조직의 정비

(가) 이괄의 난 이후 수도 외곽의 방어를 위해 총융청을 설치하였다.

(나) 포수, 살수, 사수의 삼수병 체제로 구성된 훈련도감을 조직하였다.

(다) 국왕의 호위와 도성 수비 강화를 목적으로 금위영을 창설하였다.

① (가) - (나) - (다) ② (가) - (다) - (나)
③ (나) - (가) - (다) ④ (나) - (다) - (가)
⑤ (다) - (나) - (가)

27 (가) 왕의 재위 기간에 있었던 사실로 옳은 것은? [1점]

이 그림은 화성능행도 8폭 중 일부로, (가) 이/가 혜경궁 홍씨를 모시고 현륭원에 다녀오는 모습을 그린 것입니다. 위엄을 갖춘 행렬의 장대함과 구경꾼들의 생동감 넘치는 표정이 잘 드러나 있습니다.

① 자의 대비의 복상 문제로 예송이 전개되었다.
② 명의 신종을 제사 지내는 만동묘가 설치되었다.
③ 문신을 재교육하기 위한 초계문신제가 실시되었다.
④ 붕당의 폐해를 경계하는 탕평비가 성균관에 건립되었다.
⑤ 비변사의 혁파로 의정부와 삼군부의 기능이 정상화되었다.

28 다음 상황이 나타난 시기를 연표에서 옳게 고른 것은? [3점]

사학(邪學) 죄인 황사영은 사족으로서 사술(邪術)에 미혹됨이 가장 심한 자였다. [그는] 의금부에서 체포하려는 것을 미리 알고 피신하였는데, 상복을 입고 성명을 바꾸거나 토굴에 숨어서 종적을 감춘 지 반년이 지났다. 포청에서 은밀히 염탐하여 지금에야 제천 땅에서 붙잡았다. 그의 문서를 수색하던 중 백서를 찾았는데, 장차 북경의 천주당에 전하려고 한 것이었다.

(가)	(나)	(다)	(라)	(마)
1728 이인좌의 난	1746 속대전 편찬	1791 신해박해	1811 홍경래의 난	1834 헌종 즉위	1862 임술 농민 봉기

① (가) ② (나) ③ (다) ④ (라) ⑤ (마)

29 (가) 사건에 대한 설명으로 옳은 것은? [1점]

이 척화비는 자연석에 비문을 새긴 것이 특징입니다. 척화비는 제너럴셔먼호 사건을 구실로 일어난 (가) 이후 전국 각지에 세워졌습니다. 이를 통해 서양 세력과의 통상 수교를 거부한 역사의 한 장면을 엿볼 수 있습니다.

① 청군의 개입으로 종결되었다.
② 외규장각 도서가 약탈되는 결과를 가져왔다.
③ 에도 막부에 통신사가 파견되는 계기가 되었다.
④ 사태 수습을 위해 박규수가 안핵사로 파견되었다.
⑤ 전개 과정에서 어재연 부대가 광성보에서 항전하였다.

30 (가), (나) 조약에 대한 설명으로 옳은 것은? [3점]

(가) 제4조 ······조선 상인이 북경에서 규정에 따라 교역하고, 중국 상인이 조선의 양화진과 서울에 들어가 영업소를 개설한 경우를 제외하고 각종 화물을 내지로 운반하여 상점을 차리고 파는 것을 허가하지 않는다. ······

(나) 제37관 조선국에서 가뭄과 홍수, 전쟁 등의 일로 국내에 양식이 부족할 것을 우려하여 일시 쌀 수출을 금지하려고 할 때에는 1개월 전에 지방관이 일본 영사관에 통지하고, 미리 그 기간을 항구에 있는 일본 상인들에게 전달하여 일률적으로 준수하는 데 편리하게 한다.

① (가) - 통감부가 설치되는 계기가 되었다.
② (가) - 조선의 관세 자주권을 최초로 인정하였다.
③ (나) - 최혜국 대우를 규정한 조항을 담고 있다.
④ (나) - 일본 공사관의 경비병 주둔을 명시하였다.
⑤ (가), (나) - 갑신정변의 영향으로 체결되었다.

31 다음 검색창에 들어갈 신문에 대한 설명으로 옳은 것은? [2점]

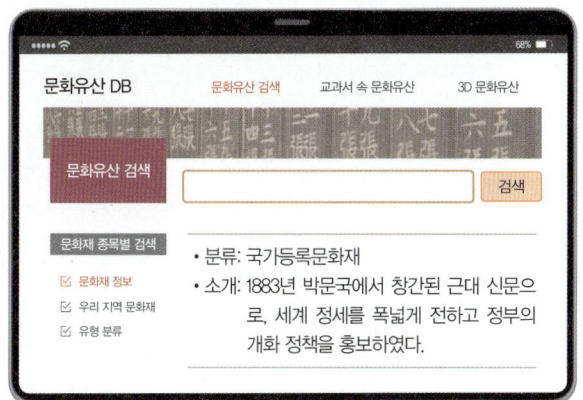

분류: 국가등록문화재
소개: 1883년 박문국에서 창간된 근대 신문으로, 세계 정세를 폭넓게 전하고 정부의 개화 정책을 홍보하였다.

① 여권통문을 처음 보도하였다.
② 국채 보상 운동의 확산에 기여하였다.
③ 의병 투쟁에 호의적인 기사를 게재하였다.
④ 외국인이 읽을 수 있도록 영문으로도 발행되었다.
⑤ 순 한문 신문으로 열흘마다 발행하는 것이 원칙이었다.

32 다음 가상 뉴스에서 보도하는 사건 이후에 전개된 사실로 옳은 것은? [1점]

① 남접과 북접이 논산에서 연합하였다.
② 농민군이 황룡촌 전투에서 관군에 승리하였다.
③ 교조 신원을 요구하는 보은 집회가 개최되었다.
④ 사태 수습을 위해 안핵사 이용태가 파견되었다.
⑤ 전봉준이 농민을 이끌고 고부 관아를 습격하였다.

33 다음 대화에 해당하는 교육 기관에 대한 설명으로 옳은 것은? [2점]

① 7재라는 전문 강좌가 개설되었다.
② 조선 총독부의 탄압으로 폐교되었다.
③ 교육 입국 조서에 근거하여 세워졌다.
④ 주요 건물로 대성전과 명륜당을 두었다.
⑤ 헐버트, 길모어 등이 교사로 초빙되었다.

34 (가) 인물의 활동으로 옳은 것은? [3점]

초대 주미 공사인 (가) 은/는 미국 대통령에게 고종의 국서를 전달하는 등 외교 활동을 펼친 후 귀국하여 미속습유를 집필하였습니다. 그는 이 책에서 미국의 문물과 제도를 소개하였으며, 미국과의 외교 관계를 강조하였습니다.

① 샌프란시스코에서 흥사단을 창립하였다.
② 황준헌이 쓴 조선책략을 국내에 들여왔다.
③ 인재 양성을 위해 오산 학교를 설립하였다.
④ 국문 연구소를 설립하고 연구위원으로 활동하였다.
⑤ 독립 협회의 제안을 받아들여 중추원 관제 개편을 추진하였다.

35 (가)에 들어갈 내용으로 가장 적절한 것은? [2점]

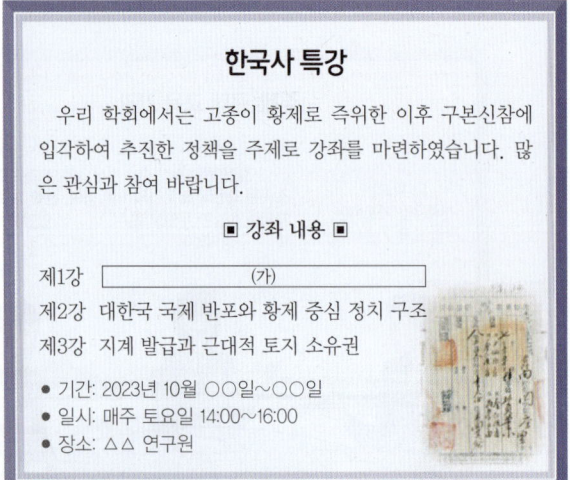

① 통역관 양성을 위한 동문학 설립
② 개혁 방향을 제시한 홍범 14조 반포
③ 통리기무아문 설치와 개화 정책 추진
④ 원수부 창설과 황제의 군 통수권 강화
⑤ 23부로의 지방 제도 개편과 지방관 권한 축소

36 (가), (나) 사이의 시기에 있었던 사실로 옳은 것은? [2점]

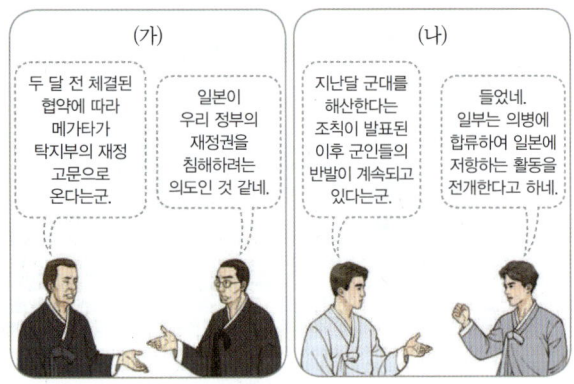

① 데라우치가 초대 총독으로 부임하였다.
② 13도 창의군이 서울 진공 작전을 전개하였다.
③ 기유각서를 통해 일제에 사법권을 박탈당하였다.
④ 상권 수호를 위해 황국 중앙 총상회가 조직되었다.
⑤ 헤이그에서 열린 만국 평화 회의에 특사가 파견되었다.

37 (가) 단체에 대한 설명으로 옳은 것은? [2점]

① 일제의 황무지 개간권 요구를 저지하였다.
② 일제가 조작한 105인 사건으로 큰 타격을 입었다.
③ 단원인 나석주가 동양 척식 주식회사에 폭탄을 던졌다.
④ 조선 총독부에 국권 반환 요구서를 제출하고자 하였다.
⑤ 이륭양행에 교통국을 설치하여 국내와 연락을 취하였다.

38 밑줄 그은 '이 운동'에 대한 설명으로 옳은 것을 〈보기〉에서 고른 것은? [1점]

〈보기〉
ㄱ. 조선인 본위의 교육 제도 확립 등을 요구하였다.
ㄴ. 대한매일신보의 후원 속에 전국으로 확산하였다.
ㄷ. 신간회에서 진상 조사단을 파견하여 지원하였다.
ㄹ. 일제가 이른바 문화 통치를 실시하는 배경이 되었다.

① ㄱ, ㄴ ② ㄱ, ㄷ ③ ㄴ, ㄷ ④ ㄴ, ㄹ ⑤ ㄷ, ㄹ

39 (가) 부대에 대한 설명으로 옳은 것은? [2점]

> 대전자령은 태평령이라고도 하는데, 일본군이 서남부의 왕청현 쪽으로 가려면 반드시 지나가야 하는 지점이었다. 대전자령의 양쪽은 험준한 절벽과 울창한 산림 지대로 되어 있어 적을 공격하기에 알맞은 곳이었다. 이 전투에 (가) 의 주력 부대 500여 명, 차이시잉(柴世榮)이 거느리는 중국 의용군인 길림구국군 2,000여 명이 참가하였다. …… 한중 연합군은 계곡 양편 산기슭에 구축되어 있는 참호 속에 미리 매복·대기하여 일본군 습격 준비를 마쳤다.
> — 『청천장군의 혁명투쟁사』—

① 영국군의 요청으로 인도·미얀마 전선에 투입되었다.
② 간도 참변 이후 조직을 정비하고 자유시로 이동하였다.
③ 중국 관내(關內)에서 결성된 최초의 한인 무장 부대였다.
④ 홍범도 부대와 연합하여 청산리에서 일본군과 교전하였다.
⑤ 한국 독립당의 군사 조직으로 북만주 지역에서 활약하였다.

40 밑줄 그은 '이 시기'에 있었던 사실로 옳은 것은? [1점]

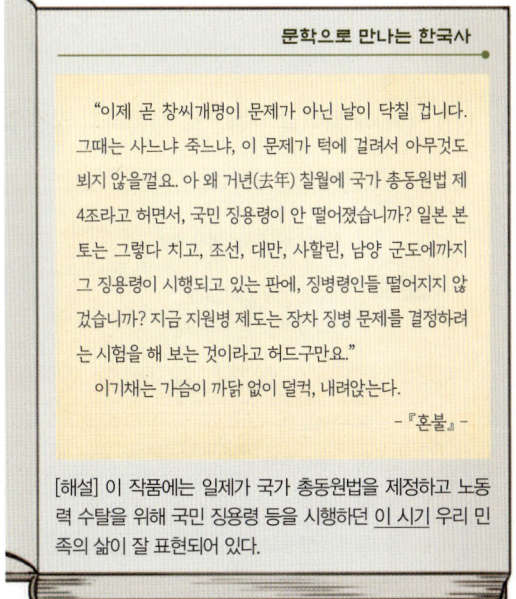

① 조선 태형령이 공포되었다.
② 헌병 경찰 제도가 실시되었다.
③ 경성 제국 대학이 설립되었다.
④ 조선 농민 총동맹이 조직되었다.
⑤ 황국 신민 서사 암송이 강요되었다.

41 (가) 종교에 대한 설명으로 옳은 것은? [2점]

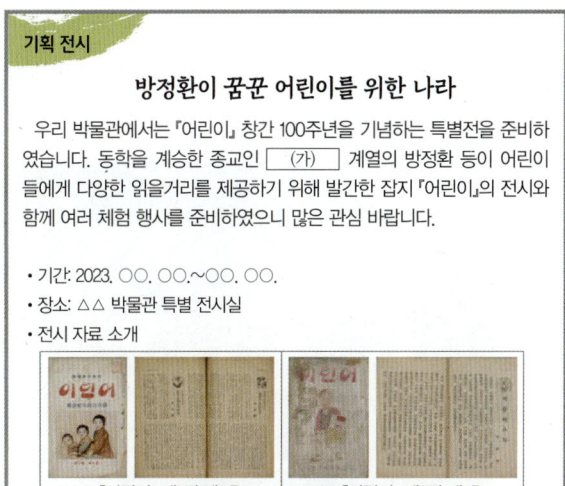

① 한용운 등이 사찰령 폐지를 주장하였다.
② 만세보를 발행하여 민중 계몽에 앞장섰다.
③ 박중빈을 중심으로 새생활 운동을 펼쳤다.
④ 배재 학당을 세워 신학문을 보급하고자 힘썼다.
⑤ 의민단을 조직하여 항일 무장 투쟁을 전개하였다.

42 (가)에 들어갈 내용으로 가장 적절한 것은? [3점]

○○○ 한국 근대사 강의실

■ 조별 과제 안내
일제 강점기에 민족 문화를 수호하고자 노력한 인물의 활동을 주제로 보고서를 작성한 후 제목과 함께 게시판에 올려 주세요.

번호	제 목
1	1조 – 이윤재, 한글 맞춤법 통일안 제정에 참여하다
2	2조 – 최현배, 조선어 연구회 회원으로 한글을 연구하다
3	3조 – 신채호, 고대사 연구에 주력하여 조선사를 연재하다
4	4조 – (가)

① 정인보, 민족의 얼을 강조하고 조선학 운동을 전개하다
② 장지연, 황성신문에 시일야방성대곡이라는 논설을 싣다
③ 유길준, 서유견문을 집필하여 서양 근대 문명을 소개하다
④ 최익현, 지부복궐척화의소를 올려 왜양일체론을 주장하다
⑤ 신헌, 강화도 조약 체결의 전말을 기록한 심행일기를 남기다

43 밑줄 그은 '이 지역'에서 있었던 민족 운동으로 옳은 것은? [2점]

이것은 1923년 이 지역에서 발생한 지진 당시 희생된 조선인을 위로하기 위해 세운 추도비입니다. 지진이 일어나자 "조선인이 불을 질렀다.", "조선인이 공격해 온다" 등의 유언비어가 퍼졌고, 이에 현혹된 사람들이 조직한 자경단 등에 의해 수많은 조선인이 학살되었습니다.

① 한인 자치 기구인 경학사를 설립하였다.
② 민족 교육을 위해 서전서숙을 건립하였다.
③ 유학생을 중심으로 2·8 독립 선언서를 발표하였다.
④ 대조선 국민 군단을 결성하여 군사 훈련을 실시하였다.
⑤ 대한 광복군 정부를 세워 무장 독립 투쟁을 준비하였다.

44 (가) 인물에 대한 설명으로 옳은 것은? [2점]

① 조선 건국 동맹을 결성하였다.
② 한국독립운동지혈사를 저술하였다.
③ 권업회의 초대 회장으로 선출되었다.
④ 대한 광복회를 조직하여 친일파를 처단하였다.
⑤ 백산 상회를 설립하여 독립운동 자금을 마련하였다.

45 밑줄 그은 '개헌안'의 시행 결과로 옳은 것은? [2점]

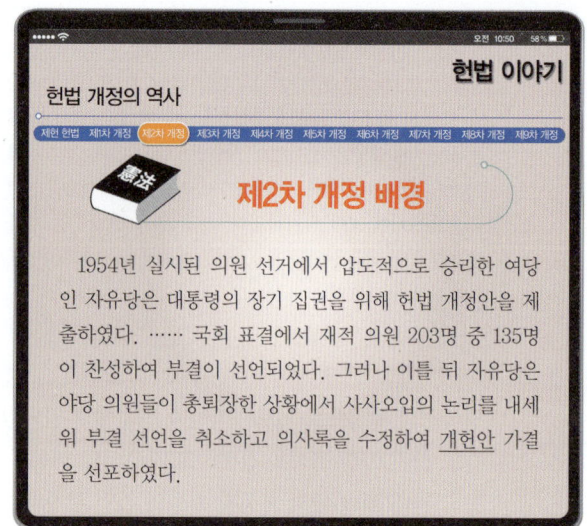

① 통일 주체 국민 회의에서 대통령이 선출되었다.
② 5년 단임의 대통령이 직선제에 의해 선출되었다.
③ 대통령이 국회의원의 3분의 1을 추천하게 되었다.
④ 국회에서 간접 선거 방식으로 대통령이 선출되었다.
⑤ 개헌 당시의 대통령에 한하여 중임 제한이 철폐되었다.

46 (가)~(마)에 들어갈 내용으로 적절하지 않은 것은? [1점]

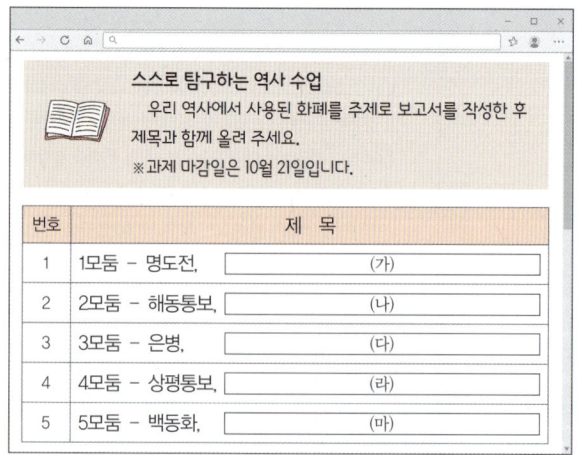

① (가) - 중국 연과의 교류 관계를 보여주다
② (나) - 의천의 건의로 화폐가 주조되다
③ (다) - 경복궁 중건을 위해 제작되다
④ (라) - 법화로 발행되어 전국적으로 유통되다
⑤ (마) - 전환국에서 화폐가 발행되다

[47~48] 다음 자료를 읽고 물음에 답하시오.

(가) 만적 등 6명이 북산에서 나무하다가 공사 노비를 불러 모아 모의하기를, "국가에서 경인년·계사년 이후로 높은 벼슬이 천한 노비에게서 많이 나왔으니, 장수와 재상이 어찌 종자가 있으랴. …… 그 주인을 죽이고 노비 문서를 불태워 삼한에서 천인을 없애면 모두 공경 장상이 될 수 있을 것이다."라고 하였다.

(나) 왕 7년, 노비를 안검하여 그 시비를 분별하도록 명하자, 노비로 주인을 배반한 자가 매우 많아지고 윗사람을 능멸하는 풍조가 크게 행해졌다. 사람들이 모두 탄식하고 원망하였다. 대목왕후가 이를 간절히 간언하였으나 왕은 받아들이지 않았다.

(다) 1. 문벌, 양반과 상인들의 등급을 없애고 귀천에 관계없이 인재를 선발하여 등용한다.
  1. 과부가 재가하는 것은 귀천을 막론하고 자신의 의사대로 하게 한다.
  1. 공노비와 사노비에 관한 법을 일체 혁파하고 사람을 사고파는 일을 금지한다.

(라) "임금이 백성을 대할 때는 귀천이 없고 내외 없이 고루 균등하게 적자(赤子)로 여겨야 하는데, 노(奴)와 비(婢)라고 하여 구분하는 것이 어찌 똑같이 동포로 여기는 뜻이겠는가. 내노비 36,974명과 시노비 29,093명을 모두 양민으로 삼도록 하라. 그리고 승정원으로 하여금 노비 문서를 거두어 돈화문 밖에서 불태우도록 하라."

47 (가)~(라)를 일어난 순서대로 옳게 나열한 것은? [3점]

① (가) - (나) - (다) - (라) ② (가) - (나) - (라) - (다)
③ (나) - (가) - (라) - (다) ④ (나) - (다) - (가) - (라)
⑤ (다) - (라) - (나) - (가)

48 (가)~(라)를 활용한 탐구 활동으로 적절한 것을 〈보기〉에서 고른 것은? [2점]

> **보기**
> ㄱ. (가) - 무신 집권기에 발생한 하층민의 봉기에 대해 알아본다.
> ㄴ. (나) - 호족의 경제적 기반을 약화시킨 제도를 살펴본다.
> ㄷ. (다) - 균역법이 시행되는 배경을 파악한다.
> ㄹ. (라) - 삼정이정청이 설치된 계기를 조사한다.

① ㄱ, ㄴ ② ㄱ, ㄷ ③ ㄴ, ㄷ ④ ㄴ, ㄹ ⑤ ㄷ, ㄹ

49 (가) 정부 시기에 있었던 사실로 옳은 것은? [2점]

(가) 정부의 민주화 운동 탄압 사례 중의 하나로 알려진 전국 민주 청년 학생 총연맹 사건의 관련 기록물이 세상에 나왔습니다. 국가기록원은 사건이 발생한 지 40여 년 만에 관련 인물 180명의 재판 기록과 수사 기록을 공개했습니다.

'민청학련 사건' 기록물, 세상 밖으로

① 정부에 비판적인 경향신문이 폐간되었다.
② 국민의 요구에 굴복하여 대통령이 하야하였다.
③ 민주화 시위 도중 대학생 강경대가 희생되었다.
④ 장기 독재에 저항한 3·1 민주 구국 선언이 발표되었다.
⑤ 기존의 헌법을 유지하는 4·13 호헌 조치가 선언되었다.

50 다음 연설이 있었던 정부의 통일 노력으로 옳은 것은? [2점]

진작부터 꼭 한번 와 보고 싶었습니다. 참여 정부 와서 첫 삽을 떴기 때문에 …… 지금 개성 공단이 매출액의 증가 속도, 그리고 근로자의 증가 속도 같은 것이 눈부시지요. …… 경제적으로 공단이 성공하고, 그것이 남북 관계에서 평화에 대한 믿음을 우리가 가질 수 있게 만드는 것이거든요. 또 함께 번영해 갈 수 있는 가능성에 대해서 우리가 믿음을 갖게 되는 것이기 때문에, 이것이 선순환 되면 앞으로 정말 좋은 결과가 있을 것입니다.

① 남북한이 국제 연합(UN)에 동시 가입하였다.
② 민족 자존과 통일 번영을 위한 7·7 선언을 발표하였다.
③ 남북 이산가족 고향 방문단의 교환 방문을 최초로 성사시켰다.
④ 7·4 남북 공동 성명 실천을 위해 남북 조절 위원회를 구성하였다.
⑤ 남북 관계 발전과 평화 번영을 위한 10·4 남북 정상 선언을 발표하였다.

제66회 한국사능력검정시험

- 자신이 선택한 등급의 문제지인지 확인하시오.
- 문제지에 성명과 수험 번호를 정확히 써넣으시오.
- 답안지에 성명과 수험 번호를 써넣고, 또 수험 번호와 답을 정확히 표시하시오.
- 시험 시간은 80분입니다.

01 (가) 시대의 생활 모습으로 옳은 것은? [1점]

공주 석장리 (가) 축제
#공주_석장리_유적 #뗀석기_제작_체험
○○○: 주먹도끼가 뭐야?
△△△: (가) 시대의 대표적인 유물이야. 동물을 사냥하거나 가죽을 벗기는 등 다양한 용도로 사용했대.

① 반달 돌칼로 벼를 수확하였다.
② 주로 동굴이나 막집에서 살았다.
③ 반량전, 명도전 등 화폐를 사용하였다.
④ 빗살무늬 토기를 만들어 식량을 저장하였다.
⑤ 가락바퀴와 뼈바늘을 이용하여 옷을 만들었다.

02 다음 자료에 해당하는 나라에 대한 설명으로 옳은 것은? [2점]

> 호의 수는 5천인데 대군왕은 없으며 읍락에는 각각 대를 잇는 우두머리가 있다. …… 여러 읍락의 거수(渠帥)들은 스스로를 삼로라 일컬었다. …… 장사를 지낼 때에는 큰 나무 곽을 만든다. 길이가 10여 장이나 되며 한쪽을 열어 놓아 문을 만든다. 사람이 죽으면 임시로 매장한다. 겨우 시체가 덮일 만큼 묻었다가 가죽과 살이 다 썩은 다음에 뼈만 추려 곽 속에 넣는다. 온 집 식구를 하나의 곽 속에 넣어 두는데, 죽은 사람의 숫자만큼 나무를 깎아 생전의 모습과 같이 만들었다.
> - 『삼국지』 동이전 -

① 신성 지역인 소도가 존재하였다.
② 혼인 풍습으로 민며느리제가 있었다.
③ 범금 8조를 통해 사회 질서를 유지하였다.
④ 여러 가(加)들이 각각 사출도를 주관하였다.
⑤ 정사암에 모여 국가의 중대사를 논의하였다.

03 (가) 국가의 문화유산으로 옳은 것은? [2점]

> 천마총 발굴 50주년 특별전이 개최됩니다. 천마총은 (가) 의 대표적인 돌무지덧널무덤 중 하나로 발굴 당시 많은 유물이 출토되어 주목을 받았습니다. 그중에서도 가장 유명한 천마도의 실물이 9년 만에 세상에 공개됩니다.

① ② ③
④ ⑤

04 밑줄 그은 '왕'에 대한 설명으로 옳은 것은? [2점]

> ○ 기해년에 백제가 맹세를 어기고 왜와 화통하였다. 왕이 순행하여 평양으로 내려갔는데, 신라에서 사신을 보내어 아뢰기를, "왜인이 국경에 가득 차 성지(城池)를 파괴하고 있습니다. …… 귀부하여 명을 받고자 합니다"라고 하였다.
> ○ 경자년에 왕이 보병과 기병 5만 명을 보내서 신라를 구원하게 하였다. 군대가 남거성을 거쳐 신라성에 이르니 왜적이 많았다. 군대가 도착하자 왜적이 퇴각하였다.

① 대가야를 병합하였다.
② 평양으로 도읍을 옮겼다.
③ 22담로에 왕족을 파견하였다.
④ 영락이라는 연호를 사용하였다.
⑤ 낙랑군을 몰아내고 영토를 확장하였다.

05 (가) 왕의 재위 시기 삼국의 상황으로 옳은 것은? [3점]

이 사진은 익산 미륵사지 서탑 출토 사리장엄구의 발견 당시 모습입니다. 삼국유사에는 (가) 이/가 왕후인 신라 선화 공주의 발원으로 미륵사를 창건했다고 되어 있지만, 금제 사리봉영기에는 왕후가 백제 귀족 사택적덕의 딸로 기록되어 있습니다. 이로 인해 미륵사 창건 배경과 (가) 의 아들인 의자왕의 친모가 누구인지에 대한 논란이 벌어지기도 하였습니다.

① 고구려 - 을지문덕이 살수에서 수의 대군을 격파하였다.
② 백제 - 고흥이 서기를 편찬하였다.
③ 백제 - 계백이 황산벌에서 군대를 이끌고 결사 항전하였다.
④ 신라 - 이사부가 우산국을 정복하였다.
⑤ 신라 - 사찬 시득이 기벌포에서 당군에 승리하였다.

06 교사의 질문에 대한 학생의 답변으로 가장 적절한 것은? [2점]

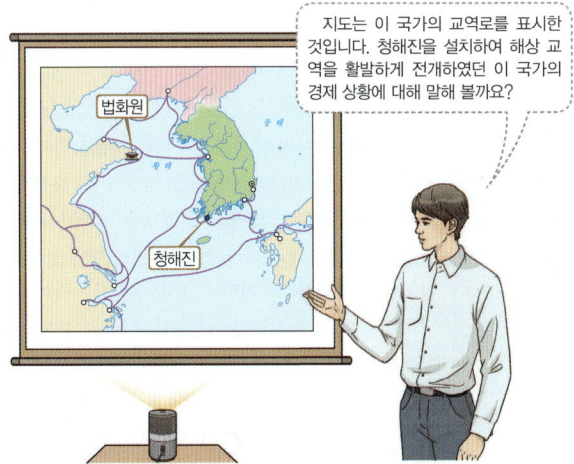

지도는 이 국가의 교역로를 표시한 것입니다. 청해진을 설치하여 해상 교역을 활발하게 전개하였던 이 국가의 경제 상황에 대해 말해 볼까요?

① 삼한통보와 해동통보를 발행하였어요.
② 특산품으로 솔빈부의 말이 유명하였어요.
③ 고구마, 감자 등의 구황 작물을 재배하였어요.
④ 특수 행정 구역인 소에서 여러 물품을 생산하였어요.
⑤ 조세 수취를 위해 3년마다 촌락 문서를 작성하였어요.

07 (가), (나) 사이의 시기에 볼 수 있는 모습으로 가장 적절한 것은? [3점]

(가) 선덕왕이 죽었는데 아들이 없자, 여러 신하들이 회의를 한 후에 왕의 조카인 김주원을 옹립하고자 하였다. 주원의 집은 왕경에서 북쪽으로 20리 떨어진 곳에 있었는데, 마침 큰 비가 와서 알천의 물이 넘쳐 주원이 건너 오지 못하였다. …… 여러 사람들의 뜻이 모아져 김경신이 왕위를 계승하도록 하였다.
 - 『삼국사기』 -

(나) 나라 안의 모든 주군에서 공물과 부세를 보내지 않아, 창고가 텅텅 비어 나라 재정이 궁핍해졌다. 왕이 사신을 보내 독촉하니 곳곳에서 도적이 벌떼처럼 일어났다. 이때 원종과 애노 등이 사벌주에 근거하여 반란을 일으켰다.
 - 『삼국사기』 -

① 계백료서를 읽는 관리
② 녹읍 폐지를 명하는 국왕
③ 성균관에서 공부하는 학생
④ 초조대장경을 조판하는 장인
⑤ 김헌창의 난을 진압하는 군인

08 (가)에 들어갈 내용으로 가장 적절한 것은? [1점]

한국사 모둠별 탐구 활동 안내

◈ 주제: (가)
◈ 방법: 문헌 조사, 인터넷 검색 등을 활용하여 아래에 제시된 문화유산을 탐구한다.
◈ 모둠별 탐구 자료

1모둠	2모둠
▲ 크라스키노 성 유적 출토 연꽃무늬 수막새	▲ 콕샤로프카 평지성 온돌 유적

① 백제 문화의 국제성
② 신라와 서역의 교류
③ 가야 문화의 일본 전파
④ 고려에서 유행한 몽골풍
⑤ 발해와 고구려의 문화적 연관성

09 밑줄 그은 '인물'에 대한 설명으로 옳은 것은? [2점]

대한민국 방방곡곡 - 김제 금산사
한국사 채널   조회수 230,813

금산사는 삼국 시대에 창건된 유서 깊은 사찰입니다. 완산주를 도읍으로 국가를 세운 인물이 아들 신검 등에 의해 유폐되었다가 탈출한 곳으로 잘 알려져 있습니다. 이 사찰은 국보인 미륵전을 비롯하여 여러 점의 국가 지정 문화재를 보유하고 있습니다.

① 독서삼품과를 실시하였다.
② 동진으로부터 불교를 수용하였다.
③ 후당과 오월에 사신을 파견하였다.
④ 광평성 등의 정치 기구를 마련하였다.
⑤ 화랑도를 국가적인 조직으로 개편하였다.

10 다음 제도를 시행한 국가의 경제 상황으로 옳지 <u>않은</u> 것은? [2점]

문종 3년 5월 양반 공음전시법을 정하였다. 1품은 문하시랑평장사 이상으로 전지 25결, 시지 15결이다. 2품은 참정 이상으로 전지 22결, 시지 12결이다. 3품은 전지 20결, 시지 10결이다. 4품은 전지 17결, 시지 8결이다. 5품은 전지 15결, 시지 5결이다. 이를 모두 자손에게 전하여 주게 한다. …… 공음전을 받은 자의 자손이 사직을 위태롭게 할 것을 꾀하거나 모반이나 대역에 연좌되거나, 여러 공죄나 사죄를 범하여 제명된 것 이외에는 비록 그 아들에게 죄가 있더라도 그 손자에게 죄가 없다면 공음전시의 3분의 1을 지급한다.

① 활구라고 불리는 은병이 유통되었다.
② 벽란도가 국제 무역항으로 번성하였다.
③ 서적점, 다점 등의 관영 상점이 운영되었다.
④ 경시서의 관리들이 수도의 시전을 감독하였다.
⑤ 설점수세제의 시행으로 민간의 광산 개발이 허용되었다.

11 (가)~(다) 학생이 발표한 내용을 순서대로 옳게 나열한 것은? [2점]

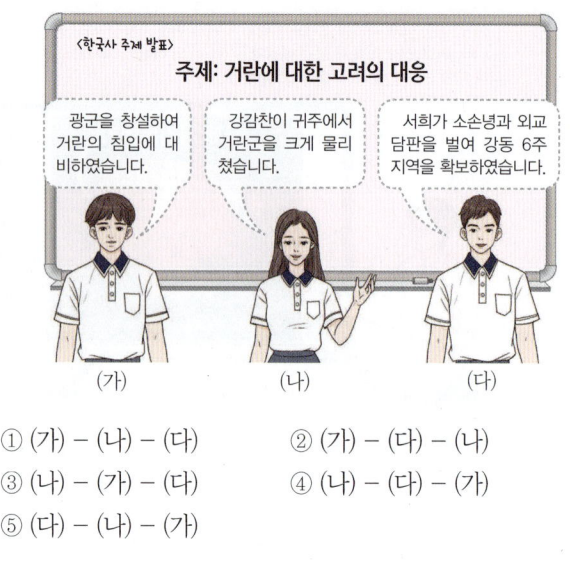

① (가) - (나) - (다)
② (가) - (다) - (나)
③ (나) - (가) - (다)
④ (나) - (다) - (가)
⑤ (다) - (나) - (가)

12 (가) 기구에 대한 설명으로 옳은 것은? [2점]

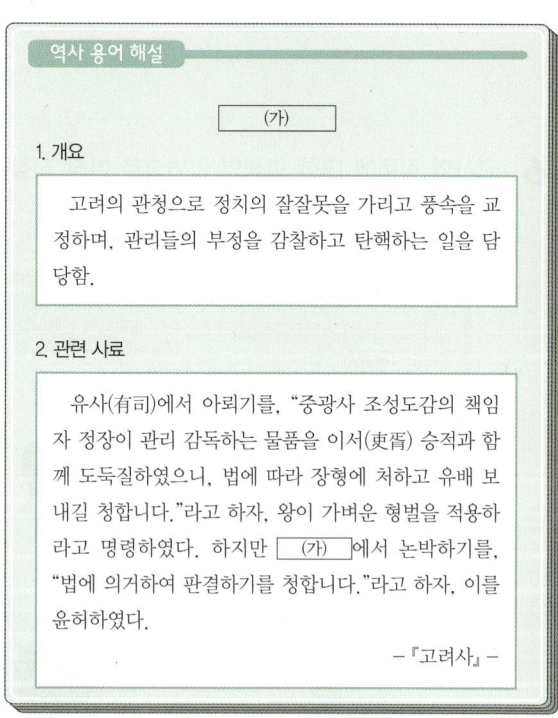

역사 용어 해설

(가)

1. 개요
 고려의 관청으로 정치의 잘잘못을 가리고 풍속을 교정하며, 관리들의 부정을 감찰하고 탄핵하는 일을 담당함.

2. 관련 사료
 유사(有司)에서 아뢰기를, "중광사 조성도감의 책임자 정장이 관리 감독하는 물품을 이서(吏胥) 적성과 함께 도둑질하였으니, 법에 따라 장형에 처하고 유배 보내길 청합니다."라고 하자, 왕이 가벼운 형벌을 적용하라고 명령하였다. 하지만 (가) 에서 논박하기를, "법에 의거하여 판결하기를 청합니다."라고 하자, 이를 윤허하였다.
 - 『고려사』 -

① 무신 집권기 최고 권력 기구였다.
② 원 간섭기에 첨의부로 격하되었다.
③ 고려 말에 도평의사사로 개편되었다.
④ 관직 임명에 대한 서경권을 행사하였다.
⑤ 서얼 출신의 학자들이 검서관으로 기용되었다.

13 (가)의 침입에 대한 고려의 대응으로 옳은 것을 <보기>에서 고른 것은? [2점]

강화중성은 (가) 의 침략에 맞서 고려가 강화도로 천도한 이후 건립한 내성, 중성, 외성 중 하나입니다. 강화중성은 당시 수도를 둘러싼 토성(土城)으로, 이번 발굴 조사에서 방어를 위해 성벽의 바깥에 돌출시킨 대규모 치성(雉城)이 확인되었습니다.

▶ 보기
ㄱ. 양규가 무로대에서 적군을 물리쳤다.
ㄴ. 김윤후가 충주성 전투에서 활약하였다.
ㄷ. 송문주가 죽주성에서 적군을 격퇴하였다.
ㄹ. 윤관이 별무반을 이끌고 동북 9성을 쌓았다.

① ㄱ, ㄴ ② ㄱ, ㄷ ③ ㄴ, ㄷ ④ ㄴ, ㄹ ⑤ ㄷ, ㄹ

14 다음 자료에 나타난 상황 이후의 사실로 옳은 것은? [2점]

경대승이 정중부를 죽이자, 조정 신하들이 대궐에 나아가 축하하였다. 경대승이 말하기를 "임금을 죽인 사람이 아직 살아 있는데, 무슨 축하인가?"라고 하였다. 이의민은 이 말을 듣고 매우 두려워하여 날랜 사람들을 모아서 대비하였다. 또한 경대승의 도방(都房)에서 자기들이 싫어하는 사람을 죽일 것을 모의한다는 말을 들었다. 이의민이 더욱 두려워하여 마을에 큰 문을 세워 밤마다 경계하였다.

① 묘청 등이 서경 천도를 주장하였다.
② 최충헌이 왕에게 봉사 10조를 올렸다.
③ 강조가 정변을 일으켜 왕을 폐위하였다.
④ 이자겸과 척준경이 반란을 일으켜 궁궐을 불태웠다.
⑤ 김보당이 폐위된 왕의 복위를 주장하며 군사를 일으켰다.

15 밑줄 그은 '왕'의 재위 기간에 볼 수 있는 모습으로 가장 적절한 것은? [1점]

이자춘이 쌍성 등지의 천호들을 거느리고 내조하니 왕이 맞이하며 말하기를, "어리석은 민(民)을 보살펴 편안하게 하느라 얼마나 노고가 많았는가?"라고 하였다. 그때 어떤 사람이 '기철이 쌍성의 반민(叛民)들과 몰래 내통하여 한패로 삼아 역모를 도모하려 한다'고 밀고하였다. 왕이 이자춘에게 이르기를, "경은 마땅히 돌아가서 우리 민을 진정시키고, 만일 변란이 일어나면 마땅히 내 명령대로 하라."라고 하였다. …… 이자춘이 명령을 듣고 곧 행군하여 유인우와 합세한 후 쌍성총관부를 공격하여 격파하였다.

① 초량 왜관에서 교역하는 상인
② 내의원에서 동의보감을 읽는 의원
③ 주자감에서 유학을 공부하는 학생
④ 전민변정도감에 억울함을 호소하는 농민
⑤ 황룡사 구층 목탑의 건립에 참여하는 장인

16 (가) 인물에 대한 설명으로 옳은 것은? [3점]

이것은 전라남도 강진군 월남사지에 있는 (가) 의 비입니다. 비문에는 지눌의 제자인 그가 수선사의 제2대 사주가 된 일, 당시 집권자인 최우가 그에게 두 아들을 출가(出家)시킨 일 등이 기록되어 있습니다.

① 화엄일승법계도를 지어 화엄 사상을 정리하였다.
② 해동 천태종을 개창하여 불교 교단 통합에 힘썼다.
③ 선문염송집을 편찬하고 유불 일치설을 주장하였다.
④ 권수정혜결사문을 작성하여 정혜쌍수를 강조하였다.
⑤ 보현십원가를 지어 불교 교리를 대중에게 전파하였다.

17 (가)에 해당하는 문화유산으로 옳은 것은? [3점]

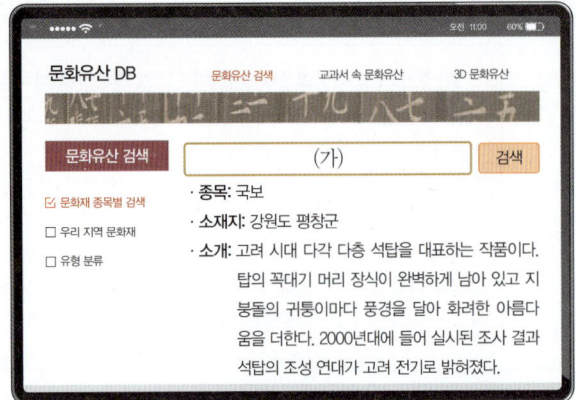

- 종목: 국보
- 소재지: 강원도 평창군
- 소개: 고려 시대 다각 다층 석탑을 대표하는 작품이다. 탑의 꼭대기 머리 장식이 완벽하게 남아 있고 지붕돌의 귀퉁이마다 풍경을 달아 화려한 아름다움을 더한다. 2000년대에 들어 실시된 조사 결과 석탑의 조성 연대가 고려 전기로 밝혀졌다.

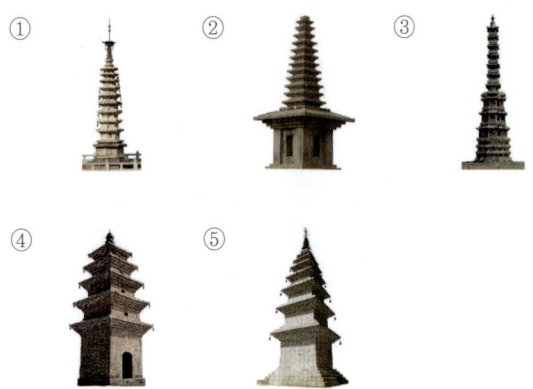

18 다음 시나리오의 상황 이후에 전개된 사실로 옳은 것은? [2점]

#12. 이성계의 집
이방원이 정몽주를 죽였다고 말하자 이성계가 크게 화를 낸다.
이성계: 대신을 함부로 살해하였으니, 나라 사람들이 내가 몰랐다고 하겠느냐? 우리 가문은 평소 충효로 소문 났는데, 네가 감히 불효를 저질러 이렇게 되었구나.
이방원: 정몽주 등이 우리 가문을 무너뜨리려 하는데, 어찌 앉아서 망하기만을 기다리겠습니까? 이것이야말로 효입니다.

① 최승로가 시무 28조를 올렸다.
② 권근 등의 건의로 사병이 혁파되었다.
③ 안우, 이방실 등이 홍건적을 격파하였다.
④ 망이·망소이가 공주 명학소에서 봉기하였다.
⑤ 쌍기의 의견을 수용하여 과거제가 시행되었다.

19 밑줄 그은 '왕'의 업적으로 옳은 것은? [2점]

이전에 주조한 활자가 크고 고르지 않았다. 이에 왕께서 경자년에 다시 주조하셨다. 그리하여 그 모양이 작고 바르게 되었으니, 이것으로 인쇄하지 않은 책이 없었다. 이를 경자자라고 하였다. 갑인년에 다시 『위선음즐(爲善陰騭)』의 글자 모양을 본떠 갑인자를 주조하니, 경자자에 비하여 조금 크고 활자 모양이 매우 좋았다.

① 조선의 기본 법전인 경국대전을 반포하였다.
② 역대 문물을 정리한 동국문헌비고를 간행하였다.
③ 삼남 지방의 농법을 소개한 농사직설을 편찬하였다.
④ 전세를 1결당 4~6두로 고정하는 영정법을 제정하였다.
⑤ 삼정의 문란을 시정하기 위해 삼정이정청을 설치하였다.

20 (가), (나) 사이의 시기에 있었던 사실로 옳은 것은? [2점]

(가) 정문형, 한치례 등이 아뢰기를, "지금 김종직의 조의제문을 보니, 입으로만 읽지 못할 뿐 아니라 차마 눈으로도 볼 수 없습니다. …… 마땅히 대역의 죄로 논단하고 부관참시해서 그 죄를 분명히 밝혀 신하와 백성의 분을 씻는 것이 사리에 맞는 일입니다."라고 하였다. …… 왕이 정문형 등의 의견을 따랐다.
(나) 의금부에 전지하기를 "조광조, 김정 등은 서로 사귀어 무리를 이루고 자기 편은 천거하고 자기 편이 아닌 자는 배척하면서, 위세를 높여 서로 의지하며 권세가 있는 요직을 차지하였다. …… 이 모든 일들을 조사하여 밝혀라."라고 하였다.

① 정여립 모반 사건으로 기축옥사가 일어났다.
② 외척 간의 권력 다툼으로 윤임이 제거되었다.
③ 자의 대비의 복상 문제로 예송이 전개되었다.
④ 희빈 장씨 소생의 원자 책봉 문제로 환국이 발생하였다.
⑤ 폐비 윤씨 사사 사건을 빌미로 김굉필 등이 처형되었다.

21 다음 상황이 나타난 시기를 연표에서 옳게 고른 것은? [2점]

4월 누르하치의 군대가 무순을 함락하고, 7월에는 청하를 함락하였다. 이에 명에서 정벌을 결정하고 우리나라에 군사 징발을 요구하였다. 명의 총독 왕가수의 군문(軍門)에서 약 4만의 병사를 요구하였으나, 경략(經略) 양호가 조선의 병사와 군마가 적다고 하여 마침내 그 수를 줄여서 총수(銃手) 1만 명만 징발하였다. 7월 조정에서 강홍립을 도원수로, 김경서를 부원수로 삼았다.
– 『책중일록』 –

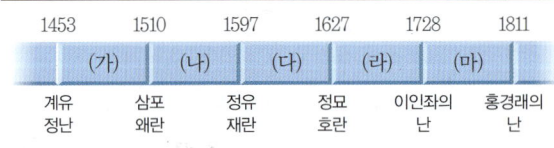

① (가) ② (나) ③ (다) ④ (라) ⑤ (마)

22 (가) 전쟁 중에 있었던 사실로 옳은 것은? [2점]

① 김상용이 강화도에서 순절하였다.
② 이괄이 이끈 반란군이 도성을 장악하였다.
③ 정봉수와 이립이 용골산성에서 항전하였다.
④ 김시민이 진주성에서 적군을 크게 물리쳤다.
⑤ 이종무가 적의 근거지인 쓰시마섬을 정벌하였다.

23 (가) 왕에 대한 설명으로 옳은 것은? [1점]

① 학문 연구 기관으로 집현전을 두었다.
② 삼수병으로 구성된 훈련도감을 설치하였다.
③ 속대전을 편찬하여 통치 체제를 정비하였다.
④ 궁중 음악을 집대성한 악학궤범을 편찬하였다.
⑤ 시전 상인의 특권을 축소하는 신해통공을 단행하였다.

24 다음 인물에 대한 설명으로 옳은 것은? [3점]

① 지봉유설에서 천주실의를 소개하였다.
② 의산문답에서 무한 우주론을 주장하였다.
③ 양반전을 지어 양반의 허례와 무능을 풍자하였다.
④ 북학의를 저술하여 청의 문물 수용을 강조하였다.
⑤ 동의수세보원을 편찬하여 사상 의학을 정립하였다.

25 (가)에 들어갈 내용으로 가장 적절한 것은? [2점]

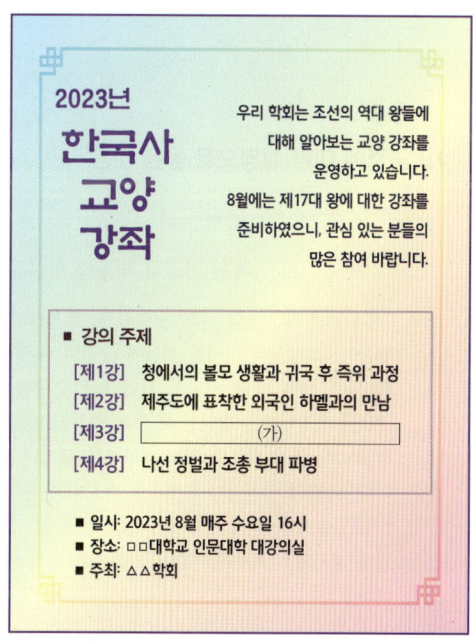

① 어영청의 개편과 북벌 추진
② 위화도 회군과 과전법의 시행
③ 문신 재교육을 위한 초계문신제의 운영
④ 백두산정계비 건립과 청과의 국경 획정
⑤ 기유약조 체결을 통한 일본과의 무역 재개

26 다음 일기가 작성된 시기의 경제 상황으로 적절하지 않은 것은? [1점]

> 5월 ○○일. 앞 밭에 담배를 파종했다.
> 5월 ○○일. 비록 비가 여러 날 내렸으나 큰비는 끝내 내리지 않았다. 가물어서 고답(高畓)은 모두 이앙을 하지 못하였다.
> 6월 ○○일. 목화 밭에 풀이 무성해져 노비 5명에게 김매기를 하도록 시켰다.

① 상평통보가 화폐로 사용되었다.
② 시장을 관리하기 위한 동시전이 설치되었다.
③ 관청에 물품을 조달하는 공인이 활동하였다.
④ 보부상이 장시를 돌아다니며 상품을 판매하였다.
⑤ 국경 지대에서 개시 무역과 후시 무역이 이루어졌다.

27 (가) 궁궐에 대한 설명으로 옳은 것은? [3점]

> **(가) 복원 기공식 대통령 연설문**
>
> 임진왜란 때 (가) 은/는 불길 속에 휩싸여 흥선 대원군이 그 당시의 국력을 기울여 중건할 때까지 270년의 오랜 세월 동안 폐허로 남아 있었습니다. 일제는 1910년 우리나라를 병탄한 뒤 우리 역사의 맥을 끊기 위해 350여 채에 이르던 전각 대부분을 헐어내고 옮겼습니다. 국권의 상징이던 근정전을 가로막아 총독부 건물을 세웠습니다. 이제 우리가 궁을 복원하려는 것은 남에 의해 훼손된 민족사에 대한 긍지를 회복하기 위한 것입니다.

① 일제에 의해 동물원 등이 설치되었다.
② 제1차 미소 공동 위원회가 개최되었다.
③ 도성 내 서쪽에 있어 서궐이라고 불렸다.
④ 조선 물산 공진회 개최 장소로 이용되었다.
⑤ 태종이 도읍을 한양으로 다시 옮기며 건립하였다.

28 다음 장면에 나타난 사건이 끼친 영향으로 가장 적절한 것은? [2점]

> 평양부 방수성 앞 물가에 큰 이양선 한 척이 머무르다가 끝내 물러가지 않으며 상선을 약탈하고 총을 쏴 백성들을 살상하였습니다. 이에 평안 감사 박규수가 관민을 이끌고 공격하여 불태웠다고 합니다.

① 이용태가 안핵사로 파견되었다.
② 이원익이 대동법 시행을 건의하였다.
③ 정약종 등이 희생된 신유박해가 일어났다.
④ 로저스 제독이 이끄는 미군이 강화도에 침입하였다.
⑤ 황사영이 외국 군대의 출병을 요청하는 백서를 작성하였다.

29 다음 사건 이후에 전개된 사실로 옳은 것은? [2점]

> 홍영식이 우정국에서 개업식을 명목으로 연회를 열어 세인들이 독립당이라고 칭하는 사람들과 각국 사관(使官) 등을 초대하였다. 연회가 끝날 무렵 우정국 옆에서 불이 일어났다. …… 마침내 어젯밤의 사변에 따라 독립당이 정권을 획득하였다. 조보(朝報)에서는 새롭게 관리를 임명하겠다는 취지를 포고하였다. 박영효, 김옥균, 서광범은 승지가 되었고, 김옥균은 혜상공국 당상을 겸하였다.
> ─「조난기사」─

① 한성 조약이 체결되었다.
② 신식 군대인 별기군이 창설되었다.
③ 김윤식이 청에 영선사로 파견되었다.
④ 일본 군함 운요호가 영종도를 공격하였다.
⑤ 개화 정책을 총괄하는 통리기무아문이 설치되었다.

[30~31] 다음 자료를 읽고 물음에 답하시오.

(가) 고대 여러 나라들도 역시 각각 사관(史官)을 두어 일을 기록하였습니다. 그러므로 맹자께서 이르시기를, "진(晉)의 승(乘)과 초(楚)의 도올(檮杌)과 노(魯)의 춘추(春秋)는 모두 한가지다."라고 하셨습니다. 생각건대 우리 해동(海東) 삼국도 역사가 길고 오래되어 마땅히 그 사실이 책으로 기록되어야 하므로 폐하께서 이 늙은 신하에게 명하시어 편집하도록 하셨습니다. …… 신의 학술이 이처럼 부족하고 얕으며, 옛 말과 지나간 일은 그처럼 아득하고 희미합니다. 그러므로 온 정신과 힘을 다 쏟아 부어 겨우 ㉠책을 만들었습니다. 그러나 보잘 것 없기에 스스로 부끄러울 따름입니다.

(나) 고려가 끝내 발해사를 편찬하지 않아 토문강 북쪽과 압록강 서쪽이 누구의 땅인지 알 수 없게 되었다. 여진을 책망하려 하여도 할 말이 없고, 거란을 책망하려 하여도 할 말이 없다. 고려가 약한 나라가 된 것은 발해의 땅을 차지하지 못하였기 때문이니, 탄식할 수밖에 없다. …… 내가 내규장각 관리로 있으면서 비밀스런 책[秘書]을 꽤 많이 읽었으므로, 발해에 관한 일을 차례로 편찬하여, 군고(君考)·신고(臣考)·지리고(地理考)·직관고(職官考)·의장고(儀章考)·물산고(物産考)·국어고(國語考)·국서고(國書考)·속국고(屬國考) 등 9편으로 구성된 ㉡책을 만들었다.

(다) 역사란 무엇인가? 인류 사회의 아(我)와 비아(非我)의 투쟁이 시간부터 발전하며 공간부터 확대하는 정신적 활동 상태의 기록이니, 세계사라 하면 세계 인류가 그리되어 온 상태의 기록이며, 조선 역사라 하면 조선 민족이 그리되어 온 상태의 기록인 것이다. 무엇을 '아'라 하며 무엇을 '비아'라 하는가? …… 무릇 주체적 위치에 선 자를 '아'라 하고, 그 외에는 '비아'라 하는데, 이를테면 조선 사람은 조선을 '아'라 하고, 영국·미국·프랑스·러시아 등을 '비아'라 하지만, 그들은 각기 제 나라를 '아'라 하고 조선은 '비아'라 하며, …… 그러므로 역사는 '아'와 '비아'의 투쟁의 기록인 것이다.

30 (가)~(다)를 작성한 인물에 대해 탐구한 내용으로 가장 적절한 것은? [3점]

① (가) - 만권당에서 원의 학자들과 교유하였으며, 성리학의 보급에 기여하였다.
② (가) - 칠대실록의 편찬에 참여하였으며, 문헌공도를 만들어 사학을 진흥시켰다.
③ (나) - 금석학을 연구하여 북한산비가 진흥왕 순수비임을 고증하였다.
④ (다) - 한국통사를 저술하였고, 대한민국 임시 정부의 제2대 대통령을 역임하였다.
⑤ (다) - 대한매일신보의 주필로 활동하였으며, 폭력을 통한 민중의 직접 혁명을 주장하였다.

31 밑줄 그은 ㉠, ㉡에 해당하는 역사서에 대한 설명으로 옳은 것은? [2점]

① ㉠ - 불교사를 중심으로 고대의 민간 설화를 수록하였다.
② ㉠ - 본기, 연표, 잡지, 열전 등으로 구성된 기전체 사서이다.
③ ㉡ - 사초와 시정기 등을 바탕으로 편찬하였다.
④ ㉡ - 고구려 건국 시조의 일대기를 서사시로 표현하였다.
⑤ ㉠, ㉡ - 우리 역사의 시작을 단군 조선으로 삼았다.

32 (가) 종교에 대한 설명으로 옳은 것은? [1점]

> 🔍 **역사 돋보기** (가) 의 교세를 확장한 해월 최시형
>
>
>
> 해월 선생은 제자들에게 '최보따리'라고도 불렸다. 포교를 위해 잠행을 하면서 보따리를 자주 쌌기 때문에 붙여진 별명이다. 교조 최제우의 처형으로 위축되었던 (가) 의 교세는 2대 교주였던 그의 노력으로 크게 확장되었다. 그는 1897년 손병희에게 도통을 전수하였고 1898년 체포되어 재판을 받고 처형되었다. 그에게 사형을 선고한 판사 중에는 고부 학정의 원흉 조병갑이 있었다.

① 동경대전을 경전으로 삼았다.
② 항일 무장 단체인 중광단을 결성하였다.
③ 박중빈을 중심으로 새생활 운동을 펼쳤다.
④ 배재 학당을 세워 신학문 보급에 앞장섰다.
⑤ 프랑스와의 조약을 통해 포교가 허용되었다.

33 다음 자료를 활용한 탐구 활동으로 가장 적절한 것은? [2점]

> **각국 공관에 보내는 호소문**
>
> 지금 일본 공사가 우리 외부(外部)에 공문을 보내어 산림, 천택(川澤), 들판, 황무지에 대한 권리를 청구하였습니다. 우리나라 사람들이 이를 이용해 2~3년에 걸려 윤작을 해야만 먹고 살 수 있습니다. 그런데 만일 이를 외국인에게 주어버린다면 전국의 강토를 모두 빼앗기게 되며 수많은 사람이 참혹한 빈곤에 빠져 구제할 수 없게 될 것입니다. 일본인들의 침략을 막고 우리 강토를 보전하도록 힘써 주십시오.
>
> 1904년 ○○월 ○○일

① 독립문의 건립 과정을 알아본다.
② 보안회의 활동 내용을 파악한다.
③ 조일 통상 장정의 조항을 검토한다.
④ 화폐 정리 사업이 끼친 영향을 살펴본다.
⑤ 황국 중앙 총상회가 조직된 목적을 분석한다.

34 다음 상황의 배경으로 가장 적절한 것은? [2점]

> 근일에 의병을 일으킨 이들이 각처에 글을 보내어 말하기를, "정부에 변란이 자주 나고 각처에 도적이 일어나며 대군주 폐하께서 외국 공사관에 파천하여 환궁하실 기약이 없고 일본 사람들이 조선 인민을 어지럽게 하는 고로, 의병을 일으켜 서울에 올라 궁궐을 지키고 대군주 폐하를 환궁하시게 한다."라고 하였다.

① 을미사변이 일어났다.
② 을사늑약이 체결되었다.
③ 용암포 사건이 발생하였다.
④ 헤이그에 특사가 파견되었다.
⑤ 대한 제국의 군대가 해산되었다.

35 다음 관제가 반포된 이후의 사실로 옳은 것은? [2점]

> 〈원수부 관제〉
> 대황제 폐하는 대원수로서 군기(軍機)를 총람하고 육해군을 통령하며, 황태자 전하는 원수로서 육해군을 일률적으로 통솔한다. 이에 원수부를 설치한다.
> 제1조
> 원수부는 국방과 용병(用兵)과 군사에 관한 각 항의 명령을 관장하며 특별히 세운 권한을 가지고 군부와 경외(京外)의 각 부대를 지휘 감독한다.

① 지계아문이 설치되었다.
② 군국기무처가 창설되었다.
③ 5군영이 2영으로 통합되었다.
④ 한성 사범 학교가 설립되었다.
⑤ 건양이라는 연호가 제정되었다.

36 (가) 부대에 대한 설명으로 옳은 것은? [2점]

> 남대관, 권수정 등은 전 한족총연합회 간부였던 지청천, 신숙 등과 함께 아성현(阿城縣)에서 한국대독립당을 조직하고 지청천을 총사령, 남대관을 부사령으로 하는 (가) 을/를 편성하였다. …… (가) 은/는 딩차오(丁超)의 군으로부터 무기를 지급받고 대원을 모집하여 일본 측 기관의 파괴, 일본 요인의 암살 등을 기도하였다.

① 청산리에서 일본군을 크게 격파하였다.
② 미군과 연계하여 국내 진공 작전을 준비하였다.
③ 대전자령 전투에서 일본군을 상대로 승리를 거두었다.
④ 중국 관내(關內)에서 결성된 최초의 한인 무장 부대였다.
⑤ 대한 국민회군 등과 연합하여 봉오동 전투에서 승리하였다.

37 밑줄 그은 '법령'이 시행된 시기 일제의 정책으로 옳은 것은? [1점]

> □□신문
> 제△△호   ○○○○년 ○○월 ○○일
> **어려움에 빠진 한인 회사**
> 회사를 설립할 때 조선 총독의 허가를 받도록 하는 법령이 제정되었다. 이후 한인의 회사는 큰 영향을 받아 손해가 적지 않기에 실업계의 원성이 자자하다. 전국에 있는 회사를 헤아려보니 한국에 본점을 두고 설립한 회사가 171개인데 자본 총액이 5,021만여 원이요, 외국에 본점을 두고 지점을 한국에 설립한 회사가 52개인데 자본 총액이 1억 1,230만여 원이다. 그중에 일본인의 회사가 3분의 2 이상이고, 몇 개 되지 않는 한인의 회사는 상업 경쟁에 밀리고 회사 세납에 몰려 도무지 유지하기가 어렵다고 한다.

① 신문지법을 제정하였다.
② 미쓰야 협정을 체결하였다.
③ 토지 조사 사업을 실시하였다.
④ 경성 제국 대학을 설립하였다.
⑤ 조선 사상범 예방 구금령을 시행하였다.

38 (가) 단체에 대한 설명으로 옳은 것은? [3점]

> 판결문
> 피고인: 박상진, 김한종
> 주 문: 피고 박상진, 김한종을 사형에 처한다.
> 이 유
> 피고 박상진, 김한종은 한일 병합에 불평을 가지고 구한국의 국권 회복을 명분으로 (가) 을/를 조직하고 국권 회복을 위한 자금 조달을 위해 조선 각도의 자산가에게 공갈로 돈을 받아내기로 하고 …… 채기중 등을 교사하여 장승원의 집에 침입하여 자금을 강취하고 살해하도록 한 죄가 인정되므로 위와 같이 판결한다.

① 중일 전쟁 발발 직후에 결성되었다.
② 군대식 조직을 갖춘 비밀 결사였다.
③ 파리 강화 회의에 대표를 파견하였다.
④ 일제가 꾸며낸 105인 사건으로 와해되었다.
⑤ 만민 공동회를 열어 열강의 이권 침탈을 비판하였다.

39 밑줄 그은 '시위 운동'의 배경으로 가장 적절한 것은? [1점]

> 수신: 육군 대신
> 발신: 조선 헌병대 사령관
>
> 오늘 1일 새벽 경성에서 조선 독립에 관한 선언서를 발견함. 위 선언서에는 천도교, 기독교 신도들의 서명이 있었는데, 이면에는 일본 및 조선의 학생들과 비밀리에 연락했을 가능성이 있어 수사 중. 오후 2시에 이르러 중학(中學)정도의 학생 약 1,000명이 모이자, 민중이 이에 어울려 시내를 행진하고 시위 운동을 시작함. 지금 수배중. 위 집단은 각 장소에서 한국 독립 만세를 외치나 난폭한 행동으로 나오지는 않아 매우 불온한 형세는 없음. 주모자를 체포하고 해산시킬 예정이고 선언서에 서명한 사람 대부분은 즉시 체포함.

① 간도 참변으로 민간인이 학살되었다.
② 상하이에서 국민 대표 회의가 개최되었다.
③ 언론사의 주도로 브나로드 운동이 전개되었다.
④ 조선 노동 총동맹과 조선 농민 총동맹이 결성되었다.
⑤ 도쿄 유학생들을 중심으로 2·8 독립 선언서가 발표되었다.

40 (가) 인물에 대한 설명으로 옳은 것은? [3점]

문학으로 보는 한국사

내 고장 칠월은
청포도가 익어가는 시절

이 마을 전설이 주저리주저리 열리고
먼 데 하늘이 꿈꾸며 알알이 들어와 박혀

하늘 밑 푸른 바다가 가슴을 열고
흰 돛단배가 곱게 밀려서 오면

내가 바라는 손님은 고달픈 몸으로
청포(靑袍)를 입고 찾아온다고 했으니

내 그를 맞아 이 포도를 따 먹으면
두 손은 함빡 적셔도 좋으련

아이야, 우리 식탁엔 은쟁반에
하이얀 모시 수건을 마련해 두렴

[해설]
이 시는 독립운동가이자 문학가인 (가) 의 '청포도'이다. 그는 이 시를 비롯한 다양한 작품에서 식민지 현실에 맞서 꺼지지 않는 민족의식을 표현하였다.
그의 본명은 이원록으로 안동에서 태어났고, 1927년 장진홍의 조선은행 대구 지점 폭탄 의거에 연루되어 투옥되었다. 이후에도 그는 중국을 오가며 독립운동에 힘쓰다가 1943년 체포되어 이듬해 베이징의 일본 감옥에서 생을 마감하였다.

① 소설 상록수를 신문에 연재하였다.
② 광야, 절정 등의 저항시를 발표하였다.
③ 타이완에서 일본 육군 대장을 저격하였다.
④ 삼균주의를 바탕으로 한 건국 강령을 만들었다.
⑤ 여유당전서를 간행하고 조선학 운동을 전개하였다.

41 (가) 단체에 대한 설명으로 옳은 것은? [2점]

□□신문
제△△호   1924년 ○○월 ○○일

이중교 폭탄 사건 주역은 (가) 의 김지섭
9월 1일 대지진 때 일어난 조선인 학살이 도화선

금년 1월 5일 오후 7시에 동경 궁성 이중교 앞에서 일어난 폭탄 투척 사건은 전일본을 경악하게 만든 대사건이었다. 당국은 이 사건에 대한 신문 게재 일체를 금지하였고, 동경 지방 재판소의 검사와 예심 판사가 수사를 진행하였다. 이번에 예심이 결정되고 당국의 보도 금지가 해제되었기에, 피고 김지섭 외 4명은 전부 유죄로 공판에 회부되었음을 보도한다. 김지섭은 조선 독립을 위해 (가) 의 단장 김원봉과 함께 과격한 방법을 강구하였고, 이를 일본에서 실행하기로 하였다고 한다.

① 김구가 상하이에서 조직하였다.
② 비밀 행정 조직인 연통제를 운영하였다.
③ 조선 혁명 선언을 활동 지침으로 삼았다.
④ 신흥 무관 학교를 세워 무장 투쟁을 준비하였다.
⑤ 조선 총독부에 국권 반환 요구서를 제출하려 하였다.

42 다음 자료에 나타난 민족 운동에 대한 설명으로 옳은 것은? [2점]

> 2천만 피압박 민중 제군이여!
>
> 우리 2천만 생령(生靈)을 사랑하고 조국을 사랑하는 광주 학생 남녀 수십 명이 빈사(瀕死)의 중상을 입었다. 고뇌하는 청년 학생 2백 명이 불법으로 철창 속에 갇혀 있다. 그들은 정의를 위하여 거리로 나가 시위를 했다. 그러나 지배 계급의 미친개의 이빨에 물리고 말았다. 우리들은 광주 학생의 석방을 요구하는 동시에 참을 수 없는 피눈물로 시위 대열에 나가는 것이다.
>
> - 감금된 학생을 탈환하자
> - 총독 폭압 정치 절대 반대
> - 교육에 경찰 간섭 반대
> - 치안 유지법을 철폐하라

① 순종의 장례일을 맞아 가두시위를 벌였다.
② 대한민국 임시 정부 수립에 영향을 주었다.
③ 조선 사람 조선 것이라는 구호를 내세웠다.
④ 신간회의 지원을 받으며 전국적으로 확산되었다.
⑤ 일본, 프랑스 등의 노동 단체로부터 격려 전문을 받았다.

43 교사의 질문에 대한 학생의 답변으로 가장 적절한 것은? [1점]

조선 민사령 중 개정의 건
(제령 제19호)

조선인 호주는 본령 시행 후 6개월 이내에 새로 씨(氏)를 정하고 이를 부윤 또는 읍면장에게 신고해야 한다. …… 신고를 하지 않을 때는 본령 시행 당시 호주의 성을 씨로 삼는다.

일제는 조선 민사령을 개정하여 일본식 씨명을 사용하도록 강요하였습니다. 이렇게 개정한 이후에 일제가 추진한 정책에 대해 말해 볼까요?

① 통감부를 설치하였습니다.
② 조선 태형령을 시행하였습니다.
③ 헌병 경찰제를 실시하였습니다.
④ 여자 정신 근로령을 공포하였습니다.
⑤ 동양 척식 주식회사를 설립하였습니다.

44 (가) 인물에 대한 설명으로 옳은 것은? [2점]

항복 전에 정무총감 엔도 등이 법과 질서를 유지하고 일본인들의 생명과 재산을 지키기 위하여 (가) 와/과 논의하였다. …… 일본인들은 그가 유혈 사태를 막아줄 수 있다고 믿었던 것 같다. …… 그런데 (가) 은/는 조선 총독부가 생각했던 바를 따르지 않았다. 일본이 원했던 것은 연합군이 올 때까지 질서를 유지하기 위한 평화 유지 위원회 정도였다. 그러나 그는 실질적인 정부로 여겨질 수 있는 조선 건국 준비 위원회를 만들었다.

① 샌프란시스코에서 흥사단을 결성하였다.
② 조선어 학회 사건으로 구속되어 옥고를 치렀다.
③ 김규식과 함께 좌우 합작 위원회를 조직하였다.
④ 반민족 행위 특별 조사 위원회에서 활동하였다.
⑤ 미국에서 귀국하여 독립 촉성 중앙 협의회를 이끌었다.

45 (가) 전쟁 중에 있었던 사실로 옳은 것을 <보기>에서 고른 것은? [2점]

사진으로 보는 (가)

이 사진은 (가) 당시 끊어진 대동강 철교를 찍은 거란다. 유엔군은 중국군의 남하를 지연시키기 위해 철교를 파괴했다는구나.

한파가 몰아치는 한겨울에 끊어진 다리를 건너는 피난민의 모습을 보니 전쟁의 참혹함이 생생하게 느껴지는 것 같아요.

▶ 보기 ◀
ㄱ. 애치슨 라인이 발표되었다.
ㄴ. 인천 상륙 작전이 전개되었다.
ㄷ. 부산에서 발췌 개헌안이 통과되었다.
ㄹ. 모스크바 3국 외상 회의가 개최되었다.

① ㄱ, ㄴ ② ㄱ, ㄷ ③ ㄴ, ㄷ ④ ㄴ, ㄹ ⑤ ㄷ, ㄹ

46 다음 뉴스가 보도된 정부 시기의 경제 상황으로 옳은 것은? [2점]

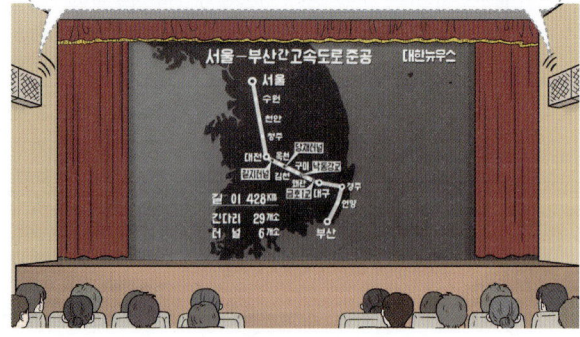

서울-부산 간 고속 도로 준공식이 대구에서 열렸습니다. 대전-대구 구간을 마지막으로 경부 고속 도로가 완공되면서 서울에서 부산까지의 이동 시간이 4시간 30분 정도로 줄어들게 되었습니다. 하지만 2년 5개월여의 단기간에 고속 도로를 완공하면서 다수의 사상자가 발생하는 등 안타까운 일도 있었습니다.

① 제2차 경제 개발 5개년 계획이 추진되었다.
② 미국의 경제 원조로 삼백 산업이 발달하였다.
③ 귀속 재산 처리를 위한 신한 공사가 설립되었다.
④ 대통령 긴급 명령으로 금융 실명제가 실시되었다.
⑤ 최저 임금 결정을 위한 최저 임금 위원회가 설치되었다.

47 다음 발표가 있었던 시기를 연표에서 옳게 고른 것은? [2점]

① (가) ② (나) ③ (다) ④ (라) ⑤ (마)

48 (가)에 들어갈 내용으로 가장 적절한 것은? [2점]

① 율곡 이이가 태어난 오죽헌을 추천해요.
② 무령왕릉이 있는 송산리 고분군을 추천해요.
③ 어재연 부대가 항전했던 광성보에 가 보세요.
④ 팔만대장경판이 보관된 해인사를 방문해 보세요.
⑤ 삼별초가 활동한 항파두리 항몽 유적에 가 보세요.

49 다음 민주화 운동에 대한 설명으로 옳은 것은? [1점]

○○○○년 ○○월 ○○일

학생 대표의 연설이 끝나자 우리는 단단하게 스크럼을 짜고 교문 밖으로 행진했다. 3·15 부정 선거에 대한 분노와 얼마 전 마산에서 일어난 규탄 대회에서 김주열 군이 최루탄에 눈 부분을 맞고 마산 앞바다에 죽은 채 떠올랐다는 소문이 파다하게 퍼져있던 터였다. …… 시위대의 물결이 경무대로 향했다. 그때 귀청을 뚫을 듯한 총소리가 연발로 들렸다. 얼마나 지났을까. 총소리가 멈춘 후 고개를 들고 주위를 둘러보다가 벌떡 일어나고 말았다. 같은 반 친구가 바지가 찢어진 채 피를 흘리며 쓰러져 있었다. 나는 정신없이 달려가 그를 안았다. 그러나 그는 이미 사지를 축 늘어뜨린 채 힘이 없었다.

① 시민군이 조직되어 계엄군에 저항하였다.
② 당시 대통령이 하야하는 결과를 가져왔다.
③ 호헌 철폐, 독재 타도 등의 구호를 내세웠다.
④ 3선 개헌 반대 범국민 투쟁 위원회가 주도하였다.
⑤ 장기 독재를 비판하는 3·1 민주 구국 선언이 발표되었다.

50 (가), (나) 사이의 시기에 있었던 사실로 옳은 것은? [3점]

(가) 남북 간의 제반 문제를 개선·해결하며 나라의 통일 문제를 다루는 남북 조절 위원회가 정식으로 발족하였다. 남북 조절 위원회는 판문점에 공동 사무국을 두기로 하였으며, 회의는 서울과 평양에서 번갈아 진행하기로 하였다.

(나) 서울에서 열린 제5차 남북 고위급 회담에서 남북 사이의 화해와 불가침 및 교류·협력 등을 주요 내용으로 하는 남북 기본 합의서를 채택하였다. 특히 이번 합의서에서는 분단 이후 처음으로 남북 양측의 국호를 사용하였다.

① 금강산 육로 관광이 시작되었다.
② 6·15 남북 공동 선언이 발표되었다.
③ 평창 동계 올림픽에 남북 단일팀이 참가하였다.
④ 남북 경제 협력을 위한 개성 공업 지구가 조성되었다.
⑤ 남북 이산가족 고향 방문단의 교환 방문이 최초로 성사되었다.

제65회 한국사능력검정시험

- 자신이 선택한 등급의 문제지인지 확인하시오.
- 문제지에 성명과 수험 번호를 정확히 써넣으시오.
- 답안지에 성명과 수험 번호를 써넣고, 또 수험 번호와 답을 정확히 표시하시오.
- 시험 시간은 80분입니다.

01 밑줄 그은 '이 시대'의 생활 모습으로 옳은 것은? [1점]

① 소를 이용한 깊이갈이가 일반화되었다.
② 많은 인력을 동원하여 고인돌을 축조하였다.
③ 실을 뽑기 위해 가락바퀴를 처음 사용하였다.
④ 쟁기, 쇠스랑 등의 철제 농기구가 이용되었다.
⑤ 주로 동굴이나 강가에 막집을 짓고 거주하였다.

02 (가) 국가에 대한 설명으로 옳은 것은? [2점]

> 니계상 참이 사람을 시켜 (가) 의 왕 우거를 죽이고 와서 항복하였다. 그러나 왕검성은 끝내 함락되지 않았기에 우거왕의 대신(大臣) 성기가 한(漢)에 반기를 들고 공격하였다. 좌장군은 우거왕의 아들 장과 항복한 상 노인의 아들 최로 하여금 그 백성을 달래고 성기를 주살하도록 하였다. 드디어 (가) 을/를 평정하고 진번·임둔·낙랑·현도군을 설치하였다.
> - 『한서』 -

① 동맹이라는 제천 행사를 열었다.
② 신성 지역인 소도가 존재하였다.
③ 읍락 간의 경계를 중시하는 책화가 있었다.
④ 여러 가(加)들이 별도로 사출도를 다스렸다.
⑤ 사회 질서를 유지하기 위해 범금 8조를 두었다.

03 (가) 지역에 대한 탐구 활동으로 가장 적절한 것은? [2점]

① 무왕이 미륵사를 창건한 곳을 살펴본다.
② 무령왕과 왕비의 무덤이 발굴된 곳을 답사한다.
③ 성왕이 신라와의 전투에서 전사한 곳을 검색한다.
④ 윤충이 의자왕의 명을 받아 함락시킨 곳을 지도에 표시한다.
⑤ 계백이 이끄는 결사대가 신라군에 맞서 싸운 곳을 조사한다.

04 (가)에 해당하는 문화유산으로 옳은 것은? [2점]

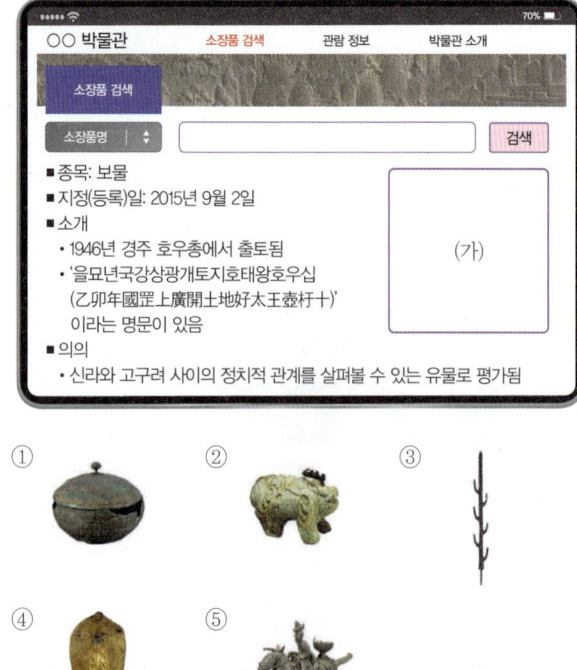

05 다음 상황 이후에 있었던 사실로 옳은 것은? [2점]

> 10월에 백제왕이 병력 3만 명을 거느리고 평양성을 공격해 왔다. 왕이 군대를 출정시켜 백제군을 막다가 날아온 화살에 맞아 이달 23일에 세상을 떠났다.

① 유리왕이 졸본에서 국내성으로 천도하였다.
② 미천왕이 낙랑군을 축출하여 영토를 확장하였다.
③ 소수림왕이 불교를 공인하고 율령을 반포하였다.
④ 고국천왕이 을파소를 등용하고 진대법을 실시하였다.
⑤ 유주자사 관구검이 이끄는 군대가 환도성을 함락하였다.

06 (가), (나) 사이의 시기에 있었던 사실로 옳은 것은? [2점]

> (가) 당의 손인사, 유인원과 신라왕 김법민은 육군을 거느려 나아가고, 유인궤 등은 수군과 군량을 실은 배를 거느리고 백강으로 가서 육군과 합세하여 주류성으로 갔다. 백강 어귀에서 왜의 군사를 만나 …… 그들의 배 4백 척을 불살랐다.
> (나) 이근행이 군사 20만 명을 이끌고 매소성에 머물렀다. 신라군이 공격하여 달아나게 하고 말 3만여 필을 얻었는데, 노획한 병장기의 수도 그 정도 되었다.

① 장문휴가 당의 등주를 공격하였다.
② 원광이 왕명으로 걸사표를 작성하였다.
③ 을지문덕이 살수에서 대승을 거두었다.
④ 김춘추가 당과의 군사 동맹을 성사시켰다.
⑤ 검모잠이 안승을 왕으로 세워 부흥 운동을 벌였다.

07 밑줄 그은 '이 나라'에 대한 설명으로 옳은 것은? [1점]

> ○ 조영이 죽으니, 이 나라에서는 고왕이라 하였다. 아들 무예가 왕위에 올라 영토를 크게 개척하니, 동북의 모든 오랑캐들이 겁을 먹고 그를 섬겼다.
> ○ 처음에 이 나라의 왕이 자주 학생들을 경사의 태학에 보내어 고금의 제도를 배우고 익혀 가더니, 드디어 해동성국이 되었다. 그 땅에는 5경 15부 62주가 있다.
> — 『신당서』 —

① 정사암 회의를 개최하였다.
② 9서당 10정의 군사 조직을 갖추었다.
③ 욕살, 처려근지 등의 지방관을 두었다.
④ 인안, 대흥 등 독자적인 연호를 사용하였다.
⑤ 광평성을 비롯한 각종 정치 기구를 마련하였다.

08 밑줄 그은 '이 인물'에 대한 설명으로 옳은 것은? [3점]

이곳은 이 인물을 제사하는 경주의 서악 서원. 그는 한자의 음과 훈을 빌려 우리말을 표기하는 이두를 체계적으로 정리함. 우리말로 유학 경전을 풀이하여 후학들을 가르침. 원효의 아들임.

① 향가 모음집인 삼대목을 편찬하였다.
② 진성 여왕에게 시무책 10여 조를 올렸다.
③ 화랑도의 규범으로 세속 5계를 제시하였다.
④ 외교 문서 작성에 능하여 청방인문표를 지었다.
⑤ 국왕에게 조언하는 내용인 화왕계를 집필하였다.

09 밑줄 그은 '시기'에 볼 수 있는 모습으로 적절한 것은? [2점]

이 유물에는 민애왕을 추모하는 명문이 있습니다. 그는 혜공왕 피살 이후 왕위 쟁탈전이 치열했던 시기에 희강왕을 축출하고 왕이 되었으나, 다른 진골 세력에 의해 1년 만에 제거되었습니다.

전(傳) 대구 동화사 비로암 삼층 석탑 납석사리호

① 의창에서 곡식을 빌리는 백성
② 만권당에서 대담을 나누는 학자
③ 혜민국에서 약을 받아 가는 환자
④ 화엄일승법계도를 저술하는 승려
⑤ 청해진을 거점으로 해적을 소탕하는 병사

10 (가) 왕의 재위 시기에 있었던 사실로 옳은 것은? [2점]

〈탐구 활동 보고서〉
○학년 ○반 이름: △△△

1. 주제: (가) , 안정과 통합을 꾀하다
2. 방법: 『고려사』 사료 검색 및 분석
3. 사료 내용과 분석

사료 내용	분석
명주의 순식이 투항하자 왕씨 성을 내리다.	지방 호족 포섭
『정계』와 『계백료서』를 지어 반포하다.	관리의 규범 제시
흑창을 두어 가난한 백성에게 곡식을 빌려주다.	민생 안정

① 개국 공신에게 역분전을 지급하였다.
② 외침에 대비하여 광군을 조직하였다.
③ 광덕, 준풍 등의 독자적 연호를 사용하였다.
④ 관학 진흥을 목적으로 양현고를 운영하였다.
⑤ 주전도감을 설치하여 해동통보를 발행하였다.

11 다음 상황이 나타난 시기를 연표에서 옳게 고른 것은? [3점]

처음으로 12목을 설치하고 조서를 내려 말하기를, "부지런히 정사를 돌보면서 매번 신하들의 충고를 구하고 있다. 낮은 곳의 이야기를 듣고 멀리 보고자 어질고 현명한 이들의 힘을 빌리려고 한다. 이에 수령들의 공로에 의지해 백성들의 바람에 부합하고자 한다. 『우서(虞書)』의 12목 제도를 본받아 시행하니, 주나라가 8백 년간 지속하였듯이 우리의 국운도 길이 이어질 것이다."라고 하였다.

(가)	(나)	(다)	(라)	(마)
918 고려 건국	945 왕규의 난	1009 강조의 정변	1196 최충헌의 집권	1270 개경 환도	1351 공민왕 즉위

① (가) ② (나) ③ (다) ④ (라) ⑤ (마)

12 (가) 국가에 대한 고려의 대응으로 옳은 것은? [2점]

이곳은 전라남도 나주시에 있는 심향사입니다. (가) 의 침입으로 나주로 피난한 고려 현종이 나라의 평안을 위해 이곳에서 기도를 올렸다고 전해집니다. 이 왕 때 부처의 힘으로 국난을 극복하고자 초조대장경의 조성이 시작되었습니다.

① 박위를 보내 근거지를 토벌하였다.
② 조총 부대를 나선 정벌에 파견하였다.
③ 개경을 방어하기 위해 나성을 축조하였다.
④ 압록강 상류 지역을 개척하여 4군을 설치하였다.
⑤ 국방 문제를 논의하기 위해 비변사를 신설하였다.

13 (가)에 들어갈 내용으로 옳은 것은? [2점]

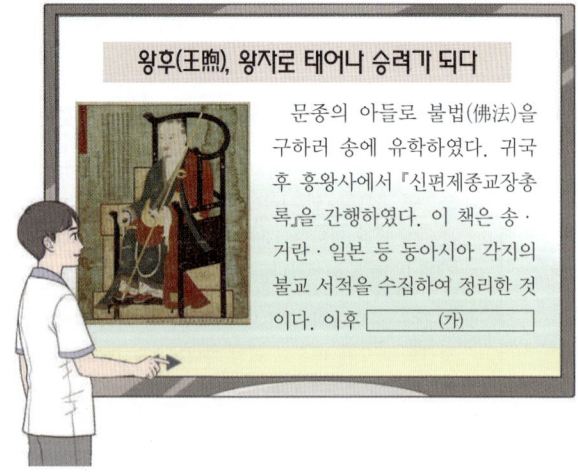

왕후(王煦), 왕자로 태어나 승려가 되다

문종의 아들로 불법(佛法)을 구하러 송에 유학하였다. 귀국 후 흥왕사에서 『신편제종교장총록』을 간행하였다. 이 책은 송·거란·일본 등 동아시아 각지의 불교 서적을 수집하여 정리한 것이다. 이후 (가)

① 국청사의 주지가 되어 해동 천태종을 개창하였다.
② 불교 개혁을 주장하며 수선사 결사를 조직하였다.
③ 선문염송집을 편찬하고 유불 일치설을 주장하였다.
④ 불교 관련 자료를 중심으로 삼국유사를 집필하였다.
⑤ 인도와 중앙아시아를 순례하고 왕오천축국전을 남겼다.

14 (가)~(다)를 일어난 순서대로 옳게 나열한 것은? [3점]

> (가) 왕이 보현원 문에 들어서자 …… 이고 등이 왕을 모시던 문관 및 대소 신료, 환관들을 모두 살해하였다. …… 정중부 등이 왕을 모시고 환궁하였다.
>
> (나) 이자겸과 척준경이 왕을 위협하여 남궁(南宮)으로 거처를 옮기게 하고 안보린, 최탁 등 17인을 죽였다. 이 외에도 죽인 군사가 헤아릴 수 없을 정도였다.
>
> (다) 묘청이 서경을 근거지로 삼고 반란을 일으켰다. …… 국호를 대위, 연호를 천개, 그 군대를 천견충의군이라 불렀다.

① (가) - (나) - (다) ② (가) - (다) - (나)
③ (나) - (가) - (다) ④ (나) - (다) - (가)
⑤ (다) - (가) - (나)

15 다음 상황이 나타난 시기에 볼 수 있는 모습으로 적절한 것은? [2점]

> 기철의 친척 기삼만이 권세를 믿고 불법으로 남의 토지를 빼앗았기에 정치도감에서 그를 잡아 장(杖)을 치고 하옥하였는데 20여 일 만에 죽었다. …… 그러자 정동행성 이문소에서 정치도감 관리들을 잡아 가두었다.

① 농사직설을 편찬하는 학자
② 초량 왜관에서 교역하는 상인
③ 도평의사사에서 회의하는 관리
④ 규장각 검서관으로 근무하는 서얼
⑤ 빈공과 응시를 준비하는 6두품 유학생

16 (가) 국가의 경제 상황으로 옳은 것은? [1점]

> 명주의 정해현에서 순풍을 만나 3일이면 큰 바다 가운데로 들어가고, 다시 5일이면 흑산도에 도달하여 그 경계에 들어간다. 흑산도에서 섬들을 지나 7일이면 예성강에 이른다. …… 거기서 3일이면 연안에 닿는데, 벽란정(碧瀾亭)이라는 객관이 있다. 사신은 여기에서부터 육지에 올라 험한 산길을 40여 리쯤 가면 (가) 의 수도에 도달한다.
> - 『송사』 -

① 집집마다 부경이라는 창고가 있었다.
② 활구라고 불리는 은병이 주조되었다.
③ 동시전이 설치되어 시장을 감독하였다.
④ 계해약조가 체결되어 일본과 교역하였다.
⑤ 광산을 전문적으로 경영하는 덕대가 등장하였다.

17 (가)에 해당하는 문화유산으로 옳은 것은? [2점]

충청남도 예산군에 있는 이 건물은 맞배지붕에 주심포 양식입니다. 건물 보수 중 묵서명이 발견되어 충렬왕 34년이라는 정확한 건립 연도를 알게 되었습니다.

①  수덕사 대웅전
②  화엄사 각황전
③  부석사 무량수전
④  봉정사 극락전
⑤  법주사 팔상전

18 다음 대화 이후에 전개된 사실로 옳은 것은? [2점]

이번에 왕이 최영에게 명하여 요동을 정벌한다고 하네.
명 황제가 철령 이북을 일방적으로 명의 영토로 귀속시키려 한 것이 원인이라더군.

① 윤관이 별무반을 이끌고 동북 9성을 축조하였다.
② 서희가 외교 담판을 벌여 강동 6주를 획득하였다.
③ 이성계가 위화도에서 회군하여 정권을 장악하였다.
④ 배중손이 이끄는 삼별초가 용장산성에서 항전하였다.
⑤ 최우가 강화도로 도읍을 옮겨 장기 항전을 준비하였다.

19 밑줄 그은 '이 왕'의 재위 시기에 있었던 사실로 옳은 것은? [2점]

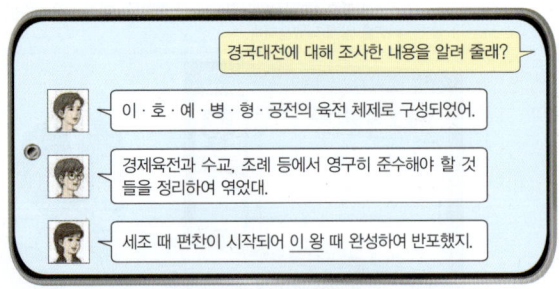

① 독립된 간쟁 기관으로 사간원이 설치되었다.
② 함길도 토착 세력인 이시애가 난을 일으켰다.
③ 직제가 개편된 홍문관에서 경연을 주관하였다.
④ 집현전 관리를 대상으로 사가독서제가 시행되었다.
⑤ 붕당의 폐해를 경계하기 위한 탕평비가 건립되었다.

20 ㉠~㉤에 대한 탐구 활동으로 가장 적절한 것은? [3점]

㉠왕이 어려서 즉위하여 모후(母后)가 수렴청정을 하고, 사림 간에 큰 옥사가 연달아 일어난 데다가 ㉡요승(妖僧)을 높이고 사랑하여 불교를 숭상했으나 모두 왕의 뜻이 아니었다. …… ㉢부세는 무겁고 부역은 번거로웠으며 흉년으로 백성들이 고달프고 도적이 성행하여 국내의 재력이 고갈되었다. 그래서 왕이 비록 성덕(盛德)을 품었어도 끝내 하나도 펴지 못했으니 참으로 애석하다. 그러다가 ㉣문정 왕후가 돌아가신 후에 국정을 주관하게 되자 …… ㉤을사사화 때 화를 당한 사람들을 풀어 주고 먼 곳으로 쫓겨난 사람들을 모두 내지로 옮겼다.

① ㉠ - 1차 왕자의 난이 일어난 이유를 찾아본다.
② ㉡ - 황사영 백서 사건이 가져온 결과를 살펴본다.
③ ㉢ - 예송 논쟁의 발생 배경을 파악한다.
④ ㉣ - 갑술환국의 전개 양상을 정리한다.
⑤ ㉤ - 윤임 일파가 축출되는 과정을 조사한다.

21 다음 상황이 전개된 배경으로 옳은 것은? [1점]

교지를 내려 이르기를, "전날 성삼문 등이 상왕(上王)도 그 모의에 참여하였다고 인정하자, 백관들이 상왕도 종사(宗社)에 죄를 지었으니 편안히 도성에 거주하는 것은 마땅치 않다고 하였다. …… 상왕을 노산군(魯山君)으로 낮추고, 궁에서 내보내 영월에 거주시키도록 하라."라고 하였다.

① 인조반정으로 북인 세력이 몰락하였다.
② 인현왕후가 폐위되고 남인이 권력을 차지하였다.
③ 계유정난을 통해 수양 대군이 정권을 장악하였다.
④ 이인좌를 중심으로 한 소론 세력이 난을 일으켰다.
⑤ 폐비 윤씨 사사 사건으로 인해 김굉필 등이 처형되었다.

22 (가)에 해당하는 작품으로 옳은 것은? [1점]

①    ②

③    ④

⑤

23 밑줄 그은 '이 전쟁' 중에 있었던 사실로 옳은 것은? [2점]

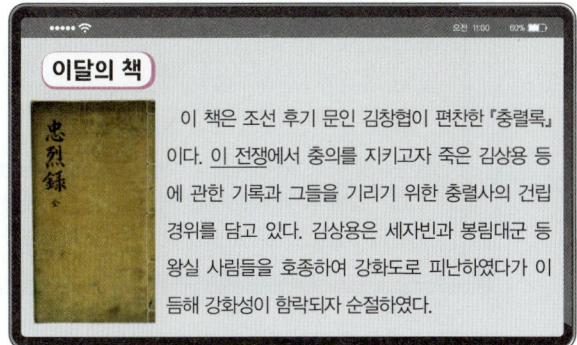

이 책은 조선 후기 문인 김창협이 편찬한 『충렬록』이다. 이 전쟁에서 충의를 지키고자 죽은 김상용 등에 관한 기록과 그들을 기리기 위한 충렬사의 건립 경위를 담고 있다. 김상용은 세자빈과 봉림대군 등 왕실 사람들을 호종하여 강화도로 피난하였다가 이듬해 강화성이 함락되자 순절하였다.

① 조명 연합군이 평양성을 탈환하였다.
② 강홍립이 사르후 전투에 참전하였다.
③ 김준룡이 광교산 전투에서 승리하였다.
④ 김종서가 두만강 일대에 6진을 개척하였다.
⑤ 곽재우, 김천일 등이 의병장으로 활약하였다.

24 (가) 왕에 대한 설명으로 옳은 것은? [2점]

이 시는 (가) 이/가 현륭원을 참배하고 화성 행궁에 머물다가 환궁하는 길에 지은 것입니다. 아버지인 사도 세자에 대한 마음이 잘 표현되어 있습니다.

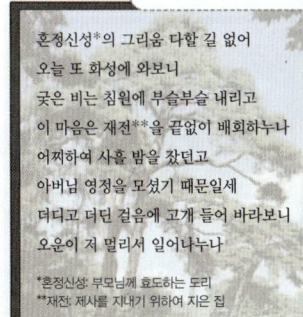

혼정신성*의 그리움 다할 길 없어
오늘 또 화성에 와보니
궂은 비는 침원에 부슬부슬 내리고
이 마음은 재전**을 끝없이 배회하누나
어찌하여 사흘 밤을 갔던고
아버님 영정을 모셨기 때문일세
더디고 더딘 걸음에 고개 들어 바라보니
오운이 저 멀리서 일어나누나

*혼정신성: 부모님께 효도하는 도리
**재전: 제사를 지내기 위하여 지은 집

① 청과 국경을 정하는 백두산정계비를 세웠다.
② 통치 체제를 정비하고자 속대전을 편찬하였다.
③ 왕실의 위엄을 높이기 위해 경복궁을 중건하였다.
④ 삼정의 문란을 시정하려고 삼정이정청을 설치하였다.
⑤ 시전 상인의 특권을 축소하는 신해통공을 단행하였다.

25 (가) 제도에 대한 설명으로 옳은 것은? [2점]

광해군 때 이원익이 방납의 폐단을 혁파하고자 선혜청을 두고 (가) 을/를 실시할 것을 청하였다. …… 맨 먼저 경기도 내에 시범적으로 실시하니 백성들은 대부분 편리하게 여겼다. 다만 권세가와 부호들은 방납의 이익을 잃기 때문에 온갖 방법으로 반대하였다.

– 『국조보감』 –

① 양반에게도 군포를 부과하였다.
② 수신전과 휼양전을 폐지하였다.
③ 양전 사업을 실시하여 지계를 발급하였다.
④ 전세를 풍흉에 따라 9등급으로 차등 과세하였다.
⑤ 관청에 물품을 조달하는 공인이 등장하는 배경이 되었다.

26 (가)~(라)를 일어난 순서대로 옳게 나열한 것은? [3점]

(가) 좌의정 박은이 상왕(上王)에게 아뢰기를, "이제 왜구가 중국에 들어가 도적질하고 본도로 돌아오는 것이 곧 이때이므로 마땅히 이종무 등으로 대마도에 나가 적이 섬에 돌아오기를 기다렸다가 맞서 치게 되면 적을 파함에 틀림없을 것이니, 진멸(殄滅)시킬 기회를 잃지 마소서."라고 하니, 상왕이 옳게 여겼다.

(나) 김방경이 중군을 거느리게 하고 홀돈과 홍다구와 더불어 일본을 정벌하게 하였다. 일기도(一岐島)에 이르러 천여 명을 죽이고 길을 나누어 진격하였다. 왜인들이 달아나는데 쓰러진 시체가 마치 삼대와 같았다. 날이 저물어 이내 공격을 늦추었는데 마침 밤에 태풍이 크게 불어서 전함들이 많이 부서졌다.

(다) 왜구가 배 5백 척을 이끌고 진포 입구에 들어와서는 큰 밧줄로 배를 서로 잡아매고 병사를 나누어 지키다가, 해안에 상륙하여 여러 고을로 흩어져 들어가 불을 지르고 노략질을 자행하였다. …… 나세, 심덕부, 최무선 등이 진포에 이르러, 최무선이 만든 화포를 처음으로 사용하여 그 배들을 불태웠다.

(라) 왜장이 군사 수만 명을 모두 동원하여 진주성을 포위하였는데 성 안의 군사는 3천여 명이었다. 진주 목사 김시민이 여러 성첩을 나누어 지키게 하였다. …… 10여 일 동안 4~5차례 큰 전투를 벌이면서 안팎에서 힘껏 싸웠으므로 적이 먼저 도망하였다.

① (가) – (나) – (다) – (라)   ② (가) – (다) – (나) – (라)
③ (나) – (가) – (라) – (다)   ④ (나) – (다) – (가) – (라)
⑤ (다) – (라) – (나) – (가)

27 다음 가상 인터뷰의 주인공에 대한 설명으로 옳은 것은? [2점]

① 마과회통에서 홍역에 대한 지식을 정리하였다.
② 의산문답에서 중국 중심의 세계관을 비판하였다.
③ 발해고에서 남북국이라는 용어를 처음 사용하였다.
④ 곽우록에서 토지 매매를 제한하는 한전론을 제시하였다.
⑤ 금석과안록에서 북한산비가 진흥왕 순수비임을 고증하였다.

28 밑줄 그은 '이 시기'에 볼 수 있는 모습으로 적절하지 않은 것은? [1점]

① 주자소에서 계미자를 만드는 장인
② 송파장에서 산대놀이를 공연하는 광대
③ 대규모 자본으로 물품을 구매하는 도고
④ 시사를 조직하여 작품 활동을 하는 중인
⑤ 인삼, 담배 등을 상품 작물로 재배하는 농민

29 (가), (나) 사이의 시기에 있었던 사실로 옳은 것은? [2점]

(가) 대왕대비전이 전교하기를, "익성군이 이제 입궁하였으니, 흥선 대원군과 부대부인의 봉작을 내리는 것을 오늘 중으로 거행하도록 하라."라고 하였다.

(나) 종로에 비석을 세웠다. 그 비에서 이르기를, '서양 오랑캐가 침범하는데 싸우지 않으면 즉 화친하는 것이요, 화친을 주장함은 나라를 팔아먹는 것이다.'고 하였다.

① 영국이 거문도를 불법으로 점령하였다.
② 일본의 운요호가 영종도를 공격하였다.
③ 러시아가 용암포에 대한 조차를 요구하였다.
④ 독일 상인 오페르트가 남연군 묘 도굴을 시도하였다.
⑤ 미국이 조미 수호 통상 조약 체결 후 푸트 공사를 파견하였다.

30 (가)에 대한 설명으로 옳은 것은? [2점]

① 입헌 군주제 수립을 목표로 하였다.
② 조선 총독부의 방해와 탄압으로 실패하였다.
③ 우정총국 개국 축하연을 이용하여 일어났다.
④ 홍범 14조를 기본 개혁 방향으로 제시하였다.
⑤ 일본 공사관에 경비병이 주둔하는 계기가 되었다.

31 (가), (나) 사이의 시기에 있었던 사실로 옳은 것은? [2점]

> (가) 복합 상소 이후에도 "물러나면 원하는 바를 시행할 것이다"라던 국왕의 약속과 달리 관리들의 침학이 날로 심해졌다. …… 최시형은 도탄에 빠진 교도들을 구하고 최제우의 억울함을 씻기 위해 보은 집회를 개최하였다.
>
> (나) 동학 농민군은 거짓으로 패한 것처럼 꾸며 황토현에 진을 쳤다. 관군은 밀고 들어가 그 아래에 진을 쳤다. …… 농민군이 삼면을 포위한 채 한쪽 모퉁이만 빼고 크게 함성을 지르며 압박하자 관군은 일시에 무너졌다.

① 논산으로 남접과 북접이 집결하였다.
② 개혁을 추진하기 위해 교정청이 설치되었다.
③ 일본이 군대를 동원하여 경복궁을 점령하였다.
④ 고부 농민들이 조병갑의 탐학에 맞서 만석보를 파괴하였다.
⑤ 공주 우금치에서 농민군이 관군과 일본군에게 패배하였다.

33 다음 의병 부대에 대한 설명으로 옳은 것은? [2점]

> 이인영을 총대장으로 추대하고, 허위를 군사장으로 삼아 …… 각 도에 격문을 전하니 전국에서 불철주야 달려온 지원자들이 만여 명이더라. 이에 서울로 진군하여 국권을 회복하고자 …… 먼저 이인영은 심복을 보내 각국 영사에게 진군의 이유를 상세히 알리며 도움을 요청하고, 각 도의 의병으로 하여금 일제히 진군하게 하였다.

① 조선 혁명 선언을 지침으로 삼았다.
② 이만손이 주도하여 영남 만인소를 올렸다.
③ 상덕태상회를 통하여 군자금을 모집하였다.
④ 일본에 국권 반환 요구서를 제출하고자 하였다.
⑤ 고종의 강제 퇴위와 군대 해산에 반발하여 결성되었다.

32 다음 글이 작성된 시기를 연표에서 옳게 고른 것은? [2점]

> 전보 제○○○호
> 발신인: 외무대신 하야시
> 수신인: 통감 이토
>
> 네덜란드에 파견된 전권 대사 쓰즈키가 보낸 전보 내용임. 한국인 3명이 이곳에 머물면서 평화 회의의 위원 대우를 받고자 진력하고 있다고 함. 그들은 오늘 아침 러시아 수석 위원 넬리도프를 방문하려 했는데, 넬리도프는 네덜란드 정부로부터 평화 회의 위원으로 확인되지 않는 자는 만나지 않겠다고 함. 이들은 일본이 한국에 시행한 정책에 대해 항의서를 인쇄하여 각국 수석 위원(단, 영국 위원은 제외한 것으로 보임)에게도 보냈다고 함.

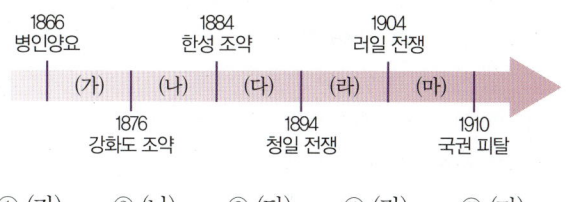

① (가) ② (나) ③ (다) ④ (라) ⑤ (마)

34 다음 상소가 작성된 이후의 사실로 옳은 것은? [1점]

> 러시아 공사관으로 거처를 옮기시고 해가 바뀌었습니다. 그곳 유리창과 분칠한 담장은 화려하지만 그을음 나는 석탄을 때는 전돌(甎堗)은 옥체를 보호하기에 적합하지 않은 듯합니다. …… 온 나라 신하들의 심정을 염두에 두시어 간하는 말을 따라 바로 환궁하여 끓어오르는 여론에 부응하시고 영원히 누릴 태평의 터전을 공고히 만드소서.

① 영선사가 파견되었다.
② 군국기무처가 설치되었다.
③ 대한국 국제가 반포되었다.
④ 제너럴셔먼호 사건이 일어났다.
⑤ 조청 상민 수륙 무역 장정이 체결되었다.

35 (가)~(다)를 일어난 순서대로 옳게 나열한 것은? [3점]

주제: 일본의 경제 침탈에 대한 저항

(가) 상권을 수호하기 위해 황국 중앙 총상회가 창립되었어요.
(나) 일본의 황무지 개간권 요구를 저지하기 위해 보안회가 조직되었어요.
(다) 대구에서 서상돈을 중심으로 금주, 금연 등을 통한 국채 보상 운동이 시작되었어요.

① (가) – (나) – (다)
② (가) – (다) – (나)
③ (나) – (가) – (다)
④ (나) – (다) – (가)
⑤ (다) – (가) – (나)

36 (가) 단체에 대한 설명으로 옳은 것은? [2점]

① 정우회 선언의 영향으로 결성되었다.
② 만세보를 발행하여 민족의식을 고취하였다.
③ 중추원 개편을 통해 의회 설립을 추진하였다.
④ 어린이날을 제정하고 소년 운동을 전개하였다.
⑤ 태극 서관을 운영하여 계몽 서적 등을 보급하였다.

37 (가)~(마)에 대한 설명으로 옳은 것은? [3점]

답사 계획서
■ 주제: 근대 역사의 현장을 찾아서
■ 기간: 2023년 ○○월 ○○일 10:00~16:00
■ 경로: 기기창 → 제중원 터 → 박문국 터 → 중명전 → 원각사 터

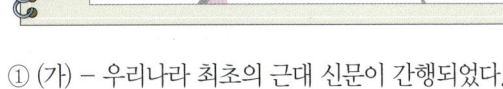

① (가) – 우리나라 최초의 근대 신문이 간행되었다.
② (나) – 고종의 황제 즉위식이 거행된 장소이다.
③ (다) – 백동화가 주조되었다.
④ (라) – 을사늑약이 체결되었다.
⑤ (마) – 나운규의 아리랑이 처음 상영된 곳이다.

38 다음 판결이 내려진 시기에 있었던 사실로 옳은 것은? [1점]

판결문
피고인: 박○○
주 문: 피고인을 태 90에 처한다.
이 유
　피고 박○○은 이○○가 '구한국의 국권 회복을 도모한다.'고 각지를 돌아다니며 유세한 것에 찬동하였다. …… 법률에 비추어 보니 피고의 소행은 …… 태형에 처함이 타당하다고 인정하여 조선 태형령 제1조, 제4조에 준하여 처단해야 한다. 따라서 주문과 같이 판결한다.

① 원수부가 설치되었다.
② 신간회가 창립되었다.
③ 치안 유지법이 적용되었다.
④ 헌병 경찰제가 실시되었다.
⑤ 동양 척식 주식회사가 설립되었다.

39 ㉠~㉤에 대한 탐구 활동으로 적절하지 않은 것은? [2점]

> **역사 돋보기** 한국 교육의 역사
>
> 삼국 시대에는 ㉠국가가 운영하는 기관을 통해 제도적인 교육이 이루어졌다. 이때 교재는 유학 경전과 역사서가 중심이었다.
>
> 고려 시대에 와서 과거제가 실시되었다. 조상의 음덕을 입은 관직 진출도 있었지만, 과거에 합격하는 것을 영예롭게 여기기도 하였다. 이 과정에서 관학인 국자감 못지않게 ㉡사학 역시 중요한 역할을 하였다.
>
> 조선 시대의 교육 기관은 ㉢관학으로 성균관·향교 등이 있었고, 사학으로 서원 등이 있었다. 국가는 교육을 통해 성리학의 이념을 확산시키고, 통치 질서를 유지하려고 하였다.
>
> 19세기 말 서구 문물을 접하면서 교육에도 상당한 변화가 일어났다. ㉣정부는 새로운 변화에 대처하고 행정의 실무를 담당할 필요에서 학교를 설치하였다.
>
> 갑오개혁 때 ㉤교육 입국 조서가 반포된 이후에는 각종 관립 학교가 세워져 교육을 담당하였다. 한편, 선교사들은 기독교를 전파하고 서양 문화를 보급하려고 학교 설립에 앞장섰다.

① ㉠ - 태학의 설립 취지를 찾아본다.
② ㉡ - 9재 학당의 수업 내용을 조사한다.
③ ㉢ - 명륜당과 대성전의 기능을 알아본다.
④ ㉣ - 동문학과 육영 공원의 운영 목적을 분석한다.
⑤ ㉤ - 배재 학당, 이화 학당의 설립 시기를 파악한다.

40 다음 법령이 발표된 이후에 있었던 사실로 옳은 것은? [3점]

> 제1조 조선에서의 교육은 본령에 의한다.
> 제2조 국어[일본어]를 상용(常用)하는 자의 보통 교육은 소학교령, 중학교령 및 고등 여학교령에 의한다.
> 제3조 국어[일본어]를 상용하지 않는 자에게 보통 교육을 하는 학교는 보통학교, 고등 보통학교 및 여자 고등 보통학교로 한다.
> 제5조 보통학교의 수업 연한은 6년으로 한다. …… 보통학교에 입학할 수 있는 자는 연령 6세 이상으로 한다.

① 서당 규칙이 제정되었다.
② 2·8 독립 선언이 발표되었다.
③ 조선어 연구회가 결성되었다.
④ 조선 여자 교육회가 조직되었다.
⑤ 조선 민립 대학 설립 기성회가 창립되었다.

41 (가) 정부의 활동에 대한 설명으로 옳은 것은? [2점]

> 도내 관공서의 조선인 관리·기타 조선인 부호 등에게 빈번하게 불온 문서를 배부하는 자가 있어서 수사한 결과 이○○의 소행으로 판명되어 그의 체포에 노력하고 있다. …… 그는 ____(가)____ 의 교통부 차장과 재무부 총장 등으로부터 여러 가지 명령을 받았다. 조선에 돌아가서 인쇄물을 뿌리는 등 인심을 교란하는 동시에 ____(가)____ 이/가 발행한 독립 공채를 판매하는 한편, 조선 내부와의 연락 및 기타 기관을 충분히 갖추게 하는 것 등이었다.
> - 『고등 경찰 요사』 -

① 무장 투쟁을 위해 중광단을 결성하였다.
② 민족 교육을 위해 서전서숙을 설립하였다.
③ 독립군 양성을 위해 신흥 강습소를 세웠다.
④ 외교 활동을 위해 구미 위원부를 설치하였다.
⑤ 농촌 계몽을 위해 브나로드 운동을 전개하였다.

42 밑줄 그은 '시기'에 있었던 사실로 옳은 것은? [2점]

① 원산 총파업이 발생하였다.
② 미쓰야 협정이 체결되었다.
③ 조선 형평사가 결성되었다.
④ 국가 총동원법이 시행되었다.
⑤ 임시 토지 조사국이 설립되었다.

43 (가)에 대한 설명으로 옳은 것은? [2점]

① 자유시 참변으로 시련을 겪었다.
② 대원 일부가 한국 광복군에 합류하였다.
③ 쌍성보 전투에서 한중 연합 작전을 전개하였다.
④ 독립군 양성 기관인 한인 소년병 학교를 설립하였다.
⑤ 홍범도 부대와 연합하여 청산리에서 일본군과 교전하였다.

44 (가)에 들어갈 내용으로 적절한 것은? [2점]

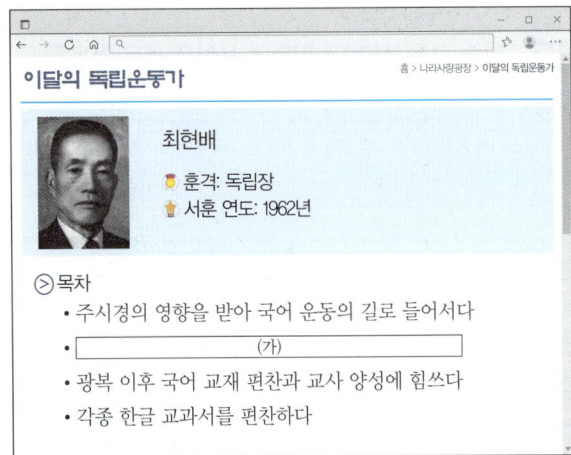

① 조선어 학회 사건으로 옥고를 치르다
② 파리 강화 회의에서 독립 청원서를 제출하다
③ 복벽주의를 내세우며 독립 의군부를 조직하다
④ 국권 피탈 과정을 정리한 한국통사를 저술하다
⑤ 일제에 의해 조작된 105인 사건으로 재판을 받다

45 다음 총선거에 대한 설명으로 옳은 것을 〈보기〉에서 고른 것은? [3점]

→ 보기 ←
ㄱ. 좌우 합작 위원회가 주도하였다.
ㄴ. 장면 정부가 수립되는 계기가 되었다.
ㄷ. 제주도에서 무효 처리된 선거구가 있었다.
ㄹ. 제헌 국회의원을 선출하기 위해 실시되었다.

① ㄱ, ㄴ ② ㄱ, ㄷ ③ ㄴ, ㄷ ④ ㄴ, ㄹ ⑤ ㄷ, ㄹ

46 밑줄 그은 '이 전쟁' 중에 있었던 사실로 옳은 것은? [1점]

> 사료로 보는 한국사
>
> 피하는 것은 죽는 것이요, 다 같이 일어나는 것은 사는 길이니 비록 중국군 2백만 명이 들어오기로서니 우리 2천만 명이 일어나면 한 놈도 살아나갈 수 없이 만들 수 있을 것이다. …… 각 도시나 촌락에서 모든 인민들은 쌀을 타다가 밥을 지어 주먹밥이라도 만들면 실어다가 전선에서 싸우는 사람들을 먹여야 하며, 또 장년들은 참호라도 파며 한편으로 결사대를 조직하여 적의 진지를 뚫고 적군 속에 들어가 백방으로 싸워야만 될 것이다.
>
> [해설] 중국군의 개입으로 이 전쟁의 전세가 불리해진 상황에서 국민의 항전 의지를 독려하는 대통령의 담화문이다.

① 애치슨 라인이 발표되었다.
② 부산이 임시 수도로 정해졌다.
③ 한미 상호 방위 조약이 맺어졌다.
④ 푸에블로호 나포 사건이 발생하였다.
⑤ 국가 보위 비상 대책 위원회가 설치되었다.

47 다음 상황이 나타난 시기를 연표에서 옳게 고른 것은? [3점]

□□ 신문
제△△호 ○○○○년 ○○월 ○○일

희망에 찬 전진을

제1차 경제 개발 5개년 계획을 성공적으로 매듭지은 현 시점에서 우리에게는 진실로 기뻐하고 자랑스럽게 생각해야 할 일이 있다. 우리나라가 새롭고 희망에 찬 생활을 향하여 전진을 거듭하고 있다는 사실에 대한 자각이 더욱 높아가고 미래에 대한 자신이 날로 굳어져 가고 있다는 사실이다. …… 여러분이 아시다시피 올해는 제2차 경제 개발 5개년 계획에 착수하여 이미 도약 단계에 들어선 조국의 발전에 일대 박차를 가해야 할 중대한 새 출발의 해인 것이다. 앞으로 4~5년 후에는 아시아에 빛나는 공업 국가를 건설해 보자는 것이 이 계획의 목표인 것이다.

(가)	(나)	(다)	(라)	(마)
1949 농지 개혁법 제정	1965 한일 협정 체결	1977 100억 달러 수출 달성	1988 서울 올림픽 개최	1996 경제 협력 개발 기구 (OECD) 가입	2007 한미 자유 무역 협정(FTA) 체결

① (가) ② (나) ③ (다) ④ (라) ⑤ (마)

48 밑줄 그은 '정부' 시기에 있었던 사실로 옳은 것은? [2점]

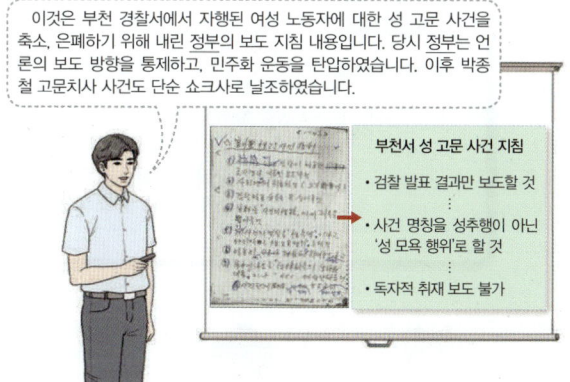

이것은 부천 경찰서에서 자행된 여성 노동자에 대한 성 고문 사건을 축소, 은폐하기 위해 내린 정부의 보도 지침 내용입니다. 당시 정부는 언론의 보도 방향을 통제하고, 민주화 운동을 탄압하였습니다. 이후 박종철 고문치사 사건도 단순 쇼크사로 날조하였습니다.

부천서 성 고문 사건 지침
· 검찰 발표 결과만 보도할 것
· 사건 명칭을 성추행이 아닌 '성 모욕 행위'로 할 것
· 독자적 취재 보도 불가

① 야당 총재가 국회의원직에서 제명되었다.
② 5년 단임의 대통령 직선제 개헌이 이루어졌다.
③ 국가 재건 최고 회의를 기반으로 군정이 실시되었다.
④ 평화 통일론을 내세우던 진보당의 조봉암이 처형되었다.
⑤ 긴급 조치 철폐 등을 포함한 3·1 민주 구국 선언이 발표되었다.

49 다음 지역에 대한 탐구 활동으로 적절한 것은? [1점]

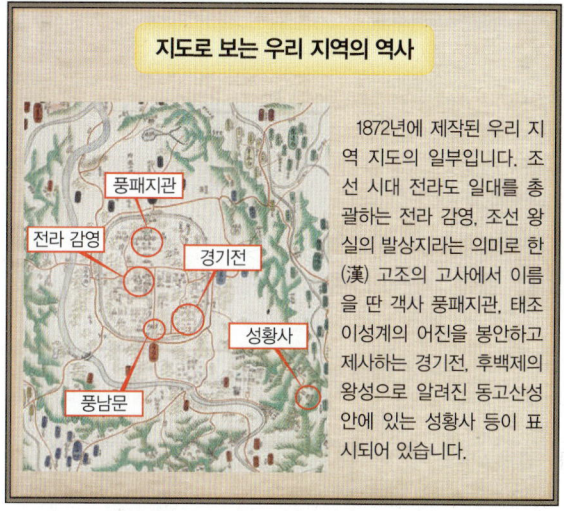

지도로 보는 우리 지역의 역사

1872년에 제작된 우리 지역 지도의 일부입니다. 조선 시대 전라 일대를 총괄하는 전라 감영, 조선 왕실의 발상지라는 의미로 한(漢) 고조의 고사에서 이름을 딴 객사 풍패지관, 태조 이성계의 어진을 봉안하고 제사하는 경기전, 후백제의 왕성으로 알려진 동고산성 안에 있는 성황사 등이 표시되어 있습니다.

① 유형원이 반계수록을 저술한 장소를 답사한다.
② 견훤이 아들 신검에 의해 유폐된 장소를 알아본다.
③ 동학 농민군이 정부와 화약을 맺은 장소를 조사한다.
④ 기묘사화로 유배된 조광조가 사사된 장소를 검색한다.
⑤ 임병찬이 의병을 일으킨 무성 서원이 있는 장소를 찾아본다.

50 다음 뉴스가 보도된 정부 시기의 통일 정책으로 옳은 것은? [2점]

대통령은 오늘 도쿄에서 오부치 일본 총리와 21세기 새로운 한일 파트너십 공동 선언에 합의하였습니다. 이 공동 선언문에는 일본이 과거 한때 식민지 지배로 인하여 한국 국민에게 다대한 손해와 고통을 안겨주었다는 역사적 사실을 겸허히 받아들이면서, 이에 대한 통절한 반성과 마음으로부터 사죄라는 표현이 명문화되어 있습니다.

대통령, 일본 국회 연설에서 일본 대중문화 단계적 개방 약속

① 남북 조절 위원회를 구성하였다.
② 6·15 남북 공동 선언을 채택하였다.
③ 한반도 비핵화 공동 선언에 합의하였다.
④ 판문점에서 남북 정상 회담을 개최하였다.
⑤ 남북 이산가족 고향 방문을 최초로 실현하였다.

제64회 한국사능력검정시험

- 자신이 선택한 등급의 문제지인지 확인하시오.
- 문제지에 성명과 수험 번호를 정확히 써넣으시오.
- 답안지에 성명과 수험 번호를 써넣고, 또 수험 번호와 답을 정확히 표시하시오.
- 시험 시간은 80분입니다.

01 밑줄 그은 '이 시대'의 생활 모습으로 옳은 것은? [1점]

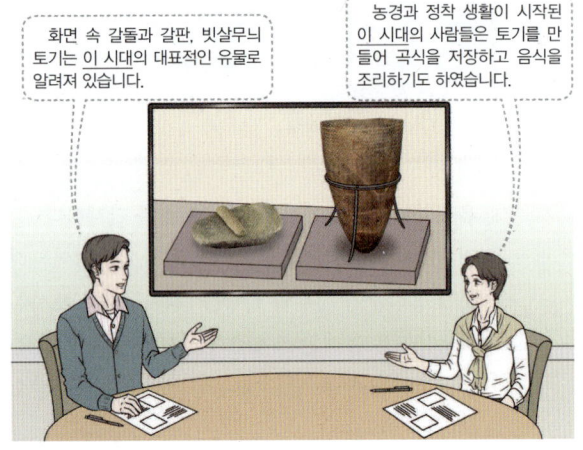

① 소를 이용하여 깊이갈이를 하였다.
② 반량전, 명도전 등의 화폐를 사용하였다.
③ 청동 방울 등을 의례 도구로 이용하였다.
④ 거푸집을 이용하여 세형 동검을 제작하였다.
⑤ 가락바퀴와 뼈바늘을 이용하여 옷을 만들었다.

02 (가) 나라에 대한 설명으로 옳은 것은? [2점]

○ (가) 의 풍속에는 가뭄이나 장마가 계속되어 오곡이 영글지 않으면, 그 허물을 왕에게 돌려 "왕을 마땅히 바꾸어야 한다."고 하거나 "죽여야 한다."라고 하였다.
  - 『삼국지』 동이전 -

○ (가) 사람들은 …… 활·화살·칼·창으로 무기를 삼았다. 가축의 이름으로 관직명을 지으니 마가·우가·구가 등이 있었다. 그 나라의 읍락은 모두 여러 가(加)에 소속되었다.
  - 『후한서』 동이열전 -

① 영고라는 제천 행사를 열었다.
② 한 무제의 공격으로 멸망하였다.
③ 정사암에 모여 재상을 선출하였다.
④ 읍락 간의 경계를 중시하는 책화가 있었다.
⑤ 제사장인 천군과 신성 지역인 소도가 존재하였다.

03 (가)에 들어갈 내용으로 가장 적절한 것은? [2점]

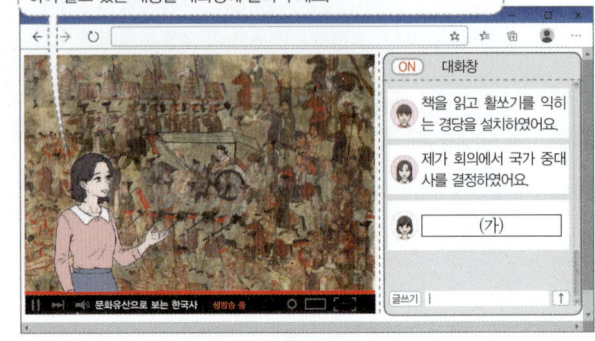

① 연의 장수 진개의 공격을 받았어요.
② 골품에 따른 신분 차별이 엄격하였어요.
③ 빈민을 구제하기 위해 진대법을 실시하였어요.
④ 사회 질서를 유지하기 위한 범금 8조가 있었어요.
⑤ 왕족인 부여씨와 8성의 귀족이 지배층을 이루었어요.

04 (가)에 해당하는 문화유산으로 옳은 것은? [1점]

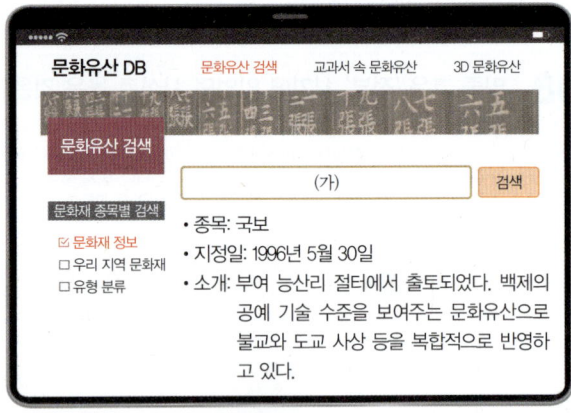

05 (가) 인물에 대한 설명으로 옳은 것은? [3점]

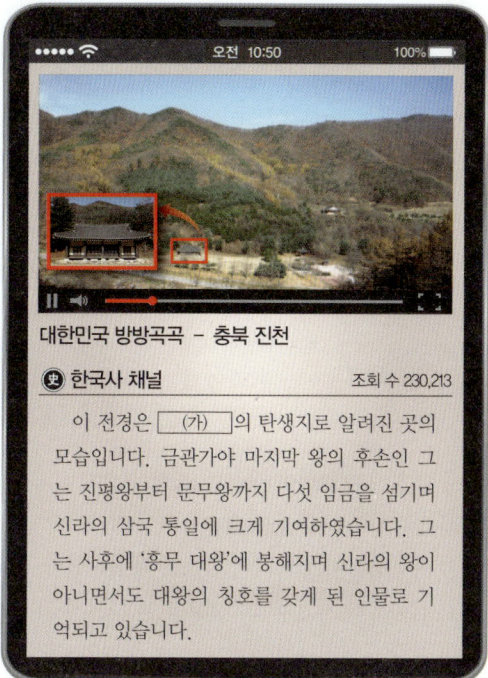

① 안승을 왕으로 추대하였다.
② 당의 등주를 선제 공격하였다.
③ 비담과 염종의 난을 진압하였다.
④ 기벌포 전투를 승리로 이끌었다.
⑤ 일리천에서 신검의 군대를 물리쳤다.

06 밑줄 그은 '이 왕'에 대한 설명으로 옳은 것은? [2점]

① 금마저에 미륵사를 창건하였다.
② 수도를 웅진에서 사비로 옮겼다.
③ 윤충을 보내 대야성을 함락하였다.
④ 고흥으로 하여금 서기를 편찬하게 하였다.
⑤ 북위에 사신을 보내 고구려 공격을 요청하였다.

07 (가) 시기에 있었던 사실로 옳은 것은? [3점]

① 소수림왕이 율령을 반포하였다.
② 진흥왕이 대가야를 병합하였다.
③ 을지문덕이 살수에서 대승을 거두었다.
④ 김춘추가 당과의 군사 동맹을 성사시켰다.
⑤ 근초고왕이 평양성을 공격하여 고국원왕을 전사시켰다.

08 (가) 국가의 경제 상황으로 옳은 것은? [2점]

① 벽란도를 통해 아라비아 상인과 무역하였다.
② 구황 작물로 감자, 고구마를 널리 재배하였다.
③ 해동통보를 발행하여 화폐 유통을 추진하였다.
④ 시장을 관리하는 관청인 동시전을 설치하였다.
⑤ 거란도, 영주도 등을 통해 주변국과 교역하였다.

09 다음 상황 이후에 전개된 사실로 옳은 것은? [2점]

> 청해진의 궁복은 왕이 딸을 [왕비로] 받아들이지 않은 것에 원한을 품고 반란을 일으켰다. 조정에서는 장차 그를 토벌하자니 예측하지 못할 환난이 생길까 두렵고, 그대로 두자니 그 죄를 용서할 수 없어서, 우려하면서도 어떻게 해야 할지를 몰랐다. 무주 사람 염장이란 자는 용맹하고 씩씩하기로 당시에 소문이 났는데, 와서 아뢰기를 "조정에서 다행히 신의 말을 들어주신다면 신은 한 명의 병졸도 번거롭게 하지 않고 맨주먹으로 궁복의 목을 베어 바치겠습니다."라고 하였다. 왕이 그의 말을 따랐다.
> - 『삼국사기』 -

① 혜공왕이 귀족 세력에게 피살되었다.
② 최치원이 시무책 10여 조를 건의하였다.
③ 왕의 장인인 김흠돌이 반란을 도모하였다.
④ 자장의 건의로 황룡사 구층 목탑이 건립되었다.
⑤ 원광이 화랑도의 규범으로 세속 5계를 제시하였다.

10 다음 검색창에 들어갈 인물에 대한 설명으로 옳은 것은? [2점]

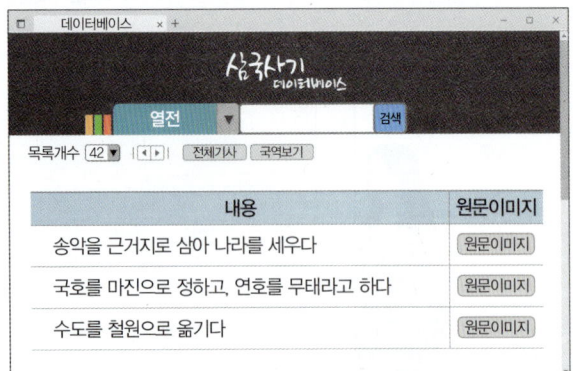

① 후당, 오월에 사신을 파견하였다.
② 이사부를 보내 우산국을 복속하였다.
③ 폐정 개혁을 목표로 정치도감을 설치하였다.
④ 광평성을 비롯한 각종 정치 기구를 마련하였다.
⑤ 정계와 계백료서를 지어 관리가 지켜야 할 규범을 제시하였다.

11 (가), (나) 사이의 시기에 있었던 사실로 옳은 것은? [3점]

> (가) 거란에서 사신을 파견하여 낙타 50필을 보냈다. 왕은 거란이 일찍이 발해와 지속적으로 화목하다가 갑자기 의심하여 맹약을 어기고 멸망시켰으니, 이는 매우 무도하여 친선 관계를 맺어 이웃으로 삼을 수 없다고 생각하였다. 드디어 교빙을 끊고 사신 30인을 섬으로 유배 보냈으며, 낙타는 만부교 아래에 매어두니 모두 굶어 죽었다.
>
> (나) 양규가 흥화진으로부터 군사 7백여 명을 이끌고 통주까지 와서 군사 1천여 명을 수습하였다. 밤중에 곽주로 들어가서 지키고 있던 적들을 급습하여 모조리 죽인 후 성안에 있던 남녀 7천여 명을 통주로 옮겼다.

① 외침에 대비하여 광군이 조직되었다.
② 강감찬이 귀주에서 대승을 거두었다.
③ 화통도감이 설치되어 화포를 제작하였다.
④ 김윤후가 처인성에서 살리타를 사살하였다.
⑤ 철령위 설치에 반발하여 요동 정벌이 추진되었다.

12 밑줄 그은 '반란'이 일어난 시기를 연표에서 옳게 고른 것은? [1점]

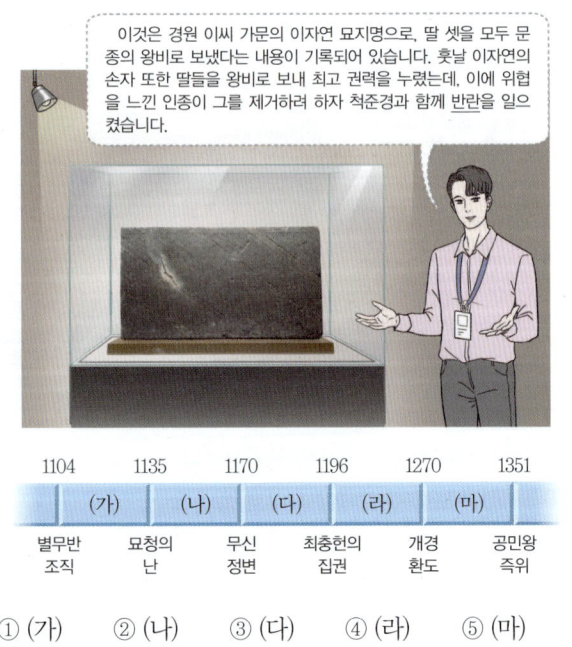

① (가) ② (나) ③ (다) ④ (라) ⑤ (마)

13 교사의 질문에 대한 학생의 답변으로 가장 적절한 것은? [2점]

① 집집마다 부경이라는 창고가 있었어요.
② 관료전이 폐지되고 녹읍이 지급되었어요.
③ 상평통보가 발행되어 법화로 사용되었어요.
④ 당항성, 영암이 국제 무역항으로 번성하였어요.
⑤ 경시서의 관리들이 시전의 상행위를 감독하였어요.

14 (가) 인물의 활동으로 옳은 것은? [2점]

① 인사 행정 담당 기구로 정방을 설치하였다.
② 봉사 10조를 올려 시정 개혁을 건의하였다.
③ 삼별초를 이끌고 진도 용장성에서 항전하였다.
④ 군사를 일으켜 정중부 등의 제거를 도모하였다.
⑤ 전민변정도감의 책임자로 임명되어 권문세족을 견제하였다.

15 다음 대화 이후에 전개된 사실로 옳은 것은? [2점]

① 빈민 구제를 위한 흑창이 처음 설치되었다.
② 망이·망소이가 공주 명학소에서 봉기하였다.
③ 김부식 등이 왕명으로 삼국사기를 편찬하였다.
④ 김보당이 의종 복위를 주장하며 난을 일으켰다.
⑤ 유인우, 이자춘 등이 쌍성총관부를 수복하였다.

16 (가)에 들어갈 문화유산으로 적절하지 <u>않은</u> 것은? [1점]

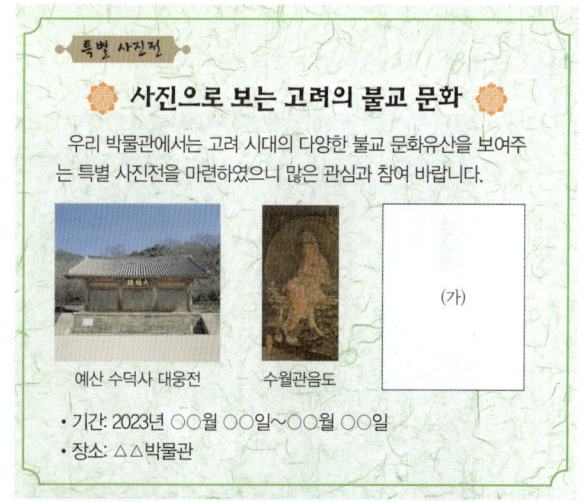

①
평창 월정사
팔각 구층 석탑

②
논산 관촉사
석조 미륵보살 입상

③
원주 법천사지
지광국사 탑비

④
보은 법주사 팔상전

⑤
영주 부석사 무량수전

17 밑줄 그은 '왕'의 재위 시기에 있었던 사실로 옳은 것은? [2점]

이달의 책
동국정운

이 책의 제목은 우리나라의 바른 음이라는 뜻으로, 집현전 학사인 신숙주, 최항, 박팽년 등이 왕의 명을 받아 편찬하였습니다. 우리나라 한자음을 바로잡아 통일된 표준음을 정하려는 목적으로 만들어진 이 책은 국어 연구 자료로서 높이 평가되고 있습니다.

① 금속 활자인 갑인자가 제작되었다.
② 수도 방어를 위해 금위영이 설치되었다.
③ 훈련 교범인 무예도보통지가 편찬되었다.
④ 국가의 기본 법전인 경국대전이 완성되었다.
⑤ 신진 인사를 등용하기 위해 현량과가 시행되었다.

18 (가) 궁궐에 대한 설명으로 옳은 것은? [3점]

2023 달빛기행
유네스코 세계유산에 등재된 조선의 궁궐 (가) 에 여러분을 초대합니다. 달빛과 별이 어우러진 밤하늘 아래 자연과 어우러진 고궁의 아름다움을 느껴 보시기 바랍니다.
▶ 관람 동선 ◀
돈화문 → 금천교 → 인정전 → 낙선재 → 부용지 → 연경당 → 후원 숲길 → 돈화문
■ 일시: 2023년 ○○월 ○○일 19:00~21:00
■ 주관: △△ 문화재단

① 일제에 의해 동물원 등이 설치되었다.
② 도성 내 서쪽에 있어 서궐이라고 불렸다.
③ 인목 대비가 광해군에 의해 유폐된 장소이다.
④ 정도전이 궁궐과 주요 전각의 명칭을 정하였다.
⑤ 태종이 도읍을 한양으로 다시 옮기며 건립하였다.

19 (가)에 대한 설명으로 옳은 것은? [2점]

1. 처음 (가) 을/를 정할 때 약문(約文)을 동지에게 두루 보이고 그 마음을 바로잡고, 몸가짐을 단속하고, 착하게 살고, 허물을 고치기 위해 약계(約契)에 참례하기를 원하는 자 몇 사람을 가려 서원에 모아 놓고 약법(約法)을 의논하여 정한 다음 도약정(都約正), 부약정 및 직월(直月)·사화(司貨)를 선출한다. ……
1. 물건으로 부조할 때는 약원이 사망하였다면 초상 치를 때 사화가 약정에게 고하여 삼베 세 필을 보내고, 같은 약원들은 각각 쌀 다섯되와 빈 거적때기 세 닢씩 내어서 상을 치르는 것을 돕는다.
— 『율곡전서』 —

① 7재라는 전문 강좌를 두었다.
② 옥당이라고 불리며 경연을 담당하였다.
③ 중앙에서 파견된 교수나 훈도가 지도하였다.
④ 풍속 교화와 향촌 자치 등의 역할을 하였다.
⑤ 매향(埋香) 활동 등 각종 불교 행사를 주관하였다.

20 다음 자료에 나타난 시기에 볼 수 있는 모습으로 적절한 것은? [2점]

비변사에서 아뢰기를 "…… 우리나라는 물력(物力)이 부족하여 요역이 매우 무겁습니다. 매번 나라의 힘으로 채굴한다면, 노동과 비용이 많이 들어갑니다. 채은관(採銀官)에게 명해 광산을 개발한 이후 백성을 모집하여 [채굴할 것을] 허락하고 그로 하여금 세를 거두도록 하되 그 세금의 많고 적음은 [채은관이] 적당히 헤아려 정하게 한다면 관에서 힘을 들이지 않아도 세입이 저절로 많아질 것입니다. ……"라고 하니, 왕이 아뢴 대로 하라고 답하였다.

① 주자감에서 공부하는 학생
② 초조대장경 조판을 지켜보는 승려
③ 빈공과를 준비하는 6두품 출신 유학생
④ 과전법에 따라 수조권을 지급받는 관리
⑤ 고추, 담배 등을 상품 작물로 재배하는 농민

21 다음 상황이 전개된 배경으로 옳은 것은? [2점]

며칠 전 안핵사로 파견된 박규수가 전하께 특별 기구 설치를 상소하였다고 하네.

그렇다네. 전하께서 이를 받아들여 삼정이정청을 설치하고, 각 고을마다 대책을 모아 올려 보내라고 명하셨지.

① 이만손 등이 영남 만인소를 올렸다.
② 운요호가 강화도와 영종도를 공격하였다.
③ 동학교도가 교조 신원을 주장하며 삼례 집회를 개최하였다.
④ 황사영이 외국 군대의 출병을 요청하는 백서를 작성하였다.
⑤ 백낙신의 탐학이 발단이 되어 진주에서 농민들이 봉기하였다.

22 밑줄 그은 '전하'가 재위한 시기의 사실로 옳은 것은? [3점]

> 무술년 봄에 양성지가 팔도지리지를 바쳤고, 서거정 등이 동문선을 바쳤더니, 전하께서 드디어 노사신, 양성지, 서거정 등에게 명하여 시문을 팔도지리지에 넣게 하셨습니다. …… 연혁을 앞에 둔 것은 한 고을의 흥함과 망함을 먼저 알아야 하기 때문이며 …… 경도(京都)의 첫머리에 팔도총도를 기록하고, 각 도의 앞에 도별 지도를 붙여서 양경(兩京) 8도로 50권을 편찬하여 바치나이다.

① 예학을 정리한 가례집람이 저술되었다.
② 외교 문서를 집대성한 동문휘고가 편찬되었다.
③ 국가의 의례를 정비한 국조오례의가 완성되었다.
④ 전통 한의학을 정리한 동의보감이 간행되었다.
⑤ 역대 문물제도를 정리한 동국문헌비고가 만들어졌다.

23 (가)에 들어갈 내용으로 가장 적절한 것은? [2점]

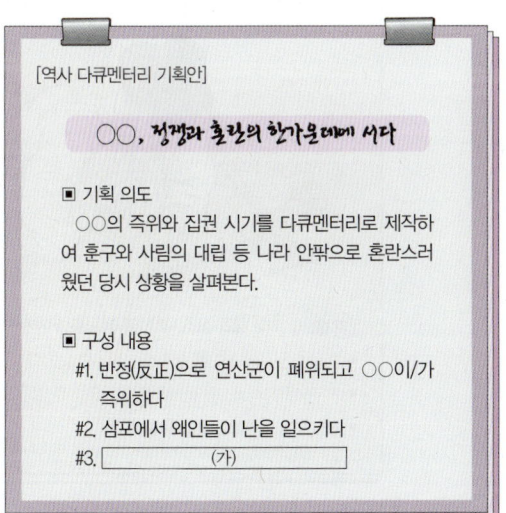

① 이괄이 난을 일으켜 도성을 점령하다
② 허적과 윤휴 등 남인이 대거 축출되다
③ 정여립 모반 사건으로 기축옥사가 일어나다
④ 위훈 삭제를 주장한 조광조 일파가 제거되다
⑤ 조의제문이 발단이 되어 김일손 등이 화를 입다

24 (가) 전쟁 중에 있었던 사실로 옳은 것은? [2점]

① 이종무가 대마도를 정벌하였다.
② 송상현이 동래성에서 항전하였다.
③ 김상용이 강화도에서 순절하였다.
④ 최영이 홍산 전투에서 크게 승리하였다.
⑤ 강홍립 부대가 사르후 전투에 참전하였다.

25 밑줄 그은 '시기'의 문화에 대한 설명으로 옳지 않은 것은? [1점]

① 금강전도 등 진경산수화가 그려졌다.
② 새로운 역법으로 수시력이 도입되었다.
③ 양반 사회를 풍자한 탈춤이 성행하였다.
④ 춘향가, 흥보가 등의 판소리가 유행하였다.
⑤ 홍길동전, 박씨전 등의 한글 소설이 널리 읽혔다.

26 밑줄 그은 '왕'의 재위 시기에 있었던 사실로 옳은 것은? [2점]

> 대전통편이 완성되었는데, 나라의 제도 및 법식에 관한 책이다. …… 왕이 말하기를, "속전(續典)은 갑자년에 이루어졌는데, 선왕의 명령으로서 갑자년 이후에 이루어진 것도 많으니 어찌 감히 지금과 가까운 것만을 내세우고 먼 것은 소홀히 할 수 있겠는가?"라고 하였다. 이에 김치인 등에게 명하여 원전(原典)과 속전 및 지금까지의 왕명을 모아 한 책으로 편찬한 것이었다.

① 인재 양성을 위해 초계문신제를 시행하였다.
② 홍경래 등이 봉기하여 정주성을 점령하였다.
③ 자의 대비의 복상 문제로 예송이 전개되었다.
④ 이인좌를 중심으로 소론 세력 등이 난을 일으켰다.
⑤ 신류가 조총 부대를 이끌고 흑룡강에서 전투를 벌였다.

27 (가) 인물에 대한 설명으로 옳은 것은? [1점]

① 일본에 다녀와 해동제국기를 편찬하였다.
② 최초의 서원인 백운동 서원을 건립하였다.
③ 북한산비가 진흥왕 순수비임을 고증하였다.
④ 양명학을 연구하여 강화 학파를 형성하였다.
⑤ 기기도설을 참고하여 거중기를 설계하였다.

28 밑줄 그은 '이 사건'에 대한 설명으로 옳은 것은? [2점]

> 온 성의 군민이 모두 울분을 품고, …… 총환과 화살을 어지러이 발사하였으며 사생을 잊고 위험을 무릅쓰지 않는 자가 없었으니, 반드시 오랑캐를 도륙하고야 말 태세였습니다. 강 아래 위의 요해처에서 막고, 마침내 화선(火船)으로 불길이 옮겨붙게 함으로써 모조리 죽여 살아남은 종자가 없게 된 것은 모두 이들이 …… 용감하게 싸운 것에 기인한 것이었습니다.

[해설] 자료는 『환재집』의 일부로, 평양 군민들이 대동강에서 이양선을 격침한 <u>이 사건</u>의 전말을 서술한 것이다. 평안 감사가 여러 차례 조정에 올린 장계를 통해 당시의 생생한 상황을 파악할 수 있다.

① 신유박해가 원인이 되어 발생하였다.
② 신미양요가 일어나는 계기가 되었다.
③ 전개 과정에서 전주 화약이 체결되었다.
④ 외규장각 도서가 국외로 약탈되는 결과를 가져왔다.
⑤ 오페르트의 남연군 묘 도굴 사건을 배경으로 일어났다.

29 (가) 인물에 대한 설명으로 옳은 것은? [2점]

① 대한 광복회를 조직하여 친일파를 처단하였다.
② 국권 피탈 과정을 정리한 한국통사를 집필하였다.
③ 을사늑약 체결에 반대하여 태인에서 의병을 일으켰다.
④ 13도 창의군을 지휘하여 서울 진공 작전을 전개하였다.
⑤ 보국안민을 기치로 우금치에서 일본군 및 관군에 맞서 싸웠다.

30 다음 사건이 일어난 시기를 연표에서 옳게 고른 것은? [3점]

심히 급박한 상황 중에 나는 적의 활동과 청국 군대의 내습을 우려하여 주상을 모시고 지키기 편리한 경우궁으로 옮기시게 한 후 일본 병사로 하여금 호위할 방침을 세웠다. 곧이어 주상계 일본군의 지원을 구하도록 요청하니, 주상은 곧 영숙문 앞 노상에서 연필로 "일본 공사는 와서 나를 보호하라."라는 글을 친히 쓰시어 주시는지라. …… 졸지에 변란을 만난 사대당의 거두들은 주상께서 경우궁에 계심을 듣고 입궐하다가 …… 민영목, 민태호 등은 용감한 우리 집행원의 손에 비참한 최후를 당하였다.

1866	1873	1882	1885	1894	1899
	(가)	(나)	(다)	(라)	(마)
병인 박해	고종 친정	임오 군란	톈진 조약	청일 전쟁 발발	대한국 국제 반포

① (가) ② (나) ③ (다) ④ (라) ⑤ (마)

---

31 밑줄 그은 '개혁안'의 내용으로 옳은 것을 〈보기〉에서 고른 것은? [2점]

파리의 외무부 장관 아노토 각하께

전임 일본 공사는 국왕에게서 사실상 거의 모든 권력을 빼앗고, 개혁 위원회[군국기무처]가 내린 결정을 확인하는 권한만 남겨 놓았습니다. …… 이후 개혁 위원회[군국기무처]는 매우 혁신적인 개혁안을 발표했습니다. 그런데 일부 위원들이 몇몇 조치에 대해 시의적절하지 않다고 판단하더니 이에 대해 동의하기를 거부했습니다. …… 게다가 조선인들은 이 기구가 왕권을 빼앗고 일본에 매수되었다고 비난하면서, …… 어떤 지방에서는 왕권 수호를 위해 봉기했다고 합니다.

주 조선 공사 르페브르 올림

〈보기〉
ㄱ. 건양이라는 연호를 제정하였다.
ㄴ. 탁지아문으로 재정을 일원화하였다.
ㄷ. 양전 사업을 실시하여 지계를 발급하였다.
ㄹ. 조혼을 금지하고 과부의 재가를 허용하였다.

① ㄱ, ㄴ ② ㄱ, ㄷ ③ ㄴ, ㄷ ④ ㄴ, ㄹ ⑤ ㄷ, ㄹ

---

32 (가) 단체에 대한 설명으로 옳은 것은? [2점]

(가) 은/는 독립관에서 경축 모임을 열었다. 회장은 모임을 여는 큰 뜻을 설명하였다. "오늘은 황제 폐하께서 대황제라는 존귀한 칭호를 갖게 되신 계천(繼天) 경축일이니, 대한의 신민은 이를 크게 경축드립니다. 우리는 관민 공동회에서 황실을 공고히 하고 인민을 문명 개화시키며 영토를 보존하고자 여섯 개 조항의 의견안을 바쳤습니다."라고 말하였다. …… 이어 회원들은 조칙 5조와 헌의 6조 10만 장을 인쇄하여 온 나라에 널리 배포하고 학생들에게 그것을 배우고 익히도록 하였다. 경축연을 마친 회원들은 울긋불긋한 종이꽃을 머리에 꽂은 채 국기와 (가) 의 깃발을 세우고 경축가를 부르며 인화문 앞으로 가서 만세를 외치고 종로의 만민 공동회로 갔다.

① 일제의 황무지 개간권 요구를 저지시켰다.
② 러시아의 절영도 조차 요구에 반대하였다.
③ 태극 서관을 설립하여 계몽 서적을 보급하였다.
④ 민립 대학 설립을 위한 모금 운동을 전개하였다.
⑤ 조소앙의 삼균주의를 기초로 건국 강령을 발표하였다.

---

33 다음 규칙이 발표된 이후의 사실로 옳은 것은? [3점]

한성 사범 학교 규칙

제1조 한성 사범 학교는 칙령 제79호에 의해 교원에 활용할 학생을 양성함
제2조 한성 사범 학교의 졸업생은 소학교 교원이 되는 자격이 있음
제3조 한성 사범 학교의 본과 학생이 수학할 학과목은 수신·교육·국문·한문·역사·지리·수학·물리·화학·박물·습자·작문·체조로 함
⋮

① 길모어 등이 육영 공원 교사로 초빙되었다.
② 정부가 동문학을 세워 통역관을 양성하였다.
③ 이승훈이 인재 양성을 위해 오산 학교를 세웠다.
④ 함경도 덕원 지방의 관민들이 원산 학사를 설립하였다.
⑤ 교육의 기본 방향을 제시한 교육 입국 조서가 반포되었다.

34 (가) 신문에 대한 설명으로 옳은 것은? [1점]

- 경천사지 십층 석탑에 대한 일본인의 약탈 행위에 관해 보도한 (가) 기사를 읽어 보았는가? 보도 내용을 접한 헐버트가 사건 현장을 방문하여 사진을 촬영하고 목격자 의견을 청취했다더군.
- 일본인의 이런 행위가 알려진 것은 양기탁과 베델이 창간한 (가) 의 노력 덕분이라고 하네.

① 상업 광고를 처음으로 실었다.
② 천도교의 기관지로 발행되었다.
③ 국채 보상 운동의 확산에 기여하였다.
④ 일장기를 삭제한 손기정 사진을 게재하였다.
⑤ 순 한문 신문으로 열흘마다 발행하는 것이 원칙이었다.

35 밑줄 그은 '전쟁' 중에 있었던 사실로 옳지 않은 것은? [3점]

- 당신은 무슨 이유로 이토 히로부미를 살해했는가?
- 일본은 전쟁 당시 우리나라의 독립을 보장해 주겠다고 약속했다. 그러나 포츠머스 조약으로 전쟁이 종결되자, 이토는 우리 군신을 위협해 주권을 뺏으려 하였다.

① 일본이 독도를 불법적으로 편입하였다.
② 일본과 미국이 가쓰라·태프트 밀약을 맺었다.
③ 일본인 메가타가 대한 제국의 재정 고문으로 초빙되었다.
④ 대한 제국이 기유각서를 통해 일제에 사법권을 박탈당하였다.
⑤ 군사 전략상 필요한 지역을 일본에 제공하는 한일 의정서가 강요되었다.

36 다음 규정이 시행된 시기에 있었던 사실로 옳은 것은? [1점]

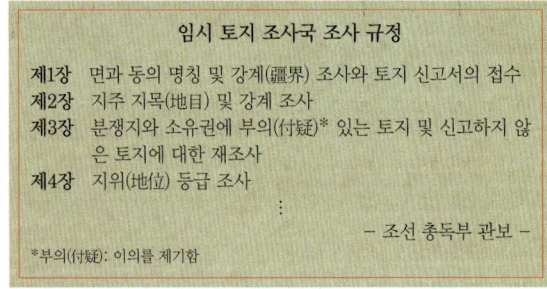

임시 토지 조사국 조사 규정
제1장 면과 동의 명칭 및 강계(疆界) 조사와 토지 신고서의 접수
제2장 지주 지목(地目) 및 강계 조사
제3장 분쟁지와 소유권에 부의(付疑)* 있는 토지 및 신고하지 않은 토지에 대한 재조사
제4장 지위(地位) 등급 조사
　　　　　　　　　　　　　　　― 조선 총독부 관보 ―
*부의(付疑): 이의를 제기함

① 회사령이 실시되었다.
② 원산 총파업이 일어났다.
③ 국가 총동원법이 제정되었다.
④ 조선 노동 공제회가 조직되었다.
⑤ 조선 사상범 예방 구금령이 공포되었다.

37 (가) 단체에 대한 설명으로 옳은 것은? [2점]

역사 신문
제△△호　　　　　　　　　　○○○○년 ○○월 ○○일

민중 대회 개최 모의로 지도부 대거 체포

허헌, 홍명희 등 (가) 의 지도부는 광주 학생 항일 운동을 전국적 시위 운동으로 확산시키기 위한 민중 대회 개최를 추진하다가 경찰에 체포되었다. 이 단체는 사건 진상 보고를 위한 유인물 배포 및 연설회 개최를 계획하고, 각 지회에 행동 지침을 내리는 등 시위 확산을 도모하였다.

① 암태도 소작 쟁의를 지원하였다.
② 민족 협동 전선으로 결성되었다.
③ 부민관 폭파 사건을 주도하였다.
④ 조선 혁명 선언을 활동 지침으로 하였다.
⑤ 어린이날을 제정하고 잡지 어린이를 간행하였다.

38 밑줄 그은 '이 운동'에 대한 설명으로 옳은 것은? [2점]

- 이것은 평양에서 조만식 등의 주도로 시작된 이 운동의 선전 행렬을 보여주는 사진이야.
- 이 운동은 '조선 사람 조선 것' 등의 구호를 내세웠지만, 자본가의 이익만을 추구하는 이기적인 운동이라고 비판받기도 했어.

① 통감부의 탄압과 방해로 중단되었다.
② 조선 관세령 폐지를 계기로 확산되었다.
③ 황국 중앙 총상회가 설립되는 결과를 가져왔다.
④ 한성 은행, 대한 천일 은행 설립에 영향을 끼쳤다.
⑤ 일본, 프랑스 등의 노동 단체로부터 격려 전문을 받았다.

39 밑줄 그은 '시기'에 볼 수 있는 모습으로 적절한 것은? [2점]

이 자료는 태평양 전쟁 발발 후 일제의 전시 동원 체제가 강화된 시기의 판결문이다. 판결문에는 피고인 임○○이 이웃 주민과의 잡담에서 "자식이 징용되거나 근로 보국대에 가지 않도록 취직시킨다." 등의 발언을 하여 민심을 어지럽혔다는 이유로 징역형을 선고한다는 내용이 담겨 있다.

① 국가 보안법 철폐를 요구하는 학생
② 몸뻬 착용을 권장하는 애국반 반장
③ 경부선 철도 개통식을 구경하는 청년
④ 형평사 창립 대회 개최를 취재하는 기자
⑤ 헌병 경찰에게 끌려가 태형을 당하는 농민

40 다음 인물의 활동으로 옳은 것은? [2점]

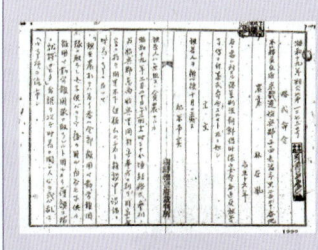

이달의 독립운동가
우리 말과 글을 지키는 데 앞장선 ○○○
• 생몰년: 1888~1943
• 호: 한산, 한뫼
• 주요 활동
김해 출신으로 합성 학교 등에서 교사로 재직하며 교육 계몽 운동을 전개하였다. 1919년 영변에서 만세 운동을 주도하였으며, 중국의 베이징 대학에서 역사학을 공부하였다. 귀국 이후 조선어 연구회에 가입하여 한글의 연구 및 보급에 앞장섰으며, 1942년 조선어 학회 사건으로 가혹한 고문을 받고 이듬해 옥사하였다. 1962년 건국훈장 독립장이 추서되었다.

① 한글 맞춤법 통일안 제정에 참여하였다.
② 미국과 유럽을 여행한 뒤 서유견문을 집필하였다.
③ 국문 연구소를 설립하고 연구위원으로 활동하였다.
④ 세계지리 교과서인 사민필지를 한글로 저술하였다.
⑤ 민족을 역사 서술의 중심에 둔 독사신론을 발표하였다.

41 (가) 부대에 대한 설명으로 옳은 것은? [1점]

이것은 (가) 편련 계획 대강의 일부로 병력 모집에 대한 구체적인 계획이 담겨 있습니다. 이를 바탕으로 대한민국 임시 정부는 충칭에서 지청천을 총사령으로 하는 (가) 총사령부를 창설하였습니다.

1. 연내에 동북 방면에서 중국 관내로 들어와 화북 각지에 분포되어 있는 독립군 중에서 모집한다.
3. 한국 국내와 동북 지방 각지에 있는 장정들에게 비밀리에 군령을 전하여 그들로 하여금 응모하게 한다.
5. 포로로 잡힌 한인을 거두어 편성한다.

① 미국과 연계하여 국내 진공 작전을 계획하였다.
② 쌍성보, 대전자령 전투에서 일본군을 격파하였다.
③ 조선 민족 전선 연맹의 무장 조직으로 결성되었다.
④ 중국 의용군과 연합하여 영릉가 전투에서 승리하였다.
⑤ 간도 참변 이후 조직을 정비하고 자유시로 이동하였다.

42 (가) 시기에 있었던 사실로 옳은 것은? [2점]

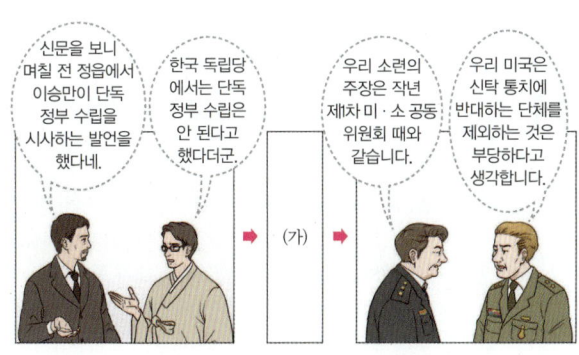

① 여수·순천 10·19 사건이 발생하였다.
② 유엔 한국 임시 위원단이 서울에 도착하였다.
③ 송진우, 김성수 등이 한국 민주당을 창당하였다.
④ 여운형 등의 주도로 좌우 합작 위원회가 발족되었다.
⑤ 조선 건국 준비 위원회에서 조선 인민 공화국을 선포하였다.

43 (가)~(라) 지방 통치 체제에 대한 설명으로 옳은 것을 <보기>에서 고른 것은? [3점]

(가) 완산주를 다시 설치하고 용원을 총관으로 삼았다. 거열주를 빼서 청주(菁州)를 두니 처음으로 9주가 되었다. 대아찬 복세를 총관으로 삼았다.

(나) 현종 초에 절도사를 폐지하고, 5도호와 75도 안무사를 두었으나, 얼마 후 안무사를 폐지하고, 4도호와 8목을 두었다. 그 이후로 5도·양계를 정하니, 양광·경상·전라·교주·서해·동계·북계가 그것이다.

(다) 각 도 각 고을의 이름을 고쳤다. …… 드디어 완산을 다시 '전주'라고 칭하고, 계림을 다시 '경주'라고 칭하고, 서북면을 '평안도'로 하고, 동북면을 '영길도'로 하였으니, 평양·안주·영흥·길주가 계수관이기 때문이다.

(라) 전국을 23부의 행정 구역으로 나누어 아래에 열거하는 각 부를 둔다. …… 앞 조항 외에는 종래의 목, 부, 군, 현의 명칭과 부윤, 목사, 부사, 군수, 서윤, 판관, 현령, 현감의 관명을 다 없애고 읍의 명칭을 군이라고 하며 읍 장관의 관명을 군수라고 한다.

― 보기 ―
ㄱ. (가) – 신문왕 재위 시기에 정비되었다.
ㄴ. (나) – 지방 장관으로 욕살, 처려근지 등이 있었다.
ㄷ. (다) – 도에는 관찰사가 임명되어 수령을 감독하였다.
ㄹ. (라) – 광무개혁의 일환으로 실시되었다.

① ㄱ, ㄴ ② ㄱ, ㄷ ③ ㄴ, ㄷ ④ ㄴ, ㄹ ⑤ ㄷ, ㄹ

44 다음 상황 이후에 일어난 사실로 옳은 것은? [2점]

유엔군과 국군은 서울에서 퇴각하고 한강 이북의 부대를 철수시키기로 결정하였다. 이들은 한강에 설치된 임시 교량을 이용해 철수하였고, 오후 1시경에 마지막 부대가 통과한 후 임시 교량을 폭파시켰다. 이에 앞서 정부는 서울 시민들에게 피란을 지시하였고, 많은 서울 시민들이 보따리를 싸서 피란길에 나섰다.

① 한미 상호 방위 조약이 체결되었다.
② 장진호 전투에서 중국군이 유엔군을 포위하였다.
③ 경찰이 반민족 행위 특별 조사 위원회를 습격하였다.
④ 미국의 극동 방위선이 조정된 애치슨 라인이 발표되었다.
⑤ 우리나라 최초의 보통 선거인 5·10 총선거가 실시되었다.

45 다음 뉴스의 사건이 일어난 정부 시기의 경제 상황으로 옳은 것은? [2점]

경기도 광주 대단지에서 주민들이 차량을 탈취하는 등 대규모 시위를 벌였습니다. 서울시가 도심 정비를 명목으로 10만여 명의 주민들을 광주로 이주시키는 과정에서 약속한 이주 조건을 지키지 않자 주민들이 대지 가격 인하 등을 요구하며 집단으로 반발하였습니다.

① 경부 고속 도로가 개통되었다.
② 경제 협력 개발 기구(OECD)에 가입하였다.
③ 원조 물자를 가공한 삼백 산업이 발달하였다.
④ 저유가, 저금리, 저달러의 3저 호황이 있었다.
⑤ 대통령 직속 자문 기구인 노사정 위원회가 구성되었다.

46 (가), (나) 민주화 운동에 대한 설명으로 옳은 것은? [1점]

사진으로 보는 민주화 운동
(가) 대학 교수들이 3·15 부정 선거를 규탄하고 대통령의 퇴진을 요구하며 시위에 나섬
(나) 명동 성당에서 시민들이 호헌 철폐, 독재 타도를 외치며 시위를 전개함

① (가) – 굴욕적인 한일 국교 정상화에 반대하였다.
② (가) – 군부 독재를 타도하려 한 민주화 운동이었다.
③ (나) – 대통령 직선제 개헌을 이끌어냈다.
④ (나) – 전개 과정에서 시민군이 자발적으로 조직되었다.
⑤ (가), (나) – 대통령이 하야하는 결과를 가져왔다.

47 다음 조치를 시행한 정부 시기에 있었던 사실로 옳은 것은? [2점]

> 대통령 긴급 조치 제9호
> **국가안전과 공공질서의 수호를 위한 대통령 긴급 조치**
> 1. 다음 각 호의 행위를 금한다.
>   가. 유언비어를 날조, 유포하거나 사실을 왜곡하여 전파하는 행위
>   나. 집회·시위 또는 신문·방송·통신 등 공중 전파 수단이나 문서·도서·음반 등 표현물에 의하여 대한민국 헌법을 부정·반대·왜곡 또는 비방하거나 그 개정 또는 폐지를 주장·청원·선동 또는 선전하는 행위
>   ⋮
> 8. 이 조치 또는 이에 의한 주무부 장관의 조치에 위반한 자는 법관의 영장 없이 체포·구금·압수 또는 수색할 수 있다.
> 13. 이 조치에 의한 주무부 장관의 명령이나 조치는 사법적 심사의 대상이 되지 아니한다.

① 국민 방위군 설치법이 공포되었다.
② 내각 책임제를 골자로 하는 개헌이 이루어졌다.
③ 귀속 재산 처리를 위해 신한 공사가 설립되었다.
④ 평화 통일론을 주장한 진보당의 조봉암이 구속되었다.
⑤ 장기 독재에 저항하는 3·1 민주 구국 선언이 발표되었다.

48 다음 연설문을 발표한 정부의 통일 노력으로 옳은 것은? [2점]

> 저는 김정일 국방위원장과 분단 55년 만에 처음 정상 회담을 가졌습니다. 세 차례에 걸친 회담을 통해 우리 두 사람은 민족의 장래와 통일을 생각하는 마음과 열정에 큰 차이가 없으며, 이를 추진하는 방법에 공통점이 많다는 것을 확인하였습니다. …… 남북이 열과 성을 모아, 이번의 정상 회담을 성공적으로 마쳐 온 세계를 깜짝 놀라게 했습니다. 남과 북의 화해와 협력을 향한 새 출발에 온 세계가 축복해 주고 있습니다. 불가능해 보였던 남북 정상 회담을 이뤘듯이 남과 북이 마음과 정성을 다한다면 통일의 날도 반드시 오리라 저는 확신합니다.

① 남북 교류 협력을 위한 개성 공업 지구 조성에 합의하였다.
② 평화 통일 외교 정책에 관한 6·23 특별 성명을 발표하였다.
③ 남북 사이의 화해와 불가침 및 교류·협력에 관한 합의서를 채택하였다.
④ 남북 관계 발전과 평화 번영을 위한 10·4 남북 정상 선언에 서명하였다.
⑤ 7·4 남북 공동 성명을 실천하기 위해 남북 조절 위원회를 구성하였다.

49 (가)~(마)에 들어갈 내용으로 옳지 않은 것은? [3점]

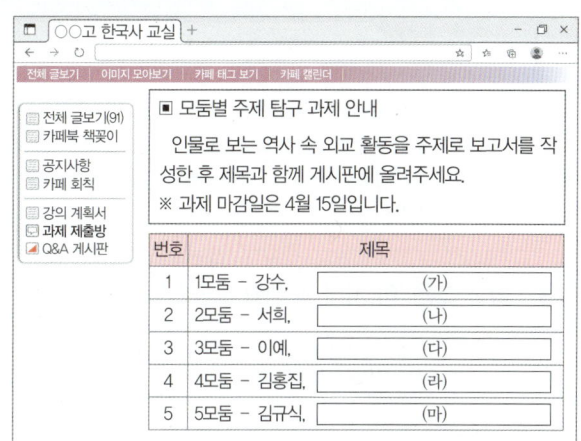

① (가) - 외교 문서 작성에 능하여 청방인문표를 짓다
② (나) - 외교 담판을 통해 강동 6주를 확보하다
③ (다) - 일본에 파견되어 계해약조 체결에 기여하다
④ (라) - 보빙사의 전권대신으로 미국에 파견되다
⑤ (마) - 파리 강화 회의에 독립 청원서를 제출하다

50 (가) 지역에 대한 탐구 활동으로 가장 적절한 것은? [2점]

① 김헌창이 반란을 일으킨 근거지를 파악한다.
② 강주룡이 고공 시위를 전개한 장소를 알아본다.
③ 공민왕이 홍건적의 침입 때 피란한 지역을 찾아본다.
④ 신립이 배수의 진을 치고 전투를 벌인 위치를 검색한다.
⑤ 김사미가 가혹한 수탈에 저항하여 봉기한 곳을 조사한다.

제63회 한국사능력검정시험

- 자신이 선택한 등급의 문제지인지 확인하시오.
- 문제지에 성명과 수험 번호를 정확히 써넣으시오.
- 답안지에 성명과 수험 번호를 써넣고, 또 수험 번호와 답을 정확히 표시하시오.
- 시험 시간은 80분입니다.

01 밑줄 그은 '이 시대'의 생활 모습으로 옳은 것은? [1점]

이 그림은 한 미군 병사가 경기도 연천군 전곡리에서 이 시대의 대표적인 유물인 주먹도끼 등을 발견하고 그린 것입니다. 그가 발견한 아슐리안형 주먹도끼는 이 시대 동아시아에는 찍개 문화만 존재하고 주먹도끼 문화는 없었다는 모비우스(H. Movius)의 학설을 뒤집는 증거가 되었습니다.

① 소를 이용하여 깊이갈이를 하였다.
② 빗살무늬 토기에 식량을 저장하였다.
③ 지배층의 무덤으로 고인돌을 만들었다.
④ 거푸집을 사용하여 세형동검을 제작하였다.
⑤ 주로 동굴이나 강가의 막집에서 거주하였다.

02 밑줄 그은 '이 나라'에 대한 탐구 활동으로 가장 적절한 것은? [2점]

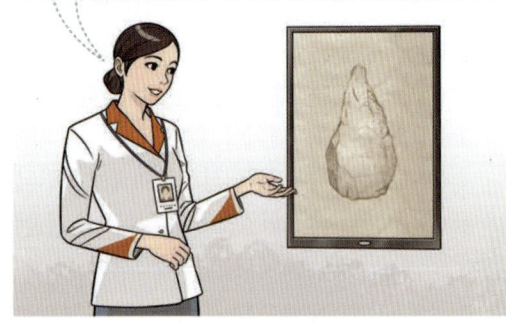

① 신성 지역인 소도의 역할을 알아본다.
② 포상 8국의 난 진압 과정을 찾아본다.
③ 삼국유사에 실린 김알지 신화를 분석한다.
④ 무천이라는 제천 행사를 개최한 이유를 파악한다.
⑤ 마가, 우가, 저가, 구가 등이 다스렸던 지역을 조사한다.

03 (가), (나) 국가의 사회 모습에 대한 설명으로 옳은 것은? [2점]

(가) 왕의 성은 부여씨이고, [왕을] '어라하'라고 하며 백성들은 '건길지'라고 부른다. 모두 중국 말로 왕이라는 뜻이다. …… 도성에는 1만 가(家)가 거주하며 5부로 나뉘는데 상부·전부·중부·하부·후부라고 하며, 각각 5백 명의 군사를 거느린다. [지방의] 5방에는 각기 방령 1인을 두는데 달솔로 임명하고, 군에는 군장(郡將) 3인이 있으니 덕솔로 임명한다.
— 『주서』 —

(나) 60개의 주현이 있으며, 큰 성에는 녹살 1인을 두는데 도독과 비슷하다. 나머지 성에는 처려근지를 두는데 도사라고도 하며, 자사와 비슷하다. …… [수도는] 5부로 나뉘어 있다.
— 『신당서』 —

① (가) – 사회 질서를 유지하기 위해 범금 8조를 두었다.
② (가) – 거란도, 일본도 등을 통해 주변 국가와 교류하였다.
③ (나) – 태학과 경당을 두어 인재를 양성하였다.
④ (나) – 정사암 회의에서 국가 중대사를 논의하였다.
⑤ (가), (나) – 골품에 따라 관등 승진에 제한이 있었다.

04 다음 상황이 나타난 시기를 연표에서 옳게 고른 것은? [2점]

[당의] 고종이 소정방을 신구도대총관(神丘道大摠管)으로 삼아 군사를 이끌고 바다를 건너 신라와 함께 백제를 정벌하도록 하였다. 계백은 장군이 되어 죽음을 각오한 군사 5천 명을 뽑아 이들을 막고자 하였다. …… 황산의 벌판에 이르러 세 개의 군영을 설치하였다. 신라군을 만나 전투를 시작하려고 하자, [계백은] 여러 사람 앞에서 맹세하며 "지난날 구천(句踐)은 5천 명으로 오(吳)의 70만 무리를 격파하였다. 오늘 마땅히 힘써 싸워 승리함으로써 나라의 은혜에 보답하자."라고 하였다. 드디어 격렬히 싸우니, 일당천(一當千)이 아닌 자가 없었다.
— 『삼국사기』 —

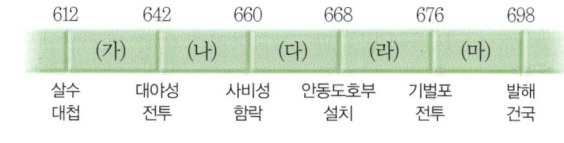

① (가) ② (나) ③ (다) ④ (라) ⑤ (마)

05 (가) 국가의 경제 상황으로 옳은 것은? [1점]

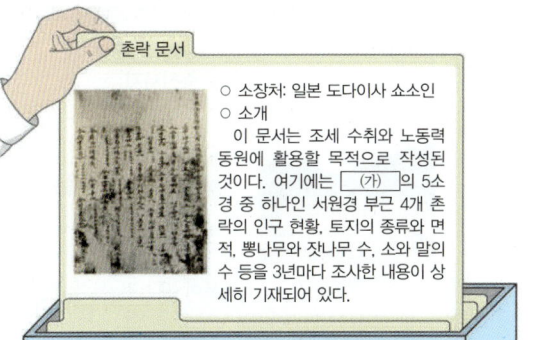

① 낙랑군과 왜에 철을 수출하였다.
② 집집마다 부경이라는 창고가 있었다.
③ 활구라고 불리는 은병이 유통되었다.
④ 특산품으로 솔빈부의 말이 유명하였다.
⑤ 울산항, 당항성이 무역항으로 번성하였다.

06 (가)에 들어갈 내용으로 가장 적절한 것은? [2점]

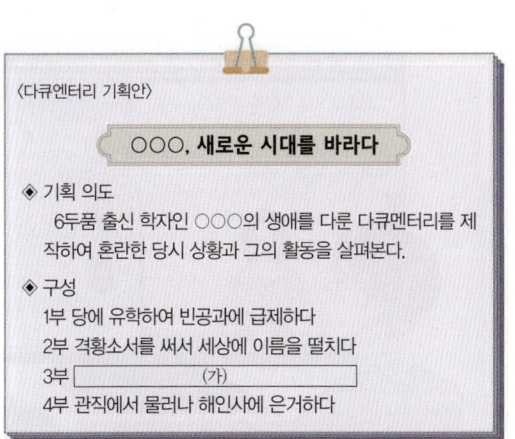

① 화왕계를 지어 국왕에게 조언하다
② 외교 문서인 청방인문표를 작성하다
③ 진성 여왕에게 시무책 10여 조를 올리다
④ 청해진을 중심으로 해상 무역을 전개하다
⑤ 인도와 중앙아시아를 순례하고 왕오천축국전을 남기다

07 밑줄 그은 '왕'의 업적으로 옳은 것은? [2점]

○ 담당 관청에 명하여 월성의 동쪽에 새 궁궐을 짓게 하였는데, 그곳에서 황룡이 나타났다. 왕이 이것을 기이하게 여기고는 [계획을] 바꾸어 사찰을 짓고, '황룡'이라는 이름을 내려 주었다.

○ [거칠부가] 왕의 명령을 받들어 여러 문사(文士)를 모아 국사를 편찬하였다.
— 『삼국사기』 —

① 이사부를 보내 우산국을 복속시켰다.
② 예성강 이북에 패강진을 설치하였다.
③ 관료전을 지급하고 녹읍을 폐지하였다.
④ 국가적인 조직으로 화랑도를 개편하였다.
⑤ 이차돈의 순교를 계기로 불교를 공인하였다.

08 (가) 왕에 대한 설명으로 옳은 것은? [3점]

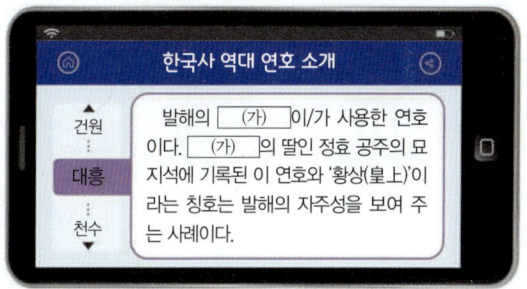

① 북연의 왕을 신하로 봉하였다.
② 지린성 동모산에서 나라를 세웠다.
③ 신라에 군대를 파견하여 왜를 격퇴하였다.
④ 수도를 상경 용천부로 옮겨 체제를 정비하였다.
⑤ 5경 15부 62주의 지방 행정 조직을 확립하였다.

09 다음 상황 이후에 있었던 사실로 옳은 것은? [2점]

청교역(靑郊驛) 서리 3인이 최충헌 부자를 죽일 것을 모의하면서, 거짓 공첩(公牒)을 만들어 여러 사원의 승려들을 불러 모았다. 공첩을 받은 귀법사 승려들은 그 공첩을 가져온 사람을 잡아서 최충헌에게 고해바쳤다. [최충헌은] 즉시 영은관에 교정별감을 둔 후 성문을 폐쇄하고 대대적으로 그 무리를 색출하였다.

① 김부식이 묘청의 난을 진압하였다.
② 원종과 애노가 사벌주에서 봉기하였다.
③ 이자겸이 금의 사대 요구를 수용하였다.
④ 정중부 등이 정변을 일으켜 권력을 차지하였다.
⑤ 최우가 인사 행정 담당 기구로 정방을 설치하였다.

10 밑줄 그은 '이 탑'으로 옳은 것은? [2점]

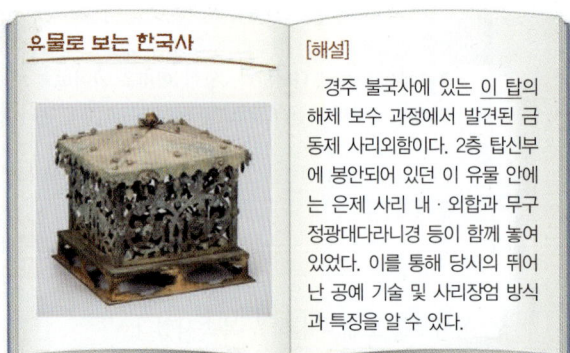

 ①  ②  ③

 ④  ⑤

11 (가) 인물에 대한 설명으로 옳은 것은? [2점]

① 공산 전투에서 전사하였다.
② 금마저에 미륵사를 창건하였다.
③ 후당과 오월에 사신을 파견하였다.
④ 김흠돌 등 진골 세력을 숙청하였다.
⑤ 국호를 마진으로 바꾸고 철원으로 천도하였다.

12 (가) 왕의 재위 시기에 있었던 사실로 옳은 것은? [2점]

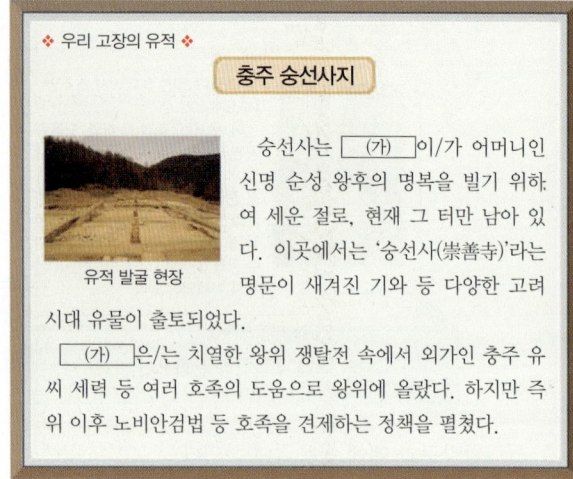

① 최승로가 시무 28조를 건의하였다.
② 광덕, 준풍 등의 연호가 사용되었다.
③ 관리의 규범을 제시한 계백료서가 반포되었다.
④ 쌍성총관부를 공격하여 철령 이북을 수복하였다.
⑤ 지방 세력 견제를 목적으로 한 상수리 제도가 실시되었다.

13 (가)에 들어갈 내용으로 옳은 것은? [1점]

① 독서삼품과를 통해 인재를 등용하였어요.
② 사액 서원에 서적과 노비를 지급하였어요.
③ 중등 교육 기관으로 4부 학당을 설립하였어요.
④ 양현고를 설치하여 장학 기금을 마련하였어요.
⑤ 초계문신제를 시행하여 문신을 재교육하였어요.

14 (가) 국가에 대한 고려의 대응으로 옳은 것은? [2점]

○ (가) 의 임금이 개경으로 침입하여 궁궐을 불사르고 퇴각하였다. …… 양규는 (가) 의 군대를 무로대에서 습격하여 2,000여 급을 베고, 포로가 되었던 남녀 3,000여 명을 되찾았다. 다시 이수에서 전투를 벌이고 추격하여 석령까지 가서 2,500여 급을 베고, 포로가 되었던 1,000여 명을 되찾았다.

○ (가) 의 병사들이 귀주를 지나가자 강감찬 등이 동쪽 교외에서 전투를 벌였다. …… 적병이 북쪽으로 달아나자 아군이 그 뒤를 쫓아가서 공격하였는데, 석천을 건너 반령에 이르기까지 시신이 들에 가득하였다.

① 강화도로 도읍을 옮겨 항전하였다.
② 광군을 조직하여 침입에 대비하였다.
③ 박위를 파견하여 근거지를 토벌하였다.
④ 압록강 상류 지역을 개척하여 4군을 설치하였다.
⑤ 신기군, 신보군, 항마군으로 구성된 별무반을 편성하였다.

15 (가)에 들어갈 문화유산으로 옳은 것은? [1점]

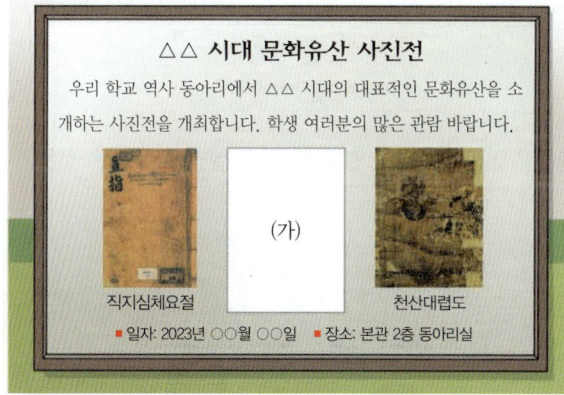

①  금동 대향로
②  호우총 청동 그릇
③  청자 상감 모란문 표주박모양 주전자
④  이불 병좌상
⑤  인왕제색도

16 (가) 인물에 대한 설명으로 옳은 것은? [2점]

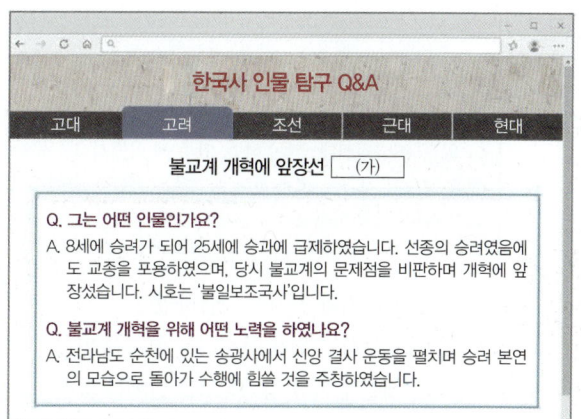

① 참선을 강조하고 돈오점수를 주장하였다.
② 불교 교단 통합을 위해 해동 천태종을 개창하였다.
③ 선문염송집을 편찬하고 유불 일치설을 제창하였다.
④ 승려들의 전기를 정리하여 해동고승전을 편찬하였다.
⑤ 보현십원가를 지어 불교 교리를 대중에게 전파하였다.

17 (가)~(다)를 일어난 순서대로 옳게 나열한 것은? [2점]

(가) 우왕이 요동을 공격하는 일을 최영과 은밀하게 의논하였다. …… 마침내 8도의 군사를 징발하고 최영이 동교에서 군사를 사열하였다.

(나) 대군이 압록강을 건너서 위화도에 머물렀다. …… 이성계가 회군한다는 소식을 듣고 앞다투어 모여든 사람이 천여 명이나 되었다.

(다) 도평의사사에서 글을 올려 과전을 지급하는 법을 정할 것을 청하니, 그 의견을 따랐다. …… 경기는 사방의 근본이므로 마땅히 과전을 설치하여 사대부를 우대하여야 한다. 무릇 수도에 거주하며 왕실을 지키는 자는 현직, 산직(散職)을 불문하고 각각 과(科)에 따라 받게 한다.

① (가) - (나) - (다)
② (가) - (다) - (나)
③ (나) - (가) - (다)
④ (나) - (다) - (가)
⑤ (다) - (나) - (가)

18 다음 상황이 나타난 시기의 경제 모습으로 옳은 것은? [2점]

> 도병마사가 아뢰기를, "안서도호부에서 바친 철은 예전에는 무기용으로 충당하였습니다. 근래에 흥왕사를 창건하면서 또다시 철을 더 바치라고 명령하셨으니 백성들이 고통을 감당하지 못하고 있습니다. 청컨대 염주, 해주, 안주 세 곳에서 2년 동안 바치는 철을 흥왕사 창건에 쓰게 하여 수고로운 폐단을 풀어 주십시오."라고 하니, 이를 따랐다.

① 관리에게 전지와 시지를 지급하였다.
② 시장을 감독하기 위해 동시전을 설치하였다.
③ 허적의 제안에 따라 상평통보를 발행하였다.
④ 일본과의 교역 규모를 규정한 계해약조를 체결하였다.
⑤ 상권 수호를 목적으로 황국 중앙 총상회를 조직하였다.

19 (가) 왕에 대한 설명으로 옳은 것은? [2점]

이것은 『어전준천제명첩』에 담긴 어제사언시(御製四言詩)로, (가) 이/가 홍봉한 등 청계천 준설 공사에 공이 있는 신하들의 노고를 치하하며 지은 것이다.
청계천 준설을 추진한 (가) 은/는 탕평, 균역 등도 자신의 치적으로 거론한 글을 남겼다.

① 나선 정벌에 조총 부대를 파견하였다.
② 경기도에 한해서 대동법을 실시하였다.
③ 삼수병으로 구성된 훈련도감을 창설하였다.
④ 통치 제도를 정비하고자 속대전을 편찬하였다.
⑤ 한양을 기준으로 한 역산서인 칠정산을 만들었다.

20 다음 상황이 나타난 시기를 연표에서 옳게 고른 것은? [2점]

> 왕이 전지하기를, "김종직은 보잘것없는 시골의 미천한 선비였는데, 선왕께서 발탁하여 경연에 두었으니 은혜와 총애가 더없이 컸다고 하겠다. 그런데 지금 그의 제자 김일손이 사초에 부도덕한 말로써 선왕 대의 일을 거짓으로 기록하고, 또 스승인 김종직의 조의제문을 싣고서 그 글을 찬양하였으니, 형명(刑名)을 의논하여 아뢰어라."라고 하였다.

1468	1494	1506	1518	1545	1589
(가)	(나)	(다)	(라)	(마)	
남이의 옥사	연산군 즉위	중종 반정	소격서 폐지	명종 즉위	기축 옥사

① (가) ② (나) ③ (다) ④ (라) ⑤ (마)

21 (가) 왕의 재위 시기에 있었던 사실로 옳은 것은? [2점]

□□ 신문

제△△호   ○○○○년 ○○월 ○○일

원각사 창건 당시 작성된 계문(契文) 공개

원각사의 낙성을 축하하는 경찬회 때 (가) 이/가 조정 신하와 백성에게 수륙재 참여를 권하는 내용이 담긴 원각사 계문이 공개되었다. 조선의 임금과 왕실이 불교 행사를 직접 후원하였다는 기록이 희소하기에 의미가 있다.
한명회, 권람 등의 조력으로 김종서, 황보인 등을 제거하고 왕위에 오른 (가) 은/는 간경도감을 설치하여 불경을 한글로 번역, 간행하고 원각사를 창건하는 등 불교를 후원하였다.

① 주자소에서 계미자를 주조하였다.
② 국가의 의례를 정비한 국조오례의를 완성하였다.
③ 삼남 지방의 농법을 소개한 농사직설을 편찬하였다.
④ 현직 관리에게만 수조지를 지급하는 직전법을 시행하였다.
⑤ 우리나라와 중국의 의서를 망라한 동의보감을 간행하였다.

22 밑줄 그은 '이 인물'에 대한 설명으로 옳은 것은? [3점]

① 명에 대한 의리를 내세운 기축봉사를 올렸다.
② 청으로부터 시헌력을 도입하자고 건의하였다.
③ 양반의 허례와 무능을 풍자한 양반전을 저술하였다.
④ 예학을 조선의 현실에 맞게 정리한 가례집람을 지었다.
⑤ 군주가 수양해야 할 덕목과 지식을 담은 성학집요를 집필하였다.

23 (가), (나) 사이의 시기에 있었던 사실로 옳은 것은? [3점]

(가) 처음에 심의겸이 외척으로 권세를 부리니 당시 명망 있는 사람들이 섬겨 따랐다. 그런데 김효원이 전랑(銓郎)이 되어 그들을 배척하자 심의겸의 무리가 그를 미워하니, 점차 사림이 나뉘어 동인과 서인이라는 말이 나오게 되었다.

(나) 기해년에 왕이 승하하자 재신 송시열이 사종(四種)의 설을 인용하여 "대행 대왕은 왕대비에게 서자가 된다. 왕통을 이었으나 장자가 아닌 경우이니 기년복(朞年服)*을 입어야 마땅하다."라고 하였다. 이에 대해 허목 등 신하들은 전거를 들어 다투기를, "대행 대왕은 왕대비에게 서자가 아니라 장자가 된 둘째이니, 삼년복을 입어야 한다."라고 하였다.

*기년복(朞年服): 1년 동안 입는 상복

① 인조반정으로 북인 세력이 몰락하였다.
② 목호룡의 고변으로 옥사가 발생하였다.
③ 양재역 벽서 사건으로 이언적 등이 화를 입었다.
④ 인현 왕후가 폐위되고 남인이 권력을 차지하였다.
⑤ 이인좌를 중심으로 소론 세력 등이 난을 일으켰다.

24 (가) 국가에 대한 조선의 정책으로 옳은 것은? [2점]

〈답사 보고서〉
◆ 주제: 남한산성에서 삼학사의 충절을 만나다
◆ 날짜: 2023년 ○○월 ○○일
◆ 내용: 현절사(顯節祠)는 삼학사(홍익한, 윤집, 오달제)의 충절을 기려 남한산성에 세운 사당이다. 그들은 ▢(가)▢의 침입으로 발생한 전쟁에서 화의를 반대하며 결사 항전을 주장하였다. 항복 이후 그들은 ▢(가)▢(으)로 압송되어 처형되었다. 그들과 함께 척화를 주장하였던 김상헌, 정온도 추가로 이곳에 모셔졌다.
◆ 사진

① 만권당을 세워 학문 교류를 장려하였다.
② 어영청을 강화하는 등 북벌을 추진하였다.
③ 화통도감을 설치하여 군사력을 증강하였다.
④ 사신 접대를 위해 한성에 동평관을 설치하였다.
⑤ 포로 송환을 목적으로 유정을 회답 겸 쇄환사로 파견하였다.

25 밑줄 그은 '이 시기'의 경제 상황으로 옳은 것은? [1점]

시(詩)로 만나는 한국사

이현과 종루 그리고 칠패는
도성의 3대 시장이라네
온갖 장인들이 살고 일하니
사람들이 많아서 어깨를 부딪치네
온갖 재화가 이익을 좇아
수레가 끊임없네
봉성의 털모자, 연경의 비단실
함경도의 삼베, 한산의 모시
쌀, 콩, 벼, 기장, 조, 피, 보리
……

[해설] 이것은 한양의 모습을 그린 「성시전도」를 보고 박제가가 지은 시의 일부이다. 시의 내용을 통해 이 시기 생동감 있는 시장의 모습을 엿볼 수 있다.

① 백성에게 정전이 지급되었다.
② 서경에 관영 상점이 설치되었다.
③ 금속 화폐인 건원중보가 주조되었다.
④ 벽란도가 국제 무역항으로 번성하였다.
⑤ 인삼, 담배 등이 상품 작물로 재배되었다.

26 (가) 기구에 대한 설명으로 옳은 것은? [1점]

오늘에 와서는 큰일이건 작은 일이건 중요한 것으로 취급되지 않는 것이 없어, 의정부는 한갓 헛이름만 지니고 6조는 모두 그 직임을 상실하였습니다. 명칭은 '변방의 방비를 담당하는 것'이라고 하면서 과거 시험에 대한 판하(判下)*나 비빈 간택 등의 일까지도 모두 ▢(가)▢을/를 경유하여 나옵니다. 명분이 바르지 못하고 말이 이치에 맞지 않음이 이보다 심할 수가 없습니다. 신의 어리석은 소견으로는 ▢(가)▢을/를 고쳐 정당(政堂)으로 칭하는 것이 상책이라 생각합니다.

*판하(判下): 안건을 임금이 허가하는 것

① 사헌부, 사간원과 함께 3사로 불렸다.
② 서얼 출신 학자들이 검서관에 등용되었다.
③ 흥선 대원군이 집권한 시기에 혁파되었다.
④ 서울과 수원에 설치되어 국왕의 호위를 맡았다.
⑤ 대사성을 수장으로 좨주, 직강 등의 관직을 두었다.

27 (가) 인물에 대한 설명으로 옳은 것은? [2점]

① 남북국이라는 용어를 처음 사용하였다.
② 기기도설을 참고하여 거중기를 설계하였다.
③ 북한산비가 진흥왕 순수비임을 고증하였다.
④ 양명학을 연구하여 강화 학파를 형성하였다.
⑤ 안평 대군의 꿈을 소재로 몽유도원도를 그렸다.

29 (가) 인물에 대한 설명으로 옳은 것은? [2점]

① 조선 중립화론을 건의하였다.
② 베델과 함께 대한매일신보를 창간하였다.
③ 대동강에 침입한 제너럴셔먼호를 격침하였다.
④ 서양의 과학 기술을 정리한 지구전요를 저술하였다.
⑤ 강화도 조약 체결의 전말을 기록한 심행일기를 남겼다.

28 (가), (나) 사이의 시기에 있었던 사실로 옳은 것은? [3점]

(가) 전라도 관찰사 정민시가 [진산의] 죄인 윤지충과 권상연에 대한 조사 결과를 아뢰었다. "…… 근래에 그들은 평소 살아 계신 부모나 조부모처럼 섬겨야 할 신주를 태워 없애면서도 이마에 진땀 하나 흘리지 않았으니 정말 흉악한 일입니다. 제사를 폐지한 일은 오히려 부차적입니다."

(나) 의금부에서 아뢰었다. "얼마 전 죄인 남종삼은 명백한 근거도 없이 러시아에 변란이 있을 것이고, 프랑스와 조약을 맺을 계책이 있다는 요망한 말로 여러 사람을 현혹하였습니다. 감히 나라를 팔아먹고자 몰래 외적을 끌어들일 음모를 꾸몄으니, 즉시 참형에 처해야 합니다. …… [베르뇌를 비롯한] 서양인 4명을 군영에 넘겨 효수하여 본보기로 삼도록 하였습니다."

① 대종교 계열의 중광단이 결성되었다.
② 한용운이 조선불교유신론을 저술하였다.
③ 보은에서 교조 신원을 요구하는 집회가 열렸다.
④ 이수광이 지봉유설에서 천주실의를 소개하였다.
⑤ 황사영이 외국 군대의 출병을 요청하는 백서를 작성하였다.

30 밑줄 그은 '이 사건'에 대한 설명으로 옳은 것은? [2점]

① 보국안민, 제폭구민을 기치로 내걸었다.
② 한성 조약이 체결되는 결과를 가져왔다.
③ 개혁 추진을 위해 교정청을 설치하였다.
④ 구식 군인에 대한 차별 대우가 발단이 되었다.
⑤ 민영익 등이 보빙사로 파견되는 계기가 되었다.

31 (가) 운동에 대한 설명으로 옳은 것은? [1점]

국가보훈처는 광복 73주년을 맞아 독립 유공자를 발굴하여 포상하기로 하였습니다. 이번 포상에는 (가) 의 1주년에 만세 운동을 전개하다가 체포되어 옥고를 치른 배화 여학교 학생 여섯 명이 포함되었습니다. 이들은 일제 강점기 최대 민족 운동인 (가) 의 영향을 받아 수립된 대한민국 임시 정부의 활동 소식을 접하면서 민족의식을 키웠다고 합니다.

김경화 등 6명의 독립운동가, 독립운동 유공 인정

① 김광제 등의 발의로 본격화되었다.
② 순종의 인산일을 기회로 삼아 추진되었다.
③ 제암리 학살 등 일제의 가혹한 탄압을 받았다.
④ 신간회에서 진상 조사단을 파견하여 지원하였다.
⑤ 성진회와 각 학교 독서회에 의해 전국적으로 확산하였다.

32 밑줄 그은 '개혁'의 내용으로 옳은 것은? [3점]

이 그림은 군국기무처에서 회의하는 모습입니다. 그림의 아래쪽에는 총재 김홍집 등 회의에 참여한 관리들의 이름이 적혀 있습니다. 군국기무처는 개혁을 추진하면서 수개월 동안 200여 건의 안건을 의결하였습니다.

① 원수부를 두었다.
② 재판소를 설치하였다.
③ 은본위제를 도입하였다.
④ 태양력을 공식 채택하였다.
⑤ 5군영을 2영으로 통합하였다.

33 (가)에 들어갈 내용으로 가장 적절한 것은? [2점]

한국사 동영상 제작 계획안

○○○○, 공론의 장을 열다

△학년 △반 △모둠

■ 제작 의도
 지식인뿐 아니라 농민, 상인, 노동자 등 다양한 계층이 참여한 집회 등을 통해 공론의 장을 마련한 ○○○○의 활동을 살펴본다.

■ 장면별 구성 내용
#1. 독립문 건설을 위해 성금을 모으다
#2. 러시아의 절영도 조차 요구를 규탄하는 집회를 열다
#3. (가)
#4. 황국 협회의 습격으로 사망한 구두 수선공의 장례를 치르다

① 평양에 대성 학교를 설립하다
② 고종 강제 퇴위 반대 운동을 주도하다
③ 집강소를 중심으로 폐정 개혁안을 실천하다
④ 관민 공동회를 개최하여 헌의 6조를 결의하다
⑤ 개혁의 기본 방향을 제시한 홍범 14조를 반포하다

34 다음 기사를 활용한 탐구 활동으로 가장 적절한 것은? [3점]

해외 언론 보도로 본 민족 운동

오늘 나는 스티븐스를 쏘았다. 그는 대한 제국의 외교 고문에 임명되어 후한 대접을 받고 있음에도 일본의 이익을 위해 한국인에게 온갖 잔인한 일을 자행하였다. …… 나는 어떤 처벌에도 불만이 없으며, 조국의 자유를 위한 투쟁에 도움이 된다면 영광스럽게 죽을 것이다.

① 제1차 한일 협약의 내용을 알아본다.
② 삼국 간섭이 발생한 원인을 분석한다.
③ 일제가 조작한 105인 사건의 영향을 파악한다.
④ 영국이 거문도를 불법 점령한 과정을 조사한다.
⑤ 고종이 러시아 공사관으로 피신한 이유를 찾아본다.

35 (가) 인물의 활동으로 옳은 것은? [2점]

① 명동 성당 앞에서 이완용을 습격하였다.
② 고종의 밀지를 받아 독립 의군부를 조직하였다.
③ 국권 침탈 과정을 정리한 한국통사를 저술하였다.
④ 13도 창의군의 총대장으로 서울 진공 작전을 지휘하였다.
⑤ 논설 단연보국채를 써서 국채 보상 운동에 적극 참여하였다.

36 (가) 부대에 대한 설명으로 옳은 것은? [2점]

① 간도 참변 이후 자유시로 이동하였다.
② 영릉가 전투에서 일본군과 싸워 크게 승리하였다.
③ 조선 독립 동맹 산하의 군사 조직으로 개편되었다.
④ 영국군의 요청으로 인도·미얀마 전선에 투입되었다.
⑤ 중국 국민당 정부의 지원을 받아 우한에서 창설되었다.

37 (가) 운동에 대한 설명으로 옳은 것은? [1점]

① 통감부의 탄압으로 중단되었다.
② 중국의 5·4 운동에 영향을 주었다.
③ 대한 자강회가 결성되는 배경이 되었다.
④ 백정에 대한 사회적 차별 철폐를 주장하였다.
⑤ 여성 교육의 중요성을 강조한 여권통문을 발표하였다.

38 밑줄 그은 '이 시기'에 볼 수 있는 모습으로 적절한 것은? [1점]

① 황국 신민 서사를 암송하는 학생
② 경성 제국 대학에서 강의하는 교수
③ 조선인에게 태형을 집행하는 헌병 경찰
④ 원산 총파업에 연대 지원금을 보내는 외국 노동자
⑤ 나운규가 감독한 아리랑의 첫 상영을 준비하는 단성사 직원

39 다음 검색창에 들어갈 단체에 대한 설명으로 옳은 것은? [2점]

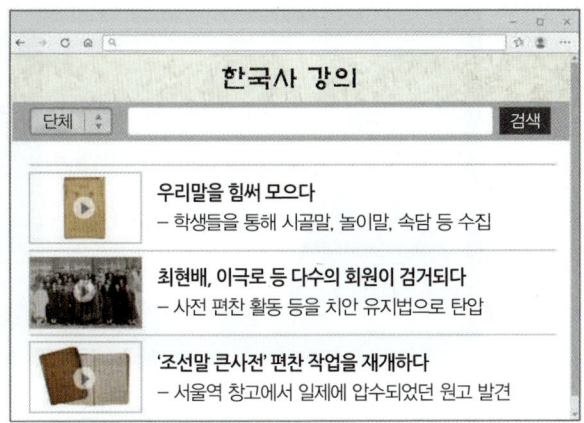

① 한글 신문인 제국신문을 간행하였다.
② 태극 서관을 설립하여 서적을 보급하였다.
③ 파리 강화 회의에 독립 청원서를 제출하였다.
④ 한글 맞춤법 통일안과 표준어 사정안을 제정하였다.
⑤ 국문 연구소를 두어 한글을 체계적으로 연구하였다.

40 (가), (나) 인물에 대한 설명으로 옳은 것을 〈보기〉에서 고른 것은? [2점]

〈보기〉
ㄱ. (가) - 상하이에서 한인 애국단을 조직하였다.
ㄴ. (가) - 조선 혁명 간부 학교를 세워 독립군을 양성하였다.
ㄷ. (나) - 조선 건국 준비 위원회의 활동을 주도하였다.
ㄹ. (나) - 미국에서 귀국하여 독립 촉성 중앙 협의회를 이끌었다.

① ㄱ, ㄴ   ② ㄱ, ㄷ   ③ ㄴ, ㄷ   ④ ㄴ, ㄹ   ⑤ ㄷ, ㄹ

41 밑줄 그은 '국회'에 대한 설명으로 옳지 않은 것은? [3점]

① 반민족 행위 처벌법을 제정하였다.
② 의원들의 선거로 대통령을 선출하였다.
③ 민의원과 참의원의 양원제로 운영되었다.
④ 일부 지역의 국회의원이 선출되지 못한 채 출범하였다.
⑤ 일제가 남긴 재산 처리를 위한 귀속 재산 처리법을 만들었다.

42 (가) 전쟁 중에 볼 수 있는 모습으로 적절하지 않은 것은? [2점]

① 국민 방위군에 소집되는 청년
② 원조 물자 배급을 기다리는 시민
③ 지가 증권을 싼값에 매각하는 지주
④ 거제도 포로수용소에서 석방되는 반공 포로
⑤ 제2차 미소 공동 위원회 개최 소식을 보도하는 기자

43 (가) 정부 시기에 있었던 사실로 옳은 것은? [2점]

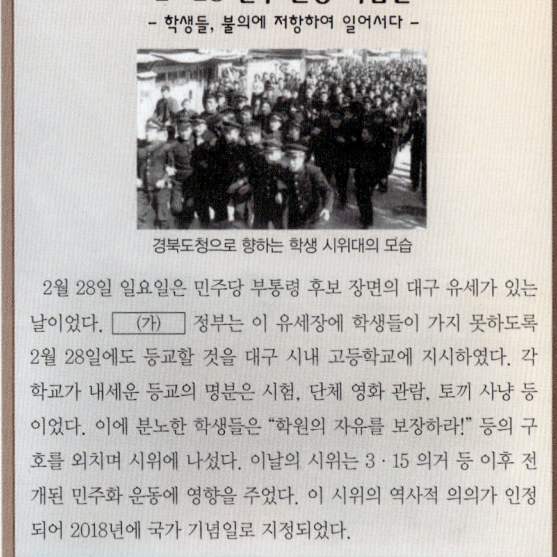

[국가 기념일에 담긴 역사 이야기]

2·28 민주 운동 기념일
- 학생들, 불의에 저항하여 일어서다 -

경북도청으로 향하는 학생 시위대의 모습

2월 28일 일요일은 민주당 부통령 후보 장면의 대구 유세가 있는 날이었다. (가) 정부는 이 유세장에 학생들이 가지 못하도록 2월 28일에도 등교할 것을 대구 시내 고등학교에 지시하였다. 각 학교가 내세운 등교의 명분은 시험, 단체 영화 관람, 토끼 사냥 등이었다. 이에 분노한 학생들은 "학원의 자유를 보장하라!" 등의 구호를 외치며 시위에 나섰다. 이날의 시위는 3·15 의거 등 이후 전개된 민주화 운동에 영향을 주었다. 이 시위의 역사적 의의가 인정되어 2018년에 국가 기념일로 지정되었다.

① 프로 야구가 6개 구단으로 출범하였다.
② YH 무역 노동자들이 야당 당사에서 농성하였다.
③ 사회 정화를 명분으로 삼청 교육대가 설치되었다.
④ 인민 혁명당 재건위 사건으로 관련자가 탄압받았다.
⑤ 평화 통일론을 주장한 진보당의 조봉암이 구속되었다.

44 (가), (나) 헌법이 제정된 시기 사이에 있었던 사실로 옳은 것은? [3점]

(가)
제1조 ① 대한민국은 민주 공화국이다.
② 대한민국의 주권은 국민에게 있고, 모든 권력은 국민으로부터 나온다.
제64조 ① 대통령은 국민의 보통·평등·직접·비밀 선거에 의하여 선출한다.
제69조 ① 대통령의 임기는 4년으로 한다.
③ 대통령의 계속 재임은 3기에 한한다.

(나)
제1조 ① 대한민국은 민주 공화국이다.
② 대한민국의 주권은 국민에게 있고, 국민은 그 대표자나 국민 투표에 의하여 주권을 행사한다.
제39조 ① 대통령은 통일 주체 국민 회의에서 토론 없이 무기명 투표로 선거한다.
제47조 대통령의 임기는 6년으로 한다.
제59조 ① 대통령은 국회를 해산할 수 있다.

① 지방 자치제가 전면 시행되었다.
② 여수·순천 10·19 사건이 일어났다.
③ 일부 군인들이 5·16 군사 정변을 일으켰다.
④ 서울과 평양에서 7·4 남북 공동 성명이 발표되었다.
⑤ 한일 국교 정상화에 반대하는 6·3 시위가 전개되었다.

45 다음 뉴스의 사건이 있었던 정부 시기의 사실로 옳은 것은? [3점]

오늘 오후 2시경 서울 평화시장에서 있었던 노동자들의 시위 도중 재단사 전태일 씨가 분신하는 사건이 발생하였습니다. 전 씨는 "근로 기준법을 지켜라!", "우리는 기계가 아니다!"라고 절규하며 열악한 노동 환경 개선을 요구하였습니다.

① 함평 고구마 피해 보상 운동이 전개되었다.
② 저유가·저금리·저달러의 3저 호황이 있었다.
③ 미국과의 자유 무역 협정(FTA)이 체결되었다.
④ 경제 협력 개발 기구(OECD)의 회원국이 되었다.
⑤ 최저 임금 결정을 위한 최저 임금 위원회가 설치되었다.

46 (가)에 해당하는 문화유산으로 옳은 것은? [2점]

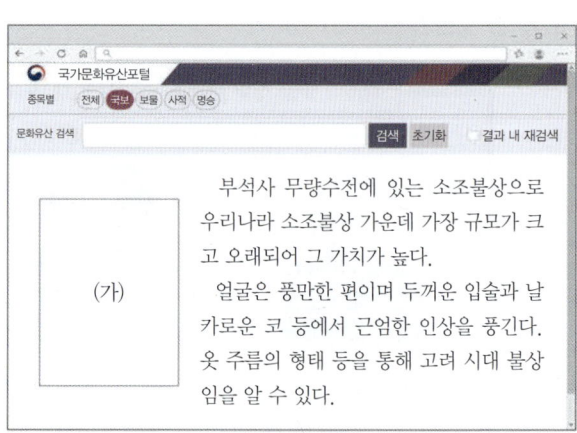

국가문화유산포털

부석사 무량수전에 있는 소조불상으로 우리나라 소조불상 가운데 가장 규모가 크고 오래되어 그 가치가 높다.
얼굴은 풍만한 편이며 두꺼운 입술과 날카로운 코 등에서 근엄한 인상을 풍긴다. 옷 주름의 형태 등을 통해 고려 시대 불상임을 알 수 있다.

①  ②  ③

④  ⑤

[47~48] 다음 자료를 읽고 물음에 답하시오.

(가) 살리타이가 처인성을 공격하였다. 적을 피해 성에 와 있던 한 승려가 살리타이를 쏘아 죽였다. 국가에서 그 전공을 칭찬하여 상장군 벼슬을 주었다. 승려가 전공을 다른 사람에게 돌리며 말하기를, "전투할 때 나는 활과 화살이 없었으니, 어찌 감히 공 없이 무거운 상을 받겠습니까."라고 하고, 굳게 사양하며 받지 않았다.

(나) [우리 부대가] 대군(大軍)과 연합하여 평양을 포위하였다. 보장왕이 먼저 연남산 등을 보내 영공에게 항복을 청하였다. 이에 영공은 보장왕과 왕자 복남·덕남 및 대신 등 20만여 명을 끌고 본국으로 돌아갔다. 각간 김인문과 대아찬 조주는 영공을 따라 돌아갔다.

(다) 비국(備局)에서 아뢰기를, "적병이 두 차례나 용골산성을 공격해 왔지만 정봉수는 홀로 고립된 성을 지키면서 충성과 용맹을 더욱 떨쳤습니다. …… 죽음을 두려워하지 않는 용사를 더 모집하여 육로로 혹은 배편으로 달려가서 기세(氣勢)를 돕게 하소서. 용골산성이 비록 포위에서 풀렸으나 이 일은 그만둘 수 없을 듯합니다."라고 하니, 왕이 따랐다.

(라) 부사 송상현은 왜적이 바다를 건넜다는 소식을 듣고 지역 주민과 군사 그리고 이웃 고을의 군사를 모두 불러 모아 성에 들어가 지켰다. …… 성이 포위당하자 상현이 성의 남문에 올라가 전투를 독려하였으나 한나절 만에 성이 함락되었다. 상현은 갑옷 위에 조복(朝服)*을 입고 의자에 앉아 움직이지 않았다. …… 적이 모여들어 생포하려고 하자 상현이 발로 걷어차면서 항거하다가 마침내 해를 입었다.

*조복(朝服): 관원이 조정에 나아가 하례할 때 입던 예복

47 (가)~(라) 전투를 일어난 순서대로 옳게 나열한 것은? [2점]

① (가) - (나) - (다) - (라)
② (가) - (나) - (라) - (다)
③ (나) - (가) - (라) - (다)
④ (나) - (다) - (가) - (라)
⑤ (다) - (라) - (나) - (가)

48 (라) 전투가 벌어진 지역에서 있었던 사실로 옳은 것은? [2점]

① 내상이 무역 활동을 전개하였다.
② 안승이 왕으로 봉해진 보덕국이 세워졌다.
③ 지역 차별에 반발하여 홍경래가 봉기하였다.
④ 만적을 비롯한 노비들이 신분 해방을 도모하였다.
⑤ 지주 문재철의 횡포에 맞서 소작 쟁의가 일어났다.

49 (가) 민주화 운동에 대한 설명으로 옳은 것은? [1점]

박종철 군 고문살인 은폐조작 및 호헌 조치를 규탄하는 국민 대회 당시의 모습이야. 정부의 원천 봉쇄 방침에도 각 지역에서 열렸어.

이 대회를 주최한 민주 헌법 쟁취 국민 운동 본부는 4·13 호헌 조치가 무효라고 선언하였지. 이후 민주화를 요구하는 시민들의 시위가 전국 각지에서 더욱 거세졌어.

① 허정 과도 정부가 구성되는 계기가 되었다.
② 5년 단임의 대통령 직선제 개헌을 이끌어냈다.
③ 야당 총재의 국회의원직 제명으로 촉발되었다.
④ 관련 기록물이 세계 기록 유산으로 등재되었다.
⑤ 이승만이 대통령에서 물러나는 결과를 가져왔다.

50 다음 선언을 발표한 정부의 통일 노력으로 옳은 것은? [3점]

나는 오늘 온 겨레의 염원인 조국의 평화적 통일을 실현해 나가기 위한 새 공화국의 정책을 밝히려 합니다. 우리 민족이 남북 분단의 고통을 겪어온 지 반세기가 가까워 옵니다. …… 민족자존과 통일 번영의 새 시대를 열어나갈 것임을 약속하면서 다음과 같은 정책을 추진해 나갈 것을 내외에 선언합니다.
……
셋째, 남북 간 교역의 문호를 개방하고 남북 간 교역을 민족 내부 교역으로 간주한다.
……
여섯째, 한반도의 평화를 정착시킬 여건을 조성하기 위하여 북한이 미국, 일본 등 우리 우방과의 관계를 개선하는 데 협조할 용의가 있으며 또한 우리는 소련, 중국을 비롯한 사회주의 국가들과의 관계 개선을 추구한다.

① 남북 조절 위원회를 구성하였다.
② 개성 공업 지구 건설에 합의하였다.
③ 10·4 남북 정상 선언을 발표하였다.
④ 남북한이 국제 연합(UN)에 동시 가입하였다.
⑤ 남북 이산가족 고향 방문을 최초로 실현하였다.

제62회 한국사능력검정시험

- 자신이 선택한 등급의 문제지인지 확인하시오.
- 문제지에 성명과 수험 번호를 정확히 써넣으시오.
- 답안지에 성명과 수험 번호를 써넣고, 또 수험 번호와 답을 정확히 표시하시오.
- 시험 시간은 80분입니다.

01 (가) 시대의 생활 모습으로 옳은 것은? [1점]

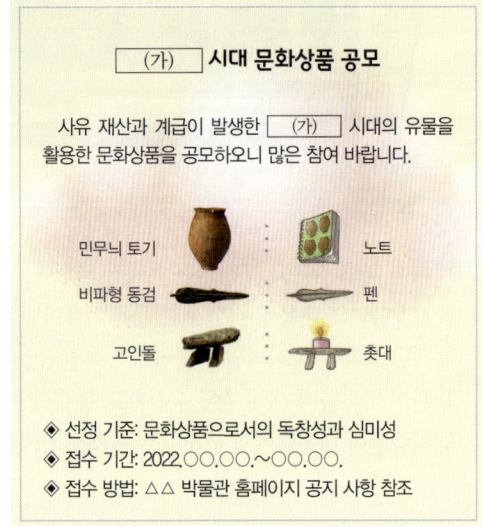

① 반달 돌칼로 벼를 수확하였다.
② 주로 동굴이나 막집에서 거주하였다.
③ 소를 이용한 깊이갈이가 일반화되었다.
④ 호미, 쇠스랑 등의 철제 농기구를 제작하였다.
⑤ 가락바퀴와 뼈바늘을 이용하여 옷을 만들기 시작하였다.

02 (가)에 들어갈 내용으로 옳은 것은? [2점]

① 정사암에 모여 재상을 선출하였어요.
② 여러 가(加)가 별도로 사출도를 다스렸어요.
③ 읍락 간의 경계를 중시하는 책화가 있었어요.
④ 사회 질서를 유지하기 위해 범금 8조를 두었어요.
⑤ 제사장인 천군과 신성 지역인 소도가 존재하였어요.

03 (가) 나라에 대한 설명으로 옳은 것은? [2점]

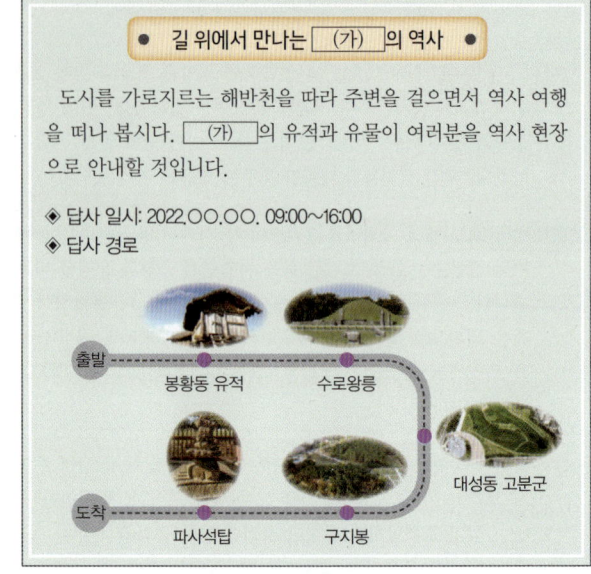

① 덩이쇠를 화폐처럼 사용하였다.
② 한 무제의 공격으로 멸망하였다.
③ 혼인 풍속으로 민며느리제가 있었다.
④ 골품에 따라 관등 승진에 제한이 있었다.
⑤ 빈민을 구제하기 위해 진대법을 시행하였다.

04 밑줄 그은 '왕'에 대한 설명으로 옳은 것은? [2점]

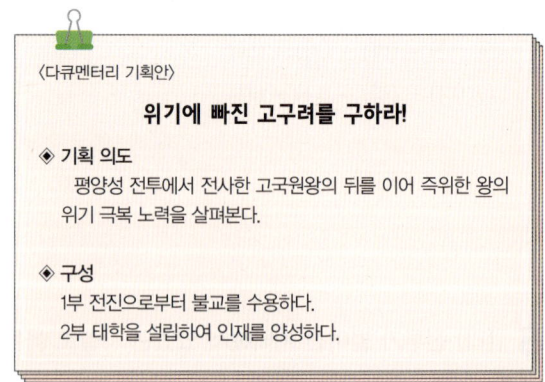

① 평양으로 수도를 옮겼다.
② 병부와 상대등을 설치하였다.
③ 22담로에 왕족을 파견하였다.
④ 고흥에게 서기를 편찬하게 하였다.
⑤ 율령을 반포하여 통치 체제를 정비하였다.

05 밑줄 그은 '이 탑'으로 옳은 것은? [3점]

◆ 유물 이야기 ◆

금제 사리봉영기가 남긴 고대사의 수수께끼

2009년 이 탑의 해체 수리 중에 사리장엄구와 금제 사리봉영기가 발견되었다. 사리봉영기에는 "우리 백제 왕후께서는 좌평 사택적덕의 따님으로 …… 가람을 세우시고 기해년 정월 29일에 사리를 받들어 맞이하셨다."라는 명문이 있어 큰 주목을 받았다. 이 탑을 세운 주체가 삼국유사에 나오는 선화 공주가 아니라 백제 귀족의 딸로 밝혀져 서동 왕자와 선화 공주 설화의 진위 여부에 대한 논란이 일어나기도 하였다.

①  ②  ③

④  ⑤

06 (가), (나) 사이의 시기에 있었던 사실로 옳은 것은? [3점]

(가) 왕은 당과 신라 군사들이 이미 백강과 탄현을 지났다는 소식을 듣고 장군 계백을 시켜 결사대 5천 명을 거느리고 황산으로 가서 신라 군사와 싸우게 하였다. 네 번 싸워서 모두 이겼으나 군사가 적고 힘이 모자라서 마침내 패하고 계백이 사망하였다.

(나) 검모잠이 국가를 부흥하려고 하여 당을 배반하고 왕의 외손 안승을 세워 왕으로 삼았다. 당 고종이 대장군 고간을 보내 동주도 행군총관으로 삼고 병력을 내어 그들을 토벌하게 하니 안승이 검모잠을 죽이고 신라로 달아났다.

① 당이 안동 도호부를 요동으로 옮겼다.
② 성왕이 관산성 전투에서 전사하였다.
③ 신라군이 기벌포에서 당군을 격파하였다.
④ 김춘추가 당과의 군사 동맹을 성사시켰다.
⑤ 복신과 도침이 부여풍을 왕으로 추대하였다.

07 (가) 국가에 대한 설명으로 옳은 것은? [1점]

기획 전시

(가), 다양한 문화를 융합하다

우리 박물관에서는 (가) 의 문화에 대해 깊이 이해할 수 있는 전시회를 개최합니다. 많은 관람 바랍니다.

• 기간: 2022.○○.○○.~○○.○○.
• 장소: △△ 박물관 기획 전시실
• 전시관 안내

[1관] 고구려 문화의 계승 — 연꽃무늬 수막새와 치미
[2관] 당 문화의 수용 — 상경성 평면도
[3관] 말갈 문화의 요소 — 말갈계 토기
[4관] 서역과의 교류 — 청동 낙타상

① 후당과 오월에 사신을 파견하였다.
② 주자감을 설치하여 인재를 양성하였다.
③ 9서당과 10정의 군사 조직을 운영하였다.
④ 화백 회의에서 국가의 중대사를 논의하였다.
⑤ 내신좌평, 위사좌평 등 6좌평의 관제를 마련하였다.

08 (가)에 들어갈 내용으로 옳은 것은? [2점]

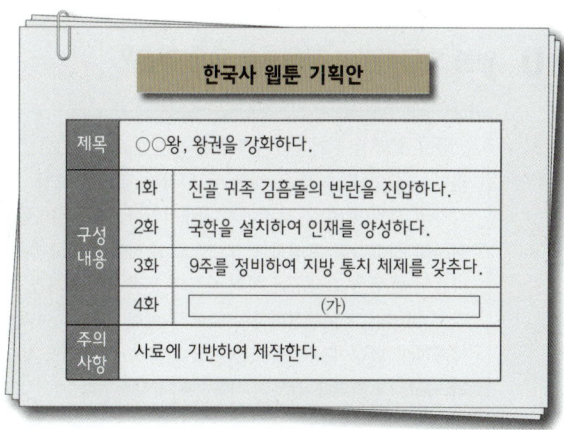

① 관료전을 지급하고 녹읍을 폐지하다.
② 마립간이라는 칭호를 처음 사용하다.
③ 이사부를 보내 우산국을 복속시키다.
④ 화랑도를 국가적 조직으로 개편하다.
⑤ 이차돈의 순교를 계기로 불교를 공인하다.

09 밑줄 그은 '이 인물'에 대한 설명으로 옳은 것은? [2점]

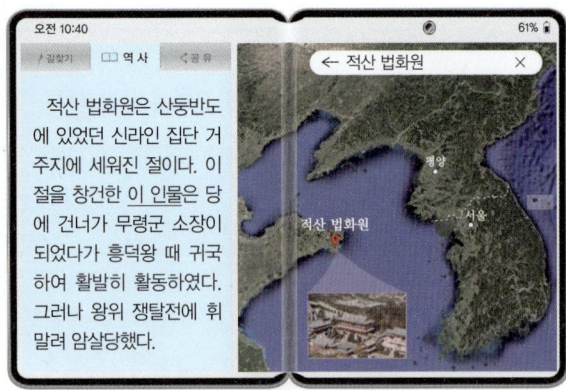

적산 법화원은 산둥반도에 있었던 신라인 집단 거주지에 세워진 절이다. 이 절을 창건한 이 인물은 당에 건너가 무령군 소장이 되었다가 흥덕왕 때 귀국하여 활발히 활동하였다. 그러나 왕위 쟁탈전에 휘말려 암살당했다.

① 구법 순례기인 왕오천축국전을 지었다.
② 진성 여왕에게 시무책 10여 조를 올렸다.
③ 청해진을 중심으로 해상 무역을 전개하였다.
④ 9산 선문 중 하나인 가지산문을 개창하였다.
⑤ 한자의 음과 훈을 차용한 이두를 체계적으로 정리하였다.

10 밑줄 그은 '왕'의 정책으로 옳은 것은? [2점]

왕이 천덕전에 거둥하여 백관을 모아놓고 말하기를, "내가 신라와 굳게 동맹을 맺은 것은 두 나라가 같이 우호를 유지하고 각자의 사직(社稷)을 보전하기 위해서였다. 지금 신라왕이 굳이 신하로 있겠다고 요청하고 그대들도 그것이 옳다고 하니, 나의 마음이 매우 부끄러우나 여러 사람의 뜻을 거스르기가 어렵다."라고 하였다. 이에 신라왕이 뜰에서 예를 올리니 여러 신하가 하례하여 함성이 궁궐을 진동하였다. …… 신라국을 없애 경주라 하고, 그 지역을 김부의 식읍으로 하사하였다.

① 빈민 구제 기관인 흑창을 설치하였다.
② 12목을 설치하고 지방관을 파견하였다.
③ 국자감에 7재라는 전문 강좌를 운영하였다.
④ 광덕, 준풍 등의 독자적 연호를 사용하였다.
⑤ 전시과 제도를 마련하여 관리에게 토지를 지급하였다.

11 (가)에 대한 역대 왕조의 대응으로 옳은 것은? [2점]

함길도 도절제사 김종서에게 전지하기를, "동북 지역의 경계는 공험진(公嶮鎭)으로 삼았다는 말이 전하여 온 지가 오래다. 그러나 정확하게 어느 곳에 있는지 알지 못한다. …… 고려사에 이르기를, '윤관이 공험진에 비를 세워 경계를 삼았다.'고 하였다. 지금 들건대 선춘점(先春岾)에 윤관이 세운 비가 있다 하는데, 공험진이 선춘점의 어느 쪽에 있는가. 그 비문을 사람을 시켜 찾아볼 수 있겠는가. …… 윤관이 (가) 을/를 쫓고 9성을 설치하였는데, 그 성이 지금 어느 성이며, 공험진의 어느 쪽에 있는가. 거리는 얼마나 되는가. 듣고 본 것을 아울러 써서 아뢰라."라고 하였다.

① 신라 문무왕 때 청방인문표를 보내어 인질의 석방을 요구하였다.
② 고려 우왕 때 나세, 심덕부 등이 진포에서 크게 물리쳤다.
③ 고려 창왕 때 박위를 파견하여 근거지를 토벌하였다.
④ 조선 태종 때 경성과 경원에 무역소를 설치하여 회유하였다.
⑤ 조선 광해군 때 기유약조를 체결하여 무역을 재개하였다.

12 (가) 국가의 경제 상황으로 옳은 것은? [2점]

이것은 양산 통도사 국장생 석표입니다. 통도사의 경계를 표시하기 위해 세운 석표 중 하나로 '상서호부(尙書戶部)의 승인으로 세웠다'는 내용이 새겨져 있습니다. 국사·왕사 제도를 두어 불교를 장려했던 (가) 시대에 국가와 사찰의 관계를 파악할 수 있는 문화유산입니다.

① 삼한통보, 해동통보 등이 발행되었다.
② 특산품으로 솔빈부의 말이 유명하였다.
③ 만상이 대청 무역으로 부를 축적하였다.
④ 시장을 감독하는 관청인 동시전이 설치되었다.
⑤ 광산을 전문적으로 경영하는 덕대가 등장하였다.

13 (가) 국가의 문화유산으로 옳은 것을 〈보기〉에서 고른 것은? [2점]

미(美)·색(色)
벨기에 소장 우리 문화유산 특별전

초대의 글
우리 박물관에서는 국내에 들여와 보존 처리를 마친 벨기에 왕립 예술역사박물관 소장 (가) 의 공예품 8점을 공개하는 특별전을 개최합니다.
이번 전시에서는 (가) 의 대표적 문화유산인 상감청자 6점을 비롯하여 청동 정병, 금동 침통 등을 자세히 감상할 수 있도록 전시 공간을 연출하였으니 많은 관심 바랍니다.

■ 기간: 2022.○○.○○.~○○.○○.
■ 장소: △△ 박물관 기획 전시실

〉 보기 〈
ㄱ. ㄴ. ㄷ. ㄹ.

① ㄱ, ㄴ ② ㄱ, ㄷ ③ ㄴ, ㄷ
④ ㄴ, ㄹ ⑤ ㄷ, ㄹ

14 (가) 시기에 있었던 사실로 옳은 것은? [2점]

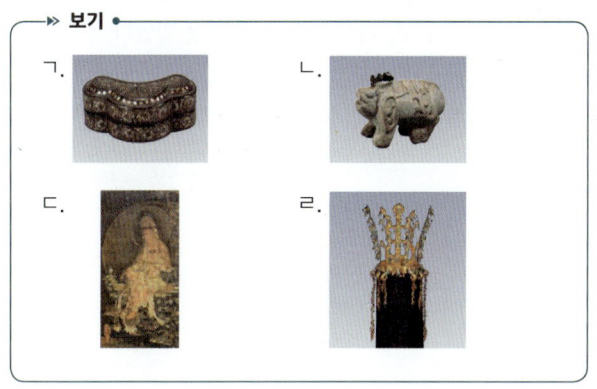

누가 거란 진영에 가서 담판을 벌여 군대를 물러가게 하겠는가? / 신, 서희가 폐하의 분부를 받들겠습니다. / 양규가 적을 무로대와 이수 등지에서 크게 무찌르고 포로를 되찾았다고 합니다.
성종 → (가) → 현종

① 묘청이 서경에서 난을 일으켰다.
② 이자겸이 척준경에 의해 축출되었다.
③ 강조가 정변을 일으켜 국왕을 폐위하였다.
④ 김윤후가 처인성에서 살리타를 사살하였다.
⑤ 다인철소의 주민들이 충주에서 항전하였다.

15 다음 상황이 나타난 시기의 사회 모습으로 옳은 것은? [1점]

제국 대장 공주가 일찍이 잣과 인삼을 [원의] 강남 지역으로 보내 많은 이익을 얻었다. 나중에는 환관을 각지에 파견하여 잣과 인삼을 구하게 하였다. 비록 나오지 않는 땅이라 하더라도 강제로 거두니 백성들이 매우 괴로워하였다.

① 원종과 애노가 사벌주에서 봉기하였다.
② 대각국사 의천이 해동 천태종을 개창하였다.
③ 지배층을 중심으로 변발과 호복이 유행하였다.
④ 기근에 대비하기 위해 구황촬요가 간행되었다.
⑤ 국난 극복을 기원하며 초조대장경이 조판되었다.

16 다음 사건의 배경으로 가장 적절한 것은? [2점]

조위총이 동·북 양계(兩界)의 여러 성에 격문을 돌려 군사를 불러 모아 말하기를, "소문에 따르면 개경의 중방(重房)에서 '북계의 여러 성은 거칠고 사나운 무리를 많이 거느리고 있으니 토벌해야 한다.'고 논의하고 이미 많은 병력을 동원했다고 하니 어찌 가만히 앉아서 스스로 죽을 수 있겠는가? 각자 군사와 말을 규합하여 빨리 서경으로 달려와야 한다."라고 하였다.

① 노비 만적이 반란을 모의하였다.
② 정중부, 이의방 등이 정변을 일으켰다.
③ 신돈이 전민변정도감의 판사가 되었다.
④ 망이, 망소이 등이 명학소에서 봉기하였다.
⑤ 최충헌이 교정도감을 설치하여 국정을 총괄하였다.

17 (가) 군사 조직에 대한 설명으로 옳은 것은? [1점]

처음에 최우가 나라 안에 도적이 많음을 근심하여 용사들을 모아 매일 밤 순행하면서 포악한 짓들을 금하였는데, 이로 인하여 이름을 야별초(夜別抄)라고 하였다. 도적들이 여러 도에서도 일어났으므로 별초를 나누어 보내 이들을 잡게 하였다. 그 군사가 매우 많아 마침내 나누어 좌우로 삼았다. 또 우리나라 사람으로서 몽골로부터 도망쳐 돌아온 자들을 한 부대로 삼아 신의군(神義軍)이라고 불렀는데, 이들이 (가) 이/가 되었다.

① 광군사의 통제를 받았다.
② 정미 7조약에 의해 해산되었다.
③ 4군 6진을 개척해 영토를 확장하였다.
④ 개경 환도 결정에 반발하여 항쟁하였다.
⑤ 유사시에 향토 방위를 담당하는 예비군이었다.

18 밑줄 그은 '그'에 대한 설명으로 옳은 것은? [3점]

초상화로 보는 한국사

이 그림은 고려 말 삼은(三隱) 중 한 사람인 목은(牧隱)의 초상화이다. 이곡(李穀)의 아들인 그는 고려와 원의 과거에 합격했으며, 문하시중 등의 관직을 역임하였다. 고려 후기 성리학의 보급에 노력한 대표적 인물로 평가된다. 이 초상화는 당시의 관복을 충실하게 표현하여 보물로 지정되었다.

① 역옹패설과 사략을 저술하였다.
② 왕명에 의해 삼국사기를 편찬하였다.
③ 문헌공도를 설립하여 유학 교육에 힘썼다.
④ 불교 개혁을 주장하며 수선사 결사를 제창하였다.
⑤ 성균관의 대사성이 되어 정몽주 등을 학관으로 천거하였다.

19 (가) 왕의 재위 시기에 있었던 사실로 옳은 것은? [2점]

문화유산이 전하는 이야기 - 광통교
史 한국사 채널   조회수 221,203

청계천이 복원되면서 광통교도 옛 모습을 되찾았어요. 이 광통교에는 능에 썼던 석물들이 있어요. 두 차례 왕자의 난으로 즉위한 (가) 이/가 태조의 계비인 신덕 왕후의 능을 이장하고, 이전 능에 있던 병풍석과 난간석 등 석물 일부를 다리 제작에 사용하게 한 것이에요.

① 최무선의 건의로 화통도감이 설치되었다.
② 조선의 기본 법전인 경국대전이 완성되었다.
③ 국방 문제를 논의하기 위한 비변사가 설치되었다.
④ 세계 지도인 혼일강리역대국도지도가 제작되었다.
⑤ 한양을 기준으로 한 역법서인 칠정산이 간행되었다.

20 밑줄 그은 '이 기구'에 대한 설명으로 옳은 것은? [2점]

이 책은 1870년에 편찬된 은대조례입니다. 서문에서 흥선 대원군은 은대라고 불린 이 기구의 업무 처리 규정을 일목요연하게 정리하였으니 앞으로 승지들의 사무에 나침반이 될 것이라고 밝혔습니다.

① 왕명의 출납을 관장하였다.
② 사간원, 사헌부와 함께 3사로 불렸다.
③ 천문 연구, 기상 관측 등의 일을 맡았다.
④ 실록을 보관하고 관리하는 업무를 담당하였다.
⑤ 국왕 직속 사법 기구로 강상죄, 반역죄 등을 처결하였다.

21 다음 검색창에 들어갈 인물의 활동으로 옳은 것은? [3점]

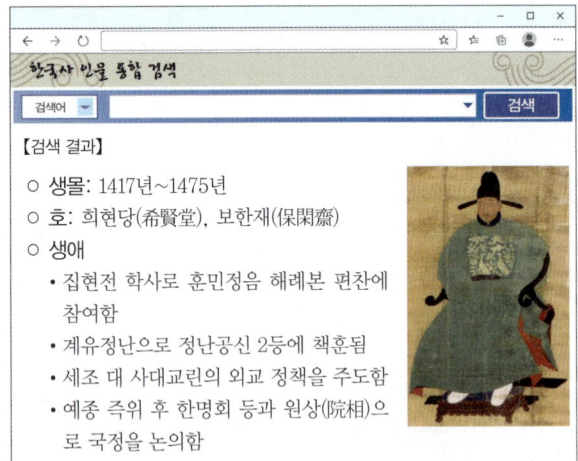

한국사 인물 통합 검색

【검색 결과】
○ 생몰: 1417년~1475년
○ 호: 희현당(希賢堂), 보한재(保閑齋)
○ 생애
 • 집현전 학사로 훈민정음 해례본 편찬에 참여함
 • 계유정난으로 정난공신 2등에 책훈됨
 • 세조 대 사대교린의 외교 정책을 주도함
 • 예종 즉위 후 한명회 등과 원상(院相)으로 국정을 논의함

① 기해예송에서 기년설을 주장하였다.
② 반정 공신의 위훈 삭제를 건의하였다.
③ 향촌의 풍속 교화를 위해 예안 향약을 시행하였다.
④ 최초로 100리 척을 사용한 동국지도를 제작하였다.
⑤ 일본의 정치, 사회, 지리 등을 정리한 해동제국기를 저술하였다.

22 (가) 왕이 추진한 정책으로 옳은 것은? [3점]

□□ 신문

제△△호   ○○○○년 ○○월 ○○일

관현맹(管絃盲) 공연, 경복궁에서 재현

조선 시대 관현맹의 공연을 재현하는 행사가 경복궁 수정전에서 개최되었다. 관현맹은 궁중 잔치에서 연주한 시각장애인 악사인데, 박연의 상소를 계기로 (가) 때 관직과 곡식을 받게 되었다. 이번 공연에서는 (가) 이/가 작곡한 여민락(與民樂)을 시작으로 여러 곡이 연주되었다.

① 창덕궁에 신문고를 처음 설치하였다.
② 삼수병으로 구성된 훈련도감을 창설하였다.
③ 붕당 정치의 폐단을 경계하고자 탕평비를 세웠다.
④ 통치 체제를 정비하기 위해 대전통편을 간행하였다.
⑤ 유교 윤리의 보급을 위해 삼강행실도를 편찬하였다.

23 다음 상인이 등장한 배경으로 가장 적절한 것은? [1점]

(앞면) 우리 역사 속 직업의 세계 / 나의 직업은 무엇일까요?

(뒷면)
■ 직업 소개
선혜청 등에서 공가(貢價)를 받아 필요한 물품을 마련하여 궁궐과 관청에 납품하는 상인
■ 요구 능력
물품을 대량으로 구입하여 기일에 맞춰 조달할 수 있는 능력

① 관수 관급제가 시행되었다.
② 금속 화폐인 건원중보가 주조되었다.
③ 근대적 상회사인 대동 상회가 설립되었다.
④ 공납의 폐단을 시정하기 위해 대동법이 실시되었다.
⑤ 육의전을 제외한 시전 상인의 금난전권이 폐지되었다.

24 밑줄 그은 '이 성곽'에 대한 설명으로 옳지 <u>않은</u> 것은? [2점]

이 성곽은 한성부 도심의 경계를 표시하고 외부의 침입을 방어하기 위해 축조되었습니다. 총 둘레는 약 18km로 4대문과 4소문 및 암문, 수문, 여장, 옹성 등의 시설을 갖추고 있습니다.

① 개국 초기 정도전 등이 설계하였다.
② 도성조축도감이 축조를 관장하였다.
③ 후금의 침입에 맞서 정봉수가 항전한 곳이다.
④ 조선 시대 축성 기술의 변화 과정이 잘 나타나 있다.
⑤ 일제 강점기 도시 정비 계획을 구실로 크게 훼손되었다.

25 다음 전투 이후에 전개된 사실로 옳은 것은? [2점]

> 권율이 정병 4천 명을 뽑아 행주산 위에 진을 치고 책(柵)을 설치하여 방비하였다. …… 적은 올려다보고 공격하는 처지가 되어 탄환도 맞히지 못하는데 반해 호남의 씩씩한 군사들은 모두 활쏘기를 잘하여 쏘는 대로 적중시켰다. …… 적이 결국 패해 후퇴하였다.
> - 『선조수정실록』 -

① 최영이 홍산에서 대승을 거두었다.
② 이순신이 한산도 대첩에서 승리하였다.
③ 휴전 회담의 결렬로 정유재란이 시작되었다.
④ 이종무가 왜구의 근거지인 쓰시마를 정벌하였다.
⑤ 신립이 탄금대에서 배수의 진을 치고 왜군에 항전하였다.

26 밑줄 그은 '임금'의 재위 기간에 있었던 사실로 옳은 것은? [3점]

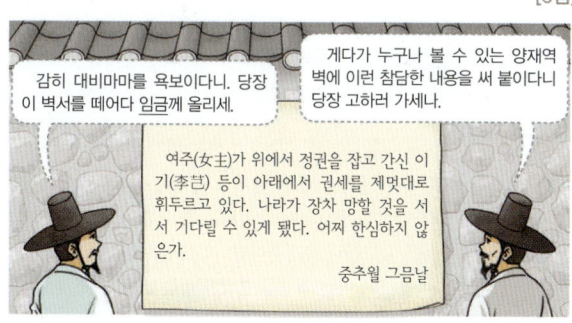

감히 대비마마를 욕보이다니. 당장 이 벽서를 떼어다 임금께 올리세.

게다가 누구나 볼 수 있는 양재역 벽에 이런 참담한 내용을 써 붙이다니 당장 고하러 가세나.

여주(女主)가 위에서 정권을 잡고 간신 이기(李芑) 등이 아래에서 권세를 제멋대로 휘두르고 있다. 나라가 장차 망할 것을 서서 기다릴 수 있게 됐다. 어찌 한심하지 않은가.
중추월 그믐날

① 사림이 동인과 서인으로 나뉘었다.
② 외척 간의 대립으로 을사사화가 일어났다.
③ 서인이 반정을 일으켜 정권을 장악하였다.
④ 김종직 등 사림이 중앙 정계에 진출하기 시작하였다.
⑤ 폐비 윤씨 사사 사건의 전말이 알려져 김굉필 등이 처형되었다.

27 (가) 문화유산에 대한 설명으로 옳은 것을 <보기>에서 고른 것은? [2점]

> ― 보기 ―
> ㄱ. 고종이 아관 파천 이후 환궁한 곳이다.
> ㄴ. 포루, 공심돈 등 방어 시설을 갖추었다.
> ㄷ. 당백전을 발행하여 건설 비용에 충당하였다.
> ㄹ. 정약용이 고안한 거중기 등을 이용하여 축조되었다.

① ㄱ, ㄴ ② ㄱ, ㄷ ③ ㄴ, ㄷ ④ ㄴ, ㄹ ⑤ ㄷ, ㄹ

28 (가), (나)를 쓴 인물의 공통점으로 옳은 것은? [2점]

> (가) 실옹이 웃으며 말하기를, "…… 대저 땅덩이는 하루 동안에 한 바퀴를 도는데, 땅 둘레는 9만 리이고 하루는 12시이다. 9만 리 넓은 둘레를 12시간에 도니 번개나 포탄보다도 더 빠른 셈이다."라고 하였다.
>
> (나) 허생이 말하기를, "우리 조선은 배가 외국과 통하지 못하고, 수레가 국내에 두루 다니지 못하는 까닭에 온갖 물건이 나라 안에서 생산되어 소비되곤 하지 않나. …… 어떤 물건 하나를 슬그머니 독점한다면, 그 물건은 한 곳에 갇혀서 유통되지 못하니 이는 백성을 못살게 하는 방법이야."라고 하였다.

① 갑술환국으로 정계에서 축출되었다.
② 양명학을 연구하여 강화 학파를 형성하였다.
③ 서얼 출신으로 규장각 검서관에 기용되었다.
④ 연행사의 일원으로 청에 다녀와 연행록을 남겼다.
⑤ 농민 생활의 안정을 위하여 화폐 사용을 반대하였다.

29 밑줄 그은 '시기'에 볼 수 있는 모습으로 옳지 않은 것은? [1점]

① 판소리를 구경하는 농민
② 탈춤 공연을 벌이는 광대
③ 장시에서 물품을 파는 보부상
④ 한글 소설을 읽어 주는 전기수
⑤ 벽란도에서 인삼을 사는 송의 상인

30 밑줄 그은 '이 사건'이 일어난 시기를 연표에서 옳게 고른 것은? [2점]

① (가) ② (나) ③ (다) ④ (라) ⑤ (마)

31 밑줄 그은 '개혁'에 해당하는 내용으로 옳은 것은? [2점]

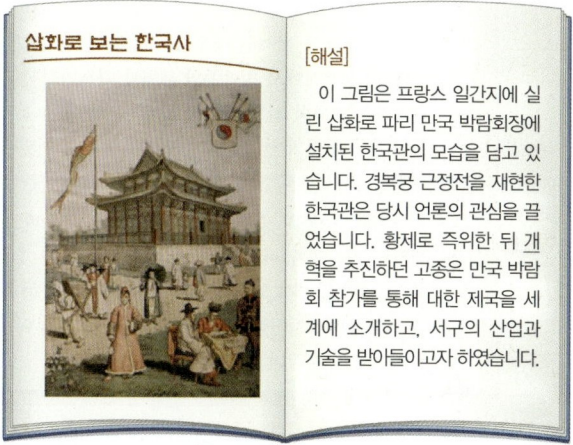

삽화로 보는 한국사

[해설]
이 그림은 프랑스 일간지에 실린 삽화로 파리 만국 박람회장에 설치된 한국관의 모습을 담고 있습니다. 경복궁 근정전을 재현한 한국관은 당시 언론의 관심을 끌었습니다. 황제로 즉위한 뒤 개혁을 추진하던 고종은 만국 박람회 참가를 통해 대한 제국을 세계에 소개하고, 서구의 산업과 기술을 받아들이고자 하였습니다.

① 건양이라는 연호를 사용하였다.
② 신식 군대인 별기군을 창설하였다.
③ 관립 의학교와 광제원을 설립하였다.
④ 박문국을 설치하여 한성순보를 발간하였다.
⑤ 한일 관계 사료집을 편찬하고 독립 공채를 발행하였다.

32 (가)에 들어갈 내용으로 옳은 것은? [2점]

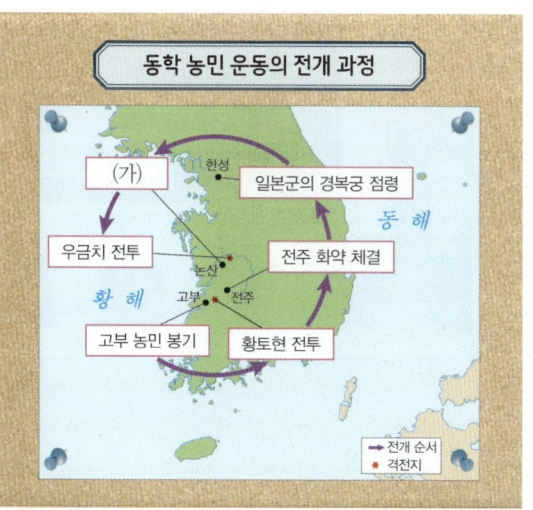

① 교정청 설치
② 전봉준 체포
③ 13도 창의군 결성
④ 안핵사 이용태 파견
⑤ 남접과 북접의 연합

33 밑줄 그은 '조약'의 영향으로 가장 적절한 것은? [2점]

청의 알선으로 서양과 맺은 최초의 조약이 체결된 장소에 새로운 표석이 설치되었습니다. 기존 한글 안내판에 영어와 중국어 안내문을 추가한 이번 표석 설치는 개항기 대외 관계와 관련한 중요한 장소를 외국인에게도 널리 알리는 기회가 될 것으로 보입니다.

영어, 중국어 안내문을 추가한 표석 설치

① 부산, 원산, 인천 항구가 개항되었다.
② 김홍집이 국내에 조선책략을 소개하였다.
③ 민영익을 대표로 한 보빙사가 파견되었다.
④ 일본 군함 운요호가 영종도를 공격하였다.
⑤ 개화 정책을 총괄하는 통리기무아문이 설치되었다.

34 교사의 질문에 대한 학생의 답변으로 옳은 것은? [2점]

이것은 대한매일신보에 태극 서관이 게재한 서적 할인 광고입니다. 태극 서관은 신지식 보급과 민족의식 고취를 위해 이 단체가 운영한 기관입니다. 인재 양성을 위해 대성 학교도 설립한 이 단체에 대해 말해 볼까요?

① 민립 대학 설립 운동을 전개하였어요.
② 러시아의 절영도 조차 요구를 저지하였어요.
③ 파리 강화 회의에 독립 청원서를 제출하였어요.
④ 안창호, 양기탁 등이 비밀 결사로 조직하였어요.
⑤ 국문 연구소를 세워 한글의 문자 체계를 정리하였어요.

35 다음 인물의 활동으로 옳은 것은? [3점]

나는 23세 때 육영 공원의 교사로 조선에 와서 학생들을 가르쳤소. 고종의 특사가 되어 만국 평화 회의가 열린 헤이그를 방문하였고, 대한 제국 멸망사를 출간하기도 했소. 나는 한국인의 권리와 자유를 위해 싸워왔으며 한국인에 대한 사랑은 내 인생의 가장 소중한 가치라오. 나는 웨스트민스터 사원보다 한국 땅에 묻히기를 염원하오.

① 화폐 정리 사업을 주도하였다.
② 한글로 된 교재인 사민필지를 집필하였다.
③ 여성 교육 기관인 이화 학당을 설립하였다.
④ 친일 인사 스티븐스를 샌프란시스코에서 사살하였다.
⑤ 논설 단연보국채를 써서 국채 보상 운동에 적극 참여하였다.

36 (가) 단체의 활동으로 옳은 것은? [2점]

아들아, 제중원 의학교 1회 졸업생이 된 것을 축하한다. 백정의 아들로 태어나 차별을 극복하고 의사가 된다니 정말 자랑스럽구나.

10년 전 (가) 이/가 주관한 관민 공동회 개회식에서 당당하게 충군 애국의 뜻을 밝히신 아버지의 연설에 감명을 받아 열심히 공부할 수 있었습니다.

① 일제의 황무지 개간권 요구를 저지하였다.
② 중추원 개편을 통한 의회 설립을 추진하였다.
③ 농촌 계몽을 위한 브나로드 운동을 전개하였다.
④ 외교 활동을 펼치기 위해 구미 위원부를 설치하였다.
⑤ 여성의 평등한 권리를 주장하는 여권통문을 발표하였다.

37 (가), (나) 사이의 시기에 있었던 사실로 옳은 것은? [2점]

(가) 조선 사회 운동 단체인 정우회는 며칠 전 선언서를 발표하였다. 선언서에서 민족주의 세력과 과도기적 동맹자적 관계를 구축해야 한다고 밝히고 타협과 항쟁을 분리시켜 사회 운동 본래의 사명을 잊지 말자는 것을 말하였다.

(나) 조선 민족 운동의 중추 기관이 되려는 사명을 띠고 창립되었던 신간회가 비로소 첫 번째 전체 대회를 개최하였다. 그러나 간신히 열리는 전체 대회에서 해소 문제 토의를 최대 의제로 하게 된 것은 조선의 현 상황이 아니고서는 보기 어려운 기현상이다.

① 광주 학생 항일 운동이 일어났다.
② 임병찬이 독립 의군부를 조직하였다.
③ 독립군이 봉오동에서 큰 승리를 거두었다.
④ 도쿄 유학생들이 2·8 독립 선언서를 발표하였다.
⑤ 조선 민족 전선 연맹 산하에 조선 의용대가 창설되었다.

38 밑줄 그은 '이곳'에 해당하는 지역을 지도에서 옳게 고른 것은? [1점]

박용만은 1905년 국외로 떠난 이후 네브라스카주에서 대학을 다니며 독립군 양성 기관인 한인 소년병 학교를 창설하고, 국민개병설을 집필했습니다. 그 후 이곳으로 건너와 대조선 국민군단을 조직하여 독립 전쟁을 준비했습니다.

대조선 국민군단이 사용한 건물과 군복을 입은 박용만

① (가) ② (나) ③ (다) ④ (라) ⑤ (마)

39 (가), (나) 인물에 대한 설명으로 옳은 것은? [3점]

① (가) – 조선 혁명 간부 학교를 설립하였다.
② (가) – 대한 광복회를 조직하여 친일파를 처단하였다.
③ (나) – 대전자령 전투에서 일본군에 대승을 거두었다.
④ (나) – 중광단을 중심으로 북로 군정서를 조직하였다.
⑤ (가), (나) – 황푸 군관 학교에 입학하여 군사 훈련을 받았다.

41 (가) 정부에 대한 설명으로 옳은 것은? [2점]

① 좌우 합작 7원칙을 발표하였다.
② 한인 자치 기관인 경학사를 조직하였다.
③ 조선 혁명 선언을 활동 지침으로 삼았다.
④ 한글 맞춤법 통일안과 표준어를 제정하였다.
⑤ 삼균주의를 기초로 한 건국 강령을 선포하였다.

40 밑줄 그은 '시기'의 일제 정책으로 옳은 것은? [1점]

① 치안 유지법을 공포하였다.
② 토지 조사령을 제정하였다.
③ 헌병 경찰 제도를 실시하였다.
④ 식량 배급 및 미곡 공출제를 시행하였다.
⑤ 보통학교의 수업 연한을 4년으로 정하였다.

42 (가) 사건에 대한 설명으로 옳은 것은? [2점]

① 유신 헌법의 철폐를 요구하였다.
② 통일 주체 국민 회의가 설치되는 결과를 가져왔다.
③ 희생자들의 명예 회복을 위한 특별법이 제정되었다.
④ 4·13 호헌 철폐와 독재 타도 등의 구호를 내세웠다.
⑤ 귀속 재산 처리를 위한 신한 공사 설립의 계기가 되었다.

43 (가) 전쟁 중 있었던 사실로 옳은 것은? [1점]

> 국민 보도 연맹 사건은 우리 현대사의 커다란 비극입니다. 좌우 대립의 혼란 속에서 수많은 사람들이 국민 보도 연맹에 가입되었고, (가) 의 와중에 영문도 모른 채 끌려 가 죽임을 당했습니다. 그리고 그 유가족들은 연좌제의 굴레에서 고통받으며 억울하다는 말 한마디 못한 채 수십 년을 지내야만 했습니다. 저는 대통령으로서 국가를 대표해서 당시 국가 권력이 저지른 불법 행위에 대해 진심으로 사과드립니다.
> - 「울산 국민 보도 연맹 사건 희생자 추모식에 보내는 편지」-

① 6·3 시위가 발생하였다.
② 애치슨 선언이 발표되었다.
③ 브라운 각서가 체결되었다.
④ 부마 민주 항쟁이 일어났다.
⑤ 인천 상륙 작전이 전개되었다.

44 밑줄 그은 '개헌안'이 발표된 이후의 사실로 옳은 것은? [3점]

① 반민족 행위 처벌법이 제정되었다.
② 제2차 미소 공동 위원회가 결렬되었다.
③ 국회가 민의원과 참의원의 양원제로 운영되었다.
④ 평화 통일론을 주장한 진보당의 조봉암이 구속되었다.
⑤ 유상 매수, 유상 분배 원칙의 농지 개혁법이 제정되었다.

45 다음 정부 시기에 볼 수 있는 모습으로 가장 적절한 것은? [2점]

① 최저 임금법 제정으로 최저 임금을 심의하는 위원
② 금융 실명제에 따라 신분증 제시를 요구하는 은행원
③ 한·칠레 자유 무역 협정(FTA)의 비준을 보도하는 기자
④ 전국 민주 노동조합 총연맹 창립 대회에 참가하는 노동자
⑤ 정부의 도시 정책에 반발해 시위를 하는 광주 대단지 이주민

46 (가) 민주화 운동에 대한 설명으로 옳은 것은? [1점]

① 시위 도중 대학생 이한열이 희생되었다.
② 경무대로 향하던 시위대가 경찰의 총격을 받았다.
③ 박종철 고문치사 사건의 진상 규명을 요구하였다.
④ 신군부의 비상계엄 확대와 무력 진압에 저항하였다.
⑤ 3·1 민주 구국 선언을 통해 긴급 조치 철폐 등을 주장하였다.

47 (가), (나) 사이의 시기에 있었던 사실로 옳은 것은? [2점]

(가) 2. 남과 북은 나라의 통일을 위한 남측의 연합제 안과 북측의 낮은 단계의 연방제 안이 서로 공통성이 있다고 인정하고, 앞으로 이 방향에서 통일을 지향시켜 나가기로 하였다.
– 「6·15 남북 공동 선언」 –

(나) 4. 남과 북은 현 정전 체제를 종식시키고 항구적인 평화 체제를 구축해 나가야 한다는 데 인식을 같이하고 직접 관련된 3자 또는 4자 정상들이 한반도 지역에서 만나 종전을 선언하는 문제를 추진하기 위해 협력해 나가기로 하였다.
– 「10·4 남북 정상 선언」 –

① 남북 조절 위원회가 구성되었다.
② 7·4 남북 공동 성명이 발표되었다.
③ 개성 공업 지구 건설이 착공되었다.
④ 남북한 비핵화 공동 선언이 채택되었다.
⑤ 남북 이산가족 고향 방문단의 교환 방문이 최초로 성사되었다.

48 (가) 문화유산에 대한 설명으로 옳은 것을 〈보기〉에서 고른 것은? [2점]

저는 지금 파리에서 열린 한지 공예 특별전에 나와 있습니다. 이 작품은 영조와 정순 왕후의 혼례식 행렬을 1,100여 점의 닥종이 인형으로 재현한 것입니다. 조선 시대 왕실이나 국가의 큰 행사가 있을 때 일체의 관련 사실을 글과 그림으로 기록한 책인 (가) 을/를 바탕으로 제작되었습니다.

▶ 보기
ㄱ. 사초와 시정기를 바탕으로 편찬되었다.
ㄴ. 연대순으로 기록하는 편년체로 구성되었다.
ㄷ. 왕의 열람을 위한 어람용이 따로 제작되었다.
ㄹ. 병인양요 당시 일부가 프랑스군에게 약탈되었다.

① ㄱ, ㄴ ② ㄱ, ㄷ ③ ㄴ, ㄷ ④ ㄴ, ㄹ ⑤ ㄷ, ㄹ

[49~50] 다음 자료를 읽고 물음에 답하시오.

(가) 처음으로 독서삼품을 정하여 관리를 선발하였다. 춘추좌씨전, 예기, 문선을 읽고 그 뜻에 능통하면서 아울러 논어와 효경에 밝은 자를 상품(上品)으로, 곡례와 논어, 효경을 읽은 자를 중품(中品)으로, 곡례와 효경을 읽은 자를 하품(下品)으로 하였다.

(나) 쌍기가 의견을 올리니 처음으로 ㉠ 이 제도를 마련하여 시행하였다. 시·부·송 및 시무책으로 시험하여 진사를 뽑았으며, 겸하여 명경업·의업·복업 등도 뽑았다.

(다) 조광조가 아뢰기를, "중앙에서는 홍문관·육경·대간, 지방에서는 감사와 수령이 천거한 사람들을 대궐에 모아 시험을 치르면 많은 인재를 얻을 수 있을 것입니다. ㉡ 이 제도는 한(漢)에서 시행한 현량방정과의 뜻을 이은 것입니다."라고 하였다.

(라) 제4조 의정부 및 각 부 판임관을 임명할 시에는 각기 관하 학도 및 외국 유학생 졸업자 중에서 시험을 거쳐 해당 주무 장관이 전권으로 임명한다. 단, 졸업자가 없을 시에는 문필과 산술이 있고 시무에 통달한 자로 시험을 거쳐서 임명한다.

49 (가)~(라)를 활용한 탐구 활동으로 적절한 것을 〈보기〉에서 고른 것은? [2점]

▶ 보기
ㄱ. (가) – 최승로의 시무 28조를 받아들여 달라진 제도를 살펴본다.
ㄴ. (나) – 광종이 왕권 강화를 위해 추진한 정책에 대해 알아본다.
ㄷ. (다) – 중종 때 사림파 언관들이 제기한 주장을 조사해 본다.
ㄹ. (라) – 임술 농민 봉기를 수습하기 위한 정부의 대책을 파악한다.

① ㄱ, ㄴ ② ㄱ, ㄷ ③ ㄴ, ㄷ ④ ㄴ, ㄹ ⑤ ㄷ, ㄹ

50 밑줄 그은 ㉠, ㉡에 대한 설명으로 옳은 것은? [3점]

① ㉠ – 역분전이 제정되는 결과를 가져왔다.
② ㉠ – 지공거와 합격자 사이에 좌주와 문생 관계가 형성되었다.
③ ㉡ – 제술과, 명경과, 잡과, 승과로 구성되었다.
④ ㉡ – 성균관에서 보는 관시, 한성부에서 보는 한성시, 각 지방에서 보는 향시로 나뉘었다.
⑤ ㉠, ㉡ – 홍범 14조 반포를 계기로 시행되었다.

제61회 한국사능력검정시험

- 자신이 선택한 등급의 문제지인지 확인하시오.
- 문제지에 성명과 수험 번호를 정확히 써넣으시오.
- 답안지에 성명과 수험 번호를 써넣고, 또 수험 번호와 답을 정확히 표시하시오.
- 시험 시간은 80분입니다.

01 (가) 시대의 생활 모습으로 옳은 것은? [1점]

① 주로 동굴이나 막집에 거주하였다.
② 고인돌, 돌널무덤 등을 축조하였다.
③ 명도전을 이용하여 중국과 교역하였다.
④ 농경과 목축을 통하여 식량을 생산하였다.
⑤ 비파형 동검과 거친무늬 거울 등을 제작하였다.

02 (가) 나라에 대한 설명으로 옳은 것은? [1점]

① 신성 지역인 소도가 존재하였다.
② 연의 장수 진개의 공격을 받았다.
③ 혼인 풍습으로 민며느리제가 있었다.
④ 여러 가(加)들이 별도로 사출도를 주관하였다.
⑤ 특산물로 단궁, 과하마, 반어피가 유명하였다.

03 다음 자료에 해당하는 국가에 대한 설명으로 옳은 것은? [2점]

○ 벼슬은 16품계가 있다. 좌평은 5명으로 1품, 달솔은 30명으로 2품, 은솔은 3품, 덕솔은 4품, 한솔은 5품, 나솔은 6품이다. 6품 이상은 관(冠)을 은으로 만든 꽃으로 장식하였다.
○ 그 나라의 지방에는 5방이 있다. 중방은 고사성, 동방은 득안성, 남방은 구지하성, 서방은 도선성, 북방은 웅진성이라 한다.
— 『주서』 —

① 골품에 따라 관등 승진에 제한을 두었다.
② 제가 회의에서 국가 중대사를 결정하였다.
③ 지방 장관으로 욕살, 처려근지 등이 있었다.
④ 위화부, 영객부 등의 중앙 관서를 설치하였다.
⑤ 왕족인 부여씨와 8성 귀족이 지배층을 이루었다.

04 다음 검색창에 들어갈 왕에 대한 설명으로 옳은 것은? [2점]

① 영락이라는 연호를 사용하였다.
② 태학을 설립하여 인재를 양성하였다.
③ 낙랑군을 축출하여 영토를 확장하였다.
④ 을파소를 등용하고 진대법을 시행하였다.
⑤ 당의 침입에 대비하여 천리장성을 축조하였다.

05 (가) 인물의 활동으로 옳은 것은? [1점]

이곳은 (가) 의 생애와 활동을 주제로 한 전시실입니다. 그는 금강삼매경론, 대승기신론소 등을 저술하여 불교 교리 연구에 힘썼으며, 무애가를 짓고 정토 신앙을 전파하여 불교 대중화에 앞장섰습니다.

① 일심 사상과 화쟁 사상을 주장하였다.
② 구법 순례기인 왕오천축국전을 남겼다.
③ 황룡사 구층 목탑의 건립을 건의하였다.
④ 왕명으로 수에 군사를 청하는 걸사표를 지었다.
⑤ 승려들의 전기를 정리한 해동고승전을 편찬하였다.

06 다음 상황이 나타난 배경으로 옳은 것은? [3점]

연흥 2년에 여경[개로왕]이 처음으로 사신을 보내 표를 올렸다. "신의 나라는 고구려와 함께 부여에서 나왔으므로 우호가 돈독하였는데, 고구려의 선조인 쇠[고국원왕]가 우호를 가볍게 깨트리고 직접 군사를 지휘하여 우리의 국경을 짓밟았습니다. 신의 선조인 수[근구수왕]는 군대를 정비하고 공격하여 쇠의 머리를 베어 높이 매다니, 이후 감히 남쪽을 엿보지 못하였습니다. 그런데 고구려가 점점 강성해져 침략하고 위협하니 원한이 쌓였고 전쟁의 참화가 30여 년 이어졌습니다. …… 속히 장수를 보내 구원하여 주십시오."

— 『위서』 —

① 을지문덕이 살수에서 승리하였다.
② 동성왕이 나제 동맹을 강화하였다.
③ 성왕이 관산성 전투에서 전사하였다.
④ 계백의 결사대가 황산벌에서 패배하였다.
⑤ 장수왕이 평양으로 천도하고 남진을 추진하였다.

07 (가), (나) 사이의 시기에 있었던 사실로 옳은 것은? [3점]

(가) 고구려의 대신 연정토가 12성과 3,500여 명의 백성을 거느리고 [신라에] 항복해 왔다. 왕이 연정토와 그를 따르는 관리 24명에게 의복·물품·식량·집을 주었다.

(나) 이근행이 군사 20만 명을 이끌고 매소성에 주둔하였다. 신라 군사가 공격하여 달아나게 하고 말 3만여 필을 얻었는데, 남겨 놓은 병장기의 수도 그 정도 되었다.

① 윤충이 대야성을 공격하여 함락하였다.
② 문무왕이 안승을 보덕왕으로 책봉하였다.
③ 김춘추가 당과의 군사 동맹을 성사시켰다.
④ 연개소문이 정변을 일으켜 권력을 장악하였다.
⑤ 부여풍이 왜군과 함께 백강에서 당군에 맞서 싸웠다.

08 다음 가상 대화 이후에 있었던 사실로 옳은 것은? [2점]

며칠 전에 웅천주 도독 김헌창이 난을 일으켜 나라 이름을 장안이라 하고 연호를 경운으로 정했다더군.

그의 아버지가 왕이 되지 못한 것에 불만을 품은 모양이야.

① 거칠부가 국사를 편찬하였다.
② 이사부가 우산국을 정복하였다.
③ 관료전이 지급되고 녹읍이 폐지되었다.
④ 원종과 애노가 사벌주에서 봉기하였다.
⑤ 이차돈의 순교를 계기로 불교가 공인되었다.

09 밑줄 그은 '왕'의 정책으로 옳은 것은? [1점]

저는 지금 신숭겸 장군의 충정을 기리는 대구 표충단에 나와 있습니다. 그는 공산 전투 당시 위기에 빠진 왕을 구하기 위해 싸우다가 이곳에서 전사했다고 합니다.

① 빈민 구제를 위해 흑창을 설치하였다.
② 12목에 지방관을 처음으로 파견하였다.
③ 외침에 대비하여 개경에 나성을 축조하였다.
④ 관학 진흥을 목적으로 양현고를 운영하였다.
⑤ 쌍기의 건의를 수용하여 과거제를 시행하였다.

10 다음 시나리오에 등장하는 왕의 업적으로 옳은 것은? [2점]

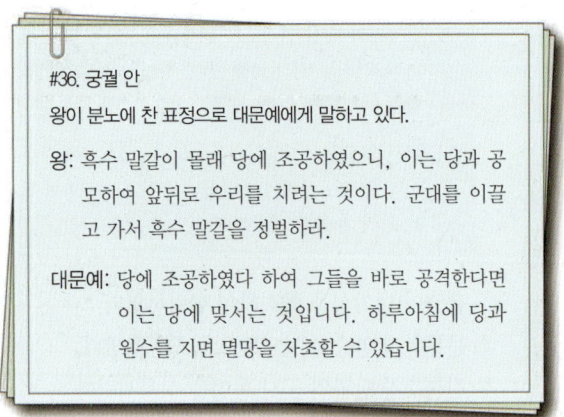

① 장문휴를 보내 등주를 공격하였다.
② 9서당 10정의 군사 조직을 갖추었다.
③ 사비로 천도하고 국호를 남부여로 고쳤다.
④ 지방관을 감찰하고자 외사정을 파견하였다.
⑤ 고구려 유민을 모아 동모산에서 나라를 세웠다.

11 (가)에 들어갈 인물에 대한 설명으로 옳은 것은? [2점]

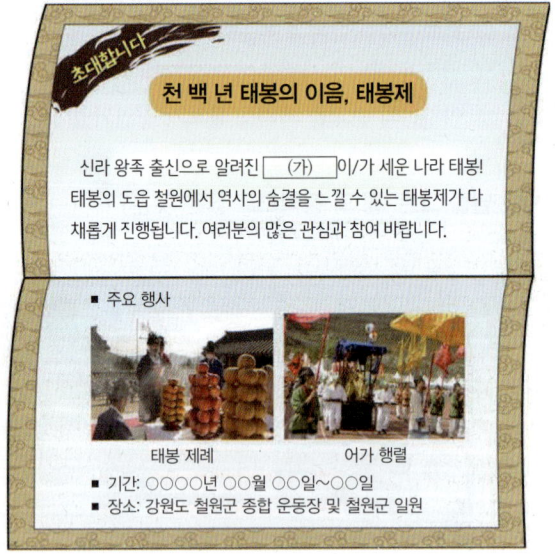

① 발해를 멸망시킨 거란을 적대시하였다.
② 미륵불을 자처하며 왕권을 강화하였다.
③ 신라를 공격하여 경애왕을 죽게 하였다.
④ 노비안검법을 시행하여 재정을 확충하였다.
⑤ 청해진을 설치하여 해상 무역을 장악하였다.

12 밑줄 그은 '이 사건'이 일어난 시기를 연표에서 옳게 고른 것은? [2점]

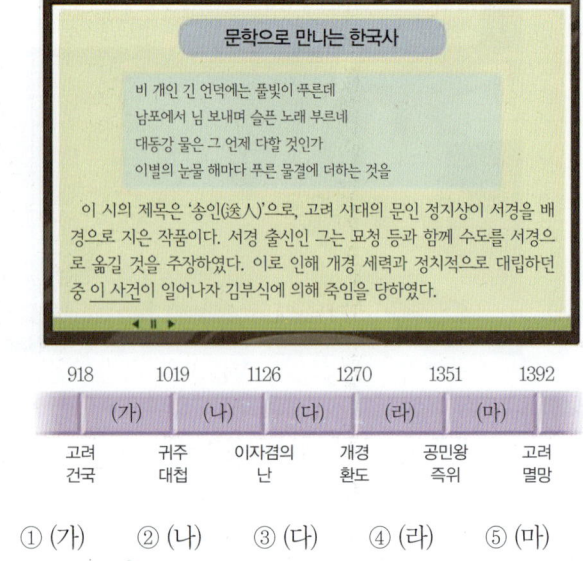

① (가) ② (나) ③ (다) ④ (라) ⑤ (마)

13 (가), (나) 사이의 시기에 있었던 사실로 옳은 것은? [2점]

> (가) 최충헌 형제가 왕을 협박하여 창락궁에 유폐하고 태자 왕숙은 강화도로 유배 보냈다.
> (나) 유경이 최의를 죽인 뒤, 왕에게 아뢰어 정방을 편전 옆에 두어 인사권을 장악하고, 국가의 주요 사무를 모두 결정하였다.

① 강조가 정변을 일으켜 김치양을 제거하였다.
② 배중손이 이끄는 삼별초가 진도에서 항전하였다.
③ 만적이 개경에서 노비를 모아 반란을 모의하였다.
④ 조위총이 군사를 일으켜 정중부 등의 제거를 도모하였다.
⑤ 김보당이 의종 복위를 주장하며 동계에서 군사를 일으켰다.

14 밑줄 그은 '이 시기'에 볼 수 있는 모습으로 옳은 것은? [1점]

① 농사직설을 편찬하는 학자
② 초조대장경을 조판하는 장인
③ 정동행성에서 회의하는 관리
④ 삼강행실도를 읽고 있는 양반
⑤ 백운동 서원에서 공부하는 유생

15 (가)~(라) 승려에 대한 설명으로 옳은 것은? [3점]

○ (가) 은/는 화엄 사상의 요지를 정리한 「화엄일승법계도」를 저술하였다. 또한 부석사를 비롯한 여러 사원을 건립하였고, 현세의 고난에서 구제받고자 하는 관음 신앙을 강조하였다.

○ (나) 은/는 귀법사의 주지로서, 왕명에 따라 민중을 교화하고 불법을 널리 펴기 위해 노력하였다. 또한 향가인 「보현십원가」 11수를 지어 화엄 사상을 대중에게 전파하였다.

○ (다) 은/는 문종의 아들로 태어나 11세에 출가하였다. 31세에 송으로 건너가 고승들과 불법을 토론하고 불교 서적을 수집하여 귀국하였다. 국청사를 중심으로 천태종을 창시하였으며, 교선 통합을 사상적으로 뒷받침하기 위해 교관겸수를 제창하였다.

○ (라) 은/는 12세에 출가하였다. 수행상의 제약을 넘어서기 위해서는 천태의 교리에 의지해야 한다는 깨달음을 얻었다. 법화 신앙을 바탕으로 강진 만덕사에서 백련 결사를 결성하였다.

① (가) - 심성의 도야를 강조한 유불 일치설을 주장하였다.
② (나) - 정혜쌍수와 돈오점수를 수행 방법으로 제시하였다.
③ (다) - 불교 경전에 대한 주석서를 모아 교장을 편찬하였다.
④ (라) - 9산 선문 중 하나인 가지산문을 개창하였다.
⑤ (가)~(라) - 승과에 합격하고 왕사에 임명되었다.

16 (가) 국가의 경제 상황으로 옳은 것은? [1점]

이 작품은 이규보가 예성강 하구의 정경을 묘사한 시입니다. 이곳에 있던 벽란도는 (가) 의 국제 무역항으로 송과 아라비아 상인들이 왕래할 정도로 번성했습니다.

조수가 들고나니
오고 가는 배의 꼬리가 이어졌구나
아침에 이 누각 밑을 떠나면
한낮이 되지 않아
돛대는 남만(南蠻)에 이르도다
사람들은 배를 보고
물 위의 역마라고 하지만
바람처럼 달리는 준마도
이보다 빠르지는 못하리

① 송상이 전국 각지에 송방을 두었다.
② 활구라고 불리는 은병을 주조하였다.
③ 동시전을 설치하여 시장을 감독하였다.
④ 담배, 면화, 생강 등 상품 작물을 널리 재배하였다.
⑤ 일본과 교역을 위해 부산포, 염포, 제포를 개항하였다.

17 (가)에 대한 고려의 대응으로 옳은 것은? [2점]

김윤후가 충주산성 방호별감이 되었는데 (가) 의 군대가 쳐들어 와 충주성을 70여 일간 포위하였다. 군량이 거의 바닥나자 김윤후가 군사들에게 "만약 힘내 싸운다면 귀천을 가리지 않고 모두 관작을 내리겠다."라고 하였다. 마침내 관노비의 문서를 불태우고 노획한 소와 말을 나누어 주었다. 사람들이 모두 죽음을 무릅쓰고 싸우니 적의 기세가 꺾여 남쪽으로 침략하는 것을 막을 수 있었다.

① 윤관을 보내 동북 9성을 축조하였다.
② 박위로 하여금 쓰시마섬을 정벌하게 하였다.
③ 서희가 외교 담판을 통해 강동 6주를 획득하였다.
④ 최우가 강화도로 수도를 옮겨 장기 항전에 대비하였다.
⑤ 최영이 철령위 설치에 반발하여 요동 정벌을 추진하였다.

18 밑줄 그은 '문화유산'으로 옳지 않은 것은? [3점]

이것은 고려 시대에 만들어진 나전 합입니다. 고려에 온 송의 사신 서긍이 솜씨가 세밀하여 귀하다고 평가할 정도로 고려의 나전 칠기 기술은 매우 뛰어났습니다. 이 나전 합을 비롯해 고려 시대에는 다양한 문화유산이 만들어졌습니다.

나전 국화 넝쿨무늬 합

①
청동 은입사 포류수금문 정병

②
부석사 소조여래 좌상

③
청자 상감운학문 매병

④
월정사 팔각 구층 석탑

⑤
법주사 팔상전

19 (가)에 들어갈 내용으로 가장 적절한 것은? [2점]

★ 역사 인물 다큐멘터리 기획안 ★

화약 무기 연구의 선구자, ○○○

1. 기획 의도
   중국의 군사 기밀이었던 화약 제조 기술을 습득해 우리나라 최초로 화약의 자체 생산에 성공한 ○○○. 그의 활동을 통해 국방 과학 기술의 중요성을 되새겨 본다.
2. 장면
   #1. 중국인 이원에게 염초 제조법을 배우다
   #2. (가)
   #3. 나세, 심덕부 등과 함께 진포에서 왜구를 크게 격퇴하다

① 신기전과 화차를 개발하다
② 화통도감의 설치를 건의하다
③ 불랑기포를 활용하여 평양성을 탈환하다
④ 조총 부대를 이끌고 나선 정벌에 참여하다
⑤ 발화 장치를 활용한 비격진천뢰를 발명하다

20 다음 대화에 등장하는 왕의 재위 시기에 있었던 사실로 옳은 것은? [2점]

전하께서 명하신 대로 장악원에 소장된 의궤와 악보를 새로이 교감하여 악학궤범을 완성하였습니다.

예조 판서 성현을 비롯하여 편찬에 공을 세운 이들에게 차등을 두어 상을 내리도록 하라.

① 주자소가 설치되어 계미자가 주조되었다.
② 전통 한의학을 집대성한 동의보감이 완성되었다.
③ 통치 체제를 정비하기 위해 속대전이 간행되었다.
④ 한양을 기준으로 역법을 정리한 칠정산이 제작되었다.
⑤ 전국의 지리, 풍속 등이 수록된 동국여지승람이 편찬되었다.

21 (가), (나) 사이의 시기에 있었던 사실로 옳은 것은? [3점]

(가) 윤필상, 유순 등이 폐비(廢妃) 윤씨의 시호를 의논하며 "시호와 휘호를 함께 의논하겠습니까?"라고 아뢰니, "시호만 정하는 것이 합당하겠다."라고 하였다. …… 승정원에 전교하기를 "폐비할 때 의논에 참여한 재상, 궁궐에서 나갈 때 시위한 재상, 사약을 내릴 때 나가 참여한 재상 등을 승정원 일기에서 조사하여 아뢰라."라고 하였다.

(나) 의정부에 하교하기를 "조광조 등이 서로 결탁하여, 자신들에게 붙는 자는 천거하고 자신들과 뜻이 다른 자는 배척해서 …… 후진을 유인하여 궤격(詭激)*이 버릇되게 하고, 일을 의논할 때에도 조금만 이의를 세우면 반드시 극심한 말로 배척하여 꺾어서 따르게 하였다. …… 조광조·김정 등을 원방(遠方)에 안치하라."라고 하였다.

*궤격(詭激): 언행이 정상을 벗어나고 격렬함

① 성삼문 등이 단종의 복위를 꾀하였다.
② 외척 간의 대립으로 윤임이 제거되었다.
③ 이괄이 난을 일으켜 한양을 점령하였다.
④ 성희안 일파가 반정을 통해 연산군을 몰아내었다.
⑤ 조의제문이 발단이 되어 김일손 등이 화를 입었다.

22 (가) 기구에 대한 설명으로 옳은 것은? [2점]

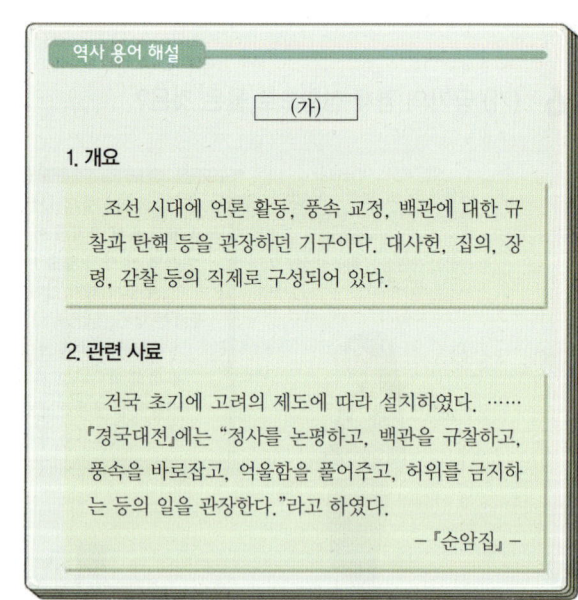

역사 용어 해설

(가)

1. 개요
   조선 시대에 언론 활동, 풍속 교정, 백관에 대한 규찰과 탄핵 등을 관장하던 기구이다. 대사헌, 집의, 장령, 감찰 등의 직제로 구성되어 있다.

2. 관련 사료
   건국 초기에 고려의 제도에 따라 설치하였다. …… 『경국대전』에는 "정사를 논평하고, 백관을 규찰하고, 풍속을 바로잡고, 억울함을 풀어주고, 허위를 금지하는 등의 일을 관장한다."라고 하였다.
   – 『순암집』 –

① 업무 일지인 내각일력을 작성하였다.
② 고려의 삼사와 같은 기능을 수행하였다.
③ 은대(銀臺), 후원(喉院)이라고도 불리었다.
④ 임진왜란을 거치면서 국정 전반을 총괄하였다.
⑤ 5품 이하의 관리 임명에 대한 서경권을 행사하였다.

23 (가)~(다)를 일어난 순서대로 옳게 나열한 것은? [3점]

(가) 임금이 궐내에 있던 기름 먹인 장막을 허적이 벌써 가져갔음을 듣고 노하여 이르기를, "궐내에서 쓰는 것을 마음대로 가져가는 것은 한명회도 못하던 짓이다."라고 하였다. …… 임금이 허적의 당파가 많아 기세가 당당하다는 말을 듣고 그들을 제거하고자 결심하였다.

(나) 비망기를 내려, "국운이 안정되어 왕비가 복위하였으니, 백성에게 두 임금이 없는 것은 고금을 통한 의리이다. 장씨의 왕후 지위를 거두고 옛 작호인 희빈을 내려 주되, 세자가 조석으로 문안하는 예는 폐하지 않도록 하라."라고 하였다.

(다) 임금이 말하기를, "송시열은 산림의 영수로서 나라의 형세가 험난한 때에 감히 원자(元子)의 명호를 정한 것이 너무 이르다고 하였으니, 삭탈 관작하고 성문 밖으로 내쳐라. 반드시 송시열을 구하려는 자가 있겠지만, 그런 자는 비록 대신이라 하더라도 용서하지 않을 것이다."라고 하였다.

① (가) - (나) - (다)
② (가) - (다) - (나)
③ (나) - (가) - (다)
④ (나) - (다) - (가)
⑤ (다) - (나) - (가)

24 밑줄 그은 '전란' 중에 있었던 사실로 옳은 것은? [2점]

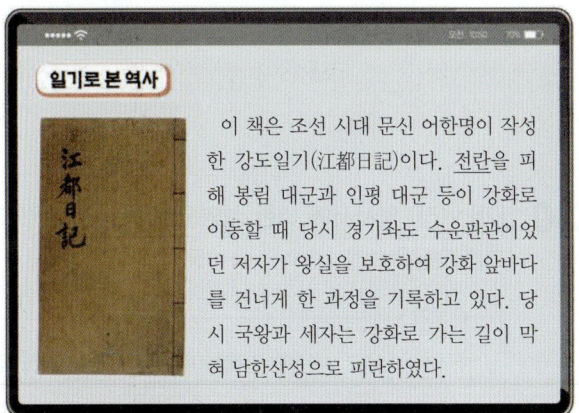

이 책은 조선 시대 문신 어한명이 작성한 강도일기(江都日記)이다. 전란을 피해 봉림 대군과 인평 대군 등이 강화로 이동할 때 당시 경기좌도 수운판관이었던 저자가 왕실을 보호하여 강화 앞바다를 건너게 한 과정을 기록하고 있다. 당시 국왕과 세자는 강화로 가는 길이 막혀 남한산성으로 피란하였다.

① 정문부가 길주에서 의병을 이끌었다.
② 강홍립이 사르후 전투에 참전하였다.
③ 김시민이 진주성에서 적군을 크게 물리쳤다.
④ 임경업이 백마산성에서 적의 침입에 대비하였다.
⑤ 최윤덕이 올라산성에서 이만주 부대를 정벌하였다.

25 다음 기사에 나타난 시기의 경제 상황으로 옳은 것은? [2점]

역사 신문

제△△호   ○○○○년 ○○월 ○○일

거상(巨商) 임상옥, 북경에서 인삼 무역으로 큰 수익

연행사의 수행원으로 북경에 간 만상(灣商) 임상옥이 인삼 무역으로 큰 수익을 거두었다. 북경 상인들이 불매 동맹을 통해 인삼을 헐값에 사려 하자, 그는 가져간 인삼 보따리를 태우는 기지를 발휘해 북경 상인에게 인삼을 높은 가격에 매각하여 막대한 이익을 얻은 것이다.

① 삼한통보, 해동통보가 발행되었다.
② 솔빈부의 말이 특산물로 수출되었다.
③ 초량 왜관을 통해 일본과 교역하였다.
④ 당항성, 영암이 국제 무역항으로 번성하였다.
⑤ 경시서의 관리들이 수도의 시전을 감독하였다.

26 (가) 왕이 추진한 정책으로 옳은 것은? [1점]

서호천을 따라 (가) 의 자취를 느끼다

우리 역사 동아리에서는 (가) 와/과 관련된 유적을 돌아보는 답사 프로그램을 마련하였습니다.

출발 - 축만제 - 노송지대 - 지지대비 - 도착

왕이 수원 화성 및 장용영 운영을 위해 조성한 둔전의 수리 시설

왕이 현륭원* 식목관에 내탕금을 내려 소나무 등을 심도록 한 곳
*현륭원: 왕의 생부인 사도세자의 무덤

왕의 효심을 기리기 위해 아들 순조가 건립한 비

■ 일시: 2022년 10월 22일 10시
■ 출발 장소: 서호 공원

① 경기도에 한하여 대동법을 시행하였다.
② 군역 부담을 줄이기 위해 균역법을 제정하였다.
③ 육의전을 제외한 시전 상인의 금난전권을 폐지하였다.
④ 제한된 규모의 무역을 허용한 계해약조를 체결하였다.
⑤ 현직 관리에게만 수조권을 지급하는 직전법을 실시하였다.

27 다음 자료에 나타난 사건에 대한 설명으로 옳은 것은? [2점]

> 진주 안핵사 박규수에게 하교하기를, "얼마 전에 있었던 진주의 일은 전에 없던 변괴였다. 관원은 백성을 달래지 못하였고, 백성은 패악한 습관을 버리지 못하였다. 누가 그 허물을 책임져야 하겠는가. 신중을 기하여 혹시 한 사람이라도 억울하게 처벌 받는 일이 없게 하라. 그리고 포리(逋吏)*를 법에 따라 처벌할 경우 죄인을 심리하여 처단할 방법을 상세히 구별하라."라고 하였다.
>
> *포리(逋吏): 관아의 물건을 사사로이 써버린 아전

① 홍경래, 우군칙 등이 주도하였다.
② 남접과 북접이 연합하여 전개되었다.
③ 삼정이정청이 설치되는 계기가 되었다.
④ 우정총국 개국 축하연을 이용하여 일어났다.
⑤ 윤원형 일파가 정국을 주도한 시기에 발생하였다.

28 (가) 인물의 작품으로 옳은 것은? [2점]

> 이 작품은 단원 (가) 이/가 그린 추성부도(秋聲賦圖)로, 인생의 허망함과 쓸쓸함을 묘사한 글인 추성부를 그림으로 표현했습니다. 죽음을 앞둔 노년에 자신의 심정을 나타낸 것으로 보입니다. 도화서 화원 출신인 그는 풍속화, 산수화, 인물화 등 다양한 분야에서 뛰어난 작품을 남겼습니다.

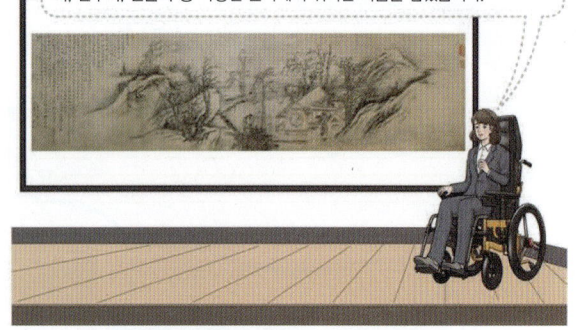

①  ②

③  ④

⑤

[29~30] 다음 자료를 읽고 물음에 답하시오.

> (가) 우리 해동의 삼국도 역사가 오래되었으니 마땅히 책을 써야 합니다. 그러므로 폐하께서 이 늙은 신하에게 편찬하도록 하셨습니다. 폐하께서 이르시기를, "삼국은 중국과 통교하였으므로 『후한서』나 『신당서』에 모두 삼국의 열전이 있지만, 상세히 실리지 않았다. 우리의 옛 기록은 빠진 사실이 많아 후세에 교훈을 주기 어렵다. 그러므로 뛰어난 역사서를 완성하여 물려주고 싶다."라고 하셨습니다.
>
> (나) 삼가 삼국 이후의 여러 역사서를 모으고 중국의 역사서에서 가려내어 연도에 따라 사실을 기록하였습니다. 범례는 『자치통감』에 의거하였고, 『자치통감강목』의 취지에 따라 번잡한 것은 줄이고 요령만 남겨두도록 힘썼습니다. 삼국이 서로 대치한 때는 삼국기라고 하였고, 신라가 통합한 시대는 신라기라고 하였으며, 고려 시대는 고려기라 하였고, 삼한 이전은 외기라고 하였습니다.
>
> (다) 옛 성인은 예악으로 나라를 일으켰고 인의로 가르침을 폈으니 괴력난신은 말하지 않았다. 그러나 제왕이 일어날 때는 반드시 보통 사람과 다른 점이 있었고, 그러한 후에야 제왕의 지위를 얻고 대업을 이루었다. …… 그러므로 삼국의 시조가 모두 신이한 데서 나왔다고 해서 무엇이 괴이하다고 하겠는가. 이것이 책 머리편에 기이편이 실린 까닭이다.
>
> (라) 옛날에 고씨가 북쪽에 살면서 고구려라 하였고, 부여씨가 서남쪽에 살면서 백제라 하였으며, 박·석·김씨가 동남쪽에 살면서 신라라고 하였으니, 이것이 삼국이다. 그러니 마땅히 삼국사가 있어야 할 것이다. …… 부여씨가 망하고 고씨가 망하니 김씨가 그 남쪽 땅을 차지하고 대씨가 그 북쪽 땅을 차지하여 발해라 하였다. 이것을 남북국이라 한다. 그러니 마땅히 남북국사가 있어야 한다.

29 (가)~(라) 역사서를 편찬한 순서대로 옳게 나열한 것은? [3점]

① (가) - (나) - (다) - (라)
② (가) - (다) - (나) - (라)
③ (나) - (가) - (라) - (다)
④ (나) - (다) - (가) - (라)
⑤ (다) - (라) - (나) - (가)

30 (가)~(라) 역사서에 대한 설명으로 옳은 것을 〈보기〉에서 고른 것은? [2점]

> **보기**
> ㄱ. (가) - 유교 사관에 입각하여 기전체 형식으로 저술하였다.
> ㄴ. (나) - 사초와 시정기를 바탕으로 실록청에서 편찬하였다.
> ㄷ. (다) - 불교사를 중심으로 민간 설화 등을 수록하였다.
> ㄹ. (라) - 고조선부터 고려까지의 역사를 편년체로 정리하였다.

① ㄱ, ㄴ   ② ㄱ, ㄷ   ③ ㄴ, ㄷ   ④ ㄴ, ㄹ   ⑤ ㄷ, ㄹ

31 (가) 사건 이후에 전개된 사실로 옳은 것은? [2점]

이곳은 어재연 장군과 그의 군사를 기리기 위해 조성된 충장사입니다. 어재연 장군의 부대는 (가) 때 광성보에서 로저스 제독이 이끄는 미군에 맞서 결사 항전하였지만 끝내 함락을 막지 못하였습니다.

① 종로와 전국 각지에 척화비가 세워졌다.
② 평양 관민이 제너럴셔먼호를 불태웠다.
③ 한성근 부대가 문수산성에서 항전하였다.
④ 신유박해로 많은 천주교도가 처형되었다.
⑤ 오페르트가 남연군 묘 도굴을 시도하였다.

33 다음 자료에 나타난 사건에 대한 설명으로 옳은 것은? [2점]

발신: 조선 주재 공사 하나부사 요시모토(花房義質)
수신: 외무경 이노우에 가오루(井上馨)

이달 23일 오후 5시 성난 군중 수백 명이 갑자기 공사관을 습격하여 돌을 던지고 총을 쏘며 방화함. 전력으로 방어한 지 7시간이 지났지만 원병이 오지 않았음. 한쪽을 돌파하여 왕궁으로 가려해도 성문이 열리지 않았음. …… 성난 군중이 왕궁 및 민태호와 민겸호의 집도 습격했다고 들었음. …… 교관 호리모토 외 8명의 생사는 알 수 없음.

① 전주 화약이 체결되는 계기가 되었다.
② 입헌 군주제 수립을 목표로 전개되었다.
③ 김기수가 수신사로 파견되는 결과를 가져왔다.
④ 구식 군인에 대한 차별 대우가 발단이 되어 일어났다.
⑤ 3일 만에 실패로 끝나 주동자들이 해외로 망명하였다.

32 (가), (나) 조약 체결 사이의 시기에 있었던 사실로 옳은 것은? [3점]

(가) 제1관   조선국은 자주 국가로서 일본국과 평등한 권리를 보유한다. ……
    제10관 일본국 인민이 조선국 지정의 각 항구에 머무르는 동안 죄를 범한 것이 조선국 인민에게 관계되는 사건은 모두 일본국 관원이 심리하여 판결한다. ……

(나) 제1관   앞으로 대조선국 군주와 대미국 대통령 및 그 인민은 각각 모두 영원히 화평하고 우애 있게 지낸다. ……
    제5관   …… 미국 상인과 상선이 조선에 와서 무역을 할 때 입출항하는 화물은 모두 세금을 바쳐야 하며, 세금을 거두는 권한은 조선이 자주적으로 행사한다. ……

① 공사 노비법이 혁파되었다.
② 통리기무아문이 설치되었다.
③ 한성 전기 회사가 설립되었다.
④ 건양이라는 독자적인 연호가 채택되었다.
⑤ 지방 행정 구역이 8도에서 23부로 개편되었다.

34 (가) 인물에 대한 설명으로 옳은 것은? [2점]

국어 연구에 앞장선 (가) 에 대해 알려 주세요.

호는 한힌샘으로, 독립신문사의 교보원으로 활동하였습니다. 큰 보자기에 책을 넣고 다니며 학생들에게 국어를 가르쳐 '주보따리'라는 별명을 얻었습니다.

① 국문 연구소의 연구위원으로 활동하였다.
② 조선어 학회 사건으로 구속되어 옥고를 치렀다.
③ 국권 피탈 과정을 정리한 한국통사를 집필하였다.
④ 세계지리 교과서인 사민필지를 한글로 저술하였다.
⑤ 여유당전서를 간행하고 조선학 운동을 전개하였다.

35 다음 자료에 나타난 민족 운동에 대한 설명으로 옳은 것은? [2점]

> 우리나라가 채무를 지고 우리 백성이 채노(債奴)*가 된 것이 여러 해가 되었습니다. …… 대황제 폐하께서 진 외채가 1,300만 원이지만 채무를 청산할 방법이 없어 밤낮으로 걱정하시니, 백성된 자로서 있는 힘을 다하여 보상하려고 해도 겨를이 없습니다. …… 우리 동포는 빨리 단체를 결성하여 열성적으로 의연금을 내어 채무를 상환하고 채노에서 벗어나, 머리는 대한의 하늘을 이고, 발은 대한의 땅을 밟도록 해 주시기를 눈물을 머금고 간절히 요구합니다.
>
> *채노(債奴): 빚을 갚지 못해 노비가 된 사람

① 일제가 치안 유지법을 적용하여 탄압하였다.
② 백정에 대한 사회적 차별 철폐를 요구하였다.
③ 독립문 건립을 위한 모금 활동을 전개하였다.
④ 자작회, 토산 애용 부인회 등의 단체가 활동하였다.
⑤ 대한매일신보 등 당시 언론이 적극적으로 참여하였다.

36 밑줄 그은 '이 단체'에 대한 설명으로 옳은 것은? [2점]

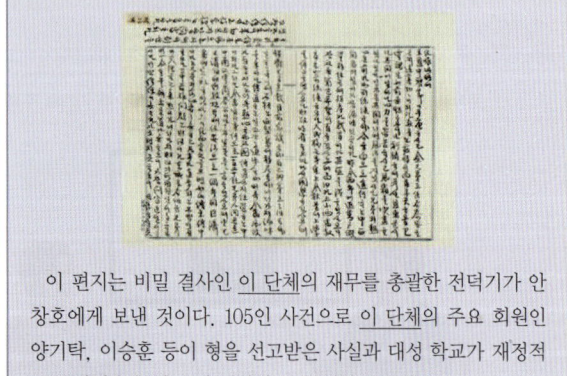

이 편지는 비밀 결사인 이 단체의 재무를 총괄한 전덕기가 안창호에게 보낸 것이다. 105인 사건으로 이 단체의 주요 회원인 양기탁, 이승훈 등이 형을 선고받은 사실과 대성 학교가 재정적으로 어려움을 겪고 있는 상황 등을 전하고 있다.

① 정우회 선언의 영향으로 결성되었다.
② 조선 혁명 선언을 활동 지침으로 삼았다.
③ 일제의 황무지 개간권 요구를 저지하였다.
④ 중추원 개편을 통해 의회 설립을 추진하였다.
⑤ 계몽 서적의 보급을 위해 태극 서관을 운영하였다.

37 밑줄 그은 '시기'에 볼 수 있는 모습으로 옳은 것은? [1점]

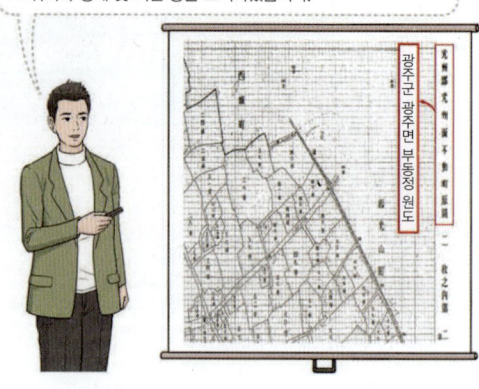

이것은 일제가 임시 토지 조사국을 설치하고 토지 조사 사업을 진행하던 시기에 작성한 지적 원도의 일부입니다. 토지를 측량해 그 위치와 경계 및 지번 등을 표시하였습니다.

① 경성 제국 대학에서 공부하는 학생
② 근우회의 창립 기사를 작성하는 기자
③ 보빙사 일행으로 미국에 파견되는 관리
④ 조선인에게 태형을 집행하는 헌병 경찰
⑤ 거문도를 불법 점령하고 있는 영국 해군

38 (가) 단체에 대한 설명으로 옳은 것은? [2점]

□□ 신문
제△△호 2022년 ○○월 ○○일

박상진 의사 유물, 국가등록문화재 등록

군자금 모집과 친일파 처단 등의 활동을 전개한 (가) 의 총사령 박상진 의사의 유물이 국가등록문화재로 등록되었다. 이 유물은 친일 부호 처단 사건으로 체포된 박상진의 옥중 상황과 (가) 의 비밀 연락 거점이었던 상덕태상회의 규모 등을 보여준다는 점에서 귀중한 가치를 지니고 있다.

옥중 편지 및 상덕태상회 청구서

① 고종 강제 퇴위 반대 운동을 전개하였다.
② 공화정체의 국민 국가 수립을 목표로 삼았다.
③ 파리 강화 회의에 독립 청원서를 제출하였다.
④ 미군과 연합하여 국내 진공 작전을 계획하였다.
⑤ 만민 공동회를 개최하여 민권 신장을 추구하였다.

39 (가) 운동에 대한 설명으로 옳은 것은? [1점]

서울 앨버트 테일러 가옥 (딜쿠샤)

'딜쿠샤'가 복원되어 전시관으로 개관합니다. 많은 관람 부탁드립니다.

■ 주소: 서울시 종로구 사직로 2길 17
■ 개관일: 2021년 ○○월 ○○일

● 소개
'기쁜 마음의 궁전'을 뜻하는 딜쿠샤는 미국인 앨버트 W. 테일러가 지은 벽돌집으로, 테일러와 그의 가족이 미국으로 추방되기 전까지 거주한 곳이다. 미국 연합통신(AP)의 임시 특파원으로 활동한 테일러는 세브란스 병원에서 독립 선언서를 발견하고 외신을 통해 전 세계에 알렸으며, (가) 당시 일제가 자행한 제암리 학살 사건 등을 취재해 보도하였다.

① 신간회에서 진상 조사단을 파견하여 지원하였다.
② 순종의 인산일을 기회로 만세 운동을 전개하였다.
③ 일제가 이른바 문화 통치를 실시하는 배경이 되었다.
④ 한국인 학생과 일본인 학생 간의 충돌에서 비롯되었다.
⑤ 시위를 준비하는 과정에서 사회주의자들이 대거 검거되었다.

40 (가)에 대한 설명으로 옳은 것을 〈보기〉에서 고른 것은? [2점]

저는 이동녕으로 이곳 충남 천안에서 태어났습니다. 저는 임시 의정원 초대 의장으로 삼권 분립에 기초한 (가) 의 헌법 제정에 기여하였습니다. 또한 국무총리와 주석 등을 역임하였고, (가) 이/가 상하이를 떠나 이동하는 과정을 함께하며 독립운동에 전념하였습니다.

〈보기〉
ㄱ. 만세보를 발행하여 민중 계몽에 힘썼다.
ㄴ. 신흥 강습소를 세워 독립군을 양성하였다.
ㄷ. 구미 위원부를 조직하여 외교 활동을 전개하였다.
ㄹ. 이륭양행에 교통국을 설치하여 국내와 연락을 취하였다.

① ㄱ, ㄴ ② ㄱ, ㄷ ③ ㄴ, ㄷ
④ ㄴ, ㄹ ⑤ ㄷ, ㄹ

41 밑줄 그은 '시기'에 있었던 사실로 옳은 것은? [2점]

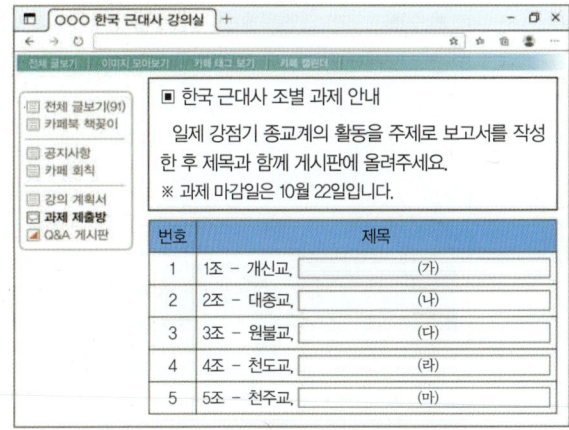

○○박물관 사이버 전시실

쌀 공출 선전 포스터

이 포스터는 일제가 미국과 영국 등 연합국을 상대로 한 전쟁을 벌였던 시기에 만들어졌다. 전쟁에 필요한 쌀을 강제로 공출하기 위한 홍보용으로 제작되었다.

① 메가타의 주도로 화폐 정리 사업이 실시되었다.
② 만주 군벌과 일제 사이에 미쓰야 협정이 체결되었다.
③ 여자 정신 근로령으로 한국인 여성이 강제 동원되었다.
④ 지주 문재철의 횡포에 맞서 암태도 소작 쟁의가 전개되었다.
⑤ 회사 설립 시 총독의 허가를 받도록 하는 회사령이 공포되었다.

42 (가)~(마)에 들어갈 내용으로 옳은 것은? [2점]

○○○ 한국 근대사 강의실

■ 한국 근대사 조별 과제 안내
일제 강점기 종교계의 활동을 주제로 보고서를 작성한 후 제목과 함께 게시판에 올려주세요.
※ 과제 마감일은 10월 22일입니다.

번호	제목
1	1조 - 개신교, (가)
2	2조 - 대종교, (나)
3	3조 - 원불교, (다)
4	4조 - 천도교, (라)
5	5조 - 천주교, (마)

① (가) - 단군 숭배 사상을 통해 민족의식을 높이다
② (나) - 의민단을 조직하여 무장 투쟁을 전개하다
③ (다) - 간척 사업을 진행하고 새생활 운동을 펼치다
④ (라) - 배재 학당을 세워 신학문 보급에 기여하다
⑤ (마) - 어린이날을 제정하고 소년 운동을 추진하다

43 (가) 부대에 대한 설명으로 옳은 것은? [3점]

> **조선 민족 혁명당 창립 제8주년 기념 선언**
>
> 우리는 중국의 난징에서 5개 당을 통합하여 전체 민족을 대표하는 유일한 정당인 조선 민족 혁명당을 창립하였다. …… 아울러 중국과 한국의 연합 항일 진영을 건립하여야 했다. …… 이 때문에 우리는 1938년 (가) 을/를 조직하고 조선의 혁명 청년들을 단결시켜 장제스 위원장의 영도 아래 직접 중국의 항전에 참가하였고, 각 전쟁터에서 찬란한 전투 성과를 만들어냈다. …… 지난해 가을 (가) 와/과 한국 광복군의 통합 편성을 기반으로 전 민족의 통일을 성공적으로 구현하였다.

① 자유시 참변으로 큰 타격을 입었다.
② 대전자령 전투에서 일본군을 격퇴하였다.
③ 동북 항일 연군으로 개편되어 유격전을 펼쳤다.
④ 김원봉, 윤세주 등이 중국 관내(關內)에서 창설하였다.
⑤ 홍범도 부대와 연합하여 청산리에서 일본군과 교전하였다.

45 밑줄 그은 '군정청'이 있었던 시기의 사실로 옳은 것은? [2점]

□□ 신문

제△△호   ○○○○년 ○○월 ○○일

서윤복 선수 환영회, 중앙청 광장에서 개최

제51회 보스턴 세계 마라톤 대회에서 세계 신기록을 세우며 우승한 서윤복 선수의 환영회가 중앙청 광장에서 열렸다. 하지 중장, 헬믹 준장 등 <u>군정청</u>의 주요 인사와 김규식, 여운형, 안재홍 등 정계 인사를 비롯한 수많은 군중이 참석하여, 우리 민족의 의기를 세계에 과시한 서윤복 선수의 우승을 함께 기뻐하였다.

① 한미 상호 방위 조약이 체결되었다.
② 제1차 경제 개발 5개년 계획이 추진되었다.
③ 반민족 행위 특별 조사 위원회가 설치되었다.
④ 신한 공사가 설립되어 귀속 재산을 관리하였다.
⑤ 국가 보안법 개정안을 통과시킨 보안법 파동이 일어났다.

44 (가) 지역에서 있었던 민족 운동으로 옳은 것은? [2점]

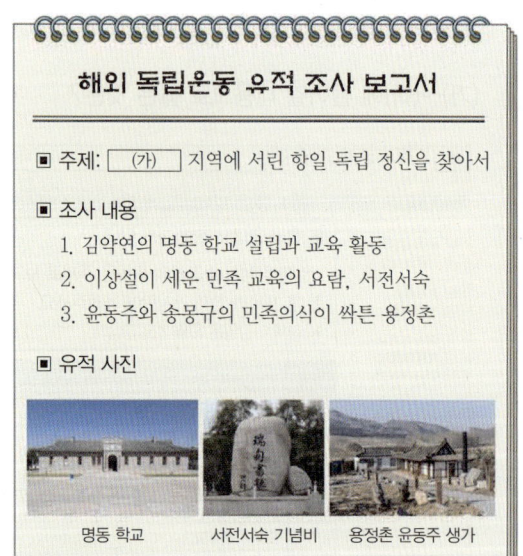

해외 독립운동 유적 조사 보고서

■ 주제: (가) 지역에 서린 항일 독립 정신을 찾아서
■ 조사 내용
  1. 김약연의 명동 학교 설립과 교육 활동
  2. 이상설이 세운 민족 교육의 요람, 서전서숙
  3. 윤동주와 송몽규의 민족의식이 싹튼 용정촌
■ 유적 사진

명동 학교 / 서전서숙 기념비 / 용정촌 윤동주 생가

① 권업회가 설립되어 권업신문을 발간하였다.
② 이봉창이 일왕의 행렬에 폭탄을 투척하였다.
③ 박용만의 주도로 대조선 국민 군단이 창설되었다.
④ 북로 군정서가 조직되어 독립 전쟁을 전개하였다.
⑤ 유학생들이 중심이 되어 2·8 독립 선언서를 발표하였다.

46 (가) 전쟁 중에 있었던 사실로 옳지 않은 것은? [1점]

대성동 마을은 경기도 파주시에 있으며, 군사 분계선 남쪽 비무장 지대에 위치한 민간인 마을입니다. 1/3

(가) 의 정전 협정 체결 직후 비무장 지대에 남북이 민간인 마을을 하나씩만 남긴다는 후속 합의에 따라 마을로 조성되었습니다. 2/3

'자유의 마을'로 불리는 대성동 마을은 유엔군 사령부의 관할 지역으로, 외부인은 허락 없이 들어가지 못합니다. 3/3

① 애치슨 선언이 발표되었다.
② 부산이 임시 수도로 정해졌다.
③ 흥남 철수 작전이 전개되었다.
④ 인천 상륙 작전 이후 서울을 수복하였다.
⑤ 국회에서 국민 방위군 사건이 폭로되었다.

47 다음 대화에 나타난 사건 이후의 사실로 옳은 것은? [3점]

① 내각 책임제 형태의 정부가 출범하였다.
② 정부에 비판적이던 경향신문이 폐간되었다.
③ 최고 통치 기구인 국가 재건 최고 회의가 구성되었다.
④ 평화 통일론을 주장한 진보당의 조봉암과 간부들이 구속되었다.
⑤ 국회 해산, 헌법의 일부 효력 정지를 담은 10월 유신이 선포되었다.

48 다음 자료에 나타난 민주화 운동에 대한 설명으로 옳은 것은? [2점]

> **전국의 언론인 여러분!**
> 지금 광주에서는 젊은 대학생들과 시민들이 피를 흘리며 싸우고 있습니다. 대학생들의 평화적 시위를 질서 유지, 진압이라는 명목 아래 저 잔인한 공수 부대를 투입하여 시민과 학생을 무차별 살육하였고 더군다나 발포 명령까지 내렸던 것입니다. …… 그러나 일부 언론은 순수한 광주 시민의 의거를 불순배의 선동이니, 폭도의 소행이니, 난동이니 하여 몰아붙치고만 있습니다. …… 이번 광주 의거를 몇십 년 뒤의 '사건 비화'나 '남기고 싶은 이야기'들로 만들지 않기 위해, 사실 그대로 보도하여 주시기를 수많은 사망자의 피맺힌 원혼과 광주 시민의 이름으로 간절히, 간절히 촉구하는 바입니다.

① 허정 과도 정부가 출범하는 계기가 되었다.
② 굴욕적인 한일 국교 정상화에 반대하였다.
③ 호헌 철폐, 독재 타도 등의 구호를 외쳤다.
④ 3·15 부정 선거에 항의하며 시위가 시작되었다.
⑤ 관련 기록물이 유네스코 세계 기록 유산으로 등재되었다.

49 다음 연설이 있었던 정부 시기의 경제 상황으로 옳은 것은? [2점]

① 처음으로 수출액 100억 달러가 달성되었다.
② 대통령 긴급 명령으로 금융 실명제가 실시되었다.
③ 개성 공단 건설을 통해 남북 간 경제 교류가 이루어졌다.
④ 한국과 미국 사이에 자유 무역 협정(FTA)이 체결되었다.
⑤ 경제적 취약 계층을 위한 국민 기초 생활 보장법이 시행되었다.

50 다음 뉴스가 보도된 정부 시기의 통일 노력으로 옳은 것은? [2점]

① 남북 조절 위원회를 구성하였다.
② 남북한이 유엔에 동시 가입하였다.
③ 6·15 남북 공동 선언을 채택하였다.
④ 한반도 비핵화 공동 선언을 발표하였다.
⑤ 남북 이산가족의 교환 방문을 최초로 실현하였다.

MEMO

한국사능력검정시험 답안지

 심화

성 명: _____

한국사능력검정시험 답안지

심화

성 명:

심화 한국사능력검정시험 답안지

심화 한국사능력검정시험 답안지

성 명:

〈수험생이 지켜야 할 일〉

1. 수험번호란에는 아라비아숫자로 기재하고 해당란에 "●"와 같이 완전하게 표기하여야 합니다.

2. ① 답란에는 반드시 컴퓨터용 사인펜을 사용하여 표기해야 합니다.

   ② 답란은 "●"와 같이 완전하게 표기하여야 하며, 바르지 못한 표기를 하였을 경우에는 불이익을 받을 수 있습니다.
   (잘못된 표기 예시 ⊗ ① ⊗ ◐ ◉)

3. 답안지에는 낙서를 하거나 불필요한 표기를 하였을 경우 불이익을 받을 수 있으므로 답안지를 최대한 깨끗한 상태로 제출하여야 합니다.

수험번호

감독관 확인란
※ 수험생은 표기하지 말 것

결시자확인	컴퓨터용 사인펜을 사용하여 수험번호란과 아래란을 표기
	○
감독관확인	성명, 수험번호 표기가 정확한지 확인 후 아래란에 서명 또는 날인 (인)

선택형 답란

1	① ② ③ ④ ⑤	21	① ② ③ ④ ⑤	41	① ② ③ ④ ⑤
2	① ② ③ ④ ⑤	22	① ② ③ ④ ⑤	42	① ② ③ ④ ⑤
3	① ② ③ ④ ⑤	23	① ② ③ ④ ⑤	43	① ② ③ ④ ⑤
4	① ② ③ ④ ⑤	24	① ② ③ ④ ⑤	44	① ② ③ ④ ⑤
5	① ② ③ ④ ⑤	25	① ② ③ ④ ⑤	45	① ② ③ ④ ⑤
6	① ② ③ ④ ⑤	26	① ② ③ ④ ⑤	46	① ② ③ ④ ⑤
7	① ② ③ ④ ⑤	27	① ② ③ ④ ⑤	47	① ② ③ ④ ⑤
8	① ② ③ ④ ⑤	28	① ② ③ ④ ⑤	48	① ② ③ ④ ⑤
9	① ② ③ ④ ⑤	29	① ② ③ ④ ⑤	49	① ② ③ ④ ⑤
10	① ② ③ ④ ⑤	30	① ② ③ ④ ⑤	50	① ② ③ ④ ⑤
11	① ② ③ ④ ⑤	31	① ② ③ ④ ⑤		
12	① ② ③ ④ ⑤	32	① ② ③ ④ ⑤		
13	① ② ③ ④ ⑤	33	① ② ③ ④ ⑤		
14	① ② ③ ④ ⑤	34	① ② ③ ④ ⑤		
15	① ② ③ ④ ⑤	35	① ② ③ ④ ⑤		
16	① ② ③ ④ ⑤	36	① ② ③ ④ ⑤		
17	① ② ③ ④ ⑤	37	① ② ③ ④ ⑤		
18	① ② ③ ④ ⑤	38	① ② ③ ④ ⑤		
19	① ② ③ ④ ⑤	39	① ② ③ ④ ⑤		
20	① ② ③ ④ ⑤	40	① ② ③ ④ ⑤		

MEMO

(주)시대에듀에서 만든 도서는 책, 그 이상의 감동입니다.

34 주요 유네스코 세계 유산·기록 유산

유네스코 세계 유산	
석굴암 및 불국사	통일 신라 때 경주에 만들어진 불상을 모신 석굴과 사찰 건축물
해인사 장경판전	고려 때 팔만대장경을 봉안하기 위해 지어진 목판 보관용 건축물
종묘	조선의 역대 왕과 왕비의 신위를 봉안한 사당
창덕궁	건축과 조경이 잘 조화된 조선의 궁궐
화성	조선 정조 때 수원에 만들어진 성곽
경주 역사 유적 지구	신라의 수도였던 경주와 52개의 지정 문화재
고창·화순·강화 고인돌 유적	청동기 시대의 대표적인 무덤
제주 화산섬과 용암동굴	한라산, 성산일출봉, 거문오름 용암동굴계
조선왕릉	조선의 왕과 왕비 등의 무덤(40기)
하회·양동마을	안동과 경주에 위치한 조선의 대표적인 씨족마을
남한산성	동아시아 국가들 간에 축성술을 상호 교류한 증거이며, 조선 왕조의 비상시 임시 수도로서 축조된 산성 도시
백제 역사 유적 지구	공산성, 송산리 고분군, 관북리 유적, 부소산성, 능산리 고분군, 정림사지, 부여 나성, 왕궁리 유적, 미륵사지
한국의 서원	소수서원, 도산서원, 병산서원, 옥산서원, 도동서원, 남계서원, 필암서원, 무성서원, 돈암서원
가야 고분군	전북 남원 유곡리와 두락리 고분군, 경북 고령 지산동 고분군, 경남 김해 대성동 고분군, 경남 함안 말이산 고분군, 경남 창녕 교동과 송현동 고분군, 경남 고성 송학동 고분군, 경남 합천 옥전 고분군

유네스코 세계 기록 유산	
훈민정음	조선 세종 때인 1446년에 간행된 『훈민정음(해례본)』
조선왕조실록	조선 태조부터 철종까지 25대 472년(1392~1863)의 역사를 편년체로 기록한 책
직지심체요절	고려 말인 1377년 백운화상이 청주 흥덕사에서 금속 활자로 인쇄한 책
조선왕조의궤	조선 시대 유교적 원리에 입각한 국가 의례를 중심으로 중요 행사 등을 정해진 격식에 의해 정리·작성한 책
해인사 대장경판 및 제경판	고려 몽골 침입기에 대장도감에서 제작한 대장경판
동의보감	허준이 조선 선조 때 우리나라와 중국의 의학 서적을 하나로 모아 편집하여 광해군 때 완성한 책
일성록	조선 영조부터 순종까지 151년(1760~1910) 동안 국정 운영 내용을 일기체로 정리한 국왕의 일기
5·18 민주화 운동 기록물	1980년 5월 18일부터 27일까지 광주에서 전개된 민주화 운동 관련 문건, 사진, 영상 등의 자료
난중일기	이순신이 1592년 1월 1일부터 1598년 11월 17일까지 7년간의 군중 생활을 직접 기록한 일기
국채 보상 운동 기록물	국가가 진 빚을 국민이 갚기 위해 1907년부터 1910년까지 일어난 국채 보상 운동의 과정을 보여주는 기록물
동학 농민 혁명 기록물	1894~1895년까지 조선에서 일어난 동학 농민 혁명과 관련한 공문서, 재판기록, 일기 등의 기록물
4·19 혁명 기록물	1960년대에 일어난 4·19 혁명을 비롯한 학생 주도의 민주화 운동에 대한 영상, 사진, 공문서 등의 기록물
제주 4·3 기록물	제주 4·3 사건 당시 이해당사자들이 생산한 기록물과 희생자와 유족의 구술증언, 진상규명과정 기록 등의 자료

33 지역사

독도
조선	조선 숙종 때 안용복이 일본에 가서 울릉도와 독도가 우리 영토임을 인정받고 돌아옴
근대	대한 제국 칙령 제41호

개성
고려	• 만월대: 고려의 궁궐터 • 선죽교: 고려 말 정몽주가 이방원에게 피살된 곳 • 만적의 난

원산
근대	강화도 조약에 따라 개항(부산, 원산, 인천)
일제 강점기	원산 노동자 총파업

강화도
고려	최우의 강화도 천도
조선	• 정제두의 강화 학파 • 외규장각: 왕실 서적을 보관하기 위해 정조가 설치한 서고

인천
고대	비류 설화, 고구려 때 미추홀
근대	강화도 조약에 따라 개항(부산, 원산, 인천)
현대	인천 상륙 작전, 2014년 아시아 경기 대회

전주
고대	견훤이 세운 후백제의 도읍(완산주)
조선	경기전: 이성계의 어진을 모신 건물
근대	동학 농민 운동 당시 전주 화약 체결

익산
고대	• 백제의 익산 미륵사지 석탑 • 쌍릉: 백제의 굴식 돌방무덤

공주
선사	구석기 시대 석장리 유적
고대	송산리 고분군: 백제의 벽돌무덤, 굴식 돌방무덤
근대	동학 농민 운동 공주 우금치 전투

논산
고대	황산벌 전투
고려	• 개태사: 고려 태조 왕건이 창건한 절 • 관촉사: 우리나라 최대의 석조 미륵보살 입상이 있는 절
조선	돈암 서원: 조선 시대 예학의 대가 김장생을 기리는 서원

충주
고대	충주 고구려비: 고구려의 한강 유역 진출을 알려주는 비석
고려	충주성 전투(김윤후), 다인철소 전투
조선	임진왜란 탄금대 전투(신립)

진주
조선	• 임진왜란 진주 대첩(김시민) • 임술 농민 봉기(유계춘)
일제 강점기	형평 운동

부산
조선	• 내상: 일본과 무역 주도 • 임진왜란 때 송상현이 동래성에서 순절 • 초량 왜관
근대	강화도 조약에 따라 개항(부산, 원산, 인천)
현대	• 6·25 전쟁 중 임시 수도 • 2002년 아시아 경기 대회

경복궁

- **태조 이성계 창건**, 북궐이자 법궁, 정도전이 이름을 지음
- 임진왜란 때 소실 → 흥선 대원군 때 중건
- 을미사변 발생(옥호루), 조선 물산 공진회 개최, 총독부 청사 건립
- 주요 건물: 근정전, 경회루, 향원정

창덕궁

- 태종 창건, 왕의 피서·요양 목적의 동궐이자 이궁
- 임진왜란 이후 광해군 때 중건 → 경복궁 중건 전까지 법궁 역할
- 인정전에서 한일 병합 조약 체결
- **유네스코 세계 문화유산 등재**
- 주요 건물: 돈화문, 인정전, 낙선재, 연경당, 주합루, 후원

창경궁

- 창덕궁과 함께 동궐로 불림
- 성종 때 3명의 대비를 위해 수강궁 확장 공사(창경궁 개칭)
- **일제가 동물원과 식물원 설치** → 창경원으로 격하
- 주요 건물: 홍화문, 명정전, 함인정

덕수궁

- 월산 대군의 집 → 임진왜란 이후 선조의 임시 거처(광해군 때 **경운궁** 개칭)
- **고종이 아관 파천 이후 환궁**하면서 대한 제국의 정궁 역할(순종 때 덕수궁 개칭)
- 중명전에서 을사늑약 체결
- 석조전에서 **미소 공동 위원회 개최**
- 주요 건물: 중화전, 석조전, 정관헌

31 갑오개혁과 을미개혁

Step 1 선택지 미리보기

- 태양력을 채택하고 건양이라는 연호를 제정하였다.(을미개혁)

- 홍범 14조를 개혁의 기본 방향으로 제시하였다.(제2차 갑오개혁)

- 지방 행정 구역을 8도에서 23부로 개편하였다.(제2차 갑오개혁)

- 공사 노비법을 혁파하였다.
  (제1차 갑오개혁)

- 과부의 재가를 허용하였다.
  (제1차 갑오개혁)

- 과거제를 폐지하였다.
  (제1차 갑오개혁)

- 행정 기구를 6조에서 8아문으로 개편하였다.(제1차 갑오개혁)

- 청의 연호를 쓰지 않고 개국 기년을 사용하였다.(제1차 갑오개혁)

- 교육 입국 조서를 반포하고 외국어 학교 관제를 마련하였다.
  (제2차 갑오개혁)

- 연좌제를 금지하였다.
  (제1차 갑오개혁)

Step 2 개념 학습하기

● 제1차 갑오개혁(군국기무처 주도)

정치	개국 기원 사용, 왕실 사무와 국정 사무 분리, **6조를 8아문**으로 개편, **과거제 폐지**, 경무청 설치
경제	재정의 일원화(**탁지아문**), 은 본위 화폐제 채택, 조세의 금납화
사회	공사 노비법 혁파(**신분제 폐지**), 조혼 금지, 과부 재가 허용, 고문 및 연좌제 폐지

● 제2차 갑오개혁(김홍집·박영효 연립 내각)

홍범 14조	제1차 갑오개혁의 내용을 재확인하고 제2차 갑오개혁의 방향 제시
정치	**8아문을 7부**로 개편, 지방 행정 구역을 **8도에서 23부**로 개편, 사법권을 행정권에서 분리(근대적 재판소 설치)
군사	훈련대와 시위대 설치
사회	**교육 입국 조서** 반포 → 근대적 교육 제도 마련(한성 사범 학교 설립)

● 을미개혁

정치	'**건양**' 연호 사용
군사	친위대(중앙), 진위대(지방), 시위대(왕실 호위) 설치
사회	**태양력** 사용, **단발령** 실시, 소학교 설치, 우체사 설치(우편 사무 재개), 종두법 실시

Step 3 빈칸 채우기

❶ (을미개혁) □□이라는 독자적인 연호를 사용하였다.

❷ (제1차 갑오개혁) 근대적 개혁 추진을 위해 □□□□가 설치되었다.

❸ (제2차 갑오개혁) 교육의 기본 방향을 제시한 □□ 입국 조서를 반포하였다.

정답 ❶ 건양 ❷ 군국기무처 ❸ 교육

30 독립 협회와 대한 제국

Step 1 선택지 미리보기

- 황제 직속의 원수부를 설치하였다.
- 독립 협회가 중심이 되어 독립문을 건립하였다.
- 만민 공동회를 열어 민권 신장을 추구하였다.(독립 협회)
- 러시아의 절영도 조차 요구에 반대하였다.(독립 협회)
- 구본신참에 입각하여 개혁이 추진되었다.
- 관민 공동회에서 연설하는 백정
- 대한국 국제가 반포되었다.
- 관립 실업 학교인 상공 학교가 개교되었다.

Step 2 개념 학습하기

● 독립 협회(1896)

자주 국권 운동	· 고종 환궁 및 칭제 건원 요구 · **독립문 건립**, 독립신문 창간 · **만민 공동회** 개최: 민중 참여 · **러시아 절영도 조차 요구 저지**, 러시아의 군사 교련단과 재정 고문단 철수, 한러 은행 폐쇄
민권 신장 운동	· 신체·재산권 보호 운동 · 언론·집회의 자유권 쟁취 운동 · 국민 참정권 운동
자강 개혁 운동	· **관민 공동회** 개최: 박정양 진보 내각 참여 → **헌의 6조** 채택 · 의회 설립 운동: **중추원 관제** 반포(근대적 입법 기관 형태)

● 대한 제국(1897)

수립	· 배경: 고종 환궁(경운궁) · '대한 제국' 국호, '**광무**' 연호 · 환구단에서 황제 즉위식 거행
광무개혁	· 성격: **구본신참**(복고주의적) · **대한국 국제** 반포(1899) · **원수부** 설치: 황제가 모든 군대 통솔 · 간도 관리사 이범윤 파견 · 지방 제도 개편(23부 → 13도) · 양전 사업: 토지 조사 · **지계아문**에서 **지계** 발급 · 백동화 발행 · 교정소 설치

Step 3 빈칸 채우기

❶ □□ □□□를 개최하여 헌의 6조를 결의하였다.
❷ □□□ 개편을 통해 의회 설립을 추진하였다.
❸ 양전 사업을 실시하여 □□를 발급하였다.

정답 ❶ 관민 공동회 ❷ 중추원 ❸ 지계

29 예송 논쟁과 환국

Step 1 선택지 미리보기

- 남인이 권력을 장악하고 희빈 장씨가 왕비로 책봉되었다. (기사환국)
- 기해예송에서 자의 대비의 기년복을 주장하였다.
- 경신환국으로 정권을 장악하였다. (서인)
- 서인과 남인 사이에 발생한 전례 문제이다. (예송 논쟁)
- 갑술환국으로 정계에서 축출되었다. (남인)
- 인현 왕후가 폐위되고 남인이 권력을 차지하였다. (기사환국)

Step 2 개념 학습하기

○ 예송 논쟁

구분	기해예송(1659)	갑인예송(1674)
시기	효종 사후	효종비 사후
내용	자의 대비의 복상 기간	
서인	1년설	9개월설
서인	• 효종은 적장자가 아니다 • 왕과 사대부에게 적용되는 예가 같다 → 신권 강조	
남인	3년설	1년설
남인	• 효종은 적장자가 될 수 있다 • 왕과 사대부에게 적용되는 예가 다르다 → 왕권 강조	
결과	서인 승리	남인 승리

○ 환국

경신환국 (1680)
남인의 영수인 허적이 궁중에서 쓰는 천막을 허락 없이 사용한 문제로 숙종과 갈등
↓
허적의 서자 허견의 역모 사건
↓
허적을 비롯한 남인 축출, 서인 집권

기사환국 (1689)
희빈 장씨의 소생에 대한 원자 책봉 문제
↓
서인 세력의 반대
↓
인현 왕후 폐위, 서인(노론, 소론) 축출, 남인 집권, 희빈 장씨가 중전이 됨

갑술환국 (1694)
노론이 인현 왕후 복위 운동 전개
↓
남인의 민암 등이 진압하였으나 숙종의 불신을 받아 몰락, 소론 집권
↓
인현 왕후 복위, 장씨는 다시 희빈으로 강등

Step 3 빈칸 채우기

❶ 자의 대비의 복상 문제로 □□이 전개되었다.
❷ 희빈 장씨 소생의 원자 책봉 문제로 □□이 발생되었다.
❸ (경신환국) 허적과 윤휴 등 □□들이 대거 축출되었다.

정답 ❶ 예송 ❷ 환국 ❸ 남인

28 회화

조선 전기

▲ 몽유도원도(안견)

▲ 고사관수도(강희안)

▲ 초충도(신사임당)

▲ 묵죽도(이정)

▲ 송하보월도(이상좌)

조선 후기

▲ 인왕제색도(정선)

▲ 금강전도(정선)

▲ 씨름도(김홍도)

▲ 월하정인(신윤복)

▲ 단오풍정(신윤복)

▲ 파적도(김득신)

※ 월매도(어몽룡)도 조선 전기에 포함

27 탑

백제

▲ 익산 미륵사지 석탑
#우리나라에서 가장 크고 오래된 석탑 #사리 장엄구와 금제 봉안기 발견 #3탑 중 서탑

▲ 부여 정림사지 오층 석탑
#목탑 양식 #백제의 대표적인 석탑

신라

▲ 경주 분황사 모전 석탑
#신라에서 가장 오래된 석탑 #전탑 형식(벽돌 모양) #선덕 여왕

통일 신라

▲ 경주 감은사지 (동서) 삼층 석탑
#동서로 나란히 세워진 같은 규모와 양식을 갖춘 쌍탑 #신문왕

▲ 경주 불국사 삼층 석탑(석가탑)
#무구정광대다라니경 #불국사 내 서쪽 위치 #무영탑 #경덕왕

▲ 경주 불국사 다보탑
#불국사 내 동쪽 위치 #경덕왕

▲ 양양 진전사지 삼층 석탑
#기단과 탑신에 팔부신중을 새김

▲ 구례 화엄사 사사자 삼층 석탑
#신라의 유일한 사자 석탑

발해

▲ 영광탑(발해 오층 전탑)
#중국 지린성 위치 #당의 영향을 받음

고려

▲ 평창 월정사 팔각 구층 석탑
#고려 초기의 대표적인 석탑 #다각 다층 석탑

▲ 개성 경천사지 십층 석탑
#아(亞)자형 기단 #대리석 #원의 영향을 받음 #국립 중앙 박물관 #충목왕

조선

▲ 서울 원각사지 십층 석탑
#아(亞)자형 기단 #대리석 #탑골 공원 #세조

고려

▲ 안동 봉정사 극락전
#우리나라 목조 건물 중 가장 오래된 건물 #맞배지붕 #배흘림기둥 #주심포 양식 #통일 신라 건축 양식

▲ 영주 부석사 무량수전
#아미타 여래 불상 봉안 #팔작지붕 #배흘림기둥 #주심포 양식 #공민왕

▲ 예산 수덕사 대웅전
#석가모니 불상 봉안 #맞배지붕 #배흘림기둥 #주심포 양식 #백제 건축 양식 #충렬왕

▲ 봉산 성불사 응진전
#황해도 봉산 #맞배지붕 #배흘림기둥 #다포 양식 #충숙왕

조선

▲ 김제 금산사 미륵전
#팔작지붕 #다포 양식 #3층 전체가 하나로 트인 통층 구조 #정유재란 때 불탔다가 인조 때 다시 지음

▲ 구례 화엄사 각황전
#3여래 불상 #4보살 불상 #팔작지붕 #다포 양식 #숙종

▲ 보은 법주사 팔상전
#우리나라에서 가장 높은 목조탑 #사모지붕 #주심포 양식(1~4층) #다포 양식(5층) #팔상도

▲ 논산 쌍계사 대웅전
#석가여래 삼존불상 봉안 #팔작지붕 #다포 양식

25 불상

고구려

▲ 금동 연가 칠년명 여래 입상

#경남 의령에서 출토

백제

▲ 서산 용현리 마애여래 삼존상

#백제의 미소 #화강암 #암벽에 조각

▲ 태안 동문리 마애삼존불 입상

#1보살 #2여래 #중국 북제 양식

신라

▲ 경주 배동 석조 여래 삼존 입상

#신라 불상의 새로운 양식 #북주 또는 수의 불상과 유사한 양식

삼국

▲ 금동 미륵보살 반가 사유상

#우리나라에서 가장 큰 금동 반가 사유상
#삼신 반가 사유상

통일 신라

▲ 경주 구황동 금제여래 좌상

#경주 황복사지 삼층 석탑에서 발견

▲ 경주 석굴암 본존불

#화강암 #인공 석굴 #좌우 대칭 #김대성

▲ 철원 도피안사 철조 비로자나불 좌상

#철 #경문왕

발해

▲ 이불 병좌상

#동경 용원부에서 발견 #고구려 양식 계승

고려

▲ 하남 하사창동 철조 석가여래 좌상

#철 #통일 신라 양식 계승

▲ 영주 부석사 소조여래 좌상

#통일 신라 양식 계승 #우리나라에서 가장 크고 오래된 소조 불상

▲ 논산 관촉사 석조 미륵보살 입상

#은진 미륵 #토속적 #향토적 #지방화 #우리나라에서 가장 큰 석불 #광종 #승려 혜명

▲ 안동 이천동 마애여래 입상

#자연암벽 #토속적 #향토적 #지방화

▲ 파주 용미리 마애이불 입상

#자연암벽 #토속적 #향토적 #지방화

24 토지·수취 제도의 변화

Step 1 선택지 미리보기

- 수신전, 휼양전 등의 명목으로 세습되는 토지를 폐지하였다.(직전법)
- 관청에 물품을 조달하는 공인이 등장하는 배경이 되었다.(대동법)
- 조준 등의 건의로 과전법을 제정하였다.(공양왕)
- 부족한 재정을 보충하기 위해 선무군관포를 징수하였다.(균역법)
- 개국 공신에게 인품, 공로를 기준으로 역분전을 지급하였다. (고려 태조)
- 관등에 따라 관리에게 전지와 시지를 차등 지급하였다.(전시과)
- 어장세, 염세 등을 국가 재정으로 귀속하였다.(균역법)
- 토지의 비옥도에 따라 6등급으로 나누어 전세를 거두었다. (전분 6등법)
- 전세를 1결당 4~6두로 고정하는 영정법을 제정하였다.(인조)
- 특산물 대신 쌀, 베, 동전 등으로 납부하게 하였다.(대동법)

Step 2 개념 학습하기

토지 제도의 변화

○ 고려

역분전 (태조 왕건)		고려 태조 때 후삼국 통일 공신에게 지급
전시과	시정 전시과 (경종)	• 전시과 처음 시행(전지, 시지 지급) • 관등과 인품에 따라 지급
	개정 전시과 (목종)	18과로 구분한 관등에 따라 지급
	경정 전시과 (문종)	• 현직 관리에게만 지급 • 토지 지급액 감소, 무신 차별 완화

○ 조선

과전법 (공양왕)	• 고려 말 신진 사대부의 토지 개혁 → 조선 시대 관리의 경제적 기반 • 경기 지역 토지에 한정 • 전·현직 관리에게 수조권 지급 • 수신전과 휼양전 지급
직전법 (세조)	• 현직 관리에게만 수조권 지급 • 세습 가능한 수신전과 휼양전 폐지
관수 관급제 (성종)	국가가 수조권 행사
직전법 폐지 (명종)	수조권 폐지, 녹봉만 지급

수취 제도의 변화

○ 조선 전기

전세	• **연분 9등법**(세종): 풍흉에 따라 토지 1결당 쌀 4~20두 • 전분 6등법(세종): 토지의 비옥도에 따라 6등급으로 구분
군역	• 양인 개병제 • 방군 수포제, 군적 수포제 폐단 발생
공납	가호별 수취, 현물 부과 → 방납의 폐단 발생

○ 조선 후기

전세	**영정법**(인조): 풍흉에 관계없이 토지 1결당 쌀 4~6두
군역	**균역법**(영조): 1년에 군포 2필 → 1필, 상류층에 선무군관포, 결작 징수
공납	**대동법**(광해군): 토지 1결당 쌀 12두, 공납의 전세화(공물 대신 쌀로 납부), **공인** 등장

Step 3 빈칸 채우기

❶ 공납의 폐단을 시정하기 위해 □□□이 시행되었다.
❷ □□□을 실시하여 현직 관리에게만 수조권을 지급하였다.
❸ 1년에 2필씩 걷던 군포를 1필로 줄이는 □□□을 시행하였다.

정답 ❶ 대동법 ❷ 직전법 ❸ 균역법

23 사화와 붕당 형성

Step 1 선택지 미리보기

- 조의제문이 발단이 되어 김일손 등이 화를 입었다.(무오사화)
- 정여립 모반 사건으로 인해 기축옥사가 발생하였다.
- 위훈 삭제에 대한 훈구 세력의 반발이 원인이었다.(기묘사화)
- 외척 간의 대립으로 을사사화가 발생하였다.
- 외척 세력인 대윤과 소윤의 대립으로 일어났다.(을사사화)
- 윤임 일파가 제거되는 결과를 가져왔다.(을사사화)
- 양재역 벽서 사건으로 이언적 등이 화를 입었다.
- 사림이 동인과 서인으로 나뉘었다.
- 폐비 윤씨 사사 사건의 전말이 알려져 김굉필 등이 처형되었다. (갑자사화)
- 사림과 훈구의 갈등이 원인이 되었다.

Step 2 개념 학습하기

○ 사화(훈구 vs 사림)

무오사화 (연산군)	• 원인: 김일손이 **김종직**의 **조의제문**을 사초에 기록 → 이극돈이 이를 고함 • 결과: 훈구파의 사림파 탄압
↓	
갑자사화 (연산군)	• 원인: 연산군 생모 **폐비 윤씨 사건** • 결과: 연산군에 의해 사림파 및 훈구파 일부까지 피해
↓	
기묘사화 (중종)	• 원인: **조광조**의 급진적 개혁 정책(현량과 실시, **위훈 삭제** 등) • 결과: 훈구파의 반발로 조광조를 비롯한 사림파 제거
↓	
을사사화 (명종)	• 원인: 왕실 외척 간의 권력 다툼 • 결과: **소윤(윤원형)**이 **대윤(윤임)**을 몰아내고 정권 장악 → 양재역 벽서 사건

○ 붕당 형성(사림 vs 사림)

동서 분당 (선조)	• 원인: **이조 전랑직** 문제 • 결과: 서인(**심의겸**)과 동인(**김효원**)으로 분당
↓	
남북 분당 (선조)	• 원인: **정여립 모반 사건**(기축옥사) • 결과: 동인이 북인과 남인으로 분열
↓	
노소 분당 (숙종)	• 원인: 경신환국 때 남인에 대한 처벌을 놓고 서인 내 대립 • 결과: 서인이 노론과 소론으로 분열

Step 3 빈칸 채우기

❶ (김종직) 무오사화의 발단이 된 □□□□을 작성했다.
❷ (기묘사화) 위훈 삭제를 주장한 □□□가 제거되었다.
❸ 이조 전랑 임명을 둘러싸고 사림이 동인과 □□으로 나뉘었다.

정답 ❶ 조의제문 ❷ 조광조 ❸ 서인

22 동학 농민 운동

Step 1 선택지 미리보기

- 정부와 농민군 사이에 전주 화약이 체결되었다.
- 농민군이 황토현 전투에서 관군에게 승리하였다.
- 조병갑의 탐학에 저항해 고부에서 농민 봉기가 일어났다.
- 남접과 북접이 연합하여 조직적으로 전개되었다.
- 보은에서 교조 신원을 요구하는 집회가 열렸다.
- 농민군이 백산에서 4대 강령을 발표하였다.
- 일본이 경복궁을 점령하고 내정 개혁을 요구하였다.
- 보국안민, 제폭구민을 기치로 내걸었다.
- 사태 수습을 위해 이용태가 안핵사로 파견되었다.
- 척왜양창의를 기치로 내걸었다.
- 개혁 추진 기구로 교정청을 설치하였다.

Step 2 개념 학습하기

고부 봉기(1894.1.)	배경	고부 군수 **조병갑**의 횡포
	전개	전봉준의 고부 관아 점령
	결과	정부의 폐정 시정 약속, 전봉준 자진 해산, 안핵사 파견

↓

1차 봉기(1894.3.)	배경	안핵사 이용태의 농민 봉기 주모자 및 동학교도 탄압
	전개	백산 봉기(보국안민, 제폭구민) → **4대 강령** 발표 → **황토현·황룡촌 전투** 승리
	결과	**전주성 점령**(1894.4.)

↓

전주 화약 체결(1894.5.)	배경	정부의 요청에 따라 청군 파견 → 톈진 조약에 의해 일본군도 파견
	전개	농민군의 외국 군대 철수 요청, **폐정 개혁안 12개조** 제시
	결과	농민군의 **집강소** 설치, 정부의 교정청 설치

↓

2차 봉기(1894.9.)	배경	일본군의 경복궁 점령 → 청일 전쟁 발발
	전개	남접과 북접의 연합 부대 논산 집결 → **공주 우금치 전투** 패배(1894.11.)
	결과	전봉준 등 주모자 체포·처형

Step 3 빈칸 채우기

❶ 폐정 개혁안 실천을 위해 □□□ 설치를 요구하였다.
❷ □□□에서 일본군 및 관군에 맞서 싸웠다.
❸ □□□이 농민들을 이끌고 고부 관아를 습격하였다.

정답 ❶ 집강소 ❷ 우금치 ❸ 전봉준

21. 1910년대 국내외 독립운동

Step 1 선택지 미리보기

- 박상진 등이 대한 광복회를 결성하였다.
- 중광단을 조직하여 무장 투쟁을 전개하였다.
- 대한인 국민회를 조직하여 외교 활동을 펼쳤다.
- 대조선 국민 군단을 조직하여 무장 투쟁을 준비하였다.
- 이상설, 이동휘를 정·부통령에 선임하였다.(대한 광복군 정부)
- 권업신문을 발행하여 민족의식을 고취하였다.(권업회)
- 공화 정체의 국가 건설을 지향하였다.(대한 광복회)
- 샌프란시스코에 중앙 총회를 두었다.(대한인 국민회)
- 한인 자치 기구인 경학사를 설립하였다.

Step 2 개념 학습하기

○ 국내: 항일 비밀 결사 조직

독립 의군부 (1912)	• **임병찬**이 **고종의 밀명**을 받아 조직한 비밀 결사 • **복벽주의**, 의병 전쟁 준비 • 일본에 국권 반환 요구서 발송
대한 광복회 (1915)	• **박상진**이 대구에서 조직한 비밀 결사 • 공화주의 • 군자금 모집, 독립군 양성

○ 국외: 독립운동 기지 건설, 민족 교육

만주	중광단 (1911)	• **대종교** 계열 • 무오 독립 선언서 발표 • **북로 군정서**로 개편
	경학사 (1911)	• 신민회의 이상룡, 이회영 등 • **신흥 강습소**(신흥 무관 학교) 설립
연해주	권업회 (1911)	• 기관지 **권업신문** 발행 • 대한 광복군 정부 조직
	대한 광복군 정부(1914)	• 권업회에서 조직한 정부 형태의 독립군 단체: **이상설**(정통령), 이동휘(부통령) • 무장 항일 운동 • 공화정 목표
미주	대한인 국민회 (1909)	• 샌프란시스코 한인 조직(이승만 주도) • 외교 활동, 의연금, 신한민보
	대조선 국민 군단(1914)	• **박용만**이 **하와이**에서 조직 • 무장 투쟁 주장 → 독립군 사관 양성

Step 3 빈칸 채우기

❶ 고종의 밀지를 받아 ☐☐ ☐☐☐를 조직하였다.
❷ (연해주) ☐☐☐를 조직하여 기관지를 발행하였다.
❸ 박용만이 ☐☐☐ ☐☐ ☐☐을 결성하였어요.

정답 ❶ 독립 의군부 ❷ 권업회 ❸ 대조선 국민 군단

20 항일 의병 운동과 애국 계몽 운동

Step 1 선택지 미리보기

- 단발령 시행에 반발하여 의병을 일으켰다.(을미의병)
- 고종의 강제 퇴위에 반대하는 시위를 주도하였다.(대한 자강회)
- 을사늑약에 반발하여 봉기하였다. (을사의병)
- 최익현, 민종식 등이 주도하였다. (을사의병)
- 태극 서관을 운영하여 계몽 서적을 보급하였다.(신민회)
- 대성 학교와 오산 학교를 설립하여 인재를 양성하였다.(신민회)
- 일제가 조작한 105인 사건으로 조직이 해체되었다.(신민회)
- 이소응, 유인석 등이 주도하였다. (을미의병)
- 국제법상 교전 단체로 승인해 줄 것을 요구하였다.(정미의병)
- 일제가 이른바 남한 대토벌 작전을 전개하였다.(정미의병)

Step 2 개념 학습하기

○ 항일 의병 운동

을미의병 (1895)	• 배경: 을미사변, 단발령 • 위정척사파 유생들이 주도(**유인석**, 이소응) • 고종의 의병 해산 권고 조칙으로 자진 해산
을사의병 (1905)	• 배경: 을사늑약 • 유생 의병장 민종식, 최익현(쓰시마 섬에 유배) • 평민 의병장 **신돌석**
정미의병 (1907)	• 배경: 고종 강제 퇴위, 한일 신협약 이후 대한 제국 군대 강제 해산 • 전개: 해산군이 합세하여 **13도 창의군** 결성(총대장 이인영, 군사장 허위) → **서울 진공 작전** 추진 (1908), 각국 공사관에 국제법상 교전 단체 승인 요구 → 일제의 남한 대토벌 작전으로 해산

○ 애국 계몽 운동

보안회 (1904)	일본의 **황무지 개간권 요구 반대 운동** 전개
헌정 연구회 (1905)	• 독립 협회의 정신 계승 → 입헌 정체 수립 목표 • 일진회 규탄 중 해산
대한 자강회 (1906)	**고종 강제 퇴위 반대 운동** 중 강제 해산
신민회 (1907)	• 안창호, 양기탁, 이회영 등이 조직한 항일 비밀 결사 • 공화정 체제의 근대 국민 국가 건설 목표 • **대성 학교 · 오산 학교** 설립, 자기 회사 · 태극 서관 운영 • 무장 투쟁 준비: 경학사 → **신흥 강습소**(신흥 무관 학교) 설립 • 일제가 조작한 **105인 사건**으로 해체(1911)

Step 3 빈칸 채우기

❶ 13도 창의군을 결성하여 □□ □□ 작전을 전개하였다.
❷ 일제의 □□□ 개간권 요구를 저지하였다.
❸ □□ 무관 학교를 세워 독립군을 양성하였다.

정답 ❶ 서울 진공 ❷ 황무지 ❸ 신흥

19 근대 언론·문물

근대 언론

한성순보 (1883)	• 순 한문, 박문국에서 10일마다 발간 • **최초의 근대적 신문** • 관보 역할: 개화 정책의 취지 설명, 국내외 정세 소개
독립신문 (1896)	• 한글판과 영문판, 일간지 • **서재필** 창간 • 최초의 민간 신문
황성신문 (1898)	• 국한문 혼용 • 을사늑약에 대한 항일 논설 「**시일야방성대곡**」(장지연) 게재
제국신문 (1898)	• 순 한글 • 일반 서민층과 부녀자 대상
대한매일신보 (1904)	• 순 한글, 국한문, 영문판 • **양기탁**과 **베델** 창간 • **국채 보상 운동 지원** • 을사조약 무효화 선언 게재
만세보 (1906)	• 국한문 혼용 • **천도교 기관지**

근대 문물

통신	• 우편: **우정총국**(1884) → 우체사(1895) • 전화: 경운궁에 가설(1898)

교통	• 전차: 한성 전기 회사가 서대문~청량리에 가설(1899)
	• 철도
	  – **경인선**(1899): 부설권 미국 → 일본
	  – 경부선(1905): 부설권 일본
	  – 경의선(1906): 부설권 프랑스 → 일본

의료	• **광혜원**(제중원, 1885): 알렌, 최초의 근대식 병원 • 광제원(1900) → 대한의원(1907) • 세브란스 병원(제중원 인수, 1904)
기관 및 건축	• **박문국**(1883), 전환국(1883), **기기창**(1883) • 명동 성당(1898) • 원각사(1908) • 덕수궁 석조전(1910)

▲ 독립신문

▲ 대한매일신보

▲ 광혜원(제중원)　　▲ 덕수궁 석조전

18 임오군란과 갑신정변

Step 1 선택지 미리보기

- 구식 군대가 난을 일으켜 일본 공사관을 습격하였다.(임오군란)
- 선혜청과 일본 공사관을 공격하였다.(갑신정변)
- 우정총국 개국 축하연에서 정변이 일어났다.(갑신정변)
- 정부가 청군의 출병을 요청하는 계기가 되었다. (임오군란, 갑신정변)
- 한성 조약이 체결되는 결과를 가져왔다.(갑신정변)
- 조청 상민 수륙 무역 장정을 체결하였다.(임오군란)
- 일본 공사관에 경비병이 주둔하는 계기가 되었다.(임오군란)
- 청의 군사 개입으로 실패하였다. (임오군란, 갑신정변)
- 입헌 군주제를 꿈꾸며 갑신정변을 일으키다.
- 흥선 대원군이 다시 집권하는 결과를 가져왔다.(임오군란)

Step 2 개념 학습하기

○ 임오군란(1882)

배경	신식 군대인 별기군과 **구식 군대에 대한 차별 대우**
전개	선혜청 습격 → 일본 공사관 습격, 일본인 교관 살해 → 민씨 세력 축출 → 흥선 대원군 재집권(군란 수습 목적) → 청군 개입(민씨의 요청) 후 군란 진압 → 흥선 대원군 청으로 압송

결과	• 민씨 세력 재집권 → 청에 대한 의존 심화
	• 청의 내정 간섭
	  – 마젠창(정치 고문), 묄렌도르프(외교 고문) 파견
	• **조청 상민 수륙 무역 장정** 체결(1882)
	  – 청 상인의 내지 통상권 허용
	• **제물포 조약** 체결(1882)
	  – 일본 공사관에 경비병 주둔, 배상금 지불

○ 갑신정변(1884)

배경	• 임오군란 이후 청의 내정 간섭 심화, 친청 세력의 개화당 탄압 • 청불 전쟁으로 조선 내 청군 철수 • 일본 공사의 군사적·재정적 지원 약속
전개	**우정총국 개국 축하연**에서 급진 개화파의 정변 → 고종과 명성 황후를 경우궁으로 이동시킴 → **14개조 개혁 정강** 발표(청 사대 관계 폐지, 입헌 군주제, 능력에 따른 인재 등용 등) → 청군 개입 → 김옥균, 박영효, 서재필 등 일본으로 망명

결과	• **한성 조약** 체결(1884)
	  – 일본 공사관 신축 부지 제공 및 비용 지불
	• 톈진 조약 체결(1885)
	  – 청·일본 군대 동시 철수, 추후 조선에 군대 파병 시 상대국에 사전 통보
	• 청과 일본의 대립·견제 구도 격화
	• 조선 중립화론 대두: 부들러, 유길준

Step 3 빈칸 채우기

❶ 구식 군인들이 □□□□을 일으켰다.
❷ (갑신정변) □□□ 등 개화 세력이 정변을 일으켰다.
❸ (갑신정변) 청·일 간 □□ 조약 체결의 계기가 되었다.

정답 ❶ 임오군란 ❷ 김옥균 ❸ 톈진

17 홍경래의 난과 임술 농민 봉기

Step 1 선택지 미리보기

- 서북인에 대한 차별에 반발하여 일어났다.(홍경래의 난)
- 홍경래가 주도하여 봉기하였다. (홍경래의 난)
- 홍경래 등이 봉기하여 정주성을 점령하였다.(홍경래의 난)
- 선천, 정주 등 청천강 이북의 여러 고을을 점령하였다.(홍경래의 난)
- 삼정이정청이 설치되는 계기가 되었다.(임술 농민 봉기)
- 몰락 양반 유계춘이 주도하였다. (임술 농민 봉기)
- 백낙신의 탐학이 발단이 되어 일어났다.(임술 농민 봉기)
- 수령과 향리의 수탈로 삼정이 문란하였다.

Step 2 개념 학습하기

○ 세도 정치

전개	정조 사후 순조~철종 재위 기간인 60여 년 동안 왕실 외척 가문(안동 김씨, 풍양 조씨)의 권력 독점
특징	• 의정부와 6조의 기능 축소 • **비변사 권한 강화**: 유력 가문 출신들의 실질적 권력 행사 • 향촌의 수령권 강화, 매관매직, **삼정의 문란** • 비기·도참 등 예언사상 유행 → 예언서 『정감록』

○ 홍경래의 난(순조, 1811)

배경	• **평안도(서북 지역)에 대한 차별** 대우 • 세도 정치로 인한 삼정의 문란
전개	몰락 양반 **홍경래**를 중심으로 우군칙, 김창시 등과 평안도 농민들이 함께 봉기(가산) → 청천강 이북 8군 점령(정주성)
결과	정주성에서 관군에 의해 진압

○ 임술 농민 봉기(철종, 1862)

배경	• 경상 우병사 **백낙신**의 수탈 • 세도 정치로 인한 삼정의 문란
전개	몰락 양반 출신 **유계춘**을 중심으로 **진주** 농민들이 봉기 → 진주성 점령 → 농민 봉기 전국으로 확산
결과	• 안핵사 **박규수** 및 암행어사 파견 • **삼정이정청** 설치 → 삼정의 문란 시정 실패

Step 3 빈칸 채우기

❶ (임술 농민 봉기) 사건 수습을 위해 □□□가 안핵사로 파견되었다.
❷ (임술 농민 봉기) 삼정의 문란을 해결하기 위해 □□□□□을 두었다.
❸ (홍경래의 난) 지역 차별에 반발한 □□□가 주도하여 봉기하였다.

정답 ❶ 박규수 ❷ 삼정이정청 ❸ 홍경래

16 고려와 조선의 중앙 정치 기구

Step 1 선택지 미리보기

- 수도의 치안과 행정을 담당하였다. (조선 한성부)
- 원 간섭기에 도평의사사로 개편되었다. (고려 도병마사)
- 화폐와 곡식의 출납 회계를 담당하였다. (고려 삼사)
- 왕에게 경서와 사서를 강론하는 경연을 주관하였다. (조선 홍문관)
- 간관으로서 간쟁과 봉박을 담당하였다. (조선 사간원)
- 왕의 비서 기관으로 왕명 출납을 담당하였다. (고려 중추원, 조선 승정원)
- 사헌부, 사간원과 함께 3사로 불렸다. (조선 홍문관)
- 국왕 직속 사법 기구로 반역죄, 강상죄 등을 처결하였다. (조선 의금부)

Step 2 개념 학습하기

○ 고려

2성 6부	• 당의 제도 모방 • 2성: 중서문하성(국정 총괄, 수상은 문하시중)과 상서성(6부 관리)	
중추원	• 송의 제도 모방 • 왕의 비서 기구: 군사 기밀(추밀)과 왕명 출납(승선) 담당	
도병마사	• 국방 및 군사 문제 논의 • 원 간섭기에 도평의사사로 개편	재신(중서문하성)과 추밀(중추원)의 합의로 운영 → 귀족 합의제
식목도감	법률·제도 제정	
어사대	감찰 기구, 풍속 교정	
삼사	화폐·곡식의 출납, 회계	
대간	• 어사대의 관원(대관) + 중서문하성의 낭사 • 간쟁, 봉박, 서경권	

○ 조선

의정부	최고 국정 총괄 기관, 재상 합의제	
6조	• 정책 집행 기관 • 직능에 따라 행정 분담(이, 호, 예, 병, 형, 공)	
승정원	왕명 출납	
삼사	사헌부	관리의 비리 감찰	권력 독점과 부정 방지
	사간원	간쟁(정사 비판), 서경권	
	홍문관	왕의 자문 역할, 경연 주관	
의금부	• 왕명에 의한 특별 사법 기구(국왕 직속) • 중대 범죄 담당	
한성부	수도의 행정·치안 담당	
춘추관	역사서 편찬 및 보관	

Step 3 빈칸 채우기

❶ (조선) 5품 이하의 관원에 대한 □□□을 가졌다.
❷ (고려) 고관들의 합좌 기구인 □□□□를 설치하였다.
❸ (조선) □□ 직계제의 실시로 권한이 약화되었다.

정답 ❶ 서경권 ❷ 도병마사 ❸ 6조

15. 6·25 전쟁

Step 1 선택지 미리보기

- 한미 상호 방위 조약이 체결되었다.
- 미국의 극동 방위선을 조정한 애치슨 선언에 영향을 주었다.
- 흥남 철수 작전이 전개되었다.
- 국회에서 국민 방위군 사건이 폭로되었다.
- 북한의 전면적인 남침으로 6·25 전쟁이 발발하였다.
- 포로 송환 문제로 인해 체결이 지연되었다.
- 군사 분계선을 확정하고 비무장 지대를 설정하였다.
- 학도병이 낙동강 전선에서 혈전을 치렀다.

Step 2 개념 학습하기

▲ 6·25 전쟁의 전개

배경	• 북한의 무력 통일 정책, 소련과 중국의 지원, 미군 철수(1949.6.) • **애치슨 선언**(1950.1.): 한반도를 미국 극동 방위선에서 제외
1950.6.25.	북한의 무력 남침
1950.6.28.	• 유엔 안전 보장 이사회 한국 군사 지원 결의안 채택 • 서울 함락 • 한강 철교·인도교 폭파
1950.7.	• 유엔군 부산 상륙(7.1.) • 국군 작전 지휘권 이양(7.14.)
1950.9.15.	**인천 상륙 작전** → 서울 수복, 평양 탈환
1950.10.25.	중국군 개입
1950.12.15.	원산·흥남 철수 작전
1951.1.4.	**1·4 후퇴** → 서울 재함락(유엔군 서울 철수)
1951.6.	소련이 유엔에 휴전 제의
1953.6.18.	이승만 정부의 반공 포로 석방
1953.7.27.	유엔·공산군 휴전 협정 체결
결과	• 사회 시설 파괴, 이산가족과 전쟁고아 발생 • **한미 상호 방위 조약 체결**(1953.10.)

Step 3 빈칸 채우기

❶ 판문점에서 6·25 전쟁 □□ 협정이 조인되었다.
❷ 국군과 유엔군이 □□ 상륙 작전에 성공하였다.
❸ □□□의 개입으로 서울을 다시 빼앗겼다.

정답 ❶ 정전 ❷ 인천 ❸ 중국군

14 흥선 대원군의 정책

Step 1 선택지 미리보기

- 평양 관민이 제너럴 셔먼호를 불태웠다.
- 종로와 전국 각지에 척화비가 세워졌다.
- 궁궐 중건 비용을 마련하기 위해 당백전을 발행하였다.(흥선 대원군)
- 양반에게도 군포를 부과하였다. (흥선 대원군)
- 병인박해로 천주교 선교사와 신자들이 처형되었다.
- 프랑스군이 의궤를 약탈하였다. (병인양요)
- 제너럴 셔먼호 사건을 구실로 미군이 강화도를 침략하였다.(신미양요)
- 어재연 부대가 광성보에서 항전하였다.(신미양요)
- 흥선 대원군에 의해 47개소를 제외하고 철폐되었다.(서원)
- 통치 체제를 정비하기 위해 대전회통이 편찬되었다.(흥선 대원군)
- 로즈 제독의 함대가 양화진을 침입하였다.(병인양요)

Step 2 개념 학습하기

대내적 개혁 정책

왕권 강화	• 세도 가문 축출, 능력에 따른 인재 등용 • 비변사 폐지: 의정부, 삼군부 부활 • 경복궁 중건: 원납전 징수, **당백전** 남발 • 법전 정비: 『**대전회통**』, 『육전조례』

민생 안정	• 삼정의 문란 시정
	  – 전정: 양전 사업
	  – 군정: **호포제** → 양반에게도 군포 징수
	  – 환정: 사창제
	• **서원 정리**
	  – 배경: 면세 혜택으로 국가 재정 악화, 백성 수탈 심화
	  – 전개: 47개의 서원을 제외하고 모두 철폐(만동묘 철폐)
	  – 결과: 붕당의 근거지를 없애 왕권 강화, 민생 안정, 국가 재정 확보

통상 수교 거부 정책

병인박해 (1866.1.)	프랑스의 천주교 선교사 9명과 신도 8천여 명 처형
제너럴 셔먼호 사건(1866.7.)	미국 상선 **제너럴 셔먼호**의 통상 요구 → 평양 관민들의 저항(평안도 감사 박규수)
병인양요 (1866.9.)	병인박해를 구실로 프랑스군이 강화도 양화진 침략 → **정족산성**에서 **양헌수** 부대 활약 → 외규장각 의궤 등 약탈
오페르트 도굴 사건(1868)	독일 상인 오페르트가 충남 예산의 남연군 묘 도굴 시도
신미양요 (1871)	• 전개: 미군의 강화도 초지진, 덕진진 침략 → **광성보**의 **어재연** 부대 활약 → 수(帥)자기 약탈 • 결과: 전국에 **척화비 건립**

Step 3 빈칸 채우기

❶ □□□□가 남연군 묘 도굴을 시도하였다.
❷ 환곡의 폐단을 시정하기 위해 □□□를 전국적으로 시행하였다.
❸ (병인양요) □□□ 부대가 정족산성에서 프랑스군을 격퇴하였다.

정답 ❶ 오페르트 ❷ 사창제 ❸ 양헌수

13 임진왜란과 정묘·병자호란

Step 1 선택지 미리보기

- 임진왜란을 거치면서 국정 최고 기구로 성장하였다. (비변사)

- 권율이 행주산성에서 적군을 격퇴하였다. (임진왜란)

- 신립이 탄금대에서 배수의 진을 치고 왜군에 항전하였다. (임진왜란)

- 청의 요청으로 나선 정벌에 조총 부대를 파견하였다.

- 이순신이 명량에서 왜의 수군을 대파하였다. (임진왜란)

- 김상용이 강화도에서 순절하였다. (정묘호란)

- 명의 요청으로 강홍립의 부대가 파견되었다. (정묘호란)

- 어영청을 중심으로 북벌이 추진되었다.

- 이순신이 한산도 대첩에서 승리하였다. (임진왜란)

Step 2 개념 학습하기

● 임진왜란

초기	왜군의 조선 침략(1592) → 부산진성·**동래성(송상현)** 함락 → **충주 탄금대 전투** 패배(신립) → 선조의 의주 피란 → 한양 함락 → 명에 원군 요청
전개	• 수군의 활약: 옥포·사천포 해전 승리(이순신) • 의병의 활약: 곽재우, 고경명, 조헌 등의 의병장 주도 • 3대 대첩: **한산도 대첩**(이순신), **진주 대첩**(김시민), **행주 대첩**(권율) • 조명 연합군: 평양성 탈환 • 군제 개편: **훈련도감** 설치, 속오군 편성 • 정유재란(1597): 명량 해전 승리 → 노량 해전 승리(이순신 전사) → 왜군 철수
결과	• 국내: 신분제 동요(공명첩 발급), 비변사 강화 • 국외: 일본(에도 막부 성립), 명(국력 쇠퇴), 여진(후금 건국)

● 정묘·병자호란

배경	• **광해군의 중립 외교** 　- 명과 후금 사이에서 실리를 추구하는 중립 외교 정책 추진 　- 강홍립 부대 후금에 항복 • 인조반정: 서인 집권, 친명배금 정책 추진
정묘호란(1627)	• 배경: 조선의 친명배금 정책, 이괄의 난 • 전개: 후금의 침입 → 인조의 강화도 피란 → 정봉수·이립의 활약 → 후금과 강화 체결(형제 관계)
병자호란(1636)	• 배경: 후금이 국호를 청으로 고친 뒤 조선에 사대 요구(군신 관계) • 전개: 청 태종의 침입 → 인조의 남한산성 피란 → 주화파와 척화파의 대립 → 조선 항복(**삼전도의 굴욕**) → 청과 군신 관계
결과	• **북벌 운동**: 효종 즉위 → 북벌 준비 → **나선 정벌** → 효종의 죽음으로 좌절 • 북학 운동: 18세기 이후 중상학파 실학자들을 중심으로 전개

Step 3 빈칸 채우기

❶ (임진왜란) □□이 탄금대에서 배수의 진을 치고 싸웠다.

❷ (임진왜란) 포수·사수·살수의 삼수병으로 편제된 □□□□이 신설되었다.

❸ (정묘호란) □□□와 이립이 용골산성에서 항전하였다.

정답 ❶ 신립 ❷ 훈련도감 ❸ 정봉수

12 세시 풍속

구분	시기	풍속	음식
설날(구정)	음력 1월 1일	차례, 세배, 설빔, 덕담, 복조리 걸기, 윷놀이, 널뛰기, 연날리기, 머리카락 태우기	떡국, 식혜, 시루떡
정월 대보름	음력 1월 15일	줄다리기, 지신밟기, 놋다리밟기, 차전놀이, 쥐불놀이, 석전, 부럼 깨기, 달집 태우기, 달맞이	부럼, 나물, 약밥, 오곡밥
삼짇날	음력 3월 3일	화전놀이, 각시놀음, 활쏘기	쑥떡, 진달래 화채, 화전, 화면
단오(수릿날)	음력 5월 5일	창포물에 머리 감기, 그네뛰기, 씨름, 봉산 탈춤, 송파 산대놀이, 수박희	수리취떡, 앵두화채, 쑥떡, 대추, 창포주
유두	음력 6월 15일	동쪽으로 흐르는 물에 머리 감기, 탁족놀이	밀전병, 밀국수, 호박전, 시루떡
칠석	음력 7월 7일	걸교(견우와 직녀 두 별에게 바느질과 길쌈을 잘하게 하여 달라고 비는 일), 칠석놀이, 햇볕에 옷과 책을 말림	밀전병, 밀국수, 호박전
추석(한가위)	음력 8월 15일	차례, 성묘, 강강술래, 소싸움, 줄다리기, 씨름, 고사리 꺾기	송편, 토란국, 화양적, 닭찜, 누름적
동지	양력 12월 22일경	관상감에서 새해 달력을 만들어 벼슬아치에게 나누어 줌, 왕이 신하들에게 부채를 나누어 줌	팥죽, 팥시루떡, 전약
섣달그믐	음력 12월 30일경	수세(집안 곳곳에 불을 밝히고 잠을 자지 않는 풍속), 묵은세배, 만두차례, 약 태우기	만둣국, 동치미, 골동반(비빔밥)
한식	양력 4월 5일경	일정 기간 동안 불의 사용을 금함, 성묘, 개사초, 제기차기, 그네 타기	찬 음식

11 민주화 운동

Step 1 선택지 미리보기

- 5년 단임의 대통령 직선제 개헌이 이루어지는 계기가 되었다.
  (6월 민주 항쟁)

- 장면 내각이 출범하는 계기가 되었다.(4·19혁명)

- 대학 교수단이 대통령 퇴진을 요구하며 시위 행진을 벌였다.
  (4·19혁명)

- 대통령 중심제에서 의원 내각제로 바뀌는 계기가 되었다.(4·19혁명)

- 허정을 수반으로 하는 과도 정부가 수립되었다.(4·19혁명)

- 시민군을 조직하여 계엄군에 대항하였다.(5·18 민주화 운동)

- 관련 기록물이 유네스코 세계 기록 유산으로 등재되었다.
  (5·18 민주화 운동)

- 시위 도중 대학생 이한열이 희생되었다.(6월 민주 항쟁)

- 호헌 철폐 등을 내세운 시위로 6·29 민주화 선언이 발표되었다.
  (6월 민주 항쟁)

Step 2 개념 학습하기

4·19 혁명 (1960)	• 배경: **3·15 부정 선거**, 이승만 독재 • 전개: 김주열 학생 시신 발견 → 대학 교수단의 시국 선언, 대통령 하야 요구 행진 → 시위 전국 확산 • 결과: **이승만 하야**, 허정 과도 정부 수립, 장면 내각 출범
부마 민주 항쟁 (1979)	• 배경: **YH 무역 사건** • 전개: 야당 총재 김영삼 국회의원 제명 → 부산, 마산에서 시위 전개 • 결과: 10·26 사태(박정희 피살), 유신 체제 붕괴
5·18 민주화 운동 (1980)	• 배경: 12·12 쿠데타로 전두환 등 신군부 집권 • 전개: 신군부 반대 민주화 운동 → 비상계엄 전국 확대, 계엄군 투입 무력 진압 → 광주에서 신군부 퇴진, 민주화 요구 시위 → 공수 부대 동원 무력 진압 • 영향: 관련 기록물이 유네스코 세계 기록 유산 등재, 6월 민주 항쟁에 영향
6월 민주 항쟁 (1987)	• 배경: **박종철 고문치사 사건** 및 **4·13 호헌 조치** • 전개: 직선제 개헌, 민주화 요구 시위 → 연세대 재학생 이한열 시위 도중 사망 → 시위 전국 확산('호헌 철폐, 독재 타도' 구호) • 결과: 6·29 민주화 선언으로 **5년 단임의 대통령 직선제** 개헌

Step 3 빈칸 채우기

❶ (4·19혁명) 3·15 ☐☐ ☐☐에 항의하는 시위가 전국으로 확산되었다.
❷ (5·18 민주화 운동) 신군부의 ☐☐☐☐ 확대가 원인이 되어 일어났다.
❸ (6월 민주 항쟁) ☐☐ 철폐와 독재 타도 등의 구호를 내세웠다.

정답 ❶ 부정 선거 ❷ 비상계엄 ❸ 호헌

10 대한민국 정부 수립 과정

Step 1 선택지 미리보기

- 제1차 미·소 공동 위원회가 결렬되었다.
- 모스크바 삼국 외상 회의가 개최되었다.
- 여운형이 중심이 되어 조선 건국 준비 위원회를 조직하였다.
- 우리나라 최초의 보통 선거인 5·10 총선거가 실시되었다.
- 유엔 소총회에서 남한만의 단독 총선거가 결의되었다.
- 일제의 패망과 건국에 대비하여 조선 건국 동맹을 결성하였다.
- 유엔 한국 임시 위원단이 설치되었다.
- 여수·순천 10·19 사건이 일어났다.
- 4·3 사건으로 많은 주민이 희생되었다.
- 임시 민주 정부 수립을 위한 협의에 참여할 단체의 범위를 두고 논쟁하였다.

Step 2 개념 학습하기

모스크바 삼국 외상 회의 (1945.12.)
- 미소 공동 위원회 설치
- 최대 5년간의 신탁 통치
- 영향: 국내에서 찬탁·반탁 운동 전개 → 좌우 대립 격화

→ **제1차 미소 공동 위원회 결렬 (1946.3.)**
- 임시 정부 수립에 참여할 단체의 범위를 놓고 의견 차이
- 미국(자유원칙에 입각) vs 소련(모스크바 삼국 외상 회의에 찬성하는 단체만 참여)

→ **정읍 발언 (1946.6.)**
- 이승만이 전북 정읍에서 남한만의 단독 정부 수립 주장

→ **좌우 합작 위원회 결성 (1946.7.)**
- 중도 세력을 중심으로 결성 (여운형, 김규식)
- 좌우 합작 7원칙 제정(1946.10.) → 좌우 합작 운동

→ **미국, 한반도 문제를 유엔에 상정(1947.9.)**
- 배경: 제2차 미소 공동 위원회 결렬(1947.5.)
- 유엔 총회: 인구 비례에 따른 남북 총선 지시
- 유엔 한국 임시 위원단 파견(1948.1.) → 소련, 입북 거절
- 실시 가능한 남한 단독 선거 지시

→ **제주 4·3 사건 (1948.4.3.)**
- 남한만의 단독 정부 수립에 반대한 남로당 제주도당의 무장 봉기
- 미군정과 경찰이 봉기를 강경 진압하면서 양민 학살 발생
- 여수·순천 10·19 사건: 여수에 주둔한 군인들이 제주 4·3 사건 진압을 거부하면서 여수와 순천을 장악

→ **남북 협상 (1948.4.)**
- 김구, 김규식이 평양에서 김일성을 만나 남북 협상 개최
- 미소 양군 철수, 단독 정부 수립 반대 결의 → 성과를 거두지 못함

→ **5·10 총선거 실시 (1948.5.10.)**
- 최초의 민주적 보통선거 (남한 단독 선거)
- 제헌 국회 성립
  - 국회의원 임기 2년
  - 대통령 중심제, 대통령 국회 간선·연임 제한
- 대한민국 정부 수립(1948.8.15.)
  - 대통령 이승만, 부통령 이시영

Step 3 빈칸 채우기

❶ 남한만의 단독 정부 수립을 주장한 □□ 발언이 제기되었다.
❷ □□ □□ 위원회에서 좌우 합작 7원칙을 발표하였다.
❸ 김구, 김규식 등이 □□ □□에 참석하였다.

정답 ❶ 정읍 ❷ 좌우 합작 ❸ 남북 협상

09 일제 강점기 무장 독립운동과 의열 투쟁

주제편

Step 1 선택지 미리보기

- 독립군 연합 부대가 청산리에서 큰 승리를 거두었다.
- 쌍성보에서 중국 호로군과 연합 작전을 전개하였다. (한국 독립군)
- 일본군의 보복으로 간도 참변이 발생하였다.
- 독립군이 전열을 정비하기 위해 자유시로 이동하였다.
- 한인 애국단이 조직되어 의거 활동을 전개하였다.
- 중국 관내(關內)에서 결성된 최초의 한인 무장 부대였다. (조선 의용대)
- 일제가 독립군을 탄압하고자 미쓰야 협정을 체결하였다.
- 중국 의용군과 연합하여 흥경성 전투를 이끌었다. (조선 혁명군)
- 영국군의 요청으로 인도, 미얀마 전선에 투입되었다. (한국 광복군)
- 조선 혁명 간부 학교를 세워 독립군을 양성하였다. (김원봉)

Step 2 개념 학습하기

○ 1920년대 무장 투쟁

봉오동 전투 (1920)	**홍범도**의 **대한 독립군**, 안무의 대한 국민회군, 최진동의 군무도독부 연합
청산리 전투 (1920)	**김좌진**의 **북로 군정서군**과 홍범도의 대한 독립군 연합
간도 참변 (1920)	봉오동·청산리 전투 패배에 대한 보복으로 일제가 간도 지역의 한국인 대량 학살
자유시 참변 (1921)	간도 참변 이후 자유시(러시아)로 근거지를 옮긴 대한 독립 군단은 공산당 간의 갈등으로 큰 타격
3부 설립 (1924~1925)	자유시 참변 이후 독립군은 만주 지역에서 **3부(참의부, 정의부, 신민부)** 설립
미쓰야 협정 (1925)	조선 총독부 경무 국장 미쓰야와 만주 군벌 장쭤린 간의 협정으로 만주 지역 독립운동 제약

○ 1930년대 이후 무장 투쟁

조선 혁명군 (1929)	• **양세봉** 주도로 창설, 중국 의용군과 연합 • **영릉가 전투**(1932), **흥경성 전투**(1933)
한국 독립군 (1931)	• **지청천** 주도로 창설, 중국 호로군과 연합 • **쌍성보 전투**(1932), 사도하자·대전자령 전투(1933)
조선 의용대 (1938)	• 김원봉 주도로 창설 • 중국 관내 최초의 한인 무장 부대
한국 광복군 (1940)	• 대한민국 임시 정부 직할 부대 • 인도·미얀마 전선에 파견 • **국내 진공 작전 준비**
조선 의용군 (1942)	• 조선 독립 동맹 소속 군대 • 중국 공산당 팔로군에 편제되어 항일 전선 참여

○ 의열 투쟁

의열단 (1919)	• 만주에서 **김원봉**이 조직 • 활동 지침: 신채호의 **조선 혁명 선언** • 의거: 박재혁(부산 경찰서), 김익상(조선 총독부), 김상옥(종로 경찰서), 나석주(식산은행, 동양 척식 주식회사)
한인 애국단 (1931)	• 상하이에서 김구가 조직 • 의거: **이봉창**(도쿄에서 일왕 마차에 폭탄 투척), **윤봉길**(상하이 훙커우 공원에서 폭탄 투척)

Step 3 빈칸 채우기

❶ (홍범도의 대한 독립군) 대한 국민회군과 연합하여 □□□ 전투에서 승리하였다.
❷ 충칭에서 지청천을 총사령관으로 하는 □□ □□□이 창설되었다.
❸ (의열단) □□□의 조선 혁명 선언을 활동 지침으로 삼았다.

정답 ❶ 봉오동 ❷ 한국 광복군 ❸ 신채호

08 일제 강점기 민족 운동

Step 1 선택지 미리보기

- 진상 조사단을 파견하여 광주 학생 항일 운동을 지원하였다.(신간회)
- 사회주의 세력의 활동 방향을 밝힌 정우회 선언이 발표되었다.
- 한국인 학생과 일본인 학생 간의 충돌에서 비롯되었다. (광주 학생 항일 운동)
- 강주룡이 을밀대 지붕에서 고공 농성을 전개하였다.
- 이상재 등의 주도로 민립 대학 설립 운동을 전개하였다.
- 어린이 등의 잡지를 발간하여 소년 운동을 주도하였다. (천도교 소년회)
- 고액 소작료에 반발하여 암태도 소작 쟁의가 발생하였다.
- 백정에 대한 사회적 차별 철폐를 목표로 하였다.(형평 운동)
- 민족주의 계열과 사회주의 계열의 여성들이 연합하였다.(근우회)
- 조만식 등의 주도로 평양에서 시작되었다.(물산 장려 운동)
- 자작회, 토산 애용 부인회 등의 단체가 활동하였다.

Step 2 개념 학습하기

○ 각계각층의 민족 운동

민족 유일당 운동	• 민족주의 계열과 사회주의 계열이 연합하여 민족 유일당을 결성할 수 있다는 공감대 형성 • **정우회 선언**(1926) • **신간회 조직**(1927): 좌우 합작 조직, 광주 학생 항일 운동에 **진상 조사단** 파견
농민 운동	• **암태도 소작 쟁의**(1923) • 재령의 동양 척식 주식회사 농장 소작 쟁의(1924)
노동 운동	• **원산 노동자 총파업**(1929) • 평원 고무 공장 쟁의(1931)
학생 운동	• **6·10 만세 운동**(1926) • **광주 학생 항일 운동**(1929)
소년 운동	• 천도교 소년회 조직 • 어린이날 제정, 잡지 『어린이』 간행
여성 운동	여성 단체 조직: 조선 여자 교육회, 조선 여성 동우회, 근우회(신간회 자매단체)
형평 운동	• **조선 형평사** 조직(1923) • 백정에 대한 사회적 차별 철폐 주장

○ 민족 실력 양성 운동

물산 장려 운동	• 배경: 일본 자본의 한국 진출 확대, 1920년대 회사령 폐지 이후 민족 자립 경제 추구 • 전개: **평양**에서 **조만식**의 주도로 **조선 물산 장려회** 발족(1920) → 전국으로 확산 • 활동: '조선 사람 조선 것, 내 살림 내 것으로', 국산품 애용
민립 대학 설립 운동	• 배경: 한국 내 고등 교육 기관 부재, 총독부의 사립 학교 설립 불허 • 전개: 이상재 등이 **조선 민립 대학 기성회** 조직(1923) → 국내외 모금 운동 전개 • 일제의 방해: 경성 제국 대학 설립(1924)

농촌 계몽 운동	• 배경: 일제의 식민지 차별화 교육, 문맹 퇴치 운동
	• 전개
	  – 문자 보급 운동(1929): 조선일보
	  – **브나로드 운동**(1931): 동아일보

Step 3 빈칸 채우기

❶ □□□ 중앙 본부가 진상 조사단을 파견하여 지원하였다.
❷ 노동 조건 개선을 요구하는 □□ 노동자 총파업이 전개되었다.
❸ (브나로드 운동) 배우자 가르치자 다 함께 □□□□를 구호로 내세웠다.

정답 ❶ 신간회 ❷ 원산 ❸ 브나로드

07 3·1 운동과 대한민국 임시 정부

Step 1 선택지 미리보기

- 대한민국 임시 정부 수립의 계기가 되었다. (3·1 운동)
- 독립운동의 방략을 논의하기 위하여 국민 대표 회의가 개최되었다.
- 유학생들이 중심이 되어 2·8 독립 선언서를 발표하였다.
- 전개 과정에서 일제가 제암리 학살 등을 자행하였다. (3·1 운동)
- 독립운동 자금 마련을 위해 독립 공채를 발행하였다. (대한민국 임시 정부)
- 구미 위원부를 설치하여 외교 활동을 전개하였다. (대한민국 임시 정부)
- 연통제를 통해 독립운동 자금을 모았다. (대한민국 임시 정부)
- 미국 대통령 윌슨이 민족 자결주의를 제창하였다.
- 대한민국 임시 정부가 대일 선전 성명서를 공표하였다.

Step 2 개념 학습하기

◎ 3·1 운동(1919)

배경	· 미국 대통령 윌슨의 민족 자결주의 · 고종 승하 · 도쿄에서 **2·8 독립 선언**(조선 청년 독립단)
전개	기미 독립 선언서 준비 → 고종 인산일에 만세 운동 계획 → 태화관에서 민족 대표 33인의 독립 선언서 낭독 → 전국으로 확산
탄압	· 유관순 순국 · **화성 제암리 학살 사건**
영향	· 만주, 연해주, 미주 등지로 확산 · **대한민국 임시 정부 수립** · 일제의 식민 통치 방식 변화: 무단 통치 → 문화 통치

◎ 대한민국 임시 정부(1919)

수립	· 최초의 민주 공화정 · 대통령 이승만, 국무총리 이동휘 · 3·1 운동 이후 독립을 체계적으로 준비
초기 활동	· 군자금 모집: **연통제**와 **교통국**(비밀 행정 조직), **독립 공채**, 이륭양행, 백산 상회 · 외교 활동: 파리 강화 회의에 대표(김규식) 파견, **구미 위원부** 설치 · 문화 활동: 독립신문, 임시 사료 편찬 위원회 설치 → 『**한일 관계 사료집**』 간행
분열 및 변화	· **국민 대표 회의** 개최(1923): 창조파와 개조파 대립 · 개헌(2차, 1925): 이승만 탄핵, 제2대 대통령 박은식 선출, 의원 내각제 채택
1930년대 이후 활동	· **한인 애국단** 조직(1931) · 충칭으로 근거지 이동(1940) · **한국 광복군** 창설(1940) · 건국 강령 발표(1941): 조소앙의 삼균주의

Step 3 빈칸 채우기

❶ (3·1 운동) 일제가 이른바 ☐☐ ☐☐를 실시하는 결과를 가져왔다.
❷ (대한민국 임시 정부) ☐☐☐☐를 기초로 하는 건국 강령을 공포하였어요.
❸ (대한민국 임시 정부) 임시 사료 편찬회를 두어 ☐☐ ☐☐ ☐☐☐을 간행하였다.

정답 ❶ 문화 통치 ❷ 삼균주의 ❸ 한일 관계 사료집

06 삼국의 대외 항쟁과 부흥 운동

Step 1 선택지 미리보기

- 신라와 당의 연합군이 백강에서 왜군을 물리쳤다.
- 신라를 공격하여 대야성을 점령하였다.(백제)
- 당이 안동 도호부를 평양에 설치하였다.
- 신라가 당과 군사 동맹을 체결하였다.
- 신라군이 기벌포에서 적군을 격파하였다.
- 계백의 결사대를 보내 신라군에 맞서 싸웠다.
- 복신과 도침이 부여풍을 왕으로 추대하였다.
- 주류성에서 백제 부흥 운동을 벌이는 귀족
- 임존성에서 소정방이 지휘하는 당군을 격퇴하였다.
- 고구려가 당의 침입에 대비하여 천리장성을 완성하였다.

Step 2 개념 학습하기

○ 삼국의 대외 항쟁

고구려 vs 수	을지문덕의 **살수 대첩**(612)
백제 vs 신라	의자왕이 신라의 대야성 등 40여 개 성 정복 (642)
고구려 vs 당	**안시성 전투**(645)
신라 & 당	나당 동맹 체결(648) → 나당 연합군 결성
백제 vs 나당 연합군	**황산벌 전투** → 백제 멸망(660)
고구려 vs 나당 연합군	고구려 멸망(668)
신라 vs 당	**매소성 · 기벌포 전투**에서 신라 승리 → 삼국 통일(676)

○ 백제 부흥 운동(660~663)

당의 웅진 도독부 설치
↓
흑치상지(임존성), **복신 · 도침**(주류성)의 저항
↓
부여풍을 왕으로 추대
↓
왜의 지원(**백강 전투**)
↓
지도자 내분으로 실패

○ 고구려 부흥 운동(669~684)

당의 안동 도호부 설치
↓
검모잠(한성), **고연무**(오골성)의 저항
↓
안승을 왕으로 추대
↓
신라 문무왕이 안승을 보덕국왕에 책봉
↓
지도자 내분으로 실패

Step 3 빈칸 채우기

❶ □□□□이 살수에서 수의 군대를 물리쳤다.
❷ □□□가 당과의 군사 동맹을 성사시켰다.
❸ □□이 신라에 의해 보덕국왕으로 임명되었다.

정답 ❶ 을지문덕 ❷ 김춘추 ❸ 안승

05 고려와 조선 후기의 경제, 사회·문화

Step 1 선택지 미리보기

- 면화, 담배 등이 상품 작물로 재배되었다. (조선 후기)
- 국경 지대에서 개시 무역과 후시 무역이 이루어졌다. (조선 후기)
- 경시서의 관리들이 수도의 시전을 감독하였다. (고려)
- 활구라고 불리는 은병이 유통되었다. (고려)
- 현존 최고(最古)의 금속 활자본인 직지심체요절이 간행되었다. (고려)
- 국자감에 7재라는 전문 강좌를 개설하였다. (고려)
- 기금을 모아 그 이자로 빈민을 구휼하는 제위보를 운영하였다. (고려)
- 설점수세제의 시행으로 민간 광산 개발이 허용되었다. (조선 후기)
- 조선 후기 시사(詩社)를 조직해 위항 문학 활동을 하였다. (조선 후기)

Step 2 개념 학습하기

○ 고려

	경제	
농업	· 소를 이용한 깊이갈이 일반화 · 시비법 발달 · 문익점의 목화씨 전래 · 농서: 원의 농법을 소개한 『농상집요』(이암)	
상업	· 개경에 시전, 경시서 설치, 대도시에 관영 상점 운영 · 국제 무역 번성 → **벽란도** · 화폐: 건원중보, 삼한통보, 해동통보, **은병(활구)** → 유통 부진	

	사회·문화
신분 제도	· 귀족: 왕족, 공신 5품 이상 고위 관료 → 음서, **공음전** 혜택 · 중류층: 서리, 향리, 역리 등으로 구성
사회 제도	· 의창, 상평창(물가 조절 기관) · 의료 기관: 동서 대비원, 혜민국 · 빈민 구휼: **구제도감**, **구급도감**, 제위보
유학 발달	· 관학: 국자감(중앙), 향교(지방) · 사학: 사학 12도 → 최충의 문헌공도(9재 학당) · 관학 진흥책: 7재, 양현고
기술· 공예	· 인쇄술: 초조대장경, **팔만대장경**, 상정고금예문, **직지심체요절** · 고려청자: 순수 청자(11C) → **상감 청자**(12C)

○ 조선 후기

	경제
농업	· **모내기법 전국으로 확대** → 이모작 일반화 · 구황 작물(감자, 고구마 등), **상품 작물**(인삼, 면화, 담배 등) 재배 · 농서: 조선 전기 농서 『농사직설』, 『구황촬요』 등을 요약·정리한 『농가집성』(신속)
상업	· 개시 무역(공무역)과 후시 무역(사무역) 발달 · 시전 상인: 금난전권(정조 때 **신해통공**으로 폐지) · 사상: 경강상인(서울, 경기), **송상**(개성), **만상**(의주), **내상**(동래), 유상(평양), 도고(도매 상인) · 상품 화폐 경제 발달, **상평통보** 발행·유통 → 전황 발생
광업	· 설점수세제: 민간 광산 개발 허용, 세금 징수 · **덕대**: 전문 광산 경영자

	사회·문화
신분제 동요	· 부농층의 양반화 · 서얼들의 통청 운동(청요직 진출 요구) · 공노비 해방(순조, 1801)
서민 문화 발달	· **판소리**와 탈놀이, 산대놀이 성행, 한글 소설·사설시조 유행, **전기수** 활동 · 중인층의 **시사** 조직
회화· 공예	· 진경산수화·풍속화·민화 발달 · 청화백자 유행

Step 3 빈칸 채우기

❶ 예성강 하구의 □□□가 국제 무역항으로 번성하였다.
❷ □□, 만상이 대청 무역으로 부를 축적하였다.
❸ 광산을 전문적으로 경영하는 □□가 나타났다.

정답 ❶ 벽란도 ❷ 송상 ❸ 덕대

04 고려의 대외 관계

Step 1 선택지 미리보기

- 화통도감을 설치하여 화약과 화포를 제작하였다.
- 광군을 조직하여 침입에 대비하였다.
- 대장도감을 설치하여 팔만대장경을 간행하였다.
- 윤관이 동북 9성을 쌓았어요.
- 김윤후가 처인성 전투에서 활약하였다.
- 중서문하성과 상서성이 첨의부로 개편되었다.
- 배중손이 삼별초를 이끌고 진도에서 항전하였다.
- 최무선이 진포에서 왜구를 격퇴하였다.

Step 2 개념 학습하기

거란(요)의 침입 (10C 말~11C)

원인	• 고구려 계승의식에 의한 친송 · 북진 정책 • 만부교 사건, 강조의 정변
전개	• 1차 침입(993): **서희**의 외교 담판(vs 소손녕), **강동 6주** 획득 • 2차 침입(1010): 양규의 활약 • 3차 침입(1018): **강감찬**의 귀주 대첩(1019)
결과	• 고려 · 송 · 거란의 세력 균형 유지 • 개경에 나성 축조, 강감찬의 건의로 **천리장성** 축조(압록강~동해안 도련포)

여진(금)의 침입 (12C)

원인	여진족의 부족 통일
전개	**윤관의 별무반 편성**(신기군, 신보군, 항마군) → **동북 9성** 축조 → 여진의 금 건국 → 고려에 사대(군신 관계) 요구
결과	인종 때 이자겸이 금의 사대 요구 수용

몽골(원)의 침입 (13C)

원인	몽골 사신 저고여 피살 사건
전개	• 1차 침입: 박서의 항전(vs 살리타) → 강화 수락, 강화도 천도(최우) • 2차 침입: 김윤후의 **처인성 전투** 승리(살리타 전사) • 3차 침입: 대장도감 설치 → 팔만대장경 제작 • 5차 침입: 김윤후의 **충주성 전투** 승리
결과	• 문화재 소실: 초조대장경 · 황룡사 구층 목탑 • 개경 환도, 무신 정권 몰락 → **삼별초 항쟁**(강화도, 진도, 제주도) → 원 간섭기(변발과 호복 유행, 정동행성 설치)

홍건적 · 왜구의 침입 (14C 후반)

원인	• 원 쇠퇴(원 · 명 교체기) • 원 간섭기에 약화된 고려의 군사력
전개	• 홍건적: 1차 침입(서경 함락) → 2차 침입(공민왕의 안동 피난, 개경 함락) • 왜구: 홍산 대첩(최영) → **화통도감** 설치, 진포 대첩(최무선) → 황산 대첩(이성계) → 대마도 정벌(박위)
결과	이성계 등 신진 세력 성장

Step 3 빈칸 채우기

❶ □□가 외교 담판으로 강동 6주를 확보하였다.
❷ (윤관) 신기군, 신보군, 항마군 등으로 구성된 □□□을 조직하였다.
❸ □□□를 이끌고 진도로 이동하여 대몽 항쟁을 펼쳤다.

정답 ❶ 서희 ❷ 별무반 ❸ 삼별초

03 신라 말 사회 변화와 후삼국의 통일 과정

주제편

Step 1 선택지 미리보기

- 국호를 마진으로 바꾸고 철원으로 천도하였다. (궁예)
- 광평성 등의 정치 기구를 두었다. (궁예)
- 후당, 오월에 사신을 파견하였다. (궁예)
- 최치원이 왕에게 시무 10여 조를 건의하였다.
- 원종과 애노가 사벌주에서 봉기하였다.
- 견훤이 경주를 습격하여 경애왕을 죽게 하였다.
- 신숭겸이 공산 전투에서 전사하였다.
- 금산사에 유폐된 후 왕건에게 귀부하였다.
- 빈공과를 준비하는 6두품 출신 유학생

Step 2 개념 학습하기

○ 신라 말 사회 변화

왕권 약화	• 경덕왕 사후 나이 어린 혜공왕 즉위 → 진골 귀족들의 왕위 쟁탈전 • **김헌창의 난**: 아버지 김주원이 왕위 쟁탈전에서 패하자 불만을 품고 반란
농민 봉기	• **원종 · 애노의 난** • 적고적의 난

새로운 세력 등장	• 6두품 성장(반신라적 성격)
	  – **최치원**: 당의 빈공과 합격, 진성 여왕에게 시무 10여 조 건의
	• 호족 세력 성장
	  – **장보고**: 청해진 설치, 해상 무역 주도

새로운 사상 유행	선종(승려 도의 → 참선 수행), 풍수지리설, 유교

○ 후삼국의 통일 과정

후백제 건국(900)	• **견훤** • 완산주 도읍 • 오월 · 후당과 교류
후고구려 건국(901)	• **궁예** • 국호(후고구려 → 마진 → 태봉) • 도읍(송악 → 철원) • **광평성** 설치
고려 건국 (918)	• 왕건 • 궁예 축출
공산 전투 (927)	• 후백제가 고려 격파 • 고려의 김락, 신숭겸 등 전사
고창 전투 (930)	• 고려가 후백제 격파 • 후삼국 통일의 기반 마련
신라 항복 (935)	경순왕(김부)이 고려에 항복, 신라 멸망
후삼국 통일(936)	• 고려의 **일리천 전투** 승리 • 후백제 신검 항복 → 후백제 멸망

Step 3 빈칸 채우기

❶ □□□가 청해진을 거점으로 반란을 도모하였다.
❷ 신검이 □□□ 전투에서 고려군에 패배하였다.
❸ □□이 고창 전투에서 후백제군을 상대로 승리하였다.

정답 ❶ 장보고 ❷ 일리천 ❸ 왕건

02 여러 나라의 성장

Step 1 선택지 미리보기

- 12월에 영고라는 제천 행사를 열었다.(부여)
- 혼인 풍습으로 민며느리제가 있었습니다.(옥저)
- 대가들이 사자, 조의, 선인 등의 관리를 거느렸다.(고구려)
- 도둑질한 자에게 12배로 배상하게 하였다.(부여)
- 철이 많이 생산되어 낙랑과 왜에 수출하였다.(가야)
- 신지, 읍차라고 불린 지배자가 있었다.(삼한)
- 혼인 풍습으로 서옥제가 있었다. (고구려)
- 목지국을 비롯한 많은 소국으로 이루어졌다.(삼한)
- 단궁, 과하마, 반어피 등이 특산물로 유명하였습니다.(동예)

Step 2 개념 학습하기

부여

정치	• 5부족 연맹체 • **사출도**(마가, 우가, 저가, 구가)
경제	• 반농반목 • 말, 주옥, 모피
풍속	• 우제점법 • 형사취수제 • 순장, **1책 12법**
제천행사	12월 **영고**

고구려

정치	• 5부족 연맹체 • **대가**(사자, 조의, 선인)
경제	약탈 경제(부경)
풍속	• **서옥제** • 형사취수제
제천행사	10월 동맹

옥저

정치	**읍군, 삼로**(군장)
경제	• 소금, 해산물 풍부 • 고구려에 공물 바침
풍속	• **민며느리제** • 가족 공동묘
제천행사	–

동예

정치	**읍군, 삼로**(군장)
경제	명주, 삼베, 단궁, 과하마, 반어피 등
풍속	• 족외혼 • **책화**
제천행사	10월 무천

삼한

정치	• 정치적 지배자(**신지, 읍차**) • 제사장(천군) → **소도** 주관
경제	• 벼농사(저수지 축조) • 철 생산, 낙랑·왜에 수출
풍속	두레
제천행사	• 5월 수릿날 • 10월 계절제

Step 3 빈칸 채우기

❶ (삼한) 제사장인 천군과 신성 지역인 □□가 존재하였다.
❷ (동예) 읍락 간의 경계를 중시하는 □□가 있었다.
❸ (부여) 여러 가(加)들이 별도로 □□□를 주관하였다.

정답 ❶ 소도 ❷ 책화 ❸ 사출도

01 현대 정부의 정책

Step 1 선택지 미리보기

- 남북한이 한반도 비핵화 공동 선언에 서명하였다. (노태우 정부)
- 최초의 이산가족 고향 방문과 예술 공연단 교환을 실현하였다. (전두환 정부)
- 경제 협력 개발 기구(OECD)에 가입하였다. (김영삼 정부)
- 제2차 남북 정상 회담을 개최하고 10·4 남북 공동 선언을 발표하였다. (노무현 정부)
- 남북한이 유엔에 동시 가입하였다. (노태우 정부)
- 금강산 관광 사업을 시작하였다. (김대중 정부)
- 한미 자유 무역 협정(FTA)이 체결되었다. (노무현 정부)
- 유상 매수, 유상 분배 원칙의 농지 개혁법이 제정되었다. (이승만 정부)
- 제1차 경제 개발 5개년 계획을 추진하였다. (박정희 정부)
- 저유가, 저금리, 저달러의 3저 호황이 있었다. (전두환 정부)

Step 2 개념 학습하기

○ 경제 정책

이승만 정부	• **농지 개혁** 시행(유상 매수, 유상 분배) • 미국의 원조: **삼백 산업** 발달(면화, 설탕, 밀가루)
박정희 정부	• 제1·2차 경제 개발 5개년 계획: 경공업 중심, 수출 주도형 • 제3·4차 경제 개발 5개년 계획: 중화학 공업 중심 • 자본 확보를 위한 **한일 협정**, 한일 국교 정상화 → 6·3 시위 • 브라운 각서: 베트남 파병, 미국의 차관 제공 • **경부 고속 도로 건설** • **수출 100억 달러** 달성
전두환 정부	3저 호황(저유가, 저달러, 저금리)
김영삼 정부	• **금융 실명제** 도입 • **경제 협력 개발 기구(OECD) 가입** • 외환 위기: 국제 통화 기금(IMF)의 구제 금융
김대중 정부	노사정 위원회 설치, 외환 위기 극복
노무현 정부	• 아시아·태평양 경제 협력체(APEC) 정상 회의 개최 • 한·칠레, **한미 자유 무역 협정(FTA) 체결**

○ 통일 정책

이승만 정부	북진 통일론, 반공 정책
박정희 정부	• 남북 적십자 회담 • **7·4 남북 공동 성명**: 자주·평화·민족 대단결의 3대 통일 원칙 합의, 남북 조절 위원회 설치
전두환 정부	이산가족 최초 상봉, 예술 공연단 교환 방문
노태우 정부	• 북방 외교 추진, 남북 유엔 동시 가입 • **남북 기본 합의서** • 한반도 비핵화 공동 선언

김대중 정부	• 햇볕 정책: 금강산 관광 사업 전개
	• 제1차 남북 정상 회담 개최
	  – **6·15 남북 공동 선언**
	  – 개성 공단 조성 합의, 금강산 육로 관광 추진

노무현 정부	• 제2차 남북 정상 회담 개최
	  – **10·4 남북 공동 선언**
	  – 개성 공단 착공식

문재인 정부	• 제3차 남북 정상 회담 개최 – **4·27 남북 공동 선언**(판문점 선언)

Step 3 빈칸 채우기

❶ (김영삼 정부) 대통령 긴급 명령으로 □□ □□□가 실시되었다.
❷ (박정희 정부) 7·4 남북 공동 성명을 실천하기 위한 □□ □□ □□□를 구성하였다.
❸ (노무현 정부) 남북한의 교류 협력을 위한 □□ 공업 지구 건설에 착수하였다.

정답 ❶ 금융 실명제 ❷ 남북 조절 위원회 ❸ 개성

06 승려

Step 1 선택지 미리보기

- 무애가를 지어 불교 대중화에 힘썼다.(원효)
- 인도와 중앙아시아를 다녀와서 왕오천축국전을 남겼다.(혜초)
- 화엄일승법계도를 지어 화엄 사상을 정리하였다.(의상)
- 당에서 귀국하여 황룡사 구층 목탑의 건립을 건의하였다.(자장)
- 심성의 도야를 강조한 유불 일치설을 제창하였다.(혜심)
- 대승기신론소, 십문화쟁론을 저술하였다.(원효)
- 화랑도의 규범으로 세속 5계를 제시하였다.(원광)
- 불교 개혁을 주장하며 수선사 결사를 조직하였다.(지눌)
- 국청사를 중심으로 해동 천태종을 창시하였다.(의천)

Step 2 개념 학습하기

○ 신라

원광	• 활동: 화랑도 행동 규범인 **세속 5계** 제시, 걸사표 작성 • 저서: 『여래장경사기』
자장	활동: 선덕 여왕에게 **황룡사 구층 목탑 건립 건의**
원효	• 활동: **일심 사상** 주장, 종파 간의 사상적 대립 극복·조화, 불교의 대중화(나무아미타불, 「**무애가**」) • 저서: 『**십문화쟁론**』, 『금강삼매경론』, 『대승기신론소』
의상	• 활동: 화엄 사상 정립, 관음 신앙, **부석사** 건립 • 저서: 『**화엄일승법계도**』
혜초	• 활동: 인도와 중앙아시아 순례 • 저서: 『**왕오천축국전**』

○ 고려

의천	• 활동: 화엄종 중심의 교종 통합 운동, **교관겸수** 주장, 국청사 건립, 해동 **천태종** 창시, 시호 대각국사 • 저서: 『신편제종교장총록』
지눌	• 활동: **수선사 결사**(조계종), **정혜쌍수·돈오점수** 주장 • 저서: 『원돈성불론』, 『간화결의론』
요세	• 활동: **백련사 결사**(천태종), 법화 신앙 강조 • 저서: 『삼대부절요』
혜심	• 활동: 결사 운동(조계종), **유불 일치설** 주장 • 저서: 『선문염송집』, 『심요』, 『금강경찬』

Step 3 빈칸 채우기

❶ (의천) 이론 연마와 수행을 함께 강조하는 □□□□를 제시하였다.
❷ □□이 정혜쌍수와 돈오점수를 내세웠습니다.
❸ □□가 법화 신앙을 바탕으로 백련 결사를 이끌었습니다.

정답 ❶ 교관겸수 ❷ 지눌 ❸ 요세

05 현대의 인물

Step 1 선택지 미리보기

- 일제의 패망과 건국에 대비하여 조선 건국 동맹을 결성하였다. (여운형)

- 신한 청년당을 결성하고 파리 강화 회의에 참석하였다.(김규식)

- 민족 자주 연맹을 이끌고 남북 협상에 참여하였다.(김구)

- 조선사회경제사에서 식민 사학의 정체성 이론을 반박하였다.(백남운)

- 삼균주의를 제창하여 정치·경제·교육의 균등을 강조하였다. (조소앙)

- 좌우 합작 운동을 전개하였다. (김규식, 여운형)

- 김구, 이시영 등이 항저우에서 한국 국민당을 창당하였다.

- 조선 건국 준비 위원회의 활동을 주도하였다.(여운형)

Step 2 개념 학습하기

김구(1876~1949)
- 활동: 대한민국 임시 정부 주도, **한인 애국단** 조직, 김규식과 함께 **남북 협상** 참여

김규식(1881~1950)
- 활동: 신한 청년단 대표로 **파리 강화 회의 파견**, 좌우 합작 위원회 조직, 남북 협상 참여

여운형(1886~1947)
- 활동: 신한 청년당 조직, 조선 건국 동맹 결성, **조선 건국 준비 위원회 결성**, 좌우 합작 위원회 조직

조소앙(1887~1958)
- 활동: 한국 독립당 창당, **삼균주의** 제창(건국 강령 기초), 남북 협상 참여

백남운(1895~1979)
- 활동: 유물론을 바탕으로 식민 사관의 정체성론 비판
- 저서: 『**조선사회경제사**』, 『조선봉건사회경제사』

Step 3 빈칸 채우기

❶ □□, 김규식 등이 남북 협상에 참석하였다.
❷ □□□이 파리 강화 회의에 대표로 파견되었다.
❸ □□□이 중심이 되어 조선 건국 준비 위원회를 조직하였다.

정답 ❶ 김구 ❷ 김규식 ❸ 여운형

04 근대의 인물

Step 1 선택지 미리보기

- 을사늑약에 반대하여 항일 의병을 이끌다. (최익현)
- 개화 반대 여론으로 인해 비밀리에 출국하였다. (박정양)
- 서유견문을 집필하여 서양 근대 문물을 소개하였다. (유길준)
- 동학의 2대 교주로 교조 신원 운동을 주도하였다. (최시형)
- 초대 주미 공사로 임명되어 미국에 파견되었다. (박정양)
- 동경대전과 용담유사를 경전으로 삼았다. (최시형)
- 해국도지, 영환지략을 들여와 국내에 소개하였다. (오경석)

Step 2 개념 학습하기

최시형(1827~1898)
- 동학 2대 교주
- 활동: 동학 교단 정비, 보은 집회 주도

최익현(1833~1906)
- 위정척사파
- 활동: 강화도 조약 반대, **왜양일체론** 주장, 을사의병
- 저서: 『면암집』

박정양(1841~1905)
- 조선 말 외교가, 정치인
- 활동: 조사 시찰단 파견, **초대 주미 공사** 부임, 갑오개혁·을미개혁 추진, 박정양 내각(중추원 관제 개편 추진)

김홍집(1842~1896)
- 조선 말 외교가, 정치인
- 활동: 2차 수신사 파견, 『**조선책략**』 소개, 갑오개혁·을미개혁 추진

유길준(1856~1914)
- 개화 사상가, 정치인
- 활동: 조사 시찰단·보빙사 파견, 을미개혁 추진, **조선 중립화론** 주장
- 저서: 『서유견문』, 『대한문전』

양기탁(1871~1938)
- 언론인, 독립운동가
- 활동: **대한매일신보** 창간, 독립 협회 만민 공동회 간부, 국채 보상 운동 주도, 신민회 조직 참여

Step 3 빈칸 채우기

❶ (김홍집) 황준헌이 쓴 □□□□을 국내에 들여왔다.
❷ (양기탁) 영국인 베델과 제휴하여 □□□□□□를 창간하였다.
❸ □□□이 동학의 2대 교주가 되다.

정답 ❶ 조선책략 ❷ 대한매일신보 ❸ 최시형

03 실학자

Step 1 선택지 미리보기

- 기기도설을 참고하여 거중기를 설계하였다. (정약용)
- 우서에서 사농공상의 직업적 평등과 전문화를 내세웠다. (유수원)
- 의산문답에서 중국 중심의 세계관을 비판하였다. (홍대용)
- 양반전을 지어 양반의 허례와 무능을 지적하였다. (박지원)
- 서얼 출신으로 규장각 검서관에 등용되었다. (박지원, 박제가)
- 반계수록에서 토지 제도 개혁론을 제시하였다. (유형원)
- 곽우록에서 토지 매매를 제한하는 한전론을 제시하였다. (이익)
- 금석과안록에서 북한산비가 진흥왕 순수비임을 고증하였다. (김정희)
- 자영농 육성을 위해 신분에 따른 토지의 차등 분배를 주장하였다. (유형원)
- 여전론을 통해 마을 단위 토지 분배와 공동 경작을 주장하였다. (정약용)

Step 2 개념 학습하기

○ 중농학파

유형원	• 토지 제도: **균전론** → 신분에 따라 토지 차등 분배, 자영농 육성 • 주장: 병농 일치의 군사 조직과 사농 일치의 교육 제도 확립 • 저서: 『반계수록』
이익	• 토지 제도: **한전론** → 영업전을 제외한 나머지 토지만 매매 가능 • 주장: 6좀론 제시(노비, 과거제, 문벌, 기교, 승려, 게으름 등 시정), 폐전론, 사창제 실시 주장 • 저서: 『**성호사설**』, 『곽우록』
정약용	• 토지 제도: 여전론 → 마을 단위의 토지 공동 소유·경작, 노동력에 따른 수확물 분배 • 활동: **수원 화성** 설계와 **거중기** 사용, 한강 배다리 설계 • 저서: 『목민심서』, 『경세유표』, 『흠흠신서』, 『마과회통』

○ 중상학파

유수원	• 주장: 합자를 통한 경영 규모 확대, 사·농·공·상의 직업적 평등과 전문화 강조 • 저서: 『**우서**』
홍대용	• 주장: 기술 문화 혁신과 신분 제도 철폐, 성리학 극복 주장, 지전설과 무한 우주론 주장 • 저서: 『**의산문답**』, 『임하경륜』
박지원	• 주장: **수레·선박 이용**, 화폐 유통의 필요성 강조, 양반 문벌의 비생산성 비판 • 저서: 『**열하일기**』, 『과농소초』, 『한민명전의』, 「호질」, 「**양반전**」, 「허생전」
박제가	• 주장: 수레·선박 이용, 절약보다 소비 강조 • 활동: 규장각 검서관 • 저서: 『**북학의**』

Step 3 빈칸 채우기

❶ □□□이 반계수록을 저술하였다.
❷ □□□이 유배 중에 경세유표를 저술하였다.
❸ (박제가) 북학의에서 재물을 우물에 비유하여 절약보다 □□를 권장하였다.

정답 ❶ 유형원 ❷ 정약용 ❸ 소비

02 독립운동가

Step 1 선택지 미리보기

- 독립 투쟁 과정을 서술한 한국독립운동지혈사를 저술하였다.(박은식)
- 샌프란시스코에서 흥사단을 창립하였다.(안창호)
- 양기탁 등과 함께 신민회를 조직하였다.(안창호)
- 진단 학회를 설립하여 실증주의 사학을 발전시켰다.(이병도)
- 독사신론을 발표하여 민족을 역사 서술의 중심에 두었다.(신채호)
- 한인 자치 단체인 권업회를 조직하였다.(최재형)
- 네덜란드 헤이그에서 열린 만국 평화 회의에 특사로 파견되었다. (이상설)
- 조선불교유신론을 저술하였습니다. (한용운)
- 저항시 광야, 절정 등을 발표하였다.(이육사)

Step 2 개념 학습하기

박은식(1859~1925)
- 활동: 유교 구신론 주장, 혼(魂) 강조
- 저서: 『한국통사』, 『한국독립운동지혈사』

이상설(1870~1917)
- 활동: 을사늑약 반대 상소, 서전서숙 설립, 헤이그 특사로 파견, 권업신문 발행, 대한 광복군 정부 수립

안창호(1878~1938)
- 활동: 신민회 조직 참여, 대성 학교 · 오산 학교 설립, 미국에서 대한인 국민회, 흥사단 조직

한용운(1879~1944)
- 활동: 3 · 1 운동 민족 대표 33인, 독립 선언문 공약 3장 작성
- 저서: 『조선불교유신론』, 『님의 침묵』

안중근(1879~1910)
- 활동: 만주 하얼빈역에서 이토 히로부미 사살
- 저서: 『동양 평화론』

이육사(1904~1944)
- 활동: 조선 혁명 군사 정치 간부 학교 입학, 의열단 단원, 조선은행 대구 지점 폭탄 투척 사건에 연루되어 구속
- 저서: 「광야」, 「청포도」, 「절정」

Step 3 빈칸 채우기

❶ □□□가 민족 교육을 위해 대성 학교를 설립하였다.
❷ (박은식) 조선 국혼을 강조하는 □□□□를 저술하였다.
❸ (안중근) 하얼빈역에서 □□ □□□□를 사살하였다.

정답 ❶ 안창호 ❷ 한국통사 ❸ 이토 히로부미

01 관리, 유학자

Step 1 선택지 미리보기

- 삼수병으로 구성된 훈련도감을 창설하였다.(유성룡)
- 소학의 보급과 공납의 개선을 주장하였다.(조광조)
- 반정 공신의 위훈 삭제를 주장하였다.(조광조)
- 묘청 일파가 김부식이 이끄는 관군에 의해 토벌되었다.
- 불씨잡변을 지어 불교를 비판하였다.(정도전)
- 동호문답을 통해 다양한 개혁 방안을 제시하였다.(이이)
- 최초의 서원인 백운동 서원을 건립하였다.(주세붕)
- 예안 향약을 시행하여 향촌 교화를 위해 노력하였다.(이황)
- 충청도 지역까지 대동법의 확대 실시를 건의하였다.(김육)
- 노론의 영수로 북벌론을 주장하였다.(송시열)

Step 2 개념 학습하기

 **김부식**(1075~1151)
- 고려 전기 문신
- 활동: 묘청의 서경 천도 운동 진압
- 저서: 『삼국사기』, 『예종실록』

 **정도전**(1342~1398)
- 조선 건국 공신, 신진 사대부
- 활동: 요동 정벌 계획
- 저서: 『조선경국전』, 『불씨잡변』, 『삼봉집』, 『경제문감』, 『고려국사』

 **조광조**(1482~1519)
- 조선의 문신, 사림
- 활동: 현량과 실시 건의, 소격서 폐지 주장, 위훈 삭제, 『소학』 보급, 향약 시행

 **이황**(1501~1570)
- 조선의 성리학자
- 활동: 예안 향약, 백운동 서원의 사액 청원
- 저서: 『성학십도』

 **이이**(1536~1584)
- 조선의 성리학자
- 활동: 해주 향약
- 저서: 『성학집요』, 『동호문답』

 **유성룡**(1542~1607)
- 조선의 문신
- 활동: 권율·이순신 천거, 훈련도감 설치, 수미법 건의
- 저서: 『징비록』

Step 3 빈칸 채우기

❶ □□□이 서경의 반란군을 진압하기 위해 출정하였다.
❷ (정도전) 재상 중심의 정치를 강조한 □□□□을 편찬하였다.
❸ (이황) 군주의 도를 도식으로 설명한 □□□□를 지었다.

정답 ❶ 김부식 ❷ 조선경국전 ❸ 성학십도

연대

제헌 헌법(1948)
- 우리나라 최초의 헌법
- 배경: 5·10 총선거, 정부 수립 준비
- 내용
  - 대통령 간선제(국회)
  - 단원제 국회
- 결과: 대한민국 정부 수립, 이승만 정부 출범

제1차 개헌(1952)
- **발췌 개헌**
- 배경: 6·25 전쟁 중 이승만 집권 연장
- 내용
  - 대통령 직선제
  - 양원제 국회(민의원·참의원)
  - 국회의 국무위원 불신임제
- 결과: 이승만 재선

제2차 개헌(1954)
- **사사오입 개헌**
- 배경: 이승만 종신 집권
- 내용
  - 의원 내각제
  - 초대 대통령에 한해 중임 제한 철폐
- 결과: 이승만 3선

제3차 개헌(1960.6.)
- 내각 책임제 개헌
- 배경: 4·19 혁명
- 내용
  - 대통령 간선제(국회)
  - 의원 내각제
  - 양원제 국회(민의원·참의원)
- 결과: 민주당 장면 내각 출범, 대통령 윤보선

제4차 개헌(1960.11.)
- 소급 입법 개헌
- 배경: 3·15 부정 선거 관련자 및 부정 축재자 처벌
- 내용
  - 특별 재판소 및 특별 검찰부 설치
- 결과: 5·16 군사 정변

제5차 개헌(1962)
- 3공 개헌
- 배경: 5·16 군사 정변
- 내용
  - 대통령 중심제(1차 중임 가능)
  - 대통령 직선제
  - 단원제 국회
- 결과: 공화당 박정희 정부 출범

제6차 개헌(1969)
- **3선 개헌**
- 배경: 박정희 집권 연장
- 내용
  - 대통령 3선 연임 제한 철폐
  - 대통령에 대한 탄핵 소추 요건 강화 등 대통령 권한 강화
- 결과: 박정희 3선

제7차 개헌(1972)
- **유신 헌법**
- 배경: 박정희 종신 집권
- 내용
  - **임기 6년**의 대통령 간선제(**통일 주체 국민 회의**)
  - 중임 및 연임 제한 규정 철폐
  - 대통령에 국회의원 1/3 추천권, 긴급 조치권 부여
- 결과: 박정희 장기 집권

제8차 개헌(1980)
- 5공 개헌
- 배경: 12·12 사태, 5·17 비상 조치
- 내용
  - **7년 단임**의 대통령 간선제(**선거인단**)
- 결과: 전두환 정부 출범

제9차 개헌(1987)
- 6공 개헌
- 배경: 6월 민주 항쟁
- 내용
  - **5년 단임**의 대통령 직선제
  - 여야의 합의 개헌
- 결과: 노태우 정부 출범

● 제헌 헌법 ● 제1공화국 ● 제2공화국 ● 제3공화국 ● 제4공화국 ● 제5공화국 ● 제6공화국

09 일제 강점기

	무단 통치기(1910년대)	문화 통치기(1920년대)	민족 말살 통치기(1930~1940년대)
통치 내용	• 조선 총독부 설치(1910) – 초대 총독 데라우치 마사타케 • **헌병 경찰제** • 제1차 조선 교육령(1911) • 조선 태형령·즉결 심판권(1912)	• 보통 경찰제 • 경성 제국 대학 설립(1924) • **치안 유지법** 제정(1925)	• 조선 사상범 보호 관찰령(1936) • **황국 신민 서사 암송**(1937) • 신사 참배 강요 • **국가 총동원령**(1938) • **창씨개명**(1939) • 국민 학교령(1941) • 조선 사상범 예방 구금령(1941) • 징병 제도(1944) • 여자 정신 근로령(1944)

경제 침탈	• **회사령** 시행(1910)
	  – 허가제
	• 조선 어업령·삼림령(1911)
	• 토지 조사 사업(1912)
	• 광업령(1915)
	• 임야 조사령(1918)
		• **산미 증식 계획**(1920)
		• 회사령 폐지(1920)
		  → 신고제 전환
		• 관세 철폐(1923)
		• 신은행령(1928)
			• 대륙 침략을 위한 병참 기지화 정책
			• 남면북양 정책
			• 농촌 진흥 운동(1932)
			• 조선 농지령(1934)
			• 식량 배급제, **미곡 공출제**(1939)
			• 금속류 회수령 공포(1941)

주요 사건	• 105인 사건, 신민회 해체(1911) • 조선 물산 공진회 개최(1915) • 2·8 독립 선언서, **3·1 운동**(1919) • **대한민국 임시 정부 수립**(1919)	• 물산 장려 운동(1920) • 형평 운동(1923) • 암태도 소작 쟁의(1923) • **6·10 만세 운동**(1926) • 원산 노동자 총파업(1929) • **광주 학생 항일 운동**(1929)	• 이봉창, 윤봉길 의거(1932) • 일장기 말소 사건(1936) • 중일 전쟁(1937) • 태평양 전쟁(1941) • **조선어 학회 사건**(1942)

08 근대

1863~1880

26대 고종

- **흥선 대원군 섭정** 시작(1863)
- 병인박해(1866)
- 제너럴 셔먼호 사건(1866)
- 병인양요(1866)
- 오페르트 도굴 사건(1868)
- 신미양요(1871)
- 척화비 건립(1871)
- 고종 친정 시작(1873)

- 운요호 사건(1875)
- **강화도 조약**(조일 수호 조규, 1876)
  - 외국과 맺은 최초의 근대적 조약
  - 부산, 원산, 인천 개항
  - 해안 측량권 허용
  - 치외 법권
- 1차 수신사 파견(1876) → 김기수
- 조일 수호 조규 부속 조약
  → 조일 수호 조규 부록(1876)
  - 거류지 설정(10리 이내)
  - 일본 화폐 유통 허용
  - 일본 외교관 여행의 자유 허용
  → 조일 무역 규칙(1876)
  - 선박 무항세·상품 무관세
  - 양곡 무제한 유출

- 2차 수신사 파견(1880) → 김홍집, 『조선책략』 국내에 소개
- 통리기무아문 설치(1880) → 아래 12사

1881~1890

- 영남 만인소(1881)
- 조사 시찰단 파견(1881)
- 별기군 창설(1881)
- 영선사 파견(1881) → 기기창 설치(1883)
- **조미 수호 통상 조약**(1882)
  - 서양과 맺은 최초의 근대적 조약
  - 최혜국 대우 인정, 거중조정, 치외 법권
  - 보빙사 파견(1883)

- **임오군란**(1882)
  → 조청 상민 수륙 무역 장정(1882)
    - 청 상인의 특권 허용(내지 통상)
    - 치외 법권
  → 제물포 조약(1882)
    - 일본 경비병의 주둔 허용
    - 배상금 지불
- 조일 통상 장정(1883)
  - 조일 무역 규칙(1876) 개정
  - 방곡령 선포 규정
  - 일본 상품에 관세 규정
  - 최혜국 대우 인정

- **갑신정변**(1884)
  → 한성 조약(조선-일본)
    - 사망 일본인에 대한 배상, 일본 공사관 신축 부지 제공 및 신축비 지불
  → 톈진 조약(청-일본)
    - 청일 양국의 동일한 파병권

- 거문도 사건(1885)
- 조불 수호 조약(1886)
  - 천주교 선교 허용

1891~1900

- **동학 농민 운동**(1894)
- 청일 전쟁(1894)
- 제1차 갑오개혁(1894)
- 제2차 갑오개혁(1894~1895)
  - 교육 입국 조서 반포(1895): 소학교, 중학교, 한성 사범 학교 설립

- 삼국 간섭(1895)
- 을미사변(1895)
- 을미개혁(1895)
- **아관 파천**(1896)

- **대한 제국 선포**(1897)
- 광무개혁(1897)
  - 대한국 국제 선포(1899)

1901~1910

- 러일 전쟁(1904)
- 한일 의정서(1904)
  - 군사 기지 사용권 규정
  - 국외 중립 선언 무효

- 제1차 한일 협약(1904)
  - 재정 고문 메가타, 외교 고문 스티븐스 임명
- 화폐 정리 사업(1905)

- **을사늑약**(제2차 한일 협약, 1905)
  - 대한 제국 외교권 박탈
  - 통감부 설치 → 초대 통감 이토 히로부미

- **국채 보상 운동**(1907)
- **헤이그 특사 파견**(1907)
  → 고종 강제 퇴위
- 한일 신협약(정미 7조약, 1907)
  - 일본인 차관 파견
  - 군대 해산

27대 순종

- 순종 즉위, '융희' 연호 사용
- 기유각서(1909)
  - 사법권 박탈
- 한일 병합 조약(1910)
  - 조선 총독부 설치

07 조선 시대_후기

1608~1623 · 15대 광해군
- 명과 후금 사이의 중립 외교 실시
- **대동법** 시행 → 선혜청 설치
- 기유약조 체결
- 인조반정

1623~1649 · 16대 인조
- 어영청 설치(후금 침입에 대비)
- 이괄의 난
- 정묘호란, 병자호란
- **영정법** 실시

1649~1659 · 17대 효종
- **북벌** 추진
- 시헌력 시행
- 제1·2차 **나선 정벌**

1659~1674 · 18대 현종
- 기해예송(1차 예송 논쟁)
- 갑인예송(2차 예송 논쟁)

1674~1720 · 19대 숙종
- 경신·기사·갑술환국
- 대동법 확대 실시
- 금위영 설치
- 5군영 체제 확립
- 상평통보 유통
- **백두산정계비** 건립

1724~1776 · 21대 영조
- **탕평책** 실시 → 성균관에 탕평비 건립
- **균역법** 실시
- 신문고 부활
- 청계천 정비 → 준천사 설치
- 편찬 사업
  - 법전 『속대전』
  - 의례서 『속오례의』
  - 백과사전 『동국문헌비고』

1776~1800 · 22대 정조
- 적극적인 탕평책 실시
- 규장각 설치 → 서얼 출신 검서관 등용
- **초계문신제** 시행
- **신해통공** 실시(채제공)
- 윤지충 진산 사건 → 신해박해
- **장용영** 설치
- 수원 화성 축조
- 법전 『대전통편』 편찬

1800~1834 · 23대 순조
- 세도 정치(안동 김씨)
- 신유박해 → 황사영 백서 사건
- **공노비 해방**
- **홍경래의 난**

1834~1849 · 24대 헌종
- 세도 정치(풍양 조씨)
- 기해박해
- 병오박해 → 김대건 신부 순교

1849~1863 · 25대 철종
- 세도 정치(안동 김씨)
- **임술 농민 봉기**

06 조선 시대_전기

1392~1398 | 1대 태조(이성계)
- 조선 건국(1392)
- 한양 천도
- **경복궁 창건**
- 제1차 왕자의 난(이방원)

1398~1400 | 2대 정종
- 제2차 왕자의 난(이방간)

1400~1418 | 3대 태종(이방원)
- **한양 시전** 설치
- 사병 혁파
- 신문고 설치
- 호패법 시행
- **6조 직계제** 시행
- 사간원 독립
- 주자소 설치 → 계미자 주조
- 혼일강리역대국도지도 제작

1418~1450 | 4대 세종
- **의정부 서사제** 시행
- **집현전 설치**
- 대마도 정벌(이종무)
- 3포 개항, 계해약조
- 4군 6진 개척(최윤덕, 김종서)
- 측우기, 자격루 등 개발(장영실)
- 훈민정음 창제
- 편찬 사업
  - 의례서 『삼강행실도』
  - 역법서 『칠정산』
  - 농서 『농사직설』
  - 의서 『향약집성방』, 『의방유취』

1450~1452 | 5대 문종
- 『고려사』, 『고려사절요』 완성

1455~1468 | 7대 세조
- **직전법** 시행
- 6조 직계제 부활
- 이시애의 난 → 유향소 폐지

1469~1494 | 9대 성종
- 관수 관급제 시행
- 홍문관 설치
- **『경국대전』** 완성·반포
- 편찬 사업
  - 악서 『악학궤범』
  - 관찬 지리지 『동국여지승람』
  - 역사서 『동국통감』

1494~1506 | 10대 연산군
- **무오사화**
- **갑자사화**
- 중종반정

1506~1544 | 11대 중종
- 삼포 왜란
- 비변사 설치
- 사림 등용(조광조 등)
- **기묘사화**

1567~1608 | 14대 선조
- 붕당 정치 시작 → 사림의 동서분당
- 정여립 모반 사건(기축옥사)
- **임진왜란**
- 훈련도감 설치(유성룡)

05 고려 시대

918~943 — 1대 태조(왕건)
- 고려 건국(918)
- **흑창** 설치
- 기인 제도, 사심관 제도, 사성 정책 → 지방 호족 통제·회유
- 역분전 지급
- 훈요 10조
- 『정계』, 『계백료서』 편찬

949~975 — 4대 광종
- '광덕, 준풍' 연호 사용
- **노비안검법** 시행
- **과거제** 시행(쌍기 건의)
- 관리의 공복 제정

981~997 — 6대 성종
- 최승로 **시무 28조** 건의
- **12목** 설치 → 지방관 파견
- 향리 제도 실시
- 지방에 경학박사·의학박사 파견
- 국자감 설치
- 상평창 설치
- 건원중보 주조
- 거란의 침입(1차)

1009~1031 — 8대 현종
- 강조의 정변
- 5도 양계 확립
- 안찰사 파견
- 거란의 침입(2·3차)
- 초조대장경 제작

1095~1105 — 15대 숙종
- 주전도감 설치 → **은병**(활구)·삼한통보·해동통보·해동중보 주조
- **별무반** 편성(윤관)

1105~1122 — 16대 예종
- 관학 진흥 정책: 7재, **양현고** 설치
- 동북 9성 설치

1122~1146 — 17대 인종
- 이자겸의 난
- **묘청의 서경 천도 운동**
- 『**삼국사기**』 편찬(김부식)

1170~1197 — 19대 명종
- 망이·망소이의 난
- 최씨 **무신 정권** 수립(최충헌)
- 최충헌 봉사 10조 건의
- 교정도감 설치(교정별감 최충헌)

1213~1259 — 23대 고종
- 최우 집권
- 정방 설치, 삼별초 조직(최우)
- 몽골의 침입 → 강화도 천도
- 팔만대장경 제작

1259~1274 — 24대 원종
- 개경 환도
- 삼별초의 대몽 항쟁

1308~1313 — 26대 충선왕
- 원의 연경에 **만권당** 설치

1351~1374 — 31대 공민왕
- 정방 폐지
- 기철 등 친원 세력 제거
- 관제 복구(중서문하성과 상서성, 6부제 환원)
- 정동행성 이문소 폐지
- **쌍성총관부 탈환**
- 신돈 등용
- **전민변정도감** 설치

1374~1388 — 32대 우왕
- 『**직지심체요절**』 간행
- 권문세족 이인임 일파 축출
- 이성계의 **위화도 회군** → 우왕 폐위, 창왕 즉위, 최영 제거

1389~1392 — 34대 공양왕
- **과전법** 실시
- 공양왕 폐위 → 조선 건국(이성계, 1392)

● 고려 초기 ● 문벌 귀족 집권기 ● 무신 집권기 ● 원 간섭기 ● 고려 말기

04 고대_통일 신라, 발해

7C — 8C — 9C — 10C

통일 신라

신문왕 (7C)
- 김흠돌의 난 진압 → 진골 귀족 숙청
- 국학 설립
- 지방 행정 조직: 9주 5소경
- **관료전 지급, 녹읍 폐지**
- 중앙군 9서당, 지방군 10정 편성

성덕왕 (8C)
- 백성에게 정전 지급

원성왕
- **독서삼품과 설치**

헌덕왕 (9C)
- 김헌창의 난

진성 여왕
- **원종·애노의 난**
- 최치원 **시무 10여 조** 건의
- 적고적의 난
- 『삼대목』 편찬

경순왕(김부) (10C)
- 고려에 항복, 신라 멸망(935)

발해

고왕(대조영) (7C)
- 발해 건국(698)
- '천통' 연호 사용

무왕 (8C)
- '인안' 연호 사용
- **당의 등주 공격**(장문휴)
- 일본과 교류

문왕
- '대흥' 연호 사용
- 당과 친선 관계 유지
- 3성 6부제 실시
- **주자감 설치**
- 신라도 개설
- 일본과 외교 문서 교류(고려국왕 자처)
- 천도: 중경 → 상경 → 동경

선왕 (9C)
- '건흥' 연호 사용
- 5경 15부 62주 설치
- **'해동성국'**으로 불림

대인선 (10C)
- 발해 멸망(926)

03 고대 _ 고구려, 백제, 신라

	~4C	5C	6C	7C
고구려	**고국천왕** • 진대법 실시(국상 을파소) • 왕위 부자 상속 **소수림왕** • 불교 공인 • 태학 설립 • 율령 반포	**광개토 대왕** • '영락' 연호 사용 • 신라에 침입한 왜 격퇴 → 금관가야 공격 • 후연 공격, 요동 진출 **장수왕** • 평양 천도(남진 정책) • 백제 한성 함락 • 광개토 대왕릉비, 충주 고구려비(한강 유역 진출) 건립		**영양왕** • 수 양제의 침입 → 살수 대첩 **영류왕** • 천리장성 축조 시작(부여성~비사성) **보장왕** • 연개소문 집권 • 고구려 멸망(668) ↔ 신라 문무왕
백제	**근초고왕** • 마한 정복, 해외 진출(요서, 산둥, 규슈) • 고구려 평양성 공격 → 고국원왕 전사 • 『서기』 편찬(고흥) **침류왕** • 불교 수용 및 공인	**비유왕** • 눌지왕과 나제 동맹 체결 **문주왕** • 웅진(공주) 천도 **동성왕** • 신라와 결혼 동맹(나제 동맹 강화)	**무령왕** • 22담로 설치 → 왕족 파견 **성왕** • 사비(부여) 천도, 국호 남부여 • 한강 유역 일시 회복(신라 진흥왕과 연합) • 나제 동맹 결렬 → 관산성 전투에서 전사	**무왕** • 익산 미륵사 건립 **의자왕** • 대야성 등 신라 40여 개 성 점령 • 백제 멸망(660) ↔ 신라 무열왕
신라	**내물왕** • 마립간 칭호 사용 • 광개토 대왕에게 원군 요청 → 왜의 침략 격퇴(호우총 청동 그릇)	**눌지왕** • 비유왕과 나제 동맹 체결	**지증왕** • 우경 실시 • 순장 금지 • 국호 신라 • 왕 칭호 사용 • 동시전 설치 • 우산국 정벌(이사부) **법흥왕** • '건원' 연호 사용 • 금관가야 정복 • 병부 설치 • 율령 반포 • 불교 공인(이차돈 순교) **진흥왕** • 한강 유역 진출 • 북한산 순수비 건립 • 대가야 정복 • 화랑도 국가 조직으로 정비 • 황룡사 건립 • 『국사』 편찬(거칠부)	**선덕 여왕** • 황룡사 구층 목탑 건립 **문무왕** • 외사정 파견 • 나당 전쟁 승리 → 삼국 통일(676)

02 선사 시대_철기, 고조선

철기 (기원전 300년 전)

도구	• 세형 동검, 잔무늬 거울 • 검은 간토기
경제	• 벼농사 확대 → 농업 생산량 증가, **철제 농기구** 사용 • 중국과 교류(**명도전**, 오수전, 반량전)
주거	지상 가옥, 여(呂)자형·철(凸)자형 주거 형태
사회	계급 사회
무덤	널무덤, 독무덤
유적지	창원 다호리, 제주 삼양동, 동해 송정동
유물	▲ 독무덤 　　　 ▲ 세형 동검

고조선 (기원전 2,333~108년 전)

성립	• 청동기 문화를 바탕으로 건국 • 제정일치 사회: 단군(제사장) + 왕검(정치적 지도자인 군장)
성장	• 부왕, 준왕 때 왕권 강화(왕위 세습) • 연(진개)과 대립할 만큼 강성 • 정치 체제: 왕 밑에 **상·대부·장군** 등의 관직 존재
위만 조선	• 준왕을 몰아내고 **위만**이 고조선 계승 • 철기 문화 본격적 수용
발전	• 중계 무역 • **범금 8조**를 통해 사회 질서 유지
멸망	한 무제의 공격으로 왕검성 함락 → 멸망(기원전 108년)
유물	▲ 고인돌 　　　 ▲ 비파형 동검

01 선사 시대 - 구석기, 신석기, 청동기

	구석기 (약 70만 년 전)
도구	뗀석기(**주먹도끼**, 찍개, 슴베찌르개)
경제	사냥, 고기잡이, 채집 생활
주거	**동굴**이나 바위 그늘, **막집**(강가)
사회	평등 사회, 이동 생활, 무리 생활
유적지	연천 전곡리, 공주 석장리
유물	▲ 주먹도끼 ▲ 슴베찌르개

	신석기 (기원전 8,000년 전)
도구	• 간석기 • 갈돌과 갈판 • **가락바퀴**, 뼈바늘 • **빗살무늬 토기**
경제	농경(조·피)과 목축 시작
주거	**움집**(강가나 바닷가): 반지하 형태
사회	평등 사회, 씨족 사회(족외혼)
유적지	서울 암사동, 양양 오산리, 제주 고산리
유물	▲ 가락바퀴 ▲ 빗살무늬 토기

	청동기 (기원전 2,000~1,500년 전)
도구	• **반달 돌칼** • 비파형 동검, 거친무늬 거울 • 미송리식 토기, 민무늬 토기
경제	벼농사 시작, 밭농사 중심
주거	**움집**: 지상 가옥화
사회	• 생산력 증대로 사유 재산 발생 • 계급 사회: 족장(군장) 출현
무덤	**고인돌**: 지배층의 무덤
유적지	부여 송국리, 울주 검단리, 창원 덕천리
유물	▲ 반달 돌칼 ▲ 미송리식 토기

이 책의 차례

시대편

- 01 선사 시대_구석기, 신석기, 청동기 … 4
- 02 선사 시대_철기, 고조선 … 5
- 03 고대_고구려, 백제, 신라 … 6
- 04 고대_통일 신라, 발해 … 7
- 05 고려 시대 … 8
- 06 조선 시대_전기 … 9
- 07 조선 시대_후기 … 10
- 08 근대 … 11
- 09 일제 강점기 … 12
- 10 현대 … 13

인물편

- 01 관리, 유학자 … 14
- 02 독립운동가 … 15
- 03 실학자 … 16
- 04 근대의 인물 … 17
- 05 현대의 인물 … 18
- 06 승려 … 19

주제편

- 01 현대 정부의 정책 … 20
- 02 여러 나라의 성장 … 21
- 03 신라 말 사회 변화와 후삼국의 통일 과정 … 22
- 04 고려의 대외 관계 … 23
- 05 고려와 조선 후기의 경제, 사회·문화 … 24
- 06 삼국의 대외 항쟁과 부흥 운동 … 25
- 07 3·1 운동과 대한민국 임시 정부 … 26
- 08 일제 강점기 민족 운동 … 27
- 09 일제 강점기 무장 독립운동과 의열 투쟁 … 28
- 10 대한민국 정부 수립 과정 … 29
- 11 민주화 운동 … 30
- 12 세시 풍속 … 31
- 13 임진왜란과 정묘·병자호란 … 32
- 14 흥선 대원군의 정책 … 33
- 15 6·25 전쟁 … 34
- 16 고려와 조선의 중앙 정치 기구 … 35
- 17 홍경래의 난과 임술 농민 봉기 … 36
- 18 임오군란과 갑신정변 … 37
- 19 근대 언론·문물 … 38
- 20 항일 의병 운동과 애국 계몽 운동 … 39
- 21 1910년대 국내외 독립운동 … 40
- 22 동학 농민 운동 … 41
- 23 사화와 붕당 형성 … 42
- 24 토지·수취 제도의 변화 … 43
- 25 불상 … 44
- 26 불교 건축 … 45
- 27 탑 … 46
- 28 회화 … 47
- 29 예송 논쟁과 환국 … 48
- 30 독립 협회와 대한 제국 … 49
- 31 갑오개혁과 을미개혁 … 50
- 32 궁궐 … 51
- 33 지역사 … 52
- 34 주요 유네스코 세계 유산·기록 유산 … 53

기출 빅데이터 분석을 통해 탄생한 미니북

FEATURES

하나. 시대별 빈출 테마 분석 - 고대

구분	76회	75회	74회	73회	72회	⋯	65회	합계
정치	3	4	2	3	2		3	28
경제	1	1	1	–	1		–	6
사회	2	2	3	4	3		2	22
문화	2	2	1	1	2		2	18

↳ 고대 최다 출제 파트: **정치, 사회, 문화**

구분	테마	출제 횟수	비고
정치	고구려, 백제, 신라 왕의 업적	9	시대편 수록
	발해, 통일 신라 왕의 업적	3	
	가야	3	–
	삼국의 대외 항쟁과 부흥 운동**	12	주제편 수록
	후삼국	4	
사회	신라 말 사회 변화	10	

↳ 고대 최다 빈출 테마: **삼국의 대외 항쟁과 부흥 운동**

▶ 최신 기출 10회분 분석
▶ 빈출 테마 총 50개(시대편 10, 인물편 6, 주제편 34) 선정!
▶ 인물편과 주제편은 **최다 빈출순**으로 나열

둘. 테마별 빈출 선택지 산출

- 을지문덕이 살수에서 수의 군대를 물리치다. (75, 73, 71, 70, 67, 65회)
- 문무왕이 안승을 보덕국왕으로 봉하였다. (75, 74, 71, 68, 67, 61, 60회)
- 김춘추가 당과의 군사 동맹을 성사시켰다. (76, 74, 73, 72, 71, 64, 62회)
- 계백이 이끄는 군대가 황산벌에서 항전하였다. (74, 72, 69, 68, 61, 60회)
- 복신과 도침이 부여풍을 왕으로 추대하였다. (73, 72, 68, 62회)
  ⋮

↳ 한능검은 **비슷하거나 동일한 선택지가 반복 출제**

▶ Step1에 **최다 빈출순**으로 나열
▶ **중요 선택지**를 뽑아 Step3 빈칸 채우기로 구성

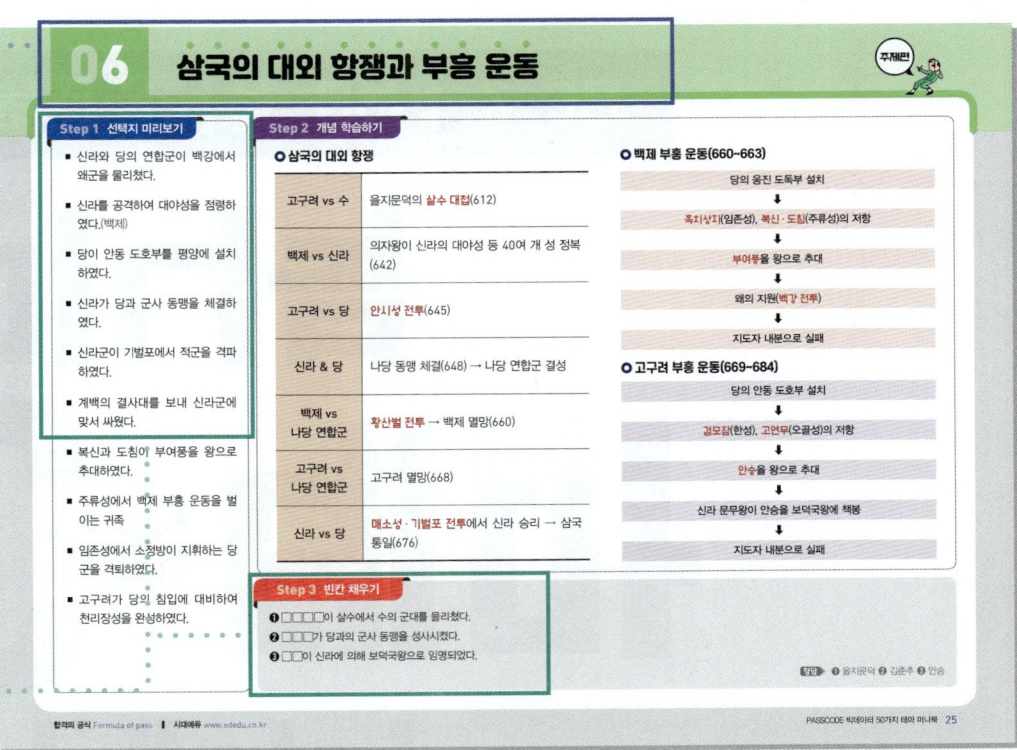

Step 1·2·3 공부법!

Step 1 선택지 미리보기 — 테마별로 자주 출제되는 선택지를 확인하자!

Step 2 개념 학습하기 — 핵심 개념을 통해 중요 내용을 학습하자!

Step 3 빈칸 채우기 — 핵심 키워드를 잘 기억하는지 확인하고 정답을 빠르게 찾아내자!

PASSCODE ver 8.0

빅데이터
50가지 테마
미니북

한국사능력검정시험 심화 1·2·3급

시대에듀